新泰文史丛书

泰山平阳名士研究

（春秋至晚清）

李明杰 著

中国书籍出版社
China Book Press

图书在版编目(CIP)数据

泰山平阳名士研究／李明杰著. —— 北京：中国书籍出版社,2019.10

ISBN 978 - 7 - 5068 - 7454 - 0

Ⅰ. ①泰… Ⅱ. ①李… Ⅲ. ①名人 - 家族 - 研究 - 泰安 - 古代

Ⅳ. ①K820.852.3

中国版本图书馆 CIP 数据核字(2019)第 212151 号

泰山平阳名士研究

李明杰　著

责任编辑	王志刚
责任印制	孙马飞　马　芝
策划出版	琅嬛书院
出版发行	中国书籍出版社
地　　址	北京市丰台区三路居路 97 号(邮编:100073)
电　　话	(010)52257143(总编室)　　　(010)52257153(发行部)
电子信箱	chinabp@ vip. sina. com
经　　销	全国新华书店
印　　刷	山东华立印务有限公司
开　　本	185 毫米 ×260 毫米　1/16
字　　数	911 千字
印　　张	49.25
版　　次	2019 年 10 月第 1 版　2019 年 10 月第 1 次印刷
书　　号	ISBN 978 - 7 - 5068 - 7454 - 0
定　　价	96.00 元

作者近照

　　李明杰，1943年8月生，汉族，山东省济南市章丘区明水人。中共党员，大学文化。历任新泰县玻璃厂、轻工业局办事员，新泰市经委副主任、副主任兼轻工业局局长，经委主任、主任兼党委书记，中共新泰市委统战部部长，新泰市政协副主席；新泰历史文化研究会副会长兼秘书长、会长；中国先秦史学会会员、理事。自20世纪90年代末开始学研历史学，主要学研方向为先秦史、杞文化、泰山羊氏文化、鲍氏文化、和圣文化及地方历史文化等。在新泰市报刊、《先秦史研究动态》《鲍氏文苑》《泰山学院学报》《泰山研究》《大众日报》及先秦史学术研讨会有关文集发表论文百余篇。出版有《人民政协基本知识讲座》（编著）、《杞文化与新泰》（参纂）、《新泰政协二十年》（合作主编）、《新泰史学论文集》（合著）、《莲花山》（主编、参撰）、《泰安区域文化通览·新泰市卷》（任学术主编并参撰）、《学而集》（著）。2002年被评为山东省政协优秀文史工作者，2013年被评为《泰安区域文化通览》优秀作者。

柳下惠像

（采自《新泰文化大观》）

鲍叔牙像

（鲍家虎提供）

师旷铜像

（采自《新泰文化大观》）

高柴像

（采自《中国历史大辞典》）

羊祜像

（采自《新泰文化大观》）

羊舌职像

（采自周郢《羊氏史话》）

羊后

羊献容像

（采自周郢《羊姓史话》）

羊侃像

（采自清·丁日昌《百将图传》）

孙复像

（采自《新泰文化大观》）

公鼐像

（采自《新泰文化大观》）

时珍像

（采自《徂徕时氏族谱》）

萧大亨像

（采自周郢《名山古城》）

晋侯鸟尊

（采自《光明日报》2018.6.23）

山西曲沃晋侯墓出土的青铜簋

（采自《中国历史大辞典》）

汉代专为悬鱼太守羊续制作的压胜钱

（采自《光明日报》2017.6.16）

褒斜道马家湾栈道遗址

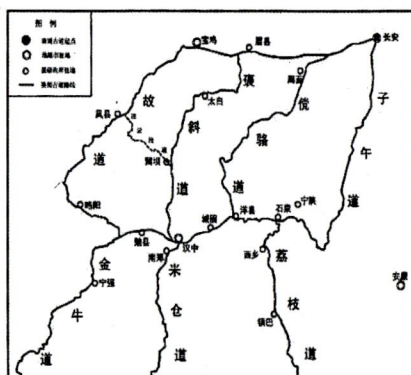

陕西省秦蜀古道路线走向图

（采自《光明日报》2016.8.1）

刘俊华先生铁笔刊篆

孟子曰柳下惠
圣之和者也

资清以化 乘

兑以霏 逐

象能鲜 即洁

生辉

辛卯 雪赞 孙以玉书

韩凤早先生录羊孚《雪赞》诗

资清以化，乘气以霏
遇象能鲜，即洁成辉

楼傍 云林累劫

灰使君原是古

仙脂百年甲子真

嗟矣两袖清风

好快哉

徐光前代解元北京密云 己亥 马刚

马刚先生录明代解元进士、北京密云县令
徐光前《送泰山高士范隐君归山》诗（节选）

楼傍云林累劫灰，使君原是古仙胎
百年甲子真嗟矣，两袖清风好快哉

序

我自小对乡邦文史产生兴趣，泛览史籍时，感到泰山附近县域文化各有其特色，而新泰则以家族文化为特点，此地中古以来名族肇兴，以礼学传家的高堂氏，驰骋于政坛的羊、鲍世家，"名贤硕辅，表表相映"（明于慎行《重修新泰儒学记》）。为此在研究中曾加关注，撰写了《羊姓史话》小书，对此一文化现象试作考析。

在对新泰文化的探讨中，结交了当地多位师友，与李明杰先生交往尤为密切。李老当时主持政协文史工作，任上因筹办"全国首届杞文化学术研讨会"而与地方文史结缘。昔曾往李老政协办公室拜访，只见案头书架，全是各类先秦史著作，朱批密点，签条累累，可见李老于斯浸馈之深。退休之后，李老担任新泰历史文化研究会会长期间，更与几位至友一道，全身心投入学术之中。近20年来，不断拜读到其探研文史的新著，诸如《莲花山》《新泰史学论文集》《学而集》等，并曾任《新泰区域文化通览》学术主编，对地方文化发掘既深且精，令人感佩！

近日李老过访山居，捧出其新著《泰山平阳名士研究》。这是一部新泰历史人物的研究专著，全书共收录主要人物300余位，近90万字。不仅对羊、鲍几大家族人物施以浓墨重彩，且广征方志谱牒、碑石，发掘出了众多湮没史尘的乡里先贤。考论结合，使平阳名士风神历历，跃然卷上。其资料之富，论说之详，更远超旧志列传及今人同题著作。如前文所揭，新泰古文化实为家族文化为核心，而家族文化又具体体现在诸多族中英彦之事功言行中。此正所谓"南朝甲族泰山羊，史册唯传太傅光"（清姜宸英《羊流店怀古》）。李老以人物为中心书写一史，不仅寓表彰乡邦先贤、发扬本土历史文化之旨意，更以此展示一域数千年间之历史文化变革，正切中新泰历史文化之精髓，诚可谓探骊得珠。值新著将刊，爰书所感，以充贺辞！

周郢

2019 年 10 月

（周郢先生系泰山学院泰山研究院研究馆员、教授、泰山文化学者）

自 序

我的故乡济南市章丘明水是一泽国,是美丽富庶的鱼米之乡。我在那久负盛名的百脉泉旁、清澈灵动的绣江河畔,看着稻田荷塘,度过了童孺少小之年。1957 年春为求学不得不离开故土随父来到平阳古城——新泰。自此,在敖山脚下,平阳河畔就读、就业、成家至两鬓衰白,已过六十多个春秋。我也早已把异乡变故乡,早已爱上了这里的山、这里的水和这里的人。是这里的山水养育了我,是这里的父老培育了我历练了我,更是这里的历史文化滋养了我。我也把六十多个春秋的所学所思献给了这片热土。

自 20 世纪九十年代末,也就是借中国先秦史学会与新泰历史文化研究会联合在平阳古城召开"全国首届杞文化研讨会"之际,在一些亦师亦友的学者们的鼓励下,我开始学习有关历史学的知识,也开始"研读"新泰的山、新泰的水和新泰历史上的先贤。初"读",只是觉得古老平阳一域的某些古圣先贤(如和圣柳下惠)身上有些古老的纯洁高贵。而后,读到圣哲先贤们的智慧、谋略、道德、学问;读到某些新泰籍的名臣牧守、文官武将们所具有的正身立朝、运筹帷幄、清正廉洁、舍身治国、勤政爱民等高贵品质;读到循吏名宦名冠一时,声振朝野;读到几大家族(如鲍氏、高堂氏、泰山羊氏)中的若干英才俊秀;读到明代四位尚书及那些州官县吏兢业从事,造福一方,风清弊绝;读到为人师表的教谕学正才气横溢,执着从教,为传授优秀传统文化奉献一生;读到布衣农夫、义士孝子留名方志的感人事迹,先人们的道德品质、气度风范、学业智慧、功德业绩无不使我心潮澎湃,感动万分。我对这片沃土所散发的名人文化气息充满敬意。立志将平阳一域的历史文化名人编辑成册,使其再次彰显于世。究其初衷有以下几点:

鄙人以为传世典籍及其他载体所录古代新泰域内先贤名士是该乡的才德俊杰,是新泰人民的财富,是宝贵文化遗产和文化资源,是优秀传统文化的重要组成部分。作为一个文史爱好者,有责任也应该用自己的所学所思把两千多年在历史长河中造就而沉积在故纸堆(包括其他载体)中的名士"请"出来,经过较系统梳理,奉献给今天的人们,特别是新泰人。从平阳籍的历史名士身上,不仅可以看到他们所处的复杂社会形势,感受他们的政治氛围。还可以从不同历史视角,体现历史文化给他们带来的机遇,感受历史文化的神韵。从历史名士那里,今人可以去领略先贤们的生活百态,领略他们在各自所处的历史时期的社会政治、文化动态,体味某些家族的文化传承与变迁,了解古人的才学和智慧。这些也是今人传承和发展的根本,激发今天新泰人自豪感和自信心的载体。这是其一。

其二，中国人最讲血脉传承。编纂这部集子就想让新泰历史名士、先圣先贤走入寻找百姓家，让人们知道"我从哪里来""我的祖先是谁"。先人们在中华民族发展史上、在一个区域一个家族发展史上发挥过什么样的作用，做过哪些有益的贡献。本人可以对照先人的文化基因，去继承、去弘扬。即是某些先贤不是自己的祖先，而他们是全新泰人乃至中华民族的先贤，也应知道他们的道德思想、功德业绩，知道他们的历史故实。让其文化价值去濡染人们的心灵。与他们来一次"浪漫邂逅"，展现新泰之文脉和魂魄，展现名人文化的源远流长、历久弥新及独特魅力，也是一件惬意之事。另一方面，乡贤可以引领见贤思齐、崇德向善的巨大力量，乡贤的精神和家风、家训、家学有机结合，可使人们成为修身齐家之本。

其三，新泰一域自古是人文荟萃之地，名人辈出，群星璀璨，形成了独特的名人文化。先贤们虽所处时代不同，身份有别，社会政治环境、历史背景有异，地位有高有低，但他们中的许多人蕴藏着优秀传统文化的"基因"，保存着新泰人血统的根脉。有着今人无法估量的思想智慧。今人可从先贤们那里聆听到新泰人文历史长河中动人心弦的故事，甚至会感受到他们的灵光。用先贤们的故事勾画出的绚丽的人文景观，方可展示新泰地域文化的历史渊源和丰富内涵。另外名人效应引导社会主流的价值观念，对提升地方文化软实力有着重要意义。

其四，人们常常提起留住乡愁。所谓乡愁一方面要致力于物质要素和风物景观等"记忆场所"的维护或对某些"非物质文化记忆"的保持。另一方面也应致力于社会先贤、家族先人的传记，记载家族先人事迹的资料、文章、故事等等文化记忆的传承。比如，某些家族的家谱虽流传有序，环环相扣，而人物资料却相对零散，少人研究，使家族名人近乎湮没。这类人物资料只有认真挖掘，在保留的同时，整理利用，通过与世人见面才能让世人所知。像这些文化记忆都绵延传承着文化的根脉，也体现着传承文化的渠道。如此厚重的文化因素才能使数百年甚至更长时间以上先祖之性情，与数百年以下后世子孙相接，并形成良性文化生态，让子孙后代留住乡愁，引导后世子孙爱乡爱国，报效桑梓。

总之，老朽之所以立志将以全力挖掘出新泰域内历史名人并辑于一册，目的是想让新泰人了解新泰历史上的先贤达士。因为"参天之木，必有其根；怀山之水，必有其源。人之有祖，亦犹是焉"。在华夏大地祖先崇拜根深蒂固，源远流长。流变至今的国人不同层面的祖先崇拜，构成了一种文化。这种文化从宏观来说对文明教化、国家统一、民族团结、社会进步起着不可替代的文化纽带作用。从微观来说，对于促进乡村文明建设，增强人们对先贤的敬仰，加强族众团结、家族和睦、家庭和谐、修身齐家乃至尚血统、不忘本、寻根问祖，慎终追远等方面都起着文化传承、血脉延续的作用。

《荀子·礼论》中说,礼有三条根本原则:天地是生存的根本;先祖是宗族的根本;君主是治国的根本。没有天地,人怎么能生存?没有先祖,人从哪里出生?没有君主,国家怎么治理?三者缺一,人们都没法安宁。所以,礼对上用来祭祀天,对下用来祭祀地,尊崇先祖而又推重君主,这是礼的三条根本原则。在民间,人们为了求得安宁,便"上事天,下事地,尊先祖而隆君师"之礼。这五项内容集中而又简洁地表达方式,即在春节或其他重大节日制作"天地君亲师"五字牌,供在敬天敬地的"天地(桌)棚",或用红纸写上"天地君亲师"五字贴于家堂之上。这是一种对敬天法祖之哲学思想世俗化的表现,是民众爱君(可视为爱国)、尊师、孝亲、祖先崇拜、敬畏自然多种情怀最好、最完整表达,也是一种文化自觉、文化自信的表现。

老朽虽已是风烛之年,但有幸赶上了这个有追求、有梦想的新时代。作为一个历史文化爱好者,有责任有义务弘扬乡贤文化,传播优秀传统文化。将自己坐多年冷板凳所学所思所积累的新泰名士文化的研究成果奉献给新泰人是我多年的夙愿,也算我这个"外乡人"以微薄之力,对第二故乡的回报。

历史文化名人,是传统文化资源的重要创造者和传承者。他们的贡献往往因对一个时代、一个地方产生深刻影响而为历史所铭记并世世相传。鄙人不揣鄙陋,以向先贤敬仰之心态,以传世典籍为基础,以各种铭记载体所记人物传记为基本史料,以传记体为基本体例,以在传主文后加"评析"为附加内容,书名冠"泰山平阳"来点明传主之里籍,辑录凡今新泰市籍历史名人(包括兼述及附录者)于一册。时间穿越自春秋至晚清二千六百余年。以人物所在朝代为时序,划分三个大的时间段,为上中下三篇,篇下设章,章下分节,计3篇18章113节。以章下语贯穿全章的历史脉络,衔接相应的历史朝代,以节下语交代传主所处的时代背景,尽力保持全书的连贯性。

上篇共4章14节,人物的时序从春秋至三国曹魏。这一篇中所讲述的23位名士都是本书的重量级人物。您可以了解到《孟子》为何称柳下惠为"和圣"。"和圣"讲诚信、重礼义,以和为贵,"坐怀不乱"的道德行操以及"三黜不离父母之邦"的爱国爱民的家国情怀为何激励着一代又一代人。了解到"乐圣"师旷所具有的政治家的睿智,音乐家的天赋,以乐治政治军的才能,忠言谏君的责任,以及作为鲁人为何仕晋而不仕鲁的原因。还可了解到以知人荐贤而知名的齐国大夫鲍叔牙是如何甘居下位,协助齐相管仲使齐桓公"九合诸侯,一匡天下"的,"管鲍之交"为何世代传为美谈。鲍叔牙后裔鲍信父子在汉末历史舞台上扮演了什么角色,有哪些值得后人敬仰之处。西汉礼学博士高堂生言礼最知根本,在"诗书丧"的情况下,为何称之传五经的七大家之一;他的裔孙高堂隆为何敢在魏明帝面前发出"天下之天下,非独陛下之天下"的振聋发聩之言。本篇还讲述了先儒林放,孔子的高足寿圣高柴和大义凛然的颜涿聚以及"盗亦有道"的柳下跖等人的生平事迹、道德观念、历史贡献、社会影响等。上述某些圣贤不仅影响着新泰人,而且影响着世代的国人,是新泰之骄傲和自豪。本篇开端还用一定笔墨讲述了古代圣人是什么形象,有什么标准等。

中编共9章59节,可谓泰山第一望族羊氏家族的专辑。时间穿越自秦汉至晚唐,共辑录108位有较大影响的羊氏名人,其中收录二十四史者凡39人,有35人载有传记,2人是皇后;其余名士或从出土墓志中获得,或附录于传主。

从泰山羊氏人物传记或与其相关史料中可看出泰山第一望族、簪缨世家从基业开创、发迹成长至式微的全过程。看出这一家族在不同的历史舞台上所扮演的角色,为社会所做的贡献,获得的社会地位;各自为人处事的风范和气度,对后世的影响。还可以了解到成功者的决窍,失败者的教训,以及这一家族数百年英彦不绝,除了文臣武将的事功与战功、才智和勇武之外,还有哪些原因。另外,读者可以体味到不同朝代的政治制度对家族发展所产生的影响以及家教、家学对族人成长、发迹、立身处事所起的作用,所产生的效果等。本篇所列羊氏家族贤达名士的数量占本书所录人物的半数以上。近年出土的羊氏墓志,丰富了羊氏名人的数量和内容,校正了正史资料中的一些舛误和偏见。从墓志中还分析出了羊氏家族的一些社会关系及这些社会关系对家族地位、声誉的影响。本篇开端用大篇笔墨,为泰山羊氏追根溯源,除探讨了羊舌氏起源、家族发迹到衰亡,由复姓羊舌氏改单姓羊氏之因外,还阐述了秦末羊氏为何徙居"泰山平阳"的一些个人浅见。对史料中所记某些羊氏人物一生功过的偏见,通过"评析"板块,进行了评价和辨析,提出了一些不成熟的意见,愿与有识之士共同研究。

下编计5章40节,主要讲述的是宋金元明清数朝的新泰籍名士计250余位。宋代新泰县归属沂州琅琊郡,所留新泰籍人物资料可谓凤毛龙甲。鄙人通过翻阅有关资料,寻得泗水"菟裘"(今楼德)人孙傅传记,喜出望外。加之出土的孙觌墓志和龚忠良墓志大大丰富了书写有宋一代的名士内容。金代新泰籍名士因资料匮乏,所记篇幅有限。蒙元时期石珪祖孙三代抗金事迹多有传颂。天宝镇时家庄时珍家族人物相对较多,显得十分充实。加之羊流徐琛等人留有一些资料,尚显丰富。上述名人所处时代不同,官职身份差别较大,功德业绩各有所长,节操风范各有特点,读之有点新鲜感。有明一代,新泰"四尚书"和解元进士徐光前,几乎妇孺皆知。张遇留二兄弟抗清的事迹至今流传,在此不再赘述。有清一代新泰先贤们身份与其他朝代相比显得比较"单薄"。为官者低级官阶者较多。清代260余年,按清《新泰县志》所载,新泰只出了沈毓寅一位进士,他在广西天保知县任上的事迹如雷贯耳,声动朝野。近期从《东蒙秦氏族谱》觅得进士秦淑黄,为清代名士增色不少。除此,本编所记多是当地名重一时的文人和一生从教的教谕、训导等。如明末清初逸民张相汉,沈毓寅的老师刘继修,诗文俱佳的李清濂、王青黎、冯清宇、卢衍庆、郭璞山等人。这部分名士除教授生徒外,诗文各领风骚,传颂至今。明清两代典籍、方志及其他载体所记当地名士资料相对匮乏,有的足够单独成篇,有的资料单薄不能单独成篇,只好多人结集于一节。另外,有若干义士为民众纾难、扶危解困;有些孝子孝行感人,有的乐善好施、助人为乐,有的拾金不昧受到表彰。这些名士的事迹、德行至今为民称颂。这类名士也多人结集于一节,望乡人能效法他们的精神,传颂他们的美德。

春秋至晚清2600余载,新泰籍名士贤达不知有多少湮没于历史的长河之中。历史上的某些人历经艰辛困苦,获得了功名,做出了一番事业,因故却不曾被历史如实记载下来。有的生前就被人误解,后世更是众说纷纭,难辨历史真相,也可能被历史所湮埋。故传世典籍、方志所载只是万千名士中的佼佼者,但也不仅仅是拙作所录之数,可谓挂一漏万。更多新泰籍才俊有待更多有识之士发扬"上穷碧落下黄泉,动手动脚找东西"(傅斯年语)的精神,去挖掘去研究。

鄙人作为一个风烛残年的老朽,编纂这样一本集子,不是任务追着屁股,更不受利益驱使。是为实现夙愿或说梦想,又出于对历史文化的热爱或说从"兴趣"出发而产生"内动力"而为之。可谓给自己"拴套",又千方百计、克服困难去给自己"解套"。如果说"拴套"是一种使命,是一种冲动,是一种激情,那么每每"解套"则是一种愉悦,一种激情的释放。拳拳完成自己想做的事,是我这些年"坐冷板凳"的动力。

这本集子体例上进行了大的改进。其一,在介绍传主生平事迹的同时,重视了文本资料和其他史料搜集,使每叙述传主一事,必有文献资料佐证。其二,将人物传记与诗文评论融为一体。即由人物传记、传主作品、诗文等及后人对其作品或诗文评价几部分构成。其三,在传主正文后增设"评析"板块。"评析"是对所述人物的拓展,主要内容是阐述对传主一生功过、思想、观念、道德、行操、身份地位、历史评价、社会影响、有关传承及相关联问题的看法。或补传主史料之阙,或添传主新见史料,或纠对传主的某些偏见、舛误、错谬。或有理有据考证、勘正传主乡贯,陈述未尽事宜等。

2013年12月26日,习近平总书记在纪念毛泽东诞辰120周年座谈会上,谈到如何评价历史人物时说:"对历史人物应该放在其所处时代和社会的历史条件下去分析,不能离开对历史条件、历史过程的全面认识和对历史规律的科学把握,不能忽略历史必然性和历史偶然性的关系。"习总书记的这一讲话是鄙人在编纂本集子全过程中始终坚持的一条最基本原则和最基本的立场。始终以历史唯物主义观点去评价传主的历史贡献。正确看待传主在历史发展进程中所受的历史局限与不足或与时代相悖的地方,将历史人物置于一个大的历史背景中进行考量,而不是刻意为其辩解。

编纂过程中鄙人发现历史典籍中的人物传记一般都有对人物的结论性评价,有褒有贬,往往是史家站在本朝阶级的立场上对传主功业德行进行粉饰或抹杀。史家自以为

"客观公正"。殊不知,历史上的某些史官一意迎奉朝廷喜厌好恶,不能客观公正的取舍人和事,只表达"尊爵盛位"的偏狭之人和事。有的史官缺乏史德,以一己之私,蓄意颠倒黑白,"阴挟翰墨",与历史真像相去甚远。未必能够真实地反映传主的思想、功业的原貌。有的甚至出于"政治"的需要,有意识地掩盖功过是非。还有的则是成王败寇观念的产物,是由当朝一方做出的历史裁决。对这类问题,只有拨开迷雾才能露出真相。再从整体上看,典籍中的人物传记比较简略,是其生平经历、思想、功业的概括。只有搜括传记之外的资料,根据所处历史背景、身份地位、受教育程度、家风家学,甚至传主的交流交往,进一步分析其成败得失,以历史唯物主义的观点才能得出何可赞,何可学,何可弃,何可借鉴,何可匡正,从而表明自己的态度。有的则是根据传主的优、劣、功过进行评说,力争引导读者更深入了解传主的全部。做到誉人不增其美,毁人不益其恶。将人物放到他所生活的时代去考量,去分析研究,向读者传递真善美,贬斥假丑恶,传递正能量,正确吸取古人的经验教训和智慧。

　　除对人物"评析"之外,有的章节设有"章后语"或"节后语"。鄙人谓书的"闲笔"。某些"闲笔"并非主题之外的游离之笔,而是对传主相关事宜深度挖掘或深入探究。如羊祜墓志中用不少笔墨介绍了其子的婚姻状况,由此联想羊氏家族是如何攀大户而弥补家族式微,借机壮大自己的。再如,对羊祜这位重量级人物,历史上多是美誉褒词,鄙人则据史料指出了羊祜一生的美中不足及产生不足之因。还对其"大一统"思想作了进一步探究,单独进行了论述。似这样的论说文还有数篇。"闲笔"又可视为叙事或历史故实的延伸。如明清之际新泰不少民户自河北枣强县迁来,其中之缘由借"闲笔"进行了探讨。鄙人认为,"闲笔"不是游离于所记人物之外无关紧要的画蛇添足的闲聊,是所记人物或事"正笔"的有机构成。有些人物的"闲笔"是根据所集资料说出了某些该说而未说之事,或是分析出的传主深处的心理状态,是正文的补充或对某事的考订。

　　拙作辑录的这些今新泰籍历史名士,在数千年的漫漫历史长河中,有的谱写过足以彪炳青史的华章;有的甚至如闪电横空,惊雷醒世;有的却命运跌宕,尽显世态的诡谲和时光的无情。某些人物大众耳熟能详,妇孺皆知;有的则湮没在历史的典籍中,长期不被新泰人所了解,直至今日才被挖掘。这些历史人物无论处于庙堂之高,还是处于江湖之远,甚至处于社会下层,如同一切历史人物一样,必然受到历史时代、阶级地位及个人思想认识的种种局限。他们不可能跳出封建旧垒,其思想和行为必然会打上时代的烙印。这是毋庸讳言的,也是今人不应苛求古人的。

　　众所周知,当前历史的书写与传播方式上有巨大变化,互联网、大数据、微博、微信等使日常的、琐碎的巨量历史资料可以便捷地获得或利用。但是,有些历史人物的资料未必能直接全面地得到,即使可以得到,也未必是全文或是白话文。鄙人这本集子就是把藏在古史典籍、传世方志、碑刻、族谱当中的今新泰籍的先贤名士变成广大民众想了解的历史故实。历史是人民创造的历史，自然应回到人民的生活世界，让广大民众所共享。让大家"消费"本地历史人物的历史。

　　鄙人非历史专业人才，只是个"半路出家"的历史文化爱好者，所学知识碎片化，不系统是难以克服的短板，即使下"三更灯火五更鸡"之力，鄙人之水平也难以消除文章中对某些古文的理解、消化乃至译文中的错讹。不可能消除鲁鱼亥豕，做到至难皆确，甚至会有词不达意、断章取义之处，敬请读者批评指正，并请书中所录先贤的昆裔及有识之士多多赐教。

2019 年 10 月定稿于岱下书屋

夏商周及其以前的新泰先民
（代前言）

《春秋》记载,鲁宣公八年(公元前601年)"城平阳",杜预注:"今泰山有平阳县。"据《春秋三传·提要》释:"'城'者,完旧也。"由此推知,鲁宣公八年"城平阳",是对平阳邑进行旧城重建,或旧城修缮,并非新建。由此说,"城平阳"以前,古邑平阳就是存在的。按今人杨伯峻《春秋左传注》,"城平阳"之"平阳,鲁邑,即汉之东平阳,在今山东省新泰县西北。"由此知,今新泰市区为春秋时期鲁国古平阳城旧址。春秋中后期齐强鲁弱,平阳邑被齐侵占。近年新泰市区先后出土具有齐国风格的墓葬、带有"平阳"字样的陶片、刀币等证明了这一事实。平阳古城,是泰山周边建置最早的历史文化古城之一,故又称泰山平阳,至今已有二千六百余年的历史。至西汉在此置东平阳县(同时在今天宝镇古城村置梁父县,在今楼德镇柴城村置柴县),至今也已两千二百余年。东平阳县,隶泰山郡,魏、晋因之。西晋泰始年间(265—274),羊流人征南大将军羊祜,取新甫山、泰山两山之首字之义,表改东平阳县为新泰县,兹后历代沿置。新泰县建置至今逾一千七百余年。

历史上的新泰县域区划多变。县东界曾过今蒙阴县接沂、沭之地。北齐废蒙阴县曾归属过新泰,至唐宋,县域所辖相对于今东移或西南移,此后又相对西移,县域相对较大。至明、清,今西部、西南部部分乡镇先后归属过泗水县和泰安县,县域相对变小。新中国成立前后,县域所辖面积相对扩大后才基本固定为现今地盘(包括天宝镇)。新泰位于泰山之左、海岱之间,自古属泰山文化圈,是古老的人文荟萃之区,世有君子,代有贤良。这部拙作主要讲述了自春秋至晚清乡贯为今新泰先贤名士的不凡人生和文治武功。那么,先春秋时的夏商周三代及远古时期域内有哪些先民在此活动繁衍生息呢? 又为后人留有哪些历史文化遗产呢? 借此作以简述,并请教于方家。

一、"新泰智人"开启了海岱地区的人文历史

新泰地域地处鲁中,比较特殊的地形地貌、山脉河流,形成了具有鲜明特色的北温带大陆季风半湿润气候。冬无严寒,夏无酷暑,四季分明。域内有山地、平原、丘陵,河流纵横,水量充沛,自然物产丰腴,十分适宜人的生存和居住。早在2—5万年前,这里就生存着旧石器时代的"新泰智人",又称"乌珠台人"。

鲁中泰沂山区,包括柴汶河流域是远古先人生活和创造文明的地区之一。1966年4月,位于柴汶河上游南岸的今东都镇乌珠台村村南700米处,农民打机井时,在距地表5

米以下处的机井东南角裂缝中发现一石洞,为石灰岩喀斯特溶洞,洞口附近出土一枚少女左下臼齿化石。当时,到现场考察的专家,根据牙齿特征和与其共存的动物牙齿化石判断,当处在地质年代的更新晚期,属晚期智人,距今2—5万年。这就是考古学上被命名的"新泰智人",习称"新泰人"或"乌珠台人"。专家认为"'新泰人'标志着旧石器时代的山东人已进化到了现代人阶段""这时人类体质形态上的原始性已完全消失,现代人开始形成,'新泰人'就是目前在山东发现的最早的现代人"。

乌珠台人的发现,不仅在古人类学、考古学、历史学诸方有着重要意义,而且更重要的是,它意味着开启了海岱地区的人文历史,迈进了东夷文明的殿堂。这一发现之所以格外受到瞩目,是因为"这个时期,人类体质形态上的原始性已完全消失,现代人开始形成。如果说'沂源人'尚处于猿人或直立人阶段,'新泰人'则标志着进化到现代人的阶段"(刘宗贤主编《鲁文化研究》,齐鲁书社,2007年版,第4页)。如果说"以新泰乌珠台智人为参照,年代定在距今3万年前后,那么首先值得注意的,就是这时海岱地区的人类已大体终结了自己在生物学方面的发展,而开始向现代人种过度"(王志民、张富祥《齐鲁文化通史·远古至西周卷》,中华书局,2004年版,第42页)。新泰智人的发现,证明新泰及泰沂山区人类的根源或构成主体来自古老的当地土著而非流寓;标志着泰沂山区孕育了远古文明和远古文化,为后来大汶口文化的发育成长埋下了种子,成为东夷文化的先声或说是东夷文化的元文化,开启了山东人类进化的历史。

二、远古时期的新泰先民是东夷文明的开创者之一

山东新石器文化的创造者历史上称之为东夷人(泛指东方各族),是山东的土著民族。东夷人在山东最早集中居住于山东东部半岛之丘陵区和鲁中南山地丘陵区。新泰在鲁中南山地丘陵区,亦是最早居住东夷人的地区,这里的东夷人也可以说是由"新泰智人"进化而来。东夷人创造了丰富多彩的大汶口文化和龙山文化。大汶口文化距今约6300年到4500年,经历了近2000年的发展。山东龙山文化距今约4500年至4000年。鲁中南一带的东夷人为后世留下许许多多传颂至今的古史传说。例如,传说中东夷人的最早部落首领太皞(又作太昊)或说伏羲即活动在今新泰石莱镇以南的华胥山一带。伏羲,风姓,以凤鸟为图腾。远古传说中的华胥是伏羲之母。王献唐先生在其《炎黄氏族文化考》(齐鲁书社,1985年版)中认为:华胥山一带即伏羲之母华胥族的居聚地。华胥居于华胥之渚(指水中小块陆地),即"汉泰山郡之华县旧区"。华县旧区原属新泰县,1954年9月划归泗水县。太皞部落在此一带创造了光辉灿烂的远古文明,是最早立于新泰南部的氏族部落。

大汶口文化中晚期正处太皞时代。考古发现,今新泰地域发现大汶口文化遗址十多处。例如,光明水库遗址、汶南敖阳遗址都出土过大汶口文化的典型器物灰陶鬶等。瑞谷庄、北单家庄遗址,属大汶口文化晚期遗址,有的一直延续到龙山文化时期。汶南抬头寺遗址属典型的大汶口文化至龙山文化遗址且延续到商周时期。新泰市区周边的大汶口文化遗址出土的许多器物还留有若干先民生活实用器的痕迹。这些出土器物证明今新泰地区是中华文明最早的发祥地和史前文明高度发达的地区之一,其在东夷文明起源中的地位,使人有了更清楚的认识。这是新泰先民为齐鲁大地早期文明所做的贡献,亦为新泰留下了一份丰厚的史前文化遗产。

三、夏商周三代时期的新泰先民是个多民族融合的大家庭

《禹贡》记载:"海岱及淮惟徐州。"古徐州是夏禹所划九州之一,新泰地处海岱之间,当属徐州。由于资料匮乏,夏商周三代新泰先民的活动情况及历史文化已难知详。但新泰属古代南阳(相当于今泰山以南、汶河以北一带。因在泰山以南,故名)之区,是当时经济文化发展水平较高地区之一,应无疑问。

按夏商周断代工程专家组1996—2000年研究成果,三代纪年起自公元前2070年夏朝立国,止于西周幽王十一年,即公元前771年,历时1299年,这一时期新泰先民的具体情况概莫能知。但根据考古资料和文献记载,三代时期新泰先民由以下几部分组成:

一是土著族。从目前域内发现的考古资料看,自新石器时代(即大汶口文化、龙山文化时期)新泰先民多是逐水而居,域内大汶口文化至商周文化遗址多分布在今柴汶河两岸的河谷地段及今新泰市区周边。市区周边曾出土过灰陶鬲、罐、鼎等先民生活实用器具。如市区东南大洼遗址,其断面有圆底灰坑,出土过白陶片、磨光黑陶片等,还曾出土过卜骨。再如抬头寺遗址、岔河遗址皆是大汶口文化至龙山文化时期先民聚落址,并且一直延续至东周。1984年新泰市区府前街发现了一座典型的商周墓葬,出土青铜器8件,其他文物7件,其中有4件青铜器铸有"叔父癸""飨宁作父辛"字样。专家以为铭文中的"叔"可能是族氏,铸有"飨宁作父辛"器物上的铭文"飨宁"二字,应为一复合族徽,传世器中有一件卣,其族徽与此相同(王尹成主编《杞文化与新泰》第614页,中国文联出版社,2000年版)。以上均说明,遗址、墓葬等出土文物都是当地土著族的遗物,且具有较高水准。说明商代新泰一域是鲁中较发达的经济文化区域。由上可知,当地土著族是三代时期新泰先民的主体。

二是姒姓杞国人。杞国起源甚古,它是夏朝的封国,夏禹的后代,以国为姓,姒姓。夏代的一些同姓国没有随夏西迁,杞国是其中之一。这个杞国由于长期居住在东夷地区,深受东夷礼俗的影响。夏代杞国的方位扑朔迷离,但不会出今山东范围。商朝建立后,山东乃是商人的重要经营区。又因"殷因于夏,无所变故"(《汉书·地理志》),当时的新泰地域仍属徐州。商的附庸国及杞、莒、任、宿、须句、颛臾等都在山东。其中商代杞国的国君在商王武丁时期已称"侯",成为武丁时期的重要诸侯国。这个商代杞国立于新泰已被学者们所认可。他们根据古文献记载和清末新泰出土的一组"杞伯青铜器"以及近年出土的"淳于公之御戈""淳于左造"戈等器物认定,最晚至武丁(前1250—前1192在位)时杞已是商朝的诸侯国,并且"杞"既在商王田猎范围内,又是商王帝乙、帝辛征人方(被征伐的一个诸侯国)所经过的地点。毫无疑问,商代杞国人是商代新泰先民的重要组成部分。杞国在商末或已灭亡,到西周王朝建立之后,周朝实行"兴灭国,继绝祀"的政策,周武王寻求到夏禹的后代东楼公封之于杞,杞国成为祭祀夏禹的周代诸侯国。初封之杞在今河南杞县一带,因周边国家欺凌之,杞君便率众往东迁徙。经数次迁徙,终在"先春秋"之时定都于"鲁东北"的今新泰地域。直到公元前445年被楚国所灭之时,都城也在新泰。根据西周时期所遗留的青铜器铭文和文献所记,周代杞国先后在新泰立国达450余年。按《汉书·地理志》,周代杞国自武王封东楼公于杞至杞简公被楚所灭,共21世,哪位杞君始迁新泰立国史无明文,至少有十几世(历史上以30年为一世)杞君是在今新泰地域度过了求生存、谋发展的生涯。这些杞君是新泰一域首批有史记载的最高统治者。这些杞君是新泰史册上的"大人物",杞之臣民是周代新泰先民的重要成分。

历史上的杞国"小微",用司马迁的话说小到"不足称述",但太史公司马迁还是在《史记》中为杞立了传。因为杞是夏禹的后裔,在先秦史上有着特殊的地位。杞人、杞国、杞文化为后人留有若干值得令人深思的问题,也为今人留有若干的启示。例如:

1. 周杞命运多舛,常受人欺凌,不得不把"迁徙"作为求生存、谋发展、保社稷的策略。历经千难万险之所以定足新泰立国,是为了寻找他的同宗同族,迁回故地。按清华大学教授李学勤先生的话说,即"商代杞国本在新泰一带,周初改封杞县,随后又迁回到故居去了"(《杞文化与新泰》第500页)。可见杞人是内聚力很强的一个氏族群体。

2. 为了保存实力,不至失去对夏禹祖先的祭祀,实施跨国婚姻,攀附同姓或攀附与之有亲缘关系的强国成为杞国一以贯之的外交手段。故而先后得到有亲缘关系晋国的若干庇护和帮助。晋曾为杞筑城,并追回了鲁国所占的"杞田"。晋为什么助杞?因两国是甥舅关系。

3. 跟随齐、晋、宋、郑等大国,参与会盟及军事行动,以求在大国的夹缝中图生存,站稳脚跟,是杞国在"国际"活动中的重要战略举措。《左传》载,杞国自公元前720年起,至公元前506年止,214年间,参与会盟、征伐等"国际"外交活动达24次,在多姿多彩的春秋战国历史舞台上,扮演了符合自己身份地位的角色。

4. 杞人继承了夏禹治国的优良传统,尊崇"夏道",以和为贵。"杞小微",经常受到齐、鲁、莒等邻国的欺凌,但仍保持与邻为善、忠实亲和的态度。莒国曾夺走杞的牟娄邑,杞可能认为打不过莒国未与莒采取以牙还牙的军事对抗,使莒受到"国际"舆论的指责。针对鲁国因杞对他用"夷礼"不恭而受的责备,杞不但没有任何过激行为,而且以联姻与鲁亲和。杞国前后存在 1500 余年，未见本国内乱的记载，显示出国内的精诚团结。这都是杞国思想文化方面的一些特点，有学者认为这是古代社会忠实古朴的一种传统，并非软弱无能之表现。

杞人为后世留有精神上的贡献乃妇孺皆知的"杞人忧天"。这一历史典故出自《列子·天瑞》，是说杞人"无事忧天倾"，怕天崩地坠，身无所寄，庸人自忧。无疑，这是一种消极地、或说传统地看法。显然这种看法是不了解杞人、杞国的历史。历史上的杞人之所以多次迁徙，是因受人欺凌，"天地虽大，却没有杞人的安居之地，这正是杞人身无所寄而寝食不安的历史背景"。忧天是杞人对人格的天和自然的天的一种忧虑，是忧国忧民的忧患意识，是杞人的进取、责任、动力及担当的体现，是民族自尊心和爱国情操的反映。这种忧患意识提醒人们任何时候不能高枕无忧，要"安而不忘危，存而不忘亡，治而不忘乱"（《易经·系辞下》）。一个国家，一个民族只有心存忧患，才能提高警惕，避免祸患，长治久安。

杞人为后世留有物质上的贡献，乃是保留了《夏时》，即《夏小正》。《礼记·礼运》记孔子曰："我欲观夏道，是故之杞，而不足征也，吾得《夏时》焉。"孔子曾到杞国调查夏代的礼乐文化，从杞国未得到相应的证明，却意外得到了《夏时》。按东汉末年的著名经学家郑玄注：《夏时》即夏代的"四时之书"，即《夏小正》，是夏代的历书。内容记载了从正月至十二月一年的时令气候、宜时之农事等生产活动，是我国现存最古老的月令书，形象地反映了上古先民对时令气候的认识。《夏小正》能保留至今，并对当今的天文气象及农业生产起着重要参考作用，应得力于杞国的保存和孔子得到后对《夏小正》的整理。这是杞国为后人做出的一大贡献。

周代杞国占据的地理位置正是今新泰之富庶之区。清代人许瀚根据出土的杞国器物指出周代杞国地盘当在今柴汶河以北，莲花山以南，西到今宁阳县东庄一带，东到新泰汶南镇与蒙阴县的接壤处，截长补短方圆不足百里。此一带土地相对肥沃，杞人又有《夏时》指导农业生产，农耕水平相对发达、先进。从清末出土的杞伯器群和数件淳于器物看，制作工艺精美绝伦，异常华贵，足见杞国青铜冶铸水平很高，技艺十分先进。

中华民族自古就有慎终追远、敬畏先祖的优良传统。笔者用较多笔墨叙述了古代杞国立都新泰的情况，杞人对历史的贡献及对今人的启示，目的是让今人知道今新泰一域历史上曾有个杞国，是个姒姓族群。切莫忘记或忽视这段有趣而真实的历史故实，方可借古鉴今，服务于新时代，更好继承和弘扬优秀传统文化。

三是菟裘人。今楼德镇西村以西的平原上有一高台地约 3 万平方米，南临柳溪河。此地曾出土过灰陶豆、卷云纹瓦当、板瓦、筒瓦，另发现有灰坑、窑址等。该遗址称菟裘遗址，是上古时期菟裘人的封国。《后汉书·郡国志》载：泰山郡梁父侯国，有菟裘城。后又称"菟裘聚",此即菟裘国旧址。按《史记·秦本纪》,有大费者佐大禹治水有功,大禹为大费请功,受到帝舜的奖励,并赐姓嬴氏,号称伯益。伯益集团强大后成为东夷少昊集团中的代表。伯益的始封地在今莱芜市城子县村,他是秦人的先世。《秦本纪》中太史公所列嬴氏伯益的后裔所建方国有十二个,这些方国以国为氏,其中就有菟裘国。菟裘氏的封国就在楼德西村一带,它和秦、赵、徐等氏的共同祖先就是伯益。只是菟裘氏后来不如秦、赵、徐等氏族显赫。由此说来,菟裘之名至少有距今四千余年的历史。按《史记·陈杞世家》所载,周武王时,尚有侯、伯千余人。及幽历王之后,诸侯力攻相并。菟裘国大概在西周末季的"力攻相并"中被他国所灭。至春秋初"菟裘国"变为"菟裘邑",成为鲁国的领土。嬴姓菟裘人则不知何时成了鲁国人。故鲁隐公欲在菟裘营建宫室,以备退休后居住。这就是《左传》所记鲁隐公所言"吾将老矣,使营菟裘"。不料,鲁隐公无防备他人之心,未能实现即被公子翚所害。春秋早、中期新泰属鲁,此即嬴姓菟裘人融入新泰人的来历。因鲁隐公一句"使营菟裘",使菟裘之名载于典籍,也使菟裘文化增添不少魅力,成为新泰历史文化中的一枝奇葩。菟裘文化的若干内容有待有识之士去挖掘、开发和利用,为当代服务。

四是姜姓甫人。甫人之甫又作吕,是西周姜姓一诸侯国,炎帝的后裔。甫人的一支于西周末年(或说更早些)由今河南南阳市西(或以为在新蔡县南)迁居至今莲花山之阳,他们在此拓荒种地,植树造林,辟为新居所,遂以"新甫"命所居之地,背靠之山曰新甫山。新甫山由此得名,后来才改称莲花山。姜姓甫人这一古老氏族随时代发展也融入新泰人之大家庭。至于这支甫人为何东迁,则是个一言难尽的古老话题。历史上的炎帝初建都于陈,即今河南淮阳,后又徙鲁。炎帝族被黄帝族打败后,后裔迁徙无常处,姜姓方国遍布中原和东夷广袤地区。后来的齐、纪、莱、彰、向等国都居于山东。甫人东迁的初衷有可能来寻找他的同宗同族,与其团聚。

由上可知,"新甫"之名肇始于西周末年,比《春秋》所载鲁宣公八年(前601)"城平阳"还早了一二百年。由于新甫山盛产柏树,成为鲁僖公建造祭祀祖先新閟宫的栋梁之材。《诗经·鲁颂·閟公》不仅赞扬了"徂徕之松,新甫之柏",而且赞颂了用徂徕之松、新甫之柏制作的方橑又粗又大,建造的寝殿气势恢宏,新修庙堂光彩融融。这其中无不包含着甫人的功劳。自此,徂徕、新甫两山并列载于典籍,名扬天下。

综上所述,远古至西周末季新泰先民是由东夷土著人,姒姓杞国人,嬴姓菟裘人,姜姓甫人组成的多氏族大家庭。上古时期的新泰文化可谓多氏族、多元文化的融合体。春秋前期平阳一域属鲁,称"鲁平阳"。至齐强鲁弱,则成为两国交战的前沿阵地,最后属齐,成为齐国南部疆域的桥头堡。这已有近几年新泰市区及其周边所发现的墓葬及出土的文物得到证实。故今新泰一域齐、鲁两种文化兼具。这种文化格局,在泰山周边,乃至全省县域历史文化中独树一帜,成为新泰历史文化的一大特征。齐、鲁两种文化基因在古老的平阳一域长期碰撞,造就了平阳人所特具有的思想文化特征。

凡　例

一、本书始终以习近平新时代中国特色社会主义思想为指导,坚持辩证唯物主义和历史唯物主义观点,尽力将历史人物放在所处时代和社会的历史条件下去研究去分析。

二、所录名士史料、图片主要采自载录历史典籍、方志、碑刻、族谱、家谱或世世相传的铭记文本等,极少数采自相关媒体。所采文章、资料均在文内或文后注明了出处。所采引文均在文后加括号说明了出处。其中某些碑刻年代久远,碑文的个别字迹模糊难辨,用"□"代替。例如:大唐□和□年甲□春。

三、所录名士最早起自春秋,最晚止于晚清。分春秋至曹魏、东汉至晚唐、宋元明清三大时段,每个人物所处时段按朝代先后为序。

四、历史名士的籍贯,包括故里、祖籍、寄籍,以现今新泰市籍(包括天宝镇)为限。流寓今新泰市域内且影响较大、时间较长或定居于此者一并收录。

五、本书采用历史纪年加公元纪年,括号内的公元纪年省略"公元""年"三字,如魏文帝黄初五年(224);公元前年号括号内在阿拉伯数字前加"前"或加"-",如鲁文公六年(前621)或(-621);特殊年份,如蒙元时期,用干支加公元纪年,如甲寅(1254)。

六、为使读者了解历史地名在现今的地理位置,在历史地名后加括号,注明了其在现今的地理位置,如窦(鲁邑,在今山东荷泽市北二里),陈留(今河南省开封市东南陈留镇)。

七、历史上的同一官职称谓,因朝代不同,职责有别,俸禄不一。本书在名士所任官职后一般都加括号注明官阶、职责、俸禄等,如骑都尉(汉初为统领骑兵的武职官员,不统兵时为侍卫武官,秩比二千石。至东汉该职隶掌宫殿门户的光禄勋,为皇帝近臣);中庶子(太子属官)。

八、本书有的章节后加了《评析》板块,是作者对某人某事的评论、剖析或解释,有话则长,无话则短;另设了《章后语》或《节后语》,多是本书的花絮小文。

目 录

中篇——泰山羊氏(秦汉至晚唐)

第三节　西晋重臣羊祜

下篇——宋金蒙元明清

上篇

春秋至曹魏

上篇导语

上篇共辑录春秋到曹魏时期今新泰籍圣哲先贤23人，计4章14节。主要讲述了和圣柳下惠、乐圣师旷、盗亦有道的柳下跖、先贤林放、齐国大夫鲍叔牙及其裔孙汉末济北相鲍信、信子曹魏名臣鲍勋、父鲍丹等鲍氏族人，及平阳高堂氏家族中西汉礼学博士高堂生、曹魏忠臣高堂隆、高堂氏的裔孙，孔子的两位高足颜涿聚和高柴等先贤名士的生平事迹、思想道德、历史贡献、对后世的影响、后人对他们的祭祀、评价等。因上述某些名士的乡贯存在多种说法，故用一定的篇幅，以文献、方志、碑刻、出土文物等资料为依据，实事求是地证实了他们的乡贯确在泰山平阳(或梁父)即今新泰市，以解他人之疑惑。

新泰大地所出上述圣哲先贤是新泰人的骄傲和自豪，是新泰珍贵的历史文化遗产。他们的思想道德、生平事迹在中国历史上熠熠生辉，数千年来为无数贤哲称颂。例如，和圣柳下惠，亚圣孟子将其与伯夷、伊尹、孔子并列，称之"圣之和者"。孔子称柳下惠不仅言行符合圣人的标准，而且是圣贤的榜样。可以说，柳下惠之"和"，足使新泰成为中华"和文化"的故乡。乐圣师旷之所以称圣，因他不仅是春秋时期空前绝后的音乐大师，是精通古代乐史、乐理、乐论的理论家，而且是春秋之时的思想家和政治家，冒死敢谏的诤臣。在他看来"乐"可以兴邦治国，也可以亡国丧家。后世认为他以"乐"洞察盛衰的才华可谓"精之至"。至于知人荐贤的齐国大夫鲍叔牙与齐相管仲的"管鲍之交"，妇孺皆知；"管鲍遗风"至今广为流传。鲍叔牙裔孙鲍信父子，是地道的新泰籍人，均为汉末忠魂埋平阳的名士。西汉礼学博士高堂生，最知"礼"之根本，在"诗书丧"的情况下，将"礼"(又称"士礼"、"仪礼")十七篇传之后人，使华夏礼仪文明得以传承至今，功莫大焉，成为汉兴传五经的七大家之一。高堂生后人曹魏忠臣高堂隆，学问渊博精深，一生清正，对魏明帝过失敢秉笔直谏，文辞恳切。他提出的"天下之天下，非独陛下之天下"的民本思想观念与孟子"民为贵，君为轻"的论点完全一致，可谓是当时进步的思想家。本篇所记先儒林放，因孔子一句"泰山不如林放"而以知礼名扬天下。春秋时期的天下名人贤士颜涿聚、以仁德知于孔门的高柴，是孔子的两位高足。他们两人是否新泰籍，看以下正文便知，并非牵强附会，空穴来风。

本篇还专用一节阐述了何为"圣人"？何为"贤人"？孔、孟、老子他们心中的圣贤是什么形象？圣贤各有何标准？便可与本篇所记新泰籍的圣哲先贤相对照，看哪些人可称贤，哪些人可称圣，"盗亦有道"的柳下跖可否称"圣"？仅凭以上贤哲名士，新泰就不愧"圣贤之乡"。

第一章　泰山平阳二圣及"盗亦有道"的柳下跖

历史文献和考古器物证明,二至五万年以前,就有人类在新泰这片美丽的土地上生息、繁衍。五六千年前,我们的祖先已在这里创造了灿烂的古代文明。先秦时期,新泰已是文武英彦竞出,群星璀璨。"和圣"柳下惠、"乐圣"师旷最具圣明。其人其事犹如日月经天,江河行地,令人仰止,也赢得人民的世代敬仰。被誉为"名声如日月与舜禹俱传而不息"(《荀子》)的奴隶起义领袖柳下跖"盗亦有道",自古受到劳动人民的崇敬和祭祀。

第一节　孔子、孟子、老子心目中的圣人

人们常说,山东是出圣人的地方,这里所指的山东是指先秦时期的齐、鲁两国。两国不断发展而形成的文化称齐鲁文化。它虽是一种地域文化,但以其丰富的内涵和突出的贡献,在中华文化体系中居于重要地位。俗话说,一方水土养一方人,在齐鲁这片大地上,在灿若繁星的齐鲁文化名人中,有一批让山东人民耳熟能详并为之骄傲的圣人。仅先秦时期就有文圣孔子、亚圣孟子、医圣扁鹊、科圣墨子。还有孔子的学生宗圣曾子,笃圣闵子骞,复圣颜子,寿圣高柴,述圣子思子等。古圣贤中的尧舜周公等也都在今山东大地活动过,并说舜是"东夷人"。今新泰地域也有圣人,如和圣柳下惠、乐圣师旷。他们各有特长,在思想文化、学说、理论、技艺方面对人类的贡献都很突出,其影响面都具有广泛性、持久性。他们的人文精神、优良传统和风范不同程度地渗透到人们的观念、行为、信仰、习俗、思维方式、生活方式诸方面,自古以来是人们的楷模,也是最受崇拜、最受尊敬的人。

一、何谓圣,何谓圣人

"圣"字甚古,甲骨文"聖(圣)"字人形上有大耳,为会意字。卜辞中用法与"听"同。武丁时期卜辞有:"……有圣。……无其圣。"(《合》14295。见孟世凯《甲骨学辞典》,上海人民出版社,2009年版,第585页)马如森先生也认为甲骨文中"聖"(圣)字从人、从耳、从口。字象突出人的耳和口,以示标明听觉和口语,表示人的灵敏和才能。本义是有智慧的人。卜辞"……我亡其圣"之义,疑用作本义(见马如森《殷墟甲骨文引论》,东北师范大学出版社,1993年版,第584页)。

《说文》:"聖(圣)通也。《邶风》(指《诗经·邶风》):'母氏圣善'。《传》云:'圣,睿也。'《小雅》(指《诗经·小旻》):'或圣或否。'《传》:'人有通圣者,有不能者。'《周礼》:

'六德教万民,智仁圣义忠和。'注云:'圣通而先识。'《洪范》(指《尚书·洪范》):'睿作圣。'凡一事精通,亦得谓之圣。从耳。聖(圣)从耳者,谓其耳顺,风声知情。按声、聖(圣)字古相假借。呈声。"简言之,《说文》认为"聖"(圣),通也。从耳呈声。《洪范》中所说"睿作圣"之"睿"即是"通达"之意。孔安国《尚书孔传》谓"于事无不通谓之圣"。

从字义上解释"圣",大概有以下四种意思。一是指聪明,才智超群。如,《老子·十九章》:"绝圣弃智,民利百倍。"《韩非子·外储说右上》:"虽有圣智,莫尽其术。"又指通达事理。如《尚书·大禹谟》:"乃圣乃神,乃武乃文。"二是指具有最高智慧和道德的人。如《韩非子·五蠹》:"然则今有美尧、舜、汤、武、禹之道于当今之世者,必为新圣笑矣。"《战国策·齐策三》:"千里而一士,是比肩而立;百世而一圣,若随踵而至也。"三是指旧称学问技能达到极高水平的人。如,叶燮《原诗·外篇上》:"诗圣推杜甫。"杜甫《饮中八仙歌》:"张旭三杯草圣传,脱帽露顶王公前。"四是指古人对当代皇帝的尊称,如圣上。

"圣人",是指出类拔萃的人。如《周易·乾·文言》:"圣人作而万物睹。"《史记·礼书》谓:"圣人者,道之极也。"《正义》:"道为礼义也。言人有礼义,则为圣人,比于天地日月,广大之极也。"又,《大戴礼记·哀公问五义》孔子对曰:"所谓圣人者,知(智)者通乎大道,应变而不穷,能测尽万物之情性者也。"《集注》王聘珍曰:"大道,谓天地人三才之道也。"陆贾《新语》云:"圣人成之,所以能统物通变,治情性,显仁义也。"《戴礼》曰"圣人穷理尽性,通神明之德,故类万物之情,近取诸身,远取诸物,吉凶悔吝无不先知,而然否取舍无不当也。"黄怀信按:"大道,天道,自然之道也。"(见黄怀信主撰《大戴礼记汇校集注》,三秦出版社,2005年版第66页)

在先秦典籍中的"圣人",无论儒道、道家,还是诸子百家都是反复提及的一个重要概念,是各家所推崇的最高理想人格。有学者统计,"圣人"一词在《论语》中出现3次,在老子《道德经》中出现31次,《墨子》中出现35次,《孟子》中有19次,《韩非子》中出现54次,《庄子》中高达113次(见王景琳等《庄子·逍遥游》中的《圣人无名》,载《文史知识》2014年第6期)。可见各家学派无一不对"圣人"推崇","圣人"的形象、概念对各家学派的思想、学术甚至社会现实的影响至深。

二、以孔、孟为代表的儒家学派尊崇的圣人形象

各学派对圣人的定义、内涵不尽相同。例如,当鲁哀公问孔子如何选取人才时,孔子说,人有五等人格:有庸人,有士人,有君子,有贤人,有圣人。至"圣人"达到尽善尽美的最高人格境界。孔子心目中的"圣人"什么样呢?他认为:圣者,德合于天地,变通无方,穷万事之始终,协庶品之自然,敷其大道而遂成情性。明并日月,化行若神。下民不知其德,睹者不识其邻。此为圣人。这段话,就是说:孔子心目中的圣人是德行与天地之道相合,统物通变,推究事物的发展规律,协调万物的自然本性,广布大道从而成就万物的性情。他与日月齐辉,化行天下如同神明,百姓不知道他的德行,见到他的人也识别不出他与一般人的区别。这样的人就是圣人(见杨朝明、宋立林主编《孔子家语通解·五仪解》,齐鲁书社,2013 年版,第 59、63 页)。孔子看来"圣人"应达到与天地同德,与日月同辉,能化同天下如同神明的境界和德行,非常人能所及,是极高之境地。因此,他认为只有尧、舜、禹、汤、文王、武王、周公等古圣先王才可称为圣人。如,他赞美尧说:"大哉尧之为君也!巍巍乎!唯天为大,唯尧则之。荡荡乎!民无能名焉。巍巍乎!其有成功也。焕乎!其有文章。"(《论语·泰伯》)孔子认为,只有尧这样的君主才真伟大,只有尧能效法天,像天一样高大,老百姓都无法用语言称赞他,他的功绩崇高,他的礼乐法度光辉灿烂。孔子既赞其辉煌之功业,又彪炳其圣德。"圣"是少数人才能达到的境界。孔子所界定的道德修养中的"仁"是可力致的,"圣"则非力而能致者也。因此,当子贡说:如有人广泛地给予民众实惠,紧急时又能救济大众,这样做可以称他为仁者吗?孔子回答说岂止是仁呢?一定是圣人了。就是连尧舜也会感到力量不足啊(《论语·雍也》)!由此可看出,孔子心目中的圣人,多指"圣王",即有德有位之人。孔子生活的时代,已是礼崩乐坏,圣人自然是见不到的,所以他说:"圣人,吾不得而见之矣。得见君子者,斯可矣。"(《论语·述而》)同时也不难看出,孔子一生向往的道德模范是像尧舜那样的"圣王",只有像尧舜一样的理想人格才能称"圣人"。《论语·雍也》说:"夫仁者,己欲立而立人,己欲达而达人。能近取譬,可谓仁之方也已。"其大体是说,所谓仁者,自己要想有所成就,也帮助别人有所成就,自己想通达,也帮助别人通达。能够以己之心推别人之心,将心比心,这是实现仁德的方法。这段话与上文相接可以看出,孔子谈到的"仁"与"圣"是有区别的。"仁"者可以通过自己的努力而达到"仁",在自己达到之时,还能帮助别人一起达到。而"圣"者,能广泛地给民众以实惠,紧急时又能救济大众,也就是能将"仁"普及于民众,并能成功推广于社会。即"博施于民而能济众"(《论语·雍也》)。

孔子一生虽努力追求圣人的境界,但他从不认为自己是圣人。他认为"天生德于予"(《论语·述而》),即说他的德行是上天降生到他身上的。虽说"文王既没文不在兹乎"(《论语·子罕》)?就是说,集结传统文化的周文王死后,饱含着礼乐之道的文化遗产不是都在我这里吗?但他也不敢以"圣"自许。他说:"若圣与仁,则吾岂敢?抑为之不厌。诲人不倦,则可谓云尔已矣。"(《论语·述而》)孔子认为,像圣人和仁人我怎么敢当呢?我不过是努力学习而不厌倦,教诲学生不知倦怠,如此而已罢了。而此,亦正是非常人所能做到的,如他的弟子公西华所言"正唯弟子不能学。"(《论语·述而》)其后,孔门弟子对老师的恭谦十分敬佩,出于对老师的尊敬,多尊之若"圣",后人称之为"至圣"或曰"文圣",百姓多称"孔圣人"。从另一方面分析,孔子是仁礼和合的最高典范。有学者认为,孔子的思想起点是礼,是他将周礼因时制宜,损益革新作了处理。"礼"之后面最为重要的根本是"仁"。"仁"是内化的"礼","礼"是外化的"仁",言礼不言仁非儒也;言仁不言礼,亦非也;仁礼和合,真儒也。其正可谓"克己复礼为仁"(《论语·颜渊》),"人而不仁,如礼何"(《论语·八佾》)。孔子的这种境界,是在不离凡俗世界的礼仪实践中所透射出的神圣光辉,这种境界正是圣人境界(参见郑治文、傅永聚《孔子言说的"道"》,光明日报,2014年8月26日第16版)。故钱穆认为,孔子居圣人之实,辞圣人之名。良是。孔子距今有两千四百余年,一个"仁"字仍活在中国人的心中,孔子的"圣人"称谓也是能承担得起的。

孟子心目中的圣人与孔子大同小异,也视尧舜等古代圣王为"圣人",他认为这些圣王符合圣人之人格,是他心目中的道德楷模。如《孟子·公孙丑上》认为周文王、武王、周公都是圣人,而且"由汤至于武丁(商代帝王),贤圣之君六七作"了。同文还认为,伯夷、伊尹、孔子他们的处世方法虽不同,但都是古代的圣人。同时认为他们"出于其类,拔乎其萃。自生民以来,未有盛于孔子也"。孟子说:"伯夷,圣之清者也;伊尹,圣之任者也;柳下惠圣之和者也;孔子,圣之时者也。孔子之谓集大成。"(《孟子·万章下》)同时认为"规矩,方员之至也;圣人,人伦之至也。"(《孟子·离娄上》)就是说圆规曲尺,是方和圆的最高标准;圣人,是做人的最高典范。还认为:"先圣后圣,其揆一也。"(《孟子·离娄下》)即是说先出的圣人和后出的圣人他们所遵循的准则,或说法度是一样的。孟子眼中的圣人,如周公,知错就改,等他改了,人民都仰望着他(《孟子·公孙丑下》)。如尧舜禹不仅治理了洪水,使中原的百姓能吃上饭,还让后稷教民农事,任命契做司徒用伦理、道理教化民众,圣人功德浩荡无边,人民简直无法用语言来形容他们(《孟子·滕文公上》)。可见,圣人就在人们的现实生活中,是人们效法的榜样。圣人在指导着现实生活、社会伦理道德的准则,所以说圣人是"人伦之至也"。

孟子和孔子一样不承认自己是圣人。当公孙丑说:"夫子既圣矣乎?"孟子说:"恶(哎呀)!是何言也!……夫圣,孔子不居,是何言也。"又说:"(伯夷、伊尹、孔子)皆古圣人也,吾未能有行焉;乃所愿,则学孔子也。"(《孟子·公孙丑上》)孟子只强调要虚心向圣人学习,自己还做不到圣人那样。在别人眼里,孟子可称圣了。如"或问于程子曰:'孟子还可为圣人否?'程子曰:'未敢便道他是圣人,然学已到至(按:"至"恐当作"圣"字)处。'程子又说:'孟子有功于圣门,不可胜言。'"(朱熹《孟子集注·孟子序说》)

孔、孟对"圣人"的标准似乎有异。如孟子认为柳下惠可以称圣,他说"柳下惠,圣之和者也"。而孔子则认为柳下惠只是"逸民"。如《论语·微子》:"逸民:伯夷、叔齐、虞仲、夷逸、朱张、柳下惠、少连。"虽然孔子对以上之人多有称颂,但是尚不及"圣人"之境,而他们只冠以"逸民"。其他书籍亦未见孔子称他们为圣人。杨伯峻和杨朝明都解释逸民谓:逸,同"佚",散失、遗失。《孟子·公孙丑上》:"柳下惠不羞污君,不卑小官;进不隐贤,必以其道;遗佚而不怨,厄穷而不悯。"杨朝明认为"遗佚而不怨"就是指的逸民。杨伯峻并对"逸民"直译为"古今被遗落的人才"(分别见杨伯峻《论语诠释》,中华书局,1980年版,第197页;杨朝明《论语诠解》,山东友谊出版社,2013年版第330页)。之所以孔孟二人对"圣人"标准存在差异,可能与其所处时代不同,或说他们的圣人观不同。从而理想人格的标准也不尽相同。

不仅如此,孟子还称柳下惠为"百世之师"。如《孟子·尽心下》:"圣人,百世之师也,伯夷、柳下惠是也。故闻伯夷之风者,顽夫廉,懦夫有立志;闻柳下惠之风者,薄夫敦,鄙夫宽。奋乎百世之上,百世之下,闻者莫不兴起也。非圣人而能若是乎? 而况于亲炙之者乎?"上文大意是说,柳下惠的道德风范能使刻薄之人变厚道,狭隘之人变宽广。百代之后,听到过他(他们)事迹的人无不振作奋发向上,百代之后尚且如此,更何况当时亲身受过他(他们)熏陶的人呢? 不是圣人能这样吗? 由此看来,孟子更看重的是伊尹、柳下惠的德行。他们比古代圣王距当时之人更近,更具有教化功能和说服力。他们的道德更容易被老百姓接受,而效法之、弘扬之。这大概是与孔孟对圣人认识上不同点。关于这方面内容非本文所讨论不再赘述。

另外孟子还认为,"圣"妙到不可知就叫作"神",似乎是说,比"圣人"更高境界者为"神人"。孟子说:"可欲之谓善,有诸己之谓信,充实之谓美,充实而有光辉之谓大,大而化之之谓圣,圣而不可知之之谓神。"这段话的大意是说,值得喜爱的叫"善",自己确实具有"善"就叫做"信","善"充实在身上就叫作"美",既充实又有光辉就叫"大",既"大"又能感化万物就叫"圣","圣"到妙不可知就叫作"神"。显然,《孟子·尽心下》中的这段话是借评价孟子的弟子乐正子,阐明品德修养的六种境界,而最高境界谓之"神"。朱熹《孟子集注》在本段引程子曰:"圣不可知,谓圣之至妙,人所不能测。非圣人之上又一等神人也。"《孟子注疏》赵岐注本段时云:"大行其道,使天下化之,是为圣人。有圣知之明其道不可得知,是为神人"。然而,在《孟子·尽心上》说:"夫君子所过者化,所存者神,上下与天地同流,岂曰小补之哉!"意思是说,圣人经过哪里,哪里就受到感化;住在哪里,哪里就有神奇的变化,造化之功上与天齐下与地同,难道说只是小小的补益吗? 朱熹《孟子集注》对本句注曰:"君子,圣人之通称也。'所过者化',身经历之处,即人无不化。'所存者神',心所存主处,便神妙不测,如孔子之'立斯立,道斯行,绥斯来,动斯和',莫知其所以然而然也。"这里的"神"显然是指神妙神奇而不可测之意,还应是"圣"的境界。与上文《孔子家语·五仪解》中孔子所说"明并日月,化行若神。下民不知其德,睹者不识其邻。此谓圣人"基本一致,没有突破"圣人"的标准与人格。又,朱熹注曰"君子,圣人之通称也。"可见,孟子将君子、圣人有所混淆,或说没有多么严格的界限。但孔、孟二人对"圣人"的标准有异则是十分明显的。

三、以老子为代表的道家学派尊崇的圣人形象

再看道家学派的老子是怎么推崇"圣人"的。《道德经·三章》说:"是以圣人之治,虚其心,实其腹,弱其志,强其骨,常使民无知无欲。使夫智者不敢为也,为无为,则无不治。"其大意是说,以圣人治理天下,在于使人们精神上空虚。不想别的,满足百姓吃饭问题,让百姓填饱肚子,削弱其志向,强其筋骨。永远使人们没有奸诈的心智,没有贪婪欲望,使智者不敢有作为。按照"无为"的原则办事,天下就没有不能大治的。由此看,老子所推崇的圣人是"无为而治""无为不争",能让老百姓安居乐业、吃饱饭的国家君王。历来有学者认为,这段话是老子反对现实社会的物欲横流和道德沦丧。老子认为,现实社会中统治者崇尚贤能,占有珠宝,炫耀物欲,这些都是扰乱人心、造成动乱的根源。他希望有"圣人"消除奸诈的智慧和贪婪私念,通过民众的"虚其心""弱其志"恢复纯朴的民风,实现国家的大治。在《道德经》中,共出现"圣人"30 余处,其中多数提及的"圣人"是老子所理想的具有道德、品行优备,才学精博的统治者。只有这样的"圣人(才能)处无为之事,行不言之教。"(《道德经·二章》)他的这种理想在《道德经》中多次出现。如《第四十九章》中说:"圣人常无心,以百姓心为心。"又说:"圣人在天下,歙歙焉,为天下浑其心。百姓皆注其耳目,圣人皆孩之。"就是说,圣人没有私心,把百姓之心当作自己之心。圣人在天下,总是十分谨慎的样子为天下,让老百姓质朴,返璞归真。让百姓都专注自己的耳目欲望,圣人则要他们回到像婴孩一般纯真自然。

《老子》中"圣"的另一层意思是睿智,聪明。如《十九章》说:"绝圣弃智,民利百倍;绝仁弃义,民复孝慈;绝巧弃利,盗贼无有。此三者,以为文,不足。"这里的"圣智"是指儒家。他认为儒家的圣智、仁义、巧利,是产生盗贼的起因,是造成道德沦丧、世风败坏、社会混乱的根源,应弃之。因此,老子主张"清静无为"顺其自然的治国之道。老子的这一观点到庄子一脉相传。《庄子·胠箧》说:"圣人不死,大盗不止。虽重圣人而治天下,则是重利盗跖也。……诸侯之门,而仁义存焉,则是非窃仁义、圣智邪?""故绝圣弃知(智),大盗乃止。"庄子所指的"圣人"就是"圣智",即指用儒家的圣智治国,天下就不太平,会让像盗跖一样的大盗获取最大好处。可见,儒、道治国理念不同,但都认为"圣人"的名声最重。但是,在庄子眼中则是"圣人无名","无名"才不"累","有名"则"大累"(见王景琳《庄子·逍遥游》中《圣人无名》)。这是顺便说的庄子眼中的"圣人",本文不讨论该问题,故不赘述。

《老子》理想中的圣人还有一种,即"利而不害""为而不争",与"善者""辩者""知者""博者"相提并论。他认为"圣人不积,既以为人,己愈有,既以与人,己愈多。天之道,利而不害;圣人之道,为而不争。"(第八十一章)在老子眼里,这种人必须有很高的修身境界,不积累财富,尽力去帮助别人,这样做自己更富有;全部给予他人,自己则更多。

自然的法则,是利物而不害物;圣人的法则,是帮助而不争夺。这种思想境界达到了,才能成为圣人。只有这种圣人才能清心寡欲,清静无为。

上述孔子、孟子、老子所推崇"圣人"似乎标准有异,甚至心目中的形象有别,但他们认定的圣人,是超凡出俗的超人,是"才德全尽"之人①,是亲民爱民具有极高道德境界的,是政治和道行的榜样。总之,在孔子心目中,圣与仁是最高境界。"圣"的目标是"博施于民而能济众",能为天下苍生谋福祉;"仁"者则"己欲立而立人,己欲达而达人"(《论语·雍也》)。老子则认为"圣人常无心,以百姓心为心"(《老子·四十九章》)。

在中国历史上每个时期都有自己的圣人,在先秦时期最为盛行。孟子以继承孔子儒家思想传统而自命。至《宋史》立,始终遵循的基本思想是程、朱(程是程颢、程颐兄弟,朱是朱熹)理学。清代《四库全书总目提要》(卷四六《史部正史类》二)说,《宋史》"大旨以表章道学为宗,余事皆不甚措意。"清代史学家钱大昕在《廿二史考异》(卷八十)也说:"《宋史》最推崇道学,而尤以朱元晦(熹)为宗。"故《宋史》立《道学传》,肯定朱熹为道统(指儒家传道之统绪)的继承者。道统成为圣圣相因的圣人之道。接续道统就是学习和效法圣人以仁义道德治天下。所以朱熹认为通过读书学习可了解儒家之学,可接续道统,就可以成为圣人。

儒学到宋明以后发生了很重要的变化,这种变化发展到明代的王守仁(即王阳明),学以"心"为宗,认为"学者,学此心也;求者,求此心也"(《传习录》中)。以心为宇宙本体,提出"心即理"的命题。其学术思想集南宋陆九渊以来心学之倡言"知行合一"说。他认为"知者行之始,行者知之成,圣学只一功夫,知行不可分作两事"。又说,六经皆史,史就是"事",就是事实和做事。儒家思想、圣人思想之核心就是为老百姓做事,离开了事实与做事,就背离了圣贤之道。王阳明还认为,劳动和做事本身就是修行,通过做事这种修行,每个人都可以成为圣人,因此,他说满街都是圣人(见《光明日报》2015 年 10 月 29日第 11 版韩毓海《王阳明和〈传习录〉》)。与朱熹的"圣人"观点又不同。

总之,中国人心目中圣人不像西方的上帝,是虚无缥缈的神,而远离人世。中国人的圣人是活生生的美的化身,道德的化身,是人格的最高典范。

拙文开篇列出先秦时代的圣人是齐鲁大地上土生土长的圣人。他们多数生于斯长于斯,建功立业于斯,为世人所熟悉。他们各具鲜明特质或有一技之长,或是一时之圣人,或是儒家所推崇的圣人。这些圣人体现了山东人的气魄与活力,蕴含着山东的优良

---

① 才德全尽:《资治通鉴·前言》载,是故才德全尽谓之"圣人";德胜才谓之君子;才德兼亡,谓之"愚人";才胜德谓之小人。凡取人之术,苟不得圣人。君子而与之,与其得小人,不若得愚人。

传统和文化精神,成为千百年来山东人的价值规范和精神财富。山东人的仁义厚道,重礼仪、讲诚信、顾大局、能吃苦、爱节俭、勤奋勇敢、敢担当等品德应与他们的影响与熏陶密不可分。

新泰地处鲁中,自古属泰山文化圈,南邻鲁邹孔孟之乡,北靠开放、兼容并蓄的旧齐,西接东岳泰山,处海岱文化区之中部,古称平阳,故新泰又称泰山平阳。这方热土在先秦时期也出了几位圣人。除和圣柳下惠、乐圣师旷知名度稍高,人们能耳熟能详外,"盗亦有道"的柳下跖能否称"圣"? 寿圣高柴有些人虽较陌生,但也属"圣"之列。下面一一介绍。

主要参考书目:杨伯峻《论语译注》,中华书局,1980 年版;朱熹《孟子集注》,齐鲁书社,1992 年版;鲁国尧、马智强《孟子全译》,江苏古籍出版社,1998 年;饶尚宽译注《老子》,中华书局,2006 年版;《资治通鉴》,北京燕山出版社,2001 年版。《庄子》采自《二十二子》,上海古籍出版社,1986 年版。

第二节　和圣柳下惠

柳下惠,春秋早期鲁国大夫,以讲究礼节著称。其"坐怀不乱"的故事传为千秋佳话,被尊为道德楷模。柳下惠一生维护周礼,其道德品质、节操行为对后世影响很大。孔子对其称"贤",评价甚高。孟子称其"圣之和者",世代尊为"和圣",被誉为"百世之师"。

一、柳下惠所处的历史时代及执政卿们的治国理念

柳下惠是春秋早期鲁国的一位圣贤(画像见彩页),其事迹对后世影响很大,儒家的开创者孔子、孟子都对其赞不绝口,以至"柳下惠"这个名字在两千六百多年的历史长河中妇孺皆知,被后人奉为道德楷模。他是鲁国的一位大夫,以什么样的理念参与治国呢?

众所周知,今日山东曲阜是春秋时期鲁国的都邑。周初,武王当政,周公姬旦在朝内为宰辅,未就受封之鲁地。武王死后,周公又辅佐年幼的成王,乃封其子伯禽于曲阜。当时曲阜一带因有古奄国之奄民在此居住而称奄,又是"少昊之墟",尚无"鲁"之称呼。因周公封地在今河南鲁山一带,伯禽封侯后曲阜才被称之"鲁"。据《说苑·至公》所载"周公卜居曲阜",鲁国的城址是周公卜定的,此说应可信。当初,鲁国北至泰山及汶水之北,以泰山山脉及汶水北岸地与齐国为界,或说今泰安、新泰为鲁国之东北境与齐接壤,所以,新泰一域为齐鲁之界之说自古有之。《春秋》载,鲁宣公八年(前 601)"城平阳",即鲁国在今新泰修筑城墙,故当时此地又称"鲁平阳",至今已有二千六百余年历史。后来鲁国衰微,齐国不断南侵,平阳又曾属齐,此地既有鲁韵,又具齐风,形成了独特的文化

风格。

按国家公布的夏商周断代纪年表《周纪年表》，周成王于公元前1042年亲政。据《今本竹书纪年》所记，伯禽封鲁(侯)是在周成王八年，也就是公元前1038年。以柳下惠生于前720年(鲁隐公三年)卒于前621年(鲁文公六年)，寿百岁计，至此鲁国已经营近三四百年，柳下惠所处时代尚属春秋早期。下面，结合柳下惠生平简述鲁国在春秋之初是如何经营的。

当"周公始封，太公问：'何以治鲁'？周公曰：'尊尊而亲亲。'"(《汉书·地理志》)伯禽当政三年后才报周公，周公说："何迟也？"伯禽回答说："变其俗，革其礼。"而姜太公封于齐五个月后即报政于周公，周公说："何疾也？"太公说："吾简其君臣礼从其俗为也。"(《史记·鲁周公世家》)伯禽报政迟的原因是因鲁人的成分比较复杂，起码由三部分人组成。一是周人，鲁初，周人占的比例不高。二是殷人，这是伯禽受封时周王朝分给鲁，让鲁管理他们，号称"殷民六族"。他们是举族迁徙而来。"殷民六族"有条氏、徐氏、萧氏、索氏、长勺氏、尾勺氏。三是当地的奄民。伯禽为使鲁人安定，采取拉拢和怀柔政策，顺应当地的礼俗。这是当初为了巩固鲁国统治而采取的政策，与齐国的"从俗简礼"大不相同。上文周公所说的"尊尊而亲亲"的治鲁方略一直是历代鲁君坚守的一条宗法原则。

当初，姜太公封在齐，周公封在鲁，两人相善交情非常好，彼此问："怎么才能治理好国家呢？"太公说："尊贤上功。"(尊敬贤者，奖赏有功之人)周公说："亲亲上恩。"(亲近亲人，崇尚恩德)太公说："以这样的方法治国，鲁国很快会削弱的。"周公说："鲁国虽会削弱，但其后世拥有你齐国的也肯定不是你吕氏了。"其后，齐国日益强大，以至称霸，二十四世田成子代齐。鲁国日益削弱，以至勉强支撑，三十四世而亡。以上这段话是《吕氏春秋·仲冬纪·长见》对齐鲁两国治国方法的总结，说明两国治国方略不同，两国文化也有差异。

鲁始终贯彻了"尊尊而亲亲"的基本原则，在很大程度上"尊尊"给鲁国带来了政治安定。在位之君受到了尊重，但这并非是无条件的。它要求国君必须"明德""立德"，"以德训民"。"礼"是鲁国的立国之本、治国之要，国君必须时时事事守礼，以"德"的标准严格要求自身。国君如有不合礼的、不合规范的行为将受到臣民的谏阻。如齐国要鲁国的岑鼎，柳下惠劝鲁君不要给齐国赝鼎要给真鼎，以示诚信就是一例。柳下惠时代崇德是社会的共识。你如果想垂名青史，就要立德。因为"大上(最高)有立德，其次有立功，其次有立言。能做这样，虽然死了也久久不会废弃，这叫作三不朽。"(《左传·襄公二十四年》)这几句话是称赞与柳下惠同朝的上大夫臧文仲①的,臧文仲虽然死了,但他的话世世不朽,是个德行很高的人。柳下惠是他的下级,有时与臧文仲政见不合,后来的孔子虽说臧文仲有"不仁""不智"的地方,更说明柳下惠直道事人,同样是德行很高、被后世称为德行的表率,道德的典范。像臧文仲、柳下惠这样的人"夫令名德之舆也;德,国家之基也"(《左传·襄公二十四年》)。就是说,好名声,是装载德行的车;德行,是国家和家族的基础。

鲁国的"亲亲"原则,阻碍了非公族不能执国政的路子,使掌握鲁国政权的卿族一直规定在"伯禽之后"的本族以内,异姓家族的贤人均被排斥在了政权大门之外。他们坚信"非吾族类,其心必异"(《左传·成公四年》)的古训。这样渐渐导致了鲁国公室的衰微,也使其统治集团缺少了生机和活力。

鲁国的统治者十分重视"明德",当然这是贯彻了周公的治国理念。"德"成为鲁国政治思想的核心。这里所说的"德"不仅是道德、品德的体现,更是融合政治的一种综合概念。君主施行的是"以德治民"。在他们看来"德之不建,民之无援"。就是说,德行不建立,百姓就没有救援,这样会使人伤心(《左传·文公五年》)。反之,国君不建立德行,百姓也不会尽忠效力。所以,实行德行,或说:"以德治政""以德抚民",百姓没有怨恨,国家没有敌对者,社会就安定和谐。

鲁国在"以德治国"的同时,也注重"威民",但主张"慎罚"。柳下惠官职为士师,是管刑狱、司法的一位下大夫,官不大但有杀人之权。他在以法治国、治政方面也贯彻了"慎罚"的原则,但对知法犯法,既"盗君子节又盗君子学"的违礼、违法的犯法者,还是依鲁法鲁礼对犯法者进行了严惩。柳下惠亦是一位"执法如山"的、维护法律尊严的人。

春秋时期的鲁人也十分相信天命、鬼神,但是统治者"重民、保民"的意识也很强。采取了一些重民保民的措施,制定了一些政策,以保国无患,民无难,国人安居乐业,国家太平。例如鲁僖公二十一年夏,鲁国大旱,僖公以为是巫人和仰面朝天的畸形人造成的,要烧死他们。臧文仲说:"这不是防备旱灾的办法,修城墙,贬损饮食,节省开支,致力农事,劝人施舍,是应该做的。如果那些畸形人能造成灾害,烧死他们会更厉害。"僖公听从之,这一年有饥荒,但没有伤害百姓(《左传·僖公二十一年》)。鲁国统治者也十分注重利用地利上"宜五谷桑麻六畜"之优势,"好农而重民"(《史记·货殖列传》)。这正体现了鲁国统治者的民本思想。春秋以降社会开始大动荡,"保民、重民",民众的作用更加凸

---

① 臧文仲:鲁国大夫,臧孙氏,名辰,字文仲,生年不详,卒于前 617 年。历仕鲁庄公、闵公、僖公、文公四世,有学识。曾出使晋、宋、楚等国,应对得宜,不辱国体。鲁旱,力持旱灾与巫尪无关,认为抗灾要务在于修城郭、省费用、劝稼穑。曾"废六关"、禁游说之士,为孔子所反对。

显,民本思想更受到了像臧文仲这样的执政卿等有识之士的重视。

　　周兴,周公为使周王朝长治久安,在总结前代礼乐文明基础上开始制礼作乐,完备周朝典制,以用作天下的纲纪。礼乐治国成为治国之本。因礼乐的功能主要是"治理国家,安定社稷,使百姓有序,使后代有利"(《左传·隐公十一年》)。就其本质而言,"礼"即是统治者的一种政治上的统治工具。鲁国是宗周之国,较完整地保存和实施周代礼乐是必然的,他们知道"坏国、亡人、必先去其礼"(《礼记·礼运》)。礼关乎国泰民安,礼在,国不能亡。同时鲁人也深刻地认识到"人有礼则安,无礼则危"(《礼记·曲礼上》),"无礼则亡"(《左传·昭公二十五年》)的道理。于是,鲁国将礼作为立国、治国的根本。所以自鲁立国,鲁国的执政卿们积极维护周礼,其实周礼也就变为鲁礼,故有"周礼尽在鲁"(《左传·昭公二年》)之誉。这也说明,周朝礼乐制度,礼乐文化,铸就了鲁国根深蒂固的礼乐传统、礼乐文明。鲁人从君主、执政卿大夫到庶民似乎对"君臣、上下、兄弟,非礼不定"(《礼记·曲礼上》),"非礼,无以辨君臣、上下、长幼之位"(《礼记·哀公问》)的道理理解更深,执行更好。特别是卿大夫们认为,要想维护国家稳定,维护好等级差别,维护好秩序,使老百姓顺从,最好的方式方法是"以礼治国""以礼治民""以礼行政",而要相辅相成维护礼,必须落实好"德",没有"德"的维护,"礼"就难以延续,难以生根。所以说"礼治"也就是"德治"。要使社会和谐,产生"礼治"的最好效果,必须强化礼教,对人人都实施礼的教化,从而使人人依礼行事,依礼做人,进而产生君子意识,努力向君子看齐。柳下惠德行高尚,时时处处维护礼制,且敢于与违礼的人和事开展说理斗争,积极维护社会和谐。所以当鲁国的权臣臧文仲及主管祭祀的宗伯夏父弗忌违犯礼制时,柳下惠挺身而出制止了违犯礼制的现象。既是在外交场合,柳下惠的片言使齐军退却,也是用的"礼"。他认为两国"尊王"(尊鲁国的先君周公和齐国的先君姜太公)才合乎"礼",致使齐君无言以对,乖乖退却,使鲁国避免了一场刀光剑影。柳下惠真正做到了"以礼求道"。柳下惠时代已进入"礼崩乐坏"时代,更凸显了礼的重要性。柳下惠用智慧和胆量维护礼制,一生直道事人,平易和悦,德行高尚,故能称之"百世之师"。他多次受压抑而不离父母之邦,和他相处能使胸襟狭窄的人变得宽阔,刻薄的人变得厚道。在朝不隐藏个人观点,按原因办事。被遗弃了也不怨恨,身家穷困也不忧愁,乐呵呵地与乡人相处。这样的人言行有法度,行事经过思虑,具有中和、中庸之德,故被孟子称为"圣之和者"的圣人。

　　总之,春秋早期鲁国的执政卿们和其他诸侯国的执政者一样,面临"礼崩乐坏",诸侯争霸的严酷局面,国力强盛与否成为生死存亡的关键。特别在鲁国,至鲁桓公(前711至前693在位)的后代孟孙氏、叔孙氏、季孙氏(史称"三桓")在鲁文公死后,势力较强,分统三家,掌握了鲁国的政权,他们欺诈轻侮,僭越礼乐,把天子礼乐糟蹋得不成样子,中央王朝衰微的形势加剧。鲁国的执政卿大夫们不得不拼命汲取征引《尚书》《诗经》《周礼》等典籍的思想文化,与先辈们的政治经验和统治智慧,尽力维持国内局面和在各国之间的政治地位。像臧文仲、柳下惠等鲁国大夫又何尝不是如此呢?

二、柳下惠的生平

柳下惠展氏,名获,字禽,又字季(古人排列按伯、仲、叔、季,季是贵族排行最小的),春秋前期鲁国大夫,官为士师,即在司寇领导下分管司法的下级官吏。因食邑于柳下(今山东省新泰市宫里镇夏家隅古称西柳),或说家中有柳如伞(杨朝明主编《论语诠解·微子》注),死后其妻私谥以"惠",故曰柳下惠。柳下惠生卒年不详,大约生活在春秋时期的鲁隐公至鲁文公年间(前722—前609),即公元前七世纪,早于孔子百余年。参考柳明瑞《解读柳下惠》(山东大学出版社,2007年版,第139页)及《和圣年谱》①,如按干支推算,和圣卒年为闰十二月初三日。谓柳下惠生于周平王五十一年,即鲁隐公三年(前720)十一月十八日午时,卒于周襄王三十一年,即鲁文公六年(前621)十二月三日,寿百岁。

柳下惠像

因《年谱》系柳下惠后人追记,不见于史,上说或为一家之言。又据"衍圣公府"0000705号档案《选补和圣柳下惠兹阳县祠宇奉祀生·和世纪》:"(鲁)文公六年庚子,和圣年百岁,冬十有二月辛亥朔三日卒。"根据《左传》等比较权威的典籍记载,柳下惠是鲁孝公六世孙,本姬姓。其高祖即鲁孝公之子展,称公子展;展之孙名无骇,在鲁隐公时为司空。但先前未尝赐氏。按照周制,诸侯之子称公子,公子之子称公孙,公孙之子不得上系于诸侯,须重新命氏,一般应以其祖父的字为氏。无骇是公子展之孙,故隐公八年(前715)卒后,公子挥(也即羽父)请求为无骇赐名与氏,鲁隐公于是批准无骇以其祖父之字展为氏,故为展氏。因而柳下惠称展获。不少典籍都说柳下惠是展无骇之子,但据《左传》记载,无骇死后90年柳下惠还在朝参与政事,似与常理相悖。稽之《元和姓纂》卷

---

① 和圣年谱:该谱采自王价藩、王亨豫辑《泰山丛书》第三十五册第一卷。题曰:《和圣年谱纪事》,系南宋嘉泰三年(1203)重抄。谱后载:由河东解县,系汉建初六年(81)抄,重修谱系唐至德二年(757)抄,成化二十二年(1486)又重抄。以下简称《年谱》。

七"柳"姓条下谓：周公孙鲁孝公子展，展孙无骇，以王父字为展氏，生禽，食采柳下。岑仲勉《校记》亦谓：展孙无骇以王父字为展氏生禽。《类稿》四〇对上文"生禽"解释道："引作'至展禽'不作'生'。"案唐贞元六年(790)《考城令柳君志》云："展孙无骇，骇孙禽。"故知柳下惠为展无骇之孙。《通志》说，柳下惠子孙以邑为氏，称柳氏，柳下惠是柳氏始祖。鲁国被楚所灭以后，柳氏仕于楚，秦并天下，柳氏迁于河东(今山西黄河以东地区，两汉设河东郡)，故柳氏后裔皆称郡望河东。柳姓至于今，纵垂2600余年，横越域内海外，绳绳继继，惠风和畅；泱泱百数万众，贤达圣哲，史不绝书；鸿儒巨擘，代不乏人。正如孟子慨言："圣人，百世之师也，伯夷、柳下惠是也……闻柳下惠之风者，薄夫敦，鄙夫宽，奋乎百世之上。百世之下，闻者莫不兴起也。非圣人而能若是乎？而况于亲炙之者乎？"

柳下惠的生平，经、史所载寥若晨星，只从《论语》《孟子》中约略知道其一生只做过士师，而且还多次被撤职，或说仕途曾多次受到压制。按《年谱》柳下惠二十八岁任鲁士师，第二年即被罢黜；三十四岁复为士师，三十六岁第二次被罢黜；四十岁复为士师职，四十一岁第三次被罢黜；至四十九岁复为士师职，五个月后再次被罢黜。有人曾经劝他说："您怎么不离开鲁国呢？"柳下惠却说："正直做人和正直地工作，走到哪里能不多次地被撤职受压抑？不正直地做人和不正直地工作，为什么一定要离开自己的祖国呢？"又据《年谱》，邻人见鲁君既不用他，他又不果行，乃对他说："鲁聘夫子三黜而无忧色，何也？"柳下惠起身答道："春风鼓，百草敷蔚，吾不其茂；秋霜降，百草零落，吾不其枯。枯茂非四时之悲欣，荣辱岂吾心之忧喜！"这段话的大意是：春风吹起，各种花草遍地开放，十分茂盛，我非是出众之茂才；秋后霜降，百草凋零败落，我却没有枯萎。我并不像百草一样随四时而枯茂悲秋，与世俯仰；荣耀和耻辱岂能改变心中的忧愁和快乐。这一年柳下惠大概已五十岁。《列女传·柳下惠之妻》也记载：关于柳下惠处鲁"三黜"而不去，留在鲁国爱民救乱，其夫人提醒他说："这样做难道没有自我轻慢亵渎之嫌吗？真正的君子有两种耻辱：国家无道而自己富贵，这是一种耻辱；国家有道而自己卑贱，这也是一种耻辱。现在遭逢乱世，您多次不被重用而且还不离开，也已近乎耻辱了。"柳下惠说："广大人民将陷于灾难之中，我能看着不管吗？而且他是他，我是我，他即便在我面前赤身裸体，又怎能玷污我呢？"柳下惠悠然自得地与民人相处，甘心仕于下位。柳下惠不以为侍奉昏庸的君为可耻，不以为自己官职小为卑下；入朝不隐藏自己的才能，被遗弃在野也不怨恨；自己穷困也不忧愁。同乡下人相处，高高兴兴地不忍离开(《孟子·公孙丑上》)。柳下惠出身公室贵族，虽然官职卑微，却也是贵族集团成员之一。但他一生却不尚奢华，生活十分清苦，安贫乐道。《荀子·大略》说，柳下惠平时的衣着和看守后门的贫贱之人一样，因为经常如此，混迹于穷人中间，人人都知道，所以没人疑怪。柳下惠的以上处境，后来的孔子认为是"降志辱身"，可是其言语合乎法度，其行为经过思虑。柳下惠的行为是符合圣贤之道的。

按照《周礼》，士师一职在王室应是下大夫，但东汉郑玄注《礼记》说，若在侯国，士师不过以中、下士为之。由于鲁国是周公的封国，周公在周王朝的建立和巩固上立有特殊功勋，所以鲁国享受天子礼乐，其职官机构一如周王室，因而柳下惠在鲁国的爵位应是下大夫。汉刘向《列女传》称"鲁大夫柳下惠"；汉赵岐注《孟子》也谓"柳下惠，鲁公族大夫也。"五代冯继先《春秋名号归一图》云"展禽，鲁大夫。"宋朱熹《孟子集注》也说"柳下惠，鲁大夫展禽"。刘、赵、冯、朱都称柳下惠为大夫，亦可证上说不错。《礼记》对卿、大夫的俸禄规定得非常具体："下大夫食七十二人"，即柳下惠的俸禄可供养七十二人，是上士的两倍，是卿的四分之一；柳下惠食采柳下，据此推断柳下惠经济上不可能十分穷困。柳下惠死后，其妻私谥以"惠"，按《逸周书·谥法解》："柔质慈民曰惠，爱民好与曰惠。"

句中"柔质"，即有宽厚柔和的性格。惠，即恩惠。说明柳下惠一生相对微薄的收入可能施舍救济了比他更穷的民人，性格柔质。

据《年谱》载，柳下惠自五十四岁即开始"在鲁教授门人"，至六十四岁"教门人日益众"。又《列女传》载："柳下既死，门人将诔之。"由此可知柳下惠被黜期间和退居柳下后曾招授生徒，"传道、授业、解惑"。据《年谱》，展禽年九十时，从游者逾俞众，担簦负笈而来者不下百余人。至清时，在今新泰西柳和圣祠遗址前尚存"柳下书堂"碑碣。

和圣墓

柳下惠卒后，葬于居邑柳下的汶水（柴汶）之阳今郭家庄西北一里。墓南濒临汶水。由于敬其为人，历代对其墓都妥为保护。据《战国策·齐策四》载："……昔者秦攻齐，令曰：'有敢去柳下季垄五十步而樵采者，死不赦。'"旧有碑，后废。清乾隆年间，泰安知府宋思仁曾加修葺，并"建碑表墓"。嘉庆年间，山东按察使孙星衍又檄修圣墓，并篆书"柳下季垄"四字，委泰安知县蒋因培刻石立于和圣墓前。道光时，泰安知县徐宗幹又为之重修，并设立祭田。光绪年间毛澂三知泰安，念念不忘和圣墓的修复，经全面勘察墓址，多方筹集资金，并捐银千两，委派泰安士绅钱奉祥、杨玉成督工兴修。毛公亲题"和圣墓"三字，刻石立于墓前。光绪二十九年（1903）三月，泰安民众在和圣墓前立"毛老父台德政碑"，纪念毛公之惠政。后遭砸碑平墓，颓坏至极。

1994 年,居台湾的毛澂后人毛铸伦及父毛登沂承先祖遗志,捐资 1.2 万美元,发起重修和圣墓。对墓重培封土,立碑建坊,修建神道,毛登沂亲题坊联,重立毛公德政碑,新立和圣墓重修碑,使和圣墓区焕然一新。至今柳下惠其墓傍绿柳成荫,青丝万条,古朴典雅,肃穆庄重,为世代瞻仰。

三、柳下惠的事迹

关于柳下惠的事迹,在浩如烟海的历史典籍中记载很少,只有《左传》《国语》等史籍略载数端:一,展禽使乙喜以膏沐犒师;二,展禽论祭爰居非政之宜;三,批评夏父弗忌改昭穆之常;四,谏鲁君赂齐之岑鼎不能用赝品;五,维护国家法度捍卫司法公正者。

《左传》载鲁僖公二十六年(前 634)夏,齐孝公攻打鲁国北部边邑。执政的臧文仲想用说辞对付齐国,又不知如何措辞,于是就向展禽求教。展禽回答说:"我听说,身处大国之位理应教导小国,身处小国之位应当事奉大国,这就是制止祸乱的办法,没有听说用言辞来对付的。假若一个小国自高自大,就会激怒大国,反而给自己增添了祸患。祸患已经在前,文辞还有何用?"臧文仲说:"国家危急了!百物凡是可以用来御敌的,没有不可用的。我希望用先生的智慧言辞以达贿赂御敌的目的,这个办法难道不可行吗?"于是,展禽对大夫展喜(乙喜)耳提面命,展喜牢记展禽的教导并带着酒食去犒劳齐国军队。展喜对齐侯说:"寡君闻君侯亲劳大驾将辱临敝邑,没有侍奉好您所有官兵,使君侯生气,致使贵国将士露宿于敝国城邑郊野,特派小臣前来犒劳您左右官

柳下惠授词退齐兵

吏。"齐侯对鲁国使臣展喜说:"你们鲁国人害怕吗?"展喜回答说:"小人害怕,君子不害怕。"齐侯说:"你们的房中空虚得像悬起来的磬,野外连青草都没有,凭什么不感到害怕呢?"展喜回答说:"凭着先王的命令和二位先君接受的职事。从前先王命令我们鲁国的先君周公和贵国的先君太公:'你们一同扶助周室,左右辅助成王,赏赐给你们土地,用牺牲歃血誓盟相互信守,使世世子孙互不伤害。'并载于盟书藏于盟府,由太师掌管。您现在来讨伐敝邑之罪,其实也是让我们听从成王的遗训而宽释我们,决不会灭亡我们;哪能会贪图我们的国土,而背弃先王的命令呢?否则您又何以震慑和安抚各国诸侯呢?我们鲁国就凭靠这些而不害怕。"齐侯于是答应讲和而班师回国。其事又见于《年谱》:"齐孝

公侵鲁,鲁僖公使展喜犒师,俾受命于展禽。"时展禽年 72 岁。

又据《国语·鲁语上》载:

> 海鸟曰"爰居",止于鲁东门之外三日,臧文仲使国人祭之。展禽曰:"越哉,臧孙之为政也! 夫祀,国之大节也;而节,政之所成也。故慎制祀以为国典。今无故而加典,非政之宜也。"

柳下惠接着阐述了圣王创制祭祀的原则:凡是制定大法而施政于人民的,就祭祀他;为国事辛勤而死的,就祭祀他;以殊勋首功立国安邦的,就祭祀他;能抵御特大灾难而解除百姓严重祸患的,就祭祀他。柳下惠列举了给人民做出巨大贡献的黄帝、颛顼、帝喾、以及尧、舜、禹、汤、文、武、……后人为了报答他们的功德,才举行禘、郊、祖、宗、报这五种国家规定的大祭。展禽批评臧文仲说:"今海鸟至,己不知而祀之,以为国典,难以为仁且智矣。夫仁者讲功,而智者处物。无功而祀之,非仁也;不知而不能问,非智也。今兹海其有灾乎? 夫广川之鸟兽,恒知避其灾也。"臧文仲闻柳下惠之言,说:"信吾过也,季子之言不可不法也。"于是着人把展禽的话写了三份简册分送司马、司徒、司空各一份保存下来。其事又见于《年谱》,此年展禽 78 岁。

再据《国语·鲁语上》载,鲁国主管祭祀的宗伯夏父弗忌在祭祀中擅将僖公神主升在闵公之上,破坏了传统的昭穆制度。展禽知道后预言"夏父弗忌必有殃",并指责这样做有四种"不详","犯鬼道二,犯人道二,能无殃乎?"(其事还见于《年谱》,此年展禽 81 岁)结果夏父弗忌死后,大火焚烧了他的棺椁,烟焰冲天。以上也载《左传·文公二年》(前 625)对于夏父弗忌随便更改昭穆次序,经、传都谓之"大事",如《左传·成公十三年》载:"国之大事,在祀与戎。"改昭穆有违礼制,是大不顺。而"君子以为失礼"。当时柳下惠能敢于维护礼制,与违礼者展开说服斗争,方见其勇气和智慧。

又据《年谱》及《吕氏春秋·审己》载:齐国攻打鲁国,索取鲁国的国宝岑鼎。鲁君把另一个鼎送到齐国。齐侯不相信,就把这只鼎退了回来,认为不是岑鼎,并着人告诉鲁侯说:"如果柳下季认为它是岑鼎,我就接受它。"鲁君向柳下季求助。柳下季回答说:"您答应把齐侯想要的岑鼎送给他,为的是借以使国家免除灾难。我自己这里也有个'国家',这就是信誉。毁掉我的'国家'来挽救您的国家,这是我难以办到的。"于是鲁君就把真的岑鼎运送到齐国。此年展禽 75 岁。像柳下季这样可称得上善于劝说国君了。不仅保住了自己信誉,又能保住鲁君的"国家"。

如上所述,柳下惠的爵禄仅为士师,其职掌刑狱司法。《周礼》秋官司寇有士师,"掌国之五禁之法"。明末董说《七国考·田齐职官》引刘向《孟子注》:"士师,田齐狱官。"

《孟子·公孙丑下》载：士师为"法官"，有杀人之权力。杨伯峻《论语译注》微子篇亦认为士师为法官。可见春秋时期，士师一职虽微，仅下大夫爵，却并非闲官，而具生杀大权。1983年12月至1984年初，湖北江陵张家山汉墓出土竹简一宗，其中有一类竹简谓《奏谳书》。"谳"，《说文》曰："议罪也。"《广韵》："谳，议狱。"所以，谳即评议定罪。《奏谳书》即是一种议罪案例的汇集。其中的案例二十讲述了柳下季与鲁君的议对，讨论佐（左）丁盗粟一案审判量刑的情况，以及为什么给"佐丁罪加一等"的处罚。鲁君赞同柳下惠的意见。鲁国佐丁盗粟一斗，值三钱，按鲁法，应"罚金一两"。柳下季却给予罪加一等的处罚。在柳下惠看来，"夫儒者，君子之节也；礼者，君子学也；盗者，小人之心也。"捕吏捕佐丁时，佐丁"冠鈌冠"。据李学勤先生引《说苑》等考定，所谓"鈌冠"，即"鹬冠"，是一种用翠鸟羽毛装饰的冠（李学勤《奏谳书解说》，《文物》1995年第三期）。这属于儒服，应能治礼。佐丁为儒能礼，做着官事，却成为盗，实有小人之心。即"盗君子节，又盗君子学"。按"鲁法"，佐丁又有欺诈之罪，最终罪加一等。判其为"完为倡"（剃其发为"倡"。完也是一种轻刑。参见《文物》1995年第三期）。柳下惠对佐丁的处罚，"并没有仅仅将眼光停留在他'盗粟一斗'的表面犯罪上，他对佐丁的论处，重点在于'诛心'，他所惩处的是佐丁的欺世盗名。"（杨朝明《汉简〈奏谳书〉"柳下惠治狱"浅议》，载《惠风和畅》，中国言实出版社，2007年12月版）从而维护了鲁礼鲁法。按当时制度来分析，柳下惠正是按《尚书·康诰》而行事。《康诰》上说："敬明乃罚，人有小罪，非眚，乃惟终，自作不典，式尔，有厥罪小，乃不可不杀。"意思是说：要谨慎严明地对待刑罚啊。（但）人有小罪，不是大过失，乃经常这样，不如改过，故意犯罪，无视法律，乃不可不杀，或加重处罚。因此说，柳下惠加罚处置佐丁这样的人是对的。因为鲁礼鲁法都是用来"治世"的，柳下惠加重处罚像佐丁这种人，已经起到了"治心"的作用。就是说佐丁不仅违法违礼，而且"违理"了。

柳下惠所处的鲁国重礼，即"周礼尽在鲁矣"（《左传·昭公二年》）同样有法。鲁礼包含鲁法的功能，鲁法拥有鲁礼的精神。从"柳下惠治狱"一例可以看出，柳下惠不仅直道认真，而且是个敢于维护国家法度，捍卫司法公正，赏罚分明的好法官。面对"礼崩乐坏"的现实，依然忠于职守，维护鲁礼鲁法难能可贵。张家山《奏谳书》竹简的出土也填补了柳下惠任士师，掌刑狱，只有文献记载，而无实际案例的空白。

关于柳下惠"坐怀不乱"的故事，千百年来已传为佳话，几近于妇孺皆知，应是柳下惠被人尊为道德楷模的主要事迹。故事原型最早见于《孔子家语·好生》和《诗经·小雅·巷伯》以及《毛亨传》等，文辞虽有小异，内容却惊人一致。西汉鲁人毛亨传曰：有一位鲁国人独居在家，他的邻居有一位寡妇也独居在家。一天晚上发生了暴风雨，寡妇的房子坏了，她便跑向那位鲁国人住的房子借宿，希望有一个栖身的地方。而那个鲁国人把门关起来拒绝她进去。那位寡妇从窗户外向他说："你为什么这样不仁爱，竟不让我进去呢?"鲁国人说:"我听说男人和女人不到六十岁是不能同居一室的。现在你还年轻,我也年轻,因此不敢让你进来。"寡妇说:"你为什么不像柳下惠那样呢?柳下惠怀抱未赶上进城门的受冻女子,国人并没有说他淫乱。"鲁国人说:"柳下惠可以那样做,我却决不能那样做。我将用我不能那样做的道德,用来学习柳下惠可以那样做的道德。"孔子听到这件事,说:"好啊!还没有这种做法学柳下惠的。希望达到至善至美,但又不因袭他的具体做法,可谓聪明智慧呵。"故事本来不是说的柳下惠,而是"鲁人",这里原文关键词是"妇人曰:'子何不若柳下惠然,妪不逮门之女,国人不称其乱。'"如以此语推之,则知在上述故事之前就已有柳下惠以体温暖冻女的义举和"国人不称其乱"的美誉了。至元人陶宗仪在所著《南村辍耕录》卷四《不乱附妾》中写道:"夫柳下惠夜宿郭门,有女子来同宿,恐其冻死,坐之于怀,至晓不为乱。"上述记载是否来源于《年谱》不得而知。《年谱》载:"26岁的展禽远行,遇夜宿于郭外,少顷,适有一女趋托。时天大寒,恐女子冻死,乃抱女子坐于怀中。一夜覆之,至晓不乱。"这就是柳下惠"坐怀不乱"的传说过程。

柳下惠以上事迹,在常人看来并非经天纬地之举,但后世孔子却独具慧眼,用"仁"和"智"的最高标准衡量,称"柳下惠之贤"。柳下惠正是仁、智的典范。柳下惠以西周传统礼制为准绳,在"礼崩乐坏"的春秋时期,官居卑位未敢忘礼,公开站出来发表与自己职责无涉的卫道宏论,而且把批评的矛头直指最高统治集团,可谓胆识过人,难能可贵,对于捍卫、继承和弘扬周礼起了承前启后的历史作用,柳下惠正是后来儒宗孔子、孟子所崇拜的偶像。然而令孔子不能容忍的是,像柳下惠这样的先贤却不被重用,并屡遭罢黜,多次受到压抑,就不能不对当时的执政者臧文仲进行严厉谴责。《左传·文公二年》(前625)载:"仲尼曰:'臧文仲不仁爱的事情有三件,不聪明的事情有三件。让展禽居于下位,废弃六个关口,小妾织席贩卖,这是三件不仁爱的事情。作室藏龟,纵容逆祀,祭祀爰居,这是三件不聪明的事情。'"又《论语·卫灵公》载:"孔子说:'臧文仲大概是个做官不管事的人,他明知柳下惠贤良,却不给他官位。'"在孔子看来,臧文仲并非没有知人之智而仅仅属于糊涂,而是知贤不用,简直是有意蔽贤,甚至是妒贤了。孔子对权臣臧文仲官居高位、压抑大贤十分愤慨,对臧文仲和柳下惠一毁一誉、一抑一扬,对后世产生很大影响。

四、柳下惠的道德

柳下惠所处的历史时代是春秋前期。周平王东迁以后,周室衰微,王纲解组,已是"礼崩乐坏""天下无道"的乱世,礼乐征伐之权皆掌握在诸侯手中,诸侯间不义之战连年不断,弑君、灭国时有发生。阶级矛盾和社会各种矛盾非常尖锐,人民灾难深重,已激起奴隶造反起义。然而在柳下惠生活的僖、文年间,据《诗·鲁颂》记载却是鲁国的全盛时期,鲁国的版图北至泰山,南至凫峄,"奄有龟蒙,遂荒大东。至于海邦,淮夷来同。"《诗经·鲁颂》的这四句话中虽说这些都是"鲁侯之功",但与鲁国这时有开明政治家、思想家和道德家如季友、臧文仲、柳下惠等"犹秉周礼"、以礼治国、以仁安邦的开明政治和道德影响不无关系。柳下惠的道德思想必然严格受着那个时代的影响和局限。

1. **柳下惠是周礼的卫道者**。周朝建立以后，周公总结夏、商两代经验教训，为维护国家统一和尊严，规范人的行为和调节社会关系，"制礼作乐"，将"礼义"和"礼仪"作为国家重典颁行全国。鲁国最初是周公之嫡子伯禽的封国，受赐丰厚，享天子礼乐，在受封的所有邦国中是唯一全盘继承周王室礼乐文明的公爵国。故有"周礼尽在鲁矣"（《左传·昭公二年》）之说。周礼不仅涉及人们的道德行为修养，而且关乎"忠信"之根本大节。礼仪是为礼义服务的，是从属于根本、不可或缺和不能简化的。柳下惠知礼、尊礼，严格恪守和维护周礼，正是把礼看成维护国家统一的根本和人臣必须忠信的大节，是道德思想的头等大事。是故唯礼是从，严格自律。在礼崩乐坏的春秋时期，柳下惠的道德思想和行为就显得出类拔萃。当夏父弗忌跻僖公、随便更改昭穆制度的时候，柳下惠以维礼为己任，就不可能坐视不管，必然犯颜直谏。有海鸟曰爰居，形似凤凰，而执政的臧文仲竟不识也不问，擅开祭典。柳下惠不仅认识这种海鸟，而且关乎国家祭祀大典大胆以"礼"服人；据爰居飞来止栖还能推测出海上必有大灾而得到实践验证，这充分证明柳下惠具有唯物思想以及丰富的阅历和渊博的知识。对于夏父弗忌跻僖公和臧文仲祀爰居，职在下位的柳下惠本可以袖手缄口，然职位高低不能束缚他的本能、作为，卑位无法掩饰柳下惠的伟岸丰采。柳下惠首先用尊礼的最高道德标准完善了自我塑造。

周礼在鲁国政治生活中的实际作用，虽然后人评判不一，但在春秋时期维护和巩固国家政权中所起的作用却不能低估。据《左传》鲁闵公元年（前661），鲁国适逢庆父①之乱，齐桓公问仲孙湫："鲁可取乎？"对曰："不可。因为他们犹秉周礼。周礼，是治国的根本。臣听说：国家将要灭亡，如同树的躯干必先倒下，然后枝叶才接着枯萎。鲁国不弃周礼，是不能动他的。"由于鲁国犹秉周礼，虽有内乱，但却团结统一，一致对外，而且影响很大，齐国对鲁国就不敢轻易进攻。又据《左传》鲁昭公二十五年至三十二年记载，鲁昭公自昭公二十五年居于齐国，到昭公三十二年死在了晋国的乾侯，鲁国前后七年没有国君，政权也不在鲁昭公手里。但鲁国却没有发生篡位的内乱，照常安定如初。不仅如此，昭公死后，"四分公室"有其二的季孙意如又立昭公之弟定公为君。因而可以断言，周礼在整个周朝维护和巩固奴隶主政权和奴隶制度方面具有积极意义。尤其在鲁国，周礼对于政权的稳固和社会的安定曾经起到了不可替代的作用。柳下惠维礼的道德思想和行为，

---

① 庆父：又称公子庆父、共仲、仲庆父。鲁桓公之子，庄公之弟。庄公死，欲自立为鲁君，先后杀太子般和鲁闵公，遭季友等大夫的反对，逃亡莒国。鲁僖公即位，被莒送还，于途中自缢而亡。因连续弑君乱鲁，时人称"不去庆父，鲁难未已"。其后人为鲁"三桓"之一的孟孙氏。

是他所处的那个时代正统思想的中流砥柱。柳下惠作为西周思想文化的代表,是先孔子挺身而出的忠诚卫道者。由此可以推知,春秋时期鲁国以儒家为主体的道德思想有因袭传承关系。柳下惠可谓儒家的开蒙先师,是后来儒学的拓荒者和奠基人之一。

2. 柳下惠是"仁智"的忠诚实践者。"仁"是儒家的道德思想核心和精髓。但在柳下惠生活的春秋前期,提出和认识"仁"的概念者并不很多。据统计,记言叙事的《尚书》中只有一个"仁"字,《诗经》三百零五篇中有两个"仁"字,其意义都不很清楚。到了春秋时代,"仁"才被较多提起。在记事上较《左传》早 246 年的《国语》中讲"仁" 24 次;在《左传》中讲"礼" 462 次,讲"仁" 33 次,少于讲"礼" 429 次之多。而著笔于春秋末季,编辑成书于战国初期的《论语》(杨伯峻《论语译注·导言》),讲"仁"却有 109 次,讲"礼"只有 75 次。这就是说,到了孔子才把"仁"逐渐明确为道德概念。"由此看来,孔子批判地继承春秋时代的思潮,不以礼为核心,而以仁为核心。而且认为没有仁,也就谈不上礼,所以说:'人而不仁,如礼何?'"(杨伯峻《论语译注·试论孔子》)柳下惠早在春秋前期就已经提出"仁"并明确了"仁"的概念,值得我们认真研究。孔子说:"克己复礼为仁。一日克己复礼,天下归仁焉。"(《论语·颜渊》)又说:"礼之用和为贵。"(《论语·学而》)认为礼的应用,以和谐最为可贵。柳下惠遵从周礼的终极目的,就是把"礼"和"仁"的道德思想观念有机地结合起来,使"仁"这一道德概念从人伦道德升华为社会公众道德。柳下惠敢于反对臧文仲的"不仁",正是他用"仁"的标准严格律己,自己首先做仁人,行仁政,因而柳下惠坚决反对不义之战。《春秋繁露·对胶西王越大夫不得为仁》云:"臣仲舒闻,昔者鲁君问于柳下惠曰:'我欲攻齐,何如?'柳下惠对曰:'不可。'退而有忧色,曰:'吾闻之也,谋伐国者,不问于仁人也。此何为至于我?'"柳下惠认为"谋伐国者"是违背"仁道"的,早已把自己定格为"仁人",所以因鲁欲伐齐被问而感到羞耻。如上所述,僖公二十六年,鲁国面对兵临城下的强齐,柳下惠既不坚持用贿赂媚求屈辱的和平,更不愿刀兵相见使国家和人民陷于战争灾难,而是处变不惊,大仁大智,用礼,用理,用情将周成王古训和周公、太公"世世子孙无相害"的盟誓和盘端出,用感人泪下的大道理使齐侯受到感化,同意和解退兵,不仅使鲁国避免了刀兵之灾,而且用"仁政"教育了霸国诸侯。

"仁"的思想内涵十分丰富,推己及人,可以博施到整个社会以及社会的各个方面,"忠信"就是"仁"的具体表现之一。柳下惠牢固的仁爱思想使他既不自欺,也不欺人,上对国忠,下对人信。当齐求岑鼎,鲁君欲以赝品贿齐时,柳下惠则把国家信誉看得至高无上,既维护了国家尊严,又博得邻国信赖。柳下惠妻在《诔》中说:"夫子之信诚,而与人无害"。柳下惠在他一生的实践中,把仁爱思想扩展到社会各个领域的极限,而且惠及自己的敌人,这就是柳下惠享誉天下的根本原因。

《论语·颜渊》载:"颜渊问仁。子曰:'克己复礼为仁。'""樊迟问仁。子曰:'爱人.'"可见仁是礼的本质,而爱人是仁的核心.孔子以"仁"作为最高的道德标准.核心是人与人之间的相互亲爱."仁亲也.亲者,密至也"(《说文》).由此说"仁"最明了解释是"仁爱".孔子所说"修己以安百姓"(《论语·宪问》),"博施于民而能济众"(《论语·雍也》),正是仁人为"仁"的终极目的.柳下惠早于孔子提出和认识理解"仁"的丰富内涵,而且作为自己的核心道德思想终生付诸实践,在中国历史上尤其在早期的阶级社会里,具有非常积极的意义.

3. 柳下惠以洁身自好、严格律己的道德修养,作为自己的思想基础,实现了爱国和爱民的高度统一. 道德修养是通过自律的形式来实现的.柳下惠首先树立了最高道德标准,把"仁"这一抽象概念具体体现在爱国和爱民的高度统一上,这在阶级社会里虽然很难做到,但是只要具有无所畏惧的自我牺牲精神,把追求和实现自己的理想作为人生最大幸福,就可以达到令人满意的理想境界.柳下惠就是中国历史上孜孜追求和实现自己理想的榜样.

关于柳下惠"三黜"而不离父母之邦的记载,还见于《战国策·燕策三》:燕王喜与乐(yuè)间(乐间是战国时期昌国君乐毅之子,乐毅奔赵后,燕王复以其子乐间为昌国君)书云:"昔者柳下惠吏于鲁,三黜而不去.或谓之曰:'可以去.'柳下惠曰:'苟与人之异,恶往而不黜乎? 犹且黜乎,宁于故国尔.'""何必去父母之邦"和"宁于故国"都是因为柳下惠"直道而事人"和"苟与人之异",在尔虞我诈、互相倾轧的"枉道"之风恣肆横行的春秋时代,柳下惠宁可"三黜"("三黜"三是虚数,表示"多次".黜,有学者认为是罢免,有学者认为是受压抑.)也不去父母之邦的爱国思想已经被后人理解并箸之竹帛;然而仅仅这样理解柳下惠还不够,柳下惠留在鲁国的真正目的是"爱民救乱""蒙耻救民",当国家和人民蒙受不可预见的灾难的时候,柳下惠将以自己的道德思想影响和忘我牺牲精神挺身而出,他将以其异于常人的"直道"精神匡正时弊,以达到真正救民的理想目的.例如,当齐军大举入侵时,庙堂公、卿皆束手无策,独请柳下惠教展喜以言辞退兵.至于孔子所称道的柳下惠"三黜"而不离父母之邦的行为,孟子有更加深入的见解:"柳下惠不认为侍奉昏庸君主是羞耻的事,也不因为官小而瞧不上;到朝廷做官,不掩藏自己的贤能,必定按自己的原则行事;被国君遗弃而不怨恨,处境穷困而不忧伤.所以他说:'你是你,我是我,即使你赤身裸体地在我身旁,你又哪能玷污我呢?'所以他能同这样的人处在一起而不失去自己的风度,拉他留下他就留下.拉他留下,他就留下,这也就是不屑于离开罢了."(《孟子·公孙丑上》)

关于柳下惠的"不羞污君,不辞小官",在《孟子》一书凡三见,足见孟子对柳下惠"不辞小官"的高洁德行不胜钦佩,倍加推崇.不辞小官,这是常人都可以做到的;"必以其道",就非常人所能尽为.在孔子和孟子看来,士师一职虽为要职,但与柳下惠的德能相比，是非常委屈柳下惠的"下位"小官，是柳下惠躬屈人下，"降志辱身"。即使是这样的小官，柳下惠也欣然受命，安然守职，"三黜"不去。因为柳下惠清醒地认识到，直道而事人，走到哪里不被罢黜？如果不奉行直道精神，何必离开自己亲爱的祖国呢？一个忧国忧民的赤子之心大可不必受邦国国界限制。既然直道之行不会见容于世，既然走到哪里都要奉行直道精神，还是留在父母之邦献身于人民为好。"直道"是柳下惠高洁的德操与之俱有的本原性格，并作为自己的重要原则之一终生躬行信守。孔子说："吾党之直者异于是：父为子隐，子为父隐，直在其中矣。"（《论语·子路》）孔子的直道以"孝"和"慈"的原则为前提，相对灵活得多了。柳下惠毕竟是一个大彻大悟的圣贤之人，既有自知之明，又有知人之智；由于对世事了悟洞明，因而终生无所畏惧，视死如归，无论处于什么样的险恶环境，他都"必以其道"。柳下惠超越了自己，直道成了伴随他终生的自然品格。孟子曰："柳下惠不以三公易其介。"（《孟子·尽心上》）赵岐注曰"介"即大的意思；刘熙《孟子注》云："介，操也。"柳下惠淡化了功名利禄，视功名利禄如草芥；既使用"三公"的地位也换不去我爱国爱民的高尚德操，宁可舍弃安富尊荣的三公之位也不会舍弃自己高尚的德操。柳下惠泰然下位、不去父母之邦的道德风节，连孔子也难以做到。孔子说："我则异于是，无可无不可。"（《论语·微子》）当孔子在鲁国不被重用、遭到冷遇时就去国他适，周游列国。柳下惠胸怀博大，宠辱不惊，去留之间，乐乎天命。所以在朝与官员相处，"油油然与之偕而不自失"，在野"与乡人处，油油然不忍去也"。柳下惠玉洁冰清般的德操，直接影响着当世，也极大地影响着来者，同时，"或多或少地影响孔子，这自是孔子思想体系渊源之一。"（杨伯峻《论语译注·试论孔子》）

荀子说"柳下惠与后门者同衣而不见疑，非一日之闻也"（《荀子·大略》），并不是因为柳下惠衣食无源，而是以俭朴为美德，永远把自己当成一个普通民人，唯有如此才能了解和体贴民人。柳下惠对于下层民众的皈依思想也许正是后来"民为贵"思想的肇始和滥觞。后来孔子所说的"仁者爱人""节用而爱人"，都能在柳下惠身上得到体现。柳下惠就像暗夜里一颗铮亮的星，不仅光耀他那个时代，而且光耀千秋。柳风所染，使"鄙夫宽，薄夫敦"（《孟子·万章下》），即使是心胸狭隘的人，也变得心胸宽广；行为刻薄的人，也变得敦厚了。"奋乎百世之上，百世之下闻者莫不兴起也。非圣人而能若是乎？而况于亲炙之者乎？"（《孟子·尽心下》）就是说，百代之前（奋发有为），百代之后，听说过他的事迹的人，没有不振作奋发的。不是圣人能像这样吗？（百代以后的影响尚且这样，）更何况当时亲身受过他熏陶的人呢？所以说柳下惠是"百世之师"，是百代人的师表。这就是圣人的敦化教民的社会功能。

柳下惠把遵从"周礼"作为道德思想的根本，把"仁"也即"爱人"作为道德思想的核心，把洁身自好、严于律己的道德修养作为自己的思想基础，不为功名利禄所动，义无反顾,终生实践了爱国和爱民的高度统一。孟子说:"可欲之谓善,有诸己之谓信,充实之谓美,充实而有光辉之谓大,大而化之之谓圣,圣而不可知之之谓神。"(《孟子·尽心下》)柳下惠把"期于至善"作为道德修养的起步阶梯,不以善小而不为,不以恶小而为之,不辞小善而志在大德,梯次不懈地向无极的道德高峰攀登,把依礼实现"忠信""仁民""救民"的最高理想作为自己的最大幸福。柳下惠实现了自己的理想,成了他那个时代真、善、美的化身,抵达了"圣"和"神"的境界。

五、后人对柳下惠的评价

柳下惠的夫人是最理解柳下惠的,她给了他终生的爱戴和支持。据《列女传·贤明传·柳下惠妻》载:

> 鲁大夫柳下惠之妻也……柳下既死,门人将诔之。妻曰:"将诔夫子之德邪?然二三子不如妾之知也。"乃诔曰:"夫子之不伐兮。夫子之不竭兮。夫子之信诚,而与人无害兮。屈柔从俗,不强察兮。蒙耻救民,德弥大兮。虽遭三黜,终不蔽兮。恺悌君子,永能厉兮。嗟乎惜哉,乃下世兮。庶几遐年,今遂逝兮。呜呼哀哉,魂神泄兮。夫子之谥,宜为惠兮。"

门人从之以为诔,莫能窜一字。君子谓柳下惠妻能光其夫矣!"惠"字虽不能全面概括柳下惠的功德,但柳下惠卒后,其夫人是第一个给其做出公允评价的,她把柳下惠慈民、爱国、爱民的美德作为他一生的主流记录下来,得到了后世认同;由是,"惠"就成了后人对他的爱称,比本名"展获"更加响亮。

孔子生于春秋晚期,对春秋早期柳下惠的事迹了解较多,因而对柳下惠评价很高。《孔子家语·弟子行》载孔子说:"孝顺恭敬,慈善仁爱,修养德行,一心向义,节省财贷,消除怨恨,轻视财物却无所匮乏,这大概是柳下惠的品行。"《论语·微子》载孔子云:"柳下惠、少连,降志辱身矣,言中伦,行中虑,其斯而已矣。"朱熹注引"谢氏曰:……柳下惠、少连,虽降低了自己的志向也辱没了自己的身份。不过他们说话合乎伦理要求,做事合乎人心。"在孔子看来,柳下惠一生言行不仅符合圣贤之道,而且就是圣贤的榜样。

孟子把柳下惠与伯夷、伊尹并列,给予的评价最高。《孟子·告子下》云:"孟子曰:'居下位,不以贤事不肖者,伯夷也;五就汤,五就桀者,伊尹也;不恶污君,不辞小官者,柳下惠也。三子者,不同道,其趋一也。一者何也?曰仁也。君子亦仁而已矣,何必同。'"这就是孔子之谓"君子和而不同",只要"仁"就行了。因而孟子把以上三人加孔子并称"四圣":"伯夷,圣之清者也;伊尹,圣之任者也;柳下惠,圣之和者也;孔子,圣之时者也。孔子之谓集大成。"(《孟子·万章下》)

那么,什么样的人才是圣人呢? 孔子曰:"何事于仁! 必也圣乎? 尧舜其犹病(心有所不足)诸。夫仁者,己欲立而立人,己欲达而达人。"(《论语·雍也》)孟子曰:"圣人,人伦之至也。"(《孟子·尽心上》)又曰:"圣人,百世之师也,伯夷、柳下惠是也。"(《孟子·尽心下》)孔子和孟子认为,圣人首先是"仁人",而又不仅仅是仁人。圣人是做人的最高典范,是做人的最高理想境界,是可望而不可即的,"尧舜其犹病诸",即连尧、舜都很难做到。孔子在世一直不敢以圣人自许,《论语·述而》:"子曰:'若圣与仁,则吾岂敢?'"孟子更不敢自诩为圣人,《孟子·公孙丑上》:公孙丑以肯定的语气问孟子:"然则夫子既圣矣乎?"孟子则断然拒绝,曰:"恶,是何言也,昔者子贡问于孔子曰:'夫子圣矣乎?'孔子曰:'圣则吾不能。'"连孔子都说"吾岂敢""吾不能",孟子自己何敢称圣? 但圣人又不是可望而不可即的,实践中又不能没有具体的典范,故孟子称柳下惠为"圣之和者",孔子为"圣之时者"。"清人刘逢禄以为,在鲁国,'前乎夫子(孔子)而圣与仁,柳下惠一人而已'。诚哉,斯言也!"(转引自郭克煜、杨朝明等《鲁国史》,人民出版社,1994年版,第321页)

关于孟子称柳下惠为"和圣"的"和",朱熹《孟子集注》云:"柳下惠三黜不去,而其辞气雍容如此,可谓和矣!""仁者无私心而和天理之谓。"柳下惠妻也称柳下惠"屈柔从俗""恺悌君子",可见柳下惠一生和悦平易,油油然与民同处。朱熹还认为"柳下惠和而不流",就是虽"和"但却不会与污浊日下的世风同流。

孟子虽然给予柳下惠以最高评价,但也并非无一微词。《孟子·公孙丑下》云:"孟子曰:'伯夷隘,柳下惠不恭。隘与不恭,君子不由也。'"朱熹集注:"不恭,简慢也。夷、惠之行,固皆造乎至极之地,然既有所偏,则不能无蔽,故不可由也。"孙奭则疏云:"柳下惠失之太和而轻乎时人,故为不恭敬。"柳下惠既然被尊为"和圣",其行为"已造乎至极之地",怎么能会"简慢""轻乎时人"和"不恭敬"呢? 大概因为柳下惠一生耿介直道,虽"三黜"而不弯腰折节,因而屡屡顶撞忤逆当权者如臧文仲,在当权者眼里柳下惠就变得清高和简慢,以至不被时人所许。所谓"时人",就是曾多次遭到柳下惠批评指责的上层权贵。这恰恰是柳下惠的"和而不流",正是柳下惠可钦可敬之处。

其实,再伟大的圣贤也会有缺点错误,不能对其求之太苛。还是孟子说得好:"仁智,周公未之尽也。""古之君子,其过也,如日月之食,民皆见之;及其更也,民皆仰之。"(《孟子·离娄下》)柳下惠的仁德和智慧,如日月经天,江河行地,虽有云遮雾障,也不能掩其光辉。后人咏吊柳下惠诗作颇多,今只引明代南京刑部尚书、"后七子"之一王世贞过新泰留《柳下惠》诗:

鲁有展氏,三黜士师,

可以去乎,怡然无辞。

袒裼裸裎,由由与偕。

自贵其道,物莫能过。

请谥曰教,厥教在和。

(采自袁爱国主编《全泰山诗》,
泰山出版社,2011 年版)

又,录清人袁枚《柳下惠墓》诗:

野无青草一抔干,牛触荒碑石已残。

万古沧桑都变尽,依然直道事人难。

(采自王相玲主编《新泰古韵》,
中国文史出版社,2009 年版)

毛泽东主席一生读书万卷,且酷爱好读史书。故而对重要历史人物及各地掌故等信手拈来。1950 年 10 月 28 日他在曲阜参观孔庙大成殿时曾借此评说过柳下惠。毛泽东对陪他参观的人首先讲述了大成殿之"大成"的出处说:"大成,是孟子对孔子的评价。孟子说:'伯夷,圣之清者也;伊尹,圣之任者也;孔子,圣之时者也。孔子之谓集大成。'"毛泽东进一步评说:"柳下惠是春秋时鲁国大夫,以学习讲究贵族礼节著称。齐攻鲁,他派人到齐劝说退兵,孟子说他是'和者'。"

历史的车轮滚滚向前,推动着万事万物的变革,然而,"万古沧桑都变尽",和圣柳下惠"百世之师"的地位不会变。他的道德品质,节操行为对后世的影响不会变。难道不是吗?即是和圣柳下惠有在天之灵,大概也不曾想到,在他的故里,今宫里镇夏家隅村出了一位弘扬和圣、和文化的仁者夏庆奉先生。据《夏氏族谱》,他的祖先自春秋战国就迁至此。此地古时有一大沟,沟旁长满柳树,村名始称柳沟。位于柳林西侧,遂更名西柳(《新泰市地名志》新华出版社,1992 年版)。西柳现为夏家隅、杨家隅、王家隅、上宫隅四村驻地。此地名在方志中称柳里(见文下)。夏氏族人在此日出即作,日落而息,以农为业,繁衍生息,代代善良勤劳,民风淳朴,和睦相处,安定仁和。到 20 世纪六七十年代,当时身为夏家隅村党支部书记的夏庆奉,带领村民大办副业,并建立起了一处化工企业,这就是山东泰山染料有限公司。他生于斯,长于斯,对和圣的道德、行操钦慕仰止,被柳下惠的遗风所感动。为弘扬"和"文化,让家乡"圣之和者"的道德风范发扬光大,再树和圣的光辉形象。他便带领广大职工先在一片废弃地上建成以纪念和圣文化为主体的文化风景园和圣园,并在园内广植柳树,修长廊,重塑和圣圣像,再现和圣风采,昭示人们对和圣之尊崇。又建"惠风和畅坊"和"和圣故里坊",如两千余年的圣迹犹存。为了进一步弘扬

"和文化",挖掘柳下惠的生平事迹、思想扩大其影响,他又组织成立了"泰安市和圣文化研究院",亲任院长。自 2007 年 5 月始于先后两次召开"全国和圣柳下惠学术研讨会",组织全国知名专家学者研讨柳下惠留给人们的文化遗产,研讨"和文化"。重新审视在人们身边所产生的优秀传统文化。在继承和借鉴优秀传统文化,弘扬社会主义核心价值观,构建和谐社会做出了贡献。同时他们斥巨资历经数年建成规模宏大的和圣庙,再塑和圣圣像,供众人景仰、拜谒和圣柳下惠提供了场所,得到了柳氏、展氏广大族人的认可。他们还在庙内刻石立碑,以示纪念,2015 年"九九"老人节,全国各地数百名柳氏、展氏族人相邀首次来和圣庙祭祖拜谒。也是自 2007 年 5 月姬姓展氏、柳氏宗亲代表 80 余人在柳下惠墓举行公祭后的第二次大型公祭活动。他们佩绶带、颂祭文、献花篮,面对圣像躬身行礼。尔后共话先祖之圣德,缅怀先祖之操守,规模空前,其乐融融。同时众人也无不称颂夏庆奉先生数十年为建和圣园、和圣庙所付出的代价和心血,为弘扬和文化这一盛举所作出的贡献。

更让人惊喜的是夏庆奉团队自 2013 年又投巨资拍摄了电影《坐怀不乱柳下惠》,已在 2015 年 9 月封镜并举行了首映式。这是一部广泛宣传柳下惠生平事迹,思想道德,再现柳下惠光辉形象的力作。

以上所述无不告诉世人,今日柳下人虽非柳姓、展姓之所在,但柳下人为弘扬中华民族优秀传统文化所做的一切都是利在当今,功在千秋之宏业。这再次说明和圣非一地一省之和圣,和圣是全中华民族之和圣。大家都应该为构建和谐社会,为弘扬中华民族的优秀传统文化做贡献。夏庆奉和他领导的团队为弘扬和圣文化做出了表率。

【评析】柳下惠故里考略及后世对柳下惠的祭祀

关于和圣柳下惠的里籍问题,因年代久远,自古众说不一。有的说"柳下"是柳下惠的所居地名,有的说柳下是他的食采之邑。还有的说,柳下惠是展禽之号。如汉高诱《淮南子注·说林训》说:"鲁大夫展无骇之子名获字禽,家有大柳树(身行)惠德,因号柳下惠。"汉赵岐注《孟子·公孙丑下》:"柳下是(展禽)号者也。""号"即名称,称号。以上这种说法较早,即不承认"柳下"是食邑,也不明确指出柳下是其居邑。

到唐代孔颖达疏《左传·僖公二十六年》认为:"柳下是其(指展禽)所食之邑名。"又,《广韵·有》:"至展禽,食采于柳下。"《元和姓纂》卷七第 221 条:周公孙鲁孝公子展,展孙无骇,以王字为展氏,生禽,食采柳下,遂姓柳氏。……秦并天下,柳氏遂迁于河东。"《通志·氏族典·鲁邑》:"展禽……食采于柳下。"以上记载都认为柳下是展禽的食邑。今人杨朝明等人认为:"考鲁地名无柳下,而且展禽的官职仅是士师,即掌管刑狱的小官,级位不高,未必会有食邑(杨朝明主编《论语诠解·卫灵公》注释,山东友谊出版社,2013 年 11 月第二版)。又认为:"展禽,因家中有柳树如伞,故称柳下。"(杨朝明主编《论语诠解·微子》注释)同是杨朝明主编的《孔子家语通解》(齐鲁书社,2013年版)卷二《好生》注柳下惠:即展禽,春秋时鲁国大夫,早孔子一百余年,食邑在柳下(今山东新泰)。又,《国语·鲁语下》有"文仲闻柳下季之言"句,韦昭注:"柳下,展禽之邑。"《中国历史地名大辞典》(上海辞书出版社,2000年3月版),《辞海》(第六版缩印本,2010年4月版)之"柳下条"皆认为"柳下"是地名,在春秋鲁地。一说在今山东新泰市柳里(今名夏家隔);一说在今河南濮阳东部柳下屯(简称柳屯)。

综上所述,主展禽有食采或无食采者均无大谬。因柳下惠曾被"三黜"或有食采,或无食采都无不可能。《列女传·贤明传·柳下惠妻》中谓展禽有门人,当其被黜或致仕后曾收徒讲学,"担簦负笈而来者,不下百人"(《和圣年谱》)。他授传讲学当在其居所"柳下",上文说到,至清,在新泰西柳柳下惠祠仍有"柳下书堂"碑碣。而"柳下"除上述两说外,还有曲阜柳庄、兖州高庙、平阴展家洼、高城柳亭(《路史》)说等,且多见于方志。

展禽是春秋早期的鲁国人,"柳下"应在鲁国范围内找,非鲁地之"柳下"不足凭信。上述"高城",原名高成,西汉置县,属渤海郡,治今河北盐山县东南二十里故城村,此地非鲁地,展禽居邑不会跑到河北盐城,应排除之。平阴展家洼,原属肥城。清乾隆《重修肥城县志》、嘉庆《肥城新志》、光绪《重修肥城县志》等均载展家洼有"和圣祠",明天启年间肥城知县王惟精曾丹书"和圣故里"碑。据该村展氏所藏《展氏族谱》载,从和圣五代孙展溱为避难自鲁迁齐,至明洪武二十五年(1392),和圣六十八代孙展友才"复自青益迁平(阴)肥(城)东(阿)三界间,立村名展家洼"。该村立村历史十分清楚,王知县丹书《和圣故里》碑可谓无中生有,空穴来风。此处无"柳下",亦应排除之。

至于兖州高庙说,也非展禽居邑或说食采地。兖州,明清时为滋阳县治所。清康熙《滋阳县志》载:"柳下惠,城西八里进贤社(村)。……乃门人所筑。燕人伐齐,路经此道,下令曰:'有近柳下季垄百步樵采者,死不赦!'即此。墓上建柳先生庙,……俗呼高庙。"这段记载,似借秦人伐齐,颜斶谓齐王语:"秦攻齐,令:'有敢去柳下季垄五十步而樵采者,死不赦!'"(《战国策·齐策》)说事。此说有南辕北辙之嫌。燕在鲁北,齐在燕东南,燕伐齐,不会走到鲁之腹地去吧。如有此战事,《左传》《史记》等必有所记,但未见有此记载,《县志》不知所出。又,前引《展氏族谱》之《世系》,称和圣"生于故县,长于堰头""葬于故赵村",云:"瑕丘(即兖州,汉为瑕丘县)之东北有里名故赵者,其地甘土肥,民淳俗美。和圣与门人常游于此,语门人曰:'吾没当卜葬于斯。'及卒,因请(鲁)文公而卜葬焉。门人施仲良等筑其墓,封高丈余,裹九十尺,其制三阶。"由此知故赵村即高庙,故县、堰头也不出此地。又据《孔子档案》0000705号卷宗,知清代滋阳县有"和圣柳下惠祠宇奉祀生",即有负责祭祀的人员。《展氏族谱》又云:曲阜柳庄为和圣食采,兖州高庙为和圣墓地。以上记载似此地有食采、有墓地十分合理,然上述记载漏洞百出。其一,上述之地是鲁膏腴之美田,不可能给一下大夫展禽为食采。其二,上述曲阜柳庄与兖州市高庙相距百里,如此大的面积,(上文已说到,按《礼记》"下大夫食七十二人")这里实不可能为一个下大夫的食采。而且,按古代礼制一个人死后绝不可能葬到百里之外的地方。故兖州高庙之"柳下"说也非展禽居邑或说食邑。至于展禽的出生地非本文讨论内容,故而不论。

关于曲阜柳庄。民国《续修曲阜县志》卷三《古迹》载:"柳庄:城北二十柳庄,相传为和圣故里。村中多植柳,居民亦和蔼可亲。庄东展氏桥,有康熙年间重修碑记。孔氏园中又有柳下惠故井,口径八九尺,筒深丈余。惟水深不可测量,亦未有涸时云。"民国五年(1916)平阴展家洼《展氏家谱》中《柳下志》云:"曲阜,古鲁侯城也。迤北二十余里有地名柳庄者,即柳下也,和圣仕鲁,食采于兹,致仕之后遂居于此。殁年虽葬故赵村其一时之建置。迨楚来鲁后,展氏子孙或居故赵村,或徙他乡,居柳下者不过数十家。"以上两则资料指明柳下在曲阜城北的柳庄。但在乾隆年间的《曲阜县志》及《兖州府志》中却无上述记载,这是令人有疑点的。其疑点二,按古制,古人多葬于食采,垄(坟墓)所在即邑所在。《柳下志》则云,展禽殁后则葬于故赵村。这在《展氏家谱·续修族谱序》中讲得更明白:"始祖和圣,食邑柳下,而茔墓则在兖州府西北之故赵村。"然上述两者相距百里,不合古制。曲阜师范大学骆承烈教授1975年曾到柳庄调查,认为"《续修曲阜县志》记碑是康熙年间的,实际上是乾隆年间的。他细辨认,其砌井的砖和从展氏桥的形状看,时代不是很早,最多是清代的,与柳下惠生存的时代相距两千多年。同时距鲁城只有二十多里,作为鲁国公族的食邑来说,也不符合常规。"(骆承烈《柳下惠柳里考略》,载泰安电视日报,2007 第829.831 期)由此看来,曲阜柳庄也不是展禽的居邑或说食采。其后裔曾在此居住,倒是可能的。

濮阳柳下屯(简称柳屯)是否是真"柳下"呢?其答案也非柳下惠之柳下。此地是当今权威辞书所载"柳下"两说中的一说。那么先确定一下柳屯或说柳下屯的位置。据春秋及当今地图均可确定柳屯位于濮阳县之东略偏北。今河南濮阳县,金皇统四年(1144)改澶州为开州,开州治所在濮阳县,即今濮阳县(位在今濮阳市南)。明嘉靖十三年(1534)《开州志·陵墓》记:展禽墓:"在州东南柳村里之曹家庄午星镇。"其地有可能即指今濮阳县刘堌堆村柳下堆。这大概是确定柳下惠居所的依据之一。然,若依今濮阳县(古开州)为中心,展禽居邑之柳屯在县东北,展禽墓却在县东南,两地相距约35 至40 公里,岂不南辕北辙。居邑和墓分离不合古人之俗,在鲁若有食采不过数里范围。这是"柳下屯"非柳下惠之"柳下"的依据之一。

其二,史料所证,濮阳(县)属卫。如,位于濮阳之正东之"鄄",春秋属卫邑。《春秋》庄公十四年(前680):"冬,单伯会齐侯、宋公、卫侯、郑伯于鄄。"杜(预)注:"鄄,卫地。今东郡鄄城也。"至战国此地归齐。鄄,在今山东鄄城县北旧城镇。另,位于鄄之东、今山东郓城之西的"羊角"春秋亦属卫邑。《左传》襄公二十六年(前547):"齐乌余以廪丘奔晋,袭卫羊角。"(见《中国历史地名大辞典》)毋庸再疑,濮阳柳下屯位鄄、羊角之西,属卫国之邑而非鲁地。展禽怎会成卫国的官员,怎会居卫地?故展禽不可能居于此,死后更不会葬于异国。故河南濮阳柳下屯亦非展禽居邑,其墓也疑是后人杜撰或许其后人曾在此居住,族迁名随,而有柳下屯之名。

上文所说的山东新泰柳里,即今新泰市宫里镇夏家隅村是否展禽所居之邑或说食邑呢?《知府泰安县蜀云毛老父台德政碑》碑文记曰:"柳里,旧时分东柳西柳,西柳圣里也。"此指东柳是指清康熙年间夏氏自西柳迁至西柳东南处建村,因与今西柳对称故名(见《新泰市地名志·宫里镇》,新华出版社,1992年版)今西柳就是夏家隅村所在地。先看此地春秋时是否属鲁之邑。

西柳去东北四十公里即今新泰(县)市治所,古称平阳。《春秋》鲁宣公八年"城平阳"即指此地。杨伯峻注:"平阳鲁邑,即汉之东平阳,在今山东省新泰县西北。"又,西柳去西五公里即今新泰楼德镇驻地,此地古称菟裘,即鲁隐公十一年欲"使营菟裘,吾将老焉"(《左传·隐公十一年》)之所。杜预注:"菟裘,鲁邑,在泰山梁父县南。"隐公欲退休后在此养老。这里曾是嬴姓菟裘国。《史记·秦本纪》:"秦之先为嬴姓,其后分封,以国为氏,有菟裘氏。"这片土地不知何时并于鲁。菟裘之北就是汉置梁父县,在新泰市天宝镇古城村。据此,柳里一带属春秋时鲁邑。再看柳里即西柳(古柳下)的地利、环境。《诗经·鲁颂·閟宫》所颂"泰山岩岩,鲁邦所詹""徂徕之松,新甫之柏","奄有龟蒙,遂荒大东"等诸地,在柳里周边都能找到。柳里去西北百里即东岳泰山;去西偏北二十五里即是徂徕山;去北偏东四十里即是新甫山(今称莲花山);去东偏南四十里位今新泰谷里镇又南八里即是龟山。相传谷里即鲁定公十年(前500)齐鲁会盟之所。孔子为鲁君相礼据理而争,"齐人来归郓、讙、龟阴之田"(《左传·定公十年》)。谷里以北正处龟阴田之核心。柳里北不足二里即是"汶水汤汤"之汶水支流柴汶。柳下惠墓就位于柳里北柴汶北岸不足一里处。由上可证,柳里一带春秋属鲁毋庸置疑。至春秋后期,天下无道,齐强鲁弱,齐不断侵鲁之北鄙,如《史记·六国年表》:前408年齐"取鲁郕"。郕即成,位于今楼德镇西,宁阳县东北小汶河附近,为孟孙氏邑。郕之东约三十里为柳里。故柳里一带春秋早期属鲁,后期属齐。柳里之地理位置正与清人阎若璩在其《四书释地续》所说"古人葬于食邑,垄所在即邑所在。则柳下者自当在齐之南,鲁之北,二国壤接处,此昔为鲁地,后为齐有也"的地理条件。

文献、方志又是怎么记载"柳里"及柳下惠墓的呢?因柳里东至今宫里镇,南至今新泰市石莱、放城镇,西至禹村、楼德镇,北至天宝镇这些地方旧时都属泰安县。有关柳下惠居邑柳里及柳下惠墓的记载多见泰安县(州府)的方志、文献,而新泰方志不载。众所周知,最早记载柳下惠墓的记载文献即《战国策·齐策四·齐宣王见颜斶》:斶曰:"昔者秦攻齐,令曰:'有敢去柳下季垄五十步而樵采者,死不赦。'"下有鲍(彪)注:"鲁展禽字季,食采柳下,亦云居之。垄,其冢埒(坟墓周边的矮墙,或说界域)。秦伐齐,先径鲁,故云。"展禽之居邑(或说食采)和墓相近又相宜之地当属新泰柳里。下面请看泰安部分方志的记载。

明嘉靖三十四年(1555)汪子卿《泰山志·遗迹》:"柳下惠墓:在州治东南一百里,至今村人尚多展姓者,村名曰柳里村。"明万历十五年(1587)查志隆《岱史·圣贤遗迹》:"柳下惠:墓在州东南百里。至今村人尚多有展姓者。名曰柳里村。"万历三十一年(1603)任弘烈《泰安州志》所记与上略同。万历四十年(1612)宋焘《泰山纪事》之《人物志略》:柳下惠:先圣,姓展氏,居于柳下。既殁,乃谥为惠。今州城(泰安)南六十里柳里村,乃其故处也。……既辞官,乃聚生徒,讲业于柳下。……至今柳里村有柳下惠墓。"明末萧协中《泰山小史·柳下惠墓》:"距州治东南百里,地名柳里村,墓亦芜秽。今尚多展姓者。"至乾隆五十五年(1790)宋思仁著《泰山述记》卷之四记:"(宫里镇)西南为柳里村,即古柳下也。柳下惠……食邑柳下,里北有墓存焉,其高如陵。……旧有碑,今亡。郡城内(指旧泰安城内)有和圣祠,坍塌,余捐廉修葺,并建碑表墓。"乾隆年间泰安人聂剑光著《泰山道里记》亦云:"(宫里镇)西南柳里村,即古柳下,和圣汤沐乡巴里,北有和圣墓碑,久废。"(以上引文均见《泰山文献集成》,泰山出版社,2005年版)。

上文多位学者提到柳里村"尚多展姓者",然今柳里一带少有展姓者,何也?该村《夏氏族谱》记曰:"其始祖于春秋战国时即迁至柳里。"说明这村的展姓有徙往外地者,后由夏姓人占居。但是,柳里西十里余,楼德以北王(家)庄元代仍有展姓者居多。此处有"展氏先茔"。清代泰安知县金棨著《泰山志》卷十八《金石记四》录有元延祐五年(1318)九月由济南路录事司儒学教谕鹿思固所撰《展氏先茔之记》碑。碑高四尺八寸,广二尺一寸。文二十行,行四十一字,正书。碑阴书展氏宗派,字模糊不可辨,仅有"嗣子展旺"四字可识。该碑于延祐五年九月嗣子展旺立石。清亭李克公书丹题额。据碑文载,立石者展旺乃"公子展远裔,世居鲁地徂徕之阳,汶水之阴,曰王家庄,枝蔓派分,世革时异,力田为业,世数显迹。展旺之父展泰为天宝时珍(蒙元副元帅、泰定军节度使)的手将为千夫长"。可惜该碑久废。清光绪二十九年(1903),立于和圣墓的《知府泰安县蜀云毛老父台德政》碑文对上碑也有记述:"适王庄有展氏茔,遂树焉。展茔旧有元碑,述其先祖自北宋迁于此,世代存亡甚悉。"这都是和圣故里在柳里的明证。

柳里村原有和圣祠。唐仲冕《岱览》卷二十九《博览二·文献》载:"旧《泰安州志》云:柳下即治东南柳里村,有墓在焉,其高如陵……案:墓在汶河北郭家庄西北一里,方形,共四十步,墓中高连顶六步,距墓六里为汶(河)南西柳庄,有和圣祠,碑曰和圣故里,一曰柳下书堂。祠南一里有和圣桥。"祠久废,尚存"和圣故里""柳下书堂"二碑。又因"西柳故祠地,亦半侵入民房,所余不能容祠。光绪二十八年(1902)冬,村民别择地建祠,仍留二碑以识其旧"(《知府泰安县蜀云毛老父台德政》碑)。后因年代久远,"和圣故里"碑和"柳下书堂"碑已失,而清乾隆十五年(1750)所立"和圣故里"碑之拓片尚存新泰市博物馆(见右图)。据拓片,碑刻平首,高112厘米,宽48厘米。额题:义学;首题:□□□□□,府庠生周南□,邑庠马□□,□□□□;碑文:和圣故里。落款:大清乾隆十五年岁次庚午三月二十八。另外,西柳村内多处有记载"柳下"的残碑。村北首有一"玄天上帝庙",其碑字迹隐约可见"玄天上帝庙,历年久矣。巍巍乎成其为柳下之一大观也"等字。另有清康熙十八年(1679)的碑,碑文载:"西柳庄即古柳下地也,为和圣汤沐之邑,乡民犹存遗风,万物顿以其生养,……和圣存地主之道也"等字(王玉民等《柳下三贤有遗踪》,载《新泰文史资料》第九辑,1996年11月版)以上文献方志所记及现存文物"和圣故里"碑拓片等足以证明和圣故里非柳里村莫属。

和圣故里碑拓片

关于和圣墓的具体位置,除上述所载外还有多种文献有载。如《大清一统志》卷一四二《泰安府》云:"周柳下惠墓:在泰安县东八十三里柳里村。"清嘉庆《泰山志》卷十三载:"泰安府经历庄文,于嘉庆二年(1797)二月,奉署按察使充沂曹济道孙星衍札委,访查柳下惠墓,具复云:查得和圣墓在泰安城东南汶河北郭家庄西北一里,距(泰安)城一百里。墓地四面见方,共四十四步。墓中高连顶六步,并无碑碣。和圣祠在汶河南西柳庄地方,距墓六里,有碑二:一曰'和圣故里',一曰'柳下书堂',皆系乾隆年间建立。距祠正南一里,有桥,名和圣桥,亦立有碑记。又有展氏先茔,在府城东南王庄地方南一里,去和圣墓之西南十八里,去和圣祠之正西十里,有元延祐五年(1318)鹿思固撰《展氏先茔碑记》,碑阴为宗派之图。当将墓祠丈量,其丈量之步弓,每步系三尺八寸云云。"孙星衍因篆书"柳下季茔"四字,委泰安知县蒋因培刻石立于和圣墓前。案,今滋阳县西郊亦有柳下惠墓,盖误也。"孙星衍以山东按察使等身份,派员访查和圣墓,必对山东境内,尤其曲阜周边和圣墓真伪进行细加分辨,方可得出上述结论,应是十分慎重的。民国十五年(1926)《重修泰安县志·舆地志胜概·古墓》亦载:"和圣墓在县东南一百里许天宝寨(今天宝镇)地方小汶北。"1993 年版《山东省志·泰山志·古墓葬·柳下惠墓》:"位于徂徕山前天宝镇郭家庄北,传为柳下惠墓。据旧志记载,墓方形,纵横各 40 余步,高 6 丈,用大石砌成,四周立有界石和土堤,东南面垒石坝,后均毁。现仅和圣故里碑及清代泰安知县毛蜀云德政碑记。"以上是山东省、泰安州(府县)方志对和圣墓的方位、状况、范围等在调查研究的基础上得出的结论,亦是官方对和圣墓的认可。

和圣墓虽经历朝历代不断修缮,但因年代久远,至明末已是"佳城何处是,零落野烟荒"(明萧协中诗句)。至晚清已是荒废已甚:"墓地向系平原,因山河改道,遂被冲啮","享堂祭田,均已废失"(民国《重修泰安县志》卷三《舆地志·古墓》)。至清光绪十八(1892)学者毛澂(1843—1906,字蜀云,四川仁寿人)初任泰安知县,上任伊始,曾往和圣墓拜谒。光绪二十六年(1900)二任泰安知县,再拜和圣墓并查方志载籍对墓址进行实地考察后,认为所传展氏族林非和圣墓址,小汶北岸乃和圣墓址所在。面对荒废之状,毛公甚感忧虑,痛心不已,决心以修复这一圣迹为己任。遂筹集京钱一千串,发交近村绅董乡老具领监修。然而此时毛澂二次调离泰安,遂将修墓事搁置。光绪二十八年(1902)他三知泰安县,复行前议,捐金千余,交本地善士乡绅钱奉祥、杨玉成督工监修,工程始于壬寅(1902)十月,竣工于癸卯(1903)三月,工竣,毛公亲题"和圣墓"三字,刻石立于墓前。墓以坚石砌四周,墓顶加高五尺实以灰土。获墓地基大地二亩八分余。墓每面计阔四丈,周围凡十六丈,高一丈。四角皆立界石,南西北各筑土堤一道,以禁樵采。其东滨河一面,另叠石坝,长三十余丈,以防河水侵涮。隙地栽杨八九百株,柏十余株,为守墓者,修茅舍二楹,兼立碑示。为了今后能有祭祀所用谷物,还买回大地十三亩余,垒土圩一道,树以界石,中间开稻田,植柳荷等,共费京钱三千二百缗有奇,选派祀生妥慎经理。事毕,毛公履行公事,将此事上报当时藩道立案,以防日后侵占之患(民国《重修泰安县志》卷三《舆地志·古墓》)。

此后,毛澂又撰祭文铭碑立于墓址。其文曰:

维光绪二十九年岁次癸卯四月丁巳朔月四日戊子,泰安县知县毛澂等谨致祭于鲁士师柳下惠展子之神曰:维夫子生而为圣,殁而为神;生不容于父母之邦,殁乃兴起百世之人。既不卑夫小官,亦不羞于污君;故遗逸而不怨,厄穷而不悯。夫何浼于袒裼裸裎,然而冲和之气,刚介之节,高可媲乎伯夷,大可侔乎伊尹。身虽三黜,而道则常伸。其英灵胖响,固当争光日月,而长在乎尼山之侧、汶水之滨。御灾捍患，犹在祀典，而泥乎邹鲁之间，为和圣丘墓之所存。亲炙其风者，鄙夫以宽，薄夫以敦。以固圣代所崇褒，守土者之所钦尊，奈年代远湮，樵采弗禁，奚今日逊于暴秦？况陵迁谷变，前将见其容以三尺马鬣，其弟委河伯而付波臣。是以伐石徂徕之下，筑堤御水，用以防暴雨、卫榆枌。吁嗟乎！东海之波、泰山之上石可尘，惟夫子之风，旷百世而如新。乡后进而有志，请亲此二千载之孤坟。伏惟尚飨。

又，于光绪二十九年三月，天宝、汶西、王庄三地方绅士耆老共襄立"赐进士出身花翎三品衔在任即补知府泰安县知县毛老父台德政"碑于和圣墓地。此后世人将此碑简称"毛老父台德政碑"，以纪念毛公的功德。民国《重修泰安县志》卷六《官吏·吏绩》为毛澂立传，称赞毛澂"修和圣墓，以尊先贤，先公于人心风化尤为注意云"。毛澂领修和圣墓之善举也受到泰安学者葛延瑛的赞誉，谓："崇柳下之名祠，万家顶礼；识时务即为俊杰，洒来热血一腔。"

百年之后和圣墓再得以重修乃由毛澂后人兴起。其缘由是这样的：光绪三十二年（1906），毛澂病逝于滕县任上，而其家人则久居泰安关帝庙街寓所（世人称毛家公馆）。毛公之曾孙毛铸伦学成后任台湾《中国时报》主笔、中国统一联盟主席等职。20 世纪 80 年代，毛铸伦多次来大陆参加学术活动，并去故里省亲觅宗。四川仁寿县政协赠其《仁寿文史》一辑，载有泰山学院周郢《毛澂与泰山》一文，勾起毛铸伦思念泰安故居之情。1992 年 7 月毛铸伦借赴香港开会之际，专赴泰安。他在新泰市政府、市博物馆相关人员陪同下拜谒了和圣墓遗址。此时之和圣墓历经战火，并经"文革"浩劫，当年毛公修整后的墓状不再。和圣墓封土拉平，墓碑砸碎填河，"毛老父台德政碑"推倒在地。惨遭劫后的和圣墓一派狼藉，不堪入目。众人目睹惨况，感慨万千，毛铸伦先生更是心情沉重。他拜谒了和圣墓址，在"毛老父台德政碑"下焚香奠告。当时毛铸伦表示有意承曾祖遗志，捐资重建。他赴台后禀告其父毛登沂。父子二人一拍即合。于 1994 年夏，毛登沂携子毛铸伦专程来新泰捐资 1.2 万美元，发起重修和圣墓。工程历经年余，重培和圣墓封土，并围墓冢砌巨石，重立墓碑，重铺神道，新建碑亭，复立"毛老父台德政碑"。新建牌坊，毛登沂亲题长联：于今已四海为家矣，幸文物重光，丘垄尽复，亿载圣逝延道统；当年止一行作吏耳，乃去思永怀，丰碑无恙，百年陌巷续讴歌；额题"和气弥纶"。新泰市博物馆也立有"和圣墓重修碑记"。工程始于 1994 年 11 月，告竣于 1995 年 10 月。修葺一新的和圣墓成为一方胜境。毛氏四代，相继修葺圣墓，终成不朽之盛业，传为历史佳话。

旧时泰安城内有和圣祠。明嘉靖汪子卿《泰山志》简要记载了柳下惠在泰山的故里、墓葬及后嗣等情况，说明柳下惠已进入官方的祭祀视野。和圣祠也在泰安出现。民国

《重修泰安县志》卷二《增庙祠宇》记："和圣祠在城内东南隅,祀柳下惠。明万历四十五年(1617)州守侯应瑜建。"祠建成后的天启元年(1621)侯氏亲书祠额,撰写了《修泰安和圣祠碑记》。碑早佚不传。自此始地方祠祀由地方官春秋奉祭。上述《县志》又载:清顺治十三年(1656)济南守道毕振基(应为姬)重修,戴清(应为京)曾记之,碑在祠过厅中。乾隆十九年(1754)县令冯光宿修葺。五十四年(1789),郡守宋思仁重修,有碑记在祠内。宋思仁《重修和圣祠碑记》载王价藩辑《泰山丛书》第二十五册《岱粹抄存》。同册还载泰安知县徐宗幹于道光己丑(1829)《重修和圣祠碑记》等。民国五年(1916)邑人赵正印等捐款重修,添置过厅三楹,祠内多明人诗石刻。"唐仲冕《岱览》卷十三《岱阳下·分览二》对和圣祠也有记载,并说"有司皆以春秋致祭。而和圣祠敞漏奥溁,不能任奠献,亦守土者之过也。和圣柳下惠,邑境有柳里村,又有柳下季垄,因祠。"(唐氏所记"祠敞漏奥溁"乃指宋思仁重修之前－编者注)《岱览》还记有清顺治十三年五月"修柳下大夫祠碑"勒和圣祠壁,戴京曾撰,陈爔跋并行书。又记乾隆十九年四月"重修和圣祠碑"勒祠内壁间,冯光宿撰,真书。上述戴京曾所撰碑不存,碑文载光绪十八年《展氏族谱·庙志》。民国《重修泰安县志·艺文志》《岱览》卷十三皆载有清顺治年间(应为顺治十五年)学道施闰(又作润)章所撰《祭和圣祠文》,现录于后:

祭和圣祠文

清·施闰章

泰山岩岩,汶水汤汤,蜿蜒蟠郁①,不知其几千里而作镇乎。鲁国之傍,圣哲于焉挺生②,亘古今而相望。伊展大夫之令德,依隐玩世而以和自将③。当臧孙之窃位,谓申椒曰不芳④。乃弗党同而伐异,甘逍遥以相羊⑤。羌直道而自处⑥,

---

① 蟠郁:盘曲起伏。如清方东树《刘悌堂诗集序》:"其山脉起伏蟠郁千余里。"

② 挺生:挺拔生长。亦谓杰出。《后汉书·西域传记》:"灵圣之所降集,贤懿之所挺生。"

③ 伊:代词,你。令德:美德;依:依靠;"玩世"谓游乐于人世。唐寅《荷花仙子》诗:"不教轻踏莲花去,谁识仙娥玩世来?"自将(jiāng):谓自己保全。如《汉书·兒宽传》:"宽为人温良,有廉知自将。"

④ 臧孙:指臧孙氏,字文仲,鲁国大夫。申椒:香木名。即大椒。《楚辞·离骚》有"杂申椒与菌桂兮"句。此两句谓窃位的臧文仲,知柳下惠之贤而不立也。不以柳下惠当"申椒"。

⑤ 相羊:徘徊、漫游,同徜徉。本句借《楚辞·离骚》"聊逍遥以相羊"句。

⑥ 羌:此处作助词用。

虽三黜其何伤。夫固终其身,徘徊于父母之国,未尝历九州以翱翔①。胡大名之垂宇宙②,遂齐声乎莘野与首阳③。当其生也蒙耻救民,片言却强齐之侵疆④。及其殁也,贤愚同哀,显谥不妨出乎帏房⑤。行人为之叹息,樵采过而悲凉。夫何一死士之垄⑥而灵爽或过乎生王⑦。斯固孟子所谓圣人百世之师,而闻者莫不兴起而彷徨。夫是以采豁荪而陈醴⑧,敬荐乎先生之祠堂。

综上所载,泰安官府为和圣立祠,始于明万历四十五年。清末至民国初年五次修葺,且每次有碑记立于祠。尽管每次修葺的时代背景不同,政治目的有异,但方见泰安官方对柳下惠这一圣贤的尊崇世代不减,并在泰山众多神祠中占有重要位置。和圣柳下惠是泰山文化不可缺的重要组成部分,和圣祠是泰安著名祠宇。这说明:"维岳降神,首锺和圣"(《岱览》卷三十二《叙览》)。综上所述,如和圣柳下惠不是泰安柳里人,历代官府又何必为其修墓立祠祭祀呢?

以上从新泰柳里所处地理上的有利环境、方位优势和山东省及泰安州(府县)文献方志对柳里、柳下墓的记载,现存碑拓,后人对和圣墓的拜谒、修葺状况等方面论述,加之和圣故里和和圣墓的距离符合古人殁后所葬规制诸方面,证实和圣故里非新泰柳里莫属。其他地方的"和圣故里"皆十分可疑。然而和圣乃全国人民之和圣,而非一方一地之和圣。大家不妨遵照中国先秦史学会所倡导的"先祖大家祭"的方式方法共同缅怀先贤和

---

① 九州:泛指天下,全中国。

② 胡:此为对和圣的敬称,因其高寿,有"胡考"之意。胡考:老年人,长寿者。犹寿考。此谓"您老"。

③ 莘野:莘古国名,在今曹县西北。《孟子·万章上》:"伊尹耕于有莘之野。"《万章下》"伊尹,圣之任者也。"是说伊尹曾在莘野劳作。伊尹是商初大臣,相传他曾为有莘氏的媵臣(诸侯嫁女而随行之臣),一生曾入商辅佐成汤,汤亡后又佐数位商王,故称其是"圣之任者",即圣人中有责任感的人。首阳:指首阳山。商周之诸侯国孤竹,其君王有二子伯夷、叔齐逊让君位,奔周,路遇武王伐纣,叩马进谏。商亡后二人不食周粟,饿死于首阳山。故《孟子·万章下》称"伯夷,圣之清者",即说他是圣人中清高者。又说柳下惠,圣之和者也。此句是说和圣与伯夷、伊尹齐名。

④ 侵疆:齐侵鲁国边疆。此指展禽使展喜以膏沐犒赏齐军,片言退敌。

⑤ 帏房:即内室,闺房。此指展禽妻私谥其号曰"惠"。

⑥ 此句指《战国策·齐策四》颜斶之语:"有敢去柳下季垄五十步而樵者,死不赦。"

⑦ 灵爽:指精气;神明,神灵。如晋郭璞《江赋》:"乃协灵爽於湘娥。"生王:生,在此为副词,如最,犹甚;王:指帝王,天子。又指同类中之特出而无与伦比者。本句接前句,意思是:你的精气(或说神明)或胜过天子,或说是无与伦比的。

⑧ 豁荪:山谷中的一种香草。荪是一种香草名。陈醴指陈年老酒或说甜酒。

圣的思想理念,发扬"和为贵"的精神,学习和圣的仁德楷模,为共建和谐社会奋斗。我相信和圣柳下惠的其人其事将会犹如日月经天,江河行地,令无数仁人志士仰止,赢得世代敬仰。

附记:本文首稿部分内容收录由笔者任学术主编的《新泰区域文化通览》即《泰安区域文化通览·新泰卷》。

主要参考书目:杨朝明《鲁文化史》第一章至第十三章(齐鲁书社,2001 年版);《光明日报》2014 年 12 月 23 日《国学版》;周郢《和圣佳城在,柳风百世芳——毛澂与和圣》(《载柳下惠研究》,北京图书馆出版社,2004 年版);周郢《泰山和圣祠考述——兼析历代柳下惠祠祀的文化背景》(载《惠风和畅》,中国言实出版社,2007 年版);柳明瑞《解读柳下惠》中编第四、五章(山东大学出版社,2007 年版)。

第三节　乐圣师旷

师旷,字子野,生卒年代不详,春秋时期平阳(今山东新泰市)南师店人,晋国乐师,又称太师,官至少傅,其政治生涯约在晋悼公与晋平公时期(公元前572—前532 年)。师旷目盲,知识渊博,通晓乐理,精于演奏,辨音能力极强,是春秋时期有名的政治家和音乐家(师旷像见彩页)。

一、先秦礼乐并重,列为治世之要

众所周知,商亡周立,周公制礼作乐(音乐),礼、乐并称。其作用都是为了使周朝江山永固,社会安定和谐。以礼乐规范社会秩序,规范人们的思想行为。所以《史记·乐书》称"乐者为同,礼者为异""乐至则无怨,礼至则不争""礼乐明备,天地官矣"。这几句话的意思是说,作"乐"的目的是教民,教民的目的是互相沟通感情;制礼以约束民众,目的是使社会等级有差。"乐"充分发挥了效用,人们就没有愤恨,团结相亲;"礼"充分发挥了效用,人们就没有纷争,彼此相敬。"礼""乐"彰明完备,天地万物都各得其所。《乐书》还载,"乐",表现的是德行,"礼"防止的是邪恶。有德之音才称为"乐"。"乐"表示天地万物间的和谐;"礼"表示天地万物间的秩序。和谐则使万物互相整合无冲突;有序则使一切事物有区别而不混淆。学习乐是为了陶冶内心,学习礼是为端正仪态。"乐"是乐人所推崇的,它能使人心向善,深刻地感化人的心灵,移风易俗。好的音乐也是中正平和思想的总要,是天地间纯善完善观念的凝结。

自古以来,"礼""乐"并提。《礼记·乐记》载:"乐者,音之所由生也。""乐"是西周统治者用之表现"礼"的一种手段,列六艺之一。用于政治、祭祀及道德教化等方面。"国之大事,在祀与戎"(《左传·成公十三年》),古代的祭祀活动,是其政治、经济、社会、文化活动的综合体,通过祭祀来满足精神之需求。通过祭祀以示对神灵、祖先、死者的敬意。所以，凡重大祭祀活动必有"乐"。故《周易·豫·象》载："先王以作乐崇德，殷荐之上帝以配祖考。"

毋庸置疑，好的音乐能使人赏心悦目，激人奋进，但先秦时期的乐理认为，"乐"尤在于推行社会教化。故《史记·乐书》强调说："先王制礼作乐，不是为了充分满足口腹耳目的欲望，而是为了教导人民正确地区别所爱好或所厌恶的事物，而回到纯正的人生道路上来。"又说："用礼节制人的情绪，用乐调和人的声音，用政推行治民之道，用刑防范犯法的行为。礼、乐、刑、政四方相辅相成，那么，先王治民之道就可以完满实现了。"总之，"乐"与"礼"一样都是统治阶级教化民众，推行社会教化的工具，用以维护统治秩序的手段，在阶级社会中"乐"服务于阶级的统治。

师旷是晋国的乐师。乐师是官名，其职责是教国子诵诗、习舞、培训乐仪。使国子懂得并能演奏不同音乐时保持相对仪容。这里说的"国子"，指诸侯、卿、大夫、士之子。师旷仕晋，不仅是位乐师，还是执政卿大夫，故必辅佐晋君治国理政。

师旷把"乐"与治国的理论以及乐理、乐艺推向了一个历史的峰巅，在以"乐"理政，以"乐"治军，以"乐"谏君等方面均有建树，将"乐"的作用运用得炉火纯青，无与伦比，以致被后世称之"乐圣"。

如果说柳下惠是周礼的卫道者，那么师旷可谓周乐的卫道者。新泰大地上春秋时代的这两位圣人，在礼、乐文明方面都为后人留下了宝贵遗产。

二、师氏与古代礼乐文明

师旷的家世于史无考，唯《拾遗记》云师旷"或出于晋灵之世，以主乐官"。晋灵公于公元前620年即位，到晋平公卒年（532）已历六位晋公共89年，如师旷从20岁仕晋，109岁时还在朝为官，令人难以置信。《拾遗记》为东晋王嘉所撰志怪小说集，故不足凭信。

师旷之"师"的来源，史有多说。如甲骨文中有师及师般，"师"为武职官名，"般"为族名。师又指军族、军种；又为地名，如师寮（孟世凯《甲骨学辞典》，上海人民出版社，2009年版）。一期甲骨辞中有贞人名为师（马如森《殷墟甲骨文引论》，东北师范大学出版社，1993年版）。又，一说殷周时乐官之长皆称师。《礼记·乐记》"师乙"郑玄注云："师，乐官也。乙，名。"《通志·氏族略四》引《风俗通》云："师，乐人瞽者之称。晋有师旷，鲁有师乙，郑有师悝、师蠋、师蠲、师成也。"此外，商纣时还有师延，《史记·乐书》作师涓，曾为商纣作新声靡靡之音，武王灭商投濮水而死，即此人。春秋时卫国也有师涓，郑有师茷、师慧，鲁有师襄、师挚，都是古代乐官；孔子曾从师襄琴（《史记·孔子世家》）；乐官之长称"太师"，太师所属乐人称"师曹"；师是乐官的统称。另一说则以"师"为姓氏，如西周有师儒，为传授道艺之官吏。又，《姓氏考略》引《风俗通》云"周师尹之后。"又引《姓谱》云："古者掌乐之官曰师，因以为氏。"望出太原、琅琊、平原。"师尹"，指周太师尹氏,见《诗·小雅·节南山》毛传:"师,太师,周之三公也。尹,尹氏,为太师。"据此,师姓之源(先秦姓、氏有别,后来混而为一),或出自官职以官名(师尹)为氏,或以所从事的职业(乐师)为氏。师旷两者皆具备,后世以师为氏。

西周初年,周公制礼作乐,"乐"与"礼"一样被纳入国家重典颁行全国,因而"礼乐"并称,与西周政治息息相关,为奴隶社会上层建筑重要宪令之首。《庄子·天运》载孔子治"六经",《乐》为六经之一。秦火以后《乐经》失传,但《诗经》中保存了大量歌词,《墨子·公孟》说:"诵诗三百,弦诗三百,歌诗三百,舞诗三百。"可见《诗经》不但是诗,也是歌词。还是"德""礼"兼备的"治政"经典。《礼记·乐记》云,"揖让而治天下者,礼乐之谓也""大乐与天地同和""乐者,天地之和也",反复强调音乐是天人合一、人与自然万物的和谐关系。又,"音之起,由人心生也。人心之动,物使之然也"。人对音乐的喜爱正是情感的表达,其内蕴所关照的是道德教化作用,故"乐"可以感化民心,移风易俗。如果没有"正声"和"雅乐"的教化熏陶,人就会被物欲所惑,就会"灭天理而穷人欲",就会产生"悖逆诈伪之心,有淫泆作乱之事",就会"强者胁弱,众者暴寡,勇者苦怯,疾病不养,老幼孤独不得其所,此大乱之道也",因而极力反对乱世亡国的靡靡之音。《史记·乐书》云,"郑卫之音,乱世之音也""桑间濮上之音,亡国之音也"。从上古帝王就创举音乐,并非只为娱心自乐,快意恣欲,而是为了治国平天下。端正教育始于"正音",音正就能规范人的正确行为。"故音乐者,所以动荡血脉,流通精神而和正心也""故乐行而伦清,耳目聪明,血气和平,移风易俗,天下皆宁"。正因为周朝将音乐作为治国化民之道,《周礼·春官》中设有"大司乐、乐师、大胥、小胥、大师、小师"等二十种乐师职务,所以乐师在王室和各诸侯国的地位都相当高。特别是师旷,作为春秋时期的政治家和大音乐家,在先秦《经》《史》和诸子百家书中无不称誉,评价甚高。

三、师旷是春秋时期晋国政治家

师旷字子野,"旷"为其名。晋国大夫,乐师。据《逸周书·太子晋解》,他自称为"瞑臣"(即盲臣),关于师旷目盲有几种说法,一是认为他天生失明,如郭象子玄注《庄子·骈指》注中引《史记》云:(师旷)生而无目。二是自残失明,如十六国时期王嘉所著《拾遗记》认为他"熏目为瞽人,以绝塞众虑,专心于星算音律之中"。如是说则是师旷挚爱和忠诚于音乐的自觉行为。师旷虽然目盲,却具有非凡的政治天才。师旷善用乐治政、用兵,受到赞誉。如《史记·乐书》张守节《正义》引唐刘伯庄云:"吹律审声听乐知政,师旷审歌,知晋楚之强弱,故云兵家尤所重。"又,《淮南子·主术训》云:"师旷瞽而为太宰,晋无乱政,有贵于见者也。"高诱注:"虽盲而大治,晋国时无有乱政,故贵于有所见。"由于师旷道德素养很高,知识渊博,熟谙历史和典章制度,有高瞻远瞩的治国思想和治国理论,早在晋悼公(姓姬名周)时就被尊为顾问,有问必答,用《左传·襄公十四年》杜预注的话说:"《传》善师旷能因问尽言。"师旷一生直道忠贞,对晋国国君不仅没有谀辞媚态,而且多属据理诤谏,匡谬正俗。因师旷德高望重,而被两代晋公所倚重。

据《史记·晋世家》记载,悼公"十五年(前559),悼公问师旷怎么治国。师旷说:'惟仁义为本。'"如果司马迁没有记错,"仁义"一词的提出以师旷为早,据杨伯峻先生统计,一部《左传》讲"仁"很少,不过33次,没有"仁义"并言的。到了孔子才泛泛论"仁",到了孟子才"仁义"并称。师旷对悼公提出"仁义为本"时,孔子尚未出生,考察师旷的一贯思想,所提"仁义"与"治国"相联系,已经不是"仁"的本义,而是仁爱正义、宽惠正直的行为标准概念,应是《礼记·曲礼上》"道德仁义"和后来"仁义道德"的语源。师旷借"悼公问"劝谏悼公施行仁政,即体现了治理国家要以人为本,又道出了宽惠爱民才是治国之本的思想,是后来孔子"仁者爱人"思想的发端。师旷政治上胸怀博大,远见卓识,只"惟仁义为本"五个字就给出了振聋发聩的治国大计,这在师旷所处的春秋时代是不多见且难能可贵的。

晋悼公十五年(前559)《左传》襄公十四年记载,这年四月,卫国献公无道,被执政正卿孙林父和宁殖驱逐,逃亡齐国。当时,师旷随侍在晋悼公左右,晋悼公问:"卫国人驱逐他们的国君,不也太过分了吗?"师旷回答说:"也许是他们的国君实在太过分了。贤能的国君要奖赏善良而惩罚邪恶,抚养百姓好像儿女,覆盖民人如天之高大,容载民人如地之广厚。百姓尊奉他的国君,热爱他好像父母,敬仰他好像日月,敬重他好像神灵,害怕他好像雷霆,难道可以驱逐出去吗? 国君,是祭神的主持者并且是百姓的希望。如果让百姓的财货困乏,神灵失去祭祀者,百姓绝望,国家没有主人,哪里还用得着他? 不驱逐出去干什么?"师旷还告诫晋悼公:上天生了百姓而立他们的国君,让他统治百姓,不让失去天性。有了国君又为他设辅佐,让百姓去教育保护他,不让他做事过分。由于这样天子有公,诸侯有卿,卿设侧室,大夫有贰宗,土有朋友、庶人、工商、皂隶、牧圉都有亲近的人,用来互相帮助。美好的就赞扬,过头的就纠正,患难就救援,错失就改革。天子身边所以设有公卿大夫直至庶民百工,都是为了规劝和开导君王,以补救他的过失,太史加以记载,乐师写作诗歌,乐工诵读箴谏,大夫规劝开导,士传话,庶人指责,商人在市场上议论,各种工匠呈献技艺。所以《夏书》说:遒人(即宣令之官)摇着木铎在路上巡行,官师规劝,工匠呈献技艺加以劝谏。……上天爱护百姓是非常周到的! 难道会让一个人在百姓头上任意作为,放纵他的邪恶而失去天地的本性吗? 一定不会这样的。师旷对晋悼公的这段谏说十分有名,他大概借用了西周召(shào)公谏周厉王的弭谤之言(见于《国语·周语上》)师旷借卫献公无道,被驱逐,劝悼公了解从公卿到百姓的一片苦心,为政者要树德行,强调"德政",方能天下大治。这里的"德政"就是要求君主要有仁德的政治措施和政绩。

师旷所处的时代,已是春秋晚期,是动荡变革时代。"世衰道微,邪说暴行有作。臣弑其君者有之,子弑其父者有之。孔子惧,作《春秋》。"(《孟子·滕文公下》)比师旷小几十岁的孔子是反对以下犯上的,孔子修《春秋》,旨在微言大义,寓褒贬,以使乱臣贼子惧。到了战国中期时的孟子,才提出以上敬下,对坚持错误的昏君可以"易位"(《孟子·万章下》),并认为杀掉残贼仁义的"独夫"不是以"臣弑君",而是正义之举(《孟子·梁惠王下》)。师旷在回答"悼公问"时,公然提出可以驱逐让人民失望的国君,正是敢于"以下犯上",显然比后来的孔子进步多了,比提出"民贵君轻"的孟子也早了200年。

晋悼公14岁即位,在位16年,于公元前558年卒。悼公之子晋平公(姓姬名彪)于公元前557年立为国君,时年约16岁。史书评价平公与其父悼公一样年轻有为,当与身边有悼公时的老臣如叔向、女(音 rǔ)齐、师旷等尽心辅佐有关。

年轻的晋平公对师旷等老臣非常尊重,可以说言听计从。据《说苑·君道》记载,晋平公问师旷:"人君之道如何?"师旷回答说:"人君之道清静无为,务在博爱,趋在任贤;广开耳目,以察万方;不固溺于流俗,不拘系于左右;廓然远见,踔然独立;屡省考绩,以临臣下。此人君之操也。"平公深然其说,连连称"善"。"清静无为"不是后来道家老子之"无为",而是师旷教平公不要纵欲妄为;以博爱之心任贤去佞,广纳善言,兼听则明;要远见卓识,有独立见解,莫被近臣内侍阿谀奉承和声色所惑,才是国君所恪守的德操,即"人君之道"。《说苑·善说》还记载,当晋平公问师旷"咎犯与赵衰二人谁最贤能"时,师旷借对晋文公时的两位大夫(他们曾助晋文公成其霸业)评价后结论说:"……智不知其士众,不智也;知而不言,不忠也;欲言之而不敢,无勇也;言之而不听,不贤也。"师旷不仅精通为君之道,而且精通为臣之道,只有君臣一道,才能使国家大治。"言之而不听,不贤也",不仅是师旷品评为臣的标准,而是直接警示平公的箴言。师旷终生以臣道自律,不愧是春秋时期的智士仁人,终其一生都忠勇无私,成为那个时代大贤大智的榜样。

晋平公十一年(前547),《左传·襄公二十六年》和《国语·晋语八》记载,晋国大夫叔向(即羊舌肸,字叔向)与行人(负责外交事务的官名)子朱因秦晋和约问题发生争执,几乎动武。晋平公说:"晋国大概差不多要大治了吧!我的臣子所争执的是大事。"师旷说:"公室的地位怕要卑微,臣下不在心里竞争而用力量争夺,不致力于德行而争执是非,个人的欲望已经扩大,公室的地位能不卑微吗?"师旷深知君主的德政关乎国之存亡,故而遇事不惑,见微知著,几句话就道出了一位有识之士的英明预见和对国事的担忧。从侧面劝谏平公不仅自身要施德政,执政卿也必须施德政,有德行。

师旷作为太师,向天子进谏也是他的职责。师旷侍奉两代晋君,平公年轻,师旷对其进谏虽是君臣关系,但从不客气。据《韩非子·难一》记载,晋平公与群臣饮酒将醉时,平公喟然感叹说:"做国君没有什么快乐(莫乐为人君),只有国君的话没有人敢违背(惟其言而莫之违)。"师旷在前边侍坐,抱着琴就撞了过去。平公披衣避开,结果琴被墙壁碰坏。平公问:"太师撞谁?"师旷说:"有个小人在这里说话,所以撞他。"平公说:"你撞的是寡人我呀!"师旷说:"唉,这不是为人君者说的话。请左右把他赶出去。"平公说:"算了罢,今后我警惕就是了。"以上这件事,被韩非讥为"平公失君道,师旷失臣礼。"《淮南子·齐俗训》所记与此稍异,并载有孔子一句评语:"平公非不痛其体也,欲来谏者也。"这话似乎不是孔子本意,因为后来孔子曾提到过平公以上的两句话,是对平公持批判态度的。据《论语·子路》载,鲁定公问孔子:"一言而丧邦,有这事吗?"孔子回答说:"……人之言曰'予无乐乎为君,唯其言而莫予违也。'……如不善而莫之违也,不几乎一言而丧邦乎?"孔子所谓"人之言",与晋平公说的话如出一口,看来平公确有此话并被孔子熟记在心。孔子的意思很明白:假如国君说的话不正确而无人违抗,近于"一言丧邦"。孔子说话很谨慎,所以不可能自相矛盾,即使为尊者讳,也不可能为平公的过错进行辩护和粉饰。

平公作为君主,说了上面的话是"失君道",师旷作为平公近臣援琴撞君被后世讥为"失臣礼"。师旷持琴撞君,有失大雅,几近诛伤,何能如此大逆不道? 韩非晚师旷约200年,韩非所处战国末代,诸子迭出,百家争鸣,论人论事见仁见智。《韩非子》所记师旷一事或有夸大之嫌,但师旷对平公之言行,敢于进谏之胆量,以及其政治胆识和谠议忠论,实乃令人钦服。凭他人品德行而论,对失道之君完全能做到死谏之举。另一方面,晋平公的博大能容之胸襟雅量也着实令人敬佩。他们这种君臣关系以公相交而无猜,光明大度,也堪称后世楷模。

据《新序·杂事一》记载,晋平公闲居,师旷侍坐。平公说:"先生生来就没有瞳仁,甚为可怜! 先生一直在黑暗之中。"师旷说:"天下有五种黑暗,而臣一种也没有。"平公说:"怎么说呢?"师旷说:"群臣贿赂公行,以博采名誉为务,百姓沉冤莫白,而为君者不觉悟,此乃黑暗之一。忠臣不得重用,用臣却不尽忠,才微者处于高位,小人统治着君子,而为君者不觉悟,此乃黑暗之二。奸臣欺占中枢,致使国库空虚,因其缺乏才能,掩盖遮蔽其恶行,贤人被驱逐,奸邪为权贵,而为君者不觉悟,此乃黑暗之三。国家贫乏而人民疲惫,君臣上下不和,好敛财而常用兵,纵欲无度,让那些谄谀小人在旁从容自得,而为君者不觉悟,此乃黑暗之四。制度不明,法令不行,官吏不正,百姓不宁,而为君者不觉悟,此乃黑暗之五。国有五种黑暗而不危险的,从来没有。臣下我之黑暗,不过是小黑暗,对国家又有什么害处呢!"师旷在平公身边,出言无闲话,句句是哲理,以小喻大,忧国忧民;明于治乱,洞若观火;讽君讽政,切中时弊;刺贪刺虐,入木三分;忠贞不贰,世间无双。

晋平公二十四年(前534),《左传》昭公八年记载,春天,在晋国的魏榆(在今山西榆次西北)有石头说话。晋平公向师旷询问道:"什么缘故石头能说话?"师旷回答说:"石头不能说话,(可能)有的东西凭借着它。否则,就是百姓听错了。臣下又听说:'做事情不合时宜,怨恨和诽谤就会在百姓中发生,就有不会说话的东西说话。'现在国君的宫室高大而奢侈,民力损伤竭尽,怨恨诽谤一起产生,没有人能确保自己的性命。石头说话,不也是相宜的吗?"这时晋平公正在建造虒祁之宫(在今山西侯马市西南)。叔向(晋国上大夫,为晋平公太傅)说:"子野的话,是君子的话啊!君子的话,信而有征,所以怨恨远离他的身边。小人的话,信而无征,所以怨恨和灾祸会来到他的身上。《诗经》说:'哀哉不能言(可悲可哀忠言难进),匪舌是出(并非是我舌拙嘴笨。出:读拙),唯躬是瘁(实在身心憔悴多病)。哿(音 gě)矣能言(能说会道实在快乐),巧言如流(口若悬河巧言逢迎),俾躬处休(享受福禄身处佳境)。'(见《诗经·小雅·雨无正》)说的就是这个吧!这座宫殿落成,诸侯必然背叛,国君必然有灾祸,师旷这位老夫子早就知道这些了。"此时的平公已利令智昏,荒淫无度,奢侈成性,师旷、叔向再苦口婆心也难挽救平公的末世。结果两年后,晋平公卒。

仅以上数例,就可看出师旷是一位优秀的政治家,也是一位敢于谏君的大谏之官。《淮南子·主术训》将师旷与虞夏时的大政治家、我国司法鼻祖皋陶相提并论,云:"故皋陶瘖而为大理,天下无虐刑,有贵于言者也。师旷瞽而为太宰,晋无乱政,有贵于见者也。故不言之令,不视之见。""瘖"即哑,"瞽"即盲。皋陶虽然哑不能言,却在夏禹时担任最高刑官,具有"设立刑法的目的是为了最终消灭刑法"指导思想,因而公道、公正而使天下不存在虐待人民的暴刑,比会说话的人高尚尊贵,虽口不能言却不言而喻,使令行禁止。师旷虽然盲不能视,却在晋国担任执掌国政的高官,使晋国政治清明,国家安定,比眼睛明亮的人高尚尊贵,虽眼不能看却洞察秋毫,有先见之明。师旷又熟知历史典故,遵循西周优良传统,恪尽职守,敢于大胆为国建言,方见其德操风节之一斑。

师旷所在的晋国,从文公至悼、平二公年间已经称霸诸侯 100 多年,其间虽有衰落,但至悼公十二年(前 561),"八年之中,九合诸侯"。正如杨伯峻《春秋左传注》在注释以上两句时说:"此时晋悼复霸之局已定。"除秦、楚两国外,在列国中一直具有盟主地位,列国年年主动向晋国进贡。据晋平公十四年(前 544),《左传》襄公二十九年载晋国叔侯说:"鲁国对于晋国,贡品不缺,玩物按时送到,公卿大夫相继前来朝见,史官没有中断过记载,国库没有一个月不接受贡品。"从以上叔侯的话中证明晋国的强大和列国包括鲁国对晋国的敬畏。晋国和鲁国虽是兄弟之国都为姬姓,晋强鲁弱,鲁国也得按时向晋国进贡。同年六月,晋国还召集各诸侯国之大夫为杞国筑城,并派司马女叔侯到鲁国为杞国索要"杞田"。九年后,也即晋平公二十三年(前 535),晋又派人到鲁国"来治杞田",并为杞国取回成邑。因为晋杞是联姻之国,杞孝公的妹妹是晋悼公的夫人,生平公,晋与杞是甥舅关系,所以晋不断帮助杞。师旷在仕晋期间,晋国已达鼎盛时期。鲁国大夫季武子说:"晋国不可轻视啊。有赵孟做执政大夫,有伯瑕辅佐他,有史赵、师旷可以咨询,有叔向、女齐做国君的师保。晋国的朝廷上君子很多,难道能够轻视吗?勉力侍奉他们然后才可以。"(《左传·襄公三十年》)但是,正如师旷所预见的一样,从悼公始六卿专权,平公以后晋国日衰。晋平公十四年,"吴延陵季子(即吴国公子季札)来使,与赵文子、韩宣子、魏献子语,曰:'晋国大政,最终将归于这三家。'……十九年,齐使晏婴如晋,与叔向语。叔向曰:'晋,已到末世了。平公横征暴敛建造高台池沼而不忧虑国政,国政已经落到卿大夫手中,难道还能长久吗?'晏子认为是这样。"(《史记·晋世家》)物极必反,当晋国国君称霸诸侯、自我陶醉、沾沾自喜之时,师旷却早已指出貌似强大的晋国已出现衰亡端倪,结果终在晋桓公二十年,即前369年,韩、赵、魏"三家分晋",晋亡。

四、师旷是春秋时期的一位音乐天才

师旷目盲耳聪,具有非凡的音乐天才。春秋晚期,虽然"礼崩乐坏",但"文武之道,未坠于地",从王室到各诸侯国,著名的音乐大师很多,已如上述。但音乐造诣真正载誉古今、彪炳千秋的,无出师旷之右者,师旷堪称音乐权威。最晚到东汉师旷即称为"圣"。东汉王逸《楚辞章句》云:"师旷,圣人,字子野,生而无目而善听,晋主乐师。"(转引自向宗鲁校证《说苑·君道》,中华书局1987年版)师旷之特长,是善弹琴鼓瑟,精于辨音。《孟子·告子上》曰:"至于声,天下期于师旷,是天下之耳相似也。"朱熹注曰:"师旷能审音者也,富师旷所和之音,则天下皆以为美也。"(朱熹《孟子集注》)师旷的辨音天才典籍多有记载。

据《吕氏春秋·长见》记载,晋平公铸成大钟,让乐工审听钟的声音,乐工都认为钟声很和谐了。师旷说:"钟声还不和谐,请重新铸造它。"平公说:"乐工都认为很和谐了。"师旷说:"后代如有精通音律的人,将会知道钟声是不和谐的。因此我私下为您而感到羞耻。"后来,卫国乐师师涓果然指出钟声不和谐。由此看来,师旷辨音炉火纯青,精益求精,既不媚上,也不附众,而是坚持真理;同时,师旷想使钟声更为和谐,是考虑到后代必有精通音律的人,不愿留下千古遗恨。

晋平公三年(前555),《左传》襄公十八年记载,冬十月,晋国联合鲁、宋、卫、郑等十二国国君在鲁国边境济水相会,共同攻打齐国,齐国在平阴(在今山东平阴东北三十五里)抵抗。十月二十九日,齐军夜里逃走。师旷告诉晋平公说:"鸟乌之声乐,齐师其遁。"杜预注:"鸟乌得空营,故乐也。"师旷通过鸟的叫声,即判断齐师已经逃遁。

同年冬,晋国人听到有楚军侵袭郑国,师旷说:"不害。吾骤歌北风,又歌南风,南风不竞,多死声。楚必无功。"杜预注:"师旷惟歌南北风者,听晋、楚之强弱。"孔颖达疏云:"楚师南行,有大雨从北而南,逐及楚师。"结果不出师旷所料,因为楚军冬天遇到大雨,多数被冻伤冻死,军中服杂役的人几乎死光,所以楚军不战而退。由于师旷辨音能力极强,加之对天文、地理、人事和万物与战争的密切关系,进行科学分析和判断,就能得出正确结论,所以能够预知战争胜负。如上所载,师旷分析只有敌退营空,才能有鸟乌之声;如果大军压境,乌鸦早就远走高飞,何能听到叫声?再如师旷通过南、北风调之强弱,预知必有大雨或冬雪,南方军士不耐寒,楚军必然丧失战斗力。似此一般军事常识,聪慧的师旷岂能失察?由此可知,《周礼·春官·大师》所载"大师,执同律以听军声,而诏吉凶"之预卜决非迷信之说。文中所指"大师"乃大军出征,有大出师之意;所指"同律",即铜制的律管。按《周礼·春官·典同》,"执同律"非单指铜制律管,而是竹律、铜律的泛称。不然,将不符合《典同》所指:"典同掌六律、六同之合,以辨天地、四方阴阳之声。""执同律者",正是像师旷这样的瞽蒙乐师。众瞽蒙在乐太师的领导下,协助乐太师履职朝廷。当时晋国的乐太师当有师旷担任。《周礼》所记"执同律以听军声而诏吉凶",就是在大军出征之前,先令将士执弓劲呼,太师、瞽蒙执铜律管定其声级,据"声级"判军情,预断师出之胜负。这种预测方法的理论是:如呼声属宫、商、角、徵、羽"五声"中的"商声"级(音阶),则战而胜,军士强。因为商、金同配,按五行理论属西方,金性刚断,故商声亦然。将士呼声(音阶)为"商",则军士强健,斗志强,战则胜。将士呼声若是"角",角、木配东方,木性可曲可直,角声则多变,反映将士措置不一,失军心。将士呼声若是"宫",宫、土配中央,土性可供万物生息,且金、木、水、火之基础,故宫声反映将士团结和睦,可同仇敌忾。"徵"则与火配南方,火性烈,故徵声性亦烈,反映主帅急躁易怒,而致将士劳顿。"羽"与水同配北方,水性柔弱、阴暗,故羽声亦具此性,反映将士柔弱,军令军纪不明。由此知,原来所说"听军声"而知吉凶是五行理论逻辑推演而来(见董立章《国语译注辨析·周语下》之【辨析】,暨南大学出版社,1993年版,第87页)。"五声"与"五行"相配运用于古代之军事,是"五行相生相胜"理论的实践应用。这种相生相胜理论产生于春秋之时。

据《韩非子·十过》和《史记·乐书》记载,卫灵公出访晋国,途经濮水(流经春秋卫地)上游时在馆驿住宿休息。夜半时卫灵公闻有鼓琴之声,问左右随从人员,皆说没有听到。于是就对乐师师涓说:"我闻有鼓琴之音,别人都听不到。好似鬼神所演奏,你为我听后谱写下来。"师涓应诺,端坐援琴,听而写之。师涓经过两天记写和演奏熟练之后,卫灵公即去晋国见晋平公。平公在施惠之台置酒招待卫灵公一行。酒将酣时,卫灵公说:"我这次来,得有新曲,愿奏于您听。"平公说:"很好。"遂命师涓坐在师旷旁边为平公演奏。曲未终,师旷按住琴制止说:"此亡国之声,不能继续演奏。"平公问:"此曲出自哪里?"师旷说:"此乃殷纣王乐师师延为纣王所作靡靡之乐,武王伐纣,师延抱其乐器东奔投濮水而死,此声必出于濮水之上,首先听到此曲者国家将衰亡。"平公说:"寡人最爱音乐,愿将此曲听完。"师涓终于奏完此曲。平公问师旷:"此属何种声乐?"师旷说:"此所谓《清商》。"平公问:"《清商》是最悲伤的吗?"师旷说:"不如《清徵》。"平公又问:"《清徵》可以听吗?"师旷说："不可。古之听《清徵》者,皆有德义之君。如今我君德薄,不可以听。"平公说："寡人所爱者即音乐,愿听。"师旷不得已而援琴演奏。一奏就有十六只黑鹤从南方来,飞集于廊门高脊;再奏黑鹤就排列成两行;三奏黑鹤延颈而鸣,舒翼而舞。平公大悦,坐者皆喜,平公起而为师旷敬酒。回坐后又问师旷："还有比《清徵》更悲伤的音乐吗?"师旷说："不如《清角》。"平公问道："《清角》可以听吗?"师旷说："昔者黄帝大合鬼神于西泰山之上,驾象车而六蛟龙,毕方(神名)并辖,蚩尤居前,风伯进扫,雨师洒道,虎狼在前,鬼神在后,腾蛇伏地,凤凰覆上,大合鬼神,作为《清角》。今天国君您德微义薄,不能听,听后将有灾祸。"平公说："寡人老了,最爱者音乐,愿

师旷弹琴图

听。"师旷不得已,援琴演奏。一奏就有黑云从西北起;再奏大风随雨而至,帷幕撕裂,杯盘狼藉,飞瓦走石,坐者四散奔命。平公大惧,伏于廊屋之间。此后晋国大旱,赤地三年,平公衰弱多病,不久病死。

以上所记载于多部典籍,记载稍有不同。《淮南子·览冥训》把师旷所奏《清徵》《清角》改为《白雪》之音,因而"神物为之下降,风雨暴至。平公癃病,晋国赤地"。"神物"当指玄鹤(黑鹤),看来晋国大旱三年、平公多病应是事实。

又据《说苑·辨物》记载,就在平公虒祁之宫建成之后,平公已经被声色所惑,骄纵自恣,不听劝谏,出猎"骖驳马"(骖,同驾一车的三匹马;驳马,毛色青白相间的马),出朝"披狐裘"。师旷则一如既往,犯颜直谏,严肃指出平公丧德失义,一再自欺欺人,将会一"穷"、二"辱"、三"死",终于触犯了晋平公。次日,平公在虒祁之台置酒宴,使郎中马章把蒺藜撒于台阶之上,令人召师旷;师旷至,不脱鞋就上堂。平公说："哪有做臣子的穿着鞋而上国君之堂的呀?"师旷听后就脱鞋踩到蒺藜上,并跪下让蒺藜刺着双膝,仰天而叹。平公起来对师旷说："今天我是与老夫子开玩笑,先生您居然如此严肃而忧虑吗?"师旷回答说："我所忧的是肉自己生虫,吃的是肉自身;木自己生蠹,蛀的是木自身;人自己兴妖作怪,而残害的还是人自己。国家鼎具中不该有藜草和豆叶这样粗劣的饭菜,君主庙堂上不应当生长有刺的蒺藜。"平公说："现在应该怎么办呢?"师旷说："妖已在前,无可奈何。到了下月八日,您应该修百官,立太子,国君您的死期到了。"到了下个月八日早晨,

平公对师旷说:"先生您以今日为我的死期,你看寡人现在怎样?"师旷忧悒无言,拜别平公,不多时平公就死了。

据《左传》昭公八年(前534)载,卫灵公即位为君,昭公十年(前532)平公卒。卫灵公访晋,必在平公死前两年之内。晋平公十七年(前541),即《左传·昭公元年》就详细记载平公开始生病。平公的病因,与师旷同时的政治家、郑国的贤大夫子产和秦国的良医都认为是"不分昼夜淫于声色"所致。按《左传·成公十八年》所载杞桓公朝晋请婚,将幼女嫁于晋悼公推算,如悼公15岁生平公,平公享年不过42岁。

以上记载虽见于正史和诸子之书,未免杂有荒诞不经之谈,正如东汉王充所云:师旷所奏"《白雪》与《清角》,或同曲而异名,其祸败同一实也。传书之家,载以为是,世俗观见,信以为然。原省其实,殆虚言也。"(《论衡·感虚篇》)但"平王悦新声"即爱听靡靡之音却众口一词,剔除迷信之说,显见讽世箴俗之义。

师旷作为晋国的乐师,大的国事活动,如朝会、祭祀等乐师奏乐是其本职工作。同时他又不离国君悼公身边,辅佐国君治国理政。后又为平公的师傅,官至少傅,故而考虑问题必以国家大事为重,所以他的职责是执政的卿大夫职责,故能从治政角度,以少傅身份,言谏国君,用他通晓乐理,精通音律的才智,将乐提升到治国安邦的治政高度。当晋平说他很喜爱当代新潮和乐舞歌曲(包括乐奏、歌唱、舞蹈,三者合一)也就是靡靡之音时,师旷生发出了宏论,这就是十分著名的《师旷论乐》。《国语·晋语八》载:平公说他喜欢新声。师旷论道:

> 公室大概将衰微不振了吧! 国君的好恶清楚地反映出衰世的迹象,乐本用以启闭四时阴阳的运行,开塞八方山川之风,并向四方遥远广阔的地区传扬华夏德政。乐的作用是:将美政赋予诗乐歌舞,使德政推行到更为辽阔的地区;广采各种民歌,加工整理为朝廷演奏的乐章,以使天子、诸侯了解远方的风土习俗和民情政况;听四时八方之风,协之于八音十二律,而判断阴阳的郁滞顺畅、人情的怨乐、兵势的强弱;直抒胸臆著成诗意,然后谱成歌曲演唱,即用于了解下情,又用于推行教化;相辅相成于礼义规范的制订,节制人们的言行举止分寸。这样便能使天子或国君恩德广布,四时顺畅,风雨协调和庶民劳作有时,上下举止合礼有序,因此就会使得遥远的异族来朝,臣服归顺,使国内臣民拥戴其上,重土不迁。

师旷不仅是一位精研古代乐史、乐论、乐理的理论家,是技艺高超、空前绝后的一代音乐大师,而且是春秋晚期的一位思想家和政治家。他认为音乐不是简单的娱乐,而是道德情操的内化和外延,是以德治国和孕生风化的重要典章之一。师旷面对平公喜听郑声,这种审美倾向的转移,即厌古乐而喜新乐的态度,在他看来,其实质是"雅乐"的精神失落,是当时"乐坏"的具体表现。师旷的"论乐"是欲将失落的"雅乐"进行修复、改造、传播。这正是作为乐师必须面对的、不容回避的历史使命。故而能发出振聋发聩的宏论。

"师旷论乐"所面对的形势,一方面是"礼崩乐坏",另一方面是复兴礼制的呼声越来越高。故而,师旷发出的正是振聋发聩的警世之言。在他看来,"乐"可兴邦治国,也可亡国丧家。其所谏平公所喜悦的"新曲"乃靡靡之"亡国之音"。师旷所论既警世当时,又鉴戒后世。其宏论对后世影响深远。至孔、孟借鉴了师旷论乐的核心思想,极力反对"郑声"。"郑声"虽是郑国的一种民间音乐,该"乐"与(周礼)古乐对立,称之"新声",即流行的时尚音乐,但对这种音乐的挞伐之声史不绝书,其原因是它乱"雅乐""正乐"。听郑声害志害德害性。孔子极其厌恶。认为"郑声淫"(《论语·卫灵公》)。孟子也"恶郑声,恐其乱乐也"(《孟子·尽心上》)。孔、孟为何说"郑声淫""恶郑声"呢?就当时而言,郑国的音乐给人带来的是种刺激的享受和淫欲邪念。它所讲究的是艺术技巧,世俗的娱乐之情大于典礼肃穆之情,情感的表现力大于伦理的力量。它不符合周礼(古乐)温柔敦厚、中正平和的艺术特点和艺术精神,不符合周礼对雅乐的要求,也不符合当时的审美要求。"郑声"自以为很美很动听,但郑声所认为的美,是不符合周礼音乐美的文化功能。"卫乐"也是如此。所以孔子要"正乐"。他说:"吾自卫反鲁,然后乐正,《雅》《颂》各得其所。"(《论语·子罕》)孔子的目的是想使"乐"符合周礼雅乐的要求,使"乐"达到(或说成为)"礼"的内在精神,"以求合《韶》《武》《雅》《颂》之音"(史记·孔子世家)。师旷、孔、孟所追求的"雅乐正声"与"郑卫之声"正相反。"雅乐正声"是让人祛除欲望杂念,使人静心明志,回归心性之本源,达到天人合一。调和人心以禁邪念淫欲。故汉代《白虎通·礼乐》云:"琴者,禁也。所以禁止淫邪,正人心也。"

古人认为琴是君子之器。"琴之为物,圣人制之,以正心术,导政事,和六气,调玉烛(指四时之气和畅)。实天地之灵气,太古之神物。乃中国圣人治世之音,君子养修之物。"(明代《神奇秘谱·序》)而春秋之时的郑国之音使人意志放荡;卫国之音急促琐细,使人意志烦乱(《史记·乐书》)。后世不少乐者把郑、卫之音称之"乱世之音"。《礼记·乐记》指出:"凡音者,生人心者也。情动于中,故形于声,声成文(文:优美的声音),谓之音。是故治世之音安以乐,其政和。乱世之音怨以怒,其政乖(错;乱);亡国之音哀以思,其民困。声音之道,与政通矣。"这些论述阐明了"乐"的本质及其治政功能,以致师旷以后的论乐者都未能出其窠臼。师旷之论乐的音理被奉为圭臬,其哲理凸显了政治家之睿智。

至南朝梁人刘勰还赞誉师旷以"乐"洞察盛衰的才华为"精之至"。其《文心雕龙·

乐府》指出："匹夫庶妇,讴吟土风;诗官采言,乐盲被律,志感丝篁,气变金石。是以师旷觇风于盛衰,季札鉴微于兴废,精之至也。夫乐本心术,故响浃肌髓;先王慎焉,务塞淫滥。……故能情感七始,化动八风①。"可见,师旷论乐的影响至深。

师旷以忠谋国,深思远虑,体恤庶民,至于八方,可谓德被四海,垂古范今。他从晋平公竭民财、建华宫、沉溺于靡靡之音中看到了晋国不可救药的衰亡。他虽不可能支大厦将即倾,挽狂澜于既倒,正如陆贾所云:"师旷之聪,不能闻百里之外"(《新语》佚文,见《论衡·书虚》)。面对晋国民怨沸腾、国势日危,师旷只有诤言力谏、持节自守以及无可奈何地哀叹而已。但他以执政卿的身份尽了全力,也无怨无悔。

师旷把音乐的作用提高到可以兴邦治国,也可以亡国丧家的高度并非危言耸听,中华民族兴衰史中正反两个方面的例证并不鲜见。"诗言志,歌咏言",联系今,一首《国际歌》和一首《义勇军进行曲》唱了半个多世纪,每曾闻唱都令人肃然起敬,激情满怀,朝乾夕惕,居安思危;不仅凝聚了中华民族的大团结,而且激发了中华民族不屈不挠的进取精神。而一些不健康的庸俗小调和色情歌舞,则腐蚀人心,消磨意志,败坏风化,侮辱斯文,令一些本属"正人君子"者在纸醉金迷、花天酒地中腐化堕落,跌进深渊,遗臭万年。固云:盛世倡扬雅乐正声,则阴阳和合,日月辉明,人心凝聚,万物勃兴;因之武死战,文死谏,圣人身边多君子。乱世滋蔓奢靡之音,则阴阳失调,风化败坏,民人呻吟,百事俱废,因之武怕死,文爱钱,小人周围无贤能。"故治世之音安以乐,其政平也;乱世之音怨以怒,其政乖也;亡国之音悲以哀,其政险也。凡音乐,通乎政而移风平俗者也。俗定而音乐化之矣。"(《吕氏春秋·适音》)

五、老而好学,如炳烛之明

《逸周书·太子晋》记载了师旷与太子晋的一段交往和对话,精彩而极富哲理,从中可了解师旷的道德修养和治学精神。太子晋,周景王(一说灵王)太子,名晋。晋平公派大夫叔向去成周(洛阳)。叔向见到太子晋并与他交谈,讲了五件事就有三件无言以对,很惭愧地回到晋国告诉平公说:"太子晋只有十五岁,而我不能与他交谈,请您把声就、复与(周王室二邑名,周衰后被晋取之)两地还给周,以免等他继位后惩处我们。"平公想归还两邑,师旷不同意,说:"请让我这个盲臣去与他交谈,若能胜过我,等我回来后再回复他。"

师旷与太子晋在成周见面,谈话投机,相互仰慕,相见恨晚,所谈离不开道德学问和治国大计。师旷从古代帝舜引发问题,探察太子晋如何效法广博的道德。太子晋则回

---

① 《文心雕龙·乐府》:文中之"被",有"加""加上"之意;丝篁,指竹制管乐器;金石指钟磐类乐器;觇风,指窥视察看流传于世的社会风尚、习俗、道德等;七始,古代乐论,以十二律中的黄钟、林钟、太簇,为天地人之始。姑洗、蕤宾、南吕、应钟为春夏秋冬之始,合称'七始','七始'又是乐曲名;八风,指八音或八方风。

答:舜伟大如天,禹伟大如圣,文王的大道是仁,武王的行为是义。这些圣贤广施仁德于人,好施予而不好索取,"分均天财",以利天下之民。当今,只有率领众人按时劳作,善心普施于众,与百姓共甘苦,养育万物,德布四海,万民无怨,天下安宁,才能为伯、为公、为君、为帝……。师旷对太子的话非常赞赏,肃然起敬。两人琴瑟唱和,成了忘年君子之交。师旷辞行前,太子晋还赐给师旷一辆车,四匹马。故《潜夫论·志氏姓》云:"平公遣师旷见太子晋。太子晋与语,师旷服德,深相结也。"

从师旷与太子晋最后一段交谈,还可看出两人真诚、直率、达观和相互关爱之情。太子晋说:"太师,……我还听说你知道人的年寿长短,请告诉我的寿命。"师旷回答说:"你的声音清亮而带汗味,你的脸色必是白中带红。面有红色,不长寿。"太子晋说:"是啊!我过三年就到上帝那里作客。你小心不要说出去。说出去要殃及你。"师旷回到晋国,不到三年,就得到太子晋的死讯。师旷不是算命先生,其目盲亦非能相面,大概懂些岐黄之术。而从太子晋的声音和"汗味",就能知道体内有瘀结命短。

师旷不辞辛劳往见太子晋,实为晋国和天下前途命运计,如果是一个仁爱天下的太子继承王位,乃是苍生之福,只可惜好人无寿。再者,师旷又闻知太子晋年方十五就已德声远布、知识渊博,其语"高于泰山",因而见贤思齐,不会放弃自己继续加强学养的机会。据《说苑·建本》记载:晋平公受师旷好学感染,也想努力学习而感到晚了,问于师旷。师旷说:"何不点燃灯烛照明?"平公说:"哪有臣下戏弄国君的呀?"师旷说:"盲臣哪敢戏弄国君? 臣听说,少而好学,如日出之阳;壮而好学,如日中之光;老而好学,如炳烛之明。炳烛之明,难道能与昏暗愚昧一样吗?"诚哉斯言! 哲哉斯言! 圣人无常师,师旷之所以德艺双馨、抱玉怀珠、名贯古今,与其砥节励行、勤奋好学密不可分。师旷作为一个双目失明的"残疾人",在悠久的历史文明中所作出的个人贡献,浩瀚史海鲜见俦匹。师旷老而好学的精神自古而今鼓舞鞭策着若干老而好学者,如南宋著名文学家、爱国诗人陆游将书斋题名为"老学庵",以激励自己不忘学习。北齐颜之推所著《颜氏家训》之《勉学》,借用师旷语云:"幼而学者,如日出之光;老而学者,如炳烛夜行,犹贤乎瞑目而无目者也。"以此告诫子弟立身的根本在于学习。

六、后人对师旷的评价

关于师旷倡扬道德教化、以防奢靡淫秽之风滋蔓的治国治乐思想,后来典籍多有褒评,并引以为宪。如孟子曰:"……师旷之聪,不以六律,不能正五音;尧舜之道,不以仁政,不能平治天下。"(《孟子·离娄上》)桓宽云:"师旷之调五音,不失宫商;圣王之治世,不离仁义。"(《盐铁论·尊道》)《庄子·齐物论》云:"昭文之鼓琴也,师旷之枝策也(用枝或策击拍节),惠子之据梧也,三子之知几乎! 皆其盛者也,故载之末年。"意思是说:……师旷精于乐律……这三位先生的才智可以说是登峰造极了! 他们都享有盛誉,所以他们的事迹都流传下来。又如《淮南子·泰族训》云:"师涓为平公鼓朝歌北鄙(即濮上)之音。师旷曰:'此亡国之乐也。'太息而抚之,所防淫辟之风也。"司马迁云:"故曰'生民之道,乐为大焉。'""听者或吉或凶。夫乐不可妄兴也。"(《史记·乐书》)清光绪《新泰县乡土志·学问》亦云:"师旷,字子野,晋乐师,邑南师店人。旷生而无目……而其心固能别善恶、辨是非、分黑白也。……维时晋政已衰,晋霸将失,臣则力争而君弗禁,民则怨讟(音dú)而君弗知,方筑虒祁之宫而召石言之变。旷一乐工耳,一切忠论谠议,恳恳款款为平公告者,晋廷之上曾无出旷之右焉。……晋有旷而晋国重旷也,殆一时之名臣固未可以寻常之乐工例也。旷,平公少傅,著《禽经》行于世。祀乡贤。"

稽查典籍有关师旷评价中的微辞,皆与平公有关。《礼记·檀弓下》载,知悼子(即晋国大夫荀盈)死后还没有葬,晋平公就饮酒,由师旷和李调陪侍,并击钟奏乐。平公在大夫治丧期间饮酒作乐是失礼的。师旷是太师,不但没有规劝平公的过失,而且还亲自陪侍,因而受到"宰夫"(为国君掌割烹之职)杜蒉的当面指责,并被罚酒一杯。最后,平公承认错误,也让杜蒉罚了自己一杯。白璧微瑕,这或为师旷失职失礼的终生之憾。

至于《庄子·骈拇》和《胠箧》说师旷"乱五音,淫六律……而师旷是已",以及"擢乱六律,铄绝竽瑟,塞师旷之耳,而天下始人含其聪矣"等恶评,则是庄周诽"仁义"、谤"礼乐"、死"圣人"以"非天下",与儒墨分庭抗礼的一家之见,当然和儒家"修齐治平"积极入世的思想格格不入。师旷一生光明磊落,名节堪表,不仅没有受到丝毫损伤,反而被《庄子》一书从道学角度认同在"圣人"之列。

关于所传师旷的著作,《汉书·艺文志》在"阴阳十六家"中著录"《师旷》八篇,下注晋平公臣";在"小说十五家"中著录"《师旷》六篇"(见后文),班固注云"见《春秋》"。新版《辞海》和《中国历史大辞典》都载有《禽经》一书,又名《师旷禽经》,旧题"春秋时师旷著,晋张华注"。这可能是我国最早的一部禽类学著作,原书已佚。宋陆佃《埤雅》最先引用,今见本有《百川学海》《格致丛书》《四库全书》版本传世,后人认为大概是托名的唐宋间作品。《拾遗记》云师旷曾"撰兵书万篇",还说师旷临终前"乃述《宝符》百卷,晋战国时,其书灭绝"。这些说法有可能是汉代以后阴阳家、小说家的附会,把师旷神化为知阴阳、会星算、预卜生死的"算命先生"了。另,《汉书·艺文志》在"乐六家"中有"《雅琴师氏》八篇,东海人师中著,传言师旷后",方见师旷后不乏人。

七、师旷里籍在春秋鲁平阳

关于师旷里籍问题,自古有多说。因其一生仕于晋,其里籍有山西洪洞一说,并说此处有师旷墓。另有冀州南和县一说,如《庄子·骈拇》郭象注云:"师旷,司马(迁)云晋贤大夫也,善音律,能致鬼神。《史记》云:冀州南和人,生而无目。"冀州南和,即今河北省南和县。师旷墓还有漆县即今陕西彬县一说,不知所出。

关于师旷平阳（今山东新泰市）籍一说，不见于正史，只载于方志。察春秋时名"平阳"者至少有四：鲁平阳（今山东新泰）、邾平阳（后归鲁，今山东邹城）、晋平阳（今山西临汾）、卫平阳（今河南滑县），然据《春秋》经传所载，以鲁平阳即今新泰建置最早，早

师旷墓及墓前石阙

于师旷出生及其在晋国活动的时间。今新泰市南师店有师旷墓甚古，"墓画像石刻刻于四面，无年月，作车轮蛇龙之伏，最奇古。在（新甫）山麓前"（清·唐仲冕《岱览》卷二十三之《新甫山》）。墓左清光绪时尚有古碑，"籀篆十三行，古奥不可识"。墓前原有石阙①，呈方柱形，从阙身平面浮雕车马及几何图案考释，具有汉末特征，有极高的艺术水平。清代金石学家叶昌炽《语石》和鲁迅先生1916年的《丙辰日记》中，都曾提及师旷墓的有关艺术珍品。鲁迅在1916年9月23日的日记中载："午后往（北京）留黎（琉璃）厂买《师旷墓画像》四枚。"在其编纂的《汉画像目录》之《石刻杂件·新泰志》中有"周师旷墓，县东北十五里，古碑师旷墓，左籀篆十三行，古奥不可识"之载。师旷墓四周曾发掘大量墓坑，1981年村民在墓旁挖得刻有"东汉永和六年"字样的青砖，墓砖花纹特征也属汉末型制。石阙是古代神庙、坟墓前两旁所立用石材雕成的巨柱，清代王昶撰《金石萃编·汉祀三公山碑》载："双阙夹门。"《水经注·颍水》亦载："冢有石阙，前有二碑。"师旷墓前石阙，后来只存一个，移至泰安岱庙，今置东廊房。所存汉代石阙及其他文物可证师旷墓曾在汉代重修。墓前很可能原立有石马等石雕。元代新泰籍人储企范《师旷墓》诗中"四时风雨嘶石马"句可证。师旷墓前有师旷庙，清《新泰县志·寺观》载："师旷庙，县北十

---

① 考古发现，鲁地在秦汉时期的丧葬习俗中多有画像石墓，且画像内容丰富多彩。画像石墓的规模大，地面上配有石阙。"阙"与"缺"通。秦汉时期，官僚地主的住宅前面往往建有两阙，左右各一对称，中间留下一块空缺之地，作为通往后面的住宅道路。"阙"这个名称就是由此而来的。阙具有装饰住宅的作用，使住宅显得更加雄伟庄重。阙又是住宅主人身份地位的标志，比主人身份低的人来到或路过阙前，须下车（或下马）以示尊敬。鲁人遵循"事死如生"的礼俗，故在有身份人的墓前建筑石阙（参见安作璋主编《山东通史·秦汉卷·典志·鲁俗》，山东人民出版社，1993年版，第220页）。

五里,宋延祐三年建。"按"延祐"为元仁宗年号(1314—1320),《古今图书集成·职方典》"新泰"条下即载元"延祐年间,乡人在县北十五里南师店创建师旷庙,祀师旷。"然察宋末元初著名诗人王旭有《师旷庙》一诗(见后)。王旭生于南宋淳祐五年(1245),早于元朝延祐三年七十多年。故可推定《县志》"宋延祐三年"乃"宋元祐三年"之误,恐为元、延谐音所致。师旷庙久废。

师守之印

师仁私印

师德之印

师根之印

今新泰市区北东汉墓曾出土"师守印"等师氏铜印七枚,可证师姓后人很早就在平阳即今新泰繁衍生息。今新泰"南师店""北师店"村即以"师"命名。《山东通志》载:"师旷故里,县北十五里,今名南师店、北师店。"据近代王懿荣、罗振玉编校的《汉石存目》载:"师旷墓画像,四石,无题字,山东新泰师旷墓前。"清乾隆年间重修《新泰县志·丘墓》载:"周师旷墓,县东北十里南师店"。又清康熙年间重修《蒙阴县志·人物志·流寓》载:"师旷,字子野,新泰南师镇人。今南山(指蒙山)仙洞内有二孔,一曰石钟,一曰石鼓,云旷审音处。"这则史料告诉后人,师旷是在家乡学习音乐,而后仕晋的。南师、北师两村曾为新泰北师乡驻地,又先后归属青云办事处、新甫办事处。上述所有史料证明师旷是鲁平阳人,惟鲁国享"天子礼乐",师旷为何不仕于鲁而远到晋国做官,而死后又为何回葬故里?该问题在清顺治七年(1650)来宰新泰的卢𬭚就曾提出并予以考释澄清。清乾隆年间重修《新泰县志·艺文》载卢𬭚《师旷墓表》一文,记之甚悉,兹录之于下:

> 新泰县治东北二十里许,南师店有先贤师旷墓,碑表无复存者。旁有废土基并石台,高二尺许,别无可得。考诸《传》《志》:师字子野,鲁平阳人,为晋乐师,后为平公少傅。其所论述,《志》载之详,故不暇深论。大清庚寅岁,楚人卢𬭚来令新邑,因为师请立冢户祀田,不获命,乃为立之墓表,述所欲言以记之。考周封禽父于鲁,锡之礼乐,较诸他国斯称大备焉。是以生兹土者,其于乐,咸能明其精意而绍其微传,如师挚、师襄相继嗣出,其兴雅正乐之功千古莫及,是皆与宣圣(即孔子——编者注)同时。按《左氏传》而师旷之生又前于宣圣,其论卫出君则在成公十四年(当为鲁襄公十四年之误。"卫出君"按《左传》襄公十四年,当为卫献公。——编者注)。余初疑师既为鲁国之良,何不用鲁而用晋?或者三桓(指春秋鲁国大夫孟孙氏、叔孙氏、季孙氏。他们都是鲁桓公的后

代,故称"三桓"。自鲁文公〔前626－前609〕死后,三桓势力日益加强,分统三军,实际掌握了鲁国的政权——编者注)僭乐成襄之世已兆其端,师早见及,宁以身托异国,必不甘屈首私庭,其即师挚适齐、师襄入海之意,而行诸未然之先欤?且师之心尤有千百世未经发明者。周室既东,齐晋更霸,而齐非同姓,晋乃唐叔之裔,翼戴宗国名义为正。故曰"周之东迁,郑晋是依"。以晋平(师旷先侍悼公,后为平公师傅,此处应为悼公——编者注)之贤、尊士乐道,固可与有为,是师之去鲁适晋者,不止以去鲁者存鲁,而并以仕晋者宗周,其用意深微正与《春秋》之旨有合。至其始终不忍忘鲁之心,于其归葬兹土,而益见虽首丘之义,古人所重。然师之仕晋,得君不为不盛,汾阳安邑之墟讵无抔土瘗其遗骨?奈何以既死之魂犹恋恋故土,求归葬之为安耶?明乎,生之用晋者,非不欲为鲁用,正恐鲁不能用而反为三家用。死之葬鲁者,终以身为鲁有,固不独三家不能有而并晋亦不得有。余于师生仕死葬之际,而识从古圣贤用意忠厚,其不为人所测者,往往如此也。卢綋。

(上文录自清《新泰县志》卷十九与清颜希深修《泰安府志·艺文志八》所录该文略有差异。)

卢綋这篇《墓表》就师旷为何仕晋而不仕鲁说得十分清楚。鲁国本是继承周礼最完备的诸侯国,有"周礼尽在鲁"之誉,但被"三桓"践踏得不成样子,礼崩乐坏。师旷对此早有察觉,宁以身寄托于异国,不仕鲁,故而仕晋。晋国是其始祖唐叔虞的封国,唐叔虞是周成王之弟,拥戴宗周之国、唐叔虞之后代名义上为正统。所以师旷坚决不屈首于"三桓"之私家。师旷仕晋得到了悼公与其子平公的重用,受到尊重,充分施展了自身的才智,成为两代国君看重的执政卿大夫,完全可以有一方死后葬身的宝地。然而他没有葬于晋的念头,最终葬于故土,狐死守丘,为鲁所有。师旷的一片爱国爱乡情怀,以其昭昭亦使人昭昭。他的这片情怀感动了清顺治年间新泰县令卢綋,又怎能不感动今人呢?

师旷作为春秋时期政治家和音乐大师,随着斗转星移、光阴流逝,已远距当今近26个世纪。而师旷的道德思想和音乐造诣却恒如日月,光照千秋。一个双目失明的人所留下的宝贵遗产不仅仅是丝竹管弦、黄钟大吕,而是为睁大双眼的后人播种了光明。调正和平、民主和发展的主旋律,让爱国仁民、繁荣昌盛的"正声""雅乐"响彻云霄,激荡人心,把爱心和光明洒向人间,或许是对师旷的最好纪念。

元代诗人王旭有诗《师旷庙》一首云:

子野晋太师,知音古今善。

胡为有遗祠,乃在鲁东县。

问俗知其乡,怀贤起钦恋。

古乐久崩亡,新声日惑眩。

斯人不可作,雅郑何由辨。

客行无牲酒,歌诗代陈奠。

感慨千古心,因之此中见。

又有元代泰安知州升同知两浙都运使储企范有《师旷墓》诗一首云:

太师仕晋此为家,犹有乡村近水涯。

孤冢离离埋宿草,荒祠漠漠映残霞。

四时风雨嘶石马,一部笙簧付野蛙。

正是不胜惆怅处,斜阳枯木噪寒鸦。

（以上两诗采自《新泰古韵》）

清康熙三年(1663)举人江闿,历官益阳知县、解州知州,过新泰留有多首诗作,其中有《师旷故里》诗,赞颂师旷:

六官之长皆民望,列国君谁似悼公。

如地如天如父母,乐师语亦羞雷同。

（采自袁爱国主编《全泰山诗》第1181页）

乾隆南巡经新泰,作《师旷村》诗一首,他不仅去参观了师旷故里,而且触景生情,进行了自责,默念了《孟子·离娄上》"师旷之聪,不以六律(此指诗中"六篇"),不能正五音;尧舜之道,不以仁政,不能平治天下"的名句。诗曰:

鲁邑遥过师旷村,于今谁识六篇存。

平治仁政伊予责,即景因思孟子言。

（采自《御制诗二集》卷二十二,又见《新泰古韵》。）

师旷虽盲,聪睿过人,乐技超群,德艺双馨。以乐治政,天下典范,世尊乐圣,名副其实。浩瀚典籍,多有褒评,故里平阳,新泰之荣。改革开放,师旷遗迹重新得到重视保护,师旷精神重新得以继承弘扬。1997年政府斥资将师旷墓修葺一新。圆锥形大墓坐落于方形平台上。墓前重立石碑,碑上阴刻"师旷墓"三个镏金大字。平台左前方复置清顺治年间新泰县令卢绂撰写的《师旷墓表》。近年,新泰城区新建大型公共场所均立有乐圣师旷的雕像。新泰市区东"清音"公园,乃取西晋左思《招隐》诗之一"非必丝与竹,山水有清音"句,昭示人们莫忘乐圣山水般的"清音"。当人们重温两千多年前一代圣贤的音乐教化思想,其乐、其歌、其宏论依然在今人的耳边回荡。优美的音符,高雅的韵律,必奏出和美的乐章。

【评析】春秋末季相关问题之拙见

一、鲁国的"三桓"专政与晋国的"六卿"执政

1. 关于春秋时代的划分,学术界历来有不同的意见,按司马迁《史记·六国年表》春秋始于公元前770年,以周平王东迁洛邑为标志,终于战国开始的公元前476年,历时295年。自晋悼公为君的公元前573年,至其子平公卒年的前532年,父子共在位41年。此时师旷仕晋辅佐二君。这时春秋已进入晚期,"礼崩乐坏"已到比较严重的阶段。

在鲁国,鲁"三桓"的势力渐强,特别是季孙氏到鲁成公(前590—前573在位)时,操纵了政权。至前562年即鲁襄公十一年,"三桓"把鲁国的军队改扩为三军,三家各统帅一军,到前537年,即昭公五年,季孙氏掌握了鲁国二分之一的军队。鲁君的军队、人口、土地都被"三桓"瓜分,鲁昭公不甘心,发动向季孙氏进攻,结果被"三桓"赶出了国,终死在了齐国。师旷有政治远见,坚决不为国中的败类所用,而去了晋国。

2. 晋国在诸侯争霸战争中导致一些异姓卿大夫不断扩军,并逐渐掌握了兵权。至春秋中后期,被范、韩、赵、魏、中行、知所谓"六卿"控制了朝中政权,晋室力量渐弱,有的公室投靠了"六卿"。晋悼公时君权始衰,平公时国君已形同虚设。各执政卿之间争斗日渐激烈,社会矛盾、国与国之间的争斗更加复杂,晋国的公室也到了末世。"战马不驾战车,卿不率军队。……百姓困疲,宫室更加奢侈。饿死人的坟堆一个接着一个,而宠姬家里财富装不下。政在私门,百姓无所依靠。国君不肯改悔,用欢乐来度忧患。"(《左传·昭公三年》)羊舌叔向上面的这段话道出了晋国当时的情况,当年正是晋平公十九年。师旷鉴于晋平公的荒淫,才用"乐"劝谏平公不能听靡靡之新声。由此可知,晋国的衰微与"六卿"专权,民怨沸,国之乱有关,最终导致三家(韩、赵、魏)分晋,晋灭亡。

二、古人认为"乐"可感天地、惊鬼神、致祸福

至于上文讲述的师旷不得已为平公演奏了《清角》,因平公德薄,听后飞瓦走石,平公大惧。此后国内大旱三年,不久平公崩的那段记载似乎显得师旷神通广大,能通过"乐"感天地、惊鬼神、起风雨,可使德薄之君死亡。其实不然,他是用音乐的方式证明晋已到末季,说明晋平公面对国难民困不思治国而以欢乐度忧患的现状。如上所述,平公爱听所谓的"新声",这种音乐正是郑卫之声。这种音乐给人带来的是刺激的享乐和淫欲之邪念。平公整日听这种靡靡之音,淫欲大发,邪念增生能长寿吗? 当然也不排除其中存在夸大的成分,这是其一。

其二,古人认为,"礼"和"乐"都表现了天地的本性,显示了神灵的德行,因此能感动天地上下的神灵。又认为,凡声音都是由于人心的激动而产生的,而天和人是可通过声音沟通的。所以行善的人,上天会赐给他福气;作恶的人,上天会加给他祸殃,这是自然的报应(《史记·乐书》)。正因如此,师旷认为平公德义微薄,不能听他不该听的乐曲,听了就会招来祸殃。所以,音乐是不能妄自演奏的。借以劝谏平公要树德积德,不然将给国家民众乃至自己带来灾祸。

《乐书》还将舜帝与商纣作了对比。舜帝是行善之人,上天赐给他福气,他弹五弦琴,歌南风,其爱好与天地的意志相同,得万国欢心,天下成为治世。而商纣听朝歌北面野外的音乐而身亡。"朝歌"是在早晨唱歌,时间不会很久,而"北"又是败北的意思,"鄙"是鄙陋的意思,商纣却爱好那里的音乐,和万国人民的心情不同,诸侯不服,百姓离心离德,天下皆叛,所以他身亡国亡。

总之,上述这些记载,告诉人们一个道理,即是说作"乐"的目的是为了调节人们的欢乐。而"乐"更重要的作用是弥补政治不足,移风易俗,协助推行政治和教化。好的乐奏、歌声、舞蹈三位一体的"乐"可以感天地,降鬼神,致祸福,"顺天地之诚,达神明之德,降兴上下之神"(《史记·乐书》)。同时可清除人们心中的污秽,从中吸取教益,振奋精神,提高德性涵养。淫荡之"乐"则使人们的心情放荡,世风衰落。如果治国之道被破坏废弃,坏的"乐"泛滥起来,使人沉溺于安逸颓废、糜烂不堪的生活之中,则事业无成。如果国君如此,再也不能归于正道,结果是身败名裂,宗庙毁灭,直至亡国。所以凡帝王作乐,都是为了对上继承祖宗的帝业,教化亿万的民众,使之同心同德,万众一心,建立太平盛世的秩序,使江山永固,民众幸福安康。

三、简述师旷所处时代执政卿大夫施政治国的主要参考文献

在该文的第三部分中曾提到晋大夫叔向,该人即羊舌肸,字叔向,他是泰山羊氏的先公先祖,关于他的事迹将在后面的泰山羊氏溯源中详细叙述。叔向也是晋国的一位政治家,他所处的时代与师旷同,且于师旷同朝为官。

在上文,叔向引用了《诗经》中的一段话,用来证明师旷的话是对的,劝晋平公不要建造宫殿,不然会带来灾祸。中外一些学者认为春秋之时,大约在公元前八百年至公元前

三百年是人类历史上的"轴心时代"。春秋时,各国的执政卿大夫是这个轴心时代的文化主体。不论在何诸侯国,特别是晋、鲁两国十分注意"以礼治国"亦即"以德治国",但当时文化相对落后,能得到大家普遍认同的文献资料相对缺乏,《诗经》的地位自然十分显赫,另外还有《尚书》等典籍。这些典籍成为执政卿大夫们在各种场合都运用的经典。古人之所以用诗说事,是因为"诗言志"(《尚书·舜典》)。颜师古在《汉书·艺文志》中注曰:"在心为志,发言为诗。""诗"是千古诗教之源,是古代实施乐教的根本。一方面,《诗经》传为圣贤所作,且诗句精简优美,春秋时期流行诗言志。执政卿们用古人诗句表达自己的思想情感,典雅委婉,逐渐成为时尚和一种文化传统。在当时社会背景下,《诗经》成为人们社会交流的恒言共语,且一般用诗只是临时借用,无伤诗人本意,只要不僭用天子之诗,就无太多限制。可用诗的本意,也可用引申义;可断章取义用其中一句意;也可用一句借代全诗意,故用诗说事、言志十分方便。另一方面,"诗"与"乐"是沟通人与神的一条途径,达到神人相和的一种手段。所以在卿大夫阶层熟悉和运用《诗经》已经成为必具的、最基本的政治素质,离开了《诗经》几乎无法证明自己的观点是对的。不会用《诗》说事,表达自己的观点、态度就是"失礼",上不了台面。国与国之间的辞令也用《诗》,《诗》成为重要的外交礼仪。不论在国内还在国与国之间的外交活动,《诗》成比拼的"文化软实力"。有专家认为,在被反复征引的典籍中频率最高的是《诗经》。在晋国的执政卿大夫中有十六位常在各种场合引用《诗经》,其中就包括叔向和他父亲羊舌职。可见,经典从正反两方面总结了政治历史的经验,另一方面又用这些经验来检验、审视当时的政事,使政治理性得到升华(参见马士远《赋〈诗〉:德与礼的双重言说》,载《光明日报》,2014年12月23日国学版)。

师旷是晋国的执政卿大夫必然会征引《诗经》,证明自己观点的正确性。除此有专家统计,在晋的十位执政卿中多征引《尚书》,师旷列在其中。可见师旷不仅"以乐治政"而且精通古文典籍。以上说明春秋之时《诗》《尚书》都是政治文化的思想资源,都是当时以"礼"为核心的政治文化的有机组成部分(见傅永聚《谁是轴心时代文化突破的主体》,载《光明日报》,2014年12月23日国学版)。

四、从师旷谏君,刍议春秋末季的言谏制度

师旷为晋国乐师,同时也是晋悼公、平公之时的太宰,执掌国政的重要官员。为君主匡正谬俗,据理诤谏应是他的职责。如上文所说,平公与群臣饮酒将醉,一句"莫乐为人君,惟其言而莫之违",师旷认为其言不是君主应说的话,是小人在这里说话,怒而抱琴朝平公撞去,琴被墙碰坏。可见师旷忠贞直道,乃舍其命,以死谏的方式欲纠正平公不当之言。

上文还讲述了悼公十五年,即《左传·襄公十四年》四月,师旷借卫献公被国人驱逐,面谏悼公的一段话。从这段话中方能看出春秋末季,朝内朝外,自上而下言谏君王的制度与方法。师旷说,自王以下各有父兄子弟来观察补救他的政令得失。史为书(即太史加以记载),瞽为诗(即乐师写作诗歌),工诵箴谏(即乐工诵读规劝匡正之辞),大夫规诲(即大夫规劝开导),士传言(即由士人传话。杜预注:"士卑不得径达,闻君过失,传言大夫。")庶人谤(即庶人指责),商旅于市(即商人在市场上议论),百工献艺(即各种工匠呈献技艺)。所以夏书上说:宣令之官摇着木铎在路上巡视,官师小吏规劝,工匠呈献技艺加以劝谏。

以上师旷所说的这段言谏与《国语·周语上》召公(又称召穆公、召伯、召伯虎。召公名虎,召康王之后。西周晚期大臣)劝谏周厉王弭谤的一段话相近。因厉王为政治民十分残暴,国人(即王畿六乡之民)指责厉王其失。召公作为王室卿士提醒厉王说:人民已不能忍受你的政令了。还说:天子听政,令公卿及各署衙中的一般办事官员献诗,以洞察社俗民情;令主乐的太师,即瞽献曲,以广听民声;令管理三皇五帝之典的"史"官献古代文献,以借鉴往昔治国理民的经验教训;令少师进劝诫之言;令扶持瞽师兼掌作乐之官视瞭歌诗;乐师瞽矇吟诵民调,管理工匠的百工发现政失随时谏诤;令庶民百姓以各种方式向天子上达表述自己的意见;令宰夫、膳夫、陪乘等天子近臣时时加以规劝、谏诤,宗室姻亲之臣及时补察政失;令瞽矇、太史以阴阳、天时、礼乐、法规经常为天子提供教诲,元老、重臣综合研究各种政见和反映,分析整理后供天子斟酌,决策参考。以使行政治事不违事理,顺理行政。

厉王听了召公言谏大怒。并任用一名卫国巫师侦察指责他的人,随时告发,立即逮捕杀戮。从此,六国之民无人再敢讲话,相遇于路,以目示意。厉王以为消弭了臣民的指责,反而大喜。召公用上面的话规劝,反复数说广开言路的好处,堵塞言路的坏处,甚至提醒他,如封塞民口,朝廷又将能够维持几何呢?然厉王不听,国人缄口。三年以后,厉王被驱逐到了彘邑(今山西霍县)。

召公对厉王的劝谏是按周公以来实行的言谏制度规劝厉王的,与师旷言谏晋平公的内容基本相符。召公在"天子听政"中云"史献书",师旷云"史为书",两者强调的都是史官的职责。召公云"百工谏,庶人传语",师旷云"工诵箴谏""士传言,庶人谤",二者内涵基本一致。由此可见,当时所有服务于君主的"百工"都有言谏的责任和权利。而"百工"并不限于以上所说的师、视瞭、瞽、矇之流,也包括君主的宰夫、膳夫及身边的其他服务人员。如《左传·昭公九年》就记载了晋侯饮酒,膳宰屠蒯趋入进谏的实事。尽管周代"百工"与春秋末季各国"百工"不尽相同,进谏、言谏的方法有异,但两者言谏制度大同小异。可以说,春秋末年的晋国,基本继承了周代的言谏制度。至于师旷有些失礼,对晋平公的出言不当持琴而撞之,也仍在进谏范围之内,只是方法过激,并表现出师旷言谏之决心而已。

至于"庶人谤",则是指庶人对统治者执政过失进行的公开批评。庶人谏言是古代留传下来的政教传统。相传尧舜时在朝廷或交通要道竖立木牌,让人们在上面书写批评意见,这种让庶人议论是非、指责过失的木牌,称"谤木"。谤木上的意见通过一定渠道上达统治者,故要通过"士传言"来实现。故杨伯峻《春秋左传注》襄公十四年注曰:"大概在春秋以前天子诸侯有大臣及谏官,遇事可谏;至于在下位者以至百工等,唯正月,宣布政令之官巡行而宣令于路,始得有进言机会。"可见,"士传言,庶人谤"也是按规章制度行事。

召公谏厉王止谤时提到"天子听政,使公卿至于列士(即官署衙中的办事官员)献诗",而师旷也说出了"瞽为诗"。可见"诗"谏是自西周至春秋末的言谏制度,也是言谏的内容。笔者以为,以诗言谏君主之"诗"主要应来自《诗经》以及来自王官采诗和各国献诗。如《诗经·大雅·民劳》,就是召公谏诤周厉王之诗。该诗围绕恤民、保京、防奸、止乱几个方面不惜重言"刺"之。全诗共六章,每章都有"无纵诡随(不要听从欺诈语)"句和"式遏寇虐(遏止暴虐与掠夺)"句。且每章第一句都用"民亦劳止(百姓也已够辛苦)"一句。最后两句点明是用诗对王进谏"王欲玉女(爱你大王如美玉)","是用大谏(因此大声来谏诤)"。十分明显,该诗是典型的言谏诗。《民劳》一诗,《毛诗序》以为"召穆公刺厉王也",《郑笺》(东汉郑玄《毛诗传笺的简称》)云:"厉王,成王七世孙也,时赋敛重数,徭役繁多,人民劳苦,轻为奸宄,强凌弱,众暴寡,作寇害,故穆公刺之。"

又,《诗经·大雅·板》,据《毛诗序》记载是凡伯(《郑笺》说凡伯是周公之后代,入为卿士)所作的讽刺诗。该诗对周厉王违背常道作了一系列的揭露和谴责。认为厉王听不进忠言劝谏,且当儿戏,又认为厉王使国人缄口不言,简直是到了不可救药的地步。全诗多用正言直说,对厉王的暴虐无道以劝说和警告亦多双重用语。《板》《荡》两首诗分别以讽刺厉王和纣王著称后世,故以"板荡"形容政局混乱、社会动荡。

再如,《诗·小雅·节南山》,就诗论诗而言,该诗也是谏刺诗。一是直刺师尹(《毛传》解作"大师尹氏";王国维以为是首掌军职的大师和首掌文职的史尹),十分鲜明;二是诗中一再怨望"昊天",显然又借以指责天子。《诗经·大雅》共31篇,大半产生于西周前半期和周宣王"中兴"时期,有的出自史官、太师的手笔;有的作者署名,可以证明是公卿列士的献诗。政治讽刺诗多产生于政治腐败、社会危机的厉、幽王两代,是《诗经》的重要篇章。

另外,周代有公卿列士陈诗进谏的制度,可由《左传》为证。《左传·昭公十二年》载:"昔(周)穆王欲肆(放纵)其心,周行天下,……祭公谋父(周公之孙)作《祈招》之诗,以止王心,王是以获没于祗宫。"

　　总之,《诗经》中保存了大量的针砭时政、文辞激切的怨刺诗、讽喻诗,这些诗有的是公卿们言谏时的陈述诗,有的是采自社会、民间甚至是"百工"和"庶人"的诗。都构成了公卿列士陈诗进谏的重要来源。其目的绝大多数是为改良政治、规劝君主树立仁德,更好理政治民。

　　从《国语·周语上》所记召公谏厉王弭谤之言,证明西周王室是允许各种意见上达天听的。《诗经》中《国风》计 160 篇,是 15 个诸侯国和地区的民间诗歌,且绝大部分是春秋时期的作品。有学者认为"《国风》通过王官采诗、各国献诗、太师收集整理等各种渠道采集集中至主管部门配制乐曲或校正音律,予以应用和流传"(夏传才《先秦诗鉴赏辞典·序言》,载《先秦诗鉴赏辞典》,上海辞书出版社,1998 年版)。这一点在《师旷论乐》中也已涉及。另有史料告诉我们,自西周初年周公旦"制礼作乐",就将从民间采集的歌谣改造配乐,编纂到国家礼乐典章之中,之后又重新回归于社会而在不同礼仪场合演唱教化民众。这应是像师旷这样的乐师不可推卸的责任。

　　《汉书·食货志上》载:"孟春之月,……行人振木铎循于路,以采诗,献于太师,比其音律,以闻于天子。"《艺文志》有"古有采诗之官,王者所以观风俗,知得失,自考正也"之记载。这都是说的王官采诗,然后献诗于天子。而《礼记·王制》"天子五年一巡守,岁二月东巡守,命太师陈风以观风俗",所说的太师即乐官,"陈诗"即让乐官陈述诗,且应是乐师自民间所采之诗。这与师旷所说"瞽为诗"一脉相承。也说明"瞽为诗"是身为太师的职责,太师将诗"比其音律以闻于天子",也应是当时的言谏制度。

　　不管王官采诗,还是"瞽为诗",其诗的来源是多方面的,正如何休解诂《公羊传·宣公十五年》所言:"男女有所怨恨,相从而歌,饥者歌其食,劳者歌其事。男年六十、女年五十无子者,官衣食之,使之民间求诗。乡移于邑,邑移于国,国以闻于天子。"像师旷这样的太师及其属下所采之诗,不一定都用作谏言。若将所采之风或诗除作谏言之余部分整理成小说也无不可能。故《汉书·艺文志》在"小说十五家"中著录"《师旷》六篇",班固注云"见《春秋》"。对此,有人认为实属后人伪托,今日看来并非伪托,很有可能由师旷及其属官所为。故有学者以为:"周代小说是随着百工谏的制度建设而逐步发展起来的,其成熟形态出现在春秋后期。它植根于世守其职的周代王官文化传统,受到言谏制度的激励和影响,在注重生活化和娱乐性的同时,仍然将政教功能放在十分重要的位置,其作者以'百工'为主,太师和俳优(以乐舞谐戏为业的艺人)是他们的主要代表,师旷则可视为古小说家之祖。"(华中师范大学文学院教授王齐洲《周代言谏制度与文学发展》,载《光明日报》2017 年 5 月 15 日第 13 版)此言虽说一家之言,但有一定道理和依据。又可见师旷乃一专多能、不可多得的天才。

　　主要参考书目:杨伯峻《春秋左传注》,中华书局,1990 年版;朱熹《孟子集注》,齐鲁书社,1992 年版;鲁国尧、马智强《孟子全译》,江苏古籍出版社,1998 年版;《史记·晋世家》,中华书局,1987 年版;向宗鲁《说苑校证》,中华书局,1987 年版;清光绪《新泰县志》,新泰市史志办编,2009 年版;李明煜《平阳稽古》,山东人民出版社,2010 年版;杨宽《西周史》第七编第一章第三节,上海人民出版社,1999 年版。

第四节　"盗亦有道"的柳下跖

　　跖,是位春秋末季鲁国奴隶起义的领袖,统治阶级诬称为"盗跖"。《史记·伯夷列传》谓其"聚党数千人横行天下"。《荀子·不苟》称其"名声若日月,与舜禹俱传而不息"。寓言性质的《庄子·盗跖篇》称其率"从卒九千人,横行天下,侵暴诸侯。所过之邑,大国守城,小国入保(堡)"。这场以跖为领袖的奴隶起义,就发生在今山东新泰柳下及泰山一带。

　　自古而今,对跖的论说仁者见仁,智者见智。鄙人不揣鄙陋,也谈些看法。

一、春秋末季"鲁多盗"

　　春秋后期,奴隶主贵族永不满足奢侈腐朽的生活及贪得无厌的追求,从而对奴隶和平民残酷剥削和压迫。繁重的徭役和残暴的刑罚,使得广大奴隶和平民无法生活下去,充分暴露了奴隶制的残酷性和腐朽性。故而酿成了此起彼伏的奴隶和平民逃亡、役人工匠暴动以及国人起义等多种形式的与奴隶主贵族的斗争。

　　奴隶们以隐伏山林川泽袭击统治者,使许多诸侯国出现了所谓的"多盗"。鲁国最为典型,多典籍记载"鲁多盗"。繁重的徭役和苛虐暴政,迫使奴隶平民、工匠、役人与奴隶主贵族起来斗争,他们或竞相逃散,或追杀贵族,甚至赶跑国君。如公元前 520 年,东周王城的"百工"叛乱延续了 20 年,一度把周敬王赶走。

　　春秋后期的鲁国,国君对民众横征暴敛,广大民众深受其害。《论语·颜渊》载,鲁哀公问孔子弟子有若说:"年成不好,国家用度不够,应该怎么办。"有若说:"为什么不实行十分抽一税率?"哀公说:"十分抽二我还不够,怎么还说十分抽一呢?"可见,农民的负担已增加了一倍。因而,在当时情况下"薄赋敛"被称为善政。然而,为增加军需,增加国家收入,鲁国先后"作丘甲""用田赋",人民负担不断加重,必然激化社会矛盾,出现"盗贼公行""鲁多盗"的局面随着奴隶与奴隶主、贵族与平民之间斗争的展开与发展,促使诸侯国内部政权的变化也十分急剧,变化的结果是一些执政卿大夫代替了公室而掌权,在鲁国即是"三桓"执政。鲁国的政权本来在公族手中,而落到了私家手中。私家代表季氏、叔氏、孟氏都是鲁桓公的后代,史称"三桓"。"三桓"专政始于鲁宣公时期。公元前 609

年,鲁文公卒,随之发生杀嫡子立庶子之争,结果文公庶子宣公即位。"三桓"趁内乱在封地内修城筑邑,并以此为根据地操纵鲁国,导致"公室卑,三桓强"(《史记·鲁周公世家》)的局面。从此公室每况愈下,直至历史进入战国。

在鲁国,跖领导的奴隶起义就发生在春秋末季的上述历史背景下。这场轰轰烈烈的斗争大约持续了百年。他们的斗争和其他诸侯国的奴隶、平民役力与贵族阶级的斗争一样,震撼了贵族阶级,对瓦解奴隶制,促使封建因素的生长,无疑产生了积极作用。不过,由于诸侯国林立、相互之间隔离,加之各自目的不同,各国内部宗族、家族等方面观念的存在及各种因素没有也无法形成统一规模的起义。

二、跖领导的奴隶起义"名声若日月"

跖,是春秋末季鲁国柳下人,今山东新泰宫里镇西柳(古称柳下)是跖的居住地,或说他是在柳下起义的,故又称柳下跖。

跖又作蹠。蹠跖均为跖的异体字,三字今均释脚掌。古代典籍对其用法有异。如,《吕氏春秋·用众》:"善学者若齐王之食鸡也,必食其跖数千而后足。"《战国策·楚策一》:"上峥山,逾深溪,蹠穿膝暴。"《汉书·贾谊传》:"病非徒瘇也,又苦跖盭(音 li。本意是关节扭转)。"颜师古注:"跖,古蹠字也,音之石反。足下曰蹠,今所呼脚掌是也。"古文字学家认为,跖从"足"从"炙",《说文》训"炙"为"炮肉",就是从"肉在火上"。"从火燃石"和"炮肉",正与"跖"系"烧石烙蹠",而"跖"又为"蹠"的重文的造字本义相涵。又认为,"烧石烙蹠"在早期典籍中难觅,但从"蹠"与"跖"的本义加以考察,不难看出我国古代已经有了这种习惯。而"烧石烙蹠"的目的是有利于徒跣行走。由此可以联想到春秋末季刖刑是较普遍的,以至于出现"国之诸市,屦贱踊贵"(《左传·昭公三年》)的现象。奴隶主把能够从事生产的奴隶,先迫使其在山石间赤脚奔走劳动,待其脚掌破裂流血,然后烧石以烙之,使脚掌成为厚茧,以利像牛马一样赤脚劳苦奔波。也只有奴隶主对奴隶才能做出如此惨毒之举。又据《淮南子·主术训》:"一人蹠耒而耕,不过十亩。"蹠(跖)又像用脚踏耒的田间劳作奴隶。由此知春秋末鲁国人名跖者是位赤脚的在田间劳作的奴隶。

《史记·伯夷列传》载跖曾"聚党数千人,横行天下"。《荀子·不苟》称其"名声若日月,与舜、禹俱传而不息"。由此知跖曾率众起义,反抗奴隶主阶级,成为奴隶起义的领袖应是史实。因此,旧时统治者诬称跖为"盗跖"。"盗",《说文》:"私利物也。"段玉裁注:"周公曰:'窃赇为盗'。"今释盗为偷窃,劫掠;又释强盗,指反抗统治者的人。毛《传》:"盗,逃也"。《风俗通义》:"盗,逃也。言其昼伏夜奔逃避人也。"统治者诬称率数千众造反之人谓"盗跖"者,就是逃避奴隶主的奴隶。这位敢冒天下之大不韪的奴隶跖受到成千上万同病相怜者的响应,共同反对剥削和压迫,成了奴隶起义的领袖。

跖,因居鲁国柳下,又称柳下跖。柳下即今新泰市宫里镇夏家隅村一带。此地即古柳下地区,此一带古代亦称西柳、柳里,属鲁。清乾隆年间《泰安县志·古迹》载:"县东南柳里村,即古柳下。"《新泰市地名志》(新华出版社,1992 年版)载:"据《夏氏族谱》载,春秋战国时夏氏迁此定居。其地古时有一大沟,沟旁长满柳树,始名柳沟。位处柳林西侧,遂更名西柳。另据《泰安府志》载:"柳里,东南一百里。"此地距新泰市区西 40 公里,东距宫里镇 4.2 公里。1960 年西柳划分为杨家隅、王家隅、夏家隅、上宫隅 4 个行政村。

跖率众起义名扬天下,"名声若日月"。他的事迹至今活在劳动人民心中。跖的故里西柳一带称跖为柳展雄,又称展雄、展大王等。

综上所述,跖、柳下跖、"盗跖"、柳展雄、展雄、展大王实为一人。

柳下跖并非今人对跖的称谓,柳下跖之名最早应出自先秦(详见后文)。

跖或"盗跖"之名自《孟子》之后的典籍多见于《吕氏春秋》《史记》《荀子》《墨子》《淮南子》等。《庄子·盗跖篇》记其事最多最详,而《庄子》一书多以为是寓言性质,不可作为信史。但上述各书所记跖所领导的奴隶起义在春秋末季曾发生过毋庸置疑。

春秋战国之际,是我国历史上发生重大变革的时期。自春秋始,各国的争霸战就从未停止过。有学者统计,《春秋》一书记载的 254 年间(此指《春秋》所记鲁隐公元年,〔前 722〕至鲁哀公二十七年〔前 468〕),列国间的大小战争共计 483 次。在这些战争中受苦最深的是下层劳动人民。战争的惨烈程度正如《孟子》所言:"争地以战,杀人盈野;争城以战,杀人盈城。"(《离娄上》)战争的频繁,对农民的征派徭役名目繁多。有"布缕之征,粟米之征,力役之征"(《孟子·尽心下》)。使百姓饿死的饿死,父子离异的离异。由于战争频发,农民赋税自然不堪负重。"田租、口赋,盐铁之利,二十倍于古"(《汉书·食货志上》)。田税还要根据年景的好坏征收,"下年什取一,中年什取二,上年什取三"(《管子·大匡》)。由于统治阶级横征暴敛,人民群众平时缺衣少食,遇上凶年饥岁,处境更加困难,"一岁不收,民不厌糟糠"(《墨子·辞过篇》)。"老羸转于沟壑,壮者散之四方"(《孟子·公孙丑下》)。"乐岁终身苦,凶年不免于死亡"(《孟子·梁惠王上》)。地主阶级和贫苦农民生活有天壤之别。地主阶级"庖有肥肉,厩有肥马",而"民有饥色,野有饿莩"(《孟子·梁惠王上》)。

人民负担的不断加重,必然激化社会矛盾,以致出现"盗贼公行"的局面。《左传·襄公二十一年》记载,当时"鲁多盗"。季孙氏曾严词申斥司寇臧武仲说:"你为什么不禁治盗贼。"臧武仲回答说:"我也没有能力禁治。"身为司寇的臧武仲无可奈何,束手无策。这种"盗贼击夺以危上"(《荀子·正论》)的情形,主要是统治者横征暴敛,使农民"冻馁羸瘠"所造成的。而人民群众反抗统治者的斗争也是十分激烈的。那些无衣少食的农奴们"并为淫暴而不可胜禁也,是故盗贼众,而治者寡"(《墨子·节葬》)。"天下百姓皆以水火,毒药相亏害"(《墨子·尚同》)。到处起来"夺人车马衣裘以自利"(《墨子·明鬼下》)。可见农奴们的反剥削、反压迫的斗争如火如荼,势不可挡。"跖"所领导的奴隶起义就是在上述历史背景下发起的一次反抗奴隶主阶级的斗争。这次起义震撼了大半个中国的北方地区,给贵族统治者以沉重打击。

"跖"所领导的奴隶起义对统治者而言是"造反"。他们的事迹早已被统治者歪曲和有意淹没,其真相已说不清楚。但从不同历史时期不同书籍的记载中仍不难看出跖的形象和他所领导的奴隶暴动的事迹及其影响。

"跖"身为奴隶毫无疑问。而统治者诬称跖为"盗跖"之"盗",又有逃避、逃跑之意。跖无疑是一群逃出来的奴隶起义者的领袖。据史书记载,春秋战国之际,贵族们往往把所管辖的奴隶禁锢起来,不许他们随意流动。而奴隶们多以逃亡来反抗剥削和压迫。跖有可能先率奴隶逃出奴隶主的禁地,然后聚众起义,遂成首领。据《庄子·盗跖》描述跖确有一副领袖形象:"跖,身长八尺二寸(相当1.9米),面目有光(神采奕奕、满面红光),唇如激丹(即丹砂唇),齿如齐贝(珠贝齿),音中黄钟(黄钟是古乐十二律之一,声调洪大响亮)。"以上虽是夸张地描写,但不难想象跖是一位体格魁梧,目光炯炯,果敢刚毅的英雄,有副威武的将军相貌。《史记·淮阴侯列传》说跖有"舜、禹之智"。《荀子·不苟》载:"盗跖吟口[1],名声若日月,与舜、禹俱传而不息。"不管怎么说,跖应该是位有才能、有号召力的人,而且能言善辩,出口成章,具有相当的煽动力。这是他发动和领导奴隶起义的先决条件。尽管统治者诬骂他为"盗",但他在劳动人民心目中却"名声若日月",有与舜禹一样的名声和威望。尽管有人认为是"苟传",也无法掩盖跖的影响力和他英勇不朽的事迹。

关于跖所领导的奴隶起义的事迹,只在史书中留有只言片语。如《史记·伯夷列传》载:"盗蹠日杀不辜,肝人之肉(《索隐》刘氏云:"谓取人肉为生肝,非也。"按《庄子》云:"跖方休卒太山之阳,脍人肝而脯之),暴戾恣睢(《正义》言盗跖凶暴,恶戾,恣性,怒白目也),聚党数千人,横行天下,竟以寿终。"统治者以诬蔑不实之词描写跖所领导的奴隶起义的行为是"日杀不辜""肝人之肉""暴戾恣睢"。说明跖的起义大军到处没收奴隶主的财产,打乱了统治者的秩序,给当时的贵族统治者以沉重打击,应是毫无疑问的。《庄子·盗跖》又说他"从卒九千人,横行天下,侵暴诸侯",所到之处"大国守城,小国入保(堡)"(文中之"九"不一定是实数,指多,若干)。这说明跖领导的几千人的队伍,转战各

---

① 吟口:"吟口"一词,据《辞海》谓为人所称道。如"盗跖吟口";杨凉注《荀子·不苟》:"吟口,吟咏长在人口也。"《古代汉语词典》释口吃,结巴。吟音jin,通"噤",不开口。

地,使当时的统治者十分惊恐,到处躲藏。而跖的信徒无不称道跖的仁义,谓"其徒诵义无穷"(《史记·游侠列传》)。这是因为跖所称道的"圣、勇、义、智、仁"与奴隶主所言之意针锋相对。据《吕氏春秋·当务》载:"跖之徒问于跖曰:'盗有道乎?'跖曰:'奚啻其有道也? 夫妄意关内,中藏,圣也;入先,勇也;出后,义也;知时,智也;分均,仁也'。"跖认为,"盗"何止有道,谁能准确地猜测到奴隶主屋内的财物,猜得相当准确的,是圣;攻打奴隶主贵族冲锋在前,不怕死的,是勇;撤退的时候善于保护别人,自己最后才撤退的,是义;能掌握时机,正确判断形势,什么该干什么不该干的,是智;胜利果实分得均匀,自己又不多贪的,是仁。这种"歪理"便是跖所认为的"盗亦有道"的逻辑,或说世界观,或说是跖的"道论""道纪"。

总的来看,跖及他所领导的奴隶武装,是专门与官府、豪绅作对,取其不义之财,带有"盗侠"的习气。

跖还认为即是"六王、五伯"也有不轨行为。他认为"尧不慈,舜不孝,禹偏枯,汤放其主,武王伐纣,文王拘羑里"以上六王都是"其行乃甚可羞"(《庄子·盗跖》)。至于齐桓公、晋文公、楚庄王、越王勾践、吴王夫差"五伯有暴乱之谋"(《吕氏春秋·当务》)。在跖眼里上述人们津津乐道的"圣人",都是"可羞"的"乱人之徒""故死而操金锥以葬,曰:'下见六王、五伯,将敲其头矣!'"(《吕氏春秋·当务》)他死后还要执铜锥下葬,见到六王、五霸,敲烂他们的脑袋。足以证明跖是位敢冒天下之大不韪者。他和他的队伍对于压在人民头上的皇权君权要给予毁灭性地打击。表现出了奴隶们的坚决性、彻底性、至死不渝的精神。跖及跖领导的队伍还反对"不耕而食,不织而衣"的奴隶主,向往"耕而食,织而衣,无有相害之心"的理想社会。向往像有巢氏、神农氏那样的,给予民众以充分自由的君主(《庄子·盗跖》)。

三、"鲁人柳下跖"之称谓初现战国

记载跖及跖所领导的起义军的这些材料虽不可全信,但从一个侧面则反映了他们确有一种英雄气概和革命精神,足以使奴隶主们吓破胆。从当时情况看,他们代表着广大奴隶的利益,同奴隶主贵族是势不两立的。跖算得上是位英勇善战、有胆有识的英雄豪杰,是位杰出的奴隶起义的领袖。尽管奴隶主阶级诬骂其为"盗",说他凶暴、恶戾、恣性,把他与历史上最坏的人相比,说明跖触犯了统治阶级的利益。然而,跖却在劳动人民心目中"名声若日月,与舜、禹俱传而不息"(《荀子·不苟》)。另一面,后世之士包括司马迁对跖这样人"竟以寿终"大惑不解。他们认为像伯夷、叔齐这样的人总算得上是善良之人了。他们积善积仁,修养品行,只因周武王摧毁了殷商的暴虐统治,天下都归附了周朝,伯夷、叔齐却认为这是很可耻的事,为了表示对殷商的忠义,不再吃周朝的粮食而饿死在首阳山。盗跖天天在屠杀无辜的人,割人肝,吃人肉,横行天下,竟然能长寿而终。

他又究竟积了什么德,行了什么善呢? 上天对于好人的报偿,到底是怎样的呢? 太史公司马迁说:我实在感到非常困惑,倘若这就是所谓的天道,那么,这天道究竟是对,还是错呢(《史记·伯夷列传》)? 司马贞《索隐》对太史公所言之事也有疑惑,说:"言盗跖无道,横行天下,竟以寿终,是其人遵行何德而致此哉?"又说:"太史公惑于不轨而逸乐,公正而遇灾害,为天道之非而又是邪? 深惑之也。 盖天道玄远(玄妙幽远),聪听暂遗(暂时遗漏),或穷通(通晓奥妙)数会,不由行事,所以行善未必福,行恶未必祸,故先达(指有德行学向的先辈)皆犹昧之也。"各位史家的言外之意耐人寻味,值得深思,"天道"也无法判断孰是孰非。

史家们如此纠结,倒不如回到老庄的解释上。 他认为伯夷和跖最终都死了,就此说来,其结果是一样的。 只不过伯夷是为了名而死于首阳山下,盗跖为了利死在东陵山上,这两个人死的原因不同,但残害生命、损伤本性却是一样的。 何必要赞许伯夷而指责盗跖呢? 他们的死都是一样的,有的被誉为君子,有的被责为小人,若就残害生命、损伤本性而论,那么盗跖和伯夷一样,何必在其间区分君子与小人呢(《庄子·骈拇》)? 这里笔者丝毫没有毁誉古圣贤伯夷之意,只用此说事而已。 这是其一。

其二,史家们当然不会站在盗跖的立场上去说事,否则他们就不是"正统"了。 伯夷为了名是毫无疑问的。 盗跖为了"利"而"残害"的生命,并非为了一己之私利,而是为了广大奴隶的"利";所残害的亦非广大劳苦大众的"命",而是剥削压迫奴隶的贵族阶级的"命",不然贵族们就不会"大国守城,小国入堡"了,不会有人将盗跖的名声与日、月、舜、禹相比了,更不会得到后世的祭祀了。 史家们站在奴隶们的一边思考问题纠结也就解开了。 统治阶级之所以诬称跖为"盗",是因跖所领导的队伍损害了统治阶级的利益。

《庄子》以寓言形式表述"盗跖",表述的是庄子的一种思想,但也并非说"盗跖"不是历史人物。 "盗跖"应是真实的先秦时期的历史人物。 何出此言? 有史为证。 清人马骕所纂《绎史》卷八十《三桓弱鲁》辑《礼记玉藻》:"朝服之以缟也,自季康子始也。"其下附载了《季孙斯专政》(季孙斯即季桓子,是季康子之父)一文,该文有《古文琐语》的一段记载:"鲁国多盗,季康子治之获一人焉。 诘(季康子追问)之曰:'汝胡以盗?'(那人)对曰:'此犹之乎蚁膻也,慕膻而附,宁可已邪? 子大夫为政,不能不盗,何以诘吾盗? 柳下蹠,鲁之民盗也,啸其徒千人,骊山之阳,抉人肝食之,享年九十,而邑宰不得问之。……"《古文琐语》又称《汲冢琐语》《汲冢书》。 "汲冢"即魏襄王冢,在今河南卫辉市西二十里。《晋书·束哲传》载:"初,太康二年(281),汲郡人不准(即有名叫"不准"的人)掘魏襄王墓。 或言安厘王冢,得竹书数十车。……《琐语》十一篇,诸国卜梦妖相书也。"《晋书》卷三《武帝纪》:"咸宁五年(279)冬十月戊寅,……汲郡人不准掘魏襄王冢,得竹简小篆古书十余万言,藏于秘府。"关于竹简出土的时间,《束哲传》后附"汲郡人不准掘魏襄王冢"

注曰:《卫桓传》、杜预《春秋左氏经传集解后序》《正义》引王隐《晋书·束哲传》作太康元年(280),《束哲传》、荀勖《穆天子传序》作太康二年(281)。雷学淇《竹书纪年考证》云:"竹书发于咸宁五年(279)十月,《帝纪》之说,录其实也,就官收以后上于帝京时言,故曰太康元年,《束哲传》云二年,或命官校理之岁也。"《晋书》之记载对《古文琐语》出土时间讲得十分清楚。另外,该书出土于魏襄王墓,魏襄王是战国时魏国国君,前318年至前296年在位;若是出土于魏安厘王墓,只不过比魏襄王晚了五十余年。魏安厘王也是魏国国君,前276年至前243年在位。其墓竹简所记之事应是真实的。只不过庄子(前369—前286)所著

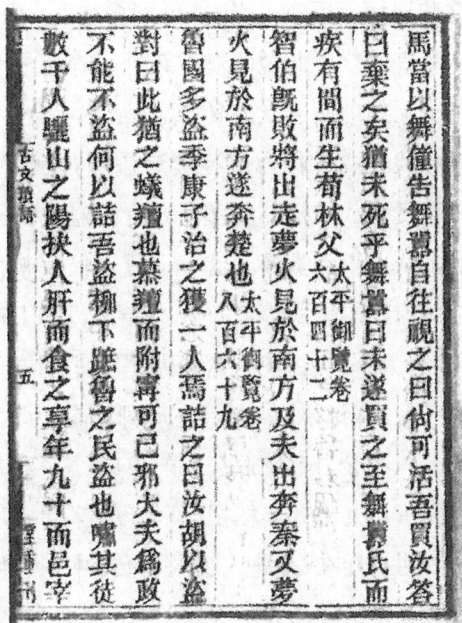

《古文琐语》书影

《庄子》中称跖为"盗跖",在《汲冢琐语》中称"柳下跖(蹠)"并说出了柳下跖是鲁国人,两种称谓实为一人。

魏襄王墓冢所出竹简,数量很大,篇目繁多,只惜其中之《汲冢琐语》不知何人所撰,原简亦早已不传。其文十一篇相传南宋时已散失失传。后来的学者失而复得,就是现在看到的它的辑本,故有清人马骕纂《绎史》辑之。除此,另有多位学者辑之,如清代历城人马国翰《玉函山房辑佚书》辑录此文。汲冢竹简的发现,对研究我国古代夏商周及战国的历史,有重要意义。认为史料的可信价值,不在《史记》之下(王仲荦《魏晋南北朝史》,上海人民出版社,2003年版,第840页)。

《汲冢琐语》一文明确指出:"柳下跖,鲁之民盗。"文中所称之柳下跖,可视与柳下惠是同乡,但他比春秋初之柳下惠晚了许多年(详见下文)。这是其一。其二,文中季康子,又称季孙肥,其父为季桓子,又称季孙斯。据《左传》哀公三年(前492):"季孙卒,康子即位。既葬,康子在朝。"说明哀公三年季康子摄政。文中说季康子当政时抓了一个盗者,从盗者口中说出柳下跖为"鲁之民盗"。季康子当政之时,想召孔子回国,因公子鱼阻拦而改召孔子弟子冉求回国。到哀公十一年(前484)季康子才召孔子从卫国回鲁,这年孔子已68岁。此后季康子曾问政于孔子,还苦于盗贼太多,向孔子求教。孔子告诉他说:"苟子之不欲,虽赏之来窃。"就是说,假若您不贪求太多的财富,就是奖励偷抢,他们也不会干。还针对季康子为政无道的现实加以规劝说:"您自己端正了,谁敢不端正?"又说:"您治理国家,为何要用杀戮呢?您自己想要行善,百姓也就向善了。"(《论语·颜渊》)

这些记载都反映了当时"鲁国多盗"。孔子主张教化，反对一意杀戮，这也是孔子治国的一种理念。由此说明柳下跖处于春秋末季的季康子时代，或说孔子暮年。

又如前所述，《左传》襄公二十一年（前552）："当时鲁国的盗很多。季武子（即季孙）对臧武仲说：'你为何不禁治盗贼？'武仲说：'盗贼不可禁。我也没有能力禁治。'"武仲还指责季武子把邾国盗了城邑的盗贼引进了鲁国，让姬氏作了盗的妻子，还给他城邑，盗的随从也得到赏赐。这一记载不仅反映出鲁盗多，不能禁，也反映出跖所领导的起义军夺城掠堡的事实。当政者不能治，而用贿赂的办法"禁盗"。跖所领导的起义军在此时"横行天下""侵暴诸侯"正强悍，使鲁国统治者没了"禁盗"的手段，且相互埋怨。

上述《论语》《左传》的记载应视为信史。跖所领导的起义军历经鲁襄公（前572年在位）、昭公、定公、哀公（前494—前477在位）四朝，直至战国初年前后，历时百年，言柳下跖享年九十并非杜撰，可信度较高。柳下跖应是春秋末季的一位真实的历史人物。

司马迁在《史记·游侠列传》中记载粗俗的人说："谁知道什么是仁义，自己受过恩惠的人就是道德的人。"又说："跖，先秦古书上称他为'盗'；蹻，就是庄蹻，楚威王时是农民起义的领袖。他们二人都是凶残人的代表，残暴凶狠，他们的信徒至今一直称道他们的仁义。"由此看来，也只有跖所领导的数千人，受跖的恩德，或说虽未受其惠，却十分称颂他的才能，认为跖是仁义之士，"诵义无穷"。他们认为跖的仁义，加之跖所说的"圣、勇、义、智、仁"，是得了"圣人"之道。跖心目中的圣者，是猜测室内所藏的财物，猜得极准确。实则是以未卜先知为圣。在起义的奴隶们心中，跖是他们心目中的圣人，是"跖圣"。这种逻辑，正反映出春秋末季劳动人民的圣人信仰以及对圣人信仰的真谛。"正统"的统治者虽诬称跖为"盗圣"，或说"盗贼之圣"，也无法掩盖跖是位有本领，能使统治者闻风而丧胆的人。这大概就是后人称跖为"圣"者的本意。跖将世俗圣人所提倡的"圣、勇、义、智、仁"五德，却用来惩罚贵族统治者，不能不说是种创举，也是对"世俗圣人"的一种讥讽。并借以讥讽、贬斥儒家的"圣人"之道，仁义道德。这大概也是《庄子·盗跖》作者的一种思想反应。

四、后人对柳下跖的崇敬与祭祀

关于跖的起义军留下的遗迹遍及齐东至西秦。尤以转战于北方各地留有的遗迹众多。"聚党数千人，横行天下"之说应不为过。《庄子·盗跖》载"（盗跖）乃方休卒徒太山之阳"。跖率众在家乡起义后，有可能活动于在位于西柳以北的莲花山和徂徕山一带，这一带山多林密路险，便于隐避休整兵卒，而后转战泰山及其周边地区。西柳一带自古流传着柳下跖造反及其死后治水的传说。此一带北靠柴汶河，旧时河水经常泛滥成灾。跖死后变成了这一带的河神，专管家乡一带河水不泛滥，为家乡百姓造福。百姓称之为"柳展雄""展大王"。可见柳下跖家乡的人民将身家性命之希望寄托于柳下跖，也可看出人民群众对柳下跖的爱戴与崇敬。资料记载,跖曾在泰山一带活动过,有关跖的神奇传说在这一带广为流传。当地民众说,泰山是柳下跖当年屯兵的地方。泰山傲来峰有他的"插旗石",峰东有"大教场""小教场"。西南麓有柳下跖的"上马石"。峰下有起义军的"跑马场"等。除民间传说外,泰山的古代文献中还留有关于泰山"盗跖庙"的记载。如清唐仲冕《岱览》卷十二载:"北为金龙四大王庙,康熙初祀河神,祠前有像设,狞恶者或曰盗跖也。《庄子》云:'孔子往见盗跖,盗跖乃方休卒徒太山之阳,脍人肝而餔之。盖鲁人设祠以为禬禳,如祭蚩尤及方相之意。'鲁人为跖设庙,为消灾祛病而举行祭祀,如祭三大人文始祖之一的蚩尤,方见跖在民众心中的地位甚高。唐仲冕之父唐焕《游岱杂记》亦载:"《居易录》又云:'某郡有盗跖庙'。今泰山下有庙。不知何神,相传以为跖也。余每至岱城观和圣祠,摧圮颓落,狼籍苓通,未尝不泫然流涕。"盗跖庙肇造年代文献无载,但可看出,泰山民众对"盗跖"的信仰甚古且深入人心。

此外,莱芜、章丘、曲阜、河南濮阳、山西太原等地都流传着跖的传说,存有跖起义军的遗迹。各地还流传着有关"盗跖"的文学作品、戏曲、舞台形象等。这些都说明千百年来各地的人民群众对跖的英雄形象、事迹形成一种敬仰。劳动人民对他的这种敬仰,绝不是称赞他"盗"贵族阶级财物的手段和技巧,而是他"盗亦有道"的宏论和对统治阶级敢冒天下之大不韪的精神。这种精神在劳动人民心目中挥之不去。

《史记·伯夷列传》载跖"竟以寿终"。《汲家琐语》言其"享年九十"。说明跖领导的起义虽然失败,而他却没有在斗争中被杀,得以寿终。《史记·伯夷列传》集解引《皇览》曰:盗跖冢在河东大阳,临河曲,直弘农华阴县潼乡。"(河东大阳即今河南三门峡市;河曲,春秋晋地,治今山西芮城县西南;华阴县潼乡即今陕西潼关县西)《括地志》则云:"盗跖冢在陕州河北县西二十里。"又云:"今齐州平陵县有盗跖冢"(陕州河北县治今山西芮城县北五里;齐州平陵县位于济南市东章丘区西平陵镇)另有唐朝段成式《酉阳杂俎》载:"高堂(亦作唐)县(北齐天保七年〔556〕置高唐(堂)县,治所在今章丘区水寨镇)南有鲜卑城,……城傍有盗跖冢。冢极高大,贼盗尝私祈焉。"清《莱芜县志》亦载:"柳跖墓,在县东二十里老鸦峪中。高阜如山,土人传为跖墓。"从跖冢所在地的地名看,多是战国时期的地名,一是说明跖的影响力大而深远;二是说明跖享年九十,有可能卒于战国初。如此多的跖冢记载,说明跖领导的起义军不仅横扫齐鲁,而且威震秦晋,各地群众都为有跖冢而自豪。他的事迹在很长时间鼓舞着人们,且世世代代祭奠着他,使他永远活在劳动人民心目中。有跖冢的存在成为跖活在人民心中的形影。然而统治者皆视"盗跖"为非"正统",将其庙、祠"削之"(清道光《济南府志·凡例》)。

《庄子·盗跖篇》有孔子与柳下季为友,柳下季之弟名盗跖的记载,自古有人以为信史,其实非也。柳下季即柳下惠,姓展,名获,字禽,又字季,食采柳下,故谓之柳下季。死后其妻私谥"惠",又谓柳下惠。今知柳下惠,生于鲁隐公三年,即公元前720年,卒于鲁文公六年,即公元前621年(见上文第二节《和圣柳下惠》)。孔子生于公元前551年,卒于公元前479年。柳下惠死后70年孔子才出生,孔子与柳下惠不可能为友。柳下惠同柳下跖虽言都曾先后居柳下,二人并非同一时代。柳下跖为春秋末期人,与柳下惠至少相距百年。且柳下惠为贵族,柳下跖为奴隶。在等级森严的春秋时代,贵族总是贵族,奴隶总是奴隶。柳下惠如果有弟弟不可能沦为奴隶,奴隶更无可能升为贵族。他们之间有一条无法逾越的鸿沟天堑。而且按周礼男子幼时称名,五十以后按排行的序位分别为伯、仲、叔、季,贵族男子排行末位的称"季"(《周礼·檀弓上》),称季的人自己没有弟弟,柳下季又怎么会有弟弟呢?假设柳下季真有弟弟,绝不会背叛本阶级,也不能称"柳下跖"。柳下惠后人柳姓(或展姓),而非姓柳下。因此说《庄子·盗跖篇》言"柳下季之弟,名盗跖",无稽之谈,也或有其他用意。

《庄子》中有大量篇幅写孔子与跖相见的故事,将二人拉在了一起。庄子的用意看来是为了便于攻击儒家。正如司马迁在《史记·老子韩非列传》中所言:"故其箸书十余万言作《渔夫》《盗跖》《胠箧》,以诋訾孔子之徒,以明老子之术。"张守节《正义》也认为:"此《庄子》三篇名,皆诬毁自古圣君、贤臣、孔子之徒,营求名誉,咸以丧身,非抱素任真之道也。"由此看来庄子通过《盗跖》安排孔子与跖相见,主要目的在于诬毁孔子及其所代表的儒家学派,阐发老子之术。至于孔子是否见过跖,窃以为也无须考究。

【评析】毛泽东、赵朴初诗词中的"盗跖"

毛泽东不仅是中国人民的伟大领袖,也是位诗词魁首巨擘。在他逝世两周年的1978年9月9日,人民日报首次刊登了他在1964年春写的一首词《贺新郎·读史》。词中以历史唯物主义的视角赞颂了盗跖、庄蹻、陈胜、吴广这些被正史所不容的造反的奴隶和农民,将他们视为"流誉"、英雄豪杰。今将《贺新郎·读史》录之或许能对"盗跖"有正确而深入地了解。

贺新郎·读史

人猿相揖别,只几个石头磨过,小儿时节。铜铁炉中翻火焰,为问何时猜得?不过几千寒热。人世难逢开口笑,上疆场彼此弯弓月。流遍了,郊原血。

一篇读罢头飞雪,但记得斑斑点点,几行陈迹。五帝三皇神圣事,骗了无涯过客。有多少英雄人物?盗跖庄蹻流誉后,更陈王奋起挥黄钺。歌未竟,东方白。

《红旗》杂志1978年第9期亦发表了毛泽东主席的《贺新郎·读史》。《贺新郎》是词牌名,又名《金缕曲》《贺新凉》《乳燕飞》等,双调一百十六字,仄韵,用入声韵者音节尤高亢。南宋豪放派词人多喜作此调,以抒慷慨激昂之情怀。词上阕应57字,下阕应59字,而毛泽东主席这首词上阕为56字,按词律少一字。赵朴初先生在《诗刊》编辑部毛主席诗词三首座谈会上的发言(载《诗刊》1978年第10期)说:"(毛主席)《贺新郎·读史》词中第六句是无心的笔误,那可能是在"不过"二字下脱落了一个"是"字。而公木(即杨松如)先生则以为"诗人手书真迹具有,未见疑痕,似乎亦可视为变格,另作一体。"(见公木《毛泽东诗词鉴赏》,长春出版社,1994年版)笔者虽不懂词,但同意赵朴老的观点,词牌字数自古而今一般是定制。

词中"庄蹻",一作企足,又作庄豪,战国时楚人。楚怀王二十八年(前301),楚将唐昧被齐、魏、韩联军大败垂沙(今河南唐河西南),庄蹻率领人民起义。《荀子·议兵》载,楚"兵殆于垂沙,唐蔑(昧)死,庄蹻起,楚分而为三四。"他还曾攻至楚都郢(今湖北荆州西北)。《吕氏春秋·公立》以"庄蹻暴郢"与"秦围长平"并提。后世亦常以庄蹻与盗跖并提(见《中国历史大辞典·庄蹻》,上海辞书出版社,2000年版)。

毛泽东主席《贺新郎·读史》发表后,多位专家学者曾有评述。今录中国佛教协会原会长、全国政协原副主席赵朴初(1907－2000)先生《读毛主席〈贺新郎·读史〉词书感》之词与感想,或许对了解毛泽东主席填《贺新郎·读史》词的历史背景及赵朴老对毛主席词的解读有所帮助。

读毛主席《贺新郎·读史》词书感

挥洒横天笔,气泱泱、笼今罩古,有谁堪匹?五十万年石头记,翻倒开章第一,抖净了破铜烂铁。留得人间恩与怨,几千年多少英雄血!长不灭,光和热。

词人心事凭谁说?甚来由、重提蹻跖,东方既白?省识称王称霸梦,还有贪夫恶客,果出现压城云黑。十载回思惊预见,真"一篇读罢头飞雪"。遗弓在,为呜咽。

赵朴初在词后的感想中说:"毛主席《贺新郎·读史》词,作于一九六四年春,那时主席已是七十老人了,但这首词仍然和长征时期诸作一样,精力饱满,光焰万丈,气势之磅礴,意境之深远,笔力之矫健,在古今诗坛上是罕有匹敌的。这是由于作者的伟大革命精神和革命实践,加上渊博的学识和精湛的艺术修养有以使之然,别人是无法及得到的。

这首词以高度概括手法叙述我国漫长的历史——从猿到人,从石器时代到铜器时代、铁器时代,从原始公社到奴隶社会、封建社会,直到新民主主义成功、全国解放的全部历史,其中特别强调的是阶级斗争,嘲讽三皇五帝,称道对反动派的造反者。虽然是叙述过去的历史,但其实是着眼于目前还存在着阶级和阶级斗争,存在着被推翻阶级复辟的危险性这个严重的现实。

在迁流不息的历史长河中,每个人都是弹指一挥间的过客,每个人都在历史的一篇中生活——读史,也参加历史活动。'一篇读罢头飞雪',事实正是如此。应该知道,历史潮流总是滚滚向前的,不管你的活动是怎么轰动一时,往后去无非是'几行陈迹'。然而有一些人却老是迷恋着已成陈迹的帝王之梦,蝇营狗苟,争逐不休,但是到头来必然要遭到人民群众的反抗,被滚滚的历史的洪流所冲垮。词的后半首的笔锋,正是指向那些已经暴露和尚未暴露的野心家们。后来林彪和'四人帮'丑行恶果,完全证实了毛主席的这一科学预见。"

在上述形势下,赵朴初先生于1974年写了一首《读〈庄子·盗跖篇〉》诗,全文如下:

> 展季先孔丘,一百数十载。
> 如何与弟跖,又见子路醢?
> 季也为士师,职掌囚讯奴。
> 跖称奴之雄,胡肯同里居?
> 驱人之牛马,取人之妇女,
> 贪得而忘亲,所过万民苦,
> 如此而非盗,而乃炫英武,
> 而乃称革命,嗟嗟此何语?
> 人生天地间,忽苦过隙驹。
> 悦志养寿命,乐道弃其余。
> 此岂革命者,所以教人乎?

> 一九七四年

(注:该诗选自赵朴初《片石集》,人民文学出版社,1978年版)

诗的前半部分,赵朴初以历史唯物主义的观点,写明了《庄子·盗跖篇》是以寓言形式表达了庄子的一种思想。江青一伙却借此大放厥词。而赵朴初以诗讽刺了江青一伙的无知。讲明展禽即柳下惠,又因他排行在兄弟之最后,故称为"季",诗中称"展季",展是姓。他与孔子不是同一时代人。展禽卒于公元前621年。孔子生于公元前551年。展禽死后70年才生的孔子。展禽排行最小,他怎能会有弟弟跖呢?孔子的学生子路到卫国做了孔悝(kuī)的家臣,死于卫庄公元年(前480),跖又怎么会见到子路被杀后剁成肉酱呢？诗接着说，展禽是鲁国的一位下大夫，官为士师，是个管刑狱的官，掌管囚禁审讯犯罪之人。展禽是贵族，跖为奴隶，领导奴隶起义，成为奴隶起义的领袖、英雄。两人一个生在春秋初，一个生在春秋末，又怎能同时同里相居呢？诗的中间部分，是说跖被统治阶级诬称为"盗"而在劳动人民心中则是炫炫辉映的武艺高超的、革奴隶主贵族阶级命的英雄。江青一伙人"嗟嗟"怪叫，阴谋夺权，也能称之革命吗？

"人生天地间，忽苦过隙驹"两句，借用了《庄子·知北游》中"人生天地间，若白驹之过隙"两句。"驹隙"即隙驹，比喻人生短暂，时光易逝，应很好地珍惜。此后两句，以乐观的态度说明人要"悦志"即能"养寿命"，长寿；"乐道"便会抛弃一切私心杂念，最后两句反问，像四人帮这样的一伙人，在"教人"或说"告诉"人什么呢？其言外之意，是说"四人帮"一伙是在借历史人物，操纵舆论工具，愚弄人民群众，以使阴谋诡计，行篡党夺权之实。方见赵朴初先生和其他有识之士一样，身处艰苦困境，却以睿智的眼光看清了"四人帮"不断变换的卑鄙可耻的手段，而对历史人物所持的原则是历史唯物主义的客观冷静的态度。

主要参考书目：马东盈主编《柳下跖研究》，北京图书馆出版社，2004年版有关章节。

第二章 先贤林放及孔子二门生

古平阳一域,春秋时期称鲁平阳(后被齐侵),自古而今的平阳人多受鲁韵熏陶。春秋之时,有人或问学于孔子,或求学于孔门。今放城人林放以"问礼之本"请教于孔子,传为佳话。林放以知礼著称。今楼德柴城人高柴,今天宝人颜涿聚两位先贤皆孔子高足,名载青史,显于后世。本章将对以上三位先贤一一介绍。

第一节 以知礼著称的先贤林放

林放,春秋末鲁国人,以知礼著称。曾向孔子问礼。《论语·八佾》:"林放问礼之本,子曰:'大哉问'。"后世尊为先贤。

一、林放之"林姓溯源"

林放,字子丘(邱),其故里在今山东新泰市放城镇,生卒年无考,约与孔子同时代。

关于林放姓氏的得姓来源,说法不一。

林放画像

一说林放为商代忠臣比干的后裔,出自子姓。据《中国古今姓氏辞典》载,比干为商纣之诸父(叔父),任少师,纣淫乱,暴虐,微子启、箕子屡谏不听。后来,微子启逃亡,箕子装疯为奴,比干再直言谏纣,触怒纣王,遂将其剖心杀害。比干之子坚逃难于长林之山(相传即今新泰放城镇北之长山)。周武王克商,赐比干之子坚林氏。后来鲁有林放。又一说,认为,比干遇难,其夫人陈氏有孕,和婢女四人出逃长林山中避难(今河南淇县境),生子泉于石室中。周灭商后,周武王有感泉生于林中,其父比干坚贞不屈,于是赐姓林,名坚,拜为大夫,食邑博陵(又名博关。春秋时齐邑。在今山东荏平县西博平镇西北30里。东汉所置博陵县,治所今河北蠡县南15里。有学者认为博陵治所在今河北安平县,这应为后来西晋泰始初所置博陵国。林坚之食邑当在山东茌平西）。其后代成为林姓最重要一支。至春秋,林氏由于官职调迁或避乱隐居,散居齐、鲁、周、卫等地。《元和姓纂》:林,殷太丁之子比干之后。比干为纣所灭,其子坚逃难长林之山,遂姓林氏。鲁有林放,仲尼弟子。齐有林阮,见《说苑》。林类见《列子》。林回见《庄子》。《左传》,林雍、林不狃、林楚,代仕季氏。《左传》云,林楚之先,皆林氏之良也……。《元和姓纂》又引《风俗通》:（林姓）"林放之后。至林玉为相,有九子,号'十德之门'①又居九门,子孙秦末居齐郡邹县。汉分齐郡置济南,遂为郡人。此为"齐郡邹县"及"济南"一支林姓。

林玉之长孙林挚,仕汉,传封四代。曾孙林遵,官至少府、太子太傅。遵六代孙林邈,后汉任徐州刺史,清泉侯;五代孙林乔,乔长孙林道明,后魏任清河太守,生林胜,北齐任散骑侍郎。魏分清泉为临清,今兖州临清人。此为临清一支。

林胜生林昙,林昙生林通,林通生林登。林登任唐清苑、博野二令,以二子官居高陆,入关居三原县,生游楚、游艺、游道、游真。林游楚有不少裔孙仕朝廷高官。林游道出任高平令,后裔传播至河南、渭南、河阳等地,此又一支。林游真孙林明,任榆次县令,此又一支。

林玉之曾孙林遵的后代有居后魏平凉者,有居广陵者,都是林放后人。他们分属平凉林氏、广陵林氏。

林放之后,本居广平任县,隋末徙魏州。至唐有林庭珉,其子林寔,为湖城令。此为迁魏郡一支。

林放之后,晋永嘉渡江,居泉州。东晋通直郎林景,十代孙林宝昱,任泉州刺史。又有判官、监察林藻。江州判官兼监察林蕴,皆其后也。

仅据上载,即知林放之后绿柯丛生,迁播甚广。

另一说认为林姓出自姬姓,林放为周平王庶子林开之后。《通志·氏族略第三》云:林氏,姬姓。周平王（前770—前720在位）姬宜臼有庶子名林开。林开子孙以先祖名字为氏。开生林英,英生林茂、林庆。姬姓林氏的另一支,相传至春秋时,卫国国君卫殇公（前558—前547在位）之卿孙林父的子孙以先祖字为氏。以上两支林姓系周文王后裔。

窃以为,从目前所占资料看,林放出自子姓之林,为殷末比干之子坚之后较为贴切（佐证见后）。至于林放系姬姓,为周文王之后裔只备一说。

又汉有林闾善古学,为扬雄之师,居成都。又据《官民志》有邱林氏改林氏。可见,林

---

① 九子十德:关于"九子十德"的另一说为战国时期赵国宰相林皋,始居九门（故址今河北藁城市西北）,生有九子,父子皆贤,时称"九龙之父""十德之门"。秦灭赵后,这支林姓徙至齐、邹。至汉,林皋后裔遂成济南名门望族。

氏并非只出自林放。

二、林放问礼及礼义、礼仪、礼俗三个层面的基本含义

春秋鲁国林放之所以被后世尊为先贤,因其对"礼"颇有造诣,曾与孔子共同研讨过"礼"。《论语·八佾》载:"林放问礼之本。子曰'大哉问! 礼,与奢也,宁俭;丧,与其易也,宁戚'。"杨伯峻译文说:"林放问礼的本质。孔子说:'你的问题意义重大呀! 就一般礼仪说,与其铺张浪费,宁可朴素俭约;就丧礼说,与其仪文周到,宁可过度悲哀'。"这句话之本意在孔子看来:礼不在奢侈铺张,而在是否合乎规范,符合礼义,丧祭尤其如此。具体到丧礼上,则提倡行礼者内在的哀戚之心(参见庞朴《话说"五至三无"》,《文史哲》2004 年第一期)。林放对"礼"的研究在当时已负盛名。他能进一步探求礼的本原,故能得到孔子的嘉许。《论语·八佾》还记载了季氏旅(祭祀)泰山(神)之事。季氏为当时鲁国的"三桓"之一,掌控着鲁国的大权。然而季氏仅为鲁国的大夫,没有资格去祭祀泰山,只有天子和诸侯才有祭祀"名山大川"的资格。因此孔子认为季氏祭祀泰山是"僭礼"。于是,孔子问季氏的家臣,也是孔子的学生冉有,对冉有说:"你不能阻止吗?"冉有说:"不能。"孔子道:"哎呀! 竟可以说泰山之神还不及林放(懂礼,居然接受这不合规矩的祭祀)吗?"这段记载一方面是对冉有的责备,另一方面是对林放知礼的赞扬,实则反讥位尊的季氏还不如林放知礼。更显孔子面对社会风气败坏的局面敢于批评的精神。

关于林放的事迹,唯《论语》有以上两则记载。在头一则记载中林放"问礼之本",孔子夸林放:"大哉问!"林放不问有关礼的具体内容,不问一定场合下具体的礼节、礼数、礼仪这些知识性问题,而是问礼的背后的价值问题。孔子以为林放问是个"大学问",是林放心目中的大问题。故而孔子认为林放不是一般的学子。孔子虽然认为林放提出的问题意义重大,然而,并没有回答"礼之本"是什么,只作了"礼,与奢也,宁俭;丧,与其易也,宁戚"的回答。似乎很难用一两句话来回答林放提出的"意义重大"的问题,孔子对"礼之本"更为精辟的见解虽见于《论语》《孔子家语》及其它典籍。但此时要回答林放提出的问题,好像还必须从礼的原意和周公制礼作乐开始。

首先应该说清楚的是,"礼(禮)"属中国伦理范畴之一。卜辞为祭祀用之礼(禮)器,字象两玉盛于豆器中,原意是献于神主,乞求福佑。《说文》:"禮(礼),履也。所以事神致福也。禮者,行禮之器。"

西周初年,周朝的统治稳定之后,为了巩固来之不易的成果,需要有一定的制度规范人们的行为和调整人际关系,完善已经建立起来的政治秩序。于是,"周公践天子之位,以治天下。六年,朝诸侯于明堂,制礼作乐。""先王制礼作乐,不是为了充分满足口腹耳目的欲望,而是为了教导人民正确地区别所爱好或所厌恶的事物,而回到纯正的人生道路上来。"(《史记·乐书》)目的是使"天下大服"(《礼记·明堂位》)。强调"执行礼节而最后至于男女没有区别，男女没有区别不能认为合于礼。"（《左传·僖公二十二年》）。
遂将"礼"推演为区别贵贱亲疏的行为规范和等级名分制度。它是社会生活中由于风俗
习惯而形成的行为准则、道德规范和各种礼节。如《晏子春秋·谏上》所说："凡人所以贵
于禽兽者，以有礼也。"

鲁国是周公之子伯禽的封国，周初开始完善起来的宗法礼乐制度，深深地影响到鲁
国，铸就了鲁国根深蒂固的礼乐传统，使鲁成为周礼保存最完整的国家，故有"周礼尽在
鲁矣"（《左传·昭公三年》）之说。"鲁国作为周之'宗国'，其所行之礼就是周礼。""杨
伯峻先生的《春秋左传注》也以《左传·昭公五年》的'鲁礼'来说'周代之礼'，可见，鲁礼
实际就是典型的周礼。"（杨朝明《鲁文化史》，齐鲁书社，2001年版，第227页）因此，我们
可以把周礼与鲁礼看作是一回事。

礼的内容十分广泛，简单地说它包括礼义、礼仪（礼节）和礼俗等不同的层面。

第一是礼义。礼义是礼的深层内涵，是抽象的礼的道德准则。起初，礼乐的制订乃
是为了规范人们的社会行为，使社会起到有序的作用。要求人们自觉遵守礼制，按礼的
要求行事，而不仅停留在礼的表面形式上。在周代人们已经认识到"先王之立礼也，有本
有文。忠信，礼之本也；义理，礼之文也。无本不立，无文不行。"（《礼记·礼器》）所谓
"礼之本"，即礼的根本。也就是礼最主要的、最基础的东西是"忠信"。就是说忠诚是按
照礼的道德准则去行事；而礼的意义、道理，以礼仪这种表现形式来表达。无本不能立
礼，没有好的表达形式，礼仪不能执行。又认为："行修言道，礼之质也。"（《礼记·曲礼
上》）《史记·乐书》亦载："中正不邪，礼之质也。"《集解》郑玄曰："质犹本"。《正义》：
"明礼情也。质，本也。礼以（心内）（内心）中正，无有邪僻，是礼之本。"因此说，礼义以
修身进德为基础，是其最本质的东西。"道德仁义，非礼不成""礼者，不可不学也"。"人
有礼则安，无礼则危"（《礼记·曲礼上》）。非但要学，而且要重内心道德修养，使内心之
德表现于外，从内心树立"德"的地位，做到时时"辉动"（放着光辉）。那么，合于道德的
礼才会自然地散发出来。礼如果离开内在的德性，行为即使中规中矩，也不能称之"礼"，
而只能称之"仪"，那是徒有形式的虚礼。即所谓"薄于德，与礼虚"（《礼记·哀公问》）。
因此说按照礼的规范行事，要靠内力，即所谓自身修养，以道德自律。林放将礼的研究放
在"礼义"方面追其本质、核心和源流，研究礼义和礼仪的内在统一，引起孔子的重视，而
且认为这个问题意义重大，可见孔子与林放的认识是一致的。林放提出的问题对后世儒
家研究礼学产生重大影响。

统治者为了按礼的要求规范人们的行为制定了诸如忠、孝、仁、义等道德戒律，以作
为礼的标准。周礼中有父慈、子孝、兄良、弟恭、夫义、妇听、长惠、幼顺、君仁、臣忠"十义"
（《礼记·礼运》），作为人们的行为准则。要求"为人君止（止：致力于、到达之意）于仁，

为人臣止于教,为人子止于孝,为人父止于慈,为国人止于信。"(《礼记·大学》)而其中最重要的则是每个人都要致力于仁德。没有仁德,就无法执行礼。正如孔子所说:"人而不仁,如礼何?"(《论语·八佾》)即做了人,却不仁,怎样来对待礼仪制度呢?孔子还提出:"克己复礼为仁,一日克己复礼,天下归仁焉。"(《论语·颜渊》)就是说,每个人要克制自己,使言行合于礼就是仁。每天都能克制自己,使言行合于礼,那么天下就成为仁天下了。所以"仁"是根本,孔子不仅要求人们的言行要合乎礼,而且必须做到"非礼勿视,非礼勿听,非礼勿言,非礼无动"(《论语·颜渊》)。

总之,礼义是礼法道义。礼,谓人所履;义,谓事之宜。礼义是礼的核心,也是礼的内涵,指的是为什么要这样做。与礼义相辅相成的则是礼法。礼法是礼的形式,指的是怎么做,二者缺一不可。而仁德则是礼的源泉和动力。而要使每个人的言行都合乎礼,必须进行教化,礼之教化的目的是提升人的仁德素质,让礼成为千百万人的自觉行动,千万不可舍本逐末。

第二是礼仪。礼仪是指具体礼节。是执行礼的具体形式。周礼大致分为吉、凶、军、宾、嘉五大方面,细分之有"礼经三百,威仪三千"(《汉书·艺文志》),"礼,有大有小,有显有微(显微指规模)。大者不可损(减少),小者不可益(增加),显者不可掩,微者不可大也。故经礼三百,曲礼三千"(《礼记·礼器》。本句中"经礼"指常礼,"曲礼"指事礼)之说。这些"繁文缛礼"包罗万象,大则至于政治、军事,小而至于衣冠、陈设,无不有仪。古人要通过一生当中的冠、婚、乡、射、丧、祭等礼仪来接受道德伦理的教育。同时,要求人们要坚持一以贯之的原则"敬"。孔子说:"所以治爱人,礼为大。所以治礼,敬为大。"(《礼记·哀公问》)《礼记·曲礼上》开篇第一句亦谓"毋不敬"。礼仪有不同形式,但都是为了表达内心的敬意。正所谓:礼者,敬人也。

春秋以降,历代统治者和儒家无不重视礼的制作和推行。上至国家,下至一乡一族,无不规范礼仪制度。例如,南宋出现的《朱子家礼》将《仪礼》繁琐仪节简化为冠、婚、丧、祭四礼,广为流传。所有的礼仪不管如何变化,都是本着孝、忠、仁、义等准则推衍而来,目的都是为了明贵贱,辨等列,顺少长,以维护王朝或家族的统治。礼仪并非一成不变,它随着时代而变化。

第三是"礼俗"。即周人的社会风俗与道德习惯。它较礼节更繁更细,但没有硬性的规定。当然,它受礼的影响,间接地服务于政治制度。但是,从文献记载看,古礼的原则至少在汉代以后就遭到破坏,礼俗逐渐取代了礼的精神原则。

由上可知,礼(周礼或鲁礼)的内容广泛,但有主次轻重之分。礼仪、礼俗从属于礼义。离开了礼义的礼仪,可以说已不是礼。因为"礼,所以守其国,行其政令,无失其民者也""礼之本末,将此乎在"(《左传·昭公五年》)。正因为礼是用来保佑国家,推行政令,不失去百姓的,鲁国乃至以后各朝各代的统治者将礼视为立国、治国的根本。孔子大力提倡礼治,把统治者守礼与治民相联系,并把礼的适用范围从贵族扩大到统治者。认为"上好礼,则民易使也"(《论语·宪问》)。在上位的人若遇事依礼行事,就容易使百姓听从指挥。同时孔子还认为"道之以德,齐之以礼,有耻且格"(《论语·为政》)。意思是说,如果用道德来诱导民众,使用礼教来整顿民众,民众不但有廉耻之心,而且人心归服。统治者们也不断向民众灌输"君臣、上下、父子、兄弟、非礼不定"(《礼记·曲礼上》),"非礼,无以辨君臣、上下、长幼之位"(《礼记·哀公问》)等方面的教育,让礼充分发挥防止和调节统治者内部矛盾的作用和对民众的慑服之威,以收罗人心。鲁人都知道礼有"经国家,定社稷,序民人,利后嗣"(《左传·隐公十一年》)的功能,因而他们认为"人有礼则安,无礼则危"(《礼记·曲礼上》),"无礼必亡"(《左传·昭公二十五年》),只要礼在,国不会亡,礼关乎国泰民安。正如《礼记·礼运》所说:"坏国、丧家、亡人,必先去其礼。"

礼,作为治国安邦之器,与乐是同时使用的。内容纯正、节奏和缓的音乐有益于人的身心健康。经常听德音雅乐可以促使人心向善,陶冶心性,感化心灵,变化气质,修身进德。《孝经》认为:"移风易俗,莫善于乐。"《史记·乐书》阐述了礼与乐的辩证关系:"雅正的'乐'和天地万物一样地和谐,庄严的'礼'和天地万物一样地有节制;'乐'是为了沟通感情,'礼'是为了区分差等;'乐'发自内心,'礼'表现于外貌;'乐'表示天地万物间的和谐,'礼'表示天地万物间的秩序;'和谐',所以一切事物都能互相融合而无冲突;'有序',所以一切事物又都有区别而不混淆;'乐'表现的是德行,'礼'防止的邪恶。'礼'、'乐'彰明完备,天地万物都能各得其所。"同时还认为:"用礼来引导人们的意志,用乐来调和人们的声音,用政来统一人们的行动,用刑来防止人们的奸私,礼、乐、刑、政的终极目标是一致的,就是使人同心同德,以建立太平盛世的秩序。""对礼乐的了解都有所得,就可以称为有道德的人了。"由此看来,"礼""乐"效用是相同的。

综上所述,春秋时期的礼乐之制不仅关乎人的行为准则、道德规范、社会秩序,更关乎国之存亡、社稷安定、邦交朝会、丧家亡人。自西周始历朝历代为何将礼乐作为立国、治国之本便可理解了。而礼并非一成不变。仁是根本,礼则是与时俱进的。各个时代有各个时代的礼。"礼之用,和为贵"(《论语·学而》),即是说以礼为用,用来调和损益,调整均衡,斟酌得中,最为珍贵。反之,如果大大小小的事情都死板地照着礼去办,有时也是行不通的。

春秋鲁国的孔子以知礼、明礼、精通礼乐闻名,不仅受到士大夫们的敬重,对他加以赞扬,而且人们有问题乐于主动地向他学习、请教。林放向孔子"问礼之本",便是林放向孔子讨教。林放能提出"礼之本"如此重要的问题,可见林放对礼研究至深,造诣匪浅,因此使孔子为之震撼。《论语·八佾》"泰山不如林放"一句即是孔子对林放的渊博学识,谦恭好学的赞誉和褒奖。又是讥讽季氏,身为贵族还不如平民学子知礼。

阐述礼的儒家经典主要有《周礼》《仪礼》《礼记》。"三礼"及有关礼的学问有人称之为礼学。礼,或说礼学,具有很强的实践性。这种实践性最初的表现形式,便是礼学,它贯穿于古典时代人伦日常之中。所以,历史上凡注重经世致用的学者,往往注重礼学。因为在儒学系统中,礼与现实生活有着更加切近的关系,与人的践行过程也有着比较直接的关联,从而注重礼可以很好而逻辑地引向经世致用。历代研究注释"三礼"的学者,代有其人。关于《仪礼》《礼记》的注疏将在本书《西汉礼学博士高堂生》一文中讲述,今单就《周礼》作以简述。《周礼》又称《周官经》,初名为《周官》。新莽时刘歆始称之《周礼》,至东汉郑玄为"三礼"作注,才定称《周礼》,并一直沿用至今。《周礼》原书有《天官冢宰》《地官司徒》《春官宗伯》《夏官司马》《秋官司寇》和《冬官司空》六篇。《冬官司空》亡佚,汉人用《考工记》补之。《周礼》的内容极为丰富,大自天下九州、邦国建制,小到沟洫道路、草木虫鱼,无所不包,涉及官、田、兵、学之制和刑法、礼仪等诸多方面,被视为是部战国以前的政治、经济、军事、文化史料的政书。关于《周礼》的作者、成书年代和经过,比较复杂,历来仁者见仁,智者见智,众说纷纭,莫衷一是。古文经学家认为周公所作,今文经学家认为出于战国或指西汉末年刘歆所伪造。近人从周秦铜器铭文所载官制,参证该书的政治经济制度和学术思想,认为其为系战国时代儒者根据当时各国官制,添附儒家思想增减排编而成。其中经济思想杂有法家的一些观念。有学者认为《周礼》与孔子的关系并不密切。(参见崔高维校点《周礼》,载《新世纪万有文库》,辽宁教育出版社,1997 年版;《中国历史大辞典·周礼》,上海辞书出版社,2000 年版)

三、林放非孔子弟子之辩

因林放"问礼"于孔子,历代认为林放为孔子弟子者大有人在。如《汉书·古今人表》《元和姓纂》卷五等均认为林放为孔子弟子。陈新先生在其《先贤林放》(载《敖山集》,中国文联出版社,2007 年 2 月版)一文中的观点甚明,认为林放"没有带束脩向孔子拜师执弟子礼,只是向孔子请教,交流学问"。今将其《先贤林放》一文中讲述林放非孔子弟子的一节录于后:

> 不少典籍认为林放是孔子的弟子,如唐·林宝《元和姓纂》,宋·郑樵《通志》。但稽核《史记》及《孔子家语》,在"身通六艺者七十有二人"(《史记·孔子世家》)、"受业深通者七十有七人"(《史记·仲尼弟子列传》)中均不载林放。《世家》虽言"弟子盖三千焉",但林放如是孔子弟子,必在"受业深通者"之列。司马迁是熟读过《论语》的,将孔子两次称道的林放摈于七十七子之外必有原因。在号称"七十子之徒"中其学、行逊于林放者大有人在,而《家语》不是伪

书,也为出土简帛所证实。《史记》和《家语》不载林放绝不会是史家的疏忽。先秦典籍中也找不到林放为孔门弟子的任何证据。《仲尼弟子列传》司马贞《索隐》云:"《孔子家语》亦有七十七人,唯文翁《孔庙图》作七十二人。"《孔庙图》或即所传文翁《礼殿图》,又简称《文翁图》,传西汉文翁创修礼殿,东汉末年高朕在重修礼殿时绘制了周公、孔子及七十二弟子图。司马贞《索隐》又云:"如文翁所记,又有林放,蘧伯玉、申枨、申堂,俱是后人以所见赠益,于今殆不可考。"蘧伯玉是卫国著名贤大夫,名瑗,孔子在卫国时曾住在他家,在《论语·宪问》中孔子称蘧伯玉为"夫子"(犹今"老人家"),也列入文翁图中,知《图》非皆孔子弟子已明。从今传世《芥子园画传》林放像题"林放字子丘鲁人赠清河伯"即知非汉人所画,一因"清河伯"乃唐时所赠,与汉无涉;二因汉时尚无真书。据此可以初步认定,林放是与孔子同时代的一位鲁国学者,以知礼著称。他没有带束脩向孔子拜师执弟子礼,只是拜访过孔子,向孔子请教,与孔子交流学问,如孔子曾访问老子交流学问一样,这在春秋时期是很正常的。林放的后裔、唐朝《元和姓纂》的作者林宝说林放是"孔子弟子"纯属杜撰,就连林放裔孙林玉为相,也是林宝从汉应劭《风俗通义》中征引,即可证对其祖林放知之甚少。

四、后世对林放的赞扬与祭祀

从现有史料分析,林放一生潜心研究礼学,不显于世,终老于曲阜,卒后葬曲阜城南。历史典籍对林放的记载亦只言片语。但其"问礼"之举,对弘扬封建礼教做出重要贡献,对后世影响很大,深受历代儒家的赞扬和历代统治者的推崇。据李启谦《孔门弟子研究》,汉代文翁在所作描绘孔子及孔门先贤的巨型画作《礼殿图》中,特为林放绘制了肖像。唐开元二十七年(739),唐玄宗李隆基追赠林放为清河伯。唐大和八年(834)春,乾封县(治所在今泰安市东南旧县)人建林放祠于其故里放城集(今新泰放城镇驻地)。宋大中祥符元年(1008)宋真宗赵恒下诏书追封林放长山侯,并从祀孔子庙庭。当时知名朝臣散大夫刁衎(945—1013)作《先贤林放赞》一首,对林放高度赞扬。诗曰:

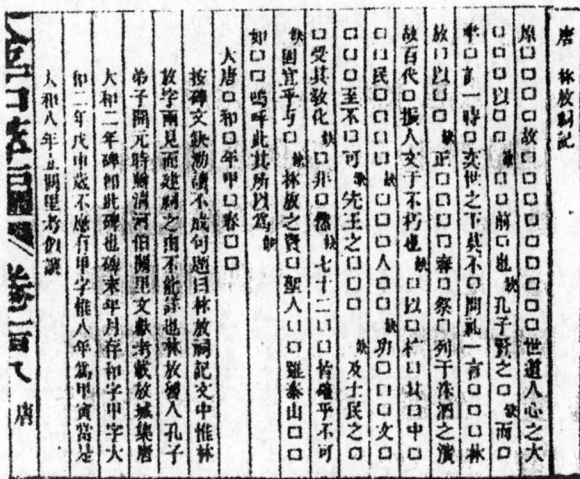

林放祠记书影

子丘明哲,道洽素风。

问礼之本,为儒所宗。

东岳称美,长山表封。

云亭告毕,庆泽荐隆。

（《全宋文》卷一〇一）

南宋高宗赵构也有诗《先贤林放赞》赞扬林放。诗曰：

礼之有本,子能启问。

大哉斯言,光照明训。

德辉泰山,诬祭莫奋。

崇兹祀典,盍云令闻。

（《全宋文》）

明嘉靖九年(1530),明廷修订祀典,诏林放撤出孔庙,改祀其乡(《明纪》卷三十)。清雍正二年(1724),清廷复祀林放于孔庙中。

2018 年 11 月,笔者好友泰山学院周郢先生,路经浙江杭州,在杭州碑林有幸目睹了刻于石碑的"先贤林放像"。像的右上角刻有"林放,字子邱,鲁人,赠清河伯"等字。笔者以为或林放后人所作。

五、林放故里考略

新泰放城为林放故里,其证有四：

(一)清乾隆年间,泰安知府、著名学者颜希深在《林放故里考》中论证说:放城相传为林放故里,谓其可信者有三:刁衎所作《先贤林放赞》中有"东岳称美,长山表封"之句,"一记其所生之地,一记其所封之地,其可信者一也"。《论语》有"泰山不如林放"之语,鲁多知礼者,而孔子独取林放,"当时必就其近者言之耳,其可信者二也"。最可佐证者,清乾隆二十四年(1759)秋,民众在放城出土一块唐代太和(注:应为大和,唐无太和年号)年间的残碑,碑名《林放祠记》,今佚。据清王昶撰《金石萃编》卷108 著录:碑高四尺一寸八分,广二尺七分,正书字画俱已磨灭,唯见隐隐"林放"及"大唐口和口年甲口春"数字,为唐大和八年(834)乾封人在林放故里所建,为林放祠故物。这一文物的发现,证明林放故里确在放城。另外,放城的南阁子、北阁子、花园等,亦传为林放时之遗迹(转引自马培林等撰《新泰风物史话》,山东友谊书社,1992 年版)。

（二）笔者于 2006 年底对新泰境内佛教寺院做过调查，曾目睹放城郗笃惠先生院内存放的断碑数块，皆放城静林寺所出。其一为 1994 年发现的元代《静林禅院落成记》碑，残文有"世代鲁贤林放故居""有古寺号静林始""夜寐淬厉奋发"等字。其二为《重修静林禅寺碑记》碑，残文有"镇名曰放城乃先贤……"字样。从断碑残文可知，放城静林寺于金明昌（1190—1196）初年在林放故宅或其附近创建，放城乃林放故里无疑。"夜寐淬厉奋发"数字乃是对林放夜不寝寐，刻苦进修锻炼，奋发攻读的赞誉。

（三）据《新泰市地名志》载放城春秋建村。《山东通志》："放城在县（泰安县）东南 180 里，春秋臧氏防邑，今俗传为林放故里。"由此推知，放城因林放故里而得名。

（四）林放其人、林放故里方志均有记载。民国《重修泰安县志·人物志·乡贤》载："林放，字子丘，鲁人，故里在今治东南放城。长山在其北。""林放故里"载《县志·古迹》，其文曰："林放故里"旧志以县（指旧时泰安县。林放故里今放城镇旧属泰安县崇礼乡〔区〕。新中国成立后划归新泰县）东南百八十里放城集当之。引知府颜希深考为解，按：林放姓名《孔子家语》《史记》不列之孔子弟子。因蜀《礼殿图》有之，唐开元二十七年，追赠清河伯。宋大中祥符元年追封长山侯，并从祀孔子庙庭。明嘉靖九年以辅臣张璁（时任礼部尚书兼文渊阁大学士）言罢之。至清雍正二年礼臣议，孔子答林放之问应请复祀，从之。明张璁之疏请黜林放从祀也。以《论语》林放问礼之本，郑（玄）曰：林放鲁人，乞祀放于鲁。夫鲁地阔远，大约东至沂水、费县，西极鱼台、嘉祥，南尽邹峄，北尽泰山，皆在鲁封域内，故不能确指为鲁之何地也，阙里志但信放字子邱，鲁人，兖州志至并佚其姓名，颜考以放城集之可信为林放故里者有三：一宋刁衍赞林放云："东岳称美，长山表封"。东岳者言之所生之地也；一《论语》曾谓"泰山不如林放乎"。当时贤士大夫知礼者多矣，独取例於放亦就其近者言之耳；一乾隆己卯秋土人掘地得古碑，隐隐见林放唐太（大）和二年数字。说颇平实可从。今既不能从放城集外，求其乡之所在，亦殊难更持异议云。

以上诸条言之凿凿，林放为新泰放城人勿庸置疑。放城今处新泰南部边陲，旧时属泰安县崇礼乡，皆因林放而知名。历代文人多往吟咏吊古。清道光年间泰安知县徐宗幹以《放城》为题赋诗一首：

诗序：（泰安）县东南为崇礼乡，相传有林放故里，今名放城。宋刁衍赞云：东岳称美，长山表封。放本泰山人。

乡尚名崇礼，人皆慕鲁风。
长山封自昔，阙里典犹隆。

未附颜曾列,先传答问功;

村墟应似昨,烟树接东蒙。

附:

林放故里考

清·颜希深

孔子弟子见于《家语》《史记》者,均无林放姓名,惟《蜀礼殿图》有之。王应麟以为文翁所记,如林放、蘧伯玉、申枨、申堂,皆后增益,不可考。然自成都画壁而后,唐开元二十七年(739)追赠放清河伯,宋大中祥符元年(1008)追封长山侯并从祀孔子庙廷,所从来久远。明嘉靖九年(1530),辅臣张璁疏言:"林放虽尝问礼,然《家语》《史记》、邢昺(炳)《注疏》《朱子集注》俱不载诸弟子之列,乞祀放于鲁,附祭本处乡贤祠,仍其旧爵。"至本朝雍正二年(1724),礼臣议以"林放问礼之本,子曰'大哉问',应请复祀。"诏从之。此其封爵从祀之大略也。而所称"祀于鲁"者,则鲁地阔远,不能确指其乡之所在。以经传注疏及《国语》《史记》《水经注》《括地志》诸书证之,大约东至沂水、费县,西极鱼台、嘉祥,南尽邹峄,北抵泰山,广袤数百里,皆在鲁封域之内。今《阙里志》但言"放,字子丘,鲁人",《山东通志》因之。《兖州志》并佚其姓名,不可谓非遗憾。考泰安崇礼乡之放城集,相传为林放故里,旧志及它书皆不载。予独谓其可信者三:宋真宗命廷臣撰《孔子弟子赞》,主客郎中刁衎赞林放云"东岳称美,长山表封",一记其所生之地,一记其所封之地,其可信者一也;《论语》曾谓"泰山不如林放乎"!意孔子并时。列国名卿大夫及鲁多君子。知礼者盖不乏人,何独取例于放?当时必就其近者言之耳,其可信者二也;乾隆己卯秋,土人掘地得古碑,字画俱已磨灭,唯隐隐见"林放"及"唐太和二年"①数字。此则千年以上之物,尤可据以为信。予恐后人不察,妄生疑议,谓"放,鲁人,不必定隶泰安境者",则请更从而求其乡之所在焉,可矣。放城集旧名放城镇,在城东南百八十里。

(上文采自颜希深修《泰安府志·艺文志五》,线装书局,2017 年版)

【评析】

一、林放问礼与季氏僭越礼制之对照

林放的事迹或说活动,除《论语·八佾》及《汉书·古今人表》(记林放为孔子学生)等处有少量记载外,再觅不到林放的任何踪述。《论语》将"林放问礼之本"的记述置于

---

① "唐太和二年":又作"大和二年",均误。据王昶《金石萃编》,放城出土残碑所记"唐□□和□年甲□春"数字应是"唐大和八年(834)岁次甲寅"。

季氏违礼诸事之间，与季氏形成了鲜明对比，突出了林放，并得到了孔子的嘉许，好似两人共同探求礼之本原。《论语》编排者可谓独具匠心。

周公制礼作乐，是周代礼乐文化的代表，亦是孔子最敬仰的先哲之一，而周公苗裔鲁国季氏率先僭越礼制，做出若干违礼、失礼的事情，揭示了春秋末年"礼崩乐坏"的社会背景。孔子对此十分惋惜并深深叹息。正处此时，林放问礼之本，似乎使他看到了一丝希望，知道还有人懂礼，在探求礼之本原。鲁国是周公旦后代之国，是继承西周礼乐典章法度最好的诸侯国。有"周礼尽在鲁"（《左传》昭公三年）、"犹秉周礼"（《闵公元年》）之说。然而到孔子时代，周公的后代季氏①却率先僭越周代礼制，竟以天子八佾②的规格在自家庭院中用六十四人（季氏为大夫，应用四佾，即三十二人）演奏乐舞。孔子知道后发出"是可忍也，孰不可忍也"（谓他连这等违礼的事都忍心去做，还有什么不能忍心去做呢）的叹息。同一年，鲁国大夫孟孙氏、叔孙氏、季孙氏三家在祭毕祖先后，演奏着天子之乐《雍》诗（原出《诗经·周颂》，是天子之乐，诸侯、大夫用之，则为僭越）撤去祭品。孔子评论说："《雍》诗中说：'助祭是诸侯天子主祭，端庄肃穆。'这两句用在三家的祭堂上能取哪一点呢？"上述三家都是周公的后代，都是大夫（即"三桓"），而做出如此违礼之事，受到孔子的讥讽。

鲁国的"三桓"都是上卿，却不守礼制。在其屡次僭越礼乐时，恰有林放问孔子礼的本原，与季氏三家形成鲜明对照。孔子借此表明了"礼不在于奢侈浪费铺张，而在于是否合乎规范、合乎礼义，丧祭尤其如此"（《论语·八佾》）的观点。孔子的这一观点在《孔子家语》中也有体观。如《孔子家语·六本》载："（孔子曰）无体之礼（即没有完全按照程式的礼仪），敬也（也有真正的恭敬之心）；无服之丧（不穿丧服的丧事），哀也（也有真正的悲哀之情）。"《孔子家语·论礼》中又说："无体之礼，威仪迟迟（即没有仪式的礼仪，态度也要从容不迫）；无服之丧，内恕孔悲（没有丧服的丧事，推己及人，也非常伤心）。"由此可知，孔子并不重视礼仪、礼文的奢华，而强调礼之本原，用庞朴先生的话说即"提倡情感上的质朴纯真（庞朴《话说"五至三无"》，载《文史哲》2004年第1期）。

大概林放问礼之本之后不久，季氏又僭越礼制要"旅祭泰山"。因按周制，只有天子、诸侯才有资格旅祭境内名山。季氏仅是鲁国上卿大夫而旅祭泰山，是明显的僭越周代礼制。孔子的弟子冉有做季氏家的主管却不能阻止，孔子才发出"难道说，泰山（神）竟不如

---

① 季氏：当时季孙氏是鲁国正卿，出于鲁桓公之子季发。此处指季氏，按杨伯峻《论语译注·八佾》注，可能是季孙意如，又称昭公臣，谥号平子。

② 八佾：古代乐舞的行列。按周制，天子乐舞的行列，每列八人，用八列，诸侯用六列，大夫用四列，士用二列。八、六、四、二皆指佾数，佾，列也，每佾八人。杜预注以为自天子至士，递减两列，每列减两人。诸侯则用六列，每列六人共用三十六人。误。

林放"的深切叹息(《论语·八佾》)。此处林放与泰山对举,其意十分明显,是说季氏的见识、对礼制的尊重还不如林放,以林放一个普通的学者而如此知礼,反过来去讥讽身为位尊贵族大夫季氏的不知礼。

孔子身处春秋末季,对贵族阶层的违礼、失礼现象看得十分清楚,如"居上位而不宽厚待人,行礼时不严肃认真,参加丧礼时没有哀戚之情"的人使他看不下去(《论语·八佾》),然而无能为力。在孔子看来,贵族统治阶级的失礼、违礼,不按礼仪法度办事才是社会危机、国家社稷式微的根本。

我国春秋时代重"礼"。据杨伯峻先生统计,一部《左传》共讲"礼"462 次;另有"礼食""礼书""礼经""礼秩"各有一次,"礼义"3 次。讲"仁"33 次,少于讲"礼"429 次,并且把礼提到了最高地位。另外,《左传》没有"仁义"并言的。《论语》讲"礼"75 次,包括"礼乐"并言;讲"仁"却 109 次,其中不见孔子对礼下任何较有概括性的定义。只是说:"人而不仁,如礼何? 人而不仁,如乐何?"(《论语·八佾》)还说:"礼云礼云,玉帛云乎哉? 乐云乐云,钟鼓云乎哉?"(《论语·阳货》)这两句的意思是"礼呀礼呀,仅是指玉帛等等的礼物而说的吗? 乐呀乐呀,仅是指钟鼓等等之乐器而说的吗?"由此看来,孔子批判地继承了春秋时代的思潮,他面对"礼崩乐坏"的现实,不再以礼为核心,而是以仁为核心。而且没有仁,也谈不上礼。孔子又认为,礼乐不在形式,不在器物,而在于其本质。孔子认为礼的本质就是仁,没有仁也就是没有真的礼乐(杨伯峻《论语译注·试论孔子》,中华书局,1980 年版第 16、19 页)。

孔子的上述观点,至今仍有较强的现实借鉴意义。

孔子面对"礼崩乐坏"的社会现实,不仅认为礼的实质应重于外在的形式,应当把礼作为维护社会等级、尊卑制度的重要规范,而且一再强调"礼义也者,人之大端也(端,即本)""故坏国、丧家、亡人,必先去其礼""故治国不以礼,犹无耜而耕地"(《礼记·礼运》)。同时他也清醒地认识到,社会的现实单纯靠礼制、仁政、德政已难以维护等级社会秩序和贵族统治,在治国方略上也赞成礼法结合、德刑结合,德与刑二者更重德,主张"道之以德,齐之以礼"(《论语·为政》)。

综上所述,"礼"的本原在孔子看来就是"仁",也就是德,礼治也即德治,两者密不可分。他要求执政者"施政以礼",执政者能否做到"施政以礼"是关乎国之兴衰的关键。后来很多儒学者把"礼"作为儒家价值观念的核心,以之统摄其余,作为立论的基础。"礼"就成了中华文明的核心理念。历经千百年来中国人无不接受礼的教化和熏陶。中国人把是否懂礼、知礼、行礼、守礼、重礼,视为是否有德性的试金石。

二、浅述"礼"在当下道德建设中的意义

当今的道德建设,要求人人都应树立正确的核心价值观,"礼治"被纳入了道德建设的重要内容。《管子》中说:"仓廪实而知礼节,衣食足而知荣辱""四维不张,国乃灭亡"(《管子·牧民》)。《管子》所说的四维,即礼、义、廉、耻。意谓,"礼义廉耻"得不到伸张,国家就会灭亡。还说国之四维,缺其一将失去平衡(倾斜),缺其二将会发生危险,缺其三将被颠覆,缺其四必然灭亡。倾斜可以纠正之,危险可以安定之,颠覆可以起复之,只有灭亡的命运是不可能改变的。(那么)就要求"礼"不要超越节度,"义"不允许妄自求进,"廉"意味着不隐瞒过失,"耻"则是不与邪恶同流合污。作为百姓应居"礼"安分守己(《管子·牧民》)。《管子》这段话当今仍有十分重要的借鉴意义。北宋大学者欧阳修高度赞扬《管子》中的说法,认为"礼义,治人之大法;廉耻,立人之大节"。上述《管子》之记载,按今天的意思,就是说物质文明和精神文明二者不能偏废,物质生活富裕了,就应通过"礼"教,提高民众的精神境界。如果精神层面不振,礼义廉耻丧尽,必然导致国灭家亡。联系现实,中国人经过改革开放四十年的发展,"仓廪实""衣食足"的任务可以说基本实现,而"知礼节""知荣辱"的问题显得尤为突出。因这两个问题关乎人的价值观,或说关乎人文精神。党的十九大提出了"中国特色社会主义进入新时代",而人文精神的提升将成为这个新时代的重要特征。只有人文精神达到一定高度,人们吃饱穿暖才能真正"知礼节""知荣辱"。

清初著名思想家顾炎武说:"礼者,本于人心之节文,以为自治、治人之具。"礼是依据人的本心制订的行为规范,是人的自治,或者是治人的工具。如果"治国以礼为本",就要求执政者把以礼治国的理念落实到民生日用之中,人人都以礼行事,时时、事事都以礼行事。"以礼治人"的执政者就应先制订好"礼"之规范,形成一套行之有效的价值规范和行为自觉、文化自觉,让人们能有可以自治的依据。执行者要让所有人都知礼、守礼,天下可以达到大治。如果离开了礼,人还谈什么道德,执政者还谈什么行政管理? 修身、齐家、治国、平天下,哪一样离得开"礼"? 清华大学历史系教授、中国经学研究中心主任彭林先生如是说(光明日报,2015年10月17日06版《周公"制礼作乐"与当今的道德建设》。上文所引欧阳修、顾炎武之句皆引自彭林之文)。由此说,礼是实现"治国平天下"的大经之法,是教育民众,成就"仁义道德"的门径和内在动力。除此,还应以道德引领社会向上,以刑防范民众犯罪,做到儒家所主张的"德主刑辅"。

三、"礼义之邦"与"礼仪之邦"之我见

"礼"的起源甚古,属中国伦理范畴之一,原指敬神或表示敬意而举行的仪式。礼的繁体"禮",始见于商代卜辞,为行礼之器。字像两玉盛于豆(器)中,表示对神主(上帝)或先祖的敬重,乞求祐福。本义是事神致福(马如森《殷墟甲骨文引论》,东北师大出版社,1993年版)。《尚书·君奭》:"故殷礼陟配天,多历年所。"意谓殷礼能同上天参配,所以享国久长。孔子说:夏代的礼我能说出来,它的后代杞国不足以作证;殷礼,我能说出

来,它的后代宋国不足以作证。这是他们的历史文件和贤者不够的缘故。若足我就可以引来作证了(《论语·八佾》)。由此可知夏礼、殷礼都是完备的,只是到孔子时代,夏商时的有关礼的文献已经不完备了。

至西周立国,周公在接受夏殷礼制后进行"损益""制礼作乐"来规范已经建立起来的统治秩序,规范人们的道德行为,定社稷,安万民,使"礼"成为治国安邦的利器,统治民众的工具。此后的一些历史典籍,如《周礼》《礼记》《仪礼》等,多次出现"礼义""礼仪"这样两类内含有别的词汇。如《礼记·礼运》有"故礼义也者,人之大端也""为礼不本于义,犹耕而弗种也",都是说的礼的本质。既是行礼而不本着"礼义"的原则(这个原则是指行礼的道德原则),就好像耕种土地而不播种子一样。"礼义"这种道德原则故成人之"大端"(即做人之本)。《礼记·中庸》中所说"礼仪三百,威仪三千",则是指具体的礼的各种表现形式,是外在的礼的制度规定。以礼仪观察德行,以德行处理事物。以德概括礼的全过程。这样看来,礼即德,它不仅包含着人们的主观方面的修养水平,也含有客观方面的行为规范。丧失了礼义的礼仪,就只存在礼的表面形式而失去了礼的本质意义。可见"礼义"是本,存在内;"礼仪"则是表,存在外。

自古以来,不少学者认为"礼"是中华文明的标志,是中国文化的核心。"中国的核心思想就是礼"(钱穆语)。"礼"与中华文明、中国文化紧密联系在一起,便形成众所周知的概念——"礼义之邦"或"礼仪之邦"。邦者,国或国家也。初步考据,"礼义之乡"在文献中出现早于"礼义之邦"。《史记》卷六十《三王世家》谓:"孝武帝怒曰:'生子当置之齐鲁礼义之乡,……'"《汉书》又见"礼义之国",《高帝纪下》云:"汉王引天下兵欲屠之,为其守节礼义之国,乃持(项)羽头示其父兄,鲁乃降。"这里的"礼义之国"乃指春秋之时的鲁国。"礼义之邦"见于《晋书》卷一百十四《苻坚载记》:"明年(指东晋太元八年,前秦建元十九年,公元383年)吕光发长安,(苻)坚送于建章宫,谓光曰:'西戎荒俗,非礼义之邦。羁縻(指笼络,利用)之道,服而赦之,以示中国之威。'"言外之意谓当时的"中国"是"礼义之邦"。又《晋书》卷一百十五《苻丕载记》谓:前秦苻丕太安元年,东晋太元十年(385),后燕慕容骥攻打前秦王兖于博陵,至是粮竭矢尽,郡功曹张绮逾城聚众应骥,王兖临城数(责备)之曰:"卿,秦之人也。吾,卿之君也。起众应贼,号称义兵,何名实相违之甚!……不图中州礼义之邦,而卿门风若斯。"这里的"礼义之邦"明确指的是"中州",即指中原地区,或说今河南一带。仅数述上面几例,可知"礼义之乡""礼义之邦"既称齐、鲁等文明程度开化较早之地或说当时儒学起源之所,民风敦厚之区,又是世俗圣人孔夫子之"国"为"礼义之乡";既称中国、中原(中州)华夏等经济、文化繁盛、历代帝王开国建邦的经济、文化、政治之中心为"礼义之邦"。上述这些地区文化积淀丰厚,文化名人辈出,一贯注重礼义道德,社会秩序规范,民众知礼守礼。

据中国社会科学院历史研究所林存阳先生考证,"礼仪之邦"一词最早见于明代天启年间,其文本所指"乃朝鲜属国,为冠带礼仪之邦"。这里的"冠带"借指"朝鲜属国"是文明之国。迟至清代乾隆二十五年(1760)"礼仪之邦"才作为一个独立的概念被使用。至民国年间,明确以"礼仪之邦"指称"中国"才逐渐流行起来。二十世纪"礼仪之邦"成为中国的指称词,并广为流传,相沿至今(林存阳《"礼仪之邦"抑或"礼义之邦"考论》,载《光明日报》2015 年 1 月 27 日 14 版)。

历史进入二十一世纪"礼仪之邦"的使用频率大大超越"礼义之邦"的使用频率。"礼仪之邦"一词屡见书刊报端及其他媒体。大概在 2014 年王蒙先生曾发表文章呼吁,称中国、中华勿用"礼仪之邦"应用"礼义之邦"。之前有多位学者发表过"礼义之邦"与"礼仪之邦"考辨的文章,其意亦然。然而未能遏制住称中国、中华谓"礼仪之邦"的使用频率。但一些正规媒体也能见到某些学者称中国为"礼义之邦"。例如,2016 年 3 月 3 日《光明日报》头版《从延续民族文化血脉中开拓前行》一文即用"礼义之邦"表述了我国所具有的五千年的大国精神和文化。反之若用"礼仪之邦"能表明我国在世界上具有大国的精神和文化吗? 莫看一字之差其表述的文化内涵、底蕴,我国在世界上国度、地位以及文明程度却有莫大差别。

我国是具有五千年文明史的大国,非用"礼义之邦""礼义之国"不能表述、展示其大国精神、大国文化和国度。对某些历史悠久、文化繁盛之区如齐鲁之地用之"礼义之乡"的内涵亦如此。面对某些学人"礼义之邦(国、乡)与礼仪之乡(区)"的纠结,请三思而后用之。当然,两种表述历经了一个不断演变的过程,的确"与时代、时势、人们的习惯与取舍等密不可分,并非仅为误用、滥用的问题。'礼义'与'礼仪'亦非非此即彼的对立物,其关键乃在于如何因时因势把握其间的度"(上文林存阳语)。林氏之语不无道理,而对某些学者用"礼义"或"礼仪"表述中国或某"乡"时还应认真思索和探究,以防其意其内涵表述不深、不透、不到位,甚至词不达意。

主要参考书目:杨朝明《鲁文化史》,齐鲁书社,2001 年版;杨伯峻《论语译注》,中华书局,1980 年版;杨伯峻《春秋左传注》,中华书局,1990 版;《史记·孔子世家》;杨朝明、宋立明主编《孔子家语通解》,2013 年版;唐·林宝《元和姓纂》,中华书局,1994 年版。

第二节 "天下名士显人"齐国大夫颜涿聚

颜涿聚,春秋末战国初泰山梁父(汉置梁父县治今新泰天宝镇)人。生年不详,卒于齐平公九年(前 472)。颜涿聚,《左传》作颜庚,《史记》作颜浊邹,《晏子春秋》作颜烛邹,

《韩诗外传》作颜涿聚,《说苑》作颜烛趋或烛雏,《淮南子·氾论训》作颜喙聚,《汉书·古今人表》作颜烛雏(但颜师古曰:"即颜涿聚子也"),《孟子》作颜雠由。在古文字中,涿与浊、啄通假;聚与邹、趋雏通假。

笔者称颜涿聚为梁父人,即今新泰天宝人,并非杜撰或说空穴来风。《后汉书·左原传》载:"昔颜涿聚梁父之巨盗。"又《吕氏春伙·尊师》亦载,颜涿聚,梁父之大盗,后"学于孔子。……为天下名士显人。"《尸子·劝学》:"颜涿聚盗也。"《史记·孔子世家》:"孔子以诗、书、礼、乐教,弟子盖三千焉,身通六艺者七十有二人。如颜浊邹之徒,颇受业者甚众。"唐张守节《史记正义》曰:"浊音卓。邹音聚。颜浊邹非七十(七)〔二〕人数也。"由此知,颜涿聚本为梁父(治今天宝镇羊祜城)大盗,后"颇受业"于孔子,而成"天下名士显人"。

据上文,颜涿聚虽不在孔子七十二弟子之列,但为孔子之弟子确是事实。《史记·孔子世家》交代了此事,云:"孔子遂适卫,主于子路妻兄颜浊邹家。……居顷之,或谮孔子于卫灵公,灵公使公孙余假一出一人。孔子恐获罪焉,居十月,去卫。"这就是说,孔子去到卫国,寄居在颜浊邹家。颜浊邹成了孔子的房东。过了不久,有人向卫灵公说孔子的坏话,卫灵公派公孙余假频繁出入孔子住所监视孔子。孔子害怕得罪卫灵公,居住了十个月,离开卫国。孔子居颜浊邹家,十个月间,凭孔子大名,颜浊邹必拜孔子为师,孔子必教他些诗、书、礼、乐等。故太史公称颜浊邹为"颇受业者",即"略微接受过(孔子)学业的人"。颜浊邹接受了孔子的教诲后,必改邪归正,"金盆洗手"不再为盗,遂离卫去齐。

据《晏子春伙·外篇第七》《说苑·正谏》《韩诗外传》卷九第十章记,颜涿聚学成后入仕,为齐景公臣,主管齐景公养鸟之事。景公爱好射鸟,派烛邹看管鸟,却让鸟逃走了,景公大怒,下令让官吏杀死烛邹。晏子说:"烛邹有数条罪状,请让我把他的罪状数说出来,然后再杀死他。"景公说:"可以"。

于是把烛邹召来,在景公面前数说他的罪状。晏子说:"烛邹!你为我们的君主看管鸟,却让鸟逃走了,这是你的第一条罪状;使我们的君主因为鸟的缘故而杀人,这是你的第二条罪状;让诸侯听到这件事,认为我们的君主重视鸟而轻视士人,这是你的第三条罪状;使周天子听到这件事,一定会贬黜主君,这样会危及国家,毁掉宗庙,这是你的第四条罪状。"晏子说完烛邹的罪状后,请求景公杀了烛邹。景公听了晏子的话后,认识到自己错了,说:"不要杀他了,我接受你的教诲了。"请求晏子替他向颜涿聚道歉。晏子用智慧一石"激"二鸟,教诲了齐君,也使颜浊邹长了见识。

颜涿聚为官正派,敢于冒死进谏。《说苑·正谏》载,有一次,齐景公在海上游乐,六个月不回朝理政,并下令说谁敢先说回朝就杀谁。但是,颜涿聚为了国家安危,冒死进谏说:君在此倒是十分安乐,可大臣中如有图谋不轨、想篡夺国政的怎么办? 到那时你还能这样安乐吗？景公要拿戈击之。他说：过去桀杀关龙逄（夏桀之臣。桀荒淫无道，遂进谏，桀囚而杀之）、纣王杀王子比干。今天君主可以杀了我，我说的话是为了国家，并非为了我自己。然后伸着脖子等死。景公听后，觉得有理，上车回到了都城。《韩非子·十过》以为颜涿聚所谏之人非齐景公而是田成子。说田成子回都城，至三日，而闻国人有谋不接受田成子者矣。田成子所以遂有齐国者，颜涿聚之力也。颜涿聚所谏之人，虽说法有差别，但颜涿聚所表现的则是一种胆量和精神。

颜涿聚有大无畏精神，不惧死。《尸子》下卷载，田成子（即陈恒、陈成子、田常、田恒，谥成子。春秋时齐国大夫）问有关"勇"的问题，颜涿聚回答得很不恭敬。田成子驾车的仆人瞋目抚剑说："你改变成恭敬的说法就让你活，不改变就让你死。"颜涿聚说："认为死是聪明的选择……现在我活着才是对的，这些话我本是用来威吓你的，你反而却吓我。"

后来，颜涿聚成为齐大夫。《左传·哀公二十三年》（前472）载：（齐平公九年）夏六月，晋荀瑶（晋六卿之一）伐齐，高无丕帅师抵御。颜涿聚也随军出战。六月二十六日，双方在犁丘（今临邑县西）作战，齐军大败，颜涿聚被荀瑶亲自捉住被处死。

至齐平公十三年（前468），晋国攻打郑国，郑国向齐国求援。齐国军队出发前，为了激励士卒，田常召集为国战死者之子，在三日之内朝见国君，并获赐一辆两匹马拉的车和五个邑。大夫田常召见了颜涿聚的儿子颜晋，并对他说：你的父亲死在犁丘之役中，因为国家多难，未顾得上抚恤你。现在国君命令把这些城邑给你，让你穿着大夫的朝服，驾上车去朝见，希望你不要废弃了你父亲的功劳（事见《左传·哀公二十七年》）。

【评析】颜涿聚大义凛然，可赞

《史记·孔子世家》载：鲁定公十四年（前496），孔子五十六岁，……遂适卫，主于子路妻兄颜浊邹（颜涿聚）家。据此，有学者认为颜涿聚是"卫国人"（《中国历史大辞典》颜涿聚条）。也有人认为颜涿聚为"卫大夫"（李解民《史记·孔子世家》注，天津古籍出版社，1995年版，第1796页）。窃以为颜涿聚是梁父人，初为盗，曾居卫，在卫学于孔子后入仕。据上文所记，颜涿聚仕齐后，侍齐景公之事均发生在景公晚年（齐景公前548年即位，卒于前490年，在位58年）。颜涿聚有可能学于孔子后先仕卫，后又仕齐。另有可能是，孔子周游列国时适卫，曾与颜涿聚交游。《吕氏春秋·遇合》载："孔子周游于四海，到过卫国，……献上见面礼，求收为弟子的有三千人，高徒达七十人。"据此，孔子在卫收颜涿聚为徒应是事实。至于颜涿聚是否是子路妻兄，《史记·孔子世家》司马贞《史记索隐》引《孟子·万章上》曰"'孔子于卫主颜雠由。弥子（即弥子瑕，卫灵公宠臣）之妻与子路之妻兄弟也。'今此云浊邹是子路之妻兄，所说不同。"

《后汉书·左原传》云："昔颜涿聚梁父之巨盗，……卒为齐之忠臣。"由此可见，颜涿聚，可能因生活所迫或另有图谋，是一时之失足，犯有不轨行为成梁父一带的巨盗，但能认真改正,痛改前非,学于正道,仍然可以"成天下名士显人""卒成忠臣"。真可谓"浪子回头金不换",令人敬仰。

颜涿聚冒死谏齐景公(或说谏田成子)之事最为可贵。他把齐景公(或说田成子)比做了夏桀和商纣。"既使是桀杀了关龙逄,纣杀了王子比干,也是行义,必能得利。"(《尸子》下卷)。意谓:我颜涿聚若是由于谏君而被杀是取义舍生,虽死犹荣,为人所敬,这就是我得到的"利"。我也会像关龙逄、王子比干一样名垂千古。由此可见,颜涿聚把"义"看得比生命还重要,这正是贤人对于"义"的态度,谓大义凛然,可赞。

主要参考书目:《吕氏春秋》,云南人民出版社,2011年版;卢守助译注《晏子春秋》,上海古籍出版社,2006年版;向宗鲁《说苑校证》中华书局,1987年版;李轶、李守奎《尸子译注》,黑龙江人民出版社,2003年版;《史记·孔子世家》,1999年版。

第三节 孔子高足——寿圣高柴

高柴,孔子弟子之一,相传今新泰市楼德镇柴城人(画像见彩页)。柴城,村名甚古,大概与上古帝王在柴城略东南之云云山燔柴祭地有关。云云山一带是上古时期人文荟萃之区,相传上古时期的七十二帝王曾封泰山禅云云,封泰山以祭天,禅云云以祭地。祭天、祭地的主要方式是将牺牲放在堆好的柴上燔烧,烟火直冲云霄,祭告天地以求江山永固,国泰民安。柴城之村名大概与古帝王们禅云云燔柴祭祀天地之祀典有关。顾名思义,"柴城"乃"柴祭"之"城"。且有可能此地原是柴祭之前备柴备牺牲(祭祀用的供品,如牛、羊、猪、帛之类),或说禅地帝王临时驻跸之所,不然怎么会称之"城"呢?由此分析,其成邑时间可追溯至夏商周三代,建村时间或许在西周末季,最晚不会晚于春秋早期。按1992年版《新泰市地名志》,柴城始建于春秋。该村在春秋末季有一学子姓高名柴,是孔子弟子七十二贤之一。高柴之"柴"字或许与居于柴城有关,或许与上古帝王禅云云燔柴祭祀天地有关,或借"天子适四方,先柴"(《礼记·郊特牲》)之"柴"。汉代在此置柴县后名声大振,载录史册。

一、高柴的仁德知名于孔门

《史记》卷六十七《仲尼弟子列传》:高柴字子羔("羔"或作"皋""高",排行为季,又作季羔)。他是孔子的学生,比孔子小30岁(《孔子家语》记之比孔子小40岁)。孔子生于公元前551年,那么子羔应生于公元前521年或公元前511年,身高不到五尺(司马贞《索隐》谓:"此传作'五尺',误也。"《孔子家语》记之身高不到六尺)。师从孔子接受学业。孔子曰"受业身通者七十有七人",皆异能之士也(《史记·仲尼弟子列传》)。高柴列受业身通的七十七人之列。孔子以为高柴愚笨(《论语·先进》:"柴也愚。")。孔子的学生子路让高柴出任费郈(鲁邑,在今东平县东南)之宰(总管),遭到了孔子的反对。孔子说:"这是坑害人家的子弟。"意思是说,他还未学成,就让他去为政,这是害人的。子路却说:"那里有老百姓,有社稷的祭祀,何必要读书然后才算是有学问呢?"孔子说:"所以我讨厌能言善辩的人。"孔子显然不赞成子路的意见。

《孔子家语》卷九载,高柴虽身材矮小很丑陋,但很孝顺,懂规矩。年轻时在鲁国孔子门下很出名。卷二还载,高柴曾在卫国当过士师(管刑狱的官),给人施过刖刑(砍去双脚或脚趾的酷刑)。鲁哀公十五年(前480)年末,卫国发生了蒯聩之乱,高柴不愿参与卫国的内乱,决定逃走,跑到城门,受过刖刑的人在那儿守门。那人对他说:"那边有一个缺口。"高柴说:"君子不跳墙。"那人又说:"那边有一个洞。"高柴又说:"君子不钻地道。"那人又说:"这里有屋。"于是他才进去躲避。

过了一会,追他的人不追了。高柴要走的时候,对受过刖刑的人说:"我不能违背君主的法令而对你不施刖刑。如今我在劫难逃,这正是你对我报仇的好机会,你为什么三次让我逃过追捕呢?"那人说:"您砍掉了我的脚,本是我罪有应得,这是没办法的事情。过去,您用法令来治我的罪时,先将别人治罪,而把我放在最后,目的就是想让我免于刑罚,这我是知道的。当判决确定了我有罪,临到判定我即将行刑时,您脸色忧愁不乐。看到您这样的脸色,我就又知道了您的心思。您那是在偏爱我,您是天生的君子,这样的为人之道完全是出于您的自然本性。这就是我之所以让您逃脱欣赏您的原因。"

孔子听到了这件事,说:"季羔真是善于做官的,在审理案情的时候,坚持使用同样的法度,心里常思仁义又宽恕就会树恩德,而用刑严酷暴虐就会树怨仇,能公正无私地执行法度,公然行仁恕,其子羔乎!"

高柴当差吏不仅能维护法律的尊严,而且对受刑人施仁恕,得到了受刑人的原谅,他在危难之时受到受刑人的保护。孔子赞之"思仁恕则树德",可见高柴具有君子的仁德,这大概就是其"知名于孔子之门"的原因。

后来,高柴返鲁,任过武城(今费县)和成邑(今宁阳东北故城)之宰(主管)。

《礼记·檀弓下》记载了子羔任成邑孟氏家的主管时,葬妻遇到的一件事。是说子羔葬其妻,践踏了庄稼,有个叫申祥的人告诉他说:"你要赔偿的。"子羔说:"孟氏不会因此治罪于我,朋友也不会因此而丢弃我,因为我是孟氏家的主管才在此这样做的。买道路而葬死者,后人难以再在此做事。"(孟氏即孟孙氏,鲁"三桓"之一,其封邑在成,"成"又作"郕"。)

高柴是个懂礼、讲究礼的人。《礼记·檀弓上》载:有个人名字叫"灭",他的字称子蒲。他死了,哭者直呼"灭"而哭。子羔对哭者说:"你如此而哭是粗野无礼的。"哭者改之。为何哭者直呼"灭"而哭是粗野无礼呢？原来，周礼有规定，即人幼时称名，行弱冠礼之后称字，五十岁以后按"伯、仲、叔、季"兄弟之排行次序依次而称，死后要称谥号（此指有地位的人死后加给带有褒贬意义的称号），否则将是对人不尊重，视之无礼。

高柴是个大孝子。《礼记·檀弓上》《孔子家语·弟子行》记之曰："高子羔在主持亲人的丧事时，泣血（无声地流泪）三年，未曾见其笑过，这种品德君子难以做到。"

高柴的高贵品德还有不少。例如，《大戴礼记》卷六《卫将军文子》载他"往来过人不履影"，即不践踏、不踩往来过人的影子。对此卢辩注曰："不越人之屦（鞋），不履人之影，谦慎之至也。"何谓"不越人之屦"呢？原来，古人在入室之前，地位卑者的鞋皆陈于室外，后到者也要依次后排，不越前来者之屦。做到以上两种行为的人都是尊重别人的人格，都是谦慎达到了极点。

再如，高柴热爱大自然，注意保护动植物。他能做到"开蛰不杀，方长不折"。就是说，每年春分之季，下蛰的兽、虫才都出来活动，此时不宜杀生；植物草木春夏生长之时，不宜将其折断，妨碍生长。故"曾子曰：'树木以时伐焉，禽兽以时杀焉。夫子曰：断一树，杀一兽，不以其时，非孝也。'"（《礼记·祭法》）孔子将不以其时"断树、杀兽"上升到了"非孝"得高度，可见古人保护自然的意识是多么强烈。

孔子对高柴以上之行为十分赞赏，说："高柴执亲之丧，则难能也；开蛰不杀，则（顺）天道也；方长不折，则恕也。恕则仁也。"《说文》云："恕，仁也。""恕"的含义即仁爱，推己及人。"恕"同样也是孔子仁学思想的内涵。《论语·卫灵公》："子贡问曰：'有一言可以终身行之者乎？'子曰：'其恕乎！己所不欲勿施于人。'"《左传·隐公十一年》亦云："恕而行之，德之则也，礼之经也。"孔子所说"己所不欲，勿施于人"，已成为世界流行语。如果每个人，每个团体，每个国家都能做到这两句话，将减少矛盾，减少冲突，社会就和谐了，世界就安宁和平了，和谐了。可见孔子对高柴的评价是很高的。

《史记·仲尼弟子列传》《左传·哀公十五年》等典籍都记载了高柴在卫国当士师时阻止卫国执政者孔悝（此处读 kuī）的家臣子路的一件事。该事是说卫灵公的儿子蒯聩为太子时，与灵公夫人南子不睦，欲杀之未成，出逃于晋。灵公死，因蒯聩在外，由其子卫出公继位。出公十二年（前480），蒯聩潜回国，迫使执政的孔悝立己而逐出公。出公逃往鲁国。当孔悝发动叛乱时，孔悝的家臣子路在国外，闻讯后飞驰回卫，当进城门时，正好他的同学高柴出卫都城门（此即上文所说，受刖刑人让其三次逃过追捕之时），高柴对子路说："卫出公已离开了卫国，而城门也已关闭，你可以返回了，不要白白遭受那里的祸害。"子路说："我吃孔悝的饭，就不能逃避孔悝的危难。"高柴见子路不听劝告，遂离去。有使者要入城，城门打开，子路随入城。子路赶到蒯聩处，蒯聩已劫持孔悝登上了孔悝宅内的高台。为救孔悝，子路准备烧高台，蒯聩惧，就命人攻打子路，打断了子路系帽子的带子。

子路说："君子死了，但帽子不能脱掉。"子路结好帽带后被杀死。孔子听说卫国发生了动乱，说："柴会来的，由（仲由，字子路）可是死了。"子路不听高柴的劝告，参与卫国的内乱，结果，丧了命。孔子知道子路性格刚强直率，好勇猛武力。卫国发生动乱，他少不了干系，可能会死。高柴虽愚笨，但忠诚，有仁恕，不会参与卫国内乱，会回到鲁国。由此也看出，高柴识时务，对朋友忠诚。从此事方可认为高柴是位大智若愚之人。

二、数说高柴乡贯及柴姓来源

关于高柴的乡贯说法不一。《史记·仲尼弟子列传》司马贞《索隐》郑玄注曰以为是卫人。《孔子家语·七十二弟子解》认为高柴是齐人，是齐国高氏之别族（杨朝明《论语诠解》也持此观点），少居鲁。今人黄怀信主撰《大戴礼记汇校集注》之《卫将军文子》引王氏应麟曰：高柴"后居于鲁"。又有以为高柴为郑人者。依拙见，高柴不可能是卫人或郑人。而言其为齐人、鲁人者均无大谬，何也？因春秋末季鲁国势力已很微弱，强齐不断向南侵鲁境。如鲁定公十年，即公元前500年，齐、鲁夹谷（今新泰市谷里）会盟，孔子为相，要回了齐人所占汶阳之田。《左传》定公十年载："齐人来归郓、讙、龟阴田。"杨伯峻注：郓在今郓城县东十六里；讙在今宁阳县西北三十余里；龟阴在新泰县西南、泗水县东北处。又，鲁哀公十年，前485年，《左传》谓："会吴子、邾子、郯子伐齐南鄙，师于鄎。"鄎，齐地，一说在今山东南部；一说鄎又作息，在今河南息县西南十五里。由上可知，至高柴所处的年代，今柴城一带已归齐，故可言其为齐人。期间短时间内柴城一带又被鲁要回，故又言高柴"少居鲁"或说"后居于鲁"。"居于鲁"，不能只理解为居于鲁之都城，居鲁国内也谓居于鲁。今柴城一带正属鲁地，后被齐侵则是另一回事。今《新泰市地名志》所载"孔子弟子高柴此村人"，高柴故里柴城并非杜撰，空穴来风。

今柴城一带旧时归属泰安县，故民国十五年（1926）秋，高宗岳（或许高柴后人）在泰山南麓王母池吕公洞南创建"先贤高子羔祠"。无疑，这是高氏族人对高柴的追思，建祠祀之。子羔祠的创建，是证高柴乡贯在旧泰安县柴城的佐证。

孔子的某些高足，后人称其为圣，如曾子称宗圣，闵子骞称笃圣，颜子称复圣。孔子的孙子子思子称述圣。而子羔则称"寿圣"，其因大概有二：其一，孔子赞高柴"仁、恕"，又曰"仁者寿"（论语·雍也》）；其二，相传高柴寿高120岁，高氏族人称其"忠孝两全儒贤寿圣"。故后世多以"寿圣"称之。

高柴之"柴"是柴氏之源。据《姓氏源流》和唐·林宝《元和姓纂》，参考《新唐书·宰相世系表》，认为高柴之"高"出自姜姓，"柴"姓亦出自姜姓。"高"姓之源谓：周武王灭商，封姜太公吕尚于齐，为齐太公。齐太公之六世孙（一说七世孙）齐文公，生子高，称公子高，其孙傒（奚）为齐国上卿。傒以王父字为氏，称高傒。其十代孙高柴。高柴之孙举，又以王父字为柴氏。故柴氏，姜姓，为齐文公之子，公子高后。高柴可称柴氏之源。至汉有棘蒲(治今河北赵县)侯柴武。裔孙柴文,晋末为晋阳(治今太原市西南古城营村)太守,因家焉。

【评析】高柴既尽人道又尽天道

高柴其貌不扬,但心灵善美。一生做过鲁贵族数家的家宰,后做了卫国的士师。士师是个管刑狱的小官,仅是个下大夫,但能公正无私地执行法度,心存仁义宽恕,具有君子的仁德。高柴是个大孝子,平时的行为谦慎,以礼待人,细微之处体现了品德的高尚。故后人评价说:谓其泣血三年,未尝见齿,盖笑不到矧,忧不忘也。子羔达孝,尽人道而天道全矣。启蛰不杀,是顺天道也。而"恕",则是以己之心推想到别人之心(黄怀信主撰《大戴礼记汇校集注》,三秦出版社,2005 年版,第 701 – 702 页)。高柴的高尚品德很值得今人学习和效法。

大汶河的主要支流柴汶河两岸自古名人辈出,贤达志士、鸿儒文人像一串串沉甸甸的明珠,镶嵌在古老的柴汶河畔,高柴乃其中之一矣。相传,高柴年高之际还办私塾教授生徒,为传播儒学经典付出了毕生精力。新泰有高柴这样的名士,乃新泰之幸矣。

主要参考书目:杨伯峻《论语译注》,中华书局,1980 年版;杨朝明主编《论语诠解》,山东友谊出版社,2014 年版;杨朝明、宋立林《孔子家语·通解》,齐鲁书社,2013 年版;《史记·仲尼弟子列传》,中华书局,1959 年版;《新泰市地名志》,新泰市地名委员会办公室编,新华出版社,1992 年版;晁岳佩注《礼记》选自《五经四书简注》,山东友谊出版社,2000 年版。

第三章　泰山鲍氏

鲍氏起源甚古，其得姓大体有三种来源：一是出自庖牺氏（即伏羲氏太昊），风姓，其后有鲍氏。该传说久远，已无从稽考。二是出自少数民族改姓。如北魏孝文帝元宏本鲜卑族拓跋氏，他推行汉化政策，带头改为元氏，遂将鲜卑族俟力伐氏、鲍俎氏全族改鲍氏，为洛阳鲍氏。清朝满族中保佳氏、瓜尔佳氏等均有一部改为鲍氏。三是出自姒姓，为夏禹之后。其说亦分两端。其一认为，夏朝鲍国子孙以国为氏称鲍氏。这种说法主要来源于宋代邓名世《古今姓氏书辨证》及南宋罗泌《路史》。因多属纬书及《太平经》等道家依托之言，尤多附会，驳杂不纯，史家多不采用。其二，综合《世本·氏姓篇》《通志·氏族略》《国语·齐语》韦昭注及《元和姓纂》等文献之载录，以为鲍氏来源于夏禹之后裔杞国公子敬叔，敬叔采食于鲍，以邑为氏，称鲍氏。鲍敬叔为鲍氏之始祖，其子鲍叔牙为杞国公孙，为二世祖。杞国故地在山东新泰，鲍氏封邑在杞国。故新泰是姒姓鲍氏之故地。二世祖鲍叔牙孩提时在杞国故地（今新泰）长大，其后来入仕齐国为大夫。叔牙子孙世禄于齐，多为名大夫，有封邑者十余世。至汉有鲍敬叔第十九世孙司隶校尉鲍宣显世。鲍宣后嗣有从山西上党迁徙至泰山平阳者，遂为家。鲍宣七世孙鲍丹，官至东汉少府侍中。鲍丹之子有鲍信，丹之孙有鲍勋，均称泰山平阳人。后世多称其为泰山鲍氏，遂为泰山望族。

第一节　知人荐贤的齐国大夫鲍叔牙
——兼述鲍叔牙裔孙鲍牵、鲍国、鲍牧、鲍点

鲍叔牙，一说鲍氏，名叔牙；一说姓鲍名叔，字叔牙；还有学者认为鲍为氏，叔为排行，牙为名（战化军、姜颖《齐国人物志·鲍叔牙》，齐鲁书社，2004年版，第62页）。鲍叔牙又习称鲍叔、鲍子，齐国大夫，生卒年不详，约与齐桓公（？—前643）、管仲（？—前645）同时代。其故里在今山东新泰市汶南镇鲍庄。鲍叔牙青年时和管仲友善，曾共同经商。齐襄公时，二人仕齐，鲍叔为公子小白的师傅。后因齐乱，随公子小白出奔莒，管仲则随公子纠出奔鲁。齐襄公被杀，纠和小白争夺君位，小白得胜即位，即齐桓公。桓公任命鲍叔牙为相，鲍叔牙辞谢，保举管仲为相。齐国经管仲改革，日渐强盛。二人同佐桓公"九合诸侯，一匡天下"，在春秋时期第一个称霸诸侯，鲍叔功不可没。鲍叔"清廉洁直"被后

人称道,是著名的名臣、谏臣、贤大夫。又因知人荐贤而名扬古今。孔子称其贤。

一、鲍叔荐相,桓公称霸

春秋初期华夏尚存有一百四十余个诸侯国,其中影响较大的有鲁、齐、晋、秦、楚、宋、卫、陈、蔡、曹、郑、燕、吴、越等 14 国。由于周平王东迁以后,地位逐步式微,失去了天下共主的地位,不能再控制诸侯,那些拥有较强经济、军事实力的诸侯,以掠夺土地和人口为主要目的,竞相凌弱,局势激荡,变化多端,使强者愈强,霸者愈霸,相继出现了"春秋五霸"。

当鲍叔牙等辅佐齐桓公于公元前 685 年登基后,在鲍叔牙的劝说下,不计管仲一箭之仇,任管仲为相,君臣共同利用齐国优越的自然条件和丰富资源,首先称霸诸侯。这应得利于管仲、鲍叔牙等人的创新改革,思想开放。管仲为相,首先改革内政,加强对士农工商的改革管理。约在桓公元

鲍叔牙像

年(前 685),管仲首先改革赋税制度,按土地的好坏征收数量不等的田税,打破了井田中"公田"和"私田"的界限。这就是著名的"相地衰(cuī)征"。然后实行军政合一,"寓兵于农",建立三军,由此国富兵强。桓公五年(前 681),齐桓公打着"尊王攘夷"的旗号,联合宋、陈、蔡等国会盟于北杏(今山东东阿),开始了他的霸业。在北方,伐山戎,保卫了燕国,又驱逐狄人,保卫了卫、邢二国。

此时,南方的楚国也日趋强大,大有北上称霸之势。齐桓公三十年(前 656),桓公会宋、陈、卫、郑、许、曹等八国之师伐楚。齐、楚对峙的结果订下召陵(今河南郾城东)之盟,暂时阻止了强楚的北进。接着齐桓公又以"尊王"的名义多次派兵去帮周王平定内乱,甚至召集诸侯军队帮周王戍守成周。齐桓公三十五年(前 651),齐桓公把周王的代表以及宋、卫、郑、许、曹等国召至葵丘(今河南兰考)议订盟约。这时桓公之霸业达到鼎盛,成为"挟天子以令诸侯"的霸主。

齐桓公于公元前 685 年即位,公元前 643 年去世。齐桓公之所以能成为春秋五霸之首,在位长达四十三年,主要得力于鲍叔牙、管仲等人的辅佐。《韩非子·难二》说桓公"得管仲,为五伯长"。《说苑·尊贤》说桓公"以得管仲、隰朋,九合诸侯,一匡天下,毕朝周室,为五霸长,以其得贤佐也"。《史记·管晏列传》说"齐桓公以霸,九合诸侯,一匡天

100

下,管仲之谋也"。然而,上述这些对管仲的赞誉,无一不是鲍叔牙荐之为相的结果。鲍叔牙如不说服桓公小白亲到鲁国索要管仲,并用心良苦地大哭三声骗过鲁人,哪有后来的管仲为相? 以至管仲无限感激地说:"生我者父母,知我者鲍子也。"管鲍之交成千古美谈。鲍叔荐管仲为相,自己甘居下位之举极受后人称赞。在升迁机遇面前,以贤思让,襟怀大度,顾大局、识大体,正体现了鲍叔牙之公德、大德。是对国家社稷高度负责的表现,也是他一生最大的亮点。故《史记·管晏列传》说:"天下不多管仲之贤而多鲍叔能知人也。"管鲍二人同心协力,匡扶齐政,对桓公忠心不贰,是桓公所能称霸的重要条件和前体。

综上所述,齐桓公能够成就霸业,最主要原因是能重用人才,特别至关重要的是当初听信了鲍叔牙放手用管仲之贤。但桓公晚年十分宠信易牙、竖刁、卫国公子开方等人。易牙为桓公主味,为了让桓公尝到人肉之味,竟把自己的儿子杀死蒸了献给桓公;竖刁知道桓公好色,主动净身为桓公治内;卫公子开方为讨取桓公欢心,竟然十五年不回国探望父母。桓公却认为以上三人都是忠臣,并想在管仲去世后让他们主政。管仲去世前提醒桓公,以为三人有反常的行为,必有隐藏的不可告人并超出一般人的图谋。但管仲死后桓公"卒(终于)近用三子,三子专权"(《史记·齐太公世家》)。齐桓公四十三年(前643),桓公病重,他的五个儿子各树党羽争夺君位。竖刁等人借机联合作乱,把病重的桓公禁闭在寿宫之中,不许任何人出入,对外假传桓公旨意,号令群臣。桓公最终因饥渴而死。桓公死后,诸公子忙于争君位,竟无人过问,致使蛆虫爬出户外。一代霸主,终被奸佞宠臣所困;一生奢华,竟在饥渴之中死不葬身;一朝之霸业,竟在内部危机四伏中毁于一旦。这历史的教训不禁使人掩卷长思,慨叹不已!

历史在嘲弄齐桓公的同时,"管鲍之交"之美谈,鲍叔知人荐贤之美德,却传颂千秋。

二、公孙鲍叔,夏禹后裔

《潜夫论·志氏姓》载:"齐有鲍叔,世为卿大夫。"《国语·齐语》韦昭注:"鲍叔,齐大夫,姒姓之后,鲍敬叔之子叔牙也。"《元和姓纂》卷七:"鲍,姒姓,夏禹之后有鲍(敬)叔,仕齐,食采于鲍,因氏焉。敬叔生叔牙,曾孙国,代为齐卿。"又,《姓氏考略》:"鲍,系出姒姓,夏禹后。春秋时杞公子有仕齐者,食采于鲍,因以命氏。鲍叔字叔牙,进管仲于齐桓公,遂霸诸侯。"据以上所载,鲍叔牙乃出于夏禹后裔姒姓杞国,其父乃春秋时杞国公子名敬叔,食采于鲍,称鲍敬叔,自敬叔仕于齐,代为齐卿。《史记·管晏列传》则云:"鲍叔既进管仲,以身下之。子孙世禄于齐,有封邑者十余世,常为名大夫,天下不多管仲之贤而多鲍叔能知人也。"司马贞《索隐》按《世本》注排管仲世系十代,而鲍叔牙的世系反而阙如。

考杞国,《史记·夏本纪》云:"禹为姒姓,其后分封,用国为姓,故有……杞氏。"知杞国始自夏代,殷商时或封或绝,有不少学者论证夏商时杞国已在今山东新泰。西周时杞国,按《汉书·地理志》"陈留郡雍丘"下班固自注云:"故杞国也,周武王封禹后东楼公。先春秋时徙鲁东北。"雍丘即今河南杞县。春秋时的杞国,早在春秋以前的西周中前期就已从今河南杞县迁今山东新泰建都立国,此论已为古文献和地下出土文物所证明,新泰作为杞国故都的论断也为1999年10月在新泰召开的"全国首届杞文化学术研讨会"所确认,详参全国资深教授和著名学者论文集《杞文化与新泰》(王尹成主编,中国文联出版社,2000年6月版)一书及笔者拙作《学而集》(山东友谊出版社,2013年版)。今知鲍叔牙与管仲的年龄差不多,或比管仲年龄略长一至两岁。现知管仲卒于公元前645年,其生年有前730年、前723年、前725年几种说法。笔者研究认为管仲当生于公元前723年。按鲍叔比管仲长一至两岁计,鲍叔当生于前725年左右,卒于管仲卒后的前644年,或卒于管仲卒年的年末。鲍叔牙又非长子,按《礼记·檀弓上》,古代男子按伯、仲、叔、季排行,鲍叔牙有可能排行老三,比其父鲍敬叔小25岁至30岁无不可能。其父鲍敬叔当生于前750年至前755年之间。按《史记·陈杞世家》:"(杞)武公立四十七年卒。"又知鲁隐公元年为公元前722年,此年为杞武公二十九年,由此上推,杞武公当在前751年即位,"立四十七年卒",即卒于前704年。由此知,鲍叔牙生于杞武公即位初年,因此可以推定敬叔乃杞武公之子,故称公子,鲍叔牙乃杞武公之孙,可称公孙。据在清朝末年于新泰出土的十数件青铜器有"杞伯每亡"铭文,"杞伯每亡"当为杞武公高祖或六世祖,这就是说,到杞武公时,杞国已从今河南杞县迁来新泰一百多年。清人许瀚据文献和出土文物规度了当时杞国的地盘:成(郕,约在今宁阳县东庄镇故城)其西境,牟娄(杞邑)其东境,北邻岱畎,南望龟阴(龟山位于今新泰谷里镇南八里),间于齐、鲁、莒三国,南北狭而东西长,截长补短远逾百里(见吴式芬《捃古录金文》卷二之二)。杞国国君的公子都有采邑,必在杞国境内,而且绝不可能封在他国。敬叔在适齐以前被封于"鲍",恰在杞境内,其方位在今新泰市的汶南镇鲍庄,这里是他的封邑。这就是敬叔以邑为氏又称鲍敬叔的根据。因敬叔不是嫡长子,没有资格继承君位,故可去他国做官。敬叔不显,故其里籍亦不显;敬叔之子鲍叔牙不仅称誉当世,而且垂名青史,故今新泰鲍庄多有鲍叔牙遗迹。鲍叔牙是鲍氏二世祖,这已为今之鲍氏族人所认可。

三、鲍叔里籍在杞国,杞国故地在新泰

历史上的"管鲍之交"妇孺皆知,鲍叔牙知人荐贤名扬天下,世代称颂。司马迁《史记·管晏列传》开篇将"管、鲍"并提,但只云管仲是颍上人,即今安徽颍上县人,鲍叔牙里籍只字未提。其地望在先秦典籍中缺载,《史记》亦未给鲍叔牙单独立传。司马迁大概不知春秋之时杞国迁往何地,故也避而不谈。宋·郑樵《通志》对"鲍氏"亦"不知所出",不知而不牵强附会,正是史官之优秀操行。杨伯峻《列子集释·力命篇》引唐人殷敬顺纂《释文》云："管夷吾、鲍叔牙并颍上人也。鲍牙，齐大夫，塚在瀛州。"杨伯峻案：《释文》鲍牙，当作鲍叔。"瀛州：北魏太和十一年（487）分定、冀二州置，治赵都军城，即今河北河间市。上述虽历史典籍所载，但瀛州属赵，此说不知何据。

鲍叔牙里籍尚有鲍城一说。鲍城，在今济南城东三十里。《寰宇记》卷19历城县引《三齐记》称：鲍城"鲍叔牙所食邑也"。《明一统志》卷22济南府载："世传鲍叔牙、管仲分金于此，山下有鲍城。"此处所说之"山"即"鲍城"西之"鲍山"，亦以齐鲍叔牙食邑在此而命名。并说"上有叔牙台"（均见史为乐等主编《中国历史地名大辞典》，中国社会科学出版社，2005年版），此说只承认是鲍叔牙之食邑而非故里。鲍叔牙之父敬叔因其非嫡长子，曾在齐做官，在齐也必有封邑，鲍城有可能是鲍敬叔之食邑。鲍叔牙仕齐为官后，亦有可能继承父亲的食邑，鲍城即成了鲍叔牙的食邑。又因鲍叔牙裔孙"世禄于齐，有封邑者十余世，常为名大夫"（《史记·管晏列传》），鲍城还可能为叔牙子孙的食邑。另外，齐都附近的今淄博市临淄有叔牙墓又有鲍氏族众，此地亦有可能是鲍叔子孙的食邑地，或是鲍氏流寓之所，也并非鲍叔牙里籍。此存所谓鲍叔牙墓或与济南鲍山叔牙之墓一样，是鲍叔牙子孙墓。那么鲍叔牙里籍在何处呢？笔者近年考证认为，鲍叔牙里籍应在杞国故地。鲍氏源于杞国，源于敬叔，杞国故地在新泰，叔牙故里在今汶南镇鲍庄。

上文已说到今新泰境内之莲花山以南、龟山以北，西至今宁阳县东庄镇以东、蒙阴县与新泰市东境接壤处以西，截长补短，远逾百里之地即是上文许瀚所规度的古杞国故地。周杞曾在今新泰立都，除古文献、古文物所证外，1999年10月，中国先秦史学会与新泰历史文化研究会联合在新泰召开的"全国首届杞文化学术研讨会"也得出"最晚至春秋时起，杞国就迁于今山东新泰定都，……一直到被楚所灭，都城也在新泰"的结论。杞武公之子敬叔的封邑在鲍邑，以邑为氏，故称鲍敬叔。其鲍邑即今新泰市汶南镇鲍庄（今分南鲍、北鲍、鲍音等村），此地正在古杞国的东部境地。鲍敬叔在仕齐为大夫后，在齐国另有食邑也符合春秋之制。

由上可以断定，鲍叔牙当出生于其父鲍敬叔仕齐前的杞国封邑——鲍邑。叔牙孩提之年和少年就在杞国鲍邑度过。杞国鲍邑是鲍叔牙的故里。其地望在今新泰市区东南的汶南鲍庄一带。

今新泰市北鲍村隶属汶南镇，此地自古相传为鲍叔牙故里。清《新泰县志·乡土志·地理》载："北鲍保……古迹：有鲍叔牙墓。"今《新泰市地名志》："北鲍村位于新泰城南7.4公里，村东南有齐国大夫鲍叔牙墓。"上述记载当为有据。此地至叔牙仕齐期间可能被齐所占，鲍叔牙在齐的食采起初有可能在今济南东之鲍邑，其后亦有可能改封在其故里一带。古人死后有归葬故里之习俗。鲍叔牙身为齐大夫，一生地位显赫，其死后不会葬于他地，归葬故里，于情于理，无可非议。上述鲍叔牙墓遗址在今新泰市北鲍村。清康熙三年(1664)进士、历官郯城、江宁知县的方殿元过新泰留诗多首,其中《鲍叔牙墓》诗曰:"不待桓公霸,先知管仲心。斯人一去后,交道尽黄金。"该诗表达了诗人所见鲍叔牙墓时的所思所想,可证当时墓尚好。

2007年8月,笔者与新泰历史文化研究会的鲍济玺、鲍建华等几位同仁,数次对鲍叔牙墓遗址进行过实地考察。走访了当地耆老乡农,目睹了原墓地残碑,确认鲍叔牙墓在北鲍村村委南一里、柴汶河支流渭河边的一菜地里。当地乡民俗称鲍王坟。

在20世纪60年代之前,鲍叔牙墓冢占地一亩余,冢高十余米,周围以青石垒砌,有重修墓碑和墓石门。墓冢上及周围长有11棵大柏树,大者直径一米余,树根经河水长年冲刷,裸露在外,根径有20余厘米。墓穴有洞,甚大,因水深不可测,儿童不敢往前。北鲍村老人对此状记忆犹新。

据村民和耆老讲,清顺治年间,因河水暴涨,墓被冲坏,当地官吏应秀才朱祚林及群众请求,朝廷拨款,并委托与鲍氏有亲戚关系的朱祚林负责率众修复。据该村年逾七十的原党支部书记朱同顺回忆,大搞农田基本建设时,缩河造地,碑砸了,墓扒了,树砍了,石块修了水渠。至今长约30米、高约2米的石渠尚在。在扒墓的时候,墓旁扒出600余斤清顺治年间的铜钱,铜钱由民工并公社公安特派员马长太跟着,送到了县物资回收站。不知哪位好心人,将墓门的两块石条运到了村委。至今石条尚在,石条上有竖刻联,其一联曰:"螽斯延庆四朝孙子绍箕裘";另一石条上联曰:"源泉混混推其本"。由于各缺一联,难解其全意。叔牙墓虽夷为菜地,但原墓大体方位尚可确定。又据文物部门探测,墓西500米处是一古代遗址,春秋战国时期的陶片随处可见。史载敬叔虽仕齐,但声名不显,其早年在杞之封邑亦不会太大。杞立国于新泰是清末新泰出土了一批杞伯青铜器后才渐被学界公认。因此,敬叔在杞国的封邑不可能见于史册。新泰北鲍村亦非知名,但敬叔之子叔牙为齐卿大夫,正如《史记·管晏列传》所言:"子孙世禄于齐,有封邑者十余世,常为名大夫。"叔牙子孙在齐采邑并非一地。除新泰之外的其他地方亦称有叔牙里籍者,或许是叔牙子孙的采邑,或叔牙后人迁徙流寓之所。

鲍叔牙一生以知人荐贤著称,其事迹在先秦文献中多有记载,因缺叔牙传记,便无法在典籍中找到叔牙里籍。笔者从杞史入手,据文献、考古资料、实地遗存和民间传说,得出"鲍氏源于杞国,源于敬叔,杞国故地在新泰,叔牙故里在鲍庄"的结论,此非空穴来风,除上述真凭实据外尚有旁证。

旁证一:管、鲍同贾之南阳,乃杞国故地,分金遗迹今犹在。

《战国策·秦策五》载姚贾说:"管仲,其鄙(人)之贾人也,南阳之弊幽。"《吕览》云,管仲与鲍叔同贾南阳,故曰"齐鄙之贾人。"《说苑·复恩》还载,管仲在南阳受困,曾哭鲍叔说:"吾尝与鲍子负贩于南阳,吾三辱于市,鲍子不以我怯,知我所欲有所明也。"

《史记·管晏列传》开篇即云：(管仲)"少时常与鲍叔牙游，鲍叔知其贤。管仲贫困，常欺鲍叔，鲍叔终善遇之，不以为言。"并说："吾始困时，尝与鲍叔贾，分财利多自与，鲍叔不以我为贪，知我贫也。"由上文得知管、鲍在年轻的时候是好友，二人通过交游，寻其谋生之道。按理而论，鲍叔牙是贵族出身，本不该经商，鲍叔"终善遇之，不以为言"，料管仲其后必成大器。管仲又因艰难窘困于南阳。鲍叔知道管仲是贤者，但家中贫穷，才与其同贾，并把好处留给管仲，鲍叔始终没有怨言。管仲与鲍叔同贾的南阳之地望又在何处呢？南阳非指某一城邑而指一古代地区名。《中国历史大辞典》和史为乐近年主编的《中国历史地名大辞典》均作如下解释：南阳相当于今山东泰山以南、汶河以北一带，以在泰山以南故名。该地春秋时属鲁，地近齐国，后遂为齐所夺。《公羊传》闵公二年(前660)"高子将南阳之甲"，即此。战国属齐。《孟子·告子下》孟子谓鲁慎子，"一战胜齐，遂有南阳"，亦即此。上述南阳之地望，正与上文所指杞国故地相合。因杞"小微"，其地经常被鲁、齐所占有，杞地也有可能逐步缩小。

由此得知，管、鲍同贾南阳地区，未出鲍叔牙故里，是在泰山以南、汶河以北的杞国故地。扩而大之，也走不出今泰安市岱岳区、肥城市南部一带。其后该地或属鲁，或属齐，处于齐、鲁交界之区。今人有称鲍叔牙为"鲁平阳人，今新泰市人"(《联合日报》2007年12月12日载《八荣八耻的故事·古代友情篇》)，也不无道理。新泰古称平阳。《春秋》载，鲁宣公八年(前601)"城平阳"。"城"即修建之意。此时平阳已被鲁占有。故杨伯峻注："平阳，鲁邑，即汉之东平阳，在今山东省新泰县西北。"至西晋泰始年间，平阳人晋太傅羊祜才表改平阳为新泰。不过，"城平阳"是鲍叔牙死后几十年的事了。

历史上管、鲍二人一生相知甚深，友谊甚

管鲍分金处遗址

"管鲍遗风"门额

厚，"管、鲍分金"的故事妇孺皆知。今鲍叔牙墓以南，汶河支流渭河南岸的南鲍村村东"管鲍分金处"犹在。该地有一座古桥，保存完整，相传此地即"管、鲍分金处"。1979年被确定为新泰重点文物保护单位，立碑以记，碑文曰："历史名桥月牙桥，坐落在南鲍（村）东首，名扬蒙山（注：该地历史上曾归蒙阴县管辖，蒙山在其东南40里）内外，交往东西老古道，东周鲍叔牙时期所建，闻名遐迩，至今民间流传，青龙街月牙桥十八家王子镇守着呈祥吉兆，管鲍分金在此。""管、鲍之交"千古传唱，此一带至今乡民大门楼悬挂"管鲍遗风"的匾额。

旁证二：鲍叔后裔成望族，文物可印证。

《史记·吴太伯世家》《齐太公世家》《伍子胥列传》《吴越春秋》等均记载了公元前484年（齐简公元年，吴王夫差十二年）伍子胥出使齐国，将其子寄于齐国大夫鲍牧的事实。其事大概是说，吴王夫差要攻打齐国，北上争霸，伍子胥以越国为心腹之患，应防越，请勿攻齐，吴王不听。随后派伍子胥出使齐国（因"古者兵交，使在其间"），"子胥临行，谓其子曰：'吾数谏王，王不用，吾今见吴之亡矣。汝与吴俱亡，无益也。'乃属其子于齐鲍牧，而还报吴。"（《史记·伍子胥列传》）伍子胥回吴，夫差赐剑让其自杀。又据《左传》哀公十一年（前484）伍子胥"使于齐，属其子于鲍氏，为王孙氏"。伍子胥之子托于鲍牧后，不敢再姓伍，改姓王孙氏。

伍子胥使于齐，将其子托于齐国鲍牧（或鲍氏）一事，有出土文物印证。2002年4月至2003年3—5月，新泰市区北郊周家庄发掘78座东周墓葬，出土文物中有一宗吴国兵器和具有齐国风格的兵器，这批兵器中有一戈铸有"王武之车戈"之铭文。其"王"字带有齐国风格。有专家结合伍子胥托其子于鲍，其子改为王孙氏的记载，认为该器与伍子胥之子或其后人有密切关联，有可能是伍子胥之子或其后人所为。伍子胥缘何"属其子于鲍牧"呢？因鲍叔"子孙世禄于齐，有封邑者十余世，常为名大夫"（《史记·管晏列传》），鲍牧乃其中之一。鲍牧，鲍叔牙之裔孙，齐国大夫鲍国之孙。从当时情况看，鲍氏已成齐国显族。伍子胥后裔王孙氏的兵器在新泰发现，说明新泰地区是齐国鲍氏的封邑，且恰在叔牙故里。叔牙故里此时虽已成齐国地盘，但仍是鲍牧等人的祖居地和他们的封邑，这里是杞国鲍邑的延续。寄于鲍氏的王孙氏不可能葬于其他姓氏的封邑内。王孙氏兵器的出土也印证了鲍叔故里在新泰和鲍叔后人"世禄于齐，有封邑者十余世，常为名大夫"的说法言之确凿。

至汉，平阳鲍氏已成为泰山郡望族。据有关史料和清《新泰县志·乡土志·氏族》载，汉司隶校尉鲍宣后嗣自山西上党徙居平阳。鲍丹为宣七世孙。立于孔庙的东汉桓帝永寿二年(156)之《韩敕礼器碑》所刻捐资名单中，载有"泰山鲍丹汉公二百"之记（见济宁市政协编《孔孟之乡石刻碑文选》，第39页，山东友谊出版社，1992年版）。清《新泰县志·人物》:"鲍信父丹,官少府侍中,世以儒雅显。"平阳鲍氏至三国魏时已成望族。鲍信、鲍勋父子均在《三国志》和《新泰县志》有传。《县志》列入乡贤,在县文庙中崇祀。鲍信死后葬于平阳。

汉东平阳县属泰山郡,治今新泰市。鲍宣后裔迁徙至此,或因鲍叔故里于此,或为寻根而徙至此也不无可能。

旁证三:诗人过境,以诗证史。

明末清初,朝廷开通京城至福建的官路,路经新泰。原本较闭塞的新泰顿时成为通衢大道,当时有"九省御道"之称。随着官路上的货物川流,一时文学巨擘、诗词名家徜徉于驿道上。他们路过齐国名臣鲍叔故里,或怀古,或抒情,或发感慨,留下不少华美诗篇。

例如,出身仕宦之家的洪升(1645－1704),清康熙十三年(1674)冬,自京返杭,途经"管鲍分金处",留有《过管鲍分金处寄沈遹声》诗:

> 莽莽乾坤内,何人鲍叔牙?分金遗迹在,驻马独长嗟。
> 断碣春眠草,孤村暮隐花。徘徊念知己,洒泪向天涯。

旁证四:民间传说印证鲍叔故里。

鲍敬叔父子属杞国贵族,在封邑内必有府邸。鲍庄一带百姓称其府邸为鲍府。相传边姓人家为鲍府看家护院。其后人代代相传,有一名叫边三者,20世纪50年代去世,今虽无后人,但鲍庄北有其家族墓地,俗称边家林。辉姓人家为鲍府植桑养蚕,其后人有辉布武,现住汶南小辛庄。今鲍庄为鲍府后宅,今叫南场。鲍府占地约四万平方米,府东有练兵场,今称马趟子地。鲍庄村东北为桑园地,今存古柘、古柏各一株,经鉴定树龄均在2500年以上,为春秋时植。柘属桑科,叶养蚕,通常为灌木至小乔木,而该柘树直径达30多厘米,且枝叶繁茂,实属罕见。证明生活在这里的人们自古就有植桑养蚕的习惯,农耕经济发达。今鲍音村为鲍府柴草园和放牧之所。今南鲍村为鲍府粮仓。北鲍村原为种地农奴居住生活之所。这些传说无不证明,今鲍庄一带是鲍敬叔封邑,是鲍氏发源地并鲍叔牙故里。

总之,鲍氏是夏禹的苗裔,源于杞国,杞国故地在新泰。鲍氏封邑在杞国,源于敬叔,源于新泰。鲍叔牙是杞武公之孙,其故里在杞国鲍邑,即今新泰鲍庄一带,至今这里有鲍叔墓遗迹。管鲍之交,名扬天下,其经商之南阳在泰山之南、汶水以北的今新泰一带,这里仍存管鲍分金处。至汉,文献、文物印证仍有鲍叔裔孙居鲍叔故里并成望族。鲍叔故里在新泰毋庸置疑。

上述结论已得到鲍叔牙后裔,当今全国鲍氏家族的认可。山东省美术馆国家一级美术师、全国鲍氏族史研究会副会长鲍家虎说："据有关史料测算,鲍叔牙生于约公元前728年(笔者以为生于前725年左右),是杞国公子鲍敬叔之子。近几年文献的考证发现,鲍叔牙的故乡应该在山东新泰,而不是一直以为的安徽颍上。我们鲍氏家族还是很认可这一结论的。因为二世祖鲍叔牙是杞国公子鲍敬叔之子,杞国故都便在新泰。"鲍家虎又说："虽然与我们一直认为的管鲍两人从小一起在安徽颍上长大的经历有悖,但也不必太较真儿。全国各地都有管仲和鲍叔牙的墓,而真正的(存下来的)只有临淄和鲍山这里有。""其实都是老百姓对'管鲍之交'的纪念,是种感情的寄托。"鲍家虎还说："管鲍之交不只是管家和鲍家的事,更是中华民族的事,我们应该发扬下去。"(见《大众日报》2014年8月27日第11版,高翔等《管鲍之交,千古余音》)。

鲍家虎先生上述之言,甚是中肯深切,深明大义。

四、管鲍之交,千古美谈

鲍叔牙从青年时代就有知人之智和高尚的操行。《史记·管晏列传》开篇就说："管仲……少时常与鲍叔牙游,鲍叔知其贤。管仲贫困,常欺鲍叔,鲍叔终善遇之,不以为言。"所谓管仲"常欺鲍叔",唐司马贞《索隐》引《吕氏春秋》解释说:管仲与鲍叔同在南阳经商,到了分利钱的时候,而管仲常常欺骗鲍叔牙,自己总是多拿一些。鲍叔知道管仲家有老母而且家境贫困,从来不以为管仲贪财。后来,他们连同召忽互相支持、互相信任,共同谋求施展才能的机会。到齐僖公时已参加了齐国宫廷的政治活动,并同时被齐国启用。《管子·大匡》载召忽说："吾三人者之于齐国也,譬之犹鼎之有足也,去一焉则必不立矣。"可见他们政治信心十足,三人关系也非同一般,当时齐僖公有三个儿子,管仲和召忽做僖公次子公子纠的师傅,鲍叔牙做僖公小儿子公子小白的师傅。

据《吕氏春秋·不广》载,开始,鲍叔、管仲、召忽三人彼此友好,欲一起安定齐国,以为公子纠一定能立为君主。召忽说："我们三个人对于齐国来说,就如鼎的三只足一样,少一个也不行。况且公子小白是一定不会立为君主的,不如三个人都辅佐公子纠。"管仲说："不行,齐国人厌恶公子纠的母亲,因而累及公子纠;公子小白没有母亲了,因而齐国人很爱怜他。事情如何尚不可知,不如让一个人去侍奉公子小白。将来享有齐国的,一定是这两位公子中的一个。"因此让鲍叔做公子小白的老师,管仲、召忽留在公子纠那里。

僖公死后由年长的公子诸儿继位,是为齐襄公。襄公无道,骄奢淫逸,专横跋扈,国家混乱。为了避祸,管仲与召忽陪伴公子纠逃奔鲁国,鲍叔牙护送公子小白逃往莒国(莒,是西周初分封的诸侯国,嬴姓,后又为己姓。建都介根,在今山东胶州市西南。春秋初迁至今莒县。公元前431年被楚国所灭)。《左传·庄公八年》(前686)载:"初,襄公立,无常(杨伯峻注:谓言行无准则,使人莫知所措)。鲍叔牙曰:'君使臣慢,乱将作矣!'奉公子小白出奔莒。""奔莒",证明鲍叔牙有先见之明。公元前685年(《左传》庄公九年)春,齐国果然发生内乱。因齐襄公为太子时,曾与齐僖公的侄子公孙无知打过架。僖公死后,襄公即位就停止了公孙无知的太子待遇,引起了公孙无知的怨恨。公孙无知趁襄公出游时弑襄公而自立为君;不久,雍林(廪)又杀公孙无知。齐国无君,暂时处于权力真空状态,于是,当政的国氏、高氏议立国君,暗中召小白从莒回国。这时,鲁国听说襄公已死,因公子纠之母是鲁国之女,也发兵护送公子纠回国,并使管仲带兵前往阻截小白。在莒国通往齐国的大道上,管仲一箭射中小白带钩,鲍叔就急令小白佯装已死,僵卧车中。鲍叔牙遂载小白驾车飞驰齐国,在国、高两大家族支持下抢登君位,是为齐桓公。管仲以为小白已被自己射死,与公子纠从容前行,六天后回到齐国,桓公已即位。

　　齐桓公即位后,打算让鲍叔牙任相国,并发誓攻鲁以杀管仲。其实鲁国也不甘心,先向齐国发动战争。结果在乾时(即时水一支。西流经今桓台县西北入济水)一战,鲁军惨败,鲁庄公险些被俘。这时鲍叔牙对桓公说:"臣幸得从君,君竟以立。君之尊,臣无以增君。君将治齐,即高傒与叔牙足矣,君且欲霸王,非管夷吾(管仲名夷吾,字仲)不可。夷吾所居国国重,不可失也。"(《史记·齐太公世家》)因桓公对管仲一箭之仇耿耿于怀,于是鲍叔进一步对桓公说:"臣,君之庸臣也。君加惠于臣,使不冻馁,则是君之赐也。若必治国家者,则非臣之所能也。若必治国家者,则其管夷吾乎。臣之所不若夷吾者五:宽惠柔民,弗若也;治国家不失其柄,弗若也;忠信可结于百姓,弗若也;制礼义可法于四方,弗若也;执枹鼓立于军门,使百姓皆加勇焉,弗若也。"桓公说:"管夷吾曾射中我的衣带钩,使我差点送了命。"鲍叔回答说:"那是他为自己的主子勤苦效力。您如果能赦免他让他回齐国,他会用同样的忠心报答您。"(《国语·齐语》)于是桓公从之,按照鲍叔之计,派人去鲁,要求鲁国送回管仲。但鲁国谋臣施伯识破了鲍叔牙的计谋,劝鲁君杀死管仲将尸体送还齐国。齐国使者请求说:"我国国君想要亲自杀死他,如果不能得到活的,在群臣面前杀他来警众,还是没有达到我们的请求。请把活着的管仲还给我们。"于是鲁庄公让人捆绑好管仲交给齐使,齐使带管仲立即回国。

　　据《吕氏春秋·顺说》载,管仲在鲁国被捉住后,鲁国捆起他将他装在囚笼里,派差役用车载着他送往齐国。差役全都唱着歌拉车。管仲明知齐国不会杀自己,反而担心鲁国改变主意留下并杀死自己,想赶快到达齐国,于是就对差役们说:"我给你们领唱,然后你们应和。"管仲唱的歌词激昂铿锵,正好符合快走的节拍,差役们士气高昂不觉疲倦,因而路走得很快。

　　鲍叔牙亲到齐之边邑堂阜(今蒙阴县西北高都村,参见拙作《学而集·鲍氏文化拾零》,山东友谊出版社,2013年版)迎管仲,除去管仲身上的刑具。管仲回到齐国,薰沐三次,桓公亲到郊外迎接,以厚礼聘为大夫,把国家政事交给管仲处理。

　　《左传·庄公九年》与《管子·小匡》的记载是最早的版本,与上载有异,因而应更加可信。即为了将管仲救回齐国,鲍叔牙亲自带兵出使鲁国:"鲍叔帅师来言曰:'子纠,亲也,请君讨之(讨,杀也)。管、召,仇也,请受而甘心焉。'(《吕氏春秋·赞能》云:"于是乎使人告鲁曰:'管夷吾,寡人之仇也,愿得之而亲加手焉。'"意谓桓公要亲手以杀之才"甘心"也)乃杀公子纠于生窦(鲁邑。在今菏泽市北二十里),召忽死之。管仲请囚,鲍叔受之,及堂阜而税(释放)之。"到了堂阜这个地方,即进入齐国疆域,鲍叔牙为管仲三次被除凶邪之气,斋沐三次。"桓公亲迎之郊。管仲诎缨插衽(即折卷缨带插好衣襟),使人操斧而立其后,公辞斧三,然后退之。"意谓管仲在见到桓公时,因有一箭之罪,故以罪人身份表示将就戮,当受斧铖之诛。桓公三次遣去执斧之人,管仲才让其退下。桓公让管仲将拘系之绳丢到一边,整好衣襟,准备进行正式接见。"管仲再拜稽首曰:'应公之赐,杀之黄泉,死亦不朽。'公遂与归,礼之于庙,三酌而问为政焉……"

鲍叔牙既进管仲,甘心以居管仲以下。司马迁赞曰:"天下不多管仲之贤而多鲍叔能知人也。"管仲说:"吾始困时,尝为鲍叔贾,分财利多自与,鲍叔不以我为贪,知我贫也。吾尝为鲍叔谋事而更穷困,鲍叔不以我为愚,知时有利不利也。吾尝三仕三见逐于君。鲍叔不以我为不肖,知我不遭时也。吾尝三战三走,鲍叔不以我为怯,知我有老母也。公子纠败,召忽死之,吾幽囚受辱,鲍叔不以我为无耻,知我不羞小节而耻功名不显于天下也。生我者父母,知我者鲍子也。"(《史记·管晏列传》)

据《吕氏春秋·贵公》记载,管仲晚年有病,齐桓公前往探问,说:"您的病相当重了,如果发生不测,我将把国家托付于何人?"管仲回答说:"以往我尽心竭力,尚不知有谁可托。如今病重,危在旦夕,还有何话可说?"桓公说:"这是大事啊,请求仲父(桓公对管仲的尊称)教我。"管仲恭敬地回答说:"您想用谁为相?"桓公说:"鲍叔牙行吗?"管仲回答说:"不可。我与鲍叔牙相交最深。深知鲍叔为人,清廉洁直,对德薄不如自己的人,不屑与之为伍;一旦知道了别人的过错,便终生不忘。"

管子病重期间,桓公问相于管仲病榻之事,《韩非子·十过》亦有载:"君曰:'鲍叔牙何如?'管仲曰:'不可。鲍叔牙为人,刚愎而上悍。刚则犯民以暴,愎则不得民心,悍则下不为用。其心不惧,非霸者之佐也。'"管仲对鲍叔牙的这段评价可谓一针见血地说出了鲍叔牙的性格,对鲍叔牙的为人处事知根知底,对其短处未有丝毫的掩盖。故《管子·戒》载管仲说:"鲍叔,君子也,千乘之国送给他,如不符合道义,他也不会接受。尽管如此,不可以执掌国家大政。其为人嫉恶如仇,见一恶终身不忘。""鲍叔的为人,好直但不能因为国家而有屈有伸。"

桓公听了管仲的一番话后,还是想用他身边的宠臣,又问管仲:"易牙怎样?"管仲说:"易牙不可,他为了讨好您,不惜烹了自己的儿子,没有一点人性,这样的人不宜为相。"桓公再问:"开方如何?"管仲答道:"卫公子开方舍弃了做千乘之国太子的机会,到您身边侍奉您十五年,父亲死了都不回去奔丧,心中所追求的必定是超过千乘国封的权力,君主应疏远他,更不能任用这样的人为相。"桓公又问:"易牙、开方都不能为相,竖刁宁愿自残侍奉寡人,难道他还不忠吗?"管仲摇头说:"不爱护自己身体的人是违反人情的,这样的人又怎能真心实意忠于君主您呢?请疏远这三个人。宠信他们,国家必乱。"管仲最后推荐了为人忠厚、居家不忘公事的隰朋。这是管仲最后一次问政,也是他的遗言。可是桓公没听从管仲的意见,导致身受辱,国之乱。易牙听到桓公与管仲的上述一番对话后,极为不满,就去挑拨管、鲍之间的关系,对鲍叔说管仲反对你为相。鲍叔笑道:"管仲推荐了隰朋,表明他是为社稷宗庙着想,不以私心偏爱朋友。现在我做司寇,驱逐佞臣,正合我意,如果让我当政,哪里还有你们的容身之处?"易牙一看挑拨不成,灰溜溜地走了。上述之事,又见《说苑·权谋》《吕氏春秋·先识览》等。由此方见管、鲍之谊,更见鲍叔之胸怀。

从以上记载可以说明,没有鲍叔,就没有管仲;没有管仲,也就没有齐桓公的称霸诸侯。鲍叔牙知人荐贤,不以有保驾、救驾之功而自傲,而是公字当头,公忠为国,大义凛然,甘屈人下。管仲临终推荐相国,也是以公废私,不用亲而用能,不以私恩而误国家。这正验证了鲍叔牙高尚的德操和"知人之智"的深远目力。"管鲍之交"之佳话至今脍炙人口,广为流传。

五、智人鲍叔,刚直谏君

鲍叔荐管仲后,桓公使管仲贵且富,位在国氏、高氏之上,而管仲较桓公年长,称管仲为"仲父","仲"为管仲之字,"父"乃事之如父。桓公为管仲治国才能所折服,故托之一国之重任。此后的众多典籍,多记载管仲治国事迹,而鲍叔的事迹反而寥若晨星。其实鲍叔最大最显的事迹即苦口婆心地说服桓公释一箭之仇,而桓公则"强相鲍叔",即坚持让鲍叔为相。鲍叔"固辞让",将相位让于管仲。桓公终于听从了鲍叔的意见。"管子治齐国,举事有功,桓公必先赏鲍叔,曰:'使齐国得管子者,鲍叔也。'桓公可谓知行赏矣。"凡是行赏,应该赏赐根本,赏赐根本,过失就无从发生了(《吕氏春秋·赞能》)。

《吕氏春秋·贵卒》记载说,鲍叔牙用起智慧来像箭一样快,证明鲍叔思维敏捷,机智勇敢。如前所述,发生在小白和公子纠回国抢夺君位途中,管仲开弓射公子小白,误中衣带钩,鲍叔牙让公子小白立即仰面倒下。管仲以为小白死了,告诉公子纠说:"从从容容地走吧,公子小白已经死了!"鲍叔牙趁机赶车快跑,首先进入国都,所以公子小白得以做了国君。故云"鲍叔之智应射而令公子小白僵也,其智若簇矢也"。《汉书·古今人表》评价鲍叔为智人。

齐桓公即位后,以管仲为相,并接受了管仲五个官职的推荐,任人唯才,用人所长,任命隰朋为大行,宁戚为大司田,王子城父为大司马,宾须无为大司理,鲍叔为大谏。五官各司其职,各负其责,管理国家事务,治国强兵。以管仲为首统领百官,形成了坚强有力的中央领导机构。五官相得益彰,成图谋霸业之栋梁。他们根据当时的社会实际,对齐国的政治体制进行了一系列大胆改革。整肃吏治是其中改革的一项重要内容。为使吏治清明,首先注重提高官吏的工作效率。《管子·大匡》载:"凡庶人要与本乡交涉事务,官吏扣压不办,累计达七天者处以囚禁;士有事交涉,官吏扣压不办,累计达五天者处以囚禁;贵族子弟有事交涉,官吏扣压两天,处以囚禁。"要使官吏提高工作效率,必须建立严格的官吏考核制度,鲍叔敢谏直言,不怕得罪人,故桓公让"鲍叔识君臣之有善者"。即使鲍叔考察官吏行善者,负责考核官吏。又令鲍叔选拔大夫,勤勉国事,有功无过者为上等;从政能理事为其次,土地多而不荒,不放纵诉讼,为次等;勤勉国事有功也有过,从政理事没有政绩,土地多荒芜,放纵诉讼为下等。管仲还告诉鲍叔说:"劝勉国事,无功有过;从政不理事也无能力;土地多荒芜,放纵争讼。凡有这三项过错者,罪在不赦。"可见当时考核的重点在于治绩、能力和工作态度。

《小匡》载管仲说:"犯君颜色,进谏必忠,不辟死亡,不挠富贵,臣不如东郭牙①,请立以为大谏之官"。这段话是管仲担任宰相三个月,请求评论百官时说的,并得到了桓公同意和赞成。

《小匡》还载"使鲍叔牙为大谏"(〔唐〕尹知章注:"所以谏正君")。当时齐国的军队初步改革之后,桓公以为盔甲兵器都十分充足了,想从事朝会诸侯之举,问管仲行不行。管仲说:"不行。"原因之一是治理内政的官员还不齐备。于是任命鲍叔为大谏。

《管子·桓公问》载,在吏治改革、整肃吏治当中建立了民众监督机制,以广开言路,允许并鼓励民众畅所欲言,发表意见,当时设立了"啧室之议"制度。"啧室"是国家的纳谏机构。人们有什么意见、建议或不满都可以到啧室去反映。对勇于发表意见、批评朝政、指出为政过失的人给予奖励,称为"正士"。各位官吏都奉守其职,由鲍叔牙主管啧室工作。鲍叔牙本来就以刚正敢谏著称,并担任掌管监督机构的长官——大谏。他直言敢谏的性格和"大谏"的职位,正适宜主管啧室。殊不知这是需要胆量和智慧的。齐桓公能够"大霸天下",建立了不可磨灭的不朽功业,其原因正是依靠管仲之谋,鲍叔之大谏,上有明君,主用得力,下有贤佐之故。再据《大匡》记载,凡遇国家大事,桓公在征求了管仲意见后,再问鲍叔:"以上意见何如?"鲍叔总是说,"公行夷吾之言""君行夷吾之言","公必用夷吾之言"。鲍叔牙认为,管仲的意见已经尽善尽美,自己再没有比管仲更好的意见了。可见鲍叔充分理解管仲争霸谋略,对管仲施政给予了极大支持。这样,也就坚定了

---

① 东郭牙:有学者认为,东郭牙即鲍叔牙。鲍为氏,叔为排行,牙为名,东郭是居住地。东郭牙与鲍叔牙不可能同为大谏之官,他们是同一个人才说得通。参见战化军等著《齐国人物志》,齐鲁书社,2004 年版。

桓公对管仲的信任和虚心纳谏以实行正确路线的决心。

其实,齐桓公为君之初并不英明,有很多记载都证明其刚愎自用,我行我素。据《管子·大匡》《史记·齐太公世家》记载,桓公即位二年(前684),不顾社稷未安、国内百废待举、百姓疲病,就急于修治甲兵,管仲劝而不听。桓公曾与宋夫人在船上饮酒,夫人识水性,故意摇荡船只以吓唬桓公,桓公怒,将其休回宋国,宋国又将此女嫁于蔡侯。这样就更加激怒了桓公,决定兴兵伐宋。管仲说:"不可。臣闻内政不修,外举事不济。"桓公不听,坚持伐宋,结果各诸侯国兴兵救宋,大败齐师。桓公败归后,更加怒不可遏,告诉管仲说:"请赶快修治兵革,如果我的兵革不强,各诸侯国就会帮助我的仇人。"管仲说:"不可。这样齐国就危险了!国内夺民财用,兵士则劝其武勇,这是外乱的根本。对外侵犯诸侯,人民就增加怨恨。仁义之士就不再进入齐国,齐国岂能不危?"这时鲍叔牙万分焦虑地劝桓公说:"您必须听从夷吾之言。"但桓公就是不听,一意孤行,大肆征收关税市税,对勇武之人授以官职,给予俸禄。鲍叔牙对管仲说:"前些时,国君允许你帮他称霸,现在全国都乱了,你如何处理?"管仲说:"我们的国君能够清醒,其理智容易接受教诲,姑且耐心等待,得让他自己先遭受祸患。"鲍叔牙说:"等到他遭受了祸患,国家不就削弱灭亡了吗?"管仲说:"不可能的。国家大政,我暗暗管理着,这种内乱尚可容忍。国外各诸侯国的辅佐中,是没有谁能比得上我们二人的,没有谁敢来侵犯我们国家。"后来桓公修兵三年,无故兴师伐鲁,结果大败于长勺(鲁地。在今莱芜市东北)。桓公四年,修兵甲十万,车五千乘。五年,又侵伐鲁国,鲁国请求设盟坛讲和,桓公同意。将会盟时,鲁庄公从怀中抽出剑来(一说鲁国的曹沫〔刿〕在盟坛亮出匕首)劫持桓公,逼桓公答应归还所侵鲁国土地,划定两国以汶水为疆界。在管仲的劝说下,齐桓公这次虽然后悔但没有失信,因而也在各诸侯国间取得了威信。从此桓公接受了教训。

管仲评价鲍叔牙"清廉洁直",是作为当宰相治理国家不会变通的缺点而提出的,其实无论为君、为臣乃至做人,清廉洁直都是高尚的美德,鲍叔牙当之无愧。《管子·小称》记载了这样一则史实:"桓公、管仲、鲍叔牙、宁戚四人饮酒,桓公对鲍叔牙说:'何不起为寡人敬酒祝寡人长寿呢?'鲍叔牙奉杯而起曰:'使公毋忘出如莒时也,使管子毋忘束缚在鲁也,使宁威毋忘饭牛车下也。'桓公离开席位(古人布席于地,各人独占一席而座,当对人表示尊敬时,则起立离开原位)再拜曰:'寡人与二大夫能无忘夫子之言,则国之社稷必不危矣。'"《吕氏春秋·直谏》和刘向《新序·杂事四》都本于《管子》而转载了这件事。《尸子·下卷》则概括为:"鲍叔为桓公敬酒时曰:'使臣(我)无忘在莒时,管子无忘在鲁时,宁戚无忘车下时。'"鲍叔借三人饮酒一联说出"无忘在莒""无忘在鲁""无忘车下"。在今天看来,似在揭短,实则是居安思危、安不忘危的治国箴言。鲍叔牙的祝辞,可谓黄钟大吕,石破天惊,不仅没有引起在座等人反感,反而大大感动了齐桓公。"当此时也,桓公可与言极言矣。可与言极言,故可与为霸。"(《吕氏春秋·直谏》)以上记载可知鲍叔不管对君主,还是对同僚都能直言相见,方显其刚直不阿的性格特点;又见鲍叔牙是位难得的诤友。当时齐国的霸业可谓蒸蒸日上,桓公、管仲等人都有些自满骄傲情绪,在这关键时刻,他提出了善意的提醒,还见桓公与臣下能畅所欲言,所以方能称霸诸侯。

宁戚饭牛车下的故事,见《吕氏春秋·举难》等典籍:简言之,即卫人宁戚穷困时想向齐桓公谋求官职,苦于无法得到举荐,于是就给商人赶着货车到了齐国,傍晚宿于城外。恰遇桓公出城迎客,宁戚正在车下喂牛,望见桓公而悲,就敲着牛角响亮地歌唱。桓公闻而异之,以为歌者乃非常之士,就载其回宫,赐予衣帽,予以接见。宁戚见到桓公,向桓公说如何治理国家;次日再见,又向桓公说如何治理天下,桓公大喜。为不因小节而失掉大贤,桓公拒绝群臣提出要到卫国对宁戚进行考察的建议,将任之(大夫)。这就是齐桓公用其所长而不求全责备的用人原则。

汉刘向《说苑·正谏》记载,齐桓公对鲍叔牙说:"我想铸口大钟,以彰显我的美名。我的行为,岂让于尧、舜!"鲍叔说:"敢问国君您的行为。"桓公说:"以前我围谭三年,得而不要,可以算仁。我北伐孤竹(商代国名,位于今河北卢龙县)、铲除令支(《史记》作"离枝",又作泠支、不令支。春秋战国时国名,位今河北迁安西)而反,可以算武。我在葵丘大会诸侯,以休天下之兵,可以算文。诸侯国抱美玉来朝的有九个,我并不接受,可以算义。文、武、仁、义,我都做到了。我的行为,岂能在尧、舜之下!"鲍叔说:"君上您直言,臣下我就直对。以前公子纠在您的上位而不让(此言公子纠为兄,小白为弟。但孰兄孰弟,议论纷纭),是非仁。违背太公之言而侵略鲁国,是不义。在与鲁国会盟的坛场上,屈服于人家一剑,不能算武。妹妹和侄女不离您的怀抱,不能算文。已将不善的行为殃及于物了还不自觉者,即使没有天灾,也必有人祸。天处于最高位置,却能听到最下面的声音,去除国君您的错误言论,天也会听见。"桓公说:"我的过错,幸亏您记得,是国家之福。若非夫子以教寡君,几乎犯有大罪,以使国家蒙受耻辱。"《尊贵》又说:"齐桓公杀兄而立,非仁义也;与妇人同舆驰于邑中,非恭俭也;闺门之内无可嫁者,非清洁也(据《荀子·仲尼篇第七》:"内行则姑姊妹之不嫁者七人,闺门之内,般乐奢汰。")。此三者,亡国失君之行也,然而桓公兼有之,以得管仲、隰朋,九合诸侯,一匡天下,毕(全)朝周室,为五霸长,以其得佐也。"此处虽未说出鲍叔之名,但没有鲍叔荐管仲,哪有管仲之贤相。故,早有史家评价,齐桓公在这一点上不算个明君。然而能在春秋首先称霸,乃因身边有管仲、鲍叔牙、隰朋、宁戚等贤佐。与此相反,"桓公失管仲、隰朋等人,任用竖刁、易牙,身死不葬,虫流出户。一人之身,荣辱俱施者何? 其所任异也。由此观之,则任佐急(紧急)矣"(《说苑·尊贤》)。

六、贤佐鲍叔,知人知己

鲍叔牙身后没有留下什么著作,他的言行都记载于《左传》《国语》及散见于先秦诸子书中。汉司马迁虽未在《史记》中为鲍叔牙立传，但在《齐太公世家》《管晏列传》中也比较真实、客观地记载了鲍叔牙的为人和事迹。要言之，鲍叔牙的思想品德主要有下列三点：

1. **知人之智**。真正了解一个人很难，甚至需要终生时间。而鲍叔牙从年轻时就知管仲是一位贤能之士，因而终生顺从管仲而从未与管仲产生分歧。可以说，管仲的思想充分体现了鲍叔牙的思想。历史进入春秋时期，周室衰微，王纲解纽，是各诸侯国弱肉强食，灭国、弑君的混乱时期。这时大国争霸、弱国图强、小国图存的不义之战连年不断。而管仲和鲍叔牙，面对"国际形势"和本国实际，所施治国方略"不慕古，不留今，与时变，与俗化"（《管子·正进》），锐意进取，崇尚变革。无不体现了齐文化的亮点。他俩团结忠良之士，顺应时代潮流，善于通达变化，道法结合，大胆改革，创新发展。共同的理念就是首先富国安民。故《史记·管晏列传》说："以区区之齐在海滨，通货积财，富国强兵，与俗同好恶。故其称曰：'仓廪实而知礼节，衣食足而知荣辱，上服度则六亲固。四维不张，国乃灭亡。下令如流水之源，令顺民心。'故论卑而易行，俗之所欲，因而予之；俗之所否，因而去之。"这就是鲍叔牙自觉"不若夷吾者五""以身下之"，以特殊身份极力举荐管仲为相、佐桓公称霸诸侯的伟大抱负和远见。一部《管子》熔法家、儒家、道家、阴阳家、名家、兵家、农家等精华于一炉，其思想理论汪洋恣肆，其哲理名言警世警人，儒家可用以修齐治平，法家可用以富国强兵，诸子百家异彩纷呈。《管子》反映了管仲的事迹和思想，亦称其为"管子学说"或"管子思想"。读史人无不知，管子思想里，包含着鲍叔牙的智慧和思想，这一提法应无大谬。

2. **自知之明**。自古以来知人不易，而自知犹难。鲍叔牙才能不及管仲，所以强调"夷吾所居国国重"。鲍叔牙虽在辅助桓公登上君位前后立有奇功，但却自知当一个太平宰相则可，而佐桓公称霸则不能。鲍叔深知，齐国有称霸诸侯的条件，如不称霸，图存也难。有了这一理念，所以认为齐国可以没有自己，但不能没有管仲。管仲为相，自己以身而下之，终生维护管仲中枢地位，从不与管仲意见相左，这就是鲍叔牙一生最高明、最高贵、最伟大之处。

3. **坚贞洁直**。鲍叔具有的这一高贵品格，可以容忍并理解管仲微时非"贪"、非"愚"、非"不肖"、非"怯"、非"无耻"，但却不能容忍桓公自矜自伐，敢比尧舜，因而公开斥责桓公非仁、非义、非武、非文。鲍叔自知在贤君面前可以犯颜直谏，匡正时弊，竭尽忠诚，为国建言；但面对政治、经济、军事等瞬息万变的社会形势，却不能只凭光大正直就可总揽全局，驾驭矛盾，通达变易，适应发展的，这就是桓公欲强以其为相而鲍叔坚辞不受、也是管仲遗言不将国家托于鲍叔的原因。鲍叔所具这一思想品德可以终生与管仲忠诚合作，却因对小人嫉恶如仇，小人之恶终生不忘，故很难与小人共事；生于治世可称贤臣，处于乱世则不容意见相左者,故也将不能自保。鲍叔之不足,管仲看得清楚,鲍叔也心知肚明,这即是其人的襟怀大度和高明。

综上所述,鲍叔牙是春秋前期的一位名臣贤佐,是齐桓公的重臣,对桓公称霸发挥了重要作用。《国语·齐语》说桓公"唯能用管夷吾、宁戚、隰朋、宾胥无、鲍叔牙之属而伯功立(即创立了霸业)"。《管子·小匡》亦说:"桓公能假(借助、借取)其群臣之谋(谋略),以益(增长)其智也。其相曰(有)夷吾,大夫曰(有)宁戚、隰朋、宾胥无、鲍叔牙。"后世对其几无微辞,被晚鲍叔百余年的孔子称为"贤者"。被孔子称贤的历史人物不多,鲍叔即其一。汉刘向在《说苑·臣术》中记载说:"子贡问孔子曰:'今之臣孰为贤?'孔子曰:'吾未识也。往者齐有鲍叔,郑有子皮,贤者也。'子贡曰:'然则齐无管仲,郑无子产乎?'子曰:'赐,汝徒知其一而不知其二。汝闻进贤为贤耶?用力为贤耶?'子贡曰:'进贤为贤。'子曰:'然。吾闻鲍叔之进管仲也,闻子皮之进子产也,未闻管仲、子产有所进也。'"鲍叔因进管仲之贤使齐桓公称霸诸侯,而名扬天下,百世流芳。

另,管仲、鲍叔等人,所处时代时有与他国交战,虽未见鲍叔在齐有参战之事的笔录,但他并非不懂兵法。《汉书·艺文志》在"兵技巧十三家中列《鲍子兵法》十篇,图一卷"。鲍子者是否鲍叔,不得而知,列于此,以备后查。

七、桓、管关系,鲍叔弥合

人所共知,无论哪朝哪代君、相关系良好乃国家之幸、民之福气。君、相配合默契,思想一致,观点相同,上合国情,下合民意,国家必然长治久安,国强民富。君臣团结,同心同德,也必然攻无不克,战无不胜,国际关系良好。纵观中国几千年的历史,君、相组合得力的实例举不胜举,而像齐桓公和管仲这组君相组合能维持四十余年,使积贫积弱泻卤之地的齐国而成"膏壤千里",鱼盐繁荣,交通发达,城市繁华的春秋强国,使桓公"九合诸侯,一匡天下"者,则是凤毛麟角。这除了桓公的用人之道和管仲治国理政的谋画方略外,鲍叔牙则功不可没。君、相之间其中的关键人物鲍叔牙成了调合二者关系,化解二者恩怨,消除二者误会者,甚至成为化"干戈为玉帛"的弥合者和粘合剂。

上文说到,齐桓公登上君位后,首先是鲍叔牙劝说桓公不计管仲一箭之仇,并亲自到鲁国索要管仲,用心良苦地大哭三声骗过鲁人,使管仲平安回到了齐国。齐桓公继位后,欲以鲍叔牙为相,又是鲍叔牙说服桓公既进管仲,甘心居管仲以下,并说:君主您治齐,由我和高傒等人足矣,君主您欲称霸诸侯,非管仲不可,管仲所居国国重,不可失也。自谦地说出了不如管仲的五个方面,方使桓公亲迎管仲回国,"礼之于庙,三酌而问为政"的局面,终使管仲坐到了相位。可想而知,如果没有鲍叔牙以桓公小白师傅的特殊身份,弥合桓、管二人的关系,哪有桓、管君相之组合。没有这组君相组合便不会有桓公的"九合诸侯,一匡天下",称霸诸侯。

管仲为相后，君相之间的治国理政，修整军队，对外用兵的观点不会天依无缝。所处地位的不同，思想观念的差异，导致两者矛盾不断出现。桓公虽称管仲为仲父，对其十分尊重，但桓公是君，管仲是臣。可是，管仲非一般贤臣，他无时无刻不在谋画国富强兵，称霸诸侯，也无时无刻不在纠正和阻止桓公所做出的对国、对民、对国际关系不利的言行举动。当桓公认为某些事管仲没做到自己心眼里，或对管仲意见还不能完全相信和赞成的时候，桓公总会去问师傅鲍叔牙。在遇到国家大事，桓公在征求了管仲意见后，心中还在犹豫不决时，也会去问鲍叔牙。鲍叔牙的回答总是十分简单的一句话，说，"公行夷吾之言""君行夷吾之言""公必用夷吾之言"（《管子·大匡》）。鲍叔牙虽只言简到一句，但份量千斤。其一，鲍叔知道管仲之谋是称霸谋略，有政治远见，劝桓公必用夷吾之言，从侧面反映出鲍叔牙认为管仲说出了他的思想和意见，是对管仲之谋的佩服和支持。其二，桓公听到师傅的意见后，认为管仲的意见是对的，应该照办，从而坚定了对"仲父"的信任，施使国家大政方针的信心以及执行正确谋略路线的决心。这样鲍叔牙利用自己的特殊身份和威望，密切了君、相之间的关系，弥合了二者的意见缝隙，增强了君、相之间的团结，消除了施使称霸道路上的障碍。

随时间的推移，桓、管君相之间经长期磨合，加之鲍叔对桓公的劝谏和对管仲施政的绝对信任和支持，国家运行得十分顺利。但随桓公称霸，国际国内威信逐渐提高的同时，桓公也有浑浑然之时，奢侈也越加严重。其主要表现是对国相的话不求甚解，薄于德行，沉溺晏乐，同时，管仲也有对君失礼或发脾气的时候。例如：

一天，君相二人谈论国政，讨论完经济问题后，桓公说要征战无道的大国，管仲连说"不可以"，并回答了"不可以"的理由。随后，桓公问管仲有关禹、汤、武王既然杀了君主，而当今谈论仁义却必定以他们为典范的缘故以及古代亡国之君有何失误等，管仲一一做了解释，最后说："古代毁坏国家、败亡政权的人，并不是故意那样做的，必然是逐渐耽于逸乐，不知不觉陷入了恶劣境地。"桓公似乎没有在意管仲说的关于逸乐带来的危害，接着对管仲说："请仲父来饮宴。"

桓公将设馆宴请管仲，新挖一口井，用柴草盖起来，不饮酒，不吃荤，斋沐十日，然后召管仲赴宴，并有鲍叔、隰朋做陪。管仲赶来，桓公持爵，夫人持尊，酒过三觞，管仲急趋门而走。桓公生气地说："我斋戒十天宴请管仲，自以为严肃了，他却不辞而出，是什么意思。"鲍叔见事不妙，急忙跑出，追上管仲，说："国君在发怒。"管仲回来，进入院中，背靠屏风而立，桓公不与他说话，慢慢走进中庭，桓公还是不说话；接近堂屋，桓公才发话："我斋戒十天宴请您，自以为不会得罪您了，您却不辞而出，不知为何。"管仲说："我听说沉溺宴乐的人沾染忧愁，厚享口味的人薄于德行，怠慢进行的人缓延政事，害于国家的人危于社会，所以我斗胆走了。"桓公急忙走下厅堂说："我并不敢自我苟且，您年事已高，就是我也衰老了,只想安慰一下您。"管仲说:"壮年人不懈怠,老年人不苟且,顺应天道,必有善终。夏桀、商纣、周幽王三人的失误,并不是一朝一夕的结果,您何必苟且偷乐?"管仲走出厅堂,桓公也似乎明白了管仲说话的深意,赶紧以宾客的礼节再拜送出。

鲍叔牙在上述故事中,只是陪管仲宴乐,当桓、管因宴乐而僵局时,鲍叔牙急急地赶上管仲,虽只说了"国君在发怒"之语,则使管仲回去见桓公说明不辞而别的原因,使君、相矛盾达到高潮时而慢慢缓解。足见鲍叔不仅在朝堂之上谈论国事时能调和君相之间的不同意见,即是在日常生活中也起着弥合二人关系的重要作用。

综上所述,桓、管之所以能有四十余年的良好配合,鲍叔功莫大焉。鲍叔对上与桓公是君臣关系,且又是君主的师傅,得到了君主的尊重;对管仲而言,是密友又是同朝为官,志同而道合的同僚。鲍叔与桓、管的关系如一只大鼎的三只足,缺一不能稳定而倾斜,春秋之齐国有贤大夫鲍叔牙国之幸,民之福矣。

八、鲍叔裔孙,常为名大夫

鲍叔牙一生公忠体国,廉洁无私,具有忠正謇谔之操,必然影响到他的裔孙。《史记·管晏列传》说:"鲍叔既进管仲,以身之下。子孙世禄于齐,有封邑者十余世,常为名大夫。"鲍叔后裔正如上述,在《史记》《左传》等传世典籍中多有记载,比较知名的有以下数位:

鲍牵,鲍叔牙曾孙,谥庄子,又叫鲍庄子。生卒年不详,约齐灵公在位(前581—前553)前后在世。齐灵公八年,灵公参与诸侯伐郑,鲍牵等人留守。鲍牵为保证灵公安全,曾关闭城门检查旅客,是项警戒预防措施。又因鲍牵发现齐灵公之母声孟子与别人私通,声孟子为了诬陷鲍牵,进了鲍牵的谗言。对灵公说,鲍牵在您回国时关闭城门不想让您回国。灵公听了声孟子的话,使鲍牵受了刖刑(被砍掉双脚或脚趾的酷刑)。孔子知道此事后说:"鲍牵的聪明不如葵菜①,葵菜还能保护自己的脚。"其事见《左传·成公十七年》。

鲍国,鲍叔牙曾孙,鲍牵之弟,谥文子,又叫鲍文子。生卒年不详,大约生于齐顷公五年(前594)之前,卒于齐景公四十七年(前501)之后,享年九十余岁。鲍国早年为鲁国施孝叔的家臣,为人忠良,在鲁期间增长了不少为政做人的见识。鲍牵受刖刑后被齐人从鲁国召回,让他承嗣鲍氏。当时的鲍氏与栾氏、高氏、陈氏同为齐国显族。齐景公十六年(前532)夏,栾施、高强嗜酒,与陈氏、鲍氏矛盾激烈。当年夏,有人告密说栾、高二氏要攻

---

① 葵:孔子所说的"葵",古代是种蔬菜。这种葵菜,不待其老便掐,而不伤其根,让其再长嫩叶。《周礼》《仪礼》均有"葵菹",即用葵叶所制酸菜,可以为证。古诗云:"采葵不伤根,伤根葵不生。"孔子以葵比喻鲍牵没保护自己,受了刖刑。详见杨伯峻《春秋左传注·成公十七年》。

打陈、鲍二氏。结果，陈、鲍两家先下手为强，打败栾、高两家，败后奔鲁。齐景公二十年（前528），鲁国季氏家臣反叛季氏，夺季氏采邑费地，费人不从，季氏家臣奔齐，欲将费邑交给齐国。齐景公派鲍国去鲁还费于鲁。至齐景公四十七年（前501），鲁国阳虎（又名阳货）反叛出亡齐国，求齐景公派兵伐鲁，景公许之。鲍国谏景公扣押并流放了阳虎，使齐、鲁两国避免了一次刀光剑影的血刃之战（见《左传·定公九年》）。鲍国其事见于《左传》之《成公九年》《襄公二十八年》《昭公十年》《昭公十四年》《定公九年》，《国语·鲁语下》《史记·齐太公世家》等。

鲍牧，鲍国之孙，齐大夫。据《左传》卒于齐悼公二年（前487），据《史记》卒年不详。齐景公卒（前490），立少子荼（又称孺子），即晏孺子为君。但田乞（即陈乞）不服，欲立与其关系密切的公子阳生。当年夏，鲍牧与诸大夫在田乞的挑拨下，随田乞攻入晏孺子宫室，晏孺子迁出。田乞趁鲍牧醉酒时，欺骗诸位大夫说："吾与鲍牧谋共立阳生也。"鲍牧当时虽生气，但又怕惹祸，就这样在田乞家中拥立阳生为齐君，即齐悼公。《史记·齐太公世家》认为在齐悼公元年（前488），《左传·哀公八年》认为在齐悼公二年，因阳生逃亡在鲁时，娶了季康子的妹妹。回国即位后，派人去鲁迎接季康子的妹妹季姬。不料，季姬与人私通。鲁人不敢送她回齐。于是派鲍牧率师伐鲁，取讙、阐二邑（《史记索隐》：讙在博城县，即今泰安市岱岳区旧县村西南；按杜预注：阐在东平刚县，即今宁阳堽城镇北），迎回了齐悼公在鲁国娶的夫人季姬。《左传·哀公八年》载，鲍牧本不想立阳生为齐君，便私下煽动诸公子与悼公争位。悼公设计杀死了鲍牧。这一年是悼公二年，即公元前487年。但，其事史书说法有差。如按《史记·齐太公世家》齐悼公四年鲍氏弑悼公。《史记·吴太伯世家》亦记"齐鲍氏弑齐悼公"。《索隐》记曰：鲍牧以哀公八年（悼公二年）为悼公所杀，今言鲍氏，盖其宗党耳。按《左传》哀公十一年，即前484年，伍子胥"使于齐，属其子于鲍氏，为王孙氏"。《史记·伍子胥列传》亦载伍子胥使于齐，"乃属其子于齐鲍牧"。因伍子胥不同意吴王伐齐而数谏不听，出使齐国回来，必死无疑，故在出使齐国期间，乃将其子托于鲍牧保护。伍子胥其子不敢再姓伍，改为王孙氏。显然，《史记》认为伍子胥把其子嘱托给鲍牧是在悼公四年（前484）。

鲍点，齐臣，为鲍牧主车。生卒年不详。

另据杨伯峻《春秋左传注·庄公十年》，杨伯峻注，"传世（器物）有'齐子中姜镈'，据杨树达考释，乃鲍叔之孙所作。由此铭文，足与《管晏列传》'鲍叔子孙世禄与齐，有封邑者十余世'语相印证。"（中华书局1990年版，第180页）。又据清光绪《新泰县乡土志·学问》："鲍丹，官少府侍中，汉司隶校尉，（鲍）宣七世孙，宣后嗣有从上党徙平阳者，遂家焉。世以儒业显（又见《三国志·魏书·鲍勋传》）。"该志《氏族》亦载："汉司隶校尉鲍宣裔孙自（山西）上党徙居平阳。鲍信父子为曹魏忠臣。今邑西谷里保鲍姓甚多，传五十余代。"

按《元和姓纂》鲍宣为鲍叔牙后裔,鲍丹为鲍宣七世孙。鲍丹子信为宣八世孙,信子勋为宣九世孙。宣后嗣从山西上党徙至平阳,即今新泰,史载,鲍丹父子皆平阳人(事迹见后文)。故今新泰鲍氏皆为鲍宣后嗣或说鲍叔牙后裔。自上党徙居新泰的这支鲍氏至今繁盛兴隆,人才辈出。

【评析】鲍叔仁德,永垂千古

综观先秦典籍及诸子各书记载鲍叔牙的事迹寥若晨星,但反映出的鲍叔牙的道德品质、高贵风格却像日月当空。其一,以"簸失"之智抢先让公子小白登上君位后,任其为相,他却苦口婆心地说服小白释管仲一箭之仇,让位于他的好友管仲。试问,这样给官不当,有自知之明,以贤思让,襟怀大度,甘居下位者天下有几? 像管、鲍之谊,以社稷为重者天下有几? 其二,紧急关头,桓公不听管仲之谋,他又苦口婆心地多次劝桓公一定要听从管仲的意见,直至桓公内外事务离不开管仲。当知自己的朋友举荐别人为相,不举荐自己时,不以为仇,反从大局着想,以国家社稷利益为重,这样的大肚量,对君主、对国家忠心不二者,春秋各国又有几人? 其三,"犯君颜色,进谏必忠,不辟死亡,不挠富贵"的大谏之官、贤佐良臣天下又有多少? 鲍叔牙为人为官为臣的这些高贵品质为后人留下一笔珍贵而丰厚的思想文化资源,是值得今人学习和效法,更为当今为官者树立了榜样。两千多年前出生在泰山平阳大地上的知人荐贤的齐国大夫鲍叔牙将永垂千古,为人师范,百世流芳。其四,鲍叔牙一生最大公德莫过于能为齐桓公举荐管仲这一有识之士,并有弥合君相关系之功。说起来,其中之道理十分简单,因鲍叔太了解管仲的才能了。但从另一视角分析,一个人当他视野开阔、眼光宏远、智慧具足、见精识精、见才识才时,才能发现人中之龙凤。就是说,能识得高明的人,自己首先必须是高瞻远瞩的高明者,甚至是更胜一筹的高明者。鲍叔牙应是既识得奇才管仲,又识得齐桓公。他是一位在公德与私德上都为世人所景仰、所赞颂的人。

另一方面,拙文涉及齐桓公、管仲的文字不少。从侧面反映出齐桓公虽有知人善任、举贤任能,建有称霸不朽之功业,在中国历史上产生了极为重要而深远的影响。但在晚年听信宠臣,骄侈无度,造成齐国之乱,一代霸主,竟困于宠臣辱身不葬之教训也十分深刻。齐桓公死后,齐国内乱导致了霸业彻底崩溃之原因,与桓公没有培养出得力接班人和得力为相之臣不无关系,其教训同样十分深刻,值得今人引以为戒。

主要书目参考:战化军、姜颖《齐国人物志》,齐鲁书社,2004年版。

第二节　泰山平阳鲍氏为汉司隶校尉鲍宣后裔

据《元和姓纂》等史料记载,鲍氏源于杞国,源于杞公子鲍敬叔。敬叔以邑为氏称鲍氏,鲍敬叔为鲍氏之始祖,其子鲍叔牙为二世祖。叔牙子孙十余世多为名大夫。其后裔生生不息,繁衍播迁,绿柯丛生,籽实满枝。至汉有鲍宣显于世。按《三国志·魏书·鲍勋传》,鲍勋为汉司隶校尉鲍宣九世孙。鲍宣"后嗣有从上党徙至泰山(平阳)者,遂家焉。"从此鲍氏称"泰山鲍氏"。《汉书·鲍宣传》说,鲍宣(?—3)渤海高城(即今河北盐山县东南故城村)人。是西汉末年有名的大谏之官,汉哀帝时任司隶校尉。后因故遭挫辱丞相之罪下廷尉狱,后徙上党(今山西长子县西南)。其子孙多言上党人。

泰山平阳鲍氏又是鲍宣哪位后裔迁徙来的呢?

据《元和姓纂》及《全国大禹研究中心鲍氏族史研究会〈鲍氏历代源流世系〉》,鲍宣为鲍敬叔第十九世孙。宣生永。《后汉书·鲍永传》:鲍永曾任鲁郡(今山东兖州市东北二里)太守,又出任过东海(治今山东郯城县北)相,后拜兖州牧,病卒于兖州(东汉治昌邑县,在今巨野县东南)。永生昱,鲍昱少时曾客授东平(治今东平县东南),曾任汉太尉。昱生德,始居于东海,永嘉乱,过江,居丹阳(《元和姓纂》),累官南阳(治今河南南阳市)太守(《鲍永传》)。德生昂。昂有孝义节行,父病数年,曾俯伏左右,衣不缓带,及丧,毁瘠三年,服除后遂秘居于墓旁的临时住所,不关心当时之大事。举孝廉,辟(召)公府,连征不至,卒于家。由上可知,自鲍宣之子鲍永至鲍宣玄孙鲍昂一直居于今山东域内。据鲍氏族人鲍俊胜先生与笔者研究,鲍昂于东汉中期居泰山平阳,为始迁祖(参见拙作《学而集》山东友谊出版社,2013年版第139页)。至其孙鲍丹已称"泰山鲍丹"①。自鲍昂支脉徙居泰山平阳后,其后裔繁衍生息,至晚清已传五十余代。因鲍宣子孙多从上党入仕,故其称为上党人。清《新泰县志》及《三国志·魏书·鲍勋传》皆称泰山平阳鲍氏"从上党迁徙泰山者"。遂后,入仕者多称泰山平阳人,鲍氏亦遂为泰山望族。唐代所修《贞观八年条举氏族事件》及《姓氏录》,均列入泰山鲍氏(见周郢《泰山志校证》,黄山书社,2006年版,第669页)。今新泰汶南镇鲍庄及谷里镇鲍家泉、南王庄鲍氏自称从上党徙至此,为平阳鲍氏故里。至今泰山鲍氏人口繁盛,播迁四方,名人辈出。

综上,泰山平阳鲍氏源出山西上党,汉代鲍宣之裔孙鲍昂为始迁祖。鲍宣为鲍敬叔第十九世孙,鲍敬叔与鲍氏二世祖鲍叔牙是泰山鲍氏之远祖。

---

① 泰山鲍丹:东汉桓帝永寿二年(156)所刻立《汉鲁相敕造孔庙礼器碑》,又称《鲁相韩敕复颜氏繇发碑》《韩敕碑》《韩敕礼器碑》等,碑阴刻有"泰山鲍丹汉公二百"题名。碑阴所刻捐资者共六十二人,鲍丹为其中之一。

（注：鲍氏更多内容可参考《鲍氏渊源及鲍叔牙故里考》，载李明杰著《学而集》，山东友谊出版社，2013年版）

第三节　济北相鲍信

——兼述鲍丹、鲍韬，鲍邵

鲍信（151—192），字允诚，东汉末年泰山平阳（今山东新泰市）人。少有大节。被大将军何进征召，官拜骑都尉。时董卓始至京师，信劝袁绍袭击董卓，袁不从。后来，信回泰山平阳募兵两万，与弟鲍韬率部响应曹操。初平二年荐为济北相。第二年在寿张与黄巾军交战，为保曹操突围，壮烈牺牲，葬于平阳。墓在今泗水县东。

一、鲍信为保曹操战死的背景

东汉后期皇帝无能，又多小皇帝，造成皇后临朝，由外戚和宦官交替执政，朝政日趋腐败。自汉安帝以来自然灾害频仍，蝗灾和地震尤为严重。农民的境遇每况愈下，遭受多重创伤，大量农民破产流亡，被迫起而反抗。汉安帝时期，流民暴动连年发生。汉灵帝时（168—189年在位）终于暴发了以头戴黄巾为标志的、以宗教（太平道）组织形式的农民起义，号称黄巾军。活动于山东地区的青、徐二州的黄巾军是山东人民反抗压迫、反抗剥削的一支劲旅。

黄巾军大起义从根本上动摇了东汉王朝的统治，政治上"大赦天下党人"（《后汉书·灵帝纪》），军事上调集了大批军队镇压。由于起义军领袖张角病逝，统一指挥失灵，黄巾军陆续受挫。到初平二年（191）十一月，青州（今青州、诸城一带）一带黄巾军30万人进攻泰山（今泰安市一带）郡，和泰山郡太守应劭军队多次交战，损失大量辎重。后又受到公孙瓒出其不意的两次袭击，牺牲数万人，损失车甲物资不可胜数（《后汉书·公孙瓒传》）。初平三年（192）四月，黄巾军经过整顿，向兖州进军，在东平（今东平东）附近打败了兖州刺史刘岱的主力军，杀死了刘岱。当青州黄巾军声势再一次旺盛时，却在兖州一带遇到了一支劲敌，此敌就是曹操。

历史上的曹操是位政治家、军事家、文学家，字孟德，沛国谯县（即今安徽亳州）人。二十岁"举孝廉"入仕。至东汉中平元年（184）被任命为骑都尉，带兵镇压黄巾军。同年，破格提升为济南国相（权力与太守相当，管理行政）。中平四年（187）被调任东郡（治今河南濮阳县西南故县村）太守。中平六年（189），灵帝去世，太子刘辩即位，年仅14岁，皇太后兄何进辅政。他与司隶校尉袁绍密谋尽杀宦官，并召并州牧董卓进京援助。宦官发觉，杀死何进，袁绍又领兵杀宦官二千余人。董卓在进洛阳时，一路纵兵劫掠，野蛮杀戮，把男人的头割下来挂在车边,把女人掳走。进洛阳后又大肆焚烧宫室,二百里无鸡犬。曹操《蒿里》诗:"白骨露于野,千里无鸡鸣,生民百遗一,念之人断肠。"就是董卓之乱造成的惨象。董卓自作主张废少帝刘辩,拥立灵帝9岁的儿子刘协为帝,是为汉献帝。他自封太尉相国,独揽朝政,引起各个阶层的反感。董卓知曹操有才干,想拉拢他,任曹操为骁骑校尉。曹操痛恨董卓的暴行,根本不与其合作。于是,曹操逃出洛阳变卖在兖州的一份家产,招募到五千兵马,在陈留己吾(今河南宁陵西南)正式起兵讨伐董卓。鲍信入仕后,曾到家乡招募兵员千余人。知曹操起兵讨伐董卓,便带领自家乡招募的人马响应曹操,成为曹操的得力援手。当黄巾军杀死兖州刺史刘岱后,鲍信等人拥戴曹操做兖州牧。随后曹操带兵在寿张(今东平县西南)与黄巾军交战。当时的形势是:黄巾军有久经善战、斗志昂扬的30万人马,所谓"数乘胜,兵皆精悍"。而曹操当时只有数千人,"旧兵少,新兵不习练,举军皆惧"(《三国志·魏书·武帝纪》裴松之注引王沈《魏书》)。双方兵力和志气,黄巾军均胜曹操。曹操是位出色的军事家,虽熟悉《孙子兵法》,面对众多黄巾军无计可施,险些命丧寿张。由于"(鲍)信殊死战,以救太祖(曹操),太祖仅得溃围出"(《三国志·魏书·鲍勋传》注引王沈《魏书》)。鲍信以死救曹,传为佳话,方有后来的曹魏政权。然而,他们手上都沾满了黄巾军的鲜血,这就是历史上的曹操与鲍信。

以上仅是鲍信"殊死"的历史背景,详情见下文。

二、鲍信战死寿张

清光绪《新泰县乡土志·氏族》载:"汉司隶校尉鲍宣裔孙自(山西)上党徙居平阳。鲍信父子为魏忠臣。"

鲍信子鲍勋《三国志·魏书》有传曰:"鲍勋字叔业,泰山平阳人也,汉司隶校尉鲍宣九世孙。"宣后嗣有从山西上党徙至泰山平阳,遂以平阳为家。至鲍信,为鲍宣八世孙,居平阳,故称鲍信为泰山平阳人。鲍信为鲍丹之子。鲍丹官至少府侍中,世代以儒雅显世。

鲍信少年时就有君子之大节,宽厚爱人,沉稳刚毅,腹有良谋。汉灵帝(刘宏。168—189年在位)时,鲍信被大将何进征召为骑都尉(汉初之骑都尉为统领骑兵的武职官员,不统兵时为侍卫武官,秩比二千石。至东汉该职隶掌宫殿门户的光禄勋,为皇帝近臣),并派遣他到家乡各地招募新兵,"得千余人"。当他还至成皋(今河南省荥阳市西北汜水镇)时大将军何进已被中常侍张让、段珪等所害。随后鲍信还至京师(洛阳),此时董卓也刚到京师。卓到,即废少帝刘辩为弘农(今河南灵宝北)王,立陈留(今河南开封东南陈留镇)王刘协为帝,是为汉献帝。鲍信知道董卓到京必造成京师大乱,便劝中军校尉袁绍袭击董卓。鲍信对袁绍说:"董卓拥有强兵,有异图,现在不早点除掉他,日后就要被他所控制;趁着他刚到疲劳,进袭他就可将其擒获。"(《三国志·魏书·董卓传》)但袁绍以"朝廷新定,未可轻动"为借口,畏卓不敢发兵。鲍信乃率部还至乡里泰山平阳,招"收徒众二万,骑七百,辎重五千余乘",组成规模宏大的一支军队。

是岁(汉少帝刘辩光熹元年,即汉献帝刘协永汉元年,也称汉灵帝刘宏中平六年,即公元189年),因董卓擅政,杀弘农王刘辩。曹操至陈留,"散家财,合义兵,将以诛卓。冬十二月,始起兵于己吾",准备讨伐董卓(《三国志·魏书·武帝纪》)。

鲍信与弟鲍韬领兵响应曹操.曹操与袁绍上表推荐鲍信担任破虏将军,信之弟鲍韬任裨将军。当时袁绍势力最大,天下豪杰多归附于他。但鲍信料定成大事者并非袁绍,而是曹操。他单独对曹操说:"你现在的势力稍微不如袁绍,不显于世,但是能总揽天下英雄、拨乱反正者是你,或许不是袁绍。袁绍暂时强大,而终必会失败,你必能开启新的天下。"鲍信似有先见之明,深得曹操信任,被曹操接纳。

初平元年(190)初,董卓听说曹操等人要起兵,乃逼献帝迁都长安。三月,将汉献帝迁到长安。董卓留屯在洛阳,遂焚宫室,二百里内,室屋荡尽,无复鸡犬。由于董卓兵强,袁绍等各路军队不敢先发进攻。曹操动员各路参战,认为"一战而天下定矣,不可失也"。遂引兵西进,将据成皋。陈留太守张邈派遣部将卫兹随曹军到达荥阳汴水(今河南荥阳东北),遇董卓大将徐荣。曹军与之交战大败,士兵死伤甚多。曹操也被流箭所中受伤,所乘战马被创伤,骑堂弟曹洪之战马,连夜逃遁而去。汴水之战,鲍信也受了伤,其弟鲍韬在陈(今河南淮阳)阵亡。

初平二年(191)秋,曹操引兵入东郡(治濮阳,今河南濮阳西南),击溃黑山军(东汉末年与黄巾军同时起义的一支农民军)中的白绕一部于濮阳。袁绍奋夺韩馥(董卓举其为冀州牧)所领冀州的位子,然后据守冀州(治邺,今河北临漳西南)自领州牧。鲍信对曹操说:"奸臣乘机相争权位,荡覆王室,英雄奋进保持气节,天下都积极响应,是仁义之举。现在袁绍为盟主,却因权夺利,将自生大乱,袁绍是又一个董卓。若你抑止他,我们则力不能遏制,且给我们造成祸患,又何能成功呢?还是暂且到大河(即黄河)以南发展势力,以静观其故。"曹操认为可以。因此,袁绍推荐曹操为东郡太守,治东武阳(东郡本治濮阳,曹操为东郡太守后,移治东武阳,故城在山东莘县西南朝城),鲍信也被举荐为济北相(济北,汉时治卢县,故城址在今山东长清西南25里)。职责如同郡守。

初平三年(192)夏四月,青州黄巾军百万之众攻打兖州(治今山东金乡东北),杀任城相郑遂,转入东平。兖州刺史刘岱想攻打黄巾军,鲍信劝他说:"今贼众百万,老百姓皆震恐,士卒军队没有斗志,不可轻敌强攻。今观贼军中有成群的家属跟随,并无军用物资,只是靠抢掠作为军队的供给,现在不如积蓄兵力,先固守城池,使敌军欲战不得,攻又不能,其势力必定分崩离析。然后挑选精锐,据其要害,一举攻击,可大破敌军。"刘岱不听从鲍信的劝告,与敌击战,果然刘岱败死。鲍信与兖州官吏万潜等到东郡迎请曹操领兖州牧守。曹操于是领兵进攻黄巾军于寿张(治所在今山东东平县西南)东。曹操将兵骑千余人,行视战地,寡不敌众,战不利,死者数百人,只好退归。曹操遂穿戴甲胄,亲巡将士,鼓励奋战,赏罚分明,将士重振奋起,趁机讨伐袭击黄巾军,黄巾军稍折退遂又下檄书,声讨曹操。曹操见檄书,破口大骂,遂设奇兵埋伏于寿张,昼夜会战。先与鲍信出行战地,后步兵未到,而兵卒与黄巾军相遇,展开激烈争战。曹操用尽全力打败了黄巾军,并追黄巾军至济北,黄巾军乞求投降。冬,曹操得降兵三十余万,男女百余万口,收其精锐者,号为青州兵。可是,在寿张决战中,鲍信为保卫曹操突围,殊死以战,壮烈牺牲,年仅四十一岁。鲍信战死疆场,曹操出金悬赏并派部下寻找其尸体,但未找到。众将士只好刻木如信形状,大声哭着来祭奠他(《三国志·魏书·武帝纪》)。

鲍信虽遭战乱起兵的年代,但承家风遵循儒学,治身严格,十分节俭,而厚养将士,居无余财,将士因此而归顺他。

建安十七年(212),曹操追录鲍信的功勋,上表封鲍信的长子邵为新都亭侯,加拜骑都尉。征用季子鲍勋为丞相掾(汉时佐助丞相的官吏)(《三国志·魏书·鲍勋传》)。

三、鲍信忠魂埋平阳

鲍信后人为其建墓,其墓址在今泗水县城东八里大鲍村西。泗水王廷赞(清光绪壬辰科(1892)进士,历任四川平武等县知县,直隶州知州等职)《泗志钩沉》载:"济北相鲍信,史称平阳人,而信与祖父皆葬大鲍村之西也。"鲍信何以葬于今泗水县境呢?《泗志钩沉》又谓:"汉代泰山郡平阳县南有今费境之平邑、毛阳、仲村等地;北有今新泰境之谷里、镇里等地;西南有龟山;介乎卞、华之间,而有今泗境之泉林、泗台、大小鲍村;西抵于洙之地。"故"信与祖父皆葬大鲍村之西也。"由上可知,今泗水县东大鲍村一带在东汉末年属东平阳县境。古人死后有归葬故里的习俗,决不会葬于他乡异地。又按《汉书·地理志》,汉置东平阳县,西接梁父县,北有莱芜县,东至蒙阴、盖县(治今沂源县东南),南至南武阳(治今平邑县)、华县(治今费县东南),西南达泗水之滨。此时无泗水县治。汉时的东平阳县相对南延并向西南延伸。东汉虽省,但东汉末又复县治。鲍信所葬大鲍村必是其家族居所。

2007年2月4日,笔者应新泰鲍氏族人鲍济玺、鲍建华之邀,在好友泗水学者程琨先生陪同下对鲍信墓、大鲍村进行了实地考察。大鲍村位于泗水县城东8里,村内有古槐两株,村东有清代古桥一座。村西2里处有一大土冢,高约5至6米,占地两亩左右,冢顶历史上即有一小土屋(今仍有一座6平方米左右的砖砌小屋,且有人居住)。冢南立有"济宁市重点文物保护单位"石碑一方,此即鲍信墓。今称"鲍王坟"。冢南10米左右有东西向一条土路,东接大鲍村村东古桥。程琨先生介绍说此道为古驿道。大土冢东300米处,有一近30亩的高台地,上有桃树等小灌木丛,土质以沙砾白土为主,与周围耕地截然不同。据程琨先生介绍,该高地原面积比现在面积要大,为一汉墓群,曾出土过贝币、汉陶及汉画像石,这里有可能是鲍氏祖茔地,鲍信墓应在其祖茔高地上,今"鲍王坟"可能是古代的烽火台。由此往西的古驿道北侧过去也有类似的大土冢。

程琨先生所见,不无道理。又因鲍信战死后尚未找到遗体,其墓亦后人所为。其遗骸或以木人,或以其遗物所代。关于鲍信墓的诸多问题有待进一步考证。

鲍信长子鲍邵,据《三国志·魏书·鲍勋传》注引王沈《魏书》载:"(邵)有父风。魏武帝十分赞赏他,加拜骑都尉,使持节。邵薨,其子融嗣。"清《新泰县志·名臣》亦有载。

鲍信生平事迹见于《三国志·魏书·董卓传》《三国志·魏书·鲍勋传》《三国志·魏书·武帝纪》《三国志·魏书·鲍勋传》注引王沈《魏书·鲍信传》,清《新泰县志·鲍信传》及明清《泰山志》等。

【评析】悲哉! 鲍信为农民暴动与豪族混战的牺牲品

鲍信所处东汉末年的汉灵帝晚期至汉献帝初期。上文说到,这一时期宦官窃权,朝廷腐败无能达到极点。一大批宦官高居朝堂,"割裂城社,自相封赏,苟营私门,多蓄财货。群公卿士,杜口吞声,莫敢有言。州牧郡守,承顺风旨,辟召选举,释贤取愚"(《后汉书·宦官列传·曹节传》)。朝廷公开卖官,大开行市,除皇帝不卖,自公卿至县令县长诸官,都有一定行市。就连"贵为天子,富有四海"的汉灵帝都"多稸(积聚)私藏,收天下之珍,每郡贡献,先辅中署"(《后汉书·吕强传》)。用以"买田宅,起第观",窖藏财货,移国就家,以备亡国之后享受。外戚、宦官更是奢侈有加,豪商富户,竞相仿效,加倍盘剥穷苦民众。同时,疬疫之神,翱翔中国,人民死亡,绝家灭户。如此结果导致社会动荡,演成人吃人惨剧。《后汉书·灵帝纪》载:"建宁三年(170),河内人妇食夫,河南人夫食妇。"(河内,汉代泛指黄河以北,或说河南省黄河以北;河南:与上相对,指黄河以南)社会的黑暗诱发了大规模农民暴动,黄巾起义如暴风骤雨,全国各地积极响应,无不先后相铤而起。他们到处燔烧官府,杀戮富豪,其势勇猛,所向披靡,旬日之间,京师震动。被触及灵魂的朝廷于是"诏敕州郡,修理攻守,简练武器"(《后汉书·皇甫嵩传》),招募新兵。令皇甫嵩、朱儁各统一军,开始了一场大规模屠杀饥饿农民的战争。不足一年,皇甫嵩和朱儁共计屠杀黄巾军30余万,他们也因镇压黄巾起义有功而得重赏,并各自升迁。

黄巾军暴动的高潮虽已过去,但他们并没被斩尽杀绝。中平二年(185),黄巾余众及各地饥民,又打着各种旗帜出现了。特别是"黑山贼"张燕,聚众百万,朝廷不能讨。此时,农民暴动的数量超过了黄巾军暴动的高潮。然而,这是一群乌合之众,没有政治企图,只是饥则求食,饱则退至山谷。他们以直接掠夺生活资料为目的。所以不几年他们就被袁绍、曹操、公孙瓒所击破。曹操也在大破黄巾、"黑山贼"战争中捞到了好处,先后领济南相、东郡太守、兖州刺史,再征为典军校尉。为其"挟天子以令诸侯",统一北方打下了基础。然而,英勇善战,忠心侍曹的鲍信兄弟却成了这场战争的牺牲品,落得个尸无下落。悲哉！然而历史就是如此，农民暴动镇压下去了，穷苦农民照样缺衣少食，户有饥色，饿殍遍野。但东汉之天下，却被曹操等所谓平叛的英雄所瓜分。历史也由东汉末年的农民暴动转入豪族混战的三国时代。

主要参考书目：清《新泰县志》，新泰市史志办编，2009 年版；蔺伯赞著《秦汉史》第十章，北京大学出版社，1999 年版。

第四节 "清白有高节"的曹魏名臣鲍勋

鲍勋，字叔业，鲍信次子，泰山平阳人。东汉建安年间曾任中庶子、黄门侍郎等职。魏文帝曹丕为太子时鲍勋曾违逆、触犯过他。曹丕称帝后，鲍勋任驸马都尉兼侍中，又多次面折。文帝曹丕对鲍勋更加恚恨，借口将其诛杀。世人无不为鲍勋的冤死而叹息。

一、鲍勋入仕

寿张一战，鲍勋父鲍信为保护曹操战死后，黄巾军与曹军又经几天激战，各有损失。黄巾军后来又遭曹操伏兵袭击，不得不向济北（今山东长清东南）方向撤退。曹操一面穷追猛攻，一面诱降黄巾军。当年冬天，黄巾军再度战败。曹操招降黄巾军 30 万，改编成自己的队伍，号称"青州兵"。这位"治世之能臣"从血腥镇压黄巾军中扩大了自己的政治、军事实力，为他后来统一北方打下了牢固的基础。

曹操虽占有了兖州一块地盘，又有了一支可靠的军队，但在当时社会各阶层人士的心目中，他毕竟出身卑微，又是个军阀。他认为要彻底战胜群雄，统一国家，实现远大目标，还缺乏相应的威望和号召力。于是他想把汉天子弄到手，以皇帝的名义发号施令，在政治上取得地位。终于在汉献帝建安元年，即公元 196 年七月，曹操领兵进了洛阳，朝见汉献帝刘协，汉献帝封他为司隶校尉，录尚书事。为了便于控制政权，曹操借洛阳破坏严重、粮食缺乏，八月二七日把汉献帝迁到了许县（今河南许昌市东），按自己的意图组建一个中央政府，想实现"挟天子以令诸侯"之目的。汉献帝成为曹操手中的傀儡。

经数年之努力，曹操初步巩固了在中央政权的地位，扩大了势力范围。为"强兵食足"，他推行了屯田制，发展了农业生产。人口"十不存一"的中原地区，"数年中，仓储积粟，所有皆满"，军民安定。建安四年（199），袁绍率十万大军，目标直指许昌。这时曹操仅三万多人。九月，曹操率兵把守官渡（今河南中牟县东北），严阵以待。第二年，曹、袁在官渡交战（史称"官渡之战"）。曹操以弱制强，以少胜多，加强了自己的实力。建安八年（203）开始挥师渡黄河北进，攻占邺城（治今河北临漳县西南邺镇）。此后以邺城为长期作战基地，指挥各战场的军事。至建安十八年（213）五月，曹操封为魏公，加九锡，以冀州十郡为魏,居邺城。邺城原属魏郡治所,是古代五都之一,北方重镇。

建安十一年(206),曹操全部控制了冀、并、幽、青四州,基本统一了北方。自建安九年(204)曹操在北方实行抑制豪强兼并,修整吏治,整顿社会风俗,改革政令军令,巩固了他在北方的统治,而且在减轻人民负担,安定人民生活等方面也做出了贡献。

建安十二年(207)春二月初五,曹操在北方取得胜利后,下令说:"我起义兵,除暴乱,至今已有十九年了,所进行的征战都取得了胜利,这哪里是我一个人的功劳呢?这是贤士大夫的共同平定之。"于是封功臣二十余人为列侯。其他有功人员也分别等级,一一加以封赏,还宣布对阵亡人员的子女免除租赋徭役,优待的轻重程度各有不同。在这样的大形势下,鲍信之子并没有得到封赏,原因不得而知。

至建安十七年(212)曹操才追录有救命之恩者鲍信的功劳,上表封赏鲍信儿子鲍邵和鲍勋。鲍勋于当年入仕。至曹丕为太子、又登魏王位,鲍勋才成为曹魏政权中的重要成员。

二、鲍勋的刚直敢谏,遭魏文帝恚恨

鲍勋(?—226),生年不详,卒于魏黄初七年,即公元226年。建安十七年(212),曹操追录其父鲍信的功绩,上表封鲍勋的兄长鲍邵为新都亭侯,征用鲍勋为丞相掾。

建安二十一年五月,晋曹操爵为魏王。二十二年(217)四月,诏魏王曹操设天子旌旗。十月,魏以五官中郎将曹丕为太子,任鲍勋为中庶子(太子属官)。又升迁黄门侍郎,成为中朝官员,与曹操关系密切。后又出任魏郡西部都尉,成为统兵武官。太子曹丕的夫人郭氏的弟弟为曲周县(治所在今河北曲周县东北四十里)吏,他盗取了官府的财货,按法律应斩首弃市。当时曹操在谯县(今安徽亳州市),太子曹丕留守邺城。曹丕几次写信为郭夫人的弟弟求请免罪。都尉鲍勋不敢擅自放纵郭夫人弟弟之罪行,就把他的罪行如实写成表章上报了。鲍勋从前曾在太子曹丕所居东宫任职,坚守正义不屈不挠,太子曹丕当然不喜欢他,如今又加上这件事,对鲍勋更加恼怒怨恨。正好遇到郡内士兵休假有过期不归的情况,曹丕就秘密指使中尉参奏罢免鲍勋的官职。过了好久,又任命他为侍御史,分掌治书、课第等八部门事务。延康元年(公元220年,此年又称黄初元年)正月,曹操病死。曹丕继魏王位,后称魏文帝。任鲍勋为驸马都尉兼侍中,成为侍奉皇帝的高级官员。

曹丕登皇帝位后,鲍勋常常陈奏说:"如今陛下的当务之急,主要是军备、农耕以及宽惠百姓。至于建筑楼台、园林的事可以往后放一放。"一次,文帝曹丕即将出行打猎,鲍勋拦住车驾上奏说:"为臣我曾听说,从前的五帝三王,没有不明确根本而树立教化,以孝道治理天下的。陛下的仁德圣贤恻隐慈爱之心,有同古代君主的烈名功业。臣冀希陛下做一个追踪先人业绩的圣贤君主,成为万世之表率。您怎么能在武帝居丧期间,去做驰骋打猎的事呢？臣冒着被处死的危险把这番话讲给陛下听,希望陛下能体察为臣的心意而深思。"曹丕亲手撕坏鲍勋的奏章,还是强行去行猎了。在中途休息时,曹丕问随行的侍中刘晔说:"打猎的快乐,与听音乐相比如何？"侍中刘晔回答说:"打猎比听演奏音乐快乐。"鲍勋高声驳斥说:"音乐上能通达神明,下可和顺做人的道德规范。它能使政治兴隆,教化大行,万邦安定和睦。对于移风易俗,没有能比音乐更好的。至于行围打猎,把皇上的车驾暴露在原野上,伤害了上天生育万物的天理,顶风冒雨,哪管季节时令间隙地进行呢？从前鲁隐公到棠地观渔,《春秋》讥刺了他①。虽然陛下把打猎看成重要的事务,但愚臣并不愿意陛下这样做。"鲍勋接着上奏说:

"刘晔奸佞阿谀不忠,阿谀顺从陛下有过分而开玩笑的言语。从前,梁丘据在遄台上取媚于君主,如今的刘晔也是梁丘据②一类的人。请有关部门将刘晔治罪,以肃清皇朝中的奸佞。"曹丕听了怒形于色,便停止了打猎回到宫中,随即将鲍勋调任右中郎将。成为职掌训练、管理、考核的后备官员,出居外朝。

黄初四年(223),尚书令陈群、仆射司马懿共同荐举鲍勋为宫正③。曹丕不得已而任用了鲍勋,鲍勋的直言敢谏使百官严谨惧怕而又肃然起敬。

黄初六年秋季,文帝想征讨吴国,让群臣议论,鲍勋劝谏说:"王师屡次征讨都没有取得胜利,是因为吴、蜀两国唇齿相依结成联盟,又凭借着山水的险阻,有着很难攻取势力的缘故,往年征讨吴国,龙舟飘荡,阻隔在长江南岸,圣驾身临险境,使臣下吓破了胆。那时我朝宗庙社稷几乎倾覆灭亡,这应当成为百世的鉴戒。如今又打算劳兵远袭吴国,军

---

① 鲁隐公棠地观渔:鲁隐公(？—前712)春秋时鲁国国君,前722—前712年在位。在位期间勤于国事,贤而守礼,政声斐然。《左传·隐公五年》载,这年春,鲁隐公要到棠地(故址在今山东鱼台新县址西南)观看捕鱼。臧僖伯极力劝阻。隐公不听劝说还是以视察边境为由,前往棠地,让捕鱼者摆出捕鱼场面来观看。臧僖伯推说有病未随前去。《春秋》载:"公矢鱼于棠。"(孔颖达疏:矢鱼,观其取鱼以为戏乐)这是由于隐公观看捕鱼不合于礼,而且棠地离国都较远,而载《春秋》。鲁隐公是位贤君,一生中的一次违礼之举,却被《春秋》视为不规。此处鲍勋以此例劝说文帝不可违礼。

② 梁丘据:齐景公(前547-前490年在位)的宠臣,善于迎合景公,讨取景公的欢心。《左传》昭公二十年,即齐景公二十六年,齐景公打猎回国,晏子在遄台随侍。梁丘据驱车来到。景公说:"唯有据跟我和协啊。"晏子回答说:"据也只不过相同而已,哪里说得上和协？"景公说:"和、同不一样吗？"晏子说:"不一样。"随后晏子讲出了"和"与"同"不一样的道理。此即历史上有名的晏子论和、同之辩。

③ 宫正:即御史中丞。御史中丞与司隶校尉、尚书令并号"三独坐",为京师显官,职权甚重。所谓"三独坐",即朝会时,上述三官各独坐一席,以示皇帝优宠。其他百官则接席而坐。

费日达千金,使得朝廷的财力空虚,让狡黠的敌人逞威,臣以为不可。"鲍勋的劝阻使文帝更加愤恨,贬鲍勋为治书执法,官六品,掌奏劾。

这年八月,魏文帝没有听鲍勋不应伐吴的劝谏,执意伐吴。他命令水军从谯沿涡水入淮河。冬十月,前往广陵故城(今扬州西北),在长江南岸边检阅军队。魏军将士十余万,旌旗飘荡百里,大有跨过长江之志。吴布置军队严阵以待。当时天气寒冷,江岸结冰,战船无法入江。文帝见波涛汹涌,叹息说:"哎,这是上天注定要分割大江南北啊!"于是下令撤军。吴将孙韶派部将高寿率五百人的敢死队在曹军归途的狭路上,突然袭击曹丕的御营,文帝大惊。高寿夺得文帝的备用御车"羽盖"呼啸而去。数千艘舰船拥挤在河冰之中,不能前进。尚书蒋济多方设法,才把舰船一艘艘拖进淮河,返回基地。曹丕生前的最后一次征伐,就这样结束了。

三、鲍勋的秉正,招来杀身之祸

上文说到,曹丕做太子时,郭夫人的弟弟犯法,被时任魏郡西部都尉的鲍勋治罪;太子曹丕向鲍勋请求赦免,遭到拒绝,因此对鲍勋埋下怨恨。曹丕即位做了皇帝,鲍勋又多次直言劝谏,更使他愤恨。当魏军讨吴退兵,曹丕报复鲍勋的机会终于来了。

黄初七年(226)春,文帝从寿春(安徽寿县)回军途中,屯驻在陈留郡(河南开封东南)界。陈留太守孙邕欲拜见文帝,他出来路过鲍勋的营地。当时营垒还没有筑成,只树立了标记,孙邕从斜路走过,没有从正道行走,犯了军法。军营令史刘曜要推问治孙邕的罪,鲍勋以营垒尚未筑成为由,建议刘曜宽免了孙邕,不要举报。大军返回洛阳,刘曜犯有罪行,鲍勋上奏建议罢黜遣送刘曜回家,而刘曜秘密上表揭发了鲍勋为孙邕私下说情的事。曹丕为此下诏说:"鲍勋指鹿为马,将他收捕交付廷尉。"廷尉依法议决:"应判五年徒刑。"三官(廷尉三官的省称。大臣犯罪由其审理、收狱)反驳说:"依律应罚金二斤。"文帝听了大怒,说:"鲍勋已没有活命的指望了,而你等竟敢宽纵他,将三官以下的官员收捕交付刺奸(官名。主罪法),应当把他们一起处死。"太尉钟繇、司徒华歆、镇军大将军陈群、侍中辛毗、尚书卫臻、守廷尉高柔等共同上表认为"鲍勋之父鲍信曾有功于太祖",请求赦免鲍勋的罪过。文帝不许,于是杀了鲍勋。鲍勋自己的品行修养很好,又廉洁能施舍,他死的那天,家无余财。鲍勋死后两旬,魏文帝曹丕也去世了,世人无不为鲍勋的冤死而遗恨叹息。是年为魏黄初七年,即公元226年。

清《新泰县志·耆旧录》载:"鲍勋,字叔业,信少子。祀乡贤。"明《泰山志》,清《泰安县志》之《人物》亦有载。

【评析】鲍勋虽死优隆

《三国志·魏书·鲍勋传》作者陈寿评价鲍勋说:"鲍勋秉持正义,没有过失,而皆不能免除杀身之祸,可惜呀!《诗经·大雅·烝民》说,以'能明白事理,又能适应形势'为贵,《尚书·虞夏书·舜典》上推崇'刚直而又温和,如果不是各种优秀品质兼备的人才,有谁能具备呢?'"《三国志·魏书·鲍勋传》裴松之注引王沈《魏书》说:"(鲍)勋清白有高节,知名于世。"就是这样一个贤明君子之臣,则因为刚直敢谏,多次引起文帝的恚恨;又因文帝的小舅子犯法,鲍勋没有按他的意图给予宽恕赦免,最终找借口实行报复,杀死了鲍勋,成历史千古之冤。鲍勋之死不仅使时人遗恨而叹息,也使后人在为鲍勋之死无限惋伤的同时,痛恨魏文帝曹丕的小肚鸡肠,以廉直而嫉恶。作为一代曹魏皇帝,尚缺乏宽宏的度量,公平的诚心,宽广的心胸,良好的仁德。从鲍勋之死来看,他不是一位贤明君主。

不可否认,历史上的魏文帝曹丕,有些文韬武略,亦称一代文豪,在历史上有些贡献,但他贬抑群弟(曹操有 25 个儿子),在太子位的角逐中即显示出了他的心胸狭窄、嫉贤妒能的本性。由此本性而产生的同室操戈,兄弟相残,不仅在历史上出了名,而且为司马氏篡魏埋下了祸根。

历史上不知有多少刚直善谏之臣招来杀死之祸,也正是像鲍勋有刚直敢谏的高尚品德,才能使他的英名永载青史;也正是他的清白高节才能知名于世。鲍勋及其父鲍信的事迹和品德很值得今人敬仰,值得今天新泰人引以骄傲。以其为榜样弘扬其精神,做个敢于说真话的人,做个清白而有高尚节操的人,当是对鲍勋父子最好的纪念。

主要参考书目:《三国志·魏书·鲍勋传》,中华书局,2014 年版;栗平夫、武彰译《三国志》之《魏书》,中华书局,2014 年版;《资治通鉴·魏纪》,北京燕山出版社,2007 年版。

第四章　泰山平阳高堂氏

秦汉时期,平阳、梁父一带以桑麻为主的农耕经济趋于繁荣,秦皇汉武封泰山、禅梁父,驻跸新甫,亦使梁父、新甫名扬天下。至两汉新泰乡贤名士群起,高堂氏与鲍氏、羊氏一样在政治舞台上叱咤风云,留有仕踪宦迹。西汉武帝,罢黜百家,独尊儒术,"五经"得以广泛传播。今新泰龙廷人礼经博士高堂生对礼最知根本,传于后世,功不可没。其后裔高堂隆,曹魏时期直言敢谏,政声显于朝野。又学业昌明,为政清廉,被后世称颂。

第一节　高氏、高堂氏出自齐国上卿高傒

高氏出自姜姓。《元和姓纂》云:"高,齐太公六代孙文公子高,孙傒(奚),以王父字为氏。"《世本·氏姓篇》谓:"高氏,齐文公生子高,孙傒,为齐上卿,以王父字为氏。"《古今姓氏书辨证》亦载:"高,高氏,出自姜姓。齐太公六世孙文公赤生公子高,其孙傒,为齐上卿。"关于高氏来源,据《通志·氏族略·以名为氏》有四:"高氏,姜姓。齐太公六代孙文公之子公子高之孙,以王父名为氏。裔孙洪,后汉渤海太守,因居之。又有(齐)惠公之子公子祁,字子高,之后亦为高氏。郑有高克、高渠弥,不得氏。又高丽羽真氏,改高氏,又是娄氏改为高氏。"

齐国高氏姜姓,出自齐国公族。高傒(奚)为齐监国上卿,是周天子所任命的(《礼记·王制》:"天子之大夫为三监,监于诸侯之国者。"),在齐国有着特殊的地位。桓公小白少时即好善大夫高傒。高傒在齐桓公即位过程中发挥过关键作用,是他将齐襄公去世的消息告诉了在莒国的小白,才有鲍叔牙疾速送小白回国登上君位。此人还长于治国,对成就桓公霸业也做出了重要贡献。高傒谥号敬仲(一说高傒,字敬仲),是高氏之始祖,也是高堂氏之始祖。

高堂氏,亦姜姓。因齐上卿高敬仲采食于高堂,后以邑为氏,称高堂氏。《世本·氏姓篇》载:"高堂氏,齐卿高敬仲食采于高堂,因氏焉。"《元和姓纂》亦云:"高堂,《风俗通》:齐卿高敬仲,食采于堂,因氏焉。"《通志·氏姓略·以邑为氏》:"高堂氏,齐公族也,《风俗通》:齐卿高敬仲食采于高堂,因氏焉。其地在博州高堂。"博州高堂之地望在今山东高唐县东三十五里,或谓在今禹城市西南四十里。高堂,即高唐。为古高堂国故地。高堂氏后人在齐都临淄一带形成郡望。《广韵》以为"高,又汉复兴,高堂氏,出泰山。"由此可知,高堂生系齐国上卿高傒后裔,大概在秦汉间或在西汉初年迁播到泰山平阳一带,

后成望族。

第二节　西汉礼学博士高堂生

公元前 221 年,秦王嬴政剪灭六国,建立了统一的中央集权封建国家——秦王朝。秦始皇通过一系列制度地建立,奠定了此后中国两千多年专制主义政治体制的基本模式。秦始皇三十四年(前 213),始皇帝采纳李斯的建议禁绝私学,除秦国史官、博士官所藏和医药、卜筮、农书之外,私人所藏"诗、书、百家语"全部烧毁。在全国范围内大行焚书,先秦以来的许多珍贵典籍遭到焚毁。次年,又以有人诽谤朝廷、妖言惑众为名,下令将违法触禁的 460 多名诸生在咸阳活埋,史称"坑儒"。"焚书坑儒"是秦始皇钳制思想、统制文化、实现集权专制的两大举措,严重摧残了中华文化,扼杀了春秋战国以来发展起来的自由思想和精神,是中华文明史上的一场浩劫。

一、汉武帝独尊儒术,立五经博士

陈胜、吴广大起义,敲响了秦王朝灭亡的丧钟。项羽、刘邦的楚汉之争,刘邦得天下,建立汉朝。汉初,将黄老"无为"思想作为治天下的指导思想,与民休养生息。文、景二帝躬行节俭,发展农业,对外忍让,对内强调道德教化,加之轻薄赋,大减农民负担,又减轻刑负,废除肉刑,使政治清明,社会稳定,经济发展,人口增加,出现了人给家足、国库充实的繁荣景象。至武帝刘彻即位,国力大增。但黄老"无为"之策不能再适应社会发展和要求,难解国家面临的各种社会矛盾。虽说自文帝以来儒学的影响不断增强,但跟不上政治的需要。至汉武帝罢黜百家,表彰《易》《诗》《书》《春秋》《礼》《乐》六经(《汉书·武帝纪》)。建元元年(前 140)丞相卫绾建议,罢黜韩非、苏秦、张仪等人说的贤良方正。建元五年(前 136),设五经博士,提高儒学在官学中的地位。次年又将不治儒学五经的太常博士(指参议朝政及礼仪制度的博士,名义上隶属太常)一律罢黜,优礼延揽招聘儒生数百人。正式进入"罢黜百家,独尊儒术"的政策时期。五经博士知五经之学,其中高堂生最知《士礼》(即《仪礼》),使其才有了用武之地,得以传授《仪礼》十七篇。他的传承受到了制度的支持,与当时的社会制度高度结合。当时像高堂生这样的五经博士为专经博士,隶属太常管理考核。博士当时是官名,俸禄四百石,后升为六百石,秩(俸禄)卑而任重。但其享有经学权威的崇高荣誉,朝上朝下都尊称"先生"。武帝又接受了董仲舒的建议,设太学培养儒学官吏,从而形成独尊儒学的局面(参见中国社科院《简明中国历史读本》,中国社会科学院出版社,2012 年版,第 113 页、119—121 页)。"五经"正式成为官学,立为国学。从此开始了汉代以经治国重大方针转折。儒学思想从此成为中国封建社会的正统思想。

二、高堂生言《礼》最知其本

高堂生,复姓高堂,鲁人。清《新泰县志·乡土志·氏族》云:"秦汉间,高堂生居鲁平阳。"即居今山东新泰市龙廷。他是西汉今文礼学最早的传授者,专治古代礼制。今本《仪礼》(即《士礼》)十七篇即出于他的传授。其生卒年不详。《史记·儒林列传》引唐司马贞《〈史记〉索隐》对其姓、字作过详释:《索隐》谢承云:"秦氏季代(即末代)有鲁人高堂伯,则"伯"是其字,云"生"者,自汉以来儒者皆号生,亦先生省字呼之耳。"此言甚明,高堂为氏,伯是其字,生乃先生,是对其之尊称。

高堂生显扬于西汉武帝时期,以能言《礼》而著称。《礼》,即古代《礼经》或称《士礼》,儒家经典之一。为春秋战国时期朝会宴飨、婚冠丧祭等方面礼仪制度的汇编。汉儒附会为西周初周公所制订,又说孔子订定。《士礼》十七篇后世称之《仪礼》。至秦大坏。正如《汉书·艺文志》所言:"《易经》曰:'有夫妇父子君臣上下,礼仪有所错',而帝王本质文德有异,世代有所改动。至周代,对曲意迁就有所防范,做到了每事都有礼制。所以叫作:'礼经三百,威仪三千。'①"就是说冠、婚、吉、凶等等都是仪礼。到周末年,开始衰败,诸侯开始超越法度,坏了仪礼害了自己,破坏淹没了文献典籍,自孔子时已不完整,至秦大坏。汉兴,鲁人高堂生传《士礼》十七篇。

《史记·儒林列传》亦载:及至秦朝末世,焚《诗》《书》,坑儒生术士,《六艺》(《诗》《书》《易》《乐》《礼》《春秋》)从此就残缺了。到汉高祖刘邦,举兵围鲁,鲁国的儒生还在讲诵演习礼乐,弦歌之声不绝,这岂不是圣人之遗化,好礼乐之国哉?汉兴,诸多儒生开始修整其经艺,讲习大射乡饮之礼。到汉武帝即位,许多官员明白儒学,他也十分向往,于是便招纳任用方正、贤良、文学之士。自此之后,分别有人说《诗》《尚书》《易》《春秋》,而讲说《礼经》的源自鲁人高堂生。诸多学者虽说能讲说《礼》,而鲁高堂生最能得其根本。《礼经》本来自孔子时就已不全,到秦焚书后散失的更多,而独有《士礼》(即《仪礼》)这一部分,唯有高堂生能讲读它。高堂生所讲传的十七篇《仪礼》是否十分完备呢?随着近几年学者们对出土古简帛的破译,认为:西汉中期的孔壁中经,皆战国"古文",有逸书十六、逸礼三十九,昭示汉人熟习的二十九篇《尚书》、十七篇《仪礼》绝不完备,引出了所谓汉代学术的今古之争(邓晖《让"冷门"不冷,"绝学"不绝》,载《光明日报》2018 年 11月 18 日 05 版。所谓《逸礼》三十九,是说汉经学家刘歆所校《逸礼》,比高堂生所传《礼经》多三十九篇)。尽管如此,一部《仪礼》仍是儒学的重要经典之一。

又据《后汉书·儒林列传下》及《校勘记》载:鲁高堂生,汉兴传《礼》十七篇。授予瑕丘(亦作负夏,在今河南濮阳下县东南)萧奋,萧奋以礼官至淮阳(今河南淮阳县)太守,

---

① 礼经三百,威仪三千:韦昭曰:"《周礼》三百六十官也,三百举成数也。"臣瓒曰:"礼经三百,谓冠、婚、吉、凶。《周礼》三百,是官名也。"(颜)师古曰:"礼经三百,韦说是也。威仪三千乃谓冠、婚、吉、凶,盖《仪礼》是也。"

东海人孟卿侍奉萧奋,将《礼》授予孟卿,孟卿授予后苍,后苍授梁人戴德及德之兄子戴圣、沛人庆普。此即《汉书·艺文志》所云:"鲁高堂生传《士礼》十七篇。讫孝宣(汉宣帝)世,后仓最明。戴德、戴圣、庆普皆其弟子,三家立于学官。"于是德为《大戴礼》,圣为《小戴礼》,普为《庆氏礼》,三家皆立为博士。从此,《礼》遂今分"大戴""小戴""庆氏"三家。"三家《礼》,必含有《记》,可见二戴有《记》,《汉书》并非没有记载"(黄怀信主撰《大戴礼记汇校集注》之《前言》,三秦出版社,2005 年版)。这里所说的《记》即《汉书·艺文志》所载"《记》百三十一篇"(见后文)。至东汉建武中,曹充习庆氏学,传其子褒遂撰《汉礼》。

后来,戴德删削古礼 204 篇,辑成 85 篇,即《大戴礼记》又称《大戴记》《大戴礼》,成为秦汉以前礼仪论著的一部选集。书中保存了不少先秦史料,是研究儒家学说和古代制度的重要参考书(此书主要有北周卢辩注,清孔广森补注)。今本仅存 39 篇。其中,记孔子言语行为者 7 篇、引孔子语者 2 篇、记曾子语及行为者 10 篇、评论孔子门人者 1 篇、陈述古礼者 6 篇、通论礼者 2 篇、记古事者 5 篇、记上古帝王世系者 2 篇、其他论文 4 篇;另有专记时令物候天象的夏代遗书《夏小正》1 篇。

戴德之侄戴圣将《大戴礼》85 篇删为 49 篇,是为《小戴礼》,又称《小戴礼记》《礼记》。至东汉马融、卢植考订诸家异同,附戴圣篇章,去其繁重,成《礼记》(戴圣原定篇数与马融增附篇数,《隋书·经籍志》和《通典·礼》说法有异)。今本《礼记》计有 49 篇,其中《曲礼》《檀弓》《杂记》各分上、下,实为 46 篇。至宋朱熹取其中《大学》《中庸》列入《四书》,今本《礼记》多见 44 篇,但仍立有 49 篇之目。其内容以论述冠(礼)、婚(礼)、丧(礼)、射(礼)、乡饮酒①、投壶②各种礼节,饮食、服饰、打猎多种制度等礼仪为主,并讲述个人行为规范及治国安邦理论。《礼记》中保存了不少有关先秦时代的社会情况、文物制度的资料。以上记述的《礼记》的成书过程,是其中一种说法。另一说法:东汉郑玄《六艺论》称,《汉书·艺文志》著录之《记》百三十一篇,二戴分别传授。戴德传为《大戴礼记》,戴圣传为《小戴礼记》。故《礼记》成书过程中成二说。历代注释《礼记》者主要有东汉郑玄《礼记注》,唐孔颖达作疏即《礼记正义》,清朱彬《礼记训纂》,孔希旦《礼记集解》等。注疏家们对《礼记》其中篇目之作者另有高见。如唐孔颖达《礼记正义》认为:"《中庸》是子思伋所作,《缁衣》公孙尼子所撰。郑康成(名玄)云,《月令》吕不韦所修。卢植云,《王制》谓汉文时博士所录。其余众篇皆如此例,但未能尽知所记之人也。"总之,今本所见《礼记》,是儒家经典之一,是战国至汉初儒家学者各种仪礼论文选集,最早是西汉戴圣

---

① 乡饮酒:即飨。古代乡人在一起饮酒,以酒食款待的一些礼仪。

② 投壶:古代宴会时的一种游戏,以矢投入壶中,投中多者为胜。

编。此书保存了儒家思想的许多重要资料,是解释各种"礼"背后道理的一部著作。《礼记》涉及范围广,内容繁多,其中《礼运》即讲述了礼的运行流变,讲到了大同小康,乱世的演变等,对华夏礼学的源流及礼与社会的关系进行了较全面而系统的论述。

由于高堂生心记口诵,能言《礼》,并授《礼》于后人,后人又授予梁人戴德、戴圣叔侄二人,使礼学之传从此日盛。故《汉书·艺文志》载:"凡《礼》十三家,五百五十五篇。"《礼》传承至今,影响甚深,高堂生功不可没。正是有了他的传述,才使中华文化宝库中有《仪礼》这一宝贵文化遗产,使华夏礼义文明、礼乐文化绵绵不绝得以传承。

三、后世对高堂生的祭祀

高堂生自传《礼》而外,其事迹别无从稽考,官亦仅至博士①。其显扬之时大概已近耄耋之年,唯知闭门授徒,未求其荣。死后葬于今新泰市龙廷镇龙堂山下(清《新泰县志·山川》云:"龙堂山下有高堂生墓。")。其裔孙东汉有高堂溪,行述失侍(清·新泰县志·人物)。三国时有高堂隆,为三国魏名臣。隆之子高堂琛承嗣其爵位。其后至晋有高堂冲,为隆之裔孙,怀帝时为太史令,与缪播共参机密,后为东海王越所害(清《新泰县志·人物》有载),再其后裔则无从可稽查。或自高堂琛后失传,"或云今之高姓者,即其后"(见清光绪《新泰县志·乡土志·氏族》及《晋书·缪播传》)。唐贞观二十一年(647)高堂生从祀孔庙(见《新唐书·儒学上》),宋大中祥符二年(1009)封莱芜伯,明嘉靖九年(1530)改称"先儒",配享孔庙东庑。清初,有明代工部尚书崔文奎(新泰龙廷人)之苗裔,自言高氏乃其外家,愿刻石为公墓表,由时任新泰县令卢纮作《高堂公墓表》(清《新泰县志·艺文志》)。至同治十年(1871)立石(可能是重立,现存龙廷村内)。此时高堂生墓冢已塌陷,"内有石椁,骨骸尽露,状甚奇伟,绝不类今人,椁旁有砖,

高堂公墓表拓片

---

① 博士:古代学官名。始于战国,秦汉相承。汉文帝置一经博士,汉武帝置五经博士,后世沿置。

朱镂其上,云'汉礼经博士高堂生'"。当时有乡绅张相汉、当地庠生牛苏及诸同志聚敛钱财,抔土重新将其埋葬。清《新泰县志·丘墓》记,乾隆年初曾有"老民刘昆筑其墓,倡议建祠"。清同治己巳(1869)秋任城孝廉陈其赐见高堂公祠渐颓坏,湮没于荒烟蔓草之中,倡议修葺。时任县令李公(溱)、太学生刘兰圃、廪生崔淑身、刘均等欣然响应,聚敛钱财募修,邑人踊跃相助,旧观顿复,并有高堂生裔孙魏名臣高堂隆配祀。刘慎徽作《重修高堂公祠碑记》(见清《新泰县志·艺文志》)。后人所做的这一切,都是对先儒高堂生传礼贡献的公认和崇敬。

高堂生作为一代先儒,清代其墓又为县内一方胜景,引出许多文人墨客的怀古,留下不少诗作。例如,清新泰知县卢绂有诗《谒高堂先生墓怀古》(二首):

> 汉制相传起叔孙,咸阳天子始知尊。
> 当年早见高堂礼,绵蕞区区何足论。
>
> 儒风邈邈自千年,草覆荒丘冷烟残。
> 残碑无人摩姓字,空从十七问遗编。

新泰县令江乾达留有《谒高堂先生墓》(一首):

> 玉皇山下树蒙茸,遗墓丰碑气郁葱。
> 汉诏特隆经自授,秦灰历劫礼偏崇。
> 苔封马鬣三秋雨,月照龙池淡淡风。
> 晋谒祠堂精爽在,篇留十七启洪蒙。

随着岁月流逝,加之历代兵燹战乱,高堂生墓、祠虽皆不存,但为乡人留下若干遐想,今人也并没有忘记礼学先儒高堂生。近年,新泰高氏族人成立了"高堂生礼学研究院",又倡导修复高堂生墓、祠,众人莫不企盼胜景再现。

【评析】

一、"诗书丧,犹有舌"——可敬的汉代传经者

今新泰龙廷先儒高堂生在汉兴之时,传授《仪礼》十七篇,使华夏礼仪文明得以传承,功莫大焉。与其共同传承儒家经典的还有其他数位,皆是秦汉之际的齐鲁名士。今借此着些笔墨将传经的七位博士作以简介。

人所皆知,秦并六国的"焚书坑儒",即"燔《诗》《书》杀术士"(《汉书·儒林传》)。

秦始皇帝嬴政这一荒唐之举毁掉了大批珍贵的文化典籍,使千年传颂的文化精华付之一炬,给春秋末季形成的儒学以沉重打击。同时造成中国思想文化史上的一次大倒退。之后的楚汉相争,火烧咸阳,又使秦府所藏典籍尽毁。至汉刘邦举兵围鲁,又见儒生讲诵演习礼乐,弦歌之声打动了他,认为是圣人之遗化的结果。汉兴之初,好黄老之学。至汉武帝刘彻,招纳方正、贤良、文学之士、经学博士,才招来传经的若干贤士。博士作为朝廷官员和本经家的最高权威,可用经学讨论国政,制定礼仪,教授太学子弟,为朝廷选拔人才,参与外交活动等,秩卑而职尊,是荣耀之官。高堂生最知"礼"之本,立为博士,将《礼》传于后人,成为传五经的七大家之一。其他几位分别是:

传《易》者齐淄川(今寿光东南)人田何(字子庄,又作装)。及秦禁学,《易》为筮卜之事,独不禁,故传授者不绝。汉兴,田何传之。田何授王同、周王孙、丁宽、服生四人,四人皆著《易传》。要言《易》者本之田何。西汉立为博士,今文《易》学,皆其传授。

传《尚书》者西汉济南(今章丘西)人伏生(名胜)。原为秦博士。西汉新建后,汉惠帝四年(前191),朝廷废除秦朝的"挟书令",允许民间保存图书。伏生回乡从夹壁墙中取出《尚书》,发现仅存二十九篇,他用这残缺的《尚书》教授学子。至汉文帝求能治《尚书》者,天下无有,闻伏生能治,但年九十余岁,老不能行,且不能正言,言不可晓,汉文帝遂遣太常掌故晁错前往受读。使其女儿传言晁错,以汉时通行的隶书书写,后称《今文尚书》。伏生教济南张生及欧阳生。其后鲁人周霸、洛阳贾谊之孙贾嘉颇能言《尚书》(此指《今文尚书》。《古文尚书》出孔子壁中,孔子裔孙孔安国献之)。

传《诗》者有鲁人申公(名培,又称申培公)。少时与楚元王刘交俱从齐人浮丘伯受《诗》。文帝时召为博士。申公独以《诗经》作为诂训,是为《鲁诗》。后失官,退居家教,弟子自远方受业者达千余人。齐人辕固(又称辕固生)以治《诗》在汉景帝时为博士。至武帝传《诗》于公孙弘。昌邑太傅夏侯始昌最明。辕固传《诗》为《齐诗》。齐地以《诗》显贵者,皆其弟子。燕人韩婴所传之《诗》为《韩诗》。燕赵间好《诗》,唯韩婴自传之。以上三家皆立博士。赵人毛苌传《诗》,是为《毛诗》,未得立博士。

传《春秋》者有齐人胡母生(字子都)。年老授教于齐,口传《春秋公羊传》的微言大义,齐人言《春秋》者多受胡母生。汉景帝时入朝任博士,与董仲舒同业,为董氏所称。公孙弘亦从其业,后至丞相。瑕丘(今兖州)江翁传《春秋穀梁》。穀梁子名俶,受经于子夏,为经作传,故曰《穀梁传》。传孙卿,孙卿传鲁人申公,申公传博士江翁。其后鲁人荣广大善《穀梁》,又传蔡千秋,汉宣帝好之,由是大行于世(李学勤主编《春秋穀梁传注疏》,北京大学出版社,1999年版,第3页)。广川(河北景县)人董仲舒,亦治《春秋》,汉景帝时为博士,也是传《春秋》者之一。

以上据《史记·儒林列传》《汉书·儒林传》《汉书·艺文志》《后汉书·儒林列传》所

记,汉兴传"五经"(《易》《书》《诗》《礼》《春秋》)者七家皆为齐、鲁之士,方见齐鲁乃"礼义"之乡,儒者咸出。

上述的这些传经者,受汉武帝旨意在抢救中华文化遗产中立下旷世功德。因秦始皇的"焚书坑儒"几乎毁绝了民间存书,仅有《易》因是"民卜之用"侥幸逃过劫难。更致命的是项羽入咸阳燃烧三个月的那场大火,使皇宫的"国家藏本"荡然无存。至汉武帝,是依靠像高堂生、伏生这样的老读书人的"文化记忆",也就是背书而得。中国国家图书馆原馆长任继愈先生评价他们说:秦始皇"焚书坑儒",可是有人将所焚之书的内容背下来,口口相传。这就是"诗书丧,犹有舌"。任先生之语,点明了知识分子对一个民族所负的责任,可谓创造性的传播文化。中国传统文化就是在传承和创造双重张力下不断发展的。可以想象,如果没有汉代五经七大家对经书的传承,当今的国学将会是什么样子。他们传的是我们民族的文化血脉和知识思想之精华。七大家们在汉廷的"领导下",在一片废墟上重整旗鼓,使中华文化再度重生。可见当年整理文献的工作难度极大。同时,当时的大儒董仲舒不仅能治《春秋》,而且建议朝廷"尊尚儒学""兴太学,置明师",在接通因秦而断裂的中华文脉的同时,为国家培养人才;官员"以能任职""量材授官,录德定位",又为国家改革了干部的选拔制度。董子的这一贡献被汉武帝所赞、所接受。由此而产生的效果是,自汉武帝立五经博士,开弟子员,到汉平帝的百余年间,在朝廷的"禄、利"之推动下,形成了"全民"阅读"五经"的大好局面。在允许各抒己见的氛围下,汉代经学研究形成了多学派,如在高堂生之后,"凡《礼》十三家,五百五十五篇"(《汉书·艺文志》)。

汉武帝时代并至汉末,国家选拔人才的方法是"察举制",也就是推荐制。推荐的标准一是必须"有好文学",意谓读书出众者,不仅能读,还要能写作;二是"敬长上,肃政教,顺乡里,出入不悖"。符合标准后,从县到中央逐级考察通过后,送到九卿之首的"太常"那里,即分管文化教育的长官。再经一年的预料学习,结业时经严格考核,读通《诗》《书》《易》《春秋》《乐》六经之一艺以上,授"文学"(学官)或"掌故"(史官)之官。学业优秀者直选为郎中,成"中央机关干部"。再突出者,直奏报皇上,告示天下。连一本经都读不通的劝退,再递补另选。这种机制,激励着读书者上进,也可形成读书风气,读书读得好可入仕为官。这种机制的顶层设计者是公孙弘,此人也是治《春秋》专家。

另有一点应进一步认识到,汉武帝时期独尊儒学的儒学思想,除了在官学中得到尊崇,占有统治地位之外,在皇室成员的教育方面也发挥着十分显著的作用。这已从出土文物中得到证实(如南昌西汉海昏侯墓的出土文物)。另一方面,西汉儒学思想对社会的普遍影响,和其他新生事物一样,有一个逐渐认识和扩展的过程。有学者认为,儒学思想在汉文帝时首开端倪,武帝虽继此有较大幅度发展,至于儒家经典和思想的融通以及全面地制度性建设与社会教化,到东汉时才日臻完善,并为后世所继承。

二、高堂生所传《士礼》的主要内容

高堂生所传授之《仪礼》,古时通常只单称《礼》。有人因所记之礼主要以"士"礼为主,又称之为《士礼》。古代所称之"士"是种爵名,分上、中、下三等,在周代贵族中的地位较低,春秋时"士"多为卿大夫家臣及各级官吏。"士"还有其他一些意思,如称未婚男子、成年男子、贤者、智者、读书人、练武之人都可称士。《士礼》之"士"主要指贵族阶层的人或贵族子弟。《士礼》十七篇之内容包括周人贵族生活的若干方面,大体可划分为四大类。

一是嘉礼,共七篇。《士冠礼》,记载了贵族子弟到弱冠之年成为家族中成人的一员时,对其举行加冠之礼的详细礼仪;《士昏礼》(昏通婚),记载男女到婚配时,双方家长为其举行的从纳彩到婚后去家庙行礼祭拜的全部礼仪;《乡饮酒礼》,记载古代基层行政组织定期举行的以敬老为主的具体礼仪;《乡射礼》,记载了古代基层行政组织定期举行的射箭比赛的具体礼仪;《燕礼》,记载诸侯和他的大臣们所举行的带有音乐演奏、歌舞酒会时的具体礼仪;《大射礼》记载了国君主持的由各级贵族参加的射箭比赛时的各种礼仪;《公食大夫礼》,记载了国君在招待其他国或诸侯国的大臣所举行宴会的各种礼仪。

二是吉礼,共三篇。吉礼是祭祀鬼神、祖先、祈福纳佑之礼。《特牲馈食礼》,记载了一般贵族定期在宗庙(家庙)祭祀祖先的礼仪;《少牢馈食礼》《有司》两篇都是大夫一级贵族在宗庙祭祀祖先应具有的礼仪。

三是凶礼,记丧葬之礼,有四篇。《丧服》,记载了人们对死去之亲属,根据亲疏远近在丧服和丧期方面礼仪的差别;《士丧礼》《既夕礼》,记载一般贵族从死到葬的具体礼仪;《士虞礼》,记载一般贵族埋葬其父母后,回家所举行的安魂礼。

四是宾礼,记宾主相见之礼,共三篇。《士相见礼》,记载了贵族之间第一次交往,带着礼品登门求见及对方回拜的具体礼仪;《聘礼》记载国君派大臣对他国去礼节性访问的具体礼仪;《觐礼》,记载诸侯朝见天子的具体礼仪。

人们随着朝代更迭,社会变迁,礼仪也随之与时俱变,每个时代都有每个时代的礼仪。至今,古代的某些礼仪有的还在执行,或者或多或少的存在某些影子。婚丧嫁娶,待人接物,人与人之间的交往,日常生活,送往迎来,上至国与国,下至家与家,哪一项活动也离不开礼仪。可以想象如果这个社会没了礼仪会是什么样子。由此说,"礼"在古代之中国有着至高无上的地位,它既是国家的政治原则,也是社会的道德规范,是每个人为人的根本。它的实质是秩序。只有"礼"才可以制约人的行为,使之有秩序。正如孔子所说:"安上治民,莫善于礼。"(《汉书·艺文志》)

礼,是中华优秀传统文化之根本价值的核心德目,即孝悌忠信礼义廉耻八目中的"礼德"。当今国学界的知名人士曾对"礼"的含义作过精到诠释,认为:在中国传统文化中,就社会而言,礼代表秩序;就个人而言,礼代表教养;就人际而言,礼代表尊重;就心灵而言,礼还蕴含着信仰。"礼教"的主要功能在于成就人格(参见《光明日报》林存光、杜德荣《评"中华传统八德诠释丛书"》,2007 年 5 月 6 日 11 版)。毋庸回避,尽管自汉代以来,随着儒学主流意识形态地位的确立和纲常名目的日趋严格,礼德实践在某些历史时段难免出现僵化,甚至出现"君要臣死,臣不得不死;父要子亡,子不得不亡",这种严重背离儒家精神观念,扼杀、戕害人性的负面效应。当今,由于多方面原因,礼德缺失,礼义教养缺失而导致了浮躁暴戾之气盛行。由此看来,要实现传统美德回归,完成文明秩序重塑,传统道德理念重新扎根于中国人的精神世界,并非容易。

三、关于《仪礼》的成书年代、注疏及版本

《仪礼》是儒家经典之一。是春秋、战国时代一部礼制的汇编。其作者至今有两种意见,一说是周公制作;一说是孔子订定。其成书年代,至今没有定论,多数学者认为它成书于秦统一六国之前。近人根据书中的丧礼制度,结合考古出土器物进行研究,认为成书当在战国初至战国中叶。1959 年在甘肃武威发现"礼"的汉简多篇,可供校订今本《仪礼》参考。最早为《仪礼》作注的是东汉学者郑玄。他的《仪礼注》,博采众家,简明该洽。郑玄还注疏了《周礼》《礼记》,称"三礼"注。郑玄的"三礼"注成为后世注疏的楷模,也影响最大。唐代贾公彦《仪礼疏》,由于材料较少,其成就远不如他的《周礼注疏》。南宋朱熹及门人黄榦等撰《仪礼经传通解》,也是研究古代礼制的参考书(《辞海·仪礼条》第六版缩印本,上海辞书出版社,2010 年版)。曹魏时王肃亦尝注《仪礼》。后梁时,沈重为《仪礼》疏,但王、沈二家传习不多。宋元时期也有人致力于《仪礼》注疏。清代注《仪礼》者很多,其中明末清初山东济阳人张尔岐,著有《礼仪郑注句读》,精研《礼仪》,颇得一时学者推许。清儒治礼学由其始;另有姚际恒《仪礼通论》等,也是揭开清代《仪礼》研究萌芽状态的先行者。至清后期胡培翚治《三礼》,致力四十年著《仪礼正义》成就较高,有四十卷。他以郑玄注为依据,广采过去经学家的研究成果,加以订补申说,是较系统的《仪礼》注解书,收入了《皇清经解续编》。自古至清研究《仪礼》者和相关著述可谓汗牛充栋,其中清代尤为兴盛。有学者做过统计,有清一代已知的《仪礼》专经类研究专著有 225部,涉及学者达 177 人,文献数量占整个古代《仪礼》学研究总数的百分之二十一点四。自古而今的多家注疏都是对《仪礼》"绝不完备"地校订、充补和传承。

据《四库全书总目提要》《仪礼》在汉代有戴德、戴圣、刘向《别录》三种版本,篇第先后各不相同,现今流传的十七篇,是郑玄所注刘向《别录》本(见新世纪万有文库《周礼·仪礼》之《出版说明》,辽宁教育出版社,1997 年版)。

近年,随着科学技术的进步,《仪礼》研究也应用上了新材料、新技术。清华大学成立了经学研究院。它的成立为古礼复原和《仪礼》研究提供了更大的保障。该校承担的国家社科基金重大项目《〈仪礼〉复原与当代日常礼仪重建研究》运用了多媒体技术,使大型而逼真的古代礼仪得以复原再现,也使与之相关的论文、论著接踵产生,为更好研读《仪礼注疏》及其古注提供了方便,提高了效率。有学者认为,当下研究《仪礼》及其《仪礼》学史,目的是对传统礼学史进行深入挖掘、整理和总结,更好地批判性地继承和发扬传统思想文化,为构建现代伦理规范、社会秩序提供有益的历史借鉴和理论支持。

四、《仪礼》地位的升降

上文说到《仪礼》在古时通常只单称《礼》。因其所记之礼主要是以士礼为主,故又称之为《士礼》;因它属五经之一,又将它称之《礼经》;因《仪礼》十七篇中,有十三篇有"记","记"的内容是"说解"或"补充经义的文字",人们还称它《礼记》。据此,有人说《礼记》原本只是《仪礼》的补记附释。《仪礼》传到戴德、戴圣叔侄二人,改礼文为《大戴礼记》和《小戴礼记》,通称《礼记》。到西晋初年,人们称戴圣四十九篇为《礼记》。为防混淆,便称《礼经》为《仪礼》。这样便产生了《礼记》《仪礼》二礼,加上《周礼》,人们便称"三礼"。"三礼"中《仪礼》出现的年代最早。西汉时虽有三种不同版本的《仪礼》,但一直没有人为它作注。至东汉郑玄同时为"三礼"作注后,《礼记》脱离了《仪礼》而开始单独行世。《仪礼》的地位也随着《礼记》地位的提高而出现高下。

《礼记》单独成篇行世后,在官方考试制度中地位得到提升。至三国魏文帝黄初五年(224),置立太学,制五经课试法(《三国志·魏书·文帝纪第二》),《周礼》《仪礼》《礼记》等"三礼""皆列于学官"(《三国志·魏书·王朗传附子王肃传》)。至东晋太兴二年(319)六月,置博士员五人,四年三月置《周易》《仪礼》《公羊》博士(《晋书·元帝纪》)。但是,随着《礼记》的得以入选考试书,盛行于两汉的《仪礼》受到旁落,这与科举制度的肇兴有很大关系。科举制肇兴后,《礼记》的地位继续巩固。唐太宗贞观四年(630),诏颜师古考定《五经》(即《诗》《书》《易》《礼》《春秋》);七年十一月丁丑,颁新定《五经》(《旧唐书·颜师古传》《旧唐书·太宗本纪下》)。贞观十二年(638)又诏孔颖达等人撰修《五经正义》,凡一百八十卷(旧唐书·孔颖达传)。至唐高宗永徽四年(653)三月壬子朔,颁孔颖达《五经正义》于天下,每年明经令依此考试(《旧唐书·高宗本纪上》)。从此,《五经正义》成为唐朝科举取士的标准书。需要指出的是,《五经正义》中的"礼",独收郑玄注《礼记》。这是《礼记》第一次以朝廷的名义正式升格为"经",升到《周礼》《仪礼》之上。直到唐玄宗开元十六年(728),"五经"增列为"九经"。《礼记》《周礼》《仪礼》又组成"三礼"。《仪礼》才重新成为科举考试的内容。唐以后的各个朝代,对《仪礼》重视程度各有高下。如,北宋王安石当政时将《周礼》《礼记》二书多论及土地诸法,作为新法的依据(仝晰纲等著《齐鲁文化通史·宋元卷》第81页,中华书局,2004年版),"于是改法,罢诗赋、帖经、墨义,士各占治《易》《诗》《书》《周礼》《礼记》一经,兼《论语》《孟子》"

（《宋史·选举志一》）；至熙宁四年（1071）"凡专经进士，须习两经，以《礼记》《周礼》……为大经，……《仪礼》为中经，……《周礼》得兼《仪礼》或《易》，《礼记》《诗》并兼《书》"（《宋史·选举志一》）。由此可见，《礼记》的地位显然高于了《仪礼》。

《中庸》《大学》原本是《礼记》中的两篇，其中《中庸》的内容被儒家标榜为治国安邦平天下的法宝和道德修养的最高准则。《大学》中的"八德目"（诚意、正心、格物、致知、修身、齐家、治国、平天下）是仁人志士孜孜以求的奋斗目标，所以受到封建统治者和儒家的推崇，视作古代哲学精典。至南宋理学大师朱熹将《中庸》《大学》二篇从《礼记》中析出单独成书，与《论语》《孟子》合称"四书"，编为《四书章句集注》。编成后广为刊刻流传，以至成为科举取士制度中必考内容，并逐渐成为新精典系统，即人们常说的"四书"。自此，相当长的一段时间，"五经""四书"不仅被确定为科举考试的教科书，也成为儒家的主要典籍，被士大夫奉为读书、立身、处世的根本。《仪礼》这一古老典籍的地位虽渐被《礼记》替代，未列入《五经》，但它仍是中华传统文化的重要组成部分，儒家学说的主要典籍。

主要参考书目：《史记·儒林列传》，中华书局，1999 年版；《后汉书·儒林列传》，中华书局，1999 年版；逄振镐著《山东古国与姓氏》，山东人民出版社，2006 年版；黄怀信主撰《大戴礼记汇校集注》，三秦出版社，2005 年版；清《新泰县志》，新泰市史志办编，2009 年版；《汉书·艺文志》，中华书局，1999 年版。

【本节编后】汉高堂生墓祠有清一代修缮情况拾零

西汉礼学博士高堂生，复姓高堂，字伯；生，乃先生之省称，是对他的尊称。《史记》所云"今独有《士礼》，高堂生能言之"，说明司马迁作《史记》时，高堂生其人还在世。进一步证明高堂生是汉武帝时期的《礼》博士。唐代贾公彦《礼仪疏》卷一《士冠礼》第一载："《汉书》云鲁人高堂生为汉博士。"贾氏所说《汉书》今本已不传，但说明唐初的《汉书》传本还有高堂生为汉博士事。不然，唐太宗也不会在贞观二十一年下诏让高堂生从祀孔庙。据清康熙二十二年《新泰县志·丘墓》、清顺治年间新泰县令卢绒作《高堂公墓表》及清代其墓出土砖铭"汉礼经博士高堂生"等，确凿证明高堂生为汉平阳即今新泰龙廷人。因他对《礼》最知其本，能背诵并有研究，故高堂生成为《仪礼》十七篇的唯一传承者。他又将《礼》传给了萧奋等人，才使《礼》这部先秦典籍保留至今，后世称之为礼学大师。他晚年授徒，死后葬于故里龙廷庄西龙堂山下。高堂生墓，自清代康熙《新泰县志》及其后《县志》均有载，从所载情况，大体可判断出清代高堂生墓和祠的修缮情况。

1. 清初曾修缮，并有知县卢绒撰写了墓表。清康熙二十二年（1683）《新泰县志·丘墓》："高堂生墓,(在)县东三十五里龙廷庄。知县卢綋有碑记。"这一记载说明当时高堂生墓尚存,县卢綋所撰墓表立于墓前。

卢綋于顺治七年(1650)到十一年(1654)第一次任新泰知县。他所撰《高堂公墓表》时间应为顺治十年。《墓表》首题曰:"皇清顺治口口岁次癸巳……。""岁次癸巳"即顺治十年(1653)。《墓表》中指出"时乡绅张君相汉,邑庠(生)牛生苏及诸同志为醵金异土重瘗之",但只是欲立碑记而未能实现。由此可知,卢綋撰《墓表》之前,已有明末遗民张相汉及本县庠生牛苏等人聚敛钱财对高堂生墓修缮过,但未立碑记。这是有清一代的首次修缮。

2.第二次修缮是在乾隆初年。清光绪增修版《新泰县志·丘墓》:"高堂生墓,县东三十五里龙廷庄。知县卢綋立碑表之。乾隆初,老民刘昆筑其墓,倡议建祠。"又《县志·人物·义行》,"刘昆,居龙廷庄,西有汉高堂生墓,复有二十余家,昆朝夕培土皆隆起。又约举人纪元复,生员陈有伦、刘儒范等建修高堂生祠堂。"由此知,刘昆等人不仅修缮过高堂生墓,且首倡修建高堂生祠堂。按《县志·人物》所载,纪元复为雍正丙午年(1726)举人,与刘昆应是同时代人。乾隆初高堂生墓得到修筑,刘昆、纪元复等人功不可没。此时据上次修缮已过七十余年。此次修缮之后,至知县江乾达任职期间(乾隆四十八年,即1783年至乾隆五十二年,即1787年)谒高堂生墓并赋诗,墓与祠仍存,有江乾达《谒高堂先生墓》诗为证(诗见前)。

此后再未见有修葺高堂墓的记载。至同治十年(1871)有"善人"立石,镌刻上了卢綋所撰《高堂公墓表》。《墓表》正文后还镌刻上了卢綋《谒高堂先生墓怀古》诗(二首)及江乾达《谒高堂先生墓》诗。故可认为《高堂公墓表》是重刻。

该碑现存龙廷一村民家中,观新泰博物馆所制该碑拓片(又见新泰政协2014年编《新泰石刻集萃》,北京燕山出版社出版),卢綋、江乾达诗只存"谒高堂先生墓怀古,汉口相传起叔孙,咸阳天子口口……从十七问道(应为遗)口。县尊江乾达谒高堂先生口口口……十七启洪濛"等字。今据《县志·艺文》所载以上两诗,碑拓之缺字(包括首题所缺二字)可补之。又,拓片末端有"同治十年岁次辛未口口口镌,口口……沐手敬书"等字,凭此立石者系何人已不可识。但从光绪《新泰县志·艺文》所录刘慎徽撰《重修高堂公祠碑记》,可知是由时任新泰知县李溱(同治四年进士,同治六年至十年任新泰知县)率众所为。《碑记》载:既孝廉纪元复倡修高堂生祠宇以来已越百数十年,同治八年(1869)秋,任城孝廉陈其赐倡议修葺。时邑侯宝坻进士李公(溱)莅新四年,遂捐廉为之倡。清初庠生刘四聪之后裔太学生刘兰圃欣然任其事,约廪生崔叔身、刘均时等,聚敛钱财募修。同治十年二月始,至十月竣工,旧观顿复。

同治十年后再未见有修葺高堂生祠的记载,其祠这次修葺应有两碑,一为刘慎徽撰

《重修高堂公祠碑记》,该碑大概已毁。另一方碑则是现存于龙廷乡民家中的《高堂公墓表》碑。

第三节　曹魏忠臣高堂隆

东汉末年的黄巾大起义从根本上动摇了东汉政权统治的同时,各地势力乘乱发展,埋下了分裂割据的隐患。并州牧董卓之乱后,又起内讧,多方展开混战,以讨董卓为由,割据一方。混战的结果,形成魏、蜀、吴鼎立三足之势,东汉名存实亡。建安元年(196)汉献帝刘协逃回到洛阳。兖州牧曹操打败青州黄巾军后,收编精锐,组建"青州兵",迅速崛起。曹操为实现"挟天子而令诸侯"之目的,进洛阳把汉献帝迎到许昌定都。此后,曹操以强势剪灭吕布,战败袁绍,北征乌桓,基本统一了北方。建安十三年(208),赤壁之战,周瑜火烧了曹操的大量战船,战败而回,曹操从此专营北方。建安十七年(212),曹操平定关中,次年封为魏公,建安二十一年进封魏王,权力、待遇等同皇帝,只差皇帝名号。建安二十五年(220)①正月,曹魏政权的奠基人曹操病逝。历史上的曹操是个政治家。他在政治上加强中央集权,抑制豪强势力,破除东汉以来腐败僵化的用人制度,唯才是举,不拘一格。提倡节俭,反对奢侈,后宫不穿豪华服装。屏风补之再用。他遗令死后"敛以时服,无藏金玉珍宝(《三国志·魏书·武帝纪》)。从此兴起薄葬风气。当年十月曹操之子曹丕逼汉献帝让位自称帝,年号黄初,定都洛阳,国号魏,史称曹魏。

魏文帝曹丕共在位七年(220－226),黄初七年(226)病逝,其子曹叡即位,是为魏明帝。明帝在位十二年期间,却不像其祖父那样节俭,而开始大兴宫室,讲究享乐,侍中高堂隆官高爵显,为纠明帝过失,多次进谏,言词恳诚,史称其忠。

一、初露头角,令人刮目相看

高堂隆(？—约237),字升平,泰山平阳人,即今山东新泰龙廷镇人,西汉礼学博士高堂生之后裔。少年时代为在学的儒生。泰山太守薛悌指派他当督邮,主要职掌督送邮书,代表郡守督察各县、宣达教令,兼及案系盗贼,点录囚徒,催缴租赋等,其权甚重。当时郡内督军(官名,负统兵监察之责)与薛悌争论,叫着薛悌的名字大声呵斥他。高堂隆按剑怒斥督军说:"过去齐鲁夹谷会盟,鲁定公受侮,孔子跨上台阶去指责对方;赵王被迫给秦王弹瑟,蔺相如就让秦王击缶。如今你以居高临下的态度喊着太守的名字大声呵斥,都是道义所应谴责的。"此举使督军为之失色,薛悌也十分吃惊,起身前往制止。此后,高堂隆辞去职务到济南国(今章丘西)去避难。

---

① 建安二十五年:建安二十五年也是汉献帝延康元年,至当年十月曹操子曹丕逼汉献帝让位称帝,为魏文帝,改元黄初元年,东汉亡。

东汉建安十八年(213),曹操征召高堂隆为丞相军议掾(丞相属官),后在历城侯曹徽处任文学侍从(官名),掌管教化之事。后转为历城侯相(实为行政长官),掌接待宾客,兼任外交事务等。历城侯曹徽在太祖曹操丧事时,不举哀,反而"游猎驰骋",高堂隆善意正直地劝谏他,并帮助指导他很快懂得了这方面的礼节,尽到了辅导的责任。

黄初(三国魏年号,220—226)中,高堂隆为堂阳(今河北新河县西北)县令,以此选为平原王曹叡的师傅。曹叡于黄初七年(226)五月十七日即位,是为魏明帝。高堂隆先为给事中,常侍皇帝左右,每日上朝谒见,以备顾问应对,分平尚书奏事,负责实际政务,为朝中要职;后为博士,掌经学教授,议定礼制;再任驸马都尉,成为皇帝侍从近臣,皇帝出行时掌皇帝的侍从车辆副车,俸禄较高。明帝即位不久,群臣以为宜举办飨会,以酒食款待众臣,高堂隆说:"唐尧、虞舜以来皇帝驾崩即有停止举乐以示哀悼的礼仪,殷高宗对父亲的死有说不出的思念,沉默不语,他的崇高美德使社会达到和平安乐,光大于四海。"他认为不宜飨会。明帝十分敬重地采纳了高堂隆的建议。遂晋升为陈留(今河南开封东南陈留镇)太守。有个放牛的人叫酉牧,七十余岁,品行高尚,高堂隆推举他为计曹掾(官名)。明帝赞赏高堂隆的做法,特地任酉牧为郎中以示表彰。高堂隆征召为散骑常侍,赐爵关内侯。职掌侍从皇帝左右,谏诤得失,顾问应对,与侍中等职共平尚书奏事,成朝内重职。

二、秉笔直谏,文辞诚恳中的

青龙年间(233—236),朝廷"大治殿舍,西取长安大钟"。高堂隆上疏说:"过去周景王(名贵,周灵王之子,前544—前520年在位)不以文王、武王贤明的美德作为楷模,忘记了周公旦制定的典章制度,即铸大钱,又作大钟,单穆公切谏而不听,泠州鸠对答而不从,竟迷惑而不反思,周朝政治因此衰败,优秀史官把这些记载下来,做为永远鉴戒。然而,当今世上邪恶之人,好议论秦、汉之时奢靡的生活以动荡陛下的圣心,诱惑陛下求取已亡国家不合法度的器物,劳役百姓,耗费钱财,伤害德政,这不是振兴和谐的礼仪音乐,保持神明的吉庆应采取的做法。"一日明帝幸巡上方这个地方,高堂隆与卞兰随从。明帝把高堂隆的奏书授予卞兰,使卞兰为高堂隆发难说:"国家的兴衰在于德政,与礼乐有何关系?教化不昌明,难道有大钟的罪过吗?"高堂隆说:"礼乐是治国的根本。过去'箫韶九成,凤凰来仪,雷鼓六变,天神以降'①,国家政治因有礼乐而安定,国家的刑法、法度因有礼乐而

---

① 箫韶九成,凤凰来仪,雷鼓六变,天神以降,语出《尚书·益稷》。箫韶:舜时的乐曲名;九成,每次乐曲结束后要变更再奏,共变更九次,奏乐才结束。凤凰:传说中的鸟名,雄为凤,雌为凰。来仪:成双成对。凤凰来仪:谓凤凰来舞而有容仪,相传为瑞应。雷:即擂。六变:六种变化。天神:古代人们想象中万物万事的主宰者。本句意谓,虞舜制定的《箫韶》变化演奏了九遍,凤凰成双成对的飞舞;祭祀的擂鼓节奏变化着敲了六遍天神就会降临。

放置一边,这样国家才能实现最和谐。商辛(即帝辛、纣)靡靡之乐的声音催发商朝走上了覆灭之路;周景王的大钟铸就,敲响了周朝衰败的丧钟。存亡之关键,全都因此而产生,难道说国家兴衰与礼乐没有关系吗? 陛下的一举一动都要记载下来,这是古人创立的规矩,做事不按法度规矩,又何以昭示后人呢? 圣王陛下乐意听取其过失,所以就有告诫规劝的说法和道理;忠臣愿竭力保其节操,所以就有尽心竭力而不顾自身安危的道义。"明帝听了高堂隆的一番话认为很有善意,说得很好。

青龙三年(235)高堂隆晋升为侍中,三品,俸禄千石。常侍卫皇帝左右,管理侍中省门下众事,侍奉皇帝的生活起居,皇帝出行护驾;与门下其他官员同掌顾问应对,拾遗补阙,谏诤纠察,傧相威仪,平议尚书奏事,权势较重。同时兼任太史令,掌天文历法、修撰史书等。

同年秋七月,洛阳崇华殿遭火灾,明帝诏问高堂隆:"这是什么灾祸? 要不要祭祀神灵消灾?"高堂隆对答说:"消除变异的举动,都是上天用来表示教导和告诫的,唯有遵从修养为政之德,服从礼制才可以战胜它。《周易大传》上说:'居上的君主不俭朴,在下的臣民不节约,灾火烧其宫室。'还说:'君高其台,天火为灾。'君王如果一心致力于修饰宫室,不知百姓空乏竭尽,上天将以旱灾回报,火从高高的宫殿燃起。上天对下体察,将通过降下灾异以遣责、警告陛下;陛下宜增崇做君王的道德规范,加强对百姓的关怀,以报答天意。过去太戊(即商王密,太庚之子,雍己之弟。太戊是庙号)时有桑榖(两种木名,古时以二木生于朝不祥)而生于朝,武丁(即商王昭,前1250—前1192年即位,在位59年;又称殷武,武丁是庙号)时有雊雉叫而登于鼎①,他们皆感到恐惧,不敢安身,专心修养德行。三年之后,远方的夷人前来朝贡,所以号曰中宗、高宗②。这些都是前代之明鉴啊。今依据旧法占卜所记,火灾的发生,皆是以大修台榭宫室而提出的警告。然而,今宫室之所以有充扩之人,实则由于宫女众多之缘故。陛下宜进行有选择地挑选留用美丽贤淑之人。如按周代的礼制,应该减省多余之员。过去祖己(商臣,佐武丁治国。武丁祭汤,有雊登鼎耳鸣,武丁惧怕,祖己劝其勿忧,要先修政事)以此来教诲高宗(武丁),这就是高宗之所以享有久远的称号的原因。"

皇帝又诏问高堂隆:"我听说汉武帝时,柏梁台(汉武帝元鼎二年,前115年春修建,

---

① 雊雉登鼎:见《诗经·小雅·小弁》:"雉之朝雊,尚求其雌。"(听到野鸡早晨叫,雄鸟尚且求雌鸟)《论衡·异虚》:"高宗(武丁)祭成汤之庙,有飞雉入庙,登鼎耳而雊,高宗十分惧怕。"本句是说有野鸡登鼎而鸣叫。

② 中宗、高宗:《史记·殷本纪》载,太戊在位时"殷复兴,诸侯归之,故称中宗"。《晏子春秋·内篇谏上》认为,武丁与商汤、太甲、祖乙同为"天下之盛君"。《尚书·无逸》载,武丁在位59年,死后尊为高宗。

147

在长安城中北阙内)发生火灾,而以大起宫殿来震慑它,这又如何解释呢?"高堂隆对答说:"臣听说《西京赋》写道'柏梁台发生火灾,是越族的巫师施展的魔方,认为修建更宏伟的建章之宫(位于汉长安故城西,今西安西北二十里)是根本途径,以震慑火灾的不祥之兆。(火灾)乃是蛮夷越族巫师主意,非圣贤之明训。《五行志》上说:'柏梁火灾,在这之后有江充巫蛊卫太子之事①。'如《五行志》所记,越族巫师修建了建章之宫,并没有震慑住灾难。孔子说:'发生灾害应做善事以响应五行的变化,灾祸是阴阳相侵而形成的不祥云气而相感应,以告诫人间的君主。'圣君目睹灾害就要责备自己,进而修养德政,以消灾害反复发生。现在应该遣散民众的劳役。宫室的建制务必从俭节约,内足以抵御风雨,外足以讲究礼仪。清扫受灾之处,不要再于此冒昧地另搞建筑,蓂莆(一种瑞草)、嘉禾必生此地,以报答陛下虔恭之恩德。如果继续耗费民力,枯竭民财,不是招致符瑞而使远方之人来归顺的做法。"明帝听了高堂隆的建议,于是在原址上修复了崇华殿,时值国内有九龙显现,故将崇华殿改为九龙殿。

陵霄阙刚开始修建,有喜鹊在其上筑巢,明帝以此事询问高堂隆,高堂隆回答说:"《诗经》上说:'维鹊有巢(喜鹊筑成巢),维鸠居之(鳲鸠〔即布谷鸟〕来住它)。'(《诗经·召南·鹊巢》)今兴宫室,新起陵霄殿,就有喜鹊来筑巢,这是宫殿没建成就失去了在里面居住的征兆。天意好像是说,宫室未成,将有异姓来统治支配它,这就是上天的告诫。天道无亲,只赐福于善良的人,不可不深防,不可不深虑。夏、商之末的继位者,不钦承上天的明确旨意,只行谗言谄媚之能事,废德政,放纵私欲,故其亡国是很快的。太戊、武丁二位王,目睹异灾恐惧不安,恭恭敬敬地接受上天的告诫,故其很快兴旺昌盛。今若停止各种劳役,厉行节俭以使物品充足,增施德政,行动遵从帝王的准则,消除普天下民众所担忧的弊政,兴办对百姓有利的事情,那么三王可四,五帝可六②,难道惟有殷高宗、武

---

① 江充巫蛊卫太子事:江充(?—前91),西汉赵国人。汉武帝晚年,对其颇信任,但见武帝年老多病,恐卫太子即位对己不利,诡称武帝病重在巫蛊。前91年武帝以江充为使者,察巫蛊,杀了几万人。江充指使胡人巫师说宫中有蛊气,遂掘太子宫,称得一桐木人。古人认为用巫术诅咒或用木偶埋在地下可以害人。太子见状惧怕,起兵杀江充,旋而太子兵败自杀。后来武帝对巫蛊之事多不信,知卫太子蒙冤,乃灭江充家族。

② 三王……六帝:三王,指夏禹、商汤、周文王;一说夏禹、商汤和周代文王、武王。《孟子·告子下》谓:"五霸者,三王之罪人也。"五帝:传说中的古代帝王。有四种说法:1. 黄帝、颛顼、帝喾、唐尧、虞舜(《大戴礼·五帝德》《史记·五帝本纪》);2. 太昊、炎帝、黄帝、少昊、颛顼(《礼记·月令》);3. 少昊、颛顼、帝喾(高辛)、唐尧、虞舜(《帝王世纪》);4. 黄帝、少昊、帝喾、帝挚、帝尧(《道藏·洞神部·谱录类·混元圣纪》引梁武帝说)。该句是说,(明帝)只要秉承上天的天戒,消除百姓担忧的弊政,兴办对民有利之事,您就是三王之后的第四个,五帝之后的第六个。

丁那样的帝王可以转祸为福吗？臣是您的心腹，或许可以为陛下谋更多的福祉而躬行，安存江山社稷。臣虽是粉身碎骨家族破灭，犹如获新生也。岂能害怕违逆惩罚，而令陛下听不到实话呢？"于是，明帝面改龙颜动了生色。

青龙四年(236)冬十月，己卯(初十)，明帝返回洛阳宫。甲申(十五日)，在大辰星旁出现彗星，后又显于东方天际。高堂隆上疏说："凡帝王迁移都城兴建城邑，都要先选定祭祀天地和土神、谷神的地方，恭敬地遵奉他们。将要营造宫室，则营造宗庙为先，马厩、仓库为次，居室为后。今圜丘①、方泽②、南北郊③、明堂④、社稷⑤各神神位尚未确定，祖先之宗庙的建制也不符合礼制，而只是大修自己的宫殿居室，使民众丧失本业。外人都说：'宫中人员的花费与军国开支几乎相等。'民众不堪忍受，都有怨恨和愤怒的情绪。《尚书》上说：'天聪明，自我民聪明。天明畏，自我民明威⑥。'众人兴起对君主的颂扬，则向以五福⑦。若民众怒气叹息，则威慑以六极⑧。这是上天给予的奖赏和惩罚，可谓随民意，顺民心。由此说执掌朝政，务必把安抚民众放在第一位，然后依照古代的教化，才能感动上天和下民，自古及今，未尝不是这样。用不高大的柞木作椽子，修建陋室居住，是唐尧、虞舜、大禹所遗留的风范；修玉台、造琼室，是夏桀、商纣对昊天的冒犯。今之营造宫室，实则违反礼仪法度，乃更名建造九龙殿，华丽的装饰超过前古。天上的彗星在闪烁，开始起于房宿与心宿(星官名，都是二十八宿之一)之间，后来靠近帝座而侵入紫微宫⑨，此乃皇天上帝慈爱陛下，是以这样的举动教化告诫陛下的迹象，彗星运行的起止且

---

① 圜丘：是帝王为祭天所筑的圆形高坛，即天坛。

② 方泽：即方泽坛，又名方丘、地坛。指夏至日祭地之坛。

③ 南北郊：即郊祭，在国都南北近郊祭天地的地方。

④ 明堂：即天子宣明政教的地方。凡朝会、祭祀、庆赏、选士、养老、教学等大典，均在此举行。

⑤ 社稷：祭祀土神和谷神的地方。

⑥ 天聪明，……自我民明威：这句话载《尚书·皋陶谟》。天聪明之"聪"：听取意见；天聪明之"明"：明察是非。天明畏之"畏"：惩恶；天明畏之"明"：扬善。全句意思是：上天听取意见，明察是非，来自我民众的视听。上天扬善惩恶，也是依据我民众的意见和愿望。

⑦ 五福：《尚书·洪范》："五福：一曰寿，二曰富，三曰康宁，四曰攸(通)好德，五曰考(老)终命。"本句意谓：上天将让您享受五种福分。

⑧ 六极：《尚书·洪范》："六极：一曰凶短折，二曰疾，三曰忧，四曰贫，五曰恶，六曰弱。"孙星衍《尚书今古文注疏》认为"极"通"殛"。本句意谓：上天将给您六种惩罚。

⑨ 紫微宫：亦称"紫宫"，星官名。古人以紫微星垣，比喻皇帝的居处。因称皇宫为"紫宫"。

始终都在于尊贵的地位,殷勤厚重,想比是让陛下觉悟;这就是仁慈的天父发出的恳切的训诫,陛下应当像受人尊崇的孝子一样,以恭敬惶恐的样子接受礼仪,为天下人做表率,并昭示后代子孙,不应该有忽视的表现,以免加重上天的愤怒。"

高堂隆数次深切劝谏,使明帝很不高兴。

青龙五年(237)①,当时军国之事多难,法律严酷难以执行。高堂隆又上疏说:

"扩展道路,把基业留给子孙后代,有待圣明的君主来完成。辅佐君主,匡正天下的偏差,必须有良臣辅佐,用有才能的人为国做事,各种事功都能完成,而使万物能得到安定。要移风易俗,宣明道德教化,使天下同一风俗,心向中央王朝,道德教化光大熙和,普天下人民仰慕正义,国家这种稳固的局面不是浅陋迂腐的官吏所能做到的。今有掌管刑罚的官员以刑法条文,来督察百姓,不遵循正道,所以刑罚应不断使用而不能搁置不用,存在的世俗弊端也不敦厚。陛下宜尊崇礼乐,在明堂依次颁布要实施的教化措施,举行三雍②、大射③、养老④,营建祭祀天地的神坛和宗庙,尊重儒士,举荐逸民,表章制度,改正朔、易服色⑤,广布和乐平易之态度,崇尚节俭朴素,然后备礼封禅,归功天地,使盛世之乐的声音响满天地四方,光明的教化像洪流一样混混流于后世。这大概是治理的极为美好的、不朽的尊贵事业啊。这样,九域之内,用礼仪文德的办法去治理,尚何忧哉!不正其本而救其末,犹如丝麻一样纷乱,不是执政者治理国家的办法。可命朝中所有公卿百官和学问渊博的儒生,制定出上述礼仪活动的详细内容,以作为法定规范。"

三、君侈每思谏其恶,将死不忘忧社稷

高堂隆学问优深,精通天文。同年春季,山茌县(位于今山东济南市长清区张夏镇,魏属泰山郡)奏报说有黄龙出现。高堂隆又认为,魏是土德,所以它的瑞兆是出现黄龙。应该改用新历;变动车马、祭品的颜色,使用不同式样的旗帜、图案、颜色和名称,制造新的礼器、乐器、兵器,这是自古以来帝王用来使他们的政权神圣,政治清明,使万民耳目一

---

① 青龙五年:这一年魏改太和历为景初历,改以十二月为岁首,以是年三月为四月,改元景初(元年)。

② 三雍:辟雍(西周以后天子所设的大学)、明堂、灵台合称三雍,是帝王举行祭祀、典礼的场所。

③ 大射:周代射礼之一。此礼于举行盛大祭奠之前或择士时行于射宫(辟雍中间的厅堂),目的是以射击高下选用人才(详见《仪礼·大射》)。

④ 养老:属一种古礼,对具有某些资格的老年人按时给予酒食。

⑤ 改正朔、易服色:一年中的第一天为正朔。古代改朝换代,要改用新历法叫改正朔;改变车马、祭品的颜色,叫易服色。

新的一套方法，所以三春称王，即能明达三统①。于是高堂隆同尚书郎杨伟等根据旧历和纷纭数岁的结果，对过去的典章制度加以陈述和申说，奏请明帝改"太和历"为"景初历"。明帝同意了他们的奏章，改青龙五年春三月为景初元年孟夏四月，车马、祭品颜色尚黄色，以黄为贵；祭祀牲畜用白色．依从"三正"②中的地正（即商正），改十二月为岁首（其事又见《宋书·礼志一》）。

不久，高堂隆晋升光禄勋，职司范围更加扩大，地位显要，俸禄二千石，属官众多，位列九卿。冬季，明帝采纳了高堂隆的建议，在洛阳城南委粟山上修建圜丘。同时下诏在方丘、南北郊各举行祭祀，并明确了配享。明帝欲增崇宫殿，雕馈观阁，凿太行之石料，采谷城（今河南洛阳市西北）有花纹的文石，起景阳山以建芳林园③，建昭阳殿于太极殿之北④，并铸作黄龙、凤凰奇伟之兽，装饰金墉城、陵云台、陵霄阙。百役繁兴，劳作者万人以上，公卿以下至于学子，莫不施展能力，明帝亲自躬身掘土以作表率。而当时辽东（泛指辽宁、辽河以东地区的属国）（公孙渊）不臣服，不朝觐。悼皇后崩（指毛皇后自杀）。老天久雨不晴，冀州（治河北信都县，今冀州市）发生水灾，湮没民物若干。面对现实，高堂隆又上疏直言劝谏说：

"古人议论说：'天地之大德曰生，圣人之大宝曰位，何以守位？曰仁；何以聚人？曰财。'（语出《周易·系辞下》）但是，士民乃是国家之栋梁，谷和帛乃是士民的命啊。谷帛非大自然造化而不发育，非人力管理而不成长。皇帝应该躬耕以劝农事，皇后要亲自采桑养蚕，鼓励妇女们纺织，用这种办法明确并虔诚地告诉上天，以报答上天的恩德，并向上天致意。过去在唐尧时期，世值灾年和厄运之机，洪水滔天，帝尧派鲧（大禹的父亲）治

---

① 三春、三统：一年的头三个月为春。正月叫孟春，二月叫仲春，三月叫季春，合称三春。三统：三统也叫"三正"。即夏商周三代的正朔。夏正建寅，以正月为岁首，叫人统，又称黑统；商正建丑，以十二月为岁首，叫地统，又称白统；周正建子，以十一月为岁首，叫天统，又称赤统。

② 三正：中国古代历法有以建子、建丑、建寅三个月的朔为首的，依次叫作周正、殷（商）正、夏正，合称为"三正"。"建"指"斗建"，即北斗所指的时辰，由子至亥，每月迁移一辰。

③ 景阳山芳林园：景阳山位于今洛阳市东北之汉魏故城北部，三国魏明帝时筑。《三国志·魏书·明帝纪》：景初元年（237）裴（松之）注引《魏略》曰："起土山于芳林园西北陬，使公卿群僚皆负土成山，树松竹杂木善草于其上，捕山禽杂兽置其中。"

④ 昭阳殿、太极殿：昭阳殿为三国魏洛阳宫殿，位于今洛阳市东北汉魏故城内，魏明帝时修。太极殿为三国魏、西晋、北魏三朝时洛阳正殿，俗称"金銮殿"，位于今洛阳市东北汉魏故城中。《三国志·魏书·明帝纪》载：青龙三年（235），"是时大治洛阳宫，起昭阳、太极殿，筑总章观。"

理水患,九年绩用不成,又举荐鲧的儿子大禹,大禹随山刊(砍、削)木,又治水十三年,前后历年二十二载。灾难之甚,莫过于此,征集使用劳役之久,莫过于他们。唐尧、虞舜君臣,安定地面朝南坐而已①。大禹治水完毕,划分九州,有功的众士各有酬谢,但等差有异,君子和小人(指官员和百姓),所穿戴服饰按规章各有区别。如今,我们没有那时候的紧急情况,却使三公九卿士大夫等官员与被人驱使的奴仆们共同从事劳役,让四方的蛮夷知道后,载入史书,不是好的名声。他们是有国有家的人,近期应该使他们获得人身自由,去做他们应做的事情,从长而论要使他们获得应得的报酬,生养抚育,他们就会像《诗经》上所称赞的那样去说:'这些和悦平易的君子啊,真是人民的好父母。'当今,使上下劳役,疾病凶荒,耕稼的人少了,导致粮蔬歉收,饥荒不断,不能度过年关;陛下应该加强对他们的怜悯体恤,以解其困。

臣察看了古书典籍所有记载,天人感应之际,没有不应验的。古代先哲帝王,没有不畏惧上天神明教导的,他们遵循阴阳之逆顺秩序,兢兢业业,畏恐有违。然后研究治国之道用于国家的兴旺发达,使道德教化与神明教化相符合,即是灾异发生,马上感到恐惧而进行改进,修明德政,没有不使王朝的寿命长久延续的。与此相反,即到末世,只有愚昧荒唐的君主,不尊崇先王美好的规范,不采纳正义人士的直言劝谏,顺遂自己的感情意志,恣意妄为淡漠忽视上天各种变故警戒,像这样的君主没有不顺势践踏祸难,以至于颠覆朝政,最后丧失天下。

天意既然这样说了,请让我再按做人的道德规范来论述。六情五性②同在于人,嗜好和欲望,清廉与贞节,各居其一。及其行动,交争于心。欲想强盛而本质软弱,则放纵过度而不得禁止;不用精诚而遏制内心,则放荡泛滥而无极限。人的情欲所注意的,不是说唯有好才算美,而美好这种东西,非人力不成,非谷帛不立。人的情感不严肃认真地对待,无有极限而放纵,则人民将不堪其劳顿,物则不充盈完美。人民劳顿和物质需要的不完美,将导致祸乱。所以君主不割舍情欲,将无以东西相奉献。孔子说:'人无远虑必有近忧。'(《论语·卫灵公》)由此观之,礼仪之制不是随意地限制欲望的过分,而为了避开或说远离祸害,而振兴政治啊。

今吴、蜀二敌国,不是大漠游散的胡人、俘虏,也不是占据乡邑的盗寇,乃是据险凭借

---

① 该句借用《礼记·礼器》"圣人南面而立,而天下大治"之句,是说:大禹治水大功告成,达到了天下大治,尧、舜安定地坐在面朝南的君位上。

② 六情五性:按《韩诗外传》卷五,指人的六种欲望:目欲视好色,耳欲听宫商,鼻欲嗅芬芳,口欲嗜甘旨,其身体欲安而不作,衣欲被文绣而轻暖;按《白虎通·情性》,指人的六种感情:喜、怒、哀、乐、爱、恶。五性:按《大戴礼记·文王官人》指人的喜、怒、欲、惧、忧五种性情;按《太平广记》卷三引《汉武内传》为暴、淫、奢、酷、贼。

长江和险山,拥有若干军队,而冒用皇帝的称号而称帝,想与中原抗衡的对手。如果现在有人来报告说,孙权、刘禅都在修德政,履行清廉节俭,减轻田租赋税,不研究玩赏爱好,有事咨询着老贤者,事事遵循礼仪法度。陛下闻之,难道不对此感到忧虑恐惧,厌恶他们这样做吗? 以为将难以很快讨灭他们,而为国担忧吗? 假若有人说,那两个敌国都言行无道,崇尚奢华无度,奴役他的士人和民众,加重征收田租赋税,百姓不堪承受,怨叹之声日甚,陛下闻之,勃然大怒,怨恨他们困我无辜之民,而想加速消灭他们吗? 其次,岂不庆幸他们疲惫衰败而攻取他们不再困难吗? 如果是这样,则可换位思考一下,掌握事理的算度和判断就不难做出了。

况且,秦始皇不构筑道德之基础,而营建阿房之宫,不忧虑宫廷内部之变,而投入修筑长城之劳役。当时,他君臣在议定此计划时,亦想立万世之业绩,使子孙后代常有天下,岂能想到他的意图被一朝平民百姓地大声呼唤,而使秦朝倾覆吗? 所以臣以为,即使先代君主,知道自己的行为必将导致国家的衰败,则不应该那样去做。所以凡是亡国之君主,自以为不会亡国,然而,日后至于亡;凡贤圣之君主,自意识到将有亡国之危,然而日后才至于不亡。过去汉文帝刘恒可称为贤圣之君主,躬行节约勤俭,惠及百姓,使民众休养生息,而博士、太中大夫贾谊另有一方主张,以为国家像一个倒吊着的人,处境困苦而且危机,而为之痛哭的问题有一,为之流涕的问题有二,为之叹息的问题有三。况且现在我们国家穷困,百姓无有一石以上的存粮,国家的粮食无有支持到年底的积蓄,外有强敌,朝廷的军队长期驻扎边防,国内则大兴土木工程,州郡骚动很不安定,若有敌寇侵犯领土的报警,臣惧怕修筑宫室的人不能舍命去破敌啊。

又,文官武将的俸禄,逐渐减少,与从前相比,只有五分之一;众多受命回家轮休的官员,不再发给口粮和生活费用;不应交纳的赋税今皆交纳一半;国家的收入比过去多出一倍,其所支出只有过去三分之一。可是,预算支出,筹划经费,反而更加不足,就连牛肉贩卖都交赋税,这种小税前后相推出。反过来推算,凡此诸项费用,肯定另有用途。君王赏赐给的俸禄谷物和布帛,是君王恩惠官吏,让他们赖以生存的,如若现在取消,是夺取他们的性命啊。已经得到的又让他们失去,是怨恨集聚的根源。《周礼·天官上》记载了周朝时朝廷规定的九种赋税,规定了九种使用的标准,入则分明,出有处所,不相干的各种费用计算充足。算足之后按计算的标准供给,供给之余供天子玩赏爱好之用。天子所用之财力,必有掌管钱财的官署考定审核。今陛下所选拔的共掌朝政治理国家的人,不是三司(太尉、司徒、司空)、九卿(朝中九个高级官职),就是尚书台官员和倚从官员,都是心腹近臣,这应该直言不讳。但是,若遇到陛下有重大过失而不敢说,只知服从命令为之奔走,唯恐不合陛下心意,这只能叫作徒有虚名,是些滥竽充数,不称职的臣子,而不是正直的辅佐之臣。过去秦朝丞相李斯教导秦二世胡亥说:'为人君主而不暴戾狂妄,就等于天下变成自己的桎梏。'秦二世听了他的话,秦国覆灭,而李斯亦被灭九族。于是西汉史官司马迁评论他不以正义劝谏皇上,把这件事让世人引以为戒。"

明帝看了高堂隆的奏章,对中书监、中书令说:"看到高堂隆的这一奏章,使朕感到惧怕。"

这一年年末,明帝除大营宫室、起土山外,还下诏书搜括强取天下仕女,已经嫁给下级官吏和平民为妻者,全部改嫁给出征兵士,允许以相当数目的牛马牲畜赎回。还选拔其中最美貌仕女送到皇宫。太子舍人张茂上疏直言劝谏不予理睬。

高堂隆病重,口授其词,让部下写了上疏说:

"曾子有病,鲁国大夫孟敬子去慰问他。曾子说:'鸟之将死,其鸣也哀,人之将死,其言也善。'臣卧床病重,有增无减,常常害怕突然去世,款款忠心不能昭然于世,臣虽一片赤诚,岂敢与曾子相比,愿陛下稍稍垂阅深思。思想焕然一新可改往事的过错和谬误,兴致突然转到对未来之事深思熟虑,使得道的神灵和人民都赞赏,异域他乡之人也心向朝廷,麟、凤、龟、龙四灵等灵奇动物都出现,天上有祥瑞的星星放光芒,三王都可以超越,五帝可以胜出,不仅仅是继承先辈基业遵守住祖宗成法而已。

臣常常怨恨世间的一些国君莫不思念承继尧、舜、商、汤、周武王的治国之道,而实际即履行沿袭夏桀、殷纣、周厉王、周幽王的亡国之道,他们都在耻笑末世昏乱亡国之君主,而不登践承袭唐虞、夏、殷、周之轨迹。悲啊!若如此所为,求如此所致,犹如缘木求鱼,煎水作冰,其不可得,是很明显得啊。回头观察夏商周三代占有天下时,圣贤君主前后相承,每个朝代都历经数百年,每一尺土地莫不是归属于他们,每一个子民莫不是他们的臣民,万国祥和安定,九州土地整齐划一;鹿台(一名南单台。治所今河南淇县)之金钱,巨(钜)桥(仓)之粟①,皆无所用之,君主仍旧面朝南稳坐其位,没有其他事可做啦!可是,夏桀、商纣之徒,依仗众人之力,满足现状而拒谏,个人才能仅仅足以掩饰过失,谄媚奉承成为时尚,推崇修建亭阁楼台,听庸俗、放荡的乐曲成为嗜好,看歌舞杂技成为欢悦之事,作靡靡之乐,安逸濮上之音(见第一章第三节)。然而,上天不宽恕他们,猛然回首,就让他们的宗庙化成废墟,下属变成蛮夷,其子成为附属,商纣悬挂白旗投降,夏桀到鸣条山(又名高侯原。在今山西运城市安邑镇北;一说在今河南封丘东)逃亡;天子之尊位,先后被商汤、周武据为己有,难道夏桀和商纣都是其本族的外人吗? 他们也都是圣明君主的

---

① 巨桥之粟:仓名,在今河北曲调县东北。《史记·殷本纪》:帝纣"厚赋税以实鹿台之钱,而盈巨桥之粟。"《集解》引如淳曰:"《新序》云鹿台,其大三里,高千尺。"又引服虔曰:"巨桥,仓名。许慎曰巨鹿水之大桥也,有漕粟也。"《水经·浊漳水注》:"衡漳又北经巨桥邸阁西。昔武王伐纣,发巨桥之粟,以赈殷之饥民。"本句借用《史记》之典说明像鹿台所存那么多黄金,巨桥之仓那么多粮食都不必动用。

后代啊。当战国之时,天下富足炽盛,秦将其他国家兼并,然而,不遵循圣贤之道,而是构建阿房之宫,筑长城以防守,夸耀中原王朝,企图威服百蛮(古代对南方各族的泛称),天下震惊而慌恐,人们对其暴政恐惧,敢怒而不敢言,在路上相遇都不敢交谈,只以目示意;自以为秦王朝会百代相传,永远辉煌,谁想到了反于常理而又昏庸的秦二世就灭亡了,社稷就崩圮了呢?就近而言,汉武帝刘彻乘文帝(刘恒)、景帝(刘启)之福祉,外攘夷狄,内兴宫殿,十余年间,天下太平。如果当时相信了越巫之言,怨恨上天发怒,兴起建章之宫殿,千门万户,终于导致江充以邪术蛊惑害人之变故,致使宫室上下背离,父子相互残杀,殃咎之毒,祸流数世。

臣观黄初(魏文帝曹丕即位年间,220—226)之际,上天预示警告,异类之鸟,在燕巢中发育长大,口、爪、胸都是红色,这是魏国皇室的特大灾异之事,应该防备飞扬跋扈的奸臣在朝内发难。可选拔宗室诸亲王,在自己的侯国内建立军队,亲自统率,这样就会像棋子一样,分布全国,镇抚京城地区,辅佐帝室。过去,西周建国后东迁,依靠晋、郑二国,平定汉、吕之乱,实赖朱虚侯①,这些都是前代显明的鉴戒。上天不会特别亲近谁,唯有辅佑有德的圣君。民众赞咏君主的德政,上天就让王朝的寿命自然长久;下民若怨声载道,上天会载有天命的图录②取消,另外选授录用新的贤能君主。由此看来,天下之天下,并非单独陛下之天下。臣之百病接踵而至,气力逐渐微弱,自然辞官,归还里舍休息,若就此死亡,灵魂有知,死后报恩。"

明帝亲手撰写诏书深切慰问高堂隆说:"先生之廉洁可与伯夷③媲美,正直超过史鱼④操守诚挚,志节坚贞。忠贞且尽心尽力,奋不顾身。如何能微疾未除而隐退里舍呢?

---

① 朱虚侯:指西汉宗室齐悼惠王刘肥之孙刘章。高后二年(前186),入京城长安为宿卫,封朱虚侯,娶吕禄女为妻。为诸吕所惧怕,但大臣们皆依之。高后死,诸吕为乱,他知其谋,乃与大臣周勃等共诛之,迎立代王刘恒为帝,是为汉文帝。事见《汉书·高后纪》等。朱虚:汉置县名,治今山东临朐县东南六十里。

② 图录:古代方士、儒生利用所谓征兆来附会帝王接受天命的一种图书类东西,叫图录。

③ 伯夷:商周时有一诸侯国,国名孤竹,君主墨胎氏,相传姜姓,在今河北卢龙南。商末,君主墨胎氏有二子,伯夷(名允,字公信)与叔齐(名致,字公达),二人逊让君位,奔周,路遇周武王伐纣,叩马进谏。商亡后,两人不食周粟,饿死于首阳山。《史记》有《伯夷列传》,史家称之清廉。

④ 史鱼:即史鳅,春秋时卫国史官,字子鱼。以正直闻名于世。卫灵公不用贤人蘧伯玉,而亲近佞臣弥子瑕,史鱼屡谏,卫灵公不听。后以尸谏,灵公感动,悔改前非。孔子赞曰:"直哉史鱼。"见《论语·卫灵公》。

过去丙吉①积了阴德,铲除了疾病而延年益寿,贡禹②以保持节操,不做非礼之事,战胜了深重的疾病,获得痊愈。先生要努力加餐,专一精心养病,自我克制。"

三国魏景初元年(237)末,高堂隆病逝。遗令薄葬,入殓时身着时令服装。

明帝曹叡初登帝位的太和(227—232)中,中获军蒋济曾上疏说"宜遵古封禅"。明帝曾下诏书:"闻蒋济这样的言论,使我汗出流足。"事过数年,遂议论封禅之事并做准备,让高堂隆撰写相关礼仪。明帝闻高堂隆病逝的消息后,叹息地说:"天不欲成吾事,高堂生(隆)舍我亡也。"

高堂隆死后,其子高堂琛承嗣爵位。其裔孙有高堂冲,晋怀帝(司马炽,307—313年在位)时为太史令,与缪播等并参机密,为东海王司马越所害(见《晋书·缪播传附弟缪胤传》)。

高堂隆学问深厚,儒学功底扎实,他在世时是传承教授儒家学术的栋梁。开始,景初年间,明帝因苏林、秦静等人年事已高,恐没有人来传承儒家学术,便下诏说:"圣人孔子去世后,他的言论和教诲都留在六经之中。六经中又以礼仪的内容最为重要,不可以有一会儿离开它。末世的风俗背离根本,由来已久。所以闵子讽刺原伯不谈学问,荀子厌恶秦代坑杀儒生,儒学废止了,风化又怎么振兴呢?如今宿生巨儒全都年老了,教育训导后生之事,谁来继承?过去伏生老了晁错继承他,汉宣帝时有位《穀梁传》的研究者,其学问无人能比,(汉)宣帝选了十名郎官向他学习,朕下令从郎官中选出有高才、了解经书义理的三十人,随从光禄勋高堂隆、散骑常侍苏林、博士秦静分授四书(指《周易》《尚书》《诗经》《春秋》)三经(《周礼》《仪礼》《礼记》),主持学习的官员,要制定详细的考核办法。夏侯胜有言:'读书人就怕不精通儒经,儒经一旦精通了,取得官位容易得就像弯腰拔取地上的小草。'今学者有能精通经学的,爵位俸禄之荣宠就会突然来到身边。能不努力学吗?"

几年之后,高堂隆等人全都去世,学习的事也就荒废了。

四、后人评价可谓忠臣

后人对高堂隆的评价甚高。《三国志·魏书》作者陈寿评价说:"高堂隆学识渊博精

---

① 丙吉:(?—前55):西汉鲁国人,字少卿。熟习律令。初为狱史,迁至廷尉右监。汉武帝末治巫蛊狱,皇曾孙因卫太子事系与狱中,乃数护卫之。后为车骑将军市令,迁大将军霍光长史。及皇曾孙立为帝(汉宣帝),赐关内侯。地节三年(前67)为太子太傅,旋迁御史大夫,晋封傅阳侯。神爵三年(前59)为丞相。五凤三年卒于官。

② 贡禹(前124—前44):西汉琅邪,今山东诸城人。家贫,以明经德行征为博士,汉元帝刘奭时为谏大夫,后为御史大夫。在位数言元帝得失,要求元帝选贤能,诛奸臣,罢倡乐,修节俭。

深,他对魏明帝谏诤的目的在于匡正君王的过失,利用天象和形势的变化及时提出规劝,言辞十分恳切,都是出自内心的衷诚之言。忠心可嘉啊! 至于他因民间传说黄龙出现,认为是祥瑞,从而坚决主张必须改历法,使用殷历,以十二月一日为元旦;又据历史传说,将虞舜附会为魏国的始祖,是坚持己见,把自己想象中的事情说成是真理,这就大大地超出了他那渊博的常识之外了(《三国志·魏书·高堂隆传》)。

东晋文人、荥阳太守习凿齿评价说:"高堂隆可谓忠臣矣。君侈每思谏其恶,将死不忘忧社稷,正辞动于昏主,明戒验于身后,謇谔(忠贞直言)足以励物(磨练事物),德音(有德者之善行)没而弥彰(更加彰显),可不谓忠且智乎!《诗经》云:'听用我谋(你若听从我主张),庶无大悔'(不致大错太荒唐)。'(《诗·大雅·抑》)又曰:'曾是莫听(这样不听人劝告),大命以倾(命将转移国将亡)。'(《诗·大雅·荡》)其高堂隆之谓也。"(见《三国志·魏书·高堂隆传》习凿齿注)

高堂隆一生除与尚书郎杨伟等人改"太和历"为"景初历"外,还著有《魏台杂访议》《杂忌历》《相牛经》等,今已佚,存有清朝严可均收集整修之版本。清人刘声木《续补寰宇访碑录》卷一载有高堂隆刻石,云:"(洛阳)白马寺光禄勋高堂隆造像:八分书,青龙四年(236)八月。"又有传世石刻为魏景初二年(238)《高堂隆墓志》,但《汉魏南北朝墓志汇编》疑是伪刻(转引自周郢《泰山志校证》,黄山书社,2006年版,第670页)。

【评析】

一、魏明帝的奢侈使高堂隆忧惧

高堂隆一生的思想智慧和才能都表现在《三国志·魏书·高堂隆传》所载的对魏明帝曹叡谏诤的疏中。他之所以对明帝屡谏是因明帝的腐朽统治和奢侈无度已经对曹氏政权造成了威胁,为曹魏社稷由盛而衰种下了祸根而担忧。高堂隆死后的第12年,即嘉平元年(249),司马懿就发动了高平陵之变,曹魏的军政大权落到了司马家族。方见高堂隆有先见之明。

魏明帝曹叡,生而受到祖父曹操的宠爱,常令在其左右,15岁封为武德侯,黄初二年(221)立为齐公,三年为平原王。七年五月,其父魏文帝病死,曹叡即位。高堂隆曾当过曹叡的师父,深知他多识好学。后来因为母亲甄氏赐死,失去父爱,经历忧患,为人聪明而有决断,有见识,且深沉刚毅,能按照自己的想法去做事,有为人君主的大气概。但是,当时百姓穷困,天下分裂。他即位后,权力在握,私欲大增,却没有首先考虑遵循光大显祖的事业,拓展宏大基业。而是急着追寻秦皇汉武的足迹,大规模营建宫殿馆舍和园林,浪费了亿万的钱财。征发了大量民工,"计一岁有三百六十万夫",还嫌不够,在修建园林时"使公卿群僚皆负土"。园林种植各种树木,奇花异草,放山禽杂兽,建楼台亭榭,供自己享受。又在宫内陈设奇珍异宝,铸造大型铜人、龙凤。并有金栏玉井,极其奢侈豪华。

不仅如此,明帝为寻欢作乐,广选美女入宫,妃嫔宫女多达数千人,致使"宫人之用,与军国之费略同"。明帝的腐败,政治的衰退,造成"农桑失业",国库空虚,民众究困。"民不堪命,皆有怨怒"。曹魏政权由此渐失民心。

魏明帝的奢侈无度,引起了像高堂隆这样的朝臣忧惧,故而多次进谏。从上文高堂隆的进谏可看出他的言论中肯深刻,切中时弊,得失清楚。他对明帝的劝谏有建议、有批评、有警告,也有威胁。正说明他是为曹魏政权而忧危,对明帝忠贞不贰。高堂隆的忠,可谓"坚持道义和原则"的义忠,"忠于曹魏江山社稷(国家)与人民"的公忠和发自内心、真诚的诚忠。

纵观历史,贤臣进谏,明君纳谏之例不绝于书。然而,自古以来进谏都是颇有危险的。毕竟君主是"天子",并非都勇于纳谏,乐于纳谏。面对皇上怒于进谏者,说不定就面临杀头之罪,无不考验着进谏者的智慧和胆量。像高堂隆这样敢于进谏,不畏触犯皇上而坚持斥君之过者并不多见。可见,敢于秉公苦谏,纠补朝纲阙失,非有心胸坦荡之气概和奋不顾身之勇气不可。

二、高堂隆的"天人感应"思想及灾异理论

高堂隆对明帝的劝谏中充满了"天人感应"思想和灾异理论。他的这种思想和理论来源于汉代董仲舒的"天人感应"思想和他所建立的《春秋》灾异理论。这种思想和理论虽说属儒家所反对的怪力乱神,但由于天人合一,天人感应的影响,在其当时的文化中,仍然有着对神灵,对自然的敬畏之心。并把这种敬畏精神融入伦理之中,成为制约帝王的力量。这种思想最早应来自古代的灾异意识。在最初的《春秋》经传中"异"指天地异象,怪异万物,与今之义无很大差异,但大多分开来说而不缀连,后扩而大之,指宽泛的自然灾害。真正严格意义上的《春秋》灾异说萌生于《公羊传》①对《春秋》所记的灾异传经。董仲舒基于人们对上天的信仰,凭依《公羊春秋》经传中关于神学方面的资源,借助阴阳五行学说,创建了全面而系统的完整的"天人感应"灾异理论。他的这套理论,一是祥瑞说,为王权找到了合法性根据;二是灾异谴告说,使王权的无限膨胀受到遏制。他认为"天地者,万物之本,先祖之所出也"(《春秋繁露·观德第三十三》)。同时也认为上天是至高无上的人间主宰,君主是上天授命让他代理天下,据有不容置疑的权威;同时君主的

---

① 《公羊传》:也称《公羊春秋》《春秋公羊传》,是《春秋》三传之一,计十一卷,相传战国齐人公羊高撰。或说子夏授公羊高,高传子平,平传子地,地传子敢,敢传子寿。西汉景帝时,寿与其弟子齐人胡母子都(生)箸于竹帛,因名《春秋公羊传》,由此,有的直书(汉)公羊寿〔传〕。但亦有他人传授,不尽出于公子高。该书由汉何休〔解诂〕,唐徐彦〔疏〕。《公羊传》阐释《春秋》,重在发挥"微言大义",是研究战国秦汉间儒家思想的重要资料。董仲舒传以发挥"大一统""三世"政论,于当时及后世均影响很大。

权力更受制于天。君主贵为天子,却务必要顺天、修德敬德与勤政。若施仁政,上天会降祥瑞以奖赏、鼓励。即便遇到灾异时,人君若顺天意行事,便可免除灾难。若施暴政,不仁不义违背天意,上天就会出现灾异进行谴责和警告。这就是"君权神授"。董仲舒的天命王权和天人谴告思想理论和学说,解决了无法用人力来制约君主有至高无上的权力,而最终导致动乱的问题。他借天的力量来限制皇权,这就给君主头上戴上了一道紧箍,架上了精神枷锁,让其不敢无法无天,胡作非为。君主对上天敬畏,怕做得不好,受到惩罚,就会关注民生,创造和谐的社会环境,不至发生动乱,只有这样才能巩固大一统的政权,达到长治久安。董仲舒"天命史观"的全套理论,在当时人们的认识水平受局限、相对不高和儒学在当时越来越失去威力的时代,这种历史观的欺骗性很有市场。

儒家的上述思想被高堂隆全盘接受,将民众的愿望说成天意,认为上天是有意志的,民众听到的看到的,也是上天听到的看到的。他想用"天人感应"论劝说皇帝放弃大兴土木,禁建宫室殿宇,少做劳民伤财之事,切勿奢华无度。其出发点都是现实的,善意的。其主旨思想,就是在敬畏和信仰上天赏善惩恶的前提下,以至善上天的绝对权威,保证王道政治的实施,个体道德的提高,达到人伦和谐,社会安定。这就使"天人感应"理论限制在了相对合理的范围以内,使其不至沦为荒诞不经之论。高堂隆的这套哲学与董仲舒一脉相承,其"形式是唯心的,内容是唯物的"(北京大学教授周桂钿《今天来看董仲舒》,光明日报2015年5月18日,第16版)。高堂隆利用"天人感应"理论在对魏明帝的劝谏疏中表现得淋漓尽致,这正是高堂隆所处时代的一种局限。但是,瑕不掩瑜,他思想上的历史局限无法掩盖其大忠大勇,直言敢谏,廉洁清正的精神和风格。

三、高堂隆的民本思想与为政清廉

生活于三国曹魏时期居高官享厚禄的高堂隆,可谓当时统治阶级的重要成员,但其直言敢谏,忠贞不贰,深得后世敬仰。他的所有进谏,固然是从维护曹魏统治出发,但历次进谏无不提及和考虑士庶阶级的利益和要求,无不关注百姓的疾苦。特别在天子面前敢于提出"天下之天下,非独陛下之天下"的观点难能可贵,是其进步的"民本"思想的体现。他的天下乃民众之天下的思想与孟子"失天下也,失其民也;失其民者,失其心也"(《孟子·离娄上》),"民为贵,社稷次之,君为轻"(《孟子·滕文公上》)的论点是一致的。他在疏中多次强调民生,不可夺民力、民财,具有十分强烈的民生情怀,可见"民本思想"十分牢固。由此,高堂隆可称得上是位进步的思想家。

高堂隆官高爵显,一生清正忠直。病危之时仍不忘国事,口占上疏,切谏明帝曹叡:"悲夫!以若所为,求若所致,犹缘木求鱼,煎水作冰,其不可得,明矣。"死后,"遗令薄葬,敛以时服"。可谓廉洁清正之表率,值得令人学习和借鉴。

四、高堂隆在天文历算方面的贡献

因魏承后汉,曹魏政权建立后,采用了汉历。汉历已经不适合天时,对农业生产、人民生活有一定影响。"魏文帝黄初中,太史令高堂隆(请求)复详议历数,更有改革"(《晋书·律历志中》)。虽说史载曹魏时的景初历是尚书郎杨伟造,但高堂隆是首先提出应改革历数者,并提出自己的意见。景初元年(237)尚书郎杨伟依据秦汉所采用的《颛顼历》《太初历》又损益当时的太史令高堂隆和太史丞韩翊编订之《黄初历》而成,以"景初"年号命名,并颁行全国。

魏鱼豢撰《魏略》载:"太史上汉历不及天时,因更推步弦望朔晦,为'太和历'。帝以隆学问优深,于天文又精,乃诏使隆与尚书郎杨伟、太史待诏骆禄参其推校。(杨)伟、(骆)禄是太史,隆故据旧历更相劾奏,纷纭数岁,(杨)伟称(骆)禄得日蚀而月晦不尽,(高堂)隆不得日食而月晦尽(日食、月晦皆天文术语),诏从太史(杨伟的意见而修正)。(高堂)隆所争(论)虽不得,(隆)而远近犹知其精微也。"(见《三国志·魏书·高堂隆传》之《魏略》)至魏青龙五年,即景初元年(237),高堂隆与尚书郎杨伟等完成了更"太和历"为"景初历"。这一改革后来深受英国著名科学家李约瑟的赞誉,在其《中国科学技术史》中曾两次提到高堂隆在天文历算及数学、物理方面的卓越贡献。

高堂隆忧国忧民、忠心耿耿的精神,以及他在天文历算方面的贡献将永远激励着后人,并为后世所称颂。新泰人民一直作为"乡贤"祀之,并有《传》载于清《新泰县志》。

主要参考书目:粟平夫等译文《三国志·魏书·高堂隆传》,中华书局,2014年版;《三国志·魏书·明帝纪》《三国志·魏书·高堂隆传》,中华书局,1999年版;《晋书·律历志上》,中华书局,1999年版;《资治通鉴·魏纪四、五》,北京燕山出版社,2001年版。

中篇

泰山羊氏专辑
（秦汉至晚唐）

中篇导语

　　泰山羊氏肇始黄帝,系出姬姓。周初受氏,复姓羊舌,植根山西;单姓羊氏,徙居东鲁,发迹秦汉,盛于两晋。此后,繁衍四海,流布八方,绿柯丛生,籽实丰硕。

　　本篇只录出自泰山本郡羊氏名士贤达,谓之专辑。共录自秦汉至晚唐名人108位,35位在二十四史中有传记,其中两位是皇后。他们分别"潜藏"在历史典籍、墓志、碑刻、家谱中,前后穿越700余年,全篇分9章59节叙述。除第一章探溯了羊姓之源外,其余八章则阐述了单姓羊氏自秦乱徙居泰山之始祖及东汉崛起者,至晚唐仍有裔胄显于世的历史人物。

　　本篇所记100余位泰山羊氏名士地位不同,身份有异,他们在历史长河中争芳斗艳,各显风采,各展才华。其中不乏深谋远虑的政治家、运筹帷幄的军事家;有举世闻名的清官廉吏、治政有能的名臣牧守;有技艺超群的书法名家、辞赋宗师;还有功垂华夏的人杰及贤媛才女。他们之中某些名士是某一方面的精英翘楚,一朝俊望魁士。某些道德高尚、功勋卓越之士不仅影响着那个时代,而且流芳百世,千古不朽。

　　泰山羊氏家族自汉兴至晚唐英彦不绝,谱写了足以彪炳青史的华章。他们之所以能在数百年的政治、文化舞台上占有重要位置,成为声名显赫、簪缨相继的泰山第一望族,除了他们所处的政治机遇、社会制度、经济地位、文化环境以及相应的社会关系等因素外,亦与其代代相传的家族文化密不可分。从泰山羊氏家族的兴衰史来分析,羊续父辈以儒学治家,已是二千石卿校,此后适宜的政治制度、社会条件、文化环境,促使家族的地位、声望延续数百年。在本篇所录羊氏人物中,虽有人瑕瑜互见,还出了个别的穷奢极欲的腐败者,但就其家族总体而言瑕不掩瑜。他们中多数人为人正派,忠君爱国,勤政爱民,崇仁德,尚节俭,清正自律。这与他们居家泰岱,重经崇儒,郡望本乎齐风鲁雨有密切关系。

　　该篇开宗明义讲述了从黄帝到羊舌氏,再到单姓羊氏的世系,包括了泰山羊氏远祖兴衰的若干事件和人物。其中不乏羊舌职、羊舌伯华、羊舌叔向等著名历史人物的高贵品德、治学治事治家的睿智才华。其初衷是让读者了解泰山羊氏的根系及他们的思想文化基因。

第一章　泰山羊氏溯源

　　羊氏是中华古老姓氏之一,在中华姓氏文化中占有重要一席。根据传世典籍和羊氏谱记载,"羊氏开自黄帝,远祖后稷"。后稷传十六世,生周武王姬发,姬发之子封于唐,称唐叔虞。叔虞之子改唐为晋,称晋侯。晋侯的后代曾发生内乱,有欲强夺政权者,但终未破坏嫡长子世袭王位的宗法制,这是晋国的大宗。至晋昭侯封其叔父于曲沃,称曲沃桓叔,传到第三代势力强大,经历了长达67年的政权更迭战。曲沃桓叔这支旁系小宗夺了正宗(大宗)的王位,后称晋武公,正式成为大宗。自周以来建立的嫡长子继承王位的宗法制度遭到了破坏。

　　晋武公之庶子伯侨生文,文生突,突以邑羊舌为氏,称羊舌突,史称羊舌大夫。羊舌突之孙有"羊舌四强",四强之一名羊舌肸(字叔向)者生伯石,字食我。食我党于祁盈,盈得罪于晋,羊舌氏同遭灭族之灾。羊舌叔向子孙逃居华阴,其中一支秦乱徙居泰岱之野,改单姓羊氏,称泰山羊氏,是以小宗强替大宗的晋武公的后代,故称出自晋公族。

　　至于单姓羊氏为什么遭灭族之后,从华阴逃到了泰山平阳,而不逃往他处的原因,本章单列一节来解这个谜。本章还运用较大篇幅记述了羊氏先祖及春秋时期的政治家晋平公之傅羊舌叔向的治国理念和方略。泰山羊氏一族之所以能成簪缨大族,大概其血脉中流淌着羊舌大夫及羊舌叔向等先辈的思想文化基因。

　　本章不颂泰山羊氏名人贤士之功,也不专论某人某事,专就上述羊氏之源及世系、其先人概况及羊舌氏一部为何改单姓羊氏、又为何徙居泰山平阳等事略述成文,以求方家及羊氏族人哂正。

　　鄙人不避学识浅陋,先从中华姓氏的起源说起。

第一节　略述先秦时期的"姓"与"氏"

　　中国的姓氏是个古老而复杂的问题。大概在先秦时期"姓"与"氏"既有联系又有区别,人们有"姓"有"氏"。姓和氏都是标明根据一定的世系所确定的血缘亲属关系。姓表示血缘所出,是标志氏族血缘关系的符号。氏则是姓的分变,是标志宗族系统的称号。郑樵《通志·氏族略·序》说:"三代之前姓、氏分而为二,男子称氏,女子称姓。……姓所以别婚姻,故有同姓、异姓、庶姓之别。……三代之后,姓氏合而为一。"姓比氏应更古老,姓的产生相对比氏要简单。姓所包括的血缘关系的族群很大。如《史记·夏本纪》太史公曰:"禹为姒姓,其后分封,用国为姓,故有夏后氏、有扈氏、有男氏、斟寻氏、彤城氏、褒氏、费氏、杞氏、缯氏、辛氏、冥氏、斟戈氏。"是说华夏的十二个方国都是姒姓,其后各以自己的国名为氏。如杞国姒姓为杞氏。氏成为家族的标志。《通志·氏族略》说,氏的产生之由有34种之多。

总之,氏之所出,不出《左传·隐公八年》鲁隐公问族(即姓)于众仲,众仲所回答的内容。鲁隐公为何问族于众仲呢?因鲁国众仲这个人是春秋时善论姓氏者,能探讨本源,自炎帝黄帝而下,如指诸掌。同时代的善论姓氏的人还有晋之胥臣,郑国的行人子羽(见邓名世《今古姓氏书辩证·序》)。众仲对鲁隐公提出的问题作了如下回答,他说:"天子建立有德性之人以做诸侯,依照他的生地而赐姓,分封土地而又赐给他氏。诸侯以字作为谥号,(他的后人)因此而以为氏族。累代做这种官职而有功绩,(他的后人)就以官名为氏族。也有以封邑为氏族的。"现代著名《春秋左传》专家杨伯峻在其《春秋左传注》(中华书局1990年版)中对众仲之说解释说:"依照他的生地赐姓,前人异说颇多。依王充《论衡·诘术篇》,譬如夏禹祖先因其母吞薏苡而生,故夏姓姒;商朝祖先契,其母曰简狄,吞燕子(卵)而生契,故商姓子;周朝祖先弃,其母曰姜原,践踏大人脚迹,怀孕以生弃,故周朝姓姬。这就是所说的因其祖先所由孕而得姓。依杜预《注》、孔颖达《疏》及郑樵《通志·氏族略·序》,譬如舜生于妫汭,其后胡公满有德,周朝故赐姓曰妫;姜之得姓,居于姜水故也。此谓因其祖所生之地而得姓。此又一说。上古姓氏起源具体情况已难推断,不但以上各种情况解释皆属臆测,即众仲天子赐姓之说也是据当时传说与典礼而为之辞,恐亦未必和於太古情况。按许慎《说文》,姓,人所生也,古之神圣人,母感天而生子。《说文》所说应是一种图腾信仰,或说是种图腾感应,是古人的一种始生神话。上文众仲所说诸侯的后人又有以其谥号作为氏族的,(这种情况)多用以公族。按当时之制,诸侯之子称公子,公子之子称公孙,公孙之子不可再称公孙,乃以其祖父(王父)之字为氏。又有以父之字为族者,但春秋之时,各国情况不一。(如)鲁国大夫有谥者,较他国为独多,然桓、庄以前,卿尚多无谥者。昭、定之间,下大夫无不谥者。郑国大夫初皆无谥,至春秋之末,子思、子膡亦有谥。唯宋国大夫始终无谥。据此,春秋初年,大夫并无赐名之谥,故众仲云以字为谥。古人多不知此义。众仲最后所说他的先人累世做这种官而有功绩,就可以用先世之官名作为族姓。如司马氏、司徒氏、司空氏之类即是。(另外)也有以先世封邑或说先世的食之采邑为族姓的,如晋国韩氏、赵氏、魏氏之属。以上《左传》所记"氏"之所出,是说先秦时期只有贵族有氏,一个诸侯国就是一个宗族,这个宗族有一个"氏",而平民百姓则无氏。正如班固《白虎通·姓名》所载:"所以有氏者何?所以贵功德,贱伎力。或氏其官,或氏其事。……或氏王父字者何?所以别诸侯之后,为兴灭国继绝世也。"故而说,姓用来"别婚姻",氏用来"明贵贱"。

中华民族的姓氏，起源于上古时代是毫无疑问的。如传说中的伏羲、女娲为风姓，又称伏羲氏、女娲氏。另有燧人氏、有巢氏、神农氏等。这种以"氏"的称呼，应是上古时代某一族群的名号，也可以认为是某族群首领的名号。或说是远古传说中的人物、国名或国号、朝代，均系以氏。至黄帝时代就已变得十分复杂，如《史记·五帝本纪》开篇即说："黄帝者，少典之子，姓公孙。"裴骃《集解》引徐广说："号有熊。"司马贞《索隐》案："皇甫谧说：'黄帝生于寿丘，长于姬水，因以为姓。居轩辕之丘，因以为名，又以为号。'是本姓公孙，长于姬水，因改姓姬。"张守节《正义》(引)"《舆地志》云：'涿鹿本名彭城，黄帝初都，迁有熊也。'案：黄帝有熊国君，乃少典国君之次子，号曰有熊氏，又曰缙云氏，又曰帝鸿氏，亦曰帝轩氏。"又，皇甫谧认为有熊是地名，"(在)今河南新郑是也"。《索隐》注"号有熊"者，"以其本是有熊国君之子故也，亦号轩辕氏"。今有学者则认为黄帝因以熊图腾崇拜，号有熊氏，居地叫熊山；因发明车，又号轩辕氏；因奠定了传男制度，号公孙氏。因此看来，从母系氏族社会进入父系社会，父系之氏取代了母系之姓。后来"氏"则是由"姓"分化而来，如《史记·五帝本纪》说："黄帝二十五子，其得姓者十四人。"《索隐》今案：引《国语·晋语》胥臣云'黄帝之子二十五宗，其得姓者十四人，为十二姓，姬、酉、祁、己、滕、葴、任、荀、僖、姞、儇、衣是也。唯青阳与夷鼓同己姓'。又云'青阳与苍林为姬姓'。是则十四人为十二姓，其文甚明。"至夏商周三代实行"胙土分封"制度，以王朝宗主姓为主体，分封各诸侯国，是为大宗。大宗之下的支氏则为小宗。周为姬姓，国运近800年，分封的亲族诸侯达80余个，各诸侯的分支多达两千余姓。周朝氏族之多，分氏之众，列华夏之冠。这些姓都是由宗法体制衍变而来，或说是贵族社会宗法体制下的产物。周以后姓、氏的血缘内涵被严格区分，"以别诸侯之后"。

综上所述，中国姓氏的来源十分广泛而繁杂，大体可分为：以国为氏；以地名、邑、乡、亭等为氏；以名、字、官、爵、谥号为氏；以物、候、技、业、事、吉、凶为氏等。后来，还有一些少数民族改姓、皇帝赐姓，复姓改单姓，借姓等。中国姓氏有单姓、复姓，也有三字以上的多字姓等。由此看来，万姓归宗，中华民族都是华胥氏之后，都是炎黄子孙。不过到了秦汉以后，姓、氏逐渐混合，合而为一，以氏为姓，姓也称氏。

第二节　羊氏远祖"开自黄帝"

据羊谱《羊氏魁公六修宗谱》卷首《本姓源流》记载，"余羊氏出姬姓，开自黄帝"。"帝四传而生稷"(转引自周郢编著《羊姓史话》，江西人民出版社，2001版第2、3页)。稷即后稷，名弃，周朝始祖。又，清代四川三台羊国材《羊氏族谱序》说："粤稽吾(羊)族，肇开于姬姓，受氏于羊舌，发祥于山西，盛行于东鲁。"(转引自《羊姓史话》第1页)下文以此为基本线索，试探羊氏之源，必先从"开自黄帝"说起。

黄帝、炎帝、蚩尤是中华民族的三大人文始祖。关于黄帝在上文中以作简要介绍。按《史记·五帝本纪》的记载,黄帝是上古帝王少典之子。张守节《正义》说其母曰附宝,之祁野,见大电绕北斗枢星,感而怀孕,二十四月而生黄帝于寿丘。寿丘在鲁东门之北,今曲阜市东北六里。生日角龙颜,有景云之瑞,以土德王,故曰黄帝。封泰山禅亭亭(《正义》以为"亭亭在牟阴",不确,牟在今莱芜东。亭亭山在今泰安市南五十里,泰山支阜)。司马贞《索隐》案:"(引)皇甫谧云:'黄帝生于寿丘,长于姬水,因以为姓。居于轩辕之丘因以为名,又以为号'。是本姓公孙,长于姬水,因改姓姬。"关于黄帝所居轩辕之丘,自古众说纷纭。据史为乐主编的《中国历史地名大辞典》,认为轩辕之丘在今河南新郑市西北。又据刘起釪等《史记·五帝本纪》之注释认为,传说中的黄帝族与长期世通婚姻的炎帝族为姜姓部族,炎帝部族长期居甘、青地区,由此亦可知黄帝族应原在邻近甘、青的地区(见天津古籍出版社,1995年版《史记》上册第2页)。还有学者根据山东泰安大汶口文化遗址中出土的龟甲,认为,黄帝氏族是一崇龟部族,起于泰山以南的汶泗流域(温玉春《黄帝氏族起于山东考》,山东大学学报1997年第一期)。

曲阜之"寿丘"是唯一记载黄帝出生的地名,典籍又载"黄帝封泰山禅亭亭",说明黄帝部族曾长期居于泰山至鲁西南的大片区域。特别是自泰山至曲阜一带,包括汶泗流域,是万代诸皇建业于斯。泰山一带为中华民族之发源地(王献唐《炎黄氏族文化考》,齐鲁书社,1985年版),是上古时期一个人文荟萃的文化中心。同时,此一带土地肥沃,水网密布,宜桑麻五谷,是农耕技术先进、经济发达之区。包括黄帝在内的上述诸古帝王在此出生、居住、登帝位,生息繁衍,创业垂统也无不可能。

黄帝所处的时代正是中国古史的传说时代。华夏族形成后,公认黄帝为全族的始祖。黄帝所处的时代按传统说法,大约处在大汶口文化时代(前4300－前2400)晚期。近年,北京大学著名考古学家李伯谦以为黄帝应在公元前2500—前2300年的龙山文化前期。

据《史记·五帝本纪》,轩辕之时,炎帝神农氏势衰,诸侯互相侵伐,残害百姓,神农氏无力征讨。轩辕黄帝便实行德政,整治军队,研究气候,种植五谷,安抚百姓,先征讨了那些不来朝贡的诸侯,四方诸侯都前来俯首称臣。此时炎帝想要欺凌诸侯,诸侯都来归顺黄帝。黄帝还率领经训练过的一支凶猛强悍的军队,在阪泉(今河北涿鹿县东南)的野外交战。经过三战,炎帝战败。传说中的蚩尤是长期居住在东夷部族的首领,是东方九黎部落的酋长。他有兄弟八十一人,并兽身人语,铜头铁额,食沙石子,造立兵仗刀戟大弩,威震天下,诛杀无道,不听黄帝的命令。于是黄帝便征集各地诸侯的军队与蚩尤在涿鹿山(在今河北涿鹿县东南四十里)下交战。活捉了蚩尤,并杀之。从此各地诸侯都尊奉轩辕为天子,取代了炎帝神农氏。

关于黄帝族团的地望还有若干说,近年,随考古新发现和史学界的深入研究,上述一些传统说法已被颠覆。如近年,考古工作者经数年努力,在今陕西榆林不远的神木高家堡发现巨大石峁古城遗址。遗址所处年代与黄帝所处年代相当。不少学者以为石峁古城正是黄帝和黄帝部族的活动中心。又有学者以为黄帝的"黄",与其部族居于黄土高原有密切关系。黄帝就是生活在黄土高原上的那个部族的"帝"。这里的"帝"实际是庙主,祖宗之意。是生活在黄土高原上的部族的祖宗。据《史记·五帝本纪》《国语》等文献记载,"黄帝以姬水成",按《左传》所言"因生而得姓",黄帝得姬姓很近情理。这种说法按上文众仲之说是相合的。黄帝姬姓应无问题。上文说到,夏为姒姓,商为子姓,只有周与黄帝同为姬姓。姬姓者又是黄帝十四子中的一子,所以说周人的祖先定是黄帝也没有问题。

黄帝部族是由若干支脉组成的,周族应是黄帝族团若干支脉中的一支。这支周人后来迁到渭水流域,即关中地区,灭商后建立了自己的政权——周朝。按文献载,周朝建立是"文王受命",文王的祖先是后稷,后稷的祖先是黄帝。再说,晋的祖先是文王,羊氏的祖先出于晋公族。这样说来,羊氏的远祖追溯到了黄帝,这就是羊氏远祖"开自黄帝"的由来。

下面,按历史典籍所载从黄帝到羊氏的先祖周文王,再到羊氏的脉络进行追溯。

第三节 尧封弃于邰,号称后稷

上文说到《史记·五帝本纪》载:"黄帝有二十五子,其中得姓者十四人。"《索隐》今案《国语》载胥臣云:"黄帝之子二十五宗,其得姓者十四人,为十二姓,姬、酉、祁、己、滕、葴、任、荀、僖、姞、儇、衣是也。唯青阳与夷鼓同己姓。"又云"青阳与苍林为姬姓"。是则十四人为十二姓,其文甚明。

《史记·五帝本纪》还说:黄帝娶了西陵国之女为妻,这就是嫘祖。嫘祖是黄帝的正妃,生二子,其中一子名叫玄嚣,也就是青阳,降居于江水;另一子名叫昌意,降居若水。昌意娶蜀山氏女叫昌仆,生了高阳。黄帝崩,其孙昌意子高阳立,即是帝颛顼。青阳玄嚣的儿子叫蟜极,蟜极的儿子即帝喾高辛,他应是黄帝的曾孙。从玄嚣到蟜极都没有得到帝位,到高辛才即帝位,高辛对于颛顼来说是同族兄弟之子。帝喾高辛娶陈峰氏女,生放勋(勋);娶娵訾女,生挚。帝喾崩,挚代立。帝挚立,不善,而弟放勋立,是为帝尧。

按《史记·周本纪》,帝喾的原配是有邰氏女,姜姓名原(嫄)叫姜原。姜原到野外去,见有巨人脚印,心中十分喜欢,想去踩它,一踩上去便觉得腹中有什么在动,像是怀孕一样。她怀胎生下了个孩子,以为不吉祥,弃之小巷里,马牛过去都不去踩他;又把他放到树林中,又碰上山林里人很多,迁之;又把他丢在水渠的冰面上,飞鸟用翅膀铺在冰面上垫在下面保护他。姜原认为很奇怪,便回家抚养,便取名弃。弃与帝尧(放勋)是同父异母之兄弟。

弃儿时,就高大勇武,有巨人之志,其游戏也喜欢种豆栽麻,种下去都长得很好,苗壮茂盛。长大成人后爱种庄稼。能根据土质适宜栽培,人民都仿效他。帝尧听说后任用弃为农师,掌管农事。天下的人都蒙受其惠,有功劳。帝舜说:"弃,黎民百姓当初忍饥挨饿,尔后全靠你播种各种谷物。"所以封弃于邰这个地方,号称后稷,得姓姬氏。后稷之兴,在陶唐、虞、夏之际,皆有令德。

第四节 武王建周

后稷卒,子不窋立,不窋卒,子鞠立,鞠卒,子公刘立。公刘在戎狄之间(其地在今甘肃庆阳市西北),重新恢复了后稷的旧业,致力于农作,按土地特性进行耕种,从漆、沮二水渡渭水,伐取材木,让行路人有盘缠,居家者有储备,人民仰赖他的恩德。百姓感戴他,多迁居而投靠他。周人的治道大兴是从这里开始的,所以诗人用诗歌赞美他,怀念其德。公刘卒,子庆节立,庆节卒,子皇仆立。皇仆卒,子差弗立。差弗卒,毁隃立,毁隃卒,子公非立。公非卒,子高圉立。高圉卒,子亚圉立。亚圉卒,子公叔祖类立。公叔祖类卒,子古公亶父立。有学者认为《周本纪》安排的上述世次是有问题的,史家多疑弃与不窋间有缺失环节。其中之缺环非本文所讨论内容,不再赘述。但是,公刘将都迁于豳,是周人发展史上的重要一步。

古公亶父重振后稷、公刘的旧业,积德行义,受到了国人的拥戴,将国都从豳(在今陕西旬邑县西三十里邠原上)移到了岐山脚下(即周原,在今陕西岐山县东北京当乡南周原遗址)。古公亶父即位初期,薰育等戎狄部族攻打他,想得到财物,他就把财物给他们。不多久,他们又来攻打,想得到土地和民众。国人都很愤怒,想与戎狄迎战。古公说:"人民立君长,是求对他们有利。现在戎狄来攻打,是想得到土地和民众,民众在我的治下与在他们的治下,有什么不同? 国人是为了拥护我的缘故才肯去打仗,但靠牺牲别人的父亲和孩子来统治,我不忍心去做。"故此,古公才和他的亲近左右离开豳这个地方,涉过漆、沮二水,翻过梁山(在今陕西乾县西北)定居在岐山脚下。而豳地的百姓扶老携幼来投奔古公也安居在岐山脚下。

周边国家听说古公十分仁慈,也都来投奔他。从此古公贬斥戎狄习俗,建造城郭房屋,分邑落而居,设立司徒、司马、司空、司士、司寇五种官职。人民都歌颂他的恩德。

古公的仁慈所带来的是国人的拥戴及周边国家的安定,其核心是"和",也就是说他的治国策略是以"和"为主,体现出了国与国的和宁、和平,与邻为伴、为邻为善,而不为敌的友好、和善的理念;与国人则体现了亲和、和悦、和睦,给国人带来的是一种和美的、和谐的生活氛围。他的这种治国理念、策略以及古公本人的高风亮节为后世做出了榜样，产生了深远影响。对其后世羊舌氏、羊氏的发展振兴奠定了思想文化和道德基础。

古公有长子太伯，次子虞仲（即仲雍）。古公之妃太姜生少子季历。季历娶太任为妻，是挚国任姓女子。太姜、太任都十分贤惠。太任生子昌，有圣明之兆。古公说："我的后代当有成大事者，大概就在昌吧！"长子太伯、次子虞仲知父欲立季历，以便将来传位于昌，于是二人便奔荆蛮，并按当地风俗，身刺花纹，剪短头发，表示不可再当国君，以此来让避季历。到季历登位，就是后来的王季。而其子姬昌，即是文王。

太伯逃奔到荆蛮，追随并且归附他的有千家之多，故拥立太伯为君主，创建吴国，姬姓。

太伯去世后无子，弟虞仲（即仲雍）继位。

虞仲之位传到其曾孙周章时已到武王灭殷。这时才寻求太伯、虞仲的后代，找到了周章。周章已经成为吴地君主，武王加封，成为周的诸侯。并封周章的弟弟于夏墟，建立虞国，也列为诸侯。追封太伯为吴太伯。"吴"及后来的"虞"都是姬姓，都是古公亶父之裔孙。

古公卒，他的少子季历即位，就是公季，后称王季。公季即位后，遵循其父古公之法，诸侯都顺从他。公季死后，其子昌即位，就是西伯。西伯就是周文王。西伯继承先人后稷、公刘的事业，遵循古公、公季之法，笃行仁义，礼贤下士，尊长慈幼。为了接待贤士，每天中午顾不上吃饭，士人纷纷投奔他。伯夷和叔齐在孤竹国，听说他敬养老人，也来投奔。太颠、闳夭、散宜生、鬻子、辛甲大夫等人都先后来奔，而归之。商纣王暴虐，作炮烙之刑，将九侯、鄂分别剁成肉酱，晒成肉干。西伯知后为之叹息，崇侯虎（商诸侯，封于崇，在今陕西户县东，名虎）乃告密于纣。并说："西伯积善累德，诸侯皆响应之，将不利于帝。"纣王将西伯囚于羑里（今河南汤阴县北），经闳夭等人贿纣王使其得释，献洛西之地（洛水以西之周地），请求纣废除西伯的炮烙，纣许之。西伯归周后，暗自行善，评断虞（今山西平陆北）、芮（今山西芮城）的两国争讼，得到诸侯拥护，于是伐犬戎，伐密须（今甘肃灵台西），败黎国（今山西长治而北）。进而伐邘国（今河南沁阳西北），伐崇国，并开始营建丰邑（今陕西西安市长安区沣河西岸），从岐山下迁都到丰邑，诸侯归者日众，"三分天下有其二，以服事殷"（《论语·泰伯》）。西伯在位共50年。他被囚在羑里时，也许曾将《易》的八卦相重组成六十四卦（文王重卦是其中一种说法）。西伯去世后太子发即位，是为武王。武王追称西伯为"文王"。从此修改法度，制定正朔，追尊古公为太王，公季为王季。

大家知道，2008年7月份，清华大学接受了海外馈赠的2500枚战国时期的竹简，后称为"清华简"。经我国著名的专家学者辨认，整理出了文辑。其中的一篇文辑记载了秦以后"便已亡佚的武王、周公等人的乐诗，周文王对其子武王的遗言也跃然简上。透过这些诗作,周初君臣们宴会的欢快情景得以再现;周文王对武王谆谆告诫的中道思想,也使我们有机会追溯儒家中庸思想的源头。"(见《光明日报》2014年1月7日07版《追索中华文明的根》)其中有篇被称为《保训》的竹简,可以确定是文王流传的"宝训",确是中道,与《论语》《中庸》等儒家文献有一定联系,也正是后世儒学道统的滥觞。清华大学出土文献研究与保护中心主任李学勤教授这样说(见《大众日报》2014年1月7日载《李学勤:秦汉文化具有东方色彩》)。这条重要信息不仅使我们了解到了中国儒家中庸思想的源头,而且使我们联想到周文王的后人如唐叔为何能施行"和戎"政策与周边邻国和谐相处,儒学为什么能在姬姓鲁国产生。古公及文王的中道思想一直影响到羊舌伯华、羊舌叔向,甚至到西晋的羊祜都能很好地效法。更是其后的泰山羊氏能如日中天的思想文化基因。同时也反映出西周初年中华文明的程度已是很高了。文王之"宝训"可谓是留给后人的无价珍宝(李学勤之语又见《周文王遗言》,载2009年4月13日《光明日报》)。

文王的儿子武王,姬姓,名发,是周朝的建立者。武王即位后以姜太公为师保,以辅导和协助之,又以周文王的四子周公旦为辅(同傅,也是师保之职),文王的庶子召公(姬姓,名奭)、毕公(姬姓,名高)一班人辅佐,遵循文王的遗业,于武王九年(一作十一年)率师东征,在盟津(今河南孟津东)与八百诸侯相会。二年后商纣王暴虐更甚,乃率兵再渡盟津伐纣。二月甲子日早晨,与殷商之军会战于牧野(今河南淇县西南)。商军前徒倒戈,商纣登鹿台自焚而亡。武王之军占领商都,灭商。周朝建立,都镐京(今陕西长安沣河东)。这一年是公元前1046年。至前1043年武王病卒,武王在位年限自前1046—前1043年,只有三年多,或说四年。

这里须进一步说明的是,按文献记载,武王灭商是"文王受命",建立姬姓周朝。中原各族还有谁为姬姓呢?没有了。夏为姒姓,商为子姓,为什么周为姬姓呢?上文说到,在黄帝的若干个子之中,有一子得姬姓,"姬"为十二姓之首。至弃姬姓,文王是弃的后裔,亦是姬姓。只有姬姓周人也生活在黄土高原,所以周人一定是黄帝的后裔,黄帝是他们的祖先,无论文献、铜器铭文,还是考古新发现都证明周人是姬姓,毋庸置疑。

武王死后其子成王(姬姓,名诵,或作庸)即位(自前1042—前1021在位)。因成王年幼,由武王弟周公旦(因采食于周,即周原,也就是岐周王畿之内,而称周公)摄政。周公曾平武庚、三监之叛乱,伐商奄、薄姑,被封于鲁,命其子伯禽就封,为第一代鲁侯,自己仍留在王畿之内供事王室。因此说鲁国是姬姓国。

第五节　成王封唐叔

武王去世后,成王即位时尚幼。成王有一弟弟名虞。虞的由来按《史记·晋世家》以为:武王之妻是齐姜太公之女,名邑姜。她与武王相会时,梦见天(帝)神对武王说:我为你生的儿子起名叫虞,我封他唐国之地。当邑姜生下孩子一看手掌中的纹路是个"虞"字。这个孩子便起名叫虞,又称叔虞。

　　成王即位,唐国发生内乱,周公平乱灭唐。"唐"是个祁姓国,相传为尧的后裔,在今山西翼城西。有一天,成王与其弟叔虞在一起玩耍,将一梧桐树叶削减成珪璧(珪是一种玉制的礼器)的形状。说:"以此封给你。"这时专管记录国史、策命诸侯大夫的史官名字叫佚的人请求择吉日册封叔虞。成王说:"我与他开玩笑,说着玩的。"史官说:"君子无戏言,言之则在史书记之,实施典礼实施之,奏起音乐歌颂之。"于是遂封叔虞于唐。唐地在黄河与汾河之东,方圆百里。按《史记正义》:唐地在河、汾二水之东,方百里,正好是在晋州平阳县,故叫唐叔虞,姬姓,字子于。

　　以上所记成王幼年剪桐叶为珪,戏封唐叔虞的故事,大致同于《吕氏春秋·重言》《说苑·君道》等,当为战国至秦汉时期流行的一种传说,被司马迁收到了《史记·晋世家》中。《吕氏春秋·重言》《说苑·君道》所记则是周公劝谏成王封叔虞,则系传闻之异辞。

　　关于叔虞受封于唐的原委见于《左传》定公四年(前506):这一年三月卫国的祝佗[1],随卫灵公去参加在昭陵的会盟,路上祝佗和苌弘(周景王、敬王时的史官)交谈时,祝佗说出了唐叔虞受封的历史真相。

　　原来,周武王克商,成王定天下,选择有明德之人分封,"以藩屏周",建立诸侯国,分布于国都四周,作为保卫周朝的藩篱屏障。所以周公相王,辅佐王室,以治理天下。诸侯也和周朝和睦相处。于是,先封鲁公及康叔,然后分赐唐叔。分赐给唐叔大路、密须(国名,在今甘肃灵台县西五十里)之鼓、阙巩之甲,以及沽洗(钟名),还有原来唐国怀姓的九个宗族[2],五正的职官[3],用《唐诰》来告诫他,封在夏墟。唐叔治国用夏朝的政事[4],以戎

---

　　① 祝佗:字子鱼,是卫国祭祀时的主赞辞之官,以能言善辩,熟悉历史典章制度著称。

　　② 怀姓九族:为唐之余民,或说已是周族所奴役的未开化或半开化的蛮族。

　　③ 五正:官名,即五官之长。一说木金水火土五行长官。殷代时置。春秋晋国沿置。杨伯峻《春秋左传注》据隐公六年传注从"翼〔地名〕九宗五正顷父之子嘉父"论之,则九宗五正是一官,盖顷父之官职。九宗五正都是殷商以来传世的官职

　　④ 夏政:杨伯峻《春秋左传注》定公四年记,"夏政"究竟如何,虽文献稍有记载,然未必全可信,以无出土文物可证。《越绝书·外传记·宝剑》说:"禹穴之时,以铜为兵",然迄今未曾发现夏代铜兵器。《孟子·滕文公上》说:"夏后氏五十而贡。"即夏朝每50亩地,赋税采用"贡"法,税率为十分抽一。也就是说夏代施行定额贡纳税制。又《礼记·表记》载:"夏道尊命,事鬼敬神而远之,近人而忠焉。先禄而后威,先赏而后罚,亲而不尊。"是说夏道尊天命,近乎人情,朴实,亲近而不尊贵。这些与商政不同。以商代卜辞推之,夏代尚无文字典籍,上列诸说,只可做为传闻而已。

人的制度来划定疆土,与民众的游牧生活习惯相适应。鲁公、康叔、唐叔这三个人或为武王之弟,或为成王之弟而有美好的德行,所以用分赐东西来为他们宣扬德行。不这样,文王、武王、成王、康王的兄弟还很多,而没有得到这些分赐,就因为不是崇尚年龄。而同是周文王之子,武王之弟的管叔(又称叔鲜)、蔡叔(又称叔度)二人都是西周初年的"三监"之一,以监视武庚及殷商遗民,但武王死后成王年幼继位,周公旦摄国政,他们怀疑周公不利成王,而联合武庚作乱。周公东征,三年乱平,杀管叔,而流放蔡叔。武王的同母兄弟八个人,周公做太宰,康叔做司寇,聃季做司空,五个叔父都没有官职,难道是因为崇尚年龄吗?由上所述,可以断定唐叔之所以接受分赐和受封,是因为他是"明德"之人。后人为纪念这位"明德"之人,在今太原市西南悬瓮山下建有唐叔虞祠,即晋祠,专祠之。北魏郦道元《水经注》有"沼西际山枕水有唐叔虞祠"之记载。北齐魏收《魏书·地形志》亦有"晋阳西南有悬瓮山,一名龙山,晋水所出,有晋王祠"之句。

夏、商、周三代国家的核心是王族,王族利用手中的王权,在王畿的四周分封诸侯国,像以上所述,周王朝初年分封的"命以伯禽而封于少皞之虚(墟)","陶叔授民,命以《康诰》而封于殷墟"。这样的分封除彰显周天子和受封之人的"明德""以蕃屏周""于周为睦"之外,还要控制殷民作乱,控制王畿之外的疆土,对抗当地的土著国族。所以要选择有"明德"、与周天子一条心,真心实意维护王权的人。而当时的唐叔大概就是这样的人,是周天子可以信赖的铁杆"保皇派",是真心的"周之宗盟",故以分物给唐叔来彰显其德,并成为周初重要的诸侯。

唐叔死后由其子燮(亦称燮父)继位,"是为晋侯"。至于为何称晋,说法不一。一种说法:"晋",水名,在故唐国境内,即今山西翼城西一带。另一种说法则是认为晋水源出今山西太原西南悬瓮山。有学者认为后一观点"非是"。"是为晋侯",按传说认为,燮以封地境内有晋水,遂改国号为晋,自称晋侯(《史记·晋世家》,天津古籍出版社,1995版,第1484页李解民注释)。《汉书·地理志下》载:"至成王灭唐,而封叔虞。唐有晋水,及叔虞子燮为晋侯云。"《山海经·北次二经》:"悬瓮山下,……晋水出焉。"《水经注·晋水》:"晋水出晋阳县西悬瓮山,又东过其县南,又东入汾水。"由此知,晋水为汾水的支流。总之唐叔之子燮继位后,因所居之晋水旁,改称晋侯,故唐叔为晋国之始祖。今山西太原市西南五十里悬瓮山下有晋祠,即为纪念晋国开国君主唐叔虞而建,故以为"晋"在今山西太原。

又根据杨伯峻《春秋左传注》隐公五年《传》注:"晋国,武王子唐叔虞之后,成王灭唐而封叔虞。有传世之器物,据唐兰考释,定为晋定公所作。铭文'我皇祖唐公,膺受大命,左右武王'云云,与《逸周书·王会篇》所言'成周之会''唐叔、荀叔、周公在左,太公望在右'之意相适应。加以《晋语》引叔向之言,唐叔以武力封,足证《吕氏春秋·重言》《说苑

·君道》包括《晋世家》所言桐叶封弟之不可信。唐叔之子燮父改唐为晋，即今之太原市。"童书业《春秋史》（山东大学出版社，1987年重版第105页）也认为：将武力甚盛的大司马唐叔虞封于此，正可东呼齐燕鲁卫，南屏王都。董立章也认为：商代武丁时地处今山西西北部的沚国已臣服为诸侯，整个今山西省已尽入商版图；文王克黎（古国名，子姓，在今山西长治西北，或说在今山西黎城东北），（今）山西大部属周，是（周）王畿的重要组成。成王封唐，决不会尽弃广大晋中地区于不顾（见董立章《国语译注辨析》，暨南大学出版社，1993年版第327页）。这也与谭其骧主编的《中国历史地图集》所载殷代唐国立都太原正合。

由上可知，唐叔虞所封夏墟，即称"晋"之说法，自古分歧较大。综合之，大多认为在"晋阳"，也就是今山西太原市，因有晋祠，以为"晋"在太原。如西晋杜预是注释《左传》的专家，他也认为夏虚（墟）大夏在今太原晋阳。今本《中国历史大辞典》唐条以为在山西翼城县西塘村。并说《毛诗谱》以为唐叔虞之子燮"以尧墟南有晋水，改曰晋侯"。此后称唐为晋。史为乐等近年编《中国历史地名大辞典》也以为唐在翼城县西二十里唐城村。清初顾炎武（1613—1682）《日知录》卷三十一《唐》载："《左传》定公四年，命以唐诰而封于夏虚。服虔曰：大夏在汾、浍之间。杜（预）氏以为太原晋阳县。按晋之始见春秋，其都在冀。《括地志》：故唐城绛州翼城县西二十里，尧裔子所封，成王灭之而封太叔也。北距晋阳七百余里，即后世迁都，亦远不相及，况霍山以北，自悼公以后始开县邑，而前此不见于传。又《史记·晋世家》曰：成王封叔虞于唐，唐在河、汾之东，方百里，翼城正在二水之东，而晋阳在汾水之西，又不相合。窃疑唐叔之封，以至侯缗之灭，并在于冀。……所谓大夏者，正今晋、绛、吉、隰之间。《书》所云：'维彼陶唐，在此翼方'，而舜之命皋陶曰'蛮夷猾夏'者也。当以服氏之说为信。……大夏之在平阳明矣。"顾炎武上述之辩证十分确切，近年曲沃、翼城、夏县等地及其周边晋国墓地的发掘，证实了顾氏之洞见。《中国历史大辞典》《中国历史地名大辞典》均采纳顾氏之见。认为初封晋地在唐，即今山西翼城县西，而非太原。唐地（初封之晋，也即大夏）之争应就此结束。李学勤先生也认为"商周间的唐国是陶唐氏的后裔，被周人所灭。于是，周成王把弟弟叔虞封在唐，故称唐叔虞，就是后来晋国的始封。"（2013年11月11日《光明日报》载李学勤在《唐尧帝都文化建设》座谈会上的发言）然，唐故地是否晋国之都邑呢？因唐叔虞崩，子燮父即位后，虽贵为国君，但被古唐国残余势力所包围，形势十分危急。在此形势下，不得不迁都。由唐迁出立都地在今晋南曲沃县曲村一带，燮父在此改国号为"晋"，并成第一代晋侯。以上说法由2000年12月北京大学考古系与山西省考古研究所共同在曲村出土的"晋侯鸟尊"（见图）所证实。这一器物盖上有一鸟形钮，盖的内侧有铭文"晋侯乍向太室宝尊彝"九字。这件器物铭文中的"晋侯"就是指第一代晋侯燮父。并证明曲村遗址就是燮父所

迁的新都,所出土鸟形尊的墓葬就是燮父之墓,器物之铭文清楚地表明它就是晋侯燮父的祭祀用器,堪称"晋国之端"(见 2018 年 6 月 23 日《光明日报》05 版,王曦《晋侯鸟尊——晋国之端》)。这里应是第一代晋侯的都城。

第六节　曲沃武公代晋

按《史记·晋世家》载,自唐叔子晋侯往下传至靖侯为五世。靖侯于公元前 858 年至公元前 841 年在位。公元前 841 年当是西周第 11 位王共和元年,这一年为靖侯十八年。故《晋世家》谓"靖侯已来,年纪可推"。

靖侯再往下传,至晋文侯十年,周天子幽

晋侯鸟尊

王暴虐无道,犬戎起兵杀死幽王,秦襄公护送周平王东迁雒邑(今洛阳王城公园一带),西周灭亡,东周始此。自武王灭殷,以至幽王死,西周亡,西周凡 257 年[1]。如按 2000 年国家公布的《夏商周年表》,武王伐纣为公元前 1046 年,至西周灭亡的公元前 771 年,西周凡 275 年。

晋文侯三十五年,文侯去世,其子昭侯伯继位,即为晋昭侯。昭侯元年,封文侯之弟(昭侯的叔父)成师到曲沃。这一年是公元前 745 年。曲沃当时是晋国的一个城邑,位于今山西闻喜县东北。这个地方比晋国都邑翼还大。成师封于曲沃,号称曲沃桓叔(成师谥号为桓,为晋昭公的叔父,故号桓叔),曲沃桓叔由其从叔父栾宾辅佐。这时桓叔已 58 岁,好德行,晋国民众都归附他。有人借"君子"之口评论这件事说:"晋国的祸乱,就出在曲沃了。枝末大于根本,而又获得民心,它的根本既已衰落,这样即使臣子的封邑大于国君的都城,其不乱何待?"至昭侯七年,晋大臣潘父杀死国君晋昭侯而迎纳曲沃桓叔。桓叔打算进入晋国都城,都城国人发兵攻打桓叔,桓叔兵败返回曲沃。从此晋分裂为二,开始君位之争。晋都之人共立昭侯之子"平"为君,是为晋孝侯(依《史记·十二诸侯纪年表》,晋孝侯在前 739—前 724 在位)。晋孝侯杀了潘父。

孝侯八年,曲沃桓叔卒(卒年应 72 岁)其子鱓代桓叔,是为曲沃庄伯。晋孝侯十五年,曲沃庄伯在晋的都城翼杀死了晋孝侯。晋都国人发兵攻打曲沃庄伯,庄伯复入曲沃。

---

[1] 《史记·周本纪》裴骃《集解》引《汲冢纪年》曰:"自武王灭殷以至幽王,凡二百五十七年。"此即以公元前 1027 年为武王伐纣之年的根据。

晋都国人立孝侯之子郄为君,是为鄂侯①。鄂
侯六年鄂侯卒。曲沃庄伯听说鄂侯死了,乃兴
兵伐晋②。周天子平王(姬姓,名宜臼,一作宜
咎,周幽王之子。)派周王朝卿士虢国国君(名
忌父)率领兵将攻伐曲沃庄伯,庄伯逃跑据守
曲沃。晋都国人共立鄂侯之子"光"是为哀侯
(按《左传》隐公六年注,光之立由周桓王所
命)。哀侯(前717—前709在位)二年,曲沃
庄伯卒,其子代庄伯立,是为曲沃武公(名姬
称)。

曲沃晋侯墓地出土的青铜簋

晋哀侯八年,晋都的军队攻打晋国的陉廷
这个地方。陉廷之人与曲沃武公共谋,于第二
年在汾水之滨(《左传》桓公二年作汾隰,今为山西洪洞至襄汾一段汾河流域)攻打晋军,
俘虏了晋哀侯,晋都国人立哀侯之子"小子"为君,是为小子侯(前709—前706在位;据
《左传》,前708年—前705在位)。当年,曲沃武公派遣他的叔父韩万(韩,晋邑,在今山
西河津东北,为韩万封邑,因以为氏)杀死了所虏晋哀侯。曲沃的势力一天比一天大,晋
国公室对其无可奈何。

晋小子侯四年,曲沃武公诱杀晋小子侯。周桓王(姬姓,名林,平王太子泄父〔早死,
未继位〕之子,前719—前697在位)派遣虢仲(任王室卿士,北虢国君,即虢仲林父)攻伐
曲沃武公,武公入据曲沃。于是,虢仲奉周王之命,立晋哀侯之弟缗(又作缗)为晋侯,是
为晋侯缗。这年是公元前706年。

晋侯缗二十八年(前679)曲沃武公伐晋侯缗,消灭了晋国公室,尽收晋国公室的珍宝
重器,如数赠献给了周天子(此时周天子即周釐王,名胡齐,为周庄王之子,前681—前
677在位),周天子接收贿赂,命曲沃武公为晋君,列为诸侯,于是曲沃武公将晋国土地全
部兼并并占有。

曲沃武公到这时(前679)已即位37年,更改称号为晋武公。晋武公开始建都翼城
(在今山西翼城县东南十里故城),以曲沃为别都。晋武公加上以前在曲沃的在位时间,

----

① 鄂侯:按《左传》桓公二年以为郄为孝侯之弟。鄂,晋国邑名,在今山西乡宁县
南。据《左传》隐公五年、六年载,前718年,曲沃庄伯攻翼,郄出奔至随(今山西介休东
南),次年郄被大夫嘉父接到鄂安顿下来由此郄被称作鄂侯.。

② 曲沃庄伯代晋:按杨伯峻《春秋左传注》隐公五年即鄂侯六年,曲沃庄伯攻伐翼,
鄂侯奔随,则曲沃庄伯伐晋与鄂侯卒无涉。

至此已立 38 年,不更元。曲沃武公以庶族小宗夺取了世子大宗的政权,先后弑五侯(昭、孝、哀、小子、缗)驱逐一侯(鄂),以攫夺晋政权而告终。彻底破坏了以嫡长子继君位的宗法制度。

晋武公姬姓,他是先晋(指曲沃武公即位前的晋)穆侯的曾孙,曲沃桓叔的孙子。桓叔是最初封在曲沃的。武公是庄伯的儿子。从桓叔始封曲沃一直到武公灭晋国公室,共计 67 年,终于取代了晋国国君成为诸侯。晋武公取代晋国国君的第二年去世,前后在位 39 年。他的儿子晋献公诡(一作俭)诸继位,这一年是公元前 676 年。

从上文得知,公元前 745 年,即晋昭侯元年,晋昭侯封其叔父成师于曲沃,称曲沃伯,并未发现晋昭侯有何歹意,然而至晋昭侯七年,昭侯被晋臣所杀,晋渐成东西分治状态,而由于曲沃实力渐强,晋公室渐弱,至成师之孙曲沃武公灭晋侯缗而统一晋国,计 67 年,史称曲沃代晋。67 年间骨肉相残,同室操戈,国祸民殃,其教训应该说是十分沉痛的。是晋国历史上一次空前的统治集团内部大乱。这惨痛的教训,被晋武公的即位者,其子献公所接受。献公统治期间(前 676—前 651 在位)使晋由弱变强。他为了巩固君权,大开杀戒,"诛灭公族",扫平了公族逼君问题。而后,他积极扩军备战,频繁而激烈地展开对外兼并扩张。正如《吕氏春秋·贵直》记赵简子所说:"先君献公,即位五年,兼国十九。"献公于公元前 668 年重修翼都(又称绛都)城郭。公元前 661 年扩一军为二军①,与太子申生各帅一军,灭霍(今山西霍县)、耿(今山西河津市)、魏(今山西芮城县)。公元前 655 年灭虞(今山西平陆县北)、虢(今河南陕县)。后兴师屡伐戎狄②,使晋土囊括汾水流域,远达黄河以南。戎狄的势力十分强大,晋对戎狄的政策是"以和为主"、伺机歼之(另文论之)。这样一来,晋国由"其土又小"的"偏侯"之国(《国语·晋语一》),而跃居与齐国并立的强国。也为晋文公其后的百年霸业奠定了基础。

另一方面,晋献公大举"诛灭公族"从根本上冲毁了以血缘亲亲为纽带的公族宗法体制,其倚重的势力则移向异姓、异氏。晋由异姓、异氏真正掌握了军政实权,成为卿多异姓的国家。这在春秋列国中独一无二,是一次了不起的大变革,从此晋国历史、文化和国家管理体制迈进一个崭新发展阶段。这样便使"晋无公族"(《左传·宣公二年》)。自此以后晋国无公族大夫之官,从而彻底堵塞了晋公族参与国家政权之路。除嗣子即君位外,其他公子皆赶到别国居住,不得受分封干政,使国内再无公子篡弑之忧。但是,由于卿大夫或非公族军政权力逐渐膨胀,导致诸卿间展开强烈争斗,出现了君主与卿大夫之

---

① 军:这里所说的军是军队的一种编制。《周礼·地官·小司徒》:"五旅为师,五师为军。"

② 戎狄:古族名。王国维《鬼方昆夷猃狁考》又谓"狄"与"戎"互称,二者同为华夏称异族之名。

间相互残杀。最终,则是君主势力逐渐衰跌,卿族势力恶性膨胀,导致春秋末期的六卿专政。至晋出公二十二年(前453),赵、韩、魏三家分晋之势成,史称"三家分晋";不久,晋侯反朝于三家之君,成为附庸。周天子于晋烈公十三年(前403)正式册命赵、韩、魏三家为诸侯。

第七节　晋公族羊舌氏

晋献公是晋武公(即曲沃武公)的长子,继承了晋国的王权。晋武公之庶子按春秋之制只能称臣。

一、羊舌大夫

晋武公曾逃遁于齐,生庶子伯侨归了周天子,封在杨(在今山西洪洞县东南十五里范村)这个地方,称杨侯。伯侨生文(武公之孙,按春秋之制可称公孙),文生突(不可再称公孙)。公元前660年(晋献公十七年)太子申生伐东山皋落氏(在今山西昔阳县之赤狄),突任军尉(位在军帅之下,其他军官之上,掌管卿将驾车的御官及士卒训练)。突的封邑在羊舌氏之邑(今山西洪洞县东南十五里范村东故城,即后来的杨氏县、杨国、杨县,又通称平阳,隋改洪洞县),突就以邑为羊舌氏,称羊舌大夫。

晋献公(前676—前651在位)宠爱骊姬,生奚齐,准备

羊舌突像

立奚齐为太子。献公想利用太子申生伐东山皋落氏之际废黜其太子资格,便让太子申生穿不合礼仪规定的服饰,而且是左右两色衣服,佩戴金玦。跟随太子申生出征的众臣们议论纷纷,认为献公命令中的恶意可想而知,战死后还要蒙上不孝之名,便劝太子申生逃走。但军尉羊舌大夫认为,逃走不可。违抗父命是不孝,抛弃出兵的责任是不忠。虽然已经知道国君对您心怀恶意,但不孝不忠的恶名是不可取的。您还是奋死一战才对。太子申生权衡大家的意见,认为不战而返,获罪更重;如果战死,还有美名在此。认为羊舌大夫从忠孝两全出发,力推众议,劝说我奋战还是对的。于是太子申生采纳了羊舌大夫的建议。果然,太子申生大败赤狄于稷桑而返(见《左传·闵公二年》及《国语·晋语一》)。后来羊舌大夫的做法和品德受到赞扬。例如,至晋平公问晋国大夫祁奚说:"羊舌大夫是晋国优秀的大夫,他的品行怎么样?"祁奚说:"他年轻的时候,谦恭和顺,心中感觉

羞耻的事情能在当天立即改正;他担任大夫之后,能尽善道而又谦恭正直;他出任国君车驾任军尉以后,能诚实地直言自己的军功;至于他的仪表,则是温和善良而且知礼节,博闻多识而又时时显示出自己的志向。"晋平公问:"刚才我问您,您为什么说不知道?"祁奚答道:"地位经常改变,不知止于何处,因而不敢说能够了解他。"(事见《孔子家语·弟子行》)可见羊舌大夫的高贵品德为后世树立了榜样,做出了表率。

二、羊舌氏的由来及传说

羊舌氏的由来,(唐)林宝《元和姓纂》卷五羊舌条载:"晋靖侯之后,采食于羊舌邑,因氏焉。"又出自《新唐书·宰相世系表(下)》:"晋武公(庶)子伯侨生文,文生突,羊舌大夫也。"又云晋之公族食邑羊舌,凡三县。按顾栋高《春秋大事表》五,上述羊舌邑之地望在杨城。杨城原为西周时的封国杨国,杨一作扬。《左传·襄公二十九年》载:"虞、虢、焦、滑、霍、杨、韩、魏,皆姬姓也。"杨伯峻注,杨国有二说,一云周宣王之子尚父,在幽王时封在杨,为杨侯。二云,唐叔虞之后,至晋武公,曾逃遁于齐,生伯侨,归周天子,封杨侯,晋灭之以后,以此为羊舌氏之邑。也就是说伯侨为周天子的"侯"时,就封在"杨"这个地方,是为杨侯,后为伯侨之孙突的封邑,突又以邑为氏称羊舌氏。由此知"杨"城和羊舌邑是一个地方,即今山西洪洞县东南十五里范村。伯侨为晋武公之(庶)子,姬姓,羊舌突为晋武公的曾孙,也应为姬姓,名为突,称姬突,羊舌是他的氏。得氏之后才可称羊舌突,他是羊舌氏之始祖。又《汉书·扬雄传》载,(扬雄)的先人出自于周伯侨者,以支庶初食采(师古曰:以官受地,谓之采地)于晋之杨(扬),因氏焉。由此知,伯侨也是杨姓之始祖。

羊舌地名,相传源自一个盗羊人的故事:晋国人李(一说季)果的邻居偷了一头羊,把羊头送给李果享用。因为羊的来路不光彩,李果不愿意接收,又不便当面谢绝,便把羊头埋在了院中。后来,偷羊事发,官吏向李果追查。李果便将院中所埋羊头挖掘出来,给官府差役看。这时羊头上的皮肉已腐烂,唯有羊舌尚存。人们无不敬佩李果的厚道。李果之家便称羊舌之家,所住之村庄,便称羊舌邑。这个故事出自南宋郑樵《通志·氏族略》。湖南邵阳《羊氏魁公六修宗谱》卷首《本性》源流记曰:"粤稽我羊氏,本姬姓。……邑人攘羊而遗之,大夫以不义而不受,乃盛于瓮,埋垆阴。后攘羊事败,吏至发而视之,头肉尽,而羊舌尚存。吏曰:'君子哉!不与攘羊矣。'晋侯闻之曰:'直哉!羊舌子。'遂以羊舌赐姓。"湖南羊氏谱之所载可信度较高。(唐)林宝撰《元和姓纂》:"羊舌,晋靖侯之后,采食于羊舌邑,因氏焉。"与上所载基本相同。至于《太平御览》卷426引《羊祜别传》,将攘羊受之了羊舌肸(叔向)之母,与羊舌肸为羊舌大夫之孙的记载不符,有错谬之疑。

羊舌突生羊舌职,因羊舌职聪慧、机警、谨慎、敏捷,被任命为中军尉祁奚的副官(《国语·晋语七》)。

三、羊舌四族

按《新唐书·宰相世系表一(下)》羊舌职生赤、肸、鲋、虎、季夙五子。赤字伯华,为铜鞮大夫,生子容。肸字叔向,亦曰叔誉。鲋字叔鱼。虎字叔罴。号"羊舌四族"(未见有关季夙的著录)。

1. **羊舌伯华**。羊舌赤,字伯华。其父羊舌职死后,中军尉祁奚告老退休,向晋悼公举伯华为中军尉祁盈(祁奚之子)的副职。晋悼公三年(前570)伯华代父为中军尉之佐大夫爵。祁奚为老臣,人称举伯华为官继父职,是有善德,唯善人能推举善人(《左传·襄公三年》)。因羊舌赤居铜鞮(今山西沁县南三十五里古城),又称铜鞮伯华。《国语·晋语七》及《左传·襄公三年》载,悼公四年(前569)伯华以新任中军尉佐身份随悼公赴鸡泽(又作鸡丘,在今河北永丰县东南)盟会。悼公的弟弟杨干在鸡泽附近的曲梁(在鸡泽附近)扰乱了军队的行列,当时魏绛为中军司马(隶属铜鞮伯华,执掌军中法纪),杀了为杨干驾车的人,悼公发怒,对伯华说:"会合诸侯,是以此为荣,杨干受到侮辱,还有什么比这样的侮辱更大呢? 一定要杀掉魏绛,不要再耽误了。"羊舌伯华回答说:"魏绛是一心为公,事君不避危难,有了罪过不避惩罚,他会来辩解的,何必劳动君王发布命令呢?"话音刚落,魏绛持上书来到,把上书交给御仆,准备抽剑自杀。别的大夫劝阻了他。悼公读他的上书,上书说:"君上新即位时,缺乏使唤者,现在让臣下担任司马的职务。我听说,军队服从军纪,即是在使用武力时也应具有道义准则,这叫作武;在军队里做事宁死也不犯军纪叫做敬。君王会合诸侯,下臣岂敢不执行军纪军法? 君王的军队不武,办事的军吏不执行军法,罪莫大焉。执事不敬为最大罪,当死刑。臣惧怕死,所以才连累到杨干,罪责无可逃避。我不能事先训告军队,以至杀杨干的仆人用了斧钺,我的罪过很重,岂敢不服从惩罚以激怒君王? 请求回去死于国之司法官司寇那里。"魏绛预料他的行为将使悼公发怒,故先主动上书。这也是羊舌伯华所预料到的。晋悼公被魏绛的言行所感动,恐其自杀,赤脚而出,认为魏绛一心为公,事君不避死,又严肃军纪军法,正如羊舌伯华所说。悼公主动承认未很好地教导自己的弟弟,只是为了兄弟的亲爱,让他触犯了军纪,这是做君王的错误,并请求不要再加重自己的过错,请魏绛勿死。悼公认为魏绛能用刑法治理百姓了,自盟会返国,以魏绛为宾,在太庙设宴招待他。

羊舌伯华处理的上述之事,言语不多,但上知君主,下知部下,一切情况都在预料之中,故而使上下都受到了教育。事后,魏绛受到了奖赏,做了新将军赵武的副将,列为卿。

据《国语·晋语八》载,上卿范宣子(即晋大夫士匄,悼公时任中军之佐。平公四年,即前554年,任中军执政)与和邑大夫争田,长期争执不下。范宣子试图用军队攻灭和大夫,就向时任中军尉佐的羊舌伯华征询意见。伯华说:"国家对外用兵设有军官,对内治国设有文职。我身为对外用兵的军官,不敢超越职权,如果您决心用我出师去征讨和大夫,可公开宣召征询意见。"羊舌伯华此时身为上卿范宣子的副官,对其企图用兵去征伐和大夫并不赞成。他认为以对外军队去和国内的大夫打仗,为范宣子争田是超越职权,但又不好直接顶撞顶头上司,故而要求范宣子征询别人的意见。征询的结果是大夫们不赞成范宣子的做法,劝其用好手中权力去治理国家,不要和别人争闹是非。伯华用别人的智慧和办法平息了一场内战,将所争之田送还了和大夫,与和大夫实现了和解。

孔子十分称赞羊舌伯华的高尚品德。在《孔子家语·弟子行》中这样称赞羊舌伯华:"为人思虑深情不测,博闻多识而不轻易被欺骗,内心刚直并终身坚持。天下太平时,他的话足够用来治理国家;天下不太平黑暗时,他的沉默足够用来保护自己求得生存。这大概是铜鞮伯华的品行。"在《贤君》中又感叹曰:"假如铜鞮伯华不死,那么天下恐怕就安定了。"又说:"(铜鞮伯华)少年时聪敏好学,他壮年时勇敢不屈,他老年时身怀道艺,却能谦恭待人。具有这三点德行,安定天下有什么困难呢?"孔子的学生仲由说:"(铜鞮伯华)年幼喜欢学习,长大后有勇气,还是可以的。至于身怀道艺而谦恭待人,那又是对待哪些人呢?"孔子对仲由说:"仲由啊,你不懂啊。我听说以众攻寡,没有不胜的;以身份尊贵的地位谦让出身低贱的人,没有做不到的。过去周公居冢宰之位,为百官之首,治理天下的政务,而能对贫穷的读书人谦让,日见一百七十人,这样做难道是因为不具备道艺吗? 这是想得到贤士而为自己所用啊,怎么能说具备了道艺就不必谦恭地对待天下君子呢?"孔子对铜鞮伯华的评价如此之高,大概就是因其有谦恭待人的高贵品德。

2. **羊舌叔向**。羊舌肸,羊舌为氏,肸为名,一说字叔向,又作叔响、叔誉。羊舌职之次子,羊舌赤之弟。因食邑于杨,亦名杨肸。《新唐书·宰相世系表一(下)》载:"叔向,晋太傅,食采杨氏,其地平阳杨氏县是也。"晋悼公时,大夫司马侯①向悼公推荐羊舌肸,认为羊舌肸对晋国史书颇有研究,可以使君主德艺兼备。于是悼公宣召叔向,使其任太子彪(后为晋平公)的师傅。晋平公即位后仍为师傅。故《左传·襄公三十年》载:"有叔向、女(rǔ)叔齐以师保其君。"

叔向在辅佐晋悼公和为晋平公的师保(负责辅导和协助君王)时曾多次参与悼公、平公与诸侯会盟和作战策划。例如,晋悼公十二年(前561)九月,诸侯出动全部军队攻进郑国,郑国于十月无奈与晋结盟,十

羊舌夫人与羊舌叔向(中)、叔虎兄弟

----

① 司马侯:即女叔齐,深晓礼仪,悼公时任司马。至晋平公即位,他和叔向均以师保身份辅导和协助平公参与国政。

二月在萧鱼会见,赦免郑国的俘虏,全部以礼相待放回,禁止掳掠。于是,晋悼公派叔向将其情况向诸侯通告。晋悼公十五年(前558),晋六卿帅诸侯联军伐秦,叔向也参加了这次伐秦之役。晋悼公十六年冬,悼公卒。第二年春(前557)太子彪即位,这就是晋平公。叔向成为上大夫并升任太傅。平公三年(前555)晋伐齐,叔向、师旷同往。回国的路上,楚国进攻郑国,晋国人听到楚国出兵遇雨,师旷等都预测"楚必无功"。叔向认为,决定胜负不仅取决于天时,还在于他们国君的德行。对此杜预注曰:"(叔向之意)言天时、地利不如人和。"可见叔向的灼见与他人有别(《左传·襄公十八年》)。

据《左传·襄公二十一年》载,栾氏与范氏一起做公族大夫而不能很好相处。栾盈(怀子)为下卿,喜好施舍,士人大多归附他。范宣子害怕栾盈人多,派栾盈在著这个地方筑城并且由此赶走了他。秋,栾盈逃到了楚国。范宣子杀了栾氏之党十人。其中就有叔向的弟弟羊舌虎(又称叔虎)。同时范宣子囚禁了叔向和羊舌伯华。此即古人连坐罪。别人想救叔向,叔向皆不答应,他相信只有"外举不弃仇,内举不失亲",有正直德行的祁奚大夫定会救他,不会把他丢弃。果然已退休的祁大夫听说叔向被范宣子所囚,坐上快速驿车去见范宣子。祁大夫对范宣子说,叔向是国家的柱石,这样的人说到谋划而少有过错,教育别人而不知疲倦。即使他的十代子孙有过错还要赦免,为什么叔向要为叔虎而被杀呢?您做了好事,谁敢不努力,你多杀人做什么?范宣子被祁大夫说动高兴了,同坐一辆车子,劝说晋平公赦免了叔向。可祁奚没去见叔向就回去了。叔向也不向祁奚报告他已得救,就去朝见平公。由此可见叔向具有远见卓识政治家的品质、为人及肚量。

叔向一向维护礼制。例如晋平公六年(前552)为了禁锢栾盈,晋平公和鲁襄公、齐庄公、宋平公、卫殇公等在商任这个地方会见。齐庄公和卫殇公表现失礼而不恭敬。叔向说:"这两位国君必然不能免于祸难。诸侯会见和朝见于天子,这是礼仪的常规。礼仪好比政事的车子载礼而行。政事是身体的寄托。怠于礼仪则政事会有失误;政事有失,则难于立身处世,因此就会发生动乱。"(《左传·襄公二十一年》)。由此可见,即使到了东周中期开始出现"周室凌迟,礼崩乐坏"(《风俗通义·声音》)的局面,也只有像羊舌叔向等一些有责任的士大夫还一直在不遗余力地维护并修复着礼和礼制。

叔向一向主张处事真诚,恪守信誉,以德治国。例如,晋平公十二年(前546),晋国的正卿赵武(文子)和宋国的向戍友好,都想要消除诸侯之间的战争以取得名声。叔向作为赵武的副手,参加了在宋国举行的著名的十四国弭兵之会。叔向以诚信、礼仪、德行为上,给赵武以有力支持,发挥了重要作用。起初,诸侯国君或大夫往聚宋都,缔结弭兵之盟。但楚国令尹屈建(字子本)起了歹心,试图借机偷袭赴宋缔盟的晋国使团及所帅军队,以削弱动摇晋国的霸主地位,赵武十分担忧。叔向对赵武说:"真诚者不可侵暴,坚持信誉者不可陵犯。真诚发自内心,信誉来自身体力行,处事真诚、恪守信誉作为人的美德和立身之本,是人们应所共奉的深固观念,因此崇高而不可动摇。今我国真诚为诸侯谋求弭兵息战之益,并以信誉作保。荆楚之人如果偷袭我方,便是自己违背信誉,毁弃真诚。违信者必自取灭亡,弃绝真诚者不可能号令诸侯。荆人怎能危害我国?荆人若借会盟之机行违信之事,诸侯对荆人会有什么希望呢?如果此行缔盟,荆人胆敢对我袭击,荆将败我,诸侯必将叛楚归晋。您何惜一死?如若身死能巩固晋的盟主地位,死又有何惧?所以,您不必担忧此事。"果真,楚国人因畏惧晋国恪守信诺,晋营未采取任何防卫措施,楚方未敢行偷袭之谋。从此至平公谢世,再没有发生楚国北侵晋国的事情。

这次弭兵之会,楚坚持首先歃血,赵武不悦。叔向对他说:"霸主或天子的地位关键在于德政,并不决定谁先歃血。你如能以忠、信辅佐国君治理晋国,并出于忠、信补救诸侯各国的施政缺失,誓盟歃血即使在后,也将获得诸侯的拥戴,使晋国处于事实上的霸主地位,何必一定力求先歃?……今日楚国能与我国交替主盟诸侯,之所以晋国如此强大,是因在国内推行德政的结果。您致力于国内德政地推行,不必与楚争先歃;要致力于德政,致力于国富、兵强、政稳、民附,这才是迫使楚人屈服于我国的根本方略。"于是,楚人先歃血(《国语·晋语八》《左传》襄公二十七年)。

叔向不仅主张"以德治国",而且主张"以德相亲"。叔向和司马侯同为晋平公的师保,参政是分内之事,维护君主的形象,提醒晋平公什么事该做,什么事不该做。例如,平公射鷃落地未死,让宫中小臣抓捕,反使鷃雀逃飞。平公大怒要处死宫中小臣。叔向得知,傍晚朝见平公将射鷃之事相告。叔向说道:"君主务必将他杀掉。从前我们先君唐叔在徒林中一箭射死一头㽞牛,用它的皮革制成一副厚甲,因才智武勇过人被封于晋地。今我君上继先君唐叔,射鷃不死,捕捉不得,这会使君上耻辱外传,望君定要从速将其杀掉,以使丑闻不致远扬。"平公听后面泛愧色,急令将小臣释放。

再如,叔向见到了同为平公师保的司马侯的儿子,抚摸着他双目垂泪,说道:"自从你父病逝,就没有和我亲近而一起事奉君主的人臣了。从前凡有事需上奏,首先由你父提出,由我来促成,或由我提出,由老夫子促成,从未发生过不可之事。"有位上军司马在旁问道:"作为君子能够相互亲近吗?"叔向答道:"君子互相亲近是以德相亲;拉拢同党,结为团伙,谋取一己厚利而忘记君主,这便是别立朋党。"由此可见,叔向从不拉帮结派,是个事君事人直道的君子,又是超凡脱于世俗的人。以上即是叔向参政的两个小故事,均见《国语·晋语八》。

叔向劝晋平公春季莫筑台,则体现了他的民本思想。有一年春季,晋平公要筑台。叔向说:"不可。古者的圣王尊重德政而致力于付诸实施,缓刑罚而为其能赶上农时。今春季筑台,将占用大量劳力,是夺占农民的时令。朝廷之德政不付诸实施,则民众不归顺,刑罚而不缓则百姓将忧愁,而使民众不归顺。使服役的百姓忧愁且有怨恨,今又夺其农时,是使他们一年收成全部竭尽啊。要统治好百姓,养育他们的物质却一无所有了,难道说能够让其决定命运,安定生存,而又称道您是传留后世的君主吗?"(《说苑·贵德》)

在农耕社会,一年之计在于春,夺了农时,农民不能耕种,等于夺了百姓一年的收成。衣食皆无,没了生存的物质,农民当然不能称道当朝有个好仁君。叔向站在农民立场上,劝晋平公不要在春季筑台,以免耽误农时,体现了叔向关心民瘼、关注民生的民本思想。

晋平公十九年(前539),齐大夫晏婴出使晋国,与叔向议论齐政。认为齐国民心拥护陈(田)氏,政权终将归之。叔向说"是的,即使是我们公室,今也到了末代了。作战的战马已不驾兵车,诸卿已不率领公室之军。公室的战车也无御手和车右,步兵的行列皆无可用得力的长官,晋公室之军备已废弛。百姓困倦疲病,而公室却更加奢侈。饿死于道路上的人一个接一个可看得见,而宠姬之家却更加富足,财富多得装不下。百姓听到公室的命令,好像逃避仇寇一样。栾、郤、胥、原、狐五世皆卿,续、庆、伯三氏皆大夫,现在的地位降至贱吏的行列。韩、赵诸氏专政,政事在于私家,民无所依。国君一天天地不改悔,以娱乐度忧患。公室的卑微还能有几日?谗鼎(一说鬵鼎)上的铭文说,'黎明即起勤于政事功业显赫,子孙后代还会懈怠',何况天天都不肯悔改。难道还能长久吗?"

晏子说:"您将怎么办?"叔向说:"晋国的公族将要凋零殆尽了。我听说,公室将卑微,它的公族将像树的枝叶一样先落,那么公室将随之而落。我这一宗共十一族,只有我羊舌氏还存在而已。我又没有有才干的儿子,公室没有了法度,我能以老寿而善终就算侥幸了。难道还能享受到祭祀吗?"(事见《左传·昭公三年》《晏子春秋》等)

羊舌叔向是当时的一位政治家,以上这段"叔向论末季"历史上十分有名,多典籍有载。当时他对诸侯及晋公室的衰败心知肚明,看得十分清楚。在他看来君主治国不力,只知淫乐,公室地位下降。加之卿家大夫专权"政在私家",军备废弛。百姓苦难当头,饿殍遍野。面对严酷的现实,叔向明知是由公室贵族骄奢淫侈造成的,但无能为力。当时民视国君如寇仇,国君则依旧我行我素,众叛亲离,其能久乎!同时众卿势力日益强大,领地不断扩张,叔向断言:"晋国之政将归六卿"(《史记·赵世家》)。其实早在晋平公十四年(前544)吴国政治家季札出访晋国时看到国君奢侈,许多优秀的臣下、大夫都很富,政治将要归于赵(文子)、韩(宣子)、魏(献子)三家。临别时对叔向说:"您好直话直说,一定要考虑使自己免于祸难。"因季札十分喜爱叔向才直言不讳。方可看出叔向一贯为人直道,但叔向又怎能挽救没落的晋室呢?所以面对齐相晏婴的询问,自己心情十分沉痛,认为能得到善终已是侥幸。即使如此,叔向还是忠于晋室,刚正不阿,在诸侯国中是十分有影响的人物。例如,晋平公二十一年(前537),晋国的韩宣子到楚国送晋女,叔向为副手。楚王想以晋国是之仇敌为由,不顾国与国之间的交往礼节,借机羞辱韩宣子和叔向。认为韩宣子手下有强将,又知叔向下面有选拔的能人,并且"羊舌四族,皆强家也"

(《左传·昭公五年》);伯华又足智多谋,能为他们出谋划策。楚国如果违背礼仪会招致敌人,将亲善换来怨恨。楚王在大夫们的劝说下,打掉了自己羞辱晋国使臣的意愿,想用叔向不知道的事物来傲视他,没能做到,于是对叔向厚加优礼。这样,叔向以自己的影响力,为晋国争得了应该得到的礼遇,楚国未敢蔑视晋国。

晋昭公四年(前528),晋国邢侯(楚国申公巫臣之子)与雍子(原是楚人)共有晋邑都田,二人争其田界,历时甚久,调解无成。晋理官(执掌司法,古代兵刑合一,将领皆为司法官)去了楚国。羊舌叔向的弟弟羊舌叔鱼(曾因叔虎案被驱逐于鲁,后返晋)代理他的职务。韩宣子命叔鱼判处旧案,罪在雍子。雍子将女儿嫁给叔鱼,叔鱼判刑侯有罪。邢侯大怒,在朝廷上杀死了叔鱼和雍子。韩宣子向叔向询问怎么治他们的罪。叔向没有袒护任何人,包括自己的同胞兄弟,站在公正的立场上回答说:"三人同罪,活着的人判刑,死了的暴尸示众就可以了。雍子自知自己有罪,以女嫁于叔鱼而得胜诉,叔鱼身为代理司法官受贿后不以情理判曲直而出卖法律。邢侯擅自杀人,他们三人的罪状是相同的。自己有罪恶而掠取别人的美名就是昏(混乱),贪婪而败坏职责就是墨(贪污,不廉洁),杀人而不顾忌就是贼(作乱、肇祸)。雍子谓之昏,叔鱼谓之墨,邢侯谓之贼。按《夏书》上说'昏、墨、贼三者皆死刑'。这是皋陶的刑法,请照办。"于是将邢侯处死,把雍子和叔鱼的尸体陈市示众。可见叔向敢大义处事,公正执法,对"昏、墨、贼"之人毫不留情,对自己的弟弟也不包庇,其性情是何等的直道,品德是何等的高贵啊!在当时"亲亲相隐"社会之通义的情况下,叔向能做到不为亲人隐大恶,而且当场指出亲人的大恶,是何等不易之举啊!

孔子知道此事后说:"叔向之直有古人的遗风。治国之大事使用刑法,对于其亲人也不包庇隐蔽。三次数说叔鱼的罪恶,不给予减轻,做事合乎道义啊。可谓正直了。平丘之会时,指出了叔鱼的贪财,从而宽免卫国,晋国就做到不凶暴。让鲁国季孙氏回去,讲出了叔鱼的欺诈,从而宽免鲁国,晋国就做到不凌虐。邢侯这个案件,指出了叔鱼的贪婪,从而严格了刑法,晋国就做到不偏颇。叔向三次说话而免除了三次罪恶,并增加了三次利益。处死亲人而更加荣耀,这是由于叔向做事合乎道义啊。"①。

叔向一向重德不重财。例如,他主张根据品德赋予爵位,并要与为国为民所立功勋相等、相称。根据爵位级别而命职任官,颁赐禄田封土。反对根据一个人的贫富程度来定俸禄。又如,韩宣子(即韩起)因其是侧室而袭父之卿位,其兄因废疾让卿位于弟而继家族财产,故韩宣子虽有卿位,但家庭生活贫苦不能和众卿礼尚往来的交际而忧。叔向

---

① 孔子这段话又见《左传·昭公十四年》《孔子家语·正论解第四十一》。叔鱼之贪等罪见《左传·昭公十三年》《国语·晋语》等。

却向他祝贺。其原因是叔向认为生活贫苦方能上继其德。他说，从前厉公、悼公时的正卿栾武子也是家财不足，但不以此为忧，而是光大自己的美好品德，遵守政府典则，使自己美誉远播诸侯。戎、狄归附。并以此基础治晋，执法公正，从而身免厉公之难。叔向又以郤昭子为例，以为昭子家财为公室的一半，深得君宠，骄纵奢侈，终落得陈尸市朝，原因是他于国于民无德。今您家中财富不足，如果忧愁的不是对国对民有无美德可言就值得祝贺。韩宣子听后，稽首相谢，说："这不是我一人独蒙您训赐之恩，上起桓叔以下列祖列宗都要感戴您的惠言之赐。"(《国语·晋语八》)

叔向一贯主张不能单纯地以法治国。例如，晋平公二十二年(前536)三月，当他知道郑国人要铸刑书于鼎，叔向派人给郑国执掌国政的子产送去一封信。信上说："开始我对您寄予希望，现在完了。从前先王衡量事情的轻重而断其罪，不制定刑律。这是害怕百姓有争夺之心的缘故。如果还是不能防止犯罪，就用道义来防范，用政令来约束，用礼仪来疏导，用信用来保持，用仁爱来奉养；制定官位高下俸禄厚薄来勉励顺从教诲的人；用严厉地判罪以威胁放纵的人。(这些)犹恐不能奏效，所以用忠诚来训诫他们，根据行为来奖励他们，用专业知识技艺来教授他们，用和悦的态度使用他们，用严肃认真面对他们，用威严来掌管他们，对有违犯者以坚决地态度判刑；还要访求聪明贤能的执政之卿、明白事理的主事之官、忠诚守信的乡之贤者、慈祥仁爱的老师，在这种情况下百姓才任其使用支配，而不生祸乱。百姓知道有法律，将依据法律，而于统治者不恭敬。人人有相争之心，各征引刑律以为自己作依据，而且侥幸得到成功，就不可再治理了。夏朝有民触犯政令者，而作《禹刑》；商朝有触犯政令的人，而作《汤刑》；周朝有触犯政令的人，而作《九刑》。三种法律的产生，对于上世而言，都处于很晚时了。当今您辅佐郑国，作封洫，立谤政①，制定三种法律，今又将刑法铸于鼎上，将以这些办法来约束安定百姓，不也是很难吗？《诗》曰：'效法文王的德行，每天抚定四方。'又说：'效法文王，万邦信赖。'如是这样，何必要有法律？百姓知道了刑书的内容后，便知道了争夺的依据，将会丢弃礼仪而征引刑书以争论，刑书的每字每句都要争个明白。触犯法律的案件将更加繁多，会使贿赂横行。在您活着的时候，郑国恐怕就要衰败吧？叔向听说，'国将灭亡之时，必然多订法律'，恐怕说的就是这个吧！"(《左传·昭公六年》)

通过叔向给子产的信得知，晋之重臣羊舌叔向是春秋之时一位代表旧宗法礼制的政治家。他的治国理念继承了其先公先王的治国理念，即不能仅仅依靠依法治国。仅仅以

---

① 作封洫，立谤政：作封洫，即画定田界水沟，以利灌溉与排水；立谤政，指子产制定的一项按田亩征收军赋的赋税制度，引起都城人的责备，说子产毒如蝎子的尾巴。事见《左传·昭公四年》。

法治国将破坏宗法礼制,国将乱、将衰败,而应用法治、礼治、德治相结合,对民众采取多种形式和方法去教化之,百姓才能顺从,国将不生祸乱。事隔二十三年,到晋顷公十三年的冬天,晋国的赵鞅(赵简子)等人领兵在汝水上筑城,从老百姓那里征收了四百八十斤(一鼓)铁,用来铸造刑鼎,鼎上铸有范宣子所制定的刑书(史称《范宣子刑书》)。鲁国的孔子说:"晋国恐怕要灭亡了吧!失掉了他的国家的法度了!晋国应该遵守唐叔传下来的法度,作为治理百姓的准则;卿大夫根据自己的位次来遵守它。百姓因此尊敬尊贵者,尊贵者因此能守住自己的家业,贵贱的等级不错乱。文王因此设置执掌官职位次的官员,在被庐这个地方制定法律,因此成为盟主。这就是所说的法度。现在废弃这个法度来铸造刑鼎,百姓只留意鼎上的条文了,还凭什么来尊重尊贵者?尊贵者还有什么家业可以守呢?贵贱没有了次序,还用什么来治理国家呢?况且范宣子的刑书是在夷地行阅兵礼时产生的,是晋国的昏乱的制度,为什么用它作为法律呢?"((左传·昭公二十九年》)

孔子此时大约三十九岁,他所主张的观点是"从周""复礼",一贯维护周公治鲁沿袭周王朝的"礼治"制度,所以他以为晋铸刑鼎是违背祖宗之法,从而认为晋国将要"昏乱"。范宣子擅自铸造刑鼎,以此作为国家的法律是效法邪恶,晋国的末日将来临。范宣子之刑,是晋国之乱制,不可以为法。由此看来,孔子不仅不同意范宣子的做法,而且与羊舌叔向的观点如出一辙。孔子晚于叔向,从后来的言辞上看,在以法治国的理念上,两人似有异曲同工之处,都以为法治、礼治、德治相结合,才是更好的治国方略。礼治也即德治。其实,孔子虽不否定刑法,但他认为,德治更是根本。例如,他以为:"为政以德,譬如北辰,居其所而众星拱之。"又说:"道之以政,齐之以刑,民免而无耻;道之以德,齐之以礼,有耻且格。"《论语·学而》所载这两段话之根本,是说必须用道德治理国家才能维护好君王和社会。如果用政令来引导人民,用刑法来约束人民,人民也能免于犯罪,但会丧失羞耻心。如果用道德来引导人民,用礼乐来教化人民,人民不但不会犯法,而且有羞耻心。总之,他们二人认为,法治、德治二者缺一不可,相辅相成,而道德教化是根本。或许叔向的德行、观点、理念、思想、做法或多或少地影响到孔子。但孔子在当时就思想、理论方面胜叔向一筹。孔子也十分敬佩叔向,《左传》《孔子家语》及其他典籍中都能看到孔子对叔向的赞语和评价。叔向对后世之影响可见一斑。但是从辩证的观点看,叔向和孔子的观点与子产的观点是治国理念上的差异。子产的"铸刑於鼎"在我国法制史上占有重要位置,产生了深远影响。子产在郑执政二十余年,被称为春秋后期郑国著名的贵族阶级政治家、革新家。子产也主张礼治是治国之本。对郑、晋的铸刑鼎之事叔向和孔子都是站在旧宗法礼治观点上的言论,所维护的是周初统治者力推的"周礼"治天下的理念。其实,刑律自古有之,均有统治者掌握。刑律铸于鼎,公之于众或自子产始。这应是奴隶社会过渡到封建社会之必然。

这里所说"礼治"之"礼",即宗法奴隶制的"周礼",其主旨在于维护尊卑贵贱分明的宗法等级制;奴隶主贵族运用周礼治理国家和规范约束人们的行为,即称之"礼治"。而"法治"之"法",指的是封建社会的贵族阶级为维护和巩固统治而制定的法律、律令之类,以其作为赏功罚罪的依据和准绳,作为强制约束人们行为的手段;统治者运用法律手段去治理国家和规范人们的行为,谓之法治。晋国早期形成了"国法""军法"合二为一的法治体制。通常多是通过军事演习仪式颁布大法,叫"大蒐之礼",因为当时内外战争频繁,久之,军法就演化为约束全体社会成员的法规准则,成了"国法"。这样一来,晋国的法典是由军法脱胎而来。晋国的所谓"法治"是新兴封建阶级的政治需求,其法治思潮之萌发及其进入高潮,在很大程度上推进了社会封建化的进程。

晋平公(前557—前532在位)即位后,国内矛盾进一步激化,逐渐形成了"六卿强,公室卑"和"晋益弱,六卿皆大"以及"政在私门"的局面。这种局面严重威胁着晋公室的政权。晋平公八年(前550)范氏消灭了栾氏势力后,为暂时维护六卿联合专政,上抗公室下压百姓,范宣子(士匄)制定了一部刑书,即《范宣子刑书》,这是晋国历史上第一部从国家总法中分离出来的刑事法规(当时藏之密府),明确提出了"刑不上大夫,礼不下庶民"应该废除,这向社会展示了新兴封建贵族的势力要战胜旧的宗法奴隶制。

时隔三十六年,到晋顷公十二年(前514),由于残存的旧公室贵族祁氏和羊舌氏"相恶于君",加之祁氏家族矛盾而获罪六卿,于是,借此机会,"六卿欲弱公室,乃遂以法尽灭其族"(《史记·晋世家》)。也就是说这是赵鞅(简子)以晋正卿的权利,运用《范宣子刑书》诛灭了祁氏。羊舌氏是祁氏之党羽亦未能幸免,也被灭族。从此,晋国的旧公族势力被彻底铲除。

晋顷公十三年(前513)《范宣子刑书》铸入鼎,成为晋国历史上首次向社会公民公布的成文法。这也是继二十三年前郑国子产铸刑书之后,我国古代最早的成文法。这部《刑书》沉重打击了旧宗法等级制。

发人深思的是,羊舌叔向反对郑国子产铸刑书和时隔二十三年后孔子反对《范宣子刑书》铸于鼎的言论如此相近,如出一辙,正说明二人的心态是一致的,都是周礼的忠诚卫士。此时已是"礼崩乐坏"的时代,旧的宗法礼制将被新兴的法制所替代,这应是历史的必然。此后,晋国的法治理论逐步完善,法治理念逐步进入高潮,晋国的封建法典在众列国诸侯中成为佼佼者,其他诸侯国无可与之相比。

第八节　羊氏东徙泰山

自晋公族羊舌氏受封,羊舌突在公元前660年随太子申公伐东山皋落氏任军尉,至公元前514年六卿欲弱公室,灭叔向之族,共计146年。期间,突之子羊舌职任中军尉之佐,职生"羊舌四强",长子羊舌赤(字伯华)袭父职,好德行。次子羊舌肸(字叔向),悼、平二公时为太傅,羊舌氏一族如日中天,直至前537年叔向为上大夫,羊舌氏一族达到顶峰。但前552年,四子羊舌虎因涉栾盈案被范宣子所杀。《左传》襄公二十一年,记载了这一事件。这年(前552年)秋,栾盈出奔楚,其同党羊舌虎等十人被范宣子所杀,这十人皆是晋大夫。同文还记载了有关羊舌虎的另一件事:起初羊舌叔向的母亲嫉妒叔虎的母亲美丽而不让她陪丈夫睡觉。儿子们都劝谏母亲。叔向的母亲说:"深山大泽之中,确实会生长中龙蛇。她美丽,我害怕她生下龙蛇来祸害你们。你们是衰败的家族,国内受到宠信的大官很多(指六卿专权),坏人又从中挑拨,不也是很难处了吗?我自己有什么可爱惜的?"就让叔虎的母亲去陪侍睡觉,生了叔虎,美丽而有勇力,栾盈宠爱他,所以羊舌氏这一家族遭到祸难,叔虎被杀。伯华、叔向遭囚禁,幸被祁奚所救。三子鲋(叔鱼)因其弟羊舌虎系栾氏之党而被驱逐于鲁,返晋后于前530年任代理司马,前528年被邢侯所杀。因叔向不为亲人隐大恶受到好评未受牵连,但羊舌氏一族从此一蹶不振受到沉重打击,随着六卿欲弱公室的现象步步深入,羊舌氏灭族之灾则落到了叔向与晏婴对话时所说的他那个不争气的儿子杨食我头上。

一. 羊舌氏遭灭族之灾

《左传·昭公二十八年》记载了羊舌氏遭灭族之灾的情况:

起初,叔向想娶申公巫臣的女儿为妻,而他的母亲想让他娶她的亲族,叔向惧不敢娶。而晋平公强使叔向娶之而生子名伯石,伯石即杨食我。杨这个地方是叔向的封邑,伯石以其父食邑杨为氏,故称杨食我。"杨食我"亦作"羊舌食我"。这孩子生下来的哭声有豺狼之声,叔向母亲认为他有狼子野心,说:"不是这孩子,没有人会使羊舌氏毁掉。"果然不出其所料。

晋顷公十二年(前514),祁盈的家臣祁胜与邬臧易妻淫纵,祁盈准备拘捕并将其斩杀,向司马叔游询问。叔游认为,世乱,无道之人在位,你当惧怕不能免于祸患。并以《诗》中"民之多邪僻,毋再自陷于邪僻"相劝,认为暂且不宜拘捕他们。祁盈说这是我家的私事,与国事无关。遂将他们拘捕。祁胜贿赂晋卿荀跞。荀跞在晋顷公面前替祁胜说好话,晋顷公不分皂白拘捕了祁盈。祁盈的家臣认为:"同样都是死,不如杀了祁胜和邬臧让我们主人听到他们的死讯也痛快一下。"于是就杀了祁胜和邬臧。当年六月,晋侯杀了祁盈,灭亡了祁氏。因叔向之子杨食我是祁盈的同党,并帮助祁盈"作乱",故而杀了杨食我,遂灭了羊舌氏。

同年秋天,晋国韩宣子死,魏献子执政,分祁氏之田为七县;分羊舌氏之田为铜鞮、平阳、杨氏三县。

二. 羊舌氏之一族改单姓羊氏

羊舌氏族被灭,羊舌氏邑田为瓜分,羊舌氏族人并未被杀尽斩绝。其族众为保性命,便四处流散躲避迫害。《新唐书》卷七十一《宰相世系表一(下)》:"杨氏出自姬姓……一云晋武公子伯侨生文,文生突,羊舌大夫也。又云晋之公族食邑于羊舌,凡三县:一曰铜鞮,二曰杨氏,三曰平阳……赤子伯华,为铜鞮大夫,生子容。叔向,晋大夫,食采杨氏,其地平阳杨氏县是也。叔向生伯石,字食我,以邑为氏,号曰杨石,党于祁盈,盈得罪于晋,并灭羊舌氏,叔向子孙逃于华山仙谷,遂居华阴。"另,在逃的羊舌氏中有一支改单姓羊氏。南宋郑樵《通志·氏族略》载:"羊氏,即羊舌氏之后,春秋末单为羊氏。"清代黄本骥编订的《姓氏解纷》卷二记曰:"羊氏,《左传》羊舌职大夫之后,子孙有单姓者。"浙江缙云宋朝人蒋通撰《皿川羊氏宗谱序》载:"羊氏独能推别世系,谱羊舌氏突为鼻祖,按《春秋左传》,羊乃以封邑为氏。唐叔之后,晋之公侯族为大夫,其宗十一,族唯羊舌氏存焉。今平阳、铜鞮乃其故里也。后单其姓。"(转引自周郢编著《羊姓史话》,江西人民出版社,2001年版第9页)由上知,羊舌氏之后的其中一只改单姓羊氏。这里的氏,实为姓,即姬姓羊舌氏族人有一支改为单姓羊氏。这时的姓与氏已合二为一。

至于羊舌氏为单姓羊氏的由来,扑朔迷离,最早羊舌氏为单姓羊氏者,见于羊舌突之子羊舌职。春秋末,晋大夫赵简子(即赵鞅,又称赵孟)曾有"羊殖"之称。此羊殖当是羊舌职。事见《说苑·善说》:"赵简子问于晋大夫成抟曰:'吾闻夫羊殖者贤大夫也,是行奚然?'"清人惠栋所撰《左传补注》谓羊殖即羊舌职。不过,《左传·闵公二年》《国语·晋语》《大戴记·将军文子篇》《孔子家语·弟子行》等,皆是晋平公问于祁奚:"羊舌大夫,晋国之良大夫也,其行如何?"这里的羊舌大夫为羊舌职之父羊舌突而非羊舌职。可是,晋平公和赵简子他们提出的问题是一样的,祁奚和成抟回答内容亦略同,向宗鲁《说苑校证》(中华书局,1987年版,第291页)则认为"盖一事而传闻各异。惠(栋)氏以羊舌职、羊殖为一人,似是"。即此,且不讨论赵简子和晋平公所问"之行"者是否一人,而单姓羊(殖)氏是从赵简子口中说出,说明"春秋末即有羊舌氏单为羊氏"之称。

羊舌氏族人流散过程中也分衍出其他一些支裔姓。其中以"羊舌四族"之后衍生的姓氏就有扬、杨、叔向、叔鱼、铜鞮等十余姓。需要说明的是单姓羊氏不止出自羊舌氏之后。羊为单姓起源甚早,如夏代有羊辛,即干辛,辛又作莘,夏桀之臣,曾助桀侵凌诸侯。商代羊姓人名在甲骨文中可见到。如武丁及后期卜辞有"癸未卜,扶:命羊姁石崇,有扔友"(《甲骨文合集》5997,21050)。商代诸侯国有羊方,羊方之君名羊伯(孟世凯著《甲骨学词典》,上海人民出版社,2009年版第270、271页)。上古时期动物羊是种十分吉祥的祭祀用牺牲。《说文》载:"羊,祥也。"《周礼·夏官》有《羊人》一节。羊人掌祭祀用的羊牲等。春秋时宋国统帅华元的车夫羊斟即单姓羊,名斟,据说为"羊人"之后。羊斟的故事可见《左传·宣公二年》。另外,有些少数民族改为羊姓,也是羊姓姓源之一。羊姓渊源非本文所讨论内容,故不多赘述。再需说明,今仍有姓羊舌者,是否是晋羊舌氏的延续,不得而知。

三.秦乱,羊氏徙居泰山平阳

羊舌氏族人一支改单姓羊氏者自春秋末至今已历二千五六百年,传承大约近百代。他们繁衍播迁,生生不息,流布海内域外,落地生根,绿柯丛生,花开百园,籽硕满枝。然而,当时的羊氏族人的播迁可谓千辛万苦,不知所往,有多少处落籍地已不可查。而其中播迁至泰山脚下的由晋公族羊舌氏改单姓羊氏的这支羊氏族人至魏晋已成为著名的"齐鲁世家""泰山第一望族"。这支望族就是于秦乱时徙至岱野者,称"泰山羊氏"。这支羊氏的代表人物有东汉南阳太守羊续,西晋重臣羊祜等人。

泰山羊氏大约是在秦末徙至东鲁泰山的。(唐)林宝《元和姓纂》卷五载:"羊,晋羊舌大夫之后。生职,生赤伯华,生胖叔向,生(鲋)叔鱼,生虎。羊舌胖生伯石,春秋末始单姓为羊氏。秦乱徙居泰山。"皿川三台《羊氏族谱》卷三《源流》载:"余羊氏春秋以前盛于山西,汉晋以来盛于东鲁。"清朝羊克厚在《羊氏魁公宗谱序》中说:"大抵羊氏先世,历居晋国太原之地(注:此谓"太原之地"不确,详见上文),继迁齐国泰山之壤。"(周郢《羊姓史话》,江西人民出版社,2001 年版第 16 页)秦末徙居"泰山之壤"的这支羊氏经过二百余年的经营发展,成衣冠巨族,至东汉以清廉著称的羊续其先七世已是"二千石卿校"。其祖父羊侵,汉安帝时为司隶校尉。其父羊儒,官至太常有清望。羊续祖孙三代的仕途为汉晋泰山羊氏日后发展奠定了坚实基础。

以羊侵、羊续为代表的这支泰山羊氏所徙居的"泰山之壤"位于何处呢?《后汉书》卷三十一《羊续传》回答了这个问题。《羊续传》载:"羊续字兴祖,泰山平阳人。"这个平阳即《左传》鲁宣公八年(前601)"城平阳"之鲁平阳。杨伯峻《春秋左传注》:"平阳,鲁邑,即汉之东平阳,在今山东省新泰市西北。"由此可证,史称羊续"泰山平阳人"之平阳即今新泰市。鲁邑平阳,西汉置东平阳县,以别晋之平阳。这支羊氏至羊续之祖父羊侵至少五世,但羊侵之前以何人为代表,已不得而知。其始迁祖更是扑朔迷离。其徙居之地在平阳何地呢?平阳何时称之"新泰"呢?据《汉书·地理志》今新泰地域西汉同置东平阳、柴、梁父三县。东平阳县改称新泰县是羊续之孙羊祜之功。唐李吉甫《元和郡县志》卷十载:"新泰县,鲁平阳邑也,晋武帝泰始中征南大将军羊祜此县人也,表改为新泰。"又,成书于西晋太康年间(280—289)的《太康地纪》又名《太康三年地纪》云:"新泰,旧名平阳,泰始中羊祜此县人,表改为新泰。"(《三国志集解》卷十二《鲍勋传》注引)清《新泰县志·建置沿革》:"(县)汉属泰山郡东平阳(应劭曰:'河东有平阳县,故此加东。')。兖州部刺史领之,东汉省入南城。晋泰始中,羊祜表,即平阳故地改称新泰县(取新甫山、泰山之义），属泰山郡。"《县志》所云省入南城不确，因平阳系西汉所置，东汉初有可能省入梁父，《后汉书》记羊陟泰山梁父人，即从当时之建置而言。东汉之末，遂复县置，仍属泰山郡。据此，新泰古称平阳，平阳位于泰山之左，距泰山不足八十公里，自古属泰山文化圈，故习惯称之"泰山平阳"。

平阳（新泰）之西六十里有一原名为"秃邱"的地方，羊氏徙居于此改称"羊留"。因羊氏久居于此，"地有羊氏之流风，故以为名"称羊流或羊流店。羊流店为羊祜故里，史称"世吏二千石，至祜九世，并以清德闻"（《晋书·羊祜传》）。羊祜祖父羊续、父羊衜卒后皆归葬于羊流北二里羊氏墓地。清顺治年间新泰县令卢紘曾作《羊太傅祖墓表》，《表》曰："考《新泰志》县治西羊流店北里许，有羊太傅祖墓三冢，碑表圮，莫辨所葬谁何。询诸土人，参稽传志，咸称其一为太傅祖南阳太守续，其一为太傅父上党太守道（衜），其一为太傅兄孙暨之少子曼……大清庚寅岁楚人卢紘来新邑，因太傅节镇荆南，功德在楚最盛，及今思念犹有未忘者。至邑，即求公遗迹，祇得荒墓三冢，守墓乏人，春秋久阙祀。为请诸当事，求立冢户数家，祀田数十亩，弗允，仅得为树之墓表，纪其事略云。"清人姚立德作《羊公祠记》（其碑现存羊流镇羊祜公园）对上述三墓作了详记（以上均载清《新泰县志·艺文志下》）。上述羊氏墓地俗称"三羊墓"，后虽荡然无存，夷为平地（今据《县志》所记复立三墓冢），但是证明羊流一区实为"泰山羊氏"最初徙居之所。

另外，地不爱宝，今新泰地域先后出土"泰山羊氏"文物若干件，更能说明平阳是泰山羊氏的徙居地。

1. 清乾隆五十八年（1793），钱塘人江凤彝在新泰新甫山（又名莲花山）之阳的"张孙庄"寻得一通晋代石碑，即"晋任城太守夫人孙氏之碑"，主要记载了晋任城（西晋治所在今山东微山县西北）太守羊君之妻孙氏的贤淑忠孝之美德。碑阴由当时泰安知府金棨与江凤彝撰写的题记，共142字，记述了该碑的发现经过及对该碑年代的考证。任城太守这位羊君名讳碑文未详不得而知。汉晋崇俭，禁碑甚严，但晋任城太守夫人卒后能立巨大石碑，可见其族势力不凡，礼遇不菲（详见本书中编第三章第五节）。

2. 1967年在新泰市后高佐村农田发现一晋墓，出土一组十分典型的西晋越窑青花瓷，造型独特，做工精良。计有盘口壶2件、钵5件、唾盂1件、虎子1件、狮形烛台2件。这批青瓷具有西晋越窑的典型特征，且精美华贵，是难得的珍品。魏晋时期泰山羊氏族人已有不少成员成为朝廷重臣，新泰当时属偏僻之地，加之战乱频繁，如此高贵瓷器非高门豪户莫属，当时泰山一带高门豪户当属泰山第一望族羊氏。故这批青瓷的主人亦非平阳泰山羊氏莫属。

3. 1964年在新泰市天宝镇颜前村出土了羊祉夫妇墓志各一方。羊祉（458—516），北魏名将，系羊祜从弟羊琇裔孙。志石雕刻于其卒年，即北魏孝明帝熙平元年（516）。其夫人崔氏志石镌刻于北魏孝明帝孝昌元年(525)。

1973 年在出土羊祉夫妇墓志的同一地,出土了羊祉子妻《羊深夫人墓志》一方。羊深(476—535)北魏名臣,其夫人志石镌刻于东魏武定二年(544)。

因出土上述三方墓志的今天宝镇颜前村位泰山之东,平阳之西,距平阳故城约 40 公里,当时归属汉置泰山郡梁父县境,故羊祉《墓志》称其为泰山梁父人。而《魏书·羊深传》称羊深是泰山平阳人。

4. 1993 年在新泰羊流镇"三羊墓"墓地出土了羊烈夫妇墓志各一方,分别镌刻于隋开皇九年(589)、十二年(592)。羊烈(513—586)北齐名臣,《志》石称其为"泰山梁父人"。

羊祉、羊深、羊烈诸人均是羊续之嫡孙。他们的墓志均在今新泰境出土是"泰山羊氏"徙居东鲁"泰山平阳"之羊流一邑的最好佐证。

由上可知泰山羊氏墓地至少有羊流"三羊墓"墓地、天宝颜前村墓地和出土晋瓷及出土"孙夫人碑"之墓地数处。在中国大地上,没有哪个县(市)域内有如此之多的泰山羊氏墓地,并出土如此多的羊氏名人墓志。故泰山羊氏、西晋羊祜故里非今新泰莫属,言其他地者都证据不足。

羊烈本传及其《墓志》中均言羊烈笃信佛教,且以"玄学知名",并命本家女寡居无子者出家为尼。羊祉夫人崔氏墓志铭中也有"韦提多福,护斯口子"及"九鼎难练,六轮□□"等佛教用语。1983 年在新泰徂徕山光化寺出土一方石质造像。造像阴面刻有"□和三年""清信女佛弟子羊银光造像……"等题字。羊银光其人定是"泰山羊氏"之族人,这与同时期泰山羊氏家族有人奉佛正和。也证明"世崇玄佛"成为泰山羊氏文化的特色之一。东汉末年至魏晋初年,泰山羊氏之政治地位正处社会上层,族人中有条件接触佛教。其后有族人崇佛亦合乎社会潮流(见李明杰主编《莲花山》,中国文联出版社,2006年版第 245 页)。

又,羊烈墓志铭曰:苍帝降精,赤乌流庆;桐圭胙土,掌文膺命。佐霸兴功,受氏分姓;世笃繁祉,后昆无竞。这三十二个字概述了羊氏祖先的起源及羊氏受姓的沧桑历史。说明泰山羊氏是周朝开创者文王、武王的后裔,更是晋公族羊舌氏的裔孙,且以此为荣。

下面,再找一些文献方志、现存遗迹、羊氏后人诸方面材料进一步证明秦末单姓羊氏徙居地是泰山平阳:

1. 清乾隆四十九年重修《新泰县志》(以下简称《县志》)卷十五《人物》,记有近 60 位羊氏人物传记:其中有羊侵、羊儒、羊续、羊秘、羊衜(道)及夫人蔡贞姬、羊耽及夫人辛宪英、羊祉(羊秘长子)、羊发、羊承、羊祜及夫人夏侯氏、羊瑾、羊琇、羊亮、羊陶、羊伦、羊暨、羊伊、羊篇、羊曼、羊昙、羊僧寿、羊穆之、羊玄(元)之、羊松龄、羊楷、羊绥、羊忱、羊权、羊不疑、羊欣、羊玄(元)保、羊希、羊规之、羊默、羊祉、羊侃、羊给、羊元、羊龄、羊深、羊鹍、羊敦、羊肃、羊彪、羊晰、羊瞻、羊崇、羊鸦仁、羊修、羊元正、羊徽瑜等,尚不包括羊献容和自称是泰山人的羊士谔、羊昭业等唐代诗人。故《县志·人物》开篇说"人物志中几似为羊姓家谱,即不祀乡贤者,亦详细备列;然邑有羊太傅而羊流之名至今流传,不独岘山碑也。"清道光八年(1828)《泰安县志》卷八也载有从汉至唐的泰山羊氏名人29人。试问,如果单姓羊氏不落籍泰山平阳,平阳不是羊祜之故里,清《新泰县志》和《泰安县志》能记如此多羊氏名人吗? 再试问全国哪个县的县志能有这两县志记之详细? 此地不是羊祜故里又在何处呢? 如果羊祜非平阳人,为何表改东平阳县为新泰县呢?

2.清《新泰县志·艺文》记有:晋·羊祜《与从弟琇书》《雁赋》、晋·孙楚《题羊太傅碑铭》、唐·史臣《羊祜传·赞》、清·姚立德《羊公祠记》、清·卢绂《羊太傅祖墓表》等。如果今新泰非羊祜故里,上述所记皆成空穴来风,哪部方志敢如此作言造语。

3.《新泰县志·艺文》载有古人过新泰羊流店留有赞颂、缅怀、凭吊羊祜等泰山羊氏名人或羊氏遗址、遗迹的诗文近百篇,篇幅所限,不再赘述。

4.羊祜城遗址及"羊子戈"。羊祜城遗址今仍存在,也是泰山羊氏徙居今新泰的重要佐证。今新泰西部之天宝镇古城村是西汉与东平阳县同时设置的梁父县治所。后为汉梁父侯国。西晋复为梁父县,隶属泰山郡。《晋书·羊祜传》载:"咸宁三年(277),晋武帝诏以泰山之南武阳、牟、南城、梁父、平阳五县为南城郡,封祜为南城侯,置相,与郡公同。羊祜固辞不受,武帝许之,南城郡遂

羊祜城遗址

废"。晋武帝封羊祜为南城侯的郡治"遂废",其治所也不存在。但后人认为梁父城即羊祜城,或说羊祜封邑。例如,叶圭绶《续山东考古录》载:"梁父故城在(泰安治)东南九十里,今羊祜城。据《水经注》:梁父城在淄水(又称柴汶,小汶)之北。……羊祜即梁父者讹耳!"清·唐仲冕《岱览》卷二十一载:"柴汶又西迳羊祜城南、柴城西北。羊祜城,古南城,晋羊太傅封邑。金于城内建大觉禅院,有大定三年三月敕牒碑。城西有村曰羊舍,俗以为羊氏鹅鸭厂也。"清道光八年(1828)《泰安县志》卷七载:"大觉禅寺在(泰安)县东南九十里许,在古(故)南城(即羊祜城)内,传为羊太傅宅旧址。"羊祜城遗址今犹存,拣拾的器物汉瓦当等具有东汉特征,记载着这座古城的风雨沧桑。此处与羊流一样,都是泰

羊祜城遗址出土汉瓦当

山羊氏之故地。

今新泰羊流镇羊流村西门里羊流中心小学，即旧时的羊公祠，大殿主祀羊祜，兼祀羊氏先贤，是羊祜故里民众对羊祜及其先人的祭祀场所。也是古代过客凭吊羊氏先贤及羊祜的处所。清乾隆二十九年（1764），泰安知府姚立德撰《羊公祠记》碑原立于祠内。

另，山东师范大学历史系文物室现藏一铸有铭文为"羊子止（之）造戈"，青铜质。该校蔡培桂教授以为是春秋时期之物。泰山学院周郢教授认为："《说苑》称羊舌职为羊殖，说明羊舌氏可简称为羊氏。益可证'羊子戈'应为羊舌公族之遗物。……羊氏于秦末迁居泰山平阳，族人携有祖先所造之戈，极有可能。如是，则羊子戈之出土地点，当在羊氏世居地——今新泰羊流附近。"（周郢《泰山羊氏金石考》，《山东科技大学学报》（社会科学版）2011 年第 3 期）。

5. 泰山羊氏后裔在新泰。笔者与好友姜兴杰先生在 2006 年 11 月对新泰市佛教遗址及寺庙进行过调查，为调查新泰关山北的朝阳寺，到过今岳家庄乡南杨庄村。通过走访老乡得知该村有羊姓 70 余户，约 200 人左右。羊氏人家自称从羊流迁来，已传十代（由此上推有 300 年左右），为泰山羊氏后人。又，今羊流镇驻地南 1 公里有杨家庄村，该村东建有一希望小学，学校有一小型石碑，记载了建校情况。碑文称杨家庄多羊姓。笔者又问老乡为何碑记曰"羊"姓，而今则多"杨"姓呢？老乡说不出具体缘由，只知其先祖被"抄"改为杨姓。由此知，老乡所说先祖被"抄"实则是上文所说羊舌氏灭族后，叔向子孙避难华阴，用晋太傅羊舌叔向采食地杨氏县之杨为姓的历史故实。该村今杨氏也自称是"泰山羊氏"之后。这里的"羊""杨"是同宗。羊氏出自姬姓这在上文《新唐书·宰相世系表》中已说明。故羊、杨自认同宗自古即是。如晋女道人萼绿华（俗姓杨）赠羊权的诗中云："我与夫子族，源胄同渊池；宏业分上业，于今各异枝。"故，杨家庄羊姓改杨姓就在情理之中了。说不定今新泰境内，特别是羊流、天宝一带杨姓也有可能是"泰山羊氏"的裔昆，不过这些杨姓人家随朝代更迭，时代变迁，考其始祖并非易事。未经调研，不敢妄言。

新泰境内有些地名与泰山羊氏居平阳关联密切。除上所述羊祜城外，羊祜城西至今有东羊舍、西羊舍村,传为羊氏(祜)的住所。羊流因地有羊氏之流风,故以为名。清乾隆《新泰县志》卷七载:"羊流店,羊祜故居,古称世吏两千石,至祜九世并以清德闻。"羊流因泰山羊氏居地而闻名。旧时新泰有"知道羊流店,不知新泰县""南京到北京,羊流在当中"之民谣。羊流镇南有杨家庄、南羊流等村。说不定这些村名与泰山羊氏有密切关联,是泰山羊氏的接续或为之纪念。故清光绪三十三年(1907)版《新泰县乡土志·人类·氏族》载:"晋羊舌大夫后,因以为氏。汉南阳太守羊续之祖世居平阳,其后或徙钜平,或徙南城。太傅羊祜卓卓晋朝,其余封公侯伯者,累代不绝。族姓繁衍,无出其右。邑之西乡有羊姓数家,应即其后裔,然支派不可考也。"邻近泰安市岱岳区、济南历城遥墙之羊氏族人,均言自泰山平阳迁来。

6. 羊祜后裔(或说泰山羊氏后裔)自称"世居平阳"或称"祜之后"(祜之侄孙亦可称"祜之后")在新泰。如上文《县志》所载,羊氏后裔或徙钜平①或徙梁父。故泰山羊氏后裔有多人史称钜平人,或史称梁父人,或史称泰山人。如唐代诗人羊士谔史称泰山梁父人,自称族出泰山,为泰山人。一些族人封爵也与泰山附近地名有关。如羊篇奉昭出嗣袭羊祜爵封钜平侯,羊法兴袭爵钜平侯,羊规之封钜平子。羊深功封新泰男,其子羊肃袭新泰县开国男。

许多羊氏族人因其祖世居平阳,自南迁后,仍称是泰山人。如浙江缙云羊氏,唐代自泰山南迁,其谱牒创修于南宋,公元1276年《羊氏宗谱序》中说:"羊氏独能推别世系,谱羊舌突为鼻祖,……在汉有南阳太守续,清节著闻;在晋有太傅祜,镇襄阳,遗碑堕泪,至唐有侍御史(羊士)谔,世居泰山平阳。"

隋唐之际新泰仍有羊氏后裔居此。清《新泰县乡土志·耆旧录》载,隋有羊元正,官至户部侍郎。唐有羊彪,官司马。明天启年间《新泰县志》增补版卷六《人物》亦载:"唐,羊彪,司马。"其卷九《艺文》载,唐垂拱年间登仕郎芮智璨撰《崇庆寺碑记》云:"泗水县鹰扬府司马泰山羊君者,即襄阳太守祜之后也,讳彪,字仲武。"清乾隆《新泰县志·人物》记:"唐,羊彪,司马。"说明唐代新泰仍有"祜之后"在朝为官。这里称"祜之后"可视为一种"荣耀"、自豪感的宣扬。

缘何自隋唐以后,平阳羊姓人家逐渐少了呢?除前文所说"羊"改"杨"姓外,早在清顺治年间新泰县令卢紘在《羊太傅祖墓表》中就回答了这个问题。他说:"至太傅而无后,而立兄发之季子篇嗣爵钜平侯,传至北齐著贤声、通仕籍者,犹未乏人,是后遂无可考。或者羊氏以世卿外戚,当晋徙都建康时,并从迁江左,兹土之族遂渐至单寒耳。然按今族

---

① 钜平:又称巨平,西汉置县,属泰山郡。治所在今泰安市西南五十里,东汉为侯国。后又复为县。北齐省。

氏羊姓绝无存,又或者变革之后姓随代易,而太傅之裔已更为别姓耶?"卢氏之言甚明。

7. 羊祜本传及《世说新语》的一些记载证实,羊氏徙居泰山平阳,亦证明羊祜故里非新泰莫属。《晋书·羊祜传》云:"祜十二丧父,孝思过礼,事叔父耽甚谨。尝游汶水之滨,遇父老谓之曰:'孺子有好相,年未六十,必建大功于天下。'"按上文,祜之父衜之墓在今新泰羊流"三羊墓"地。祜父卒祜年方十二,不会离开泰山平阳。又"尝游汶水之滨"之汶水即指汶水支流柴汶河。柴汶又名小汶、淄水,羊氏故里之羊流河是柴汶河的支流。这些河流均在新泰境。柴汶在羊流南十余里,十二岁左右的羊祜到汶水"游"应是件常事,不足为奇,这说明年少的羊祜未曾离家。言祜乡为"南城"即今山东平邑、费县等地者纯属臆说,或据他说,或以讹论讹。试问平邑、费县有汶水吗?当然,泰山羊氏族强人众,支派繁盛,叶布四方,族众分柯,必有人播迁他地,涉足域内各省以至海外。故从目前所得资料看,泰山周边州、县如任城、莱芜、济南、费县及江苏等地均发现泰山羊氏族人涉足过,或落籍于此,其祖居地均谓在泰山平阳。

又,《世说新语》虽是笔记体小说,但它记载了从汉末、三国至两晋的士族阶层的逸闻轶事,真实完整地保存了从汉至晋末士族阶层的一些言谈及清淡思想,是一部不可多得的补史之阙的好书。两晋泰山羊氏家族中有十三位名人的遗闻在该书中有记载。南朝梁平原(今山东平原)人刘孝标是一代文宗,他在《世说新语注》中又增添了十人。这与刘孝标与泰山羊氏同为山东籍无不关联。他可能熟知泰山羊氏家族之大概,故在注中能说出某些羊氏之乡贯。例如,《世说新语·言语》65 条载:"羊秉为抚军参军,少亡,有令誉,夏侯孝若(即夏侯湛)为之叙。"注曰:《羊秉叙》曰:"秉字长达,太山平阳人,汉南阳太守续曾孙。"羊姬是羊耽之女,嫁于夏侯庄,生夏侯湛;羊姬是羊祜之堂姐,羊秉是羊秘之孙,羊祜之从侄。所以说夏侯湛最知羊氏故里,故在《羊秉叙》中直言秉为"泰山平阳人"。再如,徐震堮《世说新语·言语》(1984 年版)第 86 条注引《晋诸公赞》曰:"羊祜字叔子,泰山平阳人也。世长吏二千石,至祜九世,以清德称。为儿时,游汶滨。"

这些记载对羊祜乡贯为"泰山平阳"的认识是一致的,从另一视角为泰山羊氏世居平阳、羊祜故里在泰山平阳,提供了可靠佐证,不容忽视。

8. 清初著名学者阎若璩(1636—1704),字百诗,号潜邱。此人一生作学问,擅长于考证,精于地理之学,熟谙山川形势、州县沿革。曾与胡渭、顾祖禹等人助徐乾学撰修《大清一统志》。清康熙年间阎氏曾途经新泰羊流店,拜谒羊氏祖墓,寻羊氏故居遗址。此后,对羊祜乡贯进行过考辨。其原文载《潜邱札记》卷二:

羊流店,晋羊叔子故里,在新泰县西北六十里,南北孔道也。余庚午(编者注:即 1690 年,康熙二十九年)春经此,问叔子之后裔有存者,往寻其祖墓,隆然高阜者三,即传出折臂三公之所。复往寻其遗址,隐然若城郭,绵亘八里许。因叹叔子以上九世,皆二千石卿校,可为东汉第一世家。当时聚族而处,居以积久,日加辟远。又蔡邕亡命江海,远迹吴会,往来依太山羊氏,以此地为渊薮,孰敢过问之? 种种皆与史传关合。独《后汉书》羊续,太山平阳人。平阳即西汉之东平阳,晋为新泰县。《晋书》叔子,却属太山南城人。南城,原鲁南武城,晋地志亦三字名。故城在今费县西南九十里,距新泰二百四五十里。意新泰,叔子之祖贯,已则占籍南城耳。观武帝咸宁中,诏以泰山之南武阳、牟、南城、梁父、平阳五县,置南城郡,封叔子南城侯,以其为南城人也。叔子且死,从弟琇述素志,求葬于先人墓次。狐死正邱首,正欲葬其隆然高阜之旁也。兹撰《一统志》,系续于新泰人物可也。叔子以孙从祖,奈《晋书》何? 且新泰县建置沿革,并未见何年改南城。一笔人物,岂能无根者哉! 要须别系叔子于费县《人物》,不必拘《元和志》然后可。

阎氏对羊祜乡贯的考辨有理有据,字字珠玑,简明精熟,辨合充分,辨辞利口,无可挑剔,可谓一词也不可易,为羊祜乡贯在泰山平阳羊流起到了夯实作用。

综上所述,羊祜乡贯为泰山平阳,泰山羊氏徙居泰山平阳成不争的事实,为何羊氏族人的乡贯会出现泰山平阳、泰山梁父、泰山钜(巨)平等不同称谓呢? 简言之,其中重要原因之一或与历史上的行政区划有关。《汉书·地理志上》第八载:"汉兴,因秦制度,崇恩德,行简易,以抚海内。至武帝……开地斥境。先王之迹即远,地名又数改易,是以采获旧闻,考迹《诗》《书》,推表山川,以缀《禹贡》《周官》《春秋》下及战国、秦、汉、焉。"故重划地理。高帝所置泰山郡下属 24 县,当时的东平阳、柴、梁父三县及钜平县的东部疆域,基本上属今新泰市,以上四县均在泰山之阳。羊氏家族发达后,人口增多,势力渐强,枝叶繁衍大江南北,族人中为官者流布四方,不可能只囿于泰山平阳一隅,或说不囿于泰山一郡。或由平阳徙居梁父、钜平等县甚至莱芜、费县、平邑、任城及泰山周边或外省外地也不足为奇。如上所载,羊祜族人除居平阳外,在钜平、梁父县内有居所。加之东平阳县曾在东汉省,后又复置,故也可能造成羊氏族人有多处居地,史书对他们的故里或寓所的记载,依据当时的区划,故各有异。也有以其封爵、封邑(如钜平侯、钜平子)为乡贯者。但其祖籍大多都不出泰山郡之范围,后均称其为"泰山羊氏"。至唐,泰山羊氏裔昆则直言是"泰山人"都在情理之中。

第九节　羊祜本传所称"南城"并无郡治

《晋书》羊祜本传称羊祜为"南城"人,是历史上的一桩"误"案。有人说羊祜可能迁居"南城",但所有史籍均无其迁居"南城"之记载,故可排除此论。更有史籍记羊祜为梁父人或钜平人,这可能是东平阳县曾省,而有人以为省入梁父或省入南城之故。然东平阳县省入何地,史均无明载,只是后人一家之见。东平阳县省后不久又复置,直至祜表东平阳县为"新泰县",使"东平阳"之名终结。

羊祜乡贯为"南城人"出自其本传,曰:"羊祜字叔子,泰山南城人也。"《晋书》此说并未说明祜是"南城县"人或"南城郡"人,只模棱两可谓之南城。其根据大概是晋咸宁三年,晋武帝"诏以泰山之南武阳、牟、南城、梁父、平阳五县为南城郡,封祜为南城侯,置相,与郡公同"之故。《晋书》作者以祜为南城郡之荣而谓其为"南城人",以为其置新郡望而增重。然,本传又接着说:"臣受钜平于先帝,敢辱重爵,以速官谤,固执不拜,帝许之。"由此可见,羊祜怕辱先帝,不敢再受重爵,如果受之或将受到官员们的诽谤,故而未接受南城侯的封爵,"帝许之"。据《羊祜传》,祜卒后,武帝仍以南城侯之封爵称之。然羊祜有"遗令不得以南城侯印入柩"。"祜甥齐王攸表祜妻不以侯敛之意,帝乃诏曰:'祜固让历年,志不可夺。……今听复本封,以彰高美。'"在祜卒后第二年,对祜庙的策文中仍称"钜平成侯",而不再称南城侯。由此,笔者以为南城郡治所并未形成。笔者查遍古今历史地名书籍,均无"南城郡"之地名。古今也未见标有南城郡的地图。如,史为乐等主编的2005年版《中国历史地名大辞典》"南城"条曰:南城县东汉改南城侯国置,属泰山郡。西晋改南武城县,南朝宋改南城县。北齐省,治所在今平邑县南七十里南武城。以上之"南城""南城县"均未设置过"南城郡"。因此,说羊祜为"南城"人,或说是今费县人、平邑人均无根据。《费县志》主羊祜为"南城(费县)"人,大概撰者将费县西南九十里之"南城,原鲁南武城"视为"南城郡"也,该说更不成立。总之,后人将《晋书》载"(羊祜)泰山南城人"误解为泰山郡南城"县"人即今平邑人或其他地方人是不对的。南城县不可视为"南城郡"。今人不能将《晋书》作者的意图曲解,更不能误解。自祜立传以来其乡贯就一误再误,误之今日,今后再不可误载误传。

羊祜受封之南城郡治虽未形成,但后人为羊祜假设了一个"南城郡",即将梁父县治所今新泰市天宝镇故(古)城村视为南城郡所在地。如上所载羊祜城一节中所云叶圭绶的《续山东考古录》及清唐仲冕《岱览》,均视梁父县治所为羊祜受封之"南城郡"即"晋羊太傅封邑"。另外前辈学人亦曾试图对"南城人"的难点加以诠释,如雍正《山东通志》卷三考云:"新泰县,汉置,东汉省入郡之南城县。"(转引自周郢《泰山与中华文化》,山东友谊出版社,2010年版第104页)以为当羊祜之世,东平阳县被省入南城县,故史有"南城人"之说。但是《续山东考古录》卷六《泰安府上·新泰县》载:"新泰与南城中隔南武阳、卞等县地,唐新泰亦不能有南城地。"以东汉东平阳县省入南城之说来解释羊祜为"南城人"的说法不仅站不住脚,而且说东平阳县省入南城亦无根据。清《新泰县志·建制沿革》说"(县)东汉省入南城"其根据可能来自清雍正《山东通志》,也是臆断。

总之,《晋书》将羊祜乡贯说成是"南城人"虽有作者一定理由,但给后人造成若干误解,加之泰山郡所属之县行政区划的变更,使羊祜乡贯造成混乱。窃以为,因羊祜未受南城侯爵,南城郡治也未形成,南城郡治所在历史上并不存在。故后人所理解的羊祜为"南城人"之"南城"也是臆断。羊祜后人以祜之"南城侯"为泰山羊氏族人之荣而宣扬是可以理解的,也在情理之中。

综上所述,泰山平阳羊留(羊流),即今新泰羊流镇一带是泰山羊氏之祖居地,或说"祖贯"毋庸置疑,同属泰山郡的南武阳(今属平邑县)、南城(今属费县),清初著名学者阎若璩视为羊氏族人之"占籍",十分惬当。此一带有一些泰山羊氏的活动遗迹,说明此地是其族居地之一。除此,今莱芜羊里、济宁市都有可能是泰山羊氏的族居地。另有一些带"羊"字的地名,如天宝镇辖区之羊舍,翟镇辖区内之羊村,泰安省庄镇之东羊楼、西羊楼等村,或说是泰山羊氏遗迹也无可非议。泰山羊氏茂族分柯,族众迁徙他处,是枝繁叶茂的结果。民国《重修泰安县志·古墓·疑墓》将"县西六郎坟"或是羊氏家族墓葬,谓"或曰羊叔子为晋世族,此仕宦而行六者。然碑志弗存,均无稽矣"。这一记载,属"无稽"而臆断,不足信。

至于某些大型辞书,将羊祜乡贯说成是"南城"甚至说成费县、平邑等县都是错误的。造成这种错误的原因是编著者过分相信了羊祜本传,而不深究或调查,以错将错,错至今日,不知误了多少人,这是一种不尊重历史事实及现实的"官僚"作风,应予以纠正。

第十节　羊氏徙居泰山平阳原因初探

述文至此,有人可能会问,单姓羊氏为何不去他地而要徙居泰山平阳呢? 要回答这个问题,必须先要了解一下两个"平阳":一是泰山平阳,二是晋平阳。

一、泰山平阳

"平阳"作为邑之名,地理典籍上至少有六处,而只有春秋时鲁平阳邑建置最早。《春秋》宣公八年(前601):"城平阳。"杜预注:"今泰山有平阳县。"杨伯峻注:"平阳,鲁邑,即汉之东平阳,在今山东省新泰县西北。"《传》曰:"城平阳,书,时也。"是说在平阳修城这件事《春秋》加以记载,合乎时令。这是历史典籍《春秋》《左传》第一次出现"平阳"之名,时间是鲁宣公八年,即公元前601年,至今已二千六百余年。

据《春秋三传·提要》杜预注释曰:"'城'者,完旧也。""'筑'者,始创也。"由此可以推断,鲁宣公八年"城平阳"是"完旧",即旧城修缮,或说在旧城基础上修筑城墙,而非"始创"。也就是说宣公八年以前"平阳"邑之名就存在了,何时有的平阳邑不得而知(又见笔者《学而集》第237页注,山东友谊出版社2013年版)。至此可以说,古城平阳不只有二千六百余年的历史,应更早矣。古城平阳扑朔迷离的历史或许可以上溯到五帝时代,该问题另文再议。

西汉在古城平阳置东平阳县,史为乐等主编的《中国历史地名大辞典》东平阳县条载:"西汉置,属泰山郡。治所即今山东新泰市,因河东有平阳故此加东。"该县东汉曾省,后又复立。至西晋泰始(265—274)中"征南大将军羊祜此县人也,表改为新泰县"。"泰始中"是何年史无载。窃以为有两种理解:一是泰始元年(269)至十年(275)区间某一年份;二是其中间年份:泰始五年(269)或六年(270)。(又见李明杰主编《莲花山》,中国文联出版社,2006年版第244页注)自"泰始中"有"新泰"之名后沿用至今,亦有1700余年的历史了。

有人怀疑《春秋》宣公八年的"城平阳"非西汉置东平阳县治所。打开古今历史地理的典籍,仅春秋时期地名"平阳"者还有今山西临汾之平阳(见下文);今陕西宝鸡之春秋秦国国都之平阳,然其都不在鲁国之疆土。鲁人不会到别国之平阳无缘无故去修城筑墙。今河南滑县有鲁哀公十六年(前479)六月"卫侯饮孔悝酒于平阳"之平阳也非鲁地。《左传》哀公二十七年(前468)"二月,盟于平阳"之平阳,杜预注"西平阳"。杨伯峻认为该平阳"与此非一地也",在"今山东邹县城",即今邹城市。杜预将盟于平阳"之平阳"前加"西"可能与"东平阳"别之,或谓"南东阳"之误。可是,查遍古今地图及地理典籍均无"西平阳"之地名。

《汉书·地理志》所载山阳郡之南平阳,即秦在今邹城市地盘置平阳县,汉改南平阳县属山阳郡,晋改高平国。至南朝宋又改名平阳县。此时东平阳县已改为新泰县。

由上可知,鲁宣公八年"城平阳"之平阳邑,非西汉所置东平阳治所即今新泰市区莫属,与其他地方之"平阳"无涉。该平阳位于泰山东南180里,历史上一直属泰山郡(府、州),属泰山文化圈,故称该平阳谓"泰山平阳"。近年,市区及周边出土的带有"平阳"字样的陶文、刀币及平阳铭兵器等,无不证明此平阳为泰山平阳,即鲁平阳(山东省博物馆、新泰市博物馆等著《新泰出土田齐陶文》,文物出版社,2014年版)。

二、晋平阳

晋平阳首次出现在《左传》昭公二十八年(前514),即晋顷公十二年。该年"夏六月,晋杀祁盈及杨食我。遂灭祁氏、羊舌氏。""秋,晋韩宣子卒,魏献子为政,分祁氏之田以为七县,分羊舌氏之田以为三县……乐霄为铜鞮大夫,赵朝为平阳大夫,僚安为杨氏大夫。"这就是《晋世家》所言:晋六卿依法尽灭祁氏、羊舌氏,分其邑为十县,各令其子为大夫。晋益弱,六卿皆大。羊舌氏被灭后,其田分为铜鞮、平阳、杨氏三县。也就是说晋羊舌大夫之邑分成了三个县。上文曾说到铜鞮是羊舌突之曾孙羊舌赤(伯华)之封邑,在今山西沁源县南三十五里古城;平阳为羊舌肸(叔向)之封邑,在今山西临汾市西南十八里金殿镇;杨氏之地按杨伯峻《左传》襄公二十九年注,即唐叔虞之后,至晋武公,逊于齐,生伯桥,归周天子,封杨侯之杨国,晋灭之以为羊舌氏之邑。杨一作扬,即《左传·襄公二十九年》谓"虞、虢、焦、滑、霍、杨、韩、魏,皆姬姓也"之杨。晋顷公十二年灭羊舌氏后此地设杨氏县。西汉改置杨县,属河东郡。三国魏改杨国,属平阳郡。西晋复置杨县。隋末改为洪洞县,属临汾郡。总之杨、杨氏县、杨国、杨县、洪洞县之地望是一个地方。故址在今洪洞县东南十五里范村东古城址。上述三县春秋之时统称羊舌大夫邑。

晋顷公十二年(前514)所置平阳县《元和志》卷12临汾县:"平阳县在平水之阳,故曰平阳。"秦汉属河东郡。三国魏正始八年(247)分河东郡置平阳郡,平阳县属平阳郡。至北魏太平真君六年(445)废。太和十一年(487)复置平阳县。又据史为乐等主编的《中国历史地名大辞典》平阳又名晋州(北魏建义元年〔528〕改唐州置)。隋恭帝义宁初又改为平阳郡。唐武德元年(618)复置晋州。北宋政和六年(1116)升为平阳府。总之从晋顷公设平阳县至北宋升为平阳府,其治所均在山西临汾市西南金殿镇。

晋平阳一地又谓尧都。《史记·五帝本纪》唐张守节《正义》引徐广云:"(尧)号陶唐。"又引《帝王纪》云:"尧都平阳,于《诗》为唐国。"徐才《宗国都城记》云:"唐国,帝尧之裔子所封。"《括地志》云:"今晋州所理平阳故城是也。平阳河水一名晋水也。"上述唐国即夏虚,又名大夏,正如顾炎武《日知录》卷31引《唐》所记:"大夏之在平阳明矣。"晋平阳一地在不同历史时期虽地理名称不同,但都应视其历史之延续。不过"尧都平阳"一说见于《汉书·地理志》河东郡平阳县条下颜师古注引应劭之语,说:"尧都也,在平河之阳。"应劭是东汉末年人,应是最早提"平阳"是"尧都"之人。至西晋皇甫谧作《帝王世纪》又云"尧都平阳,于《诗》为唐国。"(唐)李泰主修《括地志》晋州临汾县条下:"平阳故城即晋州城西面,今平阳故城东面也。《城记》云尧筑也。平阳,今晋州所理平阳故城是也。"晋州,北魏建义元年(528)改唐州为晋州,治平阳县(隋改为临汾县)。晋州即今临汾市,即平阳。

如是说,晋平阳之地在尧为陶唐氏地,商周间的唐国是陶唐氏的后裔,被周人所灭,于是周成王把弟弟叔虞封于唐地,称唐叔虞,就是后来晋国的始封。春秋时晋公族羊舌氏兴,此地又成晋大夫羊舌氏邑。羊舌氏灭族,其邑分为三县:铜鞮、平阳、杨氏。所以说晋平阳是羊舌氏族的故乡。临汾陶寺遗址的发掘,证明其时代与地望同尧都之传说相当或说相近。近年山西曲沃、翼城间晋国墓地的发掘,又证明此一带是古平阳之地。

三、羊氏徙居泰山平阳是为弥补那段灭族之痛

由上可知晋平阳春秋时是晋大夫羊舌氏一族的封邑。泰山羊氏是晋羊舌氏被灭族后分化而来。他们十分明确,虽在晋顷公十二年(前514)羊舌氏族被灭,邑田被瓜分为三县,但他们认为晋平阳是他们祖业地,兴也于斯,衰也于斯,先公先祖的功德成就也在于

斯。故徙居泰山平阳的这支单姓羊氏是晋公族羊舌氏的血脉延续,他们想找一方名为"平阳"的地方为落籍之地。同时,他们也不会不知道,鲁宣公八年(前601)曾在泰山之阳修建过平阳城,这个"城平阳"之时间与其先祖羊舌突任军尉的时间(前660)晚了59年,与晋灭羊舌氏族分其邑为三县同时设平阳县(前514)早了87年。从晋顷公十二年(前514)至由羊舌氏改单姓羊氏一族东徙泰山平阳的时间为秦末(前210)计,期间单姓羊氏大约在其他地方休养生息近300年。他们经过近300年的反思,认为再打回老家不如徙居古东夷之泰山平阳,至泰山平阳犹如居住在晋平阳,犹居在故乡。这样可使子子孙孙不忘故乡,不忘旧地平阳,不忘羊氏先祖的恩德功业,不忘先祖兴与衰的教训。或说居泰山平阳犹如心中有个故乡晋平阳,让子子孙孙不忘乡愁之伤痕,牢记那段撕心裂肺地灭族之痛,那段缠绵悱恻,又难以弥合伤痛的乡愁曲。让羊氏血脉在"平阳"大地生息繁衍,以奋发图强重振族(祖)业,应该说这是这支单姓羊氏一族愿意徙居泰山平阳的心理基础和追求。

自泰山平阳古城西去六十里,即是原名为"秃丘"的地方,此地位于新甫山(又称莲花山)之阳,是"水盈物丰"的一方宝地。此一带冬无严寒,夏无酷暑,四季分明,气候宜人,土地肥沃,河流纵横,水量充沛,植被茂密,动植物资源丰富,盛产粮油桑麻,农耕经济发达,是平阳一域的膏腴之区。此地且交通便利,进出易物方便,自古是平阳之重镇。单姓羊氏大概看准"秃丘"一地的自然条件、物质条件、地理交通条件,是羊氏一族徙居至此的理想落籍、栖息地。徙至此,久而久之,便有羊氏一族之流风,故"秃丘"易名"羊流(留)"至今。羊氏在此发迹成泰山第一望族后,称其为"泰山羊氏",平阳羊流成泰山羊氏之郡望。

泰山平阳古城,是泰山一带建置最早的历史文化古城。自鲁宣公八年(前601)"城平阳"到汉置东平阳县,再到羊祜表改新泰县,至今治所未变,一直是泰山平阳(新泰)一域的政治、经济、文化中心。

下面再看羊流一域周边的文化环境和氛围。羊流西去约三十里是《诗》颂"徂徕之松"之徂徕山,是羊流西边的屏障;徂徕之东峰就是古齐国人所祭祀之地主神、上古七十二帝王封泰山禅梁父之所。禅梁父之所去南二十里即是西汉所置梁父县(又称羊祜城)治所。羊流西去一百二十里是举世瞩目的东岳泰山。泰山之神秀,万代瞻仰。羊流之北之新甫山自古有小泰山之美誉。《诗》颂"新甫之柏"即此。泰山以南,柴汶河如带贯穿平阳东西,泰山、汶河之间人口阜昌,历年丰穰,是古代久负盛名的"南阳"之地,羊流正处于其间。柴汶入大汶之处西去不远即是闻名遐迩的大汶口文化遗址。羊流去南不足十里即是羊祜儿时所"游"的大汶河主要支流柴汶河(又称小汶、淄水)。柴汶河两岸物产丰富,人文历史厚重,历史文化遗址众多。例如,岸南有和圣柳下惠故里,以和为贵的价值观念至今仍在弘扬。齐鲁夹谷会盟之所在今柴汶河南岸之谷里镇谷里村(村西唐代所建明光寺址,即夹谷会盟之遗址),镇南有孔子依托龟山而作《龟山操》之龟山。再去西南五十里即是上古帝王封泰山禅云云之云云山。云云山往南包括云云山一带是古代穷桑之地,是古代人文荟萃的文化中心,即鲁邹孔孟之乡。

羊流去东平阳古城之北不足十里就是与羊舌叔向同朝为官的晋国乐师乐圣师旷故里。去古城东四里是鲁国的祭祀之山具、敖二山。山下鲍庄是以知人荐贤著称的齐国大夫鲍叔牙故里。鲍叔牙故里去南十里余即是距今约 2 万至 5 万年前的旧石器时代文化遗址"乌珠台人"的故乡。乌珠台出土的智人牙齿化石,考古学上称"新泰人"或称"乌珠台人",是泰安地域最早的人类文化遗址。

羊流以南(包括羊流)小汶水以北,有东西长约百里的一方土地曾是夏禹之后裔古杞国所在地,历史上妇孺皆知的"杞人忧天"的故实就产生在这方热土,居安思危,不忘忧患的哲学理念和忧患意识至今激励着平阳人民。

羊流以北跨新甫山在今莱芜市有大舜赐伯益嬴姓的发源地"嬴邑",是秦始皇之嬴姓的祖源地。再往北是齐国旧地及山东龙山文化发祥地章丘城子崖。

由此可见,泰山羊氏所居羊流其周边文化氛围十分浓烈,文化环境十分优越,也许正是这"齐风鲁韵""孔孟之乡、礼义之邦""管鲍遗风""和为贵"的价值观念、名贤鲍叔牙之风范、杞人忧天的哲学理念以及博大神秀的泰山文化、平阳之悠久丰厚的历史底蕴,潜移默化地影响着泰山羊氏一族。加之泰山羊氏先公先祖的文化基因、家学、家风等外因及心存志向驱动植根于羊氏族人之心田,成就了泰山羊氏数百年的业绩。其另一方面则是从羊侵至羊续五世开创的战功、事功之功勋,奠定了羊氏家族的基业。至羊祜的"佐命之勋"立下汗马之功,其胞姐羊徽瑜的声望,赢得了司马氏家族的信任和庇护,这才能使羊氏家族向朝廷源源不断地输送良臣武将,风光数百年,成为泰山第一望族、齐鲁文化世家。泰山羊氏文化博大深邃,是世人珍贵的文化遗产,也是对当今时代的莫大贡献。

附：黄帝至泰山羊氏传承世系（示意）图表

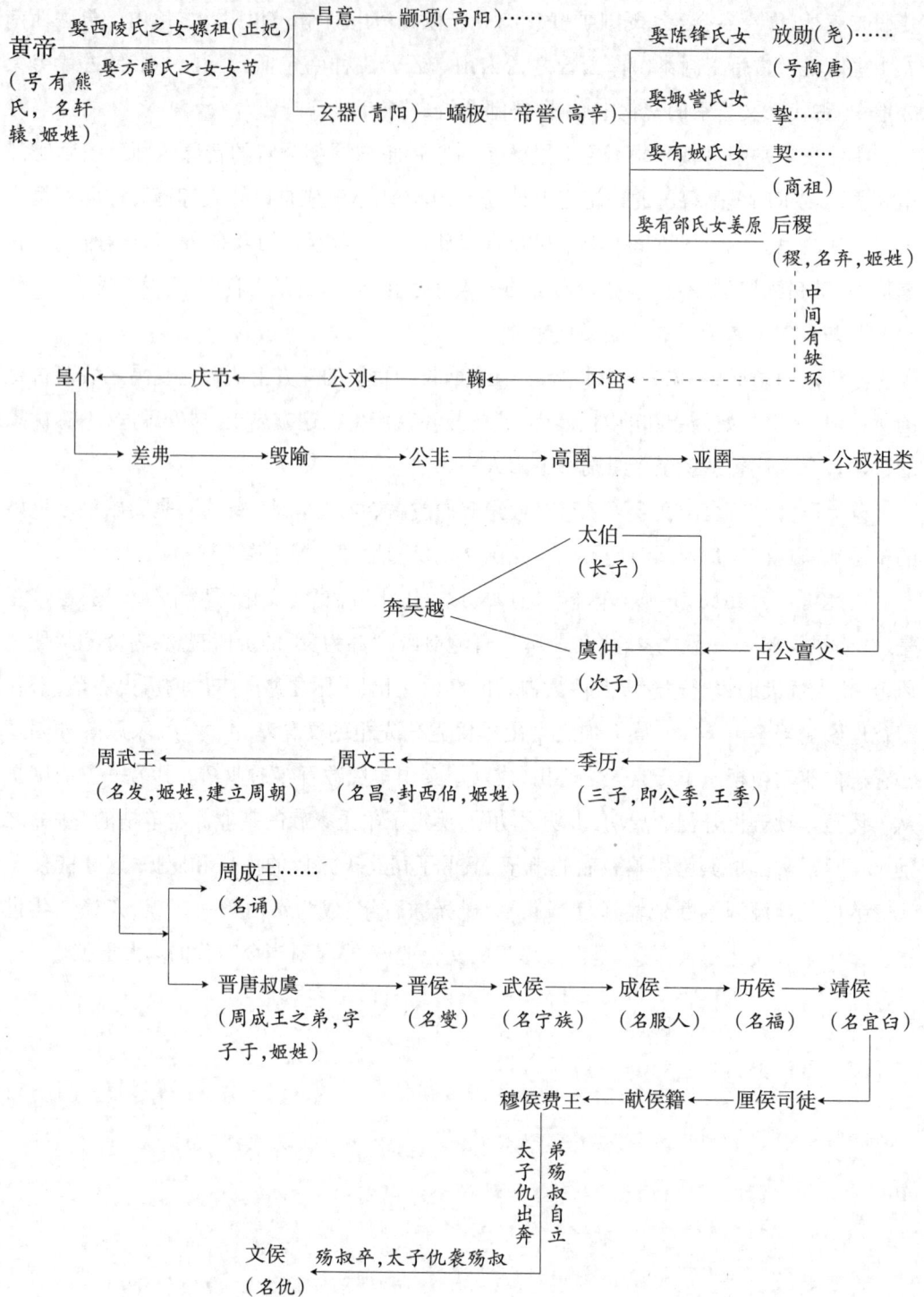

黄帝（号有熊氏，名轩辕，姬姓）
- 娶西陵氏之女嫘祖（正妃）—— 昌意 —— 颛顼（高阳）……
- 娶方雷氏之女女节 —— 玄器（青阳）—— 蟜极 —— 帝喾（高辛）
  - 娶陈锋氏女 —— 放勋（尧）……（号陶唐）
  - 娶娵訾氏女 —— 挚……
  - 娶有娀氏女 —— 契……（商祖）
  - 娶有邰氏女姜原 —— 后稷（稷，名弃，姬姓）

后稷 ┄（中间有缺环）┄ 不窋 —— 鞠 —— 公刘 —— 庆节 —— 皇仆 —— 差弗 —— 毁隃 —— 公非 —— 高圉 —— 亚圉 —— 公叔祖类 —— 古公亶父

古公亶父：
- 太伯（长子）——〔奔吴越〕
- 虞仲（次子）——〔奔吴越〕
- 季历（三子，即公季，王季）—— 周文王（名昌，封西伯，姬姓）—— 周武王（名发，姬姓，建立周朝）

周武王：
- 周成王……（名诵）
- 晋唐叔虞（周成王之弟，字子于，姬姓）—— 晋侯（名燮）—— 武侯（名宁族）—— 成侯（名服人）—— 历侯（名福）—— 靖侯（名宜臼）—— 厘侯司徒 —— 献侯籍 —— 穆侯费王

穆侯费王 —— 太子仇出奔，弟殇叔自立 —— 殇叔卒，太子仇袭殇叔 —— 文侯（名仇）

文侯
└→ 昭侯 ———→ 孝侯 ———→ 鄂侯 ———→ 晋哀侯 ———→ 晋小子侯
　　（名伯）　　（名平）　　（名郤）　　（名光）　　　　　（名小子）
　　　　　　　　　　　　　　　　　　　　　　哀侯弟

　　　封文侯之弟成师于曲　　　　　　　武公杀小子侯
　└→ 沃，号桓叔。桓叔卒，　　　　　　　　　　　　　　　　→ 晋侯缗
　　　子鳝代，为曲沃庄伯。　庄伯之子 → 曲沃武公 ———→ 立哀侯弟缗

　　　　　　　　　　　　　　　　　　　曲沃武公灭晋侯缗是年为
　　　　　　　　　　　　　　　　　　　晋侯 28 年，公元前 678 年
…… ←— 晋献公 ←— 晋武公
　　　（名诡诸）　　之　　　周僖王命曲沃武公为晋君，
　　　　　　　　　　庶　　　更号晋武公，列为诸侯
　　　　　　　　　　子
职 ←— 突 ←— 文 ←— 伯侨
　　　（羊舌大夫）

　　├— 羊舌赤（伯华）
　　├— 羊舌肸（叔向）→ 杨食我（伯石）……　　　　羊舌氏后裔之一族，春
　　│　　　　　　　　（公元前 514 年，即晋顷公　　　秋末改单姓为羊氏。秦
　　├— 羊舌虎（叔罴）　十二年，因杨食我党于祁　　　乱徙居泰山平阳。
　　└— 羊舌鲋（叔鱼）　盈，被杀，灭羊舌氏之宗）

　　　　　　　　　　　　　　　　　　　　至东汉
…… ←— 羊续 ←—————— 羊儒 ←—————— 羊侵
　　（太守，其先七世　　（太常）　　（其先二千石卿校，
　　二千石卿校）　　　　　　　　　　泰山羊氏五世祖）

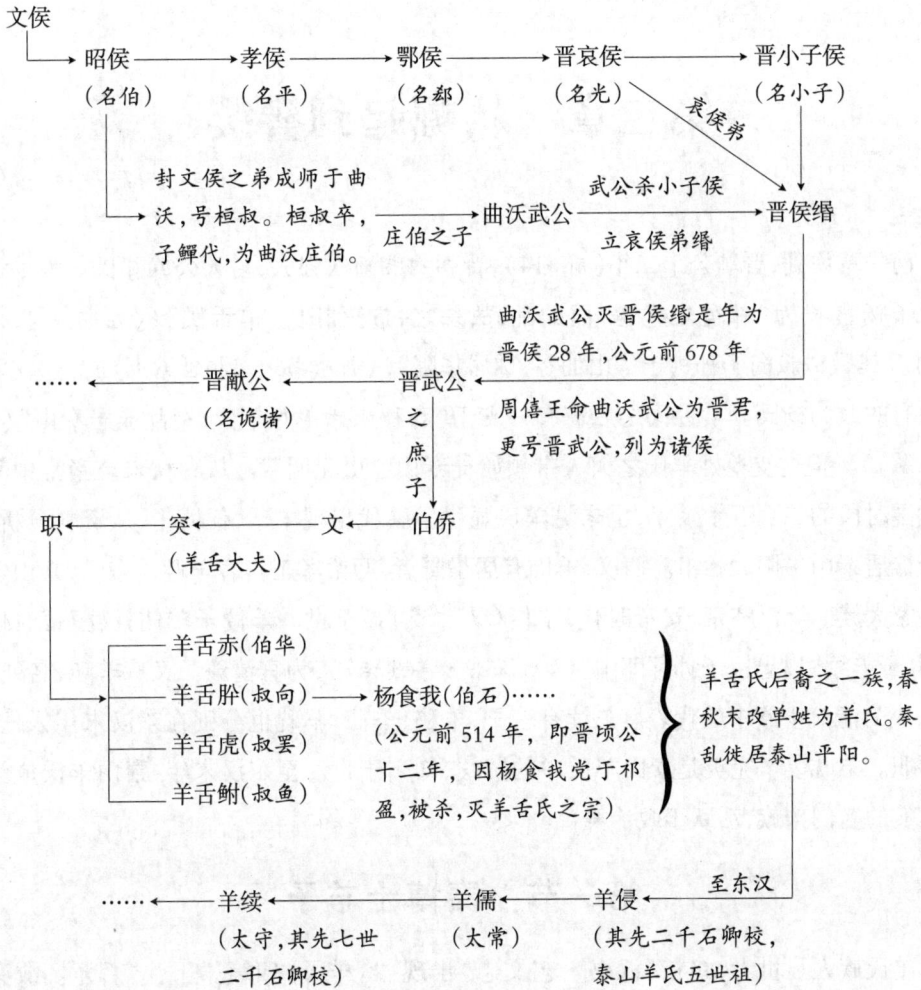

　　注：据《史记》之《五帝本纪》《周本纪》《晋世家》，《国语·晋语》《新唐书·宰相世系表》《元和姓纂》等典籍编《黄帝至泰山羊氏传承世系（示意）图表》。多数学者认为后稷至不窋中间有缺环。

第二章　从崛起到簪缨

前一章说到，晋顷公十二年（前514），晋朝六卿渐次强大，讨灭公族祁氏。因羊舌叔向之子杨食我为"祁盈之党也，而助乱，故杀之，遂灭祁氏、羊舌氏"（《左传·昭公八年》）。其后，"叔向子孙逃于华山仙谷，遂居华阴"（《新唐书·宰相世系表》）。这支羊氏后人有的改为杨氏。羊舌氏之后裔有一支于"春秋末始单姓羊氏，秦乱徙居泰山"（《元和姓纂》）。但这支单姓羊氏之何人带领始徙泰山？史无明载。从春秋末至秦乱中间尚有战国时段的二百五十余年，也未见羊氏显世。秦代出现羊千，任博士，从资料分析，羊千乃徙居泰山平阳之始祖。西汉，羊氏有居岱野者，乃梁孝王宾客羊胜。东汉，泰山羊氏成世家大族。至汉和帝、安帝时代，羊侵（又作浸）显于世。羊侵子羊儒，汉桓帝时任太常，其子羊续"以忠臣子孙拜郎中"（《后汉书·羊续传》），为官清廉。又有羊陟，名列"八顾"，成为清流士族中的代表。羊续有三子，羊秘、羊衜、羊耽也分别在东汉末年入仕，担任要职。羊耽妻辛宪英是泰山羊氏中的贤媛，知名于世。至东汉末年，泰山羊氏成为名副其实的名门望族，活跃于政治舞台。

第一节　秦博士羊子

羊氏族人显世者，终在《汉书·艺文志》出现："《羊子》四篇。"下注"百章。故秦博士。"据诸家学人考证，以为《艺文志》所著录《羊子》乃羊氏族人所著，名谓"羊千"，出泰山，本自羊舌氏之后。《艺文志》将羊千列"儒五十三家"之一，方知羊子是位饱读儒家经典之士。何以见得？《史记·秦始皇本纪》载："维二十八年（前219），始皇还……浮江，至湘山祠，逢大风，几不得渡。上问博士曰：'湘君何神？'博士对曰：'闻之，尧女，舜之妻，而葬之。'""博士"之名首出于此。博士并随皇帝出巡，顾问应对。《秦始皇本纪》又载：（秦始皇）三十四年（前213）"始皇置酒咸阳宫，博士七十人前为寿。"方知当时至少有七十位博士为始皇帝敬酒祝颂长寿。又《汉书·百官公卿表》："（太常属官有）博士，秦官，掌通古今，秩比（俸禄）六百石，员多至数十人，武帝建元五年初置五经博士。"

博士，官名，春秋战国时已有此称，初泛指学者。战国末年，齐、秦、魏等国皆置，为职官。秦初已充当皇帝顾问，随皇帝出行，参与议政、制礼，典守书籍等，秩虽卑而职位尊显。羊子身为秦博士，有造诣较深的儒学功底，成当时之硕儒。他所著《羊子》达"百章"，汉刘向曾将《羊子》著录《七略》，但至《隋书·经籍志》已不见著录，何时佚失不得而知。

众所周知,秦始皇"焚书坑儒"千古唾骂。然而,皇家图书馆的藏书即所谓"博士官所职"者,并未焚毁,同时博士七十人即诸生数千人,并未能撤职。不过"博士七十人,特备员弗用",而诸生则已置于"廉问使"(官名)的监督之下了。在"偶语诗书者弃市"的皇禁令下,秦朝政权已经双脚踏在文化的胸膛之上,准备刺下最后一刀了。在这样严重的形势之前,当时的诸生不得不逃出咸阳,像逃出地狱一样。当时的博士官虽然未废,诸生也还有未被活埋和屠杀的,但"诸生言皆非也"(《史记·叔孙通列传》)。这时的博士和诸生皆成为秦末之孑遗(翦伯赞《秦汉史》,北京大学出版社,1983 年版,第 85－86 页)。

在上述大形势下,羊子很有可能随大流逃出咸阳城,携族人在泰山之左之岱野定居下来。秦末逃于"岱野"之羊子无疑是羊舌氏之后,遂成"秦乱徙居泰山之始祖"。自此,泰山平阳成为上述这支羊氏的肇兴之地,至汉兴渐成望族,遂称泰山羊氏。

无独有偶,《山东师范大学学报(社科版)》1991 年第 5 期,发表蔡培桂先生《羊子戈考》一文。文中描写戈长 8.5 厘米,宽 3.5 厘米,中间有一穿;援长 15 厘米,圭锋,正反两面有中脊,胡长 6.5 厘米,有二长方形穿;有栏,栏的上侧与援的结尾处有一个椭圆形小穿。胡和援的两面都有刃。援的内侧刀刃部曾有损伤,修补的痕迹十分明显。背面锋部有锈斑。胡部的正面铸有铭文"羊子止(之)造戈"五字,字浅细,仍清晰可辨。整个戈的造型厚重,其内圭锋,援部微微上扬,胡部向一侧倾斜,不失当年兵器之雄风。蔡氏认为这支戈是春秋时器。泰山学院周郢教授认为:羊氏于秦末迁居泰山平阳,族人携有祖先所造之戈,极有可能。如是,则羊子戈之出土地点,当在羊氏世居地——今新泰羊流附近(周郢《泰山羊氏金石考》,山东科技大学学报〔社会科学版〕,2011 年第三期)。

羊子戈的面世,为羊氏徙至泰山平阳羊流提供了物证。著《羊子》者羊千为首迁泰山平阳的地位也无人可替代。

【评析】浅述泰山羊氏崛起之因

满腹经纶的羊子领其族人在泰山之左的平阳立足后,聚族而居,必定在平阳羊流一带"开疆占地"。在维持生机,繁衍人口的同时,必教子弟读圣贤之书,传授经纶济世之道,以备经学起家。同时,他们在占有大量土地之后,宗族内部之身份必有高低,必定会有一部人利用宗族血缘关系作为压迫和剥削另一部分人的手段,宗族内部也必然产生分化。其强族大家,必定摆出"救世主"的架势去剥削弱势家族,并为受剥削弱势族人及他姓农民罩上一层温情的纱缦,使受到剥削者乃感得到了"天经地义"地庇荫。其中一部人最终为羊氏地主阶级看家业护院的家兵,甚至有可能发展成为家族武装。这些变成大地主的羊族,在发展经济拥有财富的同时,经学也成为起家的本钱,文化上也占据了极大的优势,逐步形成具有雄厚历史发展的潜力,这时政治地位也随之抬高,成为一方具有政治、经济、文化的实力派。《后汉书·党锢列传》载,汉桓帝(147—167 年在位)时,渤海重合(今山东乐陵县)人苑康任泰山太守时"郡内豪族多不法,康至,奋威怒,施严令,莫有干(敢)犯者"。泰山羊氏至羊续(142—189)"其先七世二千石卿校"。毫无疑问,此前的羊氏已成泰山豪族,其家族是否守法不得而知,但从其地主阶级地位、身份、势力来分析,只是其剥削程度和手段的区分而已。他们世传经学,累代公卿,在社会上的特殊地位更显而易见了。

像泰山羊氏这样的豪族,经过若干年的经营,发展经济实力的同时也传经学,故有机会登上政治舞台。其前体是,他们通过家学、经学教育子弟,培养、储备下人才,当国家需要人才时,必先从他们中间选拔。所以当时的社会,穷人子弟无经济能力接受教育,也就无从入仕。汉武帝"独尊儒术"后,学习儒学成为仕进的重要途径。因此,豪族多修习儒学,方可通经入仕。元光元年(前134),汉武帝在董仲舒建议下,命郡国每年举荐孝、廉各一人,并成制度,称"举孝廉"。又设举秀才、贤良方正、文学等特科。察举制通过"乡举里选",以德才为标准,从地方选拔人才,是两汉最重要的入仕途径。这种"察举制"为羊氏族人提供了入仕的良机。

"征辟"也是入仕之途径。当时由中央政府下诏规定政府所需人才的性质,要求地方政府从境内"贤良""方正""直言极谏""武猛堪(称)将帅"之类人员选拔、推荐上去,合格者政府征召入仕。初辟者可在各级官府做属僚或者中央政府直接从地方低级官吏中,或从"布衣"中,或从做过高官的人中选拔给予相应的官职。如下文所述之羊侵就是被举荐入仕的,当时"推进天下贤士",他列贤士之列被邓骘推荐入朝为官。羊陟则是品学兼优被召辟到太尉府做官的。至羊续因先辈有功"以忠臣子孙"入仕。总之,泰山羊氏先由占有大量土地成豪族,又通过经学起家,故能通过以上各种方式,使羊续其先七世成为"二千石卿校",为泰山羊氏的崛起打下了坚实基础。

第二节　汉赋名家羊胜

羊胜,西汉人,梁孝王的宾客,又是汉赋名家。因与梁孝王谋刺杀大臣袁盎,遭汉景帝追捕,梁王令其自杀。羊胜乡贯在"岱野",史称"齐人"不谬。他是留名青史的可考的羊氏名人。

羊胜,生卒年不祥,大约生活在汉文帝、景帝年间,其事见于《史记·梁孝王世家》。梁孝王即汉文帝刘恒的次子刘武,其母为窦太后。文帝时先封为代王,又封为淮阳王。文帝十二年(前168)徙为梁王,首府睢阳①。刘武当王后不断入京朝见。梁王二十二年

---

① 首府睢阳:西汉高帝五年,即前202年,改砀郡为梁国,都定陶,在今山东定陶县西北,文帝时移都睢阳县,即今河南商丘南。

（前157）孝文帝（刘恒）驾崩。梁王于第二十四年、二十五年又入朝。当时孝景帝（刘启）还没有立太子，景帝与梁王一起在内宫宴饮，闲谈中景帝曾说死后把皇位传给他。梁王心中知道这不是真心话，但心中仍十分高兴，起身辞谢表示不敢当。当年吴楚齐赵等七个诸侯国起兵反叛朝廷，梁王坚守睢阳有功，又是太后少子，故赏赐无数。至皇上立太子（景帝长子刘荣，即栗太子）之后，梁王与天子关系最为亲密，他立过大功，又是大国之王，居天下膏腴之地。其地北界泰山，西至高阳（故地在今河南杞县西南），四十余城，皆多大县。

梁孝王利用不可胜数赏赐，筑东苑①，方三百余里招延四方豪杰，自崤山（或华山）以东的广大地区之游说之士都到梁国投奔梁孝王。梁孝王招纳的策士当中即有"齐人羊胜"。

梁孝王当王的第二十九年（前150）十一月，皇上废栗太子刘荣，窦太后一心想以梁孝王为后嗣。大臣及袁（《汉书》袁作爰）盎等人对景帝有所进言，窦太后的意见受阻，梁孝王于是回到封国。

至中元二年（前148）夏四月，皇上立胶东王刘彻（即其后的汉武帝）为太子。梁孝王怨恨袁盎等大臣反对他继承皇位，就同羊胜等人商议，偷偷派刺客暗杀袁盎以及其他十几个议事大臣，朝廷追捕罪犯未果。于是，天子猜测是梁孝王指使的，抓到刺客审问，果是梁孝王指使。梁孝王想当皇帝的政治野心完全暴露。朝廷派使臣去梁国核查案情，逮捕羊胜等人。羊胜等人藏在了梁孝王的后宫，使臣督促责问梁国主政的官员交出罪犯，十分急迫。梁国主政官员进谏梁孝王，梁孝王让羊胜和另一谋士公孙诡自杀，交出他们的尸体。皇上因此事而怨恨梁孝王，并因此遭景帝疑忌。此事又见《汉书·文三王传》之《梁孝王传》。

虽景帝怨恨，疑虑梁孝王，但终因他俩是同母兄弟，至皇上怒气稍解，梁孝王因上书请求上朝。至于关，梁孝王的大夫说，要乘布车降服而入关。于是"梁王伏斧质，之阙下谢罪。然后太后、帝皆大喜，相与泣，复如故"（《汉书·梁孝王传》）。

景帝与梁孝王表面和好，也使太后大喜，然而一代汉赋名家羊胜却成为梁孝王的替罪羊，汉室内斗的刀下鬼、牺牲品。唐代著名诗人王昌龄作七绝《梁园》叹羊胜之死。诗曰："梁园秋竹古时烟，城外风悲欲暮天。万乘旌旗何处在，平台宾客有谁怜？"（《御定全唐诗》卷143）

羊胜是位汉赋名家。汉赋作为汉代最具代表性的文体，承担的功能是多方面的，用

---

① 东苑：亦称梁园，梁苑，兔园。本名吹台，又称繁台。梁孝王增筑，为游观之所，在今河南开封市东南。

以招贤是汉赋功能的重要一面。汉代有些帝王或像梁孝王这样的人喜欢赋,于是他们就把善于作赋之人聚集到自己的身边,或者以赋来作为招贤纳士的告示。羊胜能被梁孝王所招,大概属于前者。羊胜在梁孝王所招宾客中名气较盛。他曾作《屏风赋》,以绣屏自喻,表达对梁孝王的赤诚。赋曰:屏风鞈匝,蔽我君王。重葩累绣,沓璧连璋。饰以文锦,映以流黄。画以古列,颙颙昂昂。藩后宜人,寿考无疆。

该赋虽属咏物小赋,但写得古雅典重,精致华美。全赋十句,皆为四言。文中先写屏风四面合围,意为君王遮蔽,又细致刻画屏风的秀美。屏风上还绣有古代先贤的图像,样子庄重恭敬,神采奕奕。此赋借屏风比喻梁孝王身边人才济济,聚满忠臣勇士,同时也含蓄地暗示梁王可以取代汉朝天子地位。喻义含蓄巧妙,辞风典丽,可谓该赋的艺术特点(转引自安作璋主编《山东通史》秦汉卷,人民出版社2009年版,第228页)。

"赋"是种文体名。班固《两都赋序》说:"赋者,古诗之流也。"《汉书·艺文志》载"传曰:'不歌而诵谓之赋,登高能赋可以为大夫。'(刘勰《文心雕龙·诠赋》以为此语出自刘向)……春秋之后,周道渐坏,聘问歌咏不行于列国,学《诗》之士逸在布衣,而贤人失志之赋作矣。大儒孙卿及楚臣屈原离谗忧国,皆作赋以风。"最早以"赋"名篇者一般认为是战国荀卿的《赋篇》和《成相篇》。他的文法铺张敷陈,句式整齐有致,音韵和谐铿锵,描写注重抒情,宣示了这一新文体的成形。

汉初文景之治开创了太平盛世,人民安成乐业,文学得以兴盛,武帝及宣帝又大力提倡,使汉赋创作迅速崛起,盛极一时。汉赋即成为一种特定的文学体裁开始流行。总体上说它是吸取《楚辞》及荀子《赋篇》的体制辞藻,纵横家铺张的手法而形成。同时它较多的运用散文的手法,与"辞"又有不同,后又分为大赋和小赋。西汉最早的赋是贾谊《吊屈原赋》等为代表,多借物抒怀,文辞朴实。汉武帝时期赋已形成气势恢宏,辞藻华丽的大赋。大赋多用铺张的手法,描写都城、宫宇、园苑、帝王等方面的奢华生活,于篇末或寓讽谏之意,间有辨难、说理之作。小赋多为抒情之作,缺乏旺盛的生命力。但并非全如此,也有许多小赋具有生活气息和个性色彩,与大赋千篇一律的僵化模式形成了鲜明的对比。总之汉赋之写作题材多样,内容丰富,文采华丽,具有浓厚的浪漫气息。至于汉赋的功能,在当时可谓是多种多样的,就其政治功能内涵来说,除以上所说用以招贤外,还包含宣化、讽谏、颂美等。另外,汉赋在祭祀、娱乐抒怀和人际交流诸方面的功能也有很多样化(参见光明日报2016年5月14日08版宋健《汉赋功能的多样化》)。

【评析】羊胜乡贯小考

关于羊胜的乡贯,《汉书》《史记》皆说他是"齐人"。羊胜齐人之说,按后人及当今人看来,应视为一种旧称。"齐"地一般认为是春秋时姜太公之封地,今山东泰山以北黄河流域及胶半岛地区,为战国时齐国地,汉以后仍沿称齐。特别在战国末期的齐威王时齐国面积已很大,拥有今山东北部及河北东南部,东边三面靠海,西据有聊城、鄄城、廪丘和赵、魏交界,南已越过鲁的西界,包括了任、邹、滕、倪、薛,直达苏北下邳。如,《战国策·齐策一》:"齐将封田婴于薛,楚王闻之大怒,将伐齐。"《史记·田完世家》:邹忌见齐威王,"居期年,封以下邳,号曰成侯。"此下邳在今江苏邳州市东南。《汉书·地理志》,下邳属东汉。又,《孟子·尽心下》:"孟子自范之齐,望见齐王之子。"赵岐云:"范,齐邑,王庶子所封食也。"范,在今河南范县东南,由此可见战国末齐地之大。西汉高帝元年(前206)项羽徙齐王田市王(统治)胶东,治即墨(今平度东南);齐将田都为齐王,治临淄(今临淄北),故齐王建之孙田安为济北王,治博阳(今泰安市东南)。三国均在故国境,其王均为故齐国王族,故合称三齐(参见缪文远《战国制度通考》卷三《齐地考》等,巴蜀书社,1998年版及谭其骧主编《中国历史地图集》中国地图出版社,1982年版,第33—34页)。故典籍所称羊胜乡贯"齐人"十分笼统。那么,羊胜乡贯在旧齐什么地方呢?

据上文,《汉书·艺文志》所载《羊子》四篇。百章。乃秦博士羊子(名)千所作,其为羊舌大夫之后,是秦末徙居泰山平阳的羊氏族人的始迁祖。羊千能称为"秦博士",知其饱读圣贤之书,或为当时有名的儒学之士。那么说,泰山羊氏之族徙居岱野就开始走向文化世家之路,或说秦博士羊千受齐稷下学宫之影响或熏陶,而成饱学之士。至汉文、景帝之时,秦末徙居岱野的羊氏族人,已经营数代,成为十分有影响的家族,为其后之羊侵等人入仕为官奠定了基础。如是说,羊胜乡贯在岱野或称旧齐泰山人应无大谬,且非臆度。如齐之八神之一的地主神在梁父山;再如,《史记·鲁仲连传》,"楚攻齐之南阳,魏攻平陆,而齐无南面之心。"《索隐》:南阳"即齐之淮北、泗上之地也。"《孟子·告子下》,鲁欲使慎子为将军,孟子谓其"一战胜齐,遂有南阳,然且不可"。南阳是地区名,赵岐注说:岱山(泰山)之南。阎若璩说南阳是插入鲁界之中的齐地,所以鲁国欲一战而有之。《左传》称南阳为汶阳。泰山以南、汶水以北地区都属于南阳。泰山羊氏所居之岱野正处"齐"地南阳之区,亦即"齐人"羊胜之乡贯。

第三节　治《春秋公羊传》的博士羊弼

羊弼应是泰山羊氏中的某一支脉的族人,为东汉博士,专治《春秋公羊》之学,与治《春秋》名家胡母生为同一时期人。又是作《春秋公羊解诂》的今文经学家何休的师傅。其事见于《后汉书·儒林列传·何休传》等。

汉武帝刘彻是位雄才大略的君主。他于前140年即位时,汉王朝虽经过六十余年的休养生息,经济繁荣发展,国力大幅提升,但国家仍面临各种社会矛盾。当时,以黄老学治国的"无为"政策已不再适应社会的发展和要求。他即位后,逐步将国策从清静无为调整为积极有为。其中之一策就是独尊儒术,确立新的统治思想。至建元五年(前136),设五经博士,提高了儒学在官学中的地位。第二年,将不治儒学五经的太常博士一律罢黜,优礼延揽儒生数百人。在前文中曾讲到专治《礼》的鲁人高堂生,传《士礼》十七篇。羊弼虽少有人知,然他是东汉专治《春秋公羊传》(《《春秋左传》《春秋穀梁传》与《春秋公羊传》通称《三传》,各有专家治)的博士。前文还提到专治《春秋》经的胡母生。按《元和姓纂》胡母生西汉泰山人(一说泰山奉高人),字子都。汉景帝时为博士,专治《春秋公羊传》,与董仲舒同业,并为董仲舒所称。年老,教授于齐,为齐地言春秋者所宗。东汉羊弼与胡母生为同乡,或说胡母氏与羊氏为姻家,有学者说羊弼师承胡母生公羊之学也无不可能。大概羊弼学成后教授何休。何休(129—182)字邵公,任城樊(县)人,即今兖州人,东汉太傅陈蕃征其入仕。陈蕃败,遭党禁。党禁解,任谏议大夫等职。精研《六经》,曾作《春秋公羊解诂》。又以《春秋》驳汉事六百余条,妙得《公羊》本意。(何)休善历算(意谓周密考虑)与其师傅博士羊弼,追述专治《公羊春秋》的大家李育,但意识到很难有所突破,乃作《公举墨守》《左氏膏盲》《穀梁废疾》。方见何休道术深明(《后汉书·儒林列传·何休传》)。何休还发挥《公羊春秋》之"微言大义",提出"公羊三世",即太平世、升平世、衰乱世之说,后成为今文经学家议政的重要论据。又定"三科九旨"凡例,使《公羊春秋》成为有条理之今文经学。可惜《公羊墨守》《左氏膏盲》《穀梁废疾》等已佚。清人王谟《汉魏遗书钞》有辑本(《中国历史大辞典》何休条)。

何休与其师傅羊弼博士鉴于当时的治《公羊春秋》大家李育所撰《公羊》《左传》的情况,难以再像李育那样撰写,又周密考虑当时经学家们所撰经书存在的某些不可救药的弊端,师徒二人故而大胆提出自己独到的见解,认为《公羊》之学的大义不可攻驳,犹如墨子守城一般,喻《左氏传》存在问题犹如"膏盲"之病人,喻《穀梁传》犹如残疾者。单从二人所撰三书之书名,方显他们对《公羊》学造诣非凡,"道术深明"。虽说史籍中记载羊弼的史料寥若晨星,但从其弟子何休的事迹中方见羊弼是位专治《公羊》学的大家,学问深邃。

第四节　东汉贤士羊侵

——兼述子羊儒

泰山羊氏徙居平阳后,依天时地利,凭与外戚联姻,又秉承经世致用,经纶济世之策,一心欲将贤良者培养成经世之才。至东汉已有名士显于世,羊侵乃是其中之一。羊侵的入仕为泰山羊氏步入世族行列及崛起创造了条件,带来了良机。

羊侵(一作浸,祲),泰山平阳人,是著名的南阳太守羊续的祖父。其先祖自"秦乱徙居泰山"(《元和姓纂》卷五)至羊续已"七世二千石卿校"(《后汉书·羊续传》)。羊侵为泰山羊氏自"徙居泰山"以来有名氏可查的羊氏先辈。其后徙居梁父、钜(巨)平、南城者均以为羊侵是其先祖。故清光绪年间《新泰县乡土志·人类·氏族》载:"羊氏,晋羊舌大夫后,因以为氏。汉南阳太守羊续之祖世居平阳,其后或徙钜(巨)平,或徙南城。"

羊侵生平事迹略见于《后汉书·邓骘传》。邓骘的祖父邓禹、父邓训,都是东汉初年的名臣。邓禹是东汉光武帝的开国元勋、大司徒,拥有潜在的力量,是世家豪族的代表。邓骘为汉和帝刘肇(89—105 在位)皇后之兄。和帝死后,安帝刘祜嗣位(107—126 在位),刘祜是和帝刘肇的侄子,邓皇后成了邓太后,仍由其当政。邓太后拜兄邓骘为大将军,主持朝政。安帝初年,灾荒严重,人士荒饥,死者相望,盗贼群起,四夷侵畔。邓骘等"崇节俭,罢力役""推进天下贤士……羊浸、李郃……等列于朝廷"。此时羊侵属推进贤士之列,参与治理朝政。羊侵入朝后,官至司隶校尉,俸禄二千石①,威权尤重。凡宫廷内外,皇帝贵戚,京都百官,无所不纠,并兼领兵,有检敕、扑杀罪犯之权,还司隶掌管所辖州行政长官。羊侵受命于国家灾害之年,天下波荡之际,在任上专心求治,清慎忠勤。当时,"天下复安"自有羊侵一份功劳。后来,京兆尹一职有缺,同僚李郃独"举司隶羊侵"(《太平御览》卷五十二引《李郃别传》),但汉安帝和邓骘皆欲用外戚邓豹,羊侵不能就任,但足见羊侵为官的声望不凡。

羊侵之子羊儒汉桓帝(刘志)时任太常②,亦为名臣。自汉以来,太常之职列九卿(太常、光禄勋、卫尉、廷尉、太仆、大鸿胪、宗正、太司农、少府)之首,俸禄中二千石,主掌礼与祭祀,辖太史令、博士祭酒、太祝令、大予乐令、太宰令、陵庙园令等六百石官员。从太常所属职能看,羊儒饱学经书,明礼仪,对"礼"造诣颇深,又掌考核选试博士。汉以来博士以儒学之士为主,掌教授经学,考核人才,奉命出使等。羊儒之学问对教育泰山羊氏之弟子,研修经学,发展家学大有裨益,对其家族进入士族行列,发展壮大,提升家族势力至关重要。羊侵之孙羊续,官至南阳太守,以清廉著称,留名青史。羊侵祖孙皆赢得忠臣世家的美誉,对启承举族"九世清德"的家风起了至关重要的作用。

【评析】浅析羊侵入仕的历史背景

羊侵的仕进,为泰山羊氏的发展奠定了基础。东汉开国皇帝刘秀称光武帝(25—57 在位)。刘秀起于乱世,深知"天下疲耗",百姓艰难,故天下息肩,免除了一些百姓负担,并主张以"柔道"治天下。同时,进一步加强儒学的统治地位,学习汉武帝所推行的"察举制"。建武五年(29)国家统一的战争尚未结束,就着手修立太学,并大力表彰有名誉和有

---

① 司隶校尉、二千石:按《汉书·百官公卿表上》(颜)师古注:司隶校尉周代即置,以掌徒隶而巡察,故云司隶。汉制俸二千石者,俸月各一百二十斛谷。

② 太常:按《汉书·百官公卿表上》应劭曰:"常,典也,掌典三礼也。"师古曰:"太常,王者旌族也,画日月焉,王有大事则建以行,礼官主奉持之,故曰奉常。后改曰太常,尊大之仪(义)也。"秦朝曰奉常,汉景帝中六年更名太常。

节操之士,拓宽了选拔人才的范围,使天下士子得以入仕。至羊侵其先已休养生息近三百年,并有数代为朝廷官员,必是"贤良方正"之特科出身。加之,泰山羊氏所徙居之泰山平阳之羊流一域鲁韵齐风浓烈,物华天宝,必教子弟学儒治经、"举孝廉",所以羊侵之辈有得以入仕为官的条件。

当羊侵入仕之际,东汉政权已走向衰落。这与"父传子家天下"的帝制有很大关系。汉章帝以下诸帝均年幼即位,寿命都不长,最长的也不过四十岁,且多无子嗣。皇帝年幼不能亲政,由皇后或皇太后临朝,朝政实际上控制在皇后或皇太后的父兄手中,即外戚专权。皇帝长大后不满外戚专权,便依赖贴身宦官,即所谓"竖宦充朝"。并利用宦官势力铲除外戚,从而出现外戚宦官交替专权的恶性循环。这样必然影响甚至阻碍一般士大夫的仕进途径。所以羊侵在朝时虽有同僚李郃举荐而不被重用也就不难理解了。

羊侵入仕正当汉安帝朝。汉章帝刘炟死后,十岁的太子刘肇即位,是为和帝(89—105 在位)。和帝二十七岁崩,幼子刘隆即位,数月去世,谥号殇帝。和帝皇后郑氏与兄邓骘立和帝的侄子、十三岁的刘祜为帝,是为安帝(107—125 在位)。邓皇后升为邓太后,仍当政。邓太后除利用外戚、宦官外,还举荐了名士杨震等大臣。羊侵可能在这种历史背景下入朝为官。他们虽有所作为,但时间不长,至永宁二年(121)安帝亲政邓太后死,安帝与宦官合谋灭邓氏外戚的势力,邓氏宗族尽废。邓骘遭安帝乳母王圣等人陷害,绝食而死。可见外戚与宦官争权夺势的斗争十分激烈而残酷。

清《新泰县志·人物》列羊侵为东汉名臣。

第五节　天下清苦名士羊陟

羊陟,初仕为太尉李固属吏,汉桓帝初,李固遇害,陟以故吏禁锢历年,后复举高第,历任冀州刺史、尚书令、河南尹等职。党锢事发,免官归家,禁锢终身,后卒于家。士人誉为"八顾"之一,又以一生清苦名扬天下。

羊陟,字嗣祖,史称泰山梁父①人。为仕宦之家,冠盖之族,是羊侵家族之支族。羊陟的具体生卒年不详,大约生活在东汉顺帝至灵帝时代。

一、东汉末季的"党锢之祸"

东汉后期皇权屡弱,外戚和宦官交替擅权,政治腐朽黑暗。宦官的子弟依附着父辈,占有全国过半的州国之职位,选举、征辟不以德才,而完全按照他们的爱憎行事,这就严重地侵夺了地主士人的升迁之路。特别是宦官专权用事,与士大夫的道德理想相悖,又

---

① 泰山梁父:即指西汉所置梁父县,与东平阳县、柴县同属泰山郡。唐贞观元年(627)省入博城县。梁父县治今新泰市天宝镇古城村。

阻碍了士大夫的仕进途径,激起官僚士大夫的强烈不满和深切忧虑。因此,一些正直的士大夫奋起与外戚宦官对抗。

东汉桓帝(刘志,147—168 在位)崇尚佛道,沉湎女色,致使宦官掌权,酿成"第一次党锢之祸"。灵帝(刘宏,168—189 在位)更加昏聩,宦官专权达到顶峰,大批士大夫被处死、囚禁或流放,史称"第二次党锢之祸"。这两次"党锢"对士大夫迫害甚重。原因是当时部分官僚士大夫和太学生联合反对宦官专权,以此而被禁止仕宦参与政治活动,时称"党锢"。东汉后期,议论时政盛行,对时政影响很大。桓帝时太学生(汉武帝元朔五年,前 124 年,始置太学)达三万余人,各郡县的儒生也很多,他们上进无门,求官无路,就与官僚士大夫结合在一起,在朝野形成一股庞大的反宦官势力。他们拼命攻击当权的宦官,议论朝政,品评人物,形成一种舆论,叫作"清议"。例如,以郭泰、贾彪为首,与司隶校尉李膺、太尉陈蕃、北海相杜密、河东太守刘祐等互相褒重,抨击宦官集团,剪除他们的势力,受到舆论的赞扬。有天下模楷李元礼(李膺字元礼),不畏强御陈仲举(陈蕃字仲举)之称。他们敢于抗争,名望最高。桓帝延熹九年(166),司隶校尉李膺诛杀交结宦官的方士张成。宦官教唆张成的弟子牢修上书,诬告李膺结交太学诸生,"共为部党,诽讪朝廷,疑乱风俗"(《后汉书·党锢列传》)。桓帝下令捕李膺等党人下狱,株连太仆杜密及陈寔、范滂等二百余人,太尉陈蕃免官。次年,党人被赦归田里,禁锢终身。这是第一次党锢事件。建宁元年(168)灵帝刘宏即位,太后之父大将军外戚窦武与太傅陈蕃共同执政,起用李膺等党人,密谋诛杀宦官曹节、王甫等。事败,窦武、陈蕃被害,李膺等人复遭废锢。建宁二年(169)宦官侯览使人诬陷党人张俭结党企图危害社稷。宦官曹节也乘机奏捕杀害李膺、杜密等百余人。其后被宦官指为党人,或因仇怨陷害和官吏滥捕而死、徙、废、禁者又有六、七百人。熹平元年(172)宦官又借机逮捕党人和太学生千余人。五年(176),灵帝下诏州郡,凡党人的门生、故吏、父子兄弟及五服的亲属都免官禁锢,是为第二次党锢事件。直至中平元年(184)黄巾大起义爆发,灵帝才下诏赦免党人。

总之,汉灵帝刘宏是个亡国皇帝,也是个无耻的衰君。他十二岁即位那一年,就在宦官操纵下制造了第二次"党锢之祸",数千的文化贤臣被杀捕。"党锢之乱"可谓是一次文化大清洗,是对知识分子的严重迫害。第二次党锢历时十年,官僚士大夫集团遭受了沉重打击,东汉的腐败统治也走到尽头。

羊陟所处(汉)桓、灵帝时代,正值社会面临覆灭放荡,邪曲不正势力的勾结甚盛。一些反宦官专权者遭党锢之祸,禁锢终身。虽然如此,而天下之士大夫,皆高尚其道,污秽朝廷。当时国内向往迎合一时的风尚流行,于是共相夸耀、宣扬,指天下的名士,为之美誉性称号。上曰:"三君",次曰"八俊",次曰"八顾",次曰"八及",次曰"八厨",犹古之"八元""八凯"也。窦武、刘淑、陈蕃为"三君","君者,言一世之所宗也",李膺、荀翌、杜密、王畅、刘祐、魏朗、赵典、朱寓为"八俊","俊者,言人之英也";郭林宗、宗慈、巴肃、夏馥、范滂、尹勋、蔡衍、羊陟为"八顾","顾者,言能以德行引人者也";张俭、岑晊、刘表、陈翔、孔昱、苑康、檀敷、翟超为"八及","及者,言其能导人追宗(唐李贤等注:导,引也。宗谓所宗仰者)者也";度尚、张邈、王考、刘儒、胡母班、秦周、蕃响、王章为"八厨","厨者,言能以财救人者也"(《后汉书·党锢列传》)。

二、一生忠直清苦,却两次遭"党锢"

少年羊陟性格鲜明,操行高洁直爽,学问出众,举孝廉。初仕被辟召到太尉李固府,因考核成绩优等,任命为侍御史,掌受公卿奏事,举劾按章,监察文武官员等,还常奉出使州郡,巡行风俗,督察军族,职权颇重。

建康元年(144),年仅两岁的汉冲帝刘炳即位。太尉李固与大将军梁冀共参录尚书事,冲帝在位六个月即病死。李固欲立年长的清河王刘蒜,与梁冀的想法相抵触。本初元年(146),所立汉质帝刘缵被梁冀①用毒酒杀死,李固又请立刘蒜,终被罢官。建和元年(147),汉桓帝刘志即位,清河刘文等人谋立刘蒜为天子事发,刘文被杀,刘蒜自杀。李固被诬陷为与刘文等共为妖言,遂将李固下狱而死,羊陟以李固的故吏而被禁锢。李固死于建和元年(147),梁冀被灭解锢在延熹二年(159)。这样算来,羊陟被禁锢达十二年之久。解锢后羊陟再次因考核成绩优等被任命为冀州(东汉治所高邑县,在今河北柏乡北。后又移治邺县,在今河北临漳县西南)刺史。任职期间多次将贪官污吏的案件上奏朝廷,予以严惩,使治内肃然,政治清明,颇受好评。当时,泰山太守苑康因制郡内豪右而遭常侍侯览诬陷,被打入廷尉(大臣犯罪由其审理、收狱)狱中,减罪一等后迁徙至日南(今越南境)。羊陟等人直到朝廷为其诉讼,乃使苑康还本郡。

苑康遭侯览②诬陷之事原委是这样的:山阳郡(治今山东巨野县南60里)张俭曾于

---

① 梁冀(? -159),字伯卓,他的两个妹妹分别为汉顺帝、汉桓帝皇后。因是外戚,先为黄门侍郎,拜河南尹。至顺帝(刘保)永和六年(141),继父梁商为大将军。顺帝于建康元年(144)崩,其妹梁太后临朝,乃操权柄,百僚莫敢违令。先后立冲帝、质帝和桓帝,专断朝政近二十年。汉质帝刘缵因称其为"跋扈将军"即被鸩死。至其两妹死,桓帝与中常侍单超等要谋诛梁冀。梁冀于延熹二年(159)被迫自杀。梁冀被抄没的家财达三十多亿钱,朝廷为此减免当年一半租税。

② 侯览(? -172)东汉宦官,今山东单县东北人。汉桓帝时为中常侍。延熹中先封关内侯。因议诛梁冀之功,进封高乡侯。贪侈放纵,前后侵夺民田118顷,宅381所,仿宫苑形制兴建第宅十六区。又惊夺妇女,虐害百姓。灵帝建宁二年(169)因张俭破其家宅,籍没资财,遂诬张俭与长乐少府李膺、太仆杜密等并为党人,尽穷治之。先后杀、流三百余人,囚禁六七百人,更升为长乐太仆。熹平元年(172)以专权骄奢被劾免,不久自杀。

汉桓帝延熹八年(165)举劾身为中常侍侯览及其母罪恶①,奏请朝廷诛母子。不料,奏章被侯览扣下。但以此张俭显明示人,尊为当时的"八及"。汉灵帝建宁二年(169)侯母死,侯览回家乡为其母大起茔冢。张俭见侯览为母大办丧事,干脆派人捣毁了侯宅,没收其家财,并再次上了奏章。侯览党羽一时走投无路,有的逃到了泰山郡(此时泰山郡治在今泰安市东北旧奉高)界内,泰山郡太守苑康本来就十分忌恨阉官,因此将其全部逮捕掩讨无得遗脱。苑康之举使侯览大怒,由此结下仇恨,遂被侯览所诬陷。羊陟主持正义为苑康抱打不平,使苑康得释返回本郡(《后汉书·苑康传》《侯览传》)。

后来,羊陟再次升迁,先任虎贲中郎将,职掌宿卫,禁卫皇宫;再任城门校尉,掌京城诸城门警卫,领城门屯兵,职显任重,俸金二千石;三迁尚书令,成为尚书台长官,兼具宫官、朝官职能,掌决策出令,综理政务。朝会时百官接席而坐,唯有尚书令与御史中丞、司隶校尉皆有专门席坐,以示皇帝优宠,进号"三独坐"。

当时朝内太尉张颢、司徒樊陵、大鸿胪郭防、太仆曹陵、大司农冯方与宫中宦竖相勾结联姻私通,公行贿赂,羊陟一并奏请朝廷将他们罢黜,朝廷没有采纳他的奏章。以前太尉刘宠、司隶校尉许冰、幽州刺史杨熙、凉州刺史刘恭、益州刺史庞艾清明高洁,一心为公,共同上疏举荐羊陟升进。汉灵帝(刘宏)念羊陟忠直,对其嘉奖,任命羊陟为河南尹,主掌京都洛阳事务。春天巡视属县,劝农桑,赈济乏困。秋冬案讯囚徒,平其罪法,岁终遣遣吏考核地方官员政绩等,但羊陟自此离开朝廷中枢。

羊陟在任期间只按任职天数接受俸禄,平时常食干饭蔬菜,因而有"天下清苦羊嗣祖"之称。又因严厉遏制豪门大族,而使京师敬畏。适逢"党锢"事发,羊陟遭受第二次"党锢"之祸,免官禁锢。羊陟这次免官禁锢不久,以平民身份卒于家中。一代天下名士就这样结束了生命。

三、"泣血"荐贤,传为美谈

羊陟一生对打击宦竖集团不遗余力,对清流名士支持保护,直道无私,对文苑名士则"泣血"推举。他求贤、举荐赵壹的故事,载录了《后汉书·文苑列传·赵壹传》。

赵壹,字元叔,汉阳郡西县人,善辞赋,是东汉著名的辞赋家。最初,曾任郡上计吏(即统计之类官吏)。此人负才俊异,性情倨傲,不为世赏。光和元年(178)赵壹作为汉阳郡上计吏赴京都洛阳报告郡内全年人口、钱粮、狱讼等情况,事毕往河南尹羊陟处拜访,赵壹以为非羊陟不足以依托他人之名声。由于羊门森严,一连数日,都未能见到羊陟。赵壹便天天到府候见。羊陟勉强同意让赵壹进府,但羊陟却仍然高卧于榻。赵壹一直走

---

① 侯览母之罪:侯览母之罪主要是"交通宾客,干乱郡国",即借其子侯览为宦官之恶势力,暗中勾结世家豪族,干预搅乱山阳郡内事务。

到羊陟榻前直言:"壹蜗居在西州,早就听到羊公的美名,现在有幸见到羊公,却没想到公已仙逝,奈何我的命运这般不好啊!"接着赵壹便放声大哭,引得羊府大惊。羊陟感到来者定是非常之人,便起身下榻,请赵壹坐下交谈。一番晤对,羊陟对赵壹的谈吐深感惊异。第二天一早,羊陟便率众多车骑侍从回访赵壹。别的计吏多盛饰车马帷幕,而赵壹独驾弊恶柴车,盖一草席,露宿车傍。就这样,羊陟坐在赵壹的柴车下一直与其交谈到黄昏极欢而去。临别时羊陟说:"良璞不剖,必有泣血以相明者矣!"不久,羊陟同司徒袁逢一同推举赵壹,使其名动京师,士大夫们都想望其风采。

【评析】美誉名号载青史

《后汉书·党锢列传》载:"凡党锢事始自甘陵、汝南,成于李膺、张俭,海内涂炭,二十余年,诸所蔓衍,皆天下善士。三君、八俊等三十五人,其名迹存者,并载乎篇。"羊陟能成"八顾"之一,说明他是当时德行之翘楚。且又主持正义,敢与宦官集团展开斗争,可谓反宦官集团之勇士。这与自年少就"清直有学行,举孝廉"(《羊陟传》),受到了良好的家学家教关系很大,故能日后得到天下名士的美誉。虽遭"党锢"之祸,其"名迹存者,并载乎篇",流芳百世,也是值得自豪的。故羊陟列《后汉书·党锢列传》。因其故里梁父县属泰山郡,后归属泰安县,故清《泰安县志》将羊陟列《忠节传》。

羊陟以东汉著名的"八顾"之一,名载青史,说明了他的德行与众官吏有异。其本传载他"举孝廉""清直有学行",故能拜太尉府的侍御史,说明他入仕的本钱是"孝""廉"。"孝"与"廉"是伦理系统内的两大德目。"孝"是农耕社会显示文明的第一德目,在聚族而居的血缘宗法社会被大力奉行。这一德行成为中国人自古而今的道德本位。即所谓"万恶淫为首,百善孝为先"。举孝子入仕"求忠臣于孝子之门",始于汉代,"以孝治天下",认为廉吏来源于孝子。"廉"是为官者忠君、敬民的必行之德,属社会行为规范,古人将清廉认定为政治要务,故《晏子春秋·内篇杂》谓:"廉者,政之本也。"秦汉以降实行中央集权的官僚政治,官员作为国家执掌一方军政财文大权,握有左右金钱的权力,所以廉洁关乎朝政的清明与稳固。掌权者的贪欲、腐败成为廉洁的大敌,社会的通病。一个国家的衰败以至灭亡皆与官员的贪腐有关,国家选拔、任用廉吏乃国之要务。汉武帝采纳董仲舒的建策,实行察举制,"孝廉"就成为选拔官员的重要科目。羊陟具备孝廉德行,故以"举孝廉"入仕。

历代廉吏皆甘于清苦。羊陟从不多拿俸禄,只按天数受用,平时只吃些干饭菜蔬,故有"天下清苦羊嗣祖"的美誉,这在贪腐贿赂成风、卖官鬻爵公开的东汉实为难能可贵。他的清苦东汉有几,他为后世社会和羊氏家族树立了榜样。

第六节　清廉楷模"悬鱼太守"羊续

羊续因先辈有功,入仕即拜郎中,后被辟召到大将军窦武府。党锢事起,受株连遭禁锢十余年。及党禁弛解后,历任庐江、南阳太守。中平六年(189),汉灵帝欲任为太常,因拒缴礼钱而作罢,旋病死。羊续一生清廉,以拒贿著称,是中国历史上有名的廉吏。

羊续(142—189),字兴祖。东汉平阳(今新泰市)人。其先辈"七世二千石卿校"①。羊续祖父羊侵,汉安帝时任司隶校尉。父亲羊儒,汉桓帝时为太常。东汉太常之职,辖太史、太祝、太宰、大予乐等及博士祭酒,陵庙园等令,秩二千石。羊儒与其父在朝有功博得"忠臣"之美誉,故羊续称忠臣子孙。至续泰山羊氏已为泰山望族,续乃晋太傅羊祜之祖父。上文说到羊续之祖父羊侵,是泰山羊氏世系中可确切考定的五世祖,羊侵之前辈名讳已无从查寻,故应将羊侵视为可考且具有名讳的始祖。但是,《世说新语》所载《泰山南城羊氏谱》共列入世,将羊续作为一世。

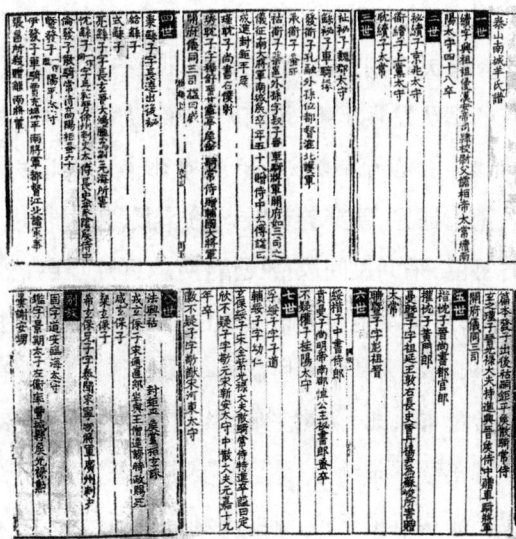

泰山羊氏谱

羊续自少年时代学行兼备,满腹文韬武略。入仕即因其先辈皆对朝廷有功,以忠臣之子孙被授予郎中,协助官署尚书处理政务,俸禄四百石,秩位虽低,但职显权重。离开郎中官位后,被辟召到大将军窦武府中任职。建宁元年(168)汉桓帝死,迎立灵帝刘宏即位。窦武以外戚与太傅陈蕃执掌朝政,起用李膺、杜密等党人,谋杀宦官曹节、王甫等,事败自杀。羊续因是窦武属官,遭其党事,被禁锢十余年,过着幽闲安静的生活。等到窦武党事禁解,重新起用,被辟召到太尉府,四次升迁为庐江(汉武帝后治舒,即今安徽庐江县西南三十里城池乡。东汉末废)太守。后来扬州(东汉治所在历阳县,即今安徽和县)黄巾军攻打舒(庐江),焚烧城郭,羊续发动县中二十岁以上的男子,皆携带兵器,练兵布阵,年小体弱者,尽其全力担水灭火。他又会集数万人,同心协力,奋力拼搏,大破黄巾军,保

---

① 二千石卿校:二千石为官秩等级。汉代享受二千石俸禄的都是中央政府机构的内史、太子太傅等列卿,州郡牧守、诸侯王国相一级官员。享受二千石者月俸谷一百二十斛(古代量器,容十斗),一年俸禄得谷一千四百四十斛。古代官秩因以米谷为准,故以"石"称之。东汉以谷钱兼半,偶有变动。二千石官秩另有比二千石(一年得谷一千二百石)、真二千石(一年得谷一千八百石)、中二千石(一年得谷一千一百六十石)。卿,官阶名,爵位名。周制,天子及诸侯都有卿,分上中下三等。秦汉三公以下设九卿(汉为太常、光禄勋、卫尉、太仆、廷尉、大鸿胪、大司农、少府、宗正),为中央高级官员的尊称,位次三公。校,古代官员的通称。《广雅·释宫》:"校,官也。"一般为下级军吏或掌驾车马。

护了郡界平安。此后安风县(治所在今安徽霍邱县西南二十里,属庐江郡)贼寇戴风等作乱,羊续又率众将其平息,斩首级三千余,生获魁首,其余党辈免为平民,赠送给农具,使其回家,从事农业生产。

汉灵帝刘宏(168—189 在位)中平三年(186),江夏(今湖北武汉市新洲区西二里)赵慈的军队发生反叛,杀南阳(今河南南阳市)太守秦颉,攻陷六县(东汉改为六安侯国,属庐江郡。治所在今安徽六安市北十里城北乡),危难之际,羊续被任命为南阳太守。他当入南阳郡界,便穿着贫贱人的衣服,秘密行进,身边只带一侍童相随,逐一观察南阳所属各县邑,采问民间风俗民情,听取百姓呼声,然后才到郡府上任。由于他入境便深入调查研究,对其本地长官谁贪谁洁,官吏民众的善良奸猾,全都预先了解其状。郡县官员为之惊惧,无不为其精明所震慑。羊续继而整顿军务,联合荆州(东汉治所在汉寿县,即今湖北常德市东北)刺史王敏,共同出击赵慈,将其斩首,缴获首级五千余。各属县余贼相继归降羊续。羊续为其上疏,要求宽恕叛军的分支附属。贼众得以平复,乃广泛宣扬政令,寻访哪些事损于民,哪些事利于民,百姓无不欢心折服。当时南阳地区的权豪之家,多尚奢丽,羊续对这种现象深恶痛绝,常穿着陈旧的衣服,吃着粗糙的食物,坐着破车,骑着瘦马。有府丞赠送羊续一条鲜鱼,让其食用,羊续未当面拒绝,将其悬挂于庭前;后来,府丞又去进献鲜鱼,羊续便走到庭前指着悬挂着的枯鱼,让其观看,以示要杜绝这种做法。

羊续的妻子①曾携子羊秘去南阳郡舍探望,羊续却闭门不接纳。妻子让儿子羊秘闯了进去。羊秘看到父亲官舍的资产唯有布衾、破旧短衣、汗衫,盐、麦数斛而已。羊续回过头来慰勉儿子羊秘说:"我自尚且如此,拿什么来养活你与你的母亲呢?"羊秘与其母只好返回。

汉灵帝中平六年(189),灵帝欲以羊续为太尉。当时,太尉列三公之首,与司徒、司空共同行使宰相职权,秩万石。但是,凡拜三公者,都必须拿出礼钱千万送给东园②。并令中使监督之,名为"左骑"(原注"骑,骑士也")。凡"左骑"所到府署,总要迎致礼敬,厚加

---

① 羊续妻:(唐)林宝《元和姓纂》卷五"蛇邱"条:(济北)"河汉(即后汉)河内(河内郡,西汉置,治今河南武陟县西南)太守蛇邱惑,生重,济北(济北郡,秦置,治博阳,即今山东泰安市东南旧县)太守,女适羊续。"又本条引《广韵》:"星"字下引《羊氏家传》:"南阳太守羊续娶济北星重女。"则以重为姓星,《通志》下略同,此即星氏(姓)的由来。由此看来,羊续妻为星氏。

② 东园:汉代设官署,专管制作棺梓之类葬具,称东园,属少府。棺梓之类属凶器,故称之为秘器。《汉书·百官公卿表》:少府属官有东园令、丞。颜师古注:"东园匠,主作陵内器物者也。"即制作皇室丧葬用器,如棺椁、明(冥)器等,称"东园秘器"。除皇帝、皇室丧葬时使用外,亦赐给宠臣。

赠赂。而羊续让使者"左骓"坐在单薄的草席上,举着自己以乱麻为絮的破袍子对使者说:"微臣所有的资财只有这些而已。"左骓空手而归,转奏灵帝,灵帝极不高兴,故羊续不能荣登三公之位,而征召为太常。羊续尚未来得及上任,便得病去世了,年仅四十八岁。留下遗言,卒后薄敛,不受车马钱财等助葬物。按旧的典章规定,凡俸禄二千石的官员病逝,朝廷都有百万价值的布帛、钱财赠予丧家。主办丧礼的府丞焦俭遵照羊续生前意愿,一无所受。汉灵帝得知后,颁发诏书褒扬其美德。然后诏命泰山太守以官府的名义将羊续应享受的助丧钱财物品赐予羊续家属。羊续有三子,长子羊秘曾任京兆太守(三国魏其辖区改称京兆郡,官名改称太守);次子羊衜,上党太守;三子羊耽,官太常。

羊续卒后归葬故里。清《新泰县志·丘墓》载:"晋(笔者注:应为汉)羊续墓,县西六十里羊流店北,……有五冢,三冢高丈余,二冢半之。其三高冢:一为庐江太守续墓,一为上党太守(羊)衜墓,一为丹阳尹(羊)曼墓。其二冢未详。"1993年在该墓地发掘出土了羊祜从弟羊琇七世孙义州刺史羊烈及其妻长孙敬颜墓。即《县志》所说未详之二冢。清初新泰县令卢綋《羊太傅祖墓表》(载清《新泰县志·艺文志》)亦云:"县治西羊流店北里许,有羊太傅祖墓三冢,碑表圮,莫辨所葬谁何。询诸土人,参稽传志,咸称其一为太傅祖南阳太守续,……"又据《魏书·地形志二中·兖州》,泰山郡梁父县境有"羊续碑"(已佚)。又传羊续墓有两处:一处在今天宝镇古城村附近,明人宋焘《泰山纪事·地集》载:"羊续墓:续泰山平阳人,晋太傅羊祜之祖也。其墓在(泰安)州南四十里徂徕山下。"清宋思仁《泰山述记》亦云:"羊舍……东北有大冢,《泰山纪事》称羊续墓。……《泰山纪事》或别有所考,恐所载皆不确。"

羊续一生清廉自守,又以悬鱼拒贿著称,有"悬鱼太守"之誉,后世视其为廉吏楷模。

《后汉书》卷三十一立有《羊续传》,史家赞羊续"廉能",谓其是个清廉能干的人。《县志》节录,祀乡贤。其父羊儒列名臣。宋代费枢《廉吏传》亦为羊续立传,并评论说:"呜呼!人之不度礼义而进退者,顾其胸中本无所守,徒以妻孥之奉隘其心故耳。闻续之风,宁不愧耶!"意思是说,哎呀!人(一生)如果不去衡量礼义而去考虑进退升迁,回顾起来是其胸中根本就没有很好地去遵循(礼义),徒然穷困到连自己的妻子儿女都不能奉养,而其心态仍然和过去一样。如果你了解羊续的风范,(他这样做)就不感到惭愧了!

羊续不愧羊门"清德"之表率,后世对其清苦廉洁的作风多有赞颂,例如,清廉熙二年举人、解州知州江闿过羊流驿,作《羊续故里》诗曰:

> 我辈合为清白吏,布衾盐菜足生平。
>
> 黄堂何至无妻子,治郡常疑太不清。

（采自袁爱国主编《全泰山诗》清代卷）

羊续悬鱼拒贿传为佳话,如宋代诗人徐积《和路朝奉新居》诗赞曰:

爱士主人新置榻,清身太守旧悬鱼。

明代于谦亦有诗赞咏云:

剩喜门庭无贺客,绝胜厨传有悬鱼。
清风一枕南窗外,闲阅床头几卷书。

泰山羊氏后世,为彰显羊续清俭善政和清廉爱民,曾以"悬鱼堂"为堂号,拟以其悬鱼拒贿的美名传留百世;也有以羊续清苦自持、破衣羸车,写成"羸马蔽衣,府君廉俭"之联,挂于庭堂。旧时,羊续曾履职的南阳府署内宅门檐柱,曾以"不食民一饭不爱民一钱乃汉羊续为太守"作为上联,告诫为官者要像羊续一样的清廉为官。

【评析】

一、羊续首遭党锢之因

《后汉书》羊续本传载,羊续辟召到大将军窦武府后,"及武败,坐党事,禁锢十余年",羊续为何遭禁锢呢?

汉桓帝即位时年仅十五岁,外戚专权。以梁冀为首的外戚集团残忍贪婪,引起公愤。延熹二年(159),梁氏外戚集团被消灭后,东汉政权转入宦官手中,形成宦官独霸的局面。宦官比外戚更加贪婪、凶残。他们把持朝廷内外的重要官职,欺压百姓,迫害政敌,贪赃枉法,穷奢极欲。宦官的黑暗统治,引起普遍的不满和愤恨,激起了反抗斗争。在朝的中下级官吏,在野的名士以儒生、太学士几股力量成为斗争的主力军。中下级官吏的代表人物有河南尹李膺,太仆杜密等。他们纠发奸佞,名声日高。李膺有天下楷模之誉,以李、杜为首的反宦官斗争激怒了宦官集团。延熹九年,李、杜等人以结党诽谤朝廷罪被"党锢"。李膺逮捕入狱,释免后禁锢终身,杜密免归乡里。

窦武之长女先为宫中贵人,后立为汉桓帝皇后。窦武遂迁越骑校尉,封槐里侯,又迁城门校尉。永康元年(167)曾上书奏请解除党禁。桓帝死迎立灵帝,窦武升任大将军封闻喜侯,执掌朝政,再次征天下名士,起用李膺、杜密等党人。建宁元年(168),与太傅陈蕃都有剪除宦官之意,密谋先诛中常侍曹节、王甫等大太监。不料,窦武呈送窦太后的奏章被送奏章的宦官送给了任长乐五官史的宦官朱瑀。朱瑀盗发奏疏,得知窦武与陈蕃等要谋诛宦官,遂与中常侍曹节等十七人兵歃血盟誓,矫诏杀窦武等人。窦武等人被迫自杀,首级悬洛阳都亭,其宗亲宾客、姻属,悉诛之。自此"凶竖得志,士大夫皆丧其气矣"(《后汉书·窦武列传》)。

汉灵帝建宁元年(168)正月,窦武任大将军,迎灵帝即位,开始执掌朝政,并征天下名士之时,羊续被辟召至大将军府,当年九月,窦武反宦官事败,自杀。由此推算,羊续在大将军府任职只有七八个月的时间,因受窦武株连遭党禁长达十余年。无疑,羊续也被列入反宦官结党之行列(《后汉书·窦武列传》及《羊续列传》)。

二、如何看待羊续镇压黄巾起义军

上文说到东汉后期外戚宦官专权,统治者腐败,豪族大地主疯狂兼并土地,农民大量破产逃亡,成为流民,境遇每况愈下。长达六十余年的对羌战争,更加重了农民的负担。汉安帝以来,自然灾害频仍,蝗虫和地震灾害尤为严重,加剧了大量农民破产流亡,被迫起而反抗,流民暴动连年不绝。灵帝时荒淫无道,宦官弄权放纵,官僚地主贪残奢靡,原本十分尖锐的阶级矛盾达到白热化,终于爆发了全国性的黄巾大起义。此时,巨鹿(今河北平乡)人张角以《太平经》为蓝本,创立并在民间传播太平道。他自称"大贤良师",为人画符治病,十余年间聚集徒众十万余众,分为三十六方,遍布青、徐、幽、冀、荆、扬、兖、豫八州。他广为宣传"苍天已死,黄天当立,岁在甲子(即指公元184年),天下大吉"(《后汉书·皇甫嵩传》)之谶语,计划在中平元年(184)发动起义。由于叛徒告密,张角被迫提前起义。徒众以头戴黄巾为标志,号称"黄巾军",各地黄巾军焚烧官府,捕杀官吏。东汉王朝政治上"大赦天下党人"(《后汉书·灵帝纪》),军事上却调集以皇甫嵩、朱俊、卢植等大批军队进行镇压。当时羊续在庐江太守任上,直接指挥了镇压,攻打了郡内的黄巾起义军。他的手上也沾满了屠杀起义军的鲜血。羊续作为一名封建官吏,镇压黄巾军应该说是朝廷赋予的使命,也是时代、历史赐给他的任务。羊续的军队还斩杀"贼寇"三千余级,生擒敌首。而他对普通民众却十分关爱,发给农具,让其解甲归田。这种爱民如子的民本思想和行为,在当时难能可贵。另外,羊续在任南阳太守的路上先微服私访,了解官场情况和民情民意,深入调查研究,亦为古今官吏树立了榜样。这些美德与羊续经世致用的思想大有关联。

三、羊续拒贿的历史背景及其清廉美誉之影响

泰山羊氏家族至东汉已发展成世家豪族,成为当时地主阶级当中的一个特权阶层,在政治、经济、文化等领域都处于支配地位,而且世袭、称霸一方。例如,东汉政权本身就是豪族的政权。刘姓的那些封在各地的诸侯王孙,封地大,赏赐多,收入优厚,并私置产业,成为封区内的首位豪族。当时的济南王刘康"多殖财货,大修宫室,奴婢至千四百人,厩马千二百匹,私田八百顷"(《后汉书·济南安王康传》)。诸侯王的官属也依仗权势,成为豪门，如"大姓李子春为琅琊相，豪猾并兼，为人所患"(《后汉书·赵熹传》)。

再如，西汉时期靠经营工商业、放高利贷起家的资产无数的高訾大户成为豪族，在东汉更发展成一种强大的地方势力。"豪人之室，连栋数百，膏田满野，奴婢千群，徒附万计"(《后汉书·仲长统传》引仲长统《昌言·理乱》)的景象随处可见。豪族一般以宗族为根基，聚族而居。豪族收恤宗族中的贫困者，蓄养宾客，收留破产流亡的农民，成为豪族的依附农，这些被迫依附于豪强世家的众人是典型的农奴。豪族与这些人的社会地位、经济实力悬殊，豪族的奢侈腐化自不必言。在某些豪族的田庄里，还存在不少的奴隶。生产奴隶主要从事农业生产或手工业生产，非生产奴隶主要是从事家内服役的奴仆，以及满足豪强地主腐朽生活需要的那种"妖童美妾，倡讴妓乐"(《后汉书·仲长统传》引仲长统《昌言·理乱》)。

最高层的统治阶级更是极端腐败。东汉灵帝时(168—189年在位)，宫女数千人，一天挥霍数百金。为了满足自己的食欲，灵帝刘宏疯狂地搜刮民财，开西邸之舍公开卖官，上自公卿下至郎吏，明确标价。三公之价千万，卿500万。地方官因其剥削方便，定价也高，二千石官吏2000万，四百石者400万，县、令长当面议价，按该县经济的肥、瘠来定价高与低，富的先纳钱，贫的到官后加倍纳钱。灵帝在西园造万金堂，把司农所储金钱缯帛都积满在万金堂中，又寄存钱于宦官小黄门和常侍家，每人寄存钱数千万，视贴近常侍为父母。灵帝说："张常侍(让)是我父，赵常侍(忠)是我母。"(《后汉书·灵帝纪》)可见汉灵帝刘宏是个无耻的皇帝。此外，他还有河间(今河北献县)买田宅，起第观，以备一旦统治垮台后继续剥削人民。皇帝都如此贪得无厌，地方官吏更肆无忌惮。当时，刺史、守、令多由宦官的子弟亲属充任。他们搜括民财，劫掠妇女，无恶不作。

广大农民在上至皇帝，下至宦官、贵族、官僚地主的重重压迫和剥削下，常年辛劳，胼手胝足，仍食不能果腹，衣不能蔽体，破产、逃亡现象日益严重。

羊续面对上述社会现象，可谓深恶痛绝，又万般无奈，无能为力挽救社会风气，更无计可施改变自上而下的极端腐败和卖官鬻爵之风。他针对自己所处环境和条件，只好出淤泥而不染，用自身的清廉反抗迂腐的社会现象。他不像当时的某些人一样沽名钓誉，装装样子。他确实过着十分艰苦的生活，他"以清率下，半月一炊，惟卧一幅布帱，帱穿败，糊纸以补之"(王先谦《后汉书集解·羊续传》注)。由此知其清苦程度。按羊续当时的俸禄，不至于养不起自己的老婆孩子，而拿不出钱买"三公"之官爵倒真的可能。这正反映出他作为清流名士甘于清贫，严格自律的道德风范。

羊续拒腐清廉的做法似乎不近人情，对挽救社会风气，惩治腐败而言，也许是螳臂挡车，但他的举措非有十分了得的勇气和决心而不能为。他所倡导的是一种节俭、清廉之风。古代清官与廉吏大体同义，其要旨在于一个"廉"字。"廉"与"浊"相对，"廉"，进而引申为不苟取,不贪求,所谓"廉士不妄取"(汉刘向语)。这不仅是种道德准则,更表现出"廉士"的守正、方正、刚直的禀性。所以"奉法守职,竟死不敢为非"(《史记·滑稽列传》),正是廉吏特性的高度概括。此种精义,足可垂之千古,影响万世,训导当世,也正是羊续的懿言嘉行,才使人们深感天地毕竟有正气。

正是人们有这种正气,羊续拒收鲜鱼,为官清廉的事迹不仅在东汉末年的官场广为流传,成为为官清正者学习的楷模,而且在民间也广为流传。当代文物收藏家卢振海先生所收藏的一枚汉代"压胜钱"就证明了这一事实。卢振海先生以为汉代"压胜钱"大多不属于通用货币,主要用于馈赠、赏玩、配饰、祭祀、卜卦、撤帐(指私塾先生停止授课)、洗儿(旧时小儿出生三天或满月时替其洗身)、灯坠等。它起源于汉代,后来逐渐繁衍流行,官私均铸,不拘一格,各具风姿。

卢振海先生收藏这枚汉代古钱币,其表现主题为"悬鱼太守话廉政"(见右图)。表现内容为羊续任太守时从不请托受贿,拒收府丞两次送鲜鱼的故事。钱币外圆内方,正面图案方孔上方有一副完整的鱼骨头(右下图)。表示门口上方悬挂着的那条干鱼,其他便再无图案;背面在方孔的上下左右分别铸有四个"王"字,分别代表王侯、小吏、文官和武将(右上图)。寓意是上至王公大臣,下至基层小吏,不论文

汉代专为悬鱼太守羊续制作的压胜钱

官还是武将,都要学习羊续的这种廉政精神。可见羊续自汉代就是官吏们的学习榜样,也教育世人为官一定要清廉,清廉之吏将百世流芳。

一枚不起眼的汉代古钱币,正背面均无面值,图案也十分简约朴素,其寓意却十分深刻。着重表现了羊续拒贿的真实性及廉政文化的厚重感。这枚汉代"压胜钱"的创意新颖,内涵深远,寓意深刻。同时反映出古人用以物明志、以物彰德、以物寄情、以物传情的艺术表现形式,来彰显民众对"贤人道德""清官意识"的推崇、尊敬和爱戴。由此可见,羊续之"廉"在当时即家喻户晓,妇孺皆知。羊续的形象经过一段时间的洗涤不仅没有褪色,反而愈加鲜活和生动。至今,羊续的清廉形象依然如故,这大概即是清廉者的灵魂所在(参见严圣禾《文是物的灵魂——收藏家卢振海谈古钱币文化》,载《光明日报》,2017年6月16日09版)。

羊续的清苦、清廉受到历代的赞扬,赢得"悬鱼太守"这一廉吏美誉,成为廉吏之楷模。更是泰山羊氏"清德"的表率、家族的优秀代表。他的清廉成为泰山羊门世代相传的家风。在大颂"清官廉事",大呼"反腐倡廉"的今日,重温羊续清廉的历史故事,应是富有一定的启示性。

第七节　京兆太守羊秘

——兼述子羊祉、羊繇

东汉末年的黄巾起义从根本上动摇了东汉的统治。中平六年(189)四月灵帝去世,十四岁的太子刘辨即位,是为少帝。皇太后之兄何进辅政,他与司隶校尉袁绍密谋尽诛宦官,召并州牧董卓进京援助。八月,中常侍张让、段珪等杀死何进,袁绍又领兵尽杀宦官两千余人。九月,董卓入京后,控朝政废刘辨,拥立灵帝九岁的儿子刘协,是为汉献帝。此时曹操到陈留,准备起兵。初平元年(190)各地州郡牧守拥立袁绍为盟主,组成伐卓大军。董卓放火烧洛阳,逼汉献帝迁都长安,百万居民随迁长安。三月献帝到长安。董卓在洛阳,袁绍不敢进。曹操进至荥阳汴水,败退。第二年(191)曹操遂为东郡太守。各地讨卓联军心怀异志,互相倾轧,迅速瓦解。初平三年(192)曹操进兵破兖州(今金乡县东北)黄巾军,领兖州刺史。司徒王允策反董卓爱将吕布,杀董卓。董卓部将杀王允,起内讧,展开混战。全国势力大割据,东汉名存实亡。至汉献帝建安元年(196)献帝逃回洛阳,兖州牧守曹操赴京,迎献帝到许(今河南许昌),迁都许昌,曹操"挟天子而令诸侯"(《三国志》卷三十五《蜀书·诸葛亮传》)。在以后的十多年中,曹操剪灭吕布,官渡(今河南中牟东北)之战大败袁绍,并陆续扫灭袁绍残部,北征乌桓,统辖青、冀、幽、并四州,基本统一了北方。赤壁(今湖北蒲圻西北)一战,初步奠定了孙权、刘备、曹操三分天下的格局。曹操从此专力经营北方,建安十七年(212),曹操平定关中,次年被封为魏公,以后又进封魏王,除没有皇帝名号外,一切权力、待遇都和皇帝一样。建安二十五年(220)正月,曹操病逝洛阳。当年十月曹操之子曹丕逼汉献帝让位,取而代之,是为魏文帝,年号黄初,定都洛阳,国号魏,史称曹魏。

泰山羊氏郡望地处泰山平阳,正处曹魏统治区。羊续三个儿子羊祕、羊衟、羊耽都入仕于曹魏时期。曹魏早期曹操因出身卑微,对儒家名士就限制打击,重中央集权,抑制豪强势力,在用人政策上,唯才是举,不拘一格,网络了大批地主阶级的中下层人才,故羊氏三兄弟得以入仕。魏文帝曹丕在选才用人方面实行九品中正制(分上上、上中、上下、中上、中中、中下、下上、下中、下下九个品状),定出"品状"以供吏部选用,目的是消除察举制"乡举里选"产生的"举秀才,不知书;察孝廉,父别居"(东晋葛洪《抱朴子·审举》)

的弊端,使汉末以来被地方势力控制的选举权在一定程度上回归中央。此时的泰山羊氏与其他一些儒家豪族一样,只有隐忍,难觅大的发展空间。

羊秘是羊续长子,羊祜的伯父,生卒年不详。曹魏朝至魏明帝曹叡(227—293在位),为加强对百僚监察,增置御史台,以御史中丞为最高长官。当时的司马懿充任御史中丞,官阶四品。羊秘曾在司马懿府任侍御史。《三国志·魏书·文帝纪》裴松之注《献帝传》禅代众事曰……"癸丑,宣告群寮。督军御史中丞司马懿、侍御史郑浑、羊秘、鲍勋、武周等言:'令如左'。……"由此知,羊秘任御史中丞是司马懿的僚属,与其上司司马懿共同向魏文帝曹丕进言。当时该职在御史中丞府设八员,七品,是司马懿的府佐。分掌治书、课第等八曹。又据《晋书·羊祜传》,羊秘是羊祜的伯父,官至京兆太守(三国魏改称京兆郡,官名改称太守。三国魏京兆郡治所长安)职权甚重,为辖区最高长官,管辖长安等十一县,掌民政、司法、军事、财赋等,自辟僚属,秩二千石,官阶五品。

羊秘之子有二:长子羊祉,官至魏郡太守;次子羊繇,仕至车骑掾,为车骑将军府的僚属,官阶中下,早卒。《世说新语·赏誉》载:"羊长和(羊忱字长和)父繇与太傅祜同堂相善,仕至车骑掾,早卒。长和兄弟五人,幼孤。(羊)祜来哭(羊祜与羊繇是同祖父的堂兄弟),见长和哀容举止,宛若成人,乃叹曰'从兄不亡矣!'"(梁)刘孝标注引《羊氏谱》曰:"繇字堪甫,太山人。祖续,汉太尉,不拜。父秘,京兆太守。繇历车骑掾,娶乐国祯女,生五子:秉、洽、式、亮、悦(应作忱又作陶)也。"(羊亮事见后文《晋书·羊祜传》)《世说新语》这则故事记述了羊秘与西晋重臣羊祜的关系,又赞誉了羊秘之孙羊忱的德性。

第八节　羊门女杰辛宪英

——兼述夫羊耽、其子羊瑾

辛宪英,羊耽之妻,名门之后,大家闺秀,心系天下,胸怀社稷,深明大义。曾劝弟辛敞事主临危尽忠;教子羊琇军旅之事"不遗父母忧患",唯有"仁恕"。

一、世家之女

辛宪英(190—269),羊耽之妻,羊琇之母,羊祜之婶母。

羊耽,泰山平阳人,南阳太守羊续少子,其妻辛氏字宪英,三国魏侍中辛毗之女。辛毗先祖为陇西(今甘肃陇山以西)冠族,东汉建武年间(25—55)自陇西东迁至颍川阳翟(今河南禹州)。辛毗史称"三国时颍川阳翟人"(《中国历史大辞典》)。因宪英先祖居陇西,故《晋书·羊耽妻辛氏传》乃称宪英为"陇西人"。

辛宪英之父辛毗,字佐治,曹魏重臣。《三国志·魏书》有其本《传》。辛毗在三国魏太祖曹操时,任丞相长史。魏文帝曹丕即位升为侍中,赐关内侯。至魏明帝曹叡即位,进

辛宪英画像

封为颍乡侯,封邑三百户,后又出任卫尉。青龙二年(234),诸葛亮率众出渭南,先是大将军司马懿数请与其交战,明帝终不准。这一年恐怕不能制止司马懿,乃以辛毗为大将军军师,使持节。全军都恭敬地听从辛毗的约束,没有敢违纪。至诸葛亮去世,辛毗又回朝任卫尉,去世后,谥号肃侯。儿子辛敞承袭爵位,咸熙年间(264—265)任河内太守。辛毗坦荡正直,性情刚烈倔强,有时誉。辛毗的品德对女儿辛宪英影响至深。

辛宪英丈夫羊耽,曹魏朝任太常。太常一职在曹魏时俸禄二千石(中),位居九卿之首,多由列侯充任,三品大员,辖太史、太祝、太宰、太予乐令等及博士祭酒、陵庙园等官,此职位尊而职闲。羊耽能在曹魏朝廷任要职,与其岳父辛毗推举无不关系。辛毗曾对曹操提出过对其有益的建议,使曹操攻克邺城。曹操上表汉室任辛毗为议郎,俸禄虽六百石,但名义清高。很久以后,曹操曾派辛毗与曹休一起参谋军事,并将二人比作张良、陈平,任辛毗为丞相长史。魏文帝曹丕即位辛毗更得重用,故可举荐其女婿羊耽担任要职,这使泰山羊氏增光生辉。

二、才智超群

辛宪英聪颖睿智,朗心独见,具有较强的识别才能,生子羊琇,琇兄羊瑾;生女羊姬。

起初,曹操在立太子问题上犹豫良久不决,因曹丕为嫡长,曹植有才,辛毗支持曹操立嫡长。曹操立曹丕为太子,辛毗前去祝贺,曹丕激动地抱着宪英父亲辛毗的脖子说:"辛君知我喜不?"辛毗将此事告诉了女儿宪英,宪英叹曰:"太子是代君主宗庙社稷之人。代君不可以不忧虑,主国不可以不戒惧。太子应该为国忧虑反而喜悦,何以能久!魏国估计会能昌盛吗?"辛宪英似乎有预测未来之本领,果不出宪英所料,此后时隔三十二年,司马懿就发动政变,控制洛阳,司马氏遂专魏政,为司马氏代魏打下了牢固基础。

宪英的胞弟辛敞被大将军曹爽辟召为参军,为其僚属,掌参谋军务。嘉平元年

(249)，司马懿①趁曹爽与齐王曹芳出城去祭扫魏明帝高平陵(在洛阳城南)之机，以皇太后诏命关闭洛阳所有城门，并勒兵据守武库，出屯洛水浮桥，历数曹爽罪恶。司马氏由此策动政变，控制了洛阳。曹爽府掌参赞军务且管理府内事务的司马鲁芝听说司马懿发动了政变，要率府兵出城奔赴曹爽处告变，并招呼辛敞一同前往。辛敞欲去而又惧怕，问姐姐宪英说："现在，天子(齐王曹芳)在城外，太傅司马懿关闭城门，人们都说将不利于国家，这件事能这样吗？"宪英说："此事有不可预测的后果，然而以我揣度之，太傅司马懿大概不得不这样做，明帝(曹睿)临崩时，握着太傅的手臂，嘱以后事，此言尚且在朝官员都知道，而且曹爽和太傅都受寄托委以重任，而曹爽独专权势，于王室不忠，于人道不直，此举司马氏不过是要诛杀曹爽罢了。"辛敞说："然则事情能成功吗？"宪英说："此事没有不成功，就曹爽的才能不是司马懿的对手。"辛敞说："既然如此我无须再出城了？"宪英说："(你)怎么可以不出城！(为主人)忠于职守是人之大义啊。凡人在危难之机更需要他人的怜悯和救助，何况是你的上司呢？这好比你是为人持鞭驾车的，主人遇到危难而你弃职而去一样，没有比这更凶险的事了。你为他人所任用，就要为人承担责任，你的职责就是为人去死，况且你是亲昵之职更应如此，你应从快跟随大家一起出城。"于是，辛敞随司马鲁芝斩关夺门出城向曹爽告变。

司马懿事变始起时，大司农桓范劝曹爽以挟天子赴许昌，发四方之兵自卫。曹爽未从，说："我亦不失作富家翁。"告帝下诏免去自己的官职，奉帝还宫。司马懿果杀曹爽等党羽。自此，司马氏遂专魏权。此事平定之后，辛敞感叹地说："我若不求谋于姐姐，几乎背离了大义，落个不义之名。"事后，司马懿并未责怪辛敞向曹爽告变，反而以为："彼各为其主，乃义人也。"

至魏元帝(曹奂)景元三年(262)，曹魏朝晋王司马昭②想要大举讨伐蜀汉，朝臣们大都认为不可，唯独司隶校尉钟会赞成。于是司马昭任命钟会为镇西将军，都督关中。此时辛宪英对丈夫羊耽的侄子羊祜说："钟会(字士季)何故西出？"羊祜说："将去消灭蜀汉。"宪英说："钟会办事恣意放纵，这不是长久地处于臣下地位的做法，我害怕他有别的

----

① 司马懿：魏明帝曹睿死后，齐王曹芳年仅八岁继皇位，明帝遗诏司马懿与大将军曹爽辅佐齐王曹芳，官衔遂加侍中、假节钺、都督中外诸军事，录尚书事。因曹爽欲控制其权，改授太傅。至正始八年(247)，司马懿称病不问政事。曹爽与司马懿同受遗诏辅佐曹芳，然其欲专权，去司马氏兵柄。曹爽又以为宗室，任诸弟掌兵侍从，以何晏等为心腹，授重任，权倾朝野造成与司马氏有隙

② 司马昭：司马懿次子，其兄司马师死后继位大将军、加侍中、都督中外诸事，录尚书事，专国政。甘露三年(258)，封晋公，加九锡，进位相国。其子司马炎代魏，建立西晋，谥文帝。

志向。"到钟会将要西征,请求让宪英的儿子时任郎中的羊琇为参军。宪英顾虑地说:"他日我为国家担忧,今日大难降临到了我们家。"羊琇请求晋公(司马昭)不担任参军,但晋公不同意。宪英对儿子羊琇说:"你去吧,但要警惕小心!古代的君子在家则致孝于父母双亲,在外则致节操于国家;在你的职位上就要思虑你主管的事情,在道义上要考虑树立名声,不要因为父母而造成忧患。军旅之间可以救济(帮助)的,唯有仁爱宽恕。"

景元四年(263),钟会和邓艾率十万之众出汉中伐蜀。钟会攻蜀将姜维不克,欲退,而邓艾至阴平(今甘肃文县)经山路到江油(今四川平武县东南),破蜀军抵成都,迫蜀后主刘禅降,蜀汉亡,姜维降钟会。景元五年(264),钟会以邓艾专权,密告其谋反。朝廷下诏书用槛车征邓艾,邓艾为监军卫瓘所杀。钟会则独揽大权,与降将姜维谋反,召集众将,诈称太后遗诏,起兵反司马昭。在军乱中,诸将杀钟会与姜维(《三国志·魏书·钟会传》)。而辛宪英的儿子羊琇竟然安全地返回。此后诏命羊琇曾经劝谏钟会不要反叛,赐爵关内侯。钟会之事被有先见之明的辛宪英所预料,充分展现出辛宪英的敏睿、聪颖及洞察时局的能力。辛宪英"仁爱宽恕"之高贵品德泽被后昆,也为羊氏家族及世人树立了榜样。

羊祜曾赠送婶母宪英锦被,宪英嫌其华丽,将锦被翻过来使用。宪英如此俭约,可以明鉴。

三、后世的缅怀

辛宪英身为名门之后,大家闺秀,自幼受教父辈,必读圣贤之书,通晓经史,故而聪睿超群,才智出众,教子有方。不仅对泰山羊氏的崛起做出不凡贡献,对后世子孙做出表率,影响至深。而且心系天下,胸怀社稷,事事深明大义,关键时刻方能洞察时局,实乃魏晋女中豪杰。明代谢肇淛《五杂俎》卷八载:"才智之妇,史不绝书,至于辛宪英者,度魏祚之长,知曹爽之必败,算无遗策,言必依正,当是列女中第一流人物也。"清初曾评论罗贯中《三国演义》的毛宗岗十分亲切的对辛宪英赞道:"好姐姐,我亦愿为之弟也。"《晋书》及清《新泰县志》都为其立传。清末女诗人严永华过羊流驿,缅怀辛宪英之迹,曾赋诗《羊流驿》赞叹之:

> 堕泪碑前百感生,泰山姓族旧知名。
> 行人但指羊流驿,岂识当时有宪英。

《三国演义》作者罗贯中在其小说《三国演义》中成功塑造了辛宪英栩栩如生的艺术形象,并在《三国演义》第107回中有诗赞颂辛宪英:

为臣食禄当思报，事主临危合尽忠。

辛氏宪英曾劝弟，故令千载颂高风。

辛宪英是智者、贤者、仁者。孔子曰"仁者寿"（《论语·雍也》），宪英逝于泰始五年（269），享年七十有九。宪英有一女名姬，嫁夏侯庄为妻，生夏侯湛。夏侯湛为其外祖母辛宪英作传，载《三国志·魏书·辛毗传》裴松之注引《世说》。

【评析】羊瑾墓碑显于河南首阳山

羊耽和辛宪英育有二子：长子羊瑾，次子羊琇。

羊瑾，生卒年不详，官至尚书右仆射（《晋书·羊琇传》）。尚书仆射一职在汉献帝建安四年（199）分为左、右尚书仆射，以左为上，职责在曹魏朝是辅助尚书令执行政务，参议大政，谏净得失，监察纠弹百官，可封还诏旨，常受命主管官吏的选举等。羊瑾任职时间不得而知。因其父羊耽其弟羊琇职权较重，加外祖父辛毗之影响，得尚书右仆射一职应与他们的权势密不可分，任职期间约在曹魏中后期。

地不爱宝，1990年河南偃师市首阳山镇沟口头村出土一方墓碑，高92厘米，宽38厘米，厚16厘米，两面有字，碑正面题："口口口将军特进高阳元侯羊府君之碑。"可识碑文有："立朝忠正，二子玄之，同之"等。《晋书·羊玄之传》载："羊玄之，惠皇后父，尚书右仆射瑾之子也。"由此可知"羊府君"就是羊瑾，羊琇之兄，惠皇后羊献容之祖父，均与正史吻合。羊瑾墓碑碑阴录有羊瑾故吏一百四十余人，彰显了羊门在朝的显赫地位和故吏满朝不可一世（参见周郢《泰山羊公碑尚在》载《名山古城》，五洲传播出版社，2015年版）。羊瑾墓碑在首阳山一带出土，证明泰山羊氏自晋以来在此一带即有墓地。自羊祜之后，泰山羊氏在朝为官者或部分羊氏后人有可能多葬于此。

第九节 教子有方的羊衜夫妇

——兼述孔氏、蔡氏

羊衜（？—232），泰山平阳人，为南阳太守羊续次子。羊衜先娶东汉鲁国人北海相孔融之女生子羊发；续娶东汉陈留（今河南开封市东南陈留镇）人、学者、左中郎将蔡邕之女。蔡氏女可谓名家闺秀，知书明礼，生子羊承。当时羊发、羊承都有危重疾病，蔡氏女揣测二子不能两存，专门医治羊发的病疾，于是发存而承夭亡。她的这种大仁、大义、大举，甚是感人，后世称颂不绝。此后生女羊徽瑜，生少子羊祜。

羊衜入仕应在东汉末年至曹魏时期，但具体时间不详，曾任上党（今山西上党）太守，秩二千石。虽一方行政长官，但因英年早逝，史籍中未见其赫赫政绩。羊衜与夫人蔡氏女①因受父辈的影响，十分重视对子女的家庭教育和培养。其女羊徽瑜自幼受到严格的家教，"聪敏有才行"，年方二十（即魏青龙二年，234年），三国魏权臣司马师妻夏侯氏死后纳其为妻。两人同席共枕二十余载。司马师之侄司马炎代魏称帝，尊西晋开国元勋司马师为景皇帝，尊羊徽瑜为弘训太后，史称景献羊皇后。泰始九年（273）追赠羊皇后之母蔡氏济阳县君，谥曰穆（《晋书·后妃·列传上·景献羊皇后传》），成为羊氏之荣耀。清《新泰县志·人物志》列羊徽瑜入贤媛；民国《重修泰安县志人物》列《贤淑》。

羊衜与蔡氏女生少子羊祜，后为西晋开国重臣，官爵显要。羊祜不仅有军事天才，而且品德节操高洁，文韬武略堪称世表，与其早年所受严格家教和父母对其精心培育是分不开的。羊祜所作《诫子书》中深情回忆了年少所受家教说："吾少受先君之教，能言之年，便召以典文；年九岁，便诲以《诗》《书》。"祜"及长，博学能文""善谈论"，时有"今日之颜子"之美称（《晋书·羊祜传》）。羊祜外祖父蔡邕为东汉著名学者，因故曾"往来依于泰山羊氏"，必教羊氏子弟孔圣儒学，研习古文经典。他的到来，不仅充实了羊氏家学，而且对造就羊祜入仕后重教兴文以及自身所表现出的忠贞、清廉、谦逊、尚俭等高贵德行大有裨益，教子有方的羊衜夫妇，也功不可没，终使其子羊祜成一代大贤。

【评析】

一、孔氏女亡故原因之窥见

至于羊衜前妻孔融之女为何亡故，史虽不载，但与其父孔融和曹操积怨，遭曹操诛杀有关之观点应无大谬。孔融（153—208）即四岁知让梨者，孔子二十世孙。东汉末年曾任北海相，表显儒术，参与过镇压黄巾农民军；至汉献帝都许昌时，征为将作大匠。但曹操专权，尚书令杨彪对曹不满，曹诬以重罪，奏收下狱。孔融闻之，急替杨彪辩护，责曹横杀无辜，不得已释放杨彪。不久，孔融迁任少府。他不复肉刑的主张深得人心，终于力排众议，未能恢复肉刑，可谓一大功德。后又嘲笑曹操征伐乌桓。当时饥荒战乱，民不聊生，军队甚缺粮食，曹操表奏酒禁，孔融作书极力抗争，多有悔慢之辞。加之上表王畿千里之内不得封建诸侯，引起曹操不悦。又因孔融名重天下，是建安七子之一，继承了汉末士大夫清议之风。看到曹操挟天子以令诸侯，破坏纲纪，便以士大夫的社会责任感挺身而出，批评曹操"倒行逆施"。曹操只得外示容忍，内则十分忌恨。孔融与郗虑有隙，互相在朝堂攻击，曹操以书为二人和解，假意相劝。不久，孔融改任一闲散官职太中大夫。他性格宽容，好结交学士，推荐贤者，每日宾客迎门，得天下英彦贤士的信服。

---

① 羊衜与夫人蔡氏女：羊衜卒于魏明帝太和六年（232），该年羊祜十二岁。蔡氏女：有学者认为是蔡贞姬，有学者对此存疑。

曹操对孔融忌恨日深,决定除掉,以永绝后患。而郗虑复构成其罪,遂令丞相军谋祭酒路粹诬告。书奏,将孔融下狱弃市,时年五十六岁。建安十三年,全家妻儿老小皆遭诛杀,就连七岁幼女、九岁幼儿也没放过。孔融虽有刚肠豪气,疾恶乐善,耿介不挠,也无法摆脱"大逆不道,宜极重诛"的下场(《后汉书·孔融传》)。羊衜前妻孔融之女无疑也被牵连遭诛,这对羊衜及其家族是次深沉地打击。先前泰山羊氏三兄弟羊秘、羊衜、羊耽都在东汉朝为官,孔融遭诛,使正在崛起的泰山羊氏与曹氏产生了一层不薄的隔膜,政治上使泰山羊氏遭受不小的冲击,不与曹魏朝真诚合作的原因昭然若揭。

二、扑朔迷离的蔡氏女

羊徽瑜、羊祜姐弟俩的生母之名讳正史不载,只言为蔡邕之女。《晋书·后妃列传上·景献羊皇后传》谓(羊徽瑜)"父衜,上党太守,后母陈留蔡氏,汉左中郎将(蔡)邕之女也。……泰始九年,追赠蔡氏济阳县君,谥曰穆。"《晋书·羊祜列传》:"羊祜字叔子……蔡邕外孙,景献皇后同产弟。……祜前母孔融女,生兄发,……初发与祜同母兄承俱得病,祜母度不能两存,乃志以养发,故得济,而承竟死。"以上两《传》皆未言蔡氏女之名讳,只言蔡邕女是羊徽瑜、羊祜之生母。

清代《山东通志·列女志》新泰县晋蔡氏条载:"(蔡氏)名贞姬,汉中郎将蔡邕女,上党太守羊衜妻。"又,明代天启《新泰县志》增补版《侨寓·汉·蔡邕》载"……乃亡命依于泰山羊氏十二年。时女贞姬适上党太守羊衜故也";同书《帝后(淑媛)·晋》:"景献皇后羊氏,讳徽瑜,父衜母贞姬,祜之姊,汉左中郎将蔡邕之女甥也。""蔡贞姬,邕女,为羊衜夫人。……孔(融女)寻卒,继娶蔡夫人,生子承……后生女为景献皇后,子祜封钜平侯。"清康熙版《新泰县志》所记与明天启《志》同。民国《重修泰安县志·人物志》亦称"(晋)上党太守羊衜妻蔡夫人名贞姬汉中郎将邕女。"

以上方志所载羊衜的第二任夫人是蔡邕的又一个女儿蔡贞姬,是羊徽瑜和羊祜的生母。有学者据《后汉书·列女·蔡琰》以为"文姬"为蔡琰之字,"贞姬"是蔡邕又一女儿之字,按当时取名,用字的惯例,"贞姬"本名应叫蔡琬(见赵兴彬《羊祜的母亲叫蔡琬》载《泰安文史》2015年第2期),与蔡琰是姊妹关系。当然,这是一家之言,且为推断,难为信史。持蔡贞姬为羊祜生母者,早在明代人周婴的《卮林》,清代人徐文清的《管城硕记》均有考证,且影响较大。

有的学者对此持不同意见,认为蔡邕只有一个女儿。理由是据《汉书·列女传》蔡邕之女,名琰,字文姬(唐李贤注:"《列女后传》,琰字昭姬也。"),文姬归汉后,嫁于陈留屯田都尉董祀,不久,文姬婚姻再次告破。大约在建安十八年(213),文姬再嫁羊衜,这可能是因为此前蔡、羊两家为世交,两人早就相识,又可能出于曹操的恩惠(因杀了孔氏女),为羊衜撮合了蔡氏女,尔后生女羊徽瑜。可巧,史载徽瑜生于建安十八年,即公元213

年，又八年，生羊祜。持此观点者，为此设计以上过程，也是"推断"。虽无半点依据，又勉强找到了一些理由：如羊祜因为未将赐爵留于其嗣子羊篇，也未赐予兄子羊伦、羊暨，而是请赐予蔡邕族人蔡袭，故而得罪本宗，显示对其母亲的感念。持祜母为蔡文姬者，理由并非充分，也只是"对大体过程的推测"。

蔡邕女名琰，字文姬，因才华横溢，又妙于音律，邕与曹操友善，故而有《传》。蔡邕是否还有女儿，有几个女儿，史无明载，但方志有载，有女贞姬，嫁于羊衜为妻，可谓信史。羊祜生母为蔡氏女贞姬，蔡邕是祜外祖父更是信史，足矣。方志应为信史，而推断非信史，不可取。

第十节　流寓名士——旷世才子蔡邕

汉末经学家、旷世奇才陈留人蔡邕，大约在东汉灵帝熹平末年至中平末年，因受宦官迫害，自出狱后亡命江湖，其中流寓新泰，依泰山羊氏达十二年之久。他的到来对泰山羊氏家学影响至深，同时也影响着泰山一带。

蔡邕（133—192）字伯喈，东汉陈留（今河南杞县西南）人。好辞章、数术、天文，善音律，工琴艺。灵帝时辟司徒桥玄府。后任郎中，校书东观（皇家藏书之所），迁议郎。熹平四年（175）奉命与五官中郎将堂溪典、光禄大夫杨赐等勘正六经文字。灵帝允许后，邕自书丹于碑，使工镌刻，立于太学门外，世称"熹平石经"。于是后儒晚学，都取此经为正。从该碑始立，其观视及摹写者，车乘每日千余辆，填塞街陌。

蔡邕画像

初，大鸿胪刘郃与蔡邕平素即互不服气。蔡邕的叔父卫尉蔡质与将作大匠阳（杨）球有隙。阳球即中常侍程璜的女婿。程璜派人紧急上报奏章，言蔡邕和他叔父以私事请托刘郃，刘郃不听，邕含怨恨，对刘郃中伤。于是诏下尚书，召邕进行责问。邕上书进行陈述，不听。于是邕及叔父下洛阳狱，其罪乃仇怨奉公，议害大臣，大不敬，弃市。中常侍吕强怜悯蔡邕，认为邕无罪，请帝宽恕，帝亦更思吕强的奏章，故诏减死一等，与家属一并剃去头发，铁圈束颈迁徙至朔方（在今内蒙古杭锦旗北什拉召一带），不得以赦令除。阳球用刺客想在路上追杀蔡邕，但刺客为蔡邕之义所感动，皆莫动手。阳球又贿赂其部主施加毒害，所赂者反以其情告诉了蔡邕。邕两次受害都得免，后居五原安阳县。

蔡邕以前在东观与卢植、韩说等撰补《后汉记》，因遭陷害流离，不及得成。因上书自陈，帝嘉其才高，遇明年大赦，赦免邕还本郡。邕将还路，五原太守王智为其钱行。酒酣，王智起身劝说邕，邕不听劝。王智指责邕说："徒敢轻我。"邕拂衣而去。王智是中常侍王甫之弟,素贵且骄。邕不听其劝而怀恨在心,密告邕怨于囚放,谤讪朝廷。宦官恶之,邕考虑最终不会轻易被放过,从此亡命江湖,远迹会稽一带,往来依泰山羊氏达十二年,后去吴地,这就是蔡邕流寓泰山平阳,依泰山羊氏之因。

蔡邕为何要"往来依泰山羊氏"呢? 在《后汉书·蔡邕列传》中透出的信息应与羊陟有关。蔡邕被人诬告,其自辩中说:"及营护故河南尹羊陟、侍御史胡母班,(刘)郃不为用致怨之状。……窃自寻案,实属(张)宛、(李)奇,不及陟、班……与陟姻家,岂敢申助私党?"又,(唐)李贤在邕《传》注引《邕集》其奏曰:"……太(泰)山党魁羊陟与邕季父卫尉(蔡)质(字子文)对门九族。"其意是说羊、蔡两家门当户对,世代联姻。又,蔡邕有《徙朔方报羊陟书》(载严可均《全上古三代秦汉三国六朝文》,中华书局,1965 年版)说明他与羊陟关系并非一般,不然何必单独写《书》。由上可知,羊陟与蔡邕之季父蔡质、羊陟与蔡邕之间关系密切,羊、蔡两大家族世代友好,且经常往来。蔡邕依泰山羊氏乃应是首选。蔡邕依泰山羊氏,在《三国志·魏书·董卓传》裴松之注引张璠《汉纪》也有载:"蔡邕以言事见徙,名闻天下,义动志士。及还,内宠恶之。邕恐,乃亡命海滨,往来依泰山羊氏,积十年。"

蔡邕流寓于鲁,依附羊氏,遂将女儿嫁羊续之子羊衜,羊、蔡两家亲上加亲,以至对后世影响至深。这从羊祜对蔡氏的感恩之情得到证实。《晋书·羊祜传》载:"祜当讨吴贼功将进爵士,乞以赐舅子蔡袭。诏封袭关内侯,邑三百户。"羊祜这一表现充分显示出对母家的恩遇。

蔡邕往来泰山期间,在泰山平阳周边,留有一些至今仍在传唱的故实。据周郢《汉代泰山》下编光和二年(179)载,抒写对父母的思念之情的古琴曲《梁山操》,蔡邕采录于泰山一带。蔡邕所撰《琴操》中,多采录泰山土风。如云:"《梁山操》者,曾子之所作也……尝耕泰山之下,遭天霖泽,雨雪寒冻,旬月不得归,思其父母,乃作忧思之歌。"《梁山操》乃其十二操之一。再如,往来泰山期间,蔡邕曾尝隐于蒙山。据临沂市史志办编《蒙山志》(齐鲁书社,1999 年版):蒙山附近有蔡伯喈洞及蔡邕墓①遗迹。笔者愚见:按常理,古人死后会葬于故里,不会葬于他处。蔡邕虽无嗣,但有族人。按史载,初平三年,邕死于长安狱中,死后葬何处,不见史载,若族人将其回葬故里,应葬在故里陈留,不会葬在蒙山附近。以上之说或是泰山羊氏念与其旧情,在"南城占籍"(清阎若璩《潜邱札记》有"占籍南城"语)附近为其修的坟冢。上文所指蔡邕墓遗迹与"南城占籍"相合。

按《蔡邕列传》,他"亡命江海",曾"远迹吴、会"。吴人有烧桐以爨者,邕闻火烈之声,知其良木,因请而裁为琴,果有美声,而其尾犹焦,故时人名曰:"焦尾琴焉。"傅玄《琴

---

① 蔡邕墓:清·朱经《吊蔡邕墓》注云:"墓在费县西北杨谢庄道侧。"

赋·序》称其"焦尾"与齐桓公之"号钟"琴,楚庄王"绕梁"琴,司马相如之"绿绮"琴,皆名器也。周郢《汉代泰山》载:(光和二年)四月,蔡邕得良桐于泰山,制为琴,名"焦尾"。《太平御览》卷九五六引《后汉书》曰"蔡邕行泰山,见爨桐,闻爆声,曰:'杆良木也!'取而为琴。"笔见以为,这则史料所指泰山,当是泰安市北之泰山,并非他处。按《蔡邕列传》蔡邕制"焦尾"琴是在吴地,并非泰山,《太平御览》所引有附会之疑,但可提供一说,实为珍贵。或说在泰山所制之琴非"焦尾",则是另一琴。

蔡邕流寓泰山所流传的上述故实,不仅证实泰山羊氏与蔡氏家族关系密切,更对研究蔡邕生平、蔡邕对泰山及泰山羊氏之影响有重要参考和借鉴意义。

中平六年(189),汉灵帝崩,董卓为司空,闻邕名高,召辟之,邕称不就,董卓大怒,不得已,成为祭酒。董卓对其十分敬重,三日之内,连换三个官职,终为侍中。初平元年(190)邕拜为左中郎将,汉献帝迁都长安,封高阳乡侯。至董卓被杀,司徒王允勃然呵斥邕。斥邕应宜同忿国之大贼,其而怀其私遇,以忘大节,岂不共为逆哉?遂即收付廷尉治罪。邕陈辞谢,乞黥首刖足,继成汉史。太尉马日磾及众士人为其求请,以为邕是旷世逸才,多识汉事,当续成后史,为一代大典,不许,蔡邕遂死狱中。王允后悔,欲止而不及。邕时年六十一岁(一说六十岁),该年为初平三年(192)。蔡邕死后,诸儒搢绅莫不流涕,北海(即山东诸城一带)郑玄闻弟子冤死而叹之曰:"汉世之事,谁与正之!",兖州、陈留闻之皆画像而颂。

蔡邕主要活跃于汉桓帝、灵帝时,著有《蔡中郎集》,已佚,后人有辑本。因他学识渊博,与当世的大儒文士交往颇深,与朝中官吏也交游甚广。他对汉末士风影响深远。蔡邕的文赋在当时享有盛誉,其碑铭尤为著名;其琴乐造诣甚高。其女蔡琰继承家学。因黄巾之乱,蔡琰被南匈奴掳去十二年,曹操用金璧赎回归汉。当她离南匈奴时,爱国与爱子之情交织于心灵,仍作《悲愤诗》。此即改编为《胡笳十八拍》的歌词。蔡邕还是书画大家、书法名家,由他书写的《熹平石经》吸引士人"车乘日千余辆,填满街陌""观视及摹写",方见其书法在当时的地位。

蔡邕何以得书写经文呢?蔡邕是当时著名经学家,但汉代儒家典籍因承师不同,经文歧异,为保存儒家经典,又解决歧异,东汉灵帝熹平四年,朝廷命蔡邕等人把经过官方审定的《周易》《尚书》《鲁诗》《仪礼》《春秋》《公羊传》《论语》,用隶体朱书刊在四十六块石碑上,每块石碑高一丈,宽四尺,以作读书人的标准教材。这就是东汉著名经学家蔡邕书写的"熹平石经"。这一石经又称作"汉石经",因其全部用隶书一种书体刻成,故又称作"一体石经"。这一石经集汉代隶书之大成,被奉为典范,历时九年才完成(熹平四年—光和六年),它是中国历史上刊刻最早的石经。令人遗憾的是,从三国时起,"熹平石经"历经无数次浩劫,几乎毁失殆尽,宋以后有残石出土,近人马衡编《汉石经集存》,仅存八千余字。"熹平石经"的刊刻是蔡邕一生的一大功绩,《隋书·经籍志》称:"后汉镌刻七经,著于石碑,皆蔡邕所书。"

蔡邕对史学颇有研究,特熟悉东汉史,他为什么在董卓被杀后,请求司徒王允让他黥首刖足,继成汉史呢?为何太尉马日磾也为他求情呢?他以为这样可以与马日磾完成他们的未竟事业。他和马日磾所写汉史,是指《东观汉记》,这部书是东汉官方撰修的,是起自光武帝、止于灵帝的一部纪传体东汉史。明帝时命班固等人共撰二十八篇,为本书初创。安帝、桓帝时又命人续撰,连前计一百四十二篇。至灵帝命马日磾、蔡邕等续补纪、传、志多篇。但因董卓之乱,全书未能最后完成。图籍藏于南宫之东观,这里是皇家藏书之所,并在此修史,故名《东观汉纪》。这部书属官史性质,所辑虽简略,但仍是范晔撰写《后汉书》的主要依据,并犹可补《后汉书》不足处。蔡邕多识汉事,又是"旷世逸才",为史学亦有较大贡献,是其另一功绩。蔡邕一生著作宏富,他女儿文姬曰:"昔亡父赐书四千许卷,流离涂炭,罔有存者。"后文姬忆写四百余篇,文无遗漏(后汉书·列女传·董祀妻传)。邕所著诗、赋、碑、铭、诔、赞、箴、论议、《独断》《劝学》《释海》《叙乐》《女训》《篆艺》、祝文、章表、书记,凡百四篇,传于世。

蔡邕所处东汉末季,皇权屡弱,外戚宦官交替擅权,政治腐朽黑暗。先是"清议",又接"党锢",加之自然灾害频发,社会动乱。在这种社会背景下,至董卓之乱,蔡邕虽有些无奈,但终依附了董卓,并获董卓之恩,怀其私遇,以忘大节,共为逆,死于狱。一代名士就此终了一生,落得个"名浇身毁",真可谓有始而未慎终。蔡邕是东汉经学大家郑玄的学生。当时董卓欲聘郑玄为相,郑玄以为当时政治昏暗,没有应聘,而专心治学。蔡邕则顶不住董卓的压力,成了董卓的幕僚,岂不知上贼船容易,下贼船难,死后反被世人讥笑,方见蔡邕的政治头脑不如其师郑玄。

蔡邕流落泰山羊氏十二年,因其在文化、艺术、经学等方面的独特才能和身份,对泰山羊氏家族及其后世子孙之影响不言而喻,同时也影响着泰山平阳及泰山一带,这大概就是文化名人的名人效应。

主要参考书目:《后汉书》卷六十下《蔡邕列传》。

第三章　鼎盛中窥见衰微

随着司马氏代魏的进程,泰山羊氏不失时机与司马氏结为联盟。先是羊徽瑜与司马师结秦晋之好,泰山羊氏开始步入兴盛。紧接羊祜拜司马昭的相国府,成为司马昭心腹,晋武帝司马炎受禅掌机密,羊祜有"佐命之勋";再到坐镇南夏,起"平吴之策",恩信布德,百万归来,国家统一,羊祜立下汗马之功,官高爵显,恩宠有加。羊祜从弟羊琇与晋武帝有通门之好,司马氏代魏,典禁兵,豫机密,宠遇甚重。泰山羊氏一时日渐升涨,成簪缨冠族,声望贯天下,影响数百年。上述内容将在本章予以介绍外,辛宪英之女、诗书横溢的夏侯庄之妻羊姬,以及任城太守、夫人孙氏及《孙夫人碑》的相关内容,也在本章一一介绍。随着历史的进程,景献皇后羊徽瑜卒后,羊祜、羊琇相继亡故,泰山羊氏虽有在朝为官者,但势力大不如前,式微日渐明显。

第一节　景献皇后羊徽瑜

羊徽瑜(213—278),南阳太守羊续的孙女,羊祜的胞姐,其父为上党太守羊衜,其母为陈留(今河南开封市东南陈留镇)蔡氏女。外祖父为东汉著名学者、左中郎将蔡邕,邕曾长期依于泰山羊氏,对羊氏家学影响至深。

羊徽瑜自幼受到良好的家庭教育和文化熏陶,"聪敏有才行"。魏青龙二年(234),权臣司马师妻夏侯徽(史称景怀皇后)死后,司马师再娶镇北将军濮阳吴质之女,见面即废。再纳羊徽瑜为妻,此时羊徽瑜年方二十左右,司马师约二十五岁。至正元二年(255)司马师死于许昌。羊徽瑜大约与其共同生活二十或二十一年,一生无子。由于羊徽瑜才德兼备,贤淑聪颖,深受司马氏家族的敬重,可谓"肃尊仪而修四德,体柔范而弘六义"(语出《晋书·后妃传上》)。

司马师(209—255)三国时河内温县(今河南温县西)人,字子元,司马懿长子,魏景初(237—239)中,拜散骑常侍,累迁中护军。司马懿将要杀曹爽时,独与之谋,事平,封长平乡侯,寻加卫将军。司马懿死后,以抚军大将军辅政曹室。嘉平四年(252),迁大将军,加侍中、持节、都督中外诸军、录尚书事。次年,吴攻淮南,使文钦等击破吴。六年(254)魏帝齐王曹芳与中书令李丰等谋以夏侯玄辅政,因而杀丰及玄。又密用委婉之词进谏太后废曹芳,欲立彭城王曹据,太后不从,乃立东海定王之子高贵乡公曹髦。正元二年(255)统兵十万赴淮南镇压叛军镇东将军毌丘俭和扬州刺史文钦。这对司马氏代曹魏,稳定时局关系重大,立有大功。然,军还至许昌病逝,享年四十八岁。司马炎代魏称帝,谥景皇帝。

至于司马师前妻夏侯徽之死,原因十分清楚。据《晋书·后妃传上·景怀夏侯皇后传》,夏侯徽,字媛容,沛国谯(今安徽亳州)人。其父是曹魏征南大将军夏侯尚,其母曹氏,魏德阳乡主。夏侯氏女气度高尚,司马师每有所为,必参与筹划。她深知司马师不是曹魏的纯一不贰、忠心事主之臣,而自己是魏氏的外甥女。司马师遂对其深深地忌恨。青龙二年(234),司马师用鸩将夏侯徽毒死,时年24岁。她与司马师无男,生五女,死后葬峻平陵。司马炎代魏称晋帝之初,一直未对夏侯氏追崇尊号,可谓是个司马氏篡魏中的可怜虫、牺牲品。对于夏侯氏,羊徽瑜却持另类态度,"每以为言"。到泰始二年(266),晋武帝司马炎听取了已是弘训太后羊徽瑜的进言,追加夏侯徽的谥号为"景怀夏侯皇后"。通过这件事方显羊徽瑜宽宏的气度和淑懿仁德。

魏咸熙二年,即西晋泰始元年(265),魏亡。司马炎受禅,称晋武帝,追尊晋开国元勋司马师为景帝,羊徽瑜尊为弘训太后,居弘训宫。自此泰山羊氏跻身外戚之宠,显贵一时,家族势力更盛一筹,确立了泰山羊氏的卓然地位。泰始九年(273),追赠羊徽瑜母亲蔡氏女为济阳县君(封号),谥号穆。咸宁四年(278)羊徽瑜病逝,享年六十五岁,与司马师合葬于竣平陵,史称景献羊皇后。晋武帝接受了时任太尉、行太子太保贾充的意见,由司马师之嗣子齐王司马攸为景献羊皇后服丧三年。《晋书》为其立传,列后妃。清《新泰县志》尊为贤后,亦有《传》。

【评析】羊氏与司马氏联姻,使泰山羊氏如日中天

曹魏政权到魏明帝曹叡时期达到全盛。明帝死后,曹魏宗室大将军曹爽和太尉司马懿辅明帝养子齐王曹芳。八岁的曹芳即位后,曹爽加侍中,欲专权,请帝让司马懿转太傅,去其兵权。曹爽虽授以重任,权倾朝野,但剥夺了司马懿的实权。司马懿不露声色,以生病为由在家闭门不出,暗地里却做着铲除曹爽势力的准备,故而在嘉平元年(249)发动了高平陵之变。司马懿诛杀曹爽兄弟及其同党以后,魏帝曹芳变成了他手中的傀儡,完全掌握了曹魏大权。高平陵之变是司马氏代魏的关键事件。

扬州刺史文钦是曹爽的同乡,曹爽被杀后,因夸大俘虏数和杀伤人数,以获更多赏赐,经常受到司马懿长子、卫将军司马师的压制,因此心怀怨恨。镇东将军毌丘俭与太常夏侯玄、中书令李丰友好,夏侯玄被杀后心不安,设法厚待文钦。至魏高贵乡公正元二年(255)正月,文钦、毌丘俭在淮南反叛。其因是曹氏集团的首领夏侯玄、重要成员李丰等串同魏帝曹芳,密谋废黜司马师,由夏侯玄执政,结果事机泄漏,都被司马师杀掉。该事文钦、毌丘俭虽未参与,但内心既怀愤恨,又感不安,怕司马师、司马昭兄弟除掉他们,于是他们先发动淮南叛变。叛变失败后,由同党诸葛诞继续任征东大将军,镇守淮南,不

久，又趁手握重兵之机，再次叛乱，也以失败告终。

司马氏政权的奠基人司马懿，出身士族官僚之家，祖宗三代都是高官，司马懿兄弟八人号称"八达"。世代高官、儒学传家，其门第正是东汉以来世家大族的典型。高平陵事件的鲜血，洗刷掉了曹魏政权庶族寒门代表的成分，掌握朝政的司马氏家族，成为世家大族的代表，得到世家大族政治上的支持。司马懿本人是三国时期一位善于谋略和善用政治权术的政治家、军事家。他历仕曹操、曹丕、曹叡、齐王曹芳四朝。曹爽被杀后，军政大权尽归司马氏。司马懿死后，其长子司马师及其次子司马昭继承了权位，以大将军录尚书事控制军政大权。司马师、司马昭二兄弟精明强悍，善弄权术，一方面用高官厚禄笼络有权势的士族官僚和统兵将帅，给以政治、经济特权，为己所用；另方面，针对曹氏政权的腐朽统治，下令减免赋税徭役和苛刻的刑法，以收揽人心，这些措施使政局稳定，朝野肃然。

司马师在一网打尽李丰、夏侯玄后，废黜曹芳，立曹髦（曹丕的孙子）为帝。不久又亲率大军平定文钦、毌丘俭在淮南发动的叛乱，回师途中病危。他病死后，其弟司马昭专权，取代曹魏之心已是路人皆知。

泰山羊氏之女羊徽瑜能嫁精明强悍的司马师，无疑是泰山羊氏的明智之举，为其家族增添不少荣耀，也为壮大泰山羊氏家族的势力起了决定性作用。其中之奥妙不能排除曹操杀孔融妻、子，包括羊衜之前妻，使羊、曹两家罩上了不言而喻的阴影。由于羊氏与司马氏之联姻关系，其后羊祜在司马氏代魏过程中立有功勋也在情理之中。

司马师续羊徽瑜为妻之时（234）徽瑜之胞弟羊祜年约十二三岁。此时正由魏明帝执政，曹魏政权正处盛时，然徽瑜之父羊衜已仙逝约三年。至司马师专权，泰山羊氏家族如日中天，家势日涨，名望日高。羊徽瑜婚嫁司马师不仅架起了羊氏与司马氏相勾通的桥梁，无形中也成为联络两家情感的纽带，为羊祜日后功成名就开辟了道路，也为泰山羊氏子弟倍受恩宠，在两晋时期大显身手施展才华，奠定了坚实基础。

第二节 才女羊姬

羊姬，羊耽之女，夏侯庄妻，饱读诗书，通晓礼乐，抚训子女有方，是泰山羊氏少有的才女。

泰山羊氏家族与魏晋谯国（今安徽亳州市）夏侯氏姻媾关系有二：一是夏侯霸之女夏侯姬嫁于羊祜为妻。《晋书·羊祜传》："郡将夏侯威（见羊祜）异之，以兄霸之子妻之。"故夏侯霸成了羊祜的岳父。夏侯霸、夏侯威都是夏侯渊之子。夏侯渊与曹操是同乡。起初两家关系密切，又有姻媾关系。夏侯渊被蜀所害后，霸有报仇之意，但等到司马（宣王）懿诛曹爽，遂召霸从子征西将军夏侯玄，玄来东以为祸必转相及，心恐。霸本与雍州刺史郭淮不和，郭淮又代夏侯玄征西，霸尤不安。故遂奔蜀、降蜀（见《三国志·魏书·夏侯渊传》注①引《魏略》)。中书令李丰等人不满司马师专权,密谋以夏侯玄代替他,事败,夏侯玄同李丰等人被司马氏所害,这才使夏侯氏一族带来灾难。而羊祜并未因此而与夏侯氏疏远,故有"夏侯霸之降蜀也,姻亲多告绝,祜独安其室,恩礼有加焉"(《晋书·羊祜传》)之赞誉,方见羊祜之仁德。

其二,羊耽之女羊祜堂秭羊姬嫁于夏侯庄,使羊氏与夏侯氏更加亲近友好,这为泰山羊氏在东晋朝的发展奠定了基础。夏侯庄是羊祜叔岳丈夏侯威之子。夏侯威字委权,善见义勇为,扶助弱小,先任泰山郡将,后历荆、兖二州刺史。长子夏侯骏,任并州刺史。夏侯庄为其次子。

羊姬,南阳太守羊续三子羊耽之女,其母为陇西辛毗之女辛宪英。羊姬自幼受家庭熏陶和父母之教,深谙经学,及长嫁于夏侯庄。夏侯庄字仲容,为夏侯威次子,官淮南太守,爵为清明亭侯。既成晋景献羊皇后羊徽瑜的堂姊夫,由此一门侈盛于时(《三国志·魏书·夏侯渊传》裴松之注引《世语》)。

羊姬与夏侯庄生七子、五妹,其中长子夏侯湛字孝若。湛自幼有盛才,文章宏富,善构新词,少为太尉掾,泰始中,举贤良,对策中第,拜郎中,累年不调遣,作辞自解。后选补太子舍人,转尚书郎,出为野王县令,再除中书侍郎,出补南阳相。晋惠帝即位,官至散骑常侍。夏侯湛是西晋著名文学家,著论三十余篇,别为一家之言。曾为其外祖母辛宪英作传(见《三国志·魏书·辛毗传》裴松之注引《世语》)。因其兄弟七人,其又为长子,曾作《昆弟诰》以互相告诫。在这篇诰文中高度赞扬了自己的母亲羊姬。文曰:

> 我母氏羊姬,宣慈恺悌,明粹笃诚,以抚训群子。厥乃我龀齿,则受厥教于书学,不遑惟宁。敦诗书礼乐,孳孳弗倦。我有识惟与汝服厥诲,惟仁义惟孝友是尚,忧深思远,祗充防于微。翳义形于色,厚爱平恕,以济其宽裕。用缉和我七子,训谐我五妹。惟我兄弟姊妹来修慎行,用不辱于冠带,实母氏是凭。予其为政蔑尔,惟母氏仁之不行是戚,予其望色思宽。狱之不情,教之不泰是训,予其纳戒思详。呜呼!惟母氏信著于不言,行感于神明。若夫恭事于蔡姬,敦穆于九族,乃高于古之人。古之人厥乃千里承师,矧我惟父惟母世德之馀烈,服膺之弗可及,景仰之弗可阶。汝其念哉!

这段诰文译为白话大意是说:我母亲羊姬,以宽大仁慈,和悦平易,贤明纯正,笃厚诚信,来抚慰训导我兄弟姊妹。到我龀齿之龄,则教我读书识字,无有闲暇方能安心。孜孜不倦地教促学习《诗》《书》礼乐。我有学识,多因母亲的顺服教诲,惟有仁义、孝友作为崇尚,为我忧深思远,只为防备于(走向了)式微。母亲从不将义愤的情绪反映在脸面上,从来都是厚爱有加,公平宽和,体现了她的宽容。以和睦我兄弟七人,以教诲和洽我五妹,惟我兄弟姊妹约束修养慎重行事,而不辱于冠带之家,这全凭仗母亲的正确教诲。到我从政官位低下时,唯有母亲思念我官路不畅而忧伤,望我神态而宽我心绪。如果有时争论不合情理,教之我不要傲慢要接受教训,告诫我要思虑周详。呜呼!我的母亲诚实有信,笃行不言之教,德行感于天地间的神灵。母亲恭谨行事如同我皇祖穆侯之继室蔡姬。母亲敦睦于九族,乃高于古之人。古之人们乃能千里聘请老师,况且我有父母及世代传留的功德,遗留的功业成就,不可不追及牢记在心中,没有理由不景仰您。您值得后人永远怀念(《晋书·夏侯湛传》)!由此可知羊姬教子有方,颇为成功。

夏侯湛曾写《羊秉叙》悼念羊秉(《世说新语·言语》)。

羊姬有一女,名夏侯光姬,幼而明慧。及长,被西晋琅琊恭王司马觐纳为妃,生司马睿。及恭王死后,司马睿于建康称帝(即晋元帝),尊其母夏侯光姬为王太姬,史称元夏侯太姬。羊姬即成东晋晋元帝司马睿的外祖母,由于这层关系,泰山羊氏在东晋一朝的政治、政权领域都具有重要一席。

《晋书·后妃传·元夏侯太妃传》载:"初有谶云'铜马入海建邺期',太姬小字铜环,而元帝中兴于江左焉。"这当然是当时人们所迷信的预决吉凶的隐语。

《晋书·帝纪第六·元帝传》也记载了夏侯光姬另方面的故事,大体是说:正当司马睿曾祖司马懿为其子孙经营天下之时,谶书《玄石图》上有"牛继马后"之语。他知道后十分恼火,忧心忡忡,怕将来司马氏得天下后被牛氏之族夺走。便不惜以残酷手段将手下将领牛金用毒酒杀死。到司马懿之孙司马觐袭封琅琊王,其妃夏侯光姬竟与一牛氏小吏私通,在洛阳生下司马睿,即后来的东晋元帝。如此说来司马睿为牛氏血脉,却继承了司马氏帝统,正与"牛继马后"之谶语巧合。

第三节　西晋重臣羊祜

——兼述祜兄羊发、羊承,发之子羊伦、羊暨,裔孙羊法兴,祜夫人夏侯氏

羊祜(其戎装像见彩页),三国魏末入仕,任相国从事中郎,迁中领军。参与代魏密谋,进中军将军,加散骑常侍,封钜平侯。西晋泰始初,擢升尚书左仆射、卫将军。泰始五年(269)任都督荆州诸军事,出镇襄阳,屯田积粮,后加车骑将军。咸宁二年(276),征为征南大将军。多次上疏平吴,朝议不同未行。四年,以病求入朝,面陈平吴计策。同年十一月病重,举杜预自代。不久病卒。羊祜坐镇襄阳十年,甚得江汉民心。襄阳百姓于岘山建庙立碑以祀,游者望碑流涕,因而得名"堕泪碑"。

一、豪族世家,儒学济世

羊祜,字叔子,生于魏黄初二年(221),卒于西晋咸宁四年(278)。史称泰山郡南城

人,是因咸宁三年(277)八月晋武帝司马炎念羊祜之功,"诏以泰山之南武阳、牟、南城、梁父、平阳五县为南城郡,封祜为南城侯"所致。笔者以为《晋书》作者也以"南城人"视为羊祜的荣光称之,故给后人留下错觉。羊祜实则为泰山平阳人,即今新泰市羊流人。关于羊祜之乡贯,笔者在拙文《泰山羊氏溯源》中已阐明,在此不再赘述。至今某些辞书、典籍仍将羊祜故里说成今山东平邑、费县等地都应纠正。如,2009年版版《山东通史·魏晋南北朝》卷,将羊祜故里说成"今山东平邑南"之南城。更不应该的是《辞海》第六版缩印本(上海辞书出版社,2010年版)在同一页(即2203页)中将羊祜、羊欣都说是泰山南城人,羊祜之泰山南城谓在"今山东平邑南",羊欣之泰山南城则谓在"今山东费县西南"。两者所指可能是同一地点,为何说成两县,给人造成错觉并误导读者呢? 羊祜出身泰山望族,至祜九世,"世吏二千石",并以清明、德高、为官廉洁而闻名当时。祖父羊续历官东汉南阳太守。父亲羊衜,历官上党太守。羊祜是东汉雍丘人著名学者、左中郎将蔡邕的外孙。母亲为蔡邕之女。前母为鲁人三国名儒、北海相孔融之女。司马师夫人景献皇后羊徽瑜是羊祜的胞姐。

羊祜自幼受到良好的家庭教育和文化熏陶,能言之年,父母便教其儒家经典,九岁始又向他传授《诗》《书》礼义等。

羊祜十二岁(三国魏明帝太和六年,232年)丧父,他的孝行和哀思超过常礼。侍奉叔父羊耽也很谨慎。曾游玩于汶水(此指柴汶水,又名小汶、淄水、位于羊流南10余里)之滨,遇到一位老人,对他说:"后生有好面相,年未六十,必建大功于天下。"说罢而去,不知他住在那里。祜成年后,知识渊博,擅长文辞,身高七尺三寸,须眉浓密,善于议论言谈。郡将夏侯威待他与众不同,对其优礼相待,将兄夏侯霸之女嫁给了他。曾被举荐为上计吏,做些赋税、户口、垦田方面的统计工作,州官四次征召为从事、秀才,五府(指诸公府)也交相委以重命,祜皆不就。太原人郭奕见了祜就说:"(祜)此今日之颜子(回)也。"与王沈同被曹爽征召该署为官。王沈劝祜从命就职,祜说:"投靠、侍奉别人,谈何容易!"其实这并非羊祜真实想法,而曹操诛杀前母孔氏女及其全家,使羊氏与曹氏从此产生隔膜,羊祜心中的酸楚尚未消失,他心灵上的伤痕依然很深,他又怎能为曹魏朝服务呢? 又因曹爽倚仗宗室,结党专权,为羊祜所不齿。以后,曹爽与司马氏在争斗中失败,王沈因为是曹爽之官吏而被免职。王沈对羊祜说:"应该记住你以前的话。"羊祜说:"这也并非开始考虑所及。"羊祜的先见之明和不倨傲就是这样,初显了祜之德行。

羊祜的岳父夏侯霸投降蜀汉后,他的姻亲多与其断绝来往,唯独羊祜安抚自己的妻室,且恩礼有加。不久母亲亡故,长兄羊发也故去,羊祜服丧守礼、寝顿居家十余年,其间笃志修身自律,循规蹈矩,如同谦恭的儒生。

二、参掌机密,立佐命之功

文帝司马昭为大将军时,征召羊祜,还未就职,朝廷又命公车令(官名)征拜为中书侍郎,不久便迁任给事中、黄门郎,常侍皇帝左右,负责实际政务,成为朝中要职。当时高贵乡公(曹髦)喜好文章,在位官员大都多献诗赋,汝南人何遴因有冒犯遭到贬斥。羊祜置身其间,没有远近亲疏,很有见识,从而表现出羊祜既不迎上之雅好,也不哗众取宠。陈留王(曹奂)即位皇帝,祜被赐封为关中侯,食邑百户。因帝曹奂年少,祜对其有看法,不愿做其近侍大臣,请求出外任职,被调任为秘书监,掌管艺文图籍。等到五等爵位制度建立,被封为钜平子,食邑六百户。时任黄门侍郎、司隶校尉的钟会受宠而又猜忌,羊祜对此人亦很惧怕。等到景元四年(263)钟会被杀,羊祜被任命为相国府(司马昭)的从事中郎,参与谋议,与荀勖共掌机密。又迁任中领军,统领全部宿卫禁军,在皇宫中值班理事,入直殿中,掌握军队之核心,兼管内外政事。羊祜已身居要职,参与了司马氏代魏密谋。

三国魏咸熙二年(265)八月,司马昭死,其子司马炎继父为丞相、晋王,旋即废魏王曹奂,魏亡。十二月,司马炎代魏,国号为晋,自立为皇帝称晋武帝,改年号为晋泰始元年,即公元 265 元。武帝司马炎追尊其祖父晋宣王司马懿为宣帝,追尊伯父晋景王司马师为景帝,追尊父亲晋文王司马昭为文帝。

泰始二年(266)辛丑,尊奉景帝夫人羊氏(徽瑜)为景皇后,居住弘训宫,史称景献皇后。自此泰山羊氏门户更加显贵,在外戚行列中亦占有重要席位,荣光非常。

晋武帝以羊祜辅佐其代魏之功勋,晋升中军将军,加散骑常侍,改封郡公,食邑三千户。羊祜执意辞让封爵,乃将原爵升为侯,为其设置郎中令①,备设九官②之职,授夫人印绶,自此,羊祜成晋廷重臣。

泰始初年,皇帝下诏书说:"总揽中枢,统理六部,是朝政的根本。羊祜品德高尚,忠心耿耿,文武兼备,坦荡正直,虽处心腹之任而不担当朝中重要职位的重任,这有违于垂拱无为委任责成的本意。因此委任羊祜为右仆射、卫将军,给以本营兵。"这时羊祜的职责可以辅助尚书令执行朝中政务,参议大政,谏诤得失,监察纠弹百官,并可封还诏旨,受命主管官吏的选举等,军内位在诸名号大将军以上。当时朝中王佑、贾充、裴秀都是前朝有名望的大臣,羊祜每每谦让,不敢居其上,方显恭谦之品德。

晋国初建(晋)文帝命撰新礼,羊祜等人参考古今,更其节文,刊定成百六十五卷奏之。这即是羊祜等人刊定《晋礼》之事(《晋书》卷十九)。又,时文帝辅政,平蜀之后,命贾充、羊祜等分定礼仪律令(《晋书·郑冲传》)。

起初(魏咸熙二年,265 年 8 月),(晋)文帝(司马昭)崩,时任中军将军的羊祜对(散

---

① 郎中令:晋时郎中令与中尉、大司农为三卿,地位颇重。

② 九官:按《晋书·羊祜传》胡三省注:"九官,即九卿也。"晋时九卿与汉相比,其任渐轻,九卿成卿级官员的统称。

骑常侍)傅玄说:"守三年之丧,即使尊贵的天子也要身穿丧服至丧期;而汉文帝刘恒废除了这一礼制,破坏了礼仪,我常为之叹息。今主上(指晋武帝)天性至孝,具有曾参、闵子骞的品性。虽然迫其脱去了丧服,实际上仍行丧礼。既然丧礼仍在实行,脱下丧服又为何呢?倘若因此乘机革除汉魏两朝之浅薄的做法,而恢复先代圣王之礼法,以使风俗敦厚,留传美事百代,不是很好吗?"傅玄回答说:"汉文帝以来世风浅薄,不能行国君的丧礼,故因而除之。除之数百年,一旦复古,很难实行。"祜又说:"不能使天下人都遵守礼法,故且使君主穿完孝服,不也很好吗?"傅玄又说:"主上不除丧服而天下人除丧服,这就是只有顾及父子的礼法,而不再有君臣的礼法了,有损于纲常的名教,君为臣纲,子为父纲,夫为妻纲这三种主要的道德关系准则。"羊祜不再说天下恢复古制的话。

泰始四年(268),大司马石苞住淮阳(今河南省淮阳县),威望和恩惠在当地很有名。淮北监军王琛对其恶意攻击,密密上奏,说石苞与吴国相勾结,引起皇帝的怀疑。羊祜深切地对晋武帝司马炎说:"石苞肯定不会这样。"又深深替石苞剖白、说明,晋武帝不相信,下令以石苞未能料到敌方形势,构筑工事,阻断水流,使百姓劳累被惊扰为由,免去了他的官职,派义阳王司马望征讨石苞。后来,石苞采用了属下曹掾孙铄的计谋,主动放弃了兵权,步行出营,只身到都亭驿中待罪反省。晋武帝听说此事后,怒意渐解。及至石苞亲身到皇宫殿阙前谢罪,晋武帝已不再追究其罪过,让他以乐陵公的身份被遣回了他的住所反省去了(《晋书·石苞列传》)。从这件事的处理上,方可看出羊祜识人之高明。

三、出镇江夏,得江汉民心

泰始五年(269),晋武帝有灭吴的志向。以羊祜为都督荆州诸军事、假节,散骑常侍、卫将军两个官职依然如故。羊祜率营兵出镇南方,当时广大地区的管辖区内军政一体。羊祜到任,在地方上开设学校,安抚远近各州县,甚得江汉地区之民心。与吴国人开布大信,投降的人愿意回去悉听自便。当时,地方长官如有的死在官府,继任者认为不吉利,多拆毁旧府。羊祜认为死生有命,非居室所定,就下书其管辖范围之内,有以上预兆的镇所,普遍加以禁绝。吴国石城(在今湖北钟祥市)守备距襄阳(指襄阳郡,东汉治襄阳县,在今湖北襄樊市汉水南襄阳城;西晋移治宜城县,即今湖北宜城市)七百余里,每为骚扰边界,羊祜为之忧虑,竟以奇特之计使吴军撤去守备。于是边戍的兵力减少一半,分出的兵力用以开垦田地达八百余顷,大获其利。羊祜才到这个地方的时候军无百日粮,等到第三年末,有了十年的积蓄。皇帝下诏撤销江北都督,置南中郎将,将所统位于汉水以东江夏(西晋徙治安陆县,在今湖北安陆市北)部分的军队皆有羊祜统帅。羊祜在军中经常穿着轻暖的皮衣,系以宽大的丝带,身不披甲,风度雍容闲适,府侍卫不过十余人,而祜有时也因打猎钓鱼而耽误政事。有一天夜里,祜又想外出,军司徐胤手持木棨(一种仪仗)挡在营门前说:"将军您身负统帅万里江山的重任,怎能轻易外出呢!将军的安危,也是

羊叔子

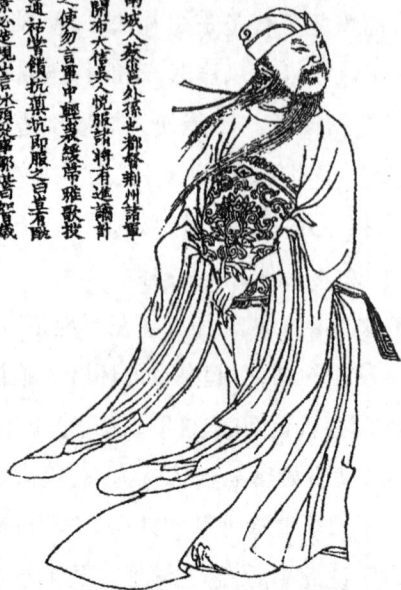

羊叔子像

叔子名祜泰山南城人羊氏世吏二千石至祜九世并以清德闻祜博学能属文身长七尺三寸美须眉善谈论郡将夏侯威异之以兄霸之女妻之太原郭奕见之曰此今日之颜子也与王沈俱被曹爽辟沈劝就微祜曰委质事人复何容易及爽诛沈谓祜曰常识卿前语祜曰此非始望所及耳

国家的安危。我今日若是死了,此门才可开启。"羊祜一下改变了脸色,认为有错应改,郑重地向徐胤道歉,此后羊祜很少再出行。至泰始六年(270),晋武帝在一份诏书中说:卫将军钜平侯羊祜"才兼文武,忠肃居正,朕甚嘉之"(《晋书·郑冲传》)。

后来,羊祜又加官车骑将军,职位仅次于大将军,为二品大员,允许开府与太尉、司徒、司空等三司大员的礼制、待遇相同,允许开设府属自辟属僚。羊祜上表(即《让开府表》)执意推让,说:"臣听到诏书要提拔我,与三公地位同等。我入仕十多年,朝廷内外的职务都担任过,常常担任地位显赫之职。我常想,臣的智力不可骤然增进,所受恩宠不可长久承受。因此我日夜忧惧,以荣为忧。臣闻古人之言,品德不为众人所折服而受高爵,就会使有才能的臣子不能晋升,功劳不被众人所佩服而获得厚禄,就会使有功的臣子得不到鼓励。今臣凭借外戚,事逢时运,应诫过于受宠,不会因为被遗忘而担心。陛下多次下诏,给臣不同寻常的荣耀,臣有何功可以胜任,何心可以安之?。臣无才而处高位,危险就会来临,愿能守住先人留下的基业,也很难办到!违抗命令就会冒犯皇威,曲从就会留下上述的结果。听说古人明于进退,大臣的等次,不可升则应止。臣虽是小人,因遵循古人的教诲,才有了这种想法。今大晋自建立以来,仅八年时间,虽忧惧求不得贤才,而无所遗漏使用隐居及地位卑下之人,然臣不能推荐有德之臣,进达有功之士,未能使圣上知道超过臣者还有许多,未能显达的人也有不少。假如还有像传说的那样,道德高尚的人还处于筑墙的苦役之中,有隐逸的贤才藏于屠夫钓徒之间,而朝廷用我不认为有错,臣接受后不觉得惭愧,那么损失岂不更大!臣窃居高位,无功食禄虽然很久,但尚未像今天这样兼有文武的极高荣宠,等同于宰辅的高位。还有,臣所见虽然有限,而今光禄大夫李憙的高风亮节,严肃任职;光禄大夫鲁芝洁身寡欲,和而不同;光禄大夫李胤清直朴素,立朝居官。他们都已到白发之年,仍循礼守法,始终如一。他们虽然历任内外要职,却与贫寒人家没有什么差别,而他们都没有获得如此高的地位,臣要是超过了他们,何能以我的进升而阻止天下有志之士的期望,损失了朝廷的光彩!臣决心坚持自己的操守,无苟且升迁的志向。今虽道路畅达,但边防多事,乞求圣上收回成命,使得臣下能迅速返回边防。如再拖延,必然给外乱有可乘之机。匹夫有志,尚不可夺者。"晋武帝没有听从羊祜的辞让,但显示出了羊祜所具有的谦让态度和儒者风范。西晋开府仪同三司者自羊祜始。

羊祜赶回边镇后,吴国西陵(今湖北宜昌市西北)都督步阐举城来降。吴将陆抗(陆逊之子)对步阐猛烈攻击,晋武帝下诏让羊祜接应步阐。羊祜率兵五万出江陵(今湖北荆州市。南临长江,是长江中游东西南北水陆交通枢纽。魏晋时,是南北双方争战要地),派遣荆州刺史杨肇进攻陆抗,没有攻克,步阐反被陆抗所擒。有的官员上奏说:"羊祜统领八万余人,贼众不过三万。羊祜顿兵江陵,使敌人得以设置防备。乃遣杨肇以小股军队进攻,兵少粮远,军队受挫。羊祜违背了圣上的诏命,不具备大臣的任职条件。可以免官保留侯爵回家。"因此,羊祜被贬为平南将军,而杨肇免为庶人。是年为泰始八年(272)末。

羊祜在这次战役中之所以失败,据《资治通鉴》卷七十九,原因是这样的:

起初(即泰始八年,272 年),王濬曾是羊祜的参军,羊祜深知他的为人,羊祜的侄子羊暨对羊祜说:"王濬为人志向远大,但好奢侈,不可让他专权,应当有控制他的办法。"羊祜说:"此人很有才能,足以达到目的,完全可以任用他。"于是王濬提升为车骑从事中郎。王濬在益州(西汉元封五年,即公元前 106 年置,为十三州刺史部之一。东汉兴平年间移治成都即今成都市)时,明显地树立自己的威望和信用,蛮夷大都投奔归顺他。不久,王濬又升迁为大司农。当时晋武帝与羊祜秘谋策划讨伐吴国,祜认为攻打吴国应该凭借居上游的地势,密奏晋武帝,请求留下"有大才""有奇略"(《晋书·王濬传》)的王濬让他继续担任益州刺史,派他去治理水军。不久,王濬又被授予龙骧将军职,掌管益州、梁州(西晋太康三年,公元 282 年移治南郑县今陕西汉中市东)各项军事。

晋武帝命令王濬解散屯田士兵,大造战船。羊祜也认为伐吴必须凭借上流之势。以设顺流之计,也密令王濬造船。王濬小名阿童,当时吴国有童谣称:"阿童复阿童,衔刀浮渡江,不畏岸上兽,但畏水中龙。"晋军造的船很大,船身有一百二十步长,能容一千余人。但当时造船砍削的木片、木屑覆盖了江面,顺江水而下,吴人认为晋造船要攻打吴国,就用铁锁横栏江面,阻断了江上通路。

当年九月,吴国步阐占据西陵城投晋,派侄子步玑、步璇到洛阳做人质。晋武帝诏令任命步阐为都督西陵诸事、卫将军、开府仪同三司、侍中,兼任交州(治所在今越南境)牧,封步阐为宜都公。

吴国陆抗听到步阐背叛的消息,在派兵去讨伐的同时,命令西陵各军筑高墙,以围困步阐,抗御晋军。晋武帝派遣杨肇去西陵迎接步阐,车骑将军羊祜统率步兵进攻江陵。巴东监军徐胤率水军攻打建平(治所在今湖北秭归县南),救援步阐。这时羊祜错误地估计了形势,只率兵五万到了江陵,而没有对固若金汤的西陵有防备。相反陆抗却亲自率领部众奔赴西陵。

当初，陆抗因江陵以北道路平坦开阔，命令部下兴造大坝阻断水流，滋润平地以断绝晋军侵犯和防止内部叛乱。而羊祜想借大坝阻住的水用船运送粮草，便故意扬言要破坝以通过步兵。陆抗听到这个消息，让人迅速破坏了大坝。羊祜听说大坝已被陆抗毁坏，不得不改走陆路用车子运粮草，耗费了若干时间和人力。

十一月，晋军杨肇到达西陵。陆抗命令公安（地名）督军孙遵循南岸抗御羊祜，水军督留虑抗拒徐胤，陆抗亲自率军凭借长围与杨肇对峙，全部用精兵把守。第二天，杨肇用原来拟想的方案攻打原来夷兵把守的地方，陆抗料定杨肇必定攻打夷兵把守的地方，由于早有防备，准时下令反击，箭与石块像下雨一样袭来，杨肇死伤不断。十二月，杨肇无计可施，被迫夜里逃走。陆抗擂鼓警戒部众，佯装追赶。杨肇部众恐惧骚动，全都丢铠弃甲脱身而逃。陆抗派轻兵紧随其后，杨兵大败。羊祜等人被迫率兵而还。陆抗攻克西陵，杀死步阐及其同谋将吏几十人，全都夷灭三族。请求对余下的数万人赦免。事后吴主加封陆抗为都护。

羊祜从江陵回来以后，总结失败的教训，致力于整治道德信义以使吴人归顺。他鉴于春秋时孟献子筑营武牢而郑人畏惧，晏弱构筑东阳城而莱子国降服的经验①，进据险要地区，修建五城，占领肥沃的土地，夺取吴人的资财，石城以西，尽为晋有。从此以后，前来降者络绎不绝，羊祜乃进一步施以恩德信义，以安抚来降者，进而产生了吞并吴国之雄心。每与吴人交兵，都要预先约定日期才开战，不做乘其不备、突然袭击的打算。将帅当中有要献诡诈计谋之人，羊祜总是让他喝醇厚的美酒，醉后不得言。有一人掠来两个吴国男子当俘虏，羊祜将其遣送回家。后来吴将夏详、邵凯等来降，那两个男子的父亲也一块率部同降。吴将陈尚、潘景来骚扰，羊祜将其追斩，但很赞美他们战死不降的精神而厚加葬敛。陈、潘子弟来迎丧，祜以礼遣还。吴将邓香来掠夏口（为夏水，即汉水入长江之口。三国吴国于黄武二年〔223〕在大江东岸今湖北武汉市蛇山东北筑城，因名夏口），羊祜派人将其活捉，后来又将他释放。邓香十分感恩，又尽率所部归降。羊祜率军进入吴

---

① 孟献营武牢而郑人惧，晏弱城东阳而莱子服：语出《左传》襄公二年。首句原文曰："会于戚（指孟献子和晋国的荀罃、宋国的华元、卫国孙林父、曹人、邾会于戚地），谋郑故也。孟献子曰：'请城虎牢以逼郑。'"孟献即孟献子也就是鲁卿仲孙蔑。武牢之所按杨伯峻《春秋左传注》："（武牢）本属郑，为郑西北国境之险要。此时或已为晋所夺取，故能为之筑城而戍守，借以迫郑屈服。"末句原文曰："莱子不会，故晏弱城东阳以逼之。"杨伯峻《春秋左传注》："晏弱即（齐）晏桓子（宣十四年，杜注：桓子，晏婴父）。"东阳，杜预谓："齐境上邑，疑在今临朐县东。"本句是说齐姜死，齐侯派遣嫁给大夫的宗女和同姓大夫的妻子前来送葬召见莱子。莱子不参加会见，所以晏弱在东阳筑城以逼迫他。

国境内,就地收割地里成熟的稻谷作为军粮,每次都计算所侵数量,送绢偿还。每次会集部众在江沔一带游猎,常常只限于在晋国地盘。如果禽兽先被吴人所杀伤而后被晋兵所得者,都原封不动地送还吴人。于是,吴人对羊祜心悦诚服,称祜为羊公,而不直呼其名。

羊祜与陆抗对垒,双方的使者常奉命互相来往,陆抗称赞羊祜的德量,既使乐毅①、诸葛孔明也超不过。陆抗曾患病,祜赠送其药品,抗服用而无疑心。有人劝阻陆抗,陆抗说:"羊祜岂是投毒之人?"当时舆论认为羊祜是华元②、子反③于今日。陆抗每每对守边的士兵说:"人家专门行恩惠有德行,我们专门作恶,这等于不战而自己就屈服了,现在双方各自保住疆界就可以了,我们不要再想占小便宜。"吴主孙皓听说二国边境交往和谐,就以此事责怪陆抗。陆抗说:"一邑一乡都不可不讲信义,更何况大国呢!臣如果不这样做,正是彰显了人家的恩惠德行,对羊祜毫无伤害。"

羊祜正直无私,痛恶邪佞,荀勖、冯统之徒都很忌恨他。羊祜的堂外甥王衍曾经去羊祜那里陈述事情,言辞雄辩。羊祜对其并不赞赏,王衍拂袖而去。羊祜回过头来对宾客们说:"王衍正凭借着盛名处于高位,然而伤风败俗、损坏教化的必定是他这样的人。"步阐战役之中,羊祜曾依法要斩王戎。王衍是王戎的堂弟,所以两人都怨恨他,言谈之间经常诋毁羊祜。当时的人为此概括成两句话说:"二王若执掌朝政,羊公就无德行可言了。"二王的诽谤使人看清了他们的面目,更使人看清了羊祜不徇私情、秉公执法的美德。

咸宁元年(275)八月,平南将军羊祜等人皆列于铭飨(《晋书·武帝纪》)。咸宁二年(276)冬季十月,羊祜升任为征南大将军,设立府署,可自行征召属员,仪节与三司(即三

① 乐毅:战国时灵寿(今河北灵寿西北)人。魏将乐羊后代。燕昭王时入燕,任亚卿,辅助昭王治燕。昭王二十八年(前284)以上将军率领燕、赵、魏、韩、秦五国联军大败齐国。后率燕军单独进攻齐国,先后攻下齐国城邑七十多座,攻入齐都临淄,齐湣王逃奔莒(今山东莒县)。因功受封为昌国(今山东临淄东)君。燕昭王死,惠王即位,素与其不和,又中田单反间计,改用骑劫为将。乐毅逐出奔赵国,受封于观津(今河北武邑东南),号望诸君。骑劫败死后,燕惠王曾使人召乐毅归来,乐毅不肯,终老于赵。

② 华元:春秋时期宋国人。属宋公室戴族华氏。宋文公时为右军。宋文公四年(前607)华元率师抵御郑国军队,战败被俘,旋而逃回,遭到国人讥讽。(宋文公)十七年(前594),楚军围宋九个月,城内"易子而食,析骸而炊"。危亡之际,他夜入楚军,劫楚帅子反叛而与其结盟,楚师遂退。宋共公九年(前580),联络晋楚执政,于次年在宋举行"弭兵"(停止战争、息兵)会盟,相约互不加兵,互救灾患。

③ 子反(?—前575),一称公子侧。春秋时楚国人。楚穆王之子。任司马。楚庄王十七年(前597),率右军参与楚、晋郑之战。次年,率军围宋,历时九个月,被宋大夫华元骗入军帐,逼盟撤围。后为中军将。楚共王十六年(前575),随共王与晋大战于鄢陵(今河南鄢陵西北),以酒醉不能议事,楚军被迫撤退。旋为共王所责,自杀。

公)相同。

四、广为戒备,请《平吴疏》

羊祜修甲练兵,广为戒备。至此上疏建议征讨吴国(即《请伐吴疏》),疏曰:"先帝遵从天命,适应时机,西平巴蜀,南面与(东)吴、会(稽)和睦相处,海内得以休养生息,百姓有了安居乐业的愿望。而吴国却再次背信弃义,使边境又生事端。命运和时机虽说是由上苍所定,而功业必由人去完成,如果不用一次大规模的行动把吴军彻底消灭,那么战争就没有停息的时候。这样做也可以用来增隆先帝的功勋,促成无为而治。过去尧有丹水之役①,舜有三苗之征②,都是为宇宙宁静,偃武修文,与民休养生息。蜀平之时,天下都认为吴与蜀会接踵而亡,自此有十三年了,是谓一个周期,平定吴国的时期复在今日。舆论常说,吴楚地区在政治清明的时候最后归服,在天下大乱的时候最先强盛,这就是说要看是什么时候。

羊祜献策图

当今天下大一统,不能与古时相题并论。所谓的符合一般道理的言论,都不能随机应变,所以谋略之人虽然很多,而决策需一人独自决断。凡是凭借险阻得到生存的,是因为其势力与敌方相等,势力足以自固。如果轻重不等,强弱之间的势力悬殊,虽智士也会一筹莫展,即使有险阻,也不可凭借得以保存自己。蜀汉立国,地势并非不险,高山入云,深谷无底,车马很难通过,都说一夫当

---

① 丹水之役:语出《吕氏春秋·召类》:"尧战于丹水之浦,以服南蛮。"浦,水边。南蛮,古代对长江流域至岭南一带少数民族的通称。丹水,即今陕西、湖北、河南边域之丹江。为汉东支流。

② 三苗之征:三苗,亦称苗民;苗,古族名。尧舜禹时代南方较强大的氏族部落集团。《史记·五帝本纪》有舜"北分三苗"之记载。《集解》郑玄曰:"所窜三苗为西裔诸侯者尤为恶乃复分析流之。"谓三苗活动于今河南南部至湖南洞庭湖、江西鄱阳湖一带。又传说舜时被迁至三危(今甘肃敦煌一带,一说指南方的群山)。或认为即今苗、瑶族先民。

关,万夫莫开。可是到进兵之日,却如有藩篱的阻碍,战将被杀,军旗被拔,兵士死了数万,乘胜如席卷,直到成都,汉中诸城的兵众如栖息之鸟而不敢出。并不是他们没有抵御之心,实在是其力量不足以与我抗衡。至刘禅降服,各个营堡的人也相继散光了。今长江、淮河的难渡,难不过剑阁①;山川再险,险不过岷、汉二水;孙皓的残暴,原超越了刘禅;吴人的困穷,超过了巴蜀。而大晋国的兵众,多于前世;物资器械的储存,盛于往时。今不趁时攻打平定吴国,而采取屯兵相守,就会使出征的人遭受苦役,将士们每日都与其动用刀兵,历经盛衰,不可能长久,应该适时决策定夺,一统天下。现在如果统率梁州和益州之兵沿水路、陆路齐下,荆、楚之兵众进逼江陵,平南将军胡奋、豫州刺史王戎的兵马直指夏口,徐州、扬州、青州、兖州各路兵马会战进攻秣陵(今南京市),用鼓旗迷惑敌方,多方造成敌人的错觉,这样的话,吴国依赖一隅之地,抵挡天下之众,必然会分兵把守,所守之处,处处危急。巴、汉奇兵出其空虚,只要有一处被摧毁,就会引起上下震荡。纵然有大智大勇之人出现,也不能拯救其覆亡的下场。吴国是沿着长江建立的国家,无有内外,东西数千里,靠长江作为国家的屏障来维持,防线漫长,抵挡的面大,从来没有安宁的时候。孙皓放纵任性,为所欲为,常常与臣下相互猜忌,名臣重将都不自信,因此孙秀等人都被畏逼而来。致使将官在朝中感到疑虑得不到信任,兵士于原野困顿疲惫,他们没有保卫国家的计谋和长久的打算。平常之日,尚且考虑是否离去,到了战事来临之际,必然会有应和者,最终不会拼死出力,这一点,现在已经很清楚了。吴人的习性惯于急速,不能持久,使用弓弩戟盾等兵器不如中原,只有水战是他们所擅长的。但是只要一进入吴国境内,则长江不再是其固守的防线,而是退保城池,这样他们就会舍长用短。就不是我们的对手了。我军是深入敌境作战,人人有献身效命的斗志和决心;吴人在自己国内打仗,有依赖城池的心理。像这样,战争的时间过不了多长,克敌制胜是肯定无疑的。”羊祜在请《平吴疏》奏章中精辟地分析了敌我双方力量的对比和战胜东吴的条件,提出了多路齐发,水陆并进,会师秣陵的作战方略。晋武帝很赞成羊祜的建议。

当时朝廷议事,适逢秦、凉二州的胡人前来骚扰,但又屡遭失败。羊祜又上奏建议:“平定了吴国,胡人自然就安定了,只是应迅速成就伟大的功业罢了。”但朝中多数人不同意羊祜的意见,贾充、荀勖、冯紞尤以为不该伐吴。羊祜叹道:“天下不如意的事情,常占十之八九。故有当断不断之说。上天赐予大好时机不去求取,这岂不是让懂事的人以后扼腕长叹吗?”当时只有度支尚军杜预、中书令张华与武帝意见相合,赞成羊祜的计划。

---

① 剑阁:即剑阁道,在今四川阁县东北大剑山、小剑山之间。《华阳国志》梓潼郡汉德县“有剑阁道,至险”;《水经·漾水注》:“连山绝险,尽阁通衢,故谓之剑阁也。”诸葛亮曾凿石开阁道三十里。西晋张载入蜀,作《剑阁铭》“一人守险,万夫趑趄”。向为川、陕间重要通道。

至于朝中多数大臣不同意羊祜意见的原因，按杜预的分析，乃羊祜与朝臣多不同，"不先博画，而密与陛下共施此计，故益令多异"（《晋书·杜预传》）。

五、坚辞封爵，明德远播

此后，即咸宁三年（277）八月，晋武帝诏令将泰山郡南武阳、牟、南城、梁父、平阳五县划为南城郡，封祜为南城侯，设立侯国相职，与郡公同一级别。羊祜辞让说："古代张良请求受封留（治所在今江苏沛县东南五十里。秦置，西汉属楚，归泗水郡。高帝六年即前201年封张良为留侯于此）侯万户，汉高祖不夺其志。臣已从先帝受封钜平侯，岂敢再受重爵，招致官员们的诽谤呢！"羊祜坚辞不受，晋武帝允许了他的请求①。羊祜每当授予官职和爵位时，常常谦让，素来都很诚恳，所以常常得到意外封爵。因此，名望远播，朝野上下都很崇敬他，士大夫们议论，认为羊祜应居宰相之位。晋武帝此时正有统一天下的志向，东南方面的重任依仗于羊祜，故将此议搁置。

羊祜经历了两代帝王，一直掌管着要害部门。朝廷政事的改动，都要征求他的意见。他对权势禄利，无所营求。羊祜十分重视为国选拔良才，例如：南阳新野人邹湛，少以才学知名，仕魏历任通事郎、太学博士。晋泰始初，转任尚书郎、廷尉平、征南从事中郎，辅助羊祜，得到羊祜的器重。后入为太子中庶子等职。又如褚䂮，家贫，辞吏后年已五十，羊祜与其祖父有旧交，言于武帝，被升用，官至安东将军（分别见《晋书·邹湛传》及《褚䂮传》）。然而凡是他参与谋划商议的事情，公正的建议，过后都要烧掉草稿，所以世人无法知晓。凡是他举荐的人，连其本人都不知其所被荐根由。有的人说羊祜过于缜密，羊祜回答说："这是什么话！古人有入朝同皇帝促膝密议，十分亲近，出朝则佯装不知说些怪诞不实之言，君臣之间不隐秘的训诫，我唯恐做不到。不能举贤取异，岂能不愧于知人之难！况且拜爵于公朝，谢恩于私门，是我所不敢取的。"

羊祜女婿曾劝羊祜："您应该经营一下周围的关系，使受您推荐的人对您感恩戴德，不是很好吗？"羊祜默然不应，回家后对晚辈们说："这可谓只知其一不知其二。做臣子的树立私利就会背弃公义，这一点是很容易迷惑人的。你们应该体察认识我的这个意思。"羊祜曾经给堂弟羊琇写信说："等平定边境，我当头戴角巾东归故里，寻求一块安葬之地。

---

① 这段文十分明确地记载了羊祜"封为南城侯""因辞不拜，帝许之"的全过程，说明南城郡并未建立郡治。后人将羊祜故里说成"南城"不确。"南城侯"只不过是羊祜或说泰山羊氏的一种荣光而已。

我以平庸之士而居高位,怎能不知'月亮盈满就要亏缺'的道理而受到指责!汉朝的疏广①就是我的榜样。"

羊祜喜观山水,每次观赏风景,必定到岘山(在今湖北襄樊市南,又名观首山),置酒歌咏,终日不知疲倦。一次,曾慨然叹息,回头对从事中郎邹湛说:"自有宇宙,便有此山。历来贤达高士,登此远望,类似我与你们这样的多了!都一一湮没无闻,使人悲伤。如果百年以后有知,我的魂魄还应登临此山。"邹湛回答说:"您的公德冠于四海,继承了前哲的传统,名望很高,必定与历代贤达同传后世,至于我们这些人,才如您刚才所言。"由此看羊祜当时之心理应十分复杂,岘山吟咏诗赋,也是释放内心压力,以诗解忧,发泄内心情怀的一种方式。羊祜还在岘山植一柏,后人命名为"晋柏"。羊祜寄情山水,在魏晋时期是种高尚消遣休闲的形式。当时治游山水,栖逸林下的风气甚为流行。人们在投身大自然的怀抱,在饱览大自然的同时,也深切地感受着生命之真谛以及人生的超脱。

羊祜担任讨伐吴国的主帅有功,将要晋升爵位和增加封地。他请求转赠给舅父(蔡邕无嗣,此指应是邕之堂叔兄弟之子)之子蔡袭。于是晋武帝诏封蔡袭为关内侯,食邑三百户。

六、病笃入朝,陈平吴之计

咸宁三年(277)冬季十二月,适逢吴军贼寇骚扰弋阳(三国魏为弋阳郡治。治所在今河南潢川县西北十二里隆古集附近)、江夏,抢掠千户人口,然后撤离。晋武帝下诏,派遣身边的大臣作为使者去责问羊祜为什么不追讨,存有何意。晋武帝还计划将州治迁回旧地。

羊祜回答说:"江夏距离襄阳八百里,等知晓贼人的消息,贼人已经离开一天多了。步兵如何能追赶上他们以救急呢?如果让军队空跑一趟而使我免受责备,恐怕不合事宜。从前,魏武帝设置都督,大抵都与州治靠近,就是因为喜欢兵力集中而厌恶兵力分散的缘故。疆场之间,一彼一此,只是要谨慎防守而已,这是古人经常用的方法。倘若总是迁州,贼人出没无常,也不知把州治迁到那里才便于防守。"使者无法再责问。

咸宁四年(278)春季,弘训皇后羊(徽瑜)氏去世。

羊祜卧病,请求入朝。到了洛阳之后,适逢景献羊皇后逝世在殡。羊祜看到胞姐病

---

① 疏广:史称西汉东海兰陵(今山东兰陵县西南兰陵镇)人;兰陵,是其祖籍。其曾祖时迁徙至今宁阳县东疏镇,该镇现有东、西疏村,即是为纪念疏氏而命名。疏广字仲翁,精通《春秋》,家居教授,远方的人都前来就学。征为博士、太中大夫。汉宣帝时先后任太子太傅、太傅。其侄疏受同时为少傅。任职五年,告病辞官,还乡得到赐金数十斤。亲属劝其为子孙购置家业,乃以"贤而多财,则损其志;愚而多财,则益其过",认为多置家产会使子孙怠惰,不从。后以寿终。叔侄二人后世合称"二疏"并作为"功遂身退"的典故。

逝在殡,因悲痛过度,病情加重。晋武帝下诏劝慰,要他带病觐见,允许乘坐辇车入殿,不行拜礼,备受优待。等羊祜落座,就当面陈述伐吴之计谋。武帝十分赞赏。因为羊祜有病,不宜经常入宫,就派遣中书令张华问其谋略。羊祜说:"现在圣上有接受禅位的美事,但还没有建立起显著的功德。吴国暴政到了极点,可不战而克,统一天下,以振兴教化,这样主上就可以同尧、舜并列,臣僚们与稷、契等同,成为流世百代的典范。如果放弃这次机会,假若孙皓不幸而死,吴国人另立贤主,那时虽有百万之众,长江也无法跨越,那将留下后患啊!"张华十分赞赏羊祜的计谋。羊祜对张华说:"能实现我这个志愿的人,就是你了。"晋武帝打算让羊祜卧床来统领诸将,羊祜说:"夺取吴国臣不一定亲自出征,但是等到平定吴国之后,就要劳累您圣明的思虑

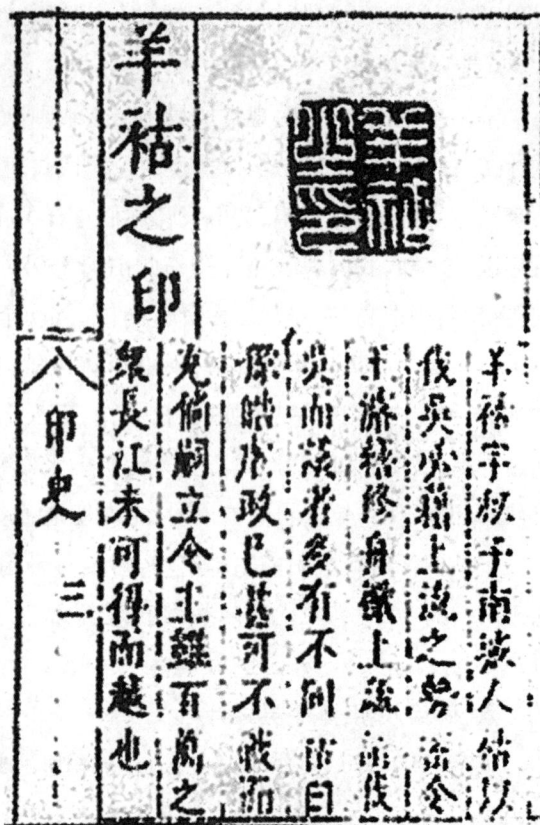

羊祜之印

了。臣不敢居有功名的美誉。假若战争结束了,委任官员(去东南地区)镇抚时,希望您能慎重选择合适的人选。"

七、巨星陨落,百姓堕泪

这年冬季(即西晋咸宁四年,278 年冬季),羊祜病情加重,荐举杜预接替自己。不久,羊祜就辞世了,时年五十八岁。晋武帝身穿丧服为他哭泣,哭得特别悲哀。这日天气很冷,武帝哭的眼泪沾在胡须和鬓发上,立即结成了冰。南州人惶恐不安地走在集市上听到羊祜的死讯,无不悲痛号哭,停止了交易买卖,街道上哭声连成一片。吴国守边将士也为之哭泣。人们被羊祜的仁德所感动的竟达到了这种程度。朝廷赐给东园秘器,朝服一套,钱三十万,布一百匹。并颁发诏书说:"征南大将军南城侯羊祜,遵循道德准则,淡泊名利,心地纯朴,思虑清远。初在内廷任职,以后担负重任乃忠心耿耿,掌管国家大事后,入朝则参掌机密,出镇则任一方大吏。他自始而终应更加显赫,更有所作为,长期辅佐朕躬(我),然而倏忽逝世,悼念之时便内心悲伤,十分怀念。特追赠为侍中、太傅,持节依旧如故。"

羊祜立身清俭,穿着朴素,俸禄资财大多用来资助周济九族,赏赐给军士,家无余财。他的这种道德风尚,后人无比敬仰。临终遗言,不许将南城侯印入柩①。堂弟羊琇根据羊祜的夙愿,要求归葬于祖先茔地。武帝不允许,赐给离京城洛阳十里外靠近皇陵的葬地一顷,追谥号为"成"②。羊祜的送丧仪仗出发后,武帝亲至大司马门南,站在高处为祜送行。羊祜的外甥齐王司马攸上表,报告说羊祜的妻子不愿按侯爵级别殓葬的意愿,武帝于是下诏说:"羊祜执意谦让(官爵)多年,他的志愿不可违背,他人已死而谦让的美德犹存,遗留的操行越发感人,这就是古代的伯夷、叔齐③所以称为贤人,季子④所以保全名节的原因。现在允许恢复原封爵,以此表彰他的高尚美德。"

此后,襄阳百姓在岘山羊祜生前游玩的地方建庙立碑,一年四季都去祭祀。看见其碑的人无不流泪,杜预为之名"堕泪碑"。荆州人为避讳羊祜的名字,房屋居室皆不言户,以门为称,改户曹为辞曹。

羊祜开府多年,因为谦让而不辟召士人,等开始辟府时,适逢他病逝,无法正式任命。

① 不许……入柩:晋武帝虽"封祜为南城侯",但祜"固辞不拜,帝许之"。所以羊祜并未接受"南城侯"之封爵。故此,祜"遗令不得以南城侯印入柩",又"祜甥齐王攸表祜妻不以侯敛之意","帝乃诏曰:祜固让历年,志不可夺……今听复本封,以彰高美"。祜死后之策文仍称"故侍中太傅钜平侯祜",未出现"南城侯"的封爵。祜本传上述之记载,进一步说明羊祜并未接受"南城侯"之封号,故"南城郡"治是不存在的。南城郡的所有治所都是后人的杜撰。《晋书》羊祜本传说祜为南城人,可视为对羊祜的一种荣光。

② 谥号为"成":谥,据生前行事评定褒贬,给予的一种称号。按《逸周书·谥法》,周公旦与太公望开创了周成王基业,因武王在牧野建立了大功,死后将安葬,就制定了谥号,于是叙明制谥法则。谥,是行为的记录;号,是功劳的标志;车马服饰,是地位的表现。所以,道德高尚就得到大名号,道德低下就得到小名号。道德行为出于自身,而名号生于别人。安民立政(安定民众设立政令)曰:"成"。又据苏洵《谥法释义》,礼乐明具曰成;持盈守满曰成;遂物之美曰成;通达强立曰成;安民立政曰成。又,"谥法"是给予谥号的标准;"谥号"是固定的一些字,这些字赋予特定的含义,用来表示死者的美德、恶德。如柳下惠之"惠",柔质慈民曰惠,故其妻私谥为"惠"。

③ 夷、叔:夷名伯夷,叔名叔齐。此指商周时诸侯国孤竹(在今河北卢龙南,商汤时始封)君墨胎氏(相传姜姓)的二子伯夷和叔齐。他们二人在其父死后逊让君位,奔周,路遇武王伐纣,叩马进谏。商亡后,二人以食周粟为耻,饿死在首阳山(在今河北卢龙县东南二十五公里阳山)。《史记》有《伯夷列传》详载其事。《论语·季氏》云:"伯夷、叔齐饿于首阳山下,民到于今称之。"后世以其德行颂之。

④ 季子,此指季札,春秋时吴国人,又称公子札。吴王寿梦之少子。先封于延陵(今江苏常州市),称延陵季子。后封于州来(今安徽凤台),又称延州来季子。其兄诸樊、余祭、夷昧,数次推让君位于他,他俱不受。后世称其贤。

因此他的僚佐刘恰、赵寅、刘弥、孙勃等联名上书杜预说:"(我们)过去谬被选任,勉强凑合着当了官属,都与前任征南大将军羊祜一同处理政事。羊祜品德淡泊,操尚清高,并且又复加大将军的名号。他虽居其位,但未执行相应的规章制度,至今海内殷切仰望,群贤望祭他的仪容风采。和他交往的人,贪夫反能变得廉洁,懦夫都能树立志向,虽(伯)夷、(柳下)惠的行操,都不能超过他。自从他镇抚此地以来,惠政和教化遍布江汉地区,深谋远虑,辟国开疆,各种规划运筹,皆有规制。他志其公室,以死勤事。他初次征召的四位专佐助羊祜的属官,尚未到位,他即去世了。推举贤士报答国家,是三公等高官大臣之长远的职责,发现任用沉沦到下层的奇才,也是台辅大臣的夙愿;现在半途而废,亦成三公大臣的终身遗憾。(羊祜)一生履行谦逊,日积月累,晚年不能顺遂夙愿,这是远近所有人为之感痛的原因。过去召伯①休息的地方,流行甘棠佳话,宣子②游历的地方,都培植了树木。思念其人,仍然冀希于树,况且是(羊祜)生前辟召的士人就要随例弃置于一边吗!乞求诸位列上,能够按照已经报到的佐助属官安置。"杜预由此上表建议:"羊祜虽然开府而没有置备僚属,谦虚之至,应该彰显。他征召的士人未到他已辞逝。家无后嗣,如做官没有佐助之人,对这方士人的企望应时刻牢记心怀。对死去的人应始终重视追念他的事迹,人的德行就会变得敦厚,所以汉高祖不惜四千户之封,来安慰赵国子弟之心。请相关官属对上述之事议定。"但晋武帝没有允许他们的请求。其原因乃武帝尊重羊祜生前安排之意愿。

八、百万归来,羊祜恩信

羊祜死后两年,即太康元年(280)三月,晋灭吴。晋军接受了吴国的地图、户籍,攻下了吴国的四个州,四十二个郡,计五十二万三千户,二十三万名士兵。晋国朝廷得知吴已

---

① 召伯:即召(shào)公。西周初人,姬姓,名奭。周文王庶子。因采邑在召(今陕西岐山西南),故称召公或召伯,又称召康公。佐助周武王灭商以后,封于燕(今北京西南琉璃河乡),后由其子就封,自己留在王都。至周成王时任太保,为三公之一。曾掌理东都(洛阳)的修建,又与周公分陕(今河南陕县西南)治国。(《史记·燕召公世家》有详述)自陕以西由召公主之,陕以东由周公主之。周成王死后,受遗命辅佐康王。《诗·召南》有《甘棠》篇,是专赞美召伯的。旧说召伯曾在甘棠树下休息。后人追思其德,保护其树以资纪念,因作此诗。后以"甘棠"来称颂官吏的政绩。召伯享高寿。相传康王之时尚为太保,出入百有余岁,故后人以"若召公寿"为祝词。

② 宣子:此人书中未言其名,窃以为是宣秉(?—30),东汉冯翊云阳(今陕西淳化西北)人,字巨公。少有显名。西汉哀帝、平帝间因恶外戚王氏专权,隐居深山。新王更始政权建立后,征为侍中。汉光武帝刘秀建武元年(25)应召为御史中丞,颇受光武帝信重,特诏与司隶校尉、尚书令会同并专席而坐,京师称为"三独坐",后升为司隶校尉、大司徒司直,卒于官。

平定的消息,大臣们都去庆贺,同时为晋武帝祝寿。晋武帝手持酒杯流着眼泪说:"这是太傅羊祜的功劳啊。"于是就平定之功写成策文,祭告于羊祜庙,仍依照汉相国萧何旧例,给夫人加封。策文曰:"皇帝使臣拜谒者杜宏,告故侍中、太傅钜平成侯羊祜:过去吴国不恭顺,凭险称帝,使边境不得安宁,由来已久。羊祜受任于南夏,就想加以平定,对外宣扬晋朝王威,在朝廷出谋划策,推行德治,示以诚信,因此江汉一带的百姓归顺朝廷,对征伐吴国成竹在胸,有万全之策。上天无情,他的志愿未能实现,朕为此内心充满悲伤和遗憾。于是命令众将帅,大举征伐。动兵不久,一次大战而歼灭了吴国。这次军事行动,与羊祜的策划完全一致。封赏功臣,不能忘记羊祜的劳绩,国家有制度规定,应该给他增加封邑,以褒崇他生前的功劳,这样做有违于羊公生前的谦让之胸怀。今改封其夫人夏侯氏为万岁乡君①,食邑五千户,又赐赏丝帛一万匹,谷物一万斛。《资治通鉴·晋纪》载:"帝以平吴功绩,策告羊祜庙,乃封夫人夏侯氏为万岁乡君,食邑五千户。"夫人认为,这些都是君主的恩惠,愿将这些谷帛施舍给宗族之贫者。清《新泰县志·人物志》、旧《泰安县志》都将羊祜夫人列贤媛或贤淑。

九、文为辞宗,大儒风范

羊祜不仅是西晋重臣,军事上大有作为,而且在政务、治军、为人处世颇具儒家风范,是位地道的外儒内道的政治家。他以儒学建立功业,以道家之术修养内心。其一生文学作品甚丰,最有名的当属所著《老子传》,可充分体现出羊祜研讨道经精微。其所著文章及《老子传》在社会上广泛流传。其本传亦载"祜所著文章及为《老子传》并行于世"。唐人杜光庭在《道德真经广圣义序》中曾著录:注解《老子》诸家中有"晋仆射太山羊祜"。其文"皆明虚极无为,理家理国之道"。可见羊祜深研老子,除以"道家之术修养内心"之外,乃是同治国相联系。羊祜所著《老子传》,唐代尚有传本,后因社会动荡,政局不稳,社会上层矛盾加剧,至宋代已不可复得。据说从宋始,此书可能流传到高丽国(今朝鲜、韩国)中。宋哲宗元祐五年(1090)七月,宋哲宗在接见高丽国来使时,曾向其邦索求此书②。羊祜注《老子道德经》,又解释四卷,《隋书·经籍志》《旧唐书·经籍志》及《新唐书·艺文志》均有录。《羊祜文集》其卷数不详,今其书不传,书名载《山东通志》。

羊祜的著述现存的主要有《让开府表》(见上文)。该表是晋武帝泰始八年(272)初,武帝授予他"车骑将军,开府如三公之仪"爵位时,羊祜坚辞固让而上书晋武帝的疏文。《表》语言生动流畅,文情并茂,情真意切,语言平实,表现了他的高尚品德。刘勰《文心雕

---

① 乡君:命妇名号。始见于三国魏。多封于高官妻女、后妃之母、乡侯之妻。

② 此书:指羊祜著《老子传》。《高丽史·宣宗世家》所收宋廷《求书目录》内有:羊祜《老子》三卷。见周郢《泰山文化与韩国》,载《泰安市情》2006年第四期。

龙·章表》中对此表颇为赞赏。此文录文学名著萧统《文选》。羊祜另有请《平吴疏》,此意上文已有阐明。羊祜在"缮甲训卒,广为戎备"的情况下,说明伐吴时机已到,灭吴必胜的信心条件、方略。全文简洁明快,意蕴深刻,气势宏大,显示了羊祜非凡的睿智,被誉为同诸葛亮《出师表》一样的不朽之作。羊祜书法列南梁庚肩吾所撰《书品》。《书品》说他的书法"并擅毫翰,动成楷则,殆遍前良,见希后彦"。《书品》是中国最早评论各家书法优劣之作,书中所列善于草书、隶书者凡128人,羊祜列下之上品(当时分上下、上中、上下、中上、中中、中下、下上、下中、下下九等)可见羊祜"擅毫翰",只惜书迹未存。除此,羊祜对诗词歌赋也多涉猎。例如,他对杨雄、王褒、严遵、司马相如文采十分欣赏,曾有《四先生诗》相传。他的一些家书流传至今(见附)。因此说,他也是一位颇具影响的文学家。西晋文学家孙楚曾在《故太傅羊祜碑》中称其是"文为辞宗"。方见羊祜博学功底厚重。

羊祜的父辈已是俸禄二千石的高官,他们有可能接受了佛教这一舶来品。羊祜本传记载了其转世的故事:羊祜五岁时,叫乳母取来一玩弄的金环。乳母说:"你以前没有这种玩物。"羊祜就走到邻居李氏东墙下,于桑丛中找到了金环。李氏主人惊奇地说:"这是我家死去的儿子所丢失的物品,为什么要拿走呢?"羊祜乳母详细讲述了羊祜找出金环的过程,李氏十分悲哀。当时人们很奇怪,认为李氏的亡子是羊祜的前身。

羊祜作为士族子弟,从小受到良好教育,抱有远大政治志向,且不迷信。本传载,羊祜路遇善于看墓地的风水先生说,羊祜的祖墓所在有帝王之气,若掘凿墓地就会断绝后代,羊祜遂之掘凿了墓地。风水先生看了以后又说:"还会出一位折臂的三公高官。"而羊祜果真在骑马时堕马折臂,位至三公,无子嗣。

十、后世子孙,各有所封

武帝起初命羊祜兄长的儿子羊暨过继为嗣,羊暨认为父亲已死,不能过继为人承嗣。帝又命暨之弟羊伊过继为祜后,羊伊又不奉诏①。晋武帝大怒,并将二人免去过继的资格收捕。

太康二年(281),以羊伊的弟弟羊篇为钜平侯,作为羊祜的嗣子。羊篇官至散骑常侍,年轻时即逝世了(详见后文)。

至晋孝武皇帝(司马曜)太元年间(376—396),又封羊祜兄玄孙之子羊法兴为钜平侯,食邑五千户。后因属桓玄一党被杀,除封邑,废除了官爵。尚书祠部郎荀伯子上表申诉说:"我听说咎繇(即皋陶,佐禹治水有功)的后嗣死亡,臧文仲(?—前617,春秋时鲁国大夫)为之深叹;伯氏被夺封邑,管仲因此称为仁爱。功高可以百代不绝,滥赏必危害

---

① 此处未言羊伊为何不愿过继羊祜之因,或许因上文所说,祜将所"进爵士,乞以赐舅子蔡袭,诏封袭关内侯,邑三百户"有关,但实际情况不得而知。

崇朝(比喻时间短促、短命)。已故太傅、钜平侯羊祜明德贤达,国之栋梁,有开国佐命之功勋,平定吴国的伟业,却无后嗣,祭祀无人主持。汉代以萧何为首功,因为绝嗣便过继,我认为钜平侯封爵应当与酂侯萧何相同。已故太尉广陵公陈准与司马伦结党,酿成了淮南之祸,利用叛逆营求私利,窃取了一方大权。当时正值西宫贾后专权,刑罚失准,中兴之后也没剥夺。现今王道一新,怎能不判明善恶好坏,我认为广陵国应该废除。已故太保卫瓘本爵是菑阳县公,遭到杀害后才进封爵位,开始赠为兰陵郡公,又转为江夏郡公。建都洛阳时期的名臣,大部分未得善终,卫瓘的功德并不特殊,而独受偏赏,我认为应罢除其郡封,恢复菑阳县公,这样才能做到封赏和剥夺有伦序,善恶才能分明。"可是这个建议被搁置,没有回音。当时党附桓玄者甚众,羊法兴为桓玄利用,而他看重的正是泰山羊氏之门胄。刘裕起兵,桓玄党被杀者并不甚多,为何羊法兴遭诛,史无明载。

羊祜的父亲羊衜,英年早逝,居官未留下太多的政绩。但十分注重对子女的培养教育,培养了一代大贤羊祜和女儿景献皇后羊徽瑜。羊祜的前母是孔融的女儿,生了羊祜的哥哥羊发,官至都督淮北(淮水北岸地区。即今安徽凤台县至亳州市东南一带)护军。羊祜的父亲继娶蔡邕之女,生羊承。起初,羊发与羊承都得了重病,蔡氏估计羊发和羊承不可能都活下来,乃专心护养羊发,故羊发活了下来,而羊承病死。其后蔡氏又生了女儿羊徽瑜和少子羊祜。

羊发的长子为羊伦,官至高阳(今河南杞县西南高阳镇)国相。羊伦的弟弟羊暨,官至阳平(治所今河北馆陶县)太守。羊暨的弟弟羊伊被妖贼所杀后,追赠为镇南将军。羊祜的伯父羊秘,官至京兆(治所长安县,今陕西西安市西北十三里)太守。以上数位清《新泰县志》皆列名臣。羊秘的儿子羊祉,官至魏郡(西晋属司州,治所邺县,今河北临漳县西南邺镇)太守。羊秘的孙子羊亮,字长玄,有才能,善于计谋(见后文)。羊亮的弟弟羊陶(即羊忱),为徐州(三国魏移治彭城,即今江苏徐州市)刺史。

十一、大贤羊祜,百世流芳

《晋书》作者唐代房玄龄等史臣,在《晋书》卷三十四结尾时,对羊祜、杜预分别做出评价,史臣评价羊祜曰:

> 泰始之际,人祇呈觇,羊公起平吴之策,其见天地之心焉。昔齐有黔夫,燕

人祭北门之鬼①;赵有李牧,秦王罢东并之势②。桑枝不竞,瓜润空惭。垂大信于南服,倾吴人于汉渚,江衢如砥,秪袂同归。而在乎成功弗居,幅巾穷巷,落落焉其有风飈者也。

赞曰:汉池西险,吴江左回。羊公恩信,百万归来。

史臣这段话的意思是说:泰始年间,人们只知道进呈赐予之时,羊公开始提出平定吴国的策略,他看到了历史发展的大趋势。过去齐国有大将黔夫,燕国人祭奠北门的鬼神而不敢南视齐国;赵国有大将李牧,秦王就停罢兼并东方的势头。桑枝平和不争,使嫉贤害能之辈深感自己惭愧。播施恩信于南方地区,败吴国于汉水。长江横贯如砥石一般,但挡不住百姓老少纷纷前来归附。更在于有功不居,衣不华丽,居不讲究,落落大方而且气度不凡。

赞辞说:西有汉水的险要,东有长江的回流。羊公的恩信,使南方地区百万民众归服了。

《礼记·祭法》载:"夫圣王之制祭祀也:法施于民,则祀之;以死勤事,则祀之;以劳定国,则祀之;能御大菑(灾害),则祀之;能捍大患,则祀之。"羊祜不仅能捍(抗拒,抵御)晋之大患吴国,取得国家之统一,而且仁德敦厚,德高清廉,品德高美,是"行为世表",所以成为后世心目中的圣哲大贤,故应崇拜之,祭祀之。

羊祜卒后当年(278),西晋文学家、诗人孙楚作《故太傅羊祜碑》,碑文曰:

---

① 昔齐有……之鬼:黔夫是战国时齐国的大臣。甚得齐威王信重,被视为"宝"。曾守徐州(在今河北大城),燕、赵二国皆畏之。《史记·田敬仲完世家》载齐威王对魏惠王说:"吾吏有黔夫者,使守徐州,则燕人祭北门,赵人祭西门。"裴骃《史记集解》引贾逵曰:"言燕、赵之人畏见侵伐,故祭以求福。"

② 赵有李牧……之势:李牧(?—前229),战国时人。赵将。常驻守赵北边境,习射骑,善用烽火,甚得军心。曾大败匈奴,使其十余年不敢犯赵。又灭襜褴,破东胡,降林胡及长城东广大地区的匈奴胡人等。赵王迁三年(前233)秦将桓齮攻赵赤丽、宜安(今河北石家庄东南),李牧以大将军率边兵反攻,大败秦军于肥(今河北晋州西),致桓齮畏罪出奔,因功封武开安君。后因屡败秦军,秦以之为患,遂设计扬言李牧欲反,赵王中秦反间之计,捕杀李牧,不久,赵为秦所灭。

　　禀二仪之纯灵,膺造化之冲气①。文为辞宗,行作世表。迁黄门侍郎,受秘书监。公算灭吴之略,以为孟献营虎牢而郑人惧,晏弱城东阳而莱子服。乃进据险处,开建五城,收膏腴之地,夺敌人之资②。于是江浦驰义,繈负而至③,虽研精军政,用思灭敌,然兼立学校,阐扬训典④。是以缙绅之士,鳞集仰化,云翔

---

　　①　秉:承受。二仪:指天地。张华《女史箴》:"茫茫造化,二仪即分。"膺:接受。冲气:按《中国历史大辞典》冲气条,指运行于天地之间的阴阳二气。与静止的"元气"对称。《道德真经集义》卷九第九:"道有体有用。体者,元气之不动;用者,冲气运行于天地之间。"认为道有体用之分,道之体是静止的元气,是宇宙的本原,道之用是冲气的运行……冲气生于元气,动生于静。开头两句是赞誉羊祜之词。

　　②　以上数句是作者借羊祜本传所记羊祜接受西陵之战,败于吴人的教训,利用古人之法,策划灭吴之策,使"石城以西,尽为晋有",以颂羊祜功德。文中所用两个典故皆出自《左传》襄公二年。"孟献营虎牢"句,是说鲁襄公二年春,郑国的军队受楚国之命侵晋国的同盟国宋国。至秋七月,郑国国君郑成公死,晋军进攻郑国。大夫们想要服从晋国,郑国政卿子驷说:"国君的命令没有改变。"晋的同盟国在戚地会见,讨论征服郑国的缘故。鲁国的孟献子(即仲孙蔑)说:"请在虎牢筑城以逼迫郑国。"冬,再次在戚地会见,并在虎牢筑城。郑国人惧,这才要求媾和。虎牢,春秋郑邑。在今河南荥阳市西北36里汜水镇。"晏弱城东阳"句,是说鲁襄公二年夏,齐姜死。齐侯派遣与齐同姓之女嫁于齐大夫者,和同姓大夫之妇来送葬,召见莱子。莱子不参加会见,所以晏弱在东阳筑城以逼迫他。又据襄公六年载,十一月,齐侯灭亡莱国。当齐兵进入莱国时,莱共公浮柔逃亡到了棠地。晏弱包围了棠邑,并灭了棠,把莱国的百姓迁到了郳地,莱国的土田被划分。

　　③　江浦:指江边,水边。杜甫《鸥》诗:"江浦寒鸥戏,无地亦自饶。"驰义:仰慕正义,引申为归顺、臣服。《汉书·陈汤传》"乡风驰义,稽首来宾(归顺)。"繈负,又作褓负,即布幅把婴儿兜负在背上。《后汉书·杨震传》:"天下褓负归之。"这两句指羊祜用怀柔之术使人仰慕,前来归降。

　　④　阐扬训典:阐发弘扬经典著作和典章制度;训典:一般指教导民众的典法;又指典章制度之书。如《左传·文公六年》:"告之训典,教之防利。"该句颂羊祜以"训典"之书教化百姓。

衡门①,虽《泮宫》之咏鲁侯,菁莪之美育才,无以过也②。铭曰:金德发曜③,惟公作辅④。肇造嘉谟⑤,建我民主⑥。不憖遗公,俾屏圣皇⑦,哲人其徂,孰不增

---

① 缙绅:又作搢绅,荐绅。缙,通搢。插:把笏板插在带间。引申指士大夫。《史记·封禅书》:"搢绅之属皆望天子封禅改正度也。"鳞集:成群结队,群集。《汉书·司马相如传》:"四面风德,二方之君,鳞集仰流,愿得受号者亿计。"仰化:仰慕而受教化。仰:敬慕,仰慕;脸向上。化:教化,感化。云翔:如云之飞翔不定,引申为徘徊。《战国策·秦策四》:"楚燕之兵云翔不敢校(当作"救"),王之功亦多矣。"衡门:横木为门,指简陋的房屋。《诗·陈风·衡门》:"衡门之下,可以栖迟。"本句大意是说羊祜士大夫的风度让众多的人所敬慕而且受到教化,徘徊于横木之门不愿离去。

② 泮宫:周代诸侯国举行射礼或宴会的地方,也是培养贵族子弟的学校;汉代称诸侯的学宫为"泮宫"。这里指《诗经·鲁颂·泮水》所颂鲁僖公能作宫于鲁国泮水之上,独鲁有之。此句借指培养人才的学校。菁莪:菁菁,草木茂盛;莪:草名,又名萝、萝蒿、莪蒿等,多生水边,嫩叶可食。《诗·小雅·菁菁者莪》:"菁菁者莪,在彼中阿。"本句大意是说,羊祜建立学校的赞美之声,像诵咏鲁侯在"泮宫"培养的人才一样,人才像培养的莪蒿一样茂盛繁多,为国培养人才无以过分啊。

③ 金德:五德之一。谓以金而德王。古代阴阳学家以五行相生相克和终而复始的循环变化,说明王朝兴替的原因,称为"五德终始"。《三国志·魏书·礼志一》:"晋承魏,土生金,故晋为金德。"发曜:发出光芒或说焕发光辉。本句意思是:"晋为金德"羊公您有"佐命之勋",为之焕发光辉。

④ 辅:辅佐,亦指辅作之臣。作:充任。《尚书·舜典》:"汝作司徒。"本句是说,唯有羊公您胜任辅佐之臣。

⑤ 肇:开始。造:创造、创建。嘉:美好。谟:计谋,谋略。《尚书·君牙》:"丕显哉,文王谟!丕承哉,武王烈(功业)!"本句是说,您肇始制定了一个好的灭吴谋略和统一祖国的计划。

⑥ 建:确立地位。《史记·孝文本纪》:"正月,有司言曰:蚤(早)建太子,所以尊宗庙,请立太子。"民主:民之主宰者,指君主或官吏。《尚书·多方》:"天惟时求民主,乃大降显休命于成汤。"本句大意是说您有佐命之功确立了我大晋君主的地位。

⑦ 不憖遗公,俾屏圣皇:憖(yìn):愿。遗:留。本句借用《诗·小雅·十月之交》:"不憖遗一老,俾守我王。""不憖"本为"宁不""何不"之意。后来多以"天不憖遗"为语作为哀悼老臣之辞。"憖遗"含有遗留、保留之意。《三国志·魏书·文帝纪》注引袁宏《汉纪》:"天不憖遗一老,永保余一人。"俾,同"裨",裨益,益处。屏:屏障,捍卫。《国语·齐语》:"以屏周室,天下大国之君莫不能御。"这两句主要是说,不愿遗留下羊公您,是为了继续让您成为君王的辅佐和藩屏。

伤①。(采自欧阳询《艺文类聚》卷四十六)

　　羊祜一生公忠为国,体恤民众。他不仅为晋国的统一事业做出巨大贡献,而且克承家风,一生清廉,品德节操,堪称世表。即使在镇守荆、襄之始,也不忘体恤民众。他一方面垦荒备战,一方面招抚大众,与吴人开布大信,治军、施政皆得民心。羊祜,这位杰出的政治家、军事家,历史上享有盛名,在其生前所在的襄阳和其故里——山东新泰都享有巨大声望。

　　襄阳百姓在羊祜生前游憩的岘山上建庙立碑,岁时飨祭。自接替羊祜镇守襄阳的大将军杜预命名羊祜庙前碑石为"堕泪碑"后,至晋永兴年间(304—306),曾任羊祜参军的大将刘弘出任荆州刺史,因对羊祜钦慕,命幕僚李兴重撰《晋故使持节侍中太傅钜平成侯羊公碑》刻立羊祜庙前。时人遂将"堕泪碑"之名移至此碑。称李兴重撰羊公碑为"堕泪碑"。该碑南齐时被毁,南梁大同十年(544)重立后,由刘之遴撰记刻于碑阴。此碑即(宋代赵明诚)《金石录》所录《梁重立羊祜碑》。该碑至唐佚失,李景逊重立。五代或宋初碑又毁,宋景祐间(1034—1037)晏肃重立。后复佚,元至正四年(1344)秋襄阳万户杨克忠再镌石立于旧址。尔后又毁于兵燹。明弘治四年(1491)又重刻立,碑文乃用李兴之辞。《襄阳金石略》《全晋文》诸书皆据以采录。明叶盛《水东日记》载有元代杨克忠重建《羊太傅碑》之碑文,但称羊祜为"泰山钜平人",与明弘治所重刻碑文称祜为"泰山南城人"有异(周郢《羊姓史话》及《泰山志校证》之第671页)。此后羊祜庙、碑虽屡废屡兴,但历代诗人词客,每到岘山祭祀凭吊羊祜,都留有大量咏唱羊祜的诗词佳作,各抒情怀。例如,北宋庆历七年(1047)襄阳太守王洙主持重修岘山羊侯祠,将有关侯祠诗作及时人唱和之作刻于石幢,称之《羊侯祠石幢》。至熙宁三年(1070)襄阳太守史中辉重修岘山亭,请欧阳修撰写了《岘山亭记》,赞羊祜、杜预之德。此后,岘山之上祀羊祜碑碣又多有兴废。至1982年,襄樊市文物管理处又于岘山羊祜庙旧址重立新碑一方,由书法名家书"堕泪碑"三个草书大字,以缅怀先贤羊祜。其碑文曰:晋羊祜守襄阳绥怀,远近百姓景仰。闻其病故,勒石以表彰功德,观者无不悲痛。杜预因名此碑为堕泪碑。数度兴废,现予重立。

　　由于羊祜积德布施,军无虞警,民不疲劳,群黎被德,众人感服。羊祜死后自晋以来,各地民众以多种形式追思并颂其功德,某些地区的羊祜崇拜已形成文化。如浙江金华一

---

　　①　哲人:才智极高的人。《尚书·伊训》:"敷求哲人,俾辅于尔后嗣。"此指羊祜。徂:消逝,死亡。增伤:更加悲伤。最后两句是说:像羊公您这种才智高超之人仙逝,谁不更加悲伤。

带的民俗活动,用帝王所用銮驾形式迎拜羊祜。因羊祜有医病之术,曾给陆抗送药医病,南方某些地区如浙江建德、镇海,江苏苏州长洲、宁海、定海等地奉羊祜为包治百病的神医,为其建庙、立坊专祠羊祜。四时祭祀以祈福消灾(参见田承军《羊祜庙考略》)。

唐代诗人孟浩然是襄阳人,在《与诸子登岘山》诗中"羊公碑尚在,读罢泪沾巾"句,道出了诗人的崇敬之情。台湾著名诗人余光中在诗《鬼雨》中一句"羊公碑尚在,落多少行人的泪",则写出了当代人对羊祜的悼念和追思。

北宋张鉴有独访羊祜庙的诗作。他的《谒羊钜平侯祠》,抒发了对羊祜的思念。诗曰:

> 独访羊侯庙,停车拜夕曛。
> 探环存古木,堕马想荒坟。
> 坏壁衔秋藓,寒潭生暮云。
> 残碑如岘首,读罢泪纷纭。

《宋史》卷一百六十五《职官志五》称羊祜为"古名将",与诸葛亮齐名。

追思、歌咏羊祜及其遗迹的诗、词、赋、联等,自晋而今在故里形成一道亮丽的文化奇观。这些诗词赋或歌咏羊祜之贤德,或颂其功业,或唱其忠信待人,或赞晋人的美,或追思甘棠遗爱,或借古凭吊或借景物抒发情怀。其中佳作上品载录诗集文献。如泰安市社科联袁爱国主编的《全泰山诗》所辑赞颂羊祜及凭吊羊祜诗作有数百篇之多,篇幅所限不再赘录。关于描写羊祜的故事、小说古今不少。例如《世说新语》载关于羊祜的故事有数则。元末明初著名文学家罗贯中的《三国志通俗演义》塑造的羊祜形象栩栩如生,深深感染着广大读者。

羊祜故里——山东新泰人民更是倍加感念羊祜的一生功德。自晋以来,每朝每代的新泰人都以不同形式纪念他。新泰之名与羊祜密不可分。《春秋》载鲁宣公八年(前601)"城平阳",是说鲁在今新泰设平阳邑,隶属泰山郡,习惯上称"泰山平阳"。羊祜先祖秦末徙至此,故习惯上称"泰山羊氏"。汉代在平阳邑设东平阳县,其后在行政区划上数有变更,且与山西平阳重名。至西晋,羊祜重任在身,公务、军务繁忙,仍不忘家乡养育之恩。为别其他地区平阳之邑名,羊祜便于泰始年间表改东平阳县为新泰县,系取新甫山与泰山之首字之义,新泰(县、市)之名沿用至今。清人姚立德所撰《羊公祠记》(载《新泰县志》)谓:晋泰始中羊祜表,改为新泰。新泰之受民始于太傅,迄今千四百余年(至今则为千七百余年)代有兴替而县无移易,宁(难道)非太傅之功欤? 新泰出了羊祜这位名贯华夏的大贤,是新泰人民之骄傲。新泰历代官府将羊祜列入乡贤,其《传》载入《县志》,供后世彰显。历代在羊祜故里羊流镇建祠设庙,修其祖茔,撰表树碑,蔚为显盛。例如,明万历三十七年(1609),新泰知县路升采新甫山之石,表羊氏墓群,题"晋太傅成侯羊氏先人之墓"。明万历年间新泰解元进士徐光前撰《邑侯路公表晋太傅成侯羊公先生墓碑》(明·天启《新泰县志》)。明清时期,羊流羊公祠主祀羊祜。其像"缓带轻裘,一派儒将风度"。明末清初从北京至福建的驿道开通,途经新泰,羊流为"九省通衢"的重要驿站,文人墨客行至羊流,多往谒祠凭吊,仰怀先贤羊祜,留有吟咏佳作多篇。其中不乏脍炙人口的名篇佳作。诗人们从不同角度讴歌他的功业,赞美他的德行,歌颂他的事迹,以表达对这位大贤的敬仰之情。

例如,清乾隆年间学者江遂达《竭羊太傅祠呈冢兄璞山》诗云:

> 追陪山左访名区,太傅祠堂是典谟。
> 半碣残碑闻堕泪,一襟缓带足平吴。
> 空余碧草缘阶茂,得沐流风入宇殊。
> 岂独襄阳多父老,讴思终古起顽夫。

又如清乾隆年间诗人颜怀宪《谒羊太傅祠》诗云:

> 郁郁寒烟色,羊流古驿边。
> 来寻太傅里,遗庙尚巍然。
> 裘带钦吴会,风流轶汉贤。
> 至今闻堕泪,犹似岘山前。

据周郢《越南"燕行图"中的新泰羊公祠》(载周郢《名山古城》,五洲传播出版社,2015年9月版),羊流羊公祠曾留记于今越南典籍《燕轺日程》,是清乾隆三十年(1765),阮辉僙入清朝贡路经新泰时所记。此后至光绪八年(1882)越南(阮朝)范文贮入清贡时,绘有《如清图》。图中绘有新泰县,并注:"羊流驿有羊公祠,是晋羊祜故里。"可见羊祜的影响巨大,由此留下一段文化佳话。

羊公祠虽屡建屡废,但最终毁于近代战乱兵燹。可幸清人姚立德所撰《羊公祠记》刻石尚存今羊流镇

羊公祠记碑拓片

羊祜塑像

羊祜公园。

拜谒羊流羊公祠及羊氏先公先祖之诗词,多载明清两朝《新泰县志》,明以前之颂诗词因年代久远,《县志》失载。清《新泰县志》除载羊祜本传外,还载晋孙楚《题羊太傅碑铭》《晋书》唐史臣对羊祜之《赞》语,清顺治年间新泰县令卢绒撰《羊太傅祖墓表》等。

1999年6月,为弘扬先贤业绩,昭示后人,新泰市羊流镇人民政府特立羊祜塑像一尊,并勒石以记。近年,羊祜家乡人民为有这样一位大贤而自豪,地方学人也不断发表文章,著书立说,以各种形式追念羊祜。例如:由王尹成任主编、1999年5月齐鲁出版社出版的《新泰文化大观》,由王相玲任主编、李明杰任学术主编的《泰安区域文化通览·新泰市卷》(即《新泰区域文化通览》)及王相玲主编《新泰古韵—古代诗词选注》等都以专门章节,或文或诗颂扬或缅怀了羊祜功绩及当地纪念羊祜的活动等。泰山学院周郢先生编著的《羊姓史话》(江西人民出版社,2001年版)及其所著《泰山与中华文化》,(山东友谊出版社,2010年版)都有记载羊祜事迹的大量篇幅,《泰山与中华文化》还以《羊祜故里新泰》专篇,考证了羊祜故里非新泰莫属。另有羊祜乡人学者李光星所编著的《羊祜年谱》等。更有幸事,临沂大学刘硕伟先生著《两晋泰山羊氏家族文化研究》列入山东文化世家研究书系,详载了泰山羊氏的家族文化,并列一章专述羊祜之清德与功业。大贤羊祜在新泰人民心中永存,万世流芳。

十二、羊祜陵墓,扑朔迷离

羊祜传未载其卒后的具体葬地,只说武帝赐给他洛阳城外十里靠近皇陵的葬地一顷。至清雍正《钦定四库全书·河南通志》卷四十九《陵墓》云:"羊祜墓,在(河南)府(即洛阳市)城北一十里北邙山。晋仆射。"又《洛阳出土历代墓志辑绳》(1991年版)著录一方羊祜墓志,云:"晋故使持节都督荆州诸军事平南将军军司钜平侯羊府君之墓。君讳祜,字叔子,太康元年岁在庚子二月八日葬于洛(阳)之西北也。夫人吴国刘氏。"以上所言洛阳"城北一十里北邙山"在今洛阳市北。北邙山,亦作北山、郏山、芒山。《元和志》卷五偃师县:"北邙山,在县北二里,西自洛阳县界东入巩县界。"偃师县,西汉置,西晋废,故史称羊祜墓在洛阳。羊祜卒后葬于北邙山,与其传所载葬于"去城十里外近陵墓地一顷"相符。而《辑绳》所载之羊祜墓志则存疑点。其一,文曰"平南将军"之衔与羊祜卒前之衔不符。据《晋书·羊祜传》,羊祜生前最终官职为"征南大将军",而"平南将军"则是泰始八年(272)羊祜西陵一战失利,获罪"坐贬"之职(又见《资治通鉴》卷七十九)。其二,《羊祜传》载,祜卒时年五十八岁,是时为咸宁四年(278)十一月二十六日,并无"太康元年(280)再葬之记。"其三,多典籍记载羊祜夫人为夏侯霸之女夏侯氏,任何典籍未见羊祜另娶。而《辑绳》则载祜夫人为"吴国刘氏",与《传》相悖,不可信。由上可认定《辑绳》所录之羊祜墓志存疑,可信度不高,或说"伪造"。

笔者认为,至西晋的墓葬制度受曹魏墓葬制度的影响至深。墓葬"晋制"的确立在很大程度上就是曹魏制度的延续。总体上看魏晋时期的薄葬具有"短丧""不封不树""墓葬简制""明器减少(减质)""有名无实的虚拟化"等特点。其最大变革是承曹魏时期的"不封不树"。有学者认为,这种制度的变革不仅仅是没有封土和地面陵寝建筑这些对时人直接观感的变化,对之后两晋墓葬制度也带来深厚的影响(见《光明日报》2017 年 1 月25 日载韩国河《洛阳西朱村曹魏考古发现及其学术价值》)。事实正如上文所说,如《晋书》卷二十《礼志中》载:"文帝(司马昭)之崩,国内服三日。武帝(司马炎)亦遵汉魏之典,既葬除丧,忽犹深衣素冠,降席撤膳。""宣帝(司马懿)豫(即预先有言)自于首阳山为土藏,不坟不树,作《顾命终制》,敛以时服,不设明器。景(司马师)、文(司马昭)谨奉成命,无所加焉。景帝崩,丧事制度又依宣帝故事。"由此可知,羊祜卒后墓葬未必有封有树,应遵自己参与制定的国家礼制。如羊祜墓葬也"不封不树",就难以找到其墓穴,有无墓志铭亦不得而知。

【附录】羊祜一生文采斐然,著述甚丰。无论在任上所作疏、表、启笺,还是赋闲时所作诗、赋、文,自古而今颇受推崇赞誉。西晋人孙楚在《故太傅羊祜碑》中称羊祜为"文为辞宗"。羊祜的《让开府表》请《平吴疏》等文已录其本传。早有学者认为《让开府表》可与诸葛亮的《出师表》并论,同称不朽之作。请《平吴疏》则充分展示了羊祜作为军事家的才干和胆略及其敏锐眼光,也早有学者做出评价。羊祜本传中还载录了其他启、表。如本传有针对贾充的"密启留充"句;有针对王濬的"因表留濬益州诸军事,加龙骧将军,密令修舟楫"句。知其在任期间关于这方面的启、表、令不少,惜未见文本流传。又据《三国志集解》卷二十《鲍勋传》注引《太康三年地记》,羊祜上表改(东)平阳县为新泰县时有《改平阳为新泰表》。羊祜之《老子传》等作品《隋书》及新、旧《唐书》之经籍志或艺文志均有著录。由于羊祜做事严谨,任上曾烧毁一些文稿,故其传世之作不多。今将大家喜闻乐见的羊祜《与从弟琇书》《诫子书》《雁赋》及成语"羊公鹤"出处等附于后,以与读者共飨。

附(1):与从弟琇书

吾以布衣忝荷重任，每以尸素为愧。大命既隆，惟江南未夷，此人臣之责。是以不量所能，毕力吴会。当凭朝廷之威，赖士大夫之谋，以全克之举，除万世之患。年已朽老，既定边事，当角巾东鲁，还归乡里，于坟墓侧为容棺之墟，假日视息，思与后生味道，此吾之至愿也。以凡士而居重位，何能不惧盈满贻责邪！疏广吾师也。圣主明恕，当不夺微志耳。（转引自清《新泰县志·艺文志》）

《晋书·羊祜传》所载"与从弟琇书"与上文所录《县志·艺文志·与从弟书》略有差异，今录于后，供参阅。《传》载：尝与从弟琇书曰："既定边事，当角巾东路，归故里，为容棺之墟。以白士而居重位，何能不以盛满受责乎！疏广是吾师也。"

上文其大意是说：我以布衣出身有愧于担其国家重任，每以"尸位素餐"之时就感到惭愧。现在国家的命运已经隆盛，唯独江南没有平定，这是为人臣子的责任。是我以不（衡）量自己之所能，以毕力与吴交战，当凭借朝廷之威望，依赖朝中士大夫之谋略，以全力克敌之举，除万世之祸患。我年已朽老，既平定边境之事后，当头戴角巾（古代一种有角的方巾，此指隐退）东归故里，于祖先墓侧寻一块安葬之地（新泰羊流北有羊氏祖茔），假若日后能看到战争平息与体会到做后辈的味道，这将是我所要达到的愿望。我以平庸之士而居高位，何能不惧怕因有成就又兴盛而受到指责呢？疏广是我师也，皇上圣明而宽恕仁爱，当不会夺我卑微的志向。

《书》是羊祜写给从弟羊琇的家书。书中不仅表明了他的灭吴之志和他肩负的历史使命，而且表明了自己功成之后回归故里的强烈愿望，同时将以疏广为师，归老田园。以避"盈满贻责"。该《书》还能看出羊祜的思乡情怀。

附（2）：诫子书

吾少受先君之教，能言之年，便召以典文；年九岁，便诲以《诗》《书》。然尚犹无乡人之称，无清异之名。今之职位，谬恩之加耳，非吾力所能致也。吾不如先君远矣！汝等复不如吾。咨度弘伟，恐汝兄弟未之能也。奇异独达，察汝等将无分也。恭为德首，慎为行基，愿汝等言则忠信，行则笃敬，无口许人以财，无传不经之谈，无听毁誉之语。闻人之过，耳可得受，口不得宣，思而后动。若言行无信，身受大谤，自入刑论，岂复惜汝？耻及祖考！思乃父言，纂乃父教，各讽诵之。（采自欧阳询《艺文类聚》卷二三）

其大意是说：我少年时代受先辈之教诲，能言之年，便教我习礼识字；年九岁始，便教我习读《诗经》《尚书》等经典。然而尚且还不被乡人所称道,无清显异常之名分。我今天的职位,是皇恩错爱赐给我的,并非我自己所能达到的。我不如先辈们有远见啊!你等还不如我。就我揣度,光大宏伟的业绩,恐你等兄弟未必能胜任;独特超群显贵的地位,以我观察你等将不可能有名分。谦恭有礼为德行之首,小心谨慎是行为的基准,愿你等言则忠信,行则注重恭谦,不要凭空口许他人之财货,不要传信没有根据之言谈,不要听闻诽谤或赞誉之言语。闻人之过错,耳可得受,口不得宣扬,要先思而后动。假若言行没有信誉,心身受大的谤议,要按法度自行论定,岂能再痛惜你自己?耻辱将触及先祖啊!你们要(时常)思虑父言,继承父之教诲,各自背诵朗读之。

　　羊祜写给子侄辈的《诫子书》,虽为家书,只有70余字,但与诸葛亮《诫子书》一样,都是较为典型,且具名气的"家训"。这篇训文可谓语重心长。在简述自己的成长过程后,说明了自己的职位,是"谬恩之加",非吾力所能致。既如此也"不如先君"。以下两句乃是对子侄辈前程的忧虑。羊祜所处的西晋初期仍处社会动荡,官场腐败,朝内勾心斗角,政治也非清明的时代,遂嘱晚辈凡立身、立命、为人处世要"恭为德首,慎为基行"。特别要注重一个"慎"字。古人认为"慎"是一种重要的道德修养方法,是个人自律所达到的一种极高的道德境界。而真要做到"慎"是不易的,是修身立德的重要方面。儒家提出为官者要做到"十慎",即慎独、慎微、慎权、慎欲、慎好、慎友、慎言行、慎始终,慎亲、慎平。羊祜对晚辈提出"恭慎"正是体现了以儒治家的精神。接着提出了言行所遵循的要点,要求晚辈千万不可言而无信,若"身受大谤"应按法度衡量自己,决不痛惜。不然,耻辱将触及先祖啊!最后谆谆告诫子侄辈纂承训教。《诫子书》中的某些言语似乎羊祜对子侄辈有不放心之处。这体现出古人对优秀传统美德,对家风的价值趋向的追求。他希望引领出羊氏家族的好家风,塑造好晚辈的道德品质,继承好家庭美德。冀希好家风永世长存。

　　羊祜之《诫子书》虽是对其子侄的训教,但至今在大力推崇树立良好家教家风之现实社会中仍具现实意义。同时对研究泰山羊氏的家风家教家德也具有重要意义。该文短小精彩,朴实真诚,情感蕴蕴如渊,为众家所推许并给予较高评价。如近年出版的《古今家训新编》等书收入羊祜此文。

　　附(3):雁赋

　　按:此赋流传较广,自晋以来多有文本载录,清光绪增修版《新泰县志》卷十九《艺文志》(增)也载该赋。《县志》云录自《杨升庵集》即《升庵合集》,但有错讹。与严可均所录《雁赋》句式比对,句序前后颠倒,且缺最后四句。升庵即杨慎,字用修,号升庵,明代文学大家,"为一代之冠"。《县志》所录《雁赋》正文后杨升庵评曰:辞旨超远出于词人一等。另据法国学者侯思孟所著《山水诗的产生》第五章指出:羊祜还是专注于欣赏山水风光之第一人,他的这一行为,鼓励了一种新的时尚,为山水诗的出现开启了先声(转引自《新泰古韵》第 445 页）。该赋前后贯通,思想健康向上,言简流畅,想象力颇丰。可以想象,秋天来了,云高气爽,碧空一群大雁南飞,一会飞成"人"字,一会飞成"一"字,又不时飞过岘山,羊祜昂首而立,观"雁行",望"雁字",有动美,有状美,是诗情又是画韵,这种美让人心旷神怡。在十分惬意的同时大概也思绪万千。羊祜深谙儒道之学,虽喜雁、观雁,但主要是以雁喻人,以雁喻已,借雁抒发情怀,表现自己的远大志向和政治抱负及高洁的雅致。他写雁,也赞雁之德,其中不乏万里飞行不知疲倦,吃苦耐劳精神;积极向上,团结一致的团队精神;遵守纪律,相互应和,勇往直前,井然有序的自律精神等。同时,他对自然界的美好,对生活的美满也显十分向往。赋曰:

> 鸣则相和,行列接武①。
>
> 前不绝贯,后不越序②。
>
> 齐力不期而并至③,同趣不要而自聚④。
>
> 当其赴节,则万里不能足其路⑤。
>
> 苟泛一壑,则众物不能易其所⑥。

---

① 和:和鸣,叫鸣声互相呼应。又谓应和。周邦彦《蝶恋花》词有"楼上阑干横斗柄,露寒人远鸣相和"句。接武:指相继而行。杜甫《送重表侄王殊评事使南海》诗有"洞主降接武,海胡舶千艘"句。这两句是说,大雁鸣叫时相互应和,飞行时则相继而飞,队列整齐井然有序。

② 贯:穿成串的钱,又指穿成串的东西。序:次序。贯、序都是行列次序。这两句是说,飞在前面的雁鱼贯而行不间断,飞在后面的雁也不超越次序,相约和谐勇往直前。

③ 期:约定时间或说邀约、约请。《史记·周本纪》:"不期而会盟津者八百诸侯。"本句是说,它们齐心协力不用互相邀约而能同时到达(目的地)。

④ 趣:志向。要:通"邀"即邀请,约请。聚:集聚,集合,本句是说,共同的志向不用相邀约而能自动(或说自觉)地集聚在一起。

⑤ 赴:为某事奔走而出力。《晋书·滕修传》:"王师伐吴,修率从赴难。"节:符节。缀有牦牛尾的竹竿,古代使者出使时用作凭证。《后汉书·徐璆传》:"因苏武困于匈奴,不坠七尺之节。"足:满足,够格。本句是说,当要去执行飞行使命,飞行万里路也不值得满足所飞路程。

⑥ 苟:假如,如果。泛:浮行。《诗·鄘风·柏舟》:"泛彼柏舟,在彼中河。"壑:海。《庄子·天地》:"夫大壑之为物也,注焉而不满,酌焉而不竭。"物:指社会,客观环境。《后汉书·郭皇后纪》"物之兴衰,情之起伏,理有固然矣。"易:改变。所:所向。本句是说,雁若浮行于大海,则再复杂的环境不能改变其所向。

临空不能顿其翼,扬波不能瀸共羽①。

排云墟以颉颃②,汰弱波以容与③。

进凌鸾乎泰(太)清④,退嬉鱼乎玄渚⑤。

浮若飘舟乎江之涛,色若委雪乎崖之阿⑥。

邕邕兮鸣乎云间⑦,因飞临虚厉清和⑧。

眇眇兮瞥若入清尘⑨,扶日拂翼粲光罗⑩。

(采自严可均《全上古三代秦汉三国之朝文》)

---

① 顿:停顿。瀸(jiān),浸渍。本句是说,凌驾在空中双翅不能停顿,即是扬起的水波不能浸渍其羽毛。

② 墟:土山。颉颃(xié háng):鸟飞时忽上忽下的样子。飞上为颉,从高飞下为颃。潘岳《杨仲武诔》:"归鸟颉颃,行云徘徊。"《诗·邶风·燕燕》:"燕燕于飞,颉之颃之。"该句形容大雁成排飞行在白云朵中忽上忽下十分壮观。

③ 汰:此处通"泰",有滑,掠过之意。《左传·宣公四年》:"伯棼射王,汰辀及鼓跗。"即说伯棼用箭射楚王,飞过车辕,穿过鼓架。容与:徘徊,舒闲自适的样子。《楚辞·九辩》:"淡容与而独倚兮,蟋蟀鸣此西堂。"该句是说,大雁飞翔在起伏动荡似水波的云里面,舒闲纵放,自由自在。

④ 凌:乘,驾。张衡《思玄赋》:"凌惊雷之砊磕兮,弄狂由之淫裔。"鸾:传说中凤凰类神鸟。泰,又作太。太清:天空。《后汉书·仲长统传》:"翱翔太清,纵意容冶。"该句形容大雁"进"则一往无前地在天空翱翔可凌驾于"鸾凤"之上。

⑤ 玄渚:深池。汉张衡《西京赋》:"海若游于玄渚。"该句紧接上句,是说大雁"退"则可与鱼儿游嬉在深池之中。

⑥ 委:累积、堆积。岩之阿:即岩阿,山崖的边侧。如,潘岳《河阳县作》二首之二有"川气冒山岭,惊湍激岩阿"句。这两句是说雁群浮若飘舟似江之波涛,色若堆雪停立在山崖的边侧。

⑦ 邕邕:邕邕即"雍雍",鸟鸣和谐的样子。悲鸣:哀叫。该句是说,群雁即是在云间哀叫,声音也十分和谐。

⑧ 虚厉:指田舍荒废,人民灭绝。清和:清越和谐。该句是说,大雁即是飞临荒无人烟之地叫声也清越和谐。

⑨ 眇眇:飘动貌。汉张衡《思云赋》有"凤眇眇震余欤句"。瞥:闪现。清尘:指清静无为的境界。这句是说,大雁展翅闪电般飘入清静的蓝天。

⑩ 扶:沿着。拂:振动,摇动。《逸周书·时训》:"清明之日,萍始生;又五日,鸣鸠拂其羽。"粲:华丽,华美。该句紧接上句,大雁群一会儿又相互关照地在太阳光下飞行,扇动着的翅膀,被阳光照得如绫罗般的华丽。

附(4):从"羊公鹤"看羊祜之雅致

《世说新语·排调》载:"昔羊叔子有鹤善舞,尝向客人称之,客试使驱来,氃氋(tóng méng,羽毛松散的样子)而不肯舞。"刘遵祖(即刘爱之,字遵祖,曾任中书郎、宣城太守)年轻时受到中军将军殷浩赏识,殷浩把他推荐给庾亮,庾亮很高兴,就用刘遵祖做属官。见面以后,让他坐在独榻上表示对他尊敬和他谈话。刘遵祖那天的谈吐和他的名声极不相称,使庾亮稍有失望。所以庾亮用"羊公鹤"来比拟刘遵祖,于是刘遵祖称之为"羊公鹤"。后用"羊公鹤"喻名实不相称之人。

上述故事衍变成成语为"不舞之鹤",喻名不副实。如《聊斋志异·折狱》:"(费祎祉)方宰淄时,松(人名)裁弱冠,过蒙器许,而驽钝不才,竟以不舞之鹤为羊公辱。"此以不会舞的仙鹤,来讥笑人无能,也用于自谦无能。

"羊公鹤"(或称"羊公之鹤")这一成语从另一方面可知羊祜不仅喜雁,作《雁赋》,且喜爱其他禽类,养鹤训其舞动以娱宾客即是一例。山水有情,鸟兽禽鱼有性,于是,物与人交流,悠然心会,是一种怡情雅致。

【评析】另辟蹊径看羊祜

羊祜本传叙事简略,往往使读者不能全面了解羊祜其人。为此,笔者拟将羊祜生平的某些细节作以补充,以与读者共飨。

一、郭奕见羊祜地点小议

羊祜本传载,太原郭奕赞羊祜"今日之颜子",方见青年羊祜的人格魅力。此事又见于《世说新语·赏誉》:"羊公还洛(阳),郭奕为野王令(野王县治今河南沁阳市),羊至(县)界,遣人要之,郭便自往。既见,叹曰:'羊叔子何必减(亚于)郭太业!'复往羊许,小悉还,又叹曰:'羊叔子去人远(远远超出常人)矣!'羊既去,郭送之弥日(郭奕整天地送他)一举(送)数百里遂以出境免官。复叹曰:'羊叔子何必减颜子!'"郭奕字大(太)业,太原阳曲人,少有重名,高简有雅量,忠毅清直,曾任雍州刺史、尚书。郭奕任野王令曾与羊祜交往,相送出县界而被免官。可见两人交之甚厚,一往情深,又完全被羊祜的品格、才华、风度、魅力所吸引,故而对其赞叹有加,并与颜子相比。按《世说新语》所记"羊公还洛""郭送之弥日"郭奕与羊祜的交往是在洛阳。此时羊祜大概尚未入仕,其年龄应在十八九岁或二十岁,风华正茂。既然郭奕"复往羊许",羊祜在洛阳必有住所,或许暂住姐姐徽瑜家或许暂住求仕,具体情况不得而知。

又按《晋书·郭奕传》郭奕初为野王令,"羊祜常过之""遂送祜出界数百里,坐此免官"。如果羊祜从家乡泰山平阳去洛阳,路经野王县,此处不会用"常过之"。如果羊祜自父官署上党郡去洛阳,虽路经野王县,也不会用"常过之",且洛阳去泰山平阳,去山西上党均路途遥远,不会常来常往,且羊祜十二岁父已亡故,十二岁之后不会再去上党。此时与郭奕交厚应在其二十岁之前。

另据郭奕本传,郭奕是个善"知人"者,善于鉴察人的品行、才能。按上文,郭奕见羊祜就赞叹其不亚于他郭太业,不亚于颜子,且超出常人。事后羊祜之仕途果不出他郭奕所料。郭奕还预测了其他两人之前途,都十分贴切。《传》载:"时帝委任杨骏,奕表骏小器,不可任社稷,帝不听,骏后果诛。"又,"时亭长李含有俊才,而门寒,为豪族所排,奕用为别驾,含后果有名位,时以奕为知人。"

二、羊祜缘何对夏侯氏"恩礼有加"

羊祜岳父夏侯霸降蜀,姻亲多告绝,唯有羊祜能安其室,并恩礼有加,何也?其原因当然是复杂的。先说羊祜岳父为何降蜀。夏侯霸是夏侯渊之次子。夏侯渊和曹操是同乡,都是三国时沛国谯县(今安徽亳州)人,是曹魏名将。至曹操还邺城,留渊于汉中,拜渊为征西将军。东汉建安二十三年(218)蜀之刘备屯兵阳平关(今陕西勉县西)与夏侯渊等将相拒。二十四年(219)正月,刘备夜烧围鹿角(军营的防御物),进至定军山(今陕西勉县东南)。刘备大将黄忠击斩夏侯渊(《三国志·魏书·夏侯渊传》)。渊次子夏侯霸,字仲权,曹魏正始(240—248)中为讨蜀护军右将军,进封博昌亭侯。其父为蜀所害,故常切齿,欲有报蜀意(《三国志·魏书·夏侯渊传》注引《魏略》)。但是至嘉平元年(249)司马懿发动"高平陵事变"后,曹爽被诛,并有灭族之祸。夏侯霸的从子夏侯玄,是曹爽的姑子,到爽败,虽徙太常,但与李丰等拟谋杀羊祜姐丈司马师,欲夺司马氏之权力,事泄,亦被诛族。夏侯霸又"素为曹爽所厚""闻爽诛,自疑,亡(逃)入蜀"(《夏侯渊传》)。霸自知与曹爽甚厚,加之从子玄遭诛族,若再在魏必遭司马氏陷害,故其恐惧,乃降蜀"欲报蜀"自成空话。夏侯霸降蜀,其家族引起巨大震动是必然的,故其"姻亲多告绝"不与其来往,怕受牵连亦在情理之中。然羊祜与众家姻亲态度不同"独安其室"且"恩礼有加"。其原因大概是:

其一,夏侯氏与曹操有较近的姻亲关系,夏侯渊妻是曹操的内妹,二人是连襟关系。又,渊之长子夏侯衡,匹配曹操之弟海阳哀侯之女,恩宠特隆(《夏侯渊传》)。这层关系远比曹魏之宗室的曹爽近得多,司马氏与曹爽虽是敌手,但司马氏不会扩大打击范围,曹爽与夏侯氏的关系毕竟疏远,不会因曹爽而伤害夏侯氏。

其二,夏侯渊与其次子夏侯霸都是屡立战功的名将,家族声望也十分显赫,司马氏一心想夺取曹魏政权自知杀戮过多对已不利,收络人心方是第一要务。

其三,羊祜有胞姐羊徽瑜及姐丈司马师庇护,羊徽瑜约在青龙二年(234)嫁予了司马师。羊祜此时约十五岁。至夏侯渊降蜀羊祜大约二十八九岁与夏侯女婚后约近十年。有羊祜姐丈的庇护,司马氏并未对羊祜妻夏侯氏家族大肆杀害。又看在夏侯渊是过去的名臣,功勋卓著,其子夏侯霸降蜀,仅将霸之子释放,迁徙至乐浪郡(治所在今朝鲜平壤)。

夏侯霸之四弟夏侯威,字季权,历荆、兖二州刺史。羊祜与霸之女的婚配是夏侯威任兖州刺史时为其当的月老,此人狭义豪爽,为一代名臣。威之子骏,为并州刺史。次子庄,淮南太守;庄子湛,字孝若,以才博文章,至南阳相、散骑常侍。夏侯庄还是晋景献羊皇后的堂姊夫。由此一门侈盛于时(《三国志·魏书·夏侯渊传》裴松之引《世语》)由此看来。夏侯氏家族的其他人等并未因霸降蜀而受到伤害。司马氏拟奇取曹魏政权也需要像泰山羊氏这样有崇高威望家族的支持,也会看在羊氏与司马氏之姻亲关系上,对羊氏之姻亲夏侯氏家族宽恕。

其四,最主要原因则是羊祜对司马氏、夏侯氏、泰山羊氏三家的多边关系分析透彻,认识清楚,特别对曹魏政权命悬一线,司马氏家族欲夺其政权的形势及心理状态看得透彻。还认为司马氏与羊氏家族关系一直十分密切,在羊祜岳父无奈之下降蜀后,羊祜以为以自身之德行为夏侯氏家族分忧,担当一定的家庭责任,不会有什么危险,故而能安抚其室,对夏侯氏家族更加厚待,更加礼遇。这是羊祜道德高尚的体现,也是其目光卓卓远大的体现。

三、从羊祜入仕看其处事谨慎之态度

从羊祜本传中亦能渗透出他对仕途持十分谨慎的态度。羊祜自母兄相继离世,寝顿居家,丧服守礼十余年。这段时间他有足够精力研究儒家经典,道家思想,为入仕做好思想、学识准备。另一方面他也亲眼目睹了曹魏集团与司马氏集团为争皇权而博斗的生死较量。从嘉平元年(249)初,司马懿高平陵政变,到其姐丈司马师掌朝政,再到姐丈病逝,其弟司马昭任大将军(该年为正元二年,即255年),羊祜未接受司马昭的征辟,而以公车征拜为中书侍郎,成为中书省的副官。其原因是司马昭大将军府的辟召为"私召",羊祜明白,"在朝为公""树私则背公"。此时曹魏朝虽成傀儡,但公车是朝廷被征召入朝者的官署,羊祜视为"正统",而入了曹魏朝。从而反映出羊祜的从政理念。

至甘露五年,魏主曹髦因不胜司马昭之忿,对侍中王沈等云:"司马昭之心,路人所知也。吾不能坐受废辱。"乃率殿中宿卫僮仆数百出宫攻打司马昭,被司马昭之将中护军贾充使成济杀魏主。司马昭立曹操之孙陈留王曹奂为帝,是为元帝,年仅十五。羊祜认为少主年幼,手中无权难成大器,不愿做元帝近臣,要求调出宫外任职为秘书监。该职虽非紧要,但可离开政治漩涡,从而方见羊祜是有政治抱负之人。

羊祜本传载:"钟会有宠而忌,祜亦惮之。"羊祜为何对钟会其人恐惧而又十分警惕呢?

其一,是钟会陷害了"竹林七贤"之一嵇康①。钟会以谋画克反叛者毌丘俭、诸葛诞而有功,为司马昭所宠信,屡迁黄门侍郎、司隶校尉。他闻嵇康之名而去拜访,但嵇康对其不为礼,遂深忌恨之(又见《世说新语·简傲》引《魏氏春秋》)。故而陷害嵇康曾助毌丘俭谋反,且言论放荡,被帝王所不容,宜因衅除之。司马昭因亲昵钟会,听信其谗言诬词,遂将嵇康杀害。一代天下名士,即残遭于钟会的忌恨,因与其有隙而亡。嵇康死时年仅四十岁。羊祜认为这样的人应警惕,故恐惧。

其二,钟会其人虽博学精练名理,但是属挟术谋权的阴险政治野心家,是专行谋害他人之徒。魏元帝曹奂景元四年(263),钟会奉诏与屡败蜀将姜维的迁征西将邓艾分道攻蜀,姜维军败退守剑阁与钟会相持,钟会不能克姜维,欲退。而邓艾以奇兵从阴平(今甘肃文县西北)行无人之地七百余里,凿山通道,造作桥阁,先登至江油,克绵竹,进军成都外,迫降刘禅。而钟会却上言说邓艾不秉承皇帝旨意而自行其事,诬其悖逆。朝廷不辨是非,下诏书,用槛车将邓艾征之,路上被监军卫瓘所杀。一代名将死于钟会的诬陷。钟会进成都自谓功名盖世,遂独揽大权。因与降将姜维谋反,并矫太后遗诏,起兵反司马昭,遂为乱兵所杀。对于这样一个阴谋家早被羊祜姊母辛宪英看透。当时钟会尚未出兵征蜀,独具慧眼的辛宪英就对羊祜说:"(钟)会在事纵恣,非持久处下之道,吾畏其有他志也。"果然不出辛宪英所料,钟会出蜀果反,欲夺司马氏之权。由此可知,羊祜对钟会"惧之"不无道理。如与其人为伍,必遭其害。钟会反叛也使司马昭认清了他宠爱有加之人钟会的真面目。钟会事平,羊祜才真正走上了拥护司马氏政权之路,到司马昭相国府任职。羊祜的同僚荀勖是钟会的从甥,却与钟会分道扬镳,也得到司马氏的重用。《晋书·荀勖传》载:"(钟)会平,还洛,与裴秀、羊祜共管机密。"

其三,自东汉末年大乱,至司马氏篡夺曹氏江山,是中国社会最为动荡的时期之一。动荡之中尽显人性的丑恶与光辉。司马氏政权的开创者司马懿老谋深算。他的两个儿子司马师与司马昭悍勇过人,手段强硬、狠辣。他们在篡夺曹氏政权过程中,机关算尽,大肆诛杀异己。特别是司马昭之心,尽人皆知。对司马懿和他的两个儿子的才华和秉性手段自古就有多种评说和公论。单说羊祜,曹魏与司马氏两个统治集团之间的残酷争斗历时十五六年(249—264),等到曹髦被杀,羊祜大概才认为司马氏得天下大局已定,到了真心实意为司马氏集团尽忠之时。但他又亲自目睹了司马氏废一帝、弑一帝的全过程,以及恐怖的屠杀、虚伪的礼法,广大士子的哀伤、苦闷、恐惧、绝望等等社会现实,这位崇高忠君的儒家,不会不看在眼里,大概也在内心存在巨大的道德挑战。尽管如此,羊祜已

---

① 嵇康:嵇康(224—263),三国时谯国铚县人,字叔夜。家世儒学,学不师授,好老、庄。拜中散大夫,"竹林七贤"之一。善鼓琴,临终以鼓《广陵散》著名。

成司马昭的心腹,又委以重任,并掌机密,身居军政要职,忠实为晋廷服务成定局,其心理已得到安慰,道德挑战自然会结束,忠于晋廷的路自此走得十分扎实,稳当。以上可以让人清楚地认识到权势对他的诱惑和他处事的态度是多么得谨慎。

四、司马氏巍巍帝业与羊祜荡荡之功勋

武帝受禅,羊祜的"佐命之勋"表现在何处呢? 其一,羊祜成为司马昭的心腹,是从"及五等爵,封钜平子"开始的。此后"钜平子"成了羊祜的代称。其爵虽为"子",位列五等爵中的第四等,但说明羊祜取得司马氏集团的信任是他向司马氏集团靠拢的结果。食邑由百户改升为六百户。其二,"及(钟)会诛,拜相国(司马昭)的从事中郎"。"从事中郎"一职,是大将府的属官,原定员二人,参与谋议,司马昭为相国,从事中郎改为四人,羊祜为其中之一,直接参与了司马昭的谋议机密,成为重要谋士,参何"机密"则不言而喻。其三,羊祜本传载,羊祜"迁中领军,悉统宿卫,入直殿中,执兵之要,事兼内外"。简明扼要二十字,写明了羊祜在武帝受禅过程中的"佐命之勋"。先看"中领军"之职责:东汉建安中曹操改领军置"中领军",与"中护军"同掌禁军,属丞相府,常以资格较深者任此职,为禁军的最高统领,有营兵,主五校、中垒、武卫三营,并管中护军。这就是说羊祜统帅了全部的宿卫军,以禁卫军最高长官之身份,护卫皇室,警卫宫廷之安全。并入直殿中,值班守卫,执掌最关键、最主要的禁军,并兼顾宫禁之内及外朝(皇上听政议事的地方)的宿卫。无疑,羊祜是司马氏篡权最可靠的亲信,由羊祜执掌禁卫军权,司马炎们才最放心。羊祜的军权与司马氏的政权关系是何等的密切。

由上可知,自司马昭任大将军掌朝政,至司马炎平稳顺利登上西晋首位皇帝的宝座,完成禅位的全过程,所倚重的正是由羊祜率领的一支强悍禁卫军来警卫和保驾的。这支宿卫队伍是禅位全过程中的核心力量,羊祜则是禅位全过程中的核心人物。这就是羊祜在晋"武帝禅位"中的"佐命之勋"。羊祜可称是辅佐西晋第一位帝王(司马炎),创立(司马氏)帝业的第一人。可见,司马氏巍巍之帝业,有羊祜荡荡之功勋矣。

正因羊祜有"佐命之勋,"故"武帝初省,使中军将军羊祜统二卫,前、后、左、右、骁卫等营,即领军之任也"(《晋书·官职志》)。"中军将军"一职是晋武帝司马炎于泰始元年(265)专为羊祜设置的。该职原是汉武帝置为杂号将军,以公孙敖为之。泰始元年复置该职,则以羊祜任之,统左、右卫,前、后、左、右骁骑七营禁军,主管京师及宫廷警卫。到泰始四年(268),晋廷稳固,罢中军将军一职,置北军中侯代其职。羊祜也结束了西晋宫廷的警卫职责。该职后又复置为将军名号,不再领宿卫禁军。由此可见,司马炎对羊祜执掌禁卫军权多么信任,羊祜对晋廷又是多么忠贞。

羊祜身为皇亲国戚,在司马氏代魏过程中,参与机密,手握兵权,统领禁卫,保驾有功,理当"改封郡公",但羊祜谦让,固辞不受,乃晋本爵为钜平侯。羊祜这一举动,为自己

赢得了声誉。这与傲慢的贾充相比,方显态度端正,道德高尚,无疑在百官中树立了榜样,也为司马氏政权注入了一支维稳剂。

五、后世所见羊祜的另一面

羊祜卒后对其一生之作为后人褒贬损益,各有所论。一代大贤有褒也会有贬,褒多贬少,今搜几则对羊祜带贬性质的评价,以正确看待羊祜其人。正可谓人无完人,金无足赤。

1. 羊祜"密启"留贾充带来的后果

羊祜利用自己的特殊身份"密启"权臣贾充未能出镇之事,故受后世非议。贾充字公闾,山西襄陵人,是司马炎代魏政权的关键人物、得力干将。他在司马氏集团任司马昭的中护军时,指示成济杀死了魏国皇帝高贵乡公,为司马氏代魏扫除了障碍,立了大功,故而其后得宠晋室,但也从此落下恶名。到晋立,羊祜与贾充同为晋室重臣。按《晋书·贾充传》的说法,二人"同受心腹之任"。二人同定晋律,合作密切。但当侍中任恺举荐贾充出镇关中,镇抚秦凉二境之氐羌反叛时,羊祜则"密启留充",使充未能出朝。对此,贾充对羊祜甚是感谢(《晋书·贾充传》)。傅云龙据此上疏,以为羊祜偏袒了贾充,使"典午不振"[①],后果严重。

任恺为何上书让贾充出镇呢? 其一,任恺"有经国之干,万机大小多管综之。性忠正,以社稷为己任,帝器而昵之,政事多谘焉。"其二,"恺恶贾充之为人也,不欲令久执朝政,每裁抑焉。"(《晋书·任恺传》)"而充无公方之操,不能正身率下,专以谄媚取容。侍中任恺、中书令庾纯等刚直守正,咸共疾之。"(《晋书·贾充传》)任恺等人以为像贾充这种人久在朝中对社稷无益,不可让他"久执朝政"。任恺借西部边陲氐羌反叛之机大力举荐(或说贬斥)贾充出镇关中,其目的是削减贾充在朝中的势力和影响,中书令庾纯与任恺观点一致。晋武帝听取了任恺、庾纯的建议,下诏让贾充出镇长安。

贾充既外出,自以为失职,十分怀恨任恺,无计可施之时,荀勖给他出了金点子:"独有结婚太子,不顿驾而自留矣。"(《晋书·贾充传》)于是,"荀凯、荀勖并称充女(贾南风)之贤,乃定婚。"(《晋书·惠贾皇后》)当时,"京师大雪,平地二尺,军不得发。既而皇储(即晋武帝子司马衷)当婚,遂不西行。诏充居本职。"贾充不能西行,留任朝内还与羊祜进言有关,"先是羊祜密启留充,及是,帝以语充。充谢祜曰:'始知君长者。'"(《晋书·贾充传》)贾充不能出朝西行,对羊祜的进言十分感谢,称祜为"长者",言辞恳切。在众人支持贾充出镇的情况下,羊祜利用与武帝的特殊关系,"密启留充",武帝将此事转告给

---

①　典午:"司马"的隐语。典,司也;午,马也。典午者,谓司马也。又,晋帝姓司马,后以"典午"指晋朝。

贾充，其分量非同一般。他把贾充留在朝内，有何用意不得而知，起码在羊祜看来贾充曾与晋室休戚与共，晋有天下，贾充自以成济之事，乃心腹之一。羊祜以为能迎合武帝心愿，留充有利平衡朝内局势或说能支持自己和武帝的平吴之志。然而，在伐吴之事上，贾充等却持反对意见。《晋书·冯統传》载："初谋伐吴，統与贾充、荀勖同共苦谏不可。"贾充却是平吴的强力反对者之一。但羊祜行事一贯慎密，恪守儒学道德，不谋私利，留充之事亦并非为私，乃出于公，为朝廷之安危，对充反对其谋伐吴亦未见有抵触言语。

贾充不能出镇，对晋朝局势影响甚大，又因其事促成了贾充女贾南风与当时的皇储司马衷的婚事，促成"典午不振"。贾南风于泰始八年（290）被纳为太子妃。此时南风仅15岁，但"妒忌多权诈，太子畏而惑之，嫔御罕有进幸者。……妃性酷虐，尝手杀数人。或以戟掷孕妾，子随刃堕地。"（《晋书·惠贾皇后》）永熙元年，惠帝即位，贾南风立为皇后，"暴戾日甚，荒淫放恣"（《晋书·惠贾皇后》）。由于她乱用帝诏和矫诏，引起长达十六年的"八王之乱"。又专擅朝政十年，遍树亲党，加快了亡晋的步伐。以此看来，贾充留朝并非小事，造成的后果十分严重。正是从这个意义上分析，傅云龙才有"晋羊祜阿贾充，而典午不振"之语。后世认为，羊祜偏袒了贾充，使其未能出镇，是导致"典午不振"的重要原因，故而造成评论者的非议。

至清初历史学家、文学家、康熙进士姜宸英经由羊祜故里新泰羊流，凭吊羊氏遗迹，遂作《羊流店怀古》一首，诗曰：

> 南朝甲族泰山羊，史册唯传太傅光。
> 茅店西来孤冢没，角巾东路旧祠荒。
> 平吴元凯功何大，祸晋公闾恨亦长。
> 敢向昔贤夸直笔，于公盛德本无伤。

诗中"元凯"指杜预，杜预字元凯，羊祜举荐其任征南大将军，太康元年（280）统兵平吴。"公闾"指贾充，字公闾，诗人称其为"祸晋"者。其原因是羊祜"密启留充"，使贾充在朝中尾大不掉，其女贾南风又祸乱晋室，造成"八王之乱"。"恨亦长"表达了诗人对羊祜此议的无比惋惜。尾联意谓羊祜阿护偏袒权臣贾充之史实，史官秉笔直书值得夸赞，但却对羊祜高贵品德并没有大的伤害。然而，诗句无法掩盖诗人对羊祜"密启留充"之行为的惋惜，是羊祜对朝内之事思虑不周，但不能以此过失而掩其大德。这也是诗人的高明见解。

其实，羊祜与晋武帝的暧昧是一贯的。羊祜伐吴之谋之所以受到某些朝臣的反对，与其和武帝的暧昧有很大关系。杜预对其过于慎密的作风提出过批评："羊祜与朝臣多不同，不先博画而密与陛下共施此计，故益令多异。凡事当以利害相较，今此举十有八九利，其一二止于无功耳。……自顷朝廷事无大小，异意锋起，虽人心不同，亦由恃恩不虑后难，故轻相同异也。"(《晋书·杜预传》)

2. 羊祜"失臣节"

羊祜西陵一战失利"乃增修德信"，与吴将陆抗结为"侨、札之好"①。抗、祜互赠酒、药，二人推心饮服而不疑。吴君"孙皓闻二境交和，以诘于抗，抗：'夫一邑一张，不可以无信义之人，而况大国乎？臣不如是，正足以彰显其德耳，于祜无伤也。'或以祜、抗为失臣节，两讥之。"(转引自《三国志·吴书·陆逊传》附《陆抗传》注①东晋习凿齿撰《汉晋春秋》)。《汉晋春秋》作者习凿齿谓祜"为失臣节"，是对羊祜"怀柔"之策的另眼之评价。

依鄙人所见，羊祜对吴采取"怀柔"之策，在相对一段时间内，吴晋之边境相对安定，不相侵犯，祜、抗各保其主，各保分界，无求细利。使吴人放松了警畅，产生了麻痹思想。吴人称羊祜为"羊公"，认为羊祜在施仁德，从羊祜"策略"中得到"恩泽"。即是吴将陆抗也认为"彼专为德，我专为暴，是不战而自服"。从而看出羊祜的"怀柔"之策在政治上是成功的，确实起到了对敌方的"安抚"作用，少了些相互冲突和敌方的骚扰。另一方面由于吴主孙皓之残暴，吴人也认为国之难保，将会自取灭亡，而无再奋战之心。从以上方面看，羊祜之策起到了瓦解吴国军队心理防线的作用。在羊祜看来，却是"缮甲训卒，广为戎备"，垦荒备粮，发展经济，以备大战的良机。从《羊祜传》中可看出，羊祜一直没有放松备战，自始至终坚定着吞吴之心，灭吴之志，坚定着为国家的统一大业而奋斗。"若孙皓不幸而没，吴人更立令主，虽百万之众，长江未可越也，将为后患乎"。这是羊祜"寝疾求入朝"对武帝的提醒，其灭吴之笃志可见天日。同时，西陵一战而失利，使羊祜领教了陆抗不愧是名门强将之后，面对强敌对手祜施"怀柔"之计，可为上策。能使敌手在对垒中竟相知无忌，两相安然无事，可见羊祜智慧有超人的一面，又见其"仁德"，有儒者风范的一面。自古而今，在祜、抗关系上论说纷纭，可谓仁者见仁，智者见智。

当然，我们不能拿今人的思想，今日之形势，去看待古人，应将其放在当时历史条件下去分析当时的人与事，否则将违背马克思主义的历史观。人无完人，金无足赤，羊祜之灭吴计划与武帝密谋而推行，引起朝臣的议论，而使谋划"流产"。祜卒后的第二年(279)夏四月，杜预在上表中对羊祜提出了批评：羊祜事先没有广泛地和大臣们商议、谋划，却私下与陛下共同推行这个计划，所以就更使得朝廷大臣有很多不同的议论。杜预此话的

---

① 侨、札之好：典出《左传·襄公二十九年》，春秋时，吴国贤公子季札与郑国贤相公孙侨(即子产)在郑国相见，二人一见如故，互赠缟带纻衣，后以侨、札比喻至交。

言外之意是羊祜倚仗着恩宠,灭吴之大事确"暗箱操作",而未考虑这种做法的后果。杜预之言,切重羊祜当时之不足,也提醒了今人应接受古人之教训,做人做事应光明磊落,切忌倚仗势而"暗箱操作"引来非议。

羊祜一生公忠为国,倾力于国家的统一大业,是其一生的最大贡献。他为人处事行政治军,颇具儒者风范,同时谦让恭慎,崇尚勤俭,忠贞正直,兴文重教,诚信忠孝等美德也为后人称颂。后人在缅怀羊祜丰功伟绩,颂其仁德的同时,也应承认其所处时代的局限,一分为二地去评价像羊祜这样的历史人物,才是正确历史观者应持之态度。

【本节编后】从羊祜请《平吴疏》看其"大一统"思想理念

羊祜对司马氏代魏有"佐命之勋",此后屡受恩宠,长期坐镇襄阳,以实现晋武帝灭吴之志为己任,"缮甲训卒,广为戎备"。

东汉末的建安十三年,曹操起兵平定袁术、吕布、袁绍父子后,据中原欲统一南方。刘备、孙权联合抗曹,赤壁一战曹操大败。此后形成了魏、蜀、吴三国鼎立局面,华夏大地再度分裂近六十年。魏、蜀、吴经过战与和的更替,全国面临一统的形势渐趋成熟。公元263年,曹魏在司马氏的操纵下一举灭蜀,两年后的265年(东汉咸熙二年)司马氏代魏建立西晋,形成了由三国分天下变成晋、吴两大政权战略对峙的格局。晋武帝即位后不久,就将灭东吴、统一全国列入了议事日程。然而,晋廷内部在何时及如何灭吴进行统一战争的问题上存在严重分歧。以重臣贾充、荀勖等人为首持反对态度,认为东吴水军强盛,据有长江天险,若出兵攻吴胜负难料,冒险用兵不如稳妥守成。武帝面对上述意见瞻前顾后,优柔寡断,一时难下决断。正是在此背景下,一贯倡言平吴的重臣羊祜经过长期战略思维,于咸宁二年(276)向晋武帝表奏了《平吴疏》。

羊祜的请《平吴疏》全面分析了敌我双方的战略态势,论证了晋朝起兵灭吴,统一全国的历史可能性及现实可能性;同时也拟定了具体的作战部署,阐述了正确的用兵方略,为晋朝举兵灭吴提供了一份可供操作的军事进攻方案。《平吴疏》之所以是份内容丰富、分析细致精当、战略谋划高明的方案,除了羊祜兵备襄阳,对晋、吴势力了如指掌,是在正确全面地分析考察了晋、吴双方政治、经济、军事等条件而做出的决定外,又是羊祜深受中华文化中"大一统"思想的影响和熏陶,欲使华夏尽快实现一统而做出的努力。

中华民族在漫长的历史长河中,形成了极其深厚的政治传统,"大一统"的传统是其中之一。例如,远古时期黄帝和炎帝在中原地区的融合奠定了夏商周三代一千三百余年相对稳定的基础;之后的春秋战国时期,戎、狄和东夷与中原人的融合,才有了秦汉王朝四百余年的兴盛。纵观古代中国两千多年的历史,秦王朝无疑是第一个使华夏大一统的封建王朝。秦始皇嬴政不仅建立起中央集权的强大国家,彻底结束了自东周以来各国纷争、分裂的局面,而且开创了"车同轨,书同文,行同伦"①(《中庸·自用章》)的全新局面。还统一了货币、度量衡、文字等。这种使中国统一后的崭新局面,是秦始皇顺应时代潮流,结束诸侯割据,在政治、经济和思想文化等领域中坚持实行的"法治",也是始皇帝所采取的一系列治国革新措施。也就是这些措施巩固和加强了秦王朝的中央集权,创建了新的政治格局和社会结构。虽说至秦二世秦王朝即夭折,王朝生命期只有十五年,然而"汉承秦制"(《后汉书》卷四十上《班彪传》),才随之出现了两汉王朝华夏大一统四百年之久的盛世,这一盛世是秦王朝奠定的基础,提供的重要条件和前提,使之保持了国家之统一和文明之延续,并影响后世两千年。故唐张守节在总结了自秦以前的历史趋势,得出:"至秦始皇立,天下一统,十五年,海内咸归于汉。"(《史记·周本纪》张守节《正义》)

中华古代王朝所奠定的这种"大一统"的政治传统又见于先秦典籍。如《春秋公羊传注疏》卷一传曰:(隐公)元年,春,王正月。……大一统也。何休《解诂》云:"王者受命,制正月以统天下,令万物无不一一皆奉之以为始,故言大一统也。"西汉董仲舒借以发挥"大一统"的政论,于当时及后世均有很大影响。"大一统"成为中国源远流长的政治追求和古代政治文化的重要核心价值。羊祜自幼接受儒学教育,深知在中华数千年的沧桑巨变中"大一统"是中国历史发展的主流,是我华夏民族高于一切的理想追求和道德情感。中华民族数千年来经历了战与和更替、聚合与分散、迁徙与融汇,却始终不曾割断大一统的政治文化传统和始终如一的民族认同感。在上述思想的支配下,羊祜通过坐镇襄阳积累的经验,认为晋平吴条件基本成熟,全国统一在即,进而坚定了平吴的决心。他认为起兵灭吴结束南北分裂,完成混战一统,是上合天意,下合民心的正义之举,故而强调"夫期运虽天所授,而功业必由人而成"(《晋书·羊祜传》),天下一统,"成无为之化"(《羊祜传》),乃是必然,大势所趋,理有固宜。强调用兵打仗的根本宗旨是"宁静宇宙,戢兵和众",是为"以战止战"(《羊祜传》)。总之,羊祜认为,对吴用兵的根本目的是为消灭战争,结束混战,实现华夏大一统。他的这些论述就从"大一统"的思想高度确立了战争的"合法性",为平吴之战、建立大一统的政权在政治上定了位。

在此基础上,羊祜进而分析了敌我双方及朝内朝外的政治思想动态,他认为,吴主孙皓恣情任性,对臣下普遍猜忌,重臣主将都不自安,孙秀等人都避难而来,将领们在朝中也心怀不安,士卒在野外受困,没有安定的心思。平时他们就犹豫徘徊,大军临近时一定会有响应的人,最终不会拼死出力。我军则是深入敌境作战,人人有必死的斗志,无有依

---

① "车同轨,书同文,行同伦":即秦始皇统一六国以后,各种车子的轮距一样叫"车同轨";字的笔画、间架结构一样,叫"书同文";待人处事遵守同样的道德规范叫"行同伦"。全句意谓现在天下车辙统一,文字笔画一致,伦理道德一样。

赖城防的心理。羊祜还分析认为,吴国暴政相当厉害,可以不战而胜。假若孙皓不幸而亡,另立新君贤主,那时纵使百万大军,长江也无法跨越,将留下后患。羊祜的这些分析为晋武帝排除干扰,消灭割据,下定决心对吴作战,统一天下确立了合理性,毫不犹豫地将平吴大业向前推进了一大步。这些都充分体现了一位战略家的洞察力和驾驭战争的智慧和能力。由此可见,羊祜的请《平吴疏》是一份内容丰富,分析细致精当,目的明确,部署合理而又十分高明、不可多得的战略谋划。同时看出他所奠定的"大一统的政权,首先须有大一统的思想"是早已深思熟虑的。

西晋王朝以羊祜平吴战略谋划为基础,在羊祜死后两年(280),吴国被晋平,吴亡,实现了羊祜统一华夏的夙愿,群臣为皇帝庆贺祝寿,武帝手持酒杯激动万分,流涕说:"此羊太傅之功也!"然而,西晋也是个短命的王朝。晋灭吴后的第十一年,即晋武帝太熙元年(晋惠帝永熙元年,公元290年)晋武帝死,子司马衷即位,此即"白痴皇帝"晋惠帝。他没有执政的能力,又缺乏稳定而连续的统治领导班子。自此,贾后(贾南风)专权,长达十六年的"八王之乱"开始。八大"恶魔"互相残杀,终在晋建兴四年(316)西晋亡,历时五十二年。总之,西晋是个统一的王朝,它结束了三国鼎立群雄割据几十年的分裂局面,但它又是短暂的,仅仅实现统一三十七年,就发生了中原地区的大混战,此后便形成东晋和十六国、南朝和北朝的长期对立,又进入各霸一方的分裂时代。

本文主要参考文章:黄朴民、章丽琼《羊祜＜平吴疏＞的战略决策思维》,载《光明日报》,2016年12月21日14版;高翔《中国古代政治的三大传统》,载《光明日报》,2012年4月5日11版;王子今《秦始皇"天下一统"的历史新识》,载《光明日报》,2017年7月17日14版。

第四节　晋武帝宠臣羊琇

羊琇(236—282),字稚舒,是景献皇后羊徽瑜和羊祜的从弟,三人同为羊续之孙。父羊耽,官至魏太常,母辛宪英。兄羊瑾,官至尚书右仆射。

羊琇青年时代被举荐为郡府的计史,掌管计簿。后为魏镇西将军钟会的参军,掌参谋军务,与钟会同去征伐蜀国。钟会谋反,羊琇牢记母亲之教诲,正言苦谏。钟会败退,羊琇还朝,魏帝昭曰:"抗节不挠,拒会凶言,临危不顾,词指正烈。"赐关内侯(事见本书《羊门女杰辛宪英》)。

羊琇涉学,智谋筹划,工心计。青少年时代即与司马昭之子司马炎有通门之好,相互情感亲昵,每次接筵同席,羊琇都对司马炎说:"假若我们财多位尊被任用,你我任统率各十年。"司马炎当作玩笑许诺了他。起初,司马炎尚未立为太子,而声论不及弟司马攸。司马昭平素之神情十分器重司马攸,有坚持让司马攸接替司马家族之主的意见。羊琇便为司马炎秘密策划,大有匡正挽救作为嫡长子嗣位的可能。又观察司马昭(此时称晋王,专国政,并日谋代魏)施政举措中增益减损的变化,揣度可能询问的事务,都让司马炎预先默默记住。其后司马昭同儿子司马炎共同谈论当世之事及人与人之间事务的可与否,司马炎回答无不允当。(加之山涛、贾充等大臣为司马炎说好话)由是司马炎的储位遂定。于魏咸宁元年(264)十月二十日立司马炎为世子,任命为抚军(将军名号)。任命羊琇为参军。

咸熙二年(265)八月,司马昭死,司马炎嗣位相国、晋王。提升羊琇为左卫将军,封甘露亭侯。十二月,司马炎逼魏主禅位,称晋武帝。羊琇累迁中护军,加散骑常侍,侍从皇帝左右,三品,俸禄二千石,任其职十三年。"典(掌管)禁兵,豫(参与)机密",宠爱有加,待遇甚厚。

当初,杜预接替羊祜拜镇南将军,在朝官员庆贺完毕,都连榻而坐。羊琇与裴楷(字叔则)后来才到,羊琇说:"杜元凯(杜预字元凯)让庆贺的朝士们连榻而坐,就这样对待客人呀?"遂不坐而去。杜预忙请裴楷追之,羊琇走了几里被追上后停住马,随即和裴楷一起回到了杜预的住所(《世说新语·方正》)。羊琇对杜预的态度表现得十分傲慢。

羊琇性格豪放又很奢侈,倚仗他是景献羊皇后的叔伯堂弟,花费没有限制。他与外戚后将军王恺,散骑常侍、侍中石崇(石苞之子)都是当时的富翁,很有钱财。他们相互攀比,谁最奢侈谁就受到尊重。当时车骑司马傅咸曾上书说:"先王治理天下,对吃肉、穿丝织的衣服,都有规定。我自己认为由于奢侈而造成的浪费,比天灾还要严重。要想让人们都崇尚节俭,那就应当整治奢侈的习气,奢侈而不整治,反而互相攀比,那就没有止境了!"但羊琇不以事功为荣,我行我素,十分奢侈。他与王恺、石崇比奢侈。王恺用糖膏刷锅,石崇就用蜜蜡当柴烧。王恺用紫色的蚕丝做路两旁的屏障,长达四十里。石崇就用锦做屏障长五十里。石崇用花椒粉和泥泥墙,王恺就用赤石蜡泥墙。晋武帝经常帮助王恺,曾赐给二尺多高的珊瑚树。王恺把珊瑚树给石崇看,石崇用铁如意碎之,王恺怒,以为石崇嫉妒他的宝贝。石崇说:"不足如此之恨,今就还之。"乃命左右取来家中珊瑚树,高三四尺的有六七株。与王恺同样的珊瑚树甚多,王恺惘然,不知所措(《资治通鉴》卷八十一)。羊琇曾用屑炭以物和之做成兽形用以温酒,洛阳的豪门贵戚都竞相仿效。羊琇又喜欢肆意游乐。例如,羊琇当护军将军时曾仿效晋武帝乘羊车,司隶校尉刘毅奏弹他。晋武帝不仅不禁止,反而诏曰:"羊车虽无制,犹非素者(指不是何人)所服(驾驭,使用)。"致使东晋以来无禁也(《宋书·礼志五》)。羊琇游乐经常以夜续昼,中外五亲无男女之别,受到时人的讥讽。但是,羊琇对于同党的爱慕胜于爱慕自己,他所要求推举拥奉的,便尽心无二。他对于贫穷困窘之人亦特地给予赈恤。选用人才多以得意者优先,没有不按次序量才授官的。将士有冒充官位者,认为是丧失气节,不珍惜自己的身躯天命。然而羊琇也放纵恣意犯法者,并每每为其求得有关部门的宽恕。其后,司隶校尉刘毅,举发琇惩处豪门权贵,无所顾忌。他曾上书弹劾羊琇,认为羊琇身为中护军、散骑常侍,过去曾有恩于武帝,但他掌握皇帝的亲兵,十几年来一直参与朝廷机密要事,倚仗皇帝的宠恩,骄横奢侈,数次犯法,当处以死罪。武帝以旧恩,私下派齐王司马攸去说刘毅,为羊琇求情,刘毅同意了。此时,都官从事程卫,直接进入羊琇的护军营,拘捕了羊琇的手下官吏,拷打审问羊琇暗中所做的隐秘之事。他先把羊琇犯下的不检点之事上奏武帝,然后又告诉了刘毅。晋武帝不得已,免了羊琇的官。没过多久,"以侯白衣领护军"①《晋书·羊琇传》。不久,复职。

晋太康三年(282)冬季,晋武帝下诏书任命齐王司马攸为大司马,出镇统领青州诸军事。由于齐王司马攸的德行与名望日渐受人尊敬,对于司马攸出镇青州,时任中护军的羊琇等许多官员认为不妥,纷纷劝谏武帝让其留在京师辅佐皇朝。但是杨珧等人却憎恨司马攸。

晋武帝司马炎对于羊琇等人的直言极谏一概不听。羊琇便和北军中侯成粲密谋,去见杨珧,然后想持刀杀了他。杨珧知道了他们的意图,推病不出,并让有关部门上奏羊琇。羊琇的言行违逆了武帝的旨意,将其贬为太仆。羊琇在齐王出镇问题上,立场坚定,态度明朗,事关治乱大局,才切谏上书,大忤帝旨,尚有大节,不失一代良将,仅此值得称颂。

羊琇失宠后又怒又恨,遂发病,以病情加重,要求引退。晋武帝又拜其为特进,加散骑常侍。回到家忧愤,即卒,终年四十六岁。晋武帝手诏说:"琇与朕有先后之亲,少小之恩,历位内外,忠允茂著。不幸早薨,朕甚悼之。其追赠辅国大将军、开府仪同三司,赐东园秘器,朝服一袭,钱三十万,布百匹。"羊琇死后谥号威。《晋书·外戚》为其立传。清《新泰县志》列为名臣。

羊琇一生有功有过,他活着是泰山羊氏的砥柱,死了犹如砥柱倾倒,使泰山羊氏的势力迅速跌落,锐气大减。至此,泰山羊氏一族在西晋王朝再无重量级人物。

《晋书》史臣在羊琇本传结尾对羊琇作了客观评价,其大意是:羊琇依托是皇帝之心腹,又是外戚,给他增加了不少名望。遇到皇帝登基之际,参与司马氏代魏之始终的密

---

① 白衣:初指无官职的士人。至晋,官员因失误削除官职,或以白衣守、领原职,遂成为一种对官员的处罚方式。后亦引申为平民百姓。护军,官职名。侯,指羊琇之爵位甘露亭侯。

谋,故与武帝结下牢不可破的私人交情,成为捍卫王室之臣。凭借宠爱福祐而满足了自己的私欲,依仗势力和权位而骄横凶暴,屡犯典章制度,频频干预朝内人事安排,幸而遇到对其宽容,得免处罚,只是贬官而已(其因看下文)。

【评析】一分为二看羊琇

羊琇其人应一分为二,有其令人不齿一面,即奢侈无度,有悖家风;但他与石苞等社会寄生虫又有不同,有其可赞敬的一面,则是不满皇上对司马攸的使用安排,"忤旨"遭贬。虽遭贬,但"忤旨"并非只为私利,有为社稷负责和维护家族利益的指导思想,有大节,故又可赞。

一、羊琇骄横奢侈,令人不齿

羊琇与羊祜同为羊续之孙,同为晋朝皇室司马氏的外戚,在朝为官,而且官高爵显。但两人事迹、声誉、德行、性格差异较大。羊祜一生清廉,去世后,家无余财。这种道德风范,深受后世的无比敬仰。羊琇为官期间虽对武帝忠贞不贰,认为司马攸"出镇"对朝政不利,是从大局出发,故冒死直谏,身遭贬谪,有大节。他惜才爱才,也有可赞之处。但是,羊琇倚仗皇帝的宠恩,家财无数,骄横奢侈,与其他贵戚公卿以淫奢相竞。当时太傅何曾"日食万钱,却无下箸处"(《晋书·何曾传》);何曾子何劭"一日之供,以钱两万"。而羊琇"比劭尤甚"(王仲荦《魏晋南北朝史》上海人民出版社,2003年版,第196页)羊琇的奢侈,引起当朝士人的讥讽,与其家风有悖,与"九世清德"相逆。后因失宠,引起愤怒,英年早逝,可悲可叹!他为后人留下若干遗憾和悔恨。

老子云:"治人事天,莫若啬。"(《老子·五十九章》)即是说,治理百姓,敬事天地,没有比爱惜精神、收敛知识更重要。俭啬,老子视为人生三宝之一(《六十七章》)。所以他反对穷奢和过分的私欲膨胀,只有"俭啬"才能做到一荣俱荣,一损俱损。宋代司马光在《训俭示康》一文中生动地阐释了"成由俭,败由侈"的至理名言。他说:"古人以俭为美德……俭,德之共也;侈,恶之大也……夫俭则寡欲,君子寡欲,则不役于物,可以直道而行;小人寡欲,则能谨身节用,远罪丰家。……侈则多欲。君子多欲则贪慕富贵,枉道速祸;小人多欲则多求忘用,败家丧身,是以居官必贿,居乡必盗。"

羊琇忘记了俭为美德,不以事功、家世为荣,堕落成骄奢淫逸、争豪斗富的败类,而由其奢侈而恶之。又由于侈而多欲,则成为侈之典型而留名历史,为羊氏家族抹了黑。他忘记了其祖父羊续的为官之道,与羊祜也有天壤之别。之所以如此,是他自以为与晋武帝有"通门之好",情感亲昵,宠爱有加,待遇甚丰;又以为是皇亲国戚有倚仗,故而无视王法,逍遥法外,攀比财富与奢侈,成为西晋羊氏家族的另类。羊琇之奢侈也暴露了统治阶级贪婪、腐化的丑恶本性。这伙穷奢极欲的腐败分子,不仅令人发指,也加速了西晋灭亡的步伐。正如唐朝谏议大夫、吏部尚书褚遂良所言:奢靡之始,危亡之渐(《新唐书·褚遂良传》)。褚氏这一名言道出了人性中极难逾越的一种规律:有些人在生存条件或环境十分恶劣时,他的奋斗目标往往十分实惠,一旦通过各种努力获得物质生活的丰饶,却往往陷入奢靡,最终走向自我毁灭。一个家庭、一个国家也是如此。羊琇所为,在家庭,他辜负了母亲辛宪英的教诲;在朝,他辜负了众望。羊琇失宠后犹如跌入深渊,又怒又恨,一命呜呼,教训十分深刻。今日之腐败分子也曾想蒙混一时,但法网恢恢,疏而不漏,天道能容乎?

二、羊琇功过,不可同日而语

晋武帝司马炎与司马攸为同胞兄弟,都是司马昭之子。司马昭在立世子以及代魏问题上,颇费心思。最终坚持了立长不立庶这一基本原则,这是其一。其二,司马攸是司马昭之兄司马师的嗣子,假如司马师不死,司马氏代魏者必是司马师,而第一继承人应是司马攸,朝野上下心知肚明,无可非议。然而,历史并没有那样写,代魏之君成了司马昭之长子司马炎。司马昭怕他死后两个儿子有隙,便在死前,执(司马)攸手以授帝(司马炎)(《晋书》卷三十八《齐王攸传》)。司马昭夫人临终前亦流涕对司马炎说:"桃符(司马攸小名)性急,而汝为兄不慈,我若遂不起(指病不能愈),恐必不能相容。以是属汝勿忘我言。"(《齐王攸传》)司马昭夫妇生怕两个儿子的嫌隙越来越大,故而担忧无不道理。羊琇因为与司马炎有"通门"之密,当时必会拥戴司马炎为帝。司马炎称帝后,封司马攸为齐王,总统军事,抚宁内外,莫不依附密切,攸每朝大议,悉心陈之,且降身虚己(虚心),待物以信,可谓信臣(《齐王攸传》)。羊琇也借"通门之好"得高官厚禄,位高爵显。

然而,在晋武帝司马炎"诸子并弱",特别是所立太子司马衷是个白痴,朝野皆知。当他听到蛤蟆叫时问左右,它是为官家叫,还是为私家叫?左右对曰:在官家地为官家叫,在私家地为私家叫。当时天下荒乱,百姓饿死,他却说:何不食肉糜?就是这样一个地道的傻呆之人,九岁时立为太子,朝廷内外都知此人"不堪政事"(《晋书》卷四《惠帝纪》)。司马炎则明知故犯,坚持让白痴儿子接班是为晋惠帝。这才为以后的"八王之乱"种下祸根,加快了西晋走向衰亡之路。司马炎不顾江山社稷之长久,力挺其弟司马攸"出镇",怕其继任大位。而一部分官员则力挺司马攸留ården,继而继任帝位。羊琇就是力挺支持司马攸继嗣的一位。这与拥立司马炎即西晋皇位的态度一样坚决,故而决定杀死排挤司马攸的杨皇后的叔父杨珧。杨珧知羊琇的名望,知羊琇欲与北军中侯成粲杀他,辞疾不出,并让有关部门上奏,羊琇这才降职为太仆。这对羊琇等拥护司马攸的人是个沉重打击,自此后再无人敢阻挡排挤司马攸之事。

羊琇缘何积极支持司马攸继皇位呢?道理很简单,其一,司马攸"清和平允,亲贤好施,为世所楷";其兄为君之后"道光雅俗,望重台衡,百辟具瞻,万方属意"。这十六个字是《晋书》史臣对司马攸的评价,其大意是:司马攸具有高尚的道德,正确的主张能得到发扬和传播,风气雅正,是位德高望重的宰辅之臣,百官所望,万方归心。司马攸具备担当大任的能力和威望,而且年富力强,与司马炎的"诸子并弱"有天壤之别,无一能与司马攸相提并论,只有司马攸可担当国是。其二,司马攸是司马师和景献羊皇后的嗣子,有资格继嗣,且他对景帝司马师和羊皇后致诚平孝。《晋书·齐王攸传》载:"及景帝崩,攸年十岁,哀动左右,大见称叹。袭封舞阳侯。奉景献羊皇后于别第,事后以孝闻。"至文帝(司马昭)丧,司马攸哀毁更甚,杖而后起,泣而不食,在别人的奉劝下,勉强进食,自以为是"得存区区之身耳"(《齐王攸传》)。由上分析,羊琇拥护支持司马攸看重的是司马攸的人品、道德和治国治事的能力。他积极支持司马攸并非只为泰山羊氏一私之力,而是真心为西晋的江山社稷而为。这种思想大概在羊琇的心灵中隐藏已久,当晋武帝下诏让司马攸"出镇"青州之时,无疑,他认为这是将司马攸撵出朝廷,乃使其怒气爆发,故而"切谏忤旨""左迁太仆"(《羊琇传》)。与羊琇同时上书反对晋武帝让司马攸出镇的其他官员十余人比羊琇的下场更惨。有的下廷尉受审,有的忧愤而死,有的遭免官等。司马攸也在中书监荀勖,侍中冯紞的构陷中,愤怒发疾,呕血而死,年仅三十六岁。

羊琇为西晋的江山社稷、为治乱、为朝内安定上书切谏,不失一代名门之后是该肯定的。故明代于慎行在《读史漫录(卷六)》中誉羊琇等人为"群贤"。但是,在当时社会奢靡之风的影响下,极度奢侈造成不良影响,羊琇之过也不可原谅。为此,羊琇这一人物应一分为二地分析、看待、评价。功是功,过是过,两者不能同日而语。

【本节编后】西晋初建为何刮起奢靡之风

笔者行文至此,有的读者可能会问,西晋建立后从皇帝司马炎到皇亲国戚、王公贵胄生活奢靡,互相斗富,丝毫没有历史上王朝初建时的俭朴风气,初建之国为何会刮起一股奢靡之风呢?要回答这个让人深思的问题,还得从曹魏政权说起。

曹操去世后,儿子曹丕逼汉献帝让位称帝。曹丕在位仅六年,死后由曹叡即位,是谓魏明帝。曹叡死前将八岁的太子曹芳托付给皇室宗亲大将军曹爽和三朝重臣司马懿。司马懿有坚忍阴毒之性格(陈寅恪语),又手段老辣。由于曹爽夺了他的兵权,高平陵之变如惊雷一般,曹爽兄弟及他们的亲信都以谋反大逆之罪被蓄谋已久、老谋深算且有政治谋略的司马懿将其诛灭三族。司马懿的这一行动却得到了当时豪族的支持,洗刷掉了曹魏政权庶族寒门代表的成分,成为世家大族的政治代表。这是由当时的社会政治与社会风气所决定的。

司马懿死后,大儿子司马师继位大将军,曹魏政权继续向司马氏倾斜。嘉平六年(254)十月,司马师废掉曹芳,立十四岁的曹髦为新皇帝,此即高贵乡公,改元正元。司马师死后,他的弟弟司马昭继续掌管朝政,他毫不掩饰称帝的野心。傀儡皇帝曹髦虽以最悲壮的方式向司马昭发起最后讨伐,然他怎抵挡大权独揽、野心勃勃的司马昭?曹髦临死前留给了世人最著名的一句话："司马昭之心,路人皆知。"

司马昭发动了灭蜀之战,邓艾奇袭蜀之江油,存在四十三年的蜀汉政权戏剧性地灭亡了。司马昭灭蜀,为其取代曹魏政权增加了政治资本。司马昭死后,他的儿子司马炎继承了司马昭晋王之位,几个月之后,也就是咸熙二年(265)的十二月,司马炎逼迫小皇帝曹奂"禅位",未动干戈,未流一滴血,他便在世家大族的保护和拥戴下,篡夺了曹氏江山,宣告就皇帝位,此即晋武帝。在司马炎看来,皇帝宝座轻易而得,并未遭难。司马炎从小养尊处优,从未经过刀光剑影的战争考验,更不知苦从何来。

司马氏家族篡权得到东海王氏、泰山羊氏、京兆杜氏等世家大族的支持,这些豪门大族也多是司马家的姻亲。到咸宁五年(279)底西晋兵分六路一举灭吴,实现了统一大业。由此看来,西晋的建立到统一大业的实现司马炎几乎是坐享其成。加之西晋统一后,司马炎也曾以国事为重,励精图治,以无为而治创造了宽松环境,社会矛盾有所缓解。同时采取了一些恢复和发展生产的政策,到晋武帝太康年间出现了所谓的"太康盛世",随之成了世家大族的天堂。朝廷还给了世家大族许多优厚的待遇作为回报。中央政府选官,几乎全部在世家大族中选用,协助司马炎篡位的那些重臣自然必得重要官位。故而出现"上品无寒门"的局面。豪门还可多占田产,免除徭役赋税。太康年间社会的安定和富足,使当权者占有大量财富,羊琇当然也在其中,他们骄泰之心必然顿生。晋武帝和他的群臣们开始飘飘然。司马炎被暂时的欣欣向荣的局面冲昏了头脑。"好善而不择人,苟安而无远虑。蔽于庸子,疏贤臣,近小人,去武备,崇藩国,所以兆亡国之祸者,不可胜数。吴亡之后,荒于女色。"(宋·苏辙文集语)晋武帝后宫美女如云,他乘羊车,羊车走到哪里,他就在哪里吃住。为了邀宠,宫女们将竹叶插在门上,用盐水洒地,以便将皇上的羊车吸引过来。晋武帝生活的腐化堕落,以致上行下效,泛滥成风,大臣争相敛财,开始炫富比富。从此打开了纸醉金迷的时代之门。作为开国皇帝,一统天下之后再无所求,整天游乐,荒淫无度。世家豪族攀比斗富之风盛行起来之后,武帝不仅不制止,反而支持他们斗富。比如,他为了让舅舅王恺有面子,便把他珍藏的绝世珊瑚树让王恺拿去和石崇比富,助长了斗富之风的盛行。

另有一些达官显贵继承了曹魏时期的清谈之风,一边享受富贵,一边畅谈林下风流,不务政事,"当官者以望空为高而笑勤恪"(西晋干宝《晋纪总论》)。把勤于职守视为可耻之事。门阀士族中如石崇、王恺等腐败分子,唯以骄奢淫逸、争豪斗富为能事,堕落成社会的寄生虫,也被后世唾弃如粪。皇帝荒淫,官场糜烂,清谈成风,很快就将西晋推向了衰落,走向了穷途末路。

本文主要参阅书目:中国社科院历史研究所撰《中国通史》第二卷《秦汉魏晋南北朝·西晋统一》,安徽教育出版社,2016年版。

第五节　任城羊太守、太守夫人孙氏及《孙夫人碑》

史学界基本认为我国的刻碑之风盛于东汉,此后连绵不绝。碑的内容十分广泛,其中最重要的功用是作为墓碑。至东汉末年社会上刻碑树立于墓前之风大行,造成巨大资源浪费,而且由于竞相攀比,墓碑内容多虚谀不实。曹操认为此风不可长,于是下令禁碑。自此,从魏晋至南朝刘宋,朝廷都曾有禁止立碑的规定。在上述社会背景下,晋任城太守夫人孙氏卒后得立《晋任城太守夫人孙氏之碑》(以下简称《孙夫人碑》),说明其家族有相当的实力。当时泰山一带有实力者当属泰山羊氏之族。任城太守,虽失名讳,但此人是泰山羊氏家族重要成员应无大谬。至清乾隆年间,该碑在新泰显世,成为轰动学界的大事。《孙夫人

孙夫人碑及其拓片

碑》经多位学者考定立于西晋泰始八年(272),犹显珍贵。故从墓碑的发现到保护、研究引出一段佳话。

一、《孙夫人碑》的发现、保护及初识

清乾隆五十八年(1793),钱塘(今浙江杭州市)学者江凤彝为访寻《魏书·地形志》所载梁父县内的羊续碑,意外在新甫山南麓张孙庄寻得一晋碑,高七尺,广三尺。圭首(碑首凹下的部分)额下有穿题曰:"晋任城太守夫人孙氏之碑"计十一字,作隶字,三行,字大四寸。碑文共二十行,行卅七字,大寸二三分。碑通体虽剥泐过半,有些石纹开裂,但所列叙事实足与史相证明,向来金石家均未能见。但,该碑在清乾隆四十九年至五十年所修《新泰县志》卷七曾有著录:晋任城太守夫人李氏碑,在张庄东北,乃八分书尚依稀可识。遗憾的是,该志误将"孙夫人"记为了"李夫人"。该志的上述著录并未进入金石家们的法眼。至嘉庆二年(1797)七月朔日,时任泰安知府休宁县人金棨,正修《泰山志》,察看此碑,有牧竖所毁之处,认为西晋石刻本希见,妇人碑铭尤少。于是命当时的新泰县

令柳世珍建碑亭以掩蔽之,使数千年佳刻得以保护,不致损毁于樵人牧竖之手,以履守土之责。

《孙夫人碑》碑文辞古雅,笔势谨严,犹存两汉遗意,引起当时文人之重视。最先研究该碑者,无疑是江凤彝、金棨、柳世珍等人。遂在该碑阴留刻了题记。由金棨执笔记之,柳世珍建亭,江凤彝书。随后又有武亿、桂馥、朱文藻等人发表了高见。以上之内容及《孙夫人碑》碑文均由金棨记之所修《泰山志》卷十五《金石记一》(今见胡立东总纂《泰山文献集成》卷七)。

据《孙夫人碑》碑文及先贤学者研究,夫人为济南(西汉初称济南国,后称郡。东汉建武十五年,即公元39年,又改郡为国。西晋初复为郡,治所移至历城)人,其父孙邕。由于碑文剥泐过半,有些文字失真,夫人名讳缺失。原文云,夫人"少有淑质,宽仁足以容众,明敏足以辨物"。但夫人命苦,"九岁丧母,少为父所见慈抚,终丧哀毁,坐不易位,虽有隐括(矫正之法)傅母(指保育、教管贵族子弟的老年妇女)之训,罔加焉。"夫人母亡,父未再继室,魏文帝(曹丕)欲以故尚书令、长沙人桓阶(字伯序,"序"又作"绪")之遗孀妻之。夫人父孙邕"然非所好"。夫人劝父"何不以尝同寮(僚)辞之"。邕乃曾以与桓阶同僚而婉言拒之,受到文帝不少褒词。夫人父孙邕为此事十分高兴,对夫人说:"昔臧武仲先犯齐壮(庄),不令与己邑①。今我不犯尊(指不犯文帝)而蒙优诏,同归殊途②尔。"夫人在娘家期间"穷理(穷究事物之理)尽情,为父所异"。

夫人父孙邕,曾任吏部尚书,期间"多用老成,先帝旧臣"。魏明帝(曹叡)之时,经卢毓举荐为侍中。后封光禄大夫、关内侯,改封建德亭侯。出任渤海太守十余年间,政化大行。只惜史不为其立传。夫人之碑正可补史之阙。

由此可知,孙邕为循吏良臣"以儒雅称",又有贤淑聪慧之女,正与簪缨世家泰山羊氏门当户对。夫人嫁于任城太守③四十余载,"承上接下,众皆悦之……加之谦勤,战战临

① 昔臧武……与己邑:该典见《左传》襄公二十三年,此时晋国内乱,齐庄公(名光)准备封给臧武仲(即臧纥)土地,武仲听说了即进见齐庄公。齐庄公跟他说起攻打晋国的事。他回答说:"功劳诚然很多了,可是君王却像老鼠。老鼠白天蹲着,夜里出动,不在宗庙里做窝,这是由于怕人的缘故。现在君王听到晋国动乱然后起兵,还不如去侍奉它。这不是老鼠还是什么?"齐庄公听后发怒,而没有封给武仲土地。

② "同归殊途":语出《周易·系辞下》:"天下同归而殊途,一致而百虑。"原谓天下万事初虽异,然终同归于一。后泛指途径不同而结果相同。

③ 任城:即任城国。东汉元和元年(84)分东平国置,三国魏改任城郡。西晋复为任城国,治任城县,在今微山县西北。据《晋书·职官志》诸王国以内史掌太守之任,这大概即是该碑称孙夫人之夫为"太守"之故。

深,唯恐不逮,是以舅姑嘉其淑婉,娣姒宗其德音。……率由弗违,以御于家邦,终始以孝闻……子孙皆仁厚,振振有麟止之化。"①夫人与羊太守有二子,宏明、宏哲,不幸早亡。有嗣子羊迅。

按碑文载,孙夫人是继泰山羊氏家族中的女杰辛宪英、羊祜生母蔡氏女、羊祜夫人夏侯氏之外又一贤名之妇。碑中所记非只美誉之词,实谓羊君之妻孙氏女是位贤良忠孝之人,可谓羊氏之幸。夫人卒于泰始八年(272),其嗣子羊迅为其立碑并书,当年十二月甲申葬。

嗣子羊迅为孙夫人所立之碑由于史书失载,此后的一千五百余年无人提及更不知晓此碑,直到清乾隆五十八年(1793)才有钱塘人江凤彝搜得,又见天日。当时该碑即应立于江氏发现地"张孙庄"。至嘉庆二年(1797)七月朔日,泰安知府金棨命新泰县知县柳世珍建碑亭加以保护,同时,金棨亲撰《题记》刻于碑阴。

全文如下:

是碑为古昔所未见,雄秀峻拔,直追两汉,年号虽沕,以干支逆推之,当是太始八年,核诸文内所载事迹,知为西晋无疑。乾隆癸丑,钱塘江君访羊续碑于新甫,过此得之,今越五岁矣。余修《泰山志》,检碑展□,虑其露处,为牧竖所毁,遂与新泰令柳君谋建碑亭以覆之,使垂永久。

嘉庆二年七月朔日,泰安府知府、休宁金棨记,新泰县知县、长沙柳世珍筑亭,钱塘江凤彝书。(新泰市博物馆藏其拓片)

二、《孙夫人碑》碑文及众家考证与评价

金棨当时正修《泰山志》(该志始于乾隆六十年〔1795〕,告成于嘉庆三年〔1798 年〕,历时三载),遂将《孙夫人碑》的发现、立碑、保护等事宜做以详细记载。今见金棨修《泰山志·金石一》:

(一)《孙夫人碑》碑文

夫人,济南孙氏之中女也,实曰□姬。其先与齐同姓,(支)别闾,族遂以为氏。父列卿光禄大夫,建德亭侯,以儒雅称,世济其休。夫人少有淑质,纯静不□,宽仁足以容众,明敏足以辨物。九岁丧母,少为父所见慈抚,终丧哀毁,坐不易位,虽有隐括傅母之训,罔

---

① 是以舅姑……振振有麟止之化:句中"舅姑",指公、婆;"娣姒",指妯娌。兄妻为姒,弟妻为娣;"德音",即德者之音,善言;"振振",即众盛的样子;"麟止之化",指有高贵行迹之教化。

以加焉。父时未有继室，长沙人桓柏序有寡妻伏氏，魏文帝以用妻之。伏氏柔少，有国色，然非所好，而顾违尊命，莫之能定。夫人谓父曰："何不以尝同僚辞之。"父意乃悟。文帝诏报之曰："生敬其人，死辞其室，追远敬终，违而得道者也。"父悦，入谓之曰："昔臧武仲先犯齐壮，不令与已邑。今我不犯尊，而蒙优诏，同归殊途尔。"其〔时〕代伯序为侍中，父为侍郎，此为同僚，故夫人〔发之〕。父为渤海太守十余年，政化大行，孤宣□□，□□□意。时夫人见□在家，止父令留而谓之□，□威〔感〕而退，虽天之〔道〕，然事君不怼，□能□俭闻。□□□为吏部尚书，多用老成，先帝旧臣，举之□从，必不忘君，□而□举君为侍中，夫人□而□过，穷理尽情，为父所异，皆此类也。夫人在羊氏，次第有□度，承上接下，众皆悦之，任城非夫□□□，夫人由此相帅孝□，加之谦勤，战战临深，唯恐不逮，是以舅姑嘉其淑婉，娣姒宗其德音，□□人妇为四十余载，言无□过，□无怨恶故也。□□且感慈□□□□，下惟诗人刑于之言，瞻前□后，率由弗违，以御于家邦，终始以孝闻，□□夫人之□。□□□□□□二□小子宏明、宏哲、皆□□不幸早亡。子孙皆仁厚，振振有麟止之化，皆是义形□□□□□□〔泰始〕八年□月庚寅□，十二月甲申□，嗣子迅哀怀永绝，□□罔极，追惟□□□□□□□□力不肃之训，□□叹曰：古者钟鼎制铭，所以章君父之令德也，又有号谥□□□□□□□□，我先妣立言立德，同之不朽，可没而无称哉！于是乃追而纪□，为之辞曰：

奂乎文母，于我夫人，潜神内识，罔不弥纶。和乐色养，□□□□，□□□□，□□是勤。昧旦□□，□问日新，丧难宏多，仍罹□□。翼翼小心，惟忧用老，□□□□，□□□□，□□惟，□□□□，忉忉遗孤，辟踊靡及。曰古□□□□，何以□□，□□告哀，□□。

（二）众家考证及评价

1. **金棨考证**：右碑在新甫山麓张庄原上。高七尺，广三尺。圭首额下有穿题曰"晋任城太守夫人孙氏之碑"十一字，作隶字，三行，字大四寸。碑文其二十行，行卅七字，大寸二三分。笔势谨严，文辞古雅，犹存两汉遗意。通体虽剥泐过半，列叙事实多足与史相证明，向来金石家均未之见。以乾隆癸丑岁，为钱塘江凤彝搜得。西晋石刻本希见，妇人碑铭尤少，爰命新泰令柳世珍建碑亭以覆之，俾数千年佳刻不致损毁于樵人牧竖之手，斯则守土之责也。

2. **武亿考证**：按《魏志·列传》，桓阶，字伯绪，长沙临湘人。碑以"绪"为"序"，古字通故也。阶，《传》言刘表辟为从事祭酒，欲妻以妻妹蔡氏，阶自陈已结婚，拒而不受，因辞疾告退，是当为阶元配。此碑载伏氏年少，似是其继室也。阶身没而遗事可见。又如此碑言伯序为侍中，父为侍郎，此为同僚。按阶《传》，魏国初建，为虎贲中郎将侍中，而夫人之父官侍郎，亦同其时。其后父历官侍郎、渤海太守、吏部尚书侍郎，则位亦显矣。然史不为立传,碑亦不书名。按,《卢毓传》,文帝以毓为吏部尚书,使毓自选代,乃举阮武、孙邕,帝于是用邕。按,碑言"父为吏部尚书",其时正与相近。疑其父为孙邕也。碑云"夫人在羊氏"。按,羊氏当晋时泰山南城,门阀最著,任城太守,为羊氏之族。今惜碑不见其名,殆莫可稽也。《晋书·职官志》王国改太守为内史,以《宗室传》证之,景王陵泰始三年转封任城王之国,然则任城为王国,不宜称太守,盖当云内史而淆乱,往往相易不可遽数。如桓彝,见于《武帝纪》,称宣城内史,及按《桓温传》,则亦称太守,皆此类也。

3. **桂馥考证**:按《魏志·管宁传》,侍中孙邕荐宁,邕历官与碑同,疑即夫人之父。魏文帝《典论》:光和中,北海王和平亦好道术,自以当仙,济南孙邕少事之。据此则邕为济南人,益可证《鲍勋传》"帝屯陈留郡界,太守孙邕见"。案,碑言渤海太守,不及陈留或邕历二郡,碑但举其一尔。碑又云"长沙人桓伯序"。《魏志·桓阶传》作"伯绪"。案,阶,陛也,序,东西墙也,当为序。碑又云"昔臧武仲先犯齐壮,不令与己邑",考《左氏传》,齐庄公将为武仲田,与之言伐晋,武仲以鼠为喻,遂不与田,碑指此事。谥法,武而不遂曰莊,此"莊"字本作"壮"。晋时《左传》本尚作"壮",后改为"莊"。汉赵充国、蜀汉关羽、魏曹休、桓阶、许褚、庞德、徐晃、文聘、州泰并谥壮侯,可证也。

4. **朱文藻考证**:按碑不见年号,碑中有年月可辨者,唯"八年十二月甲申"等字。"八年"上漫漶莫辨,夫人父仕魏文帝朝,其时夫人年初长。自文帝初元迄元帝禅晋,其在位四十六年,夫人当已六旬,则入晋历年不久。终西晋之世有八年者,唯武帝之太始、太康,惠帝之元康。元康八年距晋初已三十六年,计夫人有九十余岁。碑文无一语颂及高年,断不逮此。今以《资治通鉴》目录追考之,元康八年十二月戊戌朔,则甲申在十一月,其非元康八年无疑矣。太康八年十二月壬寅朔,甲申亦在十一月十二日,其非太康八年亦无疑矣。惟太始八年十二月庚午朔,甲申是十五日,遂定此碑为太始八年。然则夫人之寿垂七十矣。又按,碑"甲申"下阙一字,"庚寅"下阙一字,"庚寅"上有"月"字,"月"字上阙,微存"一",似系"十"字,此上乃有"八年"字,碑似云八年十月庚寅卒,十二月甲申葬也。

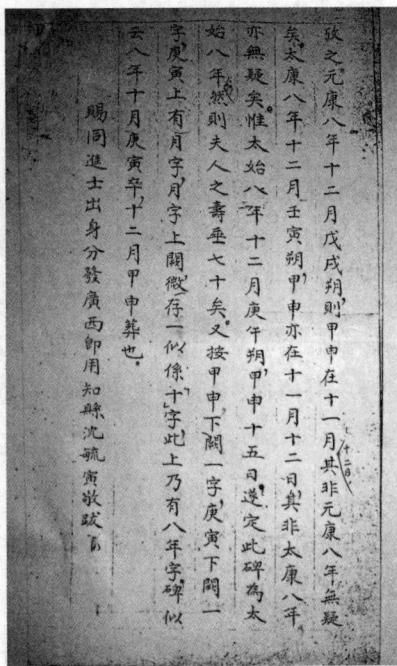

沈毓寅《孙夫人碑》跋 书影

5. **唐仲冕、沈毓寅之考证**:继金棨等人之后,泰山学者唐仲冕,期间正编纂《岱览》,于嘉庆十二年付刊,唐氏遂将《孙夫人碑》碑文及金棨等人的一些研究成果收入《岱览》卷二十三。又时隔70余年,至清同治庚午即同治九年(1870)《孙夫人碑》久渐埋灭。此年新泰平阳书院落成,时任新泰知县的李溁将《孙夫人碑》移至东院箭庭东壁,以示珍护(清《新泰县志·古迹(增)》)。其前,清道光壬辰(1832)进士、新泰沈家庄沈毓寅对金石学颇有研究。他认真研究孙夫人碑碑文及金棨、武亿等人文章后,辑众家之说写出了《孙夫人碑跋》。载入清光绪《新泰县志·古迹》①。《县志》编者在文后谓:"右序集诸家考说,委曲证明,碑文虽漫漶已多,得此如暗室一灯,俾读者于若隐若现中犹可识其事与时,洵(确实,诚然)乎好古传信者矣。"

6. 众家之评价:此后,该碑一直保存于新泰。新中国成立初期至上世纪六十年代初存于新泰文管所(博物馆)。1965年移至岱庙炳灵门内北侧。该碑发现之时,虽经江凤彝细心摩似,但仍无法补全原文。至清末,经众人揣摩辨识,又增补40余字。到移至岱庙时已漫灭327字。1983年10月该碑移至岱庙东侧之碑廊(见袁明英主编《泰山石刻·岱庙》,齐鲁书社,2007年版)。

除曹操禁立私碑外,至晋咸宁四年,晋武帝又重审禁碑,而《孙夫人碑》刻于西晋,"西晋石刻本希见,妇人碑铭尤少",且该碑"笔势谨严,文辞古雅,犹存两汉遗意"(金棨语),结体严整,大部分笔画横平竖直,遒劲峭拔,兼含委婉圆转之笔,基本上沿袭了汉隶凝重方峻风格,又不乏灵活。它卓越的书法艺术,被一些学者视为晋碑之冠,并且是汉隶书法艺术中的佳品。该碑还体现了由汉隶向楷书渐变的历程,在中国书法史上占有重要一席,故自该碑面世以来受到众多金石家及书法界高度关注和评价。如包世臣在《艺舟双楫·论书》中认为:"西晋分书《孙夫人碑》是《孔羡》法嗣,用笔沉稳不减,而体稍疏隽。"又说:"西晋分书有《太公望表》《任城太守孙夫人》二碑,虽俊逸殊科,而皆曲折顿宕,资政天成。"又,《学书迩言·评碑》和刘熙载《艺概·书概》中均将《孙夫人碑》和《太公望表》不分伯仲,尤为晋隶之最。毛凤枝《石刻书法源流考》赞《孙夫人碑》与《太公望表》皆别具风格,清隽潇洒。从这个时期的碑刻中可以看出楷与隶的错变以及由隶向楷过渡的轨迹。后人将其与掖县(今山东莱州)《郛休碑》,河南《太公望表》并称"晋三大丰碑"。因晋代多短碣,《孙夫人碑》又是"三大丰碑"中最早的高大碑刻,更显珍贵,故而是研究西晋书法和镌刻的宝贵文物。

《孙夫人碑》的面世在金石学及其他学界轰动一时,自清至今都有学者对其研究并著录者。其中不乏金学家、书法家、史学家、文学家,更有画家、诗人等。如清乾嘉间西泠名

---

① 《新泰县志·古迹》:清光绪《新泰县志·古迹》将"赐同进士出身分发广西即用知县沈毓寅敬跋。"改写为"邑进士沈毓寅序"。文章的"序"与"跋"是有区别的,其改动之因不得而知,特记之。

家黄易与江凤彝关系友好,应是最先得知孙夫人碑发现之信息,曾将访得碑石场景绘成《新甫得碑图》。黄易博学好古,善画,又精于金石。大概他在济宁任同知之时,作《得碑图》。此后同题之作共有十二幅,皆为江凤彝友人。江氏将友人赠图装成《晋任城太守孙夫人碑并名家题画,题识合册》。其他各界对《孙夫人碑》的题咏甚多。其中有何绍基、蒋因培诸多名家。他们或题跋或鉴赏钤印,成一时之盛事。如,诗人刘大绅有诗叹曰:"……自谓神物终不朽,西晋隶书世尚有,新甫古柏供樵苏,孙夫人碑鬼为守。……"(诗题为《题江柜香孝廉任城太守孙夫人碑》,诗载《寄庵诗钞》)另有钱大昕、郭嵩焘、王昶、万承风、梁启超、鲁迅等名家都涉猎过《孙夫人碑》。今人多从书法方面研究和著录此碑,且甚丰。以上方见《孙夫人碑》之巨大影响和珍贵价值。

三、晋墓与"孙夫人碑"出土地点初探

关于《孙夫人碑》的出土地点,自该碑发现以来,著录的出土地点有三:一是江凤彝谓发现地在"新甫山麓张孙庄"。江氏遂将此碑立于张孙庄。然自清末光绪十七年所增修的《新泰县志·里甲》及清光绪三十三年所修《新泰县乡土志·地理》已找不到"张孙庄"之名。江氏所记"张孙庄"之名是否有误,不得而知。二是光绪十七年(1891)增修的《新泰县志·古迹》所载在"张庄东北"(该文将"孙氏碑"误为"李氏碑")。其所记虽比江氏所记进一步明确,但位在"东北"也是模棱两可。且按《县志》和《新泰市地名志》(1992年版,新华出版社出版)所载当时"张庄"有二,其一为县西南乡张丁保之张庄,即今西张庄镇所在地之张庄;其二为县西北乡上庄保之张庄。该张庄在今羊流镇以西3.3公里,今名新张庄,原名西张庄,后因重名,1983年更今名。两张庄都在新甫山麓。三是清嘉庆年间泰安知府金棨修《泰山志·金石记一》所记"碑在新甫山麓张庄原上"。"原上"一词从词意讲即指"原野""广而平的土地"。《尚书·盘庚上》:"若火之燎于原,不可向迩(靠近),其犹(仍然)可扑灭。"又,白居易《赋得古原送别》诗有"离离原上草,一岁一枯荣"之名句。碑出"张庄原上",必在张庄附近一开阔地。而上述今羊流镇西之新张庄处丘陵地,少见广而平之地。另外,今羊流镇东3.2公里有一东张家庄,原名张家庄,因重名,1983年更今名,此村地处丘陵也不符合"原上"之地貌条件。今西张庄镇所在地之张庄,因人口增加,遂于1979年分东、西张庄,此村原名称"张庄"。该村周边除村东北有丘陵外,其村东、南、西三面皆为平原地,具备"原上"之条件。

无独有偶,1967年今西张庄(原名张庄)东南3.5公里处的后高佐村[①]村北农田基本

---

① 高佐村:该村始名"立行"。明朝末年,洪水淹没周围村庄,唯此村地势略高而安然无恙,遂名"高坐",后渐化为"高佐"。随人口增多,分为前、后高佐两村,后高佐在北,遂称今名。

建设时发现一座砖室西晋墓葬，出土一组西晋越窑青瓷器，件件做工精良，造型独特，釉色清亮，为西晋越窑青瓷的典型代表作品。墓葬虽未发现明确纪年，也未见陪葬越窑青瓷的墓葬主人，但孙夫人碑的显世为其找到了端倪。据武亿考证："碑云'夫人在羊氏'，按羊氏当晋时，泰山南城门阀最著，任城太守为羊氏之族。"又朱文藻等学人考证孙夫人碑碑文，该碑刻于西晋泰始八年（272）。当时朝廷禁立私碑之令正严，三令五申不得厚葬，在这非常社会背景之下，能为孙夫人卒后立碑，正反映出其家族在晋初所受礼遇不凡。在泰山周边当时只有泰山羊氏可受此礼遇，其他家族望尘莫及。西晋初期社会仍在动荡，战乱频发，精美绝伦的越窑青瓷能从浙江余姚、上虞、绍兴之盛产之地运到当时相对偏僻之新泰，亦非势力正强盛的泰山羊氏之家族莫属。所以说孙夫人碑中所述夫人所在羊氏亦非其他地区之羊氏，而非泰山羊氏不能。夫人之嗣子为"羊迅"，夫人之夫任城太守无疑是泰山羊氏族人。故，泰山羊氏、孙夫人碑、晋墓、晋越窑青瓷多方相印证，后高佐村北是泰山羊氏的另处墓地。孙夫人碑若是在这一墓地出土，与所记"张庄原上"相符，且更为恰当。上述晋墓、晋瓷或许可解开孙夫人碑出土地点之谜。

另，笔者好友，供职于西张庄镇的李光星先生，据2010年末，在今西张庄镇东张庄村修路挖得的《永济桥碑记》碑，碑文记有"邑西乡张庄集北原，平阔有溪"之句，"与江氏当年发现晋碑的'新甫山麓张庄原上'竟高度吻合""与江氏发现《孙夫人碑》的时间又恰好一年，即清乾隆五十八年。这块功德碑所传递的信息，对于帮助推定《孙夫人碑》发现地所起的作用，是不可小觑的"（参见李光星《〈孙夫人碑〉发现地新考》，载《羊祜年谱》，线装书局，2014年版第412页）。这一信息又为孙夫人碑的出土地找到了新的线索。金棨所记《泰山志·金石纪一》孙夫人碑"在新甫山麓张庄原上"之"张庄"即今西张庄镇驻地之张庄；"原上"或许就是"西晋墓地"及其周边（有新考古发现另论）。

第四章　折损中求生存

西晋是个短命的王朝,前后历时 52 年。由于晋武帝司马炎"诸子并弱",与司马攸之间的芥蒂较深,他死前羊琇等人"切谏"支持司马攸,却遭到贬官或免官。假设司马攸继皇帝位,西晋王朝或许不会短命,历史却没有如人心愿地去写。自弱智的司马衷当政,朝内便开始了内讧。"八王之乱"导致了西晋灭亡,外族入侵。泰山羊氏一族在羊徽瑜、羊祜、羊琇相继离世后,罩在家族上面的光环渐趋暗淡。羊祜孙辈羊献容婚嫁晋惠帝司马衷,荣耀一时,却遭屡立屡废,倍受凌辱,又被匈奴人刘曜掳去封后。羊献容再嫁匈奴,一身二后,终古奇闻。其父羊玄之终在"八王之乱"中成了牺牲品,"忧惧而终"。羊祜之子辈中,虽仍有恩赐,多数袭爵封官,但非政治舞台上的重要角色。祜兄之子羊伦高阳相,伦弟羊暨阳平太守,暨弟羊伊被张昌所杀。祜从兄羊祉子羊亮八王之乱中被刘元海(即刘渊)所杀。亮兄羊陶(忱)被乱军杀害。唯有羊祜嗣子羊篇,为官清慎,却早卒。泰山羊氏在西晋末年的式微可见一斑。

第一节　留犊官府的羊篇

《晋书·羊祜传》载,羊祜无子,卒后,晋武帝以祜兄羊发之子羊暨为嗣,羊暨以父没不得为人后为由不从。帝又诏令羊暨弟羊伊为祜后,又不奉诏。引起武帝的愤怒,收回诏命,将二人收捕,免去了他们的过继资格。太康二年(281)以羊伊之弟羊篇为羊祜嗣子。

羊篇,羊祜长兄羊发之季子,奉诏为羊祜嗣子后,袭羊祜爵为钜平侯。羊篇是以清廉著称的南阳"悬鱼太守"羊续的曾孙,承家风,历官清慎。史载,羊篇带一私牛赴任,私牛于官舍产一犊。到其升迁离任,留牛犊于官府。此举为后人所称道,传为佳话。后世称"留犊刺史"。

羊篇官至散骑常侍,职掌侍从皇帝,谏诤得失,顾问应对,与侍中共平尚书奏事,官位三品,俸禄二千石。但在任上时间不长,便英年早逝。至(东)晋孝武帝(司马曜)太元(376—396)中,封羊祜兄玄孙之子羊法兴袭钜平侯爵位,食邑五千户。

羊篇"留犊"之所及"留犊"时官位,史无明载。《羊祜传》中亦只载其"历官清慎""位至散骑常侍"和留犊之事数语。西晋曹嘉之撰《晋纪》(久佚)则将留犊之事记在羊暨名下(见《众家编年体晋史》第 372 页)。至清吴士鉴、刘承乾《晋书斠注》考证说:"本传言

（羊）篇历官清慎,而不详何官,疑曹《纪》所言青州刺史为（羊）篇之历官,而误以属之于（羊）暨也。暨官阳平太守,非青州刺史。"由此而知羊篇"留犊"时官位为青州（即今山东青州市）刺史（转引自周郢《羊姓史话》第110页）。今从其说,但也只是一家之言。

清《新泰县志》为羊篇立传。列名臣。

【评析】从羊篇"为官清慎"所想到的

羊篇是继羊续、羊祜之后,泰山羊氏家族中出现的又一位廉洁从政的官员,这与其家学、家风有密切关联。羊祜在他的《诫子书》中说:"恭为德首,慎为行基。愿汝等言则忠信,行则笃敬。"羊篇应是羊祜后人之中牢记《诫子书》的一位。他按父辈的苦心教诲而行事,不为个人私利所动、所累,才有"历官清慎"之美誉。然而一名古代官吏能做到廉洁从政,不谋私利是何等不易。对于古代一名从政者来说,如何处理好公和私的关系,是个千古话题。事实证明,凡成大事者,最不易处理好的,就是事业之功和个人之私两者的关系。羊篇之事业之功也许因英年早逝,看不出来,史亦不载。然而在处理个人私利问题上却十分恰当。不为私利所动,将所产犊留于官府,传为佳话。反之,自己的牛产了犊,升迁离任一并带走,亦无可非议,那样既无佳话可传,也不会被后人称道了。羊篇在处理公与私的关系上可谓精当,也是其德行情操高尚的具体表现。

历史事实告诉人们,历代的廉政先贤无不具备修身立德,明法审令,尚学崇教,敬业尽职,诚实守信,自持知止,乐道安贫,勇于担当等高尚精神风貌。查历史典籍,"廉政"一词出自《晏子春秋》。该书《内篇问下》第四载:（齐）景公（名杵白,生年不详,齐庄公六年即位,卒于鲁哀公五年,在位58年）问晏子（即晏婴,生年不详,卒于齐景公四十八年。历仕齐灵公、齐庄公、齐景公三朝）说:"廉政而长久,其行何也?"晏子对曰:"其行水也。美哉水乎清清,其浊无不雩途（污涂,涂抹）,其清无不洒除,是以长久也。"晏子这段话的意思是说,廉洁正直而能长久地保持住国家,君主的品行就得像流水一样。清清柔和的流水多美好啊!当它浑浊的时候,没有什么不能涂抹的,当它清澈的时候,没有什么不能洗涤干净的,所以能长久。

在中国古代,廉洁从政最基本目标就是为了王朝政治的长治久安,在此基础上再实现儒家提出的以仁义治天下。这种政治主张就是所说的"王道",其政治理想就是实现孔子所说的"大同"（《礼记·礼运》）。这种理想的大同社会,早在夏商周三代的君王就有这种主张的萌芽（或说初衷）。例如,《尚书·洪范》载:"无偏无党,王道荡荡。"文中之"偏"即不公正,偏颇;文中之"党",谓"偏私";文中"荡荡",即宽广。同文又说:"无党无偏,王道平平。"文中之"平平",即顺畅。周武王伐商纣的第二年去访问了箕子。箕子这个人在商纣朝任太师,见纣王淫乱暴虐,屡谏不听,乃装疯为奴,周武王破商之后,被释。武王知此人有才,便去访问之。箕子依据《洛书》向武王讲了九种天地之大法,即成《尚书

·洪范》。文中就要求依据《洛书》,人们办事要公正,无偏颇,不要偏私,这样"王道"就能宽广、顺畅。由此可知,自古以来的华夏文明史,就孕育着丰富的廉政文化。尤其是那些古代官僚体系中廉洁从政的清官典范,他们的廉政事迹思想,成了古代廉政文化的瑰宝。羊篇之廉的故事,可谓是其中之一例。

第二节 命途多舛的羊献容

惠羊皇后,名献容,羊玄之之女,永康元年(300)立为晋惠帝司马衷后。在"八王之乱"中屡废屡立,身受多难。永嘉五年(311)落入匈奴前赵皇帝刘曜手中,后来立献容为后,死后谥献文皇后(羊献容像见彩页)。

一、立羊献容为后是孙旂等人的政治阴谋

羊献容之父羊玄之初仕时,仅为尚书郎,属尚书省属下一部门的小官。羊献容之所以能入宫当上晋惠帝的皇后,与其外祖父孙旂及与其合族的政治阴谋家、司马伦的心腹孙秀有关。孙旂(? —301)是西晋乐安(今山东邹平东北苑城镇)人,因察孝廉,升为黄门侍郎、荆州刺史。司马衷登基改元永熙,其间为太子詹事、荆州刺史、转卫尉,后因武库事故免职。岁余,出任兖州刺史,迁平南将军。应该说孙旂是个正派人物,官运通达。但他的四个儿子附会于孙秀,遂与之合族,旬月之间,四个儿子致位通显,到司马伦篡位皆为将军,封郡侯。特别是孙旂之长子孙弼,伪朝立事,孙旂认为必有家祸。

再看孙秀何许之人。孙秀(? —301)西晋琅琊(今山东临沂北)人。本是琅琊郡中的一个官吏,投机钻营成为赵王司马伦的心腹。至晋惠帝皇后贾南风擅政,孙秀行献媚之能事,永康元年(300)用谗言使贾后杀太子司马遹,又使反间计,以为太子报仇为托,用矫诏废贾后为庶人,诛杀贾后党羽侍中贾谧等十余人。当年四月,司马伦矫诏害贾南风于金墉城。孙秀以阴谋拥护赵王司马伦篡位,剪除司空张华等朝中有声望之人。到司马伦篡位,孙秀为中书令,威权振于朝廷,掌天下之事无须再求于司马伦,对司马伦的诏令他敢任意改动或增删,自书青纸为诏,或朝行夕改。就是这样一个"党同邪佞,惟竟荣利"之徒。永康元年三月,当贾后既废,孙秀议立后之时,孙旂四个儿子自结于孙秀,孙旂与孙秀合族,双方其目的十分明确,拟将孙旂外孙女羊献容送入宫当惠帝之皇后,以此作为政治资本,攫取权势地位。至当年十一月甲子立羊献容为皇后,孙秀等人之谋昭然若揭。然他们好景不长,第二年就分别被齐王司马冏杀之。羊献容一个十六七岁的少女也自此成为八王之乱中政治角逐的靶子,任人射杀,立废由人。泰山羊氏至此再无西晋之初的辉煌与荣耀。随着社会的动乱相继凋零,再不能依附皇权光耀于政治舞台,又有什么力量庇护皇后羊献容呢?羊献容在西晋朝当了七年的皇后,遭到政治权力的摆弄,屡废屡立,每一次废立,都面临一个政治漩涡,每一次都是惊心动魄的伤害,其苦难也只有她自

己心知肚明。

羊献容被匈奴人刘曜掳去,当了前赵皇帝刘曜的皇后。刘曜与白痴司马衷相比,天壤之别,一个意气风发,一个懦弱无能,献容心中必是百感交集。她不仅受到刘曜的宠爱,而且影响朝政。一身事二帝,中国历史上大概仅有。由于她身世特殊,历史环境特殊,也引起后世对她的不同看法。观点不同,立场有异,对一个历史人物有不同看法也是历史必然。

二、惠羊皇后的屡立屡废

羊献容,史称泰山南城人,不确,实为泰山郡新泰人。祖父为尚书右仆射羊瑾,父亲羊玄之(见后文)。羊献容之高祖为南阳太守羊续。

羊献容入宫前后所处的时代,正值西晋王朝宗室之间争夺皇权的变乱时期,史称"八王之乱"。八王之乱的主角是汝南王司马亮(司马懿之子)、楚王司马玮(司马炎之子),赵王司马伦(司马懿之子)、齐王司马冏(司马攸之子)、长沙王司马乂(司马炎第六子)、成都王马司颖(司马炎第十六子)、河间王司马颙(司马懿弟司马孚之孙)、东海王司马越(司马懿弟司马馗之孙)。

太熙元年(290),晋武帝司马炎死后,第二子司马衷(字正度)即位,即晋惠帝。晋惠帝既无执政能力,又无得力执政领导集团,是中国历史上有名的白痴皇帝。他娶的贾南风与辅政外戚杨骏争权。元康元年(291)贾后发动禁军政变,杀杨骏。大权被司马亮所掌。贾后野心未遂,又使司马玮杀死司马亮,事后反诬其借假诏擅杀大臣,将司马玮处死。九年(299)贾后废太子司马遹,次年将太子杀之。赵王司马伦与齐王司马冏以此为名,联兵入宫杀贾后。也就在这一年,即永康元年(300),惠帝废贾后。孙秀初为西晋琅琊郡吏,后为赵王司马伦心腹,议定要为惠帝立皇后。羊献容之外祖父孙旂与孙秀合族,孙旂之族诸子自动结与孙秀。在这种历史背景下于永康元年立羊玄之女羊献容为惠帝后。《晋书·惠帝纪》:"永康元年……十一月……甲子,立皇后羊氏,大赦,大酺三日。"《晋书·后妃上·惠羊皇后》:"永康元年立为皇后。将入宫,衣中有火。"

永宁元年,亦即永康二年(301),司马伦废晋帝司马衷,自立。司马冏举兵讨司马伦。司马颖、司马颙举兵响应。禁军将领王舆起兵杀司马伦,迎惠帝复位。司马冏以大司马执政。太安元年(302)底,司马颙起兵讨司马冏,司马乂于洛阳为内应,入宫杀司马冏而执政。司马乂在洛阳,凡事都赴邺(今河北临漳县西南邺镇)请司马颖裁决。太安二年(303)八月,成都王司马颖联合河间王司马颙,以讨伐献容父亲羊玄之(时任尚书右仆射,加侍中,晋爵为公)为名,讨伐长沙王司马乂,司马颖将陆机、司马颙将张方,分别进军洛阳。十月陆机被杀。司马乂奉帝命攻张方,张方败,屯兵洛阳城外。永安元年(304,即永兴元年),东海王司马越与殿中诸将擒长沙王司马乂,张方杀司马乂,开城迎成都王司马颖。

是年二月,司马颖进洛阳后(因与羊玄之有仇)奏请废皇后献容为庶人。送至金墉城①幽禁。右卫将军陈眕等倡导讨伐成都王司马颖,颖败,大赦,羊献容又复后位。至八月,河间王司马颙所部张方入洛阳又废黜献容后位。十一月,张方逼惠帝西迁长安。此后,司隶校尉刘暾、尚书仆射荀藩、河南尹周馥在洛阳组成留台处置朝中政务。留台的各大臣又拥立献容恢复后位。十二月改元永兴。永兴(304—305)初,张方又废后。河间王司马颙诈称惠帝诏书,认为皇后屡为邪恶之人私自所立,派遣尚书田淑减轻留台的刑罚赐皇后献容死。诏书连续到达,司隶校尉刘暾与尚书仆射荀藩、河南尹周馥驱快马上书表奏说:"奉命看到您的手诏,伏读后感到恐惧惊慌,而且忧伤。臣按古今书籍,亡国破家,毁坏宗庙,丧失祭祀,都是损害民众的邪恶之人所致。陛下幸迁长安,旧京洛阳空虚,众多庶民百姓都深深地思念陛下,觉得无所依靠。家家有企盼陛下之心,人人想听到陛下銮驾之声,思望陛下的大恩大德,释放的兵卒也都解甲归田了。而战乱的纠缠不能解除,处处相互兴起,不是行为善良之人不到陛下您这里来,是因为人心怀疑阻隔了的缘故啊!今上官已又举兵侵犯朝廷,焚烧宫廷官署,百姓喧哗骚乱。应该对其镇压以求宁静。而陛下派的使者和军队突然到达,赫然执行了镇压骚乱的措施。当处置皇后的使者和军队到达金墉城,内外震动,因为大家知道这并非圣上的旨意。羊(献容)庶人门户残破,住在废墟而空荡的宫室,而且门禁严密,如同与天地隔绝。没有机会与邪恶之人谋图祸乱。众人虽无智愚笨,但都认为不应该对皇后如此处置。众多的刑法条文,与其所谓的罪过不相符,如若人心一旦忿恨,易导致祸乱再次兴起。如若杀一人而让天下人心喜悦,那是宗庙社稷的福祉。今杀一个枯伤穷困之人而让天下人感到忧伤凄惨,臣惧怕凶恶小人会利用机会妄生变故。臣有愧于掌管京师,观察众人之心,实在感到深深地忧虑,宜当包涵忍耐。(今将)臣之敝见,谨密地启奏陛下。愿供陛下更加深思与太宰验证,周密审慎,勿令远近朝臣疑虑,让天下人谤议。"司马颙见表奏大怒,遂派遣陈颜、吕朗东去洛阳收捕刘暾。刘暾逃奔去了青州,随后得以免祸。

惠帝司马衷返洛阳,迎羊皇后复位。后来洛阳令何乔又废后。至光熙元年(306)六月,张方首至洛阳,选择吉日再次为羊皇后复位。十一月惠帝中毒死亡(传为东海王司马越所害)。羊皇后考虑到立太弟司马炽继位为叔嫂关系,不得称皇太后,欲立前太子清河王司马覃继位,将立之,未遂。随后司马炽(晋武帝第二十五子)即位,是为怀帝。是年改元为永嘉元年(307),尊献容为惠帝皇后,居住弘训宫。十二月,河间王司马颙赴洛阳,中途被司马越之弟南阳王司马模部将所害,前后凡十六年的"八王之乱"结束。

———————————

① 金墉城:由三国时期魏明帝筑,位于今洛阳市东北魏故城西北隅。西晋时被废黜的皇帝、皇后、皇太子曾安置于此。

至此,方可根据《惠帝纪》《惠羊皇后传》《刘曜载记》《资治通鉴》等所记惠羊皇后先后被立被废的情况:

永康元年(300)四月初九,贾后死于金墉城。司马伦之心腹、权臣孙秀议立羊献容为后。冬,十一月甲子(初七)立皇后羊氏。

永宁元年(301)正月初九,司马伦乘皇帝的专车进皇宫,即帝位,改元建始。惠帝自华林西门出居金墉城。帝废,皇后自然亦废,羊皇后陪惠帝同去金墉城,羊献容首次被废。

永宁元年四月初七,杀孙秀,迎惠帝进宫。羊皇后必然随同进宫,废而复立。初九,改元永宁,羊献容第二次立为皇后。

永兴元年(304)二月,权臣、丞相司马颖表奏废黜皇后羊氏,幽禁金墉城,这是她第二次被废。

同年七月初,因司空东海王司马越与卫右将军、陈眕反皇太弟司马颖僭侈日甚,恢复皇后羊氏。这是献容第三次立为皇后。

同年八月,司马越征伐司马颖,太宰司马颙派右将军、冯翊太守张方镇守洛阳,张方进洛阳,再次废羊皇后,这是她第三次被废。

同年十一月,张方强迫惠帝和司马颖进长安。尚书仆射荀藩,司隶校尉刘暾,河南尹周馥在洛阳留守朝廷台署,称之东台。初七日,东台复立羊皇后。这是献容第四次立皇后。

永兴二年(305)夏四月,张方再废羊皇后,这是她第四次被废。

同年十一月,立节将军周权,佯称收到檄文,自称平西将军,复立羊皇后。洛阳令何乔攻周权,杀之,复废羊皇后,太宰司马颙矫诏,以羊皇后屡为奸人所立,遣尚书田淑命令留守台署赐羊皇后死。诏书数次传到,司隶校尉刘暾等上奏,认为羊皇后不该死。司马颙怒,派人拘捕刘暾,暾奔青州,然羊皇后得免一死。

光熙元年(306)六月初一,惠帝回到洛阳,恢复了羊皇后位。

同年十一月十八日,惠帝被毒死,二十一日太弟司马炽即位。羊皇后尊为惠皇后,居弘训宫。

三、惠羊皇后被掳

八王之乱结束了,西晋王朝与周边国家的战争并未结束。强悍的匈奴给西晋王朝带来若干灾难。西晋新兴(今山西忻州)人刘渊,匈奴族,字元海,是十六国之一的汉国建立者。他以匈奴为汉之甥,建国为汉,称汉王。汉(前赵)元熙五年(308)改称皇帝,追尊刘禅为孝怀皇帝,置百官,建都平阳(今山西临汾西南),国号汉,汉河瑞二年(310)病卒。其四子刘聪杀太子刘和自立为汉国国君。刘渊之族子刘曜建汉国后历任要职,刘聪当时镇守长安。晋永嘉五年(311)五月,汉主刘聪派前军大将军呼延晏率领二万七千兵士进攻晋都洛阳,到达河南时,晋军前后十二次败,死者三万余。时任始安王的刘曜与石勒、王弥等都带兵与呼延晏会师。未到,呼延晏把辎重留在张方遗留下来的旧营垒中。二十七日,呼延晏先行到洛阳。二十八日,攻击平昌门,三十日攻下平昌门,遂烧东阳门及各府寺等房屋建筑。六月初一,因外援未到,俘掠一些人和财物而去。同时呼延晏烧了晋怀帝准备向东逃难的一些船只。初五,王弥到达宣阳门。初六,刘曜到达西明门。十一日,王弥、呼延晏攻克宣阳门,进入南宫,登上太极前殿,纵兵大掠,尽收宫人、珍宝。晋怀帝出华林园门欲奔长安,汉兵追上,囚在端门。刘曜自西明门入屯武库。十二日,刘曜杀晋太子司马诠、吴孝王司马晏、竟陵王司马楙、右仆射晋馥等人及士人百姓三万多人。又挖各个陵墓,把宫庙、官府都烧尽,掳羊献容,并纳娶了羊献容。把怀帝及皇帝专用六玺都送至平阳。这就是《资治通鉴》卷十八《晋纪九》所记刘曜等人攻掠洛阳,掳惠帝皇后羊献容的全过程。自此,献容随刘曜生活,为曜生刘熙、刘袭、刘阐三子。《晋书》卷三十一《惠羊皇后传》记为二子。

四、西晋亡,羊献容为羯人刘曜后

永嘉五年(311)九月,刘曜任汉国车骑大将军,雍州牧,改封中山王,镇守长安。关西地区大饥,白骨遍野,士民存者百无一二。晋建兴元年(313)正月初一,汉主刘聪大宴群臣,让被俘的晋怀帝司马炽着青衣巡行酌酒劝欢,晋臣庾珉等十余人不胜悲愤,嚎啕大哭,被刘聪所恶。二月初一,刘聪杀庾珉等十余人,怀帝被害。至四月太子司马邺在长安即位,是为愍帝,改元建兴。汉中山王刘曜进犯长安,后在蒲坂屯兵。晋建兴三年(315),汉改元为建元,刘曜任大司马。晋廷百官饥饿困乏,靠采野生谷子活命。四年(316)八月,刘曜进逼长安。长安城内外断绝了联系,城内饥甚,一斗米值二两金子,人食人,城中人死者过半。京城的粮库只存几十个麦饼,愍帝只吃点麦粥。冬十一月麦饼也吃完。愍帝谦恭地乘着羊车,袒露着臂膀,口含玉璧,用车拉着棺材,从东门出去投降,群臣大哭。刘曜烧了愍帝的棺材,接受了他口含的玉璧,派人送回他的宫内。十三日,刘曜把愍帝及部分大臣迁到自己的兵营,十七日送到了平阳。刘聪让愍帝任光禄大夫,封为怀安侯。大司马刘曜改任假黄钺、大都督、都督陕西诸军事、太宰,封为秦王。

公元317年二月二十八日,丞相琅琊王司马睿,按晋愍帝司马邺的诏书改称晋王。三月初九日,司马睿即晋王位,改年号为建武。第二年三月初十,晋王即帝位,称元帝,改号太兴,史称东晋。

东晋太兴元年(318)六月,汉主刘聪病重,刘曜任丞相。十九日刘聪去世,太子刘粲即位,八月刘曜任相国。冬十月,汉大将军靳准发动叛乱,刘曜自长安来救难,到达赤壁,太保呼延晏,太傅朱纪等拥立刘曜即皇帝位。太兴二年(319)汉主刘曜回到长安,定都于此,并在长安建立宗庙,改国号为赵,史称前赵。

前赵皇帝刘曜定都长安后,立后妃羊献容为皇后。立儿子刘熙为皇太子,封子刘袭为长安王,刘阐为太原王。刘曜其他几个儿子各有封,刘冲为淮南王,刘敞为齐王,刘高为鲁王,刘徽为楚王,各宗室子弟都进封郡王。

刘曜十分宠爱羊献容。刘曜私问献容:"我是否能比得上司马家儿(指惠帝司马衷)?"献容回答说:"这如何能与之相提并论呢? 陛下您是开基的圣主,他是亡国的庸夫,有一妇一子及他本身三人都不能得到庇护。他身为帝王,而他的妻子却被辱于凡民庶人之列。使我在那个时候实不思生,怎么能预料到能有今日。我生于高门望族,常失望地想,世间男子亦不过如此罢了。自从侍奉您以来,始知天下有真正的大丈夫。"

明末清初诗人朱鹤龄(1606—1683)曾以《咏史十首之四·羊皇后》诗咏叹上述两人的对话。诗曰:"一奉鸾舆鼎祚迁,金墉椒寝化朝烟。只将司马供嗤笑,博取戎王枕上怜。"(采袁爱国主编《全泰山诗》清代卷一,泰山出版社,2011 年版)羊献容还常干预国事,"内有特宠,外参朝政"。东晋太兴二年(319 年,刘曜光初二年)"地震,长安尤甚。时曜妻羊氏有殊宠,颇与政事,阴(指有阴德)有余之征(表露出来)也"。晋元帝永昌元年(322 年,刘曜光初五年)羊献容去世,葬显平陵,谥号献文皇后(《晋书》卷一百三《刘曜载记》)。

羊献容永康元年(300)十一月入宫,为晋惠帝后,年龄大概十五六岁。永熙元年(306)十一月,惠帝被毒死,献容与其生活整七年。永嘉五年(311)六月,献容被刘曜掳去,至永昌元年(322)去世,与刘曜共同生活了近十一年。去世时的年龄大约在三十六七岁。羊献容在长安地震尤甚情况下,"颇与政事,阴有余之征",说明她为民办了些好事。在粮食极为缺少的时候,救灾民于水火,倾仓廪赈恤也无不可能。她有能力干预国事,"外参朝政",应与其在羊门受教育有关。

【评析】同室操戈西晋亡,白痴美女不相宜

西晋八王间同室操戈相互残杀,导致国亡民困,经济崩溃。白痴皇帝不能治国,使外戚专权,社会动乱,司马氏家族败落。羊献容命运多舛,一女二主,一身事二帝,有被世人不齿的一面,在当时背景下,她还有另一面。

一、西晋亡于八王之乱

西晋王朝建立之后,为了加强以司马氏为首的世家大族集团的封建统治,在政治上,晋武帝司马炎总结曹魏"强干弱枝"的历史教训,认为曹魏亡国的原因,在于宗室受控过严,皇权孤立无援,于是恢复了分封制,大封宗室,有二十七人为王,以郡为国,特许诸王可自选长吏,同时,各王又封同姓及异姓公侯等。一时大小王国、公侯多达五六百个。在军事上,实行封国领兵制,将封王国按户数的多少,分别可有五千、三千或一千五百人的王国军队。至咸宁三年(277)以后,宗王不仅领封国之兵,有的还担任州镇都督,封国地域与所督州镇不一致的,实行"移封就镇",使诸王集军、政、财权于一身。这样,诸王手握重兵,坐大封国。诸王并未很好地利用手中权力,维护王朝政权,而是"各显其能"。他们之间相互猜疑、倾轧、结党营私,其中不乏觊觎皇位的野心家。西晋王朝的大分封不仅没有起到屏藩皇权的作用,反而成为削弱中央集权的离心力、酝酿内斗的祸根。自永平元年(291),皇后贾南风杀杨骏,到光熙元年(306)晋惠帝还洛阳,诸王为争夺中央统治权进行了长达十六年的"八王之乱"大混战。

"八王之乱"同室操戈,骨肉相残,使西晋王朝的实力耗尽,加之这期间各种自然灾害接踵发生,给全国各地人民带来双重灾难。据《晋书·帝纪·孝惠帝》载,晋武帝死后,太子司马衷登上帝位,即晋惠帝(290—306在位)。他在位期间正是八王之乱犹酣之际,期间,除兵乱之外,还有天灾、地震灾害频繁。其中永平元年(291)冬,京师地震;元康四年,京师及郡国八地震,寿春地大震,丙辰地震"米石万钱"。其他灾害如大水、雨雹、大风、地陷裂、大旱、陨霜、黄雾等连年发生。人民群众生活极其困难,粮食奇缺,七年(297)秋七月,关中饥,米斛万钱,骨肉相卖者不禁。永安元年(304)军中大馁,人相食。八王混战,又加重了人民的负担和无穷苦难,许多人死于非命,无数户人家被压榨得破产逃亡,人民群众处于水深火热之中。以至有人惊呼:"千里无烟爨(cuàn)之气,华夏无冠带之人。自天地开辟,书籍所载,未有若兹者也。"(《晋书·刘颂传》)

这场历时十六年的八王大混战,造成几十万人死亡,上百万人流亡,城市毁坏,土地荒芜,北方经济受到严重破坏。西晋宗室诸王的力量,至此也已经消耗殆尽。"国家将兴,必有祯祥;国家将亡,必有妖孽"(《中庸·前知章》),正是造成史无前例大混战的"妖孽"使西晋政权丧失了实际统治能力,行将灭亡,白痴皇帝也走到了生命的尽头。有学者认为,这场灾难对中华文化的破坏不亚于秦始皇的焚书坑儒,使中华文化再受摧残。

在上述形势下,门阀士族也没有忘记相互之间以及与皇室之间,通过联姻来巩固或扩展自己的势力。羊献容的婚姻就是典型例子。羊献容是泰山羊氏家族之女,其父羊玄之是羊续之曾孙,羊祜之伯父羊耽之孙。羊玄之之父官至尚书右仆射。羊玄之初仕为尚书郎,将女儿羊献容嫁给晋惠帝后得到封官加爵(见另文)。虽说献容嫁于晋惠帝成皇后,为泰山羊氏家族一时撑了门面,使之受宠,可她自己在八王之乱中成为任人宰割之人。自嫁惠帝为第二任皇后两个月左右,司马伦篡位,惠帝被废,羊献容也同时遭幽禁。白痴皇帝司马衷,作为一个权力的标志,遭受各种政治势力的争夺,帝后羊献容也同时成为各种政治势力的玩偶。她自永康元年(300)十一月立为皇后,至光熙元年(306)十一月司马衷被毒死,前后七年,屡废屡立,备受屈辱,忧伤凄惨之苦难不言而喻。

二、白痴皇帝司马衷

晋惠帝司马衷,字正度,晋武帝司马炎的第二子。泰始三年(267)立为皇太子,时年九岁。太熙元年(290)武帝崩,司马衷即皇帝位。而这位皇帝是位白痴,是历史上有名的弱智皇帝。皇后贾南风为达专权之目的,一系列行为引起诸王及朝臣们的不满,成为司马伦废惠帝及引起八王之乱的原因之一。自白痴皇帝登基之日起,国家就陷入了一场长期战乱和自然灾害之中。司马氏家庭创下的业绩,也确实就败在了白痴之手。也是晋武帝司马炎在思虑接班人问题上犯下的严重错误。

再看司马衷弱智的程度。司马炎的大儿子司马轨二岁夭亡,不得不立二儿司马衷为皇太子。虽请了敢于弹劾贪官污吏,被视为直臣的李憙来当太子太傅,指望严师出高徒。然而司马衷是个天生白痴,呆傻愚钝,不堪造次。有一次,他在皇家花园华林园中玩,听到蛤蟆叫,就问左右侍臣说:"它是为官家叫,还是为私家叫?"他的问话让大家啼笑皆非,但也早已司空见惯,知道怎么去糊弄他。当下人回答说:"在官地里叫是为官,在私地里叫是为私。"白痴很得意。又一次,他听说天下荒乱,因饥荒而百姓饿死,他很不理解,说:"为什么不吃肉糜?"这些荒唐之语成天下人的笑柄。

这位白痴皇帝三十二岁登基,在位十六年,不仅作为权力的象征,被各种政治力量所蹂躏,而且他自己也付出了代价,流离、挟持、幽禁、颠沛受尽磨难,甚至身中三矢,血溅衣襟。然而,由于他的无能,登基后而带来的连年混战,更使百姓因此遭殃,不知有多少人家破人亡,也不知有多少人因饥饿而死。不能不让人想到,当时社会的那种皇位继承的机制,"家天下""立嫡不立贤"(《春秋·公羊传》)给国家和人民带来的灾难。即便是无知顽童、大白痴也可接班当皇帝,伴随而来的是社会动乱或宫廷政变,或皇后掌权外戚专权,中国历史上类似情况不少,这种国家机制最遭难的莫过于平民百姓。晋惠帝司马衷便是一典型例子。

三、另辟蹊径看献容

再看刘曜,匈奴人,字永明,少孤,被刘渊(字元海)收养,为刘渊族侄。刘曜自幼聪慧,并有非凡胆量。年八岁时,跟随大人猎于西山,遇雨,迅雷震树,旁人莫不颠仆,而曜神色自若。到他长大,"身长九尺三寸,垂手过膝,生而眉白,目有赤光,须髯不过百余根,而皆长五尺。性拓落高亮,与众不群。读书志于广览,不精思章句,善属文,工草隶。雄武过人,铁厚一寸,射而洞之,于时号神射。尤好兵书,略皆暗诵。"(《晋书·刘曜载记》)刘曜立羊献容为皇后,对其甚宠,且能让她参与朝政。由此可知,在羊献容眼里,刘曜是个能文能武,仪表堂堂,对妻知冷知热,且能听从妻子在朝之见的大丈夫,生活得到了满足,才能得到了施展,有种十分惬意之幸福感。而司马衷则是白痴,窝囊废。所以当刘曜问话时,羊献容的一番回答应是肺腑之言,由衷之语,刘曜、司马衷两人不可"庇之"。

刘曜进洛阳烧杀抢掠,包括羊献容自己被掳的全过程,羊献容应历历在目,但并无任何的反抗之表现,她似乎跳出牢笼,得到了自由和解放;她又似乎给人一种特强烈的求生,求幸福的欲望。这与刘曜欲娶晋散骑常侍梁纬妻辛氏,辛氏大哭不从而自尽形成鲜明对照。辛氏被掳是在晋愍帝建兴四年(316)七月,当时,刘曜进发泾水以南地区,抓获了散骑常侍梁纬等晋臣,刘曜见梁纬妻辛氏容貌美丽,就召见了她,欲娶其为妻。辛氏据此大哭说:"妾闻男以义烈,女不再醮,我的丈夫已死,从道义上讲我不能再活下去,再说一个妇人侍奉两个丈夫,您难道需要这样做吗?乞求即死,下事公婆,遂号哭不止。"刘曜说:"真是贞女。"听任她自尽,按礼制安葬了辛氏(《晋书·列女·梁纬妻辛氏》)。

再如,愍怀太子(即司马遹,晋惠帝长子)之妃王氏,是太尉王衍之女,字惠风,有贞节且温顺美丽,太子被贾后废,居于金墉城。王衍请求断绝婚姻,惠风号哭而归,行路为之流涕。到刘曜陷洛阳,欲将惠风赐其将乔属,乔属欲娶惠风为妻。惠风拔剑拒绝乔属说:"我是太尉公之女,皇太子妃,正义之女不为逆胡所辱。"乔属遂将害之(《晋书·列女·愍怀太子妃王氏》)。

羊献容被刘曜所掳时,没有像辛氏、王氏那样奋力抵抗,义正严辞地痛斥对方,以死保了贞节。而羊献容却很乐意束手就擒,又是很顺从地做了刘曜的妻子,尔后又再次当了皇后。一女二嫁,一身二后,这大概是羊献容为某些人所不齿,以为是个不要脸的无耻之徒的原因,故而方志均不载其名。她确实有不保贞节的一面,被后世所唾之,骂之。

例如,明末崇祯年间进士、上海嘉定人黄淳耀就认为羊献容的行为丑陋,谓之"丑羊后也。后为高门之女,尝母天下。乃至失身刘曜,极诋司马家儿,其遗秽青史。视(贾)南风殆有甚焉。"并赋《羊氏女》诗曰:

> 南风吹尘尘暗天,洛城犁作黄沙田。
>
> 宫女如花委道边,金墉天人亦瓦全。
>
> 姗笑司马儿,轻薄时世贤。
>
> 八字青蛾点新粉,半生博得新主怜。
>
> 君不见宠娥亲报父冤,孙翊妻杀戴员,
>
> 健妇之名千万年。

再如,清末民初江浙女权主义者、女作家江纫兰认为羊献容贞节不保玷污了青史。诗《吊晋羊后》曰:

> 座列中宫类转棋,委身刘曜臭名贻。
>
> 片言献媚污青史,司马家儿果是谁?

（以上两首诗采自《全泰山诗》）

如果换一视角去看羊献容，她却有着普遍女子所不具备的眼光，或说谋略，更具一种争求权力，以求西晋江山延续欲望。这种欲望或许是一霎时，何以见得呢？例如，光熙元年（306）十一月十七日夜，惠帝吃麦饼中毒（多史家认为是司马越下的毒），第二天在显阳殿驾崩。皇后羊献容对司马衷的死并未表现出怎么痛苦，而对谁来继承皇位却动了心思。其《传》及《资治通鉴》卷八十六均载，此时"羊皇后自以为是太弟司马炽的嫂子，恐不得为皇太后，打算拥立前太子清河王司马覃，催司马覃入宫。侍中华混劝谏说：'太弟（司马炽）在东宫已经很久了，在百姓中的声望一直是确实的，今天莫非还能改变吗？'随即用不封口的公文急忙召太傅司马越，宣召皇太弟入宫。（此时）皇后也已宣召司马覃到尚书阁，司马覃怀疑会有变故，便称病而返。二十一日，太弟司马炽即皇帝位，宣布大赦，尊奉皇后为惠皇后，居弘训宫。"由上可知，司马覃继皇帝位只一步之遥，慢司马炽不足半步，羊献容心中可能明白当时大权握在司马越手中，司马炽是名正言顺的皇帝的接班人，是皇太弟。为什么羊献容还要力求让当时的清河王司马覃继位呢？除自以太弟司马炽为嫂，不能当皇太后外，其深意是司马覃有与自己同样被屡立屡废同居金墉城的经历。当时司马覃尚在少年，若能当皇帝，她是名正言顺的皇太后。如若是，政权有可能一部分落入她手，西晋历史可能改写，然历史同样在捉弄人。

《资治通鉴》卷八十四至八十六载，太子司马尚死后的太安二年（302）五月，大司马司马冏欲久专大政，但因惠帝的子孙俱亡，而大将司马颖有按皇位继承次序递补的可能。年仅八岁的清河王司马覃是司马遐的儿子，司马冏就上表请奏册立司马覃。二十五日，立司马覃为皇太子，司马冏任太子太师。永兴元年（304）二月，丞相司马颖表奏废皇后羊氏，幽禁金墉城，废皇太子司马覃为清河王。七月初一，卫右将军陈眕等因皇太弟司马颖超越本分奢侈日甚，戒严征讨之。初三，宣布大赦，复皇后羊氏和皇太子司马覃的职位。八月，司马越兵败张方进入洛阳。司马覃在广阳门迎着张方叩拜，张方下车把他扶住不让他叩拜，再次废司马覃和羊皇后。十二月二十四日，诏令皇太弟司马颖以成都王的身份返回府第，改立豫章王司马炽为皇太弟，这就是羊皇后欲立司马覃为皇帝，而司马越则操纵司马炽登基的一幕。羊献容虽欲让司马覃当皇帝的梦想很快就破灭了，但可看出羊献容并非等闲之辈，是个有理念有主见的女人。很明显，她想让与她有相同遭遇，与她有共同语言的清河王登上皇位，她可以皇太后的身份，助尚幼的司马覃一臂之力。然而她与司马覃在当时都是弱势者，她无法竞争过权力欲望极强，而且诡计多端的司马越，所以梦想不可能实现。年轻的司马覃十四岁就被害了。羊献容通过这一次的历练，加之有权力之欲望，故而在被刘曜掳去时显得泰然自若。刘曜的体格魁梧、仪表堂堂之容貌也许会使她羡慕动心。

《晋书·五行志上》载:永康元年,帝纳皇后羊氏,后将入宫,衣中忽有火,众咸怪之。永兴元年成都王遂废后,处之金墉城。是后还立,立而复废者四。又诏赐死,荀藩表全之。虽还在位,然忧逼折辱,终古未闻。此孽火之应也。这是《晋书》受时代局限,认为羊献容屡废屡立,又诏赐死是罪有应得,孽火之应。她"忧逼折辱,终古未闻"不言是朝廷无能,八王之乱所造成的恶果,却用"五行"说来解释,做掩盖,强加于羊献容是命里注定,罪有应得,可谓一派荒诞之言。羊献容与惠帝的遭遇,似乎都归罪了羊献容的衣中孽火。这是晋书作者用来遮挡西晋末季国破家亡的一块遮盖布。

羊献容虽为皇后,无职无权,一个纤纤弱妇,何罪之有。司马衷政权虽说自身难保,可也不能拿一个皇后任意摆布,任人玩弄。政权被匈奴人击垮,皇后被匈奴人掳去,是西晋王朝的耻辱,八王之乱是祸根,与羊献容何干。她的"立而复废""忧逼折辱,终古未闻",用"孽火之应"是解释不通的。羊献容回答刘曜的那段肺腑之言,反倒是对西晋王朝的控诉和羞辱,又表现出她那空前幸福感,很是值得叹惋,发人深省。也正是"八王之乱"使西晋政权仅仅维持了52年(265—316),到司马炎的孙辈就灭亡了。可见,一个政权的政治体制和它内部的团结是何等的重要啊!

第三节　羊玄之之死

羊玄之,羊续曾孙,羊耽之孙,尚书右仆射羊瑾之子,惠羊皇后献容之父。羊玄之之弟名同之。

羊玄之初仕为尚书郎,羊献容立为晋惠帝之后,玄之以后父,升为光禄大夫、特进、散骑常侍,更封为兴晋侯,又升迁为尚书右仆射,加侍中,晋爵为公。"八王之乱"中成都王司马颖以讨羊玄之为名攻打长沙王司马乂。羊玄之因此事忧虑、恐惧而死。死后追赠车骑将军、开府仪同三司。《晋书·外戚》为其立传。清《新泰县志》亦有传,列为名臣。

【评析】成都王司马颖的一箭双雕

《晋书》所立羊玄之《传》十分简要,未交代成都王司马颖为什么联合河间王司马颙以讨羊玄之为名攻打长沙王司马乂。这事还得从"八王之乱"中找原因。

晋惠帝永宁元年(301)正月初九,赵王司马伦篡皇帝位,他的心腹孙秀专擅把持朝政。他怕各王独据一方不听指挥,加封齐王司马冏为镇东大将军,成都王司马颖为征北大将军,开府仪同三司,以官职优宠安抚他们。三月,齐王司马冏商议征伐司马伦,还未发兵,司马伦派他的属将管袭任齐王司马冏的军司,征讨王盛等人。司马冏趁机捕杀了管袭,随后起兵,派使者通告成都王司马颖,河间王司马颙,常山王(原为长沙王,因贾后杀楚王司马玮,乂与玮同母,被贬为常山王。至永宁元年复为长沙王)司马乂。并向征战的郡县镇州发檄文,说:"逆臣孙秀,迷误赵王,当共诛讨。有不从者,诛及三族。"(《资治通鉴》卷八十四)同时"豫州刺史李毅,兖州刺史王彦,南中郎将、新野公(司马)歆,皆举兵应之,众数十万。……夏四月……辛酉,左卫将军王舆与尚书、淮陵王司马漼勒兵入宫,擒(司马)伦党孙秀、孙会、许超、士猗、骆休等,皆斩之。"癸亥,遵诏大郝天下,改元为永宁。丁卯(十三日)赐司马伦死,并诛杀王司马伦的四个儿子(见《晋书·惠帝纪》)。自三王兵兴六十余日,战所杀害十万人(《晋书·赵王司马伦传》)。

到王舆废赵王司马伦,晋惠帝反正,齐王司马冏讨贼党即毕,天子就拜他为大司马,加九锡之命,于是司马冏辅政(见《晋书·齐王冏传》)。但司马冏骄傲放纵,终无悔改的志向,长沙王司马乂见齐王司马冏专权,曾与成都王司马颖共同拜谒陵墓,因对司马颖说:"天下者,先帝之业也,王(指颖)宜维之。"当时所听到这些话的人都很害怕,到河间王司马颙将诛杀司马冏,传檄文以司马乂为内应。司马冏派遣手下将领袭击司马乂时,司马乂亲率左右百余人,手劈车幔,赴入宫内,关闭诸门,奉天子以战与司马冏相攻,起火烧冏府。连战三日,司马冏败,将其斩杀,并诛杀其党二千余人。司马乂遂执政。事发太安元年(即永宁二年,302 年)二月(事见《晋书·长沙王乂传》)。

当初,李含为河间王司马颙的长史,又改任龙骧将军。后来,李含为翊军校尉,他与司马冏的参军皇甫商等人有怨恨,遂奔司马颙,诡称受密诏伐齐王司马冏。因说利害关系,司马颙采取了李含的计谋,便发兵,派使臣邀成都王司马颖。以李含为都督,发檄文给长沙王司马乂共讨司马冏。到司马冏败,司马颙又以李含为河南尹,使与冯荪之等人秘密害司马乂,皇甫商知道李含以前矫诏及司马颙的阴谋将情况全部告诉了司马乂,司马乂杀了李含。

河间王司马颙听说李含等人已被杀害,当即起兵征讨长沙王司马乂。太安二年(303)八月,河间王司马颙,成都王司马颖共同表奏:"(司马)乂论功不平,与右仆射羊玄之,左将军皇甫商专擅朝政,杀害忠良,请诛玄之、商,遣(司马)乂还(封)国。"(《资治通鉴》卷八十五)从这条史料中,可知身为右仆射的羊玄之"专擅朝政,杀害忠良",司马颖等人要求皇上诛杀之。其实成都王司马颖早有杀羊玄之之意。他在给长沙王司马乂的信中说:"羊玄之、皇甫商等恃(依仗)宠作祸,能不兴慨(引起事端)!于是征西羽檄(即羽书)四海云应。……若能从太尉(指司马乂)之命,斩(皇甫)商等首,投戈退让,自求多福,颖亦自归邺都(颖的封城)与兄同之。"这封信中司马颖认为羊玄之依仗是皇戚受宠而"作祸",怕引起事端,而想联合时任太尉的司马乂杀害羊玄之(事见《晋书·长沙王乂传》)。在成都王司马颖的本传中也有相同内容:"颖方恣(放纵)其欲,而惮长沙王乂在内,遂与河间王颙表请诛后父羊玄之、左将军皇甫商等,檄乂使就第。"(《晋书·成都王颖传》)司马颖这里所说请诛羊玄之似找不出任何理由,只因是"后父"。他一直想杀羊玄之的理由,按上文还有两条:一是在表奏中说的与司马乂一同"专擅朝政,杀害忠良"。羊玄之原来只是个尚书郎,因女儿羊献容当了皇后之后升为尚书右仆射,加侍中。他身为二品大员官职是真,而大权却在太尉司马乂手中。他的言行均在太尉掌控之中。有关西晋一朝的史书中未发现羊玄之有不轨行为和杀害忠良的罪行。二是司马颖在给司马乂的信中所说羊玄之"恃宠作祸",也是个莫须有的罪名,也找不出其"祸"的事实。

如果说羊玄之有错,就在于中了赵王司马伦的权臣孙秀的政治阴谋,把女儿嫁给了白痴皇帝司马衷。讨伐羊玄之就等于讨伐孙秀和司马伦的余党。原因十分简单,他们把羊玄之看成了孙秀的党羽,因为羊献容是司马伦的权臣孙秀和孙旂所举荐而立,扫除羊玄之就可扫除司马伦之残余,同时可痛击他的对手同胞兄弟司马乂,可谓一箭双雕。

羊玄之在孙秀的操纵下当上了国丈,之后虽加官晋爵,但面对强大讨伐声势,既无重兵,又无实权,也无本族羊氏众人的支持和庇护,终在成都王司马颖以讨他为名攻长沙王司马乂时"忧惧而卒"。史书说"忧惧而卒",估计是无奈而自杀。最终成为八王之乱当中的牺牲品。他的死使泰山羊氏在西晋末季失去了在朝中的靠山,不能不说是一大损失和沉重打击。皇后羊献容至此也失去了母家的任何庇护。她身陷囹圄更得不到泰山羊氏的任何帮助和同情。此时羊氏家族的人才正处青黄不接,景献皇后羊徽瑜于咸宁四年(278)四月崩后,同年十一月羊祜病卒。外戚羊琇因切谏晋武帝,企图阻止齐王司马攸出镇青州,违背帝意失宠又密谋杀杨珧,事泄受贬,也于太康三年(282)忧愤而终。他们的后代或未成才入仕,或作为不显世,西晋末季羊氏族人在朝中已无重要人物可恃。羊族中的羊曼也在永嘉之乱时南渡避难,泰山羊氏在西晋末季政治舞台上再无显要角色,其式微可见一斑。

第四节　平南将军羊伊

羊伊,羊祜兄长羊发之子。

《晋书·羊祜传》载,祜兄羊发有三子:羊伦、羊暨、羊伊。"暨弟伊,初为车骑贾充掾,后历平南将军、都督江北诸军事,镇宛(县名,西晋为南阳国治,即今河南南阳市),为张昌所杀,追赠镇南将军。"文中张昌何许人也?其《传》载,张昌,蛮族。西晋义阳(今河南新野)人。武力过人,好论攻战。太安二年(303),晋惠帝颁"壬午诏书",征荆州武勇人蜀讨李流,号"壬午兵"。蛮、汉两族有怨恨,乃与流民群起而反抗。张昌更名李辰,聚众立山都县吏丘沈为天子,易其名为刘尼,称汉后裔,建年号为神凤。置百官,自任相国。江沔一带黎民百姓从之如流,旬月之间,众达三万。乃遣其将领黄林、马武、石冰、陈贞等四出攻占州郡,地跨荆、江、徐、豫、扬五州。太安二年五月,张昌攻破郡县,南阳太守刘彬、平南将军羊伊、镇南大将军新野王歆并遇害(《晋书·惠帝纪》)。

《晋书·周处传附子玘传》亦载有羊伊被害的信史："太安初,妖贼张昌、丘沈等聚众于江夏,百姓从之如归。惠帝使监军华宏讨之,败于障山。昌等浸盛,杀平南将军羊伊,镇南大将军新野王歆等,所在覆没。"

《晋书》卷一百《张昌传》载："新野王歆上言:妖贼张昌、刘尼妄称神圣、犬羊万计,绛(深红色)头毛面,挑刀走戟,其锋不可挡。请台敕诸军,三道救助。于是刘乔率诸军据汝南以御贼,前将军赵骧领精卒八千据宛,助平南将军羊伊距守……黄林等东攻弋阳,太守梁桓婴城固守。又遣其将马武破武昌,害太守,张昌自领其众,西攻宛,破赵骧,害羊伊。"由上可知,张昌之乱一时势不可挡,平南将军羊伊固守宛城,被张昌所破遇害,为国以身殉国。死后西晋朝廷追赠羊伊为镇南将军。羊伊被妖贼所害为国捐躯,虽死可敬,但泰山羊氏又少了一员中坚。

张昌等歹徒直到第二年秋才被擒,传首京师,同党并夷三族。

另,据《晋书》卷三十七《司马腾传》,司马腾为司马氏宗室成员,封新蔡武哀王,后改封新蔡王。《传》载,羊恒(又作桓)为其车骑长史(府佐官)。永嘉初(307)司马腾改任车骑将军,镇邺城。平阳汲桑等人为群盗,与李丰等将攻邺城,腾不能守,率轻骑而走,为李丰所害。司马腾之长子司马虞逐李丰,李丰投水而死。是日,虞及其弟矫、绍并钜鹿太守崔曼、车骑长史羊恒、从事中郎蔡克等又为丰余党所害,及诸家名流移依邺(城)者,死亡并尽。文中羊恒,不列泰山羊氏羊续一支谱系,是否是泰山羊氏中的又一支系,不得而知,故列于此。

第五节　有才能、多心计的羊亮

羊亮,羊祜伯父羊秘之孙,羊祉之子,字长玄,西晋泰山郡新泰人。《晋书·羊祜传》说他富有才干,善于计谋。与他接触的人,他表面宽厚诚恳,别人都认为得其知心,而竟非其诚实。起初,羊亮为太傅杨骏的参军,当时京城的盗窃案件很多。杨骏想加重对偷盗的刑法,盗一百钱就判处死刑。他请官属们开会讨论。羊亮说道:"古代楚国江乙的母亲丢失布(一说布匹;一说钱币),他认为盗贼产生的原因在于令尹的治理。您(指杨骏)假若没有贪欲,窃盗会自然绝迹,哪里需要加重刑罚?"杨骏深感惭愧而止。当时,羊亮只是太傅杨骏府中的参军。

羊亮屡迁为大鸿胪,列九卿之一,掌少数民族相关事宜;百官朝会,掌赞襄引导;诸侯王死,奉诏护理丧事;兼管京师郡国上计吏接待等。当"八王之乱"之时晋惠帝司马衷被河间王司马颙逼迁至长安,时任大鸿胪的羊亮随驾,羊亮与关东(指函谷关或陕西潼关以东)地区的诸侯联谋,内心无法自安,就跑到了并州(今太原市西南晋源镇),此时,即永安元年(304),刘渊正在并州调兵反晋,羊亮被刘元海杀死。由此推之,羊亮大概死于永安元年。清《新泰县志》列忠臣。

羊亮生年不详,《晋书》卷四《惠帝纪》:"太熙元年(290)四月武帝(司马炎)崩,是日,皇太子(司马衷)即皇帝位。夏五月,太尉杨骏为太傅,辅政。""(至)永平元年(291)三月辛卯,诛太傅杨骏,骏弟卫将军(杨)珧等,皆夷三族。"由此知,羊亮在太傅杨骏府的时间不足一年。又,惠帝司马衷即位期间开始了"八王之乱",元康元年(300)十一月,甲子,立皇后羊氏(献容)。永宁元年(301)正月,赵王司马伦篡帝位,夏四月,遭诛杀。永安元年(304)冬十一月张方四劫(惠)帝幸(亲临)长安,期间羊亮随驾。看到皇上任人摆布,皇后羊献容立废任人宰割,内心不能自安。无疑,"八王之乱"对其身心造成莫大伤害,无奈逃离,不幸被刘曜的叔父刘渊所害,成为"八王之乱"中的牺牲品。

起初,羊亮在太傅杨骏府只是一名参军,协助治理府事。但他敢于在官属们的议事会议上发表自己的看法,说明他多计数。在会上又能提出产生盗贼的原因是社会治安不好,京城的行政长官没有尽到责任。同时对自己的顶头上司太傅杨骏敢于说三道四,并直言"何若没有贪欲,盗窃会自然绝迹",即点到京城管理者的要害,其含意十分深刻,看出羊亮对当时社会的法治十分了解。在他看来,偷盗案件增多的原因在于贫富差距悬殊,逼得穷人缺吃少穿而走上了行窃之路。对这些人一是应加强教化,一是要解决他们的生活出路,只是加重处罚不是办法。羊亮的只言片语而使得当政者惭愧,废止了重罚之法。羊亮能面对上司直言不讳提看法拿主见为民请命,可谓胆量大,勇气足,不愧"有才能,多心计"之评价。从此羊亮以"谏止严刑峻法而知名"。

另据《晋书·王接传》羊亮曾任平阳太守。此平阳乃指三国魏正始八年(247)所置平阳郡(治今山西临汾市西南十八里金殿镇)。王接,河东猗氏人,其父王蔚,世修儒史之学,必影响到王接。王接曾任郡主簿,转功曹史。又招辟到平阳从事。"时泰山羊亮为平阳太守",看王接有才"荐之于司隶校尉王堪,出补都官从事"(《王接传》)。《王接传》载,王接"永宁初,举秀才"。永宁为公元301年,以此推之羊亮大约在永康元年(300)或元康末年(元康,291—299)任平阳太守,《羊祜传》不载。

第六节　坚贞刚烈的羊忱(陶)

羊忱,世为冠族,历官太傅长史,扬州刺史、徐州刺史,迁侍中,能骑射,善围棋,工书法。永嘉五年,遭乱被害,终年五十余。

羊忱(？—311)字长和,一名陶,羊亮之弟。《晋书·羊祜传》载:"亮弟陶(忱)为徐州刺史。"泰山平阳人①,世为冠族。曾祖羊续,官至太常。羊忱的父亲羊繇与太傅羊祜同堂兄弟,且彼此关系友善。但羊忱父早丧,撇下兄弟五人(秉、洽、式、亮、忱),羊忱为少子。羊忱父丧,羊祜前往吊唁时,见羊忱哀容举止,宛若成人,不禁叹息地说:"从兄有这样的儿子能说是亡故了?"羊繇早亡,五子皆幼,乃孤(《世说新语·赏誉》)。

羊忱长大,性情坚贞刚烈。晋赵王司马伦为相国时,初任太傅长史,后板诏②以相国府中的参军事。赵王的使者突然到来,使羊忱十分恐惧,厌烦,怕是灾祸来临。于是,不假思索急忙跨乘不加鞍鞯的马逃避。来使急忙追赶,羊忱善射箭,拉满弓弦,左右开弓矢发,使者不敢追,只好免去羊忱的官职。羊忱善射也由此扬名(《世说新语·方正》)。

羊忱不仅"善骑射",而且博学工书法,善围棋。《世说新语·巧艺》载:"羊长和博学工书,能骑射,善围棋。诸羊后多知书,而射(箭)奕(下棋)余艺莫逮(没有谁能赶得上他)。又引《文字志》:"羊忱能草书,亦善行隶,有称于一时。"其书挥洒自如,连绵回绝,气势磅礴,栩栩如生,是当时很有成就的书法家。北魏王愔《古今文字志目》、南梁庾肩吾《书品》、宋代陈思《书小史》等书所列书家均有羊忱。其中《书品》论羊氏之书法:"动成楷则,殆逼前良,见希后彦。"将其列入下之上品。羊忱"善行草书",影响其后代亦"多知书"。羊忱曾孙羊欣成"南朝书宗",称其曾祖羊忱"善行书"。其后带动了羊氏族人善于研习书法的风气。羊忱后人除羊欣外,还有多人是书坛名家。

羊忱善射"善围棋"的技艺,其后人却无人能够承袭,实为羊氏之憾事。据《世说新语·方正》引《文字志》载:"(羊)忱历官太傅长史、扬州(西晋灭吴治建邺即今南京市)刺史(《羊祜传》谓为徐州刺史)迁侍中,永嘉五年(311)遭乱被害,享年五十余岁。"清《新泰县志》列为名臣。

【评析】羊忱为何逃避"板诏"

羊忱逃避"板诏"事出有因。司马伦字子彝,司马懿第九子,西晋初年封琅琊郡王,晋武帝司马炎咸宁(275—279)中,改封赵王,进安北将军,都督邺城守事。太熙元年(290)四月武帝司马炎崩。皇太子司马衷即帝位,立妃贾南风为皇后。八月,立广陵王司马遹为皇太子,元康初,迁征西将军,开府议同三司,镇关中(按潘岳《关中记》关中指"东自函(谷)关,西至陇关")。因刑赏失中,氐羌少数民族反叛。司马伦入拜车骑将军、太子太

---

① 徐震堮《世说新语校笺·方正》第19则刘孝标注:《文字志》曰:"忱字长和,一名陶,泰山平阳人。"又案"忱为羊祜族子。《晋书·羊祜传》:'泰山南城人。'《晋志》泰山郡有南武城,无平阳,南武城东汉曰南城,传从其旧称也。此平阳亦当作南城。"这种说法,可视为对"南城"的另一看法。

② 板诏:《世说新语·方正》原文李善注:"凡王封拜,谓之板官。时赵王司马伦成都摄政,故称板诏。"

傅。贾后(南风)暴戾,于元康九年(299)巫太子谋反,废太子,杀其母谢氏。永康元年(300)三月,贾后矫诏将太子毒杀,朝野内外喧哗。司马伦借口为太子复仇,率兵入宫,先使翊军校尉齐王司马冏入殿废后。四月,司马伦矫诏杀贾后及大臣张华等。自为相国、侍中、都督中外诸军事,一时权势极盛。当年十一月甲子,立皇后羊氏(献容)。此时羊忱已看出司马伦有篡位野心,又"板诏"其为参相国军事。羊忱怕受司马伦谋反的牵连,所以不愿接受他的任命。一听使者突然到来,将受"板诏",他不暇被马,贴骑而避,并射使者,方得逃脱。羊忱这一招,实为明智之举。永宁元年(301)正月,司马伦果然篡位称帝。三月,众王连兵讨之,晋惠帝复位,赐司马伦死。

　　赵王司马伦为相国一事,朝中若干名士良臣为其所用,陷入赵王一党。羊献容之父羊玄之与羊忱同为泰山羊氏一族,却因成赵王一党,虽陶醉于外戚,但两年后(303)成都王司马颖联合河间王司马颙被讨伐之,同时讨伐长沙王司马乂。羊玄之因此事"忧惧而卒"。相比之下,羊忱可谓富有敏锐的远见思维,躲过一难,此为大幸。这与其家风家学密切相关。泰山羊氏自羊侵以来就以儒学为本,修身治国。羊忱逃脱"板诏",正是他秉承家学以正统忠君思想,维护朝廷的具体表现。

第五章 不失时势展风采

西晋末年的八王之乱导致北方局势日益恶化，游牧民族入侵中原，搞得"中原萧条，白骨涂地"。北方流亡的劳动人民南下求生，开始了与南方土著民众的融汇，一并开发江南。一时形成的民族大迁徙，对南方的经济、文化产生了巨大影响。司马睿是司马懿的曾孙，琅琊王司马伷的孙子，嗣琅琊王司马觐的儿子。觐早死，司马睿袭封琅琊王。他的封地邻接司马越的封地，又是司马越的忠实党羽。司马越北上参与宗室混战就把自己后方根据地下邳交给司马睿镇守。由于北方混战，局势日见恶化，下邳不易守御，司马睿请求司马越把根据地从下邳移至江南的建邺。司马越同意司马睿的请求移镇建邺，又以其为大将军，成为江南地区的最高军政长官。

司马睿为琅琊王时就与琅琊王氏"素相亲善"，王导对司马睿也"倾心推奉"（《晋书·王导传》）。公元317年，司马睿称晋王；第二年在王导等人拥戴下称皇帝，史称东晋。东晋政权的主要支柱是北方的世家大族，"收其贤人君子"（《晋书·王导传》）与之共图国事，并对南下的世家大族十分关照。

随着东晋门阀专政统治推进，各种不可调和的矛盾和斗争也不断出现。东晋初年门阀士族与司马氏"共天下"在不断发生变化。先是"王与马共天下"，尔后则是庾亮、桓温、谢安等几大家族轮流主政，任何一家不得取而代之。这种门阀政治引起坐镇一方的地方实力派的不满，他们要求重新分配政治权益。先后由荆州刺史王敦发难，剑指东晋朝廷，尔后又有苏峻和祖约、王恭与殷仲堪、桓玄等起兵反叛，沉重打击了门阀士族势力。至刘裕代晋自立为帝，完成南朝政权的禅代，门阀政治不再，次等士族和寒门出身的武将站到了政治舞台的中心。

东晋王朝先后维持104年，共11帝。泰山羊氏自羊曼南渡，虽为北方世家大族却无力主政东晋政权，只能依附主政的其他门阀。在东晋一朝的泰山羊氏名士屈指可数。他们随时局的变革，社会的潮流而不断适应，也在维护其家族政治影响的大前提大背景下选择着自己的道路，有的也利用一些裙带关系发展自己。羊曼性情真率，为中兴名士，"兖州八伯"之一，虽有消极避世一面，但最终为叛军苏峻所害，为泰山羊氏赢得了政治资本。羊鉴以功封丰城县侯。羊昙与舅父谢安情谊深厚，又以善唱而知名。羊权则深谙道学，自成一家。玄学是东晋朝思想文化领域风靡一时的主流思潮，羊孚则是泰山羊氏中的清谈名家，且学识不凡。羊僧寿虽陷入桓玄集团，但应另眼相看。

总之，泰山羊氏东晋朝式微可见一斑，其政治影响也不再显现。

第一节　中兴名士羊曼

——兼述子贲、弟聃，羊氏族人羊固

羊曼，西晋末年避难渡江，初任镇东大将军司马睿参军，转丞相主簿，委以机密。历任黄门侍郎、尚书吏部郎、晋陵太守。性格放纵，好饮酒，与温峤等人友善，并为中兴名士，与阮放等号为"兖州八伯"。王敦录为右长史，终日酣醉。王敦以其名士，厚加礼遇，不委以事，故得免祸。咸和三年（328）苏峻作乱，羊曼时任丹阳尹，率兵守京师云龙门，为苏峻所杀，终年五十五岁。

一、泰山羊氏为"阀阅"之族，东晋得以入仕为官

西晋末年的"八王之乱"不仅严重耗尽了西晋王朝的实力，也使得周边少数民族部落政权有机可乘进入中原。匈奴人刘渊即是一例。刘渊是匈奴左部帅刘豹之子，从曹魏到西晋他一直在洛阳做人质，饱读史书兵籍及儒家经典，是个文武兼备之才。"八王之乱"他趁机回到自己的部落中。在他还没有脱离西晋朝廷控制之前，五大部落匈奴的首领就已推举他为大单于。晋永兴元年（304），刘渊在左国城（今山西离石北）称汉王。永嘉二年（308）刘渊称皇帝，建都山西平阳（今临汾西南）。公元301年，刘渊死，其子刘和即位。刘渊四子刘聪杀刘和自立为帝。至永嘉五年（311），刘聪派族弟刘曜攻破洛阳，俘获晋怀帝司马炽，"逼辱妃后"（《晋书》卷五《怀帝纪》）。建兴四年（316）刘曜破长安，俘晋愍帝司马邺，仅仅维持了五十二年统治的西晋政权就灭亡了。刘曜于光初元年（319）迁都长安，建立前赵称帝。

西晋后期"八王之乱"时，琅琊王司马睿出任安东将军、都督扬州诸军事，请王导（晋琅琊临沂人，西晋末参东海王司马越军事）做安东司马。此时司马睿出镇下邳（即今江苏睢宁县西北古邳镇东三里）凡军事之事无不咨访王导。永嘉五年（307），司马睿在王导的策划下，移镇建邺（邺原为业，即石头城，在今南京市清凉山，又称建康）。建兴四年（316）西晋愍帝在长安被前赵刘曜所俘。次年，司马睿在建康即晋王位，到公元318年晋愍帝被杀，司马睿遂即皇帝位，是为晋元帝（317—322年在位），建元大（太）兴，史称东晋（317—420），国都建康。

由于西晋八王之乱期间，有的宗室成员利用游牧民族参加内战，致使许多游牧民族贵族武装得以长驱入塞，逐鹿中原，纷纷谋求建立自己的政权与中原对峙，终于导致了"五胡乱华"和十六国的分裂局面。

另一方面，西晋内部阶级矛盾更加尖锐，士族官僚压榨加剧，再加诸王混乱，天灾不

断,迫使中原地区及北方的一批冠冕缙绅名宗士族,因不堪忍受战乱、荒年之苦而随南迁的汉族流民南下,于是在大江南北出现了一大批侨州郡县。泰山羊氏家族之一部分及琅琊王氏、高平郗氏等都是在这一时期南下的。这次北人南迁"中州士女避乱江左者十六七(《晋书·王导传》)。这批移民的南渡带动了华夏文明的传播,促进了中原文化与江南文化的交融,也改变了江南地区的文化风貌和历史进程。期间泰山羊氏族人之贡献,亦非同一般,这将在下文讲述。

由于西晋是门阀士族作为封建地主阶级特权阶层正式形成的历史时期。门阀士族以家族郡望门第、官宦、家学家风、婚姻等标榜,以成员血统高贵、居官清流等享有特权。西晋虽实行九品中正制选官,但是,从原来的"盖以论人才优劣,非为世族高卑"(《宋书·恩幸传序》)变成了"唯以居位为贵""计资定品"(《晋书·卫瓘传》),进而形成"上品无寒门,下品无势族"(《晋书·刘毅传》)。势族有"世及之荣",寒门无"寸进之路",选举之弊端达到极点。总之西晋选官仍受西汉时以积功和资历而选士的制度影响。正如东汉仲长统《昌言》所说"选士而论以族姓阀阅",有这种制度作保证,泰山羊氏族人南下靠"阀阅"必有官做。

羊曼为泰山羊氏南迁的第一人,并在东晋元帝朝为官。

二、东晋朝的"朝权国运"及羊曼与"名士"们的零星苟合

东晋的历史时期是皇权受控于门阀的历史时期。在东晋的权力格局中,北方士族居于主导地位,但并非所有北方士族都能官居高位,其又以渡江早晚及其他原因分高下。其中门阀士族属于郡姓之中的高门,地位高于次门,与寒门更有天悬地隔。

东晋北方士族之间的矛盾,既有中央当权集团的内部矛盾,又突出表现在地方实力派(如荆州方镇势力)与中央当权集团(如京都中枢执政势力)之间争夺统治权的斗争。首开东晋门阀家族掌权政局的是"王与马共天下"。"王"则以琅琊王氏中的王敦、王导为代表,随后又有庾亮家族掌控了朝政。先是因晋成帝司马衍五岁即位不能理朝政,庾太后之兄庾亮控制了政权。庾亮死后,其弟庾冰、庾翼掌控晋康帝司马岳一朝。康帝在位两年(343—345)病死,年仅两岁的司马聃即位,是为穆帝。由皇太后临朝执政,太后之父诸衷与中书监何充同掌朝政。十五岁的晋穆帝开始亲政,到十九岁死去,期间实权落到了桓温手中。晋哀帝司马丕(362—365在位)、晋废帝司马奕(366—370在位)两朝实权皆有桓温掌控。废帝死后,仍有权臣桓温将简文帝司马昱扶上皇位,此时司马昱已五十一岁,至第二年(373)七月简文帝死,桓温又将简文帝司马昱十一岁的儿子司马曜扶上皇位,是为孝武帝。孝武帝即位(373)至桓温病死前,桓温仍把持朝政。此后谢安主政。

由上可知,东晋一朝自成帝司马衍死,康帝司马岳于公元343年即位,至公元373年孝武帝司马曜即位共三十年,换了五位皇帝,多幼年、老年皇帝。实为"朝权国命,递归台辅"(《宋书·武帝纪》)。军政大权由门阀士族垄断。皇帝即成了士族利益的工具。王导、庾亮、桓温、谢安轮流主政,又彼此牵制,共同维护司马氏的君主地位。任何一家不得取而代之。一方要取代另一方,非高超手段而不能。如:

桓温(312—373),东晋谯国龙亢(今安徽怀远县西北龙亢集)人,桓彝之子,先为驸马都尉,徐州刺史。晋明帝时为安西将军、荆州刺史,率兵伐蜀。永和三年(347)灭成(汉),进位征西大将军。永和十年(354)伐前秦。兴宁元年(363)加授侍中、大司马、都督中外诸军事,录尚书事,权极人臣。至咸安元年(371)与参军郗超谋立简文帝,以大司马掌重兵镇姑孰(今安徽当涂),控制朝政。简文帝死,遗诏令总统军国事,本望简文帝禅位于已,但由于自己病重,暗示朝廷给他加九锡①。当时谢安为桓温的司马,知其篡位,起草的九锡要经谢安审定修改。送审数次,谢安数次不给定稿,一拖拖了几十天,直至把桓温拖到寿终正寝。谢安用了拖延之计,将桓温拖死,才使司马曜即位,是为孝武帝。谢安也以超人胆识、智慧取代了长期专权跋扈的桓温,成孝武帝朝的中流砥柱,掌起东晋的军政全权。

泰山羊氏南渡第一人羊曼列东晋名士之列,虽有与王、庾、桓、谢四大家族交游的经历,但其与之关系正史只有些零星记载。如《晋书·谢鲲传》:"(王)敦有不臣之迹,显于朝野。(鲲)每与毕卓、王尼、阮放、羊曼、桓彝(桓温之父)、阮孚等纵酒,敦以其名高,雅相宾礼。"《晋书·光逸传》亦载:"(光逸)与谢鲲、阮放、毕卓、羊曼、桓彝、阮孚散发裸裎,闭室酣饮已累日。"又据《桓彝别传》(《太平御览》卷六十七引)载:"(晋)明帝世,彝与当时英彦明德庾亮、温峤、羊曼等共集青溪池上。"以上是说羊曼与温、庾、谢、桓等数家名士同游共饮,并不可能结为政治同盟。桓彝之子桓温之行为与羊曼是相悖的。羊曼早就看出桓温是个"不臣"。他们一同游饮是借以避世乱,不会与桓温同流合污。他们之中有人沾了些东晋时期的清谈之风。如谢鲲好《老》《易》能歌善鼓琴,任达不拘。阮孚常蓬首饮酒,不务政事。羊曼等泰山羊氏与之最多是相互依赖,志趣苟合。

三、性情"真率"的中兴名士

羊曼(273—328),晋泰山郡新泰县人,字祖延,太傅羊祜同父异母之兄长羊发之孙。父暨,曾任阳平(治所今河北馆陶县)太守。羊曼年轻时即知名乡里,屡被本州(兖州)以礼相聘和太傅府征召,羊曼皆辞不就。永嘉八王之乱为避难渡江。西晋灭亡后的第二年(317)三月,琅琊王司马睿在建康称帝,为晋元帝。元帝任羊曼为镇东参军,官阶三品,转丞相主簿(丞相府仅设二人)主内阁总领府事,职权甚重,又委以机密,历任黄门侍郎、尚书吏部郎、晋陵(西晋治所在江苏丹徒市东南丹徒镇;东晋大兴初,移治京口,即今镇江市)太守,后以公事被免职。羊曼能任黄门侍郎,说明深得元帝器重,位颇重要,侍从皇

---

① 九锡:帝王赐九锡予权臣时的诏书,即权臣篡位之先声。

帝,顾问应对,出则陪乘,与皇帝关系十分密切。后来出朝,并以"公事"免职,其中必有重要原因,但其传不载,无从考究。

羊曼性格豁达,生活坠落,放纵不羁,好饮酒,与温峤、庾亮、阮放、桓彝志同道合,友好从善,并为中兴名士。当时兖州人称陈留阮放为宏伯,高平郗鉴为方伯,泰山胡毋辅之为达伯,济阳卞壶为裁伯,陈留蔡谟为朗伯,阮孚为诞伯,高平刘绥为委伯,而羊曼为䣊伯①。以上八人号称"兖州八伯"好比古人隽(俊)也,都是些才智出众的人。

晋元帝司马睿称帝后,拜王导从兄王敦为大将军,而王敦与朝廷背离,有二心,欲以手控强兵,专制朝廷,笼络收录朝中士人,羊曼被录为右长史,领丞相府各部门,俸禄千石。羊曼知王敦不是良臣,便与谢鲲等散发裸体,终日酣醉,借以避世,并以委婉言词劝说王敦。王敦对羊曼等人寄予厚望,厚加礼遇,并不委以具体事务。由于羊曼未与王敦同流合污,没有卷进王敦对朝廷发难的事件,故得以保全,方见羊曼有深旨。等王敦叛晋失败后,羊曼代阮孚出任丹杨(杨,又作阳。此时丹杨治今江苏南京市)尹,成一方行政长官。当时朝中名士有过江初任官职者,羊曼便让其在此休整,供酒食款待。客来早者得好的陈设。羊曼正式任丹杨尹后,每日的宴席逐渐告罄,也不复过去的精制,随宾客早晚而设,也不再探究人等贵贱。当时有羊固②拜临海(治今浙江临海市)太守,每日都设美味招待客人,虽晚至客人,犹能获得丰盛的饭食,评论者认为羊固之丰厚美味,乃不如羊曼之真诚坦率(此处曼、固并提,方知羊固为泰山羊氏族人,但其具体世系不详)。羊曼的"真率"还表现在直面批评他人。如《世说新语·企羡》载,丞相王导南下渡江后,自己说起以前在洛水边,常与名士裴成公(即裴颜,谥号成)、阮千里(即阮瞻,字千里)一起谈论。羊曼说:"人们早就用这件事来赞许你们了,哪里还需要再说呢?"王导说:"也不是我需要这样说,只是想象那种时光不会再有罢了。"王导之话是种正常怀旧,羊曼之语则是批评王导借名士来显示自己,可谓性情"真率",不留情面的表现。

晋明帝司马绍太宁三年(325),明帝病重,中书令庾亮奉诏辅佐年仅五岁的成帝司马衍。庾亮执政,欲解时任冠军将军、散骑常侍、历阳(今安徽和县)内史(职掌与郡太守同)苏竣的兵权,将苏峻征为大司农。因苏竣怀疑庾亮欲害自己,于咸和二年(327)十月,

---

① 䣊伯:"䣊伯"又作"黯伯",指意志消沉,行为放纵而好打抱不平的人。《颜氏家训·书证》:"《晋中兴书》:'太山羊曼,常颓纵任侠,饮酒诞节,兖州号为䣊伯。'此字皆无音训。"《世说新语·雅量》除注引《颜氏家训·书证》释䣊伯之意外,注又说:"俗间又有'䣊䣊'之语,盖无不施,无所不容之意也。"伯者,擅长一技或某一方面出众的人。

② 羊固:《世说新语·雅量》引《明帝东宫僚属名》曰:"固字道安,太山人。"《文字志》曰:"固父垣,车骑长史。固善草行,著名一时。避乱渡江,累迁黄门侍郎,褒其清俭,赠大鸿胪。"

以庾亮征其入朝之机,联豫州刺史祖约等人起兵反叛。咸和三年苏峻自历阳至横江(今安徽和县东南)渡江。二月,至建康(今南京),因风放火,一时荡尽。苏峻借此大掠,驱役百官,裸剥士女,将东晋大库抢掠一空。庾亮等讨苏峻,羊曼加任前将军,率文武将士守京师建康云龙门。激战中守军不振,大溃败,部将劝羊曼从速退避,以防苏峻,羊曼说:"朝廷破败,吾安所求生。"统领军队坚守不退,方见羊曼之英勇和大义凛然之气节。羊曼终被苏峻所害,时年五十五岁。

苏峻叛乱被平定后,朝廷追赠羊曼为太常。

羊曼之子羊贲承嗣。羊贲年少时即已知名,匹配东晋明帝(司马绍)之女南郡悼公主,命为秘书郎,英年早逝。

羊曼死后归葬故里。新泰羊流北二里有三羊墓,其一"为丹阳尹(羊)曼墓"(清《新泰县志·丘墓》)。《晋书》为其立《传》;清《新泰县志》亦载有《羊曼传》,列名臣。

【评析】羊曼"唯托于醉,粗远世故"之因

西晋末年,北方世家大族为避乱,纷纷率其家族、乡里、宾客、部曲,南渡江南,羊曼便是这些南渡世家大族中的一员。公元 317 年,原琅琊王司马睿过江东建立了晋新政权,是以北来世家大族为主要支撑,特别是以琅琊王氏为首的家族势力,基本控制了新生的东晋政权。王敦都督江、扬、荆、湘、交、广六州军事,属长江上游重镇,所谓"王与马,共天下"(《太平御览》卷 495 引《晋中兴书》)并非一句空话,这股势力逐渐威胁中央政权。公元 322 年,王敦自武昌(今湖北鄂州市)起兵,攻下建康,欲夺东晋朝政。324 年,明帝亲率六军讨伐王敦,使王氏家族欲夺天下未遂。羊曼早察觉王敦有野心,便以狂饮,终日酣醉消极对抗。王敦虽对其寄予厚望,礼遇款待,仍不能收买羊曼对东晋朝廷的一片忠心,故能使其身家得以保全,由此可见羊曼的忠贞态度。终日酣醉,无所事事,消极避世,虽不可取,但总有良知,故后人发出"丹阳八伯间,嗜酒有深旨"(清韩炎《三羊里》诗句。录自《新泰古韵》,第 295 页,中国文史出版社,2009 年版)的赞誉。

羊曼同其他时人一样嗜酒成癖,如上诗句所言,但有"深旨",其"深旨"又在何处呢?以《世说新语》所载可知有二。其一,至魏晋由于清谈的流行,士人的生活方式随之一反儒家传统,他们诬蔑礼法,率性任诞,展现一代士人的独特风貌,大多饮酒成癖。如《世说新语·任诞》第 21 则记毕茂世说:"一手持蟹螯,一手持酒杯,拍浮酒池中,便足了一生。"《任诞》第 52 则记王忱慨叹道:"三日不饮酒,觉形神不复相亲。"可见酒在他们的生活中占有多么重要的位置。其二,东晋士人沉溺于酒,同羊曼一样,与其特定的社会背景及个人遭遇是密切相关的,确实都有难言的苦衷。他们貌似放诞超脱,其实内心隐藏着无法排遣的悲哀和忧愁。以阮籍为例,《晋书·阮籍传》载:"(晋)文帝初欲为武帝求婚于籍,籍醉六十日,不得言而止。"《世说新语·任诞》第 51 则,王忱一语破的地说:"阮籍胸中垒块,故须酒浇之。"阮籍是"竹林七贤"之一,因生魏晋易代之时,不满现实,不评论时事,不臧否人物,乃纵酒谈玄,放达不拘。他正是以醋醉为掩护,避免了灾祸,保全了性命。羊曼又何尝不是如此呢?对于这类现象,南宋叶梦得《石林诗话》指出:"晋人多言饮酒,有至沉醉者。此未必意真在于酒,盖时方艰难,人各惧祸,唯托于醉,可以粗远世故。"

由此,找到了羊曼嗜酒放纵的原因,不然他将躲不过王敦之党群。按当时之制,王敦事败,"纲纪除名,参佐禁锢"(《晋书·温峤传》),羊曼必受牵连。时任丹杨尹的温峤上书认为,王敦刚愎不仁,疏远君子,如羊曼等人必与王敦相悖,建议施之以宽,以免枉入奸党。明帝听了温峤的建议,羊曼虽是王敦府的"参佐",但未跟随王敦谋反,故得以免罪(《温峤传》)。

山东莱州人苏峻,率数百家泛海南奔后,出仕东晋,以破王敦、沈充有功,进使持节,冠军将军、历阳内史,加散骑常侍、封邹陵公,食邑一千八百户,威望渐著(《晋书·苏峻传》)。公元325年,明帝死,外戚世族大家颍川庾亮辅佐幼主司马衍(晋成帝)。亮以苏峻骄恣,调任大司农。公元327年,苏峻联合豫州刺史祖约举兵渡江,翌年破建康。羊曼在保卫建康战斗中不屈不挠,将士劝其退避,他却在关键时刻喊出"朝廷破败,吾安所求生"之豪言,并据守抗争,大义凛然,方见其气节与英勇。

羊曼为国捐躯,可歌可泣,一代英杰被人称颂的同时,使泰山羊氏损失重大,对泰山羊氏也是巨大打击。另一方面羊曼为泰山羊氏渡江后在江南之发展赢得了荣誉和政治资本。

附:羊曼弟"琐伯"羊聃

羊聃,羊曼之弟,字彭祖,少不好学,时论皆以为其粗野,为平庸之辈。先是其兄羊曼等有兖州"八伯"之名号,其后更有"四伯":即大鸿胪陈留江泉以能食誉为谷伯;豫章太守史畴以大肥誉为笨伯;散骑郎高平张嶷狡猾狂妄誉为猾伯;而羊聃以狼戾(凶残)誉为琐伯,可见羊聃是个庸才。他们四人好比古人之四凶①。羊聃初被(东)晋元帝司马睿征

---

①　四凶:相传为上古四个凶恶之人。《左传·文公十八年》载,从前帝鸿氏有个不才之子,掩蔽道义,包庇奸贼,喜欢办那些属于凶德的事,把坏东西引为同类,和那些愚昧好诈之人混在一起,而天下的百姓称之为浑敦(杜预注:不开通之貌)。少皞氏有个不才之子,毁坏信用而废弃忠诚,专说花言巧语,惯听谗言,任用奸邪,造谣中伤,掩盖罪恶,以诬陷盛德之人,天下的百姓称之为穷奇(泛指恶人)。颛顼氏有个不才之子,没办法教训,不知道好话,开导他他愚顽不化;丢开他,他又刁恶好诈,鄙视美德,以搅乱上天的常道,天下百姓称之为梼杌(比喻凶人)。缙云氏有个不才之子,喜劝吃喝,贪求财货,任性奢侈,不能满足,聚财积谷,没有限度,不分给孤儿寡妇,不周济穷人,天下百姓称之饕餮(贪婪凶暴)。浑敦、穷奇、梼杌、饕餮称古之四凶。他们在尧时作恶,不服教命。舜时将他们流放到了边远地方。

召在丞相府,累迁至庐陵(治所在今江西吉安市东北)太守。性格善以刚制胜,粗暴,依仗是国戚,肆意放纵尤甚,总是怒目而视地疑忌别人而妄加刑杀。羊聃疑郡人简良等为贼,屠杀二百余人,诛及婴孩,给予囚禁、剃去头发等刑罚者百余人,庾亮将其逮捕,解归于京都。有部司上奏羊聃之罪当死,以为景献皇后羊徽瑜是其祖姑母,应八议①。晋成帝司马衍下诏说:"此事古今所无有,何八议之有! 尤其不能容忍肆意放纵,无视朝廷,其赐命囚于狱所。"

羊曼之子羊贲配南郡悼公主,因叔父羊聃之故,自己提出要求解除婚姻。成帝下诏说:"羊聃之罪与之不相及,古今都有这样的法令典章。羊聃虽受极重的处罚,与羊贲有什么关系! 特别不能听任其离婚。"琅琊太妃山氏,是羊聃的外甥女,入殿叩头为舅父羊聃请命,要求宽恕。王导又启奏说:"羊聃之罪不容宽恕,宜极重法。山太妃忧愁悲伤成疾,陛下皇恩无限,宜承蒙陛下给予赦免,以求生全。"于是,皇上下诏说:"太妃唯此一舅父,因过于悲伤,发言说话都损伤了咽喉,乃至吐血,情意深重。朕过去当受到陷害时,曾受太妃抚育之恩,太妃如同慈爱的双亲一样。倘若(太妃)承受不了难忍之痛苦,以招致挫伤病倒,朕又有什么颜面以其作为寄托。今便宽恕羊聃,给以生还,以安慰太妃与其舅父情谊之恩。"于是将羊聃除去名籍。不久,羊聃得病,经常看见被他杀害的简良等人为鬼神对他作祟,旬日而死。事见《晋书·羊曼传》附《羊聃传》。

羊聃是泰山羊氏人物中的另类,可谓一庸才,何以能在东晋一朝做官? 除当时的取士制度外,依仗的是国戚,因景献皇后羊徽瑜是其祖姑母。因其"少不经学,时论皆鄙其凡庸"故称"四凶之一"。这样的人即使是名门望族之后做了官不干好事,也会受到后人的鄙视。

因为自汉代以来,儒学成为通显之学。魏晋时期,尽管玄学盛行,但占统治地位的仍是儒学。当时的秀才孝廉虽多从门阀士族中荐举,但也要经过考试。如秀才应考对策兼及儒经,考廉全试经文。若是高门而又通儒,方得为清要显官,因此求仕、从政、处世,都离不开经学。泰山羊氏自汉以来,就已是门阀士族。羊祜"博学能属文""所著文章及

① 八议:古代的一种刑法制度。即刑法中规定的一些特殊人犯罪时有减免刑罚特权的制度。始见于《周礼·秋官·小司寇》中之亲、故、贤、能、功、贵、勤、宾八辟。至三国魏即正式列八议于律文,后为历朝沿用。共有八种:一曰议亲,即皇亲国戚;二曰议故,即侍奉过皇帝的旧友故交;三曰议贤,即有德行的贤臣名士;四曰议能,即能治国治军之杰出人才;五曰议功,即功勋卓越者;六曰议贵,即贵族和大官僚;七曰议勤,即公务勤谨者;八曰议宾,即前朝之王公大臣。以上八种人犯有死罪(十恶除外)者,法司须先行奏报,奉旨方可捉拿审问,但不得拟罪。只能将事由奏报,由皇帝裁定,一般均予免死。流罪以后,照例予以减刑,并可纳银赎罪或以官品抵消刑罪。

《老子传》并行于世。""至祜九世,并以清德闻"(《晋书·羊祜传》),是泰山羊氏的佼佼者。羊聃为祜之兄孙,由于"少不经学",不以儒学礼法相标榜,虽为名门之后,也以"四凶""琐伯"之名而受到鄙视,直到犯罪。可见,儒学是门阀士族安身立命的家学,也是借以维护家庭地位、名誉,巩固门阀统治的重要精神武器。

由《羊聃传》引出了泰山羊氏与河内山氏,河内山氏与司马氏家族的婚媾关系。《羊聃传》载,琅琊太妃山氏是羊聃的外甥女,说明羊聃的姊妹有嫁于河内山氏者。其姊妹生女嫁于司马氏为太妃者即"琅琊太妃",太妃出面救了羊聃一命。

按《元和姓纂》,山氏,掌山林,以官为氏。《风俗通》云,为烈山氏之后。汉武帝有太守山昱。山昱之后裔徙河内。晋代山涛,字巨源,为晋吏部尚书、司徒、新杏侯,晋武帝时与羊祜同为晋室重要成员。羊祜任大将军之职后,山涛曾称羊祜曰:"大将虽不须筋力,军中犹宜强健。"史臣以为山涛"以此为言,则叔子之干力弱矣。"(《宋书》卷五十九,卷末史臣语)笔者以为山涛之言,并非臆说,而是对羊祜的担心和爱护。山涛在朝堂之上十分支持羊祜的决断。例如,"及羊祜执政,时人欲危裴秀,涛正色保持之。"由此知,山涛、羊祜关系密切,且山涛十分看重羊祜。

第二节　丰城县侯羊鉴

——兼述羊济、羊炜

羊鉴(?—约329),字景期,史称东晋泰山人,按史推算应出生于西晋初。羊鉴父羊济,任匈奴中郎将;兄羊炜,历任太仆、兖徐二州刺史。羊鉴为东阳(今临朐县东三十六里)太守,累迁太子左卫率。

大兴二年(319),晋泰山太守徐龛与下邳内史刘遐共讨叛降石勒的彭城内史周抚于寒山(今徐州东南),将斩抚,及论功刘遐先之。徐龛遂怒反叛,降前赵大将军石勒,劫掠侵犯济南、岱,破东莞(治所今山东沂水县)。司徒王导以羊鉴是徐龛乡里望族,必能制服徐龛,奏请晋元帝司马睿派遣羊鉴北伐讨龛。羊鉴自感非将帅之才,推辞不就。太尉郗鉴亦表奏说羊鉴非将帅之才,不宜妄加派遣。王导不接纳郗鉴的意见,勉强启授羊鉴以征讨都督。同年八月,晋廷以羊鉴为征虏将军,统领徐州刺史蔡豹各部,进讨徐龛,结果败绩。王导以举荐羊鉴非将帅之才,而请自贬降级,晋元帝不从。羊鉴以罪应被判为斩刑。晋元帝下诏以羊鉴为太妃的外属,特免死刑,除名。过了许久,羊鉴又被启任为少府。到王敦反叛,晋明帝司马绍以羊鉴是王敦之舅父,又"素相亲党",关系亲密,"微被嫌责",而被怀疑,摒斥不用。

咸和元年(326)晋成帝司马衍即位。咸和二年,冠军将军、历阳内史苏峻联合豫州刺史祖约反叛。次年攻入建康（今江苏南京），独立朝政，迁成帝于石头城（今江苏南京清凉山），后被江州（今江西南昌市东）刺史温峤、征西将军陶侃联合各军进讨。羊鉴亦率部参与征伐苏峻，苏峻事败，使倾覆的晋廷得以重建。羊鉴以功受封于丰城县（西晋太康元年，即280年，以富城县改名。属豫章郡。治所在今江西丰城市南四十一里丰水西荣塘）侯①，徙光禄勋而卒。

【评析】

《晋书》卷八十一为羊鉴立传但十分简略，又有一些疑问，今将相关事宜有必要加以辨析。

一、匈奴中郎将羊济

《晋书》卷八十一《羊鉴传》称其为"太山人"，毫无疑问属泰山羊氏族人。羊鉴父羊济不在羊续裔孙世系中，故可认为羊济是羊续支脉的旁系族人。

羊鉴父羊济《传》中谓匈奴郎将。这是一个专管南匈奴事务的官职。所谓南匈奴，是指汉光武帝刘秀建武二十四年（48）匈奴人分裂后，一部分南迁入塞，请求内附，为汉朝接受。

从此，匈奴分为南北，至建武二十六年（50）南匈奴人迁徙至今内蒙古托克托县，同年又迁至准格尔旗西北，汉特设"使匈奴中郎将"，专主护卫南匈奴单于之事。因设官府，设使匈奴中郎将一人，俸二千石，置从事二人，有事随事增之，掾（吏）随为员（《后汉书·百官志》）。后徙（府）至西河（辖今内蒙古伊金霍洛旗东南境，南至今陕西宜川以北黄河沿岸地带），又令西河长史（官员，秩千石）每年将骑（兵）二千，驰刑（不加枷锁的刑徒）五百，助中郎将卫护南匈奴之单于，冬屯夏罢，自后遂为常制。由于汉朝对其实行亲和政策，使南匈奴政权稳定，社会经济逐渐发展，北匈奴来降者众多。至汉和帝永元二年（90）人口增至23.73万人，较内迁之初增加数倍，使匈奴中郎将除监护南匈奴诸事、诸部落外，也常将南匈奴骑兵征伐乌桓、西羌等。

至东汉末年，南匈奴一部分人参与中原军阀混战，至建安七年（202）为曹魏所败，降。至二十一年（216）呼厨泉单于朝魏，部众分为五部，散居各郡县。两晋时其分支曾建前赵、北凉、夏等国。

由上可知，匈奴中郎将，始称"使匈奴中郎将"，后又单称中郎将，为东汉将官，秩两千

---

① 侯：爵名。周代五等爵之一。《礼记·王制》："王者之制禄爵，公、侯、伯、子、男凡五等。"以封宗室、外戚、功臣等。两晋有郡侯、县侯、乡侯、亭侯、开国侯、散侯、关内侯等名号。西晋武帝咸宁三年（277）定大、次、小王国之制，大国、次国承封王之支子（非正妻所生之子）为侯，侯国制度同不满五千户王国，置军一千人，以中尉领之。东晋不再设置军，罢中尉，又省去大农、常侍及侍郎。

石,羊济应为东汉之两千石将官,是名专管南匈奴事务的官吏,至两晋已不设此职。

二、羊鉴败绩徐龛之因

羊鉴任征讨都督讨伐徐龛败绩之原因是多方面的。首先王导用人不当,时徐龛反叛,王导任司徒与丞相通职,权势甚重,主观上想借泰山冠族之声望和家族影响力,让羊鉴去制止徐龛的反叛,可羊鉴只是太子左卫率,是太子所居东宫的门卫士,隶太子詹事府所辖,非将帅之才,不具备去前敌作战的能力。太尉郗鉴也认为羊鉴非将帅之才,"不宜妄使",而王导不纳,让羊鉴"打鸭子上架",强启羊鉴为征讨徐龛之都督,督诸将讨徐龛。

其次,羊鉴屡次"畏懦""知难而退"造成败绩。果真如此吗?《晋书·蔡豹传》记述了羊鉴"畏懦"之概况。大体是说,东晋大兴二年(319)时任泰山太守的徐龛与彭城(治所在今江苏徐州市)内史刘遐同讨反贼周抚于寒山(今徐州市东南)。徐龛手下之将于药斩抚,到论功之时,主遐为先。龛怒,以泰山太守叛,自号安北将军、兖州刺史。攻破东莞太守侯史旄而据其坞(防守用的土堡)。石季龙讨伐龛,龛惧,求降。晋元帝许之,答龛。不久复叛归石勒。石勒派遣他的手下将领王伏都、张景等数百骑助徐龛。晋元帝诏征虏将军羊鉴、武威将军侯礼、临淮太守刘遐、鲜卑段文鸯等与蔡豹等共讨徐龛。诸将畏懦,顿兵下邳(在今江苏睢宁县西北古邳镇东三里),不敢前,蔡豹要进军,羊鉴身为征讨都督却不许蔡豹进军。徐龛派遣使者请教于石勒,石勒以有外难而推辞,而多求于徐龛。又有石勒部将王伏都在徐龛部队中放纵、惑乱,龛知石勒不再救他,且患王伏都等暴纵,乃杀之,复求降晋。晋元帝厌恶其反复无常,不再收纳,命蔡豹、羊鉴伺机进讨之。羊鉴及刘遐等迟疑、畏难不相听从诏命,并互有表闻,所以蔡豹久不得进军。尚书令刁协表奏以盛暑等为由替羊鉴等人说话,"宜顿兵所在,深壁固垒。至秋不了,乃进大军"。而元帝诏曰:"知难而退,诚合(至诚合作)兵家之言。然小贼虽狡猾,故(可)成(功)擒耳。未战而退先自摧衄(摧;忧愁,挫损。衄,伤败),亦古之所忌。且邵存已据贼垒,威势既振,不可退一步。"于是元帝派遣治书御史郝嘏为行台(代表朝廷而设立的临时机构,出征时设在驻地),催摄令进讨。是时蔡豹欲迳进,羊鉴仍固执不听。刁协又奏免羊鉴征讨都督之官,委任蔡豹为前锋,让羊鉴配合进军,降羊鉴为折冲将军,以看后效。蔡豹在进讨徐龛时受到石虎的威胁,又遭徐龛袭击,使蔡豹受重创。因蔡豹在讨伐徐龛之役中败绩,元帝命人将其收斩。

羊鉴在整个征讨泰山太守徐龛之役中,表现得十分畏懦、怯弱、无能,"果败绩",当在斩首之列,因是"太妃外属,特免死,除名"。

"徐龛叛戾,(王导)调举羊鉴。鉴暗懦覆师,有司极法"(《晋书·王导传》)。王导的用人不当,难辞其咎,教训也是十分深刻的。虽"导自贬",但"帝不从"。如换一角度看王导强使羊鉴征龛,或许王导有一暧昧之心,从《羊祜传》可以看出,琅琊王氏与泰山羊氏虽是"山东老乡",各有多人在同一朝堂为官,但两家有隙。在与吴国交战之时,有一次羊祜曾依法要斩王戎。王衍(羊祜堂外甥)与王戎都怨恨羊祜,诋毁羊祜,曾有"二王当国,羊公无德"之言流传。王导作为琅琊王氏政治上的传人,不会真诚与羊氏一条心,所以王导不顾众人反对和羊鉴一再推辞,强让羊鉴讨徐龛或许是王导对泰山羊氏的一种报复。

综上所述,羊鉴自任征讨徐龛的都督,在率诸将征伐徐龛的全过程中,羊鉴及诸将并未与徐龛交手。羊鉴及诸将的表现是"畏懦""暗懦""不敢进"。诸将,特别是蔡豹要进军,羊鉴屡次"不许"。元帝"敕豹、鉴以时进讨",鉴"等并疑惮不相听从,互有表闻,故豹久不得进"。甚至到元帝下诏,遣行台督战进讨,"豹欲逐进,鉴执不听"。直至将羊鉴撤都督之职以鉴兵配豹,豹才与徐龛交手。由于石虎助龛导致蔡豹败绩。为何身为征讨都督的羊鉴不进军也不许诸将进军,且敢不听诏命呢?必有缘故,并非只是羊鉴非将帅之才天生怯懦。

窃以为,羊鉴屡次不与徐龛交手,是因徐龛与刘遐讨反贼周抚于寒山之战,首功应是徐龛,而不应刘遐"先之",这是造成徐龛对朝廷不满而叛之的原因。羊鉴不与之交手,是认为朝廷在处理徐龛讨贼之功问题上不公平,做出了错误的决定,为徐龛抱打不平也是对朝廷处理不公的一种消极对抗和不满情绪。不然,既是羊鉴非将帅之才,不至于屡不出战,自己不出战,但可让诸将出战,而羊鉴并没有这样做,说明其中必有蹊跷。另一方面,是羊鉴对王导强启授予征讨都督的对抗。加之羊鉴以为是"太妃外属",谅朝廷不能妄加之过,故而对朝廷"慭令进讨"不听。

总之,在羊鉴看来,徐龛反叛责任在朝廷,若朝廷公平对待徐龛之功,也许不会惹出徐龛若干是非。

三、王敦反,羊鉴之"嫌责"

羊鉴与王敦"素相亲党",羊鉴又是王敦的舅父。至王敦谋反,晋明帝司马绍以为羊鉴有隐而未露的"嫌责"。羊鉴是否参与了王敦的谋反呢?在《晋书·王敦传》中方可找到蛛丝马迹。《传》载,永昌元年(322)王敦以讨元帝心腹刘隗为名反于武昌(今湖北鄂州)。破官军于石头城(今南京清凉山)并将官属留府建康(今南京)遥控朝廷。年底晋元帝司马睿驾崩,太子司马绍继位,是为晋明帝。第二年,王敦移镇姑孰(今安徽当涂)自为扬州牧。太宁二年(324)王敦患病。正月,王敦启用钱凤。六月,王敦任温峤为丹杨(阳)尹(丹阳郡治建康),目的是让其窥视朝廷。而温峤到明帝即位,参综机密,转中书令,为大将军王敦所忌,请为左司马,设计取得了王敦的信任,任为丹阳尹。温峤还都建康奏王敦之逆谋。晋明帝任王敦从弟王导为大都督,与温峤、庾亮(明帝皇后之兄)等讨王敦。王敦此时病笃,不能自将,以兄王含为元帅,命部将钱凤等率众向京师。钱凤等至京师,屯于水南,明帝率六军以抵御钱凤,频战破之。同时,明帝又遣中军司马曹浑等击王含于越城(今南京秦淮河以南),王含军大败。王敦甚怒,但已病入膏肓,听之后作势而起,因困乏复卧,听王含、钱凤被破,认为末日来临,即嘱后事。王敦对羊鉴及养子王应曰:"我亡后,应便即位,先立朝廷百官,然后乃营葬事。"王敦俄死,敦子王应秘不发丧,裹尸以席,蜡涂其外,埋于厅事中,照样与人纵酒淫乐。事平,发枢斩尸。王敦是琅琊王氏,司马睿在江左建立政权,王氏功劳最大。王敦以总军事,自恃有功,所以时人有"王与马,共天下"之语(《晋书·王敦传》)。但王敦自谓家族强盛,故而骄横跋扈。司马睿对其心存畏忌之感,乃用心腹刘隗、刁协等人。王敦心怀不平,才引出反叛之事。

事已至此,羊鉴在这场反叛与反反叛的政治斗争中的立场已昭然若揭,他站在了王敦一边。他目睹了王敦的死。王敦死前的遗嘱唯对羊鉴及养子王应说。《晋书·王敦传》中"羊鉴"二字,仅此一见,说明至少参与了王敦的某些反叛活动。在帝率六军与敦激战的紧要关头,羊鉴仍在王敦大营并在其身边。这即是羊鉴被明帝"嫌责"的依据。

等"明帝还宫,大赦,唯敦党不原(宽恕)。于是分遣诸将追其党与,悉平之",并对相关人员进行了封赏。当年冬十月,重新任命王导、庾亮等要员的职务,"诏王敦群众一无所问"(见《晋书》卷六《肃宗明帝》纪)。王敦事败,跟随王敦反叛要员钱凤等被杀,至王敦事平,明帝并未对羊鉴治罪。此事不但《羊鉴传》不载,《晋书》中也未见治羊鉴罪的记载。究其原因,一方面可能考虑到泰山羊氏仍有较强的家族势力和影响,仍是朝廷依靠的对象;另一方面羊鉴是太妃外属给予宽大。至于羊鉴为何站在了王敦一边,其原因也有二,一是亲属近党,鉴为敦之舅父;二是羊鉴或认为朝廷处理徐龛反叛之事不公,心存不满。

四、泰山羊氏的两家姻亲

羊鉴本传还牵扯到泰山羊氏的两家婚媾关系。其一,元帝司马睿诏以鉴太妃外属,特免死除名。这位太妃无疑是指元帝之父的嫔妃,是她救了羊鉴一命。羊鉴是这位太妃"外属",是指这位"太妃"娘家的本家女子嫁给了羊鉴父羊济为妻,或说这位太妃与羊鉴母亲是姑与侄女关系,或为姊妹关系,她们可能同为河内山氏之女。其二,羊鉴是琅琊王敦的舅父,也就是说王敦的母亲是羊鉴的亲姊妹。泰山羊氏与琅琊王氏的婚媾,还表现在《羊祜传》中,该《传》有王衍为羊祜的"从甥"之载,即琅琊王衍的母亲是羊祜的从姊妹。泰山羊氏与琅琊王氏都是豪门大族,婚媾是自然的联盟,有历史之渊源。

第三节 善"唱乐"才子羊昙

羊昙,东晋泰山人,属泰山羊氏哪个支派未见史载,为东晋名士谢安(320—385)甥,"知名士也,为安所爱重"(《晋书·谢安传》)。当时音乐盛行,羊昙以善于演唱而知名。《世说新语·任诞》注引《续晋阳秋》云:"羊昙善唱乐,桓伊能挽歌,袁山松以《行路难

（曲）》继之，时人谓之"三绝"。由此可窥见羊昙以唱乐技艺所享盛名，为唱乐之才子。

东晋太元八年（383）八月，前秦苻坚统一中原后，不顾群臣谏阻，强征各族丁壮，率成卒六十余万，骑兵二十七万大举南下，自恃"有众百万，资杖如山""投鞭于江，足断其流"，企图一举统一南北。东晋朝廷震恐。谢安受命为征讨大都督，派遣其弟谢石、侄谢玄率北府兵①八万应机拒之。谢玄问计，谢安夷然无惧色，说："已别有旨。"既而寂然，谢玄不敢复言，乃令张玄重请。谢安则处变不惊，沉着镇定，驾出山墅，亲朋毕集，仍与部将张玄对弈赌别墅。谢安通常棋艺劣于张玄，是日惧，便为敌手而又不胜。谢安回过头来对其甥羊昙说："今墅乞（给予）汝。"羊昙能在大战之时陪侍舅父左右，方见其与舅父关系密切，羊昙深得舅父喜爱。谢安遂登山漫游，至夜方还，指授将帅，各当其任。谢玄等率兵与淝水大败苻坚（史称淝水之战），使前秦一蹶不振。及捷报送至谢安时，他正对客围棋，阅毕，置书于床，对弈如故，弈客问之，谢安答曰："小儿辈遂已破贼。"既罢还内屋，过门槛，喜甚，竟然将履齿所折都未发觉。谢安力挽狂澜大败前秦，为东晋赢得了几十年的安宁与和平。他也赢得了"风流宰相"的美誉。同时引出"赌墅风流"这一掌故，遂成后人之诗料。如孙元晏《谢公赌墅》诗曰："发遣将军欲去时，略无情挠只贪棋。自从乞与羊昙后，赌墅功成更有谁。"然而，淝水之战的胜利只是换来暂时的安定，却无力挽救东晋政权的日益没落。羊昙常在谢安身边，目睹了谢安的某些所作所为，更密切了甥舅的这层关系。

东晋太元十年（385）谢安卒。羊昙对谢安的逝世万分伤感，经年不奏乐演唱。行路时绝不经过谢安生前所居的京师建康西州路。曾经因在石头城而大醉，扶路唱乐。一天，羊昙在城中狂饮大醉，边走边唱，不觉来到西州门。左、右禀报说"已到西州门"。羊昙闻声悲泣不止，以马鞭策打谢府门扉，高唱起曹植《箜篌吟》中"生存华屋处，零落归山丘"之名句，恸哭而去（《晋书·谢安传》）。可见羊昙对舅父的感情是多么深厚。二人情深谊重，为人所称，天下有几。

后人以"羊昙华屋"之词比喻伤逝之情。宋人刘克庄《沁园春·送方季蕃吊方漕西归》词云："天地无情，功名有命，千古英雄只么休。平生客，独羊昙一个，洒泪西州。"唐代诗人陆龟蒙《京口与友生话别》有"功名思马援，歌唱咽羊昙"之句。由于羊昙对舅父谢安情谊深厚，后遂以"谢舅"作为吟咏舅甥"情谊的典故。如，唐李商隐《偶成转韵七十二句赠四同舍》："之子夫君郑与裴，何甥谢舅当世才。"

---

① 北府兵：北府兵是东晋的一支劲旅。东晋太元二年，即 377 年，谢安为抵抗北方前秦，派其侄谢玄为南兖州（治京口，今江苏镇江市）刺史，以监江北诸军事，并召募劲勇组织的新军。一些侨民纷纷应募，谢玄以刘牢之为参军，领精锐为前锋，号称"北府兵"。

羊昙以谢安而知名，又以善唱而其事附《晋书·谢安传》《晋书·袁山松传》及载《世说新语》等，泰山羊氏一才子矣。

第四节　学道名士羊权

——兼述羊秉

羊权，羊忱(陶)之子，道家名士，历任黄门侍郎、尚书左丞。

自泰山羊氏南渡第一人羊曼及丰城县侯羊鉴死后的近五十年，尽管王、庾、桓、谢几大家族在东晋一朝贪婪地争夺统治权，皇权数次更迭，又有外族入侵中原，百姓生灵涂炭，却找不到泰山羊氏在东晋朝政治舞台上的角色，《世说新语》补了一些缺憾。泰山羊氏中的道家名士羊权出现在了《世说新语·言语》。

《世说新语》虽是记载汉末到西晋士族阶层逸闻轶事的小说，但它记载了一些名士鲜为人知的历史故事。特别是所载魏晋名人、士大夫好尚清谈，讲究言谈容止，品评标榜，相扇成风的言论，有重要参考价值。《世说新语·言语》记载了羊权与东晋简文帝司马昱的一段交往："羊权担任黄门侍郎时，陪侍简文帝司马昱座侧，简文帝问他：'夏侯湛写了《羊秉叙》，十分令人怀念羊秉。不知他是你的什么人？有后代没有？'羊权流着眼泪回答说：'亡伯美好的声誉早年就很显著，但是没有后代，虽然名声传播到陛下的听闻之中，然而圣世之时他却断绝了后嗣。'简文帝听后，感叹了很久。"

《羊氏谱》载，羊权字道舆，泰山人。为羊侵七世孙，羊忱之次子，历官黄门侍郎(侍从皇帝，传达诏命)、尚书左丞(为尚书省佐官，位次尚书，权职较重)。羊权为羊秉的侄儿。羊秉，字长达，羊秘之孙，羊繇长子。在司马昱任抚军大将军时为司马昱的参军，死时三十二岁，有很好的名声。夏侯湛(字孝若)写了一篇记述并评价羊秉的叙文即《羊秉叙》，尽情地称赞和哀悼羊秉，这件事被简文帝知道了并问羊权"是卿何人(原文此字为"物"。此处用"物"是当时常用语)"，有后不？说明羊秉、羊权叔侄二人与简文帝关系密切。羊秉是位文人，这可能是羊姬之子夏侯湛作《羊秉叙》悼念他的原因之一。其二，羊秉父羊繇与夏侯湛父母是堂兄妹或堂姐弟关系，夏侯湛与羊秉即是堂姑舅表兄弟关系。清代嘉庆举人严可均所辑《全上古三代秦汉三国六朝文》录羊秉的文章四篇：《羊太常辛夫人传》《张子平碑》《鲁芝铭》《新论》等。

简文帝司马昱是东晋开国皇帝晋元帝司马睿的小儿子。五十二岁时被权臣桓温扶上皇位八个多月就死了，一生处多事之秋，无力智挽回东晋朝江河日下的势头，显得十分无能。他大概看透了东晋朝被权臣任意摆布的颓局，故而"善容止，留心典籍""及长，清虚寡欲，尤善玄言""虽神识恬畅，而无济世大略"。甚至谢安将其比为白痴皇帝晋惠帝之流,只是"请谈差胜耳"。家世事佛、东晋清谈代表人物之一的支道林曾说他"有远体而无远神"(《晋书》卷九《帝纪·简文帝》)。由上知,简文帝信奉佛教,是位清谈家。羊权信奉道教,又善清谈玄言,故而与简文帝关系密切。

《世说新语·言语》中羊权与简文帝的一段对答记述了羊权的历官及相关轶事。他之所以知名后世,还缘于道家的一段神异故事。据南梁陶弘景《真诰·运象篇》卷一记述:羊权于晋穆帝时居茅山(位于今江苏西南部)得道。升平三年(359)十一月十日初,有九嶷山一仙女降于羊权内室,其女身着青衣,容貌绝世,自云名叫萼(愕)绿华,本姓杨氏,南山人,不知是何山也,女子年方二十。自此一月之中往来六次,临别时赠羊权火浣布手巾一条,金、玉条脱各一枚,并赋诗三首道别。其中第一首诗云:

> 神岳排霄起,飞峰郁千寻。
> 寥笼灵谷虚,琼林蔚萧森。
> 羊生标美秀,弱冠流清音。
> 栖情庄慧津,超形象魏林。
> 扬彩朱门中,内有迈俗心。
> 我与夫子族,源胄同渊池。
> 宠宗分上业,于今各异枝。
> 兰金因好著,三益方觉弥。
> 静寻欣斯会,雅综弥龄祀。
> 谁云幽鉴难,得之方寸里。
> 翘想笼樊外,俱为山岩士。
> 无令腾虚翰,中随惊风起。
> 迁化虽由人,蓄羊未易拟。
> 所期岂朝华,岁暮于吾子。

诗的开头赞美了羊权所修道的茅山环境幽静,用"神岳、飞峰、灵谷、琼林"描写;其后六句赞美了羊权的身材标志,弱冠之年发出的声音不同凡俗,有了声誉,并被庄、老之学的聪慧所润泽,有了超群的巍然独立能力。虽扬彩于豪门贵族之中,内有超迈世俗之心。再后写了二人同宗同族的关系及"同渊""金兰"之交。因羊权出自泰山羊氏,"羊氏"与萼绿华的"杨氏"都是由晋羊舌氏分化而来,这段历史二人是知情的,诗的后段写了诗人对羊权的殷切期望。

《真诰》所记羊权遇仙的神异故事,反映了东晋羊氏族人有崇道求仙的信仰习俗,故事也成为后世诗人时常采撷的素材。如唐代诗人李商隐《重过圣女祠》诗云："萼绿华来无定所,杜兰香去未移时。玉郎会此通仙籍,忆向天阶问紫芝。"宋人邓肃《临江仙》词云:"夜静黄云承宝袜,九嶷山人到羊家。蕊宫仙曲送流霞,东陵分玉井,远胜隔荷花。"(注:文中诗句转引自刘硕伟《两晋泰山羊氏家族文化研究》第317页,中华书局,2013年版)

清《新泰县志·人物》将羊权列《名臣》《方外》。民国《重修泰安县志》列《方外》。

第五节　清谈名士羊孚

——兼述羊楷、羊绥、羊辅

羊孚,史称东晋泰山人,历官太学博士,兖州别驾,后任桓玄的记事参军,诗文成就不凡,早卒。

一、"清谈"之风是种哲学思潮

魏晋南北朝流行一种社会思潮,名士们以谈"玄"、释"玄",崇尚虚无,空谈名理为风气,并建立起不同的流派,故称玄学①。名士们以《老子》《庄子》和《周易》为经典,讨论有无、本末、动静、言意象,以及自然与名教等的相互关系,以综合儒、道、名、法诸学说的新的思想形式,代替趋于衰落的汉代经学。我国当代著名哲学家汤一介先生用哲学的语言讲明了什么是魏晋玄学。他说:"魏晋玄学是指魏晋时期以老庄思想为骨架,企图调和儒道,会通'自然'与'名教'的一种特定的哲学思潮,它所讨论的中心以'本业''有无'问题,即用思辨的方法来讨论有关天地万物存在的根据的问题,也就是……形而上学本体议的问题。"(《汤一介集》,中国人民大学出版社,2014年版,第二卷第12页,转引自郭齐勇《汤一介先生的学术贡献》,光明日报,2014年11月5日,第15版)玄学发展经历了不同阶段。东晋以后,玄学与佛学趋于合流,特点是以玄学解释佛学,其后佛教逐渐取代其地位。

魏晋时,以《庄》《老》《易》(又称"三玄")为依据而辨名析理的虚玄之谈称之"玄谈"。形式与汉代清议略同,但内容不再以儒学的道德为标准衡量。玄谈之风始于魏正始年间,至西晋末大盛。这种玄谈反复辩论,成为摈弃世务不接触实际的清谈,因而或称清谈、清言。

魏晋名士们清谈或说谈玄,大多采用辩难和讲座两种形式。辩难一般是在两人之间进行或一人对多人,或数人互相进行,也有一人自为客主,自问自答的。无论何种形式通常要分出高低胜负,故而气氛极其热烈。采用讲座形式,则一人树义讲论,听者不和讲者

---

①　玄学:玄学是魏晋时期以老、庄思想为主的一种哲学思想。其中辨名析理是魏晋时期清谈的一种内容。"玄",源出《老子》第一章:"玄之又玄,众妙之门。"

争辩,气氛就缓和得多。魏晋名士的清谈,由于含有摈弃世务,逃避社会的意味,有其一定的消极、负面影响的一面。其另一面,它是继汉末突破独尊儒术的禁锢以后对哲学思想体系的新的探索。谈玄盛行,气氛热烈,显示了学术的自由性。冯友兰先生在《中国哲学史》(第四册)一书中说:"玄学的辨名析理完全是抽象思维,从这一方面说,魏晋玄学是两汉哲学的一种革命,研究中国哲学史的人,从两汉到魏晋,觉得耳目一新,这是因为玄学的精神面貌和两汉哲学比较起来,完全是新的……在中国哲学史中,魏晋玄学是中华民族抽象思维的空前发展。"

中国有句老话叫"空谈误国,实干兴邦"。从曹魏兴起的清谈之风,思想、学术是自由了,但是,那些本该负责国家政事的达官显贵们却一边享受着富贵,一边畅谈林下之风,把勤于职守当成了可耻之事。魏晋之时的玄谈至清初有学者还在反思,顾炎武《日知录》有言:"刘(渊)、石(勒)乱华,本于清谈之流祸,……昔之清谈谈老庄,以明心见性之空言,代修己治人之实学。股肱惰而万事荒,爪牙亡而四国乱,神州荡覆,宗社丘墟。"这就是玄谈之弊端。

名士们的清谈,如上所说论题很多,据文献载大体不外有无之辩、言意之辨、名教与自然、声无哀乐和才性四本等。清谈成士人日常生活的重要内容,许多人也借此来展示自己的才能和智慧。这一时期出现了许多清谈名家,其中简文帝司马昱也在列。对此,鲁迅先生在《中国小说的历史变迁》一书中曾说:"若不能谈玄的,好似不够名士的资格。"(柳士镇、刘开骅译注《世说新语全译·前言》,贵州人民出版社,1996 年版)。如果说谢鲲、阮放、阮孚、毕卓、桓彝、羊曼之酗酒、裸裎(《晋书·光逸传》),怪诞放荡行为是沾染了崇玄风气,至羊权可入清谈之列,而到羊孚则是地道的清谈名士,可谓泰山羊氏中的清谈第一人。其事多载《世说新语》。

二、羊孚以"清谈"知名

羊孚,字子道,晋尚书郎(《羊玄保传》谓"尚书都官郎")羊楷之孙,中书侍郎羊绥次子。系羊祜伯父羊秘裔孙。

羊孚少有俊才,才识广博,与"善属文,好歌乐"的谢混①相好。曾任东晋所置十六员太学博士之一,负责教授太学生员,备咨询,参议礼仪,官阶六品,隶属太常。

《世说新语·雅量》载,羊孚大清早就到谢混家去,尚未吃早饭。不一会,王齐、王睹②也来了,既然原先不认识,落座后,脸色就有些不高兴,二王想让羊孚走开。羊孚全然

① 谢混:谢安之孙,谢琰少子,字叔源,小字益寿,官至尚书左仆射。
② 王齐、王睹:二人是王恭的弟弟。王齐,即王熙,字叔和,小字齐,官至太子洗马,以文学砥砺而立名。王睹,即王爽,字季明,小字睹,曾任给事黄门侍郎、侍中。

不看,只是把脚架在小几桌上,十分自如地吟诗观赏。谢混与二王寒暄几句后,回过头来与羊孚谈论品评,二王这才意识到他的奇特,于是和他一起说话。片刻,摆上饭菜,二王全然顾不上吃,只是不住地劝羊孚吃喝。羊孚不大搭理他们,大口大口地吃东西,吃毕就告辞。二王竭力相留,羊孚始终不肯留下,直说:"刚才我不能遵命离开这里,只因为肚子尚虚。"

王恭(字孝伯)系太原王氏,势力强盛。王齐,王睹起初看不起羊孚,与羊孚谈赏之后,方觉羊孚是奇才,非等闲之辈。羊孚的表现是不卑不亢,冷静镇定沉着,颇具名士风度,如果说上述事例显示了羊孚的俊才和风度,那么,下面的两则对话则充分表现了羊孚的学识渊博,才思敏捷,又善辞令。《世说新语·语言》载:"桓玄问羊孚:'何以都看重吴声(吴地方音)?'羊孚说:'当然是因为它妖而浮。'"同篇还载:"谢混问羊孚:'何以提到器皿就要举瑚与琏?'羊孚说:'当然因为它(们)是迎接神的器皿。'"以上第一则,桓玄显然不知道士大夫们为何青睐吴声,羊孚以"妖而浮"答之。这里的"妖"是说吴声妖娇,婉转动听。为何婉转动听呢?因其声"浮"。这里的"浮"是指浮声切响,音韵轻、重声明显(一说浮声即平声,切响即仄声)。如《宋书·谢灵运传》:"若前有浮声,则后须切响。"这种平、仄优美的吴声听起来婉而浮,也正契合羊孚清谈之流之所爱。至于羊孚为何称瑚琏是接神之器呢?因为瑚和琏都是古代祭祀时用来盛黍稷的礼器。《礼记·明堂位》:"有虞氏之两敦,夏后氏之四连(琏),殷之六瑚,周之八簋。"敦、琏、瑚、簋均是祭祀用的食物容器,因瑚琏二器贵重,常用以比喻才干高、能胜任大事的人。或说用以比喻治国安邦之才。如《论语·公冶长》:"子贡问曰:'赐也何如?子曰:'女,器也。'曰:'何器也?'曰:'瑚琏也。'"

羊孚深谙庄、老之学,是位能言善辩之士。《世说新语·文学》载:"羊孚的弟弟娶琅琊王讷之的女儿(字僧首)为妻。到王家要见女婿的时候,羊孚送他弟弟一起到王家。当时王讷之的父亲东阳太守王临之(字仲产)还在世,殷仲堪是王临之的女婿,也在座。羊孚很善于谈论名理,就和殷仲堪谈论起《庄子》名篇《齐物论》来,殷仲堪反驳羊孚,羊孚说:'您几个回合以后将会和我目前见解相同。'殷仲堪笑着说:'只要你能够说得尽,哪里一定要相同!'四个回合之后,两人见解竟会相通了,殷仲堪慨叹说:'我再也无法和你对立了。'并长时间地赞叹羊孚是后起之秀。"殷仲堪是当时善言名理的谈客,曾言:三日不读《道德经》便觉得舌头僵硬不灵活。羊孚敢与之谈论名理,说明羊孚有胆识,清谈水平不凡。他们所涉及的内容都是《庄子》义理的地方。

服五种散是魏晋清谈名士的一种嗜好,这种散剂用紫石英,白石英、赤石脂、钟乳石、硫黄等五石配成。因服后身体发热,宜食冷食,又称寒食散。服这种散相传始于汉代,盛行于魏晋。《世说新语·言语》:"何平叔曰:'服五石散,非唯治病,亦觉神明开朗。'"《抱朴子·金丹》载:"五石者,丹砂、雄黄、白矾、曾青、磁石也。"这种散皆金石之类,服后不休息,多走路才能散发消释之,谓之行散(见梁刘孝标注《世说新语·德行》四一注②)。羊孚曾服五石散,药性发作,躺在了卞范之家中的大床上。《世说新语·宠礼》:卞范之字敬祖,小字鞠,起初担任桓玄的长史,桓玄篡位后任丹阳尹。他任丹阳尹时,羊孚从南州(又名姑孰,故址在今安徽当涂)暂时回到京都,前往卞范之家,就说:"我的药性发作了,坐不住了。"卞范之便撩开帐子,拂净被褥,羊孚径直上了大床入被倚枕头躺下。卞范子回到座位上注目看着他,从清晨一直到傍晚。羊孚走时,卞范子对他说:"我期望你能成为最善于谈论义理的人,你莫辜负了我!"这一信息说明,羊孚是那个时代典型的清谈名家,可谓泰山羊氏清谈者中的代表人物。

东晋隆安年间(397—402)羊孚曾任兖州(东晋侨置州名,治所先在京口,即今江苏镇江东,后移至广陵,即今江苏扬州)别驾①。此后,羊孚又任桓玄的记事参军,成为桓玄的幕僚。

桓玄(369—404)是桓温之子,此人曾叹:"父为九州伯,儿为五湖长!"是个政治野心家,曾在荆楚优游多年。隆安元年(397),东晋朝由中书令王国宝专权。王国宝说服荆州刺史联合辅国将军王恭讨伐桓玄。朝廷赐国宝死乃罢兵。隆安二年,王恭起兵讨伐江州刺史王愉、谯王司马尚之,桓玄举兵响应。王恭死,桓玄与殷仲堪、杨佺期回师寻阳(今江西九江市),主盟抗拒期命,而他们之间又相互猜忌。隆安三年(399),桓玄起兵袭江陵(今湖北荆州),杀殷仲堪和杨佺期,扫平荆、雍二州,被诏命为都督八州及扬、豫八郡、荆州刺史。至元兴元年(402)率军东下京师,诛杀当权的司马元显父子,自称太尉、扬州牧、总百揆。羊孚前去拜谒。桓玄见羊孚投笺(古代公文的一种体裁),笺文的意思是:近来由于变乱而离别了,我的心志郁积消沉。明公您拨开层层的阴晦,送来了曙光,用清澈的水源澄清了百流。桓玄知羊孚为俊才,马上唤羊孚于前说:"子道,子道,来何迟!"即用羊孚为记室参军,掌文疏奏章。孟昶是刘牢之的主簿,这时来桓玄这里登门谢罪,见了羊孚就说:"羊侯(对羊孚的尊称),羊侯,我一家百口就依靠你了。"(《世说新语·文学》)这则信息告诉人们,羊孚想跟随桓玄,便以优美言语之笺为敲门砖,主动从别驾任上自京口投奔桓玄,桓玄任羊孚为记事参军,成为自己的一时心腹,故孟昶见了羊孚而求其宽容。

至元兴二年(403)桓玄册封楚王,十二月,篡位,国号楚。期间,羊孚虽成桓玄心腹,但对其密谋篡朝之行为坚决反对,曾劝谏其不要密谋篡朝,盲目行事。后来,桓玄与部下卞范之说:"过去羊子道经常劝我不要有此(篡位)之意,今日丧我亲信羊孚,又失去了得

---

① 别驾:别驾也称别驾从事史,是州刺史的佐官,秩百石,秩轻则职重,有"其任居刺史之半"的说法。

力助手索元(字天保),而匆匆做出鲁莽之事,难道果真不合天意吗?"(《世说新语·伤逝》)。

羊孚年三十一岁"暴疾而殒"(《世说新语·言语》引《羊氏谱》云"年四十六卒"),桓玄痛失心腹,致书于羊孚堂弟羊欣说:"贤堂兄是我感情上依赖寄托之人,暴疾而亡,祝予之叹①,如何可言!"意思是说天要亡我的这种哀叹,怎能说得出来。可见二人情深。

羊孚学识不凡,文采飞扬,曾作《雪赞》云:"资清以化,乘气以霏,遇象能鲜,即洁成辉。"仅十六字,将飞雪的风神逸采,高洁其霏,描写得淋漓尽致。当时名士中书令桓胤对《雪赞》极为称赞,"遂以书扇",时时把玩(《世说新语·文学》)。至明代杨慎亦对《雪赞》赞赏有加,其《升庵诗话》卷九《雪赞书纨扇》云:"羊孚作《雪赞》,……桓胤遂以书扇。余尝有《夏日》诗云:'纨扇书,羊孚雪。玉笛吹,李白梅。'"此举正说明魏晋名士在评价他人文章诗词时能开诚布公,直言褒贬,既无功利之虑,亦无人情之忧,这是当时名士的一种风气。羊孚是泰山羊氏中的才子,惜早亡。

三、太学博士羊绥

羊孚父羊绥,字仲彦。《羊氏谱》:"绥太山人。父楷,尚书郎。绥仕至中书侍郎。"当时,权臣谢安听说羊绥这个人很好,就托人致意,令他来见面,羊绥始终不肯去拜访。后来,羊绥担任太学博士,因见到了谢安,谢安立即调他来府担任主簿,主阁内事务(《世说新语·方正》)。由此看来,羊绥很受谢安的赏识。

羊绥与王献之很友好。羊绥清朗纯朴,简约高贵,曾任中书郎,(可惜)少亡。王献之悲痛地悼念他,对东亭侯王珣说:他是国家(古代诸侯称国,大夫称家。)值得惋惜之人(《世说新语·伤逝》)。

羊绥三子羊辅,四子羊玄保(见后文)。

另:《晋书·刘毅传》载有羊邃其人,因桓玄篡晋,刘毅与刘裕起兵讨玄,东晋义熙六年(410)刘毅以豫州刺史等官衔与广州刺史卢循等战于桑落州(今江西九江东北长江中)大败,"刘毅走,经涉蛮晋,饥困死亡,至得十二三。参军羊邃竭力营护之,进而获免。刘裕深慰勉之,复其本职。毅乃以羊邃为谘议参军。"这位羊邃在战役中救了刘毅一命,乃得谘议参军官职,但不知该羊邃是否为泰山羊氏族人,特记于此。

第六节　南蛮校尉羊僧寿

羊僧寿,东晋泰山羊氏族人,曾在桓玄军中任南蛮校尉,参与了攻打庾仄领导的义

---

① 祝予之叹:《春秋公羊传注疏》哀公十四年曰:"颜渊死,子曰:'噫! 天丧予!'子路死,子曰:'噫! 天祝予!'"何休解诂:"祝者,断也。天将亡夫子。"予:我。

兵。在桑落洲之战中,任桓玄的前锋,后被刘毅所杀。

东晋谯国龙亢(今安徽省怀远县西北龙亢集)人桓玄,自少年以雄豪自处,年二十余即出补义兴太守,后来弃官而归,优游多年。至晋安帝司马德文隆安二年(398),参与举兵讨伐谯王司马尚之,隆安三年,袭江陵(今湖北荆州)。不久,诏以为都督八州及扬、豫八郡,荆州刺史。此时政治欲望膨胀,野心暴露,至晋安帝元兴元年(402)率军东下京师建康,诛杀了司马元显父子,自称太尉、扬州牧,总百揆,成为百官之长。

正当桓玄攻入建康阴谋篡位之时,襄阳(今湖北襄樊市汉水南襄阳城)爆发了庾仄领导的反对桓玄的叛乱。起因是庾仄听说桓玄接受了九锡,便起义兵。他先袭冯该于襄阳,冯该走之。庾仄有七千余众,于襄阳城南设坛,祭祀祖宗七庙(此指在七庙供奉的七代祖先),谋以南蛮参军庾彬、安西参军杨道护、江西令邓襄子为内应。庾仄本是殷仲堪之党,当时桓玄之兄桓伟死后不多久,南郡相桓石康未到,故而乘此空隙而发兵。他发兵震动江陵,桓济之子桓亮起兵于罗县(治今湖南汨罗市西北)自号平南将军、湘州刺史,也以讨庾仄为名。南蛮校尉羊僧寿与桓石康共同攻打庾仄于襄阳。庾仄之军队被打散,奔姚兴而去,庾彬等人皆遇害,庾仄起义兵以失败而告终。

清《新泰县志》卷十五《人物》羊僧寿列《名臣》"晋:羊僧寿,校尉,"可证羊僧寿是泰山羊氏之族人,但世系不详。从上文知羊僧寿在桓玄党任职,为南蛮校尉。按东晋官职阶别为四品官,治所在江陵。该官职在东晋地位较重,多由地位较高的将军兼领,且多兼任荆州刺史或都督周围数州诸军事,立府署,有长史、司马参军等僚属为佐。羊僧寿是否兼任其他官职,史未详载。但从上文看,他的战斗力很强,与桓石康共同击败了庾仄之义兵,为桓玄出了一把力。

元兴二年(403)桓玄册封楚王,十二月,登坛篡位,国号楚,改元永始,降晋安帝司马德宗为平固王,幽于寻阳(今江西九江市西南)。桓玄自篡位之后,骄奢荒侈,游猎无度,以夜继昼。而百姓疲苦,朝野劳瘁,怨怒思乱者十室八九。于是刘裕(即后来的南朝宋开国皇帝宋武帝)等人于兴元三年(404)与北府诸将于京口起兵,讨伐篡位之桓玄。准备迎晋安帝复位。到刘裕派遣何无忌、刘道规及冠军将军刘毅等破桓玄大将郭铨等人于桑落洲(在今江西九江东北长江中),众军进据寻阳之时,桓玄率舟舰二百发江陵,使苻宏、羊僧寿为前锋。

由此看来,可能因羊僧寿作战勇敢,桓玄对他信得过,在这危难之时,他想起了羊僧寿,任其为前锋。当刘裕麾下冠军将军刘毅等与桓玄战于峥嵘洲(今湖北黄冈市西北长江中)时,桓玄惧怕失败而缩,常漾驰轻舸于舟航之侧,故使其兵将皆无斗心。义军则乘风纵火,尽锐争先。桓玄众兵大溃败,烧辎重夜遁,与羊僧寿并肩作战的大将军郭铨归降,桓玄被诱入蜀,被益州督护冯迁所杀(《晋书·桓玄传》)。

羊僧寿在峥嵘洲战中败走，至刘毅入江陵，逮捕了桓玄的余党，其中就有羊僧寿，被刘毅斩杀(事见《晋书·刘毅传》)。

【评析】只知拉车，不知看路的羊僧寿

东晋末年，政局混乱，朝廷昏庸无能，朝中朋党蜂起，军阀割据，"主威不树，臣道专行"(《宋书·刘穆之王弘传》)。手握重兵、坐镇一方的地方实力无不想重新分配政治权益，企图入主京都或居外"执朝廷之权"。先后有荆州刺史王敦、苏峻和祖约、王恭与殷仲堪发难并起兵反叛。桓玄反叛更甚，篡位改元，挟天子幽于寻阳。此时，汉晋以来家族势力强盛的泰山羊氏已经衰微。有些人虽在朝为官，但势单力薄，皆依附于强势之下。当元兴二年(403)十二月桓玄篡位登坛，次年二月刘裕京口起兵，联合北府兵讨伐桓玄之际，泰山羊氏中的羊穆之、羊徽、羊玄保、羊欣等先后进入刘裕阵营。他们大概看清了桓玄的阴谋，认为桓玄是叛逆之贼臣。而羊僧寿则自始至终为桓玄所用，为其冲锋陷阵，终被刘裕麾下之干将刘毅所擒杀。这说明羊僧寿一是未能看透当时的政治形势，二是未看透桓玄其人。桓玄为大司马桓温之庶子，他自幼邪恶，以雄豪自处，众咸惮之，朝廷亦疑而未用，年二十三时，拜太子洗马。太元(376—396)末，补义兴太守，郁郁而不得志。自叹："父为九州伯，儿为五湖长？"弃官归国。自以元勋之门而负谤于世，此时众人即看出桓玄是个有野心的不臣，后又在楚优游无事多年。到隆安二年(398)，王恭起义讨伐江州刺史王愉、谯王司马尚之，他举兵响应。王恭死，与殷仲堪等回师寻阳推桓玄为盟主，抗拒朝命，方始得志，直至篡位成大逆不道之臣。

羊僧寿之人虽应放在当时的时代去分析，去看待，但他始终未看清桓玄是何许人也。可谓看错了人，走错了路。他与前文所说羊法兴(见《羊祜传》)有别。羊法兴被桓玄利用，是因桓玄想利用泰山羊氏的影响力，看重的是泰山羊氏的门胄。刘裕起兵，未因泰山羊氏门胄高贵而给面子，羊法兴遭诛。可见，泰山羊氏此时不仅式微，而且不再是政治门阀。而羊孚与羊僧寿也不同，桓玄看重的是羊孚的才俊，让羊孚当了他的记室参军。羊孚对桓玄篡朝之行为始终坚决反对，后羊孚死于"暴疾"。由此看来，羊僧寿是个只管低头拉车而不抬头看路，不问"政治"方向之人。可惜，这样的人在泰山羊氏族人中不多见。

如要换一个视角去看羊僧寿，此人则是另一种类型。羊僧寿身为校尉，无论是出兵镇压庾仄领导的反对桓玄叛乱的义兵，还是为在峥嵘洲之战中当桓玄的前锋，都是肩负着桓玄的"王命"。两军对峙，各为其主，羊僧寿可谓桓玄的"忠臣"。到桓玄战败，不降被掳，最后遭斩，而保了"全节"，也算一条汉子。只可惜，羊僧寿保错了主，保了叛臣贼子。这一点，羊僧寿大概致死也不知晓。

然而，要用历史唯物主义的观点，正确理解历史和历史境况中的人，必须对当时当地的具体情况做具体分析，才能做到知人论事，通情达理。即如此，又谈何容易？

第七节 青州牧守羊穆之

东晋末期羊穆之历官兖州刺史之长史、宁朔将军、青州刺史。青州任上励精图治,平复战争疮痍,治政有声,为吏民所称咏。

一、斩杀叛臣,忠心可鉴

晋安帝司马德宗元兴三年(404),羊穆之时任兖州(魏晋时移治禀丘,今山东郓城县西64里)刺史辛禺的长史,主持兖州刺史府的府务。约当年四五月,刺史辛禺怀有二心,会同北青州(东晋因侨置青州于广陵,即今扬州西北,又改青州为北青州,治东阳城,即今山东青州市)刺史刘该谋反,辛禺求召到刘该部,军队停留在淮阴(今江苏淮安市淮阴区西南码头镇)。又反,身为辛禺长史的羊穆之果敢斩杀了府主辛禺,将其首级传至京师建康(今江苏南京市)。羊穆之的果敢行为平息了一场尚未酿成的兵变,可见他对东晋朝廷忠贞不贰(《晋书·武帝本纪上》)。

二、镇守彭城,追斩叛贼

据《宋书·长沙景王(刘)道怜传》,羊穆之斩杀辛禺后,晋廷任羊穆之为宁朔将军,镇守彭城(今江苏徐州),官阶四品。羊穆之斩辛禺后,当时北青州刺史刘该反,请求北魏索虏(指鲜卑族拓跋氏)为援,清河、阳平二郡太守孙全聚众响应之。义熙元年(405)六月,索虏拓跋开派遣他所谓的豫州刺史索度真、大将军斛斯兰侵犯彭城,攻相县(今安徽淮北市西北相山区)捉拿了钜(巨)鹿(今河北平乡县西南平乡镇)太守贺申,进而围困宁朔将军羊穆之于彭城。羊穆之告急,时任建威将军的南彭城(东晋明帝时侨置,在今江苏常州市武进区西)内史、刘裕之弟刘道怜率众救穆之。军次陵栅斩杀了孙全,进至彭城,索度真、斛斯兰退走。刘道怜率宁远将军孟龙符、龙骧将军孔隆及羊穆之等继续追击,索度真、斛斯兰走奔相城,又追蹑至光水沟,斩杀刘该,北魏兵众被杀及赴水死亡的基本殆尽。

三、青州任上,吏民称咏

又见羊穆之之名,是在《晋书·地理志下》及《宋书·杜骥传》。《地理志》青州条下载:自永嘉丧乱,青州沦没石氏。东莱人曹嶷为刺史,造广固城,后为石季龙(即石虎)所灭,为青州治所。(东晋)朝廷(侨)置幽州(时青州改置幽州)以别驾辟闾浑为刺史,镇广固,(东晋帝司马德宗)隆安四年(400)为慕容德所灭,遂都之,是为南燕,复改为青州。(慕容)德以青州刺史镇东莱(《元和志》卷11,莱州:在齐国之东,故曰东莱),兖州刺史镇梁父(梁父为南燕兖州治所,在今新泰市天宝镇古城村)。(慕容德之子)慕容超移青州于东莱郡(今莱州市),后为刘裕所灭。刘裕留长史羊穆之为青州刺史,筑东阳城而居之。

上文中东莱人曹嶷所造广固城,在今青州市西北八里尧山之阳,南燕慕容德建都于此。东晋义熙五年(409)刘裕克广固,城毁。故刘裕"留长史羊穆之为青州刺史,筑东阳城而居之"。东阳城与广固城位置略有别,东阳城在今青州市阳水北。《水经·淄水注》阳水又东经东阳城东南。义熙中,晋青州刺史羊穆之筑此,以在阳水之阳,即谓之东阳城(史为乐等主编《中国历史地名大辞典》中国社科院出版社,2005 年版)。

羊穆之能留青州任刺史之事,得从东晋北伐南燕说起。简言之,南燕主慕容德是前燕主慕容皝的幼子,后燕主慕容垂的幼弟①。后燕至慕容宝时,北魏进兵中原,攻取河北一带的郡县,慕容宝北奔龙城,魏军旋取中山,后燕被切割成两部分,慕容德当时镇邺城,见魏将乘胜来攻,人心浮动,乃率民户四万,车二万七千乘,从邺城(今河北临漳县西南)迁往黄河南岸的滑台(今河南滑县东南八里),称燕王。到东晋隆安三年(399)又以"青州沃野两千里,精兵十余万,左有负海之饶,右有山河之固"(《资治通鉴》晋安帝隆安三年),迁至广固为都,慕容德改称燕皇帝,史称南燕。南燕最盛之时,有"步兵三十七万,车一万七千乘,铁骑五万三千"。其疆域"东至海,南滨泗上,西带巨野(今巨野北古巨野泽),北薄(接近)黄河(《读史方舆纪要》)。此一带正是东晋兖、青二州农耕经济比较发达的地方,荫户及富庶人家比较多,后燕对其进行了疯狂地搜括。义熙元年(405)慕容德病死,无子,兄子慕容超继位,此人宠信幸臣公孙五楼,专事畋猎,不恤政事。

南燕自立都青州以来成为东晋的边患,如晋安帝义隆五年(409)二月,南燕将领慕容兴宗率部下,进犯宿城及今河南东部大掠而去。慕容超还派公孙五楼的弟弟公孙归进攻济南,俘获男女一千余人而去(《资治通鉴》卷 115 晋安帝义隆五年)。《宋书·武帝本纪》对上述之事也有载:"初伪燕王、鲜卑慕容德号于青州,德死,兄子超袭位,前后屡为边患。五年二月,大掠淮北,执(捉拿)阳平(郡治今河北馆陶县)太守刘千载、济南(郡治今章丘区西)太守赵元,驱略千余家。"

义熙五年三月,时任侍中、车骑将军、录尚书、扬州刺史、徐兖二州刺史的刘裕,上书直言北伐南燕。四月,舟师发京都,自淮入泗。五月,至下邳留船舰辎重,步军进琅琊(今临沂市北,东晋改琅琊国为郡)。慕容超下令撤回莒城、梁父两地的守军,加固修筑都城的防御工程,遴选将士,等待晋军来。六月,刘裕大军到达东莞(东莞县在今沂水县东北城子;东莞郡在今莒县)。不久,两军交战,燕军大败,慕容超逃回广固,晋军缴获了他的玉玺、车辇以及挂在车后的豹尾。刘裕乘胜追击,直到广固。十九日,又攻克广固外围的外城,并好言抚慰接纳投降归附的人士,选择提拔贤才俊杰,众人都很高兴。

七月,刘裕加授北青州、北冀州二州刺史。

---

① 慕容氏:慕容氏是北方鲜卑族的一支。慕容皝 337 年建前燕,至 370 年为前秦所灭,皝子垂 384 年建后燕,407 年亡。慕容泓 384 年建西燕,394 年亡。

义熙六年(410)二月初五,刘裕动员全部兵力,奋力攻城,想把所有军民全部活埋,把他们的妻儿赏给自己的将士,但他听了韩范的劝阻,没有那样做,还是杀了王公以下的三千多人,没收的家庭人口也有一万多,拆毁了广固城墙,把慕容超押回建康,斩首。

刘裕北伐南燕除上《资治通鉴》卷115所记外,《宋书·武帝本纪》载:"六年二月丁亥,屠广固,(慕容)超逾城走,征虏贼曹乔胥获之,杀其王公以下,纳口万余,马两千匹,送超京师,斩于建康市。……四月癸未,公至京师,解严息甲。"

按上《地理志》所记,由于两军交战,刘裕克广固,城毁,从"留长史羊穆之为青州刺史,筑东阳城而居之"句中知羊穆之从宁朔将军任上转任了刘裕府的长史,主持刘裕府内事务,并跟随刘裕参与了北伐南燕的军事行动,刘裕得胜,班师回京,"留"羊穆之担任青州刺史,医治战争疮痍,重筑广固城,安定百姓,恢复生产、生活。羊穆之在青州刺史任上的治政功绩,不见史载,史家亦未给羊穆之立传。然而《宋书》卷六十五《杜骥传》做出了对羊穆之的最好评价:"自义熙至于宋末,刺史唯羊穆之及(杜)骥,为吏民所称咏。"毫无疑问,羊穆之能得如此评价,是其励精图治,不唯艰难,与民共同平复战争疮痍治绩卓越的结果,也是刘裕慧眼识才简拔良牧的结果。从义熙至刘宋末近七十年,唯羊穆之和杜骥两位牧守"为吏民所称咏",可见他们是刘宋朝众多牧守中的翘楚。

羊穆之的事迹史书记载甚少且散乱,即是从其有限史料中可见他对晋廷的忠贞不贰。果敢斩杀叛贼府主辛禺,不仅需要胆量,也需要有一颗忠于东晋朝廷的心。青州刺史任上,如果不是治绩显赫,有效地巩固了北伐南燕的胜利果实,也不会得出"为吏民所称咏"的赞誉和高度评价。总之,羊穆之可谓忠贞为国,勤政为民的一代循吏。

羊穆之应是泰山羊氏之族人,史虽不明载,但从羊规之、羊璿之、羊玄之、羊同之等人均以"之"字为名的末字来看,非泰山羊氏之族莫属,但其世系不详。

第六章　泰山羊氏再度更兴

南朝刘宋政权对泰山羊氏后昆任贤使能,受到重用,使泰山羊氏再度更兴。羊欣虽入仕东晋,但因才干出众,又有书法成就,使宋武帝刘裕"恨不识之",礼遇有加,官至新安太守、中散丈夫。羊欣胞弟羊徽是刘裕心腹,为刘宋朝的股肱之臣,太祖刘义隆时出镇河东,亦为要员。羊玄保一生历三十多个官位,是名副其实的"频授名郡"者,享年九十四岁。羊希虽曾卷入宫廷及官僚间的争斗,但他为山林川泽立法的上书,反映出南朝初期农村两极分化实际,提供了研究大地主庄园的可靠史料,在中国封建社会历史上具有里程碑的意义。羊规之叛宋降魏,为泰山羊氏在北朝发展奠定了一定基础。本章还介绍了与临川刘诞有过从的临川内史羊璿之等。

第一节　南朝书宗羊欣

——兼述子羊俊

羊欣,自幼博览经籍,尤长隶书,得书法名家王献之真传,历官辅国参军,新安、义兴太守,中散丈夫等职。他的书法成就与王献之几近齐名,"买王得羊,不失所望";书法理论颇有造诣,书法艺术和书法理论对后世产生深远影响。

一、少得"书裙",初仕东晋

中国的封建王朝自夏朝开启"父传子,家天下"的帝制,"纵情昏主多"(李世民诗句),东晋亦然。可悲的东晋一朝皇权旁落,权力失衡,门阀争权,内战频发,几大家族彼此牵制。到王恭与殷仲堪、桓玄等起兵反叛,使东晋朝廷元气大伤。孝武帝司马曜太元元年(376)亲政,谢安掌军政大权。谢安死后,司马曜的同母弟司马道子掌军政大权,但与其子司马元显倒行逆施,激起孙恩、卢循起义,前后持续十二年,沉重打击了门阀士族势力,使东晋朝走到了尽头。刘裕镇压了孙恩、卢循,击败了桓玄,威名大震。公元420年,代晋称帝,完成南朝政权的嬗代。

刘裕自兴兵起,即揭开了南朝刘宋政权的序幕。羊欣作为泰山羊氏家族的成员于东晋末年入仕,至南朝刘宋时代成为泰山羊氏中的第一位为官者。

羊欣(370—442),字敬元,东晋末至南朝刘宋时期史称泰山人即山东新泰人,是羊续裔孙。曾祖羊忱,任西晋徐州刺史;祖父羊权,历官黄门郎;父亲羊不疑,历官桂阳(即桂

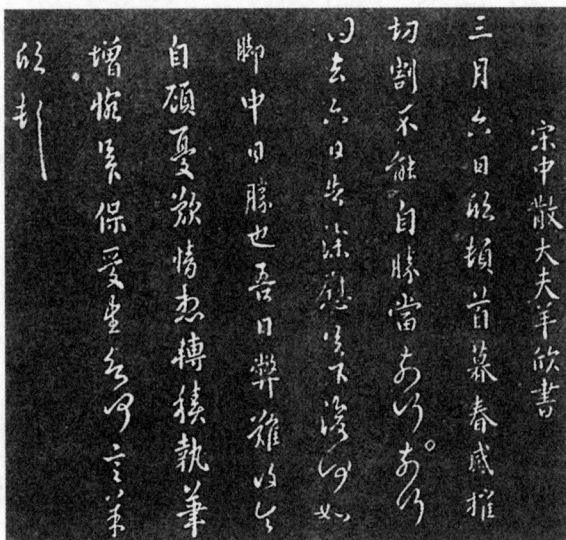

羊欣《暮春贴》

陵,在今河南长垣县西北)太守。羊欣曾祖羊忱"善行草书",《书品》将其列入下之上品,是一代书法名家。羊欣之书法必受其曾祖之影响。

羊欣少年时代十分恭谨,少言寡语,与世无争,"美言笑,善容止"。年少便开始泛览经籍,尤擅专隶书。其父羊不疑初仕乌程县(治所在今浙江湖州市城区)令,羊欣时年十二岁,此时王献之①为吴兴(治所在乌程县)太守,对羊欣十分了解且十分喜爱。王献之曾夏日到乌程县衙公干,看望羊欣父,见羊

欣身着新白绢裙午睡,献之便作书于白绢裙上数幅而去。此即"羊欣白练裙"典故的由来。"欣书本工,因此弥善"。得献之真书体,朝夕临摹,书法大进,因此就更加擅长。

东晋孝武帝司马曜太元二十一年(396)九月,晋孝武帝死,其子司马德宗立,是为晋安帝,改元隆安。安帝白痴,不辨寒暑饥饱。孝武帝之同母弟司马道子之子司马元显及王国宝执政。

羊欣初仕卫将军谢琰府辅国参军,秩阶三品。晋隆安四年(400)晋从桓玄之意,都督八州及扬豫八郡专权。时任卫将军的谢琰因起义军首领孙恩再攻会稽、临海等与之交战,谢琰与其子谢肇、谢竣败绩,俱被害死,官府解体。羊欣亦因谢琰官府解体还家。隆安年间(397—401),朝廷渐乱,羊欣悠闲自得,闲居在家,不想再复进仕。时值会稽王司马道子之世子(也叫太子)司马元显依权势每让羊欣为其作书,羊欣因不愿与其交往常常辞不奉命。司马元显十分恼怒,乃命羊欣为后军府舍人,此职本用门第低微之人,而羊欣虽受污辱却神情自若地欣然就职,不以职位高卑而见于形色,受到众人的称赞。羊欣曾去拜访领军将军谢混,谢混急忙拂拭席位,改易礼服,然后接见羊欣。当时,谢混族子(同胞兄弟之子)谢灵运(小名客儿,是谢安侄,谢玄之孙,卓有文才)在座,回去后告诉族兄谢瞻(谢混族侄)说:"望蔡(此指谢混袭父爵称)见羊欣,遂易衣改席。"羊欣由此更加知名。

至东晋元兴年间(402—404),桓玄掌管国政,总领百官,领平西将军。以羊欣为平西

---

① 王献之:东晋琅琊人,生于343年,卒于387年,字子敬,与其父王羲之同工书法,后世称"二王",尤擅草书,善丹青,兼精诸体,变古拙书风,别创一格,有破体之称。著《王大令集》。

参军,仍转主簿,参与机密要事,总领府事,权势甚重,是长官亲吏。此时的羊欣虽官职显要,但桓玄篡逆之迹已显露,不想蹚此浑水,他故作粗疏,时常泄漏秘事,桓玄觉察其意,既不生气,又不黜之,而是愈加器重。晋元兴二年(403)九月,朝廷封桓玄楚王,加九锡。以羊欣为楚台殿中郎,此职由祠部尚书领之,职掌表疏,主宫廷礼乐之事。桓玄对羊欣说:"尚书职责的根本是处理政务,而礼乐则出自殿中之职。你过去处于股肱之位,现职相对轻易一些。"羊欣不愿再在桓玄府中任职,不多时日,便称病自免其职。同年十一月,桓玄逼晋安帝书禅位诏。十二月,桓玄称帝,国号楚,年号建始,旋改元始。羊欣自疏远祸,退居里巷十余年不出。

二、刘裕"恨不识之"

义熙(晋安帝司马德宗年号405—418)年间,羊欣的弟弟羊徽被晋末把持朝柄的大将刘裕(南朝宋第一位皇帝,即宋武帝,420—422在位,庙号高祖)所看重。刘裕对咨议参军郑鲜之说:"羊徽一时美器(喻贤才),世人评论其才干仍在其兄之后,我恨不识之。"即板授补羊欣为右将军及刘藩的司马,转为长史,又为中军将军刘道怜(刘裕之弟)的咨议参军。

由此看来,刘裕对泰山羊氏家族中的羊欣十分器重,加之羊欣的书法成就非凡,故使其"恨不识之"。因羊欣退居里巷十余年,后被刘裕起用为刘藩司马的时间约在义熙八年(412)之前,其依据是:《宋书·天文志三》《宋书·五行志四》《宋书·武帝本纪》均载,至义熙八年九月,刘藩入朝,命收刘藩、谢混,以共谋不轨罪于狱赐死,可见羊欣是在义熙八年九月以前重新入仕的。刘藩死后数年,约在义熙十一年(415)正月,羊欣又任中军将军刘道怜的咨议参军(《宋书·武帝本纪中》载:"辛巳,〔公〕发京师,以中军将军〔刘〕道怜监留府事。"),掌咨询谋议军事,位在诸参军之上。

刘裕为彭城(江苏徐州)人,早年以"躬耕""樵渔"为主,家境贫寒,后加入北府兵,在镇压孙思、卢循起义中战功卓著。自元兴三年(404)京口起兵,讨伐桓玄,坐镇京师以来先后总掌政事,北伐南燕、后秦,捷报频传,威名大震。经十余年奋斗,终在义熙十四年(418)六月,"受相国、宋公、九锡之命"。十二月,指使中书侍郎害死白痴皇帝晋安帝司马德宗。随后,奉司马德宗的同母弟、琅琊王司马德文为帝,是为东晋最后一帝晋恭帝。元熙元年(419)刘裕晋爵为宋王。第二年六月刘裕自寿春入京,皇帝司马德文禅位。刘裕荣登皇帝宝座,国号宋,是为宋武帝。

南朝刘宋皇帝刘裕对羊欣礼遇有加,任其为新安(治今浙江淳安县西北新安江北岸,现已没入千岛湖)太守。在郡四年,为政以宽大仁爱而著称。

永初三年(422)五月,宋武帝刘裕去世,太子刘义符继承帝位,是为少帝,改元景平。期间授羊欣为临川王刘义庆(刘裕之侄)府的辅国长史,庐陵王刘义真(刘裕第二子)府的车骑咨议参军,羊欣皆辞不就。

景平二年(424)六月,少帝刘义符被人活活打死。八月,宋武帝刘裕三子刘义隆即位,是为宋文帝,改元元嘉。宋帝刘义隆(庙号太祖)即位后,羊欣再次受到器重,第二次任命为新安太守。羊欣在新安太守任上,前后凡十三年,他时常游玩新安山水,甚适性情。曾对子弟们说:"人生仕宦至二千石,斯可矣。"到此时他心意已知足。转任义兴(治所在阳羡县,今江苏宜兴市)太守后,非其所好。不久,又称病笃自免,归回乡里,改授中散丈夫,无职事,过着悠闲养老的日子。

三、崇尚黄老,兼擅岐黄

道教是中国土生土长的宗教,在两汉时期还处于原始形态。东汉末黄巾起义失败后,原始道教也发生了变化,至魏晋间玄学盛行,王弼、何晏以老、庄解释儒家经文,促成儒道融合。魏晋南北朝时期,道教逐渐上层化,以儒家的纲常名教和佛教的若干教义充实其思想内容,其中一个派别则专以炼丹、修仙为务,并广为流传。另一流派则专以符水道术等为人"消灾灭祸",在群众中也十分流行。羊欣大概受后一派之影响,素好黄老学说,常常手持书籍典章,有病不服药,仅饮符水①疗病而已。羊欣还兼擅长医术,曾撰《药方》十卷。另有《羊中散药方》三十卷、《杂汤丸散酒方》一卷及《疗下汤丸散方》等。《太平御览·方术部》论述:羊欣所撰药方,为后世所宗(可惜今俱已失传)。《太平御览·方术部》又载:"羊欣……兼善医药,撰方三十卷,为后代所重焉。"羊欣的医学成就为后人留下一笔宝贵资产。

羊欣以忍受不了跪拜俯伏,不堪顺从授任官位,坚辞不去朝见君王,(高祖)宋武帝(刘裕)、(太祖)宋文帝(刘义隆)也不怪罪于他,并恨自己不识其人。羊欣并非追求亲近王室,也不任意轻率进行拜访,拜访必由城外,未曾入六关(泛指关防)。

四、书坛名家,一代宗师

羊欣所处的时代正是我国书法艺术发展史上的黄金时代,时人将书法视作艺术代表,上至帝王显贵,下至普通士子,无不以书法为时尚。司马元显也崇时尚,便向羊欣索要书法作品,羊欣因看不起他,常辞不奉命,故使元显怒,才将其去任后军府舍人。即是桓玄那样的人也爱书法,他任羊欣为征西行军参军,可能与喜好羊欣的书法艺术有关。据《太平御览》卷七百四十七引《世说新语》载:"桓玄取羊欣为征西行军参军,玄爱书,呼欣就座,乃遗信呼顾长康与共论书,至夜良久乃罢。"可见羊欣的书法造诣为时人所倾倒。

羊欣是中国历史上的书法名家,也为泰山羊氏族人争得了无限荣光。羊欣书法成就非凡,多亏得王献之真传。庾肩吾《书品》将羊欣书法列入中之上品,谓"羊欣早随子敬,

---

① 符水:道士或巫师以所传秘密文书符和篆焚化于水中,或直接向水画诵咒。

最得王体"。历代都认
为羊欣是为师献之书法
的佼佼者。聪慧的少年
羊欣自得王献之手迹，
早晚揣摩"书裙"影响了
他一生，成为引领他书
艺大进的"博导"。南朝
宋王僧虔《论书》中说：
"羊欣亲授予子敬，欣书
见重一时，行草尤善。"
又，《传授笔法人名》说：
"蔡邕授予神人而传之
崔瑗及女（蔡）文姬，文
姬传之钟繇，钟繇传之

羊欣《移屋帖》

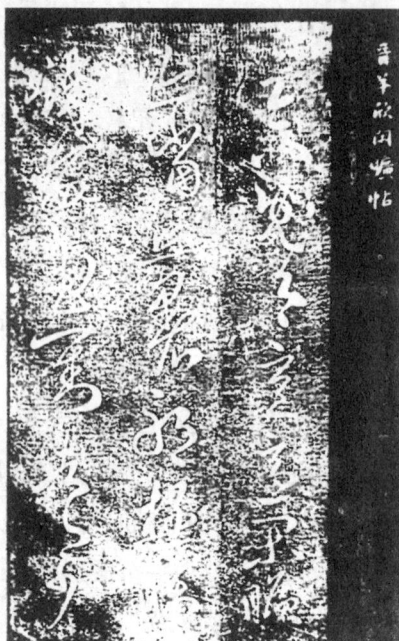

羊欣《闲旷帖》

卫夫人，卫夫人传之王羲之，王羲之传之王献之，王献之传为外甥羊欣，羊欣传之王僧虔，
凡二十有三人。文传终与此矣。"这种传承关系难以考证真假，但羊欣得王献之真传，可
由"书裙"为证。《书裙》的故事成为后人诗书常用之典故。如，唐代诗人徐寅有"爱竹只
因怜直节，书裙多是为奇章"之诗名。至宋代书法名家米芾将"书裙"的故事绘为《练裙
图》。至元人王廓有诗《题羊欣练裙图》二首，其一云：

> 棐几霜明麝墨辉，练裙冰缟笔尤奇。
>
> 不知梦近天门否，却怪龙蛇绕足飞。
>
> （《元诗选癸集》癸之巳上，中华书局，2001年版，769页）

"书裙"这一典故遂成艺林之美谈。

由于羊欣"泛览经籍，尤长隶书"（《南史·羊欣传》），后人将他与孔琳之（官至侍中，
妙善草隶）并列为二王之后世难比肩的两大书家。唐人张怀瓘《书议》说："子敬殁后，
羊、薄（绍之）嗣之，宋、齐之间，此体弥尚。"其《书断》说："资师大令（王献之），时亦众矣，
非无云尘之远，若亲承妙旨，入于室者，唯独此公（此指羊欣）。亦犹颜回与夫子，有步骤
之近。撼若严霜之林，婉似流风之雪，惊禽走兽，络绎飞驰，可谓王之荩（通"进"）臣，朝
之元老。"《书断》还引南朝梁人"一代文宗"沈约（今本《宋书》撰者）评论羊欣书法说：
"敬元尤善隶书，子敬之后，可以独步。时人云：'买王得羊，不失所望。'今大令书中，风神

怯者,往往是羊也。"沈约认为羊欣书法已登王献之之堂奥,就像颜回与孔夫子的关系一样,得其书法真谛。充分肯定了羊欣书法艺术成就及其地位。但《述书赋》则以为:"(羊)敬元则亲得法于(王)子敬,虽时移而间出。手稽无方,心敏奥术;虚薄而不忘本分,纵横而粗得师骨。遇其合时,仿佛唐突,犹图骐骥而莫展,塑真仙而非实。"这条信息揭露了羊欣与王献之比,艺术水平尚有差距。虽时人买王得羊不觉失望,但羊欣书法中少了些王献之艺术作品的文采神韵。然而,尚不失时人之推崇。如生活在南朝宋、齐两代的王僧虔,弱冠之年就善隶书,由于工书,召为郡守,"论者称之",此人尤善书法评论。其论书曰:"宋文帝(刘义隆)书,自云可比王子敬,时议者云'天然胜羊欣,功夫少于欣'……桓玄自谓右军(王羲之)之流,论者以比孔琳之。谢安亦入能书录,亦自重,为子敬书嵇康诗。羊欣书见重一时,亲受子敬,行书尤善,正乃不称名。孔琳之书天然放纵,极有笔力,规矩恐在羊欣后,丘道护与羊欣具面受子敬,故当在欣后,范晔与萧思话同师羊欣,后小叛,既失故步,为复小有意耳。萧思话书,羊欣之影,风流趣好,殆当不减,笔力恨弱。"(《南齐书·王僧虔传》)如是说羊欣之王体书法,师承献之,范晔、萧思话等人又师法羊欣,羊欣为传承、弘扬二王书艺的贡献可谓大矣。南朝齐御史中丞刘休"多艺能"。在他看来,"元嘉世(元嘉,宋文帝刘义隆年号,424—453),羊欣受子敬正隶法,世共宗之,右军之体微古,不复见贵。休始好此法,至今此体大行。"(《南齐书·刘休传》)由于羊欣接受了王献之的正隶之法,在元嘉年间二人书法同受尊崇应是事实。

羊欣还是一位书法史家和书法理论家。其所编撰的《采古来能书人名》在中国书法史上具有重要地位,南朝齐王僧虔曾将此书敬献给齐太祖萧道成。《南齐书·王僧虔传》:"太祖善书,及即位,笃好不已。……(僧虔)又上羊欣所撰《能书人名》一卷。"可见该书在当时已有相当的知名度。羊欣编撰的《采古来能书人名》是中国最早的书法评传,辑录自秦至晋能书名人六十九位,历叙籍贯、师承及所长书体,叙事雅洁。书中尤对二王书法极力推崇,对王羲之谓"博精群法,特善草隶",誉之"贵越群品,古今莫二,兼撮众法,备成一家";论王献之"善隶、草,骨势不及父,而媚趣过之"。羊欣对二王高度推崇,并指出二者之差异,使之理论体系更加完备。特别对王羲之的高度评价,有力推动了王羲之在书法史上至圣独尊的地位。羊欣的书法理论颇有助于书法史的研究,书中提出的"天然"与"功夫相对应"的书法理念,成为后世书法评论的一大基准。羊欣的书法艺术和书法理论远播日本,并产生了深远的影响。当代日本汉学家谷口铁雄、杉树邦彦曾先后发表了《羊欣传记及其书论——关于"天然"之概念的产生》《羊欣〈采古来能书人名〉》《宋书羊欣传释注》等文,对羊欣作了系统的研究与介绍。

羊欣著名书帖有《暮春帖》《闲旷帖》《移屋帖》等多著录《淳化阁帖》等著名典册中。严可均于《全宋文》卷二十二录有羊欣《暮春》一帖的全文,这大概是羊欣传世的唯一完整书帖。其文曰：三月六日，欣顿首，暮春感摧切割，不能自胜，当奈何奈何？得去六日告，深慰，足下复何如？脚中日胜也，吾日弊难复，令自顾忧叹情想转积，执笔增惋。足下保爱，书欲何言，羊欣顿首。

羊欣卒于元嘉十九年（442），享年七十三岁。明、清《新泰县志·人物志》列《名臣》其子羊俊，早卒。

【评析】传承家学，儒玄兼修

羊欣一生有两次辞职，一次是东晋元兴年间，他虽受到权臣桓玄的重用，但桓玄在他心目中是个政治野心家，一心想篡位，至元兴二年，果然如此。羊欣自疏远祸，自免其职，退隐乡里十余年。第二次刘宋朝开国皇帝刘裕死后，少帝即位，这位少帝虽是刘裕长子，但在位游戏无度，不亲朝政，金墉、虎牢等地相继被魏攻占。在羊欣看来，这是位地道的昏君，故辞官不就。这两次辞职表现出他对统治者的反抗，体现出了羊欣的"忠君"思想，即儒家所倡导的仁义和忠君之道，这与泰山羊氏族人的儒学传家密不可分。

历史告诉人们，自汉代以来，儒学成为通显之学，魏晋时期，尽管玄学盛行，羊欣自身也沾有玄学习气，但占其思想统治地位的仍是儒学。即是东晋门阀政治盛行，秀才、孝廉也多从门阀士族中荐举，其考对仍兼及经文儒学。门阀讲究礼法，朝廷论事，亦多引儒经，不明礼不通儒，难于从政。高门而又通儒，方得清要官职。因此，无论求仕、从政、处世，都离不开儒学。泰山羊氏自羊侵列贤士以来，开启"九世清德"的家风。至羊续，泰山羊氏以成为"望族"。其后，羊氏子弟多人官列两晋。羊祜"博学能属文""至祜九世，并以清德闻"。至南北朝泰山羊氏仍不乏朝贵及郡守刺史，绝大多数是以家学、儒学为本，以儒学作为修身、治国为现实追求。如不以儒学礼法相标榜，即使是名门望族之后，也会受到鄙视。

可见，儒学不仅是门阀士族安身立命的家学，也是维护自身地位及巩固门阀政治的精神武器。而儒学的核心即是仁义礼乐和忠君之道。当羊欣看到社会政治气氛不正常，权臣当道，遇到昏君时便辞职，不与其为伍。他认为跟随他们不仅自己命运前途受影响，也会给家族丢脸面，不如不蹚混水得好，遇到明君时，再出来为朝廷服务。羊欣的这种选择，是忠君思想的体现。羊欣的"忠君"可以看出他不仅仅是忠于皇帝，而是忠于国家，他考虑的是国家前途命运，江山社稷。如此说，他把辞职后的时间用在了书法艺术方面，也成就了一代书法名家。

由于羊欣得二王真传，多种书体皆具造诣深厚，故后世多人研究、论述他的书法艺术和书法理论。羊欣故里泰山一带，特别是泰山平阳（今新泰）不知有多少书法爱好者研读羊欣著述，临摹羊欣书帖，新泰也成了全国书法之乡。当今一些书法名家及羊氏文化研究者多有研究羊欣的著述面世。

本节主要参考书目:周郢《泰山与中华文化·羊欣与羊氏文化》,山东友谊出版社,2010 年版。

第二节　刘宋心腹羊徽

——兼述子羊瞻

羊徽,羊欣胞弟,深得刘裕器重,称之"一时美器",成为刘裕代晋之心腹,历官中书郎、河东太守等职。羊徽诗赋俱佳,尤擅四言诗。

一、"一时美器"之誉

羊徽,字敬猷,羊欣之胞弟,南朝泰山人。刘裕在东晋末年,权势渐重。羊徽以其才干深得刘裕器重,成为刘裕幕府的重要成员之一。义熙(晋安帝司马德宗年号,405 - 418)中,刘裕曾当着咨议参军郑鲜之的面,称赞羊徽是"一时美器",谓有一技之长,有贤人的器质。当时,世人常以羊徽的声誉赞美其兄弟羊欣。

东晋元兴三年(404),刘裕镇京口(今江苏镇江)时,任羊徽为记事参军掌事,负责文疏表奏。羊徽因参与刘裕代晋谋划,成为刘裕心腹。刘裕认为:"羊徽、蔡廓,可平世三公。"(《宋书·蔡廓传》)他将羊徽与当世三公相比肩,受到如此高的赞誉,方见他在刘裕心中地位是很重的。

义熙七年(411)刘裕任东晋朝太尉、中书监,羊徽以太尉参军任上升为中书郎,代直西省(《宋书·傅亮传》)。八年,刘裕加太傅、扬州牧。羊徽为中书郎(南北朝时中军通事郎、中书侍郎的省称),并由代直西省升为直西省。羊徽能任直西省之职,掌朝中机要政令,并掌管草诏等事,方见此时羊徽成当朝的股肱之臣。

晋恭帝(司马德文)元熙二年(420)六月,刘裕代晋,是为宋高祖武帝,改元永初。自此,晋朝历时 156 年(西晋 52 年,四主;东晋 104 年,十一主)画上了句号。自元初元年,史称南朝。南朝刘宋皇帝刘裕于永初三年(422)五月死,终年 60 岁,太子刘义符即位,是为少帝,改元景平。时任司空、录尚书事、散骑常侍、扬州刺史的徐羡之等曾受宋武帝遗命,辅佐少帝。但少帝刘义符游戏无度,不理朝政。景平二年(424)八月,执政的徐羡之等召南兖州(今江苏镇江)刺史檀道济进京,废杀少帝,迎立宜都王刘义隆(刘裕三子)于江陵(今湖北荆州市荆州区旧江陵县)即位,是为宋太祖文帝,改元元嘉。

羊徽改任宋太祖刘义隆一朝的西中郎长史、河东(东晋义熙十四年[418]移治蒲坂县,今山西永济市西南蒲州镇)太守,成为镇守一方的要员。

二、诗赋俱佳

羊徽颇具文采,诗赋俱佳。唐人欧阳询等受命所辑的《艺文类聚》卷八十九载羊徽

《木槿赋》。赋曰：

> 有木槿之初荣，藻众林而间色；
> 在青春而资气，逮中夏以呈饰；
> 挹宵露以舒采，晖晨景而吸葩。

该赋以细腻的观察和赏玩视角，将普通的木槿花描写得十分生动艳丽，仿佛作者在引领客人赏花。尚不说木槿初春的天性气色，也不说它中夏的呈形打扮，只观其宵夜显露舒展的风采，清晨又将所有的艳红吸入花朵，耀眼夺目，便可使人赏心悦目，心宽意适。

羊徽《答丘泉之诗》也十分有名。丘泉，字思玄，吴兴乌程人，南朝宋初历官散骑侍郎、侍中、吴郡太守，博学有才识。二人是情投意合的诗友，是诗为羊徽酬和丘泉之作。诗曰：

> 理瞩有待，事过无期。自昔愿言，寝兴伊思。
> 爰遘怀人，载钦在兹。赏得意从，无阙惟时。
> 王路威夷，戎役孔勤。昔从经略，方难之殷。
> 悠悠岱阴，滔滔江汶。绸缪成说，与子夷屯。
> 江之泳矣，载澜载清。俯胄时暇，解颜舒诚。
> 理既睦本，事亦敦情。永言契阔，实深平生。
> 自兹乖互，属有逝止。余实无良，沈阿弥祀。
> 敦是怀之，则惟吾子。岂微王事，骤驾无已。
> 疲殆既谢，惠泽是逢。显列斯偕，厥司攸同。
> 畴昔之欢，于焉克从。托曜春藻，慰此秋蓬。
> 虽则克从，遁来有乖。衡泌之娱，休沐末偕。
> 冬日烈烈，飘风凄凄。对影华署，如何勿怀。
> 怀亦勤止，戢此余兰。惠以好言，深诚在翰。
> 敢忘三析，敬思五难。君子攸赠，复之岁寒。

（以上两诗转引自刘硕伟《两晋泰山羊氏家族文化研究》第 307、308 页，中华书局 2013 年版。《答丘泉之诗》原载《晋诗》卷十四，该卷录羊徽诗二首，这是其中一首。）

羊徽这首与友人的唱和，叙写了与友人的相识过程，对友人的思念、敬佩及二人的真挚友谊,因"王事"不能享受昔日之悦的心情。离别之后又怎能忘怀旧情呢?金兰之分,义重情深,只好"好言"相赠,来表达深厚情谊。诗中还提到家族郡望及治世情况。

羊徽《答丘泉之诗》是典型的四言诗,可见羊徽尤善。四言诗体是我国古代诗歌中最早形式的体式,如《诗经》等先秦诗歌大都为四言。因这种体式较难,后来的作者,格调稍变。自南朝宋、齐以后,作四言诗者渐少。羊徽能用四言诗体式写诗,说明他作诗的功力不浅。

《隋书·经籍志》《旧唐书·经籍志》《新唐书·艺文志》录羊徽集九卷,可见羊徽在泰山羊氏族人中也是诗文皆有成就者。

羊徽之子羊瞻。元嘉(424—453)末年曾跟随时为世子的刘骏(宋文帝刘义隆的第三子)任南中郎长史、寻阳(东晋咸和中移治柴桑县,治今江西九江市西南二十里)太守,卒于官府。刘骏即帝位后,曾选羊瞻之女为太子良娣(南朝宋孝武帝大明年间置,为太子内职之一。为内官名)。

至于《梁书·武帝本纪上》载"中兴二年(502)二月……乙丑……又建康令羊瞻解称凤凰见县之桐下里。宣德皇后称美符瑞,归于相国府"中之"建康令羊瞻",是否是羊徽之子瞻,或是非泰山羊氏之族人不得而知。

《宋书·羊欣传》附有《羊徽传》及子瞻《传》。

第三节　临川内史羊璿之

羊璿之(?－459),字曜璠,南朝刘宋时泰山人(《宋书·谢灵运传》),大约生活在东晋至南朝刘宋时代,历官南朝宋临川(今江西临川西五里)内史,职掌、品秩与郡守同。

羊璿之以才识深受竟陵王刘诞(南朝宋文帝刘义隆第六子)之赏识,两人时常过从,互相往来频繁。刘诞虽屡有战功,但被宋孝武帝刘骏所忌,先是将其出为南徐州(南朝宋永初二年〔421〕改徐州置,治所京口,今江苏镇江市)刺史,大明元年〔457〕又出为南兖州(南朝宋元嘉八年〔431〕移治广陵县)刺史,镇广陵(今江苏扬州市西北蜀冈上)。

孝武帝刘骏在深宫内荒淫无礼,不论女子的亲疏尊卑,流闻传到民间,无所不至。而刘诞宽厚仁惠,恭谦有礼,且在诛杀太子刘邵和讨伐丞相刘义宣的战事中立下大功。因此,人心暗暗偏向着他。刘诞募集了许多有才能、有勇力之人,储备了精甲利兵,因此使孝武帝惧怕而忌恨。从羊璿之与其过从分析,他很可能是在刘诞所聚有才能之人的行列。孝武帝将刘诞调出建康镇广陵后,还派其心腹镇守京口(今江苏镇江市)防备刘诞。

大明三年(459)春季,刘宋兖州军队在与北魏军队高平(南朝宋改高平国为郡,属兖州,治今山东微山县西北平山南)大战中战败。竟陵王刘诞知道孝武帝猜忌他,就暗地做了些应变的准备,他利用北魏大军侵入的时机,修建城墙,疏通护城河,积蓄粮食,整治武器。刘诞府中的记事参军江智渊,知道刘诞有谋反的企图,请假回到了建康,孝武帝刘骏任命他为中书侍郎。这时,人们都在传言说刘诞就要谋反,恰刘诞杀了两个辱他要谋反的人。孝武帝马上命相关官署奏报刘诞的罪行,又有官署请求把刘诞抓起来判刑惩治。同年四月十八日,诏贬刘诞的爵位为侯。诏还命兖州刺史垣阆配合羽林军联合袭刘诞,刘诞紧急举兵在广陵抗命。至二十七日,孝武帝亲率军队驻扎在宣武堂(在今南京市西北幕府山侧。刘宋大明三年沈庆之所筑宣武城)。任命始兴公沈庆之为车骑大将军,开府仪同三司、南兖州(即广陵)刺史,率军征伐刘诞。六月,沈庆之率军向广陵城发起猛攻。不久,攻克内城,杀刘诞,其母亲妻子自杀,城内百姓惨遭屠杀三千余人,"同党悉诛"。刘诞时年二十七岁。

起初,刘诞知道终要失败,将儿子匿于民间,十几天后被俘斩杀。

临川内史羊璿之因为是刘诞同党,平时与他关系很好。故"以先协附(刘)诞伏诛"。(见《宋书·竟陵王(刘)诞传》又见《资治通鉴》卷一百二十九)。

羊璿之卓有文才,生前善诗文,与南朝宋诗人、世称谢康乐(晋末袭封康乐公)的谢灵运为莫逆之交。谢灵运去官东还会稽,与族弟谢惠运、东海何长瑜、颍川荀雍、泰山羊璿之,"以文章赏会,共为山泽之游,时人谓之四友"(《宋书·谢灵运传》)。谢灵运的诗多写江南风光,创山水诗派,其文集中有《登临海峤初发疆中作与从弟惠连见羊何共和之》一诗,即与羊璿之、何长瑜等人酬唱之作。可惜羊璿之诗作皆散佚不传,惟《诗品》所引"羊曜璠论汤惠休、鲍昭"一节,从中尚可窥见羊璿之诗歌品评之见解。另,羊璿之又作羊濬之,非泰山羊氏羊侵支系,应为其别族。

第四节　频授名郡的羊玄保

——兼述子羊戎

羊玄保(371—464),南朝宋泰山人,系羊续之子羊秘裔孙。曾祖羊陶,祖羊楷,历官晋尚书都郎官;父羊绥,历官晋中书侍郎,玄保为其第四子。

羊玄保起家楚台(彭城国〔今徐州市〕官署)太常博士,掌引导乘舆,参议礼议制度,官阶六品。遭母丧居忧服丧,服丧三年后除去丧服。(东晋)右将军何无忌、前将军诸葛长民都据板诏拜其为参军,玄保并不就。又任命为临安(治所今浙江临安市北十八里高虹乡)县令。(东晋尚书左仆射)刘穆之(360—417)举荐他为刘裕的镇军参军,库部郎(六品),永世(治今江苏溧阳市南十五里古县村)县令。复又任刘裕的太尉参军,转任主簿,丹阳(治今安徽当涂县东北五十里与江苏江宁县相连的丹阳镇。)丞。由上知,羊玄保东晋入仕,刘裕起兵,在刘裕部。至东晋义熙十四年(418)刘裕受相国,玄保任刘裕太尉府参军,转任主簿,主阁内事。又任丹阳丞,随刘裕入南朝刘宋朝。至少帝景平元年(423)入为尚书右丞,转左丞,司徒右长史。为司徒府僚属之长,佐司徒总官府内诸曹,位次在长史,官阶仍六品。(宋)文帝初,府公(司徒)王弘甚知任用玄保的重要性,对左长史庾登之、吏部尚书王准之①说:"您二位贤明,赞美高明有才识的人,擅长会合变通,然而,我最美好的愿望是共同推举羊玄保啊。"不久,羊玄保任命为黄门侍郎,主要职责是侍从皇帝,顾问应对,出则陪乘,与皇帝关系密切。

羊玄保擅长对弈围棋,按南北朝棋手的等级为第三②。宋文帝(刘义隆)与羊玄保以城内郡城为赌注,进行博戏,结果羊玄保局胜,得补宣城(西晋太康元年〔280〕分丹阳郡置,治所在宛陵县,即今安徽宣州市)太守。宣城前太守刘式之为宣城立了"吏民亡叛连坐"的制度,有一犯法之人不擒拿,连同其管辖的治安队伍、乡里小吏一并送州郡制裁;若获逃匿犯人,赏官位两阶。玄保上任,认为以上做法不宜,向朝廷陈述说:"臣经考察认为,对吏民实行亡叛(犯法人逃跑、反叛)连坐制度的原因是出于没有办法逼迫出来的,没有足以推行的好办法而处于安乐才实行这种办法的。今立特殊的连坐制度,事做得太过分。臣听说'苦节不可贞'(语出《周易·节》。意思是说,过分地节制致苦是不可取,不正当的),惧怕相沿下去成为弊端。过去龚遂③知晓乱象必须纠正,(创造)宽松的环境然后方可治理。黄霸④独以宽厚谦和为用事,不以严厉刻薄为先。臣愚见,以为单身逃役者,应尽力抓捕。今一人犯法,连坐者甚多,他们即害怕沉重的负担,又各为自身考虑。如果大家被逃窜之人所牵挽,必然导致众人滋事。再说,能擒获亡叛者自身,同类之人没有不谨慎地珍惜自己的;(作为乡里小吏)即无进升官吏的能耐,又因犯罪人逃役而影响自己升迁,使名号虚假,所受的妨碍实在太多。不仅官阶不足以得到升迁,而且从事的辛勤劳动也得不到奖励。(臣)又考虑到这种制度,在一个地方施行也就罢了,假若这种制

---

① 王准之之"准"字各本作"淮之",据《宋书·王准之传》改为"准"。参见《宋书·羊玄保传》注〔11〕。

② 围棋等级:中国古代围棋棋手分若干等级,南北朝时已初具规模。南朝刘宋明确分为"九品",按高低分别为入神、坐照、具体、通幽、用智、小巧、斗力、若愚、守拙。

③ 龚遂(?—前62)西汉山阳南平阳(今山东邹城)人,字少卿。汉宣帝时为渤海太守,招抚当地起义农民,务劝农桑,令民卖刀剑买牛犊,每人种一树榆、百本薤、五十本葱,一畦韭,每家养二母猪、五鸡,郡中以是富实。后征入京师,任水衡都尉,卒于官,年八十余岁。《汉书》卷八十九列《循吏传》。

④ 黄霸(?—前51)西汉淮阳阳夏(今河南太康)人。少学律令,汉武帝末年补侍郎、谒者。汉昭帝时任河东均输长、河南太守丞。当时官吏以严酷为能,他独以宽和著名。汉宣帝即位,闻其持法平,召为廷尉正。历任谏大夫、扬州刺史、颍川太守等。为政务劝耕桑,节用殖财,力行教化而后诛罚,以此得吏民心,户口岁增,治为天下第一。

度是多余的,则应与全国的制度、政策统一起来。若其不是多余,也不宜单独在一郡州实行。让民吏脱离忧患,除其弊端将是大事。臣愧对所担当的职责,恐怕难以实行这种制度,便直率地表述管见,冒昧地陈述自己的见解。"由此,此制得以废止。这段陈词,据理侃侃而谈,分析透彻文采飞扬。

玄保在宣城任职一年,调任廷尉。数月,迁尚书吏部郎、御史中丞、衡阳王(刘义季)的右军长史、南东海(治今江苏镇江市)太守,加辅国将军。入为都官尚书、左卫将军,加给事中、丹阳(东汉建安二十五年,即220年,由苑陵县移治建业,即今南京市。)尹、会稽(治今浙江绍兴市)太守,又徙迁为吴郡(治所在原江苏吴县,故称吴郡)太守,加至俸禄中二千石。宋文帝(刘义隆)认为羊玄保"廉素寡欲,故频授名郡"。玄保历任虽无显赫的政绩,但去官后常为人们所思念。玄保为官从不营求财利,处家节俭,家财微薄。宋文帝曾说:"人人仕做官不是唯一靠有才能,然而亦必须靠命运,每有好的官职缺位,我未曾不先想到羊玄保。"

南朝宋元嘉三十年(453),太子刘劭杀文帝及吏部尚书江湛、尚书仆射徐湛之。劭自立,改元太初,任羊玄保为吏部尚书,领国子祭酒,不久加光禄大夫。四月,武陵王刘骏从寻阳(今湖北黄梅县西南)东下讨伐刘劭,至新亭(今南京南)即位,是为宋孝武帝。此时,朝野上下多往南奔,刘劭召集群僚,横刀怒目说:"众卿便可随往南去矣!"众人战兢惧怕,莫敢言语,唯有羊玄保容色不变,等了一会说:"臣愿以死奉朝。"刘劭见其刚正,态度镇静,将其解脱。

刘骏即位后,刘劭阵营中的官员纷纷请罪,孝武帝刘骏为稳定时局,下诏不再追究,一批官员予以保留,羊玄保亦然,并任命为散骑常侍,领崇宪卫尉,专掌宫禁及京城防卫,官阶三品,不久又升迁为金紫光禄大夫。羊玄保又以谨慎、恭敬而知名,因此赏赐甚厚。大明(宋孝武帝刘骏年号,457—464)初年,玄保晋位光禄大夫。大明五年(461)升迁为散骑常侍,特进,此时玄保已90岁,成闲退大臣,官阶二品,正应了"大德必得其位,必得其禄,必得其名,必得其寿"(《中庸·大孝章》)之语。

羊玄保自少至老,十分恭谨于祭奠,非四时珍新不得为祭祀祭品,且不得随便品尝。

大明八年(464)夏闰五月辛丑羊玄保卒,时年九十四岁,谥号定子①。

羊玄保之子羊戎,有才气,但行事轻薄又不检点,玄保曾说:"此儿必亡我家。"官至通直散骑侍郎。因与王僧达诽谤议论朝廷过失,赐死。死后孝武帝刘骏引见羊玄保,玄保谢曰:"臣没有日磾之明智②,此事辜负了皇上的恩德。"皇上赞美羊玄保所说的话。羊戎的两个弟弟,太祖宋文帝赐名,一个叫羊咸,一个叫羊粲,并对羊玄保说:"我想让你的两个儿子有正始年间③林下④余风。"

---

①　羊玄保卒后葬于何处,正史不载,方志可补缺。如南宋绍兴府通判施宿主撰《嘉泰会稽志》(即现存最早的绍兴府志)卷六《冢墓》载:"羊玄保墓,在萧山县西三十九里,尝为本郡太守。"又,清雍正《浙江通志》卷二三八《陵墓·萧山县》:"宋会稽太守羊元(玄)保墓";《於越新编》:'在(浙江萧山县)长兴乡。'"由上可知羊玄保卒后葬于今浙江杭州市萧山区。曾有羊玄保庙、祠、画像流传。如,明王鏊《姑苏志》卷二十七《坛庙上》载:"宋羊太守庙,在(长洲县,治今苏州市)子城前乌鹊桥南,刘宋时羊玄保守吴,廉素寡欲,去后民思之,故为祠。"又,唐裴孝源《贞观公私画史》著录羊玄保像,云:"是(南朝宋画家)陆探微真迹,隋朝官本。"唐张彦远《历代名画记》卷六"宋·陆探微"条下亦著录羊玄保像(转引自周郢校证明·汪子卿《泰山志校证》卷四《笺证》羊玄保条,黄山书社,2006年版)。

②　日磾:即金日磾(前134-前186)。有学者认为,"日磾"(音:mìdī),字翁叔,本匈奴休屠王太子。汉武帝时,其父与昆邪王伦都被沦陷密谋降汉,旋又反悔,为昆邪王所杀,其部归汉,遂与母弟入官,转入黄门养马。后擢升为马监,迁侍中驸马都尉光禄大夫,入侍左右,出则骖乘(即陪乘)。因休屠王作金人祭天,故赐姓金,后侍中仆射莽何罗兄弟谋刺武帝,他予以防范,当廷擒获。武帝临终,以功封秺(音:dù)侯,与霍光等同受遗诏辅佐少主。昭帝初,病卒。《汉书》为其立传。《传》载,金日磾有子二人,为武帝所爱,为帝弄儿,常在帝侧。其后弄儿壮大,不谨,自殿下与宫人戏,被日磾正巧遇见,恶其淫乱,遂杀弄儿。这个弄儿是日磾长子。武帝闻之大怒,日磾顿首谢,具言所杀弄儿状。武帝甚哀,为之泣,已而心敬日磾。此乃羊玄保自责"没有日磾之明智"的原因。当后汉,曹操杀了杨彪之子杨修,操见彪问曰:"公何瘦之甚?"对曰:"愧无日磾先见之明,犹怀老牛舐犊之爱。"(见《后汉书·杨震列传附杨彪传》。这是说的另一层意思。)

③　正始年间:指三国魏齐王曹芳在位间的公元240—248年。这一时期正是玄学的发展时期。士人为全身远祸,填补内心的空虚,缓解精神痛苦,不言政治,专谈玄理成为一种理想的方式。许多人也借此展示自己的智慧和才能。诗歌亦受其影响,正所谓"正始明道,诗杂仙心"(《文心雕龙·明诗篇》)。即指此时。

④　林下:一般谓树林之下,又谓幽静之地,还谓娴雅,超逸。如《宣和画谱·人物二》:"有文士题童氏画诗曰:'林下材华虽可尚,笔端人物更清妍。'"原文中"林下"之上文为"正始",即"正始林下余风",是宋太祖刘义隆为羊玄保二子赐名后说的话,说明他希望羊玄保的两个儿子有曹魏名士的风度。

《宋书》《南史》皆为羊玄保立传。清《新泰县志》节录玄保本传,祀乡贤。

【评析】羊玄保为官之道刍议

羊玄保是泰山羊氏中的一位老寿星,享年九十四岁。查泰山羊氏史,族人中再无超其年高者。他又是官阶高、历官最多的一位。由于他高寿,自东晋朝入仕,历南朝刘宋武帝、少帝、文帝、孝武帝四朝。官至散骑常侍、特进时年已九十高龄,成为德高望重的闲退老臣,官阶二品,是羊氏家族中继羊祜之后的第二位高官。官职自太常博士起,先后任临安令、镇安参军、库部郎、永世令、太尉参军、主簿、丹阳丞、尚书右丞、左丞、司徒右长史、黄门侍郎等职。与文帝(刘义隆)对弈,胜,补宣城太守。后任廷尉,又迁尚书吏部郎、御史中丞、右军长史、南东海太守,加辅国将军。入为都官尚书、左卫将军、加给事中、丹阳尹、会稽太守、吴郡太守。后又任吏部尚书、国子祭酒、光禄大夫。到孝武帝(刘骏)即位,以为散骑常侍、卫尉、金紫光禄大夫。后以光禄大夫、散骑常侍、特进告终。一生历三十四个官位,历代罕见,是名副其实的"频授名郡"者。地方官从"令""丞"到"尹"、太守,朝廷中各部官职几乎都担任过。

综观羊玄保的人生之路有几点值得深思或借鉴。

一、伯乐举荐,为官迈出第一步

首先,刘穆之是宋武帝刘裕代晋的"佐命元勋"(《宋书·刘穆之传》),他举羊玄保的建议分量很重,刘裕一定认真听取和对待,故而使羊玄保成为武帝的镇军参军、库部郎。任永世令后很快就升任为武帝太尉参军,转主管,成为武帝的心腹要员。接着派往地方(加以培养、锤炼)任丹阳丞,至少帝时连任三职。

其二,司徒王弘的举荐也很关键。王弘是南朝宋琅琊临沂人,王导曾孙,曾任刘裕镇军府咨议参军。刘宋初转任尚书仆射,再迁江州刺史。景平二年(424),司空徐羡之等人废杀少帝,迎立文帝,他被召入朝。到徐羡之等人被文帝追问废弑少帝之罪将见诛时,王弘既非首谋,其弟(王)昙首又为上所宠,事将发,密使报告了王弘,徐羡之等诛,征王弘为侍中、司徒、扬州刺史,录尚书(《宋书·王弘传》)。王弘权势甚重,加之其弟受宠,他又在皇帝身边,不离左右。他举荐本府的人才,皇帝一定慎重对待。另一方面,羊玄保在王弘司徒府任司徒长史,是僚属之长,佐王弘总管府诸曹,一定奏事恭谨,深得王弘信任,故有"弘懿之望",因而使羊玄保很快入为黄门侍郎,秩六百石。黄门侍郎为中朝官员,给事于宫廷禁门之内,侍从皇帝,顾问应对,出则陪乘。由此打开了进入内朝的大门,密切了与皇帝的关系,为皇帝更多地了解羊玄保的为人和棋艺奠定了基础。这是羊玄保得以入宫的桥梁,更是羊玄保人生仕途的关键一步。

二、"雅好"弈棋补太守

羊玄保虽善弈,但棋品第三。然而他是黄门侍郎,常在皇帝身边,在机会与皇帝对弈。文帝刘义隆一高兴,便与其"睹郡","胜,以补宣城太守"。羊玄保以"雅好"赢来太守,由皇帝内臣走上了郡守官位。太守是一郡最高行政长官,南朝宋这一官职是五品,但太守除掌民政、司法、财赋外,还掌军事,手中有了军权,又能自辟僚属,这对羊玄保来说都属首次。他由原来辅佐别人,到自行管理职掌一方军政大权,这一台阶为其后频授官职奠定了基础,接受了锻炼和考验。反之,如果不是王弘把他推荐到黄门侍郎一职,将没有机会出入宫廷禁门与皇帝亲近,即是再高棋品,也无缘与皇帝对弈。再说,棋品再高,冠绝当时,如遇不幸,也没有展示棋艺的机会。吴郡褚胤就是一例。羊玄保本传载:玄保既善棋,而何尚之亦雅好棋。吴郡褚胤,年七岁,入高品。及长,冠绝当时,其父褚荣期与臧质同叛逆,褚胤应从诛死,何尚之请示皇帝说:"胤弈棋之妙,超古冠今。魏犫犯令,以才获免。父戮子宥(宽恕,赦免),其例甚多。特乞给他卑微的性命,使异术不绝。"皇帝不许。时人十分痛惜他。褚胤因父之罪而受诛连,并未因棋品"超古冠今"而能保全性命。羊玄保却因有"雅好""善弈"而能升官,可谓天下之幸运儿。

宋文帝酷爱弈棋,在羊玄保入宫之前二人即为棋友。《南史·羊玄保传》载:"文帝好与玄保棋,派中使(皇帝宫中派出的使者)至,玄保说:'今日上(指皇帝)何召我邪?'其子羊戎说:'金沟(指宫中沟渠)清泚,铜池(檐下承接雨水的铜槽)摇飏,既佳光景,当得剧(游戏)棋。'"

后来,羊玄保任会稽太守远离京城了,文帝还念念不忘,要与玄保对弈。据《南史》卷十八萧思话子《萧惠基传》:"当时能棋人琅琊人王抗第一品,吴郡褚思庄、会稽夏赤松第二品。赤松思速,善于大行,思庄戏迟,巧于斗棋。宋文帝时,羊玄保为会稽(太守),帝遣思庄入东,与玄保戏,因置局图,还与帝前覆(查,审)。"由此知,宋文帝十分喜欢与玄保这个三品棋手戏,可见宠爱有加。

宋文帝与羊玄保弈棋"睹郡戏"一事,传为佳话,常被诗家词客所采撷。唐代诗人陆龟蒙有《送棋客》诗,诗曰:"满目山川似势棋,况当秋雁正斜飞。金门若召羊玄保,赌取江东太守归。"(《全唐诗》卷629 陆龟蒙十三)。羊玄保被文帝所钟爱,频授名郡,也为后人赞。如,唐代诗人孙元晏有诗《羊玄保》赞曰:"运命将来各有期,好官才阙即思之。就中堪爱羊玄保,偏受召王分外知。"(《全唐诗》卷767)

三、为官重仁德

羊玄保寿高,位显,为官时间长,而能寿终正寝,自有其为官之道。从其本传和相关资料分析,羊玄保应是一位"仁"者。"仁者寿"(《论语·雍也》)。"仁"是儒家思想的核心。《论语·颜渊》:"樊迟问仁。子曰:'爱人'。"《礼记·中庸》:"仁者,人也,亲亲为大。"《墨子·经说下》:"仁,仁爱也。"《韩非子·诡使》:"少欲宽惠行德谓之仁。"羊玄保虽在宣城太守任上任职一年,却上书废除了上一任太守所立的"吏民亡叛制",解除了基层小吏及百姓的"苦节"。在向朝廷的表陈中体现出他体民情,察民意,解民难,敢于破旧立新,把"民离忧患"看成了大事。主张治民理政必须创造吏、民都能接受的宽松环境。从而体现出了他的"爱民"思想。孔子说,"博施于民而能济众",就是"仁者","能近取譬,可谓仁之方也已"(《论语·雍也》)。羊玄保能以己之心推及别人之心,将心比心,这就是实行仁政的方法。从羊玄保处理"吏民亡叛制"这件事上还能体现出他做事勤敏,能对百姓施恩惠。孔子说:"能行五者于天下为仁矣。"(《论语·阳货》)"行五者"之中就包括"宽""惠"二行。"宽则得众,惠则足以使人"(《论语·阳货》),人们对他"去后常见思",大概与其为官施"仁政"有关。总之,羊玄保在宣城任上,虽然只一年,且有史记载的也只做了去"吏民亡叛制""而博施众利"这一件事,却符合了儒家倡导的"仁政"的标准。

羊玄保的仁德行政还表现在重视"礼治",能通过开展礼仪活动,用礼教、乐教德化民众。这是儒家所重视的人文化成,以仁政王道治天下的重要方面。子曰:"人而不仁,如礼何?人而不仁,如乐何?"(《论语·八佾》)在孔子看来,仁是核心,是礼乐的基础,礼乐是外在形式,是仁的外化,礼将仁的内涵体现在各种仪式典礼之中,并可形成社会中人与人不同关系的行为规范。如果没有仁,礼乐也就失去了内在意义。羊玄保重礼治,体现在"行乡射"方面。据《宋书·蔡廓传附蔡兴宗传》,蔡兴宗任会稽太守时曾开展过乡射礼仪活动,但羊玄保早于他。《传》载:"三吴①旧有乡射礼,久不复修,兴宗行之,礼仪甚整。先是元嘉中,羊玄保为郡,亦行乡射。"由此知,羊玄保和蔡兴宗先后都曾任会稽太守,羊玄保开展乡射礼仪活动早于蔡兴宗。

古代的乡射礼是一种射箭饮酒的礼仪,是《仪礼》十七篇之一。这种乡射有二:一是州长春秋于州的学校以礼会民习射;二是乡大夫于三年大比贡士之后,乡大夫与乡人习射。据《周礼·地官·乡大夫》载:"州长各掌其州之教治政令之法。……春秋,以礼会民而射于州序。""乡老及乡大夫,帅其吏与其众寡,以礼礼宾之。厥明,乡老及乡大夫、群吏,献贤能之书于王,王再拜受之,登于天府,内史贰之。退而以乡射之礼五物询众庶……此谓使民兴贤,出使长之;使民兴能,入使治之。"可见乡射礼仪是一种教化民众的活动,同时也通过这种活动询众庶"兴贤""兴能",选拔贤才,是州长(太守)所履行的"教治政令之法"。

司马迁说:"夫儒者以《六艺》为法。"他又说:"观孔子之遗风,乡射邹、峄。"可见,乡射礼是"礼"的重要组成部分,在司马迁时代的西汉仍在邹鲁盛行。羊玄保将"久不复修"的乡射礼在会稽兴行起来,是他以礼教化的重要措施。"会稽"虽是"名郡",但此地

---

① 三吴:古地区名。东晋、南朝所指说法不一,按《水经注·渐江水注》,指吴郡、吴兴、会稽三郡,本文从此说。

"多诸豪右,不遵王宪。又幸(宠爱)臣近习(宠信之人),参半宫省(行省之简称),封略山湖,妨民害治。"(《蔡兴宗传》)对于这样一个地方的郡守,除了法制,就应兼施礼治,通过以礼教化、感化恶豪,是羊玄保"以仁政王道"治郡的重要手段。孔子说:"上好礼,则民莫敢不敬。"(《论语·子路》)"上好礼,则民易使也。"(《论语·宪问》)"不知礼,无以立也。"(《论语·尧曰》)羊玄保通过礼仪强化道德规范。这与他有一定的儒学素养,注重传承家学,维护家族声望的风尚无不关联。

古人十分注重符瑞,认为符瑞是吉祥的征兆。符瑞有若干现象,嘉禾生是其中之一。《宋书·符瑞志下》开篇载:"嘉禾,五谷之长,王者德盛,则二苗共秀。"如果两棵树木的枝茎连长在一起,称之连理,旧时看作吉祥兆头,是祥瑞。《白虎通·封禅》载:"德至草木,朱草生,木连理。"《晋书·元帝纪》:"一角之兽,连理之木,以为休征者,盖有百数(百数即上百个)。"

《宋书·符瑞志》载:"元嘉二十四年(447)七月乙卯,木连理生会稽(郡)诸暨,扬州刺史始兴王(刘)濬以闻,会稽太守羊玄保上改连理所生处康亭村为'木连理'。"作为会稽太守的羊玄保看来,这将会给该村带来吉祥。此举说明羊玄保重视用符瑞教化民众,符瑞将会给村民带来好运;另一方面也体现了他十分重视仁德行政、亲民爱民。

羊玄保"谨于祭奠"可谓"孝"矣,也是"仁"的表现。子曰:"孝弟也者,其为仁之本与!"(《论语·学而》)"生,事之以礼,死,葬之以礼,祭之以礼。"(《论语·为政》)"春秋祭祀,以时思之。生事爱敬,死事哀戚,生民之本尽矣,死生之义备矣,孝子之事亲终矣。"(《孝经·丧亲章》)《孝经》将子女奉养父母概括为三个方面,即物质上的"养",精神上的"敬"和"祭"。"祭"就是在父母死后每逢节日或其忌日祭祀。羊玄保祭祀用"四时珍新"做祭品,表现了对祭者的尊敬,是按"祭则至其严"(《孝经·经孝行章》)行事。

羊玄保"廉素寡欲""不营财利""处家俭薄"之高贵品质也值得后人学习和借鉴。

羊玄保也有不足之处,虽居高官,但教子不严。明知其子羊戎"轻薄少行检,此儿必亡我家",并未严加训导、管教,故与"常凌傲犯忤"(《宋书·王僧达传》)的王僧达沆瀣一气,谤议时政,结果赐死。"子不养,父之过",这应是羊玄保之过失,也是羊门之不幸。

公元420年,刘裕代晋,是为南朝刘宋政权。永初三年,刘裕死,其子刘义符即位,是为少帝,改元景平。"景平二年(423)富阳县(治今浙江富阳市)孙氏聚合门宗,谋为逆乱,其支党在永兴县(治今浙江杭州市萧山区),潜相影响。永兴令羊恂觉其奸谋,以告(会稽郡)褚淡之。淡之不信,乃以诬人之罪收县职局。"(《宋书·褚叔度传》)这位县令羊恂,后逃出,不久为起义军收得,使其恢复原职永兴县令。在泰山羊氏谱中难觅这位永兴令,不知是否羊氏族人,特记于此。

第五节　为山泽立法功臣羊希

——兼述子羊崇

羊希（？－468），字泰闻，羊玄保兄之子，南朝宋泰山人，少有才气。南朝宋文帝元嘉中，为江夏王刘义恭太尉府主簿。大明（南朝宋孝武帝刘骏年号，457－465）初，为尚书左丞。

一、卷入宫廷及官僚间的争斗

元嘉二十七年（450）春，北朝人侵犯豫州，宋文帝（刘义隆）因此欲开定河、洛（指黄河与洛水交汇处及附近之地）。其秋，以（刘）义恭总统群帅，出镇彭城（今江苏徐州），及义恭出镇，府主簿羊希从行（《宋书·江夏文献王义恭传》及《宋书·周朗传》）。羊希能任府主簿，说明深得刘义恭的信任，参与主阁内事。

元嘉三十年（453）正月，宋文帝欲废太子刘劭。刘劭闻讯，二月即派张超之杀文帝，自立为帝。文帝三子武陵王刘骏起兵入讨，并派遣沈庆文兄子沈僧荣通报了文帝第六子、时任浙江五郡刺史的刘诞，又遣宁朔将军顾彬之自鲁显（地名）东入，刘诞节制调度。刘诞派参军刘季之与顾彬之并势，顿于西陵（治今南京市东）以为后继。五月，刘劭派遣华钦，庾导（《宋书·二凶传》作庾道）东讨，与顾彬之等人的军队相逢于曲阿奔牛塘（即今江苏武进西北三十里奔中镇）道路十分狭窄，路左右都放上了菰蒋（俗称茭白及根）顾彬之的军队多数发了（有齿或无齿的）木底鞋，可以在菰蒋中间的夹缝中射击对方，华钦（《二凶传》作燕钦）等大败（事见《宋书·竟陵王诞传》）。刘劭知形势吃紧，遣人放火烧了都水和左尚方（掌舟船水运河渠事务及掌制造军械）的官署，决破秦淮河破岗（即破冈渎）、方山埭等河堤以阻断东来的讨逆军。又收罗良民男丁在淮水上竖舶船为楼，多设大弩，以射对方。又使在司隶治中监琅琊郡（指侨置南琅琊，寄居江苏今句容县境）做事的羊希栅断班渎（今南京市北之长江南岸）、白石诸水口以此自卫。男丁用尽，招来妇女服役（事见《宋书·二凶传》）。可见在当时双方激烈交战中，羊希在刘劭阵营，参与了阻止讨逆大军的行动。

《宋书·羊玄保传附兄子希传》载："（羊希）大明初，为尚书左丞。"该职在南朝为尚书佐官，位次尚书，与右丞共掌尚书都省各种事务，率诸都令史监督稽核诸尚书官署及有关郎署的政务，并分管朝仪礼制等。虽官阶六品，但职权较重。按《宋书·礼志二》羊希任尚书左丞并非在大明初，而早于大明，是在孝武帝孝建元年（454）。当年六月，第十六皇弟刘休倩薨殇（未成年而死为殇。），追赠谥东平冲王。但服制未成准，有关官署提出要由礼官详议。羊希以尚书左丞的身份参与了"详议"，可见羊希是在孝武帝刘骏称帝后不久就被启用。据《资治通鉴·宋纪九》载,元嘉三十年(453)五月庚辰(初八)建康解除戒严。辛巳(初九),刘骏前往东府,文武百官请求治罪,刘骏下诏不予追究。由此知,羊希虽然有助刘劭阻拦反击了所谓讨逆大军的行为,但刘骏对百官"之罪"不予追究,未受牵连,且很快在刘骏朝升任尚书左丞。《宋书·礼制二》载,孝武帝孝建元年(454)六月,第十六皇弟休倩薨夭。在议第十六皇弟殇后的服制时,太学博士陆澄首先发表意见,但有司认为他的意见无明证,陆澄提出重议。尚书左丞羊希以礼仪之制提出了自己的看法。他说:"寻(陆)澄之议,既无画然前例(既无分明前例的界限)不合准据。案《礼》(制):子不殇父,臣不殇君。君父至尊,臣子恩重,不得以幼年而降。又曰,'尊同则服其亲服',推此文旨,旁亲自宜服殇,所不殇者唯施臣子而已。"孝武帝刘骏下诏,认为羊希的意见可行。可见羊希对殇丧之服制很有研究。

二、为山泽立法,除弊兴利

羊希在尚书左丞任上,做的最重要的一件事是为山泽立法。

当时(即大明中),扬州刺史西阳王刘子尚上疏说:"山林湖泽的禁止开发,虽有旧的法令,因被相沿袭的民风习俗所替代而不能推行。烧荒垦田,封闭水泽,占为家利。自近年以来,保护山泽的法令日甚颓废松弛,富强人家兼并山岭而占有,贫弱者伐木割草都没了依托,至于捕鱼湖泽之地亦是如此。这种情况实为妨碍治政而造成了严重弊端,为政者应该在适宜时杜绝这种情况,修改旧的法则条文,更立申报长久的制度。"有官署找出东晋咸康二年(336)的壬辰诏书:"占山护泽者,以强盗律论,盗取一丈以上的地盘,皆斩首弃市。"羊希以为:"壬辰诏书所言之制,禁令严格苛刻,难以遵从,事理与现实情况相悖。而占山封水,逐渐沾染成俗,反复滋生,并且相因沿袭,便成了固有的产业。如果一朝停止取消,容易导致怨恨,现今可更新修订原法令条文,订立五条制度:凡是山泽,已经烧荒垦田,种养了竹木杂果,使其成为收而复生的林芿(即割后再生新草),及修筑成池塘湖泽江海渔梁,鳅(鱼名,鳅科鱼类的统称)𩶁(生活在近海的一种鱼)场,经常加以修整,作业有功,听从法令的,(国家)不再追回。官品第一、第二,可占有山泽三顷;第三、第四品,可占二顷五十亩;第五、第六品,占二顷;第七、第八品,占一顷五十亩;第九品及百姓,占一顷。皆依定格,分条目记在契约簿上。若原先占有山泽,不得更占;原先占有不足的依照限量补足。若非要按以前法令对待占旧有山泽者,则难违背众意,反而不能禁止。有违犯者,多侵占水泽土地一尺以上,按贪赃计罚,依照通常盗窃法令论处。若从之,废除东晋咸康二年壬辰颁布的法令。"宋孝武帝批准了羊希的奏议。

三、广州任上的功与过

益州(今四川成都)刺史刘瑀,先为左卫将军,与府司马何季穆共事互不服气。何季穆为尚书令,建平王刘宏所亲近厚待,屡次在刘宏那里败坏刘瑀。时逢刘瑀出为益州刺史,抢夺士人之妻为妾,刘宏指示羊希弹劾他,刘瑀因此被免官。刘瑀对羊希恨得咬牙切齿。刘瑀有门生谢元伯往来于瑀、希之间,刘瑀令其访讯被免官的缘由。羊希说:"此奏章并非我的本意。"刘瑀即日就拿着羊希给他的奏笺到刘宏门下去陈述认错,说是羊希所为,羊希因漏泄机密而被免官。

南朝宋大明末年,羊希被征召为始安王刘子真的征虏司马、黄门郎、御史中丞。至宋明帝刘彧泰始三年(467),出任为宁塑将军(四品)、广州(治番禺县,在今广东广州市)刺史。

羊希起初曾请求其女婿镇北中兵参军萧惠徽为长史,兼任南海太守,宋明帝不许,又请求其为东莞太守。羊希既到任,时任长史、南海太守陆法真丧于官位,羊希又请其女婿萧惠徽补任。诏令说:"羊希为卑门寒士,累世无闻,轻薄而多事端,且备受彰显,历任官职。仅仅是一个清门刻薄之人,提拔授职于岭南(指广东、广西、海南三省及越南北部地区),干预朝廷事务,为满足自己的欲望,不止一次地求诉,可降号横野将军(南朝宋置,为杂号将军中地位较低者,官阶八品)。"

起初,李万周、刘嗣祖借机略占了广州(事在《宋书·邓琬传》)。明帝以李万周为步兵校尉,加宁朔将军,以权行使于广州事。等羊希于泰始三年二月甲申以御史中丞任广州刺史(《宋书·明帝纪》),而李万周等人对其有异图,羊希将其诛杀。羊希以沛郡的刘思道前往晋康(今广东德庆县)暂兼任太守,领军讨伐俚族。刘思道则违背军令而失利,羊希乃遣人将其收捕,而刘思道不受其命,并率所部攻打广州。羊希派遣平越长史邹琰于朝亭(广州市西北西场一带)拒战,军败被杀。刘思道进攻广州城,司马邹嗣之拒贼兵于城西门,战败又死。羊希越城而逃,被刘思道抓获而诛杀。按《宋书·明帝纪》羊希死于泰始四年三月已末,"交州人李长仁据州叛,妖贼攻广州,杀刺史羊希。"如是说,羊希在广州刺史任上仅一年余。

府参军邹曼率数十人袭击刘思道,得已入城,力不敌众,又被击败。东莞(今广州东)太守萧惠徽率本郡文武千余人攻打刘思道,战败,又被杀。时值龙骧将军陈伯绍讨伐俚族,还击刘思道,将其平息。事后,朝廷追赠羊希为辅国将军,萧惠徽为中书郎,邹嗣之为越骑校尉。

羊希之子羊崇,字伯远,任尚书主客郎,母死丁忧,过分悲伤超过常礼。听说广州大乱,当日便赤着脚出了新亭(今广东揭东县西北新亭镇),不能步涉过江,停顿于江边,家族门人用小船渡江,到达广州。其父丧事完毕之后,不胜悲哀而死。

【评析】

一、为山泽立法的时代背景及历史意义

南朝刘宋王朝首尾仅六十年,朝廷为巩固中央集权,必须巩固日趋没落的自耕小农阶层,使他们的经济不致急剧衰颓,使其成为所依靠的剥削对象。但是,事实上自南朝宋立国,大土地所有者已经霸占了任何一个农民有权租入的公地,当时平原良畴都已开发,未开垦、开发的山地湖田,还很多。这些可以开发利用的山林湖泽,往往被豪强大户所占夺,所谓"名山大川,往往占固"(《宋书·孝武帝纪》)。封锢山湖,本来是和朝廷的禁令相抵触的,但是,朝廷为了顺应这种豪强"占山锢泽"的既成事实,就不得不修改法令,并追认这种事实为合法。羊希可谓是这次修改法令的功臣,他所提出的按官阶分配山泽湖林的五条规定,得到了朝廷的认可,并付诸实施。这一令文的规定,首先是承认自秦、汉以来所认为公共地的山泽,得由私人所占有;然后又规定已开辟的果园渔场,其亩数虽是超过定额,得追认其"先业""听不追夺";同时还订出"先占阙少,依限占足"的补充条文;对未占、少占的世家大族,也得以重新参加分配。从此,在山林川泽的公有土地上,便发展了封建的土地所有制。当代史学家唐长孺也指出:"羊希立法反映了魏晋以来大族经济之发展与皇权之削弱,封建的土地所有制从平地扩展到山林川泽。"(唐长孺《唐长孺文存》,上海古籍出版社,2006 年版,第 277 页)。

羊希以尚书左丞身份上书为山泽立法并被朝廷采纳,不仅使其本人名传史籍,为泰山羊氏又添一光环,而且他的奏疏在当时具有较强的现实意义。与羊希同朝为官的西阳王刘子尚的奏章概括地介绍了当时山林湖泽开发及占有的基本情况,虽十分简单,但说出了富家所占山泽已影响到朝廷治政,其弊甚深,到了壬辰旧制必须停除,更申新制十分必要的时候。其背景又是怎样的呢? 大体情况是:

两晋南北朝时,由于战乱频仍,大批中原人聚集宗族乡里组成流民群,向南迁徙。其中规模较大的大约自西晋元康(291—299)末年至南朝刘宋文帝元嘉二十八年(451)计有五次,数量多达百万。大规模的移民,使得江南得到进一步开发,耕地面积不断扩大,南方腹地和山林川泽持续得以利用。同时,在东晋以后南北大族依靠政治力量发展自己的经济势力,加剧兼并土地和占夺人口,使得"权门并兼,强弱相凌,百姓流离,不得保其产业"。南北劳动人民辛勤开垦的水泽山林及大量土地,大部被权门大户所占夺。例如,北方大族谢混家族(河南太康人)"仍世宰辅,一门两封,田业十余处"。谢混妻死后还有"资财巨万,园宅十余所,奴僮数百人"。皇室和高门士族地主是社会阶级当中的贵族阶层。他们垄断了中央和地方的清职、要职,有免除赋役,荫庇亲族,收揽门生,享受赐田,恩赏钱财等等经济和政治权。所谓富者强者即指他们,只有他们才有能力"兼岭而占"。他们有的封山泽达数百里,少则也达数十里。这些家族利用占有的山泽湖田,建立起一个个以综合开发、多种经营,能从事种、养、纺织、酿造、工具制造乃至药物生产的庄园经济园,建起一座座田园别墅。而贫弱者指的是在大地主田庄中从事生产劳动的佃客。这些弱者大多数来自农耕,因大土地被地主阶级占有,加速了小农的破产,成为破产流民,不得不依附大姓为客。他们无权单独立户,而皆注于所依主人户内。另一部分人是部曲,是田庄拥有的私人武装,平时这些部曲为主人耕田,战时随主人出征。这些部曲不能自由脱离主人,而且父死子继。第三部分人是战俘,或因欠债卖身为奴之人。这部分人地位极其低下,和土地一样,是地主阶级的财富。这部分人主要从事农业及手工业生产。南朝有"耕当问奴,织当妨婢"之说,他们过着非人的生活,所以这些贫弱之人"薪苏无诡"。他们到了打柴割草无处可去的地步。可见贫富何等悬殊,农村分化何等严重。

封锢山湖,本来就与朝廷的禁令(如"壬辰之制")相抵触(且有的禁令不符实际,难以实施),影响朝廷的财政收入,朝廷企图加以限制。至此,朝廷为了顺应这种豪强"占有锢泽"的既成事实,就不得不修改法令,并追认这种事实为合法。故宋孝武帝大明中才下令,按羊希提的五个等级重新参与分配山泽湖田。它的意义即是在山林川泽公有地上进一步发展了封建的土地所有制。也就是说使国有土地私有制进一步地合法化了。这种禁占山泽的诏令,废一个再颁布一个,屡次颁布的本身证明禁令的无效。

羊希所奏山林川泽按等级重新分配的方案,被孝武帝政权所采纳,无疑对维护统治阶级利益推动经济发展具有积极意义。这一法令在中国封建社会的历史上也有里程碑意义。然而,也不难看出,国家大量的山林川泽是被地主阶级占有。这样一来,封建朝廷加剧了对自耕农(即有编户的农民)的压榨。朝廷的财政收入除了官僚机构开支、战争消耗外,还有皇室奢侈享受,所以支出有增无减,这就更增加了自耕农的负担。自耕农除了负担租调(古代租和调两种税制的合称。调,音 diào,指征调,征发)、杂税外,还要承担徭役,有时要以实物折现钱,农民须卖出调额数倍的实物,才能换回应纳钱数,实乃是额外搜刮。如此说来,门阀大族在大量土地占有的情况下,不论佃户还是自耕农更不得不日趋没落,直至迅速破产,所受压榨更加沉重,以至有人尖锐地指出,当时"杀人之(道)日有数途,生人之(法)岁无一理,不知复百年间,将尽以草木为世邪"(参见隆炜主编《中国通史》〔图鉴版〕第二卷第九章第二节,中国档案出版社,1999 年版,第 616 页)。

二、羊希的遗憾与教训

羊希为山林湖泽更立法则,功不可没;为惩违令失利者,以身殉国也永载史册。但在广州刺史任上,数次为女婿求官觅爵而受责降职的教训,也值得后人深思和引以为戒。可见,无论古代和当今跑官要官者都是不光彩的,都要受到指责,被人看不起。宋明帝针对羊希为婿讨官的几句诏词,以"希卑门寒士,累世无闻,轻薄多衅,备彰历职……清刻一介,干上逞欲,求诉不已"进行责备,可谓严厉地鄙视。同时说明泰山羊氏家族在刘宋朝已无什么政治地位,沦落为"卑门寒士",且"累世无闻"。由此方见泰山羊氏此时的式微程度。

另外,羊希在尚书左丞任上,参与官僚间的相互倾轧,因"漏泄免官",虽说受建平王刘宠指派,说明羊希此时做事欠思索,未免显得不厚道,属道德缺失行为。

羊希一生功过分明,事分两端,大节是好的,后人有褒有责备。可谓人无完人,金无足赤也。清《新泰县志·人物》将羊希列入《名臣》。《宋书·羊玄保传》附兄子《羊希传》,希《传》附子羊崇。

注:为搜寻在南朝的泰山羊氏族人,查南朝典籍,发现《南齐书·萧惠基传附弟惠休传》中,有与羊祜同父异母兄羊发子羊伦重名者。《萧惠休传》载:"建武二年(南齐明帝萧鸾年号,即495年),虏围钟离,惠休拒守。虏遣使仲长文真谓城中曰:'圣上方修文德,何故完城拒命?'参军羊伦答曰:'狁孔炽,我是用急。'虏攻城,惠休拒战破之。"文中的参军羊伦的回答,借用了《诗经·小雅·六月》中的两句,意思是狁(秦汉后称匈奴)来势凶猛,我方边境告急。这个羊伦与羊祜同父异母兄羊发之子羊伦相隔约180年,这个羊伦官为参军,羊祜兄子羊伦为西晋崇阳国相散骑常侍,早卒。该羊伦是否泰山羊氏族人,不得而知,故而记之。

第六节 叛宋归魏的羊规之

——兼述次子羊灵宝、四子羊莹

羊规之,晋太仆卿羊琇裔孙,初仕南朝刘宋,后叛宋归魏,赐钜平爵,史称拜雁门太守,又说授卫将军、营州刺史。他归魏后,为其子孙仕魏奠定了基础。

一、南北政权对峙,泰山羊氏大分裂

西晋灭亡,司马睿建立东晋王朝。在北方,自刘渊立汉到北魏统一北方,历经了130余年的混战和割据,史称十六国时期。太兴元年(318)刘曜在长安建立前赵。第二年,石勒在今河北邢台建立后赵,经七年征战,征服了山东全境。至永和八年(352),后赵被前燕消灭。此后,前燕与东晋同对山东展开了争夺。太和五年(370)四月,前秦发兵东进,十一月灭前燕。

东晋太元八年(383)前秦国君苻坚统一中原后,不顾群臣谏阻,率兵六十余万、骑二十七万大举南下,企图统一南北。晋相谢安以谢石为征讨大都督,率北府兵八万拒之。两军在淝水(或作肥水)交战,晋军以少胜多,击败前秦,是役史称淝水之战。这一仗,为东晋创造了暂时安定和安乐,谢安也赢得了一些美誉。此后,晋乘胜收复河南地区,前秦则土崩瓦解,北方再度大分裂。

太元十一年(386),慕容垂在今河北定县称帝,史称后燕。至隆安三年(399)后燕宗室元老慕容德率师南下,八月进据琅琊,不久又北进,以慕容法为兖州刺史,镇梁父(治今新泰市天宝镇古城村)。慕容德接着进入广固,即今青州,称帝,并在此立都,史称南燕。

义熙六年(410)二月,晋军刘裕攻破广固内城,南燕遂亡。刘裕灭燕,遂收复今山东境内的青、兖等州之后,权力日益巩固。元熙二年(420)遂代晋帝,建立了刘宋王朝。南朝自此始。

淝水之战后的东晋太元十一年(386)正月,鲜卑族拓跋部什翼犍的孙子拓跋珪(386-409在位)重建代国。代国是由生活在今大兴安岭北段鲜卑族拓跋猗卢所创。猗卢的祖先世为拓跋部首领。西晋建兴三年(315),诏代公猗卢为代王,建代国,置官属,为代国之始。至东晋咸康四年(338)什翼犍继位,代国建国三十九年(376)为前秦所灭,共历七主,六十一年。前秦太初元年(386)什翼犍之孙拓跋珪即代王位,建元登国,称道武帝,改称魏国,不久建都盛兴(今内蒙古和林格尔西北)。魏天兴元年(398)道武帝迁都至平城(今山西大同市),即皇帝位,建立北魏王朝。到拓跋珪之孙太武帝拓跋焘(424—451在位)先后灭北燕、北凉,于刘宋元嘉十六年(439)重新统一黄河流域,与南朝刘宋对峙,形成南北朝局面。北魏献文帝拓跋弘于皇兴三年(469),破刘宋朝青、兖二州,势力进一步向南扩张。

西晋末年的“八王之乱”,诸王多利用游牧民族贵族参加内战,使得许多游牧民族贵族长驱入塞,逐鹿中原。这不仅导致了十六国分裂割据局面的出现,而且北方再次陷于战乱,阶级矛盾升级激化,迫使一部分士族率宗族部曲南渡,投靠了东晋政权。上文说到,羊曼为泰山羊氏一族中南渡代表,南渡的羊氏子弟大都世袭列官东晋。永嘉之乱后,泰山羊氏并非全部南渡,留在泰山之羊氏郡望的族人仍拥有相当势力。庞大羊氏支脉的若干人仍在固守本土。而且,当南渡族人势力渐衰之时,留在郡望的一批人正活跃在北魏政治舞台上。另外,南朝刘宋政权建立前的东晋末年,除乐陵、清河等西北诸郡仍在北魏统治下外,其他各郡均归于东晋。刘宋政权建立后,依然如此。例如,东晋孝武帝年间(373—396)泰山羊氏中的羊迈曾任泰山太守。《晋书·刘牢之传》载,刘牢之(?—405)“复为龙骧将军,守淮阴。后进戍彭城,复领太守。……(前秦国)苻坚将张遇遣兵击破金乡(治今山东嘉祥县南),围太山(太同泰。东晋太山郡治移治奉高,在今泰安市东北)太守羊迈,(刘)牢之遣参军向钦之击走之。”此事发生在“彭城妖贼刘黎僭称皇帝于皇丘,龙骧将军刘牢之讨灭之”之后。该年,按《晋书·孝武帝本纪》是太元十四年(389)春正月。又《晋书·天文志三》记之为“三月”。

由上可知,泰山羊氏自永嘉之乱后,分为南北两大阵营,一部分族人南渡,相继入仕南朝。留在郡望本土者,也不乏仕北朝之人。另一方面因为自元熙二年(420)刘裕代晋称帝,建立刘宋王朝,青、兖二州当时是刘宋朝最北边的州府。隆安二年(398)鲜卑人拓跋珪迁都平城,登帝位是为道武帝。宋、魏对峙局面因此形成。在双方对峙中,今山东是他们的必争之地,双方在此展开多次拉锯战。直至北魏太和十年(486),才重新划定各地州郡。泰山羊氏族人在此期间，无论在北朝还是在南朝各自选择着自己的立足之地。羊规之即选择了先仕南朝刘宋，后叛宋归魏之路。

二、羊规之叛宋归魏

羊规之（？—472），泰山羊氏族人，晋太仆卿羊琇之裔孙（按《魏书·羊祉传》，羊祉为羊琇之六世孙，羊规之当为羊琇之五世孙）。

羊规之曾任刘宋朝任城（治所在今山东微山县西北仲浅）令。至宋武帝刘裕到徐州（南朝宋永初二年，即421年，改北徐州置，治所在彭城县，即今徐州市）视察，召辟羊规之为祭酒从事、大中正，应是宋武帝对羊规之的恩幸之职。祭酒从事一职是州府的主要僚属，掌州所置兵、贼、仓、水、铠诸曹事（不设该职之州，则以主簿治事）。大中正一职自魏晋至南北朝是负责评定士族内部品第的官员。由此看来，羊规之在此时有相当的影响力，或因其是名门泰山羊氏之后昆而被宋武帝召辟。

北魏国主拓跋焘对刘宋朝一直虎视眈眈，想侵占刘宋朝在长江以北的领地，与其形成南北对峙之势。北魏国主在给刘宋文帝刘义隆的信中扬言，如果你还想保存刘氏家族的祖庙烟火，你就应该把长江以北的地方全部割让给我，长江以北的守兵撤到江南。我抛弃长江以南让你居住。不然，你就应该好好命令你的方镇、刺史、太守、宰令恭恭敬敬地准备好床帐、饮食品具，明年（指元嘉二十八年，即451年）秋天，我将去进攻扬州。这是大势所趋，我最终不会放弃。这些言词表明，北魏国主侵犯刘宋的决心下定，所以他从元嘉二十七年（450）三月便不分白天黑夜地连续围攻刘宋所领悬瓠（今河南汝南）达四十二天。此后双方分别从山东到河南多地进行过交战。刘宋军队也多次击败北魏军。刘宋文帝也认为北魏国主野兽般的心并没有消除，命令各方伺机备战征伐北魏。

元嘉二十七年九月，北魏国主率部南去援救滑台（今河南滑县东南）。十月，北魏主至枋头（今河南浚县西南五十六里前枋城村），派人潜入滑台，抚慰城中。北魏主又渡河，众号百万。刘宋部退走。北魏人追击之，死者万余，丢弃军资器械堆积如山。十一月，北魏主命诸将分道并进。刘宋也分兵对抗，到此时，北方的实力已经压倒南方了。

十一月辛丑，当北魏主拓跋焘南讨至邹山（即邹峄山，又称峄山，驺山，邾峄山等。在今山东邹城市东南二十里），刘宋鲁郡太守崔邪利率属城降。羊规之此时为崔邪利属下，与崔氏同降。同时其属县徐通、爱猛之等俱降。以上事见《魏书·世祖太武帝纪》《魏书·羊祉列传》《资治通鉴》卷一百二十五《宋纪七》等。而《梁书·羊侃列传》则认为"会（恰巧，适逢）薛安都举彭城降北，规之由是陷魏"。这里的"陷"似有"陷入困境"之意，不管怎么说，羊规之是弃宋降北魏了。

按《宋书·晋安王（刘）子勋传》刘子勋入寻阳（今江西九江市）即伪位，是在刘宋明帝泰始二年（466）正月。当年十一月，徐州刺史薛安都举兵应之。事改归魏，请兵救援，魏遣博陵公尉元率骑一万南下入彭城救之。若按此时计,羊规之与薛安都同降北魏的时间,比上文《魏书·羊祉传》所记元嘉二十七年(450),整晚了十六年。

羊规之降魏后,魏主没有慢待他。《魏书·羊祉传》载,赐爵钜平子,拜雁门(今山西代县西南十里古城)太守。而按《梁书·羊侃传》则授卫将军、营州(北魏、太平真君五年置,治所龙城县,在今辽宁朝阳市)刺史。两书记载差异较大,孰对孰错,莫衷一是。1993年,新泰出土了羊烈墓志,墓志云:"(烈)祖规之,营州刺史。"终使疑案得以解决。至于其降魏时间,孰对孰错意义不大,正史中的错讹亦是常事。魏主对降将赐爵授官,可视为魏主拉拢汉人的一种手段,又可能认为羊规之是高门泰山羊氏之后而高抬羊规之。

羊规之虽是叛宋投魏之人,但他是泰山羊氏中在魏为官的第一人。他的到来对巩固郡望的地位,为泰山羊氏在北朝发展壮大奠定了基础。另外,羊规之对泰山羊氏人口发展做出莫大贡献。他育有4子,孙辈有13人,曾孙辈有19人,他们之中不乏文臣武将,又多以军功见长,为光耀泰山羊氏之门庭做出了贡献。

羊规之其他事宜,未见史籍有载。

羊规之育有四子:长子羊祉(见后文《重开褒科、铭留石门的北魏名将羊祉》),次子羊灵宝(据《羊祉墓志》:二弟灵宝,州主簿,□后除□州君,妻清河崔氏),三子羊灵引(见后文《好法律、死于王事的羊灵引》),四子羊莹,字灵珍,兖州别驾从事,羊莹子(羊)烈(见《北史、羊祉传》)。又《羊祉墓志》灵珍,州别驾,妻清河崔氏,父乌头,冀州刺史。

第七章　羊氏三英战侯景

泰山羊氏中的羊侃、羊鸦仁及羊侃子羊鹍入仕南朝萧梁朝。三人在战侯景中立有战功。侯景于南朝梁武帝萧衍太清二年(548)八月初十在寿阳举兵叛变,其后引兵直临长江。愚蠢的萧正德(萧衍之弟子)听到侯景愿意拥戴他,认为他做皇帝的机会到了,不惜出卖他的伯父,出卖自己的国家,同意做侯景的内应,派大船数十艘把他接到江南采石。当时侯景只有"马数百匹,兵八千人"(《南史·侯景传》)。梁武帝并没有听从羊侃的建议,把侯景拦在采石以南,以阻其渡江,在萧正德做内应的情况下,侯景顺利到达京城。自太清二年十月二十四日南朝萧梁京城被侯景所围,至侯景被刺杀的全过程中,泰山羊氏中的羊侃、羊鸦仁、羊鹍成为抗贼杀贼的干将。城中防务全靠名将羊侃指挥尽力抵抗,直至生命的最后一刻。太清二年正月,羊鸦仁率部增援建康,终因抵抗力不足城破身陷贼营。他面对国家倾覆,不能拼死报效朝廷而内疚,临死痛哭不已。羊侃第三子羊鹍,在随侯景东逃中,机智巧杀侯景,立有大功,使五年的侯景之乱终结。泰山羊门三英战杀侯景留名青史,功莫大焉。

第一节　南梁忠臣良将羊侃

——兼述羊默,羊忱、羊给、羊元,长子羊鹭

羊侃,字祖忻,初仕北魏为泰山太守,有南归之意。梁武帝大通二年(528)降梁。次年,至建康,历徐、青、冀、兖、衡诸州刺史,中大通四年(532)为侍中,太清二年(548)为都官尚书。时侯景反,直下建康,羊侃遂指挥守城事宜,屡击退侯景军,旋病卒,追赠侍中、护军将军。喜豪奢,善音律,自造《采莲》《棹歌》两曲。

一、梁武帝萧衍与萧梁政权

南朝刘宋政权在王室内部倾轧的大浪中大权集中到了中领军将军萧道成的手中。宋顺帝(刘准)昇明三年(479)四月,萧道成逼迫顺帝"禅位",登上帝位,国号齐,改元建元,是为齐高帝,史称南齐。南齐是南朝宗室内斗最严重、历史上历时最短的朝代,前后历时 23 年(479—502)。特别是南齐第二任皇帝萧赜(齐武帝)死后,皇室内部的骨肉相残更甚,使萧氏家族的族人萧衍有机会取代南齐。南齐和帝萧宝融中兴二年(502)四月,梁王萧衍即皇帝位,改元天监,是为梁武帝,立都建康,是为南朝梁。

梁武帝史称南兰陵(今江苏武进西北万绥镇一带)中都里人,汉相国萧何之后。东晋初年,齐高帝萧道武的高祖萧整举家南迁,在江南晋陵郡武进县定居,经多年经营,形成庞大的萧氏家族。东晋在此侨置南兰陵郡,故萧氏遂为南兰陵人。齐高帝萧道成及其后人的原籍都是东海兰陵县,治今山东兰陵县兰陵镇。这位祖籍山东兰陵的梁武帝在位48年,不仅在南朝,而且在中国历史上也算皇位坐得长久的。他接受前朝皇帝骨肉相残的教训,对宗室采取优待政策;在治国方略上大兴儒学,设立学校,实行土断①,劝课农桑,制定律令,减轻赋税,使梁朝政治、经济、文化达到南朝之鼎盛。同时他还改革九品中正制,以通经或诗赋取士,不问其出身是否"牛监、羊肆、寒品、后门"(《梁书·武帝纪》)。梁武帝后来沉迷于佛教,烟雨笼罩中的"南朝四百八十寺",很多是他统治时期兴建的。

至于梁武帝本人的生活尚算节俭,理政也很勤奋。他对待公文十分重视,冬天四更天就起身点烛批阅文件,手冻得开裂也不在乎。到佞佛之后,每天只吃一顿饭,且"膳无鲜腴,惟豆羹粝饭而已""身衣布衣,木棉皂账,一冠三载,一被二年……不饮酒,不听音声,非宗庙祭祀、大会飨宴及诸法事,未尝作乐。"(《南史·梁本纪中》)他三十八岁登基,在位四十八年,年八十六岁终老。在位年限,终老年龄在中国皇帝史上是少有的。然而这只是其人之一面。

南朝萧梁政府面临的仍是社会危机,矛盾重重。譬如,梁武帝一方面启用寒门之士典掌机要,另一方面则广泛网罗世家旧族,使其有参加政权的机会,用来作为支持政权的力量。寒士中典掌机要的要员却轻蔑世族,世族又埋怨皇上爱小人而疏远士大夫,两者矛盾加剧了社会危机,萧梁一朝阶级矛盾不断激化。

梁武帝最失策的是优容皇族子弟和官吏,即是他们犯法,全不受法律的制裁,使他们任其腐化,政治腐败。如梁武帝侄萧正德等大臣子弟,纠集恶少在黄昏时公开杀人,劫人财物,皇帝萧衍并不加处分。其六弟萧宏"恣意聚敛,库室垂有百间""(萧)宏性爱钱,百万一聚,黄牓标之;千万一库,悬一紫标,如此三十余间,(梁武)帝与佗卿屈指计见三亿余万。余屋贮布、绢、丝、棉……,黄屑杂货,但见满库,不知多少。"(《南史·梁临川王(萧)宏传》)萧宏如此之贪,萧衍认为六弟未藏武器,知其未有夺取皇位的野心,非常开心,盛赞萧宏说:"阿六,汝生计大可!"对这样一个奢侈无度,暴敛无厌之徒,梁武帝不但不惩其罪,反而夸他"生计"真会处理啊!是何等的荒唐。由此可见,只要不危害皇权,贪污是允许的。梁武帝让萧宏去打仗,夜间有暴风雨,军中一片惊荒,身为临川靖惠王的萧宏带几个人骑马而逃,将士四处找不着他,便丢盔弃甲溃散,"百万之师,一朝鸟散,国之存亡,未

---

① 土断:即国民以居住地为准,将迁移当地的流民人口编为国家户籍,并取消对流民的赋役政策。这是一项增加朝廷所控劳动人口的措施。

可知也。"事后萧宏免职。可是,不久又加重用并加显爵。司马光对此发出感叹:"萧宏作将领则覆没三军,作臣子则有大逆不道之涉,梁武帝饶恕他的死罪是可以的,但是几十天里,又重新让他位列三公,这从兄弟的恩情讲是非常诚厚的,可是帝王的法度又在哪里呢?"(《资治通鉴》卷148《梁纪四》)又由于梁武帝专精佛戒,疏远忽视刑法,奸佞招权弄法,货赂成市,冤狱者甚多。他知道弊端很多,但溺于仁爱,不去禁止。又听不进正直谏言,对奸佞小人视而不见。认为自己节俭是至大美德,勤勉工作是最好的治国方法。重大决策颠倒,名辱身危,国家颠覆。司马光曰:为千古所闵笑,岂不哀哉!(《资治通鉴》卷159《梁纪十五》)。

萧梁一朝中的门阀士族则自我封闭,妄自尊大。"平流进取,坐致公卿"的政治特权地位和"饱食醉酒,忽忽无事,以此消日,以此终年"(北齐颜之推《颜氏家训·勉学篇》)的腐朽生活方式,使他们既丧失了经世治国的本领,居官不知行政之道;也使他们缺乏基本的生活技能,治家不晓经营之法。向以诗书传家的高门著姓的后裔有的变成了半文盲,用笔只会记写自己的姓名,这些纨绔子弟整日身着用香草熏过的华丽衣裳,足登时髦的高齿屐,涂脂抹粉,搔头弄姿,出则乘车,入则有仆人扶持,既不会射箭,也不会骑马。从容出入,望若神仙。明经求等,则顾人答策;(三月三,九月九)出席公宴,则请人赋诗(《颜氏家训·勉学篇》)。这样一群腐败透顶的败家子、寄生虫是不能支撑住梁武帝的统治政权的。

梁武帝政权虽政治日益腐败,但他想吞并北魏的想法却日益膨胀。当时北魏确实已趋于衰亡,萧衍欲想通过发动对外战争,来缓和国内愈来愈多的农民起义所带来的阶级矛盾,于是,大举伐魏。天监四年(505)懦怯无能的萧宏为主帅的洛口(今安徽怀远西南七十里洛口镇,洛、涧入淮之口)一战,兵民"弃甲投戈,填满水陆"(《资治通鉴》卷146《梁纪二》,梁武帝天监四年),损折近五万人左右。天监十三年(514),出二十万民夫,所筑浮山堰(今安徽凤阳),费时两年多筑成,然后开口子东注。北魏则凿山集水开口子北注。结果淹了淮河两岸民众。至淮水暴涨浮山堰倒塌,声闻数百里,十余万口人都被洪水漂流入海。这都是萧衍作的恶。当北魏元颢投梁后由陈庆之率众七千送元颢返北。陈庆之在一百四十天内攻城破镇,大小战事四十七次,战无不胜,却因无萧梁后方支援,而使元颢被杀,陈庆之全军覆没,只有陈庆之一人乔扮僧侣,逃回江南。这都是萧衍失策造成的后果。此后,萧梁北伐也只好告一段落。

萧梁政权自始至终阶级矛盾未得到缓和,境内农民的反抗斗争计有十次之多,此起彼伏,前仆后继。"人人厌苦,家家思乱"(《资治通鉴》卷160,《梁纪十六》梁武帝太清元年),最后导致侯景乱梁。

羊侃弃魏投梁,虽有高官厚禄,深受梁武帝喜爱,但他所面对的同样是个政治恶化、生活腐化的政权,以及与侯景的一场恶战。

二、为"南归之志",弃魏投梁

羊侃(495—548),字祖忻,泰山梁父(今新泰天宝镇)人,东汉南阳太守羊续的裔孙。其祖父为羊规之,南朝宋武帝(刘裕)临幸徐州时,辟召为祭酒从事、大中正。时逢薛安都攻取彭城(今江苏徐州市)败,走降北魏,羊规之由是陷入北魏(见上文)。魏授予卫将军、营州刺史。父亲羊祉,官至北魏侍中、金紫光禄大夫。兄羊深,侃为深七弟。

少年羊侃魁伟,身长七尺八寸,雅爱文史,博涉书籍、奏记一类的资料,尤好《左氏春秋》及《孙吴兵法》(《梁书·羊侃传》)。并随父习武,勇武有力,臂力绝人。所用之弓至十余石(古代计算弓弩强度单位。如《荀子·议兵》:"衣三属之甲,操十三石之弩")。他曾在兖州尧庙做踢壁的游戏,直窜到墙壁五寻(古代长度单位,一寻为八尺或七尺)高的位置,又横行了七步。泗水桥上有数个石人,高八尺,大十围,羊侃两手各执一石人,相互撞击,石人尽碎。弱冠之年,随父在梁州(北魏太和十二年,即488年置,治所在今甘肃西和县西南洛峪乡)建立战功。初仕北魏尚书朗,以力大而闻名。有一次魏宣武帝(元恪,500—516年在位)见到羊侃,有意考验他的本领,便说:"大家都说你力大如虎,谁知道你是不是一只披着虎皮的羊呢? 你可做回虎状让大家一看。"羊侃闻言,当即身伏于地,双手猛一用力,十指顿时全部插入土中。宣武帝见其雄壮,有神力大为赞赏,特赐给他珠剑以示嘉奖(《南史·羊侃传》)。魏正光(520—524)年间中期羊侃才被征召为别将,成为一名统兵的武官。

魏孝昌三年(527),秦州(北魏时改在上封,即今甘肃天水市)羌人莫折念生占据秦州反叛,自称皇帝,并命其弟莫折天生率部攻陷岐州(今陕西凤翔县东五里),继而寇掠雍州(北魏治今西安市西北)。羊侃身充偏将,随同萧宝夤前往征讨。两军鏖战之际,羊侃藏身堙壕,伺机弓射莫折天生。天生应弦即倒。主将落马,羌军顿时溃散。羊侃从征立功。因功升迁使持节,征东大将军、东道行台,领泰山太守(北魏泰山郡治博平县,今泰安市东南旧县。《魏书·羊深列传》《北史·羊祉传附羊深传》均载羊侃为泰(太)山太守,),晋爵钜平侯。

起初,羊侃之父羊祉虽腾达于北魏,但常以先父(羊规之)为南朝降臣,每有南归之志。常对诸儿说:"人一生怎能长期停留在异乡,你们可回归事奉东朝。"羊侃便打算举河、济之间土地以完成先父的遗志,积极密谋叛魏附梁。到尔朱荣入据洛阳,大杀朝士(参见后文《北魏贞臣羊深》注),更触怒羊侃。大臣徐纥投奔羊侃,并极力劝其起事。梁大通二年(528),羊侃决定起兵。他的堂兄羊敦密知羊侃的计划,率军占据州城阻击。羊侃率领三万精兵攻袭羊敦,未能攻克,便修筑十余座城垒进行围困,并派遣使者报梁。萧梁朝廷对羊侃的赏授,与元法僧同(元法僧降梁,赏授以侍中、司空,封始安郡公。寻改封宋王)。梁武帝派遣大将羊鸦仁、王弁率军前往接应,李元履运给粮食兵器。北魏帝闻讯,急忙遣使授羊侃骠骑大将军、司徒、泰山郡公等官爵,并许诺终身为兖州刺史,羊侃不为所动,斩杀魏使者以宣示于众。魏人大惊,令仆射元晖率十万兵马,及高欢、尔朱阳都等部相继来到,合力攻打羊侃,围困侃十余层。羊侃部众被围在瑕丘(治今山东兖州东北)杀伤严重。栅垒中矢箭已用尽,梁朝的援兵却始终未敢北行。羊侃只得夜晚奋力杀出重围,边战边走,经过一日一夜的急行军,终于脱离魏境。军队停留在渣口(今山东枣庄市东南),尚有部众万余,战马二千匹。由于大军将进入南朝,山东士卒留恋故土,整整一夜,悲歌不断,令人伤感。于是羊侃出营向军士宣布:"诸位怀恋故土,照情理你们不能跟随我,可各自选择去留,就在此离别。"许多士卒遂向羊侃拜别而去。

三、南梁重臣,晋安平乱

梁大通三年(529),羊侃率部到达梁京师建康①。梁武帝(萧衍)授羊侃为使持节、散骑常侍、都督瑕丘征讨诸军事、安北将军、徐州刺史(南朝宋改北徐州置,治所在彭城县,即今徐州市)。与羊侃一同南下的羊侃兄羊默及其弟羊忱、羊给、羊元皆拜召为刺史。不久,授羊侃为都督北讨诸军事,出顿日(疑为吕)城,适逢陈庆元出师失利,停止前进。当年,梁武帝诏授羊侃为持节、云麾将军、青(州)、冀(州)二州刺史。

梁中大通四年(532),羊侃被梁武帝诏为使持节、都督瑕丘诸军事、安北将军、兖州刺史,随太尉元法僧北讨。元法僧早先启奏说:"我与羊侃有旧交情,希望能同行。"梁武帝乃召见羊侃,询问方略,羊侃就据实陈述进取的计策。梁武帝顺便说:"我知道卿愿意与太尉同行。"羊侃说:"臣回朝跃居显位,常想效命尽力,但实在不曾想和元法僧同行。北方人虽称臣为吴人,而南方人呼臣为虏,今天与元法僧同行,还是同类人相追逐,不止有违平素的心志,也使匈奴轻视汉朝。"其实,羊侃这段话的意思十分明确,他认为元法僧也是弃魏投梁之人,且元法僧是北魏宗室,是因自己的目的未能达到,不得已而投梁,而非实心。同为投梁人又同行,有让北魏轻视梁朝之嫌。然梁武帝不解羊侃之意,又说:"朝廷今天一定要卿同行。"于是下诏拜侃为大军司马。梁武帝对羊侃说:"军司马之职废除已久,这段时间专门为卿设置。"羊侃领兵到达官竹(今安徽亳州市东北),元树的军队又在谯城(今河南夏邑县北)失败。这次军事行动宣告结束。羊侃回京任侍中。五年(533),羊侃封为高昌县侯(高昌县治所今江西泰和县西北三里,南朝梁曾废入石阳县),食邑千户。六年(534)羊侃出任云麾将军、晋安太守(晋安治所在今福州市东部地区)。

---

① 建康:即今南京市,梁都。建康分四城:中为台城;西为石头城;又西为西州城;东为东府城。南朝梁都城中二十万户,西至石头城,东至倪塘,南至石子岗,北过蒋山,东西南北各四十里。

当时闽、越一带习俗不佳,好反叛动乱,前后太守都无法止息。羊侃任晋安太守后不断讨伐打击,斩其当地的魁首陈称、吴满等,于是肃清郡内反乱,秩序井然,莫敢再有冒犯者。时间不长,羊侃被征召为太子左卫率。

四、有鲁邹遗风的仁者、勇者

梁大同三年(537),梁武帝驾临幸乐游苑,欢宴群臣,羊侃亦在其中。当时少府(掌工官器械制造,亦作小府)的工匠新打造一柄双刃槊(马上用的一种长矛),长二丈四尺,围粗一尺三寸。梁武帝特赐羊侃河南国紫骝名马一匹,令其骑马试槊(羊侃试槊图见彩页)。羊侃持槊上马,左右击刺,特尽其高超武艺。梁武帝认为很好,以称美。乐游苑旁有一株大树,众人竞相攀树观看,梁武帝远远望见说道:"此树必有羊侍中而压折。"话音刚落,大树果被众人所压折。于是人称羊侃所持槊为折树槊。羊侃也深受梁武帝的喜爱。凡北人降梁者唯有羊侃的衣冠有剩余,武帝宠之超越其他人。武帝说:"朕年少之时持握槊,其形势似卿,今已失去年轻时的体力,又觉不是特别出奇。"梁武帝又即席赋《武宴诗》三十韵,赐予羊侃观看,羊侃也即席应诏和诗。梁武帝览阅后连声称赞说:"吾闻仁者有勇,今见勇者有仁,可谓邹、鲁遗风,英贤不绝。"

梁大同六年(540),羊侃升迁为司徒左长史。八年(542),升迁为都官尚书。当时尚书令何敬容掌握实权,与羊侃同在省署,羊侃未曾有登门拜访。有宦官张僧胤前去看望羊侃,羊侃说:"我的床不是阉割之人所能坐的。"竟不让他近前,当时众人议论赞美羊侃的坚贞正派。

梁大同九年(543),羊侃放外任,出任使持节、壮武将军、衡州(南朝梁天监六年,公元507年置,治所在浈洭县,即今广东英德西北浈洭镇)刺史。

梁太清元年(547),羊侃被征召入朝任侍中。恰适梁武帝大举北伐,仍以羊侃为持节、冠军,监作寒(韩)山堰(今江苏徐州市北)之事,两旬大堰立成。此时羊侃劝说元帅贞阳侯萧渊明趁机用水涨攻打彭城(今徐州市),未被采纳;不久,东魏大将慕容绍宗援军赶到,羊侃又劝贞阳侯萧渊明乘其远道而来疲惫而击之,第二天又劝说出战,又不被接受。羊侃知梁军必败,便率所部顿兵堰上。结果,梁军大败,萧渊明等将领均被俘,唯有羊侃率军结成队列徐徐而还。

五、侯景乱梁，羊侃奋力平叛

太清二年(548)，羊侃复为都官尚书。南梁爆发震惊朝野的侯景之乱①。侯景于八月在寿阳(今安徽寿县，东晋孝武帝改寿春为寿阳)举兵反叛，很快攻陷历阳(今安徽和县)，兵临长江。梁武帝询问羊侃讨伐侯景的策略，羊侃说："侯景反叛的迹象早有表现，也许会像受惊的猪一样，奔突乱窜，横冲直撞，流窜侵扰，来攻京城。应立刻据守采石(今安徽马鞍山市江东)，另令邵陵王萧纶袭取寿阳，使叛军既不能前来京城，退军又失巢穴，其乌合之众自然瓦解。"朝中以中领军朱异为首，认为侯景必无渡江之志。众臣都认为侯景不敢逼进京师。梁武帝遂将羊侃之计搁置，而让临贺王萧正德担任都督京师诸事军。萧正德与侯景内外勾结，利用职权，派大船十艘接应侯景渡江，又调走了率领水师驻防采石的王质。羊侃见大错铸成，不禁仰天长叹："今日之事必败矣！"

梁武帝令羊侃率千余骑驻扎望国门，宣城王(萧大器)为都督城内诸军事。侯景到达新林(又名新林港，位于今江苏南京市西南)，朝廷派人追回羊侃入城。梁武帝急令羊侃任京城副都督，协助宣城王都督城防诸军事。当时侯景突然到来，城外百姓小心谨慎地入城，城内公私混乱不堪，无法恢复秩序。羊侃区分情况拟定防范措施，皆用宗室参与其事。军人争相进入武器库自取武器衣甲，所司官员不能禁止。羊侃令人斩杀数人，方得禁止。到叛贼逼进京城中，民众都十分恐惧。羊侃伪称得到城外的射书说"邵陵王、西昌侯已经到达附近路上"，(其实邵陵王萧纶等二三十万大军，大都顿兵不战，竞相抢掠)民众方才少有安定。叛贼侯景将城包围，百道一起攻城。他们敲着战鼓，吹着口哨，喧嚣声

---

①　侯景之乱：侯景(503—552)，南北朝时怀朔镇(今内蒙古固阳西南)人，或云雁门(今山西代县)人，字万景，羯族。梁太清元年(547)，侯景为东魏大将，因惧被高欢之子高澄所害，降梁。旋为东魏慕容绍宗所败。次年正月举残部渡淮水，袭据寿春(今安徽寿县)。八月，与梁临贺王萧正德勾结，举兵反叛。萧正德时为梁平北将军都督京师诸军，利用职权用船只潜运侯景军于采石上岸，侯景推之为天子，改元正平。侯景陷建康内四城之一的东府城，恣意杀掠。建康的中心城台城，虽得羊侃坚守而内外断绝。但援台城诸军号令不一，自相离贰，终无成功。时梁武帝已将众务交付萧纲。侯景军缺乏食物，佯称请和，萧纲许之，下令遣散援台城诸军。侯景得以运东府城之米以济军，复围台城。太清三年(549)三月，台城终陷。侯景恢复太清之号，杀萧正德。梁武帝饥饿而死，侯景立萧纲为帝，是为简文帝。侯自为相国，加宇宙大将军都督六合诸军事。又进攻东方各郡，陷会稽，尽有三吴，到处烧杀掳掠，江南受到严重破坏。不久，湘东王萧绎所遣王僧辩诸军，大破侯景军于巴陵(今湖南岳阳)，侯景东还，废简文帝，立豫章王萧栋，又诈称萧栋的诏书禅位于自己，改元太始，国号汉。至公元552年二月，王僧辩与起兵岭南的陈霸先结盟讨侯景，三月攻克建康。侯景自沪渎入海，企图北讨，为妻兄羊鹍所杀。侯景乱梁，历时五年。

震撼了大地。侯景又叫人烧大司马、东华门、西华门等门。羊侃令人凿出一门洞,用水灌入浇灭火焰。直阁将军朱思带人越过宫墙外去洒水,久之,火才被浇灭。由于纵火甚盛,羊侃亲自指挥抵抗,以水灭火,火灭之后,引弓射杀纵火者数人,叛贼方退。侯景又让人用长斧砍东掖门,门将被砍开,羊侃命人在门扇上凿出孔,以长槊刺杀两敌后,砍门人方退。羊侃晋升为侍中、军师将军。有诏令命太子送黄金五千两,白银一万两,绢一万匹,用以赏赐将士,羊侃推辞不受。他有私兵一千人,都以私人钱财赏赐。

叛贼又用尖顶木驴攻城,使矢石不能遏制。羊侃则令士兵制作一种带刺的雉尾炬,灌上膏油施加于铁镞上投掷于木驴,顷刻间将木驴烧尽。叛贼又在东西两面堆起土山,居高以临城下,城中人极度吃惊。羊侃命士卒挖通地道,暗中将土运走,使土山始终不能堆成。接着,叛贼制作登城楼车,高十余丈,想凭高向城内射箭。羊侃说:“楼车高,沟堑土虚,楼车开动后必倒,可高卧而观之,不用劳军进行防备。”不出羊侃所料,楼车开动果然歪倒,部众无不惊服羊侃的预见。

叛贼连日频频攻城而不得胜利,便在城外筑起长围。围堵台城(今南京市鸡鸣山南)。梁将朱异、张绾发表议论,想出城破击叛军,梁武帝以此询问羊侃,羊侃进言道:“不可,贼军多日攻城而不能攻下,所以才筑长围欲引诱城中想投降之徒。今若出城破击,出击的人若少,不足破贼,出击的人若多,一旦失利,将自相践踏,门隘桥小,必然导致大的挫败,这样会削弱自己,并非是施展陛下威力之举。”朱异等人未听从羊侃的进言,遂使千余人出战,还未等交锋,士卒望风而退,果然相争过桥,落水死者过半。

起初,羊侃的长子羊鹭被侯景叛贼抓获,将其带到城下给羊侃看。羊侃对叛贼侯景说:“我尽全族之力报效君主犹恨不足,岂还在意一个儿子,希望你早一天杀掉他。”数日后,又将羊鹭缚赴城下,羊侃对羊鹭说:“我以为你已尽忠,没想到还苟活于世。我已经以身许国,发誓死在阵中,决不会为你考虑进退!”说完便引弓射之。叛贼被羊侃的忠义所感动,也未曾加害于羊鹭。

侯景一计不成,又施二计,便派遣仪同(一种官号,仪同三司的省称。为皇帝赐给三公以下大臣的一种特殊宠荣)傅士哲到阵前向羊侃喊话劝降。傅士哲说:“侯王(指侯景)远道而来问候天子,为何不让入城觐见?尚书是国家大臣,理应向朝廷启奏。”羊侃厉声驳斥傅士哲说:“侯将军从北方窜奔亡命之余,归顺我朝,以重镇方城相委任寄托,有什么厌恨,以致大动干戈?如今驱赶乌合之众,到王城之下,虏马饮于淮水,矢箭集于帝室,难道有人臣能至于此吗?我蒙受国家重恩,当秉承战前朝廷制定的克敌谋略,扫平大逆,决不会妄信你的诬妄之言,开门拱手让盗进来。有幸请向侯王转告,让他早点考虑归宿。”傅士哲又说:“侯王侍奉君主竭尽忠节,不为朝廷所知,还要当面启奏至尊,以除奸佞。既然居任戎旅之职,所以带兵甲来朝,怎么能说是谋逆作乱?”羊侃说:“圣上御临天下将近五十年,聪明睿智,没有幽暗之处不能明照的,又有什么奸佞而得在朝?要文饰他的罪过,岂无诡辩不实之词。况且侯王亲自举着白刃,以对城阙,侍奉君主竭忠尽节,能像这样吗?"羊侃之言,傅士哲无以应对,便一再恳求说:"在北方时,久仰将军风范和谋略,只恨平素无缘相识,今日唯求将军解去戎装,让我得以相见。"羊侃听说此言,为之免去甲胄,士哲瞻望甚久方才离去。羊侃为北方人,被人钦敬仰慕竟达到了如此地步。

此后,适逢一场大雨,城内御敌之土山崩塌,叛贼乘虚从旁高处垂吊士兵入城,士卒苦战也不能阻止敌人。羊侃乃令士卒多投掷火把,筑成火墙,以断叛贼前进之路,并慢慢地在城内筑起城墙,终于使叛贼不能进入。

《梁书·羊侃传》关于羊侃守城事宜写到此止。

史载,梁太清二年(548)八月,侯景自北魏投梁后,据寿阳。侯景以诛杀梁中领军朱异为名反于寿阳(朱异奸佞骄贪,为人所恨,侯景便借以为名)。梁武帝下诏讨伐侯景,并未阻挡住侯景。十月,侯景连下谯州(今安徽滁县)、历阳(今安徽和县),引兵临江。梁武帝未生儿子萧统以前,一直以其弟萧宏之子萧正德为子。后来生了萧统,萧正德与其伯父梁武帝矛盾激化,认为自己的皇帝梦做不成了。侯景利用梁武帝与萧正德之间的矛盾大做文章,侯景表示愿意拥护萧正德做皇帝,于是萧正德不惜出卖其伯父和他的国家,同意做侯景的内应。

梁武帝不听羊侃急拒采石,袭取寿阳的意见,错误地认为侯景过不了长江。而萧正德知道此时侯景到了长江北岸的横江(今安徽和县东南横江浦,面对江南之采石),就派大船十艘把侯景接过了采石。当时侯景只有马百匹,兵八千。

侯景于十月二十二日渡江,二十三日至板桥(南京市西南板桥镇),二十四日至秦淮河南岸。萧正德与侯景合,直抵台城(今南京鸡鸣山南)。石头城(今南京清凉山)梁守军投降,台城被围。城内防务只有太子萧纲(梁武帝第三子)主持,防军只有名将羊侃指挥尽力抵抗。十一月,萧正德称帝(后被侯景杀,共做了一百余天的傀儡皇帝)。

梁太清二年(548)十二月,羊侃积劳成疾,得重病,死于官署内,时年五十四岁。梁武帝追赠其侍中、护军将军。诏令赠给东园秘器,布绢各五百匹,钱三百万,鼓吹一部。

至次年三月十二日城破,台城前后被困一百三十余天。此年梁武帝已八十六岁高龄。

台城被围时,城内有十万余众,甲士二万余,米四十万斛。被围既久,死者十有七八,登城能战者不过四千人,这四千人也都骨瘦如柴,无战斗力。城内"横尸满路""烂汁满沟"(《南史·侯景传》)。城破时,城内仅存二三千人。侯景"士卒掠夺民米,及金帛子女",数月之间"道路断绝""存者百无一二"(《资治通鉴》卷161、162,梁纪十七、十八梁武帝太清二年、三年)。经过此次战乱,"南朝四百八十寺,多少楼台烟雨中"(杜牧诗句)

的建康城已是荒坯不堪,被战乱给毁灭了。

城破后,侯景强迫梁武帝命令城外二三万大军全部由侯景指挥。梁军或归或降,陆续散去。南梁军政大权暂有侯景一人掌握。梁武帝也被侯景软禁起来,两个月后,老病饿死,年八十六岁。博学能文,骑射乐律,书法围棋都极精妙之人梁武帝,终因没有看清侯景是何许之人,也未听从羊侃破侯景之良策,终使南梁一朝名存实亡的同时,也葬送了自己。

六、穷奢极侈,有悖家风

羊侃性情豪奢,精通音律,自作《采莲》《棹歌》两首曲子,甚是新颖别致。

南朝萧梁王朝前后维持了五十五年。梁武帝朝廷对内任其政治腐化恶化,优容皇族子弟和官吏。因此当时的皇族子弟和官僚们的生活极为奢侈腐化,肆意搜刮司空见惯。本文开端所说萧宏之爱钱如命只是其中一例。萧宏如此,其他王公贵人,何莫不然。至于官僚大臣,"姬姜(美女)百室,仆从数千,不耕不织,锦衣玉食",他们"不夺百姓,从何得之"(《资治通鉴》卷 161 梁武帝太清二年)。梁武帝王朝的这群腐朽的贵族、官僚,个个是吮吸人民血汗的能手。

在社会风潮的影响下,羊侃也不例外,也是吮吸劳动人民血汗的一分子。羊侃穷奢豪侈之行为,与其先祖羊续奠定的清廉尚俭之家风相悖。给羊祜等先公"执德清劭"(《羊祜传》),一世清廉的美德抹了黑,实乃不该。羊侃陪侍的姬妾成群,穷极奢靡。他有一个善于弹筝的人,名叫陆太喜,手上戴七寸长的鹿角爪。有一个舞女,名叫张净琬,腰围仅一尺六寸,当时有些人都推测她能在手掌上跳舞。又有个叫孙荆玉的人能反腰到头着地,用口衔起席上的玉簪。皇上敕令赐予羊侃歌女王娥儿,太子也赐予他会唱歌的屈偶之,都能美妙地唱尽奇曲,一时无可比拟。起初羊侃前往衡州,在短而深的两小船上构架成三间通梁水斋,以珠玉为装饰,再加上锦绘了多彩的设置帷帐屏障,在里面陈列女乐,乘着潮水,解开缆绳,临波置酒,沿塘依水,观看的人十分拥挤。大同(535—545)中,北魏使臣阳斐,与羊侃在北方是同学,诏令羊侃邀请其同饮。有宾客三百余,器具皆金玉、杂宝,三部女乐演奏。晚上,侍女一百多人,皆手拿金花烛。羊侃本不胜酒力,但喜结交朋友,整日酒杯交错相互酬劝,共同醉醒。

羊侃秉性宽厚,有才识和度量,曾南还至连口(即涟口,涟水入淮之口。在今江苏涟水县)置办酒宴,有客张孺才醉酒,于船中失火,连烧七十余艘,所焚烧的金帛不计其数。羊侃听说后,概不挂在心上,并未停止饮酒。张孺才甚感惭愧惧怕,自行逃匿,羊侃仍派人追回,用好话慰劝,待之如旧。

七、忠心奉国,有松筠之节

羊侃事迹、生平见于《梁书》卷三九(清《新泰县志》节录其传)。羊侃死后得到史家及后人的高度评价。在他与羊氏另一忠贞之臣羊鸦仁的合传后,(唐)《梁书》作者姚思廉曰:"高祖(梁武帝)革命受终,光期宝运,威德所渐,莫不怀来,其皆殉难投身,前后相属。羊侃、鸦仁值太清之难,并竭忠奉国。侃则临危不挠,鸦仁守义殒命,可谓志等松筠,心均铁石,古之殉节,斯其谓乎。"意思是说,羊侃和羊鸦仁正值南梁太清年间(547—548)的危难之机,则能竭尽全力忠心奉国。羊侃则临危不屈不挠,羊鸦仁则坚守忠义以身殒命,可谓意志等同松竹,心皆如铁石,他们可称谓古代为保全节义而死的人啊。清末学者黄恩彤对羊侃也有评价:"侃以疏逖之臣,处危疑之地,苍黄受寄,慷慨登陴,墨守输攻,机牙四应,乃至弃子弗顾之死,他史称其'志等松筠,心均铁石'。洵无恶焉!"意思是,羊侃以魏降梁的疏远臣子,身处危机疑难之地,事态多变之时,受寄于梁,而能登上凹凸不平的城墙,善守职责,竭力献纳攻打叛贼之计,相互协调配合四方应对,乃至弃子,不顾之死,史称之"志等松筠,心均铁石。"诚然而无惭愧啊(咸丰《宁阳县志》卷十二)!羊侃与众多羊氏族人为维护南梁安定,抗击叛军,坚贞不屈,在南朝羊姓族人历史上写下亮丽的一笔。然而,羊侃之奢侈,历史上亦不多见。因此,后世多有评说。例如,清道光年间进士、咸丰年间曾任吏、刑、户部侍郎的广东人罗惇衍,有诗《羊侃》云:

将军一死破台城,天厌萧梁纵贼兵。
奇计几曾烧雉炬,外援空白盼鸢筝。
床前坐耻阉人许,席上诗闻御宴惊。
文武才高风韵绝,采莲漫唱棹歌声。

又如,清乾隆二十六年进士、官至嘉庆朝广西巡抚的江西人谢启昆亦有诗《羊侃》曰:

折树稍长掷二寻,紫骝馨控自骎骎。
成围侍婢金花烛,帖地歌儿白玉簪。
水阁三间通画舫,锦屏十幅散花襟。
虎皮莫谩嗤羊质,免胄犹教北敌钦。

八、善音律,别致新颖

羊侃其人虽为一代良将忠臣,但其挥金如土、刻意伪饰、豪奢至极的生活与其先公先祖羊续等人所创建的优美清廉之家风相悖,也与一母同胞其兄羊深出淤泥而不染大相径庭,这一点是不可取的。羊侃文采斐然又善音律,自造《采莲》《棹歌》二首别致新颖。又因羊侃一歌舞妓张静婉其容绝世,后世之诗家多有借此吟咏者。如唐代温庭筠有《张静

(净)婉采莲歌并序》一首。

诗序曰:静婉,羊侃妓也,其容绝世。侃自为采莲二曲,今乐府所存,失其故意,因歌以俟采诗者。事具载《梁史》。

诗曰:

> 兰膏坠发红玉春,燕钗拖颈抛盘云。
>
> 城边(一作西)杨柳向娇(一作桥)晚,门前沟水波粼粼。
>
> 麒麟公子朝天客,珂(一作珮)马珰珰(一作堂堂,一作当当)度春陌。
>
> 掌中无力舞衣轻,剪断鲛绡(一作鲔)破春碧。
>
> 抱月飘烟一尺腰,麝脐龙髓(一作脑)怜娇娆(一作饶)。
>
> 秋罗拂水(一作衣)碎光动,露重花多香不销。
>
> 鸂鶒交交(一作胶胶)塘水满,绿芒(一作萍)如(一作金)粟莲茎短。
>
> 一夜西风送雨来,粉痕零落愁红浅。
>
> 船头折藕丝暗牵,藕根莲子相留连。
>
> 郎心似月月未(一作易)缺,十五十六清光圆。
>
> [该诗载"全唐诗"卷575。( )内为原注。]

【评析】浅析羊侃举兵投梁之因

羊侃其人智勇双全,文武皆备,自幼随父练就一身好武艺,又有神力,所以弱冠之年就立有战功。大约至三十岁左右即晋爵钜平侯,领泰山太守,成为一郡之长,官阶四品(或五品),秩约二千石。应该说羊侃无论官阶和俸禄尚能得到满足。他又为何要弃魏投梁呢?原因是多方面的。

其一,因其祖父羊规之初仕南朝,后来降魏,故其父羊祉有"南归之志",嘱羊侃兄弟不可"久淹异城",有机会应"归奉东朝"。羊侃有"以成先志"的夙愿。这既是一种孝心,又是自己的一种主观意愿。

其二,北魏孝文帝(元宏)之后,政治形势急转直下,统治阶级腐败奢侈,民众困苦不堪。《魏书·肃宗纪》载:"自宣武(指元恪)以后,政纲不张。肃宗冲龄(年幼)统业,灵后(指胡太后)妇人专制,委用非人,赏罚乖舛,于是衅起四方,祸延畿甸。"政治的黑暗又与生活奢靡密不可分。"帝族王侯,外戚公主,擅山海之富,居川林之饶,争修园宅,立相夸竞。"从朝廷大员到地方官吏都拼命地贪黩刻削人民。山东各地也不例外,加之山东水旱灾害严重,百姓不堪重负,死亡甚众。宣武帝景明二年(501),青、徐、齐、兖四州发生饥荒,死者万余。天灾人祸,纷至沓来,逼使民众铤而走险。山东地区继六镇起义、河北大起义后,迫使大量的河北居民向山东流亡,河间士族邢杲也举族迁往青州,前后约有二十万众流往青州地区。他们生活无着,于永安元年(528)六月,邢杲发动流民起义,众逾十万。其实,自孝昌二年(526),山东境内反抗北魏的农民起义就此起彼伏。先是齐州(治今济南)、平原(即山东平原郡)百姓刘树聚众揭竿而起,攻城夺地,多次击败州军。第二年年初,齐州东清河郡(今山东淄博市淄川城)山区不断爆发小规模的起义。三月间,齐州又发生大规模农民起义。广川(治今山东邹平东长山镇)人刘钧聚众反魏,建立政权,自行设立大行台。清河(治今山东临清市东北)人房顶也聚众而起,自任大都督,占据昌国城(在今山东淄博市东南五里昌国村)。这些农民起义震撼了北魏在山东的统治,加剧了形势的恶化。在客观上为羊侃举兵反魏创造了条件,使其反魏时机进一步成熟。

其三,在各地的人民大起义敲响了北魏政权将要灭亡的丧钟。在北魏政权摇摇欲坠之际,胡太后掌朝政。正如上文所说,她生活淫乱,朝政松弛。年龄渐大的孝明帝(元诩)召尔朱荣南下,以威胁胡太后。永安元年(528)胡太后毒杀孝明帝,立三岁的元钊为帝。尔朱荣趁机入洛阳,随即制造了"河阴之难"。立元子攸为帝(孝庄帝)。尔朱氏杀元子攸,立广陵王元恭为帝。高欢起兵,杀尔朱氏,立元朗为帝。高欢胜利后,立元修为帝(孝武帝)。高欢掌控北魏政权。北魏朝廷的内乱,导致武将拥兵割据,皇室无人支撑,皇帝废立由人,任人宰割,统治中国北部百余年的北魏政权,已经名存实亡。羊侃已知北魏政权无望,再给这样的政权效力已是徒劳,不如反了投梁。在此时的前几年,北魏与南朝梁的若干交战,萧梁胜多败少,加之梁武帝当时的节俭勤奋行为也迷惑羊侃,无形中给了羊侃一种好的印象,认为弃魏投梁不失为上策。又因此时北魏将领已有不少投梁(包括北魏宗室)均得到了重用,为羊侃铺垫了道路。两者比较差异明显,这又是造成羊侃反魏投梁的重要因素。

其四,徐纥投奔羊侃,力劝羊侃反魏投梁是使羊侃下定决心的导火索。徐纥,北魏乐安博昌(今山东寿光)人。胡太后返政之时,升为给事黄门侍郎,总摄中书、门下事,参断机密,势倾一时。然而该人无经国大体,好行小数。他说胡太后以铁券(即铁契,古时帝王颁赐功臣,世代可享受某些特权)离间尔朱荣左右,尔朱荣知道后,要杀他。等尔朱荣入洛阳,徐纥诈称有诏书,夜开殿门,取骅骝御马十匹,东去兖州。转告他的弟弟说将家南走,遂投奔泰山太守羊侃,并说服羊侃,令其举兵。羊侃从之,遂聚兵反,共同与徐纥围兖州。朝廷派遣侍中于晖为行台,由高欢督诸军共讨羊侃。徐纥顾虑不能幸免,说服羊侃乞求南梁萧衍的军队来抗高欢。羊侃相信了徐纥的话,遂奔萧衍(《北史·徐纥传》)。从徐纥本传这段记载看,徐纥来投,策反羊侃,二人一拍即合,成为羊侃举事的重要缘由。

综合上述各种因素,羊侃叛魏既有主观因素,亦有外部客观原因。羊侃于北魏永安元年七月动意策反,八月于城外筑十余军垒,派人去南,示意投梁,至当年十一月十日夜才突围南奔萧梁朝,前后历时四月余。这期间除与北魏军队交战外,羊侃不乏心中有若干思虑。起初羊侃未直接率众投梁。根据羊侃在北方的家族势力和自身能力直接投梁未必不能成功,可他并未这样做。或许正如王蕊《北朝时期的泰山羊氏》(《临沂师范学院学报》2005 年第二期)一文所言,当初只是举兵抗击北魏官兵,趋势发展壮大,称雄一方。他是在与北魏大军相持数月,不得胜利,最后在魏军持续进攻的情况下,破魏军于瑕丘,寨中的箭全部用完,萧军未至走投无路了,才选择突围南奔萧梁的。但是,据羊侃本传,羊侃从兄羊敦,密知羊侃有叛魏的动机,故“据州拒侃”,说明羊侃叛魏之举早有预谋。综合分析上述情况,不难看出,羊侃叛魏投梁是个循序渐进的过程,在这个过程中,客观因素是重要诱饵。

羊侃叛魏是北魏末期影响较大的事件,不仅给风雨飘摇的北魏政权以沉重打击,也使北朝泰山羊氏家族产生剧烈震荡。从此泰山羊氏一门,特别是羊侃数兄弟开始一南一北大决裂。在羊侃叛魏过程中他们各为其主同室操戈,大打出手。羊侃战败投梁,侃兄羊默,其弟羊忱、羊给、羊元皆入仕萧梁。羊深、羊敦等人继续留任北朝。七年之后羊深被东魏高欢之子高允所杀。至此,泰山羊氏家族在北朝的势力渐弱,失去了往日之强势。这大概就是历史造就了泰山羊氏在北朝的命运。

羊侃在萧梁一朝享受高官厚禄的同时,屡有战功。特别在侯景乱梁的关键时期,羊侃义无返顾保卫建康,表现得勇敢果断,机智多谋,殚精竭虑,力挽残局。面对儿子被敌掳,生死关头乃凛然不惧,敢于大义灭亲,心如铁石,令人十分敬佩。羊侃病逝之后,建康城内再无能人用兵,台城沦陷已成定局。然而又有一名泰山羊氏名将羊鸦仁成为重要抵抗者,遂于侯景展开生死搏斗。

第二节　南梁贞臣羊鸦仁
——兼述羊亮、羊海珍

羊鸦仁,字孝穆,初仕北魏主簿,普通(520—527)中,自魏归南朝梁,征伐青、齐,屡有战功,为北司州、豫州刺史,镇悬瓠(今河南汝南)。侯景叛梁,乃率所部入援建康,为侯景所败。台城沦陷,侯景任其为五兵尚书,常思脱身。后出奔江陵(今湖北荆州),他原来的部队迎者数百人,将赴江陵途中遇害。

一、弃魏归梁,委以重任

羊鸦仁(?—549),史称泰山钜(巨)平人。羊鸦仁无疑是泰山羊氏之族人,亦可谓平阳人。羊鸦仁年少之时便勇猛果敢有胆量,初仕北魏泰山郡(北魏移治博平县,在今泰安市东南旧县)主簿。梁普通(南朝梁武帝萧衍年号,520—527)中,率兄弟弃魏归梁,封为广晋县(治所在今江西鄱阳县北石门街镇)侯。后来在讨伐青、齐之间,连续有功绩,逐渐升迁为员外散骑常侍、历阳(今安徽和县)太守。梁大通二年(528)羊侃叛魏归梁时,鸦仁曾奉诏率军迎接(见《羊侃传》)。中大通四年(532),任命为持节、都督谯州诸军事、信威将军、谯州(今安徽蒙城县)刺史。大同七年(541),任命为太子左卫率,出为持节、都督南司、北司、豫州、楚州四州诸军事、轻车将军、北司州(今湖北麻城市西南。后废)刺史。

太清元年(547)二月庚辰,东魏司徒侯景以豫等十三州降梁(《梁书·武帝本纪下》)。侯景本北魏六镇之一的怀朔镇人,羯族。初为北魏北镇戍兵,从尔朱荣破葛荣,又从高欢诛尔朱氏。因侯景精于韬略,高欢命其经营河南,为司徒,南道行台,拥众十万。高欢知侯景狡猾多计,反复难知,临终嘱长子高澄,必不可用。侯景知道后"虑及于祸",于太清元年(547)初派遣他的行台郎中丁和上表梁武帝请降。梁朝众臣廷议非宜,梁武帝利令智昏,不从廷议而纳侯景。二月壬午乃召景为河南王、大将军、使持节、督察河南南北诸军事、大行台,并给鼓吹一部。(东魏)高澄遣大将军慕容绍宗围景于长社(今河南长葛市东)。景请西魏相援,西魏派遣五城王(拓跋)元庆等率兵救之。慕容绍宗乃退。侯景又请兵司州刺史羊鸦仁,鸦仁遣长史邓鸿率兵至汝水,五城王元庆的军队夜里遁去。于是侯景据悬瓠、项城,求遣两镇刺史以镇守(《梁书·侯景传》)。

三月甲辰,梁武帝诏司州刺史羊鸦仁、土州刺史桓和之、仁州刺史湛海珍等应接侯景于北豫州(南朝天监十三年〔514〕置,在今湖北麻城市西南)。

秋七月庚申,诏令羊鸦仁入悬瓠。至甲子,诏改悬瓠为豫州(《梁书·梁武帝本纪下》)。羊鸦仁按诏令督促土州刺史桓和之、仁州刺史湛海珍等精兵三万,赶趋悬瓠应接侯景。鸦仁仍为都督豫、司、淮、冀、殷、应、西豫等七州诸军事、司州豫州二州刺史,镇守悬瓠。由此看来,梁武帝十分看重鸦仁,权势很重。

由于东魏新丧元帅高欢,侯景又举河南归降南朝梁,高澄虑与西魏和南朝梁合纵,方为己患,乃以书信说服侯景。侯景当然不听高澄之言,于当年十二月率军围谯城(今河南夏邑县北)不下,退攻城父(今安徽亳县东南),又迅速开拔。此时,高澄又遣慕容绍宗追景,景退入涡阳。适逢侯景败于涡阳(为谯州南谯郡治,在今安徽蒙城县),东魏大军渐渐逼近。羊鸦仁唯恐军粮运输不能接续,遂后还至北司州(南朝梁大通二年,即与528年改郢州置,治今河南信阳市),弃悬瓠,悬瓠被东魏占领。鸦仁上表朝廷陈述谢罪,梁武帝大怒,责备鸦仁。鸦仁惧怕,启奏梁武帝宽限一段时期,并把军队驻扎于淮上(今安徽淮水以此,当在今凤台县境)。此时为太清二年正月,由于鸦仁弃城而走,东魏占领悬瓠。

二、侯景反叛,鸦仁遭陷

侯景与慕容绍宗相持于涡阳以北。景军食尽,军队溃散,景领八百残兵败将奔寿春(今安徽寿县),以欺骗之手段据寿春。侯景败据涡阳时,遂怀反叛之心,梁武帝竟无察觉。侯景多所征求,朝廷在奸佞之臣朱异等人操纵下,乃包含宽厚,未曾拒绝。

太清二年二月,梁武帝又与东魏联合。侯景十分惧怕,马上表奏。表疏跋扈,言辞不逊,梁武帝不从。这时司州刺史羊鸦仁根据侯景的多次表现,禀告朝廷认为侯景有叛变或篡逆的意图。领军朱异不听鸦仁所奏,并说:"侯景数百叛虏,何能有这样的事。"遏止了鸦仁所奏,而愈加赏赐侯景,所以使侯景的邪恶阴谋很容易得逞(《梁书·侯景传》)。朱异这帮蛀虫对羊鸦仁的预见和判断视而不闻,连同徐驎、陆检,骄奢淫逸,奸佞贪婪,玩弄权术,欺上瞒下,被时人所痛恨。称他们三人是"三蛀虫"。侯景就以杀朱异等人为借口起兵叛乱(《资治通鉴·梁纪十七》)。

又据《资治通鉴·梁纪十七》侯景邀羊鸦仁同反,鸦仁拘捕了侯景派来劝他反叛的信使,并把此事禀告了朝廷。朱异说:"侯景的反叛军队只有几百人,能有什么作为。"梁武帝命令把侯景的信使送到建康的监狱里,不久,又释放了他。侯景更加肆无忌惮,启禀武帝说:"若臣事是实,应受到国法的制裁,假如我承蒙您的关照和详察,请您杀掉羊鸦仁。"羊鸦仁反被叛贼诬陷,险些丧命。

太清二年(548)八月戊戌(初十)侯景在寿阳(今安徽寿县)反叛。羊鸦仁同宗羊侃在建康城内奋力指挥抗敌。至太清三年(549)正月癸未(二十七日)羊鸦仁率领所部入援建康,同鄱阳王的嫡长子萧嗣、永安侯萧确、庄铁、柳敬礼、樊文皎率部渡过秦淮河,攻打并焚毁东府前面的栅栏,迫使叛贼侯景退。后来,侯景请和但又违背盟约,三月初一,梁武帝又惭愧又愤怒,在太极殿前祭告天地,击鼓再战。三月初三,羊鸦仁乃与赵伯超及南康王萧会理共攻叛贼于东府城(故址在建康城东南,今南京市通济门附近北)北面。他们约定在夜间渡河。后来,羊鸦仁等人天亮没到达指定地点。侯景的部队发觉了他们。没等援军建立营地,侯景派人前来攻击,赵伯超望风退走。萧会理部队大败,战死及溺死者达五千人。侯景把死者头颅堆到宫门下面,以向城中展示。可见侯景是何等狠毒,可谓惨无人性。

三、临危不挠,守义殒命

台城(今南京鸡鸣山南)不久沦陷。至三月十四日,王僧辩、羊鸦仁等人见大势已去,无奈一道打开营门向侯景归降,将士们没有不叹息愤恨的。十五日,朝廷诏征镇牧守可复本任复职。羊鸦仁见侯景,为侯景所留用。六月,侯景任命羊鸦仁为五兵尚书(属尚书省。三国魏始置,至南朝沿置,南朝时领五兵为中兵、外兵为左右,共领七郎曹,仍称五兵)。

羊鸦仁(身在叛贼之营)常思奋发反正,对他的亲信说:"我是世俗之流,深受朝廷宠爱,竟没有报效朝廷,以答谢朝廷的重恩。当前国家倾覆危殆,身不能拼死,苟且偷生,以至于今。假若以此终了,没有余愤(《南史·羊鸦仁传》作"余责")。"说罢,竟泣哭泪下,见者无不伤感。

太清三年(549),羊鸦仁出奔江西(对长江下游北岸淮水以南地区的惯称,与江东相对而言),其旧部数百人迎接,将赴江陵(治今湖北荆州市荆州区旧江陵县),到达东莞(南朝梁置,治所在安宜县,今江苏宝应县西南),被原北徐州刺史荀伯道之子荀晷所害。临死以不能终生报效朝廷而就此了结,痛哭不已。

后来,羊鸦仁兄之子羊海珍知叔父被荀晷所害,(为替叔父报仇)乃掘荀晷之父荀伯道并祖及所生母合五丧,各分其半骨,共棺焚之,半骨杂他骨,分五袋装盛,袋上铭曰:"荀晷祖父母某之骨。"(《南史·羊鸦仁传》)

鸦仁之子羊亮,侯景之乱后移任吴州刺史,跟随王琳(王琳曾随王僧辩破侯景,后为湘州刺史,承圣三年为广州刺史),以名将之子,人们遇见都十分尊重他。此人多酒而无才能,酒醉为阉竖所杀。

后世史臣将羊鸦仁与羊侃共称,赞两人共处"太清之难,并竭忠奉国。侃则临危不挠,鸦仁守义殒命,可谓志等松筠,心均铁石。古之殉节,斯其谓乎"(《梁书·羊鸦仁传》)。《南史·羊鸦仁传》则谓:"羊侃、羊鸦仁等,自北徂南,咸受宠任。既而侃及鸦仁晚遇屯剥(即动乱、祸乱)。侃则临危不挠,鸦仁则守义以殒。古人所谓'心同铁石',此之谓乎。"

羊鸦仁本传载《梁书》卷三九、《南史》卷六三。羊鸦仁佚事在隋、唐仍有传颂并图之缣素。如,唐代裴孝源《贞观公私画史》著录有"羊鸦仁跃马图一卷",并云:"(南朝画家)张僧繇画,隋朝官本。"唐代张彦远《历代名画记》卷七"梁·张僧繇"条下亦云:"《羊鸦仁跃马图》……并传于代。"该图惜今不传。清《新泰县乡土志·人物》节录其传。

【评析】鸦仁忠心,青史可鉴

史称羊鸦仁为泰山钜平人。钜平位于今泰安市西南五十里,具体位置在今宁阳县东北三十五里处,即该县磁窑镇西太平、前丁家庙两村间。泰山羊氏中多人封为钜平侯或钜平子,此地是泰山羊氏家族的封邑之一。故羊鸦仁属泰山羊氏族人无疑,但其在羊续裔孙世系中找不到此人。有学者认为是羊祜的族侄(李光星《羊祜年谱》),亦不无根据耳。钜平县当时的区域今不可考,其东部有可能属今新泰市。如羊烈本传亦谓钜平人,而其墓志则在新泰羊流出土,有可能时之羊流曾归属过钜平,或卒后归葬之故里。

关于羊鸦仁在台城沦落之后,是否真心降侯景呢? 结论是否定的。从史料记载看,羊鸦仁对南朝梁忠贞不贰,对侯景之叛逆之心早有察觉且报告了朝廷。侯景邀鸦仁一起反叛时,鸦仁态度明朗,不仅遭到拒绝,而且拘捕了侯景的信使,并送往朝廷。侯景围城,鸦仁奋争抗贼。这一切表现,鸦仁毫无跟随侯景叛梁之意。

为何侯景留鸦仁,并任五兵尚书? 窃以为有两层意思,其一是敬佩鸦仁之才能和人品;二是泰山羊氏在南朝家族势力虽然式微,但其整个家族余威尚存,有对泰山羊氏拉拢、收买之意。鸦仁为侯景所留后,仍"身在曹营心在汉",常思奋发,恨不能报效,"以答重恩"。又以为"社稷倾危,身不能死,偷生苟免"而伤心。故出奔江西,将赴江陵,以解脱忧困,不料被人所害。临死以报效不终,而泣下,实乃自觉遗憾。

羊鸦仁之子羊亮,身为名门之后,名将之子,南梁朝廷命官,别人对他都"见礼甚隆",而其本身不能自重,多酒且无赖,酗酒后被阉竖所杀,这是自找的非命,给泰山羊氏家族和其父抹了黑,实乃不该。更可恶的是,由于羊亮缺乏自我修养,无容人之量,与他的上级王僧愔不睦,导致同宗族人、名将羊鹍遭人残害。《南史》卷六十三《王神念传附子王僧辩传》:"时吴州刺史羊亮隶在(王僧辩之弟)僧愔下,与僧愔不平,密召南兖州刺史侯瑱见(被)擒。僧愔以名义责瑱,瑱乃诿罪于羊鹍,将其斩之。"(又见本书《南梁英豪羊鹍》)由此看来,羊鸦仁教子无方。其子羊亮不仅不能为族人增光,反害了族人。羊亮成为泰山羊氏之另类。真可谓"养不教,父之过"也。痛哉!惜哉!

羊鸦仁本传中有"率兄弟自魏归梁"之句。具体率何人史未交代。但在《梁书》《南史》中屡屡出现羊氏人物,如《梁书·梁武帝本纪第三》中有"以魏北徐州刺史羊徽逸为平北将军"句;《侯景传》中有西阳太守羊思达为殷州刺史,镇项城"句;《资治通鉴·梁纪十八》中有"(侯)景遣直阁将军羊海将兵助之,海以其众降东魏,东魏遂据江阴"句。上述羊徽逸、羊思达、羊海等人是否属泰山羊氏人物,或谓同羊鸦仁一起反魏投梁之人,不得而知。

另据《南齐书·皇后传》有"永明中无太后、皇后,羊贵嫔居昭阳殿西,……"句。"贵嫔"为女官,位次于皇后,未见泰山羊氏史料中载其人,羊贵嫔是否为泰山羊氏女,不得而知。又,《南史》卷七十三《孝义列传上》有"萧矫妻羊字淑祎,性至孝"句及"又时有羊缉之女佩任者"。上文中"羊淑祎""羊缉之"二位亦未见有关泰山羊氏史料中有载,一概不知是否泰山羊氏南迁之族人。《梁书·梁武帝本纪上》有"乙丑……又建康令羊瞻解称凤凰见县之桐下里"句,《陈书·高祖本纪第二》中有"主帅羊暕等三十余人……",文中羊瞻、羊暕亦不知是否泰山羊氏之族人。以上诸羊氏人物仅借此一备。

第三节　南梁英豪羊鹍

羊鹍,羊侃三子,初随父在官府内,侯景之乱建康城陷,窜于阳平。侯景呼还,待之甚厚。及景败,随其东走。景于松江战败,欲下海向蒙山。鹍引船驶向京口,杀侯景于船上。元帝时羊鹍为青州刺史,又领东阳太守。后从王僧愔征萧勃,王败,乃还,为侯瑱所破,遇害,年二十八岁。

一、勇刺侯景,人心大快

羊鹍,羊侃第三子,字子鹏。初随父羊侃在官署(台省)内,侯景乱朝,建康城陷落,逃到阳平(南朝梁移治安宜县,今江苏宝应县西南)。侯景派人喊他回京,待之甚厚。侯景将其妹为鹍小妻,并以为库真都督(即亲信都督)。待到侯景乱朝失败,羊鹍想密谋力图对付侯景,乃随其东走。侯景又在松江(即今江苏太湖尾闾吴淞江)被王僧辩军队所战败,只剩下三只小船,下海欲向蒙山。适逢侯景疲倦,白天睡觉。羊鹍对船夫说:"这个地方哪里有蒙山,你只听我处置。"遂船只向京口(今江苏镇江)驶去。船至胡豆洲(相当江苏南通一带),侯景睡醒,大惊。问岸上人,岸上人说:"郭元建还在广陵(今扬州西北蜀冈上)。"郭元建是侯景的心腹,景曾以郭氏仪同三司,并为尚书仆射,总江北诸军事等。听说郭氏在广陵侯景大喜,将要前往依靠他。此时,羊鹍拔出刀大声命令船夫驶向京口。羊鹍于王元礼、谢答仁弟谢葳蕤,并被侯景所亲昵。羊鹍虽是侯景之妹夫,但见侯景已是穷蹙无路,决计反叛。于是三人对景说:"我等为王您百战百胜,自谓无敌,终至于此,岂不天命吗。今就想求取你的头,以取财多位尊。"侯景听此言欲毁船透水,羊鹍拔出佩刀砍他。侯景于是走入船舱,用小刀戳船。羊鹍用槊将侯景刺杀。此时侯景的尚书右仆射索超世在别船,谢葳蕤以侯景之命将他召来,并把他抓获。南徐州刺史徐嗣徽斩首索超世,然后用盐填塞到侯景的腹中,把他的尸体送到建康。太尉王僧辩把侯景的首级传送到江陵,砍下他的手,派谢葳蕤送到北齐去了①。侯景的尸体放在建康的街市上示众三天,士大夫和平民都争着割他的肉吃,最后连骨头都抢光了,以发泄怨恨。就连侯景之妻、简文帝萧纲之女溧阳公主都来分享侯景的肉。人们又将其焚骨扬灰。曾罹其祸者,乃以其骨灰和酒而饮。侯景的头送到江陵,世祖梁元帝萧绎命将其头悬挂示众三天,然后烤而漆之,涂漆之后,送到收藏兵器的仓库保存(《资治通鉴·梁纪二十》)。可见,从君臣到百姓,包括侯景亲属,无人不对侯景这一乱臣贼子恨之入骨,侯景之死,人心大快,也是这个乱臣贼子应得的下场。

梁元帝授任羊鹍使持节、通直散骑常侍、都督青、冀二州诸军事、明威将军、青州刺史,封爵昌国县(治今淄博市东南五里昌城村)公(《南史》其传作"侯"),食邑二千户,赐钱五百万,米五千石,布绢各一千匹。又领东阳太守,因征讨陆纳,加官散骑常侍。平定峡中,授任西晋州刺史。破郭元建于东关(今安徽含山县西南六十里东关镇),升迁为使持节、信武将军、东晋州刺史。

---

① 北齐:北齐都邺,当时侯景的五个儿子留在了北齐。《资治通鉴·梁纪二十》载,高澄把他长子的面皮剥下来后用油锅烹了,其他四个儿子都下蚕室割去生殖器,又将侯景的几个幼子下了油锅。

梁元帝承圣三年(554),西魏包围江陵(南朝梁承圣元年,即552年,萧绎即帝位,建都于此),羊鹍前往救援没有赶上,跟随王僧愔到岭表(即岭南地区)征讨萧勃。听到太尉王僧辩失败的消息,方才返回,被南兖州刺史侯瑱所打败,在豫章遇害,时年二十八岁。《梁书》《南史》皆为羊鹍立传。清《新泰县志》节录其传。

二、一代英豪,竟罹非祸

羊鹍英年被人所害,何故?在其本传中未作交代。《南史》卷六十三《王僧辩附弟王僧愔传》中略有所记。王僧辩在萧绎即位为梁元帝后,进授镇卫将军、尚书令。承圣元年(552)大破北齐军有功,迁升太尉、车骑大将军。元帝事先与陈霸先(后为南陈武帝)共奉萧方智继梁王位,是为梁敬帝。当时,秉承梁王旨意,王僧辩进骠骑大将军、录尚书等职。此时北齐送贞阳侯萧渊明来主梁嗣,王僧辩又纳之。授僧辩为大司马,领太子太傅、扬州牧等职。陈霸先进为司空、南徐州刺史,自京口来袭击建康,王僧辩计无所出,是夜与其子俱被绞杀(《南史·王僧辩传》)。

僧辩弟僧愔位在谯州(今安徽蒙城)刺史,征萧勃(梁武帝从父弟,原镇广州,梁敬帝时加司徒。绍泰元年即555年为太尉,次年进为太保),及闻兄僧辩死,引兵而还。时吴州(南梁太清三年即549年治今苏州市,至承圣二年,即553年,治今江西鄱阳县)刺史羊亮(羊鸦仁之子)为王僧愔的部下,此人多酒无赖,与王僧愔不和睦,密密召见南兖州刺史侯瑱被擒。僧愔以名声和道义责备侯瑱。侯瑱乃推卸罪责,将跟随僧愔征讨萧勃的羊鹍斩杀了。由上可知,羊鹍并未参与羊亮和王僧愔的明争暗斗。当侯瑱受到王僧愔的责备后,拿羊亮的同宗亲人羊鹍做了出气筒,将羊鹍斩之。可惜一代名将却因为同是泰山羊氏宗亲的羊亮与他人不平而竟罹非祸。哀哉!

【评析】从侯景乱梁,看萧梁亡国

羊侃之子羊鹍和他父亲一样,也是一代名将。他最大的功劳是机智勇敢而又巧妙地杀死了乱梁之贼侯景,为国为民除了一害,此举羊鹍也早有欲谋。

侯景虽眉目疏秀,但其野心勃勃。此人性情残忍,好杀戮,是只披着人皮的豺狼。他杀人如麻,对受刑之人或先斩手足,割舌劓鼻,经日方死。他曾在石头城(故址在今南京市西清凉山上)立大舂碓,有犯法者,皆捣杀之,其惨虐致极。他不仅残忍酷虐,且狡猾多计,反复难知,以致迷惑了梁武帝。到侯景叛变的消息到达建康时,梁武帝还以为有"长江天堑",侯景渡不过来。致使侯景百道俱攻,昼夜不息,前后围城一百三十余天。使建康城遭到了毁灭性破坏,死人无数。城初被围时,城内有男女十万余人,甲士二万多,米四十斛。被围既久,死者十之七八,登城而能作战的士兵,不满四千人,这四千人也都瘦得不像人样,只是喘气。破城时生存者只存二三千人。当他攻城不下时,乃纵兵杀掠,交尸塞路,富室豪家,恣意聚敛搜刮,子女妻妾,悉入军营。及筑土山,不限贵贱,昼夜不息,用鞭子木棍驱赶，将衰老病残之人杀之用以填山，号哭之声，响动天地。攻城之初，城中积尸不加埋葬，又有已死者未敛，或将死而未绝者，侯景下令聚而烧之，臭气闻十余里。当时尚书外兵郎鲍正，疾笃，贼子将他拖出而焚之，翻来复去于火中，久而方绝（《梁书·侯景传》）。可见侯景之贼是何等的残忍。

侯景之乱，使繁华的建康城遭到了毁灭，经过战乱往日繁华不再，数月之间已荒圮不堪，生存者百无一二（《资治通鉴》梁纪十七，梁武帝太清二年）。不仅如此，这次战乱造成江南大饥荒。本来三吴（吴郡、吴兴、会稽）一带十分富庶，"贡赋商旅，皆出其地。及侯景之乱乃掠人……卖于北境，遗民殆尽矣"（《资治通鉴》梁纪十九，梁简文帝大宝元年）。侯景军队对三吴东土的破坏，造成大宝元年（550）的江南大饥荒。百姓逃亡，俱进山谷，江边、湖畔，采摘草根、树叶、菱角、鸡头米为食。各处都吃光了，到处有百姓流亡，死者涂地。富户也无粮可食，脸都瘦得像鸡脸一样；身体瘦得像长脖子天鹅一样，身穿绫罗，怀抱金玉，躺在床帐中等死。于是千里绝烟，人迹罕见，白骨成堆，高如丘陇（《南史·侯景传》）。侯景之乱不仅使百姓遭殃，也沉重打击了士族高门。

侯景之乱与历史上的始皇焚书、王莽之乱、董卓之乱、八王之乱一样，不仅使华夏在经济上造成不可估量的损失，给人民生活带来灾难，同时给官方藏书，给中华文化造成毁灭性打击。它使历史上的很多声音就此熄灭，很多人物事迹就此湮没无闻。它是中国历史上又一次大的厄运。

侯景打进建康自然得意一时，梁大宝二年（551）十一月，废豫章王萧栋，自立，改元太始，国号汉。但好景不长，当时的湘东王萧绎加领军，将王僧辩为大都督，率军讨伐侯景。第二年（梁元帝萧绎承圣元年，即552年）二月，王僧辩等攻克建康，侯景东逃。四月，企图北逃，途中被羊鹍所杀，至此终于结束了长达五年的侯景之乱，羊鹍功莫大焉。

侯景之乱是南北朝历史上的一件大事，此后梁朝名存实亡，不久被南朝陈所取代。侯景之乱初，侯景不过一千余人马，一百三十余天，就打败了梁朝，发人深思。但历史告诉我们，梁武帝虽有文武之才，但后期崇佛，不问国事，朝政被中领军朱异、少府卿徐麟、太子右卫率陆验左右，这三人史称"三蠹"。他们蔽主弄权，为时人所疾，侯景就是以除"三蠹"清君侧之名而起兵反梁的。《梁书·朱异传》载："八月，景遂举兵反，以讨异为名。"且朱异在朝"作威作福，挟朋树党，政以贿成，服冕乘轩，由其掌握，是以朝纲混乱，赏罚无章。"（《梁书·武帝本纪下》）然梁武帝竟然不觉。直至侯景率兵进逼建康，羊侃建议他要一方面防守采石，一方面袭击寿阳，使侯景"进不得前，退失巢穴"。朱异却说："景必无渡江之志。"梁武帝竟然不采纳羊侃的建议，而听信朱异之言，放松戒备，直到侯景渡江至采石才下令戒严，但为时已晚。另一方面，众多藩王也是各怀心事，不顾国家安危。当时，建康被侯景所困，除羊侃奋力抗敌之外，城外援军由各地集结达二三十万，与侯景相比占绝对优势,援军首领却相互猜忌观望,按兵不动。除韦粲一人战死外,其他将帅则大显抢掠之能事。侯景都认为援军虽多,却不相统属,一如乌合之众。他们并非真心拥护萧衍王朝。萧衍政权的统治者如此昏庸腐朽,哪有不亡之理!侯景之乱像一面镜子,反映出萧梁王朝已腐朽到不堪一击之地步。

萧梁一朝,国运多舛,后期梁武帝事佛利令智昏,把政权受于"三蠹",朝纲渐腐,贪贿之风兴盛,加之关键时刻听信谗言,决策失误,乱臣贼子趁机造反。南梁政权不死于外敌,而丧于内乱,最后被南陈取代,南梁从盛极一时到残败衰亡,它警示后人一个亘古不变的真理:纵观前贤国与家,成由勤俭败由奢。这大概就是历代封建王朝衰亡的规律。

第四节　南朝鼓琴名士——羊盖、羊景之

琴,作为拨奏弦鸣乐器,历史久远,传说神农创琴,上古为五弦。《史记·乐书》说舜作五弦琴,以歌《南风》。又传至周,增至七弦。因琴的音色古朴典雅,富有韵味,列为雅乐之列。《诗·小雅·鹿鸣》:"我有嘉宾,鼓瑟鼓琴。"自古琴家不胜枚举,代代有高人。南朝羊氏出了两位鼓琴名士,即羊盖和羊景之。

羊盖生卒年不详。南朝刘宋初,羊盖和嵇元(又作允)荣,同善琴,师从戴安道,传其技法,二人齐名。名士柳恽(465—517),字文畅,南齐时曾为太子洗马,入南朝梁,升为侍中、秘书监。后又任吴兴太守,有善政。此人不仅工诗,尝奉和梁武帝(萧衍)《登景阳楼篇》诗,深得称赞。而且耽悦音乐,学琴于嵇元(允)荣、羊盖,与仆射沈约等共定新律。柳恽当初跟随嵇、羊两人学琴时,穷尽寻究二师之精妙。被南朝齐武帝(萧赜)之次子萧子良(字云英,武帝即位封竟陵王)听闻后引为本官署的行参军。柳恽高雅琴艺受到萧子良的赏识亲近。

萧子良尝置酒于后园,园内置有东晋太傅谢安的琴在侧,子良援琴授予柳恽而鼓之,柳恽弹的曲子十分典雅。萧子良说:"卿巧越嵇心,妙臻羊体(其意是说,柳恽弹琴的技巧能表达出嵇元荣以琴声表达的心意或说情意;其神韵之精妙达到了羊盖的韵味和风格),精良的音质,优美的手法,果真在今夜表现出来了。岂止当今可以称奇,亦可追踪到古烈之风(或说可追踪到前人的显赫之风)。"

萧子良对柳恽鼓琴技艺赞誉的同时,赞誉了柳恽之师嵇元荣和羊盖。可见羊盖、嵇元荣之琴艺在当时赫赫有名。他们将自己的琴艺传授给了后人,为后人所称颂的同时亦留名于青史。羊盖也为羊族赢得了一份荣耀(事见《南史》卷三十八《柳元景传附柳恽传》)。

羊景之生卒年不详,南齐时的琴师,琴艺著名。羊景之琴艺由南齐高帝萧道成第十二子江夏王萧锋授之。萧锋"好琴书,盖亦天性"。羊景之后来声名远过其师。萧锋的好

友江祐说:"江夏王有才行,亦善能匿迹,以琴道授羊景之,景之著名,而江夏掩能于世,非唯七弦而已,百氏(指诸子百家)亦复如之。"江祐的这段话映射出羊景之的琴艺名噪一时,有盖过其师之誉(事见《南史·齐高帝诸子传附江夏王(萧)锋传》)。羊景之和萧锋因琴而成为好友,两人的关系肯定不一般,但概莫能知。

上述两位鼓琴名士非泰山羊氏莫属,只惜他们的事迹匮乏,难觅史载,后人很难知晓,但见泰山羊氏族人中不乏有艺术成就者。

第八章　北朝名臣能吏多

公元 386 年,鲜卑族拓跋珪即代国王位,改元登国。四月改称魏王,定国号为魏。天兴元年(398)迁都平城(今山西大同东北)称帝,史称北魏,又称后魏、拓跋魏。太延五年(439),拓跋珪之孙拓跋焘先后灭北燕、北凉,统一黄河流域,与南朝刘宋政权形成对峙。北魏势力不断增强并向南扩张。至孝武帝元修(太和十七年,即 493 年,孝文帝拓跋宏迁都洛阳,改拓跋氏姓元)永熙三年(534)分裂为东魏,西魏。北魏历时 149 年,共十四帝。东魏是由北魏大丞相高欢胁迫孝武帝元修出走关中,另立元善见为帝,是为孝静帝,迁都邺(今河北临漳西南),共一帝,历 17 年。东魏武定八年(550),高洋废孝静帝元善见自立,都邺,国号齐,史称北齐,前后凡 28 年,六帝。在北朝的北魏、东魏、北齐三个朝代中,仕北魏的泰山羊氏族人有重开褒斜、铭留石门的名将羊祉;好法律的羊灵引;清正节俭的食藕太守羊敦;贞臣羊深。仕东魏至北齐者主要有北齐名臣能吏羊烈。至北齐末年,泰山羊氏虽仍有族人入仕为官,但因大势所趋,历时数百年的簪缨家族泰山羊氏已彻底式微,成为历史中的记忆。

第一节　北魏名将羊祉

——兼述十子及夫人崔神妃

羊祉,性刚愎,袭爵钜平子。北魏景明初,为左军将军。四年,为持节梁州军司,讨伐叛氐(人)。正始二年,王师伐蜀,以假节龙骧将军、益州刺史,出剑阁而还。又为秦、梁二州刺史,加征虏将军。后因天性酷忍,被人弹免。后又历任光禄大夫、平南将军、持节,领步骑三万。因枉杀迷路领队副帅,又被人所劾,经会合变通赦免。后加平北将军,未拜而卒,赠安东将军、兖州刺史。谥号"景"。因性格暴虐,死后谥号,引发争论。根据其墓志等史料,曾长期劳作征战于牧岷西南山区,后人评价"数德优劣不同""诚著累朝",受谥(景)公允。羊祉又为重开褒斜栈道、石门做出重要贡献。但因多方原因,本传无载。今有出土墓志及《石门铭》补史阙并为羊祉重开褒斜提供了确凿历史见证。

一、羊祉其人,功过分明

羊祉(458—516)字灵祐,北魏泰山梁父人①。西晋太仆卿羊琇之六世孙。历官主要在魏孝文帝元宏到宣武帝元恪之时。

《魏书》《北史》所载羊祉本传内容基本相同,大体是说,羊祉性格倔强固执,好刑律,为司空令、辅国长史,袭爵钜平子。因为有侵占盗窃公共财产,私营宅第的罪名,官署在案,触犯死罪,(北魏)孝文帝(元宏)对其宽恕,罢职远迁。后又迁回。至景明(北魏宣武帝元恪年号,景明元年为公元 500 年)初,宣武帝元恪继位,羊祉被任用为将作都将,加左军将军。景明四年(503),持皇帝节仗出任梁州(北魏太和十二年,即公元 488 年置,治所在仇池郡洛谷城,即今甘肃西和县西南洛峪乡。辖境今甘肃两当、成县、礼县和陕西凤县、留坝、略阳三县。景明初改为益州。)军司,讨伐仇池郡的叛逆氐(古族名)人。正始二年(505)二月,北魏朝廷的军队讨伐蜀(古蜀国地之通称,指今四川盆地西部地区)。羊祉以假节出任龙骧将军、益州(即西益州,北魏正始中置,治所在东晋寿郡,即今四川广元市)刺史。其后,出剑阁(在今四川剑阁县东北剑门镇剑门关)而返回。又以本将军名号出任秦(北魏秦州在今甘肃天水市)、梁二州刺史,加征虏将军。羊祉天性残忍暴虐,又不清廉,因无故掠他人奴婢,被御史中尉王显所弹劾,免官。至宣武帝元恪母亲文昭皇太后之兄、平原郡公高肇执政,羊祉再次被起用,委任为光禄大夫,并授予平南将军、持节,领步骑兵三万,作为先驱疾赴涪城(在今四川)。尚未到达,宣武帝(元恪)驾崩,羊祉班师回朝。在回朝的路上,夜里率军前进,山路有两条,队伍迷失道路,羊祉便斩杀领队副帅杨明达,首级弃于路旁。被中尉元昭所弹劾,经过会合变通而被赦免。后来,加平北将军,未到任而卒。卒后追赠安东将军、兖州刺史。

太常少卿元端、博士刘台龙追议羊祉的谥号说:"羊祉怀存志向,不畏权贵,敢于检举,不避强暴霸道;且赞慕兵法刑律,善根据武力强盛来裁断情况;凭借仗节安抚藩国,边境夷地的人们才见识了他的才德,用恩德惠施和教化异域他乡,好像用布幅把婴儿兜负在背上,可谓怀有仁德。谨此依据朝廷谥号的法规,陈述他的德性和刚直的性格,此人还是景明的,宜谥曰景。"侍中侯刚、给事黄门侍郎元纂等反驳说:"臣听说确定一个人的谥号标准德行,必须与其事迹相称。只凭名号和才干,不可任意授予。按照羊祉性情急躁严酷,其所在之处过于威严,很少听到人们陈述他的德行,屡屡听到的则是其暴戾之声,而负责礼仪的官员对其事迹陈述不实,(羊祉)谥号为景,不仅对其一人不恰当,而实则损

---

① 羊祉为梁父人:《魏书》《北史》所录羊祉本传皆载羊祉为泰山钜平人。泰山羊氏自羊祜封钜平子,以后又有多人袭此爵,将其封爵或封邑之"钜平"视羊祉乡贯,误也。据羊祉墓志载:"使君讳祉,字灵祐,泰山梁父人也。"故应以墓志为准。

害了朝廷的法则。请再一次公开确定谥号的标准,重新衡量羊祉功绩的虚实。"灵太后[①]下诏令说:"依照反驳的意见重新议定。"元端、刘台龙上疏道:"窃以为谥者羊祉所经历的轨迹,与陈述他的功绩是相称的。然而,尚书是衡量斟酌(谥号是否恰当)的主管,厘正品评(一个人,如同厘正品评)万物,假若其经历和事迹乖离(不一致),应抑止而不授予,根据审查其实际情况,然后下达到相应的官署,依照谥法准则和等级上报,岂有舍其行为事迹之外,另有所求,去其经历和其称颂,将是何等准则。检举羊祉因母老辞藩回朝,乃是有手诏降临,说:'卿安抚藩国多年,声望与政绩都很显著,安边宁境,实为朝廷众望。'及其死后,又加显赫地追赠,说明羊祉对朝廷的诚心多年以来就受到称著,效法彰显其功绩出自朝内,其辛苦劳作却在牧岷之区,他的名字和政绩在氓民中传播。诏册褒扬他的美德,无以替代他的声望。然而,君子(指侯刚、元纂)仅以奉命出使之人的心胸没有道理求其完备。羊祉有数条德行,优劣不同,刚直而制胜,亦为一种德行。谨以谥法,(我们)陈述的羊祉刚直的德行曰'景',认为前所评议应是公允的。"司徒右长史张烈、主簿李场以刺探地语气说:"按羊祉在本朝为官多年,当官公允称职,委任其捍卫西南,平定了边境的祸患。应根据他的经历改变对其名誉的看法,称赞和告诫攸在。我以为符合谥法制度。"尚书李韶又述奏说拟定谥号的官署所拟定的羊祉的谥号最为公允,灵太后以为李尚书的述奏是可行的,准奏。

羊祉自当官以来,不畏惧强暴霸道,朝廷认为他刚毅果断,每次令其出使,对他时有考核检查。然而,羊祉爱功名利禄,常利用法律条文的苛细,给人加罪。所经之处,人们说他是天狗到了。羊祉到出将临州(今四川忠县),对兵民并无恩惠,都担忧他的严厉和酷虐。

---

① 灵太后:北魏宣武帝初,入禁中为妃,其子孝明帝即位,尊为皇太后,临朝执政。本姓胡,称胡太后,死后谥灵,又称灵太后。

二、出土墓志①,功过补苴

从羊祉本传中众人对他谥号的拟定言词足以看出,羊祉在北魏朝是个有争议的人物。加之政治诸原因,《魏书》《北史》两书中《羊祉传》揭露了羊祉的许多劣迹。《魏书》还将其列入酷吏。然,1964 年羊祉及夫人崔氏墓志同时出土于今天宝镇境内,其志文虽漫漶近半,但为了解羊祉一生之全貌提供了重要依据。从而可以看出,史书所载《羊祉传》"专述其恶,对惠政不置一词,亦非实录"。志石则"文多溢美,回避劣迹,因为当时谀墓之风所致"亦不合乎事实。除此,从志石中还可看出,羊祉任上"重开褒斜、开石门"一事是羊祉惠政惠民一大功绩,而在史传中一字未提。因此说,羊祉墓志的发现可使其生平事迹得以补苴。

今将羊祉及其夫人墓志列后,以便与其本传比对评价之。

(一)羊祉墓志

按:羊祉墓志原题为《魏故镇军将军兖州刺史羊公墓志铭》。1964 年出土于新泰天宝镇颜前村东约 400 米,北距梁父山约 2.5 公里,南距羊祜城遗址约 5 公里。该处为羊氏墓群。当时墓区仅存五花石质石羊二只,具有北魏形制。羊祉与其夫人墓为砖室墓,两方墓志在农田基本建设时开掘并同时出土。墓志现存泰安市岱庙。志石长 84 厘米,宽 83 厘米,厚 12 厘米,楷书,质朴刚健。全文 44 行,志序部分每行字多少不等,自 13 行满行 45 字,字径 1.5 厘米,凡 1936 字。志文虽残毁近半,但文内有"使君讳祉,字灵祐,泰山梁父人也""春秋五十九岁,熙平元年正月二日……暨二月十二日己酉薨于洛阳徽文里舍。……以其年十一月甲子朔廿四日癸酉,葬太山郡梁父县卢乡□里之徂徕山左。……"之语,知羊祉梁父人无疑,且志石当镌于是年。

墓志文如下:

---

① 墓志作为一种特殊的文体,是当时的人撰写并镌刻于石材上的人物传记,是研究墓主人生平的原始资料,具有较强真实性。墓志也是研究墓主所处时代的政治、经济、文化诸方面的重要载体。墓志内容或叙其行迹,或述家族社会关系,婚媾关系,均具有较重要的历史文献价值,有的可补史之阙,匡史之正,纠史之误。有的墓志文学、书法价值较高。立墓志者都是些官吏、富豪、有地位身份的人,必请文学素养较高者或名家撰文,书法造诣较高者或著名书法家书丹,也有的撰文者亦是书丹者,具有集文学与书法于一体之美。有的墓志文也不排除存有对墓主的溢美之词,还有的受各种礼仪制度的影响和风俗习惯的约束,使得有些墓志表现出程式化的特征。但仍不失其历史、文学、书法等方面的较高价值。一般而言,墓志记载与史比较有出入,应以墓志为准,因为是当事人所为。本书所录几方墓志多是北朝墓志,实用性较强,对研究泰山羊氏家族历史文化,北朝历史、文学、书法及墓主本人生平诸方面都是重要参考资料。

羊祉《墓志》拓片

魏故镇军将军兖州刺史羊□□□□〔公墓志铭〕

使君祖父已见铭序。太夫人清河崔氏，父（以下约缺四十八字）史，赠平东将军、兖州刺史，谥曰威。（以下约缺四十六字）第二弟灵宝，州主簿，□后除□州使君，妻清河崔氏。

（以下约缺三十八字）灵珍，州别驾；妻清河崔氏，父乌头，冀州刺史。（以下约缺四十字）魏郡申氏，父恒安，宋虎贲中郎将。息深，字文渊，年四十一，□□□□□□□□□；妻清河崔氏，父（以下约缺二十八字）。息和，字文憘，年卅七，太□□□将军；妻安定皇甫氏，父□，梁中散大夫。息□〔俭〕字□□，年廿五，□□□□侍郎；妻（以下约缺二十三字）三姑女。息侃，字祖忻，年廿一；妻安定皇甫氏，父冲，平凉太守。息允，字士□，年廿□。息□〔忱〕，字文稚，年十。（以下约缺二十二字）姿，年四十，适天水赵令胜，河北、河东二郡太守。息女显姿，早亡。息女景姿，年卅，适荥阳郑松年，州主簿，父长猷，通直散骑常侍。（以下约缺十三字）。息女华姿，年廿三。息女淑姿，年廿二。㜪女伯□，年五。深男□敫，字子尚，早亡。男恭，字子□，年四。女仲游，年十三。（以下约缺十三字）默男植，字子建，年十四。女汉□，年十一。和男桢，字子□，年八。男□，字子□，年三。男□，字子□，早亡。女□□，年（以下约缺十四字）。俭男劭，字子将，年□。男荆，字子玉，年一。女□君，年三。

使君讳祉，字灵祐，泰山梁父人也。始姓氏周君（以下约缺二十七字）晋时著，乃分品派姓，宝干□□，莫不□冤。（以下约缺二十九字）道播惟良。公□年聪□，资戚迟范，十六而孤，六□不□持□□□□□□主知之（以下约缺十三字）□□昆息，袭爵钜平□〔子〕，加振武将军。公学□群□，志□□□□□□不□，清猷方远。太和中，□拜出藏□高□□□昌帝发核官人，综□名实，抽奇算异，必□曰□官人之□□日远□相许迁之讣（以下缺十四字）□东留戍。□想年□，开辅国大将军府，国栋时□，民□长□。□□□□□。寻加建威将军，别督戎□。

□□□□□□□□□□□□师徒失律，公独亡□。除征西大将军司马，词荣□命，□□□□。太和六年，襄□未宾，乃□□□□□□□□□持节□统军，故左仆射元珍时亦同为统军，俱受节度□□。公□闲具术，善于治戎。时有诏使，军门不开，诏使□□令明□□□难犯。使者跼蹐，通□□进，还，以状□□帝，帝叹曰："□抑之□方□□矣！"昔亚夫称美于汉文，□公见□于高祖，迈古垂声，其芳逾蔚。□□帝□旋师。久之，除左军将军，先事即奕，俯从此职。景明末，□且□□□号武兴氏，□□□诏公持节为军司，驰□戎轩，沈机伟略，制□□□。首夏发京，至秋殄贼，威□若神。□□□开右。昔奉世□□时□□□□古，宁不惭恧。寻兼给事黄门侍郎。鲁阳方留京畿，□复侵□，此城关守，固难其人。□□公权行郡事，求□□□，不俟期月。先是华阳献地，巴剑□门，西南氓庶，万里投款，□□望成旧□朝有闻，诏征持节、龙骧将军、益州刺史。□□□督梁秦二州诸军事、梁秦二州刺史，持节、将军如故。公威惠素流，下车腾咏，肃乃建□□礼归□□□开教决□□□，□役必时，官民兼督，于是开石门于遂古，辟栈道于荒途。岁物绢□，□穷□国，恢吴绥蜀，秵负□聚，不□□□□□，其为□可以图身虑化□□□众者矣。寻转征虏将军。以母老辞荣，乞及终养，手诏敦属弗许。而□□□□□□□□岁，仲升调还，玉门非远，频烦表情，久而遂□。驰轩载途，□处膝下。岁余，朝廷兴伐蜀之师，诏复征公平南将军、□□〔光禄〕大夫，秉旄戎首。抗表陈让，不蒙哀允。□纶继荐，相望中衢。时太夫人教曰："□已事君，岂复存孝？□宜□之，速□□□□。"殷勤固请，具养已成。太夫人遂劝二弟□对王人，于是还命辞亲，□征奉主。兵未逾月，国讳班师。假途□□□□□□□如故。公□履居贞，含仁体顺，以孝移君，匪□形□□。朝廷□□□□□经明□□志略遐。宣□班生，谨言陆子。□□□以尚也。方应股肱王室，燮襄台门，□弭告成，悬车□□。命德□永造，积善无凭。春秋五十九，熙平元年正月二日□□〔己巳〕遘疾，暨二月十二日己酉薨于雒阳徽文里舍。天子伤悼，□□时临，册曰："惟熙平元年三月戊辰朔廿九日甲申□□，帝曰：咨故光禄大夫，新除平北将军羊祉，器怀稚□，秉操贞□；诚著累朝，效彰出内。作牧岷区，字萌之绩骤闻；诏勒戎旗，抚驭之功实著。比居□秩，□申优养，方□□□，助谐政道，而年未尽算，奄云已毕。言寻朝旧，用悼□□。□遣□者，□册即枢，赠安东将军、兖州刺史，祭以太牢。"寻诏以旧□未崇，迁镇军将军，谥曰景。以其年十一月甲子朔廿日癸酉，葬太山郡梁父县卢乡□（据羊深夫人墓志，该字为"沥"）里之祖徕山左。图帛易湮，□镌无灭，假息余漏，用述芳猷。虽铭功不朽，穷心何及。其词曰：

奕奕岱宗，开川作镇；镌兹景□，以险□□。叠叠公族，茂叶□晋，大夫出疆，载扬君信。迈种绵基，爰降东莱，维汉维晋，□隶伊台。英风嗣烈，下武遗□，如彼松柏，森竿岩隈。于□世懿，操□行方，即温望俨，吸吐柔刚。神凝弘道，徙义□□，既见君子，为龙为虬。学优禄始，矫□临年，式搏烟雾，又跃龙渊。升降容与，日代徂瀍，入融□侍，出赞维贤。哲士终□，大□是毗，乃文乃武，实曰兼姿。宏谋重沓，雍度威夷，帝云钦尔，作屏作绥。石门之固，历代长阻，有德斯开，仁亡还拟。□路层峤，通衢架渚，一敷善化，□庠载序。大风已息，烽鼓无声，言收蕃组，来袭朝缨。何年上帝，日日□晶，覆我乾德，□□□□。□远□日，素柳徐迁，晨笳□协，池补虚旋。肃肃松槚，翳翳荒原，□兹宝□，□□□□。

（二）羊祉夫人墓志

按：羊祉夫人崔氏墓志原题为《魏故将军兖州刺史羊使君夫人崔氏墓志铭》。1964年与羊祉墓志同时出土，现存在泰安岱庙。志石方形，边长55厘米，厚9厘米。楷书，全文25行，满行25字，字径1.5厘米，凡610字，从志文看，志石当镌于逝世之年。

墓志文如下：

魏故镇军将军兖州刺史羊使君夫人崔氏墓志铭

夫人讳神妃，清河东武城人也。丁公伋之后，汉扶风太守霸九□〔世〕孙也。祖道林，宋东安太守，为政清靖，流化如神。考平仲，齐度支尚书，东安府君之第二子。长于宰民，威镇方岳，在梁为光禄大夫、新亭侯，薨谥曰刚。夫人本□□□□□□□□□绪繁长，笃生懿淑，年十五，归于先君。夫人性睿□□□履端凝，优放趣舍，必与礼合；般生之试，终食无毁。时雁门寿君薨逝甫尔，家进□□，而太夫人在堂，夫人奉水授□，供养□□。复以男女众多，婴孙满堂，室负□携，劬劳莫甚，而怨语□□，护养无缺。允兄弟颀用成立，实

羊祉夫人墓志拓片

仰禀训诱之恩。及太夫人薨，先夫人以家妇傅家，躬奉饘醴，朝夕弗怠。冀天地有灵，获□余巳之志，而彼苍不吊，斯愿莫从。□正光五年秋九月廿九日，允第四兄和徂逝，夫人因此毃疾。暮出不归，已有倚闾之望；一去莫及，宁无舐犊之悲。至六年太岁乙巳春三月乙巳朔廿五日己巳，大渐，薨于雒阳徽文里宅，春秋六十六。其年夏六月，改为孝昌元年，越八月癸酉朔卅日壬寅，祔葬于太山郡梁父县徂徕山阳，□镇军使君之神□。窃此立言不朽，种德流馨。允以残年余喘，曾何万一，虽不周尽，粗□□慕，亦是其实录云。

　　三止岱宗，四履命胄，□来异野，世挺民方。龙翼虎飞，崔文更授，声立厥后，迹光伊□。匪□士美，复此嫔则，于铄母师，允膺柔克。出云□志，象地成德，□□弗奕，□图靡忒。启自茾日，有问其芳，亦云归止，作合其□。式恭□悦，载曜几望，闺阃内理，周爱外扬。攸遂能息，□□□□，韦提多福，护斯□子。藉甚俱发，思□并起，八慈是譬，五□□□。□□有言，庆隆则吉，方永其滔，克终养秩。九鼎难练，六轮□□，□□□胡，忽归泉灵。室其安在，在岱之垂，夜台日此，天井琼□。□□□□，□□终惟，兰菊□永，□□焉知。

三、墓志信息对研究羊氏家族文化及婚媾关系弥足珍贵

　　新泰出土的以上两方墓志弥足珍贵，出土后除新泰文博工作者外，却很少有人去作认真研究，直至1997年泰山学院周郢先生根据当时情况研究出一些成果。他成为研究这两个墓志的第一人，并将志石全文及其研究的成果著录于他的文集《周郢文史论文集》（山东文艺出版社，1997年版）。至2001年，在其编著的《羊姓史话》（江西人民出版社，2001年出版）中又将研究羊祉的其他成果一并著录。期间另有一些学者著录并研究，如赖非著《齐鲁碑刻墓志研究》（齐鲁书社，2004年版）曾有著录。至2013年，临沂大学刘硕伟先生著《两晋泰山羊氏家族文化研究》（《中华书局》2013版），对该墓志进行了较为详细地研究并著录。今结合各位研究之成果，略陈陋见于后。

　　1.羊祉墓志提供了大量家庭成员的信息，对补正史之阙及研究其家族史具有重要意义。第一、《志》文载（包括《北史·羊祉传》），祉兄弟四人，祉为长子。二弟，羊灵引（见《北史·羊祉传》）。三弟羊灵宝，州主簿，后除□州使君。灵宝之名史传失载，《志》文可补之。四弟羊莹，字灵珍，州别驾，又见羊祉本传及《北史·羊烈传》。第二，祉有多子。羊燮，《祉志》残处有"燮□伯□"。另《魏书·卢玄传》附子《卢昶传》载："昶既儒生，本少将略，又羊祉子燮为昶司马，专任戎事，掩昶耳目，将士怨之。"由此知，羊燮曾任北魏镇东将军、徐州刺史卢昶的司马。卢昶卒于熙平元年（516），羊燮似仍任此职。又，《志》文记述，羊祉孙辈时首提"燮□伯□"等字，知燮为羊祉长子。羊深，《志》文载"息（指亲生子

之女)深,字文渊……"与其本传合,详见后文《北魏贞臣羊深》。羊默,《志》文载"默男植,字子健,年十四"。又据《梁书·羊侃传》:"侃以大通三年至京师……,并其兄默及三弟忱(又作悦)、给、元,皆拜为刺史。"知羊侃、羊默、羊忱、羊给、羊元五人皆为祉息子。其中默、忱、给、元与羊侃一同投南朝萧梁。羊和《志》文载"息和字文憘,年三十七,太□□□将军"。《祉妻志》"正光五年秋七月二十九日,允第四兄和祉逝"。知祉四子羊和于正光五年(524)卒。羊俭,《志》文载"息□、字□□,年二十五,□□□□侍郎"。后又云"俭男劭"。两段文字结合知"息"后缺字应为"俭",当祉子羊俭。羊侃(《南史》《梁书》《羊祉志》皆作羊偘,"偘"为"侃"的异体字),《颜氏家训》卷六《风操》载,羊肃称侃为"第七亡叔",则知羊侃为祉第七子。详见上文《南梁忠臣良将羊侃》。羊允《志》文载"息允,字士□",《祉妻志》中多出现"允"字,如:"允兄弟颇用成立,实仰禀训","允第四兄和祉逝","允以残年余喘,曾何万一,亦是其实录云","允膺柔克"等。从其口气看,羊允为祉之子,且《祉妻志》文出自羊允之笔。以上所记祉共有十子,即爕、深、默、忱、给、元、和、允、俭、侃。羊祉又有五女(仅可辨清者)此不再录。祉之子有多人不录正史,两《志》皆可补史之阙。又,羊祉夫妇为增添泰山羊氏家族人口,壮大家族势力做出了贡献。二人劬劳尽力,教子成才,实唯可称,也是羊门之幸。

2.《祉妻志》中还有些佛教用语。如"韦提多福,护斯□子""九鼎难炼,六轮□□"等。其中"六轮"即"六道轮回",谓众生各因其善恶业力,而在六道中轮回生死。这些佛教内容,看出祉妻是位佛教徒。这与魏晋之时,泰山羊氏族人开始信奉、传拊佛教无不关系。

3. 羊祉夫人墓志文除记述了夫人崔神妃的贤淑,教子相夫,朝夕不怠外,还简述了清河崔氏之族源。该墓志文开篇即点了夫人是清河崔氏,"丁公伋之后"。但羊祉本传不载其夫人信息,这方志石正补正史之阙。墓志所载丁公伋是崔氏之先祖先公。崔氏出自姜姓,伯夷后裔姜尚(也称吕尚、姜子牙、姜太公等)因辅佐武王灭商有功,周朝建立后首封姜尚于齐。其子丁公伋继姜尚位。丁公伋嫡子季子让国于其弟叔乙,是齐国第三代君主。而季子食采之邑,即今山东邹平县西北崔氏城。其后以邑为氏,故称崔氏。《左传》襄公二十七年(前546)载:"(崔)成请老于崔,崔子许之,(东郭)偃与无咎(即棠公之子)弗予,曰:'崔,宗邑也,必在宗主。'"即说"崔"这个地方是他的宗庙所在。此即崔氏之来历,是谓丁公伋之后。清河崔氏自西汉崔业起,世居东武城,治今河北清河县东北,称清河崔氏。崔氏于曹魏之时家门兴盛,出现了崔林、崔琰两位著名人物,南北朝时期,为北方甲族,居山东土族之首。

羊祉夫人墓志文,还讲述了夫人崔神妃的先人。《墓志》载,夫人乃是扶风太守崔霸的九世孙,其祖崔道林,是南朝刘宋朝的东安太守,为政清靖,流化如神。这些美誉之词,无非说明崔道林的政风。神妃之父崔平仲,除《志》文之简述内容外,《魏书》零星记载了他的情况。如《魏书》卷四十三《房法寿传》载,崔平仲与房法寿都是清河人。当初,北魏将军长孙观的兵将至盘阳(今山东临朐县东南),城中稍有震惧。时任刘彧(即宋明帝,466—472 在位)的给事中崔平仲欲归江南(其因大概与同宗崔浩遭诛有关。见下文),自历下(今济南市西)至围城军中,被驻守在盘阳的房灵宾秘密捕拿,到房法寿克盘阳后,崔平中暂归房法寿处。不久,崔平仲自东阳(今山东青州。东阳于泰始五年,即 469 年被北魏攻克)南奔,妻子于历城(今济南)入(魏)国。至太和中,高祖(魏文帝元宏)才听说他已还南(而去)。这样算来,崔平仲撇弃妻儿而不顾"还南"的时间当在东阳陷入北魏之前的泰始三年或四年(467 或 468)。当时其女崔神妃尚不足十岁。崔平仲的南奔,虽使羊祉有机会与留在北魏的崔平仲之女崔神妃结秦晋之好,但从另一方面评价崔平仲其人,尚不可称其为好男人、好父亲。只可算个弃妻儿如足履而奔官场之人。是否与崔浩遭诛有关或有其他原因,非让他南奔不可呢? 不得而知。

与羊祉父羊规之同降魏的崔邪利,也是崔霸之后。按《魏书·崔玄伯传》:(崔)模兄协子邪利为刘义隆鲁郡太守,以郡降。由此知,崔邪利是崔模兄崔协之子,也属清河崔氏,是崔神妃之同宗近族,都是扶风太守崔霸裔孙(《魏书》卷二十四《崔玄伯传》)。

崔氏《墓志》展现了清河崔氏与泰山羊氏之间的婚媾关系。自祉太夫人为清河崔氏女外,羊祉及其弟羊灵宝、羊灵珍,祉子羊深皆娶崔氏女。祖孙三代攀亲清河高门,除显示两家门第高贵外,更觉此时泰山羊氏以显式微,婚媾高门清河崔氏不乏有巩固家族势力,缔结同盟,延续家门之盛的理念。然,北魏初,清河崔氏却因崔浩而遭受了灭顶之灾。崔浩(381—450)在北魏明元帝(拓跋嗣)及太武帝(拓跋焘)时代就是北魏重臣,曾参议军国大谋,历拜太常卿、司徒等职。及太武帝令其监秘书事,综理政务,曾敕诸尚书说:"凡军国大计,卿等所不能决,皆先谘浩,然后施行。"到太平真君十一年(450),撰修《国记》之书成,立石于郊。鲜卑贵族怨恨其先世之事列于四通八达的衢路,相当于潜于帝,以为暴扬国恶。崔浩遭诛。此后,清河崔氏无远近,范阳卢氏、太原郭氏、河东柳氏皆浩之姻亲,尽夷其族(《魏书·崔浩传》)。迁南朝之清河崔氏得以保全。到羊祉婚配之年,崔浩事已过七八十年,故泰山羊氏能与归北魏的崔神祀联姻。

4. 两志石所记羊氏还与多个家族联姻,方可补史之阙。《祉志》载,祉子燮妻为魏郡申氏。魏郡为南朝宋侨置,北魏改称东魏郡,治今济南历城。此门姻家,大概与祉妻崔神妃随母"于历城入(魏)国"有关。又祉子羊和"妻安定皇甫氏""息侃……妻安定皇甫氏"。皇甫氏系出子姓,春秋时宋戴公之子充石,字皇父,为宋司徒,其孙南雍缺以王父字为氏,为皇父氏,其后世避地奔鲁,裔孙皇父鸾,汉兴自鲁徙茂陵(故城在今陕西兴平东北),改皇父氏为皇甫氏(《新唐书·宰相世系表五下》)。后汉皇甫规(安定朝那县人。

《后汉书》为其立传)曾拜泰山太守,因征恙有功,又拜度辽将军。再升尚书,转护恙都尉。侃妻只言安定,未言安定县还是安定郡。若安定郡,东晋徙治安定县,在今甘肃径川县;若安定县则由北魏置,治今河南沁阳市南,两地不远。总之泰山羊氏结亲千里之外的安定皇甫氏,必有其因。羊和、羊侃大抵均随父之官署纳妻。羊祉以与皇甫氏关系密切。《祉志》载侃妻"父冲,平凉太守"。平凉治今甘肃平凉市。又,《魏书》卷七十一《江悦之传》载,时有皇甫徽,字子玄,安定朝那(北魏属安定郡,治今宁夏彭阳县西)人……及(夏侯)道迁之入国也,徽亦因地内属。徽妻即道迁之兄女,道迁列上勋书,欲以徽为元谋。……遂拒而不许。后刺史羊祉表授征房府司马,卒官。由上可揣测,羊祉与皇甫徽关系深重,不然不会表授之。由于两家关系非同一般,故羊和妻、羊侃妻皆娶皇甫氏女。两女皆有可能系皇甫徽族人。

　　《祉志》载,祉长女"□姿,年四十,适(出嫁)天水赵令胜,河北、河东二郡太守。"天水赵氏为望族。赵氏远祖为东夷人嬴姓伯益,其十三代孙造父因功封于赵城,因以为氏故址在今山西洪洞县北赵城镇东北。赵氏之后,世为晋丈夫。公元前403年赵列为侯(即赵籍)与韩、魏三家分晋列为诸侯国。赵国的最后一位君主代王嘉之子公辅,受秦王之命主西戎,世居陇西天水县,在此发展成望族。并以天水为堂号。公辅的十三世孙赵融为东汉时大鸿胪、光禄大夫。融的十世孙赵逸,仕十六国后秦国君姚兴,历中书侍郎。当初,十六国后秦建立者姚苌(384—393在位),以赵逸的伯父赵迁为尚书佐仆射。到南朝刘宋朝开国皇帝刘裕灭后秦国君姚泓(姚兴长子,416—417在位),徙赵迁子孙于建业(今南京市清凉山)。赵迁之玄孙为赵翼,翼及从子赵令胜等五人,在北魏太和、景明中,相寻归降北魏。羊祉为其女儿选的这位夫婿虽为名门之后,但有损赵门或说泰山羊门之门风。赵令胜,身长八尺,疏狂有膂力。历河北、恒农二郡太守,并坐贪暴,为御史所弹,遇赦免。其人宠惑妾潘氏,离弃其妻羊氏("其妻羊氏"与《祉志》□姿,适天水赵令胜相合),夫妻相讼,迭发阴私,丑秽之事,彰于朝野。神龟末年,赵令胜,自后将军、太中大夫出任恒农太守,卒于官(事见《魏书》卷五十二《赵逸传》)。唯与《祉志》不合者,史言赵令胜曾为恒农太守,《志》载为河东太守,孰对?不得而知,也无考究之必要。

　　羊祉女景姿嫁于了荥阳郑氏。《祉志》云:"息女景姿,年三十,适荥阳郑松年,州主簿,父长猷,通直散骑常侍。"荥阳县,北魏太和十九年(495)徙治大栅城,治今河南荥阳市。这支郑氏是周幽王时郑桓公的裔孙,出自姬姓周文王之后。周幽王时郑桓公任周朝司徒,他看不惯幽王宠幸褒姒荒废朝政之行为,预感周将发生变乱,请救于史伯。史伯劝其将家和重要家财迁至距成周洛邑不远的济(水)、洛(水)、颍(水)、(黄)河之间,四水流域数虢(此指东虢)、郐二国最大。并说,将来您守护这块疆土,便可使国家逐渐发展壮大。郑桓公迁之(事见《国语·郑语》)。郑桓公所迁东虢,正在今河南荥阳市东北。郐在今河南新密市东南。两地后来都被郑国所灭。郑桓公正是荥阳郑氏之始祖(郑氏还有出自姜、子姓及少数民族改郑等源)。《志》文中所载郑松年之父郑长猷,《魏书》卷五十五有传,附于《刘芳传》后。郑长猷之传载其子有廓、元休及元休弟凭。郑松年之名不载。据《祉志》可补史阙。

另据羊祉弟羊灵珍子羊烈妻墓志铭,羊烈"夫人长孙氏,讳敬彦,河南洛阳人……夫人祖稚,魏录尚书,上党王"。这则信息十分重要且有趣。北魏时期一般官员不可称王。此称谓说明其祖父原为代国人(代国即鲜卑族的原籍,详见本书《叛宋归魏的羊规之》一文)按《魏书》卷七下《高祖纪下》载,魏孝文帝拓跋宏为巩固政权,极力推行汉化政策和措施,为使鲜卑族人能融入汉族,他不仅禁鲜卑语,禁胡服,改官制,推行说汉话,穿汉服,启用汉人为官等。并且,将首都自平城迁至洛阳后,为表明北魏王朝传袭中原王朝正统,采纳汉臣的建议,接受历朝相袭的"五德终始说"。依照前朝礼制,大兴土木。至太和十六年拆除了平城的太华殿,设计建造了太极殿。太和十九年(495)夏,诏曰:"迁洛(阳)之民,死葬河南,不得还北。于是代人南迁者,悉为河南洛阳人。"第二年春正月又"诏改姓为元氏"。这样,拓跋宏带头把鲜卑族复姓改为汉族的单姓"元"。他认为,北方人谓土为拓,后为跋。北魏的祖先是黄帝的子孙,在五行中属土,土又是"黄中之色,万物之元",故改拓跋氏为元氏。随后达奚氏改为奚氏,乙旃氏改为叔孙氏,五穆氏改为穆氏,独孤氏改为刘氏,拔拔氏改为长孙氏。其他的鲜卑复姓计一百一十八个全部改为汉姓。这即是羊烈夫人长孙氏姓氏的来历及将籍贯称之河南洛阳人的缘由。

北魏政权雷厉风行地推行汉化政策,从总体上来看是对儒学的认同和运用,是鲜卑族与旧俗决裂的革新行动,也是在政权治理上的一种观念性的转变。因为北魏王朝是由原本主要以游牧方式为生的民族所建立的政权,他们在与中原王朝长期对峙、战争冲突的过程中,也有不少贸易往来。在互相交往过程中,他们也在不断地学习、吸收、借鉴中原王朝的理政政策、制度、生产方式、文化成果,甚至民风习俗等。使得本民族在政治制度建设、经济生产、文学艺术等方面飞速发展。至魏孝文帝拓跋宏仰慕中原文化,在鲜卑贵族极力反对迁都、汉化情况下,他的汉化措施全面且强硬,带头改姓这一举措拉近了本民族与中原汉民族的距离,迅速缩小了自身与农耕民族的差距,强化了全民族的凝聚力和向心力,促进了多民族的统一和融合。同时在一定程度上缓和了南北的敌对情绪,促进南北文化等方面的交流。拓跋宏的另一重大贡献是开创了均田制,是对土地所有制的一次创新。拓跋宏的各项改革创新,正说明他有别于历史上其他统治者的统治模式。这一重大改革后,鲜卑人和汉人开始通婚。鲜卑人马背上的雄风基因,不断改良着汉民族的身体素质,一批汉人的身体开始强壮,奠定了隋、唐时期民族雄风的基础。

上文说到的羊烈妻长孙敬彦的祖父、父之传记《魏书》卷二十五和《北史》卷二十二皆有载,按羊烈妻祖父之传记,于孝庄帝元诩初年"封上党王,寻改冯诩王,后降为郡公。"其祖父本名冀归,高祖"以其幼承家业,赐名稚(《北史》为"幼"),字承业"。羊烈妻《墓志》(见后)云:父子彦,仆射,司州牧。《魏书》卷二十五其本传载:子彦本名俊,有膂力。屡次从父征讨有功,封槐里县子。孝武帝元修(即出帝)在位期间(532—534)升任为中军大都督、行台仆射,镇弘农(治今河南灵宝市北旧灵宝西南),以为出帝之心膂(即脊梁骨)。据《魏书》卷七十七《羊深传》羊深曾与其从弟羊烈妻祖长孙稚在正光末年(正光:北魏年号520—524)共同镇压过聚众作逆的薛凤贤。《传》曰:"正光末……顷之(深)迁尚书左丞,加平东将军,光禄大夫。萧宝夤(一作寅,南朝齐宗室)反,攻围华州。正平(北魏太和十八年,即494年,改征平郡,治所在今山西新绛县)人薛凤贤等聚众作逆,敕深兼给事黄门侍郎,与行台仆射长孙雅共会潼关(今陕西潼关县东北),规模进止。事平,以功赐爵新泰男。"由此证明泰山羊氏与长孙氏关系密切。

据羊深夫人崔氏《墓志铭》,羊深子女与彭城刘氏、顿丘李氏、钜鹿魏氏等家族联姻。据长孙夫人《墓志盖铭》羊烈子女与博陵崔氏、赵郡李氏、敦煌李氏、北海王氏等家族联姻。这些史料弥足珍贵,除补充以往文献材料之不足外,同时证明像泰山羊氏这样的家族,士族联姻是巩固其门阀制度的一条不可缺少的纽带。从另一视角看,羊氏与其他家族的融合不仅是血缘的融合,而且是家族文化的融合,也能使家族文化、习俗、风情得到交流,乃至生活方式的交流。

四、从羊祉墓志所窥见的家族婚姻观念

以上之所以耗费如此多的笔墨,陈述羊祉及其子、孙辈的联姻情况,是说至北魏时期入仕北魏的泰山羊氏族人,面对家族式微的实际,在婚姻问题上也在为大势所趋随大流。根据《资治通鉴》齐明帝建武三年(496)记载:"魏主(孝文帝)雅重门族,以范阳卢敏、清河崔宗伯、荥阳郑羲,太原王琼四姓,衣冠所推,咸纳其女以充后宫。陇西李冲……当朝贵重,所结姻婣,莫非清望,帝亦以其女为夫人。"同时,孝文帝还采取了汉族的门第制度,制定姓族。帝室元氏、长孙氏等为八姓之首;汉世族地主中,以山东清河崔氏、荥阳郑氏、太原王氏、赵郡李氏、范阳卢氏为首。郡姓中又按门第官位分为四等。据《新唐书·儒学·柳冲传》载,柳芳论氏族曰:"郡姓者,以中国(中原地区)士人差第阀阅为之制。凡三世有三公者曰膏粱(指富贵之家),有令、仆者曰华腴(指贵族),尚书、领(领军)、护(护军)而上者为甲姓,九卿若方伯者为乙姓,散骑常侍、太中大夫者为丙姓,吏部正员郎为丁姓。凡得入者,谓之四姓。"门第评定后,孝文帝还在魏太和年间"诏诸郡中正,各列本土姓族次第为选格,名曰'方司格'"(引书目同上)。吏部必须严格地根据这一门第的标准来提拔人才。北魏"以贵承贵,以贱袭贱"(《魏书·韩麒麟传》)的门阀制度也就在孝文帝时代确立起来。

　　面对以上这种政治局面和选拔人才的制度,以羊祉为首的与多家豪强家族通婚也就可以理解了。以羊祉为代表入仕北魏的泰山羊氏族人,不得不考虑自己的门第等级。为振兴泰山羊氏在北朝的声望,并获得相应的地位,选择强势之族为婚也并非不是明智之举。由此看来,泰山羊氏族人中仕北魏的羊祉及其子孙们自觉大家族式微已不可逆转,又分为南北两大派系,拟在家族婚媾问题上,攀势强的大族,联盟友党以壮自己家族之威,结名门望族之好粉饰自己家族的门面。其中既有政治联盟、军事联盟之婚媾,也有同僚好友之友谊婚媾,同时不乏瓜葛附婚。以这种门当户对的婚媾联盟企图展示泰山羊氏网络权势,扩大家族影响,以求家族间相互倚依、援引或支持。力争在朝中有立足之地,进而"借梯上楼",维系官位。这样,既可弥补家族式微的心理障碍,又得实惠。但是,时过境迁,泰山羊氏家族再无魏晋之盛,式微、衰败已经显现出历史之必然。上述墓志铭文中不难看出,他们的子女以结高门为荣。有些铭文是以炫耀的口气,连配偶曾祖、祖父的支系官职(哪怕是虚职、散职)都尽书不息。可见,"竞攀高门"和崇尚"衣冠之绪"(求门当户对)仍然是他们的主流婚姻观念。然而,攀高门豪强所带来的结果,往往事与愿违。羊祉女儿夫婿赵令胜便是其中愿违之一例。这正如恩格斯所言:"对于骑士或男爵,以及对于王公本身,结婚是一种政治的行为,是一种借新的联姻来扩大自己势力的机会,起决定作用的是家世的利益,而绝不是个人的意愿。"(《家庭、私有制和国家的起源》载《马克思恩格斯选集》第四卷)。

　　另外,羊祉及其夫人的墓志,自镌刻埋葬于泰山郡梁父县卢乡□里之徂徕山左,至该墓志石重见天日,时隔近 1500 年。北魏书品亦是今之难得一见之稀世珍品,是份丰厚的文化遗产。这两方志石的书法价值亦弥足珍贵,深受书法爱好者青睐。两志石现存泰安市岱庙碑廊。

　　【评析】羊祉的功与过,得与失

　　羊祉及其夫人《墓志》的发现对如何评价羊祉其人是最好资料。其《墓志》文虽受社会风气之影响多有溢美之词,但能补史之阙,匡史之正,纠史之误。然《墓志》对羊祉之劣迹避而不书,故单凭《墓志》评其人,也是不全面的。而《魏书》《北史》虽为羊祉立传,但由多方原因,对其官阶政绩书而不全,或有脱缪,对其劣迹则书而不遗。若以《墓志》结合本传,则可较全面而客观地去看羊祉的一生。今就两者所记相关内容略述己见。

　　一、初仕之职,《墓志》补阙

　　羊祉"十六而孤"(《墓志》)之年即其父羊规之卒年。该年为孝文帝延兴二年(472)。由是年推算,羊祉当生于 458 年。如若祉弱冠入仕北魏,至卒年熙平元年(516),共仕北魏约四十年,侍奉过孝文帝、宣武帝、孝明帝三朝。其仕北魏的这四十年正是北魏昌盛的时代。特别是孝文帝元宏算是个明君,他为了巩固北魏政权,大刀阔斧地进行改革。他年幼即被扶上皇帝位，但有冯太皇太后临朝称职。这位冯氏女粗通文墨，有政治才能，十分重视对元宏的汉文化教育，使其具有了很高的汉文化修养。元宏长大临朝后，实行的第一项改革，就是在冯太皇太后的辅助下，实行"班禄"。其原因是北魏立国后，文武百官一直没设俸禄。战时，将士以掳掠为主。统一中原后，官吏便靠贪污盘剥为生计。北魏统治者逐渐认识到，不实行"班禄"会给政权带来更大危害，从而开始惩罚贪污。但俸禄不解决，难治贪污盘剥，所以贪污屡禁难止，并引起民众反抗。据此元宏下决心实行"班禄"。终在太和八年（484）六月"班禄"开始施使，且"内外百官，受禄有差"。并颁诏曰："虽有一时之烦，终克永逸之益，禄行之后，赃满一匹者死。"由此看来，治贪力度还是很大的。太和九年（485），又在全国实行均田，凡十五岁以上的男、女均可由朝廷"受田"。昭曰："今遣使者，循行州郡，与牧守均给天下之田，还受以生死为断，劝课农桑，兴富民之本。"地方政权改革方面，在基层推行了"三长制"，即五家为一邻，五邻为一里，五里为一党，邻设邻长，里设里长，党设党长，三长负责户口、兵徭之征发，赋税征收等，减轻了百姓负担。随后元宏又立志迁都洛阳（原都在平城，即今大同市），推行汉化政策，重用汉族官吏，改变鲜卑族生活方式，提倡与汉人通婚。这些改革大大缓和了民族矛盾，促进了民族大整合，巩固了北魏政权。

《魏书》《北史》所列羊祉本传，开篇直述羊祉泰山钜平人，性格"刚愎，好刑名""为司空令辅国长史，袭爵钜平子"。《墓志》除纠正了祉为梁父人而非钜平人之误外，随后即有文曰"始姓氏周君……晋时著，乃分品派性……"。这就是说羊祉先祖为周君文王，点明了泰山羊氏之先是晋之公族羊舌氏。羊舌氏被灭之后，其"分品派性"，说明了泰山羊氏之源。《墓志》文"袭钜平子"之后有"加振武将军"句，又有"太和中……加建武将军"句。还有"除征西大将军司马，词荣口命，□□□□"句。说明羊祉初仕之时曾任过上述数职，较本传为详，可补其本传之阙。

二、羊祉治军，有"亚夫之风"

《墓志》记载了羊祉在太和六年（482）"襄□末宾"，与左仆射元珍时亦同为统军，俱受节度。善于治戎，时有诏使，军门不开，孝文帝赞其"昔亚夫称美于汉文"的故事。这段记载不仅显示出羊祉治军之严，治戎有方，而且说明羊祉当时被孝文帝所重用。统军一职，正是北魏孝文帝元宏始置，位在军主之上，别将之下，可因事立名，冠以专职之称。孝文帝"昔亚夫称美于汉文"之语，是借典称赞羊祉。该典见《汉书·周勃传附子亚夫传》。周亚夫（？—前143）汉文帝时任河内（地域名。春秋战国时以黄河以北为河内，黄河以南为河外。《史记正义》呼河北为河内）守，封为条侯。汉文帝后元六年（前158）任将军，军队驻扎在细柳（今陕西咸阳西南）备匈奴。汉文帝劳军，到霸上及棘门军，直驰入，将以下骑出入送迎。而至周亚夫所守之细柳军营，军士吏披甲，锐兵刃，张弓弩，且持满。天子之先驱（即导驾之人）至，不得入，先驱曰："天子且至！"军门都尉答曰："军中闻将军之令，不闻天子诏。"过一会儿，天子至，又不得入。于是上使使持节诏将军曰："吾欲劳军。"亚夫仍传言开壁门（军营之门）。壁门士请车骑曰："将军约（指共同遵守的约文），军中不得驱驰。"于是天子乃按辔徐行。至中营，将军亚夫揖，曰："介胄之士不拜，请以军礼见。"天子为此动容，改容式车（古人立乘，凡言式车者，即俯身抚车前横木，以礼敬人。式，通轼。古代车厢前扶手的车横木）。使人称谢（谢，告也）："皇帝敬劳将军。"成礼而去。既出军门，群臣皆惊。汉文帝曰："嗟乎，此真将军矣！向（赐赏）者霸上、棘门如儿戏耳，其将固可袭而虏也。至于亚夫，可得而犯邪！"称善者久之。

《墓志》出此典，以周亚夫与羊祉比对，并非只是溢美羊祉，而羊祉应具亚夫之风。方见羊祉治军同亚夫一样十分严谨，且治戎森严，同时也誉高祖元宏学了一次汉文帝。

三、"侵盗公资"之过得宽恕

"侵盗公资，私营居宅"之事，《魏书》《北史》其本传皆有载。该事应发生在太和年间，不管怎么说该事反映出羊祉有侵盗公资之过。《墓志》对此事失载，以"先事即奕，俯从此职"（指任左将军一职）一笔而过。如果此事发生在太和八年（484），官员未实行"班禄"之前，罪当略轻。因未实行"班禄"前北魏官员无俸禄。"班禄"之后，刑律更严。高祖（孝文帝）在当年的诏书中明确有规定"禄行之后，赃满一匹者死"。羊祉犯有死罪，孝文帝采取了免死、特恕、远徙，后还之策。这充分体现出孝文帝及冯太皇太后之仁爱及对羊祉这一汉族官员的宽容，或许他们看重了羊祉之才干、门第，也可能是宽恕拉拢汉族官员的手段。同时，也反应出孝文帝躬总大政以来，"爱奇好士"，有"虽于大臣持法不纵，然性宽慈，每垂矜舍"（《魏书·高祖孝文帝纪下》）之品德。到羊祉"后还"再被任用，则是本传所载"景明初，为将作都将，加左将军。"

四、破氐之功与"随王师伐蜀"

羊祉本传载，景明四年（503）羊祉持节为梁州氐军司。讨叛氐之事，《魏书·世宗宣武帝纪》有两次记载。一次为景明四年正月，梁州（北魏太和十二年，即488年置，治所在仇池郡洛谷城，即今甘肃和县西南峪乡，景明初改为益州，《世宗宣武帝纪》仍称梁州）氐杨会反。诏行梁州事杨椿、左将军羊祉讨。文中所称之氐，又称西戎。西汉初，氐人各部有君长，汉武帝元鼎六年（前111年）灭氐王，置武都郡（治今甘肃和县）。两晋时氐人苻坚建前秦，吕氏建后凉。氐人操汉语，穿汉服，从汉姓，大量吸收汉文化。这部分氐人以农耕为主，兼营畜牧业。主要生活在今四川、甘肃、陕西一带。文中所言杨氏氐人也是氐人的一部分，十分强劲建立了仇池国。杨会为杨氏氐之长。第二次讨氐即指至当年五月才大破之。故《世宗宣武帝纪》载："五月甲戌，杨椿、羊祉大破氐，斩首级千级。"羊祉《墓志》有"景明末，□且□□□号武兴氐，□□□诏公持为军司"及"首夏发京，至秋殄

407

（灭绝）贼"之语，即指此役。因杨氏氏人常驻武兴，即今陕西略阳县一带，故《墓志》称之武兴氏（这部分氏人还称之为武都氏等）。大概此战事至秋季才结束。羊祉以破氏之功"寻兼给事黄门侍郎"。本传对此职失载。

关于羊祉本传所载"正始二年，王师伐蜀，以祉假节、龙骧将军、益州刺史，出剑阁而还"之事，其《墓志》中讲出了此役的原因，即"先是华阳献地，巴剑□门，西南氓庶万里投款。朝有闻，而诏羊祉出征并任梁秦二州刺史。"所谓"华阳献地"，按《魏书·世宗宣武帝》所载即"正始元年（504）闰十二月癸卯朔，萧衍（即南朝梁武帝）行梁州事夏侯道迁据汉中来降"之地。此地正为华阳郡之所。华阳君先是南朝侨置，属梁州，寄治在梁州，即今陕西汉中市，后又侨置于白马城，即今陕西勉县西北，仍属梁州。南朝萧梁将华阳郡改治华州，治所在"华阳郡"华阳县，即今四川广元市北。此时华阳郡辖境相当于今四川广元市北境。华阳郡入魏以后改为实土（地），治华阳县，即今陕西勉县东南，辖境相当今陕西勉县、宁强、略阳县地。按史为乐等人主编的《中国历史地名大辞典》（中国社会科学出版社，2005 年版）"华阳郡"条所记，自南朝宋侨置华阳郡至北魏为实土，华阳郡虽治所有度，但基本不出今汉中、勉县、宁强、南郑及北至略阳，现至四川广元之区域。此区域也正是羊祉参加的王师伐蜀役及此后羊祉所活动之地。此役后羊祉督秦、梁二州诸军事，任秦、梁二州刺史，持节将如故（《墓志》）。

按《世宗宣武帝纪》北魏授予尚书邢峦镇西将军，率众收复夏侯道迁所降之众。至第二年（505）二月，梁州又有氏反，并绝汉中运路，（梁州）刺史邢峦，频大破之。并遣统军王足西伐，频破萧军，遂入剑阁。不久，王足又破萧军辅国将军于竹亭。至当年八月庚戌，王足遣兵将攻破萧军，斩其秦梁二州刺史鲁万达等十五人。壬子，王足等又击萧军，斩刘达等二十四将军。据《资治通鉴·梁纪二》，大约在此时，宣武帝任王足兼益州刺史。梁武帝萧衍派遣天门太守张齐率兵去援救益州，还没有到达，宣武帝又改任梁州军司泰山人羊祉为益州刺史。至正始三年（506）春正月壬申，秦梁二州刺史邢峦连破氏贼，克武兴。这与《资治通鉴·梁纪二》所记"（正始二年）十二月，魏遣骠骑大将军源怀讨武兴氏，邢峦等并受节度"正合。又据《魏书·邢峦传》，因邢峦诏加持节、都督征梁汉诸军事，在汉中连破梁诸城戍，魏宣武帝拜邢峦使持节、安西将军、秦梁二州刺史。后因在汉中掠人为奴婢，被崔亮奏劾，调任宿豫（今江苏泗阳）。据上述羊祉本传及《墓志》所载，羊祉任秦梁二州刺史应该在邢峦离职之后，即正始三年（506）春。羊祉本传载，"正始二年，王师伐蜀"，羊祉随伐蜀"曾假节、龙骧将军、益州刺史"。据此，羊祉在益州刺史任上时间不长，遂接任秦梁二州刺史。"益州"在北魏景明初改梁州置，治仇池郡洛谷城，即今甘肃西和县西南洛峪乡。后在北魏正始中改称西益州，治今四川广元市。羊祉所任益州刺史应是在西益州。

五、以"老母辞藩"及二次伐蜀

关于羊祉在秦梁二州刺史任上以老母辞藩之事,本传与《墓志》所载有异。本传认为羊祉离职是因"坐掠人之奴婢"被"王显所弹免"。但太常少卿元端等议谥号之时又认为祉以母老辞藩,乃降手诏云:"卿绥抚有年,声实兼著,安边宁静,实称朝望"而《墓志》则载,(祉)"以母辞荣,乞及终养,手诏敦属弗许",经"频频(繁)表情,久而遂□,驰轩载途,□处膝下"。手诏后有王显弹免,帝又因祉上书请辞,乃以终养老母而罢,许祉而归。

关于羊祉二次出剑阁伐蜀,是在延昌三年十一月。所记之事,羊祉本传与其《墓志》所载基本吻合。《魏书·世宗宣武帝纪》亦记载明确:"(延昌三年)十有一月,辛亥,诏司徒高肇为大将军、平蜀大都督,步骑十万西伐。益州刺史傅竖眼出巴北,平南将军羊祉出涪城,安西将军奚康生出绵竹,抚军将军甄深出剑阁。"羊祉所出涪城在今四川德阳市北黄许镇。数路大军从不同方向同出剑阁。又按羊祉本传,此次参与伐蜀之役之前,祉已领步骑三万先驱趣(疾走,奔赴)涪(城)出征西伐,不然,他不会以平南将军身份出涪城赴剑阁与高肇所领大军会合。此次大规模伐蜀,尚未到达,宣武帝(元恪)驾崩。班师回朝途中羊祉因斩队副杨明达,为中尉元昭所劾,会通后赦免。此时羊祉年近六旬,虽加平北将军,但年事已高,加之被劾,大概心情不佳,未拜而卒,祉戎马一生,终年五十九岁,当时方算高寿。

六、"重开褒斜""铭留石门"的历史见证

《羊祉传》与《羊祉墓志》中提供的信息均可了解到,羊祉被北魏宣武帝(元恪)重新起用后,于景明四年(503)持节仗出任梁州军司,讨伐叛逆的氐人。正始二年(505)王师

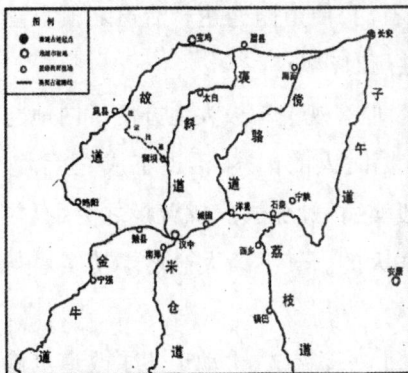

陕西省秦蜀古道路线走向图

褒斜道马家湾栈道遗址

伐蜀,羊祉以假节出任龙骧将军、益州刺史,出剑阁而还。其后又以本将军名号出任秦州和梁州刺史,加征虏将军。史载,北魏朝廷任命的刺史品级较高,权势颇重,统管军政事务。在羊祉统领区域内有一条"褒斜古道",因南起褒水的褒谷,北至斜水的斜谷口,并沿

两河谷建成栈道而得名。在陕西汉中的七条栈道①中,褒斜道最为著名。修筑这样一条道,原想利用向南流入汉江的褒水(今褒河)和向北流入渭水的斜河(今石门河)的水道来运输由汉江下游集运到南郑的漕粮。但这条水道没有通航的可能,但循水依山修成一条栈道,要比经由陈仓的古道近便。因此这条古道自汉朝以后即是贯穿秦岭南北的交通干线之一。例如,《后汉书·顺帝纪》载:"乙亥,诏益州刺史罢子午道,通褒斜路。"褒斜路开通至晋廷南迁,褒斜道就被废弃,栈道崩塌,桥阁颓圮,车马无法通行,严重阻隔了中原与巴蜀的交通。羊祉为了改善梁州与中原地区的交通,加强西南的军事实力,遂上表魏宣武帝,请求自迴车(在今陕西留坝县境)以南开通旧路,对褒斜道进行大规模整修。魏廷采纳了羊祉建议,诏命"正始四年(507)九月,甲子,开斜谷旧道"(《魏书·世宗纪》),并命左校令贾三德率领刑徒一万人,石师百人,共成其事。羊祉和工程技术人员反复勘察地理地形,将旧褒斜道北段道入斜谷改为越紫柏山、柴关岭至迴车,并率领人役,在荒凉的山道上凿石架木,建起连绵的阁道。据时人记述:栈阁广约四丈,路宽约六丈,水沟山涧,或填充土石,或架设桥梁,危险地段更平整地面,支撑木柱。从迴车到褒谷口二百多里的道路上,车马可以双双并列行进。整修之后危栈险道顿成康衢坦途。

在治道工程中,羊祉还率众重开了石门隧道。石门是褒谷口附近的一处人工穿山隧道(故址在今陕西汉中市北),史称石门。开凿于东汉永平六年(前63),至羊祉之时已历五百余年。距今2000余年。是世界上最早的也是第一条人工开凿的山体隧道。隧道洞长6.3米,宽4.2米,南口高3.45米,北口高3.75米。随着褒斜荒废,石门也遭湮塞,至羊祉时代车马不能通行已有二百年之久。历经晋、宋、齐、梁四个朝代,均未能恢复。羊祉不畏艰巨,用火烧水激等方法,劈石开山,终于凿通石门,使道路通达。治道之役自正始四年(507)十月兴工,迄永平二年(509)正月告成,共历时年余。

羊祉"重开褒斜"、石门之举,虽主要出于政治因素,但客观上却极大地方便了内地与蜀中的沟通,促进了巴蜀经济的发展和文化的交流。据时人的记述,治道工成之后,牲畜、盐铁以及毡毯绸缎之类得以畅销四方,四民富裕殷实,百姓免去肩挑臂担之劳,秦蜀一片繁荣与昌盛的气象。可见羊祉首倡之功是不可泯灭的。其丕绩大业之事功实堪与前代开通褒斜之郙君、杨孟文、李禹诸人相辉映。

"重开褒斜"工程结束后,梁秦典签、太原王远撰写了一篇铭文,生动记述了改道重修

---

① 古代修筑的自关中平原(长安)通往四川盆地的主道路共七条,分别是子午道、傥骆道、褒斜道、故道、金牛道、米仓道、荔枝道,历史上先后被评为周道、秦道、蜀道。2011年陕西省文物局组织开展了秦蜀古道线性文化遗产的研究,陕西省文化遗产研究院经过五年的考古,基本摸清了上述七条古道的底子(见《光明日报》2016年8月1日05版张哲浩、杨永林《秦蜀古道活态展示三千年中华道路文明史》)。

的经过,热情称颂了羊祉表请治道的卓识远略。文成之后,自为书丹,镌刻于石门东壁之上,是为著名的《石门铭》摩崖。其文典雅生动,其书法则"若瑶岛之散仙,骖鸾跨鹤",备受后世书家推崇,被誉为"书中之仙品",列褒谷石门"汉魏十三品"之一①。《石门铭》和著名的《石门颂》及其他开通褒斜道摩崖一样都是工程完成后的记功石刻。"今而纪功,垂流亿载,世世叹诵"(《石门颂》)。都是力求实现永久追念。《石门十三品》每品都是摩崖石刻的杰作。它不仅记载了开通隧道的艰辛历程,更展现了古人征服自然的毅力和决心。《石门铭》铭刻今已凿迁于汉中市博物馆中,它是羊祉重开褒斜的历史见证。

泰山学院周郢先生将《石门铭》录于《羊姓史话》,今据《羊姓史话》将其录于后:

石门铭

此门盖汉永平中所穿,将五百载。世代绵迥,戎夷递作,乍开乍闭,通塞不恒。自晋氏南迁,斯路废矣! 其崖岸崩沦,涧阁埋褫,门南北各数里,车马不通者久之。攀萝扪葛,然后可至。皇魏正始元年,汉中献地,褒斜始开。至于门北一里西上凿山为道,峭岨盘迂,九折无以加,经途巨碍,行者苦之。

梁秦初附,实仗才贤,朝难其人,褒简良牧。三年,诏假节龙骧将军督梁秦诸军事梁秦二州刺史泰山羊祉,建旗嶓漾,抚境绥边,盖有叔子之风焉。以天险难升,转输难阻,表求自迴车已南开创旧路,释负担之劳,就方轨之逸。诏遣左校令贾三德,领徒一万人,石师百人,共成其事。三德巧思机发,精解冥会,虽元凯之梁河,德衡之损蹑,未足偶其奇。起四年十月十日,讫永平二年正月毕功。阁广四丈,路广六丈,皆填溪栈壑,砰险梁危,自迴车至谷口二百余里,连輈骈辔而进,往哲所不工,前贤所辍思,莫不夷通焉。王升履之,可无临深之叹;葛氏若存,辛息木牛之劳。于是畜产盐铁之利,纨绵罽毲之饶,充牣川内,四民富实,百姓息肩,壮矣! 自非思埒班尔,筹等张蔡,忠公忘私,何能成其事哉? 乃作铭曰:

龙门斯凿,大禹所彰。兹岩乃穴,肇自汉皇。导此中国,以宣四方。其功伊何,既逸且康。去深去阻,匪阁匪梁。西带汧陇,东控樊襄。河山虽险,汉德是强。昔惟畿甸,今则关疆。永怀古烈,迹在人亡。不逢殊绩,何用再光。水眺悠晶,林望幽长。夕凝晓露,昼含曙霜。秋风夏起,寒鸟春伤。穹隆高阁,有车辚

---

① 石门十三品:自汉开通褒斜道及石门以来,通而复塞,塞而复通。历次修复,多有摩崖石刻,形成了浩瀚的石门石刻百余方,为历代考古学家、书法家所推崇。以汉魏石刻为主体的有十三种摩崖石刻,世称"石门十三品"。

辚。咸夷石道,驷牡其骃。千载绝轨,百辆更新。敢刊岩曲,以纪鸿尘。

魏永平二年太岁己丑正月己卯朔卅日戊申,梁秦典签太原郡王远书,石师河南郡洛阳县武阿仁凿字。

重开褒斜古道、石门是羊祉一生的重要政绩。《魏书·世宗纪》在正始四年九月只录有"甲子,开斜谷旧道"数字,但语焉不详,未言羊祉所为。《魏书》《北史》两史书之《羊祉传》均无一字载录。然而,《羊祉墓志》中却明确写到"公(羊祉)咸惠素流,下车腾咏,……必时官民兼督,于是开石门于遂古,辟栈道于荒途"。其铭词中亦颂其伟业:"石门之固,历代长阻;有德斯开,仁亡还拟。"铭词也明确记载重开褒斜、石门是羊祉所表后,帝诏羊祉所为,并遣左校令贾三德率徒共襄其成。上述史料均可补正史中的"阙漏",且可窥知重开褒斜、石门是羊祉秦梁二州刺史任上完成的重大工程。

铭文中贾三德,名哲,字三德,是重开褒斜、石门的具体施(监)工者。他在镌刻《石门铭》铭文右下方石壁上刻下一段被称之《石门铭小记》的文字:"案西壁文,后汉永平中开石门。今大魏改正始五年为永平元年,馀功至二年正月讫手。开复之年同曰永平,今古同前极矣哉。后之君子异世同闻焉。"落款:贾哲字三德。

古人赋诗作铭,多博览典雅,善用典故以衬托,颂誉人物或景物。《石门铭》也如此。如铭文中的"元凯之梁河",即说西晋杜预字元凯,"以孟津渡险,有覆没之患,请建河桥于富平津。……曰:'造舟为梁',则河桥之谓也"之事见于《晋书·杜预传》。"德衡之损蹶",是说三国魏扶风人马钧(一作马均)字德衡。其人出身贫穷,仕魏官至博士、给事中。巧思绝世,曾制成"水转百戏",改进织绫机,重造指南车,发明排灌水车,又制成转轮式抛石车等。晋朝傅玄以其为"天下之名巧"(此两句都是赞贾三德之"巧思",即是杜元凯"造舟为梁"、马德衡"天下之名巧"也赶不上贾三德开褒斜之"巧思机发")。"王升(生)履之,可无临深之叹"句,取自《汉书》卷七十六《王尊传》。是说琅琊王阳为益州刺史,行部至邛郲九折阪(今四川荣经县西南大相岭山,南坡山道七十四盘,亦名邛郲阪。阪,即斜坡。据《后汉书·南蛮西南夷列传》唐·李贤注引《华阳国志》:该处岩阻峻回,曲折乃至。山上凝水夏结,冬则成寒),叹曰:"奉先人遗体,奈何数乘此险!"以惧怕担心而绕行。到王尊为益州刺史,至其阪,问吏曰:"此非王阳所畏道邪?"吏对曰:"是。"王尊叱其驭曰:"驱(驱马令疾行)之!王阳为孝子,王尊为忠臣。"文中"临深"取自《诗·小雅·小旻》"如临深渊,如履薄冰"。此谓古道修成,王阳再无"临深之叹"。"葛氏若存,幸息木牛之劳"句,是说若诸葛亮仍存,以木牛流马运粮之事不再。

《石门铭》是北魏摩崖之"神品"(康有为之评语),是我国书法艺术发展史上的里程碑,书风凝练、苍劲大气,具有重要意义和珍贵的史料价值。自北魏以来,受到多位书家评论、赞颂和收录。名人的著录填补了正史不书羊祉重开褒斜、石门之功的遗憾。如清代著名史学家钱大昕《潜研堂金石文跋尾》载:"《石门铭》盖述龙骧将军、梁秦二州刺史泰山羊祉开石门之功……《北史·羊祉传》不书开斜谷道事,此史文之阙漏,当据石辅之。"这些著录起到了补史之阙,颂羊祉之功的作用。

为使读者更多了解褒斜古道的相关情况,有必要将该道的历史再作陈述。

褒,西周时期一国名,在今陕西汉中市西褒城镇东。《史记·周本纪》:"幽王嬖爱褒姒。"《索隐》:"褒,国名,夏同姓,姓姒氏。"褒国之女名褒姒,献于周幽王,受幽王之宠爱。褒姒戏诸侯的故事,即指此女。汉水有一支流,因褒而得名褒河。其上源名紫金水,源出陕西太白县东南太白山。流经留坝县,至勉县东、汉中市西入汉水。上文所说褒谷,在今汉中市西北,亦称南谷。《水经·沔水注》:"褒水又东南历褒口,即褒谷之南口也。北口曰斜,所谓北出褒斜。"此谓褒斜古道之"褒"。

斜,即指斜水。《史记·河渠书》:"斜水通渭。"《大清一统志·凤翔府一》:"(斜水)在岐山县南,自汉中府褒城县流经县南,又东北经眉县西入渭。今曰斜谷河,其上游名桃川。斜谷口即褒斜道之东口(或说北口),在今陕西眉(郿)县西南三十里。《大清一统志》引《眉县志》:"斜谷在县西南三十里,入谷口二百二十里抵凤县界,出连云栈,复百五十里出谷,抵褒城,长四百七十里。"谷口有斜谷关。《三国志·蜀书·后主传》:建兴十一年(233)"冬,亮使诸军运米,集于斜谷口,治斜谷邸阁。"褒斜道之斜谷段称斜谷道。当年,诸葛亮用木牛流马运粮曾走斜谷道。建兴六年(228)春,诸葛亮率师北伐,"扬(杨)声由斜谷道取眉""九年,亮复出祁山,以木牛运,粮尽退军""十二年春,亮悉大众由斜谷出,以流马运,据武功五丈原,与司马宣王对于渭南"(《三国志·蜀书·诸葛亮传》)。《石门铭》中之典"葛氏若存,幸息木牛之劳"句,即指此行。

褒斜道,自今陕西眉县至斜水及其上源石头河,经今太白县,循褒水及其上源自云河至汉中,因取道褒水、斜水两河谷而得名。全长四百七十余里。自秦汉以来为往来秦岭南北之重要通道。明末清初历史地理学家顾祖禹《读史方舆纪要》谓:"褒斜之道,夏禹发之,汉始成之,南褒北斜,两岭高峻,中为褒水所经。春秋开凿,秦时有栈道。"据《史记·河渠书》:"其后人有上书欲通褒斜道及漕事,下御史大夫张汤。汤问其事,因言:'抵蜀从故道,故道多阪(斜坡)回远。今穿褒斜道,少阪,近四百里;而褒水通沔(即汉水),斜水通渭(水)。如此,汉中之谷可致,山东从沔为限,便于砥柱之漕。'……天子以为然,拜汤子卬为汉中守,发数万人作褒斜道五百余里,道果便近,而水湍石,不可漕。"漕不可而褒斜道成,近四百里。可见此道对自关中经汉中至巴蜀所起的作用是巨大的,在政治、经济、军事、文化诸方面意义是非凡的。故《史记·货殖列传》云:"关中……南则巴蜀。巴蜀亦沃野,……然四塞,栈道千里,无所不通,唯褒斜绾毂(即控制。毂是车辐所聚之处,比喻各条道路集中之处)其口,以所多易所鲜。"然,褒斜道,时或埋塞,屡经修复。至东汉明帝永平六年(63)又一次开褒斜古道。朝廷调两千六百余人,扩拓修建自今陕西宝鸡至汉中的旧道,沿途修有驿站、邮亭、桥、阁计六十四所。"作桥路六百三十三间,大桥五(座),为道二百五十八里,……凡用工七十六万六千八百余人"(清·王昶《金石萃编》卷五《开通褒斜道石刻》)。自此时至羊祉重开褒斜又有四百余载。即《石门铭》开端所言"盖汉永平所穿,将五百载"。

褒斜古道自汉至五代,南北兵争,多取道于此。故羊祉看重该古道的重要性,又见古道埋塞,身为秦梁二州之牧守,大抵认为有责任上书重开褒斜,以利官、商、兵、民。宣武帝诏命开创旧道也是明智之举。旧道的开通不仅使北魏政权加强了对汉中地区的统治,而且在军事上成为威慑巴蜀之要厄。经济上,沟通了关中与汉中两大富庶之域,加强了与有"沃野千里""天府之国"美誉之称之蜀地连接与沟通。正如《石门铭》所颂:"于是畜产盐铁之利,纨绵(纨:白色的细绢,绵:丝绵)罽毲(罽:一种毛织品;毲:毛布)之饶,充纫(即满)川内,四民富实,百姓息肩,壮矣!"

褒斜古道,唐代(一说五代)以后,北段斜谷道荒废。公私行旅自褒谷北上,多折西北由故道出散关(该关在今陕西宝鸡市西南五十二里大散岭上。当秦岭孔道,扼川、陕交通咽喉,为古代军事要地)。

七、关于羊祉一生三次难堪的社会背景

羊祉因"侵盗公资"犯了死罪,高祖特恕远徙,这是首次。一次因掠人奴婢,被御史中尉王显所弹免;一次是夜行军迷路,杀队副杨明达,被中尉元昭所劾。因其有以上之劣迹,祉死后在其议谥问题上出现了一些不同意见,费了一凡周折。最后谥为"景",以为公允。羊祉之所以能得谥为"景",不能不说与社会风气、政治因素个及个人功绩有关。

史载,北魏初期,官吏并非不贪污。例如,太武帝拓跋焘时,大将公孙轨在上党,贪纵狼藉。据《魏书·公孙表传子轨附传》:"其初来,单马执鞭;返去,从车百辆,载物而南。"又《魏书·良吏传》开宗明义指出:"(魏初)拥节分符,多出丰沛。政术治风,未能咸允,虽动贻大戮,而贪虐未悛,亦由网漏吞盘,时挂一日。"可见贪污情况十分严重,北魏政权对贪污行为的制裁也十分严厉。至孝文帝太和五年(481)定律,并规定"枉法十匹,义赃三百匹,大辟"(《魏书·刑罚志》)。太和八年普给百官俸禄之后,"更定义赋一匹,枉法无多少皆死,是秋遣使者巡行天下,纠守宰之不法,坐赃死者四十余人"(引文同上)。羊祉私心严重"侵盗公资",正处在王权强大的外戚高肇宗国之时,律当死罪,可是"高祖特恕",得以免死,应是羊祉所接受的一次教训。

孝文帝死后,宣武帝(元恪)即位,史称当时的洛阳政权"宽以摄下",政治趋于腐败。至孝明帝(子诩)即位(515年即位),年仅七岁,其母胡太后临朝。至胡太后被妹夫元义

及宦官刘腾等幽禁于北宫,胡太后妹夫宗室元义与刘腾共执朝政,政治至此大坏。"于是帝族王侯,外戚公主,擅山海之富,居山林之饶,争修园宅,互相竞夸(《洛阳伽蓝记》)。除了帝族、宦官尽情享乐腐化贪欲无度外,政治上还卖官鬻爵,贿赂公行。如元晖"任侍中,领右卫将军……侍中卢昶亦蒙恩昵,故时人号曰'饿彪将军,饥鹰侍中'。迁吏部尚书。纳货用官,皆有定价,大郡两千匹,次郡一千匹,下郡五百匹,其余官职各有差,天下号曰市曹"(《北史·魏常山王〔元〕遵传曾孙〔元〕晖附传》)。可见当时的吏部成为白昼卖官的场所,朝中权贵卖官鬻爵,贿赂公行,州郡的刺史、太守更是"聚敛无极"(《北史·魏河间公〔元〕齐传孙〔元〕志附传》)。

在这大环境下,州郡刺史、太守们,掳掠肆无忌惮。如,羊祉的前任秦梁二州刺史邢峦即是一例。当初,侍中卢昶与邢峦不睦,卢昶和元晖都被世宗宣武帝元恪所宠,御史中尉崔亮是卢昶之党。卢昶与元晖令崔亮检举邢峦,事成许言于世宗以崔亮为侍中。崔亮于是奏劾邢峦在汉中掠良人为奴婢,邢峦又惧怕被卢昶所陷,乃以汉中所得巴西太守庞景民女化生等二十余口献与了元晖。又,邢峦初至汉中,从容风雅,接豪右以礼,忧细民(平民)以惠。岁余之后,颇因百姓去就(去留或说进退、举止),诛杀平民,借以掠奴婢者二百余口,兼商贩聚敛,清论鄙之(《魏书·邢峦传》)。即是有被"清论""鄙之",后因统魏军在宿豫(今江苏泗阳)大败梁军,仍能升迁殿中尚书,加抚军将军(引文同上)。由此看来,州郡刺史太守聚敛财物,掠人为奴成为普遍现象,边远地区尤甚。

在上述污浊不堪的社会环境中,羊祉不能与恶俗污浊绝断而同流合污,成为"近墨者黑"和"不清洁"之人。加之因为掠人为婢,被"及领宪台(御史官职的通称),多所弹劾,百僚肃然"(《魏书·王显传》)的御史中尉王显所弹免。羊祉受到弹免的主因是作风不洁,不能自律,侵辱他人,表现了他的"好慕名利"。应该说这些劣迹有损泰山羊门之形象。羊祉的贪欲虽不可原谅,但与那些帝族王侯、外戚公主、朝内权贵们"田业盐铁,遍于远近,臣吏僮仆,相继经营"(《魏书·咸阳王禧传》),"舟车之利,水陆无遗;山泽之饶,所在固护"(《魏书·阉官·刘腾传》),"姬妾数十,奴婢千数"(《咸阳王元禧传》),"僮仆六千,妓女五百"(《高阳王元雍传》)相比可谓"小来小去""小小不言"之行为。然而,不论为民还是为官,"莫以善小而不为,莫以恶小而为之",皆需要防微杜渐,见微知著也。

羊祉本传说他"天性酷忍""志性急酷,所在过威,布德罕闻,暴声屡发",故可干出"夜中行军,军人迷路,杀队副杨明达,枭首路侧"之事。杨氏身为队副,使军队迷路,耽误赶路,甚至会贻误战机,应负一些责任,但不至于死罪并"枭首路侧"。羊祉此次杀人可谓"无道"之举。他的"刚愎""好刑名""酷虐"的性格,是为官者所忌,不能重德尚仁,缺乏道德修养的表现,也是不善修身,不具有"为政以德,不用刑杀,应以道德教化人民"的"仁政"思想而至。此一举正如孔子所说"一朝之念,忘其身以及其亲"。就是说他一时的气

415

愤,就忘记了自身的安危,以至于牵连自己的亲人(《论语·颜渊》)。与"德教加于百姓,刑于四海""法服、法言、德行,三者备矣,然后能守其宗庙"(《孝经》)的圣人教诲相悖。这是他被中尉元昭所劾之因。据史载,他被弹劾不排除元昭与权倾一时的于忠沆瀣一气,借故枉陷之疑。因羊祉二次被启用,与外戚高肇有关,高肇被尚书令、领军于忠所杀。于忠自认为羊祉是高肇之党,故而枉陷羊祉也无不可能。

八、如何看待史臣对羊祉的评价

《魏书》的作者魏收在羊祉本传最后给其评价可分三段。第一段是"祉自当官,不惮强御,朝廷以为刚断,时有检覆,每令出使"。这说明,朝廷对羊祉是了解的,并利用他的长处和性格,出使镇压或抵御强暴。第二段是"好慕名利,颇为深文(利用法律条文的细节给人加罪),所经之处,人号天狗下(到了)"。这一段指出了羊祉的软肋。由于好给人加罪,他去的地方人们视作"天狗"到了。何谓"天狗"呢?"天狗"是传说中的一兽名。据《山海经·西山经》载:"其状如狸(郭璞云:'或作豹')而白首,名曰天狗,其音如榴榴(郭璞云:或作猫猫),可以御凶。""天狗"又是一星名。《史记·天官书》载:"天狗,状如大奔星(《集解》孟康曰:"星有尾,旁有短彗,下有如狗形者,亦太白之精。"),有声,其下止地,类狗,所坠及、望之如火光炎冲天,其下圜如数顷田处,上兑者则有黄色,千里破军杀将"。其实,这是种陨石,在大气中来不及燃烧完而落至地面,其陨坑有数顷田大,由于这种陨石很少见,故用于"破军杀将"之占事。无论"天狗"是兽还是星,都让人惧怕。第三段是说羊祉作为牧守,对民众"无恩润,兵民患其严虐"。就是说他不能"为官一任,造福一方",兵民无不担忧他的严厉和酷虐。《北史》作者李延寿,则认为"羊祉刚酷之风,得死为幸"。可见羊祉是位严厉酷法、刻薄寡恩之人。姜太公曾提出"不因怒以诛",羊祉与之其反,却因怒而诛人,引来时人的议论。

按《魏书》作者魏收和《北史》作者李延寿对羊祉的评价,羊祉是一典型的酷吏,列入《酷吏传》名正言顺,理所当然。十分符合《魏书·酷吏传》之前言,"淳风既丧,奸黠萌生;法令滋章,刑禁多设。为吏罕仁恕之诚,当以威猛为济"之条件。然而,作为史官,羊祉即是酷吏,对其之功和重开褒斜一事也不该一字不著。泰山学院周郢先生对此早在1997年曾提出自己的看法,"本传不书,实有别种原因。又本传载羊祉举刺(史)诸藩(镇),仅平叙官位升迁,对宦迹不著一字,但证《梁书·羊侃传》却有侃'弱冠随父在梁州立功'之语,足证羊祉主兵颇有战功。本传这种'隐善扬恶'的史笔,乃与当时之政治形势息息相关。……《魏书》成书之际,正南北分裂对峙,齐周相互攻伐之际。魏收为北齐史官,故而'诋齐民,与魏室多不平,即党北朝,又厚诬江左'(《史通》卷十二《古今正史》)。而羊祉虽历仕北魏,但其晚年,却与魏廷矛盾日深(从《祉志》所记延昌三年屡征不起,可窥一斑)以至'每有南归之志'。他'常谓诸子曰:人生安可久淹异域,汝等可归奉东朝'(《梁书·羊侃传》)。祉虽赍志以殁,后其子侃却起兵叛魏,南投萧梁。另一子深,则在北魏分裂时,支持西奔之孝武帝,同樊子鹄在兖州'据城为应'(《北史·樊子鹄传》),最后于天平二年(535)在泰山商王村之役为东魏高欢所杀。《魏书》即以北魏—东魏—北齐为正统王朝,魏收复'有怨者被以恶言,迁怒者丑及高曾',(《史通》之语)视羊祉父子则不音,是十足的叛臣逆子,立传时自然隐善政而扬劣迹,以至有'天狗下'的漫骂之笔。"(周郢著《周郢文史论文集》,山东文艺出版社,1997年版,第66、67页)周氏之论不无道理。而《羊祉墓志》重见天日,乃可辨清史传对羊祉的不实之词,给祉与子羊烈以真实而全面的生平历史,还原其历史真面貌。

《魏书》及《北史》对羊祉的生平事迹隐善扬恶,除与当时政治形势及羊祉"每有南归之志",子羊侃起兵叛魏诸因素外,还与《魏书》作者魏收史官之德有很大关系。北齐朝廷设官编纂《魏书》,晋爵为王、领大宗正卿、监国史的高隆之仅是挂名,主政者是魏收。当时魏收官职为尚书左仆射,修史是他长期的专职。他推荐的史官都是一向趋奉自己之人的"依附者""并非史才""全不堪编辑",凡是由魏收专主。据《北齐书·魏收传》载:魏收对"修史诸人祖宗姻戚多被书录,饰以美言。收性颇急,不甚能平,夙有怨者,多没其善。每言:'何物小子,敢共魏收作色,举之则使上天,按之当使入地。'"齐高祖神武皇帝高欢之时,收修史中曾得阳休之助,因谢阳休说:"无以德谢,当为卿作佳传。"休之父曾因贪虐为中尉李平所弹获罪,魏收将其在《魏起居注》美其名曰"甚有惠政,坐公事免官",又说"李平深相敬重"。作为史官竟如此歪曲事实,并以此做了交易。不仅如此,魏收还有受贿行为。众所周知尔朱荣于魏为贼,制造"河阴之变",杀王公大臣二千余,并树置亲党,独揽朝政。魏收"以高氏出自朱荣,纳尔朱荣金,故减其恶而增善",受到舆论的责备。

《魏书》书成后,众人讥议"著史不平""史书不直""众口喧然号为'秽史',议论纷纭"。魏收借修史来酬恩报怨,在列传人物的去取褒贬上触犯了某些门阀地主、诸家子孙控诉,"不平"者达百余人。皇帝高洋和宰相杨愔、高德正庇护魏收,逮捕了一些控诉的人下狱治罪,暂时压下了这场风波,同时命魏书"且不施行"。北齐孝昭帝(高演)于皇建元年(560)命他更加研审,颇有改正。至后主(高纬)天统三年又命再度修改。由此看来,《魏书》之错谬、谬妄之处确实存在,且不止一、二处。其中不乏有一些侮辱性记载和传闻失实之处。据此,对羊祉之偏见,除政治因素外,尚有叙事不真实不全面或故意歪曲等问题就不难理解了。羊祉仅见一例而已。至唐人李延寿,虽费十六年之功,著成《南史》《北史》,然而对羊祉传记所取材料并未突破《魏书》所记。他谓羊祉"刚酷之风,得死为幸"之语,除政治因素外,尚有讽讥挖苦口味。两书作者所书羊祉本传之内容不公正、不全面尚与历史背景、历史局限有关,这也是历史之必然。但作为史官魏收品质不端,道德败坏,不具史官之德,又"多憾于人",落得死后坟冢被发,弃其骨于外之下场。

综上所述,羊祉其人,戎马一生,转战千里,御氐戍边,深入氓区,镇藩守疆,治军理政,鞍马劳顿,却因名利性酷,多受弹劾。但"有数德优劣不同,刚而能克亦为德焉"。又重开褒斜,功不可没,石门铭记,光照青史。本传失载其功,隐善扬恶,不公不允。幸羊祉《志》石的出土,匡史纠误填阙,弥足珍贵,《志》石多谥美,人之常情。纵观其《传》《志》功过分明,昭然若揭,以此为鉴,得失明矣,方可昭示后昆,以史为训。

主要参考书目:《魏书·羊祉传》《北史·羊祉传》;《周郢文史论文集》,山东文艺出版社,1997年版;周郢编著《羊姓史话》,江西人民出版,2001年版第48-50页;《联合日报》2008年7月12日第四版《梁州》;刘硕伟著《两晋泰山羊氏家族文化研究》,中华书局,2013年版第一章第五节;《北齐书·魏收传》《羊祉墓志》等。

第二节　好法律、死于王事的羊灵引

羊灵引(?—508),北魏泰山梁父(今新泰天宝镇)人。羊规之第三子,羊祉之弟,好法律。大约生活在魏孝文帝元宏至宣武帝元恪时朝。当时李彪任北魏中丞时,以羊灵引为书侍御史,灵引固辞不受,李彪对此事怀于在心。到羊灵引任三公曹郎官,负责立法制时,因其兄羊祉的关系对此事知而不纠,彪乃将羊灵引弹劾免官。

当时魏尚书令高肇擅权,对羊灵引十分溺爱。高肇是魏孝文帝元宏皇后高夫人即文昭皇后之兄,宣武帝元恪的舅父。元恪在位的后半期,外戚高肇专权,朝政更加腐败。当初,元恪即位,封舅父高肇为平原郡公。高肇是个不学无术而又胸怀邪恶之人。但元恪利用外戚,所以高肇很快就成了宰辅重臣。由于亲王元愉的谋反,元恪渐对亲王们不信赖,遂将权力转移至高肇一人身上。出身卑微的高肇"及在位居要,留心百揆,孜孜无倦,世咸谓之为能"。然,对皇族亲王们满怀嫉恨。"即无亲族,颇结朋党,附之者旬日超昇,背之者陷以大罪"。及咸阳王(元)愉被杀,共"财物珍宝奴婢田宅多入高氏"之后,又"以北海王(元)详位居其上,构杀之"。再杀彭城王(元)勰等大臣。"本无学识,动违礼度,好改先朝旧制,减削封秩,抑黜勋人。是由怨声盈路,众咸嗤笑之"(《魏书》《北史》载《高肇传》)。

京兆王(元)瑜,是魏孝文帝元宏之子,魏宣武帝元恪的弟弟。宣武帝时初为护军将军,迁中书监,好文学,颇著诗赋,又崇信佛道,竟慕奢丽,乃贪纵不法,出为冀州刺史。他对高肇的擅权十分不满,二人矛盾日益加深,至为嫌疑忌恨。到元愉出镇冀州,高肇举荐灵引为元愉的长史,以相偷偷地窥探。羊灵引私自依仗高肇的权势,每每反驳元愉。至永平元年(北魏宣武帝元恪年号,即公元508年),元愉于冀州谋反称帝先斩羊灵引于门庭。其原因《魏书》卷二十二《京兆王(元)愉传》载:"及在州谋逆,愉遂杀长史羊灵引及司马李遵,称得清河王密疏,云高肇谋害主上。于是遂为坛于信都之南,柴燎告天,即皇帝位。号建平元年。"羊灵引被元愉所杀之事,又见《资治通鉴》梁纪三,梁武帝天监七年(508):"八月,癸亥(十二日)(元愉)杀长史羊灵引、司马李遵,诈称得清河王(元)怿密疏云'高肇弑逆'。丁卯(十六日),魏大赦,改元永平。"当时的舆论说:(元愉斩羊灵引)不光是元愉不守臣节,也是由高肇和羊灵引所导致的。事平之后,北魏朝廷认为羊灵引死于王事①,追赠为平东将军、兖州刺史,谥号"威"(见《北史·羊祉传附弟羊灵引传》)。熙平二年(517)北魏立《兖州刺史羊使郡碑》表羊灵引忠贞。北宋欧阳棐据其父所收历代石刻资料撰写而成的《集古录目》对该碑有著录,曰:"兖州刺史羊使郡碑,不著撰写人名氏,君名缺不可见,而其字曰灵引,太山平阳人。为京兆王愉长史,愉将反,君不从,见杀。诏赠兖州刺史,谥曰'威'。碑以熙平二年立。"南宋陈思所撰《宝刻丛编》对该刻碑也有著录。

羊灵引子羊敦,历任给事中、兖州别驾、卫将军、广平太守等,事见后文。羊引灵事载《北史·羊祉传附弟羊灵引传》《魏书·外戚下·高肇传》《魏书·京兆王(元)愉传》等。

第三节 "食藕"太守羊敦

——兼述子羊隐

北魏政权在大动荡的社会环境下,必然要造成各种政治势力的重新组合。高欢在消灭了制"河阴之变"的尔朱荣势力后,北魏朝廷土崩瓦解,统一的政权分成东西两部分,高欢拥立年仅十一岁的元善见(孝文帝之子清河王元怿之孙)为帝,史称东魏,迁都邺城。东魏自立到亡只有十六年(534—550),一帝,即孝静帝元善见。后为北齐(550—577)所取代。羊敦先仕北魏,后仕东魏。

羊敦(487—539),字元礼,羊灵引之子。羊深从兄弟,即羊祉弟之子,泰山梁父人。但《魏书·羊敦传》认为是钜平人,不确。羊敦性情娴静质朴,学涉经史等书。以父羊灵引死于王事,任给事中。后出任兖州(其父曾追赠兖州刺史。兖州,北魏天兴〔398-404〕年间置,治所在滑台,即今河南滑县东南城关镇)别驾期间,办事公平正直,遇见不合法度之事,最终要辨别出是否是自己管辖的事才算终了。后为尚书左侍郎、徐州抚军长史。永安(孝庄帝元子攸年号,528年9月至530年10月)中,转廷尉司直,不拜,拜洛阳令。

---

① 王事:指王命差遣的公事。这里是说羊灵引是被宰辅高肇派往元愉之处的官员,其使命是"王命差遗的公事"。故在羊灵引之子羊敦传中称:"(其)父死于王事。"

羊敦像

后为镇南将军、金紫光禄大夫,迁太府少卿,转卫将军、广平(治所在河北鸡泽县东南)太守,甚有治政才能和名誉声望,使某些奸吏的行为十分小心,秋毫无犯。

羊敦性情高雅,清正节俭。当遭遇荒饥之年时,家中粮食接济不上,便派人到外面去寻觅池塘,采藕根而食之。而遇有疾苦之人,家人则解衣作抵押换米以供养。然而羊敦所主管的政事崇尚威严,朝廷以其清白,赠谷一千斛,绢一百匹。

(东)魏兴和(539—542)初年,羊敦卒于任上,享年52岁。官吏百姓得知羊敦谢世,无不奔哭,莫不哀恸。朝廷追赠羊敦都督徐、兖二州诸军事、卫大将军、吏部尚书、兖州刺史,谥号曰"贞"。

(东)魏武定(543—547)初,权臣高欢(其子高洋禅代东魏建北齐后,追崇为献武帝,庙号太祖。天统元年〔565〕,改谥神武皇帝,庙号高祖)以羊敦及中山太守苏淑在官奉法,清约自居,适宜推荐追赠褒奖,以激励天下,乃向朝廷奏请加以表彰并记录在案。于是东魏孝静帝元善见诏曰:"过去地方官吏施行善政,兴起民谣颂之,招来两岐歌①而歌咏。都是由于广施仁德于千里,恩德善施,教化一邦。已故广平太守羊敦,已故中山太守苏淑,两人功名事业突出,而不张扬,犹才干可以济成大事,良好的政绩闻名全国,高洁的声望在人民心中。凭这样的方正良才,遂登高官而先后凋亡,朝野伤悼。追旌其清德,盖惟旧章,今可各赏帛一百匹、谷五百斛,并致书于各郡州,皆使其知晓其事。"从东魏帝元善见昭书之评价看,方见羊敦其人的高贵品德及对魏廷的忠心坚贞。

羊敦有子名隐,东魏武定末年,任开府行参军,属初级官员。《魏书》卷八十八立有《羊敦传》,《北史》卷三十九立有《羊祉传附弟灵引子羊敦传》。

【评析】"悬鱼""食藕"一脉相承

羊敦是位"公平正直",治政"甚有能名""亦尚威严"的良吏。同时"在官奉法""清约

---

① 两岐歌:"两岐",即两支,指麦生两穗。《后汉书·张堪传》:"拜渔阳太守,……乃于孤奴(地名)开稻田八千余顷,劝民耕种,以致殷富。百姓歌曰:'桑无附枝,麦穗两岐。张君为政,乐不可支。'"后以"两岐歌"为称颂吏治清明,岁和年丰之典故。

自居",关心他人胜于关心自己。在遇有疾苦之人时,其家人都受其影响,能做到"解衣质米以供"他人。故而得到朝廷的褒奖。他的高贵品质感动着百姓,所以在他亡故之后"吏民奔哭,莫不悲恸""朝野伤悼"。

另一方面,羊敦是位不可多见的忠贞之臣。其主要表现有二:其一,北魏孝明帝元诩武泰元年(即528年,这年四月孝庄帝元子攸称帝改年建义元年,九月改为永安元年)七月,魏泰山太守羊侃(羊敦从弟)反魏降梁之时,羊敦任兖州刺史,虽是骨肉兄弟,却能刀兵相见,据城坚守,对北魏忠贞之志,日月可鉴。《资治通鉴》卷一五二《梁纪八》载:"梁武帝大通二年(528)秋,七月,……魏泰山太守羊侃,以其祖规之尝为刘宋高祖祭酒从事,常有南归之志。徐纥往依之。因劝侃起兵,侃从之。兖州刺史羊敦,侃之从兄也,密知之,据州拒侃。八月,侃引兵袭敦,弗克,筑十余城守之,且遣使来降(梁)。"羊敦以武力拒侃,为魏廷笼络羊侃受之官位以及派兵抗侃创造了条件,赢得了时间,其功大矣。同时,敦之从兄弟羊烈也是忠于魏廷之士。"烈从兄侃为太山太守,据郡起兵外叛,烈潜知其谋,深惧家祸,与从兄广平太守敦驰赴洛阳告难。朝廷将加厚赏"(《北史·羊祉传附弟羊莹子羊烈传》)。由于羊敦的忠贞且在据州拒侃及告发羊侃叛魏降梁时有功,所以东魏帝元善见在对羊敦的诏书中,才以"昔五袴兴谣①,两岐致咏"之典故,比喻羊敦能像古人一样"仁覃千里,化洽一邦",且"器业合隐,干用贞济,善政闻国,清誉在民"。故而在其死后"宜追褒以厉天下"。以上之评价甚高,非一般朝臣所能授之。

其二,从其不拜廷尉司直,而拜洛阳令来看,羊敦不愧是位忠贞之臣。

永安中,羊敦未拜廷尉司直,而拜洛阳令,按说廷尉司直是个不错的官差,秩五品,位在廷尉正、监之上,是永安二年(529)复置的十二人之一,羊敦为何不拜呢?本传未明载,大概与元颢有关。北魏武泰元年(528)四月,大都督尔朱荣入洛阳,立元子攸为帝,是为孝庄帝,改元建义。元颢因尔朱荣暴虐,遂奔南朝梁。梁武帝派遣东宫直阁将军陈庆之将兵送回北魏返。第二年四月,元颢在梁国(今河南商丘市南)城南即位,年号孝基。及进入洛阳,改元建武。估计此时元颢封羊敦为廷尉司直。元颢骄奢放荡,朝野失望。羊敦一向忠诚于北魏朝廷,此时又因魏孝庄帝不在洛阳,因当年五月,南朝梁军攻克梁国,魏元大穆的军队攻打梁军大败,魏孝庄帝与元大穆等渡黄河北走。羊敦认为元颢是伪政权,坚决不与其为伍,故而不拜廷尉司直一职。到闰六月,魏孝庄帝还南,命尔朱荣讨元颢,元颢战败出逃被杀。洛阳又回到了孝庄帝之朝廷,故而拜洛阳令。羊敦从受廷尉司

---

① 五袴:袴,同裤。"五袴"见于《后汉书·廉范传》,廉范为蜀郡太守,能体恤民情,改正过去法令之不便于民者,百姓歌颂他说:"廉叔度(即廉范),来何暮?不禁火,民安作,平生五襦(短袄、短衣)今五裤(袴是无裆的套裤;裤是满裤与开裆裤的通称)。"后以"五裤"为称颂地方官吏施行善政之词。

直不拜到元颢事平后拜洛阳令从时间上分析不足三个月,此事方见羊敦的确是北魏忠贞不贰之臣。

羊敦的清俭可谓继承了其先祖羊续的高贵品德和泰山羊氏的优美家风。羊敦"食藕",其先祖羊续"悬鱼",同为清白自守的廉吏楷模,皆为后人所称颂,也是羊氏族人之荣耀。清廉是一种境界,一种美德。清廉者清纯如莲,朴实无华。正所谓:高山流水洁如玉,明月清风廉无价。

羊敦的忠贞得到了赞誉和优赏,更为后人留下一笔宝贵的文化遗产。故《魏书》《北史》都为其立传。清《新泰县志·人物》亦节录其传,得以使羊敦这样的良吏永载青史。

第四节　北魏贞臣羊深

——兼述夫人崔元容及子羊肃

羊深,字文渊,学涉经史,好文章。初仕司空府记事参军转尚书骑兵郎。北魏正光五年(524),从都督北海王元颢出讨敕勒酋长胡深部将宿勤明达、北地人车金雀。孝昌三年(527),与大行台长孙稚击败反叛的刘王萧宝夤,以功赐新泰男。武泰元年(528),大都督尔朱荣诛杀朝士,其弟泰山太守羊侃邀其弃魏依梁,羊深斩来使,不从。普泰元年(531),任卫将军,监修《起居注》,兼侍中,上疏修立国学,不久又拜中书令。东魏天平二年(535)正月,与尚书左仆射、兖州刺史樊子鹄于兖州起兵据东魏,阵中被杀。

一、北魏政权,风雨飘摇

为能正确地评价羊深其人应先了解一下羊深所处的时代。羊深自入仕至阵亡,大约经历了北魏孝文帝(元宏)、宣武帝(元恪)、孝明帝(元诩)、孝庄帝(元子攸)、节闵帝(元恭)、孝武帝(元修)数朝。孝文帝当朝时羊深尚处在青年时代。宣武帝当朝后期,羊深担任初、中级官吏。他真正有所作为当在孝明帝正光末年以后。此时的北魏政权已是强弩之末日薄西山的末日。

从外部环境看,自孝文帝迁都洛阳之后,农民起义和反抗斗争就没停止过。太和二十一年(497)就发生过定州王金钩为首的起义(《魏书·高祖纪》)。宣武帝元恪在位的十五年,见之史载的人民起义就有十次,其中四次是僧侣领导的(此后又有两次僧侣起义)。冀北僧人法庆率众反于冀州的起义(515)拉开了北魏末年大起义的序幕。其中规模较大的当属六镇起义和河北大起义等。

1. 六镇起义。原在北魏建立以后,为抗击北部边疆的柔然,以及北魏在北部边境自西向东一字排开设置的沃野镇(今内蒙古五原县东北)、怀朔镇(今内蒙古固原县西南)、武川镇(今内蒙古武川县西南)、抚冥镇(今内蒙古四子王旗东南)、柔玄镇(今内蒙古兴和县西北)、怀荒镇(今河北张北县北)六镇,每镇设镇都大将,大多都是鲜卑八族王公或拓跋宗室担任。镇兵也都是拓跋部的成员。他们都是为防柔然而战,故而具有鲜卑族的能骑善射,剽悍劲勇的品格。当进入中原的鲜卑人大力推行汉化时他们却未能同步,随北方柔然人的威胁逐渐消灭,六镇鲜卑人发现自己的作用日益被北魏王朝所忽视,而且自身的社会地位与迁入中原的同族也拉开了越来越大的距离。迁入中原的拓跋贵族经过孝文帝重新订立的门阀制度已变成高门清流,而留在六镇的拓跋鲜卑却沦落为武人浊流,并与谪罚的罪人和刑徒为伍。他们对自己的地位和境遇日趋恶化而越来越心怀不满和愤恨。这种情绪终在孝明帝正光五年(524)爆发。沃野镇人破六汗拔陵首先聚众起义。起义兵杀镇将,建年号,不久,烽火蔓延。孝昌元年(525)六月,北魏政权勾结柔然王与元深夹击破六汗拔陵。拔陵不能抵御,投降者二十万人。拔陵旋即战死。北魏迫使大批降户拥进河北就食,加重了当地负担,引起河北大起义。

2. 河北大起义。孝昌元年(525)六月,历时一年零三个月的六镇起义失败,北魏政权开始把二十万投降者移往河北冀(今河北冀州)、定(今河北定州)、瀛(今河北河间)三州地区。而河北频遭水旱,二十万人拥进河北无处就食,终于爆发河北大起义。当年八月,先由柔玄镇兵杜洛周率兵在上谷起义。至武泰元年(528)正月,定州义军领袖葛荣杀了杜洛周,并有了他的部众。上谷起义后四个月,怀逆镇兵鲜于修礼起义。起义群众一时发展到十万人。时间不长,葛荣部队攻占了冀、定、沧、瀛、殷(殷州治今河北隆尧县东十二里旧城乡,北齐改称赵州)五州之地。这时义军发展到数十万众,号称百万。这年八月,义军围攻相州(今河北临漳西南)。这时北魏政权已落入契胡族酋长尔(又作尒)朱荣手中。九月尔朱荣战败葛荣起义军,数十万众一朝散尽。虽然各路起义军前仆后继,不间断地进行斗争,最终,至永安二年(529)九月共历时四年零一个月的河北大起义失败。"这场斗争是沦落的鲜卑人及被征服的汉族人,还有其他民族人民联合反对鲜卑贵族及汉世族大地主阶级的反压迫剥削的斗争,所以是进步的。"南北朝史专家王仲荦先生这样认为(王仲荦《魏晋南北朝史》第536页,上海人民出版社,2003年版)。

镇将出身的葛荣,对于汉族民众采取歧视和排斥的态度,使得自己终被起义群众所唾弃,这是造成河北大起义失败的原因之一。河北义军的首领虽对汉民凌暴,而对汉族的世家大族却毫不警惕地予以拉拢,从而忽视了对义军将领的重用,以致后来尔朱荣得以钻空子,故而能大施分化之伎俩,命高欢收买义军方面的中坚骨干。这样混入义军中的汉世家大族和鲜卑族中的豪强很快倒向尔朱荣一边,这是造成河北大起义失败的又一重要原因。

3. 山东起义。河北大起义期间,河北的汉民约二十万流亡到青州(治今青州市)一带,由于他们饱受当地豪强的欺凌,生活无着,以榆叶度日。永安二年(529)六月,以前幽州北平府主簿河间世族邢杲为首率众起义。这些义军以河北流民为主,很快集结民众十万余,先后攻下光州(今莱州市)及胶东半岛一带,邢杲自称汉王,年号天统。不过很快被北魏政府派遣的部队击败。济南一仗起义军被击溃,邢杲兵败牺牲。这次起义从公元528年6月至529年4月,共持续10个月。

4.关陇起义。关陇起义比六镇起义稍迟,于正光五年(524)六月发动。由于秦州(治今甘肃天水市)刺史李彦刑法酷虐,城民薛珍、刘庆、杜超等杀李彦,推羌人莫折大提为帅,大提自称秦王。南秦州(治今甘肃西和县南)城民张长命等杀刺史博陵崔游,响应大提。大提不久病死,其子莫折念生称天子,国号秦,年号天建。起义军先后攻下岐州(治今陕西凤翔县南)、凉州(治今甘肃张家川回族自治县),在黑水与官军一战受挫,一度进入低潮。至孝昌三年(527)正月,莫折念生开始反攻,大败官军于泾州(治今甘肃镇原)后,继续攻城占镇,曾越过长安据潼关(今陕西潼关县东北),大有直捣北魏京城洛阳之势。北魏朝廷震惧异常,孝明帝宣布"中外戒严",声称要御驾亲征,西讨叛军。北魏朝廷速派重兵堵击义兵,收复潼关,解除了洛阳的威胁。同时朝廷派人分化义军,收买义军将领。孝昌三年(527)九月,莫折念生部将杜粲叛变,杀莫折念生及其全家,据秦州投降北魏。不久,杜粲被部下骆超所杀。但义军的活动并未结束,团聚在了原六镇之一高平镇酋长胡琛部将万俟丑奴周围,至永安元年(528)夏天,丑奴自称天子,建元神虎,第二年进围岐州。这时北魏政权已落入尔朱荣手中。至建明元年(530)四月,义军溃败,丑奴被擒送洛阳被杀。此后关陇的一支六千人左右义军全部被尔朱荣的从子尔朱天光所坑杀。义军的另一支在宿勤明达率领下,退至夏州(治今内蒙古鄂尔多斯市乌审旗南白城),又从夏州退至东夏州(今陕西延安北甘谷驿附近)。至普泰元年(531)四月,宿勤明达也被擒至洛阳被杀。关陇起义前后持续了六年零十个月。按羊琛本传所记,羊琛曾先后参与了镇压关陇起义军的战役。

北魏末年的各族各地民众的大起义,敲响了北魏王朝走向灭亡的丧钟,使北魏政权分崩离析。另一方面,通过汉族义军与鲜卑等少数民族义军的联合作战,促进了互相之间的大融合。如此说来,这次大起义其影响是极其深远的。

从北魏朝廷内部分析,官员腐败、擅权、暴虐,加快了北魏王朝分裂的步伐。鲜卑族中的贵族进入中原后,随着他们经济生活的变化,其奢侈腐化也越来越严重,到孝文帝死,子恪(宣武帝)即位,政治趋于腐败。宣武帝死,子诩(孝明帝)即位(515)时年仅七岁,其母胡太后临朝。太后妹夫元义与宦官刘腾幽禁胡太后于北宫,义、腾共执朝政,北魏政治至此大坏。武泰元年(528)二月二十五日,孝明帝元诩被母胡太后所毒死。胡太后再无子,择选孝明帝的堂侄三岁小儿元钊为帝。这年四月,尔朱荣以此为借口率兵南下拥立元子攸为孝庄帝。孝庄帝是献文帝拓跋弘之子彭城王(元)勰第三子。尔朱荣的兵将渡河,胡太后落发出家。尔朱荣把胡太后及元钊沉于黄河。又在陶渚(今河南孟州市)杀百官王公卿士两千余人,制造了骇人听闻的"河阴之变"。"河阴之变"把洛阳的鲜卑贵族和入仕北魏王朝的汉世族大地主消灭殆尽。

尔朱荣擅权后,以优势兵力疯狂进攻起义军,先后消灭了葛荣、邢杲、万俟丑奴、宿勤明达等,统一了军事,尔后以晋阳(今山西太原西南)为军事根据地遥控指挥朝政。永安三年(531)九月,尔朱荣入洛阳,孝庄帝元子攸借其入宫之际,伏杀尔朱荣。荣之从子尔朱兆起兵为荣报仇杀元子攸,十月,尔朱世隆、尔朱兆在晋阳立长广王元晔为帝,改元建明。第二年二月尔朱世隆废长广王元晔改立魏献文帝之弟广陵王(元)羽之子元恭为帝,史谓节闵帝(又称前废帝)、改建明二年为普泰元年。尔朱氏自以为天下乃尔朱氏之天下,以强势割剥四海,各据一方,极其暴虐。其中尔朱荣之从弟朱仲远更甚,他侵霸徐(今徐州市)兖(今山东兖州)一带,横行乡里,鱼肉百姓,无恶不作,山东人民称他为"豺狼"。

高欢于北魏孝昌元年(525)起兵投葛荣,复归大都督尔朱荣,升为晋州(治今山西临汾市)刺史,尔朱荣被杀后,高欢以计逃离尔朱兆自立。普泰元年(531)自晋阳去滏口(治今河北磁县西北)据冀州,入信都(今河北冀州),高欢对部下军纪十分严明。因尔朱氏族人残暴凶狠,吏民怨恨,高欢遂起兵讨伐之。北魏政权为安抚高欢,封他为渤海王,并任命他为东道大行台、冀州刺史。至建明二年(531)六月,高欢通过权诈手段,把三州(冀州、殷州、幽州)六镇兵民紧紧掌控在了自己手中,作为反对尔朱荣的主要武装力量。不久,赵郡大族李元忠起兵攻打殷州,高欢派高乾领兵以救援为名,袭杀了殷州刺史尔朱羽生,坚定了高欢与尔朱氏决裂的决心。于是,让李元忠任殷州刺史。同时上表洛阳的北魏政权,控诉尔朱氏的罪恶。十月,高欢拥立元魏宗室疏属元朗为魏帝,是为后废帝,改元中兴。高欢自称丞相,都督中外诸军事、大将军、录尚书事大行台。

建明二年(532)四月,高欢入洛阳,废元恭。因元恭(即前废帝,又称节闵帝)是尔朱氏所立。同时废元朗,因元朗在魏宗室血统中本枝疏远。另立孝文帝之孙,广平王元怀之子平阳王元修为魏帝,是为孝武帝(即出帝)。高欢自为大丞相,北魏的政权,改落到高欢手里。这一年先后改用了三个年号,四月,改元太昌元年,到十二月改为永兴元年,没几天又改永熙元年。

高欢以乘风破浪之势,不让尔朱氏有喘息机会。永熙元年七月,高欢调动十万大军,攻下晋阳,便在晋阳(今山西太原西南)建大丞相府,坐镇遥控洛阳魏帝朝政。

孝武帝元修拥立为皇帝,年方二十三岁,血气方刚,不甘心充当傀儡。高欢与元修之间的矛盾不久就尖锐起来。元修杀了高欢亲信高乾。乾弟高昂、高慎都投到高欢那里避难。这样一来,促使晋阳与洛阳之间的关系更加紧张。元修不断扶植自己的势力,特别想依靠宇文泰,以图对抗高欢。于是,在永熙三年(534)元修下诏发河南诸州兵,声言亲率伐梁,实际企图讨伐晋阳。高欢已知洛阳政局的底细,先发制人,调集二十万大军,分道南下,明言是伐梁和关中、荆州等地方势力,实乃对抗元修。高欢的军队一过黄河,元修知大势已去。七月,元修弃洛阳,率轻骑入关,投奔了宇文泰。

元修到长安后,宇文泰也想让元修当傀儡皇帝,但元修不甘心,两相矛盾由此加剧尖锐化。永熙三年(534)的冬末,宇文泰用毒酒杀死元修,拥立元宝炬(孝文帝之子南阳王元愉之子)为帝,是为西魏文帝,以长安为都。第二年(535)年初,改元大统。此即史称的西魏。

永熙三年(534)十月,高欢入洛阳,拥立年仅十一岁的元善见(孝文帝之子清河王元怿之孙)为帝,是为东魏孝静帝,高欢大权在握。高欢嫌洛阳逼近前方,决定迁都邺城,令下第三天,官民四十万人就狼狈赶往邺城(即今河北临漳县西南古邺城,称邺南城)。高欢自己留在洛阳,处理后事毕回到晋阳。迁都邺城后的魏朝,史称东魏。东魏西魏建立后,北魏彻底一分为二,分裂为两国。

羊深就在这混乱动荡的年代,走完了他的一生。

二、羊深忠贞,时人称誉

羊深(476—535)字文渊(《北史》为唐人李延寿撰,为避唐高祖讳字改渊为泉)。据羊深夫人墓志应为泰山梁父(新泰今天宝镇)人(《魏书·羊深传》记为泰山平阳人)。为羊祉第二子。深早年有气节,学涉经史,好文采,同时擅长几案公务。少年时代与陇西(甘肃陇山以西之地或指甘肃省)李神俊志趣相友,胸有大志,结为知己。初仕司空府记室参军,转任轻车将军、尚书骑兵郎。接着又转驾部,加右军将军。当时,官府裁减郎官,力求办公人员精良,羊深以才干出众被留任。处理公务明达果断,很受尚书仆射崔亮、吏部尚书甄琛所敬重。(北魏)孝明帝(元诩)在学校举行陈设酒食祭奠至圣先师(孔子)的典礼,讲《孝经》,同辈之中唯独羊深受邀请听受,时论成为美谈。

北魏正光(520—524)末年,关陇多事,先是北地(北魏北地郡治今陕西富平县西北)人车金雀等帅羌胡反叛,又有高平(北魏高平位于今宁夏固原一带)贼宿勤明达侵犯豳州(治赵兴郡城,即今甘肃宁县)、夏州(治今陕西靖边县北的城子)诸州。北海王元颢为都督,设立行台(为尚书省临时在外设置的分支机构,出征时代表朝廷行指挥权)对其进行讨伐。以羊深为持节、通直散骑常侍、行台左丞、军司,仍领郎中。至元颢兵败,还至京师。不久,羊深升迁尚书左丞,加平东将军、光禄大夫。时任尚书左仆射的萧宝夤反叛,攻围华州(北魏治所在李润堡,即今陕西蒲城县东北。永平三年〔510〕,移治华阴县,今陕西大荔县)。正平(即正平郡,北魏正和十八年〔494〕改征平郡置,治所在临汾县,今山西新绛县)薛凤贤等聚众叛逆。朝廷诏命羊深兼给事黄门侍郎,与大行台仆射长孙稚会师潼关(今陕西潼关县东北),筹谋进退。事平之后,羊深以功赐爵新泰男。

魏胡太后,幸巡邙山(即北邙山,在今河南洛阳东北),僧尼聚集举行斋会,公卿们都在座。会事将终结,太后召见羊深,十分愉悦地慰劳了羊深。羊深十分感谢地说:"臣承蒙朝廷厚恩,世代承受荣耀和礼遇,国家寇难未平,是为臣的忧患和责任,而我忽然隆受大恩,即是犬马也知归附。"太后回顾左右说:"羊深真忠臣也。"在座的各位公卿无不仰慕。孝昌(525—527)末年,青、徐一带多变故,朝廷以羊深为东道主的身份作为慰劳徐方的使臣,随后即为二徐(北魏政区设徐州,当辖今山东东南部、安徽北部、江苏西北部地;又设东徐州,当辖江苏北部和山东临沂、郯城等地。)行台。

北魏孝庄帝(元子攸)登基后,任命羊深为安东将军、太府卿,又为二兖(北魏政区设西兖州,当辖山东定陶、东明、菏泽地;又设南兖州,当辖安徽蒙城、颍上以东,淮河以北,蕲县集西南等地)行台。羊深处理军国政务,根据情况随机增减,亦受到时论称誉。

三、羊侃叛逆,暂受株连

起初(即武泰元年,公元528年)身为车骑将军、大都督的尔朱荣杀害朝中大臣①,羊深七弟羊侃为太山太守,性情粗武,遂率家乡众人外托南梁武帝萧衍,叛魏投梁。当时,羊深正在彭城,忽接羊侃派人送来的书信,招羊深一同叛逆。羊深见信慨然痛愤流涕,斩杀投书使者,急向北魏朝廷上表告变。魏孝庄帝下诏褒扬羊深说:"羊侃叛逆,原因起自瑕丘(在今山东兖州市东北五里),当时羊侃被困瑕丘,投梁反叛,一时不能得逞,便扇动部众扰乱于疆场,这种倾覆祖宗的行为,是羊侃自己造成的。其世世代代的气节,被羊侃一朝而毁败和玷污。而羊深极为真诚地拥戴国家,遵守操行不贰,悉闻其弟羊侃恣意妄为,自动揭发检举,并向朝廷请罪。羊深为弟侃之事赤诚服罪,实心藏聚于怀。过去叔向(即羊舌叔向)复位,《春秋》称美,今羊深之慷慨,气节如同古人。羊深忠烈远大,赤诚之心值得彰著,今可令其还朝,朕要亲自对其委任官职。"(羊侃被击败后)羊深乃回归京师。因受株连,暂被去职。过了一段时间,羊深被任命为抚军将军、金紫光禄大夫。

当初北魏宗室元颢与羊深镇关陇之乱后迁车骑大将军。鲜卑人葛荣于孝昌二年(526)起兵,杀章武王元融于博野(今河北蠡县)自称天子,国号齐,建元广安。又俘杀广

---

① 尔朱荣杀朝中大臣:事发北魏武泰元年(528),史称"河阴之变"。武泰元年二月,孝明帝与其母胡太后争权,密诏并、肆、汾、广、桓、云六州,讨房大都督尔朱荣入洛阳,以威胁太后。胡太后与庞臣郑俨、徐纥合谋毒死了孝明帝,立幼主元钊。尔朱荣与并州刺史元天穆乃以为孝明帝复仇为名,于三月从晋阳举兵南下。四月,至河阳(今河南孟州市西)立长乐王元子攸为帝,是为孝庄帝;然后渡河攻入洛阳,执幼主及太后至河阴(今河南孟津东北),沉于河。尔朱荣又采取部将费穆"大行诛罚,更树亲党"之计,以祭天为名,召集宗室诸王与公卿百官二千余人于河阴行宫,以其"天下丧乱,明帝暴崩,皆由朝世贪虐,不能匡弼"之罪名纵兵诛杀。这一事件构成羊深七弟羊侃归梁的主要原因。

阳王元渊等。武泰元年(528)据冀、定、殷等州,众号百万。引兵围相州。时相州(治今河北临漳县西南邺镇)刺史元颛抵御葛荣。同年,大都督尔朱荣入洛阳,立庄帝(元子攸)元颛为太傅。不久,因尔朱荣暴虐,遂奔南朝梁。梁武帝以为他是北魏宗室,遣东宫直阁将军陈庆之送之北返。永安二年(529),元颛于梁国(今河南商丘)城南即位,年号孝基,到进入洛阳改元建武,以羊深兼任黄门郎。元颛骄奢淫逸,朝野失望。及魏庄帝还南,命尔朱荣讨之,后战败出逃,被临颍县卒所杀。当元颛事平,羊深又受株连被免官。后来被征拜为大鸿胪卿。

普泰(北魏节闵帝元恭年号,普泰元年为公元531年)初,羊深出任散骑常侍、卫将军、右光禄大夫,掌管《起居注》①。自此,天下多变故,东西二省的冗官堆积,前废帝②敕命羊深与常侍卢道虔、元晏、元法寿选贤补定缺额官员,自奉朝请(官名)以上的官员,各有淘汰。不久,羊深复兼侍中,废帝对羊深十分宠爱和厚待。

四、崇尚礼教,上疏兴学

当时因时局动荡,学校废弃,以等级名分为核心的礼教衰败,羊深乃慨然上疏说:

臣悉闻崇尚礼教,兴建学校,为各个朝代所遵循和效法;尊重经典,注重圣贤之道,百代所不改变。这些都要通过兴办私塾学堂深入引导启发,明明白白地去发扬光大;学校大开,都会恭敬地去吟诵经典,使其名声昭著。希望大魏顺应乾坤,使社会政通人和,敬重地顺从天时,以唐尧为楷模,以虞舜为典范,遵循前人的教诲。像高祖那样敬重地继承先圣的垂衣拱手,无为而治,使儒学再次蔚然成风,得到的人才盛况空前,如同从前的薪楛(古代取火的一种木材)之火那样兴旺。一定能追赶到隆盛的周朝一样不相上下,以超越强盛的汉朝。宣武皇帝(元恪)下达军事命令,善效法运用陈规旧章,并用以大力宣扬盛大功业,继承发扬光大先人的德业之美。自此已降,世道极其消沉,逐渐违背风俗教化,轻视正当竞争,退让虚设,向往竞争而无法度。推荐的官吏必须有才能,升迁的未必学习技艺。即是刀笔小吏,也是为谋划他日而期望荣耀。专工经典之大才,却甘心藏于陋巷。然而,(崇礼建学)为治国之本,其所贵之处在于获得贤人。假如遇到贤者,何必局限于通常考察呢。三代(夏、商、周)两汉时期,在不同的年代有大批贤人相间而出。他们当中很多人或是脱去粗布衣的隐士做了官,甚至登上卿、尹之官位;或投竿在水边垂钓,

---

① 《起居注》:帝王言行的记录。魏晋以后均有《起居注》之修撰。北魏孝文帝太和十四年(490)始置起居令史,另有修起居注、监起居注等官,侍从皇帝,掌记录言行。

② 废帝:据史载,北魏永安三年尔朱世隆、尔朱兆在晋阳立长广王元晔为帝改元建明。北魏建明二年,即公元531年,魏尔朱世隆废长广王元晔,立广陵王元恭,是为节闵帝,即前废帝。帝下诏只称"帝",不称"皇帝"。十月,高欢立渤海太守元朗为帝,是为后废帝。

如钓到大鱼竟很快荣升公侯相位。他们之所以能彪炳青史丹册,其合乎正义,又在于以往的策略。像这样遥远的事情,不可胜记。

臣以为今之所举用人才,不是学习遵循以往的标准法则。至于当世学识渊博的儒人,冠礼之年就有盛德者,只不过从四门学校(北魏创立四所小学,设于京师的四门)引荐征召,凡提拔录用的官阶不超过九品。以此种办法选拔人才,用以管理国家,譬如倒退而行,却以为向前,到北方的燕地去而向南方的楚国行。积成这种习惯是不可取的,由此演变下去是不可行的。过去,鲁国兴建泮宫①,于是发出颂扬之声;郑国废弃学校,《国风》②对其讥讽。将以纳民轨物③,莫不始于经典与礼制。《菁莪》"乐育才"④之义,光大于《诗经·菁菁者莪》篇。自兵乱以来,将近十年,战争的时间已经很久了,祭祀有了空缺。四海荒凉,民物凋敝,以等级名分为核心的礼教日渐荒废亏缺,风俗教化几乎不存。世道之衰落颓败,可为叹息。

陛下重新振兴编纂历法,并在管理和运用方面有独到创新,使得周边地区稍有安定,这确实是陛下的文德⑤。但是,礼制的教化,贤德的推崇等法律条文,仍沿用前世的,且尚

---

① 泮宫:是周代诸侯国举行射礼或宴会的地方,也是培养贵族子弟的学校。《诗经·鲁颂·泮水》:"既作泮宫,淮夷攸服。"

② 《国风》:是《诗经》的一个部分,主要是民风民歌,自《周南》至《豳风》共十五国风,一百六十篇。此处之《国风》,指《风》当中的《郑风》。

③ 纳民轨物:《左传·隐公五年》载,五年春,鲁隐公要去棠地观看捕鱼。臧僖伯(隐公叔公子彄)劝阻说:"凡物不足以讲大事,其材不足以备器用,则君不举焉。君将纳民于轨物者也。故讲事以度轨量谓之轨,取材以章物采谓之物。不轨不物,谓之乱政。"意思是说,凡是物品不能用到讲习祭祀和兵戎的大事上,它的材料不能制作礼器和兵器,国君对它就不会有所举动。国君要把百姓引入正"轨"、善于取材的人。所以演习大事以端正法度叫作"轨",先取材料以制作重要器物叫作"物"。事情不合"轨""物",叫作乱政。

④ 《青莪》:即《诗经·小雅·菁菁者莪》。菁菁:草木茂盛;莪:莪蒿,又名萝蒿,一种可食之野草。本首诗的主旨,《毛诗序》说是"乐育才",所以人们说起"菁莪",无不想起"乐育才"。朱熹在《诗集传》中则批评《毛诗序》"全失诗意",今人多以为本诗为古代女子喜逢爱人的一首歌。

⑤ 文德:即以礼乐教化进行统治,是相对于"武功"而言。《论语·季氏》:"故远人不服,则以文德以来之。"

不完备;敦厚质朴教化的言论学说还有谬误,先哲的黄老学说①而归返于六经②,司马迁的《史记》终被蛀蚀;重视玄炒虚无的学说,而轻视儒学之术,应氏所以敢高傲地发表言论。臣虽不聪慧灵敏,怎敢忘记前世的记载。况且魏武帝曹操在争战当中,尚修学校,宣尼公孔子(《汉书·平帝纪》:汉元始元年〔1 年〕追谥孔子为褒成宣尼公,后因称孔子为宣尼)的精确言论,匆忙之间必定被儒生接受。以臣愚见,当前应该重修国学,更多地接纳国子学生,使其每天都能听到老师教诲,使祭奠至圣先师的典礼不残缺。并请陛下下达诏书,让天下郡国兴立孔学儒教。考试课程的程式,仍然依旧的典章制度。如果有人经学博洽,德行美善,可以不按次序而破格提升。抑制只说不做的斗筲之才③,进用气度宏大高尚有德之人。广泛吸收学识渊博的鸿生大儒,发扬光大顾问(指顾视问询,咨询者)应对;紧紧抓住奇异之才,共同精选优秀者,淘汰劣者。使全国之内,努力追求仁义之风,既荒散之地,也能逐渐知道礼乐的作用,岂不美哉!臣亦诚恳地熟知存在的短处,敢于思慕前人的教诲训导,用以考稽古人合理的主张和思想。以上陈述的久远的东西望陛下听断接受。愿陛下垂听借鉴您的近臣我的建议,共同整治像氤氲一样邪恶的教化,倘若微臣的陈述可以采纳,乞求特地施行。

节闵帝听了羊深的上疏陈奏,认为很好。

五、抗拒高欢,阵中殉国

北魏孝武帝元修初年,羊深拜中书令。不久,转任车骑大将军、左光禄大夫。永熙三年(534)六月,羊深又兼任御史中尉、东道军司。至孝武帝元修奔关中(依宇文泰),羊深与尚书左仆射、兖州刺史樊子鹄等同起兵逆于兖州(北魏治所瑕丘,略当山东西南部)。

---

① 黄老学说:"黄"指黄帝,姓公孙名轩辕,远古帝王;"老"指老子,姓李名耳,是春秋时期的思想家。相传其二人的著作是道家的基本经典,故将道家学说称为"黄帝、老子之言",其二人是黄老学说的创始人。黄老学说以重道尚法为宗旨,表现出道家向法家的转化与融合。至汉武帝崇儒黜道,渐失势。

② 六经:指六部儒家经典。始见于《庄子·天运》,即在《诗》《书》《礼》《易》《春秋》五经之外,另加《乐经》。后世学者认为,"乐"包括在《诗》《礼》之中。但据 2008 年 7 月,经由清华大学校友捐赠的一批竹简,名为"清华简"。这批竹简经初步整理,有的"竹简"恰恰记载了战国时期的劝酒乐诗,极有可能是乐经的篇目。清华大学教授李学勤认为:"特别是秦代以后,乐经已经全部亡佚,这一发现更显得有重要性。"李学勤又说,"如今看到的古文《尚书》(即六经中的《书》)已被明清以来的学者论定为伪书。""真本古文《尚书》很有可能因为'清华简'的发现和破译而'复活'。"(见《人民政协报,2009 年 5 月 26 日,A3 版》)

③ 斗筲:斗与筲都是容量不大的量器,因此用以比喻才识器量小的人。《论语·子路》:"斗筲之人,何只算也。"

樊子鹄委任羊深代理齐州(北魏皇兴三年,公元 469 年,改冀州置,治所在历城县,今山东济南市)刺史,于泰山博县(治所在今山东泰安市东南三十里旧县)商王村(今泰安市岱岳区北望村)集结人马,垒筑工事,招引泰山齐州一带的民众。东魏天平二年(535)正月,羊深的军队被东魏军讨破之,羊深被斩于阵。时论曰:深以才干从事,声迹可称(《北史·羊祉传》)。

羊深是北魏的忠贞之臣,然,最后被斩杀于阵中,终年 59 岁。羊深之所以与樊子鹄起兵叛北魏,其主要原因是想讨伐权臣高欢。北魏永熙三年,即公元 534 年,孝武帝(元修)曾集结军队拟讨高欢,并召贺拔胜,胜则按兵不动。高欢举兵,渡过黄河进入洛阳。无奈,孝武帝奔关中,依托宇文泰。而宇文泰于当年闰十二月毒杀了孝武帝,立南阳王元宝炬,为西魏文帝。是年,高欢立清河王元亶之子元善见为帝,十一月,改元天平,是为东魏孝静帝,北魏自此分为东西。东魏迁都于邺,即今河北省临漳县西南邺镇。而高欢独自回晋阳(今山西太原市西南古城营)。在此形势下,羊深等在博县商王村结营拟抗高欢之军,以拒东魏。结果羊深不抵高欢,天平二年(535)正月,大军被高欢所破,羊深阵中力战殉国。后人对羊深之死十分惋惜,论曰:"羊深可谓忠于魏者矣!……(其)据郡(博县)以拒东魏也,非拒(孝)静帝(元善见),拒高欢也。欢逼逐出帝(即孝武帝),拥立静帝,虽奉以号令,实同因絷,拓跋(指西魏后来皇帝拓跋廓)之祚,危若累卵,故拒高氏者,以不忍背魏也者。惜举事无成……魏鼎既迁,静帝亦殒命鸩羽焉,悲夫!"(清咸丰《宁阳县志》卷十二。转引自周郢《羊姓史话》第 127 页)

据羊深父羊祉《墓志》,羊深有男羊肃;男,敦,早亡;男恭,早亡。

六、夫人墓志,补史阙漏

1973 年,新泰市天宝镇颜前村出土一方墓志,原题为《侍中车骑大将军中书令羊令君妻崔夫人墓志铭》。据《魏书·羊深传》"出帝(即北魏孝武帝元修)初,拜中书令,顷之,转车骑大将军",这与墓志所称相符,知该墓志为羊深夫人墓志。志石长 80 厘米,宽 56 厘米,厚 17 厘米。志文楷书,全文 27 行,满行 20 字。该志石现存新泰市博物馆。志文如下:

侍中车骑大将军中书令羊令君妻崔夫人墓志铭

祖烈,宋冠军将军、青冀二州刺史。父士懋,尚书左民郎中,出为高平太守。夫人姓崔讳元容,清河东武城人也。自姜水导源,营丘肇构,本枝弈叶,世禄无穷。英华继轨,芬蔼于前,风烈相辉,照映于后。固以详诸载籍,铭之家传,不复备言矣。祖冀州,守道纯粹,名重一时。父高平,遗爱见称,甘棠勿剪。夫人志

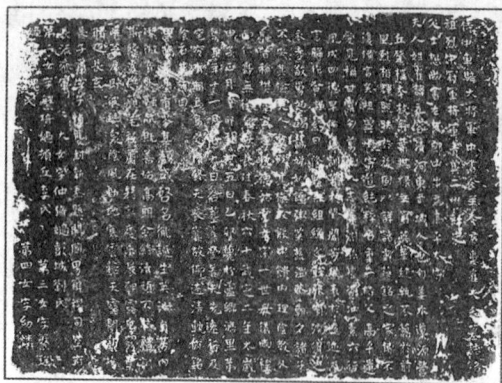

羊深妻墓志拓片

怀渊默，体资冲素，六行夙成，四德早备。仪训著于闺阃，芳风表于远迩。及言归作合，谦约日隆。体无组绣之饰，服有浣濯之衣。孝敬舅姑，竭诚娣姒，饘粥菜蔬，温恭朝夕。诸子不安其俭，夫人莫改其操。故能中馈内理，阴教外融。昔称樊卫，方之渐德。始当女宗一世，母仪两族。而仁寿无征，奄然长往。春秋六十，武定二年太岁甲子正月辛卯朔廿五日乙卯，薨于卢乡沥里第。粤其年十一月廿九日，合葬旧茔。若夫先远行及，窀穸有期，乌乌之情，终天长弃。故仰述清轨，俯铭阴石，其词曰：

> 累叶重基，有芬其馥；或启名胤，诞生英淑。
>
> 贞芳内洁，徽音外融；亦既善始，高朗令终。
>
> 清规不忒，礼训斯隆；爰供蘋笔，祗肃在躬。
>
> 家庆未展，朝露奄穷；弃此华屋，既彼幽泉。
>
> 阴风动地，寒云蔽天；灵闼载掩，修夜长玄。
>
> 长子肃，字子慎，袭封新泰县开国男，解褐司空府长流参军。
>
> 大女字仲猗，适彭城刘氏。
>
> 第二女字繁猗，适顿丘李氏。
>
> 第三女字繁瑶，适钜鹿魏氏。
>
> 第四女字幼怜。

羊深夫人的这方墓志，可补正史的某些阙漏。如，夫人崔元容为清河崔氏，再次证明泰山羊氏与清河崔氏的联姻关系，又补羊深子羊肃之封爵、官职等，还补深之四女之字和长女、二女、三女的婚配情况。墓志所记羊深夫人崔元容死于武定二年，即公元544年，即羊深卒后九年，并卒于"卢乡沥里第"。卢乡今不可查，"沥里"乃后称之"里里""力里"。据《新泰市地名志》(新华出版社，1992年版)，今楼德力里村，位于楼德镇北2.3公里，南宋时原名"里里""力沟河"，后更名为"力里"。明代有"力里保"(明嘉靖汪子卿撰《泰山志》卷四《岳治·编里九十有七》)。据民国《重修泰安县志》，清代泰安县徂阳区前后王地方辖力里庄。上述之名乃"沥里"之变迁，此一带北魏正属泰山梁父县。羊深父羊祉墓志云，羊祉"葬泰山梁父县卢乡□里之徂徕山之左"，今知羊深夫人卒于"卢乡沥里第"，又知羊祉、羊祉夫人、羊深夫人三方墓志均出土于徂徕山之左的今天宝镇颜前村。由此引证羊深及其夫人生前居邑在今楼德镇力里村。羊深夫人卒后归葬于其公婆墓地。该墓地位于墓区略南，距羊祉夫妇墓仅200米。即《墓志》所云"归葬于旧茔"。据此同时可补羊祉墓志"卢乡"之后不清之字为"沥"。羊深应为当时的泰山梁父人，今新泰人，《魏书·羊深传》记其为泰山平阳人。因羊深死于阵中，且阵亡之商王村距其居邑"沥里"不远，故能阵亡后葬于其父墓地，其夫人卒后能与其合葬，只惜至今未见羊深墓志。

七、北齐学者，深子羊肃

羊深之子羊肃，字子慎（一说懔）。东魏孝静帝末年先后任仪同、开府高澄大将军霸府的东阁祭酒（北魏置，委以文翰），以尊崇学问知名。北齐至乾明（北齐废帝高殷年号，乾明元年为560年）初年，为冀州（北魏治今河北冀州市）中从事（为治中从事史、治中从事的省称）。赵郡王为巡省大使，羊肃以迟钝缓慢不称职而被免官。朝议以为羊肃无罪，不久又复职。到天统（北齐后王高纬年号，565—569）初，改任南兖州（北齐治谯，即今安徽蒙城）长史，负责庶务。武平（北齐后主高纬年号，570—575）中，羊肃入文林馆撰书。文林馆于北齐武平三年（572）置，征召文学之士入馆，谓之待诏文林馆（《北齐书·文苑序》及《颜之推传》）。掌编撰供皇帝阅览的书籍，撰成后书名为《修文殿御览》，羊肃为编撰者之一，可见羊肃有文采。不久，任武德郡（治今河南温县东北武德镇）郡守（《北史·羊深传附子羊肃传》）。又据《羊深夫人墓志》，羊肃曾袭封新泰县开国男。初仕时，曾任司室府长流参军，主要从事缉拿逮捕盗贼事。该职在羊肃传中不载，《墓志》可补正史之阙。

羊肃参与编撰的《修文殿御览》原称《玄洲苑御览》《圣寿堂御览》。由北齐左仆射祖珽领修，三百六十卷，分五十五部。武平三年（572）成书，时仅八个月。该书多据《华林遍略》编成类书，体例谨严，颜之推亦参与其事。南宋时仍保存完整。明时多佚不传。清光绪二十五年（1899）在敦煌莫高窟石室中发现有古类书抄本，凡二百五十九行，有人以为即此书残卷（《中国历史大辞典》上海辞书出版社，2000年版，第2207页）。书成后颜之推（北齐任通直散骑常侍、黄门侍郎。北齐后主高纬时，掌文林馆）曾指出过羊肃的疏误之处，但不影响其声望。羊肃在当时"亦称学问"是位有较高名气的学者。羊肃参与编撰《修文殿御览》由颜之推、祖珽等要员推荐（《北齐书·文苑》）。《修文殿御览》至宋代仍有很大影响。它是宋太宗赵光义命李昉等人所辑《太平御览》的监本。

【评析】魏廷危若累卵，羊深忠贞不贰

北魏末年社会动荡，民怨沸腾，起义浪潮此起彼伏。朝内争权夺利，互相倾轧，腐败透顶，浑浊不堪。朝廷无能，任人宰割。即是如此，羊深仍对朝廷忠贞不贰，出淤泥而不染。《北史》卷三十九论曰："（羊）深以才干从事，声迹可称。"以下就羊深有关情况再作补充。

羊深随父在官署长大。年少之时就聪睿过人,博学通达,学涉经史。故有机会结交陇西李神俊(儁)。陇西狄道(今甘肃临洮)李氏是豪门大户,李神俊名挺,是镇西大将军、敦煌公李宝之孙。李神俊"少以才学知名",后来"风韵秀举,博学多闻,朝廷旧章及人伦氏族,多所谙记,笃好文雅",为一时之名士。又能"汲引后生,为其光价(即显扬其身份),四方才子,咸宗附之"。其外甥郑伯猷遵其为"人物宗主"(即众人共仰之人)。这一赞语虽有过誉之嫌,但少时的羊深能与李神俊这样的人结为好友,且志趣相同,无疑对羊深也有"光价"之作用。羊深又"好文章,兼长几案"。由此看来羊深自幼受到了良好教育,为其入仕打下了坚实基础。

羊深才干出众,入仕后"务精才实",故能在官署大力裁员时被留用。《资治通鉴》卷一四九记载了当时被留用人员的情况,"北魏因为感到选拔官员过滥而不精,就大加淘汰,只有朱元旭、辛雄、羊深、源子恭及范阳人祖莹等八人由于有能力而留用,其余人等都被免职送回去"。又说,"羊深是羊祉的儿子"。由此证明,羊深是凭自身能力留用的,为其以后展示才华、官位升迁打开了通道。又因"在公明断",受到尚书崔亮等人的"敬重"。

儒家把《孝经》中的"孝"当作天经地义的最高标准。孔子说"人之行,莫大于孝"。儒家修身齐家的核心是"以孝为先"。《孝经》认为:"夫孝,道之本也。"又认为:"先王有至德要道,以顺天下。""孝道"成为统治者引导和感化民众,维持社会秩序的最好手段。两千多年来,历代统治者对《孝经》都十分推崇。北魏正光二年(521)魏孝明帝元诩年满十三岁,这年春季二月"癸亥,车驾幸国子学,讲《孝经》"(《魏书·肃宗纪》)。其目的是教育明帝要讲孝道,作为帝王执政后如何以《孝经》教化天下,同时,也感化天下民众。这年"三月庚午,帝幸国子学祠孔子,以颜渊配"(《魏书·肃宗纪》)。"肃宗亲释奠国学(崔)光执经南面,百僚陪列"(《魏书·崔光传》)。肃宗行完释奠之礼后,"并诏在官作释奠诗"(《魏书·常景传》)。释奠是古代学校陈列酒食祭奠至圣先师的典礼。《礼记·文王世子》载:"凡学,春官祭奠于其老师,秋冬亦如之。"这种典礼即是教诲少年皇帝元诩,同时也同样是昭示天下要对至圣先师尊崇。可以想象,十三岁的北魏皇帝在百僚陪列下"讲《孝经》",又亲行释奠之礼,其场面是十分隆重而热烈的。当时,羊深虽四十五岁,只是个初中级官吏,能参加以上活动且"独蒙引听"是种"殊荣",深受同辈的羡慕,故而"时论美之",他自身也十分自豪,倍觉荣耀。

羊深文武全才,其战绩集中体现上跟随北海王元颢平息关陇起义军之一高平贼宿勤明达及北地人羌胡反叛中。其后又与大行台长孙稚共战叛魏者萧宝夤和薛凤贤。萧宝夤本是南齐宗室,中兴二年(502)因故奔北魏,官至尚书左仆射。正光五年(524)率军镇压莫折念生与万俟丑奴。军出累年,靡费极大,害怕一旦覆败,将给自己带来罹祸。遂于孝昌三年(527)杀关右大使郦道元,称帝于长安。故而魏廷命羊深共长孙稚讨破之。萧氏反叛后正平人薛凤贤反,薛氏之族人薛修配合反叛,自号黄钺大将军,屯聚河东,分据盐池,攻围蒲坂,东西联结,以应萧宝夤。此时长孙稚也据河东(《魏书·长孙稚传》)。此时羊深与长孙稚共会潼关,克萧氏将侯终德,萧氏出走,雍州平。关于这位与羊深共战的大行台长孙稚,在上文介绍羊祉家庭成员信息时已作简介。长孙稚是羊深从弟羊烈之妻长孙敬颜的祖父。初为孝文帝(元宏)的前将军。宣武帝(元恪)时以为扬州刺史、都督淮南诸军事。孝昌二年(526)奉令镇压鲜于修礼(原为北魏怀朔镇镇兵,六镇反叛失败后率余众就食河北,孝昌二年率众反),战败免官。复除雍州刺史。孝庄帝(元子攸)时升任司徒公兼尚书令,封上党王。及孝武帝(元修)入关,随赴长安。其子长孙子彦是羊烈妻长孙敬颜的父亲(见后文羊烈夫人墓志)。即是这样一个人,有与羊深沾亲带故的一层关系,两人"共会潼关"作战中,除羊深有功外,可能受到长孙稚的关照。事平,羊深由兼给事黄门侍郎,赐爵新泰男,后又得到胡太后的接见,并称誉"羊深真忠臣也",使"举坐倾心"。

孝昌末年,徐州一带多事,朝廷调羊深以东道主身份作为慰劳使出征,随即为二徐二兖行台,以稳定时局。"行台"是魏晋时尚书台(省)临时在外设置的分支机构,北魏时设置渐多,成为地方最高行政机构。朝廷让羊深回"山东"老家,任二徐、二兖行台,充分说明朝廷对羊深的信任,同时更看重的应该是泰山羊氏家族在当地的威信、势力及影响力。

羊深去二徐二兖任行台不久,其七弟羊侃时任泰山太守,封爵钜平侯,却据郡叛魏投梁。此时羊深正在彭城,当收到羊侃邀兄同逆的书信时,无疑给了羊深当头一棒。羊深随即果断斩杀来使,并派人向洛阳朝廷做了汇报,表明了自己的态度,这无疑使魏廷深感欣慰,给朝廷吃了一颗定心丸。羊深之举被魏庄帝(元子攸)誉为"血城奉国,秉操罔贰"。关键时刻又见羊深是个忠贞不贰之臣。羊深的这一举措,使家庭和骨肉亲情受到了颠覆,彻底摆脱了亲情伦理的束缚。他深明大义,爱国忠君的思想和政治立场,战胜了"亲亲相隐"的传统思想理念。又说明羊深维护北魏的政治立场十分坚定。在他心目中政治伦理当中的"大义"战胜了家庭伦理中的"亲情"。正所谓"门内之治恩掩义,门外之治义断恩"。

羊深与元颢有旧交,到元颢入洛阳又以羊深兼任黄门郎,受到元颢宠爱,元颢事败,必受牵连。虽暂时免官,不久又被征拜,这与羊深一贯忠贞不贰大有关系。

据《羊深传》,前废帝(即节闵帝)元恭对羊深十分"亲待",并委以重任。羊深对其也十分忠诚,生前面对"胶序废替,名教陵迟"的情况,以侍中身份,以对国对民十分负责的态度,上疏修立国学,提出尊经重道的一系列措施,是值得后人学习和借鉴的。他尝提出"今之所用"要"弗修前矩"是种创新精神;提出"纳民归物,莫始于经礼",是尊重民意和注重儒教的表现。在对待人才问题上提出"宜重修国学,广延胄子""博收鸿生,以光顾问,綮维奇异,共精得失""竞务仁义之风,渐知礼乐之用",即要重视"刀笔小用",更要启用"孝经大才"等观点都有独到见解,对于今人仍有启发和教育意义,值得赞扬。

羊深虽受朝廷一时宠爱,然北魏政权已处风雨飘摇之中。他的一片赤诚之煞费苦心,提出的振兴国学的意见只能化作纸上谈兵,事与愿违。节闵帝元恭仅是个傀儡皇帝。他虽对尔朱氏擅权不满,然大小事务,皆由尔朱世隆处理,实权完全由尔朱氏所操纵,有时,节闵帝也当着尔朱世隆的面发发牢骚,故意说:"尔朱荣贪天之功以为己力,罪也该死。"但他除了发发愤恨之外,却也无实力改变北魏的残局。同时尔朱氏家族是群野蛮的暴徒,他们除割剥四海,各自专恣外,其所在地皆以贪虐为能事。另外,六镇起义、河北大起义的三州六镇兵民,在河北起义失败后,一二十万人全部拥进山西一带,遭到了高欢等人所统领的流民的武装反抗,加之尔朱兆的兵民也交给了高欢,使高欢掌握了一支庞大的流民队伍。除此,高欢还在太行以东河北地区有豪门大户的支持,自觉势力强大便与尔朱氏决裂。普泰元年(531)十月,高欢拥立元朗为皇帝(即安定王,又称后废帝)改号中兴,高欢自任丞相、大将军等职。第二年(532)闰三月,高欢大破尔朱氏联军,尔朱氏势力基本除灭。四月,高欢进洛阳,元恭被废后囚禁于崇州佛寺。又过了一个月,命运多舛的元恭被毒死,时年三十五岁。羊深面对这样一位皇帝,处在混乱而动荡的社会再赤诚的心,再高明的策略,一个自身难保的皇帝,一群野蛮无人性的官吏执政,又有谁,有何能,有何心思去研究重修国学、尊经重道呢? 只可惜了羊深的一片忠心和欲振兴教育的梦想。他的那篇倾心力作,也只能沉睡在历史的典籍中供后人去欣赏和借鉴。

正当羊深在二徐、二兖行台任上(梁大通二年〔528〕八月),七弟羊侃遵父南归之志的遗愿,摒弃黑暗、腐朽、飘摇的北魏,据郡投梁。兄弟骨肉之情南北分离,一个是忠,一个是"叛",羊深心中自然五味杂陈。而其面对的是政局动荡,军阀混战,民怨四起的社会现实和无能昏庸的朝廷。无奈之下,至永熙三年(534),及魏孝武帝元修入关,当兖州刺史樊子鹄据瑕丘(今兖州)拒东魏,羊深同逆。然而,高欢兵强,羊深势弱,大军被高欢讨破,羊深在阵中殉职,一代忠贞之臣命丧黄泉。悲哉! 虽说夫人卒后"合葬旧茔",然旧茔只出土了其夫人崔氏的墓志,羊深《墓志》却未发现,至今仍是个谜。

泰山羊氏中的又一贞臣为国捐躯,尸骨不全。北魏王朝也在内战混乱中及农民起义的烈火中,分崩离析,举行了它的葬礼。

第五节　北齐名臣羊烈

——兼述夫人长孙敬颜,弟羊修、修子羊玄正

羊烈,字儒卿,少好读书,以玄学知名,弱冠时被辟为州主簿。北魏武泰元年(528),

堂兄泰山太守羊侃据郡降梁,奔洛阳告发,而不愿受赏。入齐,累官左、右户部郎中,黎阳太守。大(太)宁年(561),迁光禄大夫,加龙骧将军,兖州大中正。武平初,升为骠骑将军、义州刺史。不久,以老疾还乡,卒于家,葬于羊流羊族墓地。1993年,出土了羊烈墓志,澄清了羊烈生平的若干问题。

一、初仕北魏,才华显露

羊烈(513—586),字儒卿(《北齐史·羊烈传》谓信卿),史称泰山钜平人,《羊烈墓志》称"泰山梁父人",即今新泰天宝人。为晋太仆卿羊琇的八世孙(羊烈《墓志》谓羊琇是羊烈的"九世祖"),魏梁州刺史羊祉之弟羊莹(灵珍)之子,父羊灵珍,曾任魏兖州别驾。

羊烈少年时代通达事理,聪睿勤勉,自立修行,有成人之风范,好读书,能言名理,以玄学而知名。当从兄羊侃为泰山太守,据郡内起兵外叛投梁之时。羊烈秘密知道羊侃要谋叛,深惧家族受牵连招来祸患,与从兄广平太守羊敦急驰赶赴洛阳向魏朝廷告变。朝廷将加厚赏,羊烈告诉别人说:"(赴京告变之事)譬如斩去病手而保全躯,所幸存的是羊氏大家族,这是从大处着眼,岂有庆幸从兄之败落而自己谋取私利呢?"自始至终未受朝廷赏赐。

高欢本是北魏六镇之一的怀朔(先世徙居此地)人,习鲜卑族的习俗,及长,为镇队主、转送书信的丞使。曾多次赴魏都洛阳,了解朝纲乱败之情。魏孝昌元年(525)投葛荣,复归尔朱荣,为其亲信都督,升为晋州刺史。尔朱荣死,用计离尔朱氏自立。普泰元年(531)据冀州,入信都,军纪严明。此时尔朱氏残暴,吏民怨恨。高欢遂起兵讨尔朱氏,立元朗为魏帝。禁胡人欺凌汉人,颇得民心。永熙元年(532)改立元修为帝,自任大丞相,移镇晋阳遥控朝政。三年(534)元修被迫西逃关中,乃立元善为帝,都邺,史称东魏。改元天平。羊烈随朝改仕东魏。

按羊烈本传,至弱冠之年,被州府召辟为主簿,又兼治中从事。唐代经学家孔颖达《礼记正义》注称:"二十曰弱冠者,二十成人,初加冠,体犹未壮,故曰弱也。至二十九通得名弱冠,以其血气未定故也。"按孔氏之说,羊烈二十岁后才可称弱冠之年。按1993年出土的羊烈墓志,年十七,辟州主簿。羊烈大约生于513年,即北魏延昌二年,年十七,当在北魏建明元年,即530年,距东魏立国尚有三年。因此说羊烈初仕还在北魏。州刺史以羊烈办理公事符合意图,让其参与政事,协助了解情况。方见羊烈才华初露。入东魏羊烈摘掉头巾,换戴官帽,初仕太师咸阳王元坦(《资治通鉴》卷一五七载:"梁大同二年十二月癸未,东魏以咸阳王坦为太师")的行参军,又升迁为秘书郎。

二、身仕两朝,史称能吏

东魏武定五年(547)正月丙午,高欢卒于晋阳(天统元年〔565〕改谥神武皇帝,庙号高祖)。其长子高澄封为大丞相、都督中外诸军事、渤海王。七年(549)进位相国,封齐王。赞礼之人不可直呼其名,只呼其官职,可剑履上殿。后又密谋禅位遇刺身亡。高欢次子高洋,因其兄高澄死,晋爵齐王,官至相国。武定八年(550),废东魏孝静帝元善见,自立,国号齐,建元天保,史称北齐(高洋死后,改号显祖,谥文宣皇帝,庙号高祖,故高洋称显祖文宣皇帝)。

东魏天平二年(535)高洋授散骑常侍、骠骑大将军、开府仪同三司时,以羊烈为仓曹参军事(当时,该官位品秩随府主地位高下不等,一般在五至九品之间)。

至北齐天保初,羊烈被任命为北齐的太子步兵校尉、轻车将军,时间不长又迁并州尚书省的比部郎中(北齐隶都官尚书,掌收藏稽核诏书律令),授职于司徒属(即官署),频又历尚书祠部(尚书省的六曹之一。北齐时该部掌宗庙祭祀、少数民族及疆域地图、田猎、屯田、土木工程之政令等),任左、右民郎中(按《羊烈墓志》为侍郎。侍郎、郎中有别,初入台称郎或郎中,任职满三年〔或说一年〕者始得侍郎。左、右民郎中,皆为左、右民曹长官的通称)。按当时之规定羊烈是位资深勤能的郎中得转侍郎,羊烈《墓志》还载,期间任过主衣都统,掌管御用衣服器玩等事务,为皇帝左右亲近之职,地位很高。羊烈所在官位都很称职。天保九年(558)任命为黎阳(治所今河南浚县东)太守(《传》谓其任"阳平太守"不确。阳平治今河北馆陶县)治理有方,有能吏之名。当时频有蝗灾,受灾地区犬牙交错,而独不入羊烈所辖地境(蝗不入境虽说荒唐有浮夸不实之疑,但此说谓称颂善政,治理有方)。故皇帝下诏书褒扬其美。皇建二年(561)羊烈升为光禄少卿,加袭骧将军、兖州大中正,又进号平南将军。天统(北齐后主高纬年号,565—569)中,羊烈任太中大夫,兼光禄少卿。武平(北齐后主高纬年号,570—575)初,又被任命为骠骑将军、义州(东魏兴和二年,即540年侨置,寄治汲郡陈城,今河南卫辉市)刺史,不久以老疾还乡,卒于乡里①。

羊烈家传清高操守,女子多有修养,为世人称道。家中有一门女不再婚嫁。(北)魏太和(477—499)中,于兖州建一尼寺,女寡居无子者,都出家为尼,皆存戒行。

羊烈曾在北齐天统(565—569)中与尚书毕义云争任兖州大中正。义云称家世显贵,盛称门阀,并说其家累世历任兖州刺史,世代卿位为毕家故吏。羊烈回答说:"卿家自毕

---

① 羊烈卒年:据《羊烈墓志》,羊烈"于隋开皇六年(586)二月壬午朔月十六日丁酉薨于沙丘里舍(今天宝镇古城村),春秋七十有四。九年(589)八月壬戌朔十一日壬申,迁厝于宫山之阳的羊流羊氏祖茔。"而《羊烈传》则云:"周大象中(579—581)卒",显然《传》载有误。

轨①被诛杀以来,家境冷落,再无重要人物出现,近年来的刺史,都是疆场之上经征战而取得的,何足称道。岂若我汉之河南尹(指羊陟),晋之太傅(指羊祜),名得学行,百代传美。而且,男清女贞,足以相冠,自外多可称(道)也。"羊烈一席豪言压倒毕氏,夺得州大中正一职。毕义云以显贵门第来遮挡自己的行为,被羊烈所讥。

三、出土墓志,匡史之正

羊烈生平见《北齐书》卷四十三,又见于《北史》卷三十九,两者大同小异。1993 年,新泰市文博人员在羊流镇北羊氏墓地出土了羊烈墓志,所记羊烈生平,较为翔实,多处与《志》存异。例如《传》曰羊烈字"信卿",《志》云字"儒卿";《传》曰羊烈泰山钜平人,《志》云"泰山梁父人";《传》曰羊烈"除阳平太守",《志》云"除黎阳太守"。而《志》云:"食卫国县(治今河南清丰县东南)干②""出为东郡(治河南滑县东南城关镇)守"、"(北)周宣政元年(578),除更乡郡(北魏太和十五年,即 491 年,移治山西武乡县东故县乡)守",《传》均失载。特别是羊烈"更除乡郡守"之记载,对研究北周灭北齐后,羊氏族人的迁徙、境遇提供了可靠的重要参考史料。另外,羊烈墓志的出土,纠正了《传》所载卒年之误,并明确了羊烈的乡贯、年龄、卒后迁葬的时间、地点等,对研究羊烈生平提供了确凿证据。并且,这方志多处可纠史之误,补史之阙。如《志》云"烈高祖(羊)哲,济南相"。此前史料知羊烈为羊琇八世孙,但琇至规之间四世世系缺,今可补其中一世,烈为羊琇九世孙。"祖,规之,营州太守"。而《魏书》《北史》皆谓羊规之曾任雁门太守,不确。《羊烈墓志》可纠以上两书之误。该《志》所载与《梁书·羊侃传》所载羊规之为"卫将军、营州刺史"相合。

羊烈墓志、羊烈夫人墓志均于 1993 年 6 月由新泰文博人员清理羊流墓群时在今羊流镇沟西村北出土,此处"即三羊墓"所在地。同时出土了残陶俑、残青釉罐、残白瓷瓶、五铢钱等随葬品,墓志现存新泰市博物馆。墓室为砖砌,呈 6×7 米平面刀把型,墓道长 5 米,墓曾多次被盗。墓志共两合,羊烈志长 87 厘米,宽 78 厘米,厚 17 厘米,志盖铭"义州

---

① 毕轨,三国魏东平人,正始(240－249)中期迁任司隶校尉,曾劝曹爽防备司马懿。正始十年(249)司马懿发动政变杀曹爽时,毕轨亦被杀。

② 食干(幹):东魏、北齐时国家授予各级官吏以劳役人口的制度。依官员功勋大小,由皇帝勅给,可食一州、一郡(或同时食两郡)、一县之干。羊烈即是食卫国县的干。"干"在东魏、北齐时依附于民(即奴隶户)中,被赐予享受"食干"的官员。所以说"干"是官吏名。"食干"有类食邑、食封,并可列入官衔。诸州刺史、守令以下,干及(劳动)力皆听敕乃给。所授之干由州、郡县所部之民(即隶户)充当,为所敕给之官从事无偿劳动,或每干输绢十八匹,干身始能放免。按以上所记,羊烈食卫国县之干,是皇帝赐给他的一种特殊待遇。

羊使君墓志之铭",楷书。盖长、宽同志石,厚 10 厘米,隶书。《志》全文 31 行,满行 27 字,当为其葬时所镌。羊烈夫人(长孙氏)墓志同时出土,亦存市博物馆。志石为方形,59 ×59 厘米,盖顶正面文字已剥蚀无存,盖背面镌有附记,阴刻隶书 17 行。志石隶书,全文 18 行,满行 18 字。志石亦为其葬时所镌。

羊烈及夫人长孙氏墓志全文如下:

羊烈墓志全文:

□□〔太中〕大夫光禄少卿义州使君羊公墓志

公讳〔烈〕,字儒卿,泰山梁父人也。自夫唐祚□□开国之基,□□□□□□□大夫匡霸,太常典礼,晋□〔甘〕露亭侯□,即公之九世祖。□□□□□□人□□。□领袖于山东,著大姓于海右。高祖晢,济南相。曾祖□□□□□治流俗,希世无伦。祖规之,营州刺史。父灵珍,兖州别驾。□□□□□故□古,竹出会稽,书生□□。我膺世业,果袭家风。故能弋射□□,田□百氏,羁鞅仁义,黼黻礼义,行藏开我,逢时则驾。年十七,辟州主簿,仍□□平郡守兼当州赞治,便似侯伯功曹,仍转河东之位,公明事□□□□之官。解巾太师咸阳王府参军事。属齐文襄皇帝时,□□□□□□为秘书郎,更补公府仓曹参军。俄尔魏运数穷,有齐受禅,更迁步兵校尉,仍兼并省比部侍郎,除主衣都统。又敕判领军大将军府□事,□左右民部侍郎,仍转祠部侍郎,除黎阳郡守,食卫国县干。除光禄□□〔少卿〕,拜龙骧将军、兖州大中正,迁平南将军、太中大夫。出为东郡守,仍□□〔骠〕骑大将军、义州刺史。周宣政元年,更除乡郡守。便以谯、李去蜀,□□□〔显声魏〕朝;顾、陆离吴,光名晋室。夫其河汉炳灵,斗卯标状,金声玉色,龙章凤藻。孝友作仁让之基,信义为言行之地。学穷贾、郑,名逾李、杜。居俭好礼,讵假利剑之饰;论道讲德,不贵拱璧之珍。才为世须,入仕天邑。视刘仓之阁,优游何进之府。司文东观,清论南宫。分竹大邦,举刺外部。自朝徂野,咸归准的。便似伯玉非前,接舆悔往;疏公解出,韦叟知还。入老室以练神,安庄

羊烈墓志拓片

羊烈墓志盖

领以全朴。睿如冲壑,豫若涉川,遂注道佛二经七十余卷,仍似公纪作释玄之论,昭晋无已;辅嗣制指例之篇,肸向不息。岁次辰巳,日昃之离,厌是天行,奄从物化。开皇六年二月壬午朔十六日丁酉薨于沙丘里舍,春秋七十有四。九年六月壬戌朔十一日壬申,迁厝于宫山之阳。昔邢山之墓,便生乔祭之疑;广陵之冢,有致公王之或。故勒石泉门,传诸不灭。春兰秋菊,天长地久。其铭曰:

苍帝降精,赤乌流庆;桐圭胙土,掌文膺命。佐霸兴功,受氏分姓;世笃繁祉,后昆无竞。北海称治,南阳表清;爰曹暨马,或公或卿。我膺世载,其构增荣;公业不死,君谋复生。天祐有礼,求我懿德;麾盖大蕃,剖符邦国。言为世范,行成士则;尤畏四知,能除三或。功名既立,谢病归田;上樽时赐,安车载悬。倒屣礼士,挂榻迎贤;竹林清宴,濠水谈玄。令龟告殒,阴堂梦逝;桑户化真,子来厌世。玄台杳杳。□阴□□;勒石土泉,飞声万岁。

羊烈夫人墓志全文:

齐义州羊使君长孙夫人墓志铭

夫人长孙氏,讳敬颜,河南洛阳人也。荣华□□自齐光,槃根将州岳□固,

羊烈妻墓志拓片　　　　　　　羊烈妻墓志

本枝百世岂易。夫人祖稚,魏录尚书、上党王。父子彦,仆射、司州牧。□阿衡所寄,具瞻斯在。夫人生自兰房,早称淑□,言吉师氏,有此家室,邕密礼教,肃穆闺门。仪□内成,风犹水扇,远近人物,德□是钦。去□□□,宪章所属。异

因积德，永祈夫辅，与□□征，短辰奄及。春秋六十有五，以大隋开皇十一年岁在辛亥闰十二月戊寅朔廿二日巳亥薨于兖州太阳里。十二年十月癸酉朔卅日壬寅葬于宫山之阳。恐山谷陵夷，身名永灭，立铭镌石，期之不朽。乃为铭曰：

　　于精家业，积叶传芳；乃祖乃父，令闻令望。四德爰备，造舟为梁；言归百两，亦显其光。叶繁蕴藻，□赐蒸尝；绢谐中外，谨敬帷房。松贞桂馥，地久天长；拂石期书，□永服昌。大暮昏晦，旷野荒茫；九泉雾含，风悲白扬。

　　（长孙氏志盖铭文字剥蚀，不可识）

　　男行思，早亡。男敏方，妻博陵崔氏。男敏正，早亡。男敏行，妻赵郡李氏。男敏则，妻□□□氏。男敏博，妻□□□氏。男敏齐，早亡。女樊□，早亡。女静□，（下残缺）。女静则，适安□□□。女静德，适敦煌李□英。女静猗，早亡。女静□，适清河□□□。女无□，早亡。女静质，适北海王弘基。女静□（下残缺）。

羊烈弟羊修，有才干，大宁（北齐武成帝高湛年号，"大"又作"太"。561 年 11 月—562 年 5 月）中卒于尚书左丞。北齐时尚书左丞为尚书台佐贰官，从四品上。凡三师以下成百官皆得弹劾，监察本省的诸官，监督吏部、考工、王爵、殿中、仪曹、三公、祠部、主客、左右中兵、左右外兵、都宦、二千石、度支、左右户诸郎曹政务等。由此知羊修当时权势甚重，只惜早卒。

羊修子羊玄正，武平末年任将作丞（官名，北齐为从七品上）。隋开皇（581—601）中，为民部侍郎（至隋朝民部为中央行政机构，尚书省的六部之一，掌财赋户籍。尚书为长官，设侍郎一员为次官）。卒于陇西郡（治今甘肃临洮县南）赞治（为陇西郡太守的佐贰官，正五品或正六品）任上。

【评析】羊氏末季有劲松

羊烈出生北魏，卒于隋初，一生历经北魏、东魏、北周、隋四朝，这是泰山羊氏家族中历朝最多之人。亦可谓官位显赫北朝的泰山羊氏佼佼者。羊烈虽是文人学士，但治政有方，属能吏之列，故受朝廷褒奖，不断升迁。

一、礼佛修道，造诣深厚

羊烈本传载，他"能言名理，以玄学知名"，虽未见有何撰述，但从注道佛二经七十余卷分析，肯定修道崇佛造诣深厚，文采飞扬。羊烈崇佛在其墓志铭中有载："（烈）入老室以练神，安庄领以全补，睿如冲壑，豫若涉川，遂注道佛二经七十余卷。仍似公纪（东汉吴县人陆绩,字公纪,曾注《易经》,撰《太玄经注》)作释玄之论,昭晋无已;辅嗣制指例之篇①,胖向(即声响振起)不息。"由此知,羊烈不仅有注道佛二经之作,而且可与陆绩、王弼相比拟,可见其水平不凡。羊烈除本人崇道佛二经外,也发动其族人,特别是女性出家为尼,且在兖州专造一尼寺。可见其家族为尼者众多。夫人《墓志》载"夫人薨于兖州太阳里",说明夫人也是佛教徒。在羊烈墓志铭中有"尤畏四知,能除三或"句。句中"四知",见于《后汉书·杨震传》:"无知、神知、我知、子(指给杨震送金人王密)知。何谓无知?"以此喻羊烈廉洁自持,戒受非义馈赠。后句"三或"之"或"当指"惑",即佛教天台宗所说三种妄惑:见思惑、尘沙惑、无明惑。由此看出,羊烈不仅对道佛二经的研究造诣深邃,成就厚重,而且为官清廉。

除此,在前文所述羊祉妻崔神妃生前也是一名虔诚的佛教徒。可见泰山羊氏族人崇佛弟子不在少数。

泰山羊氏族人笃信佛教影响深远,不仅影响到新泰地区,而且影响到泰山周边。泰山及泰山周边的徂徕山、东平诸山,在魏晋南北朝时期所建寺院及众多摩崖刻经无不与其有密切关联。

二、大中正之争实乃新旧世族门第之争

在羊烈本传中有一段羊烈与毕义云争任兖州大中正的记载。羊烈为何能理直气壮地与毕义云辩论而非要争得该职呢?其中必有缘故。泰山羊氏之门第自不必说,至羊烈所在时代,泰山羊氏家族已经营近七百年,是公认的簪缨世家,泰山望族。而毕氏之门第不可与其同日而语。除上文所述毕轨是被司马懿所杀外,至北朝时期东平毕氏虽与泰山羊氏可称并驾齐驱的显族,"盛称门阀",但毕家是在乱世中发家的。例如毕众敬"好弓马射猎,交结轻果,常于疆境盗掠为世"(《魏书·毕众敬传》)。由此说来,毕众敬俨然是为非作歹的草寇,强盗。此人在任泰山太守时,以发展私人武装,乱世保家。毕义云本人《北齐书》列酷吏:"少粗侠,家在兖州北境,常劫掠行旅,州里患之。……累迁御史中丞,绳劾更切。然豪横不平,频被怨讼。(又)性豪纵。及贵,恣情骄侈,营造等宅宏壮,未几而成。闺门秽杂,声遍朝野。"(《北齐书·毕义云传》)毕义云亦是地道的强盗,成为州里一祸害。毕氏在北朝百余年间盛极一时滋生骄侈,严酷残暴,朋党私营,为时人所鄙视、讥讽。"诸毕当朝,不乏荣贵,但纬薄不修,为时所鄙"(《魏书·毕众敬传》)。这样的一个家族是不能与泰山羊氏相提并论的。

---

① 仍似公纪……之篇:句中公纪指东汉吴县人陆绩,字公纪,曾注《易经》,撰《太玄经注》;辅嗣制指例之篇,指三国魏山阳高平人王弼,字辅嗣,出身于经学世家。曾阐释《老子》《周易》,著有《老子注》《老子指略》《周易注》《周易略例》等。

另外,州大中正一职,是负责评定士族内部品第的官员,由司徒选授本乡内"二品"的士族高门可以参与其推举,出任者皆为乡内二品的士族高门。北齐规定州大中正须由京官担任,如官职调出京师,则不能担任此职。可见州大中正是管"品第"的官员,像毕义云这样的出身、德行,不够资格任此一职。羊烈与其争任,并非风格不高,是怕毕氏任州大中正这样的职位,不仅会处事不公允,而且进而又成州里一患。所以羊烈与其争任,正是风格、道德高尚的表现。

羊、毕的州大中正官职之争,可看作新旧世族之间的门户之争。羊烈之时及其之前的北魏之时的泰山羊氏虽自诩汉魏衣冠,但与其先辈相比,其权势、声誉距其先辈甚远,并已沦为地方属吏。而毕氏家族虽出身低微,起自豪侠,是新兴世族,也不乏显贵,"盛称门阀"。这一争执本身所显示的是北方世族标准及观念的更新,是当世冠冕与汉魏传统冠冕内在的矛盾。从另一侧面也可看出北齐鲜卑勋贵的用人理念。

三、北齐末年,羊氏再受挫

羊烈及夫人长孙氏的墓志皆有较高史料价值,除上文所述若干方面可补史之阙,纠史之误外,两方志石对研究泰山羊氏在北齐灭亡入北周,北周灭亡入隋的家族延续提供了宝贵资料。泰山羊氏与长孙氏的婚媾关系更加明确(又见《羊深传》)。长孙氏墓志载"女静质,适北海王宏基",这一记载填补了泰山羊氏与北海王氏婚媾关系之空白。对研究泰山羊氏在北朝的婚媾又提供了新线索。

南北朝时期,泰山羊氏与其他北方士族一样,身处于异族统治之下,与南方士族相比,处境更加艰难。特别是北齐后期,几股势力争斗十分激烈,在历次重大事件中,汉族士人曾惨遭厄运。以羊烈为首的泰山羊氏能在长期处于分裂和动荡不安的北方社会占有一席之地,并使势单力薄的家族香火续之隋朝实属不易。羊烈与夫人一生共育有十六个子女,七男九女,早亡者有六人。虽未见其子女有何作为著录,但对增强壮大家族势力仍有巨大帮助。

至于泰山羊氏在北齐末季衰落的原因,探究起来十分复杂。其家族内部自东晋南北分裂,力量大大分散后,南北各自为政,各行其是,各为其主,各得其所,各奔前程,各不相谋,以致出现羊肃向入北的颜之推打听他"第七亡叔"羊侃等人由北入南的家族情况。入南的泰山羊氏经侯景乱梁,羊鹍被杀后其后世已成为无闻无为之辈。加之梁、陈禅代后,羊氏基本销声匿迹。北方羊氏入北齐后,朝廷政策有变,均田的实施使其经济基础趋于崩溃,数次向外移民,使羊氏受到了严重打击。到北齐初年文宣皇帝高洋政令严猛,下令迁豪,泰山羊氏诸豪被徙逐。不断采取"抑豪族,扶持寒门",并省州郡县等一系列削弱、打击豪门的政策措施,使豪门彻底弱化,羊氏岂能再复兴盛。入隋后的开皇初年,泰山羊氏郡望不复存在,致使泰山羊氏成为历史记忆中的"簪缨家族"。

第九章 羊氏后嗣显隋唐

泰山羊氏在南北朝后期的彻底衰落,不等于其后昆销声匿迹,自隋至晚唐仍有羊氏后昆活跃在政坛、诗坛及载于史籍、方志、碑刻中。如隋代除上章所述羊玄正外,还有襄国郡丞羊本。唐代有衡水县令羊元珪及其孙羊荆璧等,至中晚唐除有羊滔、羊士谔、羊昭业等诗人活跃在诗坛外,另有羊氏族人载录方志者。如明朝天启年间的《新泰县志》增补版卷六《人物》载"唐,羊彪、司马",卷九《艺文志》也载有羊彪其人。(唐垂拱年间登仕郎芮智璨撰)《崇庆寺碑记》所载"泗水县鹰扬府司马泰山羊君者,即襄阳太守(羊)祜之后,讳彪,字仲武"之信史,说明唐代新泰一域,或其周边仍有"祜之后"活跃在政坛。称羊彪是"祜之后"大概也是一种荣耀之称谓。

第一节 隋代襄国郡丞羊本

羊本,羊侃之孙,由南梁入隋,历任大都督、史部朝请郎、清河令、襄国郡赞治、郡丞。隋大业十年卒于任所,十二年七月改葬洛阳北邙山。羊本是泰山羊氏族人仕隋的代表人物。

一、羊本墓志,出土洛阳

据北京图书馆原研究员赵万里先生(1905－1985)《汉魏南北朝墓志集释》(科学出版社,1956年版)载有羊本墓志文。赵氏考证该《志》石为正方形,高、宽边长各40.3厘米,行21,行字21。盖题篆文"隋故襄国赞治羊君铭"9字,于民国在洛阳出土,藏于杭州孤山西泠印社,《志》石盖藏于开封博物馆。

"隋故朝请大夫襄国郡赞治羊公墓志铭"全文如下:

> 君讳本,字孝仁,番州鲁郡人。其先汉龙骧祜之后也。自昔禀灵川岳,胤承星象,将相蝉联,组不绝。祖侃(侃的异体

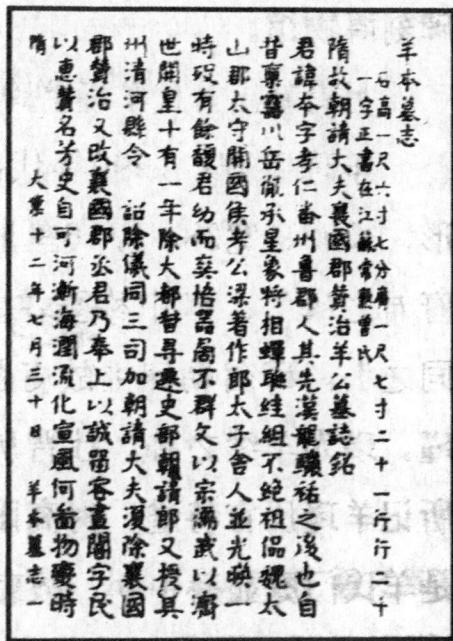

鲁迅手录《羊本墓志》书影

445

字），魏太山郡太守、开国侯；考公（鲁迅手录为公），梁著作郎、太子舍人。并光映一时，殁没余馥。君幼而爽迈，器属不群。文以宋儒，武以济世。开皇十有一年，除大都督，寻迁史部朝请郎，又授其州清河县令。诏除仪同三司，加朝请大夫，复除襄国赞治，又改襄国郡丞。君乃奉上以诚，留容画阁；字民以惠，赞名芳史。自可河渐海润，流化宣风；何图物变时移，先秋坠露。大业十年四月十二日，薨于襄国，春秋六十有二。既终于职位，遂殡之任所。今大业十二年岁次丙子七月乙卯朔三十日甲申，改葬于河南郡都城西北邙山之阳。未极丞相之年，俄奄将军之墓。呜呼，哀哉！夫人周氏，瀛州洛（今应为乐）寿县君。夫人乃四德孔修，六行光备，言成仕则，动必仁师。及为俪君子，周旋唯义，作范帷障，进趋必礼。俱小年易殁，大命难留，川谷不恒，奄从异世。大业十二年七月九日，薨于河南郡之宅，时年五十五。即以今日归附先君之域，乃为铭曰：懿哉盛德，卓矣能仁；盘根自古，器业唯新。合窆作俪，良君是娓，旷放人间，优游时岁。如何罚负，先彼秋霜；夜台寂寂，泉路茫茫。云寒蒙密，风凄萧瑟；百年今已尽，千秋今永毕。（注：文中（　）为编者加。该文采自刘硕伟《两晋泰山羊氏家族文化研究》，中华书局，2013 年版，第 356、357 页。文中"考公"刘氏录为"考侯"）

二、《志》文之"番州鲁郡"是"兖州鲁郡"之讹

按《志》文，羊本，乃番州鲁郡人，查《隋书·地理志》此载有讹。公元 581 年，隋文帝杨坚革周立隋，定都长安（今西安）即着于改隋朝政区。开皇三年（583）隋文帝废去郡一级建制，将原先的三级制改为州、县两级制，合并了一些州县，新置三州。大业三年（607）隋炀帝改州为郡。平定吐谷浑之后，又置四郡；《隋书·地理志》依《禹贡》之九州（雍、梁、豫、兖、冀、青、徐、扬、荆）分述隋朝之 190 郡，但并不应视州为当时实际之行政区划。如《隋书·地理志》载"南海郡"：旧置广州。仁寿元年（601）置番州，改广州置，治所南海县，即今广州市。大业三年（607）改为南海郡，南海郡只存七年。按《志》石载羊本卒年为大业十年，即 614 年，此时隋无番州之名，此错讹一也。即是置番州期间，番州所辖也无鲁郡之名。番州在今广东，鲁郡在今山东，两地万里相隔，此错讹二也。再查鲁郡，《隋书·地理志》载，鲁郡即旧兖州，大业二年（606）改鲁郡。又，按《元和志》卷一〇："大业二年改兖州为鲁州，三年罢鲁州为鲁郡，治所在瑕丘县（治今山东兖州市东北），辖瑕丘、任城、邹、曲阜、泗水、平陆、龚丘、梁父（有龟山）、博城、嬴十县。博城下又云："旧曰博，置泰山郡。后齐改郡曰东平，又并博平，牟入焉。开皇初郡废，十六年改县曰汶阳，改曰博城。有奉高县……。由此可知隋无泰山郡，原所属梁父县归鲁郡。按诸史所载羊氏一般称泰山羊氏。《志》石谓羊本之祖为羊侃。《梁书·羊侃传》：侃为"泰山梁甫（父）人。"故按

《隋书·地理志》羊本之乡贯应为鲁郡梁父（甫）人。综上所述，如按鲁郡旧称兖州，羊本《墓志》称"兖州鲁郡"尚在情理之中，而谓"番州鲁郡"不妥。"番州鲁郡"是"兖州鲁郡"之讹。

三、《墓志》破译的相关事宜

《墓志》载，羊本"其先汉龙骧祜之后也"。"祜"者即羊祜也。赵万里先生说："《晋书·羊祜传》'祜表王浚监益州诸军事加龙骧将军'《华阳国志》卷八、《晋书·王浚传》并同。志以龙骧为羊祜，又误祜为汉人，郢书燕说，皆作者不学之过耳。"（转引自刘硕伟著《两晋泰山羊氏家族文化研究》，中华书局，2013 年版，第 357 页）赵氏所言甚是。

按《墓志》羊本之祖为北魏泰山郡太守羊侃。其父为南梁著作郎、太子舍人。可能由于《墓志》其父讳字不清，有的学者如赵万里认为，羊本"考公，梁著作郎、太子舍人"。友人周郢先生据《志》石亦谓"考公"（周郢《名山古城·泰山羊公碑尚在》，五洲传播出版社，2015 年版，第 234 页）。笔者参照鲁迅手书《羊公墓志》书影，以为"梁著作郎"前面二字为"考公"，即羊本父名讳为"羊公"。李光星以为考后面的字"么"（"么"又作"幺"，音：yāo。"么"者，指排行最末者，如么叔、么妹）。羊本之父乃羊侃第四子"羊么"（李光星《羊祜年谱》，线装书局，2014 年 4 月版，61 页）。按《梁书》羊侃本传其长子羊鷟，第三子羊鹍。羊侃又一子为羊球（清光绪《新泰县志·选举下·世袭》：羊球，护军将军侃之子，承袭。）如是说，又为羊侃找到了一子。刘硕伟先生所录羊本《志》石作"考侯"。那么，羊本之父其名讳应为"羊侯"。"侯"疑"公"字之误。羊本《墓志》载，其"幼而爽迈，器属不群，文以宗儒，武以济世"。隋开皇十一年（591）授职为大都督（隋沿北周之制，大都督为勋官，授予有军功的武职官员，官阶为正六品上）。不久迁为史部朝请郎（隋开皇三年，即 583 年置，为散官八郎之一，正七品上）。遂又授清河县令（隋置清河郡，下辖清河县，治所今河北清河县城关乡西北十二里，开皇六年改武城县置。）后又诏授仪同三司（隋为勋官，散官号。为十一等之第八等，正五品上，大业三年置）加朝请大夫（隋大业三年，即 607 年始置，正五品散官），再授襄国郡（隋大业三年改邢州置，治所在龙冈县，即今河北邢台市）赞治①。不久，改"赞治"为"郡丞"。羊本乃任襄国郡郡丞，为郡太守的佐官。至大业十年（614）四月二十日羊本死于任所，享年六十二岁，遂殡葬于任所襄国。至大业十二年（616）七月三十日葬于河南郡（隋大业三年改豫州为河南郡，治所河南县，即今洛

---

① 赞治：官名，即"赞务"。隋炀帝取消州的称谓置郡，同时取消设州时的长史、司马二官，只置一名赞治为郡太守的佐官，为正五品。至唐代为避高宗李治之讳，改治为务，又称赞务。

阳市)都城①西北邙山(亦作北山、郏山、芒山,位于今洛阳市北)之阳。

羊本夫人周氏,瀛州乐寿县(治今河北献县西南。《志》石作"洛")人。大业十二年七月九日卒于河南郡住所,时年五十五岁,遂与其夫合葬。

【评析】羊本《墓志》可补羊氏入隋之阙

从羊本墓志铭文看,对其为官之评价,虽有溢美不实之词,但也看出此人为官对上忠诚,对下爱抚,对百姓有恩泽,注重流布教化,宣扬风教德化,"字民以惠,赞名芳史"。由于其祖父羊侃叛魏归梁,深受梁武帝之宠,高官厚禄,羊氏一度显赫,故其父能入仕南梁。羊本由何处入隋,《志》石不载。按其大业十年,享年六十二岁计,羊本当生于梁承圣二年,即552年。至隋开皇十一年授职大都督时羊本约三十八九岁。按《墓志》其父为南朝梁太子舍人,其家族是否由梁入陈,羊本之家族人及羊本本人是否有在南陈为官者虽不得而知,但羊本能在隋文帝开皇九年即灭陈的第三年(即开皇十一年,591年)授"大都督"之职,说明羊本家族在南朝及入隋之后仍势力不凡。隋初文帝之时在政治上废除了九品中正制,大小官员皆由吏部选拔和任用,羊本能在隋初即授职大都督,正说明其才学不凡,是其"文以宗儒"之结果。

羊本墓志的出土,填补了泰山羊氏族人由南朝入隋为官的空白,羊本之父之官职正史不载,也可补史之阙。

羊本之先人羊祜,卒后葬洛阳北邙山(见本书《西晋重臣征南大将军羊祜》一文)。1990年在河南偃师市首阳山镇沟口头村出土了羊瑾墓碑,此处正在北邙山墓区。羊本及夫人卒后也葬北邙山墓地,说明自西晋到隋,洛阳北邙山有泰山羊氏一方墓区。

《北齐书·羊烈传》载,羊烈弟羊修子羊玄正,由北朝仕隋为陇西郡丞,今知羊本乃南朝仕隋为襄国郡丞。两者官职虽不显赫,但说明泰山羊氏至隋朝仍英彦不绝,势力尚存。

至唐,有诗人羊士谔,民国《重修泰安县志·人物》谓其泰山梁父人,《全唐诗》卷332《羊士谔》小序也称士谔为泰山人。士谔居家洛阳,他是否羊本族系不得而知。

又,鲁迅曾手抄羊本墓志文,应是鲁迅青睐之品。

---

① 隋都城:隋朝都城在大兴城,就是现在的西安。仁寿四年,即604年七月隋文帝杨坚被太子杨广杀害,自立为帝,是为隋炀帝。炀帝改洛阳为东京,大业元年,即605年移都,改称豫州,大业二年,即606年建成,炀帝入东京。大业五年,即609年改东京为东都,定为隋新都。

第二节　衡水县令羊元珪

——兼述孙羊荆璧、子羊峻密

　　唐代羊元珪任衡水县令时，造羊令渠以惠民，故名载史册。此人乃泰山羊氏族人，据其孙羊荆璧墓志，知其属羊耽支脉，但生卒年不详。

　　《新唐书》卷三十九《地理志》河北道冀州信都(上)条下载："衡水，上。南一里有羊令渠，载初(唐武后年号 689—690，凡二年)中，令羊元珪引漳水北流，贯城注隍。"《中国历史大辞典》羊令渠条下亦载："唐河北道冀州衡水南一里，载初元年县令羊元珪开，自县南引漳水北流，贯城注湟，以溉民田。"两者记载大同小异。衡水县，隋开皇十六年(596)置，属冀州，大业初属信都郡。唐仍属冀州，治所在今河北衡水市西南十五里旧城。《元和志》卷 17 衡水县："县在长芦河西，长芦河则衡漳故渎也，因以为名。"由此可知衡水县令羊元珪为民造福，引漳水入护城河中，将漳水与县城相贯通，引水溉田，惠及百姓，后人将此水渠命名为羊令渠，故其名载史册。但，史书并未载羊元珪的乡贯，更不载其子孙之事，一方志石的出土为其找到了乡贯，殊不知，这位县令确是泰山羊氏中在唐朝的一名官员。

　　何以证明羊元珪是泰山羊氏族人呢？地不爱宝，1957 年山东曲阜姚村黄家屯出土一墓志，题曰："唐故□大夫羊君墓志铭"。《志》石载"府君讳荆璧，泰山南城人。"此人卒于唐玄宗开元九年(721)享年五十七岁，由此推之应生于乾封元年(666)。又云，其十二代祖即荆州都督□祜之堂弟。"祜"前之字虽漫漶，但知泰山羊氏族人中只有羊祜授职过荆州都督，故知"祜"之前一定为"羊"无疑。还云："其父祖□一叙有□□，北平衡水县令。"结合《新唐书》所载文，衡水县令有羊元珪之名，可证羊元珪乃羊荆璧之"父祖"。又按上文，羊元珪引漳水贯城注湟是唐武后载初中。载初为武则天年号，这年的十一月，即公元 689 年十一月改载初元年正月，690 年九月改元周天授元年。载初中即公元 689 年十一月至 690 年九月之间。这时段羊荆璧已二十三四岁。《志》石中"其父祖"之称谓，可认定羊元珪是羊荆璧之"祖父"。《志》石谓羊荆璧之父羊峻密为王府执仗，可补正史。执仗应是位手执兵仗的侍卫。墓主志石原题称"大夫羊君"，唐宋时"大夫"是高级文阶官的称号。《志》石虽言羊荆璧泰山南城人，实则泰山平阳人。由《志》石铭曰"严严岱岳，滔滔汶河。禀示灵秀，历代才多。……硕苗滋叶，茂族分柯"可知，荆璧为泰山平阳之羊氏无疑。非此，不可称"严严岱岳，滔滔汶河"；非此亦不可称"历代才多"。以羊荆璧乡贯，可证其祖父羊元珪乡贯。羊元珪与子羊峻密、其孙羊荆璧无疑都是泰山羊氏之族人。

　　据《志》文，羊荆璧其"十二代祖尚书驸马都督□□，即荆州都督□祜之堂弟也"，按羊氏谱羊祜父为羊衜,为羊续次子,上有兄羊秘,下有弟羊耽。羊祜堂兄弟有羊秘之子羊繇、羊祉;羊耽之子有羊琇、羊瑾。羊琇与羊瑾皆为羊祜之堂兄弟,这与《志》石相吻合。据《晋书·外戚·羊琇传》:"羊琇,字雅舒,景献皇后之从父弟也。父耽,官至太常。兄瑾,尚书右仆射。"羊荆璧之十二世祖应是羊瑾。由此可知,羊荆璧一支乃羊耽支脉。

《唐故□大夫羊君墓志铭》全文如下:

> 府君讳荆璧,泰山南城人也。昔屡辞此事之书,纪其氏族;火德金行之代,荣其寿位。十二代祖尚书附马都尉□□,即荆州都督□祜之堂弟也。□衣冠代称,其父祖□一叙有□□,北平衡水县令。父峻密,王府执仗。初避免□来化□□。松盛夏而先零,兰方春而萎□。府□英□□□□孤举直上于烟云。素履严凝,清景□通□□。□人自吉,长思高尚之风,逸士清□,藻想尘□之□□。□□八千之载籍,诵三百之篇章,可谓志远才高□□王侯者矣。府君以蕴玉之姿,有泣珠之□。□□西山之药,奄归东岱之祝。以开元之九载四月十五日殃于私第。春秋五十七。夫人□北寿□□□清,真秦晋之嘉谒,齐殷周之合祇祔。同□以天宝四载八月廿三日葬于鲁城西北二十七里龙□□原。长□□泣□□□崩心,悲积楄书,恋深林泽。蒙□继伐之美,必□公侯;伐石制铭之人,何忧□□。敢□短翰,□□铭;严严岱岳,滔滔汶河。禀示灵秀,历代才多。宗□初称,切磋琢磨。硕苗滋叶,茂族分柯。戚戚双棺,□□二子。父母全生,心神兹死。种植桧坟,□□薨□。公一二□,以变用此,千秋合礼。

《志》石高46.5厘米,宽56厘米,厚10厘米,《志》文楷书,23行,满行18字,不载撰书者及年月。从《志》文所载墓主夫人"天宝四载八月廿三日葬于鲁城西北二十七里"可知,《志》石应刻于天宝四年,即公元745年。"鲁城"乃今曲阜城,志石出土地姚村黄家屯正位于曲阜市西北(《墓志》全文及《志》石尺寸转引自刘硕伟著《两晋泰山羊氏家族文化研究》,中华书局,2013年版),该志石今存曲阜市汉魏碑刻博物馆。

【评析】名留青史颂羊公

羊荆璧墓志铭的出土,填补了泰山羊氏在唐代,特别在武则天时期缺乏羊氏族人为官的历史。该《志》石铭文所载衡水县令与墓主之祖孙关系及墓主之父羊峻密可补正史之阙,并为为民造福的羊元珪找到了祖籍。衡水县令羊元珪为官一任,造福一方,百姓感恩,命名其开凿的人工渠为"羊公渠",永在史册,百世流芳,为泰山羊氏增添了光彩,可谓幸事。事实进一步说明为官者不在官阶高低,只要为民众办好事,为民造福,民众就会感念你,称颂你,为你留名青史。

第三节　宏词见长的中唐诗人羊滔

羊滔,泰山人,即泰山羊氏族人。《全唐诗》卷312羊滔诗前小序:"羊滔,泰山人,唐大历中(766—779)以宏词及第。"羊滔是中唐难得的一位诗人,他留给后人诗作不多,在《全唐诗》第312卷留有《游烂柯山》诗四首,其诗寓景于情,情景交融,声情并茂,简捷明快,可谓上品。

羊滔诗题中名为烂柯山的地方有四处:一在今河南新安县西南三十里。《大清一统志·河南府》:烂柯山"群峰秀错,中有王乔洞……《县志》:传语樵子王乔遇仙处。"一在今广东高要市东北,又名斧柯山。《寰宇记》卷159端州高要县:烂柯山"在县东三十六里,《郡国志》:昔有道士王质负斧入山采桐为琴,遇赤松子安期先生棋,而斧柯烂处。"又一在陕西洛川县东。最有名的当属今浙江衢州市东南之烂柯山。《水经·渐江水注》:"《东阳记》云:信安县(今衢州市)有悬室坂。晋中朝时有民王质,伐木至石室中,见童子四人弹琴而歌。质因留,倚柯听之,童子以一物如枣核与质,质含之,便不复饥。俄顷,童子曰:其归。承声而去,斧柯尚湿(毁坏)然烂尽。"故名烂柯山。《方舆胜览》卷7:"烂柯山一名石室(山),又名石桥(山)。"上述王质进山烂柯的故事,又见南朝梁人任昉的《述异记》。大体是说,相传晋人王质进山砍柴,看见两童子对弈,童子给王质一颗如一枣核之物,食而不饥。他看到棋局终结,又见手中斧柯(柄)已烂成朽物。遂下山回村,才知已过百年,同时代的村人已死尽。羊滔诗题中所指烂柯山及其王质烂斧柯的故事,当在今衢州之烂柯山。《全唐诗》卷312载刘迥《烂柯山四首》,其诗序曰:"此诗见信安烂柯山石刻。并见者,李幼卿、李深、谢勋、羊滔、薛戎五人。或一时同咏,或先后继唱,皆列于后。"《全唐诗》卷312除录羊滔诗外,刘迥等五人皆录有以信安烂柯山为题的诗作。可证羊滔诗詠之烂柯山位于今衢州市。其中羊滔的《游烂柯山》诗四首曰:

其一

步登春岩里,更上最远山。

聊见宇宙阔,遂令身世间。

清辉赏不尽,高驾何时还。

其二

石梁耸千尺,高盼出林□。

亘壑蹑丹虹,排云弄清影。

路期访道客,游衍空井井。

其三

采薪穷冥搜,深路转清映。

安知洞天里,偶坐得棋圣。

至今追灵迹,可用陶静性。

其四

沙门何处人,携手俱灭迹。

深入不动境,乃知真圆寂。

有时归罗浮,白日见飞锡。

第一首诗,写了烂柯山的高峻秀拔;第二首诗写了烂柯山的石桥;第三首诗写了烂柯山的仙人对弈;最后一首诗写了烂柯山石室二禅师。

《全唐诗》所记以上四首诗是羊滔仅存的诗作。

第四节 李唐诗坛名家羊士谔

羊士谔(约762—819),泰山人。唐贞元元年登进士第,历官义兴、宁化县尉。元和元年入京,任监察御史,迁侍御史。因坐诬李吉甫,遭贬。后历资州、洋州、睦州刺史。元和十四年入朝为户部郎中,卒于任上。士谔诗文两擅,著有诗集一卷,今传有《唐五十家诗集》本。《全唐诗》卷332录有其诗一卷。

羊士谔,字谏卿,史称唐代泰山梁父人。民国《重修泰安县志》卷八《人物志·乡贤》谓:"羊士谔泰山梁父人。"《全唐诗》卷332羊士谔诗序:"羊士谔,泰山人"。士谔居家洛阳(今河南洛阳市。唐代洛阳成羊姓聚居地,遂为羊族活动中心。羊士谔虽居洛中,但仍自称族出泰山,故史称士谔为泰山人),唐贞元元年(785)登进士第,授义兴(今江苏宜兴市)县尉,迁主簿。后历浙东观察使左威卫兵曹参军。贞元十二年(796)任宣歙观察使巡官。永贞元年(即贞元二十一年,805年)入京,因上言王叔文之非①,触怒王叔文。叔文欲将其仗毙,幸为同官救免,贬为汀州宁化(今福建宁化县东五里)县尉。唐宪宗即位后,宰相论其冤枉赦还。元和元年(806)福建观察使阎济美上疏举荐羊士谔,遂被任命为大理评事(大理寺属官),士谔再次入京,元和二年出任监察御史,迁侍御史。元和三年(808)秋,因卷入中丞窦群谋倾宰相李吉甫事件,被贬为资州刺史,未及莅任,又贬为巴州

---

① 王叔文之非:贞元二十一年,即805年,正月,唐顺宗李诵立,八月改元永贞。王叔文初为翰林学士,不久兼判度支、盐铁副使,转尚书户部侍郎。推韦执谊为相,与王伾、柳宗元、刘禹锡等相结,力图除弊革新。贬贪残之京兆尹李实,罢宫市,禁五坊小儿扰民,停地方官员进奉。又谋夺宦官所掌神策军兵权,以范希朝为西北诸镇行营兵马使,为宦官俱文珍等所阻。八月,唐宪宗李纯即位,贬(王叔文)渝州司户参军。次年被杀。

（今四川巴中市）刺史，后历任资州（今四川资中市北三里）、洋州（今陕西西乡县）、睦州（今浙江建德市东北五十里梅城镇）刺史。羊士谔在州牧任上，关心民瘼，舒民之困，治政清明。并经常在春季巡视所属州县，督促春耕。诗作《野望二首》（其一）中写道："萋萋麦陇杏花风，好是行春野望中。日暮不辞停五马，鸳鸯飞去绿江空。"这是士谔雨后"行春"的真实写照。元和十四年（819）入朝为户部郎中，卒于任上（详见《唐才子传校笺》卷五"羊士谔"）。

羊士谔诗文俱擅。《全唐文》收其文五篇，时人孟简称其文"彩章辉焕，物象飞动"。而其诗更负盛名，张为《诗人主客图》列其为"广大教化主"入室者之一。著有诗集行世，今传有《唐五十家诗集》本。《全唐诗》卷332录有士谔诗一卷，计92首，其中五律58首，七绝34首。

董其昌书羊士谔《郡中即事》书影

士谔诗作多赋居闲情，笔致婉转，托兴蕴藉，却含无限深情。其名篇如：

> 山阴道上桂花初，王谢风流满晋书。
> 曾作江南步从事，秋来还复忆鲈鱼。
>
> ——《忆江南旧游二首》（其一）
>
> 虫思庭莎白露天，微风吹竹晓凄然。
> 今来始悟朝回客，暗写归心向石泉。
>
> ——《台中遇直晨览萧侍御壁画山水》

清人沈德潜于《唐诗别裁集》（卷二十）中评其《台中》一诗"随所感触，无非归兴，不必作画者果有此心"，恰切地道出诗人以主观之眼观物而触画生情的微妙心绪。又如，诗《郡中即事三首》中的第二首（一作《玩荷花》）曰：

> 红衣落尽暗香残，叶上秋光白露寒。
> 越女含情已无限，莫教长袖倚阑干。

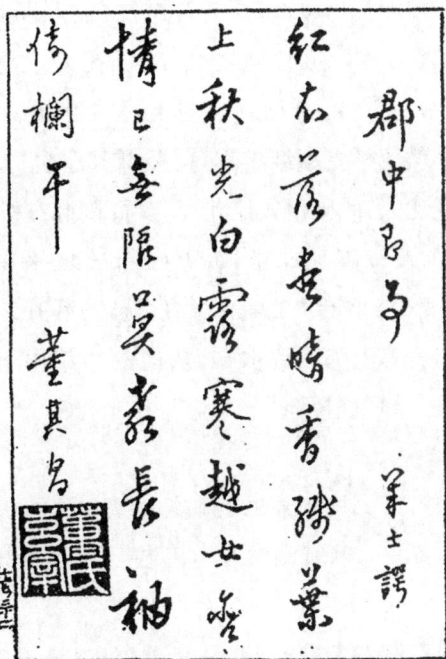

明代唐汝询《唐诗解》说："士谔以监察御史出刺资州，感时物之哀，故以托兴。"清代黄生《唐诗摘抄》评曰："言越女已含红颜易老之情，莫教倚栏更睹红衣零落，益增其感也，诗中多以花比人，此则以人比花，与李商隐咏《槿花》作法同，此诗寓意深至，有无限新故之感在其中。"（见《全唐诗广选新注集评》卷6，第102页）

羊士谔工诗水平，从他的另诗中可略见一斑。如《登楼》：

> 槐柳萧疏绕郡城，夜添山雨作江声。
>
> 秋风南陌无车马，独上高楼故国情。

清人李锳《诗法易简录》评其诗乃"思归之作。三句写景，末句点到登楼，笔力自高"（见《全唐诗广选新注集评》卷6，第102页）。又如其《寻山家》（一作长孙佐辅诗）：

> 独访山家歇还涉（一作步还歇），茅屋斜连隔松叶。
>
> 主人闻语未开门，绕篱野菜飞黄蝶。

《羊士谔集》书影

宋人胡仔《苕溪渔隐丛话》前集卷24载："羊士谔《寻山家》诗：'主人闻语未开门，绕篱野菜飞黄蝶'，余尝居村落间，食饱，楂（拄）筇（手杖）纵步，款（叩敲）邻家之扉，小立待之，眼前景物，悉如诗中之语，然后知其工也。"（见《全唐诗广选新注集评》卷6，第111—112页）

另外，辛文房《唐才子传》称："士谔工诗，妙造梁《选》，作皆典重。"（转引自安作璋主编《山东通史·隋唐五代卷》，人民出版社2009年版，第261页）《唐诗品》评其诗曰："士谔诗气格昂然，不落卑调，然倒之能品，亦萧然微尔。予谓谔诗如素障子，虽无烂目之华，欲摘其瑕，亦无处下手。"（转引自安作璋、王志民主编《齐鲁文化通史·隋唐五代卷》，中华书局2004年版，第307页）《载酒园诗话又编》也称："（士谔）诗有美不胜收，品居中下者；亦有无一言可举，不得不称为胜流者，以风度论也，知此可以定羊资州诗矣。贞元后，集中有佳诗易，无恶诗难。羊士谔诗虽不甚佳，却求一字之恶不可得。"（出处同上）

从另一角度看，士谔一生仕途坎坷，特别是被贬巴蜀，举目无亲，羁旅情愁，思乡之情

454

加重。《登楼》一诗唱出了故国之思。胸中除无限的乡思外,亦对时物之衰,深怀无限惆怅。《郡中即事三首》中的第二首,就表达出巴山蜀水虽美,却难抚慰士谔这位游子之愁。再如其《春望》:"莫问华簪发已斑,归心满目是青山,独上层城倚危槛,柳营春尽马嘶闲。"诗人春日登高野望,所见青山处处引发归心之情。又见华发斑白,惆怅溢于言表。这些诗作是士谔可称之处。

羊士谔还以书法知名,宋代朱文长《续书断》将其附入能品,称其"亦以文翰称"。

【评析】羊士谔"遭贬"之因

羊士谔一生诗作成就斐然。其诗作自唐至今评品多多,不再赘述。关于中丞窦群谋倾宰相李吉甫,羊士谔遭牵连一事,见于《新唐书·窦群传》。士谔遭贬与窦群"自用"有关。

《窦群传》载,唐宪宗立,转窦群为膳部员外郎,兼侍御史知杂事,又出为唐州刺史。武元衡、李吉甫二人皆与窦群交情深厚,故召拜吏部郎中。当拜门下侍郎、同平章事的武元衡辅政,举荐窦群代为中丞。窦群引荐吕温、羊士谔为御史,李吉甫以为吕、羊二人急躁、阴险,持而不批复任职。窦群十分忌恨,反更埋怨李吉甫。李吉甫去淮南任节度使后,窦群以为失去了相互之间的恩情,因而陷害李吉甫。陈登此人善(医)术(为李吉甫看病),过夜于吉甫家,窦群就捕拿陈登拷问,并上告李吉甫的私密之事。唐宪宗审问陈登后,得其真情,大怒,将要诛杀窦群。李吉甫为其救解,乃免死,出为湖南观察使。后改去黔中。羊士谔一并受牵连遭贬。《窦群传》最后说:"群很自用,果于复怨。始召,将大任之,众毕惧,及闻其死,乃安。"由此可知,窦群之人的品德及为人。

《唐书·李吉甫传》记上述事更为详尽。《李吉甫传》载,吉甫本善窦群、羊士谔、吕温,荐窦群为御史中丞。窦群奏羊士谔侍御史,吕温知杂事。吉甫恨不先说清楚,持而不批,久而不决,窦群等怀恨之。俄而吉甫病,医者夜宿吉甫家,窦群捕医者,弹劾李吉甫暗中勾结有道术之人。宪宗帝对此十分吃惊,经审讯并无此情形,窦群等皆贬。李吉甫亦因故给予免职,荐裴垍自代,自己以检校兵部尚书、兼中书侍郎、同中书门下平章事,为淮南节度使。

以上可知,由于窦群的"自用"处事不当,不仅自己遭贬,被他举荐的羊士谔等人同遭贬,同他"本善"的宰相李吉甫也受到了牵连,贬出朝外。窦群的主观自用其教训也是深刻的。

第五节　晚唐诗家羊昭业

羊昭业,字振文,晚唐泰山羊氏族。

《全唐诗》卷631有羊昭业小传,称其乡贯为"吴人"。今人尹楚彬先生《全唐诗续补正》对此作了辨证。他根据陆龟蒙（？—约881）《二遗诗》序称（羊昭业）为"太山羊振文"（《全唐诗》卷624）。而陆与羊为诗友，所述生平应可信从。又，《全唐诗》卷631所载颜萱《送羊振文归觐桂阳》诗中有："悬鱼庭内芝兰秀"句；咸通进士司马都《送羊振文先辈往桂阳归觐》诗中亦有"君家祖德唯清苦"句。更可知羊昭业不仅乡贯是泰山，而且还是"悬鱼太守"羊续的后裔。吴中（今苏州）实为羊昭业的流寓之所，而非其乡郡。

羊昭业于咸通九年（868）戊子登进士第，大顺年间（890—891）曾受诏修纂国史。五代人王定保撰《唐摭言》（亦称《摭言》）卷十二中记有当时名人高逢休评论羊昭业修史的轶事。羊昭业居吴中（唐治吴郡，即今苏州市）时，与诗人陆龟蒙（？—约881）、皮日休（约834—约883）相交甚厚，是诗中密友，三人诗酒唱酬，过从甚密，也是当时吴中诗派的重要成员。陆、皮等与昭业唱和者，如颜萱、司马都等十余人，多称昭业为"先辈"，对其尊敬有加，方见他们之间友情纯真，关系亲密无间。他们之间所赋之诗作文情并茂，情意醇厚，生动感人，《全唐诗》留下了他们的一些酬唱之作。例如，羊昭业尝以石枕材赠陆龟蒙，陆龟蒙作《二遗诗》为谢。

据《宋史》卷二〇八《艺文志》记载，羊昭业有集十五卷，可惜今已佚不传。

《全唐诗》中录有陆、皮、羊三人交往、酬唱的诗作数篇。例如，羊昭业从吴中往桂阳（今广东连州市）归觐（拜见）时，皮日休专为其设宴饯行并赋诗两首。第一首诗题为《偶留羊振文先辈及一二文友小饮，日休以眼病初平，不敢饮酒，遣侍密欢因成四韵》（载《全唐诗》卷614）。诗曰：

　　谢庄初起恰花晴，强侍红筵不避觥。

　　久断杯盂华盖喜，忽闻歌吹谷神惊。

　　褵褷正重新开柳，咕嗫难通咋嘴莺。

　　犹有僧虔多蜜炬，不辞相伴到天明。

（注：诗首联第二句"觥"，酒器，盖作兽头型。颔联中"谷神"，即老子所说的"道"，谓生养天地万物的神灵，见于《老子·六章》："谷神不死，是谓玄牝。"句中"玄牝"，指微妙的母体。老子认为道如同谷神、玄牝，是天地的根本，空虚不盈，永不停息，孕育和生养了生物。颈联中褵褷〔音，li shī〕，其意谓离披散乱貌，又谓羽毛初生时濡湿黏合貌；咕嗫〔音，chè niè〕，低声说话声；咋，大声叫；嘴，鸟鸣。尾联中"炬"，指火把或蜡烛。）

第二首诗题曰《送羊振文先辈往桂阳归觐》（载《全唐诗》卷614）诗曰：

　　桂阳新命下彤墀，彩服行当欲雪时。

登第已闻传祢赋，问安犹听讲韩诗。

竹人临水迎符节（曹昆湘中赋云：篔筜〔音，yún dāng〕中实，内有实，状如人也），

风母穿云避信旗（桂阳山中有风母兽，击杀，见风辄活）。

无限湘中悼骚恨，凭君此去谢江蓠。

（注：诗首联中"彤墀"同丹墀，赤红色的台，此指朝廷。第颔联中的"祢"指父庙，或指外出打仗时随行的父庙木主。祢，《公羊传·隐公元年》："惠公者何？隐之考也。"何休注："生称父，死称考，入庙称祢。"又指随行的神主；"韩诗"，《诗》今文学派之一，汉初燕〔治今北京市〕人韩婴所传。颈联中"符节"，即缀有牦牛尾的竹竿，古代使者出使时用作凭证；"信旗"，"信"是凭证，"旗"为标志，表识。尾句中之"江蓠"，也作江离，茳蓠，一种香草名。诗句后所注，乃诗人原注）

羊昭业对好友皮日休的热情款待十分感动，步皮日休（字袭美）第一首之韵，作《皮袭美见留小宴次韵》诗一首回赠（载《全唐诗》卷631），诗曰：

泽国春来少遇晴，有花开日且飞觥。

王戎似电休推病，周顗才醒众却惊。

芳景渐浓偏属酒，暖风初畅欲调莺。

知君不肯然官烛，争得华筵彻夜明。（原注：时袭美眼疾未平，不饮酒，故云。）

（注：诗的颔联皆借古人典。王戎〔234－405〕，西晋琅琊临沂〔今临沂西〕人，字濬冲。父卒，故吏赠银助办丧事，辞而不受，由是显明。善辨名析理，为"竹林七贤"之一。不修仪表，不拘礼法。官至豫州刺史加建威将军，曾受诏伐吴。吴平，拜太子太傅等，又迁尚书左仆射，领吏部。因婿裴颜连累罢官。晋惠帝时，复官尚书令、司徒。吝啬好利，广收八方田园水碓〔古代用水力舂米的设备〕。积实聚财，贪无厌。对子女亦苛刻计较。家有好李，常出售之，恐人得种，皆钻其核，为时人所讥笑。该句中"电"即快速。周顗〔269－322〕，晋汝南安成〔今河南汝南东南〕人，少有盛名。至太兴三年〔320〕，为尚书左仆射，领吏部。后又升为护军将军。常醉不醒，官府屡纠之而不改，时人号为"三日仆射"。）

从以上三首唱和诗作看，皮日休宴请羊昭业的时间当在唐懿宗咸通九年，即羊昭业进士及第当年春天。

皮日休为羊昭业桂阳归觐而饯行,陆龟蒙未能参加。为此,陆龟蒙亦赋诗二首记其事。其一为《送羊振文先辈往桂阳归觐》(载《全唐诗》卷626)。诗曰:

> 风雅先生去一麾,过庭才子趣归期。(原注:时使君丈人自毛诗博士出牧)
>
> 让王门外开帆叶,义帝城中望戟支。
>
> 郢路渐寒飘雪远,湘波初暖涨云迟。
>
> 灵均精魄如能问,又得千年贾傅词。

(注:诗的首联第一句之"麾",指举杯饮酒,"风雅先生"当指羊昭业,风流儒雅。第二句原文下注云:时使君丈人自毛诗博士出牧。知羊昭业自吴郡去桂阳之岳父家,"归觐"并贺其岳父出任州牧。"过庭才子"也是指羊昭业。"过庭"出自《论语·季氏》"尝独立,鲤〔指孔鲤,孔子之子〕趋而过庭。"此谓经过中庭,后以"过庭"表示父教。此处当指"岳父教"。句中之"趣"意谓"奔赴"。颔联第一句中"让王",为让位而不居的帝王。庾信《哀江南赋》中有"输我神器,居我让王"句;"帆",指船。第二句之"义帝",借指"楚怀王心"〔? -前205〕,秦末项梁起义后所拥立的楚王熊氏,名心。秦灭楚后,心在民间牧羊。秦二世元年〔前209〕项梁西进,闻陈胜死,听从范增计谋,第二年六月,拥立心为楚怀王。史称楚怀王心。他是战国时楚怀王之孙。称王后建都盱台〔今江苏盱眙东北〕。项梁战死后,他乘机到了彭城〔今江苏徐州〕夺取项羽、吕臣士卒,改用宋义为上将军。后项羽杀宋义,夺回兵权。公元前206年,项羽自立为西楚霸王,他被尊为义帝,徙于江南,建都郴县〔今湖南郴州〕,又被项羽所怨,项羽命英布追杀于江中;本句中"戟"指尖器戟。颈联两句皆指羊昭业去桂阳路途艰辛,"郢"指春秋时楚国之都城;"湘"即湘水,今称湘江,在湖南省。尾联中之"均"指古乐器的调律器。"魄",古代指人身中依附形体而显现的精神,以别于能离开形体的魂。古人认为,魄是阴神,是天生的,随形而生,为附形之灵;魂是阳神,是后天的,为附气之神。"贾傅"应为人名,无考。)

皮日休宴请羊昭业,陆龟蒙以因病而未能参加为憾,故步皮日休为羊昭业所作第一首诗韵,作《袭美留振文宴,龟蒙抱病不赴,猥示倡和,因次韵酬谢》诗(载《全唐诗》卷626。诗题中"猥"为谦词,意为鄙贱,亦有随便之意。"倡和"同"唱和")。诗曰:

> 绮席风开照露晴,祗将茶荈代云觥。
>
> 繁弦似玉纷纷碎,佳妓如鸿一一惊。
>
> 毫健几多飞藻客,羽寒寥落映花莺。
>
> 幽人独自西窗晚,闲凭香楂反照明。

（注：诗首联之"绮席"即丰盛、美盛之宴席。第二句中"荈"〔音，chuǎn〕，指晚采的茶，指茶的老叶，泛指茶。颔联中"妓"指美女；"鸿"即天鹅或大雁。颈联中"毫"即老笔；"毫健"即"健毫"，指写作高手。"藻"指华丽的文辞，文采，辞藻。尾联中之"幽人"即隐士；"柽"，为树名，即河柳。）

羊昭业与陆龟蒙相交甚厚。昭业在古越之东阳（今浙江东阳市）得一石枕材，该石为松之所化，赠给了陆龟蒙。此即诗序中所言"太山羊振文得枕材"。赵郡李中秀得琴荐（即草席或曰垫席；垫褥。据诗序亦为石质）陆龟蒙因以二遗之奇，遂作《二遗诗（并序）》以谢之。诗序曰：二遗者何？石枕材，琴荐也。石者何？松之所化也。松者（一作化于）何？越之东阳也。东阳多名山，就中金华为最。枝峰蔓壑，秀气磅礴者数百里。不啻神仙登临，草木芬怪。永康之地，亦蝉联其间。中饶古松，往往化而为石，盘根大柯，文理曲折，尽为好事者得（一作攻），而至于人间，以为耳目之异。太山羊振文得枕材，赵郡李中秀得琴荐，皆兹石也。咸以遗予，予以二遗之奇，聊赋诗以谢。诗曰：

谁从毫末见参天，又到苍苍化石年。

万古清风吹作籁，一条寒溜滴（一作涤）成穿（一作川）。

闲追金带徒劳恨，静格朱丝更（一作也）可怜。

幸与野人俱（一作供）散诞，不烦良匠更雕镌。

（注：诗首联中之"毫末"即毫毛的梢儿，比喻极为细小。"参天"，直向天空。第二句中"苍苍"，借指老天。化：消融。颔联中"籁"是一种三孔管乐器。颈联中"朱丝"，指染成朱红色的琴瑟弦。尾联中"野人"，指乡村之民，农夫，未开化的人）。

赋诗送别羊昭业桂阳归觐的，还有诗人司马都、颜萱等。在司马都《送羊振文先辈往桂阳归觐》的诗中有"君家祖德惟清苦"句，赞扬了昭业远祖"悬鱼太守"羊续的清苦、廉洁。在颜萱《送羊振文归觐桂阳》诗中有"悬鱼庭内芝兰秀"句，该句在赞扬羊续的德操的同时，还赞扬了羊续的后裔羊昭业也是清廉贤德之人。加之陆龟蒙《二遗诗（并序）》中"太山羊振业得枕材"之语，可知羊昭业不仅乡贯在泰山，而且还是悬鱼太守羊续的裔孙。吴地乃昭业流寓之所，而非其乡郡。《全唐诗》卷631有羊昭业小传，称其乡贯为吴人，可视为寄籍。

【章后语】赋诗是唐代文人日常生活不可或缺的

本章第三、四、五节，介绍了唐朝中晚期泰山羊氏家族的三位后嗣，即羊滔、羊士谔和羊昭业。他们三位都是唐朝中晚期诗人。三人所处年代略异，诗的风格有别。羊滔只留有以烂柯山这一名胜及其掌故为题而吟咏的诗四首,以写物(山)为主。羊士谔多赋居闲抒情,以景寄情的诗作,也有记事写景,言志抒情诗,如《登楼》。这类诗属记事遣兴,正如杜甫《可惜》诗所言"宽心应是酒,遣兴莫过诗"。即通过写诗抒发情怀,解闷散心。这大概与羊士谔的仕途有关。以酒、诗抒发情感也是唐代诗人的一种日常生活的常态。而羊昭业留有诗作多社交应酬,互相唱和。毫无疑问,诗人之间的应酬离不开酒,更离不开诗。这反映了文人与普通民众的日常生活不同,在于文化活动的日常化。具有应酬功能的诗歌写作,在诗人的日常生活中是不可或缺的。这可以想象唐代诗人的生活是多么丰富,他们的诗歌具备了日常生活的功能。没有他们的丰富生活更不会有众多流芳百世嘉惠万代的诗篇问世。

第六节　泰山羊氏与佛教及羊门二名尼

佛教传入中国的时间按传统说法当在两汉之际的公元一世纪左右,传入山东当在东汉末年。据《三国志·刘繇传》等典籍载,时任徐州牧加安东将军、封为溧阳侯的陶谦(132—194)在郡不理政务,亲信谗慝。且使下邳笮融(?—193)"督广陵、彭城运漕,遂故纵擅杀,坐断三郡委输自入。乃大起浮图祠,以铜为人,黄金涂身,衣以锦采,垂铜盘九重,下为重楼阁道,可容三千人,悉课读佛经,令界内及旁郡有好佛者听受道,复其他役以招致之,由此远近前后至者五千余人户。每浴佛,多设酒饭,布度于路,经数十里,民人来观及就食且万人,费以巨亿计。"上文所记这位穷奢之徒陶谦建祠造像,广传佛教的时间当在公元193—195年之间。这是我国东部地区民间建寺造像、传播佛教的较早记载。东汉末年之徐州地域包括了今山东南部的枣庄地区和山东东南部的临沂地区。东汉时徐州治所在今山东郯城县。三国魏时移治彭城县,即今江苏徐州市(史为乐等主编《中国历史地名大辞典》徐州条,中国社会科学出版社2005版)。由此可以认为,东汉末年佛教已在今山东南部、东南部地区传播,民众对佛教有了初步接触。

一、魏晋南北朝时期泰山地区佛教传播情况

魏晋时期,佛教在山东尚属初传。至东晋十六国时期(317—420)泰山成为佛教的传播中心。史载,前秦苻健皇始元年(351),山东传法高僧朗公(竺僧朗),为避冉闵之乱迁居泰山,在泰山西北的金舆谷昆仑山创建朗公寺(隋改为神通寺,即历城柳埠四门塔),传经布道,讲解《放光般若经》,弟子百余人,很快发展到"上下诸院十余所,走廊延袤千余间"。至前秦永兴年间(357—358),朗公又在泰山西北方 山说法,并"始建精舍十余区",此为灵岩寺创构之始。泰山名僧朗公,受到当时统治者的很高礼遇。前秦主苻坚"送紫金数斤,绢绫三十匹,奴子三人,以备洒扫"。南燕帝慕容德拜朗公为师,授东齐王,赐奉高、山茌两县租税。朗公借统治者之力,佛教在泰山周围逐步发展起来。

北魏开国君主拓跋珪,即使在戎马倥偬之际,也要敬问"泰山朗和上",要朗公帮助他稳定离王畿最远的地方。此外,后秦主姚兴、东晋孝武帝都和泰山朗公有过书信往来并以厚礼馈赠。这说明朗公适应了社会和统治者的需求,给佛教在泰山及其周边的发展创造了良好的外部环境。

东晋十六国期间,泰山成为山东最兴盛的佛教胜地,一度成为外地僧人十分向往的地方。常山扶柳(今河北县境)人,高僧道安,大约在前秦苻坚建元十六十七年(380—381)来到泰山,参加了金舆谷之会。他师从佛图澄,对佛经的翻译工作进行了总结,提出了一些规律性的东西,为佛教寺院定立了规制,划一了僧人的姓氏。道安以后,僧尼一律姓"释"。

北魏孝明帝正光年间(520—524),高僧法定来到泰山。先到泰山西北的方山开山,重修寺院,方山之阴为神宝寺,后又迁至方山之阳,为灵岩寺。法定被誉为开山第一祖。

南北朝时期,统治者虽有数次禁佛,社会上有反佛之风,但对泰山佛教发展影响甚微。泰山及其周边,建寺造像蔚然兴起。北魏景明年间(500—503)高僧意师在泰山北麓建谷山寺(又称玉泉寺、玉泉禅寺)。北魏期间还有人在徂徕山东南麓创建了寺院,至隋开始称光化寺;梁父县内建有贞女祠(《魏书·地理志》),为一方胜景。东魏期间相继建成姚庄大云寺,淳于武顶寺。北齐河清年间(562—564)先后建成徂徕山团山四禅寺和西界安禅寺。这一时期造佛像、刻佛经也很兴盛。先后有大云寺胡元方等造像,安禅寺彭敬宾造像。泰山东南麓的梁父山映佛崖摩崖刻经,刻于北齐武平元年(570),经主是冠军

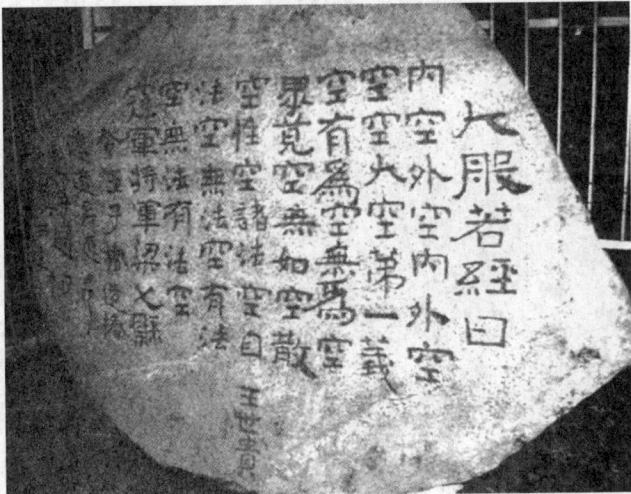

大般若经刻石

将军、梁父县令王子椿。王子椿刻经有二:一是刻在光化寺东北一巨形花岗岩圆石上,石高 1.85 米,宽 2.4 米,面向西南,刻经隶书,13 行,行 7 字,字径 12—15 厘米,所刻经文为《大般若经》曰:

内空,外空,内外空,空空,大空,第一义空。有为空,无为空,毕竟空,无始空,散空,性空,诸法空,自法空,无法空,有法空,无法有法空。

题记:冠军将军、梁父县令王子椿造,椿息道升、道昂、道昱、道徇、僧真共造。王世贵。中正胡宾,武平元年。经石东面一大石上依次刻有:弥勒佛,阿弥陀佛,观世音佛,大空王佛四佛名,1972年被毁,有拓两张现存台北傅斯年图书馆。

另一刻经位于光化寺东南三里梁父山(又称映佛山、迎佛山)巅映佛岩南面。刻面石质花岗岩,高8米,宽5米,面向西南。刻面高1.35米,宽3.4米,隶书,14行,行7字,字径20厘米。经文为《般若波罗蜜经》。经文曰:

> 文殊师利白佛言:世尊何故名般若波罗蜜? 佛言:般若波罗蜜无边、无际、无名、无相、非思量、无归依、无洲渚,无犯、无福、无晦、无明、如法界,无有分齐,亦无限数,是名般若波罗蜜,亦名菩萨摩诃萨行处。非行、非不行,处悉入一乘,名非行处。何以故? 无念,无作故。

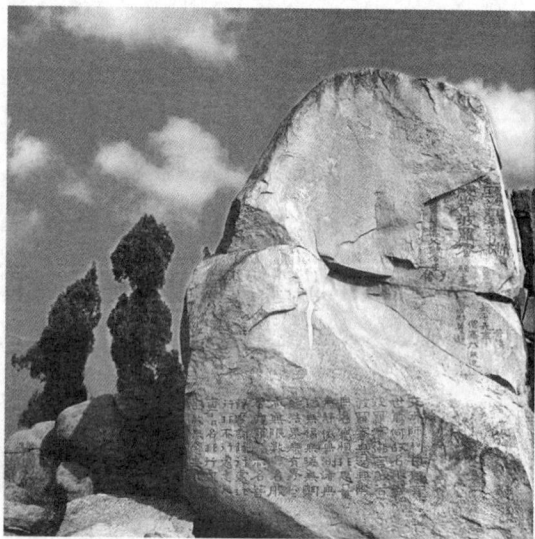

般若波罗蜜经石刻

经文右上角刻有经头和题记:般若波罗蜜经主冠军将军梁父县令王子椿。普憙,武平元年,僧齐大众造,维那慧游。

从两刻经落款看,经主王子椿除任梁父县令外,另一官职为"冠军将军",该官职名始于秦末,魏晋沿置。"中正"一职,北齐也设,中正胡宾应是王子椿的属官,掌将本郡(县)士族依家世与本人才德划分一至九品九个等级,并写出"品"与"状",作为上级委任官职的依据之一。有学者认为此人是辅助经主完成刻经事业,并书写了经文。至于"王世贵"可能是经文的镌刻工匠。又知,王子椿不仅自己崇佛,其亲生子道升等四人也都是佛教徒。梁父山刻经落款除经主外,其他人名或是造经之僧名。

徂徕山东南麓现存两处刻经,以隶书书写,端庄严谨,刚劲有力,如行云流水,为后人留下了弥足珍贵的佛教文化遗产和当时的书体风格。但刻经内容与通行本的佛经相比较有些差别。如巨石经文首刻"大般若经曰",其所指是《大品般若经》,即鸠摩罗什所译27卷《文殊师利所说摩诃般若波罗蜜经》。所刻经文之"自法空",通行经文为"自相空"。又如,梁父巅映佛崖所刻"般若波罗蜜经",正名为"文殊般若经"。这些欠规范之处,说明经主等信众是民间的佛教居士,但从两经所留经主等信众名讳数量,充分显示出佛教在当时的盛况,今新泰西部先人中信佛人数之众,笃信教徒之虔诚,研究佛经之深刻,雕凿佛经艺术之精湛,前所未有。从两处刻经欠规范分析,两处刻经并非僧人安道壹所书。

泰山经石峪刻经时间,郭沫若先生等学者以为大约经石峪刻经与徂徕山两处刻经是同一时期的产物。不会早于北齐,世人誉经石峪刻经为"大字鼻祖""榜书之宗"。泰峰诸山南北朝时期的刻经还有若干,不再赘述。

上述数例足以证明,魏晋南北朝时期泰山一带佛教发展十分迅速、兴盛,成为山东乃至全国佛教的一个传播中心。

二、佛教在新泰的初传与泰山羊氏密切关联

今新泰一域,西汉置东平阳县、梁父(甫)县、柴县三县,东汉省东平阳县、柴县。两县并省后并入何县,史无明载,莫衷一是,众说不一。西晋泰始年间,羊祜取新甫山、泰山之首字,表改东平阳县故地置新泰县,新泰之名,沿用至今。新泰,历史上多隶属泰山郡。梁父县治在今天宝镇古城村,自古就有泰山梁父之称。今新泰市地域即含汉置东平阳县及梁父县、柴县(大部)三县地域,在文化方面始终属泰山文化圈。泰山是魏晋南北朝时期的佛教中心,泰山佛教的传播不会不波及到今新泰及周边地区。佛教何时传入新泰,史无明载,志无详证。但是,自东汉至魏晋,簪缨之家泰山羊氏聚居新泰羊流,必对佛教在新泰的传播产生莫大影响。

东汉末年佛教传入山东后,作为一种舶来品,一种新生事物,不会大规模地在民众当中传播,只能在皇室和上层统治阶级及士大夫阶层中传播。东汉至魏晋,泰山羊氏中不乏俸禄二千石的达官显贵、社会上层官僚。他们又多与皇室及外族名门联姻,与社会上层人物联系广,接触多,消息灵通。泰山羊氏族人中的士大夫阶层正符合接触佛教的条件。他们早于普通民众接触佛教无不可能。所以说,佛教在新泰传播与名门羊氏有密切关联,也是其他家族可望而不可及的。

泰山羊氏中士大夫阶层的思想信仰与佛教有密切关联的最好例证是《晋书·羊祜传》中五岁的羊祜探金环的遗事:五岁的羊祜,有一天突然让乳母取所弄金环。乳母说:"您先前没有什么金环啊。"羊祜便让乳母到邻居李氏东墙院内桑树中探得之。主人十分吃惊地说:"此吾亡儿所失物也。你是如何持去!"乳母便如实相告之,李氏十分悲惋。当时人们感到此事奇怪,认为李氏子则是羊祜之前身也。《羊祜传》中所载这一故事,并非《晋书》作者空穴来风,与佛典中鹤勒那尊者故事基本一致,此乃佛教中的生死轮回观念显然再现,并依附于羊祜身上。羊祜成年之后是否信奉佛教,史无明载,但说明羊祜先辈、或说该家族中,在羊祜孩提时的魏晋之时就受到了佛教的影响,或说有人开始信仰佛教。故可以为,佛教传入新泰与泰山羊氏的上述影响密切相关。羊祜探金环的传说,也是佛教传入新泰有据可查的最早传说。

三、泰山羊氏族人的崇佛及羊门二名尼

魏晋南北朝时期是中国历史上继战国以后又一个割据混乱的时代,兵燹战乱,生灵涂炭,人们的思想纷繁复杂,但显得十分活跃。这一时期佛经大量翻译,佛教义理深入人心,上自帝王,下至百姓,无不以礼佛为先。北朝诸帝好佛,为佛教的传播创造了社会环境和条件。加之以前占统治地位的儒学僵化,今文经学走到了穷途末路,让舶来品佛教传播钻了空子,提供了大好时机,促使社会玄佛盛行。在上述形势下,泰山羊氏中的某些人不可避免会受社会大形势的影响信仰佛教。

1. 泰山羊氏男性中的佛教信仰。《晋书·羊祜传》载:"祜所著文章及为《老子传》并行於世。"这一信息说明羊祜对老子之学感兴趣并颇有研究,造诣较深。关于他幼年探金环的故事,并不能证明羊祜成年后信奉佛教。但友人李光星先生搜得王国良《冥祥记研究》一书,书中有羊祜资助武当寺的记载:

> 祜后为荆州都督,镇襄阳,经给武当寺殊余精舍,或问其故,祜默然。后因忏悔,叙说因果。乃曰:"前身承有诸罪,赖造此寺,故获申济,所以使供养之情偏殷勤,重也。"

《冥祥记》是南朝齐人王琰所撰,多记佛像瑞福、因果报应诸事,上述记载不会是作者杜撰。羊祜"经给武当寺殊余精舍"只能说他有资助建武当寺的经历,与佛教有涉,证明羊祜信奉佛教,尚需进一步研究。光星君治学广博,当备一说。当然,也不排除羊祜可能是位崇佛而不敬佛、礼佛而不拜佛的真居士。

羊欣一生"好黄老之学",与琅琊王氏家族关系密切,受王献之等人的影响较深。琅琊王氏家族崇佛,又有不少遵从佛教释老的言论,羊欣受其感染,当亦影响较大。有人可以同时研究佛道之学,很少有人同时信仰两种宗教,但是,羊欣在其玄佛道盛行的年代,他的思想融合三者也无不可能。

羊氏族人中真正信奉佛教,并精研佛典之人当属羊烈,他是位精研佛典的大家。《羊烈墓志》载:"入老室以炼神,安庄领以全补,睿若冲壑,豫若涉川,遂诠佛道七十余卷。"《北齐书·羊烈传》赞其"能言名理,以玄学知名"。他注的佛道二经"仍似公纪作释玄之论,昭晋无已;辅嗣著指例之篇,肸响不息"(《羊烈墓志》)。意谓羊烈所注佛道,可与东汉末年陆绩(字公纪)所注《太玄经注》《易经》及著名的玄学大家王弼所注《老子指略》等篇相比肩,其所引起的声响振动不息。当魏晋之时至南北朝译经高僧甚众,某些高僧专以佛教哲理讲经布道,而世俗中的士人或说居士能著述佛道经卷者不多见。羊烈能为

之,可谓凤毛龙甲。除此,《羊烈墓志》载,他尤为"四知"①;能清除"三或(惑)"②。可见羊烈无论当佛教徒,还是做官,以当今话说,思想境界很高,精神世界无瑕,又见他精研佛学精深,成就不凡。

泰山周边刻经颇多,书经者不乏泰山羊氏族人。如汶上刻经经主有羊锺(中)、羊善、羊万岁、羊用等人。其中,羊锺名声较大。还有一些属名羊氏者非泰山羊氏族人莫属,是北朝羊氏族人崇佛的佐证。

2. 羊门二名尼及羊门女性中的佛教信徒。泰山羊氏中的女性不乏礼佛崇佛者。比丘尼中当属东晋竺道馨和南朝宋、梁僧念与昙睿最为知名。《比丘尼传》卷一《洛阳城东寺道馨尼传》载:"竺道馨(?—约368),本姓羊,泰山人(今新泰人),志性专谨,与物无忤。沙弥时,常为众使口恒诵经。及年二十,诵《法华》《维摩》等经。具戒后,研求理味,蔬食苦节,弥老弥至,住洛阳东寺。雅能清淡,尤善小品,贵在理通,不事辞辩,一州道学所共师宗。比丘尼讲经,馨其始也。"《佛祖统记》卷三十六《法运通塞志》谓:"尼道馨,为众说《法华》《维摩》听者如市。"《大宋僧史略》卷上称道馨"为一方道学所宗""乃后世尼讲经之始"。中国比丘尼诵经,自竺道馨始。他首开女子讲经之先河,其影响极其深远。据《比丘尼传》载,晋废帝太和年间(366—370),京都洛阳有一女子杨令辩,笃信黄老,专行服气,可能是神仙方士一流人物,先时人们亦多敬事,及竺道馨居洛阳,其术渐渐被人遗忘,因此对竺道馨十分嫉恨,于是设法将其毒死。一代名尼就因名气大而死在了方士女之手。虽说为竺道馨作《传》者,为崇佛抑制道,意在宣传佛教之威力,其事原委已不可考,而其事则说明佛、道或佛教与中国本土文化之间的矛盾和斗争在当时是十分激烈的(安作璋、王志民主编《齐鲁文化通史·魏晋南北朝卷》第288—289页,中华书局,2004年版。)

羊门另一名尼是僧念(414—504)。《比丘尼传·禅林寺僧念尼传》载,僧念,本姓羊,泰山南城(即今新泰)人。父羊弥,任过州从事吏。僧念是招提寺昙睿法师之姑母。她圭璋(指品德高尚)早秀,才监明达,立德幼年,十岁出家,为法护名尼弟子,从师住太后寺。贞节苦心,禅思精密,博涉多通,文义兼美。蔬食礼忏(礼忏,佛教用语。谓礼拜佛菩萨,诵念经文,以忏悔所造之罪恶。通称拜忏),老而弥笃,诵《法华经》日夜七遍。南朝宋文帝、宋武帝二帝常加资给。南朝齐永明(483—493)中(一说永明十年〔492〕)移住禅林

① 四知:四知,佛教用语。一"天知",是说人一念心起,天已知;二"地知",谓人一念心起,地已知;三"傍人知",人于隐蔽之处作善作恶,自以为无人知,而不知傍人已知;四"自知",心欲作善作恶,傍人虽不知,自以为已先知。

② 三惑:"三惑"之一解,即天台宗把妄惑归为"见思惑""尘沙惑""无明惑",又可认为是佛教中三毒的另称,即贪欲、嗔恚、愚痴。佛教谓烦恼为"惑"。

寺,禅范大隆咨学者众多。司徒竟陵王萧子良四时供养。年九十,于梁天监三年(504)卒,葬秣陵县(今南京市)中兴里内。

僧念德高望众,圭璋早秀,一生禅思精密,寿高九十,是中国佛教史上少有的寿高僧尼。按其卒年推算,她应生于公元414年,即东晋义熙十年。十岁出家时,已是南朝刘宋元嘉元年。她一生历东晋、南朝刘宋、南齐、萧梁四朝,在泰山羊氏族人是有史可查的第二位高寿者(另一位是羊玄保),正可谓"仁者寿"。

僧念本家侄女昙睿法师,住招提寺,也应是一代名尼,只惜史料太少,其一生事迹概莫能知。

泰山羊氏女性族人中大概还有僧尼若干,只是不显于世而已。竺道馨、僧念二尼,名垂史册,羊氏之幸,也是新泰人之幸矣。她们为后世留下这份遗产十分珍贵,在佛教史上也是罕见的。

泰山羊氏女性族人中崇佛礼佛者在南北朝时期还有不少。羊祉夫人崔神妃即是一虔诚佛教徒。《羊祉夫人墓志》中有"韦提多福,护斯□子""九鼎难炼,六轮□□"等佛教用语。其中"韦提"是《观无量寿经》中的人物,即韦提命,又名毗提希。她是印度摩羯国频婆罗王的王后。她听了释迦佛的说教后厌离尘世,往生净土。《墓志》中所载上文,第一句其意是她祈求韦提赐福,护佑其子和家人。第二句中的"六轮",亦佛教名词,即"六道轮回",原意为"流转",为婆罗门教主要教义之一。"六轮",意谓祈求佛解除人世间的痛苦。

羊烈不仅自己深研佛教教理教义,笃信佛教,而且提倡族人中的女眷披缁修行。《北齐书·羊烈传》载:"烈家传素业,闺门修饰,为世所称,一门女不再醮。魏太和中,于兖州造一尼寺,女寡居无子者并出家为尼,咸存戒行。"北魏太武帝拓跋焘曾一度灭佛,但时间很短,太武帝死后,文成帝拓跋濬(452—465年在位)曾下诏兴佛。至孝文帝元宏太和年间(477—499),佛教有了很大发展,建寺造像,开凿石窟蔚然成风。在此大形势下,羊氏族人中崇佛者可以家族实力,积极参与当地的佛事活动。羊烈可在兖州修建尼寺,让女寡出家为尼。由此可知,当时羊族中的女寡无子出家为尼者不会太少,不然不会单独造寺。

在羊烈于兖州造寺的同一时期,羊氏族人羊银光造石质佛像一尊,于1983年在光化寺遗址被新泰市文物部门发掘。整尊佛像"一佛二菩萨",为背屏式一铺三尊像。正面主佛像高60厘米,但头部残,疑似释迦佛跣足立于莲花座上,佛两侧侍立菩萨各一,各持莲蕾、净瓶。

佛像背面铭文曰:"□□□和三年四月,壬寅朔八日乙酉,清信女佛弟子羊银光造像一躯,所愿从心。"由于铭文首行三字残缺,故未知造像年代。结合造像风格,与之相符的

羊银光造像　　　　　　　　　　　羊银光造像题记拓片

有北魏太和、东魏兴和两个年号,铭文中所纪年月、干支完全吻合的是东魏兴和三年
(541)。据专家分析这尊造像是现存最早的四种北魏到东魏造像之一。同类作品大多庋
藏于海内外专门机构或博物馆。整体造像从服饰看是汉化了的佛像穿戴。羊银光造像
无疑亦是羊氏女眷信佛崇佛的最好佐证,由此可知北朝泰山羊氏中女性崇佛的普遍性。

　　泰山羊氏族人无论男女的崇佛礼佛者,其对佛虔诚的目的主要是修德求功,求佛赐
福,护佑家人和自身,同时也是信仰的力量,使其不舍身家、财产去弘扬佛教教义。

　　主要参考书目:赖非《齐鲁摩崖石刻》、江心力《齐鲁佛教史话》,均为山东文艺出版
社,2004 年版;张勇《新泰徂徕山摩崖经刍议》,载《泰安文史》,2016 年第 2 期。

　　【中编拾零】羊氏人物补录(羊迈、羊锺、羊晰、羊惜及乡郡诸羊氏)

　　本编所记泰山羊氏人物多数在历史典籍中留有传记,还有的羊氏人物无传记但散落
在各朝历史典籍、方志、碑刻及其它载体中,可单独成篇。但有的人物只可见只言片语很
难单独成文,今将这些人物记于后,拾零补录。

　　例如:《晋书·刘牢之传》:"(刘牢之)进戍彭城,复领太守。祆贼刘黎僭尊号于皇
丘,牢之讨灭之。苻坚将张遇遣兵击破金乡,围太(泰)山太守羊迈,牢之遣参军向钦之击

走之。"这则史料告诉我们,羊迈任泰山太守是在东晋孝武帝司马曜太元末年。按《晋书·天文志下》"苻坚将张遇(《孝武帝纪》作张愿,《天文志》作张道)破金乡(《天文志》作"合乡"),围泰山,向钦之击走之"是在太元十四年(389)三月。说明此时羊迈正任东晋朝泰山太守。又《晋书·孝武帝纪》太元十一年(386)三月,"太山太守张遇以郡叛,降于翟辽。"说明羊迈任泰山太守是在太元十一年三月以后。《孝武帝纪》还载,十五年(390)春正月,龙骧军刘牢之及翟辽、张遇战于泰山。八月,龙骧将军朱序攻翟辽(又作翟阳)于滑台,大败之,张遇来降。这些史料说明,羊迈是在太元十一年以后任泰山太守的,至十五年仍在任上。羊迈何时离任及其他信息则不得而知。又,羊迈的这些信息说明,羊曼南渡后,留在乡郡的泰山羊氏仍活跃在历史舞台。泰山羊氏庞大家族中的若干支系仍固守乡郡坚守自存。南渡者大概只是与司马氏关系密切的支脉。

另外,泰安博物馆副研究员温兆金曾撰文考证出泰山经石峪刻经的书写者即"泰山羊钟"(《泰山学院学报》2016年第2期载李志刚、韩伟《山东社科论坛:泰山区域历史文化资源开发与利用研讨会》综述)。又据周郢《羊姓史话》(江西人民出版社,2001年版,第76页)所记山东汶上水牛山《文殊般若碑》经主为羊姓人物。他据宣统《再续汶上县志·古迹志》记载:"太白山巅文殊碑,俗称钟繇书,非也。光绪初年碑亭倒塌,于经侧露题名一行,云:'经主卫立将军东阳平太守羊中(应为钟)、羊用,奉朝请羊叔子书。'然此石佛经为晋羊祜也。(汶上)地去泰安羊流店叔子故里百里而近,理亦或然。"《再续汶上县志》所云羊祜书经当不可信,也无"卫立将军"之封爵。但据碑侧残存文字:"经主□威将军兖州东阳平太守羊锺、郡□曹□□邑人奉朝请羊善,邑人羊万岁"等诸题名(见《羊姓史话》第76页),该处刻经应是羊锺等人所为。

上文说到羊锺、羊善、羊万岁均为羊氏崇佛、信佛者,特别是羊锺在北朝当有较高知名度。其任所东阳平郡,北魏、东魏均属兖州,同属者还有泰山、鲁、高平、任城、东平五郡。至北齐所辖政区之兖州、西兖州、南兖州皆不辖东阳平郡(《中国历代政区治革》,河北教育出版社,1996年版),或已撤销东阳平郡治。有学者认为羊锺曾任"义州五城上郡"太守。经查"五城"又称"伍城",之所属亦十分繁杂:北魏属汾州;东魏分属过晋州、汾州,北周废;北齐分属过北义州、晋州、汾州。北齐还曾将五城郡改为伍城县,治今河南卫辉市。由上所知羊锺大体生活在北魏末季至隋。还有人认为"僧安道壹"就是羊锺。其主要活动区及刻经区在东平湖北岸诸山至汶上宁阳神童山一带。羊锺的书法成就在北朝占有重要一席,影响较大,也是泰山羊氏在北朝立足本郡的重要成员。

再如,泰山羊氏族人中有悬壶济世者。除上文所记羊欣等人外,南北朝有"精专医道,以药济人"的羊晰(明天启增补版《新泰县志·人物》)。还有逃尘物外,耽寂空门,弃世遗荣,逍遥自在的佛、道信徒,明天启《新泰县志·仙释》(增补版)所载羊愔就是其中之一。《县志》载(南北朝)羊愔以明经(科举科目之一,唐代以经义取者为明经)授括苍(治今浙江丽水市东南七里古城村)尉,遂隐于括苍山(按《新唐书·地理志》处州丽水县"有括苍山",即此),梦遇云英得仙。后入委羽山,人莫知所终。明天启《新泰县志》所载这位仙人羊愔,是唐会昌(841—846)年间的进士,迁于浙江,即后来的浙江羊姓中最为著名的缙云羊氏。缙云羊氏自称是出自羊续、羊祜的后人。据明成化二十二年(1486)所修缙云《皿川羊氏宗谱》卷一载:"汉有南阳太守续,晋有荆州太傅祜,丰功盛烈,史册炳耀,不能不叹息而歆艳也。处之五云皿川羊氏,实为其裔。皿川之先,唐武宗时有讳愔者,自嘉州夹江(治今四川夹江县)尉来迁,为始祖。代不乏人。"皿川居邑东偏,诸山环绕,一水萦回,一方之胜地,钟灵靡穷,存灵秀之气。羊愔喜欢皿川山水之胜,遂卜居于此。故康熙二十四年(1685)《重修羊氏宗谱序》(缙云《皿川羊氏宗谱》卷一)中直言"至唐有侍御史(羊)鹗,世居泰山平阳。其第三子讳愔者,以明经擢第,为嘉州夹江尉,因避杨弁乱,入括(苍),始迁居缙云之皿川。"《县志》所记虽与《皿川羊氏谱》所记有异,但上述《羊氏》谱所记为详,知羊愔父羊鹗"世居泰山平阳",乃弥补了《县志》之阙。由此证明浙江缙云羊氏,出自泰山羊氏,两者关系十分明确。就是这位唐朝末季的夹江县尉,在《续仙传》中却成了仙人。《续仙传》载:羊愔性情沉静,薄于世荣,常慕道术。他罢官之后前往浙江缙云(传说缙云是黄帝升仙的地方)隐于括苍山。相传有一日,他与道士饮于阮郎亭,忽而倒地如死一样,七天后方醒。醒来自言遇到大茅君等仙官,邀他进入洞府,赠其青灵芝食之。并对他说:"子有仙骨,未得飞升,宜在地上修炼。"羊愔从此辟谷,只饮水饮酒,采食百合,渐觉身轻骨鸣,日行数百里,后进入委羽山(在今浙江台州市南黄岩区。《方舆纪要》卷92 黄岩县:委羽山,"道书以为天下第二洞天"),自此不复见于人世。《新泰县志》大概只记羊愔成仙之说,未记其他。这位羊愔成缙云羊氏之始祖是真,而入委羽山成仙虽非信史,但反映出泰山羊氏有人奉道,且影响不可小视的事实。

唐代除羊愔奉道外,唐人羊参微有道教著述传世,其《金丹金碧潜通诀》是仅存的一部羊氏研道之作。然而,这位羊参微是否出自泰山羊族,不得而知。

类似唐代之浙江羊氏,湖南邵阳羊氏亦源出泰山。邵阳羊氏又迁四川,后成望族。又有浙江、江苏羊氏乃南迁羊族之后裔。如唐代诗人羊昭业、羊滔系出泰山流寓吴(今苏州),称家于吴。羊士谔族出泰山,实居于洛阳。由此说明泰山羊氏,支脉繁盛,绿柯丛生,至唐末虽家族式微,但族人远播四方,英彦辈出,人杰不乏,乃至海外异域。

至唐末泰山故里羊氏族人除平阳有羊族聚居外,平阳周边之莱芜、泰安、费县、临沂、兖州等县市及临近省份如河北等省皆有羊族显世。泰山附近在武周之时有《小石桥碑》,碑文后"大像主""大施主"题名有羊选友、羊简贤、羊思恭、羊思福四人;唐代泰山"鸳鸯碑"之上有羊希复题名。以上均说明唐末泰山羊氏虽迁播四方,仍有族人坚守在乡郡。

中原地区羊氏也多出自泰山。因羊祜、羊琇等晋臣在洛阳为官,卒后葬于洛阳,至隋羊本等卒后亦归葬洛阳,洛阳定有羊族聚居地和墓地。故可说明自晋羊祜、羊琇之后裔就有羊氏族人视洛阳为故乡,除以上所记羊士谔一支之外,清末洛阳出土了一方隋朝的《羊玮墓志》。羊玮自称为"汝南汝阳人"。据清咸丰六年(1856)汝南《羊氏族谱·序》,自称"汝南羊氏,肇自典午"("典午"是"司马"的隐语),系出羊祜之后。按《羊玮墓志》,隋以前羊氏即居汝南。羊玮卒后葬于洛阳。至明初又有自江苏淮安迁汝南者。而乾隆丁酉(乾隆四十二年,1777年)淮安《羊宗史志》卷首认为淮安羊氏源自洛阳安东乡。据此可认为洛阳安东乡可视为泰山羊氏的聚居区。又据《羊祉墓志》,至北魏羊氏居于洛阳城徽文里,这里是羊氏的又一聚居区。

综上所述,泰山羊氏汉晋以来聚居地分为三大区域,其一是泰山郡之区及其周边区域;二是以羊祜、羊琇等人落寄洛阳,洛阳有居所有墓地,为泰山羊氏迁播的第二大片区(这支族人又迁播在河南各地及四方);其三是晋元帝南迁,泰山羊氏以羊曼为代表的南迁族人。这部分族人后裔主要分布在江、浙乃至广州、湖南等地。至唐末泰山羊氏这一汉晋兴盛起来的簪缨大族已经营七百余年,族人分散,家势衰微,支脉繁衍大江南北。随朝代更迭,其中的文官武将,名臣循吏,诗人、墨客、贤良名士方可留名青史、方志碑刻、诗赋文籍;无名之辈,士庶俗人,素门凡流,何以为计。又有多少羊氏族人流徙海外,播迁异域更不得而知。

宋元以后,泰山羊氏支脉繁盛,虽然羊氏人才辈出,然而除非典籍、文献载明出自泰山羊氏或碑刻、墓志、族谱明确指出出自泰山羊氏,其他已很难辨别其族根出自何方。宋元以后的泰山羊氏族人中知名者已是凤毛麟角,故本书只好写到唐末的泰山羊族名士。

泰山羊氏之祖居地今新泰及其周边,宋元以后亦少有名人显于世,但族人并未中绝,然支派已不可查。从新泰地名来看,如羊流、南羊流、前羊村、后羊村、东羊舍、西羊舍,似乎应有羊姓者,然这些村庄已无羊姓。如南羊流及羊流周边杨姓者,有人认为为羊氏后裔。现只有新泰岳家庄南杨庄有羊姓二百余人。除新泰域内,域外周边虽有羊姓,但人数亦不多。如泰安市岱岳区北集坡一带即有羊姓族人,据其谱碑,始祖为羊显之,系明代由新泰羊村迁至北集坡,今已传十余世。另有济南遥墙一带也有一支羊氏族人。这些族人虽支派不可考,仍可知是泰山羊氏的直系传人。

今日之羊姓族人遍布四海,有志者"不忘祖德,不舍亲谊",致力于羊姓名人文化、羊姓家族文化等方面的研究,亦有学者不舍羊姓文化之兴,著书立说,挖掘泰山羊氏先世嘉言懿行,碑刻谱牒,不断丰富着羊姓文化。

(本节有些内容参阅了周郢《羊姓史话》〔江西人民出版社,2001年版〕有关章节)

【注】隋唐之际新泰先后隶属琅琊郡、沂州,又属莒州、沂州。唐代蒙阴县省入新泰,

新泰版图东移,而今西部数乡镇则属兖州。隋唐之际新泰区划相对复杂,加之隋唐距今年代久远,至今未见典籍及方志(包括明、清《新泰县志》及泰安、泗水、莱芜县志)载有除泰山羊氏族人以外的新泰籍名士,实乃遗憾。典籍、方志不载,不等于隋唐之际新泰无贤达名士,只是尚未发现或查寻不够的问题。如第三次全国文物普查,文物部门即查得今龙廷将军堂村内西北角有唐代名人墓,现存碑刻两通。墓碑阴刻楷书"韩将军之墓"。碑两侧阴刻上联曰:英雄气概传千秋;下联曰:豪杰功勋继万年。文物工作者调查认为,韩将军为唐代人,只惜碑刻记载不详,只知其姓,不知其名讳,更无法知其生平事迹。借此记之,以填空白之憾。

附 表

一、泰山羊氏世系表

表1:羊侵至羊规之辈共十世

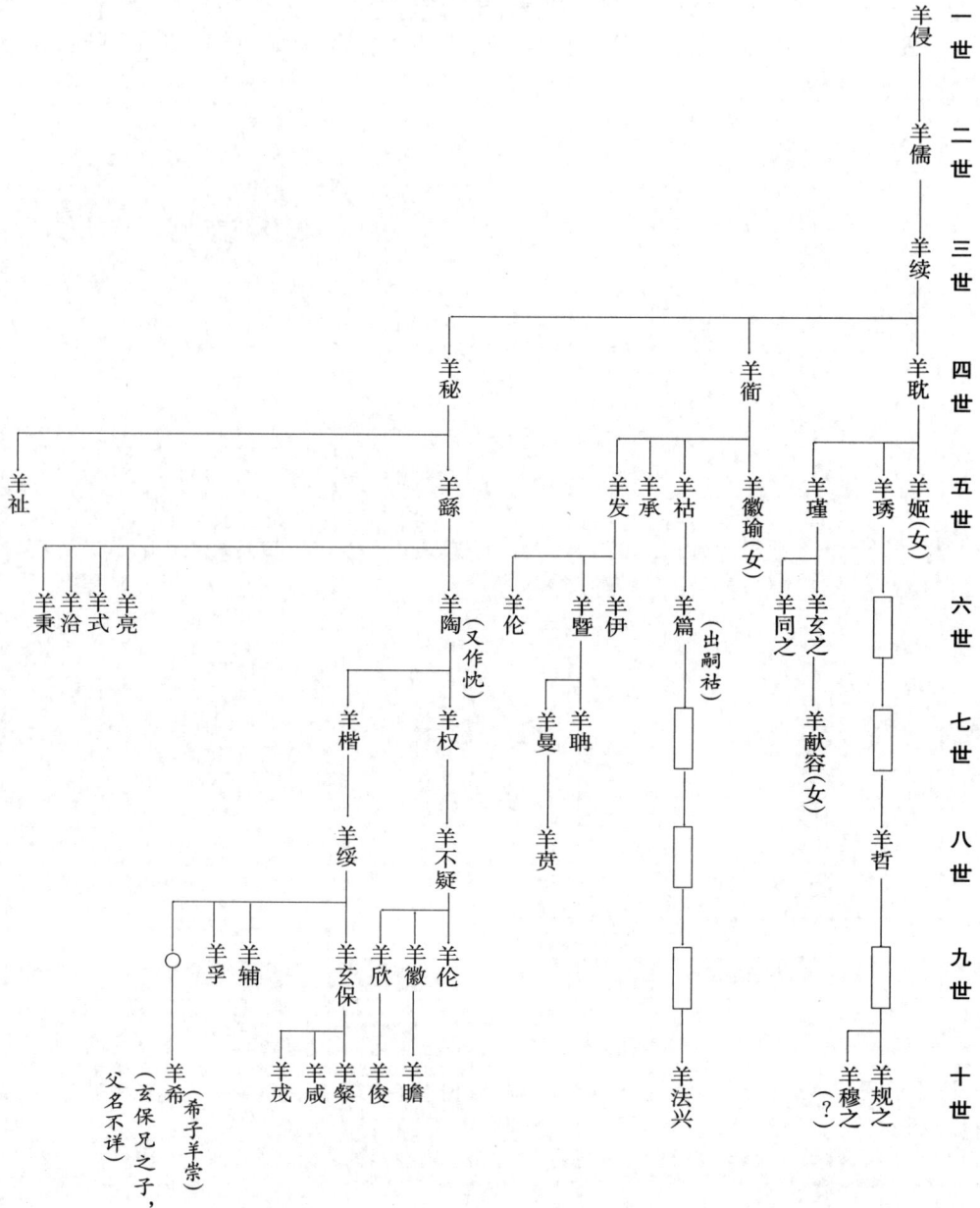

世代：一世　二世　三世　四世　五世　六世　七世　八世　九世　十世

一世：羊侵

二世：羊儒

三世：羊续

四世：羊秘　羊衜　羊耽

五世：羊祉　羊繇　羊发　羊承　羊祜　羊徽瑜（女）　羊瑾　羊琇　羊姬（女）

六世：羊秉　羊洽　羊式　羊亮　羊陶（又作忱）　羊伦　羊暨　羊伊　羊篇（出嗣祜）　羊玄之　羊同之

七世：羊楷　羊权　羊聘　羊曼　羊献容（女）　羊哲

八世：羊绥　羊不疑　羊贲

九世：○（父名不详）　羊孚　羊辅　羊玄保　羊欣　羊徽　羊伦

十世：羊希（希子羊崇）（玄保兄之子，父名不详）　羊戎　羊咸　羊粲　羊俊　羊瞻　羊法兴　羊穆之　羊规之（?）

表2：羊规之至羊本辈共五世

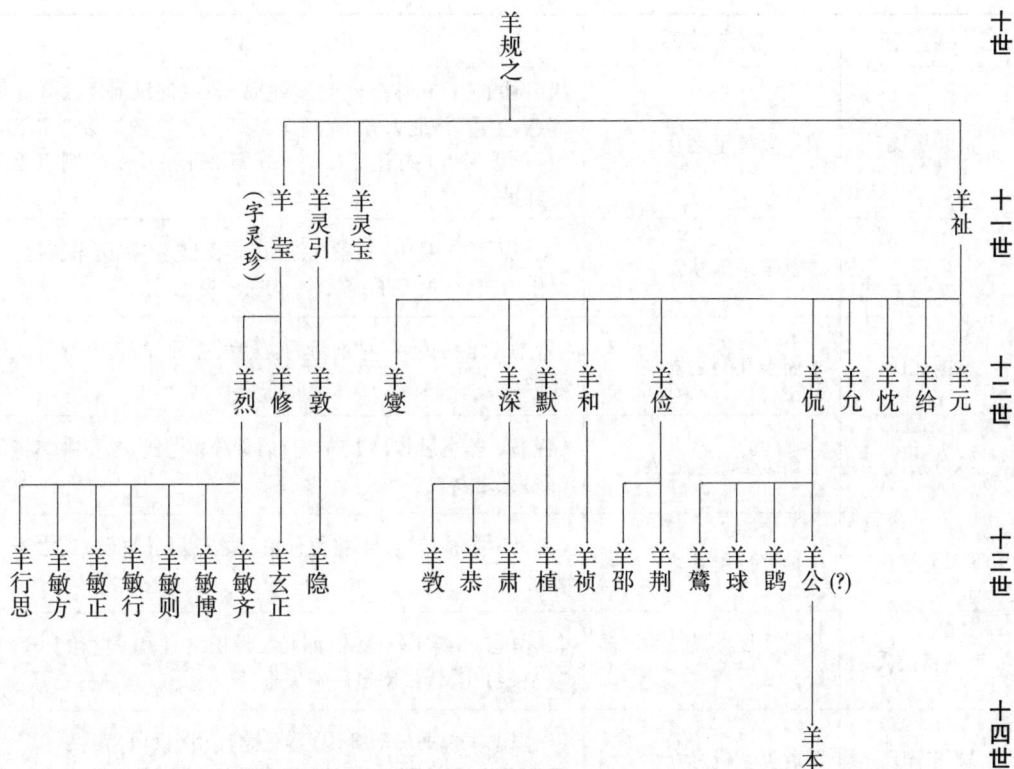

```
十世                                                    羊规之

十一世      （字灵珍）羊莹  羊灵引  羊灵宝                              羊祉

十二世    羊烈 羊修 羊敦    羊燮      羊深 羊默 羊和 羊俭      羊侃 羊允 羊忱 羊给 羊元

十三世  羊 羊 羊 羊 羊 羊 羊 羊 羊      羊 羊 羊 羊 羊 羊 羊 羊 羊 羊 羊(?)
        行 敏 敏 敏 敏 敏 玄 隐      敦 恭 肃 植 祯 邵 荆 骛 球 鸥 公
        思 方 正 行 则 博 齐 正              戬
                则  齐

十四世                                                羊本
```

注：《羊祉墓志》载，祉有女：□姿、显姿、景姿、华姿、淑姿。《羊深夫人墓志》载，深有女：仲猗、繁猗、繁瑶、幼怜。《羊烈墓志》载，烈有女：樊辉、静□、静则、静安、静德、静质等。又据《晋书·后妃上·文明王皇后》：司马昭之妻，即文明王皇后，其母为兰陵景侯（王肃）夫人羊氏，这位羊氏女应与羊衜同辈。此羊氏女即晋武帝司马炎之外婆。

表3：泰山羊氏别族世系表

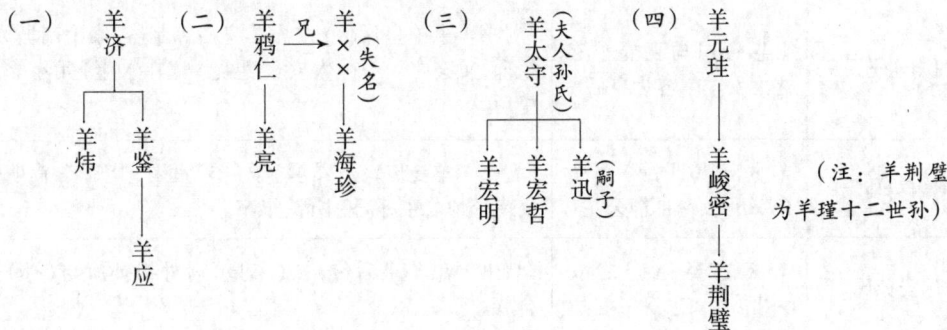

```
（一）  羊济            （二）  羊鸦仁   兄→ 羊××（失名）   （三）  羊太守（夫人孙氏）   （四）  羊元珪

      羊炜  羊鉴              羊亮  →  羊海珍      羊宏明  羊宏哲  羊迅（嗣子）        羊峻密

           羊应                                                                  羊荆璧
```

（注：羊荆璧为羊瑾十二世孙）

二、泰山羊氏联姻表

联姻家族	姻亲关系	出　处
济北星氏	羊续娶星重之女	唐·林宝《元和姓纂》卷五"蛇邱"条："河汉河内太守蛇邱惑,生重,济北太守,女适羊续。"又,《广韵》"星"字下引《羊氏家传》："南阳太守羊续娶济北星重女。"则以重为姓星。
乐氏	羊繇娶乐国桢女	《世说新语·赏誉》刘孝标注引《羊氏谱》："繇历车骑掾,娶乐国祯女,生五子:秉、洽、式、亮、悦也。"
鲁国孔氏	羊衜娶孔融之女	《晋书·羊祜传》："祜前母,孔融女,生兄发,官至都督淮北护军。"
陈留蔡氏	羊衜续娶蔡邕之女	《晋书·羊皇后传》："(羊皇)后母陈留蔡氏,汉左中郎将(蔡)邕之女也。"
谯国夏侯氏	羊祜娶夏侯霸之女	《晋书·羊祜传》："郡将夏侯威异之,以兄(夏侯)霸之子妻之。"
谯国夏侯氏	夏侯庄娶羊耽之女(羊姬)	《三国志·魏书·夏侯渊传》裴松之注引《世语》曰:"(夏侯)庄,晋景阳皇后妹夫也。"
颍川辛氏	羊耽娶辛毗之女	《三国志·魏书·辛毗传》裴松之注引《世语》曰:"(辛)毗女宪英,适太常羊耽。"又见《晋书·列女传》。
东海王氏	泰山羊氏女嫁王肃为妻	《晋书·后妃·文明王皇后传》："帝(司马炎)以(文明王皇后)母羊氏未崇谥号,泰始三年下诏(追谥为平阳靖君)。"注:文明王皇后,即司马炎之母,文明王皇后之母羊氏为司马炎之外婆。
河内司马氏	羊祜之胞姐嫁司马师为妻	《晋书·景献羊皇后传》："景献羊皇后,讳徽瑜,……父衜,上党太守。"《晋书·羊祜传》："祜,蔡邕外孙,景献皇后同产弟。"
河内司马氏	晋惠帝司马衷娶羊玄之之女羊献容为皇后	《晋书·惠羊皇后传》："惠羊皇后讳献容,泰山南城人,祖瑾,父玄之。……太安(《惠纪》记在永康)元年立为皇后。"
河内司马氏	羊贲,尚(匹配)明帝(讳绍)女南郡悼公主	《晋书·羊曼传》："(羊曼)子(羊)贲嗣,少知名,尚明帝女南郡悼公主,除秘书郎,早卒。"
乐安孙氏	羊玄之娶孙旂之女为妻	《晋书·惠羊皇后传》："(羊皇)后外祖孙旂与(孙)秀合族。"
琅邪王氏	王乂娶泰山羊氏女	《晋书·羊祜传》："从甥王衍尝诣(羊)祜陈事,辞甚俊辩。祜不然之,衍拂衣而起。"

联姻家族	姻亲关系	出　处
琅琊王氏	王基(王敦之父)娶羊济(羊鉴之父)之女	《晋书·羊鉴传》:"及王敦后,明帝以(羊)鉴敦舅,又素相亲党,微被嫌责。"
琅琊王氏	羊辅(羊孚弟)娶王讷之之女	《世说新语·文学》:"羊孚弟娶王永言女,及王家见婿,孚送弟俱往。"
陈郡谢氏	羊昙之父娶谢裒(谢安之父)之女为妻	《晋书·谢安传》:"(谢)安谓其甥羊昙曰:'以墅乞汝'。"
河内山氏	羊暨(羊曼之父)之女嫁于河内山氏	《晋书·羊曼传附弟羊聃传》:"琅琊太妃山氏,(羊)聃之甥也,入殿叩头请命。"
河内山氏	羊济娶河内山氏为妻	《晋书·羊鉴传》:"有司正(羊)鉴斩刑,元帝(司马睿)诏以鉴太妃外属,特免死,除名。"
琅琊诸葛氏	羊楷娶诸葛恢之女为妻	《世说新语·方正》:"诸葛恢次女适徐州刺史羊忱(即羊陶)儿(羊楷)。"又,刘孝标注:"《羊氏族谱》曰:'羊楷字道茂。祖繇,父忱,娶诸葛恢次女。'"
彭城刘氏	羊瞻之女入刘宋后宫为良娣	《宋书·后妃传》:"上更为太子置内职二等,曰保林,曰良娣。纳南中郎长史太山羊瞻女为良娣。"
兰陵萧氏	萧惠徽娶羊希之女	《宋书·羊玄保传附羊希传》:"希初请女夫镇北中兵参军萧惠徽为长史,带南海太守,太宗不许。"
彭城到氏	羊玄保之女嫁到洽	《南史·到彦之传附到洽传》:"(到)洽字茂松,清警有才学。父坦以洽无外家,乃求娶于羊玄保以为外氏。"
东莞臧氏	羊冲娶臧质之妹	《宋书·臧质传》:"(臧)质先以妹夫羊冲为武昌郡。"
匈奴人刘曜	刘曜立羊献容为皇后	《晋书·刘曜载记》:"(刘曜)迁都长安,起光世殿于前,紫光殿于后。立其妻羊氏(献容)为皇后。"
羯人侯氏	羊侃第三子羊鹍娶侯景之妹为小妻	《南史·羊侃传》:"(羊侃)第三子(羊)鹍字子鹏,随侃台内,城陷,窜于阳平。侯景以其妹为小妻,呼还待之甚厚,以为库真都督。"

联姻家族	姻亲关系	出　　处
洛阳长孙氏	羊烈娶长孙子彦之女长孙敬颜为妻	《羊烈夫人墓志》:"(羊烈)夫人长孙氏,讳敬颜,河南洛阳人……父子彦,仆射,司州牧。"
清河崔氏	羊规之娶清河崔氏女为妻	《羊祉墓志》:(羊祉母)"太夫人清河崔氏。"
清河崔氏	羊灵宝娶清河崔氏女为妻	《羊祉墓志》:"(羊祉)弟灵宝……妻清河崔氏。"
清河崔氏	羊祉娶崔平仲之女崔神妃为妻	《羊祉夫人墓志》:"夫人主讳神妃,清河东武城人……考平仲,齐度支尚书,东安府君之第二子……"
清河崔氏	羊深娶崔元容为妻	《羊深夫人墓志》:"(羊深)夫人崔讳元容,清河东武城人。"
荥阳郑氏	羊祉之女羊景姿嫁荥阳郑松年	《羊祉墓志》:"息女景姿,年卅,适荥阳郑松年,州主簿。"
安定皇甫氏	羊祉之子羊和娶安定皇甫氏女	《羊祉墓志》:"息和,字文憘,年卅七……;妻安定皇甫氏,父□,梁中散大夫。"
安定皇甫氏	羊祉之子羊侃娶安定皇甫冲之女	《羊祉墓志》:"息(羊)侃,年廿一,妻安定皇甫氏,父冲,平凉太守。"
天水赵氏	羊祉之女□姿嫁天水赵氏	《羊祉墓志》:"……姿年四十,适天水赵令胜,河北、河东二郡太守。"
彭城刘氏	羊深长女羊仲猗嫁彭城刘氏	《羊深夫人墓志》:"大女字仲猗,适彭城刘氏。"
顿丘李氏	羊深次女字繁猗嫁顿丘李氏	《羊深夫人墓志》:"第二女字繁猗适顿丘李氏。"
钜鹿魏氏	羊深第三女字繁瑶,嫁钜鹿魏氏	《羊深夫人墓志》:"第三女字繁瑶,适钜鹿魏氏。"
北海王氏	羊烈之女嫁北海王弘基	《羊烈夫人墓志》:"女静质,适北海王弘基。"
敦煌李氏	羊烈之女嫁敦煌李氏	《羊烈夫人墓志》:"女静德,适敦煌李□英。"
博陵崔氏	羊烈之子羊敏方娶博陵崔氏女	《羊烈夫人墓志》:"男(羊)敏方,妻博陵崔氏。"
赵郡李氏	羊烈之子羊敏行娶赵郡李氏	《羊烈夫人墓志》:"男(羊)敏行,妻赵郡李氏。"

下篇

宋金蒙元明清

下篇导语

下篇共辑录自北宋至晚清各朝新泰籍名士250余人,其中传主122人,传主亲属130余人,分5章40节来叙述。资料来自载于典籍的传主传记、墓志、碑刻、家谱及部分名士的文集等。明、清名士的传记、资料主要来自明代天启及清代编纂的《新泰县志》、民国《重修泰安县志》、清代《蒙阴县志》。

宋代新泰隶属沂州琅琊郡,《县志》所录人物资料少而简。而从奉议郎龚忠良和楼德人孙觏两方墓志,获得龚忠良祖孙事和孙觏祖孙事。孙觏之孙孙傅《宋史》有传,方使宋代新泰名士史料丰富了许多。金代历时较短,留有史料也不多,本篇只录有抗金名将石珪祖孙三人事和张祐、储进二位将军事。蒙元时期新泰两次并省,乡民相对减少,且受东平影响较大。此时时珍一族显于世,人物史料多采自今本时氏族谱。元代新泰知名者主要有光禄大夫羊流徐琛和元末学者孙甫及其子孙等。

明代新泰名士主要有龙廷人南京工部尚书崔文奎,乡贯为今放城的兵刑两部尚书萧大亨,今汶南果庄五世进士、父子翰林家族的礼部尚书、文学家、诗人公鼐,汶南杨庄人兵部尚书秦士文及今市区西西周人解元进士、交河、密云县令徐光前,泌阳知县李春芬。另有参与编纂新泰第一部县志的孙述,明末抗清义士张遇留二兄弟及部分知名乡贤。上述名士史料主要载于史籍、方志,显得明代名人文化十分丰富。有清一代,新泰位高权重的知名者十分匮乏。除进士沈毓寅赴任广西不久即为国捐躯和名噪三晋的清初逸民张相汉知名度稍高些外,其他多是工诗善文者,如李清濂、王青藜、冯清宇、郭璞山及卢运常、卢衍庆父子等。他们多是一生献身文化、教育事业,名扬一时,其文学成就却显示了新泰文化的繁荣。笔者校稿过程中,友人发现了今汶南籍清末进士秦淑赏,又为清代名士增色,本篇一并收录。另有部分义士、孝子、乡贤的德行、善意之举至今在乡间传颂,本篇也一一录之。

第一章 宋代新泰名士

按《宋史·地理志》，宋代新泰县属京东路（或京东东路）沂州琅琊郡。由于县域行政区划多变，加之时代久远，方志所留史料少且简，未见有知名人士史料传世。但是，地不爱宝，清咸丰年间，在今楼德镇（宋代为泗水县菟裘邑）出土孙觌墓志铭一方，泰安县、泗水县方志均有记载。由这一方墓志铭牵出其孙孙傅、孙亿。2009 年 1 月，今新泰市区青云街道安全村村西、原北宋末年龚家庄墓地出土龚忠良墓志一方，由此引出龚忠良儿孙辈数人，既可补新泰方志之阙，又使本章名士充盈，亦解笔者锁眉之苦，方能借"力"成章。

第一节 奉议郎龚忠良

——兼述龚适

2009 年 1 月，新泰市博物馆工作人员进行全国第三次文物普查时，在新泰市区西南 6 公里的西周河下游青云街道安全村（原名安家庄）西 100 米处发现一方墓志。盖面阴刻篆书 9 字："宋故奉议郎龚公之墓"；志铭首题："宋宣德郎致仕赠奉议郎龚公墓志铭"。篆盖石呈方形，覆斗状，边长 78 厘米，厚 20 厘米；盖面 52 厘米，刹 16 厘米。志文石边长 78 厘米，厚 16 厘米。阴刻楷书 27 行，计 713 字。由登仕郎沂州县尉黄颖撰，侄孙云叟书并篆盖。《墓志》存新泰市博物馆。现按《墓志》内容，将龚忠良之生平事迹，概述如下：

龚忠良（1014—1087），字公佐，主要生活在宋仁宗至宋神宗时代。其子承议郎（宋代文散官，从七品）龚微（《墓志》该字漫漶或作徵）为山东名儒，曾经自记其世家。龚姓自（周）穆王得姓至汉驻守青州（今山东青州市），其子孙因家于沂州，今为新太（泰）人（宋代新泰属沂州，沂州治今临沂市西二十里），所居东孙村（今无此地名，或为今新泰市新汶办事处驻地孙村一带）。忠良曾祖龚瀚，祖父龚旦，父龚鉴皆未入仕为官，"传经自业"。

龚忠良自幼尽其所能奉养父母。弱冠之年开始学习《尚书》。母病，家事耽误学习，则要求其兄长多受委屈，自己乃得专心精读，磨炼意志，不舍昼夜。至和元年（1054）以本年科考进士及第，被选拔到兴原（元）府（治陕西汉中市东南郑县）襄城（治今陕西汉中市西北打钟寺）任县尉，掌管所辖弓手、兵士巡警，捕盗解送县狱，维护一县治安。后在寿州（治今安徽寿县）任左司理（北宋太平兴国四年〔979〕，改诸州司寇参军为司理参军，简称司理。大州设左、右司理二职。掌本州狱讼勘察,审问定罪之事)。所辖里(古代基层行政单位)有邑民,二人同醉,夜幕归家,其中一人前行被杀,后至一人竟浑然不知其被杀,

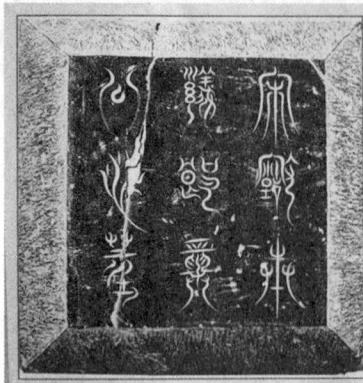

龚忠良墓志盖拓片

龚忠良墓志盖

而枕其尸体睡着了。里中管事人员将其视为杀前者之嫌疑犯逮捕送官,州县官衙审问其杀人罪状,自知有理难明,而甘忍就死。而龚忠良独自对此案提出疑问,说:论此案之迹象,两人素来相善友好,观察此案案情,后者无有杀前者的动机。龚忠良发表的高见未决,而杀人的真正凶手被擒获。同行们无不对他的判断心服。当权者争相向上推荐他。忠良升为汝州(治今河南汝州市)鲁山县(治今河南鲁山县)令。令舍旧传有鬼制造怪异现象不可入住。龚忠良从容不迫,以刚正自守,居住自如,压倒妖孽不再作怪。后被调任果州(治今四川南充市北五里)推官,主管各案公事兼任南充县令。漕台(宋代转运使司的简称)知龚忠良有才能,随即调渠江(治今四川广安县浓洄镇)、昌元(治今四川荣昌县)任职。龚忠良在三县任职期间都以廉洁清白,谋求仕进而闻达有声望。等到还乡侍奉完母亲的丧事,已调任青州(今山东青州市)节度推官(掌与本府幕职官分治案事,佐理府政,从八品)。

龚忠良前后五任,按举荐他的奏章,其官阶、品级俸禄当改任京官,但是,忠良仕途之路像有障碍屡次搁置,总有变故而废止。忠良以天命自我安慰,锐意坦然引退,于家闲居十年,仅治资产,别无他求,不久谢世。龚忠良以宣德郎(文散官,从八品为京官)致仕,至元祐二年(1087)十一月己巳终于家,享年七十三岁。

龚忠良先娶张氏,早年去世。再娶孙氏生一子。至元符二年(1099),朝廷恩德追赠孙氏为仙源县(北宋,治今曲阜市东十里旧县)太君。龚忠良赠封奉议郎(文职散官,正八品)。崇宁三年(1104)十一月甲申孙龚适择地将其大葬于先茔之域。其后人以先祖龚忠良的品行事迹请求刻铭以记之。

登仕郎(文散官,正九品)沂州临沂县尉黄颖为其所撰墓志铭最后谓:

公事亲能竭敬养,教子亦克大门户。慎于物幽,枉不可诬。笃于己,福祸不可动。君子之所养可知矣。今之从政者惴惴避事,日不暇给,邪正曲直一委胥吏之手,方且岸然坐堂上,以命吏自处。闻公之风,能不羞愧自讼乎。

铭曰：

以恕察狱，幽枉必宣。以正居位，鬼神惧焉。寿考是宜，高门是期。有如不信，考此铭诗。

龚忠良的墓志铭由董昂之刻石。

黄颖为龚忠良所撰的这篇志文，为揭示墓主的生平事迹和个性特征，运用了真实案例。以传奇的谋篇布局艺术，拓展了墓主的判案智慧和情境，增强了某些戏剧效果，是这篇志文一大特色。龚忠良只是北宋朝的一位基层官员，而调任的地方则很多，故《墓志》文中牵扯的古地名就多。其任职多，故牵扯的官职名称也多，是这篇《墓志》文的又一特色。如，文中先后涉及的古地名有：沂州、临沂县、新泰；东孙村、渤海、青州、兴原（元）府、襃城、寿州、汝州、鲁山县、果州、南充县、渠江、昌元、仙源县等十六处。除此，文中还有最基层的行政单位"里"，"里"是古代居民区名。这些地名对研究宋代历史地理学有重要意义，对照古今地名辞典方知现今地名。宋代行政区划很复杂，变化也大。宋太宗（赵光义）淳化四年（993）分全国为十道，至道三年（997）改为十五路，以后又有增加。其地方政权初分州（府、军、监）和县两级。"路"的主要任务是监督州县各级官吏。

文中涉及的官职名有：宣德郎、奉议郎、登仕郎、承议郎、（县）尉、左司理、县令、知县事、推官、节度推官、漕台等，多是低级官职。这些官职称谓对了解宋代基层政权的官阶多有帮助。知县之名起于宋代。宋代乾德元年（963），始以朝官为县之长官，称"知县事"，简称"知县"。县令或知县为县一级的行政长官，属官还有县丞、主簿、县尉等。县令或知县及其属官各有分工，共掌一县之事。龚忠良一生任过其中的八个官职。

这篇铭文的第三个特色，也是最主要特色，乃是以龚忠良办案实例和其忠于职守、认真负责地处理案件以及龚氏所具有的操守德行为参照，揭露宋代政府官员办事效率低下，尸位素餐的社会丑恶现实。铭文作者以"今日从政者惴惴避事，每日无闲地为己着想，邪正曲直任凭文书小吏去处理，自己却道貌岸然地坐于堂上。这种处理公务的作风和态度，听到或说看到龚公之风范，能不羞愧吗"，来贬斥占着茅房不拉屎的政府官员。碑"铭"虽只有32字，则直抒了龚公的仁爱、宽恕及"以正居位，鬼神惧焉"的仁德，也正应了"仁者寿"这句古语。

【评析】龚忠良当擢升，又何因不能如愿

龚忠良墓志铭由登仕郎沂州临沂县尉黄颖撰。有趣的是，墓志铭中记述了龚忠良分析的一桩杀人案例，博得好评。方见其超出常人的断案能力。这方墓志的发现，充实了新泰在北宋时期的名人及史料。同时,对研究北宋时期的政治、经济、文化、地理、官制、民风习俗具有较高的参考价值。清《新泰县志》和《新泰乡土志》对龚忠良的记载仅"(官)镇海节度推官"一句,而《墓志》谓"青州节度推官"。又,《墓志》载,龚忠良以"至和元年本科擢第",以进士入仕为官,《县志》缺载,今可补之。该《墓志》的出土,纠正了旧志的谬误,补充了旧志之阙。

龚忠良一生多在基层任低级官员,前后五任,在举荐其任京官的路上,如有障碍,不得如愿,其原因应是多方面的。其中最主要原因当是官僚冗滥之弊政造成的。

纵观宋史,之初"重文轻武",这一政策为广大知识分子创造了宽松的环境,促进了士人的思想活跃,也促使大量士人通过科举入仕。"上自中书门下为宰相,下至县邑为簿尉"(《全宋文》卷119柳开:《与郑景宗书》)皆出自贡举之人。儒者取得了空前的社会地位。这是问题的一方面。另一方面,至仁宗即位,依旧执行"守内虚外"的国策,造成官僚冗滥,弊政加剧。仁宗赵祯在位时官僚机构已是极为庞大,通过恩荫科举、军功、进纳、胥吏出职等多种途径都可入仕。在宋真宗赵恒之时(998-1021在位)文武百官约9700员,至仁宗赵祯皇祐年间(1049-1053)已增至17000余员,其中尚不包括未被差遣的京官、使臣及选人等。其后竟高达24000余员(张习孔、林岷主编《中国历史大事本末》第三卷第75页,四川人民出版社,1995年版)。

按钱穆的说法:"宋代财用之蠹者,第一是冗兵,第二则是冗吏。"冗吏的原因与对知识分子的政策有关,他说"宋代进士一登第即释褐(指脱掉粗布衣服去做官。龚忠良亦是本科及第),待遇远较唐代为优;而登科名额,亦远较唐代为多,隋唐初设进士,岁取不过三十人。宋太平兴国二年(977),赐进士诸科五百人,遽令释褐,进士中第多至七百人,后遂为例。进士应试已遍及全国,遂定三年一试之制。仁宗嘉祐二年,遂诏进士与殿试者皆不黜落。宋室优待官员的第一见端,即是官俸之逐步增添。官吏俸禄既厚,而又有祠禄(宋制,大臣罢职,令管理道教宫观,以示礼优,无职事,但借名食俸),为退职之恩礼;又时有额外恩赏。"(钱穆《国史大纲》下册,商务印书馆,1996年修订第三版540-545页)。

宋廷的兵冗、吏冗,使财政吃紧,人浮于事,工作效率低下,致使当时士大夫阶层开始觉醒,而促成了在朝的变法运动。先是宋仁宗庆历年间范仲淹为相时的"庆历新政",以范仲淹、富弼、韩琦等人为首。主要从整顿吏治入手。却因触及了官僚地主的特权及利益,不便于推行。部分旧派官僚更是横加指责,百般刁难,公开表示强烈反对。这次新政自庆历三年(1043)十月始至庆历四年六月宣告结束。虽说这次"新政"之后十年龚忠良才入仕为官。但主张"更张"的思想不能不对龚氏产生影响。"庆历新政"在历史上产生的影响是很大的,但在旧势力的陷害和打击下失败了。守旧派官僚执政后,宋廷依旧推行"守内虚外"的国策,社会矛盾继续恶化,"冗吏"问题也未能得到解决。

　　宋神宗赵顼即位,任用王安石为相,神宗熙宁二年(1069)王安石开始变法,史称"熙宁新法"。此时龚忠良在任上。王安石新法,主张对宋初以来的法度进行改革,以彻底扭转积贫积弱的局面。王安石认为科举选士,恩荫仕子而步入仕途者,"无用于世",需革除弊端,从地方上选拔治世人才等。其变法旨在"修吾政刑,使将吏称职,财谷富,兵强而已"(《长编》卷二二〇),提出了一些富国强兵的新法。这些新法遭到皇亲国戚、老臣旧僚以及翰林学士司马光等人的反对,甚至不择手段地诋毁。至宋哲宗赵煦元祐元年(1086),王安石第二次被罢相后,以尚书左仆射、门下侍郎司马光为首的守旧派执政,彻底废除了"熙宁新法"。按钱穆的观点,"冗官不革,政治绝无可以推行之理"。新法"只知认定一个目标,而没有注意到实际政治上连带的几许重要事件"(钱穆《国史大纲》下册,572—574页)。

　　龚忠良所处时代的前后两次变法并没有从根本上解决宋廷冗吏的问题。两次变法固然有其失败的若干原因,在此无须多论,但为龚忠良分析出了前后五任,虽有推举而不能晋升的原因。"冗吏"成为他仕途路上的障碍和变故,幸亏他有自知之明,自任"天命",执意引退。同时,也让后人明白了县尉黄颖为什么利用给龚忠良写墓志的机会在美誉墓主的同时,又评贬时弊,言辞似乎到了发牢骚的地步。

　　龚忠良于至和元年(1054)以本科入仕,至卒前十年约在熙宁十年(1077)致仕,大约为官二十三年,卒后数年才赠封了个从八品的奉议郎。从其身上,仿佛看到了宋朝"冗吏"的概况及其所带来的弊端。同时也反映出改革、变法的艰难。

　　北宋朝廷进一步完善科举制度,采取了严格考试程式等措施。科举考试成为朝廷选拔官员的主要途径。科举及第者,一般随后即予授官,并在今后的仕途升迁上,也较恩荫等其他出身者便捷。这就是龚忠良当年及第而授官的原因和前提。

　　另,明天启和清康熙(增修)《新泰县志》均录有龚征,官至淮南节度推官。另有龚参。龚参和龚征是否为龚忠良本族,不得而知。《县志》录有宋代进士龚适、龚遂,二人皆为承旨,按《墓志》,龚适为龚忠良之孙。

　　(该文根据新泰博物馆所藏龚忠良墓志拓片整理,原《志》石有的地方泐漫不清,该文只译其大意,难免错谬,至难皆确。)

　　附:龚忠良之孙龚适

　　明天启《新泰县志》及清代《新泰县志》所载"进士"中均有对龚适的记载:"龚适,承旨,(宋)宣和间进士。"文中"承旨",官名,唐代置翰林学士承旨,位在翰林学士上。宋代沿唐制设枢密院都承旨、副都承旨、翰林学士承旨等。有的承旨属翰林院,有的属枢密院。龚适属何种承旨,不得而知。明天启《新泰县志·丘墓》载:"龚适墓在龚家庄西岭,俗传龚学士墓。"龚适墓址是否在其祖父所葬之"先茔之域",或说与出土龚忠良墓志的今青云街道"安全村西丘陵上"是一个地方呢? 笔者查阅了新泰市地名办公室,1992 年由新华出版社出版的《新泰市地名志》,"北公"村因龚适在此建一府院,遂名龚家庄。后分为南龚家庄、北龚家庄两村,后又演化为南公、北公。"龚"又如何演化为"公"的呢?"公岭庄"条载:清初,侯氏在龚家庄东岭建村,取名龚岭庄,为便于书写,"龚"改为"公"。由此知原"南公""北公"所在地即原"龚家庄"所在地。今安全村位于原龚家庄之西,两村是近邻。今"安全村西丘陵上"之"丘陵"指此处有"陵墓""坟墓",正是原龚家庄西岭。龚忠良墓志出土地与龚适墓地是同一墓地,即北宋末年的新泰龚氏之"先茔之域"。《新泰地名志》据传说载"唐兵部侍郎龚适",有误。

龚适为后人留有《游峓山》诗一首。诗虽短,却描绘出了峓山的风光和神龙的故事,是目前所见最早写及徂徕、新甫之外新泰风物的诗歌,在地方文学史上占有重要一席。诗曰:

> 庙貌依岩曲,恩威自昔传。
>
> 交加多古木,澄澈一清泉。
>
> 地有神龙隐,时无雨泽愆。
>
> 乡民多受惠,祭祷在诚虔。

(采自王相玲主编《新泰古韵》,中国文史出版社,2009 年版)。

第二节　累赠朝散郎孙觌

今新泰市楼德镇东村建筑公司内有一古槐。古槐靠南有一坐北朝南殿堂式古建筑,此处原为万寿宫,清代为怀德书院,民国时为楼德小学堂。殿堂式古建筑内西墙镶存一方北宋石刻,青石质,长方形。清·金棨辑《泰山志》卷十七《金石记三》记曰:该石"高三尺八寸,广二尺五寸,文三十五行,行三十五字,正书,经五分,篆盖。"因碑石镶于墙体,厚度不详,首题"赠朝散郎孙觌墓志铭"。由朝奉郎、行秘书省校书郎兼国史编修官、编修六典检阅文字、赐绯鱼袋许翰撰并书;承议郎、秘书省著作郎、编修六典检阅文字李敦义篆盖。碑文首云"政和三年"下云"后二年""又一年",则知墓主葬于北宋政和六年,即公元1116 年,碑亦立于是年。

一、《孙觌墓志》出土时间、地点及其归属

《孙觌墓志》出土于清咸丰年间(1851—1861)。清代泗水县王廷赞所著《泗志钩沉》中《泗水县疆域沿革考·宋》泗水县条载:"……咸丰时,楼德镇筑园圩,于土中得许翰所作孙傅之祖孙觌墓志,曰兖州泗水县人。不言袭庆(府),则泗水在北宋当仍属兖州。楼德,古菟裘,宋属泗水(县),明永乐(1403—1424)时始割入泰安。"楼德镇宋属泗水县,明、清时属泰安县,20世纪50年代初归新泰县(市),故新泰方志不载孙觑之事。

孙觑(1029—1110)字明之。其墓志谓北宋兖州泗水人。民国《重修泰安县志》孙傅条及清光绪十八年重修《泗水县志》孙觑墓条载"明初割泗水县祖徕山前十八堡入泰安州,楼德镇在十八堡中,位泰安县东南境。孙觑墓位菟裘(今楼德镇)东节义乡里仁之原。"民国重修《泰安县志》卷八《人物》所载《孙傅》按曰:"孙傅本泗水县人,原《志》录之。因其祖孙觑墓在楼德,许翰撰墓志云,葬菟裘东节义乡故也。考明初割祖徕泗水县十八堡入(泰安)州,故楼德为县东南镜,且(孙)傅忠义可风正,不妨于泗水两载。其祖亦笃行君子,已录(许)翰文于山川卷,故不立传。"由此知,孙觑为宋代泗水楼德人,后随楼德区域之变更,先属泰安,再属新泰。

二、孙觑是位亲孝悌、睦乡邻、明事理、顾大局之士

孙觑《墓志》文主要赞颂了他一生的正义行为及德行。大体是说:

孙觑之曾祖讳程,祖讳荣,父讳达。世代从事农耕,至父善终,乃尽割肥沃之土地与兄弟,自取土质瘠薄的农田耕作。

孙觑少而孤,食粗食,做艰苦之事刻苦努力。侍奉继母,抚诸弟成家。(继)母以此做戒所(亲)生:"不得依仗我所生的原因而对兄非礼不服兄管。"因建造官府征召其弟去做苦役,孙觑愿以身替之服役,并发于诚心,所以兄弟之间得以依怀,家庭大和。

有一年,年景不好,人们争贷官府的粮食,唯独孙觑不往,说:"今自经过刻苦励志尚可生存,贷而到期不能归还,是欺骗国家。"在孙觑所居住的乡,他能以正义的行为、气概而感动人。他办事果断、刚毅、慷慨而时有侠气。有恶少,依仗势力对孙觑妄意乱动。为让孙觑顺从,纠集数十心腹,握持着兵刃跟随之。孙觑正衣冠对其大声呵斥。恶少从心里感到害怕,失魂落魄,兵刃坠地,数次责备自己,今后不再如此,自觉膝屈,请求改正并事孙觑。孙觑因与其讲道理,恶少心里没有郁结不快。一次,巨寇将至,乡人大忧,谋迁徙他地避寇。孙觑止之说:"少等待我。"即带着牛酒造访贼寇之营垒。贼寇愿见孙觑,留之,与贼寇醉饱,歌呼相乐,动之以情。寇见其强硬而有义气,退去,解除众人之忧。一次,有故交之子,嗜酒放荡不羁。孙觑告诫他不要做败落家声的事。其子怒气冲天,出言不逊,污辱孙觑。孙觑辞别,再见到他时仍然厚待,其人感到羞愧,终生躲避孙觑。

县吏与孙觑不和睦,不止一次地中伤孙觑,且让其充当官府中的差役。其吏后败困穷,孙觑反而周济他。县吏羞愧逃匿,说:"我无面见孙君啊。"大概因为孙觑是个有才能的人,故能使人心折服。孙觑的德行就是这样。

大夫(对有官位人的通称)罢官(或指职属满)于兴元(原)府(治今汉中市东南郑县),欲起身回原籍时,听说山东是大荒之年,或欲择居他乡。孙觑知道后以为不可,说:"无有哪一年像今年这样遭遇饥荒,家族和姻亲日夜盼望您到来,以共同进献力量度过灾荒。我辈何忍择利自营而不顾念体恤他们呢?"大夫既归,为减轻他人负担,内外人等多数依靠孙觌供养。孙觌用从集市上买来的和官府赈济的粮米,杂以糠菜等粗劣食物相与食之,无灾难之景色。若有余则赠送给邻里之穷人和无依靠而断炊者。孙觌赈济施舍的人众多。

孙觌墓志拓片

现存孙觌墓前石羊

家族中有大夫在蜀地为官,官府让其拿钱充任亏缺的官员再在郡县任职,每月仍接受着应得的俸禄。孙觌说:"(他们)拿老百姓的钱财做交易,是陷害老百姓啊。"禁止家人为其出钱,使所积五六十万钱闲置。其后,官府内无真才实学者,操一纸空文,而以老百姓的钱财做交易的,都成了贪赃官吏,独有大夫是清白的。蜀人无不称大夫之贤。大夫之所以是位遵礼守法之官,孙觌多有功劳。大夫自蜀归,则尽举族人之力,对无后与贫困不能安葬者凡三十五家丧葬之。

孙觌尚未得疾病的数月,忽告诫其子他死后要俭葬,凡家事都预先准备条理。大观四年(1110)八月辛卯卒于舒州(治今安徽潜山县)官舍,年八十一岁。孙觌死后以其子恩为通直郎(通直散骑侍郎的简称,正八品),累赠至朝散郎(散官八郎之一,正七品)。孙觌有遗嘱说:"我必葬之先茔啊。"以十月甲申(迁)葬于菟裘东节义乡里仁(意思是选择仁德的处所居住,与仁人为邻)之原。与其父同葬一墓地。

孙觌娶曹氏,赠太宜人,生有男女二人。男,孙琪,朝散大夫(从六品),提点南康军(治今江西星子县)逍遥观(宋代设照管宫观的提点官,为道教宫观官)。女嫁于本邑潘浚。孙凡四人,为傅、俭、亿、傅。孙傅为奉议郎(宋为文散官),以辞学兼茂高选为秘书省正字(见本章第四节)。孙亿为将仕郎,郓州刑曹掾(见本章第五节),其余未官。起初,孙觌并未负笈而学,而行事每与书合,又能克制谦退以延请士人教其子孙诗书。由此缘故子孙彬彬，多有文行显出。

　　其铭曰：

　　　　暴兴非祥堕神奸，庆积离久乃见端。

　　　　根蟠源洸天所艰，擢为修林舒长澜。

　　　　孙氏世隐耕宽闲，逮君负能不施官。

　　　　人文不琢天守完，僕天我昌匪力干。

　　　　裔胄衮衮方弹冠，谓君未显匪今患。

　　　　昭诗佳城唯我观。

　　裴通、苗成、魏通模刻。

　　【评析】译《孙觌墓志铭》之我见

　　《孙觌墓志》是件不可多得的珍品，民国重修《泰安县志》评价谓"时称绝笔"。

　　一、自宋而今不乏对《孙觌墓志》（以下简称《墓志》）进行考释、研究者。

　　《墓志》撰写者许翰将《墓志》文收录其《襄陵文集》（卷十一）。清人钱大昕《潜研堂金石文跋尾》（卷十五）、阮元《山左金石志》（卷十八）、金棨辑《泰山志》卷十七《金石记三》、乾隆《泰安县志》（卷三）、光绪《泗水县志》及民国《重修泰安县志》等均有载录并研考。研考的主要内容涉及墓主的生平、乡贯、乡贯沿革以及《墓志》撰写者许翰与墓主之长孙孙傅之友善关系等。

　　当代研究者对《墓志》的研考更深了一步，如台湾中兴大学硕士陈正庭曾在1995年10月28日"宋代史料研读会"上作过《孙觌墓志》研读报告。该报告除讲到许翰与孙傅关系及宋代士大夫"党"际之分外，还对墓主身份进行考辨。泰山学院周郢先生在2015年9月由五洲传播出版社出版的大作《名山古城》一书中载录《〈孙觌墓志〉与孙傅、孙亿》一文。该文除载录据《北京图书馆藏中国历代石刻拓本汇编》第42册、第63页校录的《墓志》全文外，还就《墓志》被多位学者辑录及研读情况，墓主之孙孙傅、孙亿在北宋末年受外房侵伐时的表现进行了评说，并就孙傅乡贯再作考证。新泰市政协2014年12月由北京燕山出版社出版的《新泰石刻集萃》收录《墓志》全文，并附有《墓志》照片，亦对墓主之孙孙傅乡贯，孙亿的抗金义举及《墓主》异于普通墓志之处进行了分析和研究。当然，研究并著录者盖不止于此。

　　二、从《墓志》铭文看撰文者的追慕脱俗

　　《墓志》铭文的作者许翰一改通常墓志的撰写法，在叙述墓主生平时只写卒年并享年数，让读者去求索墓主之生年。行文抓住墓主一生所做几件善事，让人们去追慕墓主的德行。赞颂了墓主重孝悌,乐善事,救患难,睦乡里,广施惠,解人难,尚节俭,明大义等高贵品德。从许翰对墓主"其居乡,能以义概动人,沉毅慨慷,时有侠气"的评语分析,墓主并非是在职官吏,似是一位受人尊敬的"德高望重、笃行仗义"的乡老耆硕,且有君子之风。从历史的角度看,宋代是乡贤及乡宿发展的重要阶段。中国古代有"皇权不下县"的传统,因此,有文化、有德望的乡贤耆宿,成为乡村管理的一股重要力量。他们积极参与地方事务,维护乡村秩序,施行乡村教化,有与官府沟通的能力和方式方法。能解决官府不能解决或不需官府解决的一些乡村社会矛盾和问题,对基层治理做出了巨大贡献。铭文中墓主所做的一切善事正符合"乡老耆硕"的身份。墓主虽不属所谓士绅集团中的"官绅",也不属"学绅",但他有子孙在外为官,他在乡间有很高的声望并受乡人敬重,无疑是位乡间的贤者、君子。

为什么墓主又卒于"舒州官舍"呢?《宋史》卷一百七十《职官十(杂制)》之《宫观》载:"宋制,设祠禄之官,以佚老优贤。先时员数绝少,熙宁(1068—1077)以后乃增置焉……时朝廷方经理时政,患疲老不任事者废职,欲悉罢之,乃使任宫观,以食其禄。王安石亦欲以此处异议者,遂诏:'宫观毋限员,并差知州资序人,以三十月为任。'又诏:'杭州洞霄宫、亳州明道宫、华州云台观、建州武夷观、台州崇道观、成都玉局观、建昌军仙都观、江州太平观、洪州玉隆观、五岳庙自今并依嵩山崇福宫、舒州灵仙观置管干或提举、提点官。'"笔者推之,墓主之子孙琪官至朝散大夫,又为南康军逍遥观的提点官,后来有可能改任舒州灵仙观的提点观。墓主年事已高后随子居住在舒州灵仙观并卒于此也不无可能,而后归葬故里先茔。这大概即是墓主卒于"舒州官舍"的缘由。再看,许翰所撰《墓志》铭文的脱俗之处,铭文并未开宗明义先述墓主身份,而是先述当时自身身份及篆盖人李敦义的身份。《墓志》铭文开宗即曰:

"朝奉郎、行秘书省校书郎兼国史编修官、编修六典检阅文字、赐绯鱼袋①许翰撰并书;承议郎、秘书省著作郎、编修六典检阅文字李敦义篆盖"。随后则交代了撰文者与墓主之长孙孙傅(字圣求)的交往及对孙傅的赞誉,然后才进入正题,交代孙傅为其祖父请铭之事。曰:

> 政和三年,余入校中秘书,所与并游,往往鲜明辩丽,英发可喜。而鲁国孙
> 君圣求,独靖固渊塞,浑然难知。余心异之曰:此岂非曲阜阙里之风也哉? 吾今

---

① 绯鱼袋:指绯衣与鱼符袋,旧时朝官的服饰。宋袭唐制,五品以上佩鱼符袋,省称"绯鱼"。绯衣:古代朝官的红色品服,后亦借指官吏。鱼符,是隋唐时朝廷颁发的符信,雕木或铸铜为鱼形,刻书其上,剖而分持之,以备符合为凭信,谓之"鱼契"。装鱼符的袋子称"鱼袋"。宋以后,无鱼符,仍佩鱼袋。

乃知天以夫子之教兴于鲁者,因其质厚如此,而文生之也。后二年(应为政和五年),谒其丈人大夫公于东郭私第,听其议论,重德人也。又一年,其家卜葬其先大父,则状其行与事而请铭于余。余既得交于圣求父子间,又得于此考观其世德经纬本末,喟然叹其积之远矣!因益见鲁多君子,足以发吾昔日之言为不妄矣。遂书其躅而铭以乱之。

由上可知,许翰识人如试水,"由浅入深",又见其认人之慎及二人交往至厚之发端。上述许翰之官衔,其本传不录,可补史阙。

结合《宋史》孙傅、许翰之本传,更可体会到二人的情投意合,肝胆相照。

《孙傅传》(《宋史》卷三百五十三)载:"宣和(1119—1125)末,高丽入贡,使者所过,调夫治舟,骚然烦费。傅言:'索民力以防农功,而于中国无丝毫之益。'宰相谓其所论同苏轼,奏贬蕲州安置。给事中许翰以为傅论虽与轼合,意亦亡他,以职论事而责之过矣,翰亦罢去。"《宋史·许翰传》(《宋史》卷三百六十三)载:"高丽入贡,调民开运河,民间骚然。中书舍人孙傅论高丽于国无功,不宜兴大役,傅坐罢。翰谓傅不当黜,时相怒,落职,提举江州太平观。"由于许翰为孙傅的贬官打了抱不平,自己也受"落职"。方见二人意气相投,情感至深。

从《孙觌墓志》铭文与上述记《龚忠良墓志》铭文比对,撰文人许翰在行文方式和内容上都比较随意,不拘一格,方可窥视到宋代墓志撰文的某些特点。

《宋史·孙傅传》记其为"海州人"不确,许翰在《孙觌墓志》中已明确指出"鲁国孙圣求"。而"海州"则非"鲁国"。孙圣求(傅字圣求)其祖父孙觌《墓志》明确记载是泗水人,并"葬菟裘东节义乡里仁原"。菟裘属鲁,故址只有一处,即在今楼德镇西村。由此证《宋史》记孙傅为"海州人"不确。《墓志》今存楼德,出土于楼德,则证孙傅无疑即今新泰楼德(北宋兖州泗水)人。

孙觌墓地的一对宋代石羊尚存于楼德东村幼儿园内,其中一只体长 133 厘米,高 72 厘米,宽 44 厘米;另一只长 143 厘米,高 78 厘米,宽 45 厘米;羊耳、羊角栩栩如生,羊体两侧云纹飞翼,石羊整体刻画细腻,做工精致。从现存一双石羊可显当时孙觌墓的规模之大,规格之高。

(本文据民国《重修泰安县志》载《赠朝散郎孙觌墓志铭》译文并整理,至难皆确)。

第三节　同知枢密院兼少傅孙傅

孙傅在北宋末年以词学兼茂科入秘书省正字,此后仕途顺利,不断升迁。在金人入侵,兵临京城,北宋王朝军事上节节失利,议和又无果的情况下,孙傅由兵部尚书调任同知枢密院事,相信了一个骗子的谎言,企图以"神兵"退敌,结果京城开封被攻破。孙傅接着任太子赵湛的少傅,奉太子去金营,后死于金营。

一、从金兵直侵宋都看宋廷的软弱无能

公元1125年2月,金人擒辽国天祚帝,辽亡。之后,金兵乘胜南下攻宋。西路金兵被阻于太原城下;东路军长驱直入,直取宋都汴京(今河南开封市)。宋廷君臣慌作一团。主战派太常少卿李纲等臣僚不同意宋徽宗赵佶让皇太子任开封牧、"监国"。李纲甚至刺臂沾血上疏,要求徽宗"内禅",传位给太子赵桓,以组织抗金。徽宗为仓皇出逃自保,无奈于宣和七年(1125)十二月二十三日退位,让太子赵桓当即继位,是为宋钦宗,改元靖康。宋徽宗赵佶称"教主道君太上皇帝"。

靖康元年(1126)正月,金兵到达黄河北岸,连渡数日,南渡完毕,竟未遭到宋军的丝毫抵抗,竟使金人难以置信。金人笑曰:"南朝可谓无人。若以一、二千人守河,我岂得渡?"金兵速围京师。正月初三,金兵渡河的消息传入朝廷,徽宗不顾社稷存亡,民众死活,当即决定逃离京城开封,先达扬州,又过长江去了京口(镇江)。许多臣僚也紧随其后,逃离京城寻找安全之地。

金人兵临城下,宋廷内部分裂为两派,以少宰张邦昌为代表的投降派主张赔款割地,屈辱求和;以李纲、宗泽为代表的主战派主张保卫京城,坚决抗战。这时,山东、河北人民纷纷组织义军,前来首都救援。钦宗被迫任命李纲为亲征出营使,负责守卫京城。李纲领导军民多次击退金兵的进攻。正当形势开始对宋有利,钦宗却听了投降派的意见,向金求和,并罢免了李纲。当时激起以陈东为首的太学生上书,历数蔡京等人的罪恶,要求将祸国殃民的权臣蔡京、童贯等"六贼"诛杀,钦宗无奈,将"六贼"或贬或流放或赐死,以平息民愤。陈东等人要求恢复李纲的职务,首都十余万军民也积极响应。钦宗被迫重新起用李纲。当时金兵号六万,宋朝勤王师集城下者已二十余万。金兵得金二十万两,银四百万两,二月初十退师。京城之围随即解除。

金兵一退,投降派再次得势。李纲被贬斥,义军被遣散,徽宗返回京城。北宋君臣依然过着荒淫腐朽的生活。

宋廷的软弱无能,更助长了金廷的嚣张气焰。靖康元年(1126)八月,金兵分西、东军攻宋。西路自大同府(今山西大同),东路自保州(今河北保定)南下,目标仍是宋朝京都开封。

在太原城,自宋宣和七年(1125)十二月被金兵围困,以王禀为首,击退金兵无数进攻。至靖康元年九月,坚持了九个多月,直到弹尽粮绝,终被西路金兵攻破。东路金兵,直攻真定府(今河北正定)。真定知府率全城军民顽强抵抗,30余次向宋廷求援,宋廷置之不理,坚守40余天后真定府陷落。宋廷一系列的求和活动,丝毫没有阻止金兵向京城

的推进。十一月底,东、西两路金兵先后再次到达开封城下。

宋廷割地、赔款等一系列投降行经,再度激起河北、河东等地与京城军民的反对和抵制,如山西民众打死了与金人交割绛州(今山西新绛)的宋臣与金使;宰相唐恪在巡视时,险遭百姓痛击,被免职,以平民愤。宋廷虽调兵遣将入援开封,但金军兵临城下之际采取的措施都已为时太晚。至十一月二十五日,金兵开始对开封城进攻,钦宗赵桓与孙傅、何㮚等人这才相信了郭京的妖言,演出"神兵"退敌的一幕。

二、身为兵部尚书,却无力退敌

孙傅(1078—1128)字圣求,又字伯野,北宋兖州泗水县菟裘袭人。因明初割泗水县徂徕山前十八堡入泰安州,菟裘邑即今楼德镇随入泰安,民国重修《泰安县志·古迹》谓"孙傅故里"为"县东南楼德镇"。20世纪50年代初楼德归属新泰,故今称孙傅为今新泰市楼德人。其父孙琪,为朝散大夫(从六品),提点南康军(北宋太平兴国七年,即公元982年,分洪、江二州置,治所在今江西星子县)逍遥观(宋代另设照管宫观的提点官,有提点宫观和提举宫观,均为宫观道教官)。其祖父孙觐,以其子琪,朝廷恩赠通直郎(正八品),累赠朝散郎(正七品)。卒后葬于"菟裘东节义乡里仁之原"(详见上节)。

孙傅于宋元符年间(1098—1100)登进士第,政和三年(1113)以词学兼茂科①高选秘书省正字,掌校定典籍,刊正文字。再任校书郎,掌编辑校正,经籍图书,从八品。又任监察御史,元丰改制后,为正员职事官,从七品,分察六部,百司政务,纠正谬误,监祠祭,定谥号等事,后又兼谏诤言事。此后,历礼部员外郎(为礼部佐贰官,参领本部事务,正七品)。当时蔡翛为尚书,孙傅因为论说"天下"之事,劝其亟有所更(正),不然必败。蔡翛以为,孙傅其人不能用,乃迁为秘书少监(佐秘书监,掌古今经籍图书、国史实录、天文历数之事,从五品,为秘书省次官)、中书舍人(主管中书后省,掌草拟制敕,正四品)。

至宣和(1119—1125)末年,高丽国来进贡,使者所走过的地方,调民夫开运河造舟船,民众骚动又耗费钱财。孙傅说:"索要民力以防碍农事,而于中国无丝毫之益处。"宰相以其所论与苏轼同(苏轼曾以诗而"谤讪朝廷",罪贬黄州),贬蕲州(治今湖北蕲春县)安置。孙傅的好友给事中许翰以为孙傅所论意见恰巧与苏轼之事相合,其意则与他不一样,以职位论事而责罚得太过了,不应当被贬黜。当时的宰相大怒,亦将许翰降职,改任提举江州太平观(《宋史》卷三百六十三《许翰传》)。孙傅于靖康元年(1126)召为给事中(分治门下省日常公务,审读内外出纳文书,驳正政令,日录章奏目以进,纠治其违失,分

---

① 词学兼茂科:又称"词学"。宋代的科举考试科目曾设宏词科、词学兼茂科、博学宏词科、词学科。绍圣元年,即1094年曾设宏词科。大观四年即1110年,改设词学兼茂科,加试制诰。

理杂务,领通进司,进奏院。仍为正四品),不久任兵部尚书,职掌军枢政务,升为从二品。此时,孙傅上章乞复祖先法度。钦宗问之,孙傅说"祖先法度惠民,熙、丰法(指熙宁年间的王安石变法和元丰三年至元丰五年官制改革)惠国,崇、观法(指宋徽宗启用蔡京等人,操控朝政,为谋取私利,竭力迎合徽宗赵佶骄奢淫逸之需,而变本加厉敲诈民利的一些手段。如恢复榷茶法,更改盐钞法等)惠奸",时为名言。十一月拜尚书右丞,升为正二品,位列执政,成为宰相副贰,居于六部尚书之上,参议大政,为左、右仆射合治省事。不久改同知枢密院事,为枢密院副长官(枢密院为最高国务机构,主要管理军事机密边防等事。虽有调兵权,却不掌管军队。北宋掌管军队权归禁军三衙机构,京师之兵总于三帅。)。金兵围城,孙傅虽亲当矢石(指守城的武器),却无力退敌。至靖康元年闰十一月初,金兵第二次围困了汴京城,北宋王朝到了它的最后关头。

三、相信妖术,京城沦陷

北宋王朝在军事上的连连失利及议和无望,使钦宗赵桓一筹莫展,竟相信术士郭京的用神兵退敌的谎言。这事与孙傅相信迷信有关。孙傅官阶虽高又由兵部尚书调任同知枢密院事,但他是一介书生,在军事上一窍不通。他见金兵攻城甚急,一时束手无策,因偶读到丘濬的《感事诗》,有"郭京、杨适、刘无忌,尽在东南卧白云"之语,就附会他们以为谶,在龙卫营中访得郭京。郭京自称精通李药师(即唐朝人李靖,本名药师,先为尚书右仆射,后封卫国公)之术,会使六甲法,能撒豆为兵,生擒敌师而扫荡无余。钦宗听说后也深信不疑,将郭京封为成忠郎,又迁为武翌大夫,赐金帛数万,令其自募兵,大行退兵之术。郭京不问所招募者有无技艺,但要择其年命合甲子、甲戌、甲申、甲午、甲辰、甲寅之六甲者。其所招募之人皆市井游惰,旬而足。有朝中之武臣欲为郭京的偏裨副将,郭京不许,说:"君虽材勇,然明年正月当死,恐为吾累。"此言竟如此荒诞狂妄。

敌人攻城更加紧急,郭京却谈笑自如,说:"择日出兵三百,可致太平,直袭敌众至阴山(指内蒙古河套西北之阴山山脉)乃止。"孙傅和何㮚尤为尊信不疑,尽心等待之。有人上书见孙傅说:"自古未听说以此法退兵有成功者。只迷惑听(他这一套)的人,暂且可轻信他的这种退兵之法,等到他有尺寸之功,乃可逐渐举荐任用他。今之委任太过分,担心他必为国家带来羞涩。"孙傅不听劝告,反而怒曰:"郭京定是为时而生,敌中琐微之事他无所不知。幸而你与我说这些话,若告诉他人,将犯阻止军队出师之罪。"陈述意见者作揖而出。又有自称"六丁力士""天关大将""北斗神兵"之人,大都仿效郭京所为,知道的人都感到忧惧。郭京说:"不到万分危急,我师不出。"何㮚数次催促郭京,郭京再三变化出师日期。

至闰十一月二十五日,在孙傅的一再催促下,郭京利用自行招募的七千七百七十七名乌合之众,装神弄鬼,大开宣化门,命他的"神兵"出攻金军,戒守及守城人皆不下城,不得偷偷窥视。自己与张叔夜坐在城楼上督战。金人见宋兵出城,分四翼鼓噪而前,"神兵"败走,坠死于护城河者不计其数,死尸填满了河道,城门急闭。郭京见状,借"亲自下城作法"引余众向南逃去。金兵乘机涌进宣化门,占据城垣。由于孙傅等人相信妖术,而导致了汴京城被攻破。

闰十一月三十日,孙傅等大臣跟随钦宗赵桓到达金人侵占的汴京青城(宋朝皇帝举行郊祀大典的斋宫)。十二月初二,赵桓在降表上签字称臣。随后金人所索要的金银少女一一送上,同时派出割地使臣二十余人。南宋建炎元年(1127)元月十日,金人再次要求赵桓去青城。赵桓命孙傅留守,仍兼少傅,掌理国政,为正一品,辅助皇太子赵湛监国(古代国君外出,太子留守,监督国事)。赵桓久去不返,孙傅屡次去信请之。可是赵桓成为金人人质从此再未回来。二月六日,赵桓奉金人之命传出最后一道御笔。孙傅读罢,知皇上彻底做了俘虏,便呼天抢地,从心底里涌出一声沉重的叹息:堂堂大宋朝就这样完蛋了! 大哭着说:"我唯知我君王可为大宋之帝,今苟且立异姓,当我死之。"

四、奉太子去敌营,以身殉国

二月七日,太上皇宋徽宗被押到青城。金人凭借宫廷内侍宦官开列的诸王皇子皇孙及后妃公主名号,共搜得三千余人,衣袂相连押到金营。又逼徽宗皇后及皇太子前往,孙傅留住太子暂不遣往。统制官吴革想率兵微服护卫太子突围出去,孙傅亦不从。密谋藏匿民间,分别找与太子相貌相似之人替代太子,将相貌相似的两宦官击杀之,并斩杀数十名死囚,持首送到金营,欺骗金人说:"宦官想偷偷地带太子出走,京都人争着杀宦官,误伤太子。因帅兵讨伐平定,暂其扰乱者以献。如果还不完了则将继之以死。"过了五天,没有肯承接代替太子事者,孙傅说:"我是太子的老师,当与太子同生死,金人虽然不搜索于我,我当与太子同行,求见二头目当面要求(留住太子),可能或许万一有成功的可能。"

孙傅的寓所在直皇城司,其子来探望他,他大声呵斥说:"让你们不要来,而竟来了!我已分明为国而死,你们既是都来有何益!"挥手惜别使其快走。其子也大哭说:"大人以身殉国,儿尚何言。"

随后,孙傅将留守事交付王时雍,奉太子一并被胁迫到金营去。行至南薰门,范琼尽力而止之。金守门者说:"我欲得太子,留守(指孙傅)为何参与。"孙傅说:"我乃宋朝大臣,且太子傅也,当以死从。"

三月,金人扶立张邦昌(时为少宰,进太宰兼门下侍郎。金兵犯汴京,曾割地请求)当伪皇帝,僭号"大楚"。当宋朝一批文官武将为"新主子"张邦昌效力之时,孙傅拒不签字拥戴张邦昌。

四月一日,孙傅随钦宗赵桓、朱皇后等宗室由郑州道北行,押至金营。孙傅于次年(建炎二年,即1128年)死于金营,享年50岁。

南宋朝廷于绍兴(1131—1162)中,赠孙傅开府仪同三司,谥号"忠定"。

【评析】浅析孙傅危难之际的功过及其乡贯再考

孙傅调任同知枢密院事,受命于危难之时,责任重大,该职是知枢密院事的佐贰官,是协助枢密院长官掌军国机务、兵防、边备、戎马之政令,出纳密命,以佐邦治的主要辅助者,应懂军事,会用兵,且具有指挥能力。然而,孙傅是个地道的书生,在军事上一窍不通,却十分迷信。他知道宋军在军事上节节失利,勤王兵未到,议和无果。金兵攻城甚急,紧急关头,他应利用手中权力,听取有军事才干者的意见,尽力组织军民抵抗金兵誓死保城。而他却相信了骗术退敌,导致开封沦陷,这不能不说是孙傅失误又失职,对城陷负有重要责任。因是皇上赵桓同意此事,并未治他的罪。

另一方面,孙傅忠心为国,在民族罹难之际誓死捍卫太子,企图想保住太子不被金人掳去,最后义无反顾地奉太子去了金营,以身殉国。他这种视死如归的精神又是可贵的、崇高的,可谓忠臣良吏,"质厚"(见《孙觌墓志铭》许翰语)之君子。"溢曰忠定"名副其实,恰如其分。孙傅相信"空虚暗昧,卓谲怪神",预决吉凶的谶(语),则视为是时代之局限。

关于孙傅之乡贯,自从其祖父孙觌墓志出土之后就倍受人们关注。如请人金榮辑《泰山志》录《孙觌墓志铭》考据后记曰"史称(孙)傅海州人,此碑孙明之(孙觌字明之)为泗水,殆明之与(孙)傅时隔三代,由泗水迁籍海州,未可知也。"又,阮元(1764—1849)《山左金石志》卷十八载:"孙傅字伯野,《宋史》有传。碑(指祖父《墓志铭》)称'傅以辞(词)学兼茂,高选为秘书正字',正与《传》合。惟《传》称傅海州人,而此碑称其祖觌为泗水人,殆觌与傅时隔三代,由泗水迁籍海州,未可知也。"阮元、金榮二人观点相同,至于孙傅是否由"泗水"迁籍"海州"未可知,故后世史籍多存两说。如《中国历史大辞典》(上海辞书出版社 2000 年版)孙傅条:孙傅(1078—1128),北宋兖州泗水人,一说海州(今江苏连云港)人,字伯野,一字圣求。元符进士,政和三年(1113)中词学兼茂科。以上"迁籍"说及"两说"皆未明孙傅之真实乡贯,为折衷之说。

《宋史·孙傅传》谓其字"伯野",其祖父墓志谓其字"圣求",这是怎么回事呢?清代大学者钱大昕(1728—1804)在其《潜研堂金石文跋尾》卷十五(贞集)回答了上述问题。他说:"……(孙)觌字明之,兖州泗水人。其长孙傅,字圣求,以辞学兼茂,高选为秘书省正字。考《宋史》列传,孙傅,字伯野,海州人,登进士第,中词学兼茂科。两人籍贯既异,字亦不同,而同时中词学兼茂科,兖、海亦相接壤,未审其为一人与否也? ……顷读吴虎臣《能改斋漫录》载:政和八年(1118)五月,户部干办公事李宽奏,凡以'圣'为名字者进行禁止,奉圣旨依。乃知孙傅改字,出于当时避忌,实非两人。觌墓今在泰安,则傅为兖州人无疑也。"

　　按《宋史》卷二十二《宋徽宗本纪四》:"(宣和)七年秋七月庚午朔,诏士庶毋以'天'
'王''君''圣'为名字。"文后"校勘记"注〔8〕:"此句有误。李心传(1167—1244,南宋隆
州井研人,今属四川,字微之,一字伯微,号秀岩—笔者注)《旧闻证误》卷三说:'宣和七
年(1125)七月庚午,禁士民名字有犯'天''王''君''圣'及'主'字者。按此五字,皆宣
和以前所禁,至此始罢之,今乃以为禁,非也。重和元年(即1118年。因"重和"年号于政
和八年十一月改,第二年即宣和元年二月即废,改元为"宣和"。故公元1118元,可称"政
和八年",亦可称"重和元年")九月禁'天'字,二月禁'君'字,五月禁'圣'字,政和三年
六月禁'王'字,政和八年七月禁'主'字。参考《宋会要刑法二之九三》。"由此可证,孙傅
原字为"圣求","圣"字避忌,应当在政和八年五月禁"圣"字后改字为"伯野"。《孙觌墓
志铭》由许翰撰于政和六年(1116)十月,当时孙傅字"圣求"无疑。此即是孙傅由"圣求"
改"伯野"的缘由。

　　证孙傅为兖州泗水县菟裘(今新泰市楼德)人最有力证据当是他为孟庙所撰《先师邹
国公孟子庙记》碑文落款:(宋徽宗)"宣和四年十月十五日朝奉郎监察御史菟裘孙傅
记"。此落款甚明,《庙记》撰文者是"菟裘孙傅"。"菟裘遗址"天下无二,唯有今新泰市
楼德镇西村。"楼德"宋代属兖州泗水县,明永乐年间包括楼德在内的十八堡划归泰安
县,至民国三十年(1940)一直属泰安县。1941年山东革命根据地析置泰宁县,治楼德镇。
1952年改名徂阳县,1956年撤销。从此楼德隶属新泰县(市)。仅此,再加孙傅之祖父孙
觌墓志铭,记之为"兖州泗水县菟裘"人。许翰记之为"鲁国孙圣求"。定孙傅故里即今
新泰市楼德已无可疑义。

　　"《庙记》落款"告诉人们孙傅是北宋泗水菟裘人的同时还告诉人们,此时孙傅约44
岁,起码44岁时乡贯是菟裘,没有迁居他乡。就像有学者所言,是否徙籍"海州",未可知
也。今可肯定地说,即是有徙籍海州的可能,海州非"鲁国"也不能称乡贯,只可称"寄
籍"。前人在没有真正弄清孙傅之乡贯时,采折衷两存说,无可非议,且是明智之举。

　　泰山学院周郢先生又举多条史料,证孙傅乡贯为古之菟裘,今之楼德。其一,金代翰
林学士承旨泰安学者党怀英曾撰《赠正奉大夫袭封衍圣公孔公墓表》,《表》中称孔公摠
"娶泗水孙氏,宋副枢孙傅之孙(女),后赠鲁郡太夫人"(金孔元措《孔氏祖庭广记》卷十
二《族孙碑铭》)可证孙氏"乡里"为泗水。其二,宋人陈与义《寄题兖州孙大夫绝尘亭二
首》之题下自注"伯野之父"。诗题中"兖州孙大夫",当是该诗寄赠孙傅之父孙琪(一作
振)之作,可证孙大夫(琪)"乡州"为兖州。周郢所辑上述史料,均可证孙傅故里即今楼
德之旁证(见周郢《名山古城·〈孙觌墓志〉与孙傅、孙亿》)。《宋史》称孙傅为"海州"
人,"兖州"是否"兖海"之讹,也不排除有此可能。"兖海"即沂海,唐代之方镇名,元和十
四年(819)置,治沂州(今临沂市)。至乾宁四年(897)以沂海节度使号泰宁军,治兖州

（今兖州市）。辖沂、海、兖、密、徐五州。五代后周广顺二年（952）废。《宋史》作者是否将"兖海"讹或误作"海州"不得而知。

楼德民众为纪念孙傅，在旧时的楼德西寨门曾镶有"孙傅故里"石匾一方，让世人永记（路轫《楼德探古》载《新泰日报》，1996 年 4 月 23 日）。孙觌墓志和孙傅忠义成后人歌咏的对象，如晚清楼德诗人冯清宇在他的《徂徕怀古》和《莬裘田宅》诗中就分别留有"孙觌茔田土一丘"及"圣求忠义名千古"之句。

【本节编后】从孙傅撰《先师邹国公孟子庙记》窥见孙傅的儒家道统理念

孟子（名轲，字子舆）于公元前 289 年冬至日寿终，享年 84 岁。孟子原来只是先秦诸子之一。至北宋时期，孟子的"民为贵，社稷次之，君为轻"的政德思想受到统治者的重视。认为他的学术思想是维护统治，稳定社会的重要工具。同时也受到士大夫和广大庶民的认可，孟子的地位逐渐上升。

据《四库全书》及相关史料记载，宋仁宗（赵祯，1023—1063 年在位）时，孔子的 44 代嫡孙孔道辅任兖州知府后，出于对孟子的敬仰，曾派人四处察访孟子墓。他到任的第二年终在邹县东北 13 公里处的四基山（今邹城市东北大束镇山头村北侧）之阳，找到了孟子墓（《方舆纪要》卷 32 邹县"凫山"条下：四基山："山巅有石，状如堂基。其西麓为孟子墓。"）。孔道辅遂组织工匠破土修筑孟子庙。景祐四年（1037）孟子庙修成。第二年三月，孔道辅请泰山学者、自己的老师孙复撰写《兖州邹县建孟子庙记》。孙复在《庙记》中痛斥杨朱、墨翟是孔子既没千古天下驾邪怪之说的魁首，其罪甚剧。赞扬以孟子为首辅助圣人之道，且其功巨大。是孟子慨然奋起大陈尧舜禹汤文武周公孔子之德，其功如大禹治水。降水横流，大禹不作则天下之民鱼鳖矣；杨墨暴行，孟子不作，则天下之民禽兽矣。孟子可谓能御大菑，能捍大患者。应立新祠以祀之（王价藩辑《泰山丛书》之《孙明复小集》）。孔氏请孙复撰写的《兖州邹县建孟子庙记》刻于石立于庙前。至宋神宗（赵顼）"于元丰六年（1083）冬十月，戊子，封孟轲为邹国公"；"元丰七年（1084）五月，壬戌，以孟轲配享文宣王孔子，封荀况、扬雄、韩愈为伯，并从祀"（《宋史》卷十六《神宗本纪三》）。当年，朝廷赐银 30 万两，增修墓庙，购置祭田，并敕命施行。孟庙也由远离邹城的四基山阳孟子墓侧迁至邹城东郭。但此地地势低洼易遭水患，至宋徽宗赵佶"幸学"，博士程振"迁太常博士，提举京东、西路学事，请立庙于邹祀孟轲，以公孙丑、万章、乐正克等配食，从之"（《宋史》卷三五七《程振传》）。宋徽宗宣和三年（1121），又由邹县名士徐被（一作袚）等捐资。朝廷动用一批财力将孟庙由县城东郭移至南门外道左（清康熙十一年，即 1672 年修《邹县志》载："徐袚慷慨好义，多所施与……出私钱二百万，徙〔孟〕庙于南门外道左。"）。历经年余，即宣和四年十月，新建孟庙竣工，请孙傅撰写了《先师邹国公孟子庙记》。

北宋宣和四年(1122)十月十五日时任朝奉郎监察御史的孙傅所撰《先师邹国公孟子庙记》(以下简称《孟子庙记》),是件不可多得的珍品。此碑据今已近九百年,原碑经自然风化,兵燹战乱,历尽沧桑,损毁严重。幸好当地文保部门精心修整,认真查找方志记载等资料,基本补齐缺文,并经反复核对原石,纠正了大量错讹舛误,方使今人以饱眼福。该碑原立于孟庙致敬门外,后多次迁移,1985年移入孟庙亚圣殿内,位于孟子塑像西侧。

宣和四年,孙傅约44岁,正是官运亨通,风华正茂,思想已恒之时,所撰《孟子庙记》自然会反映出他的思想理念。从《孟子庙记》全文看,文采飞扬,语言流畅,通俗易懂。又见他当时神采焕发,精神抖擞,器宇不凡,其内容深受孟子思想之影响。

孙傅所撰《孟子庙记》距孙复所撰《庙记》已过八十余年,且比孙复《庙记》内容多而详,故被今人誉为孟庙最原始的说明书。孙傅所撰《孟子庙记》约计860字,第一部分对北宋时期尊崇孟子的情况作了较详尽的总结。从孟庙创建到历次增修,从孟子被封为邹国公到配食孔子庙、列一品载于庙门,至又诏更庙貌均作了记述。更具意义的是《孟子庙记》写进了宣和三年徐被等人自动出资移建(现址)孟庙之经过,表明了普通民众对孟子的尊崇。因此,《孟子庙记》对研究孟庙的沿革及孟子对后世的影响等,具有十分重要的历史意义和学术价值。

《孟子庙记》第二部分属作者的议论,借此表述了自己的观点和思想。《孟子庙记》载:

> 圣人之道,甚易知,甚易行,充之至不可胜用。而其极可以参天地赞化育者,其唯诚乎。尧、舜、禹、文王、周公、孔子相传者一道,孔子之没,其孙子思得之以传孟子。故孟子之道以诚身为本,其治心养气化人动物,无一不本于诚。凡著书立言,上以告其君,下以告于人者,必本仁义,祖尧舜,亦无一言不出诚也。故于滕文公则言必称尧舜,而于齐王则非尧舜之道不敢陈。盖其智诚足以知尧舜,又自知诚可以行尧舜之道,又知果得行其志,则诚可使吾君为尧舜,而吾民皆为尧舜之民。

上段文字一连用了七个"诚"字,在孙傅看来,尧、舜、禹、文王、周公、孔子都是圣人。"诚"是圣人之道,而极可以化育人之德与天地相比的唯有"诚"。圣人之道自尧舜传至孔子,再传至孟子,"故孟子之道以诚身为本""治心""养气"(《孟子·公孙丑下》:"我知言,吾善养吾浩然之气。")、感化万物,"无一不本于诚"。以上孙傅所言无疑是站在了正统儒家学派的立场上,指明了儒家学术思想传承系统即"道统"。孙傅推崇孟子继承了孔子的学说。《孟子·公孙丑上》:"乃所愿,则学孔子也。"孟子以继承孔子儒家正统自命。

　　唐代韩愈依照佛教诸宗祖统,始提出尧、舜、禹、汤、文王、武王、周公、孔子、孟子相传以"道"的系统,并以孟子继承者自任。韩愈认为孔子所创立的儒学,后由孟子继承。而孟子之后,则中断、失传,成了"绝学"。他在《原道》中明确提出了这一观点。他以为,自周道衰落,孔子去世以后,秦始皇焚烧诗书,汉初崇尚黄老之学,佛教又盛行于晋魏梁隋之间。那时谈论道德仁义的人,不归于杨朱学派,就归于墨翟学派;不归入道学,就归入佛学。归入那一家,必然轻视另外一家。尊崇所归入的学派,就贬低反对的学派;依附归入的学派,就污蔑反对的学派。后世的人想知道儒家仁义道德学说的真谛,就无从遵从了。故而韩愈提出了儒学的道统论:从西周文王、武王到春秋时孔子再到战国时的孟子,这是儒家的道统。但韩愈并没有实现这个理想的实践行为。他的贡献在于提出了儒家的"道统"说,认为孟子得孔子真传,把孟子列入孔子之后,接续了"道统"。至北宋初,孙复与石介、胡瑗对宋代理学有开创之功。孙复提出了理学的最高范畴"道",即"道学"。这个道,也是儒家理学家所谓一脉相承的"道统"之道。他说:"吾之所谓道者,尧舜禹汤文武周公孔子之道也。孟轲荀卿扬雄王通韩愈之道也。"(《孙明复小集·信道堂记》)孙复、石介、胡瑗的道统观对后世影响巨大继而产生了周敦颐的濂学,伊洛程颢、程颐二兄弟的洛学以及张载关学、福建朱熹的闽学。他们发展和完善了孙复、石介、胡瑗"宋初三先生"的道统观。"三先生"称之宋代理学的先驱。至元代,脱脱等人所撰《宋史》立《道学传》[①],维护了儒家的传统思想,肯定了完整的道统。

　　孙傅在《孟子庙记》中极端推崇"圣人之道"中的"诚"。因"诚"是儒家学派的一个哲学概念,属伦理学范畴,受历代儒家所崇。《中庸》作者认为"诚"是上天赋予人的一种本性,是人生而具有的真诚笃实的道德信念。故《中庸》说:"诚,是天道;努力达到诚,是人道。天生就具有诚的人,不用努力就能符合诚,不用思考就能得到诚,自然而然就能符合天道,这是圣人。使自己达到诚的人,就是选择了善德,并且能够坚持实行它的人。"(《中庸·问政章》)这段话告诉人们,"诚"的道德观念并不是"圣人"的专利,"圣人"以外的人,也有办法使自身做到诚,那就是按照"诚"的要求来"明善",培养"善德",恪守儒家传统道德信念,就可以达到"诚"的境界。《中庸》还说:"由于有天生的诚而自然明白善德的,称之为本性;由于后天的修养而明白善德而达到诚的,称之为教化。达到了诚,就可以明白善德,明白了善德,也就达到了诚。"(《中庸·诚明章》)这里所言,认为"诚"就是"善",就是要发扬个人内心深处的善性,成为具有道德修养的人。它所强调的是个人主观能动性,发扬个人的主观精神力量。儒家还认为"诚"贯穿万事万物始终,没有诚,就没

---

　　① 道学传:《宋史》卷427—430,将宋代研究"道学"即宋代理学的周敦颐、程颢和程颐及十位程氏门人、张载、邵雍、朱熹及六位朱氏门人、张栻等列入道学列传。

有万事万物。君子以诚为贵,但不只是自己用来成就自己的,还要用来成就万事万物,至诚又是永远不会停息的等等。

孙傅以"诚"连接了"道统",说明孟子继承了先王先圣的衣钵,是"诚"的忠实践行者。他宣扬了孟子的"性善论"和做人要做有"浩然正气"的"大丈夫"的气概。同时说明,孟子论"诚",所体现的"诚"的思想与先王先圣一脉相承。他希望大宋的君主成为"诚"者,成为尧舜一样的明君,民众成为尧舜治理下的民众,也能成为诚者。以此自我担当,"不敢以毫分之伪以欺人",就可造化出安定而富强的天下。

《孟子庙记》借《孟子》之语,宣扬了孟子思想和"仁政"主张。其一,论君臣,曰:

其论君臣之际,则曰:欲为君,尽君道;欲为臣,尽臣道。二者皆法尧舜。

论君臣之间的关系,是借用了《孟子·离娄上》,意谓:想成为好君主,就要尽到做君主的道理;想成为好臣子,就要尽到做臣子的道理。二者都效法尧舜就行了。

其二,论税率,曰:

其论什一之法,则曰:重于尧舜者,大桀小桀;轻于尧舜者,小貊小貊。

此论是借用了《孟子·告子下》"论"抽税高低,意谓:想使税率十抽一的标准还低的,是大大小小貊国那样的国家;想使税率比尧舜的标准还高的,是大大小小夏桀那样的暴君。

其三,论仁智,则曰:

尧舜之智急先务,尧舜之仁急先贤,称伊尹能以此道觉此民,而谓殃民者不容于尧舜之世,非诚知尧舜者能言之乎?

以上这段话是说,论"仁智",则以为"尧舜之智",关切的是先人的事业;"之仁",关切的是前世有才德之人。如伊尹是商初大臣。入商辅佐成汤,汤亡,其太子丁未立而卒。他先后辅立太丁弟外丙、仲壬,仲壬卒后辅立太丁子太甲,太甲即位,不遵汤法,乃放之于桐,摄政。太甲居桐三年,悔过,遂迎归,还以国政。复为辅佐,至沃丁时卒。孟子称伊尹是圣人中有责任的人。谓:"伊尹,圣之任者。"(《孟子·万章下》)又说,伊尹的处事方法是:可以侍奉不好的君主,可以使唤不好的百姓,天下安定时去做官,天下动乱时也去做官(《孟子·公孙丑上》)。他能以此道使民众省悟,而祸害民众之人,不容于尧舜之世,不讲诚意者能说知道尧舜之道吗?

《孟子庙记》还用犀利之笔砭评时弊。曰:

虽当世之君尚权谋,相倾夺,上下较趋於利,而未尝桡一言以求合焉。非天下之至诚笃于自信者能之乎?孟子之没,道失其传,至有假其说而以伪言尧舜者,始说其君以帝道,则既不合而之王,中说其君以王道,则又不合而之霸。

上文之霸指霸政,以武力进行统治的政治;又指霸道,以武力、刑罚、权势等进行统治。二者皆与上句"王道"相对,"王道"是指儒家所倡导的以仁义治天下的主张。《孟子·梁惠王上》:"养生丧死无憾,王道之始也。"意谓:百姓生养死丧没有什么遗憾,就是王道的开始。又曰:

> 是志于求和而以伪欺其君者也。口尧舜之说以贾其高(贾音 gu,求,谋取),躬申商之术以济其欲,是以伪欺天下而贼其君者也。

上文所指申商之术之申,指申不害(前 385—前 337),战国时郑国人,后为韩昭侯相。其思想"本于黄老而主刑名"(《史记·老子韩非列传》)。主张法治,尤重"术",要求君主"因任而授官,循名而责实,操杀生之柄,课群臣之能(《韩非子·定法》)。相韩十五年"内修政教,外应诸侯",使"国治兵强,无侵韩者"(《史记·老子韩非列传》)。商,指商鞅(前 390—前 338),战国时卫国人。秦孝公时任商鞅为左庶长、大良造。相秦十九年,先后两次变法,使秦国成为战国时最强大国家,为统一六国奠定了基础。因申、商二人皆法家,主刑名之学。后世指学习刑名者为申商之术。

《孟子庙记》最后说:

> 昔之为纵衡(同横)之说者,不过怵人君以利害强弱之势尔,其伪易见,若夫假帝王尧舜之说,使人君慕其高而不虞其奸,则其伪难知。作于心,害于政,其祸天下甚于杨、墨,故不可不辩,以监天下后世窃孟子之说以为不义,而自比于孟子者。

上文中杨,指杨朱,战国时魏国人,其思想核心为"重生""贵己",主张"全性葆真,不以物累形"。认为"人人不损一毫,人人不利天下,天下治矣"。与墨子的"兼爱"相反,被儒家斥为异端。墨,指墨翟(前 468—前 376),战国时鲁国人,墨学的创始人。其学与儒家对立,并称"儒墨显学",主张"兼相爱,交相立",提出"非攻"等主张。他反对浪费,主张"非乐""非葬""去无用之费"等。《墨子》一书是研究其思想的主要资料,杨、墨主张相反。孟子说:"杨朱、墨翟之言盈天下,天下之言不归杨,则归墨。杨氏为我,是无君也;墨翟兼爱,是无父也。无父无君,是禽兽也。"(《孟子·滕文公下》)

毋庸置疑,孙傅之所以有以上之论,说明他十分尊崇孟子之学。孟子认为,只有孔子是能和尧舜、周文王、周武王、周公相比的大圣人,他只是"圣人救世"观点的典型代表。孟子和先秦诸子一样,不相信上天、鬼神来救世,只相信会产生"圣人"来救世。故而极力抨击与孔子思想不符的言论和观点,反对自私自利到头了的杨朱和墨翟。认为他们的观点实质上是"无父无君,是禽兽"。孙傅的这些观点与孙复《庙记》观点相呼应,如出一辙。

孙傅自入仕至靖康之难,正是宋徽宗暴政最烈,玩物丧志,纵欲无度达到极致之时。"特恃其私智小慧,用心一偏,疏斥正士,狎近奸谀"(《宋史·宋徽宗本纪四》)。他亲政以来先后重用蔡京、童贯、王黼、梁师成、朱勔、杨戬、李彦等人。他们相互勾结,掌控朝内军政大权,排斥异己,陷害他们的反对派和改革派。又无恶不作,时人称为"六贼"。"六贼"则竭力迎合徽宗骄奢淫逸的需求,大肆挥霍。一时间君不像君,臣不像臣,昏天黑地。君臣穷奢极侈,视财富如粪土,累朝所储一扫而光。为了粉饰太平,又订礼乐,铸九鼎,造明堂等大兴土木。他们"豪夺渔取于民"。为运奇花异石,每十艘船编为一纲,称"花石纲",经常数十艘船运送,运河中花石纲船"舳舻相衔"。一块石头的运费可达30万贯,一竿竹子花费高达50万贯。为满足徽宗君臣挥霍所用财力,又巧立名目增加赋税剥削。如在河东、梁山泊大片湖泊地被括为公田,官府收租税,上供朝廷挥霍。在河南,强占农民田地达3.4万余顷,胆敢上诉者,施以重刑,致死者达千万。宋廷还借"支移折变"敲勒百姓。

徽宗在位二十五年,除其书画诗词方面成就外,生活的腐朽糜烂在历代皇帝中是少见的。他重用的"六贼"都是奸贪残暴之徒。蔡京一次请同僚吃饭,光蟹黄馒头一项就花掉一千三百余缗,房产金银财宝无数。四千余担金银财宝运亲戚家藏寄。王黼公开卖官,各有定价。童贯家夜不点灯,用夜明珠照明。朱勔靠花石纲发横财,一年田地收租十余万石。朝廷敲诈勒索,"六贼"加地方贪官敲骨吸髓,比"大桀小桀"有过之而无不及。"作于心,害于政,祸天下"甚于禽兽。"伪欺天下而贼其君"者大有人在。残暴、腐朽、黑暗,使众多百姓倾家荡产,社会生产力受到极为严重的破坏,社会矛盾日趋激化。人们对"六贼"深恶痛绝,疾呼"打破筒(童贯),泼了菜(蔡京),便是人间好世界",迫切盼望改变自己悲惨境地,推翻腐朽的宋王朝。农民起义风起云涌,北方有宋江领导的起义,南方有方腊领导的两浙起义,社会动荡,人心思变,大宋王朝到了末日。

另外,蔡京和徽宗打着崇法熙宁(王安石变法)的幌子,大事举行尊孔活动。虽由朝廷赐钱三百万重修孟庙,并设举事官管理孟庙孟林(《孟子庙记》开端有"政和四年,部使以闻,赐钱三百万新之"句),但是他们二人又迷信道士,道士可领俸禄,又纵令道士占田,双重剥削,坐食百姓。他们这种欺世盗名,显而易见,是欺圣人之道。孟子批杨、墨是因为杨、墨危害人们对儒家义理的理解。宋徽宗打着尊孔孟之外衣,而行杨、墨之实,且窃孟子之说,"自比于孟子"。所以《孟子庙记》以为"故不可不辩以监天下",以使天下人明鉴。

孙傅对当时统治阶级昏庸腐败,奸佞当道,伪言横行,欺诈世人,渔夺百姓的现实,痛心疾首,又面对宋王朝摇摇欲坠的境地感到忧虑和悲愤,故而借《孟子庙记》慷慨激昂,奋笔疾书,展示了非凡的气度和胆量。

《孟子庙记》落款:宣和四年十月十五日,朝奉郎监察御史芜裘孙傅记。《孟子庙记》全文约860字,斐然成章,文以载道,十分符合古人提出的"碑披文以相质"(西晋陆机《文赋》)。可见撰者孙傅是名副其实的"词学兼茂科"高才生,饱读诗书,才华横溢。在思想内容上,他力主儒家道统,关心现实,同情民瘼,揭露时弊,具有宋代儒家之风范。维护道统是他的基本立场,他受宋代新儒学的奠基者称为宋初三先生的胡瑗、孙复、石介之经世致用弘扬道统论、开创宋代理学之先河等思想之影响,又受鲁邹之学的熏陶。他的才学和思想都值得今人学习和敬佩。

最后一点希望引起读者注意:孟庙首次修复为何请宋初泰山先生孙复撰写碑记呢?简言之,宋初三先生胡瑗、孙复、石介是弘扬道统论者。特别是孙、石两先生的道统观上承孔孟韩愈等,下启濂、洛、关、闽四个学派。自韩愈首倡"道统论"后,以孙复为首继续推衍,是承上启下者,称之宋代理学的先驱(详见后文)。其二,孙复推动了孟子地位的提高。从历史的和儒学发展的角度看,在宋代以前孟子的地位并不高,至宋仁宗才对孟子引起重视,兖州知州孔道辅找到了孟子墓,并进行修缮;至宋神宗才封孟子为邹国公。自唐代韩愈自称是孔孟之后道统的继承者后,孟子地位才略见提高。在宋初孙复等人的有力推动下,"尊孟"遂成为当时学术界流行的价值取向。他们强调"道统",把孟子和韩愈看作是孔子之后"道"的继承者。所以说孙复等人是孟子地位提升的推动者,功不可没。"三先生"之首是泰山先生孙复。石介和孔道辅都对孙复执弟子礼。所以宋初修缮孟子庙撰碑记者非孔道辅之师孙复莫属(孙复对孟子的评价见后文)。孙傅是孙复学说的忠实信徒,二人碑记内容也必相辅相成。孙傅之碑记同样起到了推动孟子地位提高的作用。北宋初又北宋末泰山之下二位孙先生为孟庙撰写碑记,此乃泰山人之幸事矣。

(注:《先师邹国公孟子庙记》原文采自《孔孟之乡石刻碑文选》〔济宁市政协文史委编,山东友谊出版社,1992年版〕。据该书编者"评介"说,明嘉靖四年〔1525〕版戴光修《邹县地理志》中收录了《孟子庙记》全文。该志是目前发现最早的邹县志。依此又据其他邹县志等资料,经反复核对原石,基本补齐了缺文,并纠正了大量讹误。从1992年版《孔孟之乡石刻碑文选》所录《孟子庙记》碑文看,除撰者孙傅落款外,尚有迪功郎新泰学政阙里孔端朝书,承议郎、秘书省校书郎长安樊察篆额。魏信刊。)

第四节　孙亿率众徂徕抗金

孙亿,北宋末年同知枢密院兼少傅孙傅之弟,累赠朝散郎孙觌之孙。《孙觌墓志铭》载:孙觌"孙凡四人,傅、俭、亿、傅。……亿,将事郎、郓州"刑曹掾。孙亿的乡贯,无疑应与他的祖父和兄长孙傅同,即北宋末年泗水菟裘(今新泰楼德)人。李心传《建炎以来系年要录》(以下简称《要录》)记孙亿为奉符县(治今泰安市)人。泗水、奉符两县为邻,菟裘邑处两县边境,记孙亿为奉符人,属《建炎以来系年要录》的作者误记。

北宋末年,金军大举南侵,宣和七年(1125)金军两路攻宋。宋徽宗传位于太子赵桓

（即宋钦宗）。靖康元年（1126）正月，金大将完颜宗望（斡离不）率东路军围攻开封。宋向金输送金银珠宝，并许割太原（治今太原市西南）、中山（治今河北定州）、河间（治今河北河间）三镇，金军遂于二月退师。十一月，金军东西两路在完颜宗翰（粘罕）率领下会师开封城下，开封失陷，钦宗请降。第二年三四月，金军退师，将徽、钦二帝及后妃、宗室、部分臣僚、礼品法器、天文仪器、书籍地图、府库蓄积等被金人驱掳北去，北宋亡，史称"靖康之变"或"靖康之难"。是年（1127）五月初一，宋康王赵构在南京应天府（今河南商丘南）即位，改元建炎，是为高宗。南宋始此。

金兵攻破开封城后，除在城内对官府库存和民间财富进行抢劫外，"纵兵四掠，东及沂、密，西至曹、濮、兖、郓……皆被其害，杀人如刈麻，臭闻数百里"（《要录》卷四，建炎元年四月庚申），使山东人民遭受了一场空前的浩劫。

建炎元年五月，赵构在应天府即皇帝位，建立南宋政权后，金太宗大怒，决心消灭新建的南宋政权。于当年十二月，兵分三路向山东、河北、陕西进攻。右副元帅宗辅（窝里温）与其弟宗弼（兀术）率兵自沧州渡黄河，攻入山东境。此时，山东境内一片混乱，州县官吏，各有打算，有守城者，有降金人者，有拥兵为盗者，金兵过河先攻棣州（今惠民），不克，只好撤围东去。

建炎二年（1128）正月，金兵进攻潍州（今潍坊市），十八日城陷。同日，青州亦被金兵攻破，金兵又攻临淄，寡不敌众城破。益都（治今青州市，归青州府）知县、千乘县（治今山东高青县东南高城镇北25里）县丞与金兵殊死奋战，身亡城陷。二月，金兵在千乘县遭到当地兵民的伏击，损失惨重，开始放弃潍州、青州、诸城退去。同年十一月，金兵再次入侵山东，先攻德州。宋守德州兵马都监率兵日夜坚守，与金兵交六战，战斗激烈，伤亡惨重，兵马都监被俘后遭杀，城陷。之后，淄州（淄川）、青州、潍州相继失陷。

建炎二年（1128）七月，金帝又命完颜宗辅和完颜宗翰各统一路兵马，自河北、河东南下攻宋。十月，两路金兵会师濮州（今山东鄄城北）遭到守城将领顽强抵抗，夜袭金营，宗翰慌忙逃命而去。不久金将宗弼率兵进攻开德府（今河南濮阳）遭围一月后城陷。十二月，金军转攻东平府（今东平县州城），京东西路制置使范延世弃城而逃。守臣京东西路安抚制置使权邦彦手下无兵，无力抵抗，弃老母及家人南逃，直奔淮西。金军再攻济南府（今济南）知府刘豫献城降敌，失陷。又攻大名府（今河北大名东北），连克袭庆府（今兖州市）。金军所到之处，焚烧殆尽杀掠无遗。期间，金军兵锋直攻泰山南北，泰山一带到处是与金军的厮杀声和百姓的哭喊声。

正当金兵猖狂进攻中原，陷城池，各地军民奋力抗战之时，南宋朝廷却无力抵抗，无数官吏仓皇出逃。在这民族危难之际，孙亿和好友吴给基于民族大义，率军民在徂徕山一带举起抗金大旗，与金兵展开殊死拼搏。

吴给是孙亿友人,东平须城(今东平县州城)人,任北宋监察御史,靖康之变时因反对拥立张邦昌为伪皇帝,自请致仕(事见《要录》卷二)。南宋高宗称帝后复出。建炎元年(1127)六月,"以论事忤"主张投金的权臣黄潜善,被迁官"守尚书左司员外郎"(《要录》卷六)。不久复,被"罢居须城"。孙亿大概初仕郓州时与吴给交友。

孙亿、吴给聚义峰峦嵯峨、兵家必争之地的徂徕山中,结寨据守,不断率义军"下山与金战",英勇震撼敌胆。是时,南宋派驻山东的大臣京东东路(治所青州,辖山东泰山以北,新泰、平邑、枣庄等市县以东,江苏泗阳以北及沂水流域以东地区)安抚制置使刘洪道同徂徕义军取得联系,并向南宋朝廷作了奏报。建炎二年(1128)十月,己亥,南宋朝廷遥授承议郎(宋初文散官,为正六品,元丰废文散官改从七品)吴给充徽猷阁(宋代阁名。大观二年建。收藏哲宗御制文集,置学士、直学士、待制加给文臣,作为衔号等),知东平府(治须城县,即今东平县州城)。授朝奉郎(北宋初为文散官,正六品。元丰三年废文散官,改正七品)孙亿直龙图阁(北宋官名,大中祥符九年置,元丰改制除此职。元祐中定为正七品),知袭庆府(今兖州市)。但,金人既得兖、郓二州,吴给与孙亿以民族大义为重,决不臣服于金人,率军民据徂徕为塞,数次下山与金兵交战(《要录》卷十八)。

孙亿、吴给所率抗金义军,一直坚持到第二年七月。

建炎三年(1129)七月,金将乌延胡里改"讨泰山群寇(此指孙亿、吴给领导的徂徕山抗金义军)平之,毁其营栅"(《金史》卷八十二《乌延胡里改传》)。至此,孙亿、吴给徂徕抗金,终因寡不敌众而宣告失败。义军在徂徕山抗金虽然失败了,但为徂徕山一带留下一段光荣的历史佳话,至今人们仍在传颂那段历史,流传着孙亿、吴给率军徂徕抗金的故事。

第五节　宋代常曾等名士

据明天启及清代《新泰县志·人物》,宋代新泰县有进士九人。宋元丰年间有常曾、于天隐、梁赐(参军)、苑当;绍圣年间有刘良佐(县令)、刘畋(谏议大夫)、孙愷;宣和年间有龚适、龚遂(二人皆为承旨)。其他人未载有何官职。九人中只有常曾曾撰《新甫山记》,仅存在《大明一统志》中的残文:"汉武帝易小泰山为宫山,封三峰为义山。其义山之地曰黄岭,下有洞,深远不可测。"这是至今所见最早专记新甫山之文,虽是残文剩语,却十分珍贵。犹可使人追思当年新甫山之风韵。他的这段残文和龚适的《游峄山》诗一样在新泰文学史上具有十分重要的意义,留下了那一代人在文学创作上砥砺奋进的足迹。

在新泰《县志·人物志·乡贤》中,宋代除上文所记人物以外,另有孙越为诸城(治今诸城市)令。庄概为永和(治今山西永和县西南)令。徐咸,官职不祥。王浚明,历官朝奉郎、新差权(代理或兼)通判、婺州(治今浙江金华市)军州同管勾(管勾,官名。有勾稽、办理之意。始于宋、金元之世,各职司多置)、神霄玉清万寿宫管勾,学事兼管,内劝农事,赐绯鱼袋。另有刘原,在乡读书好义,才力过人,宋元兵乱,占据有利地势,建起屏障,一方百姓赖之,得以安全,《县志》列"义行",祀忠义。新泰方志所记宋代人物仅列以上数位。

第六节 流寓名士——宋代理学的先驱孙复

孙复(992—1057)字明复,号富春,史称北宋晋州平阳(今山西临汾)人,又谓新泰人。举进士不第,退居泰山,学者称其"泰山先生"。石介有名山东,自介以下皆执弟子礼。范仲淹、富弼荐孙复为秘书省校书郎、国子监直讲,累迁殿中丞。以继承儒家道统自居,自称"吾学尧、舜、禹、汤、文、武、孔子、孟轲、荀卿、扬雄、王通、韩愈之道"(《孙明复小集·信道堂记》)。以讲《春秋》著名,强调尊王大义和等级名分,从学者甚众。其学本于唐代陆淳(？—806),而增新意,下启宋胡安国(1074—1138)之《春秋》学。既病,其门人祖无择就其家得书十五万言,录藏秘阁。嘉祐二年(1057)七月卒于殿中丞任之家中,终年六十六岁。著有《春秋尊王发微》十二卷,《睢阳小集》十卷,《宋史·艺文志》仅著录《孙复集》十卷。其别集失传,经后人辑录,名《孙明复小集》。孙复与胡瑗、石介并称"宋初三先生",开宋代理学之先河。金大定间始,在泰安岱庙东建鲁两先生祠,祀孙复、石介,后加胡瑗,称"三贤祠"。至清,增祀泰安籍学者宋焘与赵国麟,遂更名为"五贤祠",迁于泰山之阳凌汉峰下,直至当今。

孙复像

《中国文学大辞典》谓孙复为山东新泰县(今新泰市)人。清顺治年间新泰县令杨继芳《平阳日记钞》(载《颐中堂诗文集》,康熙本衙刊本)载:"曝书山……为孙明复读书处,石壁有遗刻,风雨蚀晦,渺忽不可识。"孙复读书泰山,遂家于今新泰新汶办事处孙村(见乾隆《新泰县志·古迹》)。"孙村"命名即由孙复而来。据欧阳修《孙明复先生墓志铭》,孙复卒后葬于郓州须城县(今山东东平)卢泉乡之北扈原(今东平县梯门乡东瓦庄村附近)。今山东新泰孙村曾在清顺治初年建有孙明复先生祠,清顺治六年(1649)来宰新泰的卢绒为之作《孙明复先生祠记》。《宋史》有《孙复传》。

清《新泰县志·艺文志》录有欧阳修(1007—1072)为孙复撰写的"制书"两篇,其一为《国子监直讲、青州千乘、县主簿孙复可大理评事制》;其二为《孙复可秘书省校书郎国子监直讲制》。另有欧阳修《举张问孙复状》、石介《上孙先生书》。《艺文志》还录有清顺治年间新泰知县卢绒撰《孙明复先生祠记》。该《祠记》除颂孙复之理学成就、德行度量、著作外,认为孙复能以孙村为家是本县之"士君子之至荣"。最后述之为孙复立祠之情况,文曰:

> 绒游岱下,得谒先生祠,而按之志则曰"平阳人"。新邑即古平阳郡,而求先生之故里与后裔,俱不可得。唯邑西南乡有所谓孙村者,盖因先生得名也。邑乡先生张君相汉,牛生苏暨(牛)蒿适与同里,绒遂举以谒之曰:"凡里有贤人君子,生则宜庸之于朝,而没则祀之于乡。兹明复先生乃一代名儒,其后虽斩然不可考,然君既为之里人,则岁时俎豆固谊之所不得辞也,可无谋所、以尸而祝之耶?"咸曰:"余里人之怀斯志也,久矣。君适启之,请营地一区,建数椽以为之祠,记此则非君莫任也。"绒欣然为之许。……

《祠记》这段记载,说明乡人对孙复之崇敬,将孙复视之乡人大贤、先儒而祀之,同时进一步证实,孙复确实以平阳孙村庄为家矣。

据《宋书·孙复传》及欧阳修《孙明复先生墓志铭》:"先生年逾四十,家贫不娶,李丞相迪将以其弟之女妻之,先生疑焉。(石)介与群弟子进曰:'公卿不下士久矣。今丞相不以先生贫贱而欲讬以子,是高先生之行义也。先生宜因以成丞相之贤名。'于是乃许。"该年约为宝元二年(1039),大概孙复娶妻前后,遂安家于孙村。他为何又选在孙村为家呢?孙村位于小汶上游,距平阳故城即新泰县(市)治西南十八里,自古属平阳(新泰)管辖。孙复远离家乡,心中必有廻萦梦绕的思乡之情。成家之前后居住在鲁平阳,犹似居住在家乡之(晋)平阳,仍是以"平阳为家",方可了断,或说减轻思乡之苦。孙村因他到此为家而得名。该村原名三合寨,由兴隆庄、宝合寨、石龙庄三个庄于唐朝渐成一村。至于孙复他为何不选在平阳故城为家而非选在孙村为家呢?笔者以为,当时的小汶水大可行舟航船,交通较平阳方便。这是其一。其二,将家眷安置于此,方可集中精力精研学问,减少家庭琐事带来的烦恼。同时可减少学者、朋友在家的应酬,节省些开支。因先生来泰山以后,仍是"病卧山河,衣弗衣,食弗食""上无斗升禄以养子""下无一夫之田,五亩之桑以供伏腊",生活十分困窘。专心"日抱《春秋》《周易》读诵,探伏羲、文王、周公之心"。这是孙复当年生活的写照。

按欧阳修为孙复所撰《墓志铭》,庆历二年(1043),孙复被"召拜校书郎国子监直讲",离泰山入朝了。今多以为孙复是在景祐二年(1035)来泰山的,若按庆历二年入朝,孙复在泰山讲学时间前后只有八年。那么,孙复居家孙村时间或许还不足八年。但是《宋元学案》卷1《安定学案·胡瑗》载:胡瑗因家贫,无以自给,与孙复、石守道同学,一坐十年不归。而《宋史·胡瑗传》则载:"景祐(1034—1037)初,更定雅乐,诏求知音者,范仲淹荐瑗,白衣对崇政殿。"据此说来,孙复来泰山则胡瑗离泰山,将入朝,二人在泰山相交时间多说一年半载,与《安定学案》所载胡瑗与孙复、石介同学,一坐十年不归不符。那么说,孙复至少是在胡瑗被荐入朝之前十年,即宋仁宗天圣(1023—1031)初年"举进士不第,退居泰山,学《春秋》"才合乎情理。孙复生于淳化三年(992),至泰山时当在三十二三岁。石介生于景德元年(1004),孙复至泰山他才二十岁左右,孙复比石介年长十三岁,此后当执弟子礼。由上推之,孙复居家孙村至少有十年余。

"宋初三先生"的结伴形式,是历史的巧合,更是三人志同道合的结果。宋仁宗景祐初,孙复因家贫,举进士不第,远离家乡,流落京畿,受到范仲淹的资助,并协范仲淹在应天府任教职。泰山奉符人石介(字守道)天圣八年(1030)二十六岁进士及第,授将仕郎、秘书省校书郎、郓州观察推官等职。景祐元年(1034)调任南京(今商丘市南)为留守推官兼提举应天府书院。第二年回乡筹建泰山书院,遂敦请孙复来书院主持教学,号称之"泰山先生"。

石介,字守道,奉符(今泰安市徂徕镇)人,在鲁名望并不亚于孙复,但以身下之,拜孙复为师,访问讲解,执弟子礼。"介执杖履,立侍复左右,升降拜见扶之(《宋史·儒林二·孙复传》)。石介与孙复名为师徒,实为谊兼师友,他们以泰山徂徕为教学基地,光施教泽,广泛联络范仲淹等人,与之遥相呼应,批佛、道二教,倡儒家道统。"以泰山书院的形成为标志,终于形成了具有鲜明特色的学术流派"(全晰纲《泰山学派的缔结及时代精神》,山东师范大学学报,2002年第6期),此即泰山学派。在书院,孙复负责教学,石介负责组织与宣传。石介又因丁忧曾耕种于徂徕山下,故被尊为"徂徕先生"。欧阳修在石介的墓志铭中写道:"鲁之人不称其官,而称其德,以为徂徕鲁之望,先生鲁人之所尊,故因其所居之山以配其有德之称,曰徂徕先生。"

胡瑗,字翼之,泰州海陵(今江苏泰州)人。因家贫无以自给,往泰山,与孙复、石介同学,攻苦食淡,终夜不寝,一坐十年不归。得家书,见上有"平安"二字,即投入涧中,不复展,恐扰心(《宋元学案》卷1,《安定学案·胡瑗》,中华书局1986年版),人称"安定先生"(胡瑗在泰山时间有多说,本文采《宋元学案》说)。曾以经术教授吴中,年四十余(《宋史

·胡瑗传》)。"(孙)复与胡瑗不合,在太学常相避。瑗治经不如复"(《宋史·孙复传》)。

孙复、胡瑗、石介三人同启宋代理学①思想之先河,是"宋学"的先驱。他们的学术活动基本上都开始于宋仁宗朝的前期。故有学者认为,宋代理学的兴起与范仲淹庆历新政有着密切的关系,宋初三先生是广义的宋代新儒学的发端(光明日报,2018年9月8日载:"宋明理学研究的新气象——宋明理学国际论坛"综述)。"宋初三先生"学术成就的推广应该与泰山书院的建立有密切关系。泰山学派的缔结,不仅促进了鲁地学风的大兴,并对宋代儒学的复兴,即新儒学的产生起了关键作用,至周张二程则成"新儒中之新儒"(引文同上)。"三先生"所奠定的理学,又称"道学""宋学",此后的若干"宋学"家们都标榜自己是继承孔孟之道的正统,即"道统"者。至南宋朱熹集理学之大成,建立了完整的思想体系。

"宋初三先生"之首孙复,一度居家平阳(新泰)孙村,遂成新泰之幸事,至今人们均均乐道。后人曾为之立祠祀之,县志列入流寓名士。孙复来泰山,不仅影响着泰山、新泰一带的时人,而其影响至今。自宋初至今千年,孙复受历代无数士人学习之、爱戴之、崇敬之、祭祀之。孙复为流寓新泰之名士,故鄙人不揣鄙陋,借此浅述孙复的学术成就和历史贡献,望读者哂之。

一、泰山学派的奠基人,宋代理学的开创者

儒学发展到汉唐之际,学者们十分重视章句的注疏。随社会大环境的改善,一些学者开始对汉唐章句注疏之学产生质疑,表现出对治经方法的创新。其要旨即以义理之学取代汉唐章句之学。宋仁宗庆历以后,几乎所有的儒家学者,都在疑经风气盛行的大环境下,热衷于对儒学经典中义理的探求。"宋初三先生"之首孙复成为主张以义理解经的代表人物。他的《春秋尊王发微》,就是以义理解春秋的主要著作。《春秋尊王发微》12篇,是其治《春秋》的名世之作。后人评价认为该书严夷夏之辨,正君臣之分,明大一统之义,倡经世学。主张全凭自己的理解解释《春秋》,力图把儒家经典中蕴涵的义理重新阐发,为世人所钦重。宋仁宗景祐二年(1035),当他得知范仲淹迁判国子监后,立即给范仲淹写了一封长信,明确表示自己对传统章句注的不满,并对《易》《春秋》《诗》《书》的诸家传注进行了非议。他说:"汉魏而下诸儒纷然四出,争为注解,俾我六经之旨益乱,而学者莫得其门。而入观,夫闻见不同,是非各异,骈辞赘语数千百家,不可悉数。……国家

---

① 理学:属中国古代哲学范畴。其要义致力阐释义理,兼谈性命,认定"理"先天地而存在。它始于宋代,是由"礼学"发展而来,是宋代新儒学,发端于孙复、石介、胡瑗,故称为"理学"三先生。后来,宋明儒家发扬光大,成为周敦颐、二程兄弟、张载、朱熹、陆九渊、王阳明等人的哲学思想。

以王弼、韩康伯之《易》，左氏、公羊、榖梁、杜预、何休、范宁之《春秋》，毛苌、郑康成（即郑玄）之《诗》，孔安国之《尚书》镂板藏版于太学，颁于天下，又每岁礼闱设科取士。……复至愚至暗之人，不知国家、王韩左氏公羊榖梁杜何范毛郑孔数子之说能尽于圣人之经耶。"又说："专守王弼、韩康伯之说，而求于大《易》，吾未见其能尽于《大易》者也；专守左氏、公羊、榖梁、杜预、何休、范宁之说，而求于《春秋》，吾未见其能尽于《春秋》者也；专守毛苌、郑康成之说，而求于《诗》，吾未见其能尽于《诗》者也；专守孔安国之说，而求于《书》，吾未见其能尽于《书》者也。彼数子之说既不能尽于圣人之经，而可藏于太学，行于天下哉？……注说之乱六经，六之未明。"（《孙明复小集·与范天章（二）》）孙复敢于对诸儒大胆抨击，表现出了不拘成说、探求创新之精神。

欧阳修对孙复探求治经之宏旨大义做出很高评价，他在《孙明复先生墓志铭》中说："先生治《春秋》不惑传注，不为曲说以乱经，其言简易明，……得于经之本义为多。"范仲淹等人也都称孙复"有经术，宜在朝廷"（《宋史·孙复传》）。宋仁宗庆历二年（1042），石介、孙复先后入太学为国子监直讲，酷愤时文，太学文风为之一变。以孙复为中心的泰山学派在研究儒家经典时，往往抛开前人之成说，不受任何圣贤的条框限制，自寻义理，以自己的思想去领会理解、阐释儒家经典，表现出了其独自的见解。孙复对汉唐注疏的评说和认识，对当时的儒学界影响很大，推动着宋代疑经改经学风的形成，逐渐使汉唐注疏之学转向了义理之学，促进北宋儒学的复兴。孙复对此有开宗之功。以孙复为奠基人的泰山学派亦功不可没，石介、胡瑗的经学研究也各有所长，成就不凡。

至朱熹在回顾总结义理之学形成的过程时说："理义大本复明于世，固自周程，然先此诸儒亦多有助。旧来儒者不越注疏而已，至永叔（欧阳修）、原义（刘敞）、孙明复诸公，始自出议论，如李泰伯（李觏）文字亦自好。此是运数将开，理义渐欲复明世故也。"（黎靖德编《朱子语类》卷80，转引自仝晰纲等著《齐鲁文化通史·宋元卷》，中华书局，2004年版第88页）可见宋代新儒学对理学形成有着不可替代的作用。

孙复、石介还积极主张变法改革。当庆历三年（1043），他们的好友范仲淹上《答手诏条陈十事》，旗帜鲜明地提出裁减冗员、任用贤、强调民主、构建新制的改革主张，孙复、石介以强烈的忧患意识，支持范仲淹的改革主张。

二、儒家道统的倡导者、维护者、继承者

所谓道统，即儒学传道之统绪。《孟子·公孙丑上》："乃所愿，则学孔子也。"孟子自命是孔子道统的继承者。西汉扬（杨）雄也论儒家圣人序列。至唐代韩愈作《原道》，排斥佛教、道教，仿照佛教诸宗的祖统，始提出"尧、舜、禹、汤、文、武、周公、孔、孟"相传授"道"的系统，以继承孟子者自任。孙复提出的道统说开宋代理学之先河。孙复的道统说比之韩愈，内容更加充实，形式也更加完善。

孙复在他的《信道堂记》中说:"吾之所为道者,尧、舜、禹、汤、文、武、周公、孔子之道也,孟轲、荀卿、扬雄、王通、韩愈之道也。"他在《上孔给事书》中说:"夫子之道,治天下,经国家,大中道也。其道基于伏羲,渐于神农,著以黄帝、尧、舜,章于禹、汤、文、武、周公。……我圣师夫子删为六经,由是治天下,经国家,大中之道,焕然而备。……自夫子没,诸儒学其道,得其门,而入者鲜矣。唯孟轲氏、荀卿氏、扬雄氏、王通氏、韩愈氏而已,彼五贤者,天俾夹辅于夫子者也。"(《孙明复小集》)

孙复还以为:"自西汉至李唐,其间鸿生硕儒摩肩而起,以文章垂世者众矣,然多杨墨、佛老……至于始终仁义,不叛不杂者,唯董仲舒、扬雄、王通、韩愈而已。"(《孙明复小集·答张洞书》)孙复十分推崇董仲舒。他认为董仲舒在儒学遭受"秦暴"致命打击后,"圣人之道晦"之时,是董仲舒向汉武帝"推明孔氏,抑黜百家"之"贤良对策",被汉武帝采纳后,使儒家道统得以"晦而复明",绝而复续,皆董仲舒之力(《孙明复小集·董仲舒论》)。

自韩愈首倡道统论至宋初之孙复继续推衍,积极弘扬。孙复居于泰山,精研《春秋》以道自重的同时,针对佛老盛行的社会现实,极力倡导"道统",意在摧陷廓清,复兴儒学。面对佛道对儒学的冲击,他号召人们对佛道鸣鼓而击之。他说:"圣贤之迹,无进也,无退也,无毁也,无誉也,唯道所在而已。……吾之所为道者,尧、舜、禹、汤、文、武、周公、孔子之道也。孟轲、荀卿、扬雄、王通、韩愈之道也。"(《孙明复小集·信道堂记》)又说:"噫!儒者之辱始于战国,杨朱、翟墨之于前,申不害、韩非杂之于后,汉魏而下,则又甚焉。佛老之徒横乎中国,彼以死生祸福虚无报应为事,千万其端,惑我生民,绝灭仁义,以塞天下之耳,屏弃礼义以涂天下之目。天下之人愚众贤寡,惧其死生祸福报应人之若彼也。莫不争举而竞趋之,观其相与为群纷纷扰扰,周乎天下,于是其教与儒齐驱并驾,峙而为三,吁!可怪也。"(《孙明复小集·儒辱》)孙复的上述言论在当时影响很大。因为,当时的宋廷放任佛教,主张佛、道、儒"三教"并兴。一方面大力提倡儒学,视孔子为"人伦之表",把儒学作为宋王朝的指导思想;另一方面又鼓励佛、道二教入儒,企图来辅助儒学,助长了佛、道的势力,严重威胁着儒学的正统地位。在此社会背景下,像孙复这样的儒士们,包括泰山学派们,不能不站在维护儒学、维护道

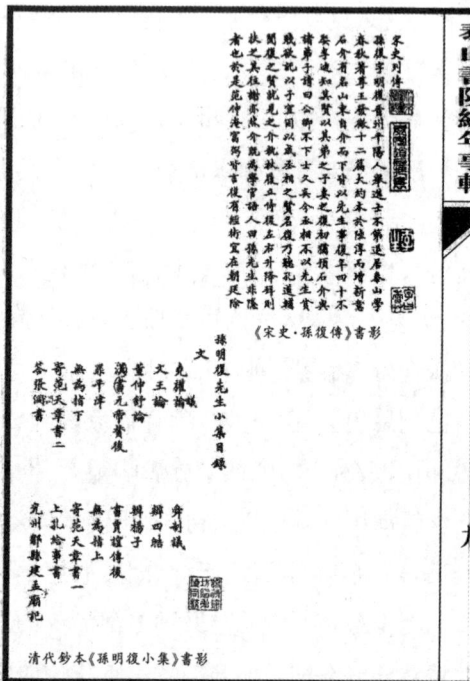

《宋史·孙复传》书影

清代钞本《孙明复小集》书影

孙明复先生小集书影

统正统地位的立场上对佛老展开猛烈抨击,开展排佛老的斗争。

另一方面,孙复认为"仁义礼乐"乃"治世之本",实行仁义礼乐就是以"道"治国,就是实行"王道"。他认为仁义礼乐之道是"治天下、经国家"的"大中之道"(《孙明复小集·上孔给事书》),是"邦国之大经""人伦之大本"(《孙明复小集·兖州邹县建孟子庙记》)。于是,他在《辱儒》一文中高呼:"仁义不行,礼乐不作,儒者之辱与!夫仁义礼乐,治世之本也;王道所由兴,人伦所由正。舍其本,则何所为哉?"他的这些政治言论正表现了宋初理学的本质特征,他对于宋代理学的开创之功也是显而易见的。故明末清初大学者黄宗羲所辑《宋元学案·泰山学案》在总结这段历史时说:"宋兴八十年,安定胡(瑗)先生,泰山孙(复)先生,徂徕石(介)先生始以师道明正学,继而濂(周敦颐)洛(程颢、程颐二兄弟)兴矣。故本朝理学虽至伊洛而精,实自三先生而始。"《安定学案》中也说:"宋世学术之盛,安定(胡瑗)、泰山(孙复)为之先河,程、朱二先生皆以为然。"

三、推动了孟子地位的提升

宋代以前,孟子及《孟子》的地位并不高,当时《孟子》归"子部",并未入经。东汉赵岐在《孟子题辞》中首次尊称孟子为"亚圣",并把《孟子》看作经。西汉武帝设太学,立五经十四博士,五经中并未有《孟子》。孝文帝时有《孟子》传记博士,到东汉被取消。至东晋咸康三年(337)国子祭酒袁瑰与太常冯怀将孔、孟并称。"邹国亚圣公"被官方正式认可是元代的事(《元史·祭祀志五》)。《新唐书·选举志上》有唐代宗时期,礼部侍郎杨绾上疏,"请以《论语》《孝经》《孟子》兼为一经"的记载,但至唐文宗开成二年(837)刻石经于国子学时由"九经"加《论语》《孝经》《尔雅》立为十二经,仍未将《孟子》列入经书之中。韩愈在论述儒家道统时说:尧以是传之舜,舜以是传之禹,禹以是传之汤,汤以是传之文、武、周公,文、武、周公传之孔子,孔子传之孟轲,轲之死,不得其传焉。"《韩昌黎全集》卷11《原道》又说:"自孔子没,群弟子莫不有书,独孟轲氏之传得其宗……故求观圣人之道,必自孟子始。"(《韩昌黎全集》卷20《送琇才序》)"始吾读孟轲书,然后知孔子之道尊,圣人之道易行,……以为孔子之徒没,尊圣人者孟子而已。"(《韩昌黎全集》卷11《读荀》)韩愈的这些呼吁在当时并未引起朝廷及人们的重视。

据史料记载,北宋初年,孟子的地位与唐朝并无差别,士子考试仍考"九经"。到宋真宗大中祥符年间(1008—1016),宋真宗曾命山东宿儒孙奭校勘《孟子》,对《孟子》一书及孟子本人的地位略显重视。此后,庆历新政的领袖人物范仲淹、欧阳修等人开始推崇孟子,认为孔子之后,唯孟轲最知"道"。他们的"尊孟"有一定影响,庆历年间(1041—1048)孟子的地位有所提升,其中发挥作用最大的当属泰山学派的核心人物孙复和石介,以下仅论孙复。

宋仁宗景祐年间,孔子的第四十五代孙孔道辅接任兖州知州。他认为自己是圣人之后代,应以恢张大教,兴复斯文为己任,有责任弘扬孟子。他说:"诸儒之有功于圣门者,无先于孟子。孟子力平二竖(指杨、墨)之祸而不得血食于后,兹其阙已甚矣! 祭法曰:'能御大灾则祀之,能捍大患则祀之。'孟子可谓能御大灾,能捍大患者也。且邹昔为孟子之里,今为所治之属也。吾当访其墓而表之,新其祠而祀之,以旌其烈。"(《孙明复小集·兖州邹县建孟庙记》)于是,孔道辅率地方官员在邹邑东北30里四基山之阳找到了孟子庙,并组织工匠铲除榛莽(即丛生的杂草),肇其堂宇,以公孙丑、万章之徒配祀。景祐五年(1038)春,孟子庙建成,孔道辅请孙复撰写了《兖州邹县建孟庙记》。期间"孔道辅闻复之贤,就见之,(石)介执杖履立侍复左右,升降则拜扶之,其往谢亦然"(《宋史·孙复传》)。

孙复在《庙记》中,对"孔子成《春秋》而乱臣贼子惧"的思想大书特书,把孟子视为孔子之后儒家道统的正宗传人。对孟子地位的提升起到推波助澜的作用,并直接影响到"尊孟"之风的刮起及当时的学术趋向。他说:"孔子既没,千古之下,驾邪怪之说,肆奇险之行,侵轶我圣人之道众矣,而杨、墨之为魁,故其罪剧。孔子既没,千古之下,攘邪怪之说,夷奇险之行,夹辅我圣人之道者多矣,而孟子为之首,故其功钜。昔年,二竖去孔子之世,未百年也,以无父无君之教行于天下,天下惑而归之。嗟乎! 君君、臣臣、父父、子子,邦国之大经也,人伦之大本也,不可斯须去矣。而彼皆无之,是驱天下之民,舍中国之夷狄也,祸孰甚焉。非孟子莫能救之! 故孟子慨然奋起,大陈尧、舜、禹、汤、文、武、周公、孔子之法驱除之,以绝其后。拔天下之民于夷狄之中,而复置之中国,俾我圣人之道炳焉不坠,故扬子(即扬雄)云曰:'古者杨墨塞路,孟子辞而辟之,廓如也。'韩退之有言曰:'孟子之功,予以谓不在禹下。'然,(扬)子云述孟子之功不若退之之言深且至焉,何哉? 洚水横流大禹不作,则天下之民鱼鳖矣;杨、墨暴行,孟子不作,则天下之民禽兽矣。诸谓此也。"

孔道辅将孙复所撰《庙记》刻石以记,这是孟庙的第一方庙记。孙复在这方《庙记》中对孔道辅之壮举大加赞扬说:"嘻! 子云能述孟子之功而不能尽之,退之能尽之而不能祀之,唯公既能尽之又能祀之,不其美哉!"当孙复的友人、学生石介告诉他,孔道辅在孔子家庙中构成孟子、荀子、扬雄、王通、韩愈之画像而祠之,十分高兴地写信(即《上孔给事书》)给孔道辅,信中说:"孔侯之心至矣,吾辈不足也。而将何之也,复闻之跃然而起大呼:'张洞、李蕴曰:昔夫子之道得五贤而益尊,今五贤之烈由而愈明。'"

由于孙复和泰山学派学者们的努力,孟子的政治地位和思想较前有较大提高。尽管有些人,如司马光、苏轼等人有不同看法或有贬孟子的言论,但孟子的思想及《孟子》一书被越来越多的人所认可。至宋熙宁四年(1071),朝廷首次将《孟子》列入科举考试科目之中,当年罢诗赋,以经义、策论取士。学者各专治《易》《诗》《书》《周礼》《礼记》之一经,兼以《论语》《孟子》，既而恢复《春秋三传》明经取士（《宋史·选举一〔科目上〕》）。

元丰六年（1083）"冬十月，戊子，诏孟轲为邹国公"。七年五月，壬戌，诏封"以孟轲配食文宣王（孔子），封荀况、扬雄、韩愈为伯，并从祀"（《宋史·神宗本纪三》）。宣和年间（1119—1125），《孟子》一书被刻成石经，成为"十三经"之一（转引自仝晰纲等《齐鲁文化通史·宋元卷》第82页，中华书局，2004年版）。宣和四年（1122）再次重修孟庙，由当时的朝奉郎、监察御史菀裘（今新泰楼德）人孙傅撰写了《先师邹国公孟子庙记》，今仍存邹城市孟庙亚圣殿内（参见《孔孟之乡石刻碑文选》，济宁政协文史委编写，山东友谊出版社，1992年版。

随着《孟子》入经和孟子地位的提高，孟子和孔子得以相提并论。至南宋朱熹将《孟子》与《论语》《礼记》《大学》合编成《四书》，作《四书章句集注》。孔孟并称，"孔孟之学""孔孟之道"也成为儒家思想的代名词，成为中国传统文化的核心，这其中孙复和泰山学派功莫大焉。

孙复一生坎坷，因贫困游离泰山，却终生致力于儒学研究，开创泰山学派，并精研《春秋》名世，著《春秋尊王发微》十二篇，对宋代理学有开宗之功。他和胡瑗、石介并称"宋初三先生"，成为儒家道统上承孔孟、下启濂、洛、关、闽四大学派的传承者。孙复又致力于提高孟子的学术地位，使其成为继孔子之后道统的传承者，可谓有盖世之功。

附记：孙复有一子孙大年，后来三司使张方平上言，特补郊社斋郎。孙复后裔居有泰山者，泰安范镇孙氏传为孙复后人，村中有殿中丞孙复祠。2012年范镇孙氏家族修复孙复宗祠。另：2016年4月，泰安市博物馆在岱庙汉柏院复建信道堂，成为泰山书院的宣传阵地和国内外知名学者讲学之所。2017年4月，东平县文化界为纪念孙复逝世960周年，于孙复墓旧址立"孙复墓碑"（采自周郢纂辑《泰山书院编年事辑》）。

主要参考书目：仝晰纲等著《齐鲁文化通史·宋元卷》之绪论二、三及第一章一、二，中华书局，2004年版；《孙明复小集》采自王价藩辑《泰山丛书》手抄本第三十三册；周郢纂辑《泰山书院编年事辑》，2017年中华泰山书院刊行本。

第二章 金、蒙元时期新泰名士(上)

金朝是北方少数民族女真人建立的政权,以兵立国,先灭辽,再取北宋,入主中原,与南宋政权长期对峙。自金人南侵以来,汉族民众的抗金斗争一直不断。本章所介绍的抗金元帅石珪就是抗金洪流中的一支劲旅。蒙古成吉思汗建立政权后很快向外发动了掠夺性战争。至金大安三年(1211)秋,成吉思汗发动了大规模攻金战。金天兴三年(1234)金朝亡于蒙古军。有金一朝仅存129年,九帝。

金朝政府出于统治全国政治的需要,也重视教育,实行科学制选拔人才。虽说客观上也推动了教育的发展和科举制的改善和进步,但其目的是招募有用之才为其政权服务。本章中的定远将军张祐、宣武将军储进就是金朝的官员。

据现存明天启、清康熙等朝《新泰县志》载,金代正隆年间(1156—1160)新泰进士有刘述(其父是刘良佐,宋绍圣年间进士)、刘造、刘进三人;举人有天德元年(1149)的郭掞庭、王显忠、王扩、王恕;乡贤有张大友、徐鼎(校尉)等。

第一节 定远将军张祐、宣武将军储进

张祐、储进二人均载明天启年间《新泰县志·人物》,生卒年皆不详,从史料看,二人均是被招募从戎。

一、定远大将军张祐

张祐(生卒年不详),字伯祥。其先人为沂州(治今临沂市西)曲防人。金天眷年间(1138—1140)迁于新泰。张祐因从军攻取大沫崮(俗名柱子崮,在今山东费县西南六十里)有功绩,授其进义校尉(金为武散官三十二阶,正九品下),遂升迁为信武将军(武散官,金代为从五品下),兼任山东淮南郡税使,军民治理的整齐严明,按规定的数量和时间征收的赋税有超出。至蒙古太宗(窝阔台)三年(1231)加封为明威将军(元为正四品武散官),遥授泰安州(元属中书省,俗称腹里)军判,迁至怀远(今安徽怀远县),充任合肥(今合肥西二里)总领军马钱粮及财赋。又授合肥府判官,协助长官处理日常事务。

太宗九年(1237)间,升迁为定远大将军(武散官,三十四阶之第十一阶,元为从三品)并授之束帛作为赏赐,以表彰其业绩。又隔六年,至元太宗皇后(乃马真后)摄政的第一年(1242),以行省(元代行省是中书省的派出机构,后为固定行政机构。掌统管内军政要务)附带着管民千户,授同知(副长官)之职,暂且代管军内及州内之事宜。

张祐之长子张端仁,以才能选授为泰安州讲究议事官。

明天启《新泰县志·丘墓》载:张祐墓在张家沟东,有碑。

【评析】如何看待张祐的"功绩"

史载,红袄军是金末山东、河北地区的农民起义军,因身穿红袄而得名。这支起义军以贫苦农民为主。当时,泰安也是阶级矛盾和民族矛盾最尖锐地区。起义于泰安州的农民起义军首领刘二祖,泰安起义后,率队活动在泰安州、淄州、沂州等地及沂蒙山大沬崮一带。金贞祐三年(1215)三月,金将夹谷石里哥率兵前来镇压,起义军4000多人被杀,8000多人被俘,攻破沂蒙山大沬崮,刘二祖受伤被俘遇害。上文中说张佑"因从金军攻取大沬崮,有功绩,授其进义校尉",张祐无疑成为杀害起义军首领刘二祖的"刽子手"之一,故而有"有功绩"。同为汉人,同一时代人,一个参与了金兵破沂蒙山大沬崮的屠杀,杀起义军首领有功,一个被杀,双方敌我相对。但是,金朝政权为正统,《金史·仆散安贞传》称红袄军为"红袄贼",称金军为"官军",为正统军队。这就是张祐所处的历史阶段。人的阶级不同,立场当然有异。历史人物各为其主,针锋相对者在所难免。无疑,今人应以历史唯物主义的观点去看历史人物。同时,张祐双手沾满红袄起义军的鲜血,历史可鉴,亦不可否认,这即此类人物的历史局限。

二、宣武将军储进

储进,字升之,金代新泰县孙村(今新泰市新汶办事处孙村)人。其先人为东平白石(清光绪《新泰县志》谓"东城",明天启《志》为"东平"。今从明《志》)人。南宋伪齐刘豫阜昌(1130—1137)年间,其祖父储存游离至新泰孙村,遂家焉。金末,储进应招募从戎。金迁汴京(今河南开封市),东平大行台侯挚,秉承皇帝旨意,对储进封爵授衔,录进战功,授宣武将军(武散官,三十四阶之第十八阶。金从五品下)、兖州滋阳县(今兖州市)尉。元至元十二年(1275)卒。清《新泰县志》列名臣。

储进死后葬于孙村村北。清《新泰县志·丘墓》:"储进墓,孙村北,有碑。"墓前原有翁仲、石马、石羊等,今不存,相传埋于地下。

主要参考书目:安作璋主编《山东通史·宋金元卷》,第74页,人民出版社,2009年版;明天启增补版校勘本《新泰县志·人物》,新泰市史志办公室印,2010年12月版。

第二节　抗金元帅忠勇将军石珪

——兼述子石天禄、孙石祖兴

金章宗完颜璟(1190—1208在位)统治后期,强盛已很快成为过眼云烟,迅速走向衰落。这一时期赋税和徭役的剥削越来越重,统治者的腐朽也日益增进,对广大民众尤其对汉族百姓土地的掠夺日甚一日,阶级矛盾、民族矛盾随之进一步激化。金朝统治阶级内部热衷于互相倾轧、屠杀,谁也不把国家的命运放在心上,政治更加腐败。

这一时期,自然灾害也特别严重,旱、蝗灾频繁出现。泰和六年(1206),山东地区旱灾、蝗灾连年发生。沂州(今临沂)、密州(今诸城)、莱州(今莱州市)、莒州(今莒县)潍州(今潍坊)等州尤重。加之黄河决口,黄河下游两岸农民生命财产损失无数,许多家庭家破人亡。幸存者还要承担各种赋税、差役,终至流离失所。人民走投无路,只有起义求生。于是,处于民族压迫和阶级压迫的广大民众,啸聚蜂起,抗金斗争连绵不绝,如火如荼。新泰石珪就是抗金洪流中的一支劲旅。

一、贞祐起兵,负险自保

金朝末年,红袄农民起义军首先在阶级矛盾与民族矛盾尖锐的山东地区爆发。金朝大安三年(1211)十一月,益都人杨安儿,已是第二次发动起义。贞祐二年(1214)十二月,今潍坊人"农家子"李全在潍州起义。他很快聚众数千人,活动于潍州、益都、临朐、安丘等地。周边的小股起义军也投入到李全的队伍,起义军皆穿红袄,故号"红袄军"。"官兵虽讨之,不能除也"(《金史·仆散安贞传》)。

刘二祖这时在泰安州(今泰安市)领导农民起义,活动于泰安、淄州(今淄川)、沂州等地。贞祐三年(1215)三月,金将前来镇压,刘二祖在沂蒙山大沫崮负伤被金兵俘,遇害。余部由霍仪、彭义斌率领。霍仪被举为义军首领,后遭金兵围攻,兵败,率余部辗转各地,继续与金兵作战。

石珪(?—1223),史称泰安新泰(东都)人。为北宋祖徕先生、泰山学者石介(字守道)的后裔,世以读书种田为业。石珪及长,体貌魁伟,臂力过人,十分洒脱,不受束缚。金兵于贞祐年间(1213—1216)起兵南渡,兵戈四起,珪率家乡少壮子弟,负险自保,也相继起义,并接受泰安刘二祖、霍仪红袄军的节制。《宋史·李全传上》载:"刘二祖起泰安,掠淄、沂。二祖死……霍仪继之,彭义斌、石珪等附之。"

二、投奔宋营,联合抗金

石珪曾与滕州陈敬宗聚兵山东,大破张都统、李霸王兵于龟蒙山(龟山、蒙山二山的合称,分别在今新泰市西南和蒙阴县西南一带)。宋将郑元龙以兵迎之,结果败于亳州(今安徽亳县)。石珪乘胜引兵入盱眙(今江苏盱眙县)。宋宁宗(赵扩)嘉定十一年(1218),石珪与李全等率部投宋,驻扎涟水(今江苏涟水县北),号"忠义军",石珪任忠义军统辖。据《宋史·贾涉传》载:"楚州(今江苏淮安)守应纯之,以招山东人,纯之令(沈)铎遣周用和说杨友、刘全、李全等以其众至,先招石珪、葛平、杨德广,通号'忠义军'"。

当时,石珪等部成为抗金的一支有生力量,受到南宋政权的重视,不断派员同红袄军将领联络,招纳为宋军。但是南宋政权的一些官员对其不予信任,视为异己。例如,梁丙接任楚州知州后,因宋金局势的暂时缓和,便大力排斥忠义军,拒绝发放粮饷。嘉定十二年(1219)山东来归者不止,代理楚州太守梁丙无以供给。季先恳请梁丙预供两月,然后帅所部五千并马良等万人往密州就食,不许;请速遣李全代领其众,又不许(《宋史·李全传上》)。梁丙之所以不供起义军军粮,是有自己的目的。"通判梁丙行太守事,欲省其粮使自溃"(《宋史·贾涉传》)。此事引起石珪等人强烈不满。石珪向众人言道:"朝廷欲和残金,置我军何地?"(《贾涉传》)于是,石珪、杨德广等以涟水诸军渡淮水屯军南度门,焚掠几尽(《贾涉传》)。石硅率部夺取运粮船只,并在此年二月,率兵二千,渡淮水抢掠。梁丙派王显臣、赵邦永、高友前去镇压。至南度门,王显臣败,赵邦永、高友遇"珪,下马作山东语,皆不复战"(《李全传上》)。从而使宋廷与忠义军的矛盾日趋激化。当时"金人围淮西急,司马都统李庆宗驻守濠水,出战,丧骑三千,石珪与张春皆有亡失。帅司调李全与季先、石珪军援盱眙。"(《李全传上》)

南宋臣贾涉(当时知盱眙军,节制淮东忠义人兵,李全等一时皆为所用)看到这一情况,立即向宋廷上疏,揭露金国此时请和是挑起宋廷与忠义军内讧的诡计,力主安抚忠义军。贾涉认为,只担心山东起义之祸必移于两淮。至若,忠义军之人源源而来,不立定额,自为一军,处之北岸,则安能以有限之财应无穷之须? 饥则噬人,饱则用命,其势必如此也。宋廷采纳其议,任命贾涉为淮东提点刑狱,节制本路京东忠义人马。贾涉到任后,对忠义军采用招抚手段,告知石珪等人要逆顺祸福。自以轻车到忠义大营进行安抚,忠义军诸将多向贾涉请罪,表示誓以悔过自新(《贾涉传》)。

宋嘉定十二年(1219),宋金战争再次爆发,金兵分数路侵宋。忠义军与宋军联合抗金,展开反击。金太子及仆散万忠、卢国瑞等数十万兵攻宋,且以计诱降石珪等。贾涉忧虑石珪等人为金人所用,急速派遣陈孝忠向滁州(今安徽滁州市),石珪与夏全、时青向濠州(今安徽凤阳县东北、临淮关东),季先、葛平、杨德广趋滁、濠二州。数日,陈孝忠败金大捷到达,石珪也屡破金人,遂与季先、李全趋安丰(安丰路治今安徽寿县)。金人设防御的营垒百余个,刚布置毕,就被石珪等解其围。金人不敢窥淮东(淮东路治今江苏淮安市)者六七年(《贾涉传》)。

三、杖剑渡淮,投靠蒙古

至宋嘉定十三年(1220),忠义军的节节胜利,引起南宋政权的不安。"忠义诸将在涟水、山阳(涟水军治今江苏涟水县;山阳为淮安路治,在今江苏淮安市)者既众,(贾)涉虑其思乱",又因滁、濠之役,于是,贾涉故意挑动派系的斗争,制造摩擦,乃下令"分珪、孝忠、夏全为两屯",以削弱其势力(《贾涉传》)。李全以季先为患,乃暗地诬陷季先,利用贾涉,诱杀涟水忠义军副都统季先。贾涉乘季先死,"欲收其军",季军抗命,人情不安。其部下宋德珍等"潜迎石珪于盱眙,奉为统帅"(《李全传上》),"呼为太尉"(《元史·石珪传》)。

贾涉以为挑动、离间忠义军计策失灵,又生他计,谋分石珪军为六。命裴渊等六人各为京东路统辖,各统其军,六将接受任务,贾涉大喜过望,随即向宋廷奏报:"六人已顺从,珪无能矣。"但贾涉不久发现六将暗自视石珪犹如自己的主子,贾涉更加惊惧,日夜密谋消灭石珪这一隐患(《李金传上》)。

同年(1220),李全要求贾涉讨伐石珪,贾涉未行。贾涉以李全军布南度门,移淮阴战舰于淮安(今江苏淮安市),以示石珪有备,然后命一将"招珪军,来者增钱粮,不至罢支,众心一散,珪党自离"。贾步想用这种奸计,击溃石珪的部队。他认为这样可使"珪技果穷"(《李全传上》)。

按《元史·石珪传》蒙古成吉思汗十三年(宋嘉定十一年,1218)蒙古成吉思汗遣使葛葛不罕与宋通好议和。第二年石珪令其麾下刘顺直抵寻斯干城(又称寻思干、撒马耳干、撒马儿罕等。即今乌兹别克斯坦撒马尔罕),拜见成吉思汗。成吉思汗慰劳了刘顺,且敕诏石珪说:"如宋和议不成,吾与尔永结一家,吾必荣汝。"刘顺回来,将成吉思汗口谕转告石珪,石珪从心里感激涕零,日夜思念归顺蒙古。

当时李全起义后,成为红袄军中力量较强的一支,金兵也十分惧怕这支队伍。金宣宗曾以高官厚禄招降李全。李全以"以宁作江淮之鬼,不为金国之臣"回复金朝,表现出了坚定的民族立场。李全所领导的红袄军也在抗金战事上有过不少战果,但在宋嘉定十三年(1220)以后,由于南宋朝廷视起义军首领李全等人为异己,对他们实行种种防范和限制,甚至诱杀(如贾涉和李全谋杀季先),使李全及其他首领的抗金斗争遇到重重障碍。李全本人的私心膨胀,逐渐热衷于争权夺利,进而与友军互相火并,把抗金斗争丢在了脑后。

上文说到,身为南朝宋廷淮东制置使的贾涉,利用起义军之间的摩擦,诱杀了季先之后,季先余部归顺了石珪,引起贾涉不满。又见季先同党裴渊不听他的话,视石珪犹如其主,贾涉恐甚。这时李全结交贾涉府吏,窥探到以上情况,乃见贾涉,请求讨伐石珪。并陈战舰于淮水岸,以使"珪党自离""珪技果穷"(《李全传上》)。这样,造成了石珪叛宋归蒙的外部条件。

蒙古成吉思汗十五年(1220),宋廷果然违背盟约。石珪弃其妻孔氏,子金山,率为其出谋划策的主要干将杖剑渡淮,投奔蒙古。宋将追之说:"太尉回,完汝妻子。"石珪不顾,宋将沉杀石珪妻子于淮水(《元史·石珪传》)。《宋史·李全传上》对此事记之曰:"珪素通好于大元,至是杀裴渊而挟孙武正、宋德珍与其谋主孟导归大元。涟水军未有所属,李全求并将之。"自此,涟水之众尽属李全。

是年十二月,蒙古木华黎①属下探马赤军统帅字里海正活动于山东、淮北一带。木华黎也于年底自河北过黄河攻入济南。严实以济南治中身份,率所部三十万户降蒙古。木华黎又取楚丘(治山东曹县东南五十里楚天集),严实率部先登,很快攻下。又攻下单州(今山东单县南)围东平(治今东平县州城),以严实为临时山东西路行省。至蒙古成吉思汗十六年(1221)四月,东平城内金人粮尽,金朝的行省奔汴京(开封),蒙古兵斩金兵七千余级。严实入城,建行省,忱其民(《元史·木华黎传》)。

五月,石珪率刘顺及李温,依靠字里海投降蒙古木华黎。木华黎对石珪的到来十分高兴,并说:"若得东平、南京(治今开封市),授汝判之。"(《元史·石珪传》)木华黎秉承成吉思汗旨意授石珪光禄大夫、济兖单三州(济州,治今济宁市;兖州,治今兖州市;单州,治今山东单县南)兵马都总管、山东路行元帅,佩金虎符,便宜从事,并授予绣衣玉带。木华黎尉劳说:"汝不惮跋涉数千里,慕义而来,寻当列奏,赐汝高爵,尔其勉之。"(《木华黎传》)

蒙古攻下东平后,石珪与严实分别占据,并收济、兖、沂(沂州,治今临沂市)、滕(滕州,治今滕州市)、单诸州。成吉思汗十八年(1223),成吉思汗诏曰:"石珪弃妻子,提兵归顺,战胜攻取,加授金紫光禄大夫、东平兵马都总管、山东诸路都元帅,余如故。"(《石珪传》)

四、抗金遭俘,慨然就死

成吉思汗十八年七月,石珪领兵破曹州(今菏泽),与金将郑从宜连战数昼夜,粮绝,又因援兵不至,军无叛逆之意,石珪临阵马仆被擒,被囚至金都汴京(今开封市)。

金宣宗见石珪之状并知其为人,便想以名分爵位引诱石珪,欲使其投降金国,石珪愤然曰:"吾身事大朝,官至光禄,复能受封他国耶! 假我一朝,当缚尔以献。"金主大怒,将石珪蒸杀于市,石珪面不改色,慷慨就死。其麾下作为社神设祠在兖州祭祀他。

清《新泰县志·丘墓》载:"石珪墓,东都西南,有碑。"由此可证,石珪死后,归葬故里。《县志·人物》列为名臣。

《元史》为石珪立传,列《忠义》。明清《东平州志》、明《泰山志》、民国《重修泰安县志》皆录有《石珪传》。他生前统领并与金人交战的单、兖、济三州,均在今山东济宁、菏泽一带。此一带民众感念石珪的忠勇,称他为石将军。清光绪《山东通志》卷三十八载:"石将军祠,在(金乡)县学南,祀元总管石珪,元至元年间建。"石将军石像"高七尺,戎服抚

---

① 木华黎:自幼投成吉思汗家,为随同作战的伙伴,与博尔术、博尔忽、赤老温号称"四杰"。蒙古人建立元朝后,封左万户。成吉思汗六年(1211)至十一年,从成吉思汗攻金。十二年,成吉思汗西行,受封太师国王,承制行事,经略对金战事和中原地区的治理。

剑,威仪凛凛"。石将军祠历代重修,至20世纪40年代仍完好,今已不存。又,元至元二十六年(1289),曲阜城北毕家村出土《主簿毕公墓志》一方,墓志文中有"……国朝开国之初,立兖单二州,以便宜都元帅石侯分据之,公(指墓主)隶之麾下。尤为石侯所信任"等语。文中"都元帅石侯"无疑是指石珪。《墓志》可证石珪曾据兖济单三州(见周郢校证明《泰山志》第680页,黄山书社,2006年版)。

附1:元代名将石珪子石天禄

石天禄(1182—1236),石珪之子,元代名将,新泰人。天禄父石珪死后,袭爵,字鲁(蒙古札剌儿氏,木华黎之子)受旨意授石天禄龙虎卫上将军、东平路元帅,佩金虎符。时南宋将领彭义斌①攻取了大名(治今河北大名县东北大街乡)及中山(治今河北定州市),石天禄与孛里海(蒙古将领)率兵将其打败,擒获彭义斌。又败金将武仙,屡立战功。丙戌年(元太祖二十一年,即1226年),孛鲁以功奏报成吉思汗,石天禄迁金紫光禄大夫、都元帅,镇戍边隅,数与金兵作战,未曾败北。

壬辰年(蒙古窝阔台汗四年,即1232年),皇太弟拖雷(成吉思汗幼子,元太祖成吉思汗于元太祖二十二年病死后,幼子拖雷监国。)南渡黄河,石天禄为前锋,战退金兵,夺战船数艘。夜至归德城(金置,属长清县。即今山东济南市长清西南归德镇)下,袭金兵大营,杀三百余人。金将陈防御出兵追围石天禄,天禄突破重围再战,金兵退走。又率兵抢掠亳(治今安徽亳州市)及徐(治今江苏徐州市),所过之地望风附降。

癸巳年(蒙古窝阔台汗五年,1233年)秋九月,破考城(治今安徽凤阳县西南考城乡),复围归德(此处所指应为归德府,治今河南商丘南)。冬十二月,驻归德金兵投降。

甲午年(蒙古窝阔台汗六年,1234年),石天禄入觐窝阔台汗,改授征行千户,济、兖、单三州管民总管(官阶正三品或从三品)。

乙未年(蒙古窝阔台汗七年,1235年),石天禄从扎剌温火儿赤(蒙古将领)渡淮河,攻随州(治今湖北随州市),至襄阳(治今湖北襄阳市)夹河寨,战退南宋兵,扎剌温火儿赤赏以战马。又从其攻蕲(治今安徽宿州市南蕲县镇)、黄(今属河南),功居其首。

当时石天禄奉诏按户征收东平赋税,军民赋税并依天禄已征收的数目记入户籍簿,而东平路严实不得再依法征收。天禄以病不再任职,以子石兴祖袭爵。第二年(1236),天禄卒,终年五十四岁。

---

① 彭义斌,南宋开封人。先从刘二祖起义于泰安,后改从李全,又从李全抗南宋。正大元年(1224),宋廷尝钱三十万缗,以犒劳将士。兵势大振,乃北上抗御蒙古。正大二年,在今山东平原战败李全为扩展势力而向他发动的进攻。又率部进击今河北正定,与蒙古军战于河北内黄五马山,兵败被擒,不屈而死。

附2：显武将军石珪孙石兴祖

石兴祖（？—1282），石天禄子，石珪之孙。石兴祖共兄弟十人。石天禄死，兴祖袭千户（又称千户长，元代为世袭军职），官武略将军。己未年（蒙古蒙哥汗九年，1259年），从伐宋，攻取鄂州（治今湖北武汉市武昌城区）。至元四年（蒙古至元四年，1267年），由宿州（治今安徽宿州市符离镇）率兵抄袭沿淮河诸郡，获宋窥探者十余批，蒙古统军司赏马二十匹，银五百两，锦帛二十端（古代布帛长度单位，二丈〔或六丈〕为一端）。至元十二年（1275），攻常州（治今江苏常熟市西北），为先锋，功在诸将之上。

南宋亡，石兴祖按功劳等次，升宣武将军、管军总管，驻守温州（治今浙江温州市）。当地土贼林大年等图谋大乱，兴祖出兵围击，斩首千余级，召集收敛南溪山寨归农者三万余户。

元至元十六年（1279），兴祖升显武将军（元为从四品），佩金虎符。十九年（1282）七月，兴祖卒于军。其子石珏嗣。

石珪祖孙，一门三英，清《新泰县志·人物》分别载其传，列《名臣》。

《元史》为石珪父子立传。明《泰山志·人物》，明清《东平州志·人物》皆录其父子之传。

（注：上文用干支纪年是因当时元朝尚未建国，无年号、国号）

【评析】石珪"杖剑渡淮"与宋人"沉其妻儿于淮"

石珪祖孙三代矢志不渝抗金，又忠贞不渝归顺蒙元，终成正果，得官获爵，一门三英，新泰仅有。

石珪自负险自保，率众揭竿起义，到汇入抗金洪流，投奔南宋，再到杖剑渡淮，归顺蒙元，都是为抗金保国，在抗金路上不断拼杀，战胜攻取，功勋显赫。最后在战金兵破曹州一役中，不幸被擒，身陷敌营，面对金主诱降，大义凛然，愤然不屈，视死如归。既是蒸杀于世，然面不改色，慷慨就死，可谓壮哉！展现了一代英豪的民族气节。被后人尊崇为"忠勇"的石将军，建祠祀之。

至于石珪舍弃妻儿，杖剑渡淮，投奔蒙元，宋将沉杀其妻儿之事，前人早有评说：

> 烈哉！珪之死也，惜不于华而于夷耳。珪之先也，世为宋之臣子，而厥祖祖徕先生以《春秋》名世，而贻其家。《春秋》内夏外夷，而珪也未之思也。且夫杀其妻者宋人，而之所以杀之者，珪也。视吴起、乐羊子之忍也，有以异乎？无以异乎？
>
> ——采自周郢《泰山志校证》卷之四《人物（元）》石珪条下

（注：吴起杀妻见《史记·吴起列传》："吴起者，卫人也，好用兵。尝学于曾子，事鲁君。齐人攻鲁，鲁欲将吴起，吴起取齐女为妻，而鲁疑之。吴起于是欲就名，遂杀其妻，以明不与齐也。"石介〔1005—1045〕，字守道，宋兖州符奉〔今山东泰安市岱岳区徂徕镇〕人。26岁举进士甲科。初任嘉州〔今四川乐山市〕军事判官等职，因丁忧耕于徂徕山下，教授《易》学。学者称徂徕先生。后入国子监直讲、太子中允〔为文臣五品寄禄官〕，从者甚众，太学由是大盛。斥佛、老及时文，著《怪说》《中国论》抨击之。又作《庆历圣德诗》，诗中称颂范仲淹、富弼、欧阳修等，斥庆历三年〔1043〕召拜枢密使的夏竦为大奸。史称其"出入大臣之门，颇招宾客，预政事，人多指目"。不自安，求出朝。通判濮州，未赴任卒于家。与胡瑗、孙复并称"宋初三先生"，开启宋代理学思想之先河。著有《徂徕集》。）

第三章 金、蒙元时期新泰名士（下）

公元 1206 年，铁木真统一蒙古，被推为大汗，称成吉思汗。他共统治 22 年，公元 1227 年，成吉思汗死，其幼子拖雷监国。1229 年遵成吉思汗遗嘱，三子窝阔台为大汗。其后历经乃马真后、贵由汗、蒙哥汗。1260 年忽必烈北还，三月，召开蒙古贵族会议。忽必烈即大汗位，称皇帝，为元世祖，年号中统。蒙古中统五年，改年号至元。至元八年十一月，蒙古主用刘秉忠之议，取《易》"大哉乾元"之意，改国号为大元，当年有了年号、国号、称元至元八年，本年为公元 1271 年。自蒙古成吉思汗元年（1206）至蒙古灭金的蒙古窝阔台六年，历史年表上同时存在南宋、金、蒙古年号。蒙古建立元朝前，因无年号、国号，故多以干支纪年。

本章所录新泰籍名士，多在金、蒙元、南宋共存时期，且多与"蒙元"有关。其一，蒙古至元二年（1265）至元武宗至大元年（1308），期间有两次并省新泰县，致使新泰元代史料匮乏，知名人士更匮。其二，也是主要原因，在钱穆看来，蒙元政权视黄河流域中国人，原受金人统治，称之为"汉人"。"汉人"在政治上的待遇与蒙古人（称国人）不同，汉人不为正官。蒙古人既看不起汉人、南人（指南宋统治者的人），因此也不能好好地任用汉人、南人。蒙元一朝也有科举取士之制，然此仅有名无实，在实际上极少影响。其真才实学多不屑应举（钱穆《国史大纲》第三十五章〔三〕〔七〕）。钱氏所言乃针对全国而言。蒙元之时新泰受东平之影响较大，严实入主东平，非常重视教育，聘请著名学者元好问、宋子贞

前柴城石刻

等人执教，"齐鲁儒风，为之一变"（《元史·宋子贞传》）。这一时期一些州府县学普遍设立。新泰县儒学就是在元至元年间（1264—1294）建（乾隆《山东通志》卷十四《学校》）。尽管如此，由于多方原因（如至元二年〔1265〕新泰县省入莱芜县，新泰改为巡检司，三十一年〔1294〕复立，就是原因之一）蒙元时期新泰籍名士与其

他朝代相比要少得多。

　　除本章所录名士外,蒙元一朝,据明天启《新泰县志·科甲》所记进士有郦克明、刘世科(曾任肃政廉访使,简称廉访使。该官职元置,属肃政廉访司长官,各道监司设二员,正三品,主掌地方监察之事。明天启《新泰县志·丘墓》:刘世科墓在刘官庄北。据此,刘世科应为新泰市翟镇刘官庄人。只惜此人无传)、孙甫三人;另有进士贾邦显,约在元至元年间(1264—1294)曾办贾氏书院,大概他是楼德柴城一带人。前柴城村东南角有一摩崖题记,刻陈玉瑞题诗一首,记述此事。诗曰:"昔人贾氏读书院,可叹云窗化桑田。华表邦显肄业地,园考县志时维元。云山培塿名胜古,无怀周汉历代禅。敬惜石字追远忆,撰刊故址恐后残。"只惜贾氏事迹不详。其事又见聂剑光《泰山道里记》。

第一节　厚德君子时珍、时宥父子

——兼述时栋、时权

　　新泰市西天宝镇时家庄村南原有一大墓地,古柏参天,林木森秀,碑、坊气度非凡。墓前原有石羊、石虎、石马等石雕,今只存墓碑两通,其一额题篆书"泰安军节度使左副元帅时侯神道碑"十五字。时侯即时珍,原泰安州奉符县天宝(亦作保)寨(今天宝镇)人,金长清人严实先以魏、博等州投宋,蒙古成吉思汗十五年,即金兴定四年(1220)蒙古木华黎入济南,严实降蒙古。第二年严实建行省于东平后,时珍率部归严实。历官泰定军(《元史·地理志一》兖州条:"兖州,唐初为兖州,复升泰宁军。宋改袭庆府。金改泰定军。元初复为兖州。")节度使、兖州管内观察使、元帅左监军(指东平行省所置都元帅府之左监军)、镇国上将军、右副元帅、左副元帅等(时珍像见彩页)。

　　时珍神道碑圆首龟趺,高263厘米,宽108厘米,碑文隶书,28行,满行78字,多漫漶,残存1800余字。由东平路万户总管府参议兼提举太常礼乐宋子贞撰文,前掌书记(曾任"东平路万户总管府掌书记")泰安州次官高翻丹书并篆额。

　　现据时珍"神道碑"碑文,将时珍生平、事迹概述如下。

一、时珍目睹的一场大混战

　　金人自南下入中原以来就连年征战。金宣帝(完颜珣)统治后期,北方遭蒙古军的侵攻,山西、陕西、河北、山东,大片境地丧失。山东全境几近陷落于蒙古军手中。钱穆在其《国史大纲》第三十五(一)这样形容蒙古人的入侵:"蒙古民族入主中国,中国史开始第一次整个落于非传统(钱氏视南宋为中国的传统政权)的异族政权的统治。中国的政治社会,随着一个激剧的大变动。蒙古入主,对中国正如暴风雨之来临。"

　　蒙古族是居住在蒙古草原上的一个少数民族,蒙古部落是蒙古族中最大的一个部落。南朝宋开禧二年（1206），蒙古诸部落尊铁木真为大汗（即国主），上尊号成吉思汗，是为元太祖。这一蒙古政权，具有军事奴隶制性质，富有掠夺性，随着内部的统一，便很快向外发动了掠夺性战争。蒙古的对外战争，从进攻西夏开始。蒙古太祖五年（1210）秋，成吉思汗发动大规模的攻金战争。蒙古太祖八年（1213），蒙古兵分三路攻金，其中蒙将木华黎率兵首次攻入山东。至十二年（1217）十月，蒙古兵第四次攻入山东，破邹平、长山、淄川后北退。十一月，攻下滨州、棣州（今山东惠民县）、博州（今山东聊城市）后，又破淄州（今山东淄川区），南攻沂州，并占领沂州（今山东临沂西二十里）。山东十余州县落入蒙古军之手。成吉思汗将攻取河北、山东地区的使命交给了"功加太师、国王"、承制行事、被赐誓券、金印的木华黎。

泰定军节度使左副元帅时侯神道碑

蒙古军队攻入山东给山东民众造成灾难的同时，金朝末年，官员、军队人数日增，统治者生活腐朽。他们为弥补财政上亏空，采取各种手段加重对民众的剥削。特别是蒙古族对金人女真族的战争，金人接连失败。女真贵族对汉人土地的掠夺欲加强烈，使得汉族农民失去了土地，激化了阶级矛盾和民族矛盾，各地农民起义全面爆发。一场蒙古军攻打金军，汉族农民起义军打金军的大混战，十分激烈。金朝政权在面对数敌的形势下还要应付国内的兵变和反叛。金朝的统治陷入困境之中，几近衰亡。连年混战，战争频发，严重破坏了社会经济，田园荒芜，民生凋敝。统治阶级便开始逃跑、妥协、弃民于水火。民众对蒙古军队的"屠城"政策也十分恐惧，攻一城便将民众全部杀掉，抢掠一空。民众之苦不言而喻。面对现实，人民群众不得不组织起来，保护村寨，保护自己的生命、财产。起初天宝寨时珍，就是组织村民自保的领导者，后归蒙元东平府严实。

二、拒敌兵出奇制胜，使一方帖然

时珍（1182—1252），字国宝。其祖先是博州茌平（今山东茌平县）人，因避唐末朱温乱唐建立后梁，连年征战带来的苦难，徙居山东。因安家于当时的奉符（今山东泰安市）天宝（又作保）时家庄，以农业为生。时珍性情谨厚，自幼为人所喜爱。初被选为差役，借以有功授忠勇校尉等小官。至金末，金兵而返黄河以北时，只围村寨，但仅受牵制而已。到"盗"起东海（今山东郯城一带），所在响应"郡县守令皆望遁去，老幼震骇，无所请命"。

己卯(1219)南宋朝廷遣兵由海道偷偷进入山东,时珍以其众归之,用南宋朝廷的旨意来安抚民众,并有宋廷军队驻扎天宝寨。

当时连年征战,践踏民众,饥民不得耕作,群聚为寇,猎人为食,汶水泰山之间,成为贼寇聚积出没之地。时珍率麾下布奇兵,设罗网,捕寇甚众,其余皆溃散而去,使一方帖然。

金元光元年(1222),原来跟从刘二祖在泰安起义的红袄军将领彭义斌归南宋后,以安抚使之职率部攻克收复京东一带州县。攻克兖州后,奏宋廷复为袭庆府,遂让时珍到袭庆府任职,兼京东西路兵马令,改授武翼郎(武官第四十二阶)。于是,时珍聚集遭受战祸、疾苦的人民群众,勉励大家继续耕种田地,修缮建造房舍,朝抚暮煦,曲尽其道。一月后,忧虑和怨恨者不再,逃亡者归来,乡里相庆,而有了更生之希望。甲申(1224),时珍升任武翼大夫(正七品武阶官,属大使臣),以表彰他的才能。蒙古成吉思汗二十年(1225)蒙古军兵南下,败南宋军队于赞皇(治今河北赞皇县)之火炎山(此处应指赞皇县之赞皇山),各地乡镇皆因恐惧而丧失胆气,能干事有生机的城镇不复存在。时珍也为避难退回老家天宝寨。

时珍回到天宝寨,就组织村民想方设法据守村寨。当时,居民多在村寨周围设置鹿砦①阻塞小路,以防御贼兵。时珍巡查时见到这一情况,立即命人拆除路障,焚毁鹿砦。人们询问原由,时珍说:"这些东西都不足以防备小偷,现在大兵已经到来,留下它们有什么好处? 如果有人放一把火,烟雾四面包围,敌人乘机进攻,我方必人心恐惧,形势就危险了。"大家虽有异议,还是按照他的意见做了。众人皆称赞时珍的智慧。

时珍据守天宝寨,成一方首领。他不仅拒寇有方,明断"杀人案"的事件更为世人称道。有一次,时珍的部民王信去石莱村办事,没有按期回归。王信的父亲寻找儿子,在天宝附近的路旁丛草间找到王信的帽子,上边有血迹和刀斧的痕迹。王父怀疑儿子被村人徐彦、赵署杀害,便到时珍那里告状。时珍广泛调查,认真勘问后,认为徐、赵二人杀人无据,未贸然判决。正好,这时村里有两个妇女"死而复生",并反复说:"我是王信,是徐彦、赵署同杀了我。"其景森然可怖。有关地方官员见王信"鬼魂附身",认为徐、赵二人是杀人凶手无疑,便严刑拷问徐、赵二人,并将情况告诉时珍说:"此鬼神所不容,请刑之如律。"要斩杀徐赵二人。时珍调集案卷,反复推敲,更确信这是一桩冤案,干脆将被告释放了。王信父叩首诉冤。当时人们都认为时珍有意徇私,虽不敢明说,但对他很有意见。过了一段时间,王信活着回来了,说其耽搁经过,恰如时珍分析的那样。王信父子都抢着

---

① 鹿砦:即用伐倒的树木构成形似鹿角的障碍物。分为树干鹿砦和树枝鹿砦。树干鹿砦以阻滞装甲战斗车辆的行动;树枝鹿砦用以阻滞步兵和运输车辆的行动。

到时珍那里请罪。人们这才钦佩时珍的明断。正因为时珍善于观察细微,认真思考,不信鬼神邪说,才避免了一场冤狱的发生。

三、严实割据东平,时珍归之

严实①,金长清人,金至宁元年(1213),蒙古军队不断南侵。金东平府调民为兵,严实身材高大,为众折服,被东平府任命为百户,成为金朝的一名小官。金贞祐二年(1214),因功授予长清尉。金兴定二年(1218)六月,权摄长清令。这年八月南宋军队活跃在山东,长清县城两次被宋军围困,严实降宋,授济南治中之职。严实相续攻取了周围50余州县。金兴定四年(1220),蒙古木华黎入济南。严实认识到南宋朝廷软弱腐败,遂以所辖州县30万户投降蒙古,被授予金紫光禄大夫、行尚书省事,与蒙古兵围金所占东平。第二年即蒙古成吉思汗十六年(1221)蒙古兵破金东平,严实进城,安抚百姓,建东平行省(也称东平行台)辖东平以北恩(今武城东北)、博(治今聊城)等州,从此金朝失山东。严实以东平建立根据地,成为依附蒙古的地方势力。

蒙古成吉思汗二十年(1225)四月,宋将彭义斌围东平,城中粮尽,严实与之议和。七月,严实与蒙将孛里海军队合兵,擒彭义斌。严实又控制了京东诸州县。蒙古成吉思汗二十一年(1226)七月,严实复定东平,深受时珍尊崇。时珍以其地归严实,始属蒙古,成为严实官署的昭勇大将军(武散官名,金为四品下,元为正三品)、泰定军节度使(总判本镇兵马事)兼兖州管内观察使(掌同府尹兼军州事,亦是兖州本州之长官)东平行省都元帅府元帅左监军(位次副元帅)。

《元史·木华黎传附孛鲁传》:"丙戌……秋九月,郡王带孙(木华黎的弟弟)兵围李全于益都。"《元史·严实传》:"又明年,木华黎之子孛鲁取益都,严实皆有功焉。"蒙古成吉思汗二十一年(1226)严实随蒙古军队攻取了益都城。这一年,时珍跟随严实出师益都。严实赞赏时珍恭敬从命,越级升迁为镇国上将军(武散官,三十四阶之第六阶,元从三品)、右副元帅(指东平行省所置都元帅府的右副元帅)。益都攻下后,时珍还镇兖州。

四、镇兖州百废俱兴

当时,兖州一带,林莽千里,是盗贼的巢穴,但由于时珍在兖州镇守,无一人敢于犯境,时珍治下的兖州政通人和,百废俱兴。蒙古窝阔台汗元年(1229)夏,兖州境内大旱,

---

① 严实:金泰安长清(今济南长清)人,兴定二年(1218)权摄长清令。后降宋,为济南治中。元太祖十五年(1220),率所部30万户降蒙古,拜为金紫光禄大夫、行尚书省事。第二年攻占东平。二十年(1225)四月,被宋将彭义斌围困,城中食尽,议和。七月,与蒙古孛里海军合,擒义斌,复占京东州县。与蒙古军攻取彰德、濮州、东平、益都。太宗六年(1234),朝觐窝阔台于和林,授东平路行军万户。九年,奉诏不事征伐,在东平为汉人世侯十五年,掌一方军政。

时珍"斋沐致祷,引过自责",不久,天下大雨,秋季获得大丰收。此虽偶然巧合,但百姓都认为这是时珍诚德的报应。在兖州期间,时珍"名位虽重,家人未尝废耕织,其自奉养,但如布衣时",深得百姓称颂,赖以滋养生息。蒙古窝阔台汗五年(1233),时珍改封左副元帅、陇西郡开国侯(爵位名),食邑千户①。此时的时珍,虽然已经是上马可指挥千军,下马可调动万民之官,而对自己和家人依然要求严格如初,做事兢兢业业一丝也不敢懈怠。

五、致仕返乡守墓明志,终老于家

蒙古窝阔台汗十年(1238),五十四岁的时珍请求致仕还乡,行台许之,其职位由次子时宥承袭。时宥袭官十五年后,复传其子时栋,当时时珍仍身体康健。州、县、乡里皆以为荣。对于急流勇退回到家乡的时珍,乡亲们非常欢迎。乡人有事愿意向他诉说,他也乐于为乡亲们办些事情。在农事之余,他经常带领数十骑,射猎近郊,和乡人好友寻觅故乡山水之乐,很受人尊敬。

时珍原来就不喜急功近利,做事谨慎,从不轻率。终身也不好说闲话,搬弄是非,不论富商高士还是普通百姓都能结为莫逆之交,互相尊重,无贵贱之分,明识果断,往往出人意料,也不参与当地官府及时宥之政事。

蒙古乃马真后四年(1245),时珍上书朝廷,请求寻一风水宝地迁葬祖茔,得到朝廷允许。迁茔之初,时珍朝辞夕归,往来天宝寨与墓地之间。时珍深恐扰民,便在祖茔的北边盖房守墓,从此就住在了这里。其后代便在此繁衍生息,以时氏立村,名曰时家庄。该村前林后宅的格局,正是时珍奠定的。

蒙古蒙哥汗(元宪宗)二年(1252)十月十九日,时珍终疾于家,终年七十岁。葬于时家庄先茔之次,四方来吊唁送葬者,车骑弥路盈街。夫人甘氏,生男六人:长曰宝、次曰宥,又次曰宠,其余三子早逝;生女二人,俱早逝;孙男七人,长孙早逝,次孙栋。孙女四人。蒙古蒙哥汗三年(1253)十二月次子时宥携子时栋为父立碑(即"故镇国上将军泰定军节度使时侯神道碑")。撰文者宋子贞评价时珍说:"忆草昧之初,海内豪杰疾策诡遇,以趋功名者为不少。而侯独盘桓后尘,不失其正,可谓厚德君子者矣。"民国《重修泰安县志》卷八载有时珍传,为"危能戡乱,安能利泽生民"的二十七名"才猷"之一。

时珍先辈皆授封赠:曾祖时全,字成甫,赠昭毅大将军,曾祖母赠太河郡太君;祖父时忻字庆之,赠昭武大将军,祖母赠太原郡太君;父时坚,字守道,赠镇国上将军,母戚氏赠东海郡太夫人;妻甘氏赠陇西郡夫人。

六、次子时宥

时宥(1205—1274)字德宽,时珍之次子。时宥卒后其次子时权与嗣子时栋为父立有

---

① 千户:官名。为世袭军职,又称千夫长。蒙古成吉思汗建国后封臣95人为千户。千户既是军事组织单位,又是地方行政单位。

墓碑,由济南路提举学校官高诩撰文,前山东东西道提刑按察司知事王天挺书丹。墓碑额题"故镇国上将军泰定军节度使时侯神道碑"十七字。现据碑文内容略述时宥生平、事迹如下:

时宥生于纷乱之时,深知艰难险阻之真情。到其父时珍与东平行台严实(谥武惠)略定山东,分土赐爵之时,时宥得授节度使之职主政兖州,掌管严实收取前金占领之地。又渡河(黄河)而南,东略徐(州)境,单独治理灵璧(治今安徽灵璧县)诸县。以抚安为务,由是赖以活者甚众。后来,破光黄间,曾至一石洞,洞内隐藏着避难者千余口,有人欲将千

第一次续修徂徕时氏族谱碑(光绪十八年)

民国六年,第二次续修徂徕时氏族谱序

余人坑杀取其财。时宥认为这些生灵无辜,应救他们于水火。于是,将千余人救之,并无一人被害,避免了一场杀人越货之灾。再后来,严实在郑州西南与金人相峙,敌方屡次挑战,时宥迅速出来迎战,与敌盘旋良久,无人能敌过时宥。

时宥的忠毅之气,使敌折服。严实爱重的晚辈中少见有人可与时宥相比。此后时宥以为年事已高,请求子时栋袭其爵。至庚戌(1250)以病为由要求致政于子时栋。复授时宥镇国上将军、泰定军节度使之爵。甲寅(1254)东平路行军万户总管严实以时宥有病恙,衡量时宥前后之功,奏于蒙古朝廷,朝廷授以行军司马、千户金符铜章,乡里无不感到光荣。己未年(1259)七月,蒙哥汗死。第二年蒙古忽必烈北还。三月,在开平举行贵族会议,即大汗位称皇帝,是即元世祖,罢征伐之役。此时军务之事不再繁忙、紧要,允许时宥之子时栋优游宽容于里社,务农课种。严实多次请时宥重新起来施政,时宥莫再从之。元至元十一年(1274)二月二十日,时宥病重,在私第寿终正寝,享年六十九岁。

时宥娶夫人宁氏,生男四人,长子楫,早世;次子栋;三子权,先为历州县,后为忠显校尉遥授南阳府判官、临清县尹;四子梁。生女四人:长女嫁于东平路总管万户严实之子严

忠范,;次女嫁于泰安刺史张汝霖;三女嫁于洛州防御司马君之子司马天骥,四女嫁于当地房氏。

当初,时宥父卧病,宥择良医无远近,皆邀来为父医病。医生切脉、辩证、对方、合剂必亲料理,夜以达旦,衣不解带数十日。后来父病好转,众人都认为与时宥孝亲有关。时宥允许致仕还乡后,家居无事时,曾教诫子孙婢仆说:"我父本以业农起家,惟当节俭行财,若你辈在衣食方面少有任意糟蹋,我必对你们治罪,任何人无所宽容。"当时,家人在用碓砸加工食材之际,他都亲临加以检视,家中妇女在操持饮食之事时,都严肃认真地操办,不敢逾越时宥的教诫。

碑文最后评价时宥说:非厚德君子,乌能念稼穑之艰难而如此哉,(像是一位)仆毫矣。

【评析】祖孙三代戮力同心,致力修护桑梓名胜

时珍、时宥父子一生处在战乱纷飞的年代,身处广大民众之间,亲自目睹了广大民众之生灵涂炭,艰难困苦。他们父子不论在家乡还是治政期间,都能尽力救民众于水火。父子二人均被世人称之厚德君子。"名位虽重,家人未尝废耕织,但如布衣",不忘"以业农起家,唯当节俭行财,若辈于衣食间少有暴殄,吾必罪汝"。就连妇人操办家中饮食,都要亲加检视,这种毫勤者,吾乡有几。父子为民谋利、持家节俭之精神,至今值得发扬光大。

祖孙三代戮力同心致力于桑梓名胜古迹的保护和建设,至今在当地传为佳话。例如,在贞祐之乱中,徂徕山名胜多遭兵燹。北魏古刹光化寺在战火中"殿宇堂庑尽为灰烬,靡有孑遗"。父子目睹"名山胜概,福田善境"颓废之状,有意修复。遂亲写书信,敦请住持,住持感动,"振锡而来"。时珍又亲临现场,亲定议案,终在蒙古定宗元年(1246)复其旧观。前进士、益津(金代治今河北霸州)高诩撰文记之,额题"重修光化禅寺之记";东平路万户总管府掌书记、益津高翻书丹并篆额;宣武将军、兵马都总领、兖州观察判官时遇,镇国上将军、承袭泰定军节度使时宥立石;武略将军、都巡检段钦等四人参与立石。

同年,时珍父子还助鹿森在徂徕山贫乐岩(今徂徕山南麓庙子林区)建二圣宫。清聂剑光《泰山道里记》载:"……二圣宫,古称二圣堂,元鹿森①隐居处……堂创于元初,开国侯徂阳时珍建,有益津高诩碑记。"二圣堂原祀老子、孔子于一堂,故名,今遗址尚存。由高诩撰文的碑记全称曰:"贫乐岩二圣堂之记。"由孔子五十一世孙、袭封衍圣公孔元措篆

---

① 鹿森:《贫乐岩二圣碑记》:……今我鹿公先生……公北鬵襄溪人,善森其名,茂之其字也。民国《重修泰安县志·寓贤》:鹿森一名善森,字茂之。关中人,隐居徂徕,味老氏言,晚而玩易。题其居曰贫乐岩曰演易斋。

额,东平路万户总管府掌书记、益津高翮书丹。立石人:镇国上将军、左副元帅、前泰定军节度使兼兖州管内观察使、陇西郡开国侯、食邑一千户、致仕时珍,袭爵男时宥。立石时间:岁次丙午夏四月庚申朔四日癸亥(即蒙古定宗元年,公元1246年4月)。

二圣堂附近有时氏族人多处摩崖石刻。如时珍在一巨石崖上亲书"贫乐岩"三字;时氏十三世族人时日新亲书"日新池"三字;元成宗大德四年(1300)仲冬泰安州儒学教授时震书"观涛"二字。又,"自乳山西二里旧有毛姑掩,元初(泰安)州人毛仙姑居之,修持三十余载,临化留颂。"(《泰山道里记》)蒙古蒙哥

时珍手书"贫乐岩"三字

汗五年(1255)前泰定军节度使征行千户时宥为之纪石。今纪石尚存,题曰"毛老姑化而留颂"。石刻颂曰:混处修持三十年,是非海里了真缘。如今撒下皮囊去,拍塞虚空永自然。落款:乙卯年(1255)十一月十九日(见袁明英主编《泰山石刻》第十卷第2937页)。自时宥"纪石"后,遂称其地为毛老谷(《泰山道里记》)。2013年版,由泰山出版社出版刘康主编《泰山文物大全》第211页记该石刻在今岱岳区良庄镇高胡庄村委东北约1000米处,字面高0.85米,宽0.98米,6行7列,共61字,书法隽秀,刻在高1.4米,宽1.63米,厚0.9米巨石上,作者元代时宥。从两书所录刻石画面看,完全一致。只惜后者记为元延祐二年(1315)刻,该年也是乙卯年。然而该年时宥已卒41年,显然误记。

近年有学者在徂徕山南麓,今泰安市岱岳区良庄镇高胡庄境内山崖发现蒙元时《复兴葛氏岩炼神庵记》摩崖石刻,立石者落款:镇国上将军、左副元帅、泰定军节度使兼兖州管内观察使、陇西郡开国侯、食邑一千户致仕时珍,袭爵男时宥、孙栋同立石。摩崖中有"泰定军节度使时侯父子,崇德尊贤,护持教门"等记载。由上可知,葛氏岩炼神庵定是毁于金末战乱,庵主是全真道第四代传人丁志年。他依托时珍父子重新修建,留有摩崖以记之,全真道在徂徕山及其周边的建立、传播得以顺利展开,时珍父子有莫大功德。

据2008年印制的《徂徕时氏族谱》,时珍之孙时栋在"二圣堂"北之摩崖刻有《二圣宫田园记》,记录了"二圣堂"的所属边界。落款:大元乙未年(元成宗元贞元年,1295年)三月,泰定军节度使时栋记石。该记石袁明英主编《泰山石刻》第十卷第2933—2935页有载,且有两处,由此知该刻石至今尚存,但字迹漫漶。

民国《重修泰安县志·艺文志·金石》对上述"田园记"石刻有载,其一:"二圣宫碑,

高诩撰,高翻八分(即汉隶的别称)书,孔元措篆额,在徂徕山阳二圣宫西偏。案《元史·太宗本纪》,孔元措在元太宗五年(1233)袭封衍圣公。碑署年曰丙午元定宗元年(1246)。旧志及《泰山图志》作大德十年(1306)误。是年七月,并有《二圣观山场田园记》刊石。田园为时宥所施己业地一段及诸人所施地土及山里一段土。"

其二,《田园记》略谓:"致仕时侯以本观道众不能安集,乃与其袭爵男宥定议,将自己青石添祖业地尽行施与。致仕时侯寿终,宥遵遗命行之。后以侯父子功德宏普,不宜泯晦,刊石示远。时袭爵者宥男权也,署己未年三月,无年号。按之《元史》,时为宪宗九年(1259)。"

上述田园记有二甚明,一刊于"二圣宫碑"所立之年,即"丙午(蒙古)定宗元年(1246)",但未说明刊石者是谁。此所记年与《泰山石刻》第2934页下图(左)所记"丙午年元月一日"相吻合。又一刊于(蒙古)宪宗九年(1259),"时袭爵者宥男权也"。按时珍"神道碑"和《徂徕时氏族谱》所记,宥男栋袭爵,而非"宥男权"。"袭爵者宥栋"才与《徂徕时氏族谱》所记相符。而《时氏族谱》所记《田园记》落款为"乙未"年(元成宗元贞元年,1295),与《泰安县志》所记宪宗九年(本年为"己未"年)不符,大概《时氏族谱》将"己未"误为"乙未"了。《泰山石刻》第2935页左图下记曰:第二处田园记:己未年三月初吉日,泰定军□□使时正纪石(按《时氏谱》,□□应为"节度","正"应为"栋")。此所记与《时氏谱》所记基本吻合。今借此将"方志"和"族谱"比对记之,又有袁氏主编《泰山石刻》刊之,二刊石今皆存,已是幸事。

民国《重修泰安县志》或其他方志所记蒙元之初事宜及《徂徕时氏族谱》所载时氏先祖之碑记,皆用"干支"纪年,是因当时"元"朝尚未建国,无国号无年号,又不能用金国或蒙古国年号所致。用"干支"纪年容易误记,此乃上述出错之因。

时珍祖孙三代为修复振兴佛、道二教,为传老、孔无穷不朽之教所作贡献可谓宏大,留有若干摩崖碑记,均有重要历史文化价值和书法艺术价值。他们真可谓"厚德君子"矣。以今日论,时珍祖孙三代以上所为并非只为留名后世,而是在抢救文物,传承传统文化。在那战事纷乱之际,百废待兴,他们以资出手相助,同兴佛道二教已视为自己的社会责任,可谓是以天下兴亡为己任了。时氏一门之嘉举除反映出他们崇佛又重道,是徂徕山崇佛重道的第一大功德主外,是否还有另一层政治理念不得而知。故人已去七百余年,今人仍在传颂他们的功德事迹,效法他们的精神,乃时氏族人之幸,新泰人之幸矣!

(注:以上二节所录时珍、时宥、时栋等有关时氏史料均采自时氏族人、好友时博所赠2008年刊印《徂徕时氏族谱》,谨借此致谢。)

第二节　义勇之士时遇

——兼述子信、伟、俊，族人时正、时平

中华时姓，来源不一，至少有三。今天宝时家庄时氏，自称出陇西，即今甘肃临兆一带。后徙山东博州茌平时氏一支，为避乱，唐末徙至徂徕之阳，居今天宝镇。天宝时氏时定为一世祖。其后人繁衍生息，以农为业，不断发展壮大，至金朝末年，蒙元之初，这支时氏已成望族。但是，成吉思汗兵侵南下，铁骑踏入山东，打乱了广大民众的正常生产、生活，兵匪肆虐，民生凋敝，田园荒芜，耕稼失所。上文所说的天宝时氏抗兵匪保民生使一方平安者除时珍外，时氏八世时平、时正皆不辞危难，挺身而出，率乡众御兵抗寇，为保一方平安，俱功而获厚赏。八世时遇首当其冲，成为干将之一。

时遇，字国定，祖父时金，父时通。时遇天资敦厚，有忠

徂徕时氏祠堂

信，好聚会。当金末之时，土寇大乱，民不相保，时遇同从弟时正，从子时珍举旗抗寇，互相呼应，身处危难之中，纠集率领民众，安定一方，使民众没有流亡。东平路万户总管严实听说后，将时遇召到帐前，见他形貌不凡，体壮有武力，经试，用兵举措确实有法。当时，严实就向蒙古朝廷推荐，按朝廷旨意，壬午年（1222）即被录用，授峄州兰陵（治今兰陵县兰陵镇）县令。丙戌年（1226），授武略将军，政授嵫阳县（治今兖州市）令。至己丑年（1229）升宣武将军（武散官，三十四阶之第十八阶，元为从四品）、兖州观察判官兼兵马都总领。至癸巳年（1233）封陇西郡开国男，食邑三百户。丁未年（1247）夏六月二十二日，以疾终老于家，享年六十岁，葬于天宝寨南。己酉年（1249）闰二月十四日，迁葬于时氏先茔。其嗣子时俊于元成宗大德三年十二月为父立墓碑。请当时的儒林郎秘书少监杨桓撰写"碑铭"并篆额书丹。碑铭额题：故宣武将军兖州观察判官时君墓碑铭，计十六字。碑文评价时遇说："作虎兽逃虞猎而必趋险，銎臭避凶害而必匿深渊。入罹干戈，安得不逐勇义君子能庇己者而归之耶？金之季年，四海大乱，农民失业，所在相食。察判官纠合宗族部伍众，外御强暴，战斗无数，保聚一方全生，以底于治平，亦可谓勇与义者矣。"（见2008年刊印《徂徕时氏族谱》）民国《重修泰安县志·艺文志金石》载有该碑铭。

时遇死后,其祖父时金封赠敦武校尉,父亲时通封赠武略将军。其妻刘氏封陇西县君。刘氏生二子,子时信曾任奉符县主簿、县尉兼本州(泰安州)抚治;子时伟曾任本寨税监。次妻葛氏生时俊,长大身体强壮后,曾跟从攻打襄樊等城,到南宋亡,因有战功,授进义副尉(一说进义校尉,武散官),后任东平、泰安路管军总把权千户。

据《徂徕时氏族谱》及民国《重修泰安县志》时氏族人中在金末、元初另有历官者,如时遇从弟时正,历官宣武将军、泰定军节度判官、行省合扎先锋都总领兼行军都弹压[1]、封陇西县开国男。时平历官宣武将军、兖州嵫阳县县令兼军民都弹压、封陇西县开国男等。

主要参考书目:《徂徕时氏族谱》,2008 年刊印。

第三节　储企范、靳明、朱珪三名士

一、朝列大夫储企范

自金朝末年蒙古兵大规模发动攻金战争(同时南宋伐金,起义军也伐金),到元朝立国,中原大地无时不遭受战争的重创。群众灾难沉重,生灵涂炭,也不知有多少家庭妻离子散,家破人亡。储企范就是在这场大规模的动乱中与父母离散,又获团圆的一位。

储企范,字天章,储进长子,元代新泰县孙村人,自幼敦庞不凡,时值动乱与父母离散。高唐郡将刘海拾企范为养子。父子不相闻者三十年。企范至弱冠之年,刘海卒,因袭千夫长(蒙古成吉思汗置为世袭军职,又称千户),历任高唐县、长清县令,东平路监榷税副使、总管府推官,又任曹州(治今菏泽市)同知(副官)、临时代理州尹(州长官)。当时的宰相荐企范之才,补任从仕郎(散官)、中书省(元代为行政区名)都事(七品)。企范地位渐显贵,访知亲生父母处后,开始迎接奉养。不久升为承务郎(文官,改六品,敕授)、同知泰安州(元属中书省,治奉符县,即今泰安市)事,兼任泰安州莱芜等处铁冶同提举(官名)。再迁知沂州(元治丘县,即今临沂市西二十里)事。《沂州志》赞其:"有文学,多惠政,修举学校,士民怀服。"不久,授奉训大夫(文官名。元代为从五品,宣授。)同知璞州(治今山东郓城县北旧城镇)事,职未满选拔为朝列大夫(从四品,宣授)、昌平(今北京昌平)屯田总官。寻授奉议大夫(正五品),担任山东路都转运使司(掌管本路财税钱粮,监督各州官吏)副使。时间不长,由于按税率收税使财政丰饶,升为奉政大夫(正五品,宣授),继迁朝列大夫同知两浙都转运使司事。负责两浙税赋钱粮、仓库出纳、权衡度量之

---

[1]　弹压,官名。元代千户所官员,共二员。上千户所从八品,中、下千户所九品或从九品。

制。清《新泰县志·人物》将储企范列《循良》，又见明天启增补版校勘本《新泰县志》卷之六《人物》。

【评析】储企范的孝行与惠政

方志对储企范着墨不多，但能看出储企范是位苦难者。自幼年与父母离散三十余年，杳无音讯，不得相闻。幸有养父抚育，从而又是幸运者。他功成名就，不忘生身父母，经不懈努力，精诚所至，终得与父母团圆，昏定晨省，侍奉倍至，极尽孝行。企范致仕后回乡，仍不忘父母养育之恩，登敖山(位于新泰市区东，又名青云山)触景生情，回忆起"父提母挈"避难敖山之苦及父母对自己的呵护和关爱，有诗记曰：

> 忆昔垂髫避宋兵，父提母挈亦尝登。
> 合关石下重思省，恍似当年梦里曾。

虽只四句，表现出储氏重游敖山的沉重心情。面对所熟悉的山涧、沟壑、巨石，竟是那兵连祸结年代的藏身之处，"恍似"梦里曾见的一样；"合关石下"，再无"父提母挈"，故思念父母，感恩父母的心情油然而生。

储氏游敖山又一绝则表现了对父母的追忆，诗曰：

> 不见此山四十年，归来山色照华颠。
> 山容依旧人容改，独倚南薰思惘然。

诗人四十年后回故乡，又登敖山，山色照华发，不再是当年的青春年少，世道虽说变得安定，独倚"圣君的惠政"，心里空旷。忆昔四十年前的情形，惘然若失，心情沉重，表现出诗人对父母的思念。

以上两绝分别是企范《游敖山八绝》中的第六绝和第一绝。其他六绝则是储氏写敖山景致及借景抒情，表现出储氏的文学功底，诗曰：

> 平生何地不经过，到处名山入眼多。
> 不似此峰最孤秀，泼蓝千丈玉嵯峨。(第二绝)
> 东去平阳十里间，一峰奇绝冠诸山。
> 几时稳住前坡底，不放登临杖屦闲。(第三绝)
> 环翠亭边山四围，看来独此一山奇。
> 倚天绝壁青如削，只欠汪洋千顷陂。(第四绝)

危磴初登喜不难,忽然汗流泾中单。

不知绝顶高多少,犹向青云仰面看。(第五绝)

城郭嚣尘久厌埋,青山绿树兴悠哉。

汗流浃背政如洗,一阵好风天外来。(第七绝)

拟到敖山顶上来,悬崖细路怯莓苔。

安排蜡屐秋风底,乘兴终当走一回。(第八绝)

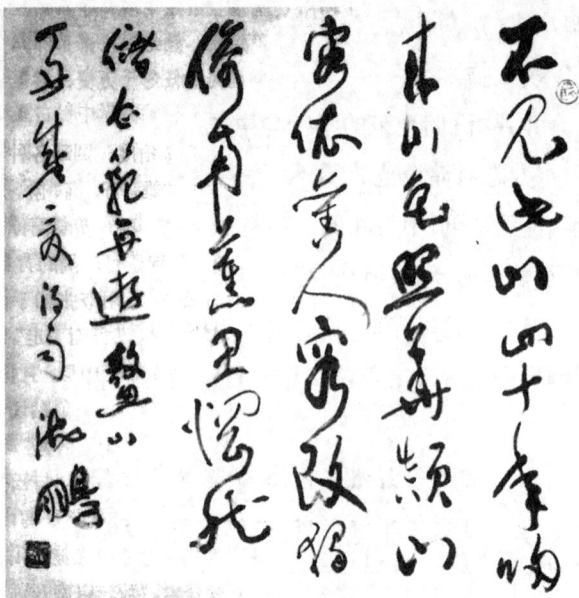

沈鹏书储企范《游敖山有感》诗

《游登敖山八绝》采自明天启《新泰县志·艺文》(新泰市史志办公室,2010年版,第272页)。诗中"环翠亭",清光绪《新泰县志·古迹》有载:"环翠亭,元储企范曰:'新泰旧有此亭。'"早已不存。

储企范留给后世的诗作还有《师旷墓》一首:

太师仕晋此为家,犹有乡村近水涯。

孤冢离离埋宿草,荒祠漠漠映残霞。

四时风雨嘶石马,一部笙簧付野蛙。

正是不胜惆怅处,斜阳枯木噪寒鸦。

储氏该诗除独具匠心的艺术魅力外,还起到以诗证史的作用。证明乐圣师旷虽仕于晋,但故乡在新泰,且在平阳河水之涯的北师店村。诗中"四时风雨嘶石马"句中的一个"嘶"字,则表现出诗人所处时代师旷墓前的石马仍站立墓前,并在四时风雨中嘶叫,此诗句故成千古绝响,颇见诗人的文采斐然(墓前原置汉阙今存泰安市岱庙)。

储企范的"惠政",有"修举学校,士民怀服"八字,但表现出企范的"惠政"之要乃是培养人才,这也正是儒家士子为官之道。他一生之职多是为国管理税赋钱粮,方见其人忠诚老实,不图不贪,为上级所信任,故可节节擢升,成就了他的官运。

二、文武之材靳明

靳明,字彦辉,元代新泰县人,洒脱不拘,具有文武之材。初,由耆老作保,充当把军都统,又任济州(元代治今巨野县)提举,改任东平(今东平县州城镇)兵马司吏员,升武义将军、新泰县令、淄州(今淄川)刺史、元帅右监军,掌握兵权,兼视民事,处理军政事务多以丰足百姓为宗,人皆称之。复迁兖州(即今兖州市)别驾(官名)。新泰方志虽然为靳明留下的史料甚简,但能看出靳明的性格洒脱,做事不受拘束。他能从低级军官,升为提举官(类似仓库保管头目),再擢升武义将军(武散官,三十四阶之第二十一阶,从五品),一州之长官,可谓是位有才能的"文武之材"。又能在处理事务时,心中装着老百姓的利益"以丰足百姓为宗",十分难得。靳明在元至元年间以邑人身份任新泰县尹(明天启《新泰县志·官制》),故在明天启《新泰县志》和清《新泰县志·人物》皆列入《乡贤》。清光绪《新泰县乡土志》则列《耆老录·事业》。

三、惠绩廉声的朱珪

朱珪,字辅之,元朝徂阳沈村(今新泰禹村镇沈村)人。父朱玉在宋亡金乱社会动乱时期,曾率众为一方守备防御。后来,东平万户总管严实下达公文授其担任都总领,管辖军民的一些事务。朱珪,生来器宇不凡,读书博览,博闻识广。及长,被州军辟举,忽睹忽郡王察看下情(大概见他器宇不凡),下达文书让他担任泰安州等处提领,掌管军民,上下帖服。历任胶水(今平度市)、高密二县县尹。任上,兴办学校,收敛奸究,轻徭役,慎讼狱,惠绩廉声,远近称之。历官四十余年,以寿终。据民国《重修泰安县志》卷十四《艺文志·金石》:在县(泰安县)东南沈村西,有"朱珪先茔记碑",于大德四年(1300)二月陈应奎撰并正书。又据清代唐仲冕《岱览》卷二十,大德四年三月"朱珪题名",勒于云云山石壁,真书(即楷书)。

朱珪子朱天祐,曾担任光州(今莱州市)行军镇抚,死于王事(指朝廷差遣的公事)。

朱珪历官四十余年,能有"惠绩廉声,远近称之"的评价,实乃是一生清廉之循吏。参见民国《重修泰安县志·人物志》。

第四节 元末学者孙甫

——兼述子孙德岩、孙德寅

孙甫,字孝元,元朝末年新泰县苏庄(今新泰市羊流镇苏庄村)人,元末进士,新泰著名学者。

一、东方学士

孙甫自幼广览群书经籍,学识十分渊博。他目睹政治黑暗,预感大变将起,遂隐居不仕,讲学于新甫山(今名莲花山)之阳,一时为读书人尊为宗师。

明天启《新泰县志·人物》及乾隆《新泰县志·人物·隐逸》载:"孙甫,字孝元。既登第,知元将乱,引高不仕,讲学新甫之阳,东方学士,从者甚众。新之人文颇著,盖自公始云。"享年六十一岁,葬于故里。明天启《新泰县志·丘墓》:孙进士墓在苏家庄,有碑。

孙甫之父孙荣,以农为业,笃厚勤俭,教子有方,因孙甫例封文林郎;母张氏。妻靳氏、陈氏。有五子,依次是:德岩(曾任县吏、州吏)、德诚、德寅、德润、德昌。

孙甫之长子孙德岩(又作严),字仲威。羊流苏庄孙氏族谱虽未记载其行迹,但在谱之卷首王选诸人所撰《三世族孙君孝思之记》中记孙德岩曰:"门风朴淳,幼倚寒窗,鲁鱼勘辩;壮坐虎幄,群羊未闻。君自县吏,升州吏,郡邑咸颂其贤。信义服于朋友,兹惠溢于间阎。懿歟休哉!何其位之高而心之谦也。辛卯年(元至正十一年,1351 年),值天下乱,归家务农,勤于耕稼,十有七年。"这一记载简明扼要地讲述了孙德岩的生平,并填补了史缺,所遗憾的是未讲明其在何县、何州为何官。

孙德寅立汉武帝庙碑碑额及残部拓片

二、孙德寅与汉武帝碑

孙甫之三子孙德寅,曾以乡耆并以"功德主"身份联合他人于元至正己丑年,即元惠宗至正九年(1349)重修了新甫山前的汉武帝庙,立"汉武皇帝之碑"。该残碑现存莲花山景区"汉武碑亭"。残碑的下部有龟趺螭首碑座,其上用水泥修补,再上即残存原碑的一段。碑文早已漫漶不可识别,唯有篆额"汉武皇帝之碑"及残碑末端"大元至正岁次己□"之年款数字隐约可识。这一残碑在清代吴式芬《历代碑志丛书》中有载,该书之《金石汇目分编》卷十之一《泰安府·新泰县》云:"元新甫山汉武帝庙碑:桐斋正书,篆额,至正己丑。碑已中断。"(转引自周郢《汉代泰山·元代宫山汉武帝庙碑考识》第 133 页,准印证号[泰]2018002)泰山学院周郢教授有幸在清代学者缪荃孙艺风堂所藏拓本中觅得《汉武帝庙碑》拓本。从拓片上看,该碑的上部已失,拓文不知脱去几何,前后数行也漫漶严重,读不成句。唯居中部分尚大致可辨。经其从文字型体、文辞、年代等及结合吴式芬之所载相比对,又见拓文中现孙德寅之名,诸证考识,经认真细心地梳理、辨识,断定缪氏所藏之碑拓即新甫山汉武帝庙"大元至正己丑"所立之"汉武皇帝之碑"。周郢将所见莲花山"汉武皇帝之碑"的碑体及所得碑拓残文著录于大作《汉代泰山》,笔者有幸饱览之。

据周郢《汉代泰山》所录,以下几点十分明确:

1. 修庙立碑者,或说功德主为羊流人孙德寅。残文之前段有"乡耆孙德寅因"数字;中间(第十七行)有"无非乡贤孙德寅敬神之所致也"之语;文之后部有"大元至正岁次己……旬。功德主孙德寅立"等字。结合清代羊流苏庄孙氏家族所藏《新甫孙氏族谱》,知孙德寅为元末进士孙甫之三子。

2. 助修汉武帝庙并助立"汉武皇帝之碑"者也十分明确,其残文末端(第23行至26行)记曰:助工维首:"帖(铁)冶都提举司吏□河史克□;敦武校尉左卫□□□管军上百户牛□;泰安州新泰县前达鲁花赤□□;新泰县典史窦元亨,司吏戴国□、李思□、孙德□、向士□、姜爵□"等数句语。其中元至正"典史窦元亨"其人在明天启《新泰县志》卷五《职官》中和清康熙二十二年增修版

汉武帝庙碑下半部拓片

《新泰县志》卷四《职官》中均有载。另,残文的前半部分提及"耆艾徐君仲达"其人,从记述其人的上下文看,徐仲达与功德主孙德寅关系密切,与文末所记助工者有别,必对修庙、立碑有所贡献。孙德寅所居之苏庄与名臣徐琛家族所居徐家庄是邻村,徐仲达无疑是徐琛家族族人。文中"孙德□"应是孙德寅本家族兄弟。

3. 立碑年份十分明确,残碑末端(第22行)有"大元至正岁次己□"年款,结合吴式芬《金石汇目分编》所载,"己"后缺字应为"丑",故可知碑立于元至正己丑年,即元惠宗至正九年,公元1349年。

除上所记外,碑拓残文大部内容是颂汉武皇帝功业,评述其过,及汉武帝庙修复前后之形态、四周胜景。其次是称颂功德主孙德寅修庙、立碑、续祀之功德。笔墨所限,上述内容不再赘录。

周郢先生觅得、识考、联辍新甫山阳汉武帝庙所遗元代"汉武皇帝之碑"碑拓残文,并著录其大作,解了若干年来若干人想解该碑而不得解之困惑,并补历史之缺,其功莫大

焉。笔者借撰历史人物之拙作,将孙甫之子孙德寅之修庙、立碑之贡献补之,自感是件快事,借此向周郢先生诚挚谢忱。

主要参考书目:周郢《汉代泰山·元代宫山汉武庙碑考识》,泰安市奉高文化研究院编印,准印证号(泰)2018002。

【评析】浅析孙甫"引高不仕"之因

孙甫应是位才学兼备之材,在科举之道上能一路奋进,高中进士,说明他天资聪睿,饱读诗书。在学而优则仕的封建社会,登第不仕,放弃功名,退避尘外,选择高卧新甫之阳,招徒讲学,非凡之人才能如此。然而,其中必有社会原因。

众所周知,元朝是蒙古人统治的"非传统政权"(钱穆的一种说法),依靠民族特权来维护其统治地位,实施民族分化和民族压迫政策。从大蒙古创建到元朝统一,逐步形成四等人制。第一等是蒙古人,称之"国人";第二等是回族、畏兀儿、党项、吐蕃等各色少数民族,叫色目人;第三等是汉人,指原金朝统治下的汉族人、女真人、契丹人等;第四等是蛮子,即南宋朝的遗民,称之南人。不同等级的人在司法、选官及经济、社会生活方面的待遇是不平等的。例如在官员选任上,汉官永居蒙古人之下,还受色目人的牵制。明确规定"以蒙古人充任各路达鲁花赤(蒙古语意谓镇守者),汉人充总管,回族人充同知,永为定制"(《元史·世祖本纪》)。

再如,由于元代社会环境,与宋代大不相同,汉人被受歧视,政治地位甚低,仕途更是不畅,书生的地位一落千丈。按钱穆《国史大纲》载,当时社会有十色之传说,一官、二吏、三僧、四道、五医、六工、七猎、八民、九儒、十丐,此见陶宗仪《南村辍耕录》。……另有一说为,官、吏、僧道、医、工、匠、娼、儒、丐十色。钱穆说:"'儒'为民间自由学者,而与僧侣宗教不同,本由春秋时代封建社会渐次破坏后所产生,为中国社会自秦汉以后一种特别重要之流品。唯就蒙古族人眼光及其社会政治设施言之,则不能了解其地位。彼辈既不能执干戈入行伍,又不能持筹握算为主人殖货财,又不能为医匠打捕,供主要特别之需求,又不能如农民可以纳赋税,故与'丐'同列。""而中国社会上自先秦以来甚占重要位置的士人(当时称'儒',即读书人),却骤然失去了他们的地位。"(钱穆《国史大纲》第三十五章第六节,商务印书馆,1949年版)元代士人竟不如"娼",与"丐"同列,悲哉!

元代科举考试时断时续,凡试蒙古族人、色目人为一榜。他们的考试内容较汉人、南人简单;汉人、南人为一榜,其所取人数则相同。而他们的人口数与汉人却相差几十倍,书生发迹已十分艰难(《元史·选举志一》)。

元朝中后期,权臣专权十分严重,蒙古贵族大肆兼并土地。他们贪污受贿,中饱私囊,无所忌讳。达官贵人营私舞弊,卖官鬻爵,贿赂公行,声名狼藉,买官卖官盛行,出钱多的,卑劣之辈也能担任上显要官职,获高官厚禄;没有钱送的,即使人才出众,任期满了也不再迁转，甚至刚上任一年半载，便被无故免职，或调往偏僻荒凉之地。官员收礼索贿，各有名目，迎来送往叫"人情钱"，逢年过节叫"追节钱"，过生日叫"生日钱"等等。官员官官相护自不必说，官府与富豪恶霸狼狈为奸，欺凌百姓的事司空见惯，甚至故意制造事端或捕风捉影，无辜拘人，进行敲诈勒索（参见《简明中国历史读本》，中国社科院历史研究所编写，中国社会科学出版社，2012 年版，第 327－331 页）。

再看元朝对山东的统治。中统三年（1262）二月初三，起义军领袖之一的李全之子李璮在海州（今江苏连云港市）发动兵变反蒙，尽杀蒙古戍卒以后，元世祖忽必烈加紧实施了"汉法政治"的步伐。确定山东地区为"腹里"，直接归中书省管辖，先后设 6 路 22 州，州与州之间形成"犬牙之势"。由于李璮之变，并没有得到广大民众的支持，却给民众带来灾祸，"民闻璮反，皆入保城郭，或奔窜山谷，由是自益都至临淄数百里，寂无人声"（《元史·李璮传》）。新泰又何止不是如此呢？从而导致民户逃散户口减少，对州县省废。这就是新泰在元朝为何划归了莱芜的原因。同时废省划并的还有蒙阴（省入沂水），昌乐（省入北海），兰陵（省入沂州）等。各州县原来由汉人、女真人、契丹人担任的达鲁花赤一律罢撤，改由蒙古族人或回族人充任。

另外，元朝统治者大规模采用"汉法"政治，成为稳固统治的主要措施之一。此即兴学立教，推重儒学，以"宣教化，励风俗为先"（《元史·不忽木传》）。要求亲民官"以学校为先务，教养为己任"（《元史·谙都剌传》）。还实行优免儒户的政策，在原来的"凡业儒者，试通一经，即不同编户"（《元史·月合乃传》）。所谓"不同编户"，即可享受减免丁赋等待遇。对深通文学者，免本身杂役等（参见安作璋主编《山东通史》宋金元卷，第 100－103 页，人民出版社，2009 年版）。

元朝政府的这些政策虽是笼络人心，但对当时像孙甫这样的士人是很有诱惑力的。"引高不仕"，教授生徒方可得到优待，他以为是明智选择。

孙甫是个明白人，更是个聪明人，"引高不仕"不与元朝统治者为伍，与世无争，远离政治，教授生徒，潜心研究学问，就此终老，这正是他有民族气节、君子气节的表现，是对元朝统治者用人不公，政治、社会待遇不公的一种抗议。

清《新泰县志》记孙甫"新（泰）之人文颇著，盖自公始云"，定是认为孙甫对新泰传统文化、历史人文及发展私学等方面有所贡献。遗憾的是未见孙甫有更多史料留传后世。

第五节　元代名臣徐琰

——兼述徐彬

今新泰市羊流镇徐家庄，元初出了一位自幼"读书不为章句，凡学必穷源流"，至二十五岁才被官府"签充为兵"之人。他属文士,赋性淳朴儒雅,处事谨慎,故可步步高升,官运亨通。最终"奉秩从三品",成为元朝大员。致仕后广结贤达,不畏年高,致力修复新甫山古迹,成为众人称颂的乡贤名士。此人就是生于徐家庄,卒后归葬于徐家庄祖茔的徐琛。

徐琛(1230—1303),字国宝,元代新泰县徐家庄(今羊流镇徐家庄)人,称唐朝英国公徐勣①为其远祖,"世乱,子孙流寓于新"。

徐氏可称新泰的一个大家族。徐琛被尊为新泰羊流徐氏始祖。琛于宋理宗绍定三年(1230)生于本土,其先人何时流寓新泰,志无载,谱不明。"元兵南下,徐氏仅存琛一家,因乱亦流寓他乡。元中统间(1260—1263)复基于此。据明万历四十七年(1619)徐琛十二世孙徐有尚撰《元太守中宪大夫后赠光禄大夫徐公状记》云:'公赋性淳雅,处事谨慎,读书不为章句,凡学必穷源流。仪观魁杰,有古杰士风。'"又云:"(徐)琛祖父行四,祖母夏氏,伯父名庭,父名江,母张氏,生三子,琛为长。琛二弟名琰,字国色;三弟名琥,字国光。"(陈新《新泰徐氏源远流长》,载 2002 年重修《新泰徐氏族谱》第一卷)。

宋理宗宝祐三年(1255),徐琛已二十五岁,"朝命括新军山东,益民二万有奇"(《元史·严实传附子严忠济传》),徐琛才签充参加东平路严忠济②部队。

蒙古宪宗(蒙哥汗)九年(1259),东平路行军万户、管民长官严忠济奉诏南征,以儒士征召徐琛随军,任尚书行军万户府令史(掌管文书的军职文官,官秩从九品)。

蒙古中统二年(1261),因有大臣诬告严忠济"威权太盛",被蒙古世祖忽必烈"召还京师,命(严)忠范(严忠济胞弟)代之"(《严实传》)。中统三年(1262),徐琛归行军都元帅按脱之属,因办事沉着老练,公正无私,选任元帅府令史(低级官吏)。这一年春,曾任

① 徐勣(594—669):世居曹州离狐(今河南濮阳县东南),隋末徙居渭州卫南(今河南渭县东)名世勣,字懋功。武德(618—626)初赐姓李,永徽(650—656)中改单名勣。家富,多积粟。隋末,投瓦岗军,倡推李密为主。武德初,继李密投唐,封曹国公。武德四年(621),从李世民后皆有战功。太宗即位,任并州(今山西太原)都督,贞观四年(630)与李靖平突厥。在并州达十六年,令行禁止,塞垣安静,太宗李世民比之长城。十一年(637)改封英国公,任兵部尚书,未赴京,为朔州道行军总管。高宗李治为太子时,授太子詹事等职。高宗立,即召为相。总章元年(668),复发兵高丽,破平壤,俘其主而归。卒,陪葬昭陵,谥贞武。

② 严忠济(? —1293):元泰安长清(今济南市长清区)人,一名忠翰,字紫芝,严实第二子。蒙古窝阔台汗十二年(1240),袭东平路行军万户管民总管。蒙古蒙哥汗九年(1259),从忽必烈攻宋。蒙古中统二年(1261)召还京师,罢职。

益都行省的李璮①在海州(今江苏连云港市)发动兵变,叛元据济南。徐琛随军围济平叛。七月,济南为蒙军破,李璮被俘处死。

中统四年(1263)东平严氏集团被瓦解。同年,徐琛被提拔为宿蕲(即宿州、蕲县)万户府②经历,掌管军中出纳文移,官秩从七品。

元至元三年(1266),徐琛调任沂郯万户府经历,至十四年(1277),授从七品的文散官从仕郎,任徐州路总管府③判官,官秩正七品,负责处理府内公事,参决民政,或兼捕盗之事。十五年(1278),敕万户侯严忠范(严实四子)修复宿州、蕲县(宿州,治今安徽宿州市符离镇。蕲县,治今宿州市南蕲县镇),徐琛应诏随严忠范戍边。二十年(1283),晋升为从六品的文散官承务郎,任绍兴路(治今浙江绍兴市)总管府判官。二十五年(1288)随军迁驻广德路(治今安徽广德县)。因办事干练出众,敕授为正六品的文散官承直郎,升任广德路总管府判官。三十一年(1294)春,徐琛奉旨晋见元成宗铁穆耳,深受太傅太师月赤察的赏识,荐其可大重用,超拜为从五品的奉训大夫,任宁海州(治今山东烟台市东南宁海镇)知州。不久,又升为奉直大夫,官秩从五品,又改任归德府亳州(治今安徽亳州市)知州,官秩正六品。徐琛在任刚正不阿,尊儒崇学,举贤用能,赈济贫困,抑制豪强,深得民众信赖。

元元贞二年(1296)初,徐琛敕封为官秩正四品的中宪大夫,升归德府(治今河南商丘县南)总管太守,掌管归德府军、民诸事,跻身于朝廷重臣。后又迁任沂郯万户府(治江苏淮安府署)知府,官秩正三品。

不久,木华黎五世孙脱脱元帅南征,举荐徐琛辅佐出征,曰:"如徐公者,年高德劭,可辅佐我以南征矣!"于是,徐琛以"资望高深之武臣"拜为三路副元帅奉秩从二品,"同挂三面元帅印"(《徐公状记》),辅佐脱脱元帅督领诸军,攻城拔寨,屡立战功。

元大德四年(1300),徐琛年七十,功成名就,按例致仕,荣归故里徐家庄。

徐琛解甲归田后,兴修义学,修路建桥,主持修复了许多当地名胜,为乡里父老做了

① 李璮(?—1262):字松寿,潍州(今山东潍坊市)人。蒙古太宗窝阔台三年(1231)袭父李全之职治益都行省,专制山东三十年。中统元年(1260),晋江淮大都督。与宋交战,取涟水等城。三年(1263),举兵反,献涟水等三城于宋,歼蒙古戍兵,进据济南。南宋封为齐郡王。七月,济南被蒙古所破,被俘处死。
② 万户府:官署名。蒙古成吉思汗建国,封右、中、左三万户,分领属下军民。元代分设于中枢及各路,置官万户,开府治事,统属下千户。
③ 总管府:官署名。元代于大都路、上都路设都总管府,其余各路设总管府,管理地方司法民政事务,兼管劝农事,江北诸路另兼诸军奥鲁(蒙古人出征时,留在后方的家属、辎重)。

若干善事。徐琛喜爱游历,广结贤达,与羊流儒生赵惟敬等名士往来密切。因感念新甫山汉武帝庙多年失修,倡议复修,以保存古迹,为民祈福。惜尚未完工,因年高于大德七年(1303)辞世,享年七十三岁。当年归葬于今徐家庄东南徐氏祖茔。

徐琛去世后,元朝皇帝念其功高德重,敕封光禄大夫,赐御葬,祀乡贤,恩典甚隆。

徐琛墓

徐琛去世时官阶从二品,元至治三年(1323)七月,徐琛御赐神道,在其墓地按元代二品葬制修成,由北向南依次立:石人二,石坊一,坊柱二,石羊二,石虎二。石人(翁仲)高 2.5 米,分左右相对而立;墓左为武士,头戴高冠,着铠甲,披宽袖长袍,颔下长髯飘洒,面部表情恭顺,双手按剑及地;墓右为文士,文职装束,双手持笏,造型稳重,刀法细腻,纹理清晰。石坊两柱夹一额,石柱高 2.4 米,石额呈梯形状,长 2 米,造型简朴,阴刻楷书:“徐公祖茔之门,至治三年七月十七日。”石羊高 1.1 米,长 1.25 米,呈卧姿,凝重安详。石虎高、长同石羊,前腿直立,后腿卷屈,昂首张望,双目奋睁,虎口上翘,虎身劲健,虎尾弯转于后腿之间,物象生动,富有动感。石柱今存二块方形石基,石柱上端早毁,不知其形。徐琛墓前有一通高 1.8 米、宽 1 米的龟趺墓碑,碑首为双龙深浮雕,篆额“太守徐公神道之碑”。碑文由时任新泰县尹卫融所撰,文称徐琛“为平阳高堂氏、羊氏之亚人物”,并由衷慨叹“吾谓徐公,东海一人而已”。碑刻历经近七百年风雨,字迹已漫漶难识。

明朝正德四年(1509)九月,徐氏在徐家庄始建徐氏祠堂,祀徐琛,并称之为乡贤。清《新泰县志》将徐琛列入“名臣”卷。族人以“德高位显”推徐琛为“新泰徐氏始祖”(笔者以为应为本支脉始祖)。为新泰历代徐氏后人所敬重。

徐琛有孙氏、邵氏二夫人;生四子,长子徐繁,次子徐亨,三子徐震,四子徐彬。

徐彬字雅儒,曾任黄州路麻城县(治今湖北麻城市)尉,官秩从七品。徐琛二十一代孙徐风动于清同治三年(1864)曾撰始祖《履历碑》,记徐彬“公心听政,如虚堂之悬镜,咸仰循良焉”。后来,徐彬承父志,于皇庆二年(1313)完成了新甫山汉武帝庙的修复,并邀羊流名士赵惟敬撰写了《重修汉武皇帝之庙》碑记。该碑历经七百年风雨,残损严重,碑身大部已失,幸残碑一角尚存,可识文如下:

本堂羊流晚进　儒生赵惟敬撰

……山环水远,左掩右抱,可为胜地者乎? 自汉末千……年间,螟蝗伤稼,老者转乎沟壑,幼者死于道路。是……不忍视之,慨然有志于兴心,与耆老议曰:四周村庄……。……苦其心志,劳其筋骨,饿其体肤,不期年焉而兴成……粧塑……。立石为铭,可乎? 否乎? 予应之曰:可。欣然拜谢……而欲讲明于数千载之前,亦已难矣。于余……

……琛男黄州路麻城县尉徐彬

……韩铸孙管军万户府提控案牍韩□年

(以下题名从略)

木匠　徐六□　瓦匠　陈□　石匠　李荣利

此碑残文采自周郢《汉代泰山》(准印证号〔泰〕2018002)第142–143页)。原残文"男"字之前"琛""铸"字之前"韩"缺,周郢据2017年2月莱芜美术馆所展吕建中藏此碑残文拓本补之。

徐彬于元皇庆二年在宫山所立《重修汉武皇帝之庙》碑记,清阮元《山左金石志》卷二二《元石》、吴式芬《金石汇目分编》卷十之一《山东·新泰县》、清张埙《张氏吉金贞石录》等均有载录。另,清宣统《莱芜县志·金石志》载:元宫山汉武帝庙碑,残石三段,皇庆二年。【注释】曰:此碑在宫山之阳,羊流人赵惟敬撰,徐琛之子徐彬立。民国《续修莱芜县志·金石志》也有载:元宫山汉武帝庙碑。残石三段,皇庆二年。【注释】曰:据《山左金石志》载:碑在宫山(莲花山),正书篆额,额题"重修汉武皇帝之庙"二行。

徐彬于莲花山之阳汉武帝庙所立重修汉武帝庙碑其年代,徐氏家谱所记,与上文诸家所著录相合,其碑额按阮元《山左金石志》所记"重修汉武皇帝之庙",应是准确的。按上文徐琛卒于元大德七年(1303),"庙碑"立于皇庆二年(1313),乃徐彬遵父志,在父卒后十年而立之。又,碑中立石者(或说助修庙者)"韩铸孙……韩□年"句中之"韩铸",清康熙《新泰县志·人物志·杂职·元》有载,曾任"常州府知府";其孙韩□年,官"提控案牍"之职为知府的专职,掌文书案牍之事,为衙署首领官;其祖孙二人与徐彬有何等关系,为何助其立碑(或说助其修庙)不得而知。碑的残文中有"自汉末千……年间,螟蝗伤稼,老者转乎沟壑,幼者死于道路"数语,对研究元朝大德至皇庆年间新泰周边灾情及民众疾苦有重要参考价值。该残碑于2005年3月由位于莲花山之阳的汉武帝庙旧址移至莲花山"汉武碑亭"。

注:新泰莲花山景区山门以北路西建有"汉武碑亭",亭内现存残碑有三。其一,即上文所载元至正九年,公元1349年孙德寅等人所立"汉武皇帝之碑",立于碑亭之左。其二,即徐彬于元皇庆二年,公元1313年遵父志所立《重修汉武皇帝之庙》碑之残石一段。该残石宽、高均在一米左右,立碑亭东北角地面上。其三,乃清金棨《泰山志·金石记三》、清《新泰县志·古迹》等金石学家诸书所载"声如磬,为樵牧石子所击,遍成圆凹,深

545

阔皆三寸许,字无一存,唯额上有'汉武皇帝之□□'字,"俗称"响铃碑"的宋元丰年间所修汉武帝碑,立于碑亭之右。

徐琛三子徐震传至徐世荣为六世。世荣有三子,长子徐瑾,瑾生兴,兴生九子。此后徐氏繁衍,不可胜记。至今已传三十余世,多是徐瑾后裔。

主要参考书目:周郢《汉代泰山·元代宫山汉武庙碑考识》;明·天启增补版《新泰县志·人物》。

附:行军百户、孝子徐斌

元初,新泰徐家庄人徐斌请求其师莱芜教谕李锐为其父徐曾撰《徐公孝思之记》刻于石。从这一《记》中可获得元初新泰羊流徐家庄人徐斌及父徐曾的一些信息。

其一,徐曾是徐琛的祖辈,本土人,早于徐琛数十年。又知徐琛之伯父为徐庭,其父为徐江。二人同为徐曾之侄,与徐曾同居于故(原来)庄数年,"伉俪辑睦,庭无间言"。徐曾及长,兴心迁居于"本林之东北,置买田土,因而家焉"。徐曾为"家"之庄即今羊流苏庄。徐琛十二世孙徐有尚撰《元太守中宪大夫后赠光禄大夫徐状记》以为"按徐曾碑记,迁苏庄者,始于徐曾祖"。苏庄位于徐家庄略东北数里。

其二,徐斌有孝行。徐曾娶石氏,生四子,徐斌为其第二子。斌兄钦,弟有成、就二人。"值天兵南下,徐氏宗亲或灭身殒命,或逃难解散,俱不知其所往"。徐曾"之伯父一子,早逝"。徐曾兄弟四人,三人或死于兵乱,或迁居他乡,新泰仅存徐曾一人。徐曾死后草草葬于祖林,且只有徐曾被遗弃在祖林中,浮土虽不暴露,但其子徐斌"终心不安"。

徐斌"为人纯实,于官干敏。至元初,签充军伍,为众推服保充行军百户(百户所长官),管领军匠,打造战舰百余艘。功成,欲重赏迁职,拟议间,斌思父命所嘱,迁奉大事未毕,安敢外求?不就,辞之。'以父、祖兵革中死者槁殡(指草草埋葬),浮土虽不暴露,终心不安'。军司皆以孝行称。故辍其事以致还归。经营(筹划料理)棺、椁、灵榇、砖石,所废之物,葬不葬者十余丧……,是中,乡党称悌,宗祖称孝,以达于县。县令司给付身充本村社长,待人以礼,接人以恭,所议者皆以德行称。又闻于州,州司又以文书形式同意其迁充本乡都社长,一乡事务,皆听其法"(《徐公孝思之记》)。后,暇日无事,与诸兄协商妥,命工采石,请老师李锐撰文,立《徐公孝思之记》碑。立石时间为大元元贞二年(1296)。徐斌之孝符合封建社会典型的"至孝"。一是出于父母的礼法要求;二是符合"周礼之制"的做法,故能得到军、政诸方的赏识。

其三,徐家庄徐氏祖茔地,有二至三方。《徐公孝思之记》载"祖宗以来,积有年矣",其先人因居羊流寨东,姓徐,故曰徐家庄。又载:"东北祖茔,冢墓叠兴,昭穆相序,巨木荫森,不知几十世矣。东北又一祖茔,实公(指徐曾)出祖之茔地,亦不知几十世矣。"徐有尚所撰《徐公状记》也认为"按徐曾碑记,迁苏庄者,始于徐曾祖"。以上说明元代徐氏在徐家庄附近有两块祖茔地。又据清康熙五十年(1711)丙辰科进士梁世奎所撰前、后茔《神路碑》:"仅按'御葬'之后所得闻者,讳世荣为前茔之始祖。世荣之茔勒碑记载:有讳明德者迁移于后茔,即为后茔之始祖。"因而知徐琛墓所在茔地其后又分为前、后二茔。

其四,《徐公孝思之记》碑立于元元贞二年(1296),徐琛墓前所立《太守徐公神道碑》立于徐琛卒后二十年的至治三年(1323),两碑前后差二十七年。然徐琛为二品"御葬",官阶高于他人,这大概即是徐琛后人为何尊徐琛为徐家庄徐氏之始祖之因。

【本节编后】刍议新泰羊流徐家庄徐氏之源

新泰羊流徐家庄徐氏之渊源,早有徐氏先人及有关学者论述并稽考过,并载于其谱牒。如明万历四十七年(1619)明经科进士、花县令徐氏十二世祖徐有尚曾修纸谱《平阳徐氏族谱》,现有 1962 年版《创修族谱》共六卷。又有于清康熙七年(1658)徐氏十三世祖徐加相等共立石谱。至 2002 年好友陈新(已故)应徐祗忠、徐传君、徐学礼之邀撰《新泰徐氏源远流长》一文,载 2002 年重修《新泰徐氏族谱》第一卷。陈新又撰《新泰徐氏源流考》一文,载新泰政协文史资料第十一辑《新泰史学论文集》(2003 年版)。笔者不才,对以上徐氏族谱不敢妄加评说,仅在前人的基础上略述拙见。

羊流徐家庄之徐氏尊奉徐琛为其始祖,又谓徐琛为远祖唐英公徐勣之后。顺其线索,必先阅《新唐书》卷七十五《宰相世系表五下》,《表》曰:"徐氏出自嬴姓。皋陶生伯益,伯益生若木,夏后氏封之于徐。其地下邳僮县是也。"这段话中之"皋陶"相传为尧舜时人,出自上古之时的少昊部落。少昊,名挚,系黄帝之子,生于穷桑(今曲阜北)都曲阜,死后葬于曲阜之云阳,今存少昊陵。皋陶子伯益,又称大费,秦之先。按《史记·秦本纪》,伯益佐舜调训鸟兽,鸟兽多驯服,是为柏翳(伯益),舜赐姓嬴氏。古代姓、氏有别,姓表示血统所出,氏则是封地、官职等所获家族的称号,实际上是姓的分支。正所谓:姓者,统其祖考,之所自出;氏者,别其子孙,之所自分(刘恕《通鉴外纪》)。秦汉以后姓氏合而为一,二者合称。"嬴",严格讲应是姓,而非氏。故多数典籍视伯益为嬴姓始祖,这就是上文所言,"徐氏出自嬴姓"的来历。据南宋人郑樵《通志·氏族略》等文献,"嬴"又是伯益的受封地,故"嬴"又是地名,其地在"泰山嬴县",即今莱芜市西北,俗名城子县村(见拙作《学而集》,山东友谊出版社,2013 年版,第 227—228 页)。

伯益所生若木,是其第二子。按《史记·秦本纪》,若木"实费氏"。《通志·氏族略》云:"伯益佐禹(治水)有功封其子若木于徐,……子孙以国为氏。"这与司马迁所记"若木,实费氏"相悖。有学者认为,若木所封之徐,应是若木后人,又有学者认为"徐"即"费"。显然,《新唐书·宰相世系表》从郑樵之说。其徐地"下邳僮县"在今安徽泗县东北骆庙乡僮城村。这个"徐地"是春秋时的位置。又见《左传》庄公二十六年,"齐人伐徐"其位置与上同。按我国著名的古史学家、考古学家徐旭生先生的说法,徐本是东夷族中的重要一支，原居地在今山东曲阜一带。西周之初，鲁国国君伯禽的时候，因"淮夷、徐戎并兴反，于是伯禽率师伐之"。按此说，"徐国在周初当在今山东东南（应是西南之误）部曲阜县附近，以后才迁到南方数百里外"（徐旭生《中国古史的传说时代》，第194—195页，广西师范大学出版社，2003年版）。

《新唐书·宰相世系表》说，从若木"至（徐）偃王三十二世为周所灭，复封其子宗为徐子，宗十一世孙章禹，为吴所灭，子孙以国为氏。"上文是说，若木以后又过了三十二世（按30年一世，约过了900—1000年）出了个徐偃王，是西周时徐国的国君，名偃（或作诞）。处于汉水之东，有地五百里。相传曾率九夷伐周，至于河上（约在今山东莘县西南），周穆王（前976—前922在位）不得已命之主东方诸侯，为三十六国所朝见，后被穆王与楚攻灭。穆王封偃王之子徐宗为徐子。徐宗十一世孙徐章禹为吴国所灭，子孙以国名"徐"为氏。按《宰相世系表》，章禹十三世孙为诜，诜生仲，仲生延，延生由，由生该，该生光，光生静，静生万秋，万秋生充，充生安仁。安仁有丰、霸二子。丰为北祖，霸为南祖。

接上文，章禹十三世孙徐诜，为秦庄襄王相。诜次子矩又称高平北祖上房徐氏。从矩往下传：矩生邕，邕生廉，廉生则，则生尚，尚生费，费生升，升生珪，珪生钦，钦生长卿。长卿有二子万、金。万生续，续有二子宠、惠。惠生胄。胄生二子允、训。允生鄜。鄜生二子访、隆。访第二子畅，有四子：沈、胤、敷、兰。兰生澹。澹生乾，乾生道娱，道娱生道祖，道祖生玄英，玄英生景初。景初生弘师、弘道，世居曹州离狐（治河南濮阳县东南），隋末徙滑州卫南（治今河南滑县东）。弘师六世孙即徐世勣，为新泰徐家庄徐氏之远祖。约于南宋绍兴（南宋高宗年号，1131—1162）初年，徐世勣后裔一支，自离狐逃难，在今新泰和庄村东北落户，以姓命村，曰徐家庄，至今已有800余年，至徐琛之世亦逾170余年。若从徐世勣算，二十余世（约600余年）才到徐琛之世。徐琛再传至当今已绿柯繁盛，又有三十余世，可称大家族。

综上所述，新泰徐家庄徐氏自徐琛上溯二十余世至徐世勣，世勣再溯至黄帝脉络十分清楚。《新唐书·宰相世系表》所列徐偃王之子宗封徐子，宗十一世孙章禹为吴所灭，子孙以国为氏之世系，至南宋郑樵《通志》所记徐氏世系是一致的。又，《史记·秦本纪》所记"秦之先"是伯益，为"嬴姓""其后分封，以国为姓，有徐氏、郯氏、莒氏、终黎氏、运奄氏、菟裘氏、将梁氏、黄氏、江氏、脩鱼氏、白冥氏、蜚廉氏、秦氏。然秦以其先造父封赵城，为赵氏"等十四氏，都是出自嬴姓。上文之徐氏之国就是指初为"徐地"之所，在今安徽泗县东北，或谓江苏泗洪县境。

以上所述是嬴姓徐氏之源，然中华徐氏并非这一渊源。据《左传》定公四年（前506），"昔武王克商，成王定之，选建明德，以蕃屏周"，然后还将"殷朝的六个家族条氏、徐氏、萧氏、索氏、长勺氏、尾勺氏分赐给鲁国。让他们率领大宗，集合小宗，统治部下的奴隶,来服从周公的法制,由此归附周朝听取命令"。"殷民六族"中的"徐氏"无疑是殷商的遗民。武王灭商之后,他们成了周朝的"俘虏",没有了政治地位,把他们分赐给鲁国让鲁国来管理他们,显然这个"殷民六族"中的"徐氏"要早于战国时的昭公三十年(前512),被吴国所灭的徐偃王的裔孙章羽之后"以国为氏"的"徐氏"。有学者认为"殷民六族"中的徐氏不仅早于以国为氏的徐氏,而且为商汤之后为"子姓"。这是中华徐氏的又一渊源(参见王西明等主编《偃师姓氏源流》中卷,第355—356页,中国文化出版社,2004年版)。

其三,徐氏还出自少数民族改姓。例如,东晋北地氏族中,蜀人賨族中有徐氏,南北朝以后这些少数民族中的徐氏基本汉化,同为汉族。清朝中的满族八旗中的舒禄氏、徐吉氏、舒穆禄氏等氏族集体改徐姓,也同化为汉族。

综上可知,中华徐氏之渊源是多元的。新泰域内徐姓也应是多元的,不只出自徐琛或说徐世勣一族。

主要参考书目:陈新《新泰徐氏源流考》载《新泰史学论文集》,泰安新闻出版局,2003年版。

第四章　明代新泰四尚书及其他名士

明朝开国皇帝朱元璋,一生传奇,他改变了中国的历史。用吴晗的话说,朱元璋创造了一个"历史上从来没有过的高度中央集权制的政治系统"(吴晗《明史简述》)。他登基不久就废除了自秦朝一千多年以来实行的宰相制度,并废除了中书省,同时革除大都督府。朱元璋在《皇明祖训》中说:"我朝罢丞相,设五府(即将掌握军权的大都督府变成了中、前、后、左、右五军都督府)、六部(吏、户、礼、兵、刑、工)、都察院(中央最高监察机构)、通政司(掌内外章奏)、大理寺(掌管刑狱)等衙门,分理天下庶务,彼此颉颃,不敢相压,事皆朝廷总之,所以稳当!"这样,一切政务都由皇帝总揽,一切权力集中在皇帝一人手中。君主专权得到了空前强大化。朱元璋说到做到,凭其超强能力,大权独揽于身,而他的子孙后代却无法与他相比,为后世留下了隐患。

至永乐皇帝朱棣,也有雄才大略,打着"诛奸恶"的旗号,夺登皇位。他登基不久就疏浚大运河,在北京建设了宫殿群,终在永乐十九年(1421)迁都北京,南京成为陪都。永乐帝曾五次北征,三次大败蒙古军队,并新建贵州省,封授藏传佛教的各派首领等。内地及边疆建设也都大有成就。

永乐二十二年(1424),永乐皇帝朱棣病逝。当年八月太子朱高炽继位,是为仁宗。十二月任命杨荣为工部尚书兼大学士。仁宗当权不足一年暴病而亡,皇太子朱瞻基继位,是为宣宗,改元宣德。宣德皇帝(1426—1435 在位)统治时期相继由内阁大学士兼任尚书,内阁制度正式形成。内阁(因文渊阁在皇城的午门以内,地处内廷,大学士们常在殿阁之下侍奉皇帝,故称"内阁")作为辅佐皇帝决策的机构,虽填补了明朝废除宰相之后的权力空间,但内阁大学士只是皇帝的助手,不能自主决断事务,并非宰相权力的回归。内阁大学士不仅受皇权的束缚,有时甚至受宦官的制约。内阁制度的形成使明中期的政治制度开始演变。

明仁宗朱高炽和宣宗朱瞻基统治时期(1424—1435)堪比汉代的文景之治,政治清明,社会安定。宣宗皇帝 38 岁病逝,9 岁的太子朱祁镇继位,是为英宗,改元正统。正统年间,由于皇帝年幼,宦官王振自正统七年(1442)开始大权独揽,成为明朝第一位专擅大权的宦官。至景泰(1450—1456)、天顺(1457—1464)、成化(1465—1487)诸朝,宦官势力继续发展。

内阁制度发展到成化年间,内阁纷争不止。"首辅"的出现,加剧了内阁的政治斗争,导致了朝内结党营私,党争愈演愈烈,破坏了正常的政治秩序。宦官参政,加之皇帝不理朝政,使明朝政治危机日趋严重。明末的政治腐败加剧了明朝灭亡的步伐。

明朝中晚期,新泰最知名的人士是四位尚书和一位解元知县。他们都是"进士及第",在朝为官大都身处宦海,为国为民贡献了自己的聪明才智,有的致仕回乡又服务桑梓为民称颂。除此,崇祯年间为抗清入侵而壮烈牺牲的张遇留、张志颜两兄弟的事迹,至今在乡间传颂。还有一些文人学士、仁德孝子、知县教谕、乡贤名士等留名方志,本章也一一收录之,供乡人参阅。

第一节　南京工部尚书崔文奎

——兼述其母、其子孙

崔文奎(1450—1536)字应宿,号松溪。崔文奎之祖崔瑾于明洪武(1368—1398)初年,自沂水(县)迁居新泰县龙廷苗庄,遂后崔氏以此为家,故称崔文奎为新泰龙廷苗庄(今山东新泰市龙廷镇苗庄)人。文奎幼年聪颖好学,在母亲的教诲下十分刻苦勤奋。成年后"体貌魁梧,眉目疏朗",性格朴实,说话谨慎,不善言谈,"有俊才"。成化丁酉(1477)乡试中举,甲辰科(1484)考中进士。登科后的第二年,被授刑部主事,以直言清正著称。

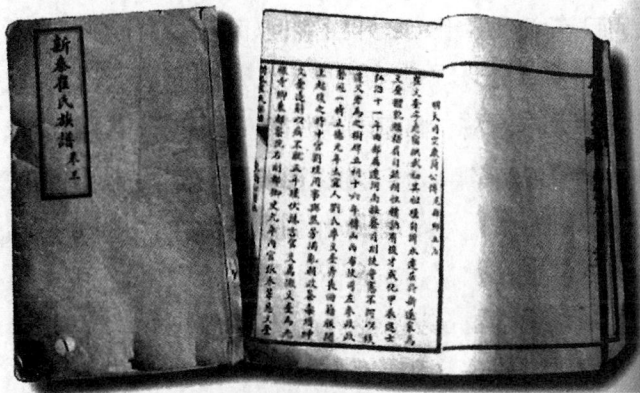

明弘治(孝宗朱祐樘年号)三年(1490),崔文奎晋升为员外郎。第二年(辛亥),晋升为郎中。又八年至弘治十一年(1498),晋河南按察副使。再经七年,至弘治十七年(1504),晋山西布政司左参政。父母丧,先后丁父母艰。至正德(武宗朱厚照年号)五年(1510),再去河南任职,是年秋天,晋升为山西布政使。正德七年(1512),晋南院(南京)都察院副长官(正三品),以督粮为主。正德十年(1515)晋工部右侍郎,成为工部副长官,至嘉靖二年(1523)晋右都御史,升为正二品,遂晋南京①工部尚书。

崔文奎家谱

---

①　南京:明制两京,即京师、南京。明太祖初即位定都应天府南京,南京为京师。永乐十九年,即1421年,迁都应天府北京,改北京为京师。直隶于南京的地区即称南京,一称南直隶,相当于今江苏、安徽、上海两省一市地。

一、为官一任,造福一方

崔文奎自从步入官署至掌管公务,一直是清正廉洁,恪尽职守,精明强干,莅事勤敏,经常办公至深夜,施设举措必归于谨慎宽淳,对民众多在教化。衣食粗微,一切安于俭陋。性情踏实朴素,不为声张,保持良好德行,忘我勤劳,不计较你我,天下同推为巨人长者。

弘治(1488—1505)初期,湖北安福刘逊胆敢打击势力强盛的卿大夫而抑制、横暴藩臣,任武冈(今湖南武冈市)知州时,削减岷府①的俸禄粮米,其所为构成罪恶。文奎以郎中身份奉旨前往查问,得知知州副职的俸禄也被削减,又向上陈述了刘逊诬陷他人之罪。文奎执掌法庭已久,事情的由来一经查问而可得到实情,遇到疑难狱案,当即立案明察,终结定案判案则以律从宽。他曾拿出自己的俸禄买桧柏植于庭院,使候讯之人免夏日炎酷。

弘治十一年(1498),崔文奎由刑部主事升任河南按察司副使,到任后,便察巡民众所关心的问题及存在弊端,并且拿出解决举措。凡牵扯刑狱,已得到候报许可,只逮捕与之相关者,其余皆放还。他还广察民情,兴利除弊,关心百姓疾苦。当时封丘县(治今河南封丘县)田地被黄河水冲毁三万余亩已有六十多年,当地仍照原地亩数缴纳赋税。文奎经过调查,上奏朝廷,免除了这笔赋税。中牟县(治今河南中牟县东)原本土地贫薄,唯城南有万亩肥沃良田。然其北有县城阻挡,三面被丘陵围绕,每年夏季排水不畅,田中积水,秋季常颗粒无收。农民以种莲藕和养鱼供税。文奎经过勘察,认为中牟县南部有缺口,可挖渠排水,便带领百姓开凿渠道,将积水排入黄河,使"田乃岁有秋"。他又让将城墙凿开两个孔,安置铁管道泄水,城中还消除了低洼泥泞的地方,这样一来好处多多。又,封丘县曾经遭祸乱,军册上多记了祸乱分子名单,文奎经核查落实有百余人不该逮捕被释放。

汤阴(今河南汤阴县东)县令常玺所收官银,家奴偷窃八十两逃跑,常玺还钱又坐牢,此后作为亡事再未查办。这样维系几年后,常妻以乞讨赖以生存。文奎对汤阴知县说:"我不能强行释放囚犯常玺,必也得知道真正盗钱者是谁?"遂即有(偷钱人)掘地得钱者相互殴打致伤者来诉。文奎将真正的偷钱者治罪,并将此事向上官作了陈述,以被盗之官银将常玺赎出而释放。另有一案,即温县(治今河南温县)知县盗了库银,因有得力援手靠山,将盗银之事归罪于高黑哥。黑哥被关押已有多年,家人也被外祸致死。文奎在山西布政司参政任上,掌管粮储、屯田、驿传、水利、抚民等事(当时官秩从三品)。得知此

---

① 岷府:指明太祖朱元璋的第 18 子朱楩(音:pián),封岷王,先驻云南,后废为庶人徙福建漳州。永乐初复爵,后因杀戮吏民等罪被削护卫,居北京。仁宗即位,移居武冈。

事后,命县释放黑哥,止追银之事。完结平定之后,上知明了,而截取余银代交短缺之银。温县盗库金之事无奈不了了之。从上二事可见,文奎处事考虑周全宛转,但以情附会了法律,体现了文奎仁德的一面,也看出当时社会黑暗的一面,官官相护,监守自盗,嫁祸于人,草菅人命,却得不到法律的制裁。

当时河南民众多造纸,官府有一种惯例,即征收完全省大户的税银之后,还要追征余银,并以商量的名义追罚造纸大户官府用纸,民不堪其苦。文奎废除了这一定例。当属吏向他报告缺少办公用纸时,文奎让拿废旧册簿反过来作稿纸用,这样节纸十分之七。正德六年(1511),河北贼寇扰乱河南,主政官员出主意,要在全省征税,以充军费。崔文奎认为这并非良策,制止了发省帑(指本省钱币。帑,即金帛钱财)之不正行为。第二年,朝廷出内帑(国库银)十万金,贼平,文奎将余银退回京师。他不仅自己清廉节俭,而且详于计算,精于官场吏事,"吏胥亡以售奸(施展阴谋诡计),日夕惟思公之迁去,而不怨其严"(明天启《新泰县志·人物》)。

文奎任上,解决当地不少难题,"政声冠一时"。如,在山西太原,旧时有发配充军到云南的数百人,上有旨意改配内地,而其花名册名籍不详。有关官署人员虽能解决补救,但是,凡往(云南)者皆无生还。文奎将此事陈述给御史,与云南御史同奏给朝廷,去除其注册名籍了事。文奎在督察官粮期间,改草厂于琵山,既在城中,又附有仓储,轻重缓急容易互相调剂。而琵山久据于权要之人,文奎不畏强权,犯怒而取消琵山。论者说文奎对此事办得格外艰难,名冠一时。

二、不畏强势,刚直忠贞

正德元年(1506),文奎母刘氏(茂华)病故。他从山西奔丧回籍,异常悲痛。服丧三年后除去丧服,正德帝下诏起复文奎之时,宦官刘瑾独揽朝政,与朝臣焦芳结党,斥逐异己,浊乱朝政,残害士大夫,文奎遂辞官称疾未去就职。正德五年(1510),在杨一清策动下,由宦官张永告刘瑾谋反。刘瑾被逮下狱,分裂其肢体,斩其首(《明史·刘瑾传》)。朝廷言官一致举荐,文奎被征诏为光禄寺卿兼都察院右副都御史。当时刘瑾虽除,但朝政仍掌握在宦官手中,崔文臣正道直行,刚直不阿,使宦官张永十分怨恨。正德九年(1514)文奎被直诏出,改授南京都察院右都御史,巡按南畿,借外秩将其调出京师,以削弱其权力,使其远之。正德十二年(1517),朝廷任文奎为工部右侍郎,不久又升为仓场总督兼工部左侍郎。

明宪宗朱见深之四子、孝宗朱祐樘的弟弟兴献王朱祐杬是嘉靖皇帝明世宗朱厚熜的亲生父亲。朱厚熜为兴王,十三岁就以世子嗣理王府事务,曾以崔文奎为师。明武宗朱厚照崩,但朱厚照无儿子,其堂弟朱厚熜入继统即皇帝位,是为世宗,年号嘉靖。嘉靖元年(1522)(明天启《新泰县志》为嘉靖二年),朱厚熜初继位即进崔文奎为南京工部尚书,位列六卿。

嘉靖帝继位不久，不顾当时的两京、山东、湖广、江西等地连年灾荒，民不聊生，即下诏议其生父兴献王朱祐杬为"皇考"，还是其伯父、武宗之父孝宗皇帝朱祐樘为"皇考"之事，在朝内引起一场争论。宠臣张璁、桂萼"首倡邪说"，认为嘉靖帝生父兴献王朱祐杬应为"皇考"，迎合了嘉靖的想法。而这种意见不合乎当时的礼制，以大学士杨廷和等人认为，嘉靖帝朱厚熜应该"过继"给伯父孝宗皇帝朱祐樘，以孝宗为父，以武宗朱厚照为兄，以生父朱祐杬为"皇叔父"。这场议论史称"大礼议"。至嘉靖三年（1524），杨廷和辞职，反对"大礼议"的官员二百三十多人在左顺门哭谏，支持杨廷和的意见。嘉靖帝逮捕了一些官员，其中十六人被廷杖而死。最终，嘉靖帝尊亲生父朱祐杬为"皇考"，进入太庙，"大礼仪"结束。

在这场"大礼议"之争中，宠臣张璁、桂萼等人借典礼之事"排挤正士"。崔文奎与其意见不合，"遂有去志"。有人对文奎说："今张、桂用事（掌朝政），众皆影附（随和），公宜降意以从，否则将不容。"文奎听此言有些恼怒不悦，回答说："人臣宜进贤斥佞，不能者，止。焉有党奸固位，而毁其臣节者耶？"嘉靖三年（1524）秋，由于文奎不愿与张、桂同流合污，遂上疏请求辞官回归故里。文奎虽曾因兴献王议礼之事，违逆嘉靖旨意，但嘉靖帝一向敬畏文奎，知其忠贞，没有怪罪，并知不可留。嘉靖帝特赐文奎五时朝服，晋阶从一品太子少保，于嘉靖四年（1525）冬十一月告归故里。回乡沿途的驿站奉旨供给夫马粮食，兼程而进，这一年崔文奎七十四岁。此后每年拨给文奎人夫四人，月给官府口粮二石。

三、"表率卿相"，留名桑梓

崔文奎历事四朝（成化、弘治、正德、嘉靖），位列六卿，"清洁恪厚，天下推为长者"，也深获故乡人民的尊敬。他回归故里后，"优游山林，超然有物外之致"，乐为乡里做事。他曾出资修建故乡安平桥，支持兴修学校，修复宝泉寺、正觉寺、崇庆寺、城隍庙、碧霞宫、徽泉庵、龙泉院、碧霞灵应宫（泰安）、敖山孚泽庙等古迹，并为之作记。他的许多记文质朴严谨，思想性强，多有教化民众之意义。如，他把宫观寺庙视为教化民众的场所。他认为人们到此求神拜佛只是形式，其目的是祈祷国泰民安，风调雨顺；祈求仁寿康宁，平安幸福。"无非神道设教，于斯民同归于善，以均跻于仁寿之域耳"（《重修龙泉院记》，载《蒙阴县志·艺文》）。"夫神宁于上，人安天下，幽明协赞，和气熏蒸，雨旸时若，由是庶草蕃庑，百谷用成，朝廷无后顾之忧"（《重修碧霞宫记》，载乾隆《新泰县志·艺文》）。他还认为释儒同源："虽然佛法广大，如天之高，如地之厚，有未易以言语形容也。究其归不过以慈悲为门，即吾儒不忍人之心；以救苦为念，即吾儒视民如伤之意。其源无不同也。""凡释氏寺宇，散处天下郡县名山胜境之处，无非欲广设教人为善之途使同跻寿域也。"（明嘉靖五年秋为正觉院撰《重修正觉院碑记》）崔文奎上述认识可谓思想积极，颇具唯

重修正覺院碑記

新泰縣西南約四十里許有山曰法雲正覺院居其中山之左有鳳山平圓之秀拔山之右有雷雨二山之列崎前剡闕山之拱向汶水之環流歷選吾郡名勝之境未有過之者真福地也所以古佛道場因之建建日邁吉莫知所始至建中靖國年間有僧曰宗宠因其故基而搆講堂殿守以及僧房厨室無一不備歎援年久傾頽政和年間得……將以告後來之為沙門者也嗚呼其尚勉之哉是為記

賜進士出身資政大夫南京工部尚書前南京都察院右都御史邑人七十六歲翁崔文奎撰文

大明嘉靖五年歲次丙戌秋九月　吉旦

崔文奎撰《重修正觉院碑记》

物观。又见文奎深谙儒家之旨，释家之道，并乐于用此教化民众。这大概是他积极参与地方名胜、宗教场所修缮的初衷。

崔文奎曾应新泰县令魏河请邀，亲撰县学《科贡题名记》。此举之目的是表彰既往，垂范未来。让学子们"睹其记，则思其人；思其人，则必仰其风……追先哲于既往，范来学于无穷""列圣继弘，以人文化成天下"。他赞魏县令此举"可谓发潜德之幽光，振遗响于空谷者矣"（清乾隆《新泰县志·艺文》）。《科贡题名记》在有明一代及后世都产生了很大影响。他还在县学文庙大成殿前亲手植扁柏桧柏八株。县学八柏喻义县学是教育培养国家栋梁人才之处，"十年树木，百年育人"，喻培养人才很不容易，是长久之计。暗示县学的教谕应勤慎教授学生，鼓励学子们奋发读书，学成后成为国家的栋梁之材。至二十世纪四十年代仍"八树并存，竞秀齐发，古木参天，气势雄壮，苍老翠郁，形若龙虬，亭亭如盖，浓荫满庭"。可惜八柏在1948年与文庙一起毁于兵祸。

文奎不仅为桑梓做事，乐此不疲，而且对他乡的文化事业也乐善好义。他在南京工部右侍郎任上，于正德十一年（1516）为重修邹县梁山伯祝英台墓及祠撰立《梁山伯祝英台墓记》碑。该碑于2003年在今微山县马坡（当时属邹县）出土，国内外引起轰动（《齐鲁晚报》，2010年5月19日A08版）。

崔文奎辞官回归故里后，嘉靖帝曾多次派人来故里询问时政得失。文奎"辞以年老志昏，一无所对"。嘉靖十一年（1532），崔文奎生日，嘉靖帝特命臣下为其制寿联，颁"表率卿相"匾额悬于崔府门第，以示祝贺。嘉靖十三年，即1534年（《明实录》作嘉靖十五年，即1536年，明天启《新泰县志》记为甲午；清《县乡土志》记为十七年。今从明天启《志》，该年即嘉靖十三年）三月，崔文奎病逝，终年84岁。嘉靖帝闻报后"辍朝，遣使谕祭、谕葬、诰赠太子少保、南京工部尚书，谥'康简'"（明天启《新泰县志·人物》）。崔文奎既退十年，至明嘉靖甲午年卒，官阶从一品。在新泰城敕建"司空坊"，旌表褒扬，县祀乡贤。其墓在苗庄西北，嘉靖十七年敕修。后人将其文章、碑记等辑《康简公文集》，载《新泰崔氏族谱》。

崔文奎一生，刚正不阿，"守身清约，精于吏事，居官所至有声"（《明世宗录》卷185）。

致仕后又为故乡民众做了若干善事,深受乡民尊敬。因此,他少年求学和为官后为国为民以及与权奸斗争的事迹被后人演义成许多故事,至今广泛流传。

崔文奎祖父崔瑾以孙赠资政大夫,南京工部尚书;父崔荣以子赠资政大夫,南京工部尚书、封刑部郎中。崔文奎之子崔绍先,以父荫官白河(治今陕西白河县西)、榆社(治今山西榆社县)、虹县(治今安徽泗县)三县知县,所在有政绩。之孙崔克智,官玉田(今河北玉田县)知县,有能名。孙崔克己,生母早丧,事嫡母至孝,常周济急难,能光耀先祖之德行,乡评重之,《县志》祀孝义。

四、崔文奎身后的两位贤媛

人们常说一位成功者的身后必得益于贤良女性的支持。崔文奎一生功成名就,官高爵显,衣锦还乡,寿考而终,他成功的身后有位伟大的母亲和一位贤淑的妻子。

崔文奎之母,刘氏,讳茂华,善美贞静,十八岁嫁于文奎父崔荣。善操作,勤纺绩,虽大寒酷暑而不辍。以使家庭富裕的程度倍于前,使得崔荣便可十分从容地生活,殊无内顾。生子文奎,为教之读书,曾卖掉簪珥之资,作为文奎求学拜师之费。崔荣侧室王氏、黄氏诸子全都蒙受福荫。

文奎母两受封典,后晋赠夫人,而其秉性谦退安然,虽受迎养而不赴任。又天性纯孝,因其父双目失明,她移家就养,不牵累诸兄弟,朝夕侍奉,甘美食物必备,其父年八十目又渐明,时人都以为是文奎母孝思所感。

文奎母对待诸儿媳也家教周到。文奎夫人杜氏是崔家长媳,事婆婆以孝称,有周姜(即太姜,周朝古公亶父之妃,有贤德,古公亶父有事尝与谋)美德之颂。

文奎母刘氏茂华卒于正德元年(1506)孟冬(十月)三日,终年八十三岁。有墓表。

崔文奎之妻杜氏封夫人,卒于嘉靖四年(1525)五月初一日。朝廷遣山东布政司诏令拜祭,其祭文镌石于墓侧。

清《新泰县志》将文奎母刘茂华列入《贤媛》。

主要参考书目:明天启《新泰县志·人物·乡贤列传》及清光绪《新泰县乡土志·耆旧录》所载《崔文奎传》,新泰市史志办公室,2009年版。

第二节　兵刑两部尚书萧大亨

——兼述萧和中、萧协中

萧大亨生于明世宗(朱厚熜)嘉靖十一年,十八岁(嘉靖二十八年,1549)被补为泰安州弟子员。三十岁（嘉靖四十年,1561）乡试第66名,考取举人,第二年三月壬戌科考中三甲百六十名进士,同年授山西榆次知县。大亨同当时的大批士子一样,通过科举入仕,成为享有政治经济特权的士绅。大亨入仕阶段正是明朝政治危机日趋严重的时期。世宗迷信道教,不理朝政,内阁特别是首辅之位纷争不止。嘉靖二十七年（1548）大学士严嵩任首辅。十余年间严嵩大权独揽,卖官鬻爵,给明朝政治带来不少恶果。而朝中大臣结党营私,贪污成风。著名清官海瑞在嘉靖四十四年（1565）给世宗的上疏中,抨击当时"吏贪官横,民不聊生,水旱无时,盗贼滋炽"。并嘲笑嘉靖,"家家皆净而无财用"（海瑞《海瑞集·治案疏》,又见海瑞《直言天下第一事疏》）,萧大亨就是在这样的政治环境中步入了仕途。

萧大亨雕像

十六世纪的中后期,成吉思汗的后裔俺答汗已统治漠西和莫南蒙古近半个世纪。他们以河套地区为基地,又是游牧民族,很容易进入内地,成为明北部边防的最大威胁。在俺答汗统治的十六世纪三四十年代,整个华北和蒙古南部经常受到干旱和饥饿的威胁,天花、瘟疫也在蒙古肆虐。蒙古人对内地粮食和茶叶的需求十分迫切,经济与政治两方面俺答汗都希望与明廷通贡或者互市。另有学者认为,丝绸等商品是蒙古人参与到（今乌兹别克斯坦境内为中心的）中亚贸易圈的主要商品,也需要从汉族地区获得。蒙古人很想通过重新开通欧亚内陆贸易,营造由蒙古人控制的内陆商业网络（卜宪群总撰稿《中国通史》第五卷《明清》第105—106页,华夏出版社、安徽教育出版社,2016年版）。在明朝方面,大部分边境将领都主张和平,认为以和平方式,双方可互通有无。内地也需要蒙古人的毛皮、马匹等,内地提供粮食、茶叶、丝绸等物资与之互通互换双方都有利。可是嘉靖皇帝不顾形势而一味拒绝通贡,除了军事途径以外,拒绝任何其他形式的接触,由此而导致的蒙古骑兵频繁入境劫掠,这对双方而言都是灾难。

萧大亨自从任榆次知县,直到以兵部尚书谢任宣大,一生戍边数十年,长期与蒙古鞑靼族首领打交道,面对朝廷对蒙古人的态度和边贡政策,以自己的才能和智慧,千方百计促双边和平,沟通互市,友好往来,为维护祖国边境安定,促进和平相处,做出了巨大贡献。

一、初仕榆次,名声不凡

萧大亨(1532—1612),字夏卿,号岳峰。祖籍江西吉水县泷江(今江西邱陂乡仕坑村)。曾祖萧叙经,祖萧胜,父萧乾。据萧大亨《墓表》《墓志》:其父萧乾"笃行士也,少有四方志,及北游,慕齐鲁风,侨寓济宁。""梦岳神降其室,乃徙泰安州岳祠下,遂为州人。"康熙《泰安州志·人物志》云:"萧大亨,字夏卿,放城里人。母梦岳(神)入室而生,故其体貌奇伟,俨若神明。"山东省博物馆藏民国李东辰《岱联拾遗》(稿本)载:"萧大亨,字夏卿,号岳峰,江西吉水人。明嘉靖初年迁居泰安放城里……。"据以上著录,萧大亨之里籍为泰安州放城里,即今新泰市放城镇人。

萧大亨"生有异质,目光如电,声如洪钟,见者知其伟器。年十五,父萧乾弃世。公哀毁骨立,丧葬皆如礼"(申时行《萧公墓志》)。嘉靖二十八年(1549)大亨补入泰安州学,成诸生。四十年(1561)参加乡试,四十一年(1562)"壬戌科"考中进士。同年,授榆次(治今山西榆次)知县。

榆次地近边塞,又气候干旱,连岁灾荒,民多转死。据《榆次县志》载,大亨至,首先请求上官发仓赈灾,抚恤存者,并榜招流亡者使其还乡复业。榆次之地"俗悍而喜讼",且有"斗讦之风",善揭发张扬。大亨对此多劝导教化,对不悔改者,严惩不贷。使斗讦之民多"回心易辙""自是刁风顿息"。又,邑中徭役不均,富人巧规避,而贫者多苦累,民苦不堪言。大亨针对此弊,大胆改革,通过"编审"(指调查户口,编订册籍),纠正不端,减轻了民众赋税负担,颂声流闻。上司还将大亨推行的改革措施推广至邻县,皆获成功。父老皆抚手曰:"吾侪(辈)且老死,幸得见赋役清平。"

榆次地近边陲,经常受外族鞑靼①之侵扰,大亨对城防建设尤为切心,数度发起修缮城垣。榆次城先是蒙古右翼土默特万户首领俺答(汗)②掠城,之后民众在县之南关筑土城防御。大亨见城墙低矮,不足悍暴御房,遂议以砖石砌高。未及实施,便因升迁而罢。

---

① 鞑靼:始见于唐代记载,为突厥统治下的一个部落,突厥衰亡后,鞑靼渐成强大部落。蒙古兴起,鞑靼为蒙古所灭,泛称蒙古为鞑靼。元亡后,明代又把东部蒙古成吉思汗的后裔各部称为鞑靼。

② 俺答(汗)(1507—1582),或译谙达,安滩,阿勒垣汗,亦称索多汗,葛根汗等。明代蒙古右翼土默特万户首领,住牧于今呼和浩特一带。嘉靖初崭露头角,曾进至漠北,进取青海,行兵西藏,势力大为扩张。极力主张与明朝通贡互市。屡次向明廷派遣使者,均被拒绝。嘉靖三十九年(1550)兵临北京城下,史称"庚戌之变"。次年迫明帝开马市于宣府、大同等地,旋因明朝不肯满足其扩大贸易要求而闭市。隆庆四年(1570)其孙把汉那吉降明,遂与明开始和谈。五年,明封之为顺义王,授其下属首领官职,并议定互市条款,从此打开明、蒙间数十年的和平友好局面。在其努力下藏传佛教传入蒙古,予后世以深远影响。死后子辛爱(即黄台吉)嗣顺义王。

去后三十年(至万历二十二年,即1594年),大亨在兵部右侍郎任上出镇宣府(即宣府卫,明洪武二十六年〔1393〕为防御蒙古而设,属山西行都司,治今河北宣化县)、大同(此指大同镇,明九边之一,治今山西大同市,为京师门户),仍往榆次发布檄文,终使城筑以砖,使高与邑城等。榆次民众尤感其德,立祠以祀之。

据张国儒《萧大亨生祠记》及桑维高《萧大亨去思碑》所记,大亨在榆次任上,十分重视当地之文教。由于榆次民众生活困苦,士子多为生计奔波而学业荒芜。大亨乃制定章程,多给士子以生活补助,使其得以安心向学。大亨还经常忙中偷闲去县学视察,以促生员上进。一时"士风蒸蒸蔚兴""登科第者皆出其门"。大亨还"择日命工先葺圣殿",一时榆次文教为之一振。萧大亨榆次任上虽只二载,但给榆次人民留下深刻印象。万历《榆次县志·宦迹志》赞其:"博大详明,凡所注厝,不求赫赫之声,而士民永藉其利。"萧大亨去任后三十年,榆次县民为其立"去思碑",又"家绘一像祠奉之,……愈久愈思,念念不忍释,乃谋建祠以祀之,不逾月,而堂岿然而成。"去任后四十年(万历三十二年,1604年)为纪其主持加固南关城防之功,又于南关立生祠以祀。

二、"贤能卓异",步步擢升

嘉靖四十四年(1565),萧大亨榆次县秩满,擢户部主事。离任榆次之日,"缙绅(亦作搢绅,此指士大夫)有诗,衿裾(学子)有歌,民有谣,重惜其别而思未已也。"(张国儒《萧大亨生祠记》)"迨北上,老幼攀辕泣下,若婴儿之失慈母。嘉靖闻称循良者,推公第一。"(桑维高《见任兵部尚书知县事萧大亨去思碑》)由于大亨榆次任上政迹优异,擢升户部主事(正六品)。第二年,升户部陕西司郎中(正五品),管理延绥(明九边之一。初治绥德州,即今陕西绥德县,后移榆林卫,此后通称榆林镇,治今陕西榆林市)、宁夏(治今宁夏银川市)军饷。总督王崇古与大亨共筹边事,对大亨十分器重。

隆庆元年(1567)九月,俺答率军犯边,由岢岚(今山西岢岚县)入,攻破石州(今山西离石县,同年改为永宁州)。时大亨以郎中之职,督理延绥、宁夏两镇军饷,朝廷任命其出镇岢岚,以御俺答。大亨到任后,专心经营武备,准备大举反击。隆庆三年(1569)四月,河套鞑靼绰力兔、小黄台吉等纠众沿河住牧,声言渡河抄掠。大亨会宁夏总兵雷龙等大破虏(对敌人的蔑称)营,斩首一百二十余级,夺马七十六匹,夷器千余。大亨获首功,诏赏其银币。九月,升任河南按察司佥事(按察司正官,正五品)。时值河南大旱,大亨任上赈粮救灾,"虽灾不害"。隆庆四年(1570)七月,调任陕西按察司佥事。先后驻巩昌(今甘肃陇西县)、榆林(今陕西榆林市),抚民备兵。是年夏秋之间,总督右都御史王之浩赴花马池(又名大盐池。在今陕西定边县西北边墙内),发征召文书,命宁夏总兵牛秉忠由小松山出塞,延绥总兵雷龙出西红山(在今内蒙古赤峰市),陕西总兵吕经出收麦湖,共同捣巢,斩首一百六十余级。延绥诸将并肩作战,在这场捣巢之役中亦战功尤著。当时萧大亨驻榆林,与延绥巡抚何东序交好。延绥镇兵由何东序主持,出兵西红山,萧大亨曾预测此役能胜。红山之役后何东序有诗誉大亨之功:"当年受赈向榆阳,暴铠雄名震吉囊。记得红山一夜杀,髑髅百万点秋霜。"(《塞上曲二十首寄赠萧司马》)

隆庆四年(1570)九月,俺答之孙把汉那吉降明。十一月,俺答遣使请封贡。此时萧大亨以陕西按察司佥事之职,自始至终亲临把汉那吉叩关与款贡议和之事。款议告成后,明廷先后在大同、宣府、延绥、宁夏、甘肃开设马市①十一处。萧大亨在促进互市方面做了大量工作,在榆林镇首开马市,使"榆林虏得款市如宣大,实自(萧)公始"(杨维桢《萧少傅年谱》序)。

隆庆五年(1571)正月,明廷以萧大亨"贤能卓异"赐衣钞;五月,为褒其政绩卓异,加从四品俸;九月,开三镇贡市②,自是西塞以宁。十一月以陕西贡市竣,赏大亨等人银币。同月,在泰安西门里为大亨立进士坊。

同年三月,明廷封俺答为顺义王,居归化城(今内蒙古呼和浩特市)。四月,授其子弟及各部酋长以都督同知至指挥使等官有差。"自是约束诸部无人犯,岁来贡市,西塞以宁"(《明史·鞑靼传》)。

同年十二月,萧大亨升山西布政使司右参议,分守大同,主一省政事。萧大亨在大同任上,广储备,缮甲兵,城州县边堡凡十余所,不半岁而军政一新(《墓志》)。

三、"筹边伟绩",晋升尚书

自万历三年(1575)十一月,萧大亨历任陕西副使、山西按察副使(正四品)、山西右参政(从三品)、都察院右佥都御史。万历八年(1580)闰四月,开始巡抚宁夏,总理一方军政。这段时间,萧大亨成为边防重臣,且治边有迹,对稳定北边局势做出突出贡献。例如,万历四年(1576)在神木(今陕西神木县)任上,"虏初议款,东西约束未定。公严兵内备,参酌抚赏互市,著为例,虏遂帖服。……墩台斥堠(瞭望敌情的土堡)接连不绝,虏不敢渡河而牧"(申时行《萧公墓志》)。五年(1577),驻岢岚,大亨"内绥外抚,大得夷夏之和"(《萧公墓志》)。八年(1580)在山西任上,修利民(今山西朔州市西利民镇)、神池(今山西神池县)、偏头(今山西偏关县)三城堡。大亨巡抚宁夏后,首先大兴屯政,主修

---

① 马市:专营马匹买卖的市场。中国古代中原王朝常在指定地点以金帛或茶盐等和少数民族换马。明永乐初,甘肃设有同回族易马的互市(历史上指对外贸易或同边境民族之贸易)。正统三年(1438)开大同马市,后停。嘉靖三十年(1551)又开大同、陕边、宣府等处马市。

② 贡市:随贡使至指定地点的互市。唐以后的封建政府开马市,其中部分属贡纳,由贡使解送至指定地点交割,给予一定数量的金帛或盐茶作答礼。随贡使同来出售牛羊马匹的准许自由买卖。明文献中常有贡市的记载。

了花马池(今宁夏盐池县北花马池营)、灵州(今宁夏灵武县)、玉泉(今宁夏青铜峡市西北明置玉泉营)诸城,以壮声势。同时疏浚汉渠(在今宁夏北部黄河东岸)、唐渠(在今宁夏北部黄河西岸),便于农田灌溉,储备军饷。萧大亨的诸多措施,使兵精城固粮足,收到了"不战而屈人之兵"的效果,使款议得以巩固。

万历九年(1581)四月,大亨以宁夏巡抚调赴宣府。宣府巡抚驻宣府镇,治今河北宣化县。早在明洪武二十六(1393),为防蒙古在宣府设立宣府左、右、前三卫。为朝廷近之防卫要地。至正统元年(1436)设巡抚宣府、大同,景泰二年(1451)另设大同巡抚,后时分时合。成化十四年(1478)始,定设巡抚宣府地方,驻宣府镇,属明九边之一,位置十分重要。巡抚一职,本是巡视安抚地方的特遣官员。始置于唐高宗之时,明洪武二十四年(1391),遣皇太子(朱标)巡抚陕西,巡抚始此,但尚未成为官名。永乐十九年(1421)始以朝臣巡抚地方,安抚军民,仍非地方专职,事毕即停。宣德五年(1430)始于各省专设,成为定员。有总兵的地方加赞理或参赞。与总督同为地方长官。巡抚制度的建立是明中期政治制度的一项重大变化,开创了明朝地方行政体制的新格局,改变了各省三司(掌民政的承宣布政使司、掌刑名的提刑按察使司、掌军政的都指挥使司)分治的权力格局,三司地位虽降低了,但巡抚是由皇帝委派,且没有佐官和直属办事机构,这样既减少了三司互不统属,运转不灵的弊端,又避免了地方权重。巡抚一职权重衔高,责任重大,时时事事都应对民众和朝廷负责。萧大亨在巡抚任上要辅助地方治理军务,故从不敢掉以轻心。朝廷及大亨之上司知其能依仗宏材伟略,将一方治理好。大亨也不负众望,以边疆之事,夷(泛指四方的少数民族)虏之情较熟,方显任上驾轻而就熟。

宣府之位置非同一般,此处地接鞑靼之政治中心,亦为鞑靼族归附之咽喉,各项征发纷乱,汉夷杂处,关系错综复杂。面对时局和特殊的地理位置,萧大亨多以说服、精神折冲豪酋,多裁遏止之术,加自身威望,使鞑靼豪酋不敢妄动。鞑靼部众有所请乞,亦不立即允诺,而时常召见其酋首,严申旧约,裁抑其威,鞑靼服其威信,无不听命。当时宣府对鞑靼之互市尚未定额,萧大亨予以斟酌计算。为得"虏情"①,大亨对将校中有正直勇敢且习边事者,常降意接纳,委以腹心,"人人乐为用,虏中动静,辄诇(通过侦察)知之,以故抚驭机宜,十不失一"(《萧公墓志》)。

大亨在巡抚任上,边事无大警,但也小乱不断。由于其果断处事,北部边境也算稳

---

① 虏,夷虏:是对当时明朝北方边境鞑靼等异族的一种蔑称。本文为行文方便,沿用此称谓,特此说明。

定。万历十年(1582)顺义王俺答死,大亨尽快建议明廷册立了俺答嫡长子黄台吉(辛爱)①为第二代顺义王,安定了众心。但此时北部酋哈不慎等又大举入寇,萧大亨身披甲胄,直插其境,斩获甚众。哈不慎其兄怕受株连,愿息兵自赎,俯首听命。俺答其侄制马五大凶暴不训,欲密谋作乱,由于大亨先得其情,制马五大不敢妄动。

万历十一年(1583),萧大亨以办理宣府、大同贡市有功,朝廷赏赐银币;同年再以办理黄台吉嗣封顺义王,升俸一级;十二年(1584),大亨加兵部右侍郎衔,成兵部副长官,为正三品。二月,又因三镇互市完,赏大亨等银币。万历十三年(1585)十二月,第二代顺义王黄台吉突然去世,兵权和王印均落到了三娘子②手中。三娘子实际掌握了土默特部的军政大权。明廷为避免蒙古政局的突变,引起权力争斗,极力劝说三娘子与黄台吉之子扯力克在十四年十月成婚,次年三月封扯力克为第三代顺义王。此前,萧大亨与宣大总督郑洛曾积极上疏请封三娘子为忠顺夫人,明廷允准,于十五年三月遂行封典。萧大亨此举对加强明廷与三娘子的关系,安定虏众起了至关重要作用。十五年(1587)二月,萧大亨征召入朝,协助京营军政事宜。不久,还部,开始以兵部右侍郎之职佐理兵部。

万历十七年(1589)二月,萧大亨在兵部侍郎任上,受命护送潞王③就国卫辉(今河南卫辉市),三月成行。"公严禁令节供亿(供给),藩卫凛凛奉法,所过安堵(安定)"(《萧公墓志》)。《明实录》(台湾影印本)卷四九二称:"奉命护潞王之国,道路不扰,称上旨。"不久,大亨擢右都御史,成为都察院主官(正二品),兼兵部右侍郎,并总督宣府、大同、山西三镇。同年五月,顺义王扯力克西徙青海,十一月,顺义王扯力克入贡,大亨奏请将效劳

---

① 黄台吉(1521—1586):即辛爱,明时鞑靼首领,顺义王俺答汗长子,授都督同知。俺答汗死,娶父妾三娘子,袭王封,更名乞庆哈(彻辰汗)。明廷又扶植俺答侄青把都与其抗衡。死后,明廷于万历十五年(1587)三月受封其继承人扯力克为第三代顺义王。

② 三娘子(1550—1613):明代蒙古俺答(汗)之妾。隆庆五年(1571)俺答封贡后,辅佐其主持贡市。万历九年(1581)俺答去世后,从明廷之劝,再嫁第二代顺义王辛爱(即黄台吉),执掌权柄,保持了蒙古内部之安定。后继嫁第三代顺义王扯力克,令行塞外,为各部落所推重。万历十五年(1587)明廷封其为忠顺夫人。十七年扯力克入青海,与明发生边界纠纷,三娘子从中斡旋,避免了武装冲突。她对蒙、汉、藏民族友好关系有特殊贡献。三娘子之所以可嫁三代顺义王,与古代北方少数民族在婚姻上盛行"收继制"有关。父亡后,儿子可以娶庶母,称之"烝";而兄、叔亡,弟或侄儿可以娶寡嫂或者婶母,称之"报"。"妻母报嫂",两者合称"收继制"。

③ 潞王(1568—1614):即潞简王朱翊镠,明穆宗(隆庆皇帝)第四子,神宗朱翊钧(万历皇帝)同母弟。隆庆五年(1571)封潞王。居京师时,遍置王庄、王店于近畿。万历十七年(1589)就藩河南卫辉(今河南卫辉市)。得神宗喜爱,居藩多请赡田及卖盐权,均获准。

诸夷分别升职。

万历十八年(1590)五月,鞑靼所部火落赤犯明旧洮州(今青海西宁),副总兵李联芳兵败阵亡;七月,再犯河州(今甘肃临夏),临洮总兵刘承嗣又为所破,明廷大震。朝中围绕和与战展开讨论。总督三镇的萧大亨几经权衡上疏:"今国家御虏,当以抚顺剿逆为长策,即西虏内讧,声其罪而剿之可耳,虏王(扯力克)无他端,而并绝之,横挑边衅,委边氓于锋镝(战乱),令军兴耗费无已时,非胜算也。"(《萧公墓志》)又谓:"火(落赤)酋犯顺当诛,扯(力克)酋助逆无证,一火酋不能取胜,乃欲绝扯酋,则诸镇起衅,其祸将不可支。"(李维桢《萧少傅年谱》序)大亨此议得到内阁申时行、王家屏的支持,神宗认为大亨其言甚是。七月,大亨召见鞑靼诸酋长,声其有背德之罪,欲停贡市。八月,明廷遂下诏暂停顺义王贡市,以促其离青海东归。

此后,大亨在宣府、大同实施了所拟定的御虏方略,力排朝中激进派的压力,一面召"虏王诸酋长,声其背德之罟",声言"欲停市赏";一面对鞑靼扯力克以外的部族,仍继续开展互市易马,保持互相贸易的畅通,以取恩信。同时加强军备,其部下皆按其议行事。大亨并数次修书扯力克,敦其还巢,又"因其顺逆,以定赏罚",使宣府附近及蓟辽、新平、守口一带鞑靼部族亦驯服如故。一时万分紧张的局面,渐次缓和下来。至万历十九年(1591)正月,扯力克谢罪请归,并还所掠洮河入口,经略郑洛发兵西宁后,青海诸部亦皆远逃。遂使洮河一带宁静如故。时皆谓萧大亨处事"练达镇定得大体"(《萧公墓志》)。

万历十八年(1590)八月,当顺义王扯力克东归之际,内附于蒙古族部落史二官儿、车达鸡二酋外叛。扯力克也向明廷要求复还所停二年的市赏。对两问题,明廷又议论纷起。独萧大亨以"借力打力"之术,解明廷之难题。史、车二酋背叛出关,屡屡在永宁(治今北京延庆区东永宁镇)边墙附近进行骚扰,恐吓明军,复求半赏,明将中有的欲给予。大亨谓:"予之,是赏叛也,非一大创不可。"于是利用谍报,将计就计,命所部伏兵于要害处,候史、车二酋入寇时予以痛击,先后擒史酋子女等,并斩杀史酋之妻等数十人,使史部大伤元气,不敢复战。

扯力克东归后,萧大亨利用反间之计,数遣谍深入扯力克巢穴,收集信息。并不断给扯力克发函,喻其以大义,且以利诱之,瓦解其与史、车二部的关系。扯力克接大亨函,果然心动。为彻底打动扯力克,大亨还设法与扯力克夫人三娘子取得联系,积极利用三娘子亲明派之关系,对扯力克施压。此时经略郑洛方面业已肃清,由西宁移大同,大亨与其共谋对付扯力克之策。二人拟定联合上疏,认为,不宜以一人之罪(指史部)概绝诸部,今史二官儿外叛,屡犯边疆,若令扯力克缚献史犯,然后酌议市赏,是固我之良策。此议被神宗采纳。至万历二十年(1592)四月,扯力克果诱史二官儿及诸用事头目,叩关献叛酋。一场持续三年的干戈终化玉帛,亦大鼓明之士气。朝廷诏复二年市赏。

萧大亨用计策和谋略使扯力克擒献叛酋之事，是明廷继令俺答缚献赵全①之后的又一外交胜利。萧大亨利用虏方之内部矛盾，将不利之局势转为对我方有利，一棋子走活，全盘皆活，方见其谋略之高超，谓之"筹边伟绩"。萧大亨以史酋等"戮之无益边事，存之可系夷心"，对其留而不诛，诱使史酋之子吉妹并宰罗等率众复归，兵部称此举"使生者感恩，归者效顺，而未降者思外，外伐安兔（扯力克兄弟）之谋，内资侦探之力"（《明神宗实录》卷二五八）。明代思想家吕坤在其《赠萧岳老晋宫保大司马序》中称萧大亨擒史、车二酋为"奇功"，能用扯（力克）酋为"大智"也，"筹边伟绩，厥惟懋哉"。

一波未平，一波又起。万历二十年二月，先锋刘东阳率众哗变，自称宁夏总兵，杀死宁夏巡抚党馨。党馨原与致仕宁夏副总兵鞑靼人宰拜不睦。宰（又作哱）拜父子手下豢养了一批蕃汉边兵，个个骁勇善战，是西北一股不可小视的地方势力，党馨对宰拜处处抑制，双方摩擦日甚。宁夏的兵卒久不发衣粮，士卒怨愤，宰拜之子又乘机煽动，叛军刘东阳利用党、宰之矛盾，勾夷入犯，遂推宰拜为谋主，焚烧公署，纵兵大掠。宁夏既叛，其附近许多堡卫也纷纷为叛兵所据，叛军又渡河进犯灵州，并与河套内的鞑靼相呼应，西北为之大震。陕西四镇总督魏学曾闻报，率兵进讨，双方战于宁夏城下，形成胶着状态。战事起后，宰拜等在顽抗的同时，使重金贿赂顺义王扯力克，以求支援其发兵犯明。扯力克并作应许，准备大举西进。此计若成，明兵将陷于两面作战的局面，不可小视。萧大亨识破叛军之阴谋，即"先伐其谋"，遂向扯力克发檄文，责问此事。扯力克不料大亨已识其谋，为之惊惧，急忙复书谢过，表示不再入犯。河套应叛之众，由于孤军作战，被明军击破于贺兰山下。至是年九月，宰拜自杀，宁夏叛军遂为明军镇压，叛乱告平。

宁夏叛军与鞑靼合兵反明之阴谋，被萧大亨一檄文而告破，时人认为是大亨一大伟绩。亦是大亨长期之戍边生涯所形成的一系列独到的筹边军事思想的具体反映。在萧大亨等人的长期努力下，明朝与鞑靼的和平局势得以维持，宣大边境上再次呈现了安定繁荣的景象。"款垂欲败而维持安全者，则公一人。……垂三十年，疆场不蹂躏，生灵不荼毒，士马不调遣，……以此论功，公之功大矣！"（李维桢《萧少傅年谱》序）这是明代学者李维桢对萧大亨筹边政绩与历史作用所做的评述。

同年五月，萧大亨晋为兵部尚书，太子少保，首辅王家屏等人贺其擒叛之功。冬，朝廷赠大亨祖父萧胜，父萧乾为兵部尚书，于泰安州西门里敕建坊表，上层书"龙诰褒封"四字；下层书"诰赠兵部尚书萧胜、萧乾"，坊两面字同（李东辰《胆云轩随笔》）。大亨继续

---

① 赵全：原为明朝大同右卫士兵，嘉靖三十三年（1554）逃入蒙古土默特部，受到俺答的重用，统治板升地区的汉民，为俺答制造攻城器具等。又尊俺答汗为帝，为之修筑大板升城。隆庆四年（1570），俺答汗之孙把汉那吉降明，俺答同意明朝赵全作为交换条件，将其缚送明朝处死。

留在宣大任上。

是月，日本丰臣秀吉侵犯朝鲜，十月，明发兵援朝鲜，李如松为防海御倭总兵官。

万历二十一年（1593）大亨行文令榆次知县，修筑榆次南关城垣，完成其未完成之事。

二十二年，大亨仍在宣大任上，是年加太子太保。十月，刊行所著《夷俗记》。本年前后榆次民众立《见任兵部尚书知县事萧大亨去思碑记》，参议桑维高撰文。

四、改任刑部，兼署兵部

万历二十三年（1595）五月萧大亨改任刑部尚书，太子太保如故。萧大亨所掌刑部是掌管刑法的最高机构，与都察院、大理寺合为三法司，会审重大狱案，直属皇帝。尚书为刑部最高长官，官阶正二品，权势尤重。是年秋，大亨自宣大入京赴任。同年，泰安城在通天街为大亨立"宫保尚书"坊。

萧大亨任刑部尚书之际，正是日本侵略李氏朝鲜之时。先是万历二十年（1592）五月，日本"关白"（官名，相当宰相）丰臣秀吉以武力统一全国后，侵略他国的野心膨胀，图谋征服朝鲜后再征服中国。甚至提出要把北京作为日本的首都（见中国史学会会长在纪念甲午战争120周年系列讲座上的讲话。载2014年6月22日《齐鲁晚报》）。丰臣秀吉还狂妄地说：直入大明国，使四百州化我俗，施王政于亿万斯年①。于是先入侵朝鲜。七月，入王京，朝鲜求救于明。明兵赴援大败。八月，任兵部侍郎宋应昌为经略，总制御日本军务。兵部尚书石星遣沈惟敬至平壤侦倭。还言日本愿议和，石星信之。十月，以李如松为总兵，发兵援朝鲜。翌年初，李如松收复平壤、开城，进攻王京，败于碧蹄馆。石星遣沈惟敬赴日本议和，撤主力回国。至二十四年（1596），明遣使赴日本交涉无果，日本再侵朝鲜。至此，明廷重臣们围绕对日战还是议和争执不决，遂引出两起狱案。两案无不与时任刑部尚书的萧大亨有密切关联。

先是御史曹学程案。上文可知，时任兵部尚书的石星等人，力主议和封贡之策。在其力持下，明廷多次遣使赴日。至万历二十四年（1596）五月，赴日使臣自朝鲜逃归后，石星仍坚持再遣使察看实情。御史曹学程闻讯，抗疏言事云："为今日计，遣科臣往勘则可，往封则不可。石星很是自用，赵志皋（时任首辅，主持大政）碌碌依违，东事之溃裂，元辅、枢臣俱不得辞其责。"（《明史·曹学程传》）神宗见曹氏之疏勃然震怒，以为其阻挠议和，

---

① 这条史料采自《光明日报》2017年12月20日02版韩寒《＜抗日战争＞：抗战史、精神史与心灵史》。作者接上文说："到清代咸丰年间，吉田松阴提出了'向东亚扩张论'；从甲午战争后清廷与日本签订《马关条约》，至右翼军人掌握日本军政大权，直到日本发动侵华战争，王树增（《抗日战争》一书作者——编者注）为读者展开了一条日本对中国所持有的由来已久的侵略逻辑。而且他提醒读者，日本右翼政客和军国主义，今天依旧沿袭着这样的逻辑。"

命逮学程，下锦衣卫严讯，移刑部定罪。萧大亨在万历二十四(1596)五月的九卿科道会议上提出"极言封事之义，战守之要"的主张，明显反对石星对日封贡之议。故曹氏一案，极力为之开脱解救。当年十月，大亨上疏请释曹氏，"乞免拟超释"。神宗对此大为不满，降谕称曹氏"抗违诏旨，避难忘君，无忠义心，着遵逆臣失节罪，监候处决。"(《明实录》)大亨力保曹氏虽受挫，但不改初衷。至二十六年(1598)十月，刑部审录重囚，大亨怕曹氏再遭不测，自作主将曹学程从死囚名单中删除。神宗察觉后，下诏夺萧大亨两月官俸，将刑部有关司官降罚有差。大亨曾七次上疏相救曹学程，其他朝中官员也先后为其讼冤。延至万历三十四年(1606)九月，终将曹学程开释，因罪被罚守边远卫，后放还，卒于家。曹学程免于难，与萧大亨的极力相争无不关系。

其后是石星案。朝鲜起事，兵部尚书石星极力支持封贡议和。万历二十五年(1597)初，日方借口册封之仪朝鲜礼文缺典，撕毁协定，再次攻朝。神宗闻此深悔误用石星封贡之策，下令将石星革职。九月，日军联破南原等城，神宗更加震怒，令将石星下狱，论死(《明史·神宗本纪二》)，命三法司拟罪。神宗给刑部之谕旨上说："倭贼狂逞，掠占属国，窥犯内地，皆前兵部尚书诒贼酿患，欺君误国，以致今日，戕将士，扰我武臣，好生可恶不忠！著锦衣卫拿去法司，从重拟罪来说。"神宗言词严厉。此案交萧大亨主持审理。三法司会审后，遂以"酿患祸国，拟极边永戍"。虽说让石星拟去极远的地方去守边，但未定死罪。萧大亨与石星长期政见不同，在朝鲜战事问题上也观点不一致，此时未落井下石，亦无一味地曲从神宗。认为，石星长期在对日款贡决策上有误，但主持兵部以来，收复失地甚多，在入朝对日初战，取得平壤大捷等方面亦功不可没。不料，神宗对大亨关于石星的定罪十分不满，谓其"徇私朋比"，降旨指责大亨。大亨亦惶恐引罪，神宗不治罪。石星以因隐匿军情失误，律论死，妻子俱流，发烟瘴永戍。后在大亨等人的竭力相争下，幸脱戮首暴尸西市(明代刑场名。位于今北京市西四附近，专为处决官吏之用)的悲惨命运，饿死在狱中。萧大亨也落了个"秉公持平"的名声。

万历二十六年(1598)，萧大亨"奉上命，兼署兵部"。八月，丰臣秀吉死，日军急欲归，再次要求议和。大亨力主拒和进军，明军决意与战，至十一月日军溃遁。"诸倭悉遁去，东师屡捷"(《萧公墓志》)。"大亨一意主战，得有成功"(《明实录》)。神宗对大亨之积怨随解。十二月，"诏复大亨太子太保"(《实录》)卷三二九)。第二年九月，"朝鲜以宁，上乃诏复大亨宫保，予锦衣(明代官署锦衣卫的省称。此指锦衣卫的官)世荫"(《萧公墓志》)。

　　万历一朝,政治黑暗,纲纪废弛。明神宗二十多年不上朝,期间的三大役①几乎用尽了张居正改革财政所积蓄的财富(史载,至张居正死,户部太仓储银超过 600 万两,京师储粮达 700 万石),加剧了政府财政窘况。神宗本人却贪财成癖,遂以矿监等收税。派往各地的税使、矿监恣意横行,四处搜括,大为民害,大亨刑部任上刚直不阿,秉公执法,严惩了一批炙手可热的权宦。例如,万历二十七年(1599),御马监太监梁永,受命往陕西征收名马货物税,违犯祖制,擅自招兵买马,利用逃犯刘有源等横行无忌,吓诈万金,杖死数命,税府竟成盗徒之穴。二十八年案发,时梁永深受帝宠,凡对其论劾并检举者皆遭迫害。大亨弃梁永为帝所宠,毅然将案犯刘有源等人处斩,打击了梁永之气焰。又如,三十四年(1606)十二月,内监杨致中无端杖杀军将郑光耀,大亨复奏将“贪暴弥天”的杨致中“严正法纪”。一时声闻朝野。

　　明朝末年,刑部受制于内廷,司法难有公正可言,大亨忧心如焚。万历二十五年(1597)六月,宫内三殿失火,神宗诏群臣各疏时弊。大亨遂上奏极言刑狱之弊端,请修实政以回天意。同时奏请将奉旨加罪的十五名、候旨未下并干连轻犯八十四名,钦发追赃无证难结的九名囚犯,条列具陈,请予宽恕。神宗均置之不理。直至万历三十年(1602)神宗病重之际,方下达解除狱囚的旨意,但因萧大亨对此事谨慎有余,紧急关头不能当机立断,对“释系囚”迟疑未发之时,受到朝内激进的太仆寺卿南企仲的弹劾。神宗怒,搁置未行。最终因萧大亨处置失宜使“释系囚”案搁置。不仅因事中有变,使大亨失去了一次整顿积弊的契机,令人遗憾,大亨不得不引咎自责。

五、老成练达,再返兵部

　　自万历二十五年(1597),朝鲜战事再起后,兵部尚书石星革职下狱,军务无人管理,朝中数人举荐萧大亨出任兵部,主持对日作战,但神宗迟迟不予诏准。至二十六年,大亨实际兼署兵部事务。至三十年(1602),兵部尚书田乐去职,大亨正式兼署兵部。至三十二年(1604)十月始,大亨由刑部尚书改任兵部尚书,前后执掌兵曹,计有十个春秋。大亨所掌兵部是国家军政最高权力机构,掌握武选、考课、军制、禁卫、征调、边防、镇戍、军械、驿传、军学、厩牧等政令,事权尤重,直属皇帝。尚书为最高长官,并常特派出征,总督军务。

　　萧大亨掌兵部以来,明朝无大的战事出现,日军在朝鲜战事中被中朝两军打败也已熄鼓。军务之重任遂成边陲的防御。万历三十年(1602)六月,大亨对边塞秋防疏陈六条,即审虏势、察夷情、伐虏谋、酌定额、严禁约、核边工。至三十五年(1607)七月,再疏题

---

　　①　三大役:指万历二十年平孛拜的宁夏之役,万历二十年至二十七的抗日援朝战争,二十八年平杨应龙播州之役。

辽东、蓟、昌、保定、宣、大、山西及陕西之形势,重申以战备款、知房制房的战略意义。

万历三十五年(1607)三月,第三代顺义王扯力克去世,三娘子虽统领各部,但年事已高,鞑靼部落渐为松散,明朝在北方的防御重点,逐渐转移到驻扎辽东的努尔哈赤一部。此时哈赤一部,明示恭顺,并多次赴北京朝贡,暗中却刺探军情,了解虚实,有所图谋。萧大亨对此早有觉察。在万历三十年(1602)的疏中专门论及此事,要求有关署司慎重处置。在其三十五年(1607)的疏中再次表示了对辽东事态的关注。万历一朝,南部边防频频有倭寇在闽广海域出没作乱。万历三十三年(1605),倭寇再次侵扰福建沿海,萧大亨严令闽省防汛官缉捕,擒斩甚众。

在西南边陲,播州(今贵州遵义市)宣慰使①杨应龙行为不轨,阴狠嗜杀,属于不臣。该贼于万历二十五年(1597)七月叛。开始掠合江、綦江。二十七年贵州巡抚兵讨杨贼,败绩;前兵部侍郎李化龙督川、湖、贵州军讨之。至六月杨贼陷綦江,两将战死(《明史·英宗本纪》)。万历二十八年(1600)初,明廷发兵三十万讨伐。萧大亨参与了此役的筹划指挥,明军捣其老巢,杨应龙自焚而亡。至万历三十二年(1604),明廷舒平播州之功,大亨已任兵部尚书,准复原荫,仍加一级世袭,赏银绮。除此,西南其他地区亦曾兵端数起,在大亨的策划运筹之下,多被迅速平定。

"京营"是明朝最精锐部队之一。明末,营帅多贪墨无能,战斗力每况愈下,流弊深重。萧大亨曾数次提出整顿京营的方案,终因京营积重难返,使大亨之改革方案不能实施。以至京营涣散局面日益严重,导致后来有京营军卒出御李自成义军,未经战斗,闻炮即散的可悲局面。

另外,由于明末国库空虚,自万历二十四年(1596)神宗即相继派遣由宦官充任的矿监税使,搜括民财,其中太监高淮于万历二十七年(1599)受命去辽东任矿税使。高淮不仅胡作非为,骄横无忌。而且干涉军务,欺压边将,与边将争功,又广招家丁,搜括士兵,招纳降人,纵容不法,取金数万。大亨不胜其愤,深悉此风蔓延,必使边将大权旁落,军士离心,使边防安全受到威胁。大亨数次忠谏,上疏劾之。但神宗拒不采纳,且下诏为高淮辩护,致使高淮气焰嚣张,克扣军饷,而激愤的戍边将士怨恨不已,"誓死淮肉"。终于引发了万历三十六年(1608)的锦州、松山兵变。后遭蓟辽总督蹇达弹劾,才奉召还京。

萧大亨兵部任上,已是暮年,年老多病,在左右侍郎缺员的情况下,仍艰辛维持,有时不得不由人扶掖入朝。即是如此,有大亨在任,军事方面一度呈现稳定局面,小规模的军事冲突、事变亦能在较短时间内平息,这是大亨的一大历史功绩,亦与其睿智、治政、治军

---

① 宣慰使:即设在少数民族地区的行政土官,后称土司。系土官官署宣慰使司,亦称土司衙门的行政长官,从三品,世袭,其承袭事隶属兵部。

有能、有威望有关。

萧大亨因年事已高多次恳请致仕,神宗总是以其"老成练达,精力有余","熟谙边务"等不允。万历三十五年(1607)三月,大亨加少傅,从一品。少傅虽为虚职,但为勋望之臣。万历三十六年(1608)十一月又兼太子太傅,允致仕归里,时年七十七岁。从此,大亨居家疗病休闲。"由由于于(高兴而悠然自得的样子),与乡里故老言辞色笑,宛然如平时"(《墓表》)。第二年,泰安城为大亨建"三朝元老"坊,并建生祠。

六、鞠躬尽节,归葬岱阳

万历四十年(1612)正月二十二日,萧大亨卒于泰安里第,享年八十一岁。是时,翰林院编修公鼐与萧大亨之长子萧和中交好,公鼐为大亨撰写了行状。长子萧和中请人辑其父之事迹,撰成《萧少傅年谱》,由大亨好友、终官礼部尚书的李维桢为之序(今存)。萧和中复请东阁大学士、曾与大亨同朝为官的首辅、好友申时行撰写了墓志铭。万历四十

萧大亨墓碑坊

一年,大亨从祀泰安乡贤祠。是年九月,萧和中复请礼部尚书兼东阁大学士吴道南为其父撰墓表。四十四年(1616)四月,神宗从吏部尚书郑继之之请,追赠大亨太傅,正一品衔。八月,大亨葬于泰安西南三十里金牛山之阳。墓地约二千平方米,建有石坊二座,前坊题"茂膺天宠",坊联曰:"束发登朝,勋业永垂于边地;鞠躬尽节,忠勤益励于宦成。"后坊题"褒崇旷典",并有"万历丙辰八月吉日,钦差太常寺卿张文征建,知泰安州事侯应瑜、州同王明爵、州判刘澹然、吏目范弘宗立。墓地另有华表、文武翁仲、石虎、石马、石羊等。因大亨生前名声显赫,政绩卓异,泰安、新泰等地都建有萧公祠。如,清乾隆《新泰县志·寺观》载:"萧公祠为尚书萧大亨建。"但地点未详。泰安萧公祠在和圣祠西,有万历三十六年(1608)州守江湛然碑记(乾隆《泰安县志·典礼》)。后毁于"文革"。

萧大亨一生著作甚丰,特别是数十年的戍边生涯,熟谙虏情,将所获各种情报编纂成书,供明军将士掌握参考,此即《夷俗记》。该书"是研究鞑靼经济、政治、教育、军事、法律道德、婚姻家庭、宗教等社会历史的重要资料,对于元史、明史、民族史的研究具有重要价

值。"（崔春华《夷俗记校注·序》）现有多种版本存世。除此,萧大亨还著有《藩封纪略》《两镇奏疏》《岳峰萧公奏议》(又作《萧岳峰奏议》)、《今古文钞》(又作《文章类钞》)、《文章正义》《家训》等凡十种之多。还曾为《重修曲阜县志》《新修泰安州志》等撰序。大亨一生十分注重整修保护泰山古迹,曾主持移修摩天岭下四阳庵,还为多处名胜碑记篆额,撰写碑文,如曾撰《重修孔庙碑铭》,为《修建元君行宫碑记》篆额,为岱阳三阳观撰写过《建立三阳庵记》《三阳庵新建门阁记》碑记,为岱阴《重修佛殿碑记》题名,为重修双泉庵、重修三官庙、重修观音堂等道观佛堂撰写了碑记。多数石刻至今犹存。

萧大亨夫人刘氏,贤淑端庄,治家有方。萧大亨墓志云:"公配一品夫人刘氏,阳丘(今济南市章丘区)人,其父善禄,命家言,知公必贵,遂妻以女。夫人有内德,既归公,则椎布操

萧大亨书"三阳洞天"

作,以佐公于学,事姑色养备谨,终始无憾,以孝称。治家课子,皆以勤俭为率,而不吝施舍。尝欲为公广继嗣,则置姬侍(即侍妾)致公邸中,公历仕垂五十年,夫人从之者仅七年耳。"《墓表》云:"(刘夫人)好施予,佐桥梁之修,棺漂溺之骸,则又其行德余事。"①《墓表》又云:"刘夫人贤多内助,即其广姬媵一事,足以通天地,施子孙,宜萧氏之奕奕绳绳、弥昌弥炽也。"刘夫人生一子和中,一女适史氏。夫人生于嘉靖壬辰(1532)七月初七日,卒于万历辛亥(1611)八月十七日,享年八十岁。封一品夫人。(编者注:泰安颜谢村《刘氏族谱》谓刘夫人为刘应登之女。特备一说)

大亨侧室庄氏,生子协中;侧室李氏,生一女。

萧大亨长子萧和中。康熙《泰安州志》本传称其"明达有为"。又曰:"魁岸表表,性至聪敏,读书寒暑不辍,屡试棘闱,辄数奇不偶。岁丙戌(即万历十四年,1586)以父荫由增广生读书成均(古代大学名。泛指官设学校)。万历二十六年,(即戊戌年,1598)承父命谒选铨部惜其才,除(任)后府都事(掌收受文移,从七品或正七品),寻升右府(即右军都督府)经历(仍掌往来文移之事,最低为正七品),擢工部虞衡(即虞衡清吏司,简称虞衡司。掌理采捕山泽鸟兽之肉、皮革、骨角、羽毛等物,并司制造军装、兵械、烧造陶瓷、冶铸器具等事。设员外郎二人)员外郎(明代简称外郎或员外,通称副郎,从五品),升太仆

---

① 夫人行德余事:刘夫人之善举,事发万历三十一年(1603)六月。《明实录》卷三八五:"(癸丑)山东泰安州水灾,淹杀男妇八百余口,倾圮房屋数千余间。"又,萧协中《泰安小史·白龙池》:"万历癸卯(丑)。一夕大水,漂溺数百家。"

寺少卿(即太仆少卿,掌马政,正四品)。

萧大亨次子萧协中,字公黼。万历三十一年(1603),诏准入国子监就读,成为官生(明代高级官员所请荫之子称官生)。后以父荫授上林苑(即宫苑)监丞(掌判监事的低级官吏),晋顺天府(今北京市)治中(府尹佐官,参理府事,正五品)。崇祯末年致仕。甲申(清顺治元年)流贼攻城,将陷,协中北向再拜,投井而死。协中所处时代正值明王朝面临崩溃,内忧外患重重。面对现实,协中"蒿目时事,辄扼腕歔欷"(民国《重修泰安县志·萧协中传》)。协中举目远望明朝将要灭亡的时事,情绪振奋,只能感到惋惜,但尚显其气节。协中在政治上虽始终未能一展才能,却也壮心不已。他在《舟中同徐灵哉同社有怀》一诗中写道:

> 十年孤愤对黄河,风雨来时洗岸莎。
>
> 此日乡违千里泪,平生醉在六朝歌。
>
> 渔舟落落无边渡,羌笛飘飘柳外过。
>
> 杯酒仍堪悲壮业,江湖岂许一婆娑。

充分表达了他在"风雨来时"不甘消沉的胸怀。

协中一生精文翰,十八岁即作《绿远楼赋》而蜚声文坛。明末大学者李维桢对其大加赞赏,拟之西汉少年名臣终子云(终军)。其《酝檀集》,李维桢誉"钜丽妍藻,汉晋人手笔"(李维桢《酝檀集序》)。协中致仕后,寓居泰安城酝檀园,致力于泰山地理风物的研究,时时"野袍山屐""竹杖芒鞋",登山临水,濡墨抒怀。

萧协中还著有《泰山小史》等书。《泰山小史》"以名胜为纲,终之以人物,每题下列短文叙其崖略,词简意赅,系之以诗,歌行律绝,不拘一体,为山经之创格,诗境超逸,神与古会"(民国赵新儒《泰山小史跋》)。全书共收录泰山名胜及少数名人150余条,皆作题咏,并各系以小序。诗文中所写泰山胜迹,无不生动传神,状写如画,读后使人"如卧青山白云之中"。如,书中写《羊祜城》,序曰:(羊祜城)距州治东南九十里,晋羊祜封地。诗曰:"原畴禾黍接城东,晋主平吴赐有功。不独岘碑堪堕泪,夕阳衰草亦悲风。"短短四句诗,不仅写出了羊祜城的方位和羊祜的功绩,而且写出了家乡人民对羊祜的悼念。"夕阳""衰草"都为羊祜吟唱悲歌,表现得既生动又悲切。书中所记一些史料对泰山史研究有很高的参考价值。清雍正四年将协中列忠义祠。协中为庄氏所生,庄氏于崇祯年间卒,葬于泰城东北之萧家庄,墓前旧有碑题:明敕封太安人显妣太君之墓。崇祯八年十二月吉日萧协中立石。民国二十五年(1936)秋庄氏墓被盗,出土志石一方,盖题:明太傅兵刑两部尚书岳峰公庶配诰封安人显妣庄太君墓志铭。今均佚。

萧大亨之孙友瀚(又作翰),以荫补锦衣卫正千户(正五品);友贤,以荫补锦衣卫指挥(掌京城坊巷治安)。二孙皆萧和中之子。萧友贤之子萧启浚(民国《重修泰安县志》作濬),号松庵,袭锦衣卫金书、管卫事。民国《重修泰安县志》谓其"以荫补锦衣卫指挥,死于疏寇"。今泰山关帝庙之东墙外尚存崇祯十七年(1644)三月萧启浚所立碑记。

【评析】

一、筹边制虏,知行一体

萧大亨长期的戍边生涯积累了众多制虏经验,充分展示了他的军事才能,形成了独到的筹边军事思想,主要反映在以下诸方面:

(一)自明朝中叶,北部鞑靼屡屡犯边,使"边无宁岁",处在"备左则失右,此款则彼攻"的被动局面。萧大亨认为其原因是对虏事态真相不明确,即"无他,虏情失也"。从而提出"制虏必先知虏"的战略主张。遂而采取"多设谍报,广搜军情,降意接纳习边事且勇者,委以腹心"等措施了解虏情,策划对敌之策。

萧大亨"制虏必先知虏"战略思想的提出,是其深谙孙子兵法,谋攻"知己知彼,百战不殆"之法的结果。也就是说,对敌战争中只有了解自己,了解对方,作战百次也不会打败仗,强调打仗一定要了解各方面的情况。至于萧大亨利用扯力克求还贡市之需求的契机,诱其缚献史、车二酋,正是其知扯力克之所需之"虏情",以虏制虏战略

萧大亨《夷俗记》手稿书影

思想的具体体现。万历二十年(1592),宁夏孛拜之变,叛军勾夷入犯,明军能胜利平叛,更是萧大亨谙熟夷情,先得虏之阴谋,"先伐其谋""制虏必先知虏"的典型战例。

萧大亨"制虏必先知虏"战略思想的形成,是其戍边几十年积累经验之一,也有其历史背景。因明朝中期以后,明廷对夷策略大多失宜,往往以天朝自足,政治上狂妄,又多

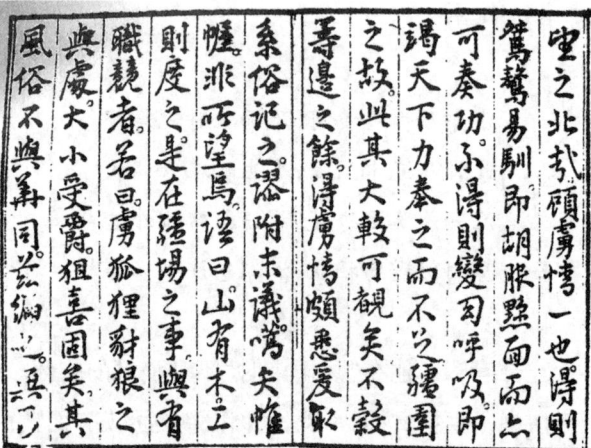

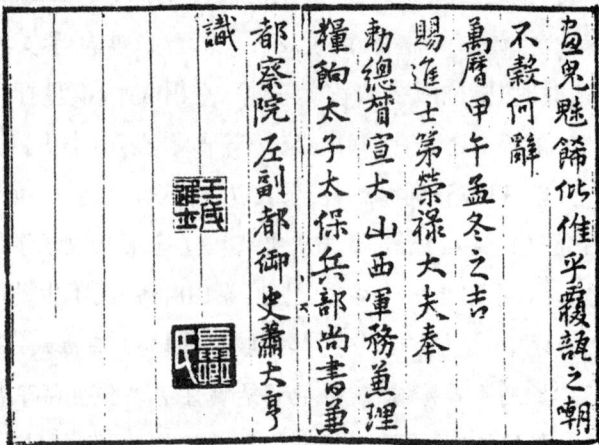

次拒绝俺答汗的求贡,丧失了与其议和的时机。军事上没有好办法抵抗鞑靼的勇猛铁骑。至张居正掌朝政也曾重新思考过对边塞敌情的再认识,朝廷内部也曾达成过"留心边事,深入研究夷情,掌握边塞之动态,策划对敌之策略"的共识。明代名将戚继光也曾提出对夷情要"广询博访,集群策"等方面的军事思想。萧大亨"制虏必先知虏"之思想,应是对前人之战略有所借鉴和总结,且在实际应用中最为精当。

萧大亨通过数十年的戎马倥偬,全面掌握了北虏的政治、经济、军事、风俗、民情及各种情况、情报,并将其统纂成《夷俗记》一书,印制成册,供明军将士了解虏情,可谓用心良苦。

(二)明廷对于鞑靼问题,款战意见历来针锋相对。萧大亨认为"夷情未可骤激,兵端未可轻开",款战各有得失,"款无全利,亦无全害,战无全害,亦无全利"。两者比较,他认为款之利远大于战之弊。针对主战派冒进的议论,充分肯定款贡政策,反对一味以战解决矛盾。针对"款议一成,便可百年无忧"之论调,大亨提出"款可用而不可恃"与"以战促款"之政见。并本着上述指导思想,着手进行整顿边防,加强军备的工作。此即"款有款之时,战有战之会,审时投会,乃得之矣"。

萧大亨力主款议,但并不排除在一定情况下,利用有利战机,对入侵之敌给予沉重打击,消灭敌人的有生力量,扼制其侵略野心。他在宣府任上,"北部酋哈不慎为寇",他"身擐甲胄,出其不意深入其境,斩馘甚众",即是其中审时而战之例。大亨主张以款供政策来缓和解决双边关系,反对以战争方式解决双方冲突和矛盾。该战则战,该议和则议和,战之两伤和则两利,尽量避免与鞑靼兵戎相见,正是大亨基于明王朝及边疆少数民族之双边利益,也是蒙汉各族要求加强贸易、互利双赢、和睦相处的愿望。这种主张正是大亨所体现的儒家所倡导的"和为贵"思想的一种表现。

另一方面,上述之事的时间,正是明万历二十年(1592)。该年四月,日本关白丰臣秀吉兵发朝鲜,明廷应邀出兵朝鲜抗日。此时萧大亨力主与鞑靼议款,是否想尽早结束与之征战,腾出兵力和精力支援抗日,史不明载,但其"东事主战"则是事实。如是,大亨则是有谋略而又正确的决策。

萧大亨针对朝内激进派提出的款议一成,便可百年无忧,款供可恃的论调,大亨提出"款可用而不可恃"的思想。他认为"款不可恃,乘款而修金汤,乘款而坚利,乘款而实元气,是许款之初意也;我有战之具,我操款之权,则款可也,战可也,是制虏之微意也。稽之边防,未有不能战而能款者,揆之虏情,未有不喜款而喜战者""以战促款""款不可恃"可谓大亨有远见的政治主张。大亨是这样想的,也是这样做的。筹边期间他在整顿边防,加强军备方面做了大量工作。例如,先后在大同、神木、山西、宁夏、宣府等地修整城防,固若金汤。万历十九年(1591)他向朝廷提出的边防七事中,就有"造戎车"条,即造独轮战车二百辆,三面用板,内安火器,这种车在当时是对付蒙古骑兵有效杀伤利器。以上谓之"修金汤""造坚利";"实元气"方面提出"择选锋、勤训练、补额军、更守备"数条,都是有关加强军队建设,提高将士素质,增强战斗力的措施。另有开渠垦田,以使"足兵足食"。这些举措都是为"加强军备,以战促款"而提出的具体办法。

(三)萧大亨长期戍边,与虏交战、交往,深谙己短,亦知鞑靼之优势和长处。借鉴古人的军事思想之精华,提出"弃我所短,习虏所长"的主张。不断改进对敌战略战术,受益匪浅。

萧大亨总结出的上述军事思想,是其实践经验之总结,也是借鉴古人的军事智慧的结果,更是《孙子兵法》"知己知彼,百战不殆……不知彼,不知己,每战必殆"战术的灵活运用。"弃我所短"以避之或加以改进;"习虏所长"知道敌人长处,可以学习,改进我之战法,用我之战术制敌之长。

由于萧大亨具备了"弃我所短,习虏所长"的军事思想,在长期的制虏过程中,改变了若干战法,改造了一些制虏的武器。在他看来,虏非不能破,非不能强,只要我军能知道自己的短处,改革自己积弊,并充分习虏之长,用敌长技以扼敌,学习虏之战略、战术、练习用虏术,作战参其法,发现虏之弱点,以虏制虏,并加强训练,不断更新装备、武器、提高作战实力,加之巧用战法,以其之道,还治其身,必能克敌制胜。

以上诸点,在萧大亨所著《夷俗记》中均有展示。他的某些军事思想和具体做法,对维护和稳定边防安全,加强边防贸易、款贡、马市等方面的积极作用也是显而易见的。也曾对后世产生至深影响。他在军事、制虏方面的某些做法,是其思想意识方面的具体反映。他的上述思想亦是他受当时社会思潮影响的具体反映。总之他在戍边方面的所作所为有些是王阳明"知行合一"思想的体现。萧大亨所处时代,在思想界反对空谈,提倡经世致用的潮流正在发端,一些有志之士人以"经世"为名的书籍陆续出现,无不强调"经世致用"。另外,明朝到朱棣的永乐年间(1403—1425),程朱理学成为正统的官学,士子非程朱之书不读。到明中期,"心学"的萌芽从程朱之学中悄然冒出。稍后,王阳明(即王守仁,1472—1529)心学逐渐成为明朝哲学思想的主流,特别是王阳明提出的"致良知"得到了年轻知识分子的追随。其"知行合一"的思想,在他的《传习录》中认为:"知之真切笃实处,即是'行',行之明察精觉处即是'知'。"意在贯彻"求理于吾心"之学宗旨。万历十二年(1584),也就是王阳明死后的五十五年从祀孔庙,这一举措一方面说明朝廷承认了他的学问,另一方面反映了阳明心学在其后的深远影响。此时萧大亨已五十三岁,正在宣府任上,当年加授兵部右侍郎,"经世致用""知行合一"的思想应是无不影响着萧大亨的行为。他在宣大任上,直至兵部尚书任上治军、治政的行为说明,注重了"知行合一",符合"知中有行、行中有知、知行一体二面"及"真知必行,注重实践"和"以知促行,为善去恶"等"知行合一"主要含义。

（注:《夷俗记》是萧大亨戍边多年所获虏情编纂而成的。该书又名《北虏纪略》。《四库全书总目》第680页〔中华书局,1965年版〕载:（该书）"专记鞑靼风俗,分匹配、生育、分家、治奸、治盗、听讼、葬埋、崇佛、待宾、尊师、耕猎、食用、帽衣、敬上、禁忌、收养、习尚、教战、战阵、贡市二十类。盖大亨尝为宣大总督,故录其所闻如此。然殊多失实,不足征信……唯顺义王互市之地,《明史》载大同于左卫百咸远边外,宣府于万全右卫张家口边外,山西于水泉营。而此书载大同互市有三堡,一曰守口堡、二曰得胜堡、三曰新平堡,则大亨所亲见,较（明）史为详云。"大亨书中所记其人殉制度,"虏王与台吉之死也,亦略有棺木之具,并其生平衣服甲胄之类,俱埋于深僻莽苍之野。死之日,尽杀其所爱仆妾、良马,如秦穆〔公〕殉葬之意",也引起有关研究者关注。由于《夷俗记》所记是鞑靼族之史实,入清后引起同属"异族"的清朝政府的反感。乾隆朝开始文字禁起,该书被指出"语多指斥偏谬",列入禁毁书〔《清代禁书总目》〕。这大概也是《明史》不为萧大亨立传的原因之一。总之,它应是一本研究十六世纪蒙古族情的重要资料书,对研究元、明史、民族史都具重要价值。)

二、身陷宦海,难避浊流

明末,朝内党派斗争加剧,重大刑狱迭见层出。萧大亨所掌刑部不可能不卷入党争之中,他利用手中权力,在所理刑狱过程中陷害政敌,加剧党争,也是历史的必然。如"妖书"之狱,就是其中之一例。该案是明万历年间围绕争国本而引起的事件。所谓"妖书",即是神宗所崇郑贵妃重刻侍郎吕坤所辑《闺苑图说》,后有不知姓名者撰跋,名曰:"忧危竑议",盛传京师,谓郑贵妃意在立己子为太子。万历二十九年（1601）神宗立长子朱常洛为皇太子。三十一年,阁臣朱赓于住所门外获《续忧危竑议》一书,托郑福成为问答,意为郑贵妃之子福王当成（太子）,并称以朱赓入内阁,实寓他日易储之意。词意诡妄,当时皆称该书为"妖书"。神宗知后大怒,命有司追索。官僚间也借此事互相倾轧。无疑,刑部尚书萧大亨难脱主持审理"妖书"一案。

万历二十九年,沈一贯任首辅,独当国。吏部侍郎沈鲤,于同年,命以礼部尚书入阁,屡辞不允,因疏请撤矿监税使有誉望,为沈一贯所猜忌排挤。"妖书"案起,沈一贯令其同党诬奏沈鲤。同被诬奏的还有东宫讲官、礼部侍郎郭正域。萧大亨在审理此案时极力扳缠沈、郭二人,罗织罪名。沈一贯"协造妖言,罗织（沈）鲤奸赃数事。帝察其诬,不问"（《明史·沈鲤传》）。"党论渐兴",沈一贯"恶（郭）正域并恶沈鲤""正域甫登舟,未行,而'妖书'事起方衔正域与鲤""大索鲤私三日,发卒围正域舟,执掠其婢仆乳媪,皆无所得"（《明史·沈一贯传》）。由此可见,沈一贯借"妖书"案打击报复政敌可见一斑。萧大亨同沈一贯非同党,但起了贯通一气的推波助澜作用。"妖书"案或引郭正域,沈鲤将置之死,举朝不平,事得搁置,郭正域卒于家。

沈一贯不能治沈鲤与郭正域之死地,"乃以皦生光具狱"(《明史·沈一贯传》)。"妖书"案无法破获已久,礼臣李廷机,御史沈裕以狱无主名,要求以诸生皦生光具狱结案。萧大亨虽心存疑虑,怕倘若他日获有真犯,对不住皦生光(《光宗实录》卷一)李、沈愿以任之。在此情况下,萧大亨领衔具奏,在"神宗亦心结"(《明光宗实录》卷一)后将皦生光磔杀于市。皦生光成了这场政治斗争的牺牲品。在"妖书"案中沈一贯命其党追捕的嫌疑犯还有僧人达观、医生沈令誉等。尽治之,俱下狱。萧大亨奉旨拷讯,皆不招认。在"妖书"案中萧大亨确有实据地适合了沈一贯的党争之需,利用手中权力陷害政敌,扮演了不光彩的角色。这在很大程度上虽是大亨所处官职、氛围有关,但也不排除他在处理案件中的偏见,依附强势,依附政治需求在主持公平、公正、正义方面的偏颇。

明朝中后期,特别是神宗时代,由于政治黑暗,加之神宗二十余年不理朝政,且经常将大臣们奏疏留置宫中不予处理,称为"留中"。官员空缺往往不补,统治阶级的内部斗争不断加剧。神宗偏爱郑贵妃所生皇子朱常洵,却又迟迟不愿册立长子朱常洛为太子,大臣围绕立太子之事不断上疏,史称"争国本",从而出了个"妖书"案。

文官之间党争愈演愈烈。万历二十年,顾宪成因推举内阁大学士人选触怒神宗,罢官回家,十年后在无锡创建东林书院。以顾宪成和高攀龙为代表的一批正直的士大夫退隐山林水边,仍心在世道。他们与朝中的官僚士大夫遥相呼应,抨击时弊,被称之"东林党"。围绕每六年一次的"京察"①,东林党与其他派别的官员之间发生党争,相互罢黜对方派系的官员。东林党中虽多君子,但也有小人。其他党派也是如此。东林党人士过分严于君子小人之辩,对立党也怒目而视,有仇必报,致使党争愈演愈烈。从而破坏了正常的政治秩序,成为晚明加快灭亡的重要因素之一。

萧大亨在晚年的党争之中数次成为焦点。如万历三十三年(1605)的乙巳"京察",沈一贯力廷让时任兵部尚书的萧大亨主事,沈鲤一派坚决反对,两党引起角逐而废止。大亨本次"京察"自陈完毕,上命留其职,有人却劝其不能再任职应予罢免。神宗再次挽留。六月有又上疏认为他不可留职,神宗再次慰留方罢。又,自万历三十一年(1603)冬吏部空缺尚书,沈一贯于三十四年(1606)去职后,大亨与新任内阁朱赓关系较好,认为大亨任"冢宰"(吏部尚书为六部之首,称冢宰)的可能性大,廷臣数次推荐冢宰,大亨为首,神宗

---

① 京察:是明代一种考察京官的制度。五品以下京(北京、南京)之官吏六年考察一次,于巳、亥年进行。届时,四品以上京官具疏自陈,由皇帝其去留。五品以下由吏部会同都察院考察,然后具册奏请。吏部尚书、都察院都御史、考功司郎中共同主持考察之事,并密托吏科都给事中、河南道掌道御史咨访。被察官员的处分有四等:年高有疾者退休,疲软无为及素行不谨者冠带闲住,浮躁和才力不及者酌量调用,贪者削为民。

虽未批示,但引出一起围攻大亨的浪波。有的以"边吏媚敌,京军虚冒"对其弹劾,有的以其收受别人七千金进行弹劾,大亨疏辩其劾事属子虚,神宗不问。大亨上疏力请解官,又不允。辅臣朱赓上疏奏请为大亨澄清诸事,但神宗对此议置之不理。由于神宗圣意难测,众臣对大亨的抨击仍未中止,万历三十六年(1608)围绕大亨是否任"冢宰"问题又先后有两次弹劾。直到本年大亨致仕,这场由廷荐冢宰而产生的党争大波,才宣告平息。

从上述之事可以看出神宗朱诩钧是多么的昏庸。由于倦于政事(吏部数年无尚书不补)而引出了纲纪废弛,百弊丛生,党争不断,愈演愈烈的情况。这样的政府又何谈治政效率,不沿衰亡之轨迹逐步下滑,又能走向何处?党争大都无曲直之分,多是门户之见。然党争却误国误民误己误他人,是痛定思痛,而又痛心切骨之事。大亨在朝十余年,身陷宦海,免不了汇入党争之浊党,有时不得自拔,蹚了浑水,又有时推波助澜,加剧了纷争,不能不说是件心身痛苦之事,又是自己政治生涯中的憾事。其中不乏时时受到不白之冤,屡遭攻击,甚至陷害也是宦海之中不可避免之事。其历史局限不可逾越。

三、"赋役黄册",补苴乡贯

关于萧大亨的乡贯问题,曾有人提出是肥城夏辉,其所据是夏辉萧氏谱。为证实萧大亨故里为泰安州放城里,即今新泰市放城镇是信史,泰山学院教授、《明代名臣萧大亨》作者周郢曾在1990年与已故新泰放城文史爱好者郗笃惠先生做过较详调查,写过数篇文章,并曾与主大亨乡贯为肥城夏辉者商榷。周郢自1989年所撰《萧大亨故里辩》(刊于《泰山区文史资料》第三辑),至2015年刊于其《名山古城》(五洲传播出版社出版)的《萧大亨故里今何在》皆认为萧大亨故里在肥城"疑窦丛生,夏辉谱错漏更多"无法置信。新泰放城镇才是萧大亨故里(其间周郢还发表了《萧公故里在放城》,1993年与郗笃惠合作;《萧大亨故里"疑案"真相大白》等文,分别刊于《新泰文史》2010年第1辑,2011年第3辑)。笔者从周郢之说。

周郢所证萧大亨故里确在新泰市放城镇萧家庄的主要依据是:

(一)康熙十年(1671),泰安知州邹文郁等修纂《泰安州志》卷三之《人物志》录有萧大亨传,《传》曰:"萧大亨,字夏卿,号岳峰,放城里人……"仅此,即可认定萧氏里籍为明代泰安州放城(今新泰市放城镇)人。

周郢所举《州志》之证,是证大亨里籍的主要佐证,十分关键。因康熙十年(1671)《泰安州志》是在明万历三十一年(1603)泰安知州任弘烈所辑《泰安州志》基础上"随篇增辑,旧而为新之作"。任弘烈所辑《州志》曾聘萧大亨为之序,即大亨所撰《新修泰安州志序》。康熙十年《州志》所录萧大亨传记,是在万历《州志》基础上录有,当时的大亨本人应是知晓且应亲眼过目之,对其是"放城里人",应当是认可的。康熙《志》大亨传应是明《志》的随篇增辑之作,这是其一。其二,大亨所撰《新修泰安州志序》文末句谓"后之君子尚考镜于是编可也"。这句话其意甚明,是说该《序》可直接采用,自己不须再过目。又康熙十年邹文郁所修《州志》书成之时,大亨曾孙萧依永、萧应永尚在世,他们不可能将其曾祖里籍记错,对其曾祖为"放城里人"是认可的。其三,民国时期李东辰撰《岱联拾遗》亦载:"萧大亨,号岳峰,江西吉水人。明嘉靖初年迁居泰安放城里。"据此可知大亨及其父辈是在嘉靖初年入籍放城里的。"里"是明代基层行政单位,里设里长,管摄一里之事,掌一里之庶政。明代以摊丁粮多的十户为里长,十年一轮,负责一岁中诸色杂目应役,依上、中、下户等编第均长。可见,"放城里"是萧大亨当时"户口"所在地。明万历《州志》卷一有"例言"曰:户口止就近年册籍录之。此条规定十分清楚地说明,大亨里籍列入"放城里"之官府册籍(详见后文)且官府确认。上述数条,可证大亨为"放城里人",确凿无疑。大亨居"放城里"何村庄呢?

(二)据周郢与郗笃惠1990年的调查:新泰市放城镇南三公里有村叫萧家庄,村民都知道本村在明代出了个尚书萧大亨。该村旧有大庙,立明、清时的碑刻数通。据该村当时年已90岁的鲁福德回忆,该庄原名石全庄,因出了萧大亨才改名萧家庄。该庄有一东庙,从碑上看是明代崇祯时重修的,庙外有一通碑,圆头,碑上曾提到萧大亨是本村人。时年79岁的丁仁荣,旧时是萧家庄私塾的学董。他说他家始祖丁玄义是明朝人,从他那里起就世代传说萧大亨是本庄人。在庄东北的路上有座大桥,桥已改修,但桥头碑上的记载是明万历年间修的。因萧大亨做了大官,说他生在萧家庄,这里是他的老家,后来去了泰安。他要回来探望老家,因车马轿过不了大沟,官府才修了座大桥,后来叫萧公桥。大桥上的那通碑就记载了此事,可惜碑已不存。时年71岁的王德昌,家居萧家庄邻村西石井村,曾任新泰八中校长,他的私塾老师王会占曾说,萧大亨是萧家庄人,这里有许多关于萧大亨的传说(略)。据以上之调查,证实萧大亨里籍确在放城萧家庄。

(三)周郢所论之补直。如,申时行为萧大亨所撰《墓志铭》载:"萧大亨其先江西吉水人也,公父赠少傅公,始侨居兖州之济宁,梦岳神降其室,乃徙泰安岳祠下,遂为州人。"吴道南所撰大亨《墓表》亦云:大亨"世为江西吉水人。……公父乾,笃行士也,少有四方志。及北游,慕齐鲁风,侨寓济宁,感岳神降室而生公,复迁泰安州,居岳祠下。"大亨卒

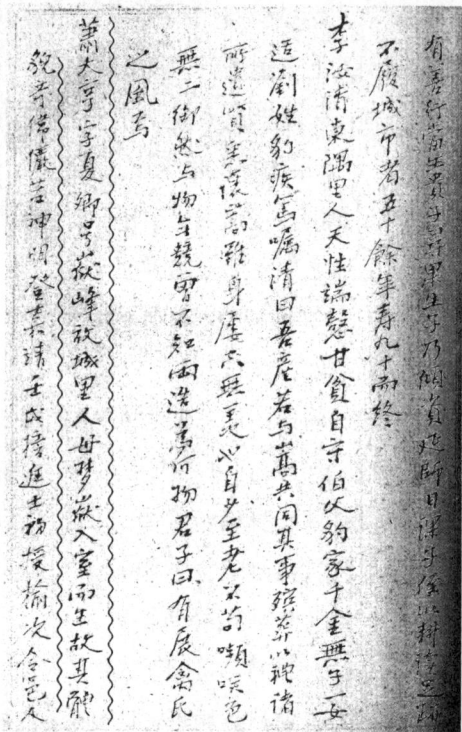

《泰安州志·人物志》所录《萧大亨传》

578

后,其长子萧和中与时任翰林院编修的今新泰市汶南人公鼐为大亨撰写的行状及申、吴之文所记是真实可靠的。其所记说明了大亨之祖籍是江西吉水,其父"北游"曾先居兖州,后居泰安,大亨且生于泰安岳祠下。吴道南所指"居岳祠下"之"下",并非指岳祠(岱庙)周边,而指广义之"泰安州"。但是,其父迁徙路线并不包括放城里,那么《州志》又为何记之为"放城里人"呢? 这必须从当时的户籍制度和选举考试制度去考证。

明代有一种为征派赋税而编造的赋役清册,为上呈文书之一,称"赋役黄册"。另据明代的考试制度,试士试卷之首的填写内容,须与黄册一致。两者结合方可证出考生(大亨)之乡贯(在放城里)。据《明史·食货志一·户口·田制》:"太祖籍天下户口,置户贴、户籍,具书名、岁、居地。籍上户部,帖给之民(可视为户口簿)。有司岁计其登耗以闻……洪武十四年诏天下编赋役黄册,以一百一十户为一里,推丁粮多者十户为长,馀百户为十甲,甲凡十人。……先后以丁粮多寡为序,凡十年一周,曰排年。……里编为册,册首总为一图。……每十年有司更定其册,以丁粮增减而升降之。册凡四:一上户部,其三则布政司(即省级)、府、县各存一焉。上户部者,册面黄纸,故谓之黄册。"以上是明朝的户籍制度与丁粮赋役制度的一部分记载。上述黄册即"赋役黄册"。

明朝的赋役黄册制度是明代户籍与赋役之法的一项基本制度。编制这种黄册的户籍制及"画地为牢"的里甲制下的编户平民,按百姓所从事的职业定立户籍,将平民分别编为军、民、匠、灶等,控制在一定区域,希望身份世袭保证其统治的稳定性。另一目的是在作征收赋役的根据。这种黄册以户为主,按丁粮多少为次,细开本户所属府州县和所在里甲或都图(居户的位置图),所隶役籍、户等和轮当里甲年代,详细登记每户之人丁和田产山塘、税粮数目、车船房屋、牛只等事产的旧管、新收、开除实在之数。每十年根据人丁事产的增减编造一次。一里编造一册,册首总为一图,以总户口税粮之数。这种册子一式四份,分送户部、县、府和布政使司。送户部的黄册保存在南京后湖的专管档案库房"后湖黄册库"中。黄册制度始于洪武十四年(1381),很多具体规定是在洪武二十四年(1391)奠定的。故《明史·太祖本纪三》载:"是年,天下郡县赋役黄册成。"这一制度与明朝统治相始终。由于黄册十年一更造,在赶造这种黄册之时,需将赶造之前十年内的田亩变化情况照实进行登记,同时还要将甲首、里长的服役情况载入黄册的"编次格眼"。对于黄册所载人户,"各里黄册虽亦程民黄册,但实际上载有各种户籍(如军户、灶户、匠户)的人户。"(参见栾成显《明代黄册研究》[增订本],中国社会科学出版社,2007年版,第33页。)

《明史·选举志二》载,试士"试卷之首,书三代姓名及其籍贯年甲,所习本经,所司印记。""文字中回避御名、庙号,及不许自序门第。""此明一代取士之大略也。终明之世,右文左武……"

据上,笔者以为萧大亨父辈北游线路为:江西吉水——兖州济宁——泰安放城里,并在此注册了户籍或置田产、房产——泰安岳祠下。萧大亨自出生至十八岁(嘉靖二十八年),补州弟子员,其父辈可能当时家庭并不富余,并未在泰安(州)城注册户籍,必须按"黄册"之规定在其户籍所在放城里注册"黄册"。大亨考试所填"三代姓名及其籍贯年甲"必须按"黄册"注册的政府所认可的内容填写。其籍贯"泰安州放城里"必须照实写入试卷。否则将除去考试资格,或许受到惩罚。这就是《州志》所记大亨为"泰安州放城里人"的来历。这一里籍是历史,是篡改不了的,是明政府所认可的。大亨父辈在泰安城的家宅大概直到大亨出仕后,才"在泰安城岱庙南的运舟街和通天街之间置办地产,修建了宅院"(蔺时工任学术主编的《泰安区域文化通览·泰山区卷》第124页,泰山出版社,2012年版。该书作者蔺时工及《凌汉洞天》的作者袁明英先生等都认为萧大亨的故里是"泰安州放城里")。其具体位置在今泰安市通天街旧泰安县署。清雍正十三年(1735)设立泰安县后由知县李松在此基址构建泰安县衙。遂后某些方志文献才称"大亨为山东泰安州人"(如清代金棨辑《泰山志·人物志》及《明实录》卷五四)。

由此可证实,周郢、郗笃惠1990年对放城镇萧家庄所做的调查,认定萧大亨故里在新泰放城并非空穴来风,而是信史(萧家庄之名在1983年时因与其他村重名,改名为上庄)。

(注:(1)明朝"泰安州放城里",明、清至民国归泰安县;抗日战争时期归泰宁县,1954年由泰宁县放城区划归新泰县。(2)本文参考了周郢《明代名臣萧大亨》,中国文联出版社,1999版。借此,感谢周郢先生1999年10月赠其大作。(3)黄册内容参考了《光明日报》2017年8月21日主题为《明代赋役黄册的新发现》中孙继民、杜立晖、宋坤等三人文章。)

第三节　明代文学家、诗人公鼐

——兼述公鼐高祖、曾祖、祖、父、子孙及胞弟公鼐

公鼐生于明嘉靖三十七年(1558),卒于天启六年(1626),此时已是明朝的末季。他经历了嘉靖、隆庆、万历、天启四朝(公鼐画像见彩页)。四朝的政治一朝比一朝黑暗。嘉靖皇帝朱厚熜是正德皇帝朱厚照的堂弟(正德皇帝无子继位),登基后在如何尊崇自己的亲生父亲朱祐杬的问题上与大臣们发生了矛盾。朱厚熜想尊自己的亲生父亲为"皇考",以大学士杨廷和为首的大臣则认为朱厚熜应该视己为"过继"给伯父,即为正德皇帝之父弘治皇帝朱祐樘为子,以伯父为父,以生父为"皇叔父"。两者这场相争,史称"大礼议"。

其结果有一百三十四名大臣遭到了嘉靖皇帝的廷杖，其中十六人廷杖致死。明朝皇帝责打大臣杖刑，始于洪武初。起初，意在示辱，不至于死。自正德年间，刘瑾窃权，去衣行刑，受杖者有幸不死也残废终生。廷杖不仅是对士大夫的轻视，实则是君王用以羞辱士人的一种刑罚，是明廷治吏的一大弊端。嘉靖皇帝亲生父虽入太庙，但"大礼议"大耗明朝元气，成为明朝政治日趋危机的转折点。嘉靖皇帝迷信道教，在宫中建坛斋醮，服食丹药，长期不理朝政，开始由"首辅"掌权。其中严嵩任首辅十余年，大权独揽，贪得黄金三万余两，白银二百余万两，珍宝无数。至隆庆朝李春芳、高拱相继出任首辅，又相继被清算，每位首辅的倒台，都有激烈的政治斗争。

隆庆六年，隆庆帝死，万历皇帝朱诩钧登基，年仅十岁，由内阁大学士张居正与宦官冯保结盟掌权。张居正当上了首辅，牢控中枢政权十余年。张居正"一条鞭法"等改革措施缓解了明王朝的统治危机，一度"海内肃清"，边疆稳定。但万历皇帝二十多年不理朝政，政治黑暗，加之三大征役（平孛拜的宁夏之役，抗日援朝战争及平贵州播州的杨应龙之役）耗尽了张居正整顿财政所节省下来的所有银两。万历皇帝不得不派宦官任矿监和税监四处搜刮，激起各地民变。同时，由于万历皇帝因偏爱郑贵妃所生皇子朱常洵，而迟迟不愿册立长子朱常洛为太子，从而引起大臣们围绕立太子之事不断上疏，史称"争国本"，内部斗争不断加剧。东林党的出现，文官之间的党争愈演愈烈，政治秩序愈加混乱。

万历四十八年（1620）七月万历皇帝朱诩钧死，太子朱常洛即位，是为明光宗。九月，光宗因食"红丸"暴病身亡，史称"红丸案"，又引出一场乱子。光宗执政仅一个月，死后由十五岁的儿子朱由校即位，年号天启。朱由校没有受过系统教育，几乎是个文盲皇帝，当政七年（1621—1627）间，基本上是在宫中做木匠活混日子，将朝廷事务全部交给宦官魏忠贤主持。魏忠贤以司礼秉笔太监身份，密结大臣为援，以犬马声色媚帝，与朱由校的乳母客氏勾结排斥异己，专权擅政，大肆迫害东林党人，朝内朝外遍置死党，广建生祠，时有"九千岁"之称。魏忠贤暴虐专政七八年，将明朝政治推向了黑暗的巅峰，明朝亦将走到尽头。

公鼐一生面对着上述复杂而黑暗的政治环境，他自出仕以来，就面临着杀机四伏的政治漩涡，深感险恶，曾借身体有恙，上疏"引病归"。但他在朝的最后七年，成为辅国重臣，面对重要国事，欲持论公允，主持正义，却无能为力。又有魏忠贤杜绝言路，再次引疾还乡，摆脱了宦海之险，寿终在家。崇祯皇帝追赠公鼐为礼部尚书，二品大员，而且给予了很高评价，成为公氏家族和"五世进士"中的佼佼者。

明代蒙阴公鼐家族是鲁中地区的显族。《蒙阴县志》有"蒙阴县，公一半"之称，可谓一部蒙阴志，半部公家史。故公家"五世进士"必先从公氏先祖说起。

一、公氏先祖，以孝著闻

按唐·林宝《元和姓纂》："（公姓出自）《左传》鲁昭公子公衍、公为之后。汉主爵都尉公俭。"这应是公姓之渊源。历唐宋,氏族诸家,皆有地望,"分支别派,不出鲁疆""宣和改卜,堂阜之滨"(公鼐《训子》载《问次斋稿》卷四)。这说明至宋宣和年间重选居地来到堂阜水①之滨定居。公鼐之远祖名公海,为元朝世袭"万户"(元承军制,设万户为"万夫之长",子孙世袭。设万户府统千户所,置万户一员)。明初,以户繁,三家出一戍籍辽海。公海以"万户"之职,去辽东(即辽东卫,明洪武四年,即1371年置,治今辽宁瓦房店北得利寺,属明设"九边"之一)戍边。按明制,戍边者年过四十,可由儿子代还。公海有四子,唯有季子公守敬愿替父还,公守敬怀抱十个月的儿子公兟走到金州(即金州卫,明洪武二十年九月置〔见《明史·地理志》〕在今大连市东北金州镇),被海险所阻,同行者怕海浪吞没,有的折返而回,唯有公守敬将儿公兟托付葛氏带回,由兄公守道代养。公守敬终冒险越海以代父还。公兟长至十五岁,听说亲生父戍边辽东,终日啼哭,要立志渡海寻父。公兟抵辽东,父子不相识,父以脑后疮疤识儿,抱头大哭,感动上司,呈请注销其父子军籍回乡。父子以孝著闻,征公兟为广宗县丞,仅任职一年称疾归乡,仅有二驴载其书籍,妻子皆徒步,闻者叹息(清康熙十一年版《蒙阴县志·孝义》)。而按公鼐《训子》自注则云:九世祖守敬,代兄之辽,遗一子留金州而还,单传三世,后遂渐显。……七世祖兟,永乐中以人才征授广宗(明洪武十三年,即1380年复置,治今河北威县东南二十里古城)丞,一岁移疾归。又说:"广宗遗爱,丞不负丞。"这是公鼐赞其先祖公兟虽做广宗县丞仅一年就引疾还乡休养,但给广宗民众留下长久的恩惠,没有辜负县丞应担负的职责。

至公兟之子公评,已广有家私,又"富而好施,睦族劝善",《县志》(清康熙十一年版《蒙阴县志》)称之"善人"。公兟之孙公忠"孝友承先,诗书启后,公氏之兴始于此"《县志》列其"耆寿"(引文同上)。

由上可知,公鼐先人自公兟之子评,之孙忠,为公氏家族振兴奠定了一定的经济基础。子孙数代以孝为先,以善睦族,以诗书启后,不仅为家族奠定了社会基础,文化基础,而且他们也成为公氏一族声名显赫的圭臬。《蒙阴县志·征辟》称:"公兟,以孝行征任北直隶广宗县丞。俱以孝友敦睦世其家,实启公氏发祥之基首。"

二、五世进士、父子翰林

公鼐之高祖公勉仁,是公氏家族的一世进士。公勉仁(1450—1517),字尚德,号西埠,明弘治三年(1490)以会试第一百四十名考中进士。授行人。历任江西道监察御史(正七品),太仆寺少卿(正四品)。明武宗正德(1506—1521)初年,因触犯朝廷宦官刘瑾,被降为四川参议。剿寇有功,累升四川按察司副使。后又奉诏惩治叛乱,累立战功,

---

① 堂阜水:在今蒙阴县高都庄,原名堂阜,即春秋齐邑,管仲解缚之处。此地古有条小河名曰堂阜水。清康熙廿四年《蒙阴县志·诸水》"堂阜水,在蒙阴城西北30里"。

五世进士·父子翰林石坊

晋都察院右佥都御史。公勉仁世承儒业,名起甲科,在任期间,屡出巡抚,南北驰驱,功名卓著。弘治皇帝、正德皇帝敕谕公勉仁圣旨十余道。正德五年(1510),任四川按察司副使期间,巡抚四川夔州、重庆、保宁、顺庆等地,抚治流民,惩罚盗贼,赈济灾荒,受理讼诉,修理城池,操练部队,使西南安定,百姓安居,经济发展。正德七年(1512),巡抚大同,督理军务,训练士兵,严肃军纪,修筑工事,打击豪强,发展生产,有力扼制了鞑靼族的侵犯,为维护边境局势与京师安全筑起屏障,在边十年无警。正德十一年(1516)巡抚江西、福建、广东、湖广各地,夙夜惟勤,席不暇暖。因母丧丁忧归家,免职。服除不久,抚治湖北郧阳,未任而卒。享年六十八岁。正德皇帝闻"讣音远来,良深悼惜"。于正德十二年三月,下旨派遣山东布政司左参政许纯谕祭。公勉仁一生著有《东山集》《守边策略》等。

公勉仁之父公恕,官至河南汝宁府固始县(治今河南省固始县东北)丞,恩封为文林郎、江西道监察御史;母许氏封为孺人。妻阚氏、继室李氏皆赠封为孺人。

二世进士公跻奎,公兟四世孙,为公鼐曾祖,字瑞文,号中山,勉仁侄,公景仁之子。公跻奎生而颖秀,年十三补弟子员,后进者多从之学。明嘉靖十四年(1535)乙未科以会试第一百六十七名考中进士。授工部主事(正六品),分司吕梁。嘉靖十六年山西吕梁洪水泛滥,跻奎临危受命,督治洪水三年,使漕运大通,民得安居。特进奉直大夫,从五品。因主漕政功绩卓著,曾受到嘉靖皇帝赏赐

公跻奎《重修后土庙记》碑拓片

褒奖。二十三年任山西潞安府(治今山西长治县)知府,特授中宪大夫。嘉靖二十四年(1545)升任湖广按察司副使。二十九年(1550)转广西按察司副使,官阶四品。自嘉靖十

八年至二十九年,公跻奎先后在湖广、靖州、铜鼓、五开、远清、偏桥镇、浪平、溪远州八卫以及柳庆二府、南宁等地,密近少数民族地区巡察兵备、提学、抚民、驿传、水利、屯田、监军、招练等事。并修理城池,防御少数民族及贼寇发生叛乱、滋事,以保军民安业,地方宁静。又奉旨整饬地方兵备,常驻宾州(治今广西宾阳县东南古城村),往来柳庆二府、南宁等处。提督各处卫所、州、县及哨守等地。其中,二十四年督兵湖广辰沅镇,苗人叛,数次出寨掳掠,公跻奎用计擒其酋首,苗人大加阻遏,为忌恨者所中伤,作罢而归。二十九年调广西任按察司副使,督兵柳庆。适有东兰州(治今广西东兰县)土官反,攻田州(治今广西田阳县),两广开府屡讨不胜,传檄公跻奎前往征讨,跻奎授千户丁俊以方略,数日之内贼魁授首,东兰州遂平。忌者益加侧目,遂挂冠归里。归乡后设"中山书院",优游林泉。著有《中岩诗草》。

公跻奎回归故里,时常持杖徒步,与田野农夫话桑农,不识者不知为达官。跻奎教五子各有所成。长子公一载,贡生,初仕留京都,后任兴济(治今河北沧县西四十里)知县,博学工书。二子公一鸣,贡生,号南陵,任南陵县(治今安徽繁昌县西北)丞,著有《墨庄集》《墨庄撮要》等。三子一扬(见后)。四子一跃,有孝行,先任山西广昌县丞又任岷州卫(治今甘肃岷县)经历,卒于官。五子一翔,任京卫千户(明制规定,每卫5600人,下设千户所,有兵1120人,以千户为官长。正五品),有闻于当时,著有《中岩诗草》[①]行世。《蒙阴县志》(清康熙二十四年版)卷四为公一鸣单列一节,云:(一鸣)少年聪颖,有性格,勤学能文,入为太学生,以兄弟都出仕为官,独一鸣留家侍奉父亲。公家一门富贵且盛,而谦让特甚,蒙阴人皆以其为楷模。一鸣父卒,始出仕为南陵县丞,不久寻移疾归,以朴素为志。以前,蒙阴县本无志书,一鸣多采集故实,著成《蒙志考》,后来杜洽所撰《县志》多取材于该书。

公跻奎父公景仁恩赠工部员外郎。

三世进士公一扬(1536—1596),字子举,号亦山,为公鼐之祖父。公一扬九岁能文,十二岁入县学,二十一岁领明嘉靖三十七年(1558)乡荐,三十八年(1559)己未科会试以二百九十一名考中进士。授大理寺评事(即大理评事,大理寺属官,正七品),出知河南尉氏县(即今河南尉氏县,属开封府)。为民昭雪冤狱,有碑为证。后历任裕州(治今河南方城县)、知州(治今贵阳市)、淮安府(治今江苏淮安市)同知,迁工部郎中。年届五十,有同年大司马石星来信说,年兄当细思,三十年为郎之。故盖言公气岸太峻,公一扬也认

---

① 公丕成、公惟进主编《五世进士、父子翰林》(科学文化艺术出版社2009年版)谓《中岩诗草》由公跻奎著,康熙《蒙阴县志》等谓公一翔著。笔者两者皆采,待查,特此记之。

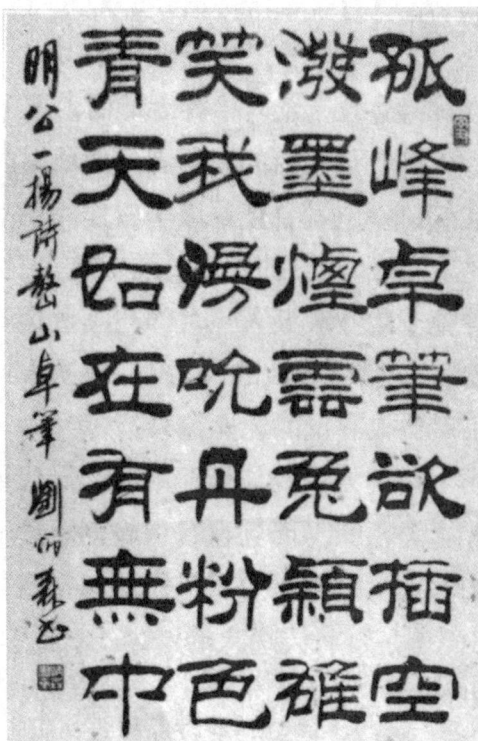

刘炳森书公一扬诗

为,官阶五品再升迁有困难,遂拂衣归乡。著有《闲音集》《静菴摘稿》。父公跻奎,母包氏,封宜人。

四世进士,公鼐父公家臣(1533—1583),字共父(甫),号东塘,公跻奎之孙,公一载之子。明隆庆五年(1571)辛未科会试以一百五十六名考中进士。选庶吉士(明代由新科进士中选入翰林院庶常馆学习者。又称庶常。三年期满考试,优者留翰林院任编修、检讨等官),授编修(翰林院史官,正七品。掌修国史,兼纂修、著述等事)。万历四年(1576)充会典纂修官,校阅《世宗实录》,成,赐金币。第二年首辅张居正父丧"夺情"①,翰林院编修吴中行、检讨赵用贤,以星象的异常变化言事,忤逆张居正,张居正怒,与宦官冯保相谋,吴中行等四人遭廷杖,即日驱出都城。吴中行气息已绝,投药一勺,乃苏,带伤痛坐船南归。吴中行遭杖,割下的腐肉有数十小块,大者盈掌,深至寸,一肢遂空(《明史·吴中行传》)。吴中行、赵用贤遭杖被贬官降职,公家臣与其同司为官,友善,遣子公鼐(时年已二十岁)送之潞河(即今北京市东南北运河河口)吴、赵二公对公鼐说:"子异日必秉史笔,当为我直书江陵(指江陵人张居正)事。"此事虽说是朋友间的友谊,但也看出公家臣此时之立场及刚强义气和公鼐的胆识。事后,张居正侦知怒,加之家臣秉性直介,反对辅相张居正丁忧"夺情"违制,与同事兰溪人赵玉皋、新建人张位同时被贬降职。家臣初贬泽州(治今山西晋城市)判官(分掌都粮、缉捕等事)、广平(治今河北永年县东南)司理(掌理刑事等。正七品)。万历十一年(1583)迁南京户部主事,赴任途中卒于滁州(今安徽滁州市),葬蒙阴黄山,赠礼部右侍郎(礼部副长官)。公家臣天资诚朴,不苟异同。读书务求经世之学,立朝正色,居乡谨厚,以直道被弃之不

---

①　夺情:古代官员遭父母丧,须去职在家守制。但朝廷对大臣要员可命其不必去职,以素服办公,不参加吉礼;或守制尚未满期而应朝廷之召出而任职,叫"夺情"。张居正于神宗时任首辅。万历初年,慈圣皇太后以帝年幼,委以大权,帝亦以师待之。张居正前后当国十年,曾大力改革。万历五年(1577)父丧,"夺情"任职。朝中一批大臣,包括公家臣对此不满,认为违制。张居正依势大加迫害吴中行等上疏者,忤其夺情之臣或廷杖或被谪,甚至致死。

用。后遇赦命再次任职,却死于途中驿站,年仅五十一岁,士论惜之。著有《东塘集》（《蒙阴县志》及《蒙阴文史资料》第三辑均作《柳塘集》）。

公家臣死后,与其同谪者赵志皋、张位在张居正死后,再授官职。吴中行、赵用贤亦已知名,唯公家臣事憾。好友冯琦为家臣撰《东塘公太史葬黄山记》,该《记》作为家臣《墓志》之补充,记载了丧事始末。时任礼部尚书兼东阁大学士的叶向高撰《挽公东塘先生》诗。诗曰:

> 词场当代扼名流,涉世宁能曲如钩。
>
> 谪官非关明主意,修文还与故人游。
>
> 水中云雨今何在,眼底沧桑变未休。
>
> 仰止高山情不尽,传经今善在箕裘。

该诗赞扬了家臣的才华和刚直不阿的品德,记述了与之友谊和仰慕,也委婉地批评了张居正的专横及对家臣的迫害。万历朝礼部尚书、东阁大学士、明代东阿县人于慎行为公家臣撰写了《墓志铭》(载于于慎行《谷城山馆文集》)。该《铭》1975年被毁。其墓地在今蒙阴县公家万村北黄山脚下,此地名百姓称之"翰林旺"。

明廷下《诰命》赠公家臣为通议大夫(官阶正三品)、詹事府詹事兼翰林院侍读学士。《诰命》评价公家臣曰:"闳文博物,懿行作人,居号义门,仕为良吏。具经纶之实用,需弼亮之远期。顾以正己见疑,竟浮沉于谪籍,乃益鞠躬尽瘁……世永惜之。"(清康熙《蒙阴县志·王言》)等等。《诰命》虽多溢美之词,也是对世人的安慰,对家人的抚安。

万历二十九年(1601)年过四十的公鼐才高中进士,成为公氏家族的第五世进士。万历三十一年(1603)公鼐进庶吉士,授翰林院编修。自此,公氏家族一时之荣传遍朝野,遂有"五世进士,父子翰林"之誉。

三、理学名臣,两代帝师

公鼐(画像见彩页),字孝与,号周庭,家臣长子。"鼐",意谓大鼎;其弟名鼒,"鼒",意谓小鼎。公家臣取二子之名,鼐、鼒二字取自《诗经·周颂·丝衣》:"自羊徂牛,鼐鼎及鼒。"其意是"祭性用羊又用牛,大鼎中鼎与小鼎"。无疑公家臣对二子寄有厚望,欲其在仕途上"官居鼎鼒"。公鼐出生在明代后期声势显赫的"馆阁世家",五世蝉联进士,且皆有诗文传世的大家族中。他自幼受到良好教育,为其日后才高学富"博学宏词,作述继美"(《谕祭公鼐文》,康熙《蒙阴县志·王言》),打下坚实基础。勤奋刻苦,承其家风,内外环境成就了明代文学家、诗人公鼐。

公鼐自幼聪明过人,"生有异才,韶龄能诗",嗜读好学,一目即记。隆庆五年,公鼐十四岁时随父公家臣入京读书,从此饱受词林名宿、翰苑文英指点熏陶,十五六岁就在诗坛崭露头角,"弱冠文炳著海内"(清康熙《蒙阴县志·选举》)。因其"异"才,使蒙阴地辟人稀的下等县升为中等县,每届科举考试增加五六名秀才名额。

年纪尚轻的公鼐,入京之后眼界大开,学业日渐精深,志向日趋明确。此时明朝首辅张居正推行一条鞭法,经济有了发展,财政状况改善,政治上着手整顿吏治,国防上连续百年的蒙、明争战得到了缓和。公鼐面对现实,作七言律诗曰:

> 国计连年称款房,边防此日重销兵。
>
> 有怀投笔非吾事,愿学龙门策太平。

(《问次斋稿》,齐鲁书社,1998年影印版,172页。以下只注书名、页码)。

然而,万历五年明廷的烟云再起。张居正父丧"夺情",受到包括其父在内的多数朝臣的反对。张居正利用手中强权,对反对他夺情的人廷杖,谪出京都。公鼐无奈被送回老家。他在京亲眼看见了朝内的残酷争斗,看到了吴中行、赵用贤遭廷扙,皮开肉绽之惨状,心灵震荡不言而喻。在此后的二十余年,公鼐强忍父遭迫害,继而去世的打击,加之身体常有恙,多数时间四处游好,赋诗会友。无疑,公鼐对世态及科名十分焦灼,常常聊以自慰,坚定必能高中的信心。过着"志与松筠契,家安橡栗贫"(《问次斋稿》,149页)的生活,常以诗寄情,以诗抒情,打发时间。

公鼐《问次斋稿》手抄本

公鼐虽然才华横溢,却塞厄科场,屡试不中,心情自然不会得意。直到万历二十五年四十岁的公鼐才与胞弟公鼎一起考中举人。终在万历二十九年(1601)举辛丑科进士,年已四十四岁,发出"偬然诸俊后,白发几茎添"(《问次斋稿》,155页)之叹,在同科进士中,流露出了惭然疲困之情。中进士后,选庶吉士,授编修。屡迁左谕德(官名。掌赞谕规谏太子,从五品),为东宫讲官,进左庶子(其职在于陈述古义,申典制,以规鉴太子),成为后来光宗(朱常洛)皇帝的老师。当时万历帝皇后无子,按"无嫡立长"的礼法,应立长子朱常洛为太子。但万历帝宠爱郑贵妃,郑氏欲立其子朱常洵为太子。围绕这一"国本"问题,朝臣、内侍、勋戚之间,展开了明争暗斗。朱常洛虽勉强立为太子,但由此引发的党争却愈演愈烈。公鼐作为太子的首席侍从官,周旋于后党、阉党之间,处在复杂危险的政治漩涡之中,杀机四伏,朝不虑夕。公鼐在朝特别对当时发生的"妖书案",深感政治斗争的复杂性,危险性,正义得不到伸张,邪恶却横行,深厌官场的勾斗倾轧,愤然称病辞官,返回故乡。在他的《南圃就客求果栽》一诗中说:"一去七载长安尘,羁栖畏途怀踯躅。"(《问次斋稿》118 页)将宦途称作"羁栖畏途",足见仕途险恶,如临深履薄,事后言及,犹令人后怕。也反映出他身为太子傅所处政治环境,任上的复杂心情和胆寒心冷。

光宗继位,公鼐以帝师被召进京,授国子监祭酒。历詹事教习庶吉士,充光帝经筵讲官,充修两朝实录副总裁。光宗亲书"理学名臣"匾额以赠公鼐。一时间,"国有大事,公卿咸就裁"(《蒙阴县志·理学》),公鼐成了颇受器重的辅国重臣。然而光宗继位不逾一月,就因食"红丸"而丧命。在这场"红丸案"①中,公鼐持论公允,"秉董狐②之笔,疑剖千秋"(《礼部左侍郎兼翰林院侍读学士协理詹事府事赠礼部尚书赐谥文介公鼐诰命》载《蒙阴县志·王言》)。在熹宗即位后,为"两代帝师"的公鼐虽被擢升礼部右侍郎(礼部副长官)、詹事府詹事(掌辅导太子,统詹事府、左右春坊、司经局之政,并带翰林院学士衔。正三品),但因魏忠贤把持朝政,国事日非,公鼐因耿介忠直而逐渐受到冷落。在"红丸案"中,公鼐不愿陷入相互攻讦的两派之争,故无奈"持两端"(《明史·方从哲传》)。同时他又不愿看到忠良之臣被魏忠贤借此无辜诬陷,决定要求编写《光宗实录》,乃上疏说:"近闻南北臣僚,论先帝升遐一事,迹涉怪异,语多隐藏。恐因委巷之讹传,流为湘山之稗说③,臣窃痛焉……夫臣子爱君,存其真不存其伪。今实录纂修在即,请将光宗事迹,

---

① 红丸案:红丸案为明末三案之一。泰昌元年(1620),光宗朱常洛即位后不久即患重病,司礼监秉笔兼掌御药房太监崔文升进泻药,服后病益剧。鸿胪寺丞李可灼又献红丸,自称仙方。光宗服二丸后去世。朝臣群起弹劾崔、李二人,亦有疑郑贵妃指示下毒者。引起争论,是为"红丸案"。大学士方从哲从中调护,但久决不下。天启二年(1622)崔文升发遣南京,李可灼遣戍。魏忠贤擅权时翻案,擢崔文升总督漕运,免李可灼戍。崇祯元年(1628),魏忠贤败,崔文升始被发遣南京。

② 董狐:春秋晋国史官。周人辛有后裔,世袭太史职,亦称史狐。晋灵公十四年(前607)晋卿赵盾因避灵公杀害而出走,未出境,其族人赵穿杀灵公。他认为责在赵盾,在史册上书:"赵盾弑其君。"后被孔子誉为"良史"。

③ 湘山之稗说:湘山,在湖南岳阳县西南洞庭湖中,又名君山或洞庭山。方六十里,状如十二螺髻。相传,尧女舜之妻死于此,俗称湖君,因以为名。《史记·秦始皇本纪》二十八年(前219),"浮江,至湘山祠。逢大风,几不得渡。上问博士曰:'湘君何神?'博士对曰:'闻之,尧女舜之妻,死而葬此。'于是始皇大怒,使刑徒三千人皆伐湘山树,赭其山(使山光秃)。"稗:非正式的;稻中杂草。稗说:杂乱的、非正式的传闻。

别为一录。凡一月间明伦善政,固大书特书;其有闻见异词及宫闱委曲之妙用,亦皆直笔指陈,勒成信史。臣虽不肖,窃敢任之。"(《明史·公鼐传》)疏入,未获熹宗批准。

天启元年(1621 年,光宗于上年八月即位,改元泰昌。但光宗九月崩,当政仅一个月,九月熹宗即位,故当年八月前为"万历",八月后为"泰昌",第二年改熹宗年号"天启"),公鼐以为新纪元(指天启年)才开元半载,言官获谴者至十余人,上疏切谏,并规劝讽喻首辅大臣,却被称之"违逆旨意,遭责备。寻迁礼部右侍郎,协理詹事府,充实录副总裁。鼐好学博闻,磊落有器识。又见魏忠贤乱政,(再次)引疾归"(《明史·公鼐传》)。

由上文知,公鼐曾充任万历皇帝的经筵讲官(即在御前讲读过经史),又是光宗皇帝朱常洛的侍读,并授其"理学名臣",由此分析,讲授内容主要是讲读经史和宋明理学(见后文)故公鼐有"两代帝师"之誉。

公鼐居官期间,主持正义,力荐贤达,曾推举起用遭魏党诬陷削职的户部尚书李三才①,谓"今封疆倚重者,多远道未至。三才猷略素优,家近辇毂(指天子),可朝发夕至也。"(《明史·公鼐传》)公鼐说这番话的前提是"廷议李三才起用不决",故遭"与三才为姻""徇私妄荐"之诬,"遂落职闲住",从此再未上朝。公鼐的五言诗《陶令》,诉说了当时的心情。诗曰:"陶令避世士,所生胡不辰。三公非我愿,五斗岂辞贫。胡为归去来,耻与浊世亲。篱菊可采撷,浊酒可漉巾。非不爱宠荣,志欲全天真。清风北窗下,翩翩羲皇人。蠢哉流俗子,为名以误身。"(《问次斋稿》71 页)。

公鼐多年居住乡里,深知百姓疾苦。万历四十三年(1615),山东大饥,泰安至蒙阴一带灾情尤烈。清《新泰县志·灾祥》载:"乙卯,大旱,水泉枯;八月,陨霜杀菽;冬,大饥人相食。"公鼐亲见惨状,慨然上疏请求赈济,得到允许,"一路赖以全活"。公鼐关心民瘼的行为,深受众人敬佩。后来崇祯皇帝《谕祭公鼐文》中称其"发粟赈饥,仁殚乡闾",即指此事。

天启六年(1626),公鼐病逝于家,终年六十九岁。崇祯继位后,剪除魏忠贤,于崇祯元年(1628)六月二日为公鼐特颁《诰命》(即《原任礼部左侍郎兼翰林院侍读学士协理詹事府事赠礼部尚书赐谥文介公鼐诰命》。原文载康熙二十四年《蒙阴县志·王言》)予以表彰,称誉公鼐为"璠玙粹品,冰雪清标""披香而启沃青宫,直筵而开陈紫禁。辟雍振铎,

---

① 李三才(?—1623),明通州(今北京)人,万历进士。历任户部主事、河南副使、南京通政参议、大理少卿等。万历二十七年(1599)以右佥都御史总督漕运,巡抚凤阳诸府。交结东林党人士,多次疏请罢矿监税使,有声誉,擢户部尚书。三十八年(1610)被推为入阁人选,然忌者日众,谤议纷起,遂成党争。次年辞官归。四十三年(1615)遭劾落职。(公鼐此时力荐李三才留职反而遭诬,故返乡遇山东大饥——编者注)天启三年(1623)起为南京户部尚书,未就而卒。

菁菁育泮水之莪；玉局持衡，蔼蔼造王家之彦……留心多安攘之宏谟，立身合卷舒之大道。"①在《谕祭公鼐文》中，崇祯皇帝对其高度评价，曰："唯尔真修卓品，博学宏词。承太史之家风，述作继美；掌先朝之典故，今古为昭。"追赠公鼐为礼部尚书（正二品），谥文介。祠乡贤。又于崇祯元年十一月十七日颁《谕祭》《谕葬》，并在蒙阴县城敕建"五世进士父子翰林"坊，在其墓西建"全荣坊"，眷恤优隆。

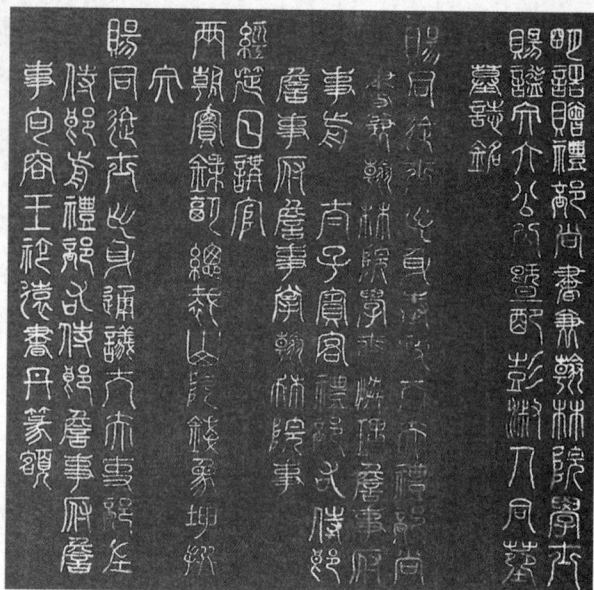

公鼐墓志铭盖

清初诗人安翥《青社先贤·咏公鼐》诗基本概括和评价了公鼐的一生。诗云：

> 明季光熹年，国是日纷迫。
>
> 侃侃公陈疏，补牍弹冠客。

---

① 璠玙粹品，……立身合卷舒大道："璠玙粹品"句：璠、玙皆美玉，比喻美德或品德高尚之人。"冰雪清标"：冰雪，喻晶莹洁白，纯洁；清标：借指明月，清美脱俗。"披香而启沃东宫"句：披香，用（拿）最甘美的东西；启沃：《尚书·说命上》："启乃心，沃朕心。"后遂以"启沃"言竭诚开导、忠告。该句谓公鼐为帝师，以最好的、最甘美的东西竭诚开导、忠告住太子宫的太子。"直筵……紫禁"句之筵见《诗经·大雅·公刘》："跄跄济济，俾筵俾几。""筵"原指竹制的垫席，即指座席。"辟雍振铎"句，辟雍：太学名。本是周天子为贵族子弟所设。东汉以后，历代都有。校址圆形。四面环水如璧，前门外有通行的桥。《礼记·王制》："大学在郊，天子曰辟雍，诸侯曰泮宫。"铎：古代乐器，形如大铃，振舌发声，有铁舌、木舌两种，宣布政令或传达军令时用之。

"菁菁育泮水之莪"句：菁菁，（草木）茂盛的样子；泮水，水名。戴震《毛郑诗考证》："泮水出曲阜县治，西流至兖州府城东入泗。"《通典》云："兖州泗水县有泮水，是也。"莪，莪蒿，又名萝蒿，一种可吃的野草。《诗经·小雅·菁菁者莪》："菁菁者莪，在彼中阿。"

"玉局持衡"句：喻公鼐所主持的官署能评量人才。玉，敬辞；持衡，评量人才。

"蔼蔼造于王家之彦"句：喻公鼐为国家培养造就了众多的贤士。蔼蔼，众多的样子。彦，贤士。"留心……大道"句：心，心思，精神；谟，谋划；身，自身的品德、才力；合，全，满；卷，束裹，收藏；舒，展开。

运极枭啄凤,言忠水投石。

嚣然弃组归,见几不终夕。

高枕东蒙间,寝食研图籍。

撰写卷帙繁,与身同寸尺。

殁后有余荣,恩纶逮窀穸。

(注:恩纶指皇帝降恩的诏书;窀穸〔音 zhūn xī〕,即墓穴)

公鼐卒后,葬蒙阴县曹庄北凤凰山偏南。原墓占地 20 亩,墓前碑刻数通,石翁仲、石羊、石马、石狮各一对,香炉、供桌(石质)等石像生俱全。1965 年,墓地被毁,墓被掘,其他物品被砸,片石无存。

天启元年(1621)九月,《诰命》封公鼐父公家臣为通议大夫,詹事府詹事兼翰林院侍读学士;赠其母李氏为淑人;其妻彭氏封为淑人。

四、词林宿望,文学巨擘

公鼐高祖至父辈都有著作行世,并有诗作传留后世,载录方志,可谓远近闻名的文学世家。公鼐受其先、父辈影响,加之一生勤奋,著作甚丰,"撰书卷帙繁,与身同寸尺"。有《问次斋稿》一百卷行世。明万历刻本《问次斋稿》三十一卷,《问次斋续稿》五卷,《问次斋西游稿》七卷,现藏中山大学图书馆。一九六九年在公鼐二十九代孙公丕轩家中,发现公鼐《问次斋稿》清代手抄本共八册三十一卷,诗作二千零一十五首,赋四

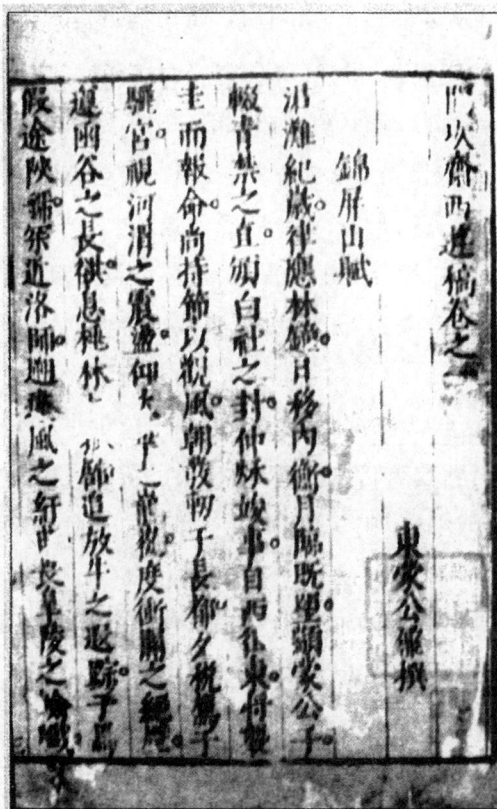

公鼐《问次斋西游稿》明万历年刻本

篇及明万历状元焦竑、赵秉忠等为书所作序四篇,总约二十万字。公鼐好学博闻,"诗文淹雅,绝句尤工"。其诗风清丽俊逸,间有豪迈雄健之作,在文学上取得较高成就,《问次斋稿》(今有《齐鲁书社》1998 年版,蒙阴县政协辑)受到明、清著名文人钱谦益、朱彝尊、王士禛、焦竑、冯琦、叶向高等高度评价,如"三齐之彦""词林宿望""直取独见,上媲千古""绝句尤工""诸体咸妙""晚年山居寺尤得真趣""不减唐人风致"……实为精当公允之论。

在诗论上,公鼐"主张一时代有一时代的声情,反对复古模拟"(《中国古代文学词典》,又见 2010 年版《辞海》公鼐条),大胆批评当时"前后七子"①所倡导的模拟之风。在其《问次斋稿》卷之二《古乐府序》中说:"愚谓风雅之后有乐府,如唐诗之后有词曲。声听之变,有所必趋;情辞之迁,有所必至。古乐之不可复久矣! 后人之不能汉魏,犹汉魏之不能风雅,势使然也! ……局蹐床屋之下而探肤藤箧之间,乃艺林之根蠡,学人之路阱矣。"清初诗人王士禛对公鼐的诗极为推崇,在《池北偶谈》卷十一中说:"吾乡公文介公,万历时为词林宿望。诗文淹雅,绝句尤工。如《习家池》《南竺寺》诸诗,皆不减唐人风致。"公鼐咏怀时事的古体诗,语言质朴,感情真挚,指陈时弊,抨击权贵。如《夏日行岱野书所见》,就真实描述了万历四十三年(1615),泰安至新泰的特大旱灾,表达了对泰安、新泰一带灾区人民寄于无限同情,把亲眼所见的民间疾苦、世上疮痍,官府的横征暴敛、残忍苛虐,诉诸笔端,揭露无遗:"……徕松甫柏半秃缺,流沙覆地白如霜。比年抗旱民居尽,剔屋伐木绕村庄。今春多雨禾始起,斛麦钱百农反伤。卖儿贴妇苦不售,时当盛夏家无粮。敲朴疮痍几欲死,朝求纵舍暮逃亡。前限未完后限急,吏卒叫嚣人走藏。……"这些诗句十分体贴农民的疾苦,同情无助,只好自责:"我行安车犹畏热,观彼负载行踉跄。四顾嗷嗷皆沸鼎,吾独何意求清凉! ……"(《问次斋稿》123 页)充分表现出诗人同情民事,关心民瘼,忧国忧民之情。七言古诗《汶阳老人歌》中"汶阳老人鬓似霜,自言少小游边疆,……我今释来甲归久,见说从戎便摇手"(《问次斋稿》105 页)。则借一位少小从军归乡老人的经历,抒发了对边事日坏的忧虑及对朝政黑暗的愤懑,并反映了新泰人民反对朝廷穷兵黩武,致使民不聊生的社会现实。《战平壤》中"愿纪武功兴颂声"(《问次斋稿》108 页)则是为援朝抗日胜利的颂声。这类诗作,大有杜甫遗风,也富有时代气息。其纪行诗与晚年山居诸诗,则善于写景,尤得真趣,把故乡山水写得色光斑斓,令人神往。公鼐对家乡有种人神共化的情感,"乡音随处好,鸟语亦堪听"(《问次斋稿》163 页),表现出了"故乡即我"的感受。他的《东蒙山赋》(《问次斋稿》43 页)是公鼐二十三岁时作品,全文近两千字,谓《问次斋稿》之鸿篇。他以浓烈的感情,赡富的才华,娴熟的技巧,从地理方位,历史渊源,人文物产诸多方面,热情地讴歌了蒙山的奇伟壮丽,充分表现了他对

---

① 前后七子:"前七子"即明弘治、正德时期文学家李梦阳、何景明、徐祯卿、边贡、康海、王九思和王廷相的并称。而以李、何为其首。他们对文学的见解虽不完全一致,但大多反对宋以来的诗文,强调复古,成为一个流派。因区别于后起李攀龙、王世贞等七子,故称为"前七子"。"后七子"即明嘉靖、隆庆时期文学家李攀龙、王世贞、谢榛、宗臣、梁有誉、徐中行和吴国伦的并称。而以李、王为其首。他们继承"前七子"的复古主张,相互标榜,声势很盛,以致模拟成风,产生不良影响。但李、王之间持论亦有一定差异,王世贞后期更作了若干自我修正。

家乡的那份热吻与趋挚，以及对大自然的热爱。

公鼐壮年出仕，又身体欠佳，入仕后又数次"引疾归"，前后在朝约十五年。特别是最后七年，他深知朝廷的黑暗与污浊，加之在京读书时所见父辈所遭张居正之迫害，给他年轻的心灵留下创伤，使他对政治深恶痛绝。然而却无回天之力，则用诗歌痛陈时弊，痛写宦海浮沉，仕途险恶，以舒内心之恨。他在《天可量》一诗中，悲愤地大喊："天可量，海可测，唯有人心无终极；山可平，川可塞，唯有人情多反侧！翻云覆雨不移时，系风捕影杳无迹。锋镝之来尚易防，伏匿之端殊难识！……身如疴瘘口如蜜，引经下石虚绸缪，康庄阛阓掘陷阱，平风静浪生阳侯！……"（《问次斋稿》64 页）这些犀利之词，深刻揭露了卑鄙之人所用的卑劣手段。另外，在《望蒙山吟有寄》中向一位同受迫害在京友人倾诉了自己的心声："……嗟君只在此山南，欲往从之蹊路艰，豺狼昼出当道卧，一望使我摧心颜。"（《问次斋稿》96 页）这样的诗句读来让人心惊，诵之教人胆战。

公鼐一生最大的贡献是为后世留下的大量诗作，这份丰富的文化遗产十分珍贵，《中国古代文学词典》《辞海》《青州府志》，清代及民国《蒙阴县志》都录载了他的简介或小传或诗、文等资料。他的文学成就在我国古代文学史上占有一席之地，他的品质和学识值得后人称颂。他是明朝末年较有影响的文学家、诗人。但由于时代的局限及所处身份，他的纪行诗和晚年的山居诗"每每流露出抑郁不平，也杂有退隐的消极情绪"（《中国古代文学词典》"公鼐"条）。另外，公鼐受当时文风之影响，又是"馆阁世家"出身，诗中用典多有偏僻，显得聱牙。

公氏家族自一世进士公勉仁，明弘治三年（1490）高中，至公鼐卒年明天启六年（1626），历时一百三十六年。此后，"五世进士"门第的光环不再。但为后世留下一段历史性美谈。自明朝末年，公氏家族虽无考中进士者，此后该家族乃有若干知名的文臣武将显于世，仍可称望族。故有"蒙阴县，公一半"之誉，说明其家族人丁兴旺，人才辈出。至今蒙阴和新泰汶南一带，仍是公氏家族的主要聚居地。随着公氏人口繁衍，绿柯丛生，支脉繁多，人才辈出，亦不断迁播四方。

五、公鼐里籍补苴

上文说到，公鼐先祖是"宣和改卜，堂阜之滨"的。其"改卜"时间按《东蒙公氏族谱》，是宋宣和元年，即公元 1119 年。当时，金兵改宋，社会动荡混乱，公氏一族来此避难。"改卜"的具体地点为"堂阜之滨"的东门里。《问次斋稿》卷十七公鼐《展墓东门故里，见旧居荒凉有感》诗，诗的尾联曰："今逢冠盖蝉联日，故里萧然转怆神。"公鼐弟公鼏有述故里诗《过东门里展祖茔恭述》。宋代的东门里正属沂州新太（泰）县。可由在今蒙阴县野店镇上东门村的东庙外原有的一通八棱碑碑刻所证，碑刻原文首句曰："大宋国沂州新太县平乐乡东安保上东门村"。立碑时间为"政和四年（1114）四月初一"。由诗、碑可证,公鼐祖籍为宋代沂州新泰县上东门村。这里有他们的老宅和墓地。当时未设蒙阴县,因原蒙阴县在北齐废,唐、宋不置,直到元皇庆二年(1313)才复置蒙阴县,属沂州,明属青州府。故公鼐里籍,史称"山东青州府明蒙阴县",其居地为明蒙阴县汶南镇(区)果庄,即蒙阴五区。1954年区划调整,蒙阴五区包括汶南、柳平、盘车沟、李家楼等乡划归新泰县第十二区,故今称公鼐为新泰市汶南镇果庄(原名阁庄后又称郭庄)人。

今新泰市汶南镇果庄虽为公鼐里籍,但因五世在朝为官,除京师外,在蒙阴县城亦建有老宅、府邸。《问次斋稿》的诗作中称,汶南(或称汶阳)老家是其世代聚居之地,也是祖上留下来供子孙后代和族人躬耕的田庄。在汶南一域,特别是围绕敖山建有"别业"。"别业"即别墅,它不同于正宅,是官吏仕余或文人雅士短暂栖居、日常读书会友及游赏雅集或闲逸休养之所。公鼐曾有多首诗、文提及自家别业,如《重修龙泉观记》有"别业在汶上,闲则杖藜过访"句,其诗《汶南别业秋居》《晚出之汶阳别业》《丁亥汶南田居得绝句五首》等,都曾提到"别业"是其"引疾归"后经常居住的地方。从《汶上营小亭曰"必在"诗以纪之》推之,"必在亭"亦在小汶两岸,诗中"献武诸峰翠,全山入此亭"句可证。"献武",指西周鲁国国君献公(名具)和武公(名敖),代指在新泰市区东部东西相连的具山和敖山,二山原为鲁国的祭祀之山,因与鲁献公、鲁武公二公重名,后废。二山至清初方改名青云山。"必在亭"是公鼐亲建并和友人看山赏景、诗酒唱和之所在,必在敖山附近。公鼐画像现仍保存故里——新泰市汶南镇果庄嫡传后人家中。至今公氏族人每逢年节都将公鼐画像悬挂,以让子孙瞻拜。

证公鼐里籍在果庄,最有力证据莫过于《公鼐画像题记》。2011年9月,笔者在编纂《新泰区域文化通览》即将收尾之际,为充实内容,增补图片,特去有关乡镇搜寻相关文化遗存。我等一行在汶南镇宣传部门负责同志引领下,有幸在公鼐后世族人公晓东先生家中瞻仰了他所精心保存的公鼐画像。画像上方的题记为公鼐六世孙公需于清嘉庆十年(1805)所撰,今将题记录于下:

> 公讳鼐,字周庭,谥文介。副使祖之曾孙,太史祖也,伯子也。与工部浮来(笔者注:指鼐弟鼒)祖伯仲,齐与冯公(笔者注:此指好友冯琦)北海称为难弟难兄,有以也。(文)介祖以万历辛丑进士,由翰林院左谕德,迁国子监祭酒、詹事府詹事、内阁学士、礼部左侍郎、纂修两朝实录大总裁,□赠大宗伯。正色立朝,建不朽之功业。当人臣之重地,迄今一百八十余。神则祀于乡贤。像犹存郭庄六世孙,□兴瀚第七世孙元炘等更禳而新之,命需为之记,以示不忘,嗟乎!我文介祖以才为册出,名冠一时,已载于史册,何庸再记。然我文介祖以熹宗旧传,正直(值)魏奄(阉)肆虐之时,独导正不阿,劳兴□□,盖心忌焉,而□四其

□□。至奄(阉)势即成,亦谓一朝文武百七十,朝署为之一空。□□□□以文介祖拂衣归田,故也。□忠烈公推我祖偕周□系人才之存上,岳岳怀方之□,中立不倚之操,然留请眉睫间。而我文介祖之立朝大节概可识矣!郭庄吾祖故居,汶阳吾祖别业,已详著问次斋稿诗集中。六世孙需谨志,始嘉庆十年九月二十有五也。

光绪三十三年岁次丁未荷月二十五日松鹤山房重裱

《题记》中有"郭庄吾祖故居,汶阳吾祖别业"句可证公鼐里籍为今新泰市汶南镇果庄。据《新泰地名志》(新华出版社,1992年版)果庄:该村在明洪武年间曾于其地建一阁子,遂名阁庄。由《题记》知,至清嘉庆十年(1805)已由"阁庄"演变为"郭庄"。1954年由蒙阴划归新泰后按谐音更为今名"果庄"。三个庄名皆指一庄。所谓"汶阳别业",则指柴汶河北岸所建有的别墅。2015年5月18日齐鲁晚报载朱洪蕾《东蒙公氏:蒙阴"公一半"满村揪树正直人》一文,文中说"公家的最后一位进士公鼐就迁居到了蒙阴县挑虚镇前城子村",是说"前城子村"为公鼐里籍,不知所出。公鼐后世能将其先祖的里籍记错吗?

上文是笔者与好友姜兴杰先生对公鼐画像《题记》的手抄稿。加之《题记》年代久远,原稿许多地方墨迹模糊不清,故文中难免有舛误之处,文中"□"为漫灭之处,敬请见谅。这是其一。

其二,公鼐画像由公鼐七世孙公元炘更裱,六世孙公需撰写《题记》。从更裱之初的嘉庆十年(1805)至光绪三十三年(1907)再重裱,相隔102年,至笔者瞻画像又过了109年。公鼐卒于明天启六年(1626),至公元2016年,正是他卒后390年,笔者此时(2016年10月25日)录之公鼐画像《题记》,也算是对先贤公鼐之纪念了。

附1:公鼐子孙

公鼐有子三人。长子公光国,字宾王,中秀才后,屡试不第,于是投笔从戎。因军功升为副总兵,防守徐州(今江苏徐州市),兼理漕运,年四十岁英年早逝,著有《自适吟》《寄乐园》等诗文集。次子公端,曾任光禄寺署丞(官阶从七品)。三子公旬,官至南京户部郎中(官阶正五品),由于承祖、父之荫,家境富裕,好施舍,有善名,崇祯十三年(1640),家乡大饥,公旬曾捐资施粥,并贱粜救民。崇祯十四年,山东巡抚王公弼、总兵刘泽清统兵三万路过蒙阴"官兵劫掠胜于盗贼",公旬无奈只好拿出粮食千石"犒师",换来地方安宁。公鼐长孙公秉文,号凤西,虽以"恩荫"官至刑部郎中,由于钦差南直,病死于旅途,"家赤贫,子幼,妻常氏苦守贞节"。生前有《雪后山行》诗道出了生活和仕途的艰难。诗曰:"日在破村西,风高野路迷。败垣唯卧犊,过午不闻鸡。云脚分山麓,水声碎马蹄。仆夫饥欲宿,指点渡前溪。"公端之子公显文,靠"恩荫"任过鸿胪寺序班(从九品)(见《公鼐家族世袭考》朱明秀撰),至是家道零替,生计萧然。

附2:公鼐小传及墓志铭

(一)小传。公鼐有胞弟名鼒(1569—1619),字敬与,号浮来。明万历二十五年与兄同为丁酉科(1597)举人,官工部屯田司主事,亦工诗。《县志》谓其"天性英敏,走笔千言,博学善书,名重京师"(清康熙《蒙阴县志·选举》)。"谒选时,吏部爱之。特令其赴中书科候会试。一时诰文,多出其手。得其只字者,皆珍重之,以为秘宝。"(清康熙《蒙阴县志·文学》)可见公鼒诗、文、书皆名噪京师。著有《浮来先生诗集》(笔者注:今搜得三十余首),陈田《明诗纪事》曾评论说:"敬与诗长于近体,与乃兄风格略似。"公鼒也擅长写景,往往能情、景交融,如《秋日田居》(四首)。同时也注重融贯古今,如《送周野王南游》。著有《小东园集》三十卷,《小东园杂著》《史汉全集》,另外还著有传奇(剧本)《千金裘》等。晚年隐居蒙阴,不求进仕,专心著述。

(二)墓志铭全称:明卿贡进士承德郎屯田清吏司主事前制敕房中书舍人浮来公先生偕配伍儒人合葬墓志铭。

按状公讳鼒,字敬与,别号浮来,系出鲁公,世居琅琊。蒙之徙则以宋宣和间七传广宗丞梲,梲生评,评生固;固始承恕及忠;恕生御史(使)大夫勉人(仁);忠生封工部员外郎景人(仁);景人(仁)生广西按察副史(使)济(跻)奎;奎生兴济令封编修诰赠通议大夫詹事府詹事并翰林院侍读学士前赠国子监祭酒一载;一载生太史公讳家臣,诰赠通议大夫詹事府詹事并翰林院侍读学士教习庶吉士前国子监祭酒,娶淑人李氏,生夫兄夫子两人:长公讳鼐,今官宗伯学士;次即公,生于隆庆三年己巳九月二十九日亥时,卒于万历四十七年巳未十月二十一日子时。元(原)配儒人伍氏,先公卒,生于隆庆三年己巳八月一日未时,卒于万历三十九年七月九日亥时。公所著有《小东园》诗集,并《史汉全书》《小东园杂著》。子男四:长赞,邑增生,娶定州同知杨时育女;次襄,娶安东卫教授郭恩孝女;次栘,聘沂水县举人高名衡女;次榶,聘安东卫都指挥史王家将女。俱侧室赵出。孙男一硕,孙女一,俱幼,皆襄出。赞等卜以天启二年三月十日合葬于长山之原。铭曰:生尔蒙维,祚鲁惟公。世饬吏治,文学在躬。太史震响,道可参两。作述荷欤,丝纶世掌。若作梓材,朴斵先开。唯其丹臛,庆我后来。惜哉吾友,奔逸恐后。胡啬大年,胡夺良偶。胡耦而耕,不耦而生。难生不耦,嘉穀攸成。东蒙之下,郊原膴谧。万世之藏,永贲幽府。赐同进士出身、山东等处承宣布政史(使)司右参议兼按察司金事分巡济南道燕吴眷弟曹尔桢顿首恭撰。

(注:按《公鼐墓志铭》所列家族世系"梲生评,评生固;固始承恕及忠",该句有误。

按朱明秀《公鼐家族世袭(系)考》(载公丞成、公惟进主编《五世进士父子翰林》)及《蒙阴县志》应为"犹生评,评生固始丞恕及忠。"恕、忠应为兄弟,"固始"为县名,在今河南固始县东北。"承"应为"丞"。按清康熙十一年《蒙阴县志》"公恕,任固始县丞","公恕,勉仁父","公忠,犹孙"。在《蒙阴县志》及其他公氏家族资料中,皆寻不到"固"是人名的蛛丝马迹。应是犹子评,评子恕、忠。笔者借此以记。)

【评析】浅议光宗帝授公鼐"理学名臣"的缘由

明万历四十八年(1620)七月明神宗崩,八月,皇太子朱常洛即位是为光宗。光宗念公鼐是朝中旧臣,又是自己的师傅,升其为国子监祭酒。又称其"博学简用,赐以'理学名臣'四字匾其门"(《蒙阴县志·理学》)故此,清康熙十一年版《蒙阴县志》单列"理学"一节。在"理学"一节中,谓"公鼐生而异敏,读书过目不忘。穷经史之奥,晰天人之微。源本洙泗,理宗程朱。东省台司每以国士遇之。万历时官京邸,国家有大事,公卿咸就裁。"又说:"及在讲幄,言言精微。东宫肃然听受。一时经筵诸大僚皆敬逊弗及。朝廷重之,嘉曰'理学名臣'。"

依上言,公鼐是同朝同时代"程朱理学"之翘楚,造诣颇深,并以"家学世传,理无不穷"(引文同上)。那么,公鼐所讲之理学,又何为"源本洙泗,理宗程朱"呢? 必先从"理学"的形成和发展说起。

简言之,理学思潮酝酿于隋唐,形成于北宋,至明代中期由极盛走向衰落。理学是以儒学为主体,兼融佛、道文化的新儒学。

私立岭南大学图书馆所藏公鼐书及藏书章

儒学至汉,董仲舒(约前179—约前104)建议汉武帝定儒学为一尊,被武帝采纳,对社会和经学发展起了一定作用。但董仲舒是天人感应和谶纬迷信天命史观的代表人物,其意识形态占统治地位。他认为国家的兴亡,社会变迁都是天和神的意志。主张"君权神授""天命"主宰一切。至隋代有人开始批判两汉所形成的上述"观点",要将上述观点,从儒学中清除出去。其中王通(584—617)就认为主宰人类社会历史以至天地自然万物的不是天命和神灵,而是"道",是"圣人之道","周、孔之道",也就是儒家历来主张的仁政、王道。他提出了"三教合一"的观点,主张传统儒学改造成统摄儒、佛、道思想的新儒学。至唐代韩愈(768—824)作《原道》,以排斥佛教和黄老之学,仿照佛教诸宗的祖统,正式提出"道统"说,即"尧、舜、禹、汤、文、武、周公、孔、孟"关于"道"的传授系统说,以继承孟子自命。他认为,孔子所创立的儒学,后由孟子传承,至周道衰落,秦始皇焚烧诗书,汉初崇尚黄老,佛教盛行于晋魏梁隋之间,后世的人想知道儒家仁义道德学说的真谛,就无从遵从了。儒家学说如失坠不传,便成了"绝学"。但韩愈并未能去实践这一理想的道统学说。

宋代孙复(992—1057)着力弘扬儒学道统。他的道统说比之韩愈,内容上更加充实,形式上更加完善。事实上构成了宋代理学兴起的一个起点。宋代理学正是通过"道统"找到了理学与儒学的结合点,为理学的崛起奠定了基础,孙复(世称泰山先生)与胡瑗(安定先生)、石介(徂徕先生)成为宋代理学的开创者,世称"宋初三先生"(详见本书下编第一章第六节)。

孙复所讲的"道",也是儒家和理学家所尊崇的一脉相承的"道统"之道。他说,"吾之所谓道者,尧舜禹汤文武周公孔子之道也""所谓夫子之道者,治天下、经国家大中之道,焕然而备""自夫子殁,诸儒学其道得其门而入者鲜矣,惟孟轲氏、荀卿氏、扬雄氏、王通氏、韩愈氏而已。彼五贤者,天俾夹辅于夫子者也"(《孙明复小集·上孔给事书》)。宋代理学"实自三先生而始"(清·黄宗羲、全祖望撰《宋元学案·泰山学案》)。宋初三先生是宋代理学的开创者,其中孙复的地位尤其突出。孙复所讲之"道",认为仁义礼乐是"道"的具体体现。他说:"仁义不行,礼乐不作,儒者之辱与!夫仁义礼乐,治世之本也;王道之所由兴,人伦之所由正。舍其本,则何所为哉?"(《孙明复小集·儒辱》)他的这一思想表现出了理学的本质特征。基本完成了"礼学"到"理学"的转变。"宋初三先生"的另一重要贡献是通过他们的呼吁,提高了孟子的学术地位,使孟子成为继孔子之后的另一位继承道统者。

宋初三先生之后,周敦颐(1017—1073)又称濂溪先生,善谈名理,阐发心性义理之精微,对宋代理学也有开创之功。他的学生程颢(1032—1085)、程颐(1033—1107,又称伊川先生)史称二程兄弟(又称"洛"或"伊洛兄弟"),与其思想学说基本一致。他们三人继承和发展了宋初三先生的思想,使理学更加完善精致。二程兄弟讲学洛阳,其学说即称"洛学"。北宋时期的张载(1020—1078,又称横渠先生)讲学关中,其学说称之"关学"。他提出了"为往圣继绝学",认为他自己开创的学说才可上接孔孟之学,体现了继承道统的担当精神。至南宋,二程的四传弟子朱熹(1103—1200,江西婺源人,字无晦,一字仲晦,号晦庵,别号紫阳),得二程师之传,兼采周敦颐、张载之人学说,成为集北宋以来理学之大成者。其学派称之"闽学",或称考亭学派、程朱学派。他认为,"太极"是宇宙的根本和全体,包括不能分离的"理""气""理"在"气"之先;万物有万理,万理均源于"天理",而"天理"即"三纲五常"(简称"纲常":三纲,即君为臣纲、父为子纲、夫为妻纲;五常,即仁、义、礼、智、信)。人们须"去人欲、存天理""正心诚意""居敬""穷理"以"求仁"。他以"居心恭敬严肃"和"穷究事物之理"作为认识方法和道德修养。朱熹成为中国封建社会后期影响最大的思想家。"朱学"也成为南宋至元、明占统治地位的官方哲学。

朱熹"致广大,尽精微,综罗百代"(《宋元学案·晦翁学案》),构建了一个完备、细密而且庞大的理学体系,使理学日臻成熟且走向极盛。至南宋宋理宗赵昀(1125—1264 在位)当政,逐渐认为朱熹理学对其统治有重要价值,遂诏行朱熹著《四书集注》于天下,承认朱熹理学为官方哲学,并按照祭祀孟子的礼仪祭祀朱熹。从此,程朱理学进入独尊地位,其深远影响不仅下及元明清,而且远播朝鲜、日本诸国。二程、朱熹成为官方所承信的自孔孟以来道统的真正继承人。朱熹则是理学之集大成者。

就当时的全国而言,由周敦颐的濂溪学派,张载为主的关学学派,即以二程为主的洛学学派及朱熹的闽学学派,这四大学派建构的理学成为哲学化的儒学,也就是道学。他们所讨论的是以"性"(以人性为主,兼及物性)与"理"(天理、天道)为中心内容。四大学派的理学家也都标榜自己是继承孔孟之道的正统。理学的理论思维取得了前所未有的成就,在中国思想史上占有重要地位,以朱熹为首宣扬的"三纲五常"封建礼教也影响了中国八九百年,成为束缚人们的精神枷锁。

明初统治者提倡程朱理学,规定科举考试首场在"四书""五经"范围内出题,而以程颢、朱熹等人的注释为标准。明成祖朱棣永乐年间(1403—1424),命儒臣胡广等人纂修《四书大全》《五经大全》《性理大全》汇辑程朱诸家理学之说,颁行于各府、州、县的儒学。为适应科举方面的实际需求,士子非程朱之书不读。程朱理学因此成为正统的官学。明初著名的思想家薛瑄(1389—1464)是朱熹思想的忠实践行者,但他批判了朱熹理学的陈腐空疏所导致的"只是讲说,不曾实行"的空谈陋习。倡导学者读书、治学要务实致用,发扬、光大了儒家"经世致用"的思想传统。后世称他为"实践之儒"。薛瑄的"实学"理论和实践,对后世"实学"思潮的兴起起了先导作用。至明朝中期,以陈献章(1428—1500)为主的学者,主张"静中养出端倪",崇尚自然,强调内体悟,不拘束外在的教条,成为明代心学之先声。

明代后期王阳明心学逐渐成为哲学思想的主流。阳明心学又称王学,创始人王守仁(1472—1529),人称阳明先生,是明朝著名的思想家、政治家。他继承发展了宋代学者陆九渊的"宇宙便是吾心,吾心便是宇宙"的观点,认为"心之本体无所不该",人的内心包罗万物。正德七年(1512),王守仁提出"心即理""心外无理"。正德十五年,又提出"致良知"。认为良知是认识的根源和是非的标准;人的认识扩展就是不断内省自己的良知;

外部知识的求索,只是用以印证自己内心的体悟。王守仁的学说与官方提倡的程朱理学不同,但得到一些年轻学子的追随,门人甚众,形成多门派。他死后不到五十五年,即万历十二年(1584)王守仁从祀孔庙,可见阳明之学在明后期的深远影响。他的学说曾传入日本、朝鲜。

按清《蒙阴县志·理学》,公鼐"穷经史之奥,晰天人之微。源本洙泗,理宗程朱"。又,"素有仿韩(愈)之志,"同时"公自中丞(公勉仁)祖以家学世传,理无不穷"。由此分析,公鼐理学精深,应在继承"孔孟之道"和程朱理学上能结合现实,有自己独到的见解。在任讲官和任帝师任上以讲程朱理学为本,博采众家之说,讲得深透,又诲人不倦,使听者入心入脑,挥之不去。他讲的理学使光宗受益匪浅,故对其倍加尊敬。同时,当时朝中讲理学者,应是公鼐为最,无人超越。"他人之不得为'理学',则此一人之为'理学'也,固宜"(《蒙阴县志·理学》)。此言虽有些过誉,但应该是光宗赐公鼐为"理学名臣"之缘由。

泰山三先生孙复、胡瑷、石介是宋代理学之宗。作为三先生"故乡"的公鼐是否受其影响,承泰山三先生之学不得而知。公鼐为平阳先哲中最知程朱理学之翘楚,此言应不过分。

主要参考书目:《明史》卷216《公鼐传》;公丕成、公惟进主编《五世进士,父子翰林》,科学文化艺术出版社,2009年版;清·康熙及宣统《蒙阴县志》;公鼐《问次斋稿》齐鲁书社,1998年版;李元庆《晋学初集》之《河东思想学家与理学》一节,山西人民出版社,2003年版;中国社科院历史所编《简明中国历史读本》之第九章第七节(一),中国社会科学出版社,2012年版;王价藩、王亨豫辑《泰山丛书》第三十三册《孙明复小集》。

第四节　一代明臣秦士文及其家人

—— 兼述其祖父、父,弟及士文子、孙

明朝末年,政治黑暗,万历皇帝在位四十八年,自万历十八年(1590)至万历四十三年(1615)计二十五年不临朝,怠于政事,纵情声色,醉生梦死。加之三大征役耗尽了国库银两,政府财政的窘况加剧。万历皇帝本人又迷恋金银财宝,派出大量宦官任盐监和税监四处搜刮,激起各地民变。明朝灭亡的种子,在万历期间就已经埋下了。统治阶级最上层斗争的不断加剧,朝内文官之间党争愈演愈烈。万历四十八年七月万历皇帝病逝,八月,太子朱常洛即位,因食"红丸"不足一月暴病身亡。由十五岁的儿子朱由校即位,年号天启。天启皇帝是个大玩家,尤好木工作业,内廷由目不识丁、谋求个人利益欲望极强烈的太监魏忠贤和皇帝的乳母客氏掌实权。

魏忠贤专权后,与东林党对立的齐、楚、浙三党中的人物都投到魏忠贤门下,借其毒焰,大兴党狱,大肆惨杀正直的东林党。魏忠贤的乱政使明朝的政治黑暗达到了极点。天启皇帝于天启七年(1627)去世,其弟朱由检(1628－1644 在位)即位,年号崇祯。崇祯皇帝迅速处死魏忠贤,并在崇祯元年(1628)清理了阉党。就在明朝末季的政治环境中,新泰的一代名士秦士文度过了他人生的最后岁月。

一、东蒙秦氏,堪称富族

秦士文(1568—1628),字彬予,一字介质,史称明蒙阴县汶南(杨庄)人。因1954年5月,蒙阴县汶南区划归新泰,故今称秦士文为新泰市汶南镇杨庄人。

今汶南杨庄秦氏,旧时号称东蒙秦氏。明朝初年,今单县一支秦氏族人为避"靖难之役"(即明燕王朱棣以"靖难"之名而发动的夺位战争)带来的灾难,迁到当时的蒙阴县常路北楼村,随着人口繁衍,家境日渐富足,族人徙至今汶南等地。到第四世秦纪,已富绝东蒙。到第五世,也就是秦士文的祖父秦洪(弘)时,田产剧增,家境更加殷实。士文祖父秦洪,字敖南,家资丰足,"乐善、富而好礼"。明嘉靖中,岁歉,秦洪"出粟万石贷贫者,焚卷不责偿,施粥赈饥,活万余人"。偶有粮役遗百金及记账簿,急欲自尽,为秦洪所获,洪知即还之,赖以复生,朝廷下诏褒奖。事载清康熙二十四年版《蒙阴县志·人物·隐德》。士文父亲秦希夏精研岐黄。据说,秦希夏游历京城时遇皇陵正在修造,民工中疫病流行,他经人推荐,在皇陵修造工地医病施药,救治若干民工。秦希夏也因功"以御医授登仕郎"。士文母公氏,为翰林公家臣之妹,辅国重臣公鼐之姑母。

二、士文为官,政绩卓著

秦士文自幼受到良好教育,才识敏达,万历十三年(1585),17 岁的士文补邑诸生,二十一年(1593)选为拔贡,二十二年中举人,三十二年(1604),36 岁的士文甲辰科中进士,第二年授宝坻(今天津市宝坻区)县令,时神宗(朱翊钧)"赍予过侈,求无不获""渔敛惨毒不忍闻"(《明史·食货志一》)。宝坻有名产银鱼,岁岁入贡。每年底,朝廷派内史到宝坻收银鱼,趁机大肆敲诈,所至骚然,成宝坻一大公害。秦士文初至,未敢忘忧民,不避权宦,斗胆上书直陈,向朝廷议定岁贡银鱼三万九千条,由宝坻送京,请罢内史。从此,县民免受骚扰之苦,"海畔之人争颂之"。宝坻与三河县(治今河北三河市)、香河县(治今河北香河县)界相邻,三县相互争水,矛盾由来已久,多次发生械斗,由秦士文与三县约定,各出资筑高堤,并植树其上,遂息三县之争。

明神宗为搜刮民脂民膏,曾设置"矿监"和"盐监",其中辽东矿监税使高淮尤为贪婪凶残,曾多次激起民变和兵变。高淮为宝坻县大口屯人,他依仗权势,动辄征用数百人和

秦士文手迹《乞言小启》

乞言小启

家君壽七十弦初庚届期敬恳

如椽片言賜教持歸眉祝用展子情将

十襲珍藏世作傳家之寶而百朋僭

重人钦

華國之章伏冀

俯俞慨然命筆

士文

士楨全頓首具

大批车辆为其运私货,无视地方官府。县民苦之,敢怒而不敢言。曾遭吏部尚书李戴,刑部尚书萧大亨弹劾(《明史·高淮传》)。秦士文以为"吾受命保此一方民安,畏权贵势必忽视吾民之涂炭哉"。遂将高淮家人中霸人田产子女者,"悉捕治,权杀之",将其罪状呈报上司。高淮的暴行,引起朝野共忿,神宗下诏将其抄家法办。秦士文不畏权贵,为民除害,因此名声大著。朝廷对其调任职位十分慎重。当时密云县(今北京市密云区)为战略要地,认为"非贤者不可任"。在上司举荐下,秦士文调任密云县令,并与万历三十五年(1607)冬到任。士文在密云任上,仍政绩卓著。两任期间"抑中贵,清徭粮,核屯田,劝农桑,理讼狱,定贡额,明教化,弭盗厘奸,绩不胜举"(清康熙十一年版《蒙阴县志·人物志·事功》)。因此,士文在密云任上,曾接受皇帝封赠的诏令,即《顺天府昌平州密云县知县秦士文敕命》(清康熙二十四年版《蒙阴县志·艺文志·王言》)。

明神宗在上述《敕命》中称秦士文"玉立英标,刃游利需,明廷奋迹,宝坻宣猷。惟地不究施,乃遽迁今邑。而尔操弥坚于茹蘗,才益捷于转丸。秉六察以厘奸,庭无宿蠹;竭百方而起瘠,泽有归鸿。两地声驰,三年绩最,环畿甸而令者,孰逾尔贤哉。是用授尔阶文林郎,锡之敕命。"《敕命》对秦士文寄予厚望,且许愿要破格使用。

此后,秦士文因母丧丁艰,守制满,补任长治县(今山西长治市)令。不久晋升礼部主事。在此期间,奉敕与洪世俊会议万历三十八年(1610)以来名臣谥号。秦士文持衡清议,考证故实,对杨升庵等四十四人报请朝廷予以美谥。同时,监造了"大统历",使历法为之一新。后历任礼部员外郎中,又调任陕西洮泯兵备道布政司参政、山西按察司佥使。期间"声震河湟"(指黄河与湟水之间的地区)。又授皇帝《陕西洮泯兵备道布政司右参政兼按察司佥事秦士文诰命》。在《诰命》中谓秦士文"谋以断资,才与诚合。邕上德以纠虔将吏,略法威严;奉官常而绥辑兵民,惟持镇静。"特授士文阶中大夫,《诰命》要求士文"光复疆域",加强边防要"一乃心,坚乃气,识因人之劲,用地之际,聊以固吾圉也"。最后,朝廷郑重表示,干得好要看他的丰功伟绩。"懋哉,朕将显庸汝",以资鼓励之(清康熙二十四年版《蒙阴县志·艺文志·王言》)。

天启六年(1626),边事告急,士文以原官起怀来(今河北怀来沙成镇,旧怀来县已没入官厅水库)兵备,晋山西右辖参。未几,擢金都御史,巡抚宣府(今河北宣化县)。秦士文至宣府后,经调查发现官军虚冒人数,马匹疲病者居半,屯粮严重不足,军卒长期领不到军饷,毫无战斗力。他拨发钱

秦士文《乞言续启》及印章

粮,制定多条施政方针,大刀阔斧进行整顿,"号令严明,边人詟(恐惧)服"(康熙二十四年《蒙阴县志·人物志·名献》),迅速扭转了不良局面。总之,秦士文戍边期间功绩赫奕。"至边,抚清隐,占补行伍,兴茶马之利,革互市之弊,宣恩威以励士气,宽法网以怀将心,核屯盐以佐军需,惩奸贪以杜漏卮"(清康熙十一年版《蒙阴县志·事功》)。

天启七年(1627)正月,蒙古族台吉部入侵。秦士文指挥若定,大破蒙军,斩获甚重,人称三十余年不多得之奇捷,受到朝廷褒奖。士文以功升兵部右侍郎,召理部事。不久,晋兵部尚书,协理戎政。士文再次接受诏命,即《协理京营戎政兵部尚书管右侍郎事秦士文诰命》(载清康熙二十四年版《蒙阴县志·艺文志·王言》)。

三、晚年浼名党籍

据史载,秦士文晚年曾对宦官魏忠贤[1]"谄附颂美",参与了为魏忠贤建生祠。魏忠贤伏诛后,秦士文在钦定逆案之列。但据清康熙二十四年版,刘德芳主修《蒙阴县志·人物志·名献》载:"吴江赵玉成曰:士文抚宣时,有大帅杨廷瑞者,请建魏忠贤祠,敕颁忠贤画像至镇。士文曰:'此膝不屈于人若干年矣,今日可为奴辈屈耶!'适阳和(治今山西阳高县,明有阳和卫)警至,士文星驰赴援。及像至,监司镇帅罔不膝行匍匐,独士文以按部得免。崇祯改元,有属吏嫉士文者,谓忠贤画像士文实导之,为乔若雯所劾。曹总宪于汴素知士文,力陈忠贤像至上谷,抚臣(指秦士文)正按部阳和,实无导迎之事,其语甚悉。会有同乡居揆席(指宰相之位)者,素不理于士文,挟怨证成之,竟坐此罢。虽浼名党籍,人多冤之。"《秦氏家谱》中也载有为士文辩护的疏文,但朝廷始终未为其平反。由此而

---

① 魏忠贤:宦官。明熹宗朱由校天启年间升为司礼秉笔太监兼提督宝和三店。密结大臣为援,以犬马声色媚帝。与熹宗乳母客氏勾结,排斥异己,专权擅政。自内阁、六部、四方总督、巡抚,遍置死党,广建生祠,时有"九千岁"之称。崇祯帝朱由检即位,魏忠贤闻逮治令,遂自缢死。

论,秦士文是否为魏忠贤的画像"实导之"并无定论。

且看《明史》是如何记载的。《明史》卷三百六《阉党·阎鸣泰传》载:"生祠之建,始于潘汝祯(又作桢)。汝祯巡抚浙江,徇机户请,建祠西湖。六年(指天启六年)六月疏闻于朝,诏赐名'普德'。自是,诸方效尤,几遍天下。……七年正月,宣大总督张朴、宣府巡抚秦士文、宣大巡按张素养建之宣府、大同。……二月,……宣大总督(张)朴、大同巡抚王点、巡按(张)素养又建之大同。……忠贤诛,诸祠悉废,凡建祠者概入逆案云。"《明史》卷二十三《庄烈帝纪一》载:崇祯皇帝朱由检于天启七年八月即皇帝位,同年十一月甲子安置魏忠贤于凤阳。已巳魏忠贤缢死。崇祯元年(1628)丙戌,戮魏忠贤及其党崔呈秀尸。二年(1629)春丁丑,定逆案,自崔呈秀以下凡六等。

又,《阉党·崔呈秀、吴淳夫传》载曰:"方忠贤败时,庄烈帝(即崇祯皇帝朱由检)纳廷臣言,将定从逆案。……"崇祯帝乃命大学士韩爌等广搜魏忠贤阉党名单,又召吏部尚书王永光、刑部尚书乔允升、左督御史曹于汴(此人即《蒙阴县志》所记"曹总宪于汴")参与搜之。"于是案名罗列无脱遗者。崇祯二年三月上之,帝为诏书颁示天下。"罪分六等,其中"魏忠贤、客氏为首逆者,被凌迟;首逆同谋决不待时者六人;交结近侍秋后处决者十九人;交结近侍次等充军者十一人;交结近侍又次等论徒三年输赎为民者;……巡抚尚书李精白等一百二十九人;交结近侍减等革职闲住者,黄立极等四十四人;忠贤亲属及内官党附者又五十余人。"

《明史》卷二百四十《韩爌传》载:"时大治忠贤党,爌与李标、钱龙锡主之。列上二百六十二人,罪分六等,名曰'钦定逆案',颁行天下。"

"案既定,其党日谋更翻,王永光、温体仁阴主之,帝持之坚,不能动。其后,张捷荐吕纯如,被劾去。唐世济荐霍维华,福建巡按应喜臣荐部内闲住通政使周维京,罪至谪戍。其党乃不敢言。福王(朱常洵)时阮大铖冒定策功,起用,其案始翻。于是太仆少卿杨维垣、徐景濂,给事中虞廷陛、郭如闇,御史周昌晋、陈以瑞、徐复阳,编修吴孔嘉,参政虞大复辈相继而起,国亡乃止。"(《明史》卷三百六《阉党》)

由上可知"钦定逆案"之后,不少人想翻案,包括宗室成员福王朱常洵。由于"帝持之坚",至后辈"相继而起""国亡乃止",逆案成定局,终未翻案,遂成历史。

上文可证,秦士文宣府任上曾参与为魏忠贤建生祠于宣府,他不可能在"钦定逆案"的一百二十九人之列,但有可能在"革职闲住"的四十四人之列。明史无载,不敢妄言。按其崇祯元年(1628)五月二十五日病逝在家分析,秦士文大概未等"钦定逆案,颁行天下"就病故了。

秦士文自入仕后历官万历、泰昌、天启、崇祯四朝,曾"统六师,掌邦政,丰裁凛凛,朝野共钦"。终因夺职在家,抱憾而终,享年六十岁。据《蒙阴县志》载,秦士文墓在北楼东。

因秦士文之弟秦士桢为天启壬戌年(1622)进士,原蒙阴县城西关有为其兄弟二人立的"兄弟进士坊",早圮。士文有《抚宣奏议》九卷及诗文各一卷行世。

据说,今新泰汶南杨庄(今名柳平庄)秦士文之后人家中,还存有秦士文之父秦希夏的寿章和部分印章。在秦希夏七十寿辰时,在京的达官贵人,名公臣流对其贺诗甚多,秦士文将祝寿诗词装订成册,并亲笔写了序文。今新泰市博物馆收藏徐光前墓志,也是秦士文书丹。这些文物为深入研究秦士文提供了实物资料。从徐光前墓志的记载中得知,秦士文和徐光前为儿女亲家。

四、秦氏家人多义士良吏

秦士文长子秦琮,贡生,丁亥年(1647),陷城,与三弟秦璇,俱不屈而死。《蒙阴县志》列《忠义》。

秦士文次子秦玑,崇祯癸酉(1633)举人,壬午(1642)守城死于难。秦士文三子秦璇,字用敏,崇祯癸酉(1633)中举人第二名,慕父母,悦兄弟,学纯而正,文雅而老练,士人钦其德,官重其品。丁亥年(1647)城陷,(史东明部攻城)胁其以行,又捉拿其兄秦琮,秦璇高呼道:"兄不可为不义屈!"兄弟二人不屈而死。璇次子秦之骐见凌其父,初哀泣求免,须臾父死,遂同五弟、六弟俱骂死。人称秦门多义士云。秦璇继妻孙氏,陷城者苦逼不从,大骂曰:"我名家女,尚书儿媳,肯从汝贼乎!当速杀我,若得从夫于地下,死胜于生。"被肢解(古代一种分解肢体的酷刑)而死。

秦士文季子秦翊,字用肃,号归愚,恩贡,博学能诗,称佳公子,又器宇不凡,孝亲敬兄。虽死丧战乱等灾祸不断,流离失所,顷刻无间,但侍奉继母至孝,汤药必尝,出入必告。兄璇殉难,遗产值万金,一毫不取,择嗣以继其后。先以拔贡任司理,以母老而不赴任。母故丧毕,改授山西太谷县(治今山西太谷县)令。当时太谷县逃亡者颇众,壮丁和劳役混淆。秦翊加意厘正分辩,擦除苦累,使流移他处者顿时回归。太谷县的瑶粮,长久以来由权势豪强蠹虫整体包揽收缴付纳,加倍盘剥取偿,剜尽穷苦民众的骨髓。秦翊严加惩办,刊石禁止。又,太谷县有知识的人荒疏无人管理日久,秦翊选拔其优者,对其朝夕讲习。对贫者济以财,弱者扶以力,使全县人文以盛。当时太谷县风俗崇尚奢华,旧有淫祠,如有称三郎神的祠,立行撤毁。亲自倡导以俭朴,使风情民俗大为更新。秦翊惩奸疏驿,功劳卓著。太谷县人为秦翊立碑(以纪)。由于秦翊政声大著,遂迁应州(今山西应县东八里)知州。因刚直受贬回归故里。清康熙十一年版《蒙阴县志·人物》列"事功"。

秦翊曾为蒙阴县东门内马神碑作记。今有《银杏树》诗作传世,有《鸿雪集》藏于家。墓在蒙阴高庄。

秦士文胞弟秦士桢,号克生,天启壬戌(1622)进士。至孝双亲,以兄为师。刚毅明果,文名冠世。被授信阳州(治今河南信阳市)知州。守丧未满期而重新起用,任高邮州

(治今江苏高邮市)知州。前后任上多有惠政,卒于官。士民十分悲伤。北楼村东有士桢墓。《蒙阴县志·人物》列"选举"

秦士桢子秦珽,有文采,文章富丽多彩。从父士桢于高邮,一无所取,唯乞父广搜古今书籍载归,然后起楼贮之。未及,父卒于官,因过分悲伤而毁体成疾。所贮书籍,诵读有半,后为史东明焚其书楼。终以忧患而死,全县为之可惜。秦珽才俊学优,且与继妻徐氏相敬如宾。珽故,徐氏年方二十五岁,矢志坚守,五尺之童不使入门,以至于死,视为烈女。

秦士文有秦诜、秦谧二曾孙。

主要参考书目:《明史》之《庄烈帝本纪一》《韩爌传》《魏忠贤传》《阉党·崔呈秀传》等;蒙阴县史志委编辑的清康熙十一年、二十四年、宣统三年版《蒙阴县志》,中华书局1999年版;马培林、柳方来、周郢《新泰风物史话·一代名臣秦士文》,山东友谊出版社,1999年版;王建《秦士文:为全忠与孝,除夕送家堂》,2016年2月27日《大众日报》第12版。

【评析】从明朝后期的政治腐朽,看魏忠贤如何乱政

明朝开国君主明太祖朱元璋是个有雄才大略的皇帝。建国之初,朱元璋就废除了在中国历史上延续了近两千年的宰相制度,并规定,今后子孙做皇帝也不准再立丞相。废除相权,为的是强化君主专权。朱元璋不能容忍任何对皇权的挑战。他有超强的能力,可以大权独揽于一身,但他的子孙后代却不能与之相比,从而为后世留下了隐患。

明朝中期始明廷政治制度发生了重要变化,内阁制度形成。纵观明朝政治制度,内阁制萌芽始于洪武,初步形成于永乐,宣德正式形成,宦官乱政初露头角。正统皇帝朱祁镇登基时只有九岁,宦官王振做过儒学教官,他取得了宣德皇帝朱瞻基的信任,曾侍奉当时做太子的朱祁镇读书。朱祁镇不直呼王振的名字,只称"先生"。王振后升任司礼监太监,可以直接替皇帝管理奏章,代皇帝批答大小臣子上奏的一切公文等。正统四年,王振开始窃取权力。正统七年得以大权独揽,成为明朝第一位擅权的宦官。景泰、天顺、成化诸朝,宦官势力继续发展。

至天启朝皇帝朱由校是个完全不管朝政,只管玩闹的皇帝。这样的皇帝明朝历史上并不少见。但是,这些皇帝在玩闹不理朝政的时候,皆由内阁帮助管理朝政,内阁的首辅大臣以及其他成员,都是社会精英,是士大夫文官考试制度下涌现出来的一些干吏(中国社科院历史研究所研究员商传之语)。可是天启年间,一个只管玩闹皇帝遇到了一个权欲强烈而素质极低的宦官魏忠贤。魏忠贤与皇帝的乳母客氏相互勾结充分利用天启帝的昏庸从中渔利,专权擅政直至盗取了批砆之权。内阁变成了魏忠贤专权的工具,改变了东林党在内阁的一统天下,出现了"乱政"。

天启四年(1624)反东林党者逐渐罗列了东林党的一些罪状,以魏忠贤及其支持者魏广微等人已组成一个强大的反东林党的阵营,开始向东林党大肆攻击。当年六月,东林党有影响人物都察院左副都御史杨涟披挂上阵,义正严辞上疏罗列了魏忠贤二十四大罪行。天启帝根本不愿意读那份奏章,却壮了魏忠贤的胆,魏忠贤完全控制了天启帝,已稳操胜券。大小奏章不论言词多么尖锐、激烈,则如泥牛入海。魏忠贤这才反过手来,对东林党及反对他的大臣大打出手,并利用他的亲信,先是恢复"廷杖",随后进行诬陷,动用最残酷的刑罚,以莫须有的罪名,将他的政敌或下狱,或削籍,或远戍直至死地。魏忠贤一伙对东林党人采取的是斩尽杀绝的政策。至天启六年(1626)尽毁天下讲学书院,以绝党根。监生陆万龄甚至说:"孔子作春秋,忠贤作要典。孔子诛少正卯,忠贤诛东林党。宜建祠国学西,与先圣并尊。"(《明史·阉党》)

无耻的魏党信徒对魏忠贤献媚取宠,达到了无以复加,千方百计为其歌功颂德。天启六年(1626)六月,浙江巡抚潘汝祯上疏,请"建魏忠贤生祠,用致祝釐"。天启帝马上降旨同意。为表彰魏忠贤心勤体国,钦赐祠名"普德"。生祠建在了西湖之滨的关公和岳祠之间,极其壮丽。有位提学副使名叫黄汝亨过祠微微一声叹息,被看祠的太监活活打死,地方不敢过问。而后,建魏忠贤生祠之风吹遍全国。各地督抚大员开始仿效,唯恐落后。建祠费用开始由各官捐献,后来则直接动用国库银两。每一祠都请天启帝命名,调门越来越高。对于一些溢美之词天启帝并不以为是僭越,以致使为魏忠贤吹捧之词越吹越猛。国子监生陆万龄请在"国子监为魏忠贤建词,与孔子同祭",天启帝马上批准。至此,已不直接称魏忠贤之名,而称"厂臣"。"厂臣"本指明朝东、西二厂的主官,却成为魏忠贤的专称。《明史·宦官二》载:"所有疏,咸称'厂臣',不名……无敢名忠贤者。"

一年时间,全国从京城到各省,直到边荒蛮地,生祠遍布,对不热心者甚至要逮捕问罪。天津巡抚黄运泰在天津生祠落成后率文武诸臣五拜三叩头,并致词曰:"……蒙九千岁扶植,叩头谢。""蒙九千岁升拔,又叩头谢。"只差没呼"万岁"了。各地生祠建好后都举行类似的迎喜容仪式,皆行五拜三叩头之礼。毫无疑问,向魏忠贤献媚,牺牲气节换取高官、换取富贵的无耻之徒应在不少数。天启朝的这场闹剧,直到天启帝"驾崩",崇祯帝登基,魏忠贤乱政才算结束。

天启七年(1627)正月,身为宣府巡抚的秦士文,同他的同仁在他的任所参与了建魏忠贤生祠,被列入了逆党名单。这不能不说是秦士文一时认识上的麻木、糊涂。如果说,把秦士文放在他所处的时代和社会的历史条件下去分析,秦士文参与为魏忠贤建生祠,是在强权之下不得不随之的点缀。但是,就是因为这一"点缀"、跟风,不管他以前有何功绩将付之东流,"浼名党籍"断送了他的前程,使晚节失路,丧送了他的政治生命。秦士文最终结果不言而喻,其教训发人深省。

第五节　交河、密云县令徐光前

——兼述徐之仪

徐光前生于明万历元年(1573)，卒于万历四十一年(1613)，一生在万历朝度过。万历朝前二十年是首辅张居正改革末季，到万历皇帝清算张居正的时期，张居正的财政改革取得的财富，缓解了明王朝的危机。万历皇帝用张居正为朝廷积蓄的钱平定了宁夏之役、援朝抗日及平定贵州遵义杨应龙的播州之役后，开始出现财政困难。为了弥补财政亏空，便以税监、矿监的名义在全国搜刮民脂民膏。万历皇帝把清算张居正，作为了他的亲政基础。政治上打倒了张居正，树立了自己的皇帝权威后，也开始了明朝历史上持续时间最长的怠政。万历皇帝二十五年不临朝，使纲纪废弛，百弊丛生，明朝沿着衰亡的轨迹继续往下滑。

明朝政权的衰败并未影响统治阶级以程朱理学作为教育方面正宗的指导思想。明后期出现的阳明"心学"无法动摇程朱理学的指导地位。明代官员的来源之一仍是科举取才。各级官员大都科举出身，并视为正流。学校教师(包括府、州、县、学)大都由举人担任。府、州、县学师生生活由国家按月供给廪粮，并配给相应的蔬菜和鱼肉。学生免差役，考试分为四级，即童试、乡试、会试与殿试。童试，是科举制的第一个阶段。明代规定童试由州、县级长官主考。考生来自府、州、县学的学子，毕业后取得童试考试资格，童试考中者即称秀才或为生员。童试一般在每年的夏季举行。中童试者即可参加下一年度的乡试。乡试每三年在省城举行。山东乡试在济南举行。乡试条件较严格，明廷规定"其学校训导专教生徒，及罢闲官吏、倡优之家、与居父母丧者，不得与试"(《明史·选举志二》)。共考三场，头场八股文，二场经义，三场策论。中乡试者称为举人，第一名称"解元"(解，音：jiè)。本文所述徐光前即按上述程序于万历二十八年(1600)考中"解元"。考中"解元"者，到京城参加会试时，须由所在州郡发遣解送至京参加礼部会试称谓"发解"。"解"取"发遣解送"之义。这是对"解元"的一种待遇。会试考中者皆为进士。进士再经过殿试排出名次，以作为朝廷委任官职的依据。徐光前于万历三十五年(1607)考中进士，授官交河县令，步入仕途，至四十一岁病逝密云县令任上，在仕途上历时六载。

一、新邑徐氏，望出东海

徐光前，字裕伯，号匪莪，又号养充，明代泰安州新泰县西周村，今新泰市新甫社区西西周村人。明代西周村徐光前徐氏一族"其先伯益苗裔后，建国于徐，子姓繁衍，有徙鲁平阳者，故新邑有徐氏焉"(《文林郎密云知县徐公墓志》，以下简称《墓志》)。又"据前史，徐氏望出东海，新泰古泰山之平阳，与东海接境，故蒙阴新泰之间旧有徐氏，汉唐至今土著特闻实东海之胄也"(《明贤令前解元进士匪莪徐公墓表》以下简称《墓表》)。由上知,这支徐氏是助夏禹治水的伯益之苗裔,伯益佐禹有功,赐嬴姓,"封其子若木于徐……子孙以国为氏"(《通志》)。封伯益之嬴国,其故址在莱芜市羊里镇城子县村。按《史记·秦本纪》太史公曰:"秦之先为嬴姓。其后分封,以国为姓,有徐氏、郯氏、莒氏、终黎氏、运奄氏、菟裘氏、将梁氏、黄氏、江氏、脩鱼氏、白冥氏、蜚廉氏、秦氏。"又据《新唐书·宰相世袭表》所列徐氏世系,伯益生若木,若木三十二世为徐偃王,被周(朝)所灭。徐偃王就是徐国国君,有地五百里。相传曾率九夷伐周,至于河上,周穆王不得已命之主东方诸侯,为三十六国所朝见。后被周穆王与楚国攻灭,但灭国不灭族,在海、岱、淮、济之间都是东夷的聚居区,当时的徐方、徐夷、徐戎都分布上述地带。按郭沫若先生考证:"徐方,即商朝的徐国,在今鲁南和苏北地区。"(郭沫若《中国史稿》第一册第 114 页,人民出版社,1976 年版)商之徐国被周灭,服周,乃为周代徐国,均活动于上述地区。

如按徐旭生先生《中国古史的传说时代》(广西师范大学出版社,2003 年版,第 191 – 218 页)载,周初的徐国在今曲阜(市)附近,后来才迁到南方数百里以外。《说文解字》说,徐、舒,古不是同音,实即一字,群徐也就是群舒。至徐国被吴灭,徐之子章羽奔楚(《春秋·昭公三十年》即前 512 年)。徐国遂亡,后来的"徐州"由此得名。《史记·鲁世家》:"顷公十九年,楚伐我,取徐州。"徐广注:"徐州在鲁东。"这里说的徐州其具体位置已不可考。综上说明,徐国灭亡后徐氏族人多不离东夷故土。按《元和姓纂》云,东海、东莞、琅琊、高平一带即徐氏散聚地。历史上的东海(包括东海国、东海郡、东海城、东海县)范围甚广,包括今枣庄、郯城及江苏赣榆、东海、新沂、连云港,甚至到今临沂、费县一带,不同时期范围不一。不知何时,"东海"一支徐氏徙至平阳,"故新邑有徐氏焉"(墓志)。以上即《墓表》所云这支徐氏"望出东海"的缘由,其源甚古。故此,以笔者陋见,新泰徐氏所出并非来自一处,但其远祖都是伯益或说来自徐方、徐国、徐偃王。其后绿柯丛生,分支繁衍,多有支脉,故出多元。

二、光前先人,潜德幽光

《墓志》云,徐光前之族"夙称巨族,代有显者",即光前出生在一个十分富足的乡绅之家。其高祖徐铎,字文升,有孝行,乐善好施。明英宗正统年间,捐粟一千二百石帮助赈济灾民。正统皇帝特颁发《敕命》予以表彰(清乾隆《新泰县志·义行》)。徐铎将皇上所赐《孝思卷》并墨敕藏于家。至天启五年(1625)初春,光前子徐之仪为完成其父生前夙愿,特请父之密友莱芜亓诗教为其先祖徐铎《敕命》手卷及诗集作序《谊赠永思堂记》。亓诗教云:"桂山(徐之仪别名)乃出其家所藏《敕命》一手卷以示余,盖敕命为君高祖铎者,捐粟赈饥,英宗皇帝览有司奏,嘉之,旌曰'义民',劳以羊酒,事在正统二十一年。手卷题曰:永言孝思。海内诸名公所赠遗诗篇甚富……遂为之记。"第二年(1626)十二月十五日,徐之仪为彰英宗皇帝的敕谕,显祖上荣光,请密友张相汉为徐铎撰题《明敕旌义民文升(昇)徐公墓表》云:"公(徐铎)玄孙之仪,即举甲科密云公匪莪子,先恳都御史亓静初(亓诗教号)序其诗卷,又托余表其墓,皆成密云公(指徐光前)志也……天启丙寅仲冬望日。"徐铎寿至九十六,有子十二人,《新泰县志》祀忠义。

徐光前之曾祖徐良质,官至南阳别驾(明为各府通判的别称,为府的副长官,正六品),有惠政。祖父徐谨兰,廪生。父徐思,以子光前赠文林郎,密云县知县(《新泰县志·选举》)。徐光前之先人"潜德幽光,乐善不倦,故浚发祥源,笃生贤哲"(《墓志》)。徐光前出生在上述家庭中,生活富裕,条件优越,自幼受到良好教育。

三、聪颖早慧,遂领解额

光前聪颖早慧,性情雅洁,仪表不凡。"姿亦修美,白皙玉立,见者识为国器"(《墓志》)。光前学习十分刻苦,当在童年头发尚扎着羊角小辫时,一大早就下床翻阅书卷,由于"生而慧颖,书一目而诵"(《墓表》),故"探顾词林,茹精百氏"(《墓志》)。十五岁即与比他年长十六岁的莱芜名士亓诗教结为挚友。亓诗教(1557—?)莱芜李条庄人,又名亓静初,字可言,号静初,晚号龙峡散人。登万历二十六年(1598)赵秉忠榜进士,任荆州(今湖北江陵县)、淮安(今江苏淮安)推官,又晋礼科给事中,转吏科都给事中,擢升翰林兼太常寺少卿(太常寺副官),再擢都察院右佥都御史,巡抚河南。著有《饥民疏》《清闲词》《礼垣疏草》《石痴诗集序》《莱芜县志》《亓氏族谱》等。万历四十三年因省东大饥,他特请朝廷赈救饥民,全活甚众,乡人祠之。对于这样一位饱读诗书之士,年少的徐光前能与其交为挚友,成为忘年交,足见光前聪颖之程度,可谓少年英才。

万历十九年(1591),十九岁的徐光前选为秀才。弱冠即为督学李于田①赏鉴。覆试七义,捉笔立就,咄咄称奇(《墓志》)。《墓表》也载:"(光前)辛卯以童子应里选,李霖寰(李化龙号)公大奇之。"又四年,到万历二十四年(1596)光前选为明经(贡生)成均制(即入京读书),举业日益进(《墓志》)。"再试,全场立就弥叹不及,即与食(指国家供给粮食及其他生活用品,定时供给蔬菜鱼肉等)拔萃成均""明年入太学,四方之拔萃,至者千余人,皆极天下之选。而每试必居右地"(《墓表》)。

万历二十八年(1600)徐光前乡试高中解元(即举人中的第一名)。期间他得到山东提学李化龙的若干关照。因李化龙提学山东期间,尽心职责,不管府试、乡试之日,他都亲临考场,并安排食宿,让贫苦学生无羁旅之苦。他还经常亲自和学生谈话,问其寒暖

---

① 李于田:即李化龙,字于田,河南长垣人,万历二年进士,曾任右通政使,以按察副使(正四品)提学山东。明代提督学道由按察司副使担任,并协助省级主要官员主持每三年一次的在省会进行的乡试。

(安作璋主编《山东通史》明清卷第166—167页,人民出版社,2009年版)李化龙对徐光前特别赏鉴,更会在其学业和生活方面倍加呵护。徐光前求学期间,受到李化龙这样贤者的关爱和关怀,必使其受益终生。

在考取解元的乡试中,徐光前充分展示了自己的学识。"东国士(指山东或其他学士)往往胶于注脚,公独抉理奥揭修德讲学为宗,主司惊诧,为理学名言,遂领解额"(《墓志》)。这段文字讲出了徐光前与其他考生的不同之处,他的文章不胶着于单纯去解释某一方面的词句,而是"抉理奥揭修德讲学"的宗旨,抓住要领讲述学习的心得体会,而且所讲皆是"理学名言"。由此可知,徐光前对宋明理学学得深透,得其奥理,造诣颇深,这大概是他能摘取"解元"之冠的缘由。

万历二十九年(1601),也就是徐光前考取解元的第二年,会试,这一年他未考取进士,但他在考场上遇到了后来成为泰安五贤之一的老相识宋焘,成为终身挚友。宋焘(1571—1614),字岱倪,号绎田,泰安孝门(今肥城宋家庄)人。万历二十九年(1601)进士。《明史》卷二百三十有《传》,《传》曰:"自庶吉士授御史,任气好搏击。出按应天诸府,疏斥首辅朱赓。廷臣继有请,皆责备辅臣,其端自(宋)焘发。及坐谪,旋请假归。"宋焘除疏斥首辅朱赓外,为救因上疏而获罪的江西参政姜士昌,还诋大学士沈一贯,刺大学士李廷机。《明史·姜士昌传》:"御史宋焘论救,复诋一贯,刺廷机。帝益怒,谪焘平定(今山西平定县)判官。"又《明史·马孟祯传》"……姜士昌、宋焘、郑振先皆得罪。"可见,宋焘是个语言切甚,主持正义之士。于是,权贵侧目,不容于朝,故被贬。但他未去上任,请假回岱归隐。后在泰安城灵芝街创建"青岩居"书院讲学。搜寻岱故,考订史实,编著《泰山纪事》《岱下小史》等,有诗集《青岩居草》和《荷花全韵》等行世。后来知县徐宗干拜谒泰山"三贤祠",遂将其与清代的赵国麟增祀。宋焘"笃志于学""博征古今,旁及日用琐屑,靡不贯通精熟,尤善启迪后进。故,青岩书院兴办后,四方有志之士,不远数百里负笈重茧而至"(转引自袁明英编著《凌汉洞天》第123页,中国文史出版社,2003年版)。

徐光前与宋焘相交甚深,相互倾慕。宋焘回顾两人同科会试及后来的交往时说:"辛丑礼闱号舍相比,遂倾盖公,相得甚欢。公既成进士,凫飞(去上任)交河,余时以谪居还里,公过岱下,访我于青岩洞中,握手殷勤,语刺刺犹在耳。"两人可谓示亦师亦友,情同伯仲。这对天资聪睿的徐光前为人治学之影响是不可低估的。

徐光前大概在中解元之前,离开太学之后的一段时间(约在万历二十五年前后),曾在家乡设馆讲学,"远近之延入绛帐者若鹜,摄齐奉席户屡恒满"(《墓表》),方见他学富五车,名噪一方。

四、两任知县,清比"悬鱼"

万历三十五年(1607),徐光前中进士,授交河县(治今河北省泊头市交河镇)令。交河为"古燕赵之地,民俗犷悍难驭"。他一到任,首先对少数目无法纪、横行霸道、鱼肉乡民的不法之徒,予以严惩,颁布一系列法律条文,"豪民相戒奉法"(《墓志》),社会秩序迅速好转。徐光前十分重视民生,采取多项措施,兴利除弊,发展生产,减轻民众负担。如在赋税征收上,他采取"先抚字后催科"(《墓志》)之法,且严禁差官超征多收,征足应征赋税为止。百姓无不欢迎,"阖邑啧啧称颂,故鞭朴不事而岁无逋欠也"(《墓志》)。他办案经验丰富,效率很高,邻县常常请他帮助审案,许多长期未决的难缠案子,很快解决。"赴公就理,情伪微暖,片言立剖,各洞见其肺腑"(《墓志》),当地民众无不高度赞扬。万历三十七(1609)、三十八(1610)年,交河县遇大灾荒,旱情严重,民众饥寒交迫,纷纷背井离乡。徐光前多方赈恤,境内安宁,道无饿莩,救民甚多,民众视之再生父母,两建生祠以寄托感激之情。数千百人皆喁喁(众人仰慕的样子)见德,曰:"邑侯实生我。"(《墓志》)任上,光前善以乳哺方式善待弱者,又善以连带方式严惩不法之徒;不率先动用让人敬畏的法律,遂到广众之中盘问审察;即是幽暗极其隐蔽的事情也逃不过他神奇的慧眼,再狡猾者也无能以诡辩。

万历三十八年(1610),徐光前才高学富,气盖一世,迁任密云县(今北京市密云区)令。民情、军务剖决如流(清康熙《密云县志》)。密云为明代边陲,称"三辅重镇,省会要区",战略地位重要。徐光前深知责任重大,便认真筹划,调度井然有序,恩威并重,守边戍卒不敢恣意横行。然,此地历来军民集结,情况复杂,加之布政使、按察使互相割制,更加难以应酬,日无宁静之时。以往宰邑,微露不好治理的征兆,非议易起,民众难以驾驭。光前到任"持身冰玉,风清蔽绝,正色赤衷,上下信之无间言,即武弁(武士,猛武之人)亦网敢有冒昧触公禁者"(《墓志》)。《墓表》载:"公至,则供具无人不严辨者,谳牍(判案文书)无不剖决,棼繁错戾之委积无不理解者。武健士畏公之明,乐公之简威,竭其款赤于公,而公科条其才品以上之幕府,故数年之中边校得人戎政无阙,幕府垂拱而仰成,陵京覆盂而巩固,公默赞之功居多。"密云之地虽"兵民杂糅,戎索繁夥"(明天启《新泰县志》第201页),但光前"品格端凝,操守峻洁"(同上第159页),"清比悬鱼"(谓徐光前之清廉可与汉代南阳太守羊续相对比。见明天启《新泰县志》第201页)。勤于政事,忙于军务,成绩突出。

例如,密云旧有宦官,蛮横无理,有机会就鱼肉民众,境内普遍遭其侵夺,谁也不敢诉说,光前以礼制之,暗自收敛,民获安宁。光前为官一地,安民一方,百姓称颂。按朝廷惯例,密云要为朝廷寄养五百匹马,百姓为之负累,困苦不堪。徐光前如实上疏讲明实情,恳请减免,朝廷允许减半,每年为密云省钱二千缗,民力稍可免去负担。

再如,密云三面邻边,为军事要地,边敌常突来侵犯,蹂践大明之疆土。徐光前说:"我固我围,为何不做守护我大明门户之冠呢?"于是,他到边境视察军队,整顿战守,从长计议,谋略鲜明。又"筑城垣,蠲驿马,筹边备,冀北号为神君"(明天启《新泰县志》第159页)。万历三十九年(1611)秋,边境有敌来犯,见我边境防备森严,不能侵犯于我。又迟疑徘徊,欲行又止,终引兵自退,"实籍公保障力也"(《墓志》)。

徐光前任密云县令三年,守土安民,处事果断,为民请命,政绩卓异;并勤修烽垒,训练军队,固守边陲,为拱卫京师做出突出贡献,表现了高度的政治和军事才能。当地民众曾先后五次向上举荐,荐书达三十二封。"三辅军民慕公威德,唯愿公旦夕且拥节庵,一展胸中甲兵(此指用兵才华),可寒膻裘之胆……当路雅器重公,劳书凡五,荐书三十有二"(《墓志》)。

万历四十年(1612)九月初九日,因考绩优异,万历皇帝颁诏褒嘉徐光前为文林郎,按例赠其父徐思为文林郎、知县,其母刘氏赠孺人,继母宋氏封太孺人。

万历四十一年(1613)初春,徐光前进京述职。因其政声卓著,守边有功,在京待授要职。后因一时无人承担密云重任,故又复迁为密云知县。"癸丑,大计铨部台察,以公材品卓荦,争推毂公,独以莅治未久,且雄镇长城,无堪代公遄者……遂晋公还密云"(《墓志》)。"衡宰(首辅)奇其魁岸,宜当艰巨,连授赤县推循吏褒首,将有内召之命……癸丑,人观治行为三辅最主爵,将以宰士处之"(《墓表》)。复任不久,徐光前因积劳成疾,一病不起。万历四十一年(1613)五月七日,病卒于密云白檀官舍,终年四十一岁。徐光前卒后,密云县民悲痛万分。《墓志》云"父老巷哭相闻,荷锄拾穗,樵夫牧儿皆为陨涕""朝野惜之"。其子徐之仪扶棺自密云返乡,于同年十一月初六日,葬于新泰城西西周榆山徐氏祖茔——解元林。前翰林院庶吉士、浙江道监察御史宋焘为徐

徐光前墓志铭

光前撰写墓志铭,时任翰林院编修公鼐撰写墓表。其墓志铭和墓表,均由户部主事何应瑞篆盖、篆额,礼部主事秦士文书丹。墓表已圮,墓志现存新泰市博物馆。

徐光前卒后,明廷在新泰城通天街旧县衙前赐建"解元进士坊",以作褒扬,并祀乡贤。坊于20世纪60年代初因拓宽马路拆除。

五、学无不窥,墨妙称绝

徐光前生前还是一位学者,善工诗文,有诗集问世。公鼐在其墓表中云:"其学无所

不窥,尤长于诗,可入逸品,今尚藏于家,他日必有传之者矣。"今录两首于下。

万历三十九年(1611),友人范希贤归隐泰山,光前作《送泰山高士范隐君归山》诗一首,赠之。诗曰:

> 楼倚云林累劫灰,使君原是古仙胎。
> 百年甲子真嗟矣,两袖清风好快哉。
> 咣剧桂岩寻石髓,夜涵松露洗灵台。
> 无端却啸商山志,晚为储宫作祸来。

（载民国王次通辑《岱粹抄存续编》第六册卷之七）

万历三十九年,光前视察密云边关驿站古北口,亲睹边陲百姓饱受战争之苦,作《边驿苦》诗一首,表达了对边驿民众的无限同情。诗曰:

> 邮驿尽称难,莫如边驿苦。
> 追呼时戴星,络绎日傍午。
> 百骑无番休,千金若粪土。
> 谍传塞事忙,何计民安堵。
> 吁嗟乎边驿苦!
> 风林翼不宁,冲镇民偏苦,
> 买马卖耕牛,避差同畏虎。
> 调停似近之,洞瘵仍如许。
> 安得一人家,番成万骥户。
> 吁嗟乎边驿苦!

（采自2001年5月密云县委、县政府编《密云题咏》）

万历三十四年(1606),徐光前曾将江西新建人凌志魁(字胜沙,号元甫。万历举人,任峄县知县)《登岱八首》诗刊于石。该石所刊诗文计37行,满行16字,字经5厘米,草书。与其所书《濮阳仲由祠碑记》为同一书体。书体有力,圆润流畅,矫健飞动,气势隽秀,笔转自如,潇潇洒洒,一气呵成,是一十分难得书品,有很高的艺术价值。有趣的是,徐光前所书之石,是成化七年(1471)九月初八所立《东岳庙供器碑》之碑阴。石碑正面所记是明成化七年官府为东岳庙修建斋醮及祈祷等事所置供器名称、品种、数量、规格。谁能料到至135年后的万历三十四年(1606)被身为解元的新泰徐光前在碑阴书写并镌刻上了《登岱八首》诗。能在长 235 厘米,高 93 厘米的一方碑石上镌刻上他的书品,方见当时其书品的分量、品位不同凡响。徐光前能书《登岱八首》,大概与当时的于慎行(1545—1608)有关。于慎行,明东阿人,字可远,号谷山,隆庆进士,官至礼部尚书。其《明史》本传评价他的诗作为"一时之冠"。他对山东在朝官员及泰山周边青年学子影响较大,光前对于慎行执弟子礼,以师称。在其书《登岱八首》之跋中说:"凌元甫《登岱八首》乃和东阿于老师(慎行)韵也……下里巴人敢读阳春白雪哉?徒以□一时兴耳,未可出以示人……。"

徐光前书凌志魁《登岱八首》诗碑

徐光前所书《登岱八首》诗碑今存岱庙东碑廊,然原碑阳,今乃变碑阴,《登岱八首》诗乃成碑阳,展览者是否有意展览该书法之价值不得而知。该碑石原立岱庙库门前。袁明英主编《泰山石刻》(中华书局,2007 年版),《泰山石刻大全》等皆有收录。

万历三十七年(1609),时任新泰知县的路陞,伐新甫山之石,重修羊公(祜)先人墓,路陞邀其同科进士徐光前撰写了《邑侯路公表晋太傅成侯羊公先茔墓碑》,立于羊流店东北隅的羊氏祖茔。其后徐光前去濮阳,又书《濮阳仲由碑记》。上述三碑石,是徐光前在最得意年龄,所书最得意书品。当时他意气风发,气志高昂,风华正茂,加之"一时兴耳",方愿展示自己的才学和水平。这三件书品可谓古文佳作,为后人留下了珍贵遗产。这不仅对研究徐光前本人有重要意义,对研究泰山刻石及万历年间的文人墨客之交际关系等都有历史价值。

徐光前之子徐之仪(1597—1631),字本贞,别号桂山。

徐之仪出身名门。其母梁氏为乡贡进士、广平府教授梁盈之孙女,成化丁酉科举人、裕州知州梁木之女。徐之仪生而玉立,眉目如画,器宇轩昂。十二岁时,即随父就学于交河官舍。徐光前非常器重之仪,曾抚摸着他的头对人说:"这是我家的千里马啊。"年少之仪,聪颖早慧,其父亲授《毛诗》,能领略大旨。

万历四十一年(1613),徐光前病卒于密云白檀官舍,十六岁的徐之仪扶棺自密云返乡。同年九月,徐之仪泣请其父好友宋焘、翰林院编修公鼐分别为徐光前撰墓志铭、墓表,并请户部主事何应瑞篆盖(额),礼部主事秦士文书丹。

万历四十五年(1617),徐之仪守孝三年后,补博士弟子员。他刻苦自励,倾心经典,每次考试常常名列前茅。

天启元年(1621),徐之仪祖母宋氏及继母刘氏、曹氏相继去世。徐之仪循制在家守丧,哀礼备至。

天启五年(1625)初春,徐之仪为完成其父夙愿,特请莱芜名士亓诗教为其高祖徐铎所藏《敕命》手卷及诗集作序《谊赠永思堂记》。天启六年(1626)十二月十五日,徐之仪请密友张相汉为其高祖徐铎撰题墓表,彰显祖上荣光。

天启七年(1627),徐之仪考取廪生。崇祯元年(1628),遴选为拔贡。后三次参加乡试而不中,遂弃仕途。修家庙,建藏书楼,增置地产一千亩。

徐之仪见世将乱,便杜门谢客,归隐山林,不乐仕进。与逸民张相汉为友,并说:"吾与若皆陈人,盍退藏乎?"于是用竹子修一凉亭,书一匾曰:"此君"。并撰一联:"与世难同调,生涯独此君。"以"陈人"自居,整日焚香茗茶,精研小楷,赋诗唱和,乐于山水。赞皇县知县王来悦为其撰写的《桂山墓表》称:"当时颇有晋人风致,亦吾邑之如椽(指大笔)手也。"尝与逸民诗人张相汉往来咏唱,专注文学,为新泰一时之佳话。

崇祯四年(1631)十一月十三日,徐之仪病逝,享年三十五岁。其妻崔氏,为工部尚书崔文奎之孙崔克已之女。无子。

崇祯五年(1632)二月十六日,徐之仪叔弟徐之俨等人将其夫妇合葬于徐氏祖茔。同年夏,请赐进士出身、文林郎、赞皇县知县王来悦为其撰《桂山墓表》。

【评析】徐光前与《濮阳仲由祠碑记》

万历三十五年(1607)深秋季节,徐光前高中进士后有次出游,到今河南濮阳拜见他的恩师李化龙先生和他的好友同科进士王家祯,李、王两人都是长垣县人。长垣县位于今河南濮阳县南,春秋时卫国地蒲邑,孔子学生子路曾为蒲邑宰。当时,他路经濮阳(战国时始称此地名,为卫国都城,秦置濮阳县。明洪武二年,即1369年省濮阳县入开州)拜谒了此地的仲由祠(仲由,字子路,孔子学生,今泗水县卞桥人),写下了《濮阳仲由祠碑记》,全文如下:

徐光前书《仲由祠》诗碑

余有事长垣。

李司马师尊便道谒，亲使开州。牛明府过前贤仲由祠，时秋仲十有九日，道遇雨，过祠时盖如注。下马瞻拜，衣裳尽湿，不堪委地。低回校征鞍，漫漫视开城还数里，盖此时客心恼尽。况复吊古先哲曷能为怀？感念成言，工拙弗计，备辱名贤。寓目亦无为计，予工拙矣。

长途泥泞断肠时，不堪重过仲由祠。青冢漫同三善久，白杨尤为六亲思。荒原断碑愁云锁，落日秋风石马斯。却忆当年闻喜事，高风千古是吾师。

新泰后学徐光前。

（注：诗序中的牛明府应是与徐光前同过仲由祠者，"明府"是对郡太守的尊称）

笔者好友姜兴杰先生，当年得到他的友人濮阳博物馆王义印先生所拓仲由祠碑记拓片后，曾写《明代徐光前〈濮阳仲由祠碑记〉浅释》一文，发表在《新泰文化》2009 年第 5 期上。兴杰先生对《碑记》序与诗作点评说：

徐光前所撰写的这篇濮阳仲由祠碑记，其特点是序诗结合。前二十句为序，言作者有事长垣（金泰和八年，即 1208 年改属开州；明洪武二年，即 1369 年徙治蒲城，即今长垣县），过前贤仲由祠的时间、地点、自然环境以及瞻拜仲由祠感念成言的谦恭之辞。后八句为七言诗。首二句照应序言，写作者历经长途泥泞而"断肠"的原因，是不堪"重过"仲由祠。中间四句用"青冢""白杨""断碑""石马"来刻画仲由祠墓碑的现状，用"荒原""愁云""落日""秋风"来衬托作者"断肠"的缘由和心境。末二句笔锋一转，点明瞻拜先贤的目的是以子路为师。

兴杰先生对序、诗点评十分到位、精当，并点明了光前瞻拜先贤的目的是以子路为师。光前在此为何以前贤为师呢？

先说仲由其人。《史记·仲尼弟子列传》载，仲由字子路，比孔子小九岁。生性质朴，心地刚强直率，但喜好勇猛武力。曾经冒犯欺凌过孔子，经孔子礼教，成为孔子的学生。他问政于孔子，孔子对他说："先给百姓做出样子，并慰劳关心他们。"又说："永远不要懈怠。"后来，子路任蒲邑大夫，向孔子辞行，孔子说："蒲邑有许多壮汉勇士，而且难于治理，但我告诉你几句话：'谦恭敬谨，可以驾驭勇士；宽厚中正，可以安抚民众，恭敬中正而清静，就可以回报君上了。'"

子路十分刚直，不畏权贵，视死如归。后来卫庄公要杀他，他说："君子死了但帽子不能脱掉。"于是，结好被别人打断的帽带而被杀死了。事见《左传·哀公十五年》《史记·仲尼弟子列传》等。

子路治理蒲邑，除接受过孔子的教诲外，孔子还对他说：对待人仁爱而宽恕，可以容纳困穷的人；处事温和而又果断，可以制服奸邪的人。如此推行措施，那么治理蒲邑就不困难了(《孔子家语·致思》)。子路大概听了孔子的话，做了蒲邑的地方官，为防备水患，就率领蒲邑的民众修建沟渠(引文同上)。

徐光前对以上所说的关于子路的故事，应了如指掌。他在诗中最称道是"青冢漫同三善久"中的"三善"。这里的"三善"即子路为蒲邑地方官三年，认真研究了孔子的教诲，以德施政，政绩突出，孔子过蒲邑三次称善，事出《孔子家语·辨证》等典籍。《辨证》载："孔子过子路治理过三年的蒲邑，进入其辖地界，孔子说：好啊！仲由恭敬而讲诚信。进入了城邑，孔子说：好啊！仲由忠信而敦厚。到了子路的官署，孔子说：好啊！仲由明察而果断。"

子贡握着缰绳问道："夫子还没有了解仲由的政事如何，就三次称善，他那好的地方，可以说给我听听吗？"孔子说："我已经看到他是如何执政的了，进入他的地界，看到田地都整治了，荒地都开垦了，沟渠也深挖了，这说明他为政恭敬而诚信，所以百姓全力在劳作；进入城邑，看到城墙房屋都完整坚固，树木更是茂盛，这是因为他忠信敦厚，所以当地百姓毫不懈怠懒惰；进入他的官署，看到官署内清静悠闲，手下都听从命令，这说明他遇事明察而果断，所以他处理政事毫不烦劳。由此看来，即使三次称赞他的为政功绩，那里能概括全他好的方面呢？"以上就是仲由的"治蒲三善"之由来。

徐光前所书仲由祠碑记诗意、思想十分显明。他认为仲由的"治蒲三善"过去很久了，墓祠碑断、荒芜的现状也十分让人伤感，虽是长途泥泞，衣裳尽湿，到了"断肠"之时，但还是要瞻拜仲由祠。似乎是说我已中进士，将要走上从政为官之路，定要以仲由这位先哲为师，学习他的以德施政，取得类似"治蒲三善"一样的政绩。故诗之末句唱出了自己的心声，"高风千古是吾师"。这成为徐光前步入仕途前的誓言。

仲由的"治蒲三善"之政德，给了青年徐光前走上仕途的动力，对他六年的从政之路产生了重要而深远的影响。"治蒲三善政事才，吾人佩作千年镜"(明泗水知县谭好善《景贤歌》中诗句)。徐光前以仲由"治蒲三善"作"千年镜"，可谓是取得了治交河、密云突出政绩的原因之一。

为官者施以仁政，必有好的官德，好德行往往自幼养成，家贫者，家富者，大概都如此。明天启《新泰县志》是新泰现存最早的方志，也是距离徐光前最近的方志。对徐光前所记其真实、可靠性应是较接近历史。该志卷六录徐光前之传，字数不多，但评价真切。《县志》载，徐光前"品格端凝，操守峻洁。襟同海阔天空，望并祥麟威风""幽德潜光，十载清贫自守""孝友天成，菽水承欢于膝下；友于性植，家资悉让于胞弟。与乡人处，恂恂抑抑""二东(指家乡和他为官之地)景行，人人仰德。全孝全忠，行无惭于顾影，完名完节,论久定于易箦(易箦,此指巳死,死去)。"以上评论,真谓一名副其实的君子形象。

附:徐光前墓志

徐光前墓志于1974年在新泰市西西周村西北两公里处出土,现藏于新泰市博物馆,明万历四十一年(1613)立石。墓志分志盖和志铭两部分,均为青石质,长方形,长57厘米,宽42厘米,厚15厘米。志盖阴刻楷书4行,每行3字,曰"文林郎密云知县徐公墓志铭",字径12厘米,志铭阴刻楷书47行,满行34字,全文1509字,字径1.5厘米。

志盖铭:文林郎密云县知县徐公墓志铭

墓志首题:文林郎密云县知县徐公墓志铭。赐进士出身原任巡按直隶应天等处浙江道监察御史前翰林院庶吉士友弟宋焘顿首拜撰;赐进士出身户部主事古曹年弟何应瑞篆盖;赐进士出身礼部主事东蒙同年眷弟秦士文书丹。

　　志铭:万历癸丑,密云令徐公卒于官。邑父老巷哭相闻,荷锄拾穗,樵夫牧儿皆为陨涕。孤之仪,千里扶榇归。是岁九月,泣持公状,籍姻戚东圉范隐君请铭于余。余识荆于公者,盖十余年。辛丑礼闱号舍相比,遂倾盖公,相得甚欢。公既成进士,免飞交河,余时以谪居还里。公过岱下,访我于青岩洞中,握手殷勤,语刺刺犹在耳。一聆公计,痛且酸鼻,又安忍以不文为辞?按状:公讳光前,字裕伯,别号匪莪。其先伯益苗裔后,建国于徐,子姓繁衍,有徙鲁平阳者,故新邑有徐氏焉,夙称巨族,代有显者。曾大父良质,仕至南阳别驾,质生邑庠廪生兰;兰生赠君。思,即公父也。赠君潜德幽光,乐善不倦,故浚发祥源,笃生贤哲。公以夙慧丰颖特异,性既芳洁,姿亦修美,白皙玉立,见者识为国器,童丱下帷翻经,一寓目辄不忘。探顾词林,茹精百氏。弱冠即为督学李于田先生赏鉴。覆试七义,捉笔立就,咄咄称奇,初入黉即食饩入闱。又四年,选明经入成均制,举业日益进。庚子秋试,东国士往往胶于注脚,公独抉理奥揭修德讲学为宗,主司惊诧,为理学名言,遂领解额。丁未成进士,授交河令。交河古赵区,其民俗猸悍难驭,多杆方罔,不乏椎埋武断者。公甫下车廉得恶少数辈,捕真之法。豪右股栗,皆摄公钩距,相戒勿犯。岁大祲,公惧民不聊生,为多方赈恤,境内编氓无有莩于道者,全治无虑。数千百人民皆喁喁见德曰"邑侯实生我"。公先抚字后催科,一切征收赋税第取如额而止,戒司椟者不得多索,美于令民得金钱并输,阖邑啧啧称颂,故鞭朴不事而岁无逋欠也。公卵翼乳哺抚善弱,欲加诸膝而以惩,弗率辄凛凛三尺,遂其后鞠西造于廷,瞩幽彻隐摘发如神,即黠猾者亦无能以诡辩。受欺邻邑,构讼有累月弗决者,赴公就理,情伪微暖,片言立剖,各洞见其肺腑。莅事仅八月而士民亲如怙恃。隶胥豪强畏若神君,两建生祠,欢声载道。庚戌铨曹嘉公廉干优于烦剧，徙公治密云。密云界在边陲，军民枘处，制阃藩臬部署，交相辖制，鞅掌酬应，日无宁晷。居然三辅重镇，省会要区，往宰邑者，微露瑕衅，谤詈易起，凋敝遗黎，难为存抚，彼挽强荷戈辈又易于习非。公绥靖军民，□中肯綮，持身冰玉，风清弊绝，正色赤衷，上下信之无间言，即武弁亦罔敢有冒昧触公禁者。公虽独特丰裁，法令森严，然轸念小民，罢□□忧长虑，不惮擘画。密云旧有榛场，横珰得乘是而鱼肉民，境中遭其搏噬莫敢谁何。公以礼制之，默自歙戢，民获安堵。邑往例寄养马五百余匹，民负重累，公呕心条画，关请蠲免，得减去二分之一，每岁可省两千缗，民力稍可息肩。密云三面邻边，原为戎马之场，虏狡焉犯顺，辄蹂践我疆土。公曰："吾固吾圉，奚虞门廷之寇也？"行边阅武，整饬战守，长计胪列，筹边十议，凿凿石画。辛亥秋有烽警，虏不能得志于我。遂巡引去，实籍公保障力也。三辅军民慕公威德，惟愿公旦夕且拥节麾，一展胸中甲兵，可寒膻裘之胆，□公卧鼓庶几有时，当路雅器重。公劳书凡五，荐书三十有二，壬子考绩，赠父文林郎知县，母刘氏赠孺人，继母宋氏封太孺人，如例。癸丑大计铨部台察，以公材品卓荦，争推毂公，独以莅治未久，且雄镇长城，无堪代公。□者遂留公还密云。既抵任，郁郁弗豫。再阅月，竟以讣闻，盖公之爱民甚于爱身，理邑急于理疾，疾瘁所致，一旦溘然朝露矣。公宏才拟贾董，伟略拟韩范，居里以孝友著，服官以廉明称，且德器凝定，素养渊澄，少年撷巍科而未尝德色，虏报仓促，干戈倥偬之秋而从容调画，折冲樽俎，游刃有余，借令天假之年，杨历中外，汾阳晋公之业，讵云多让，余安知□税驾哉？顾丰于才而啬于寿，朝野惜之。生于万历癸酉九月六日，卒于癸丑五月七日。享得四十有一，配梁氏，封孺人，侧室刘氏、曹氏。子一之仪，梁出，聘工部尚书崔文奎孙冠□□子克已女。女三；长字蒙阴廪生王尚义男勤；次字泰安庠生范爵子弘锡；三字蒙阴礼部主事秦士文子□。是年冬，葬于西周之祖茔。余既为之志，且铭之曰：而才敦为俦匹？致身青云东国第一，而业不越经生，指掌运筹数万甲兵。而卒于燕，而生于鲁，千古如生。煌煌祠宇，西周吉壤，永奠玄宫。汶泗如带，维岱之东，庆源既长，贻毂孙子。亿万斯年，永锡福祉。万历四十一年岁次癸丑冬十一月初六，孝子徐之仪泣血立石。

徐光前墓志铭集著名的泰山五贤之一宋焘之文才、秦士文与何应瑞之楷书于一体，一方墓志中同时出现明朝的三位高官，实属罕见，这给徐光前墓志增光不少。徐光前墓志不仅记叙了他本人的相貌特征、学识、学业、入仕、官职晋升、生平事迹外，还追溯了新邑徐氏的渊源，西西周村徐光前一族的迁徙、族系、乡贯、社会关系、儿女婚媾以及徐光前供职地交河、密云等地的社会现状,民风人情,叙边战事等,均有很高的史料价值。对研究明代地方科举选官,考核晋封制度,地方官吏职责等也是不可多得的实物资料。

《墓志》撰稿人宋泰在正文中作了简介,书丹人秦士文本书有传,不再赘述。现将何应瑞简介如下:何应瑞,今山东菏泽市人(古曹州)。明万历三十八年进士。历任常州知府、副都御史、河南巡抚、广西左布政史、南京大常卿、尚书等。明末,崇祯皇帝吊死煤山,何氏悲痛绝食七日而死。见《山东名人录》。

主要参考书目:明·天启《新泰县志》,清·《新泰县志》,新泰市史志办公室,2010 年版;李光星《明代贤臣徐光前年谱》,载 2010 年《新泰文化》第四期;新泰市政协《新泰石刻集萃·徐光前墓志》,北京燕山出版社,2014 年版。

第六节　抗清烈士张遇留、张志颜

明万历初年,大清国的奠基人努尔哈赤在今辽宁省新宾县一带崛起,以父祖十三副遗甲起兵。万历十一年(1583),因努尔哈赤的祖父、父亲遭明朝边军杀害,心中复仇的烈火点燃。自此,这股复仇的烈火越来越旺。万历四十四年,58 岁的努尔哈赤称汗,国号后金。至万历四十六年(1618)四月,努尔哈赤十万大军起兵反明,并以"七大恨"告天。翌年努尔哈赤不仅实现了对女真各部族的统一,而且成为一支同明廷分庭抗礼的政治势力。

后金天命十一年(明天启六年,1626 年)九月初一,努尔哈赤八子皇太极继立为汗,第二年改为天聪元年(1627)。天聪十年(1636),皇太极改国号"大清",自称皇帝,改元崇德。皇太极统治时期,八旗劲旅先后四次取道蒙古驻地,突破长城诸口,袭掠明朝的畿辅重地。至崇德七年(1642)即明崇祯十五年十月,皇太极派左、右翼军,兵分两路征明,并亲送至郊外。此次入犯明境历时半年,翌年(崇祯十六年)三月,清军回师,取道怀柔(今北京市怀柔区)出塞。"大清"统治者,大概明白,当时尚无夺取全国政权的愿望和能力,故而南下的目的是复仇,是抢夺物资、金钱和人口,然后放火烧毁城市和村庄。据《清太宗实录》,清军此次入犯"计克三府、十八州、六十县,共八十八城,……击败敌兵三十九处,所获黄金万有二千二百五十两,俘获人民三十六万九千余口,……其众兵私获财物,莫可算数。"(参见《张习孔、林岷主编《中国历史大事本末》第五卷 1－47 页,四川人民出版社,1995 年版》)。

清军入鲁掳掠,也给山东人民带来生命财产的极大灾难,激起山东人民包括新泰军民的强烈的抗清斗志,遭到山东军民的顽强反抗。如山东巡按御史宋学朱,在清军围济南的 60 天里"不解带,不交睫,头发尽白",与城共存亡。后来不幸受伤被俘,宁死不屈,被清军绑在门楼上纵火烧死,牺牲的英勇悲壮。再如莱阳城保卫战也十分惨烈。61 岁的乡绅姜泻里,威望很高,两个儿子在朝为官。清军围城,他率家人亲自助守城明军作战,并亲自发炮。清军入城,他率家丁与之展开巷战,至死大义凛然。其三子夜入清军营帐,放火烧了帅营,不幸被杀,全家死于清军之手,后被明廷褒嘉为"一门义烈"(参见安作璋主编《山东通史》明清卷,第 62 - 63 页,山东人民出版社,2009 年版)。新泰以张遇留、张志颜为首的 500 人的"知方军"奋勇抗清,也谱写了一支英勇悲壮曲。

清军于崇祯十五年末至十六年初入犯山东,波及新泰。新泰军民与其他山东地区的军民一样,在抗清斗争中付出了惨重代价,可歌可泣。其中张遇留、张志颜为首组织的五百人"知方军"给清军重创。崇祯十六年二月二日张氏二兄弟率知方军激战清军铁骑,因寡不敌众,二兄弟及"知方军"五百壮士壮烈牺牲。他们的民族气节,世人景仰。他们悲壮忠勇的事迹一直在新泰一带传颂,历四百余年而不息。

明朝末年,兴起于东北的清军不断攻入明境,大肆劫掠,腥风血雨,席卷中原,激起了明朝军民的激烈反抗,许多爱国志士奋起反击,以死相争,直至壮烈殉国。据《明通鉴》卷八十九记载:崇祯十六年(1643)抗清之役,"一时官吏死于战守及绅士之殉节者",山东则有"泰安州生员张遇留"。

张遇留,字封留;遇留弟志颜,字华宇。明泰安州新泰县人,世居窑沟村(今新泰市谷里镇大窑沟村)。窑沟张氏始祖为张伯禄,明洪武初自河北枣强迁来,传至遇留、志颜为十一世。其父舜典,字元石,又字升玄,系万历贡士,历任泾州(治甘肃泾川县)金判、抚宁卫(治今河北抚宁县北)参军。遇留为人"慷慨有大节",少习经籍,初入棘闱(科举考试的试院)考中廪生。后又学击技,习兵法。志颜善骑射,好剑术,有胆略。

崇祯末期,山东"旱荒大饥""千里白骨纵横",民众纷纷揭竿而起,加之清军入境,社会动荡不宁。张遇留因见国事纷扰,深感伤痛。尝向人陈述己志:"士为知己者死!异日际国难,即马革裹尸,亦甘心焉。"后新泰知县赵应鼎召集士民训练乡勇,遇留轻财好义,众望所归,皆推其首,乃慨然承此重任。当时共立民军十三营,遇留出资招募家乡子弟五百余人,自为一营,号称"知方军"。遇留对士卒解衣推食,待以腹心,宣示誓言,激励众人,士卒无不倾心相从。故知方军"义勇甲于诸营",新泰一方倚为保障。

崇祯十四年(1641),史东明、李青山领导的农民起义军两部,由宁阳历泰安,进逼新泰,县中士庶皆因起义军到达难入城,遇留率军护送,与起义军接战于城外。史东明等部旋至城下,"四面围攻"。遇留率军拒守,引弓射之,杀伤甚众,不能取胜,乃乘夜遁去。毫无疑问,张遇留率军拒守保护了当时地主阶级利益的同时,也保护了民众。当年李青山遇害于石莱山。

　　崇祯十五年(1642)十一月,清兵大举入塞,进入山东后,连破沂州(治今临沂市西)、蒙阴、泗水等地,翌年初,又进兵新泰。张遇留参加了抗击清兵的斗争。二月初二日,八旗军先头部队进入县境以南,明军退守县城,岌岌可危。张遇留毅然提兵入援,在县南首先与清军"哨骑"百余人遭遇,遇留号令众卒,奋力进击,哨骑抵挡不住,狼狈遁去。知方军正待追击,遇留阻止道:"此诱兵也,勿为敌饵,当速退。"果不其然,清军以骑兵千人,驰至遇留军前,挡其去路。面对凶悍的八旗劲旅,张遇留毫不畏惧,奋臂大呼,与志颜身先士卒,冲入敌营,纵横驰杀,五百知方军所到之处,清军人仰马翻,纷纷溃退。

　　当遇留初战告捷之际,清军后队数万,长围十余里,困住知方军。战场形势急转直下。几经奋力搏杀,遇留兄弟终于冲出重围,而部众却尽陷敌围。志颜见众寡悬殊,难于取胜,便疾呼兄长:"事危矣,且退谋坚壁守以为后图。"遇留闻言,双目圆睁,愤然答道:"吾与若自为首领,计其如五百人何? 死则俱死耳!"说罢振臂驱马,再次杀入敌阵,救援部众。志颜见兄长赴敌,也纵骑大呼,紧随其后。

　　张遇留率领数百勇士,在清军两营之间来回冲突,长刀所向,八旗军血肉横飞,死伤狼藉。遇留自早晨直战至太阳偏西,"士卒殊困饥,披靡力不振",而守城的明朝官兵,都在城墙上观看,不敢以一箭相助。

　　张遇留战至最末时,率数百人退守城南果园庄,凭借寨墙,步步为营,清军逼近,便用长矛击刺,毙敌甚众。八旗军屡次冲锋,都无法突破防线,羞怒之下,遂向村内施放火箭,燃起大火,将全庄焚毁。遇留兄弟与数百知方军士,便在这腾天烈焰中集体殉国。

　　果园大战后,清军以重兵围攻新泰城。由于受遇留兄弟死节精神的激励,全城官民誓死反击。初三日,清军进逼新泰城下,知县赵应鼎率从守御。初五日,清军以云梯进攻,城中守军以铁钩钩杀,杀伤敌百余人。清军乃发火炮,崩碎城堞;城上守军连夜堵筑,又开濠于城内,以防备抵御由地道攻城之敌。初七日,清军别部自泗水沿新泰东境进入莱芜。初八日,新泰受围更甚,清军火焚东北城楼,乘势云梯齐竖,城上乃连发红夷炮,毙敌百余。清军中有"明盔而朱甲"者,执黄旗督战,被巨炮击中,坠马而死(《清史稿·忠义传·索个和诺》载:"十二月,大兵徇山东,诸州县各设城守,……攻新泰间散特库殷,……皆战死。")。八旗遭受重创,只得弃城而去。此次清军入犯"所过畿辅、山东、应天、及山东北还,凡克府、州、县八十八"(《明通鉴》卷八十九)。山东济南、兖州所属州县无不残破,只有新泰岿然独存。世称:"新城之不即堕者,二子之力也!"清代初年,新泰士人建"张氏二烈士祠"祀,以褒其忠勇节烈。其后乾隆帝下诏甄录明季忠烈,两人又被奉祀入官府所建"忠义祠"中。后人誉之"国士无双双国士,忠臣不二二忠臣"。其民族正气,世代为家乡父老所景仰,张氏二烈士血战清军的悲壮故事也一直在新泰一带传播,历四百年而不息。

遇留妻王氏闻夫殁,嘱其子瑁说:"汝父死,尔将成立,我何生为?"不食而卒,时年二十八岁。志颜妻尹氏,夫殁年二十七岁。子珠,仅七岁。尹氏抚珠泣曰:"我死何难,遗子孤苦伶仃倚谁?"坚心抚育,冰操凛然。瑁、珠二子,年甫弱冠,咸游武庠,勇略,皆有父辈遗风。

下面将谷里大窑沟张氏族谱所记二张烈士的有关资料及其他资料附于后。

附(1):乾隆《新泰县志·人物志·义行》

张遇留,号封留,邑庠廪生。少习兵法,慷慨有大节。因世乱,倡义立十三营,捐资养士,领附近子弟五百人,号"知方军",义勇甲于诸营。土寇史东明、李青山比岁犯城,留所至无不摧败,城池、村堡悉倚保障。明癸未,城中有难,与弟志颜率众赴敌,众寡不支,全军覆没。

张志颜,遇留弟,有胆略,善骑射。与兄遇留领五百卒,所至无敌。癸未援城,同兄酣战死。

附(2):清·《钦定胜朝殉节诸臣录》卷十《入祠士民上》

举人滋阳于宁、……生员王兴斌、……泰安张遇留,俱崇祯十五年城破死节。

附(3):卢绂《四照堂文集》卷十《张氏二烈士祠记》

凡天生有用之才,断不令其泯泯以没,或大试之,或小试之,各为宇宙间办立一绝奇之事。其大者,奠社稷,著鼎彝,勋名藏于王府,余荫及其昆裔,垂之奕世,犹然颂说而不衰;其小者,奋拳勇,出智谋,为党里亲戚敌忾而御侮,使一乡之内,有所凭恃以为安,虽事有济有不济,而及其久也,使人述其状而高其谊,犹觉有凛凛生气者。以此信其迹之难没,而公道之在人。不可谓大试者幸,而小试者即不幸;功成者幸,而事败者即不幸也。

余令新,读《张氏二烈士传》,甚有慕乎其为人,因召邑诸生而问之。咸称:张氏二烈士,兄名遇留,邑庠生;弟名志颜,俱负材力,善骑射。方明季时,蒙泗间群盗蜂起,里中相聚为保障,而推二张以冠军。厥后王师大举入山左,由登莱旋新邑,前锋列阵于城南之果园。二张率敢死士五百突其营,众悉辟易。后队继至者万余,势稍不敌,二张溃围出,颜顾谓留曰:"事危矣,且退谋坚壁守以为后图。"留瞋目视曰:"吾与若自为首领计,其如五百人何? 死则俱死耳!"复攘臂驰入,力援百人,颜亦随之大呼。自晨酣战及日昃,城中人咸从壁上观。二张冲突两营间,师亦为之少却。士卒殊困饥,披靡力不振,至暮而全军陷没矣。自是师亦不复薄城下,徐徐引去。新城之不即堕者,二子之力也! 诸生遂请祠而祀之,因乞记于余。余曰:

是二子者,可无愧于尸祝矣! 夫天下之有才而大试者,如古天子之命将也,登坛而援之,推毂而出之,及其功成,则列爵通侯,为世显荣也。彼为将者,亦上不敢负天子之知遇,下亦期自立其功名,是以尽力于疆场而无所退诿。若二张子,非有阃外之责者,不过为里人所推戴,遂奋不顾身,而甘为之殉。是彼弟为其兄死,兄复为五百人死,兄若弟暨五百人为全城之父老子弟死。彼兄若弟暨五百人虽死,而全城之父老子弟幸存,何谓其功之不成哉!且二张子原无所慕而为之,但出于生平之义气,其才谊尤见其卓然,兹祀之于里而录之于志。圣朝龙兴,混一区宇,于前代抗节死事之臣,概加褒录。异时圣天子采遗逸于下国,将述其状以上闻,爰命太史氏录之简册,令天下后世莫不知张氏二烈士,感叹而颂服之,又奚憾其才之不大试也。

附(4):张相汉《二张烈士传》

烈士姓张,一名遇留,隶籍胶庠;一名志颜,以才力举。新泰人,泾州金判升玄之子也。少任侠不羁,留心韬略,俱擅穿杨技。荒年苇〔萑〕符丛集,共推为千夫长,训练乡勇,与士卒同甘苦。巨寇史东明、李清〔青〕山逼城邑,率众堵剿,多斩获功,西南称保障焉。崇祯十六年东兵大举入山左,自登莱返新泰,前锋列阵于果园,二子率敢死士五百冲其营,众几辟易。后队绩〔续〕至者万众,寡不敌众,二子突围出。颜谓留曰:"事急矣,不如收兵,坚壁以观动静。"留奋然曰:"吾兄弟自保首领,如五百百姓命何?敌忾者死则俱死耳!"复攘臂救其部伍,颜随之大呼。自巳至酉,人作壁上观,惜众卒疲靡星散,不可猝得。会天晚敌兵蜂拥,全军陷没。哀哉二子,娴于将略者也,以五百步卒抗万余铁骑,相持半日,不减淝水之战、垓下之围。虽以身殉难,而气节名扬。后攻城两旬,不克,解去,未必非先有以夺之也。当日哄传其见梦于邑侯,求马助阵者若干步,幻然一段忠义之气,郁结未伸,没而为厉以报国,亦理之所信也。况屡显灵异,人共见闻之乎。呜呼!兄死国,弟死兄,士卒死将帅,至今谈之者,凛凛若有生气,未可以成败论英雄也。尝读《宋史》,咸淳间襄阳之役,张顺、张贵骁勇英烈,真足不朽千古。四百年余而有二子,岂其苗裔耶?抑闻风而兴起者耶?后之秉史笔者,以二子配享双庙,不亦可乎。原任山西荣河县知县张相汉撰。

(注:上文张相汉所记张顺、张贵事迹,见于《宋史》卷四百五十《忠义列传五》:元兵围襄阳五年,京湖制置大使李庭芝督师进援,张顺、张贵二人由民兵将军应募为都统,率三千人赴援。南宋咸淳八年〔1272〕五月,张顺发舟炮百艘,各舟置火枪、火炮、炽岩、巨斧、劲弩。时元军舟师满布江面,他突破封锁,斩断铁索木桩数百处,转战百余里,黎明抵城下。襄阳城中久绝援,闻救援到踊跃气百倍。到收军,独不见张顺。越数日,在江中浮尸中找到,身中四枪六箭,怒气勃勃如生。诸军惊以为神,结冢殓葬,立庙祀之。张贵突围到达襄阳城中,守将吕文焕力劝他共同留守。他遣人赴郢州〔今湖北钟祥西南〕请兵夹击围城元兵。谋泄,率部顺流东下,接应援军,途中遇元兵邀击,仓促接战,所部死伤殆尽。他身受数十创伤,力不支被俘,不屈而死。以张贵祔葬张顺冢,立双庙祀之。二人皆列《宋史·忠义传》。)

附(5):焦恒吉《张氏二烈士行状》

张氏二烈士,世家新泰西南隅窑沟村。兄名遇泾州金判升玄张先生二子也。二子(先生)具经世才,不获大用,仅以抚宁卫参军终。先生庭训精严,留早岁食饩邑庠,娴于韬钤,善射骑,尝语人曰:"士为知己者死! 异日际国难,即马革裹尸,亦甘心焉。"且天生孝友,持身严重,其于邻里乡党,轻财好施,人皆德之。若裘马翩翩,义气慷慨,海内豪侠,悉乐与之游。颜业儒不成,美半(丰)姿,且好剑术,胆力过人。年十六,从父勤劳王事,监钱法,督海运,一时贵官大人爱之奇之,且钦重之。兹两人者,实吾乡伟男子也。

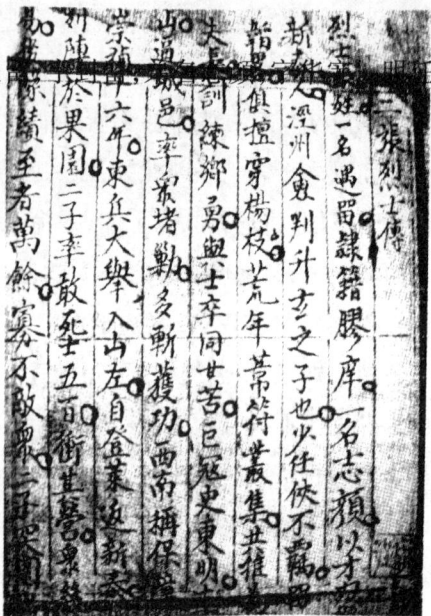

明时邻村寇起,焚掠蹂躏新土,几无噍类。邑公赵公暨合邑士民,推两人训练乡勇,两人毅然任

《二张烈士传》书影

之。拔丁壮五百,号知方军,解衣推食,待以腹心。作誓励众,悉为之下。自是新人倚为保障焉。有巨寇史东明、李青山纠马步兵万余,由宁阳历泰安,直逼我新境。士女咸惊,势如鼎沸。两人悉驱老弱,急令奔城,独自缓辔殿后,严阵以待,贼畏而少却。将距城十余里,贼集合众战,两人发指眦裂,跃马驰入,斩获最多。众奋齐呼,无不一以当百。贼退,会日暮,收众,徐抵城下。未及食,贼又大至,四面攻围。留引弓射之,无不应弦而倒。凡从陴上观者,无不人人相庆。贼惧甚,乘夜遁去,自是不敢复窥新境矣。赵侯以捍御功为请贡举,留固辞,得古人不伐谊焉。时崇祯十肆年辛巳。

越十六日(年)癸未(此指崇祯十六年,即1643年),东兵入山左,所向无敌。先锋至新泰之南鄙,声势震憾。两人率众侦虚实,为防御计。忽遇哨骑百余,留呼众奋力御之,敌败,留与颜曰:"此诱兵也,勿为敌饵,当速退。"未几,敌果以千骑遮其前,留复攘臂大呼,纵横冲突,敌以亦稍挫其锐。既而铁骑数万,围十余里。留谓颜曰:"今日之事,有死无生!"五百人亦皆奋勇冒矢转战,卒不得出,敌亦莫能伤。自辰至酉,众因馁,退入果园村,据短垣以战。敌逼近,辄以长矛刺之,伤者甚众。敌不能攻,乃以火矢爇其庐舍,四面火发,光耀天地。势不能支,始被焚焉。

越四日,东兵悉薄城下,攻围甚急。城中以两人陷没,彷徨莫知所出。两人精气不泯,阴效呵护,慰人以言曰:"汝等监(坚)守无惧,吾誓破敌,以保孤城。"未几,敌掘城,城陷,敌众拥上,邑侯督众御之,独当其冲,身无片甲,矢集如猬,卒不能伤。左右惊问,侯曰:"张氏兄弟在,复何虞!"既而敌果不利,遂解去。无两人默庇,孤城其何济哉。嗟呼!

如二士者,生为奇男子,死为英烈士,传之奕世,侠骨不朽,芳名有馨,其视偷生牖下,与草木同腐者,亦何如哉? 若五百人,不过草野愚夫,至于急难相从,奋不顾身,盖两人素以忠义相激,故聚首而同死也,何其壮哉! 如此尤可嘉者。

留妻王氏,福山教谕台冲王公女也。时年二十八岁,闻夫没,嘱其子瑁曰:"汝父死,尔将成立,我何生为?"不食而卒。悲夫! 弟从兄死,见留之弟;妻继夫亡,又见留之妻。节义济美,迄今犹芬齿颊间也。颜妻尹氏,堂邑训导聘乡尹公女也,时年二十七岁;子珠,仅八岁。抚而泣曰:"我死何难,遗子伶仃孤苦谁倚?"监〔坚〕心抚育,冰操凛然。兹二氏者,其行不同,其心则一也。自是瑁、珠二子,年甫弱冠,咸游武庠,勇略有遗风焉。当事者将以上闻,值甲申改革,事遂寝。

及清庙定鼎,顺治十年癸巳,邑侯卢公以楚名流来治僻壤,首以敦节义,阐幽阴为务。每月吉,躬诣约所,召诸父老,问曰:"若迩邹鲁,未殄遗风,义士贞夫,烈女节妇,自当不乏,即穷乡下里,耕佣牧竖,片善足录,亦当表扬。"众感其言,遂述两人事以陈。公为太息者久之。因命建祠,许为之记,以传来祀。呜呼! 两人虽没,幽潜被光,隔世如见。非公,不几泯泯无闻者哉? 因是瑁、珠二子,命予先将行状以呈。予与若父,谊属几砚,谬托知心,不惮谫陋,详陈颠末,以补诸父老所未陈者。

右谨状。时顺治癸巳岁次仲春望日,邑庠廪生焦恒吉识

附(6):《张氏族谱》所记《没于果园义士记》

(正文同乾隆《新泰县志》载张氏二兄弟《传》,从略)

【评析】

一、二张烈士事迹探寻记

清乾隆《新泰县志·人物·义行》虽为张遇留、张志颜兄弟二人立传,但过于简略,仅135字。而"城中有难"所指"难"语焉不详。因明末,"土寇"四起,清军入关,社会动荡不宁,各地战事频发。"崇祯癸未"新泰"城中之难",是土寇攻城还是清军攻掠? 张氏兄弟"率众赴敌"之"敌"是何方? 他们是为"土寇攻城"(此指农民起义军。下同)而死,还是为抗清而殉节? 又为何"祀忠义"呢?《县志》所载张氏《传》为后人留下若干疑团。为解张遇留兄弟功过之谜,泰山学院周郢先生寻访近二十年。

1989 年周郢寻得清人夏燮《明道鉴》卷八十七载明末抗清之役,其中有"一时官吏死于战守及绅士之殉节者……山东则……泰安州生员张遇留"句,查《泰安州志》,并无张遇留之名。1990 年秋,周郢借清乾隆《新泰县志》(以下简称《县志》),据张氏兄弟传记,整合史料,撰《抗清英雄张遇留》,发表在 1991 年 3 月 31 日《新泰报》上。新泰一学者读后,对文中张氏为"抗清殉国的民族英雄"之结论持不同观点。认为《县志》所云"癸未城难",非指清军入犯新邑,而是指农民军围新泰城之战。其依据是:诸史所载清军之攻掠

山东,是在崇祯十五年壬午,而非十六年癸未;清军所破八十八州县中,亦无新泰之名,说明此次清军入塞并未攻击新泰。又以《县志·董理传》"董理,字燮卿,邑庠生。慷慨负气节,土寇攻城,理率众固守,矢贯睛而死。时崇祯十六年三月十六日"为据,以为张遇留是与董理同死于崇祯十六年"土寇"之犯。并断言张氏若是抗清而死,清修《县志》绝不会置张氏于"义行传"中,更不会进崇祀入"忠义祠"。学者的质疑促使了周郢的继续探索。

1993年6月,周郢在陕西略阳,获得张氏有关史料,其中成书于清乾隆四十年(1776)的《钦定胜朝殉节诸臣录》(以下简称《诸臣录》)卷十《入祠士民上》载"泰安张遇留,俱崇祯十五年城破死节"。《诸臣录》是一记载明季抗清及"殉寇"的死难人士名录。依该文体例,张遇留只能死于十五年抗清之役,如是死于"土寇"犯城,不可能将其杂置抗清死节之名单中。于是,周郢又撰《是英雄还是罪人》一文。但因史料匮乏,仍有一些疑困难解,只好中途搁笔。2000年岁末,周郢喜得友人从台北中央图书馆查寻的清卢綋《四照堂文集》卷十所载《张氏二烈士祠记》(以下简称《祠记》)。《祠记》对张遇留事迹记述之详前所未有,解周郢若干疑惑。《祠记》确切记载二张氏死难是在"王师(清军)大举入山左,由登莱旋新邑"之役中。周郢据明末清初谈迁所撰《国榷》卷九十八至九十九所记:崇祯十五年十一月庚午(四日)"建虏大举入犯",十二月癸酉(八日)建虏陷兖州,……是日已刻,建虏分兵上泰安、青州、鱼台、武城、金乡、单县俱隐,戊寅(十三日)"建虏陷蒙阴、泗水、滕县",翌年(崇祯十六年)二月庚寅(二十六日)"建虏出登莱合军";又据《明通鉴》卷八十九所记"所过畿辅、山东、应天(南京),及山东北还,凡克府、州、县八十八"。认为,张遇留抗清当在此次清军入塞之役中。两军所战之所,依《祠记》乃在新泰城南之果园村。张氏二烈士即殉节于此村。且《祠记》所描绘的鏖战始末如见所闻,远较《县志》所详确,为明末抗清之重要史料。

清军所克八十八府、州、县中为何无新泰之名呢? 由《祠记》所知,清军入犯新泰时,因遭"知方军"的顽强抗击,受挫而退,新泰城得以保全。故而史籍所录清军克陷各城中无新泰之名。议者之疑,遂得冰释。又据《祠记》"兹祠于里而录之于志"之语,知《县志》为遇留兄弟立传创议于卢綋。通观《县志》可知,新泰在崇祯十六年年初,不仅有清兵攻掠之祸,又有"土寇"攻城之役,此间兵祸之烈,可窥一斑。卢氏倡建二张烈士祠,乾隆《县志》中未见记载,可能其时祠已毁圮。据《诸臣录》"微官末秩,诸生韦布及山樵市隐,姓名无征,不能一一议谥者,并祀于所在忠义祠,共2249人"(《诸臣录》)。新泰二张烈士即在其中。此亦即《县志》二张本传所云"祀忠义"之由来。《祠记》中还阐述了卢綋为表彰张氏二兄弟的忠节,奏请上官"命太史氏录之简册,令天下后世莫不知张二烈士"。

周郢遂据卢綋所记,续写前文,题为《是英雄还是罪人——张遇留事迹新考》,刊发于《岱宗学刊》2001年第1期,新泰学者读后,认为周郢的考证证据确凿,素日之蓄疑尽数冰释。至此,张氏二兄弟的功过之谜破解,疑团云烟尽消,但其家世、故里、墓葬、碑石,在已知史料中无迹可考,其后人亦无处可寻,遂成憾事。

2007年初,周郢接到一位新泰张姓电话,自称是张遇留的后人,并向周郢提供了其家世的珍贵线索。周郢立即前往考察。考察中周郢与张氏族裔张淑安、张灿友等进行了座谈并查阅了张氏家族谱牒资料,了解到张氏宗人至今已传二十六世。认定张遇留故里就在今新泰市谷里镇大窑沟村,在遇留祠堂和林墓的旧址发现了清初的碑刻,还发现了其宗祠的遗址。张氏所存清代抄本《张氏族谱》中有关张遇留史料计有三篇:

其一为清初遗民、原山西荣河知县张相汉撰《二张烈士传》。

其二为清"邑廪生"焦恒吉《张氏二烈士行状》。

其三为《明崇祯十六年岁次癸未二月初二日全军没于果园义士记》,作者不详,文同乾隆《新泰县志》二张《传》。

周郢认为,三篇史料均撰于清初,所记二张生平及新泰之役,属当代人记当代之事,于补史证史,皆具有较高的研究价值,以《行状》价值尤高,并举出三点:

其一,明确了张遇留其人的故里与家世。今据《行状》,二张世居"新泰西南隅窑沟村"。乾隆《县志》卷二《里甲》"横山保二十六庄"中即有窑沟庄,当即张氏故里所在。其地即今新泰市谷里镇大窑沟村。至今仍为张氏族人聚居地。参证其族谱,知其始祖为张伯禄,原籍清河枣强(今河北枣强),明洪武十二年(1379)率族众迁居于新泰,子孙分居于今窑沟、泉上、横山、谷里等村。传至遇留兄弟为第十一代。遇留之父张舜典,字元石(《二张烈士祠》及《行状》谓"升玄"),明万历贡生,初任陕西泾州州判(泾州治今甘肃省泾川县。《行状》原文为"泾州金判"),又任抚宁卫(治今河北抚宁县)经历司(《行状》原文为"参军"。"经历司"为官署名,设经历办理司务)。舜典有四子,名遇留、志颜、志信、志怀。遇留有二子,名瑁、珠(《行状》原文谓珠为志颜子)。《县志》中记"治县有绩的四川黔江知县张志道,为遇留之族兄。而继其统领民军十三营的张瑁则为遇留之族侄。遇留兄弟所葬窑沟祖林墓前立有二碑,一通题:"明殉难义烈士文学士张公讳遇留字封留之墓",另一通之碑文记其生平事迹。

其二,明晰了崇祯十六年新泰抗清之役始末。新泰崇祯十六年之役,《县志》出于当朝讳,所记含混不清,始末不详,致使读者生疑;卢綋所记虽较翔实,但也有阙漏之处。张焦二文所记战况,远详于旧史。比勘上文,可知当日新泰之役分为三个阶段:第一阶段为城"南鄙"遭遇战。张遇留所率知方军与清军哨骑百余遭遇新泰城南境,经知方军奋力冲杀,将哨骑击溃,取得首捷。第二阶段为果园混战。清军初战败绩后,后队数万人驰至,对知方军实施合围十余里,遇留率步卒突入敌阵搏杀,与清军交战历时五个时辰,战斗十分惨烈。延至日暮,知方军因饥困无援退入果园村,据短垣拒敌,清军无法攻入,便施放火箭焚寨,遇留兄弟与知方军全体殉难。第三阶段为县城保卫战。果园之役后的第四天,清军集中兵力,对新泰县城发起围攻,曾一度掘城而入,但在张氏兄弟精神感召激励下,守城军民决死奋战,清军最终无法陷城,只得解围而去。清军数次入塞,所过州府县大邑,几乎攻无不克,而独损师受阻于新泰城下,实为特例。《二张烈士传》录当日战况真相,尤具补史之功。

关于新泰之役具体发生时间,《祠记》未作记载。《诸臣录》记为"壬午"(即崇祯十五年),乾隆《新泰县志》记之"癸未"(即崇祯十六年,1643年),时间上有一年之差。这也是造成诸学者质疑的原因之一。然据前引《国榷》之文,知清军攻入山东的时间为崇祯十五年十二月,清军攻入新泰境,已是翌年初春。故《新泰县志》记作"癸未城难",是因当年岁次为"癸未"。今张氏谱所记《明崇祯十六年岁次癸未二月初二日全军没于果园义士记》,明确载录了战役时间,一扫前疑。

其三,弄清了卢綋《张氏二烈士祠记》的撰写背景。卢綋文所述《二张烈士传》未言何人所撰。今获谱录,知其文为张相汉所撰。卢綋当时所召邑诸生而问之人中,必有张相汉。卢、张二人是文友,又有莫逆之交。张氏又是遇留本家。卢访邑诸生,张、卢二氏必深入交谈。加之访乡间父老,父老悉数二张往事,他由敬生慕。故"兹祀于里而录之于志"。不仅命建祠以祀,而且亲笔遂成《祠记》鸿篇。据张氏谱牒,遇留之父舜典"康熙年崇祀乡贤,蒙督学道王准给孙奉祀生员"。据张族人言,此事系由卢綋请上官而成。由此张氏族人世充奉祀生员,不出夫役,直至清帝逊国而始。张相汉将遇留兄弟比作宋末抗元英雄张顺、张贵,誉之"不朽千古",坦露出对二烈氏的崇敬以及对故朝的追怀之情。而卢綋作为新朝仕宦,虽笔触委婉,却也处处显示出对易朝之感及对忠义之士的由衷钦敬,对清军入塞屠戮人民的暴行亦作了含蓄的揭露。从《祠记》中,反映了清初出仕的汉族官吏的复杂心情。

2008年11月,纪念抗清二张英烈的宗祠在其故里恢复,这其中饱含着乡人对他们的无限缅怀和敬仰。周郢为求张氏二兄弟是英雄还是罪人,而倾二十年之心血也终于获得了一份满意的答卷。遂又撰《英雄还是罪人——张遇留事迹新考》,载录其《泰山与中华文化》一书(山东友谊出版社,2010年版)。

二、张遇留抗清有别于与农民起义军交战

判断二张兄弟是不是民族英雄,正如张相汉所言,不可以成败论之,应看其行为是否是正义的。盘踞于关外的清军,借明廷政治黑暗,国内阶级矛盾加剧,李自成率部起义之际,多次入关掳掠,是清太宗皇太极野心膨胀,欲入驻中原的侵略行为。明崇祯十六年(1643)二月,二张兄弟抗清殉国,距清世祖福临即皇帝位(明崇祯十七年十月,清顺治元年)尚有一年零八个月。清军于崇祯十五年至十六年的进兵关内,并未直攻明都北京,也

并非占领地盘。不言而喻,其政治目的是给明廷施加心理上的压力,为日后夺取中原作准备。另外,清军入关不备粮草,靠抢掠维持给养。所以其攻城屠戮的目的是抢金帛,俘获人口、牲畜,夺珍宝、掠财物,夺而北还。北还途中清军运送子女金帛出边境者,不绝于途,直至崇祯十六年五月,清军才撤完。他们在抢掠过程中稍遇到反抗就毫不留情地杀戮。所以二张兄弟及其所率领的知方军所抵抗的正是以掠夺为目的的另一个外来民族。是正义的民族对非正义民族的斗争。这种外族掳掠,不仅是损害了汉族地主阶级的利益,而遭掳掠的多是普遍汉族民众。当我民族生命财产受到外族掳掠、屠戮、抢夺时,二张兄弟率五百知方军冒死抵抗万余铁骑是一种民族气节,民族大义。用他们的悲壮事迹,保存了全城父老子弟,可歌可泣。二张烈士的英雄事迹,不仅使人景仰,流传后世,而且使清朝官员为之赞叹。清朝皇帝为收买人心,也将其诏甄录忠义,建祠奉祀,能不说二张兄弟是民族英雄吗?

另一方面,张遇留的"知方军"是地主阶级武装,必为地主阶级服务,保护地主阶级的利益,上文张相汉《二张烈士传》及焦恒吉《张氏二烈士行状》中所称"巨寇史东明、李青山",是明末分别爆发于兖州和曹州的两支反封建压迫的农民起义军。广大农民为了反封建压迫,往往是用武装斗争的手段来解除这种压迫。史东明、李青山就是这种起义军。当时,史东明率领的起义军曾横扫沂州、青州,并进攻泰安、莱芜。李青山率领的起义军,崇祯十四年下半年,连续攻占东阿、新泰、章丘等县城(安作璋主编《山东通史·明清卷》第 65 页)。起义军围攻新泰城的时间焦氏文中也明载是"崇祯十四年辛巳"。此次起义军围攻新泰城之役,侵犯了地主阶级的利益,对广大民众造成一定损失也在所难免。"知方军"与之交战,是地主阶级武装与农民起义军交战,是阶级矛盾,并非民族矛盾。与知方军交战清军的性质不同。无疑,焦氏《行状》将知方军战农民起义军的情形描写得绘声绘色,对农民起义军杀伤甚众,为地主阶级立了功。故此,此役与知方军抗清之役其性质是不同的,这一点必须明确。

主要参考书目:周郢《英雄还是罪人—张遇留事迹新考》,载周郢著《泰山与中华文化》山东友谊出版社,2010 年版。

第七节　明代名士集萃

隋唐以来,中国实行的科举制成为我国历史上选拔人才的主渠道。科举取士自隋唐至清,沿用一千三百余年,为历代王朝输送了大量人才,保证了国家机器的运转。科举也成为大量欲求一官半职者入仕的必经之路。有明一代,新泰一域有多少人参加过科举考试不得而知,而登科者方志有载。他们成为有明一代的文化名人。有的不在方志,新发现者也属此类,但作者信息量有限,难以皆收。

有明一代历时 276 年,据明天启、清光绪增修版《新泰县志》记载,新泰地域(不包括后来蒙阴县划入新泰的汶南、泰安县划入新泰的区域)共有进士 2 人(崔文奎、徐光前),贡生 155 人,举人 34 人。秀才人数无考。举人中大部分人授官知县,也有人授官教谕、训导、主簿、县丞、学正、知州者。贡生中所授职衔比较复杂,以教谕、主簿、县丞为多;明前期以掌官署内部事务或刑狱的吏目和办理文书案卷的检校等低级官员为多。今新泰域内明代的举人、贡生中多数人明、清《新泰县志》(或《泰安县志》《蒙阴县志》)未给予立传,故生平、事迹无法知晓。少数人有传,但十分简略,在本章中也不好单独成篇。故将明代今域内在新泰、泰安等县方志中有记载的名士汇集成一节(排名不分先后)。其中不乏清官廉吏,治政有方的知县,慷慨有气节之士及被后人称颂的主簿、教谕、教授、仁德出众的孝子贤孙、义士等。他们所作所为至今仍在民间传颂,有启迪人、教育人的现实意义。

一、学识德行兼备的孙绪

孙绪,字汝光,明代泰安县天宝里(今天宝镇)人。生而特别聪颖,稍长以孝闻,十六岁补为儒学生员,遭父亲丧,由于过分悲哀而骨瘦如柴。母亲有病,祈求以自身代。三年不穿丝棉,只食粗米菜蔬。事两兄顺从恭谨。兄弟们分灶立业,绪让兄取膏腴,而自己取其贫瘠。成为邑生员后,因苦学又善写文章,名声鹊起。泗水县杜辂曾经选拔优秀学士,绪总能夺魁,胜过他人,但由于命运不佳,至朝廷科考,历遭不顺,只好由岁贡赴任顺义(治今北京市顺义区)训导。任上赡养寒士,爱授宋之理学。其道德学问胜于上任。不久,卒。他的学生顿足嚎啕大哭,泪涕洒路。

孙绪,平生不置产业,甘贫苦学,严训门下学子,以躬行为教,精深理学。虽贫但有良好的道德品质。他收养了本家族的一贫苦少女,直至赡养其婚嫁。还为亡妻母养老送终。他曾夜里拾获别人丢失的钱财,还掷原处所。解囊给予受困之人不问姓名,不是自己钱财,分文不入其门。又曾在年少之时,夜寝外地私塾,有邻居之女私奔,拟与其会合亲昵,绪不为之所动摇。事泄之后,有人称赞其守节,或以非理损害其声誉,而绪不与其较量理论。众人评论孙绪说,教育感化别人似宋代学者、泰山先生孙复(字明复),保持自己的德行似宋代泰山学者、徂徕先生石介(字守道),给予其物质享受又似柳下惠。

孙绪与萧大亨友善,隆庆五年(1571)曾撰写《重修碧峰寺记》,由萧大亨立石于泰山西麓。民国《重修泰安县志·人物》将孙绪列《孝义》;《泰安州志》为其立传。

二、湖广副使成功

成功,字文焕,明朝新泰县人。按 2018 年 4 月出版的《新泰成氏族谱》,其家族以宁阳县为发源地,约明洪武初年徙居新泰。成功为新泰成氏第五世,于明朝永乐庚子年(1420)以举人身份入太学求学。宣德八年(癸丑,1433 年),授广西道监察御史,升任四川按察司金事,官阶五品。成功在任上,当时的土官罗皮因有怨恨,竟相与内地交战,并抢先诉讼,十余年没有谁能给予公平判决。成功与其辩其是非,片言使土官折服,双方也都心服,无敢再起是非。继而西蕃(明代对云南境内普米族的史称)强大,欲借道以吞并小姓(族)的城堡,人皆患之。成功与所隶属的兵卒十余人亲自到其住所拜访,告晓西蕃要以朝廷恩威为重,让其明白自己的祸福,遂与其通好归附,并来进贡。成功为官一任,保一方平安,以自己的智慧和勇气维护了少数民族地区的民族团结。任广西道监察御史时,朝廷曾以《敕命》表扬其功,赠文林郎。随后,成功丁母忧,服满后复任广东金事,朝廷因念前功,升湖广副使。因年龄乞求退休,卒于家。著有《登庸录》。其父成均礼以子封文林郎,广西道监察御史,赠四川按察司金事。母亲、妻子各有封赠。清康熙《新泰县志·丘墓》:"成副使墓在南陈(辰)庄。"明天启《新泰县志》列《乡贤》。成功子成宪,明景泰丙子年(景泰七年,1456)举人,曾任确山(治今河南确山县)教谕。其孙成师稷,丙寅年(武宗正德元年,1506)举人,曾任石州(今山西离石区)训导。明天启《新泰县志》均有载。

三、介休县丞张浚英

张浚英,明代新泰县人,号汶东。由太学生(在国子监读书的学生)任介休县(治今山西介休市)县丞。慈祥清介,士民称呼其张佛。解甲归田后,即入敖山不出,当时新泰邑侯(县令)也难得见其一面。主掌钱粮的道员蔡(大人)巡视新泰,闻其风度,访之。祀忠义。清《新泰县志·人物》列《隐逸》。

四、贞女徐氏

明代新泰贞女徐氏(1409—1454),为徐文辉之女。至婚配之年,为其择配,该女说:"父母老矣,弟幼,企求不要强夺我的志向。"于是,撤其佩戴的玉质饰物,开始经理家务。适逢年有不祥云气相侵,民有灾难。劝弟徐贤捐纳粮食五百(石)赈灾,并令其弟得授成年的冠带。一日,该女感有微疾,召弟徐贤说:"我从前因父母年老,你年幼,故而不嫁,当今我的事全部完成了。我生为徐氏女,死后要把我葬于先人之侧,我也没有什么可遗憾的了。"言讫而逝,享年四十五岁。县令对其表彰,曰"贞孝姑墓"。时值景泰甲戌(1454)九月二十五日。清《新泰县志·人物》列《节孝》。

历史上自汉刘向《列女传》八篇,"洵足为闺门金鉴,起化之原端在于是"。旧志中多采节孝贞烈者,并为其立传,实为宣扬"三纲五常""三从四德"等封建社会歧视和压迫妇女的信条,使其成为缚束妇女的桎梏。同时"使荜门圭窦之妇女交口流传,知苦节不致湮没而益励冰操也"(清《新泰县志》卷十七语)。今录贞女徐氏,非赞其贞,而赞其孝悌两全。面对年迈的父母和年幼的胞弟,在封建礼教的约束下,徐氏选择了事父母、扶幼弟的志向,且终生无憾,难能可贵。

五、"慷慨有气节"的董理

董理,字燮卿,明末新泰县人,廪生(科举制度中生员名目之一)慷慨而有气节。明崇祯十六年(1643)三月十六日,"土寇"攻城,董理率众固守,被箭贯穿眼睛而死。墓表云:"舍生取义,杀身成仁,赤众御侮,国家干城,魂归黄壤,贯世英名。"清《新泰县志·人物》列《义行》。

清光绪增修版《新泰县志·人物》对董理之死评价甚高,其因是"率众固守"县城,"攻城土寇"用箭射死,是"舍生取义"之士。然而,《县志》是站在封建阶级立场上的评价。所谓"土寇",正是当时的农民起义军。董理之"义",是死在了农民起义军手上。

六、曹氏一门三孝子

曹应第,明末新泰县谷里人。家本寒素清贫,虽无学问,唯知顺承父母的意愿,竭力奉亲,侍奉父母必丰必洁。父病思食王瓜①,年末,春瓜未生,应第号泣行三百里厚价觅之,父食汗出,遂愈。父患眼疾,每食必亲操匙箸,便溺自为搀扶。父亡,勺水不入口三日,涕哭昏而复生四天。以菇蔬吃素,三年无改。母疾,朝夕侍侧,躬进汤药,夜时祷告祈求上天以代母疾,大雪没踵而不觉。与弟共勉,吸吮父之郁疮,愿冬服单衣祈父疮愈。他的纯孝苦行,神明实鉴。官府赐赠以衣帽,褒奖其孝行。崇祯年间(一说崇祯四年)县衙奉旨赐"明发永怀"匾挂其门,祀孝义。

曹应登,应第之弟。天性至孝,父患疮,兄偶外出,亦口吮即愈;父患股疼,时时为其抚摩以安。父殁,过分哀伤,亦以菇蔬吃素。训幼弟,赡贫妹,顺母志,无所不至。咸称二难双美。官府亦赐之衣冠,与兄应第同建孝行之坊旌表,祀孝义。

巡察官员谢公为兄弟二人特题词:子戢克尽,孝行足嘉。严慈之疾可瘳,历千辛而罔恤;地天之灵可乞,愿共代以无辞。吮疮铄近所难,得瓜非时则异。孝行足录,独户宜标。奉旨旌表兄弟二人孝行之坊。明天启《新泰县志·人物》列《孝行》。

曹瓒,孝子曹应登之曾孙。父母早殁,侍奉祖父母朝夕都谨慎思考膳食情况。祖父年近七旬,食必以时,不敢违。问祖父所需预先予以准备。祖病,亲侍汤药,扶持洗涤,始终无倦。清《新泰县志·人物》列"孝子"。至今,民间仍流传着一门三孝子的故事。

七、事父母勤苦有加的李调元

李调元,明新泰县人,是位考取秀才后,又经考选入京师国子监读书学习的贡生,曾任获鹿县(治今河北鹿泉市)县令。天性有孝道,秉性向来敦睦。母有疾病,衣不解带数

---

① 王瓜:《辞海》亦称"土瓜""假栝楼",葫芦科。多年生攀缘草本。块根肥大,纺锤形。夏季生长,果实球形或椭球形,橘黄色。民国高宗岳著《泰山药物志》谓王瓜,一名黄瓜,一名胡瓜。

月,夜则吁天愿以身代,至母卒,哀毁骨立,三年荤酒不入口。父念其诚,不再娶。父病,侍奉父亲亦如事母,勤苦有加。至父亡,朝夕号泣,菇蔬独处,至终丧荤酒未曾见齿。人事活动谢绝,宗族乡亲称其像闵子骞一样的孝子。在乡里巡行的官员多次表扬他。举荐他到国子监读书,入仕后在京城附近为官,有善行,有美德,操行高尚。《县志》称其不独为新甫之孝子,实为全省之乡贤。明天启《新泰县志》列《孝子》。

李调元有诗《题墨庄弟登岱图》,存王价藩《岱粹抄存》,今录于后,共赏:

(一)

昔年曾共上峨眉,驭气排空让尔奇。

今日又闻登岱岳,阴阳昏晓独君知。

(二)

烟入齐州青未了,收入尺图天下小。

上头崔颢有题诗,只恐凤楼亦推倒。

八、福清知县赵秉

赵秉,明新泰县人,以举人身份历官福建福清县(今福建福清市)知县。通经术,晓吏治,劝农桑,均赋役,兴办学校教化民俗,使民众大为和惠。《新泰县志·人物》列循良。

九、孝、义两全的张瑞麒

明代放城里(今新泰放城镇)人张瑞麒,年二十随父远行,过大河时偶然间风雨暴至。其父没于波涛之中,瑞麒紧紧抱其父随急流震荡十余里竟达河岸,父子平安无恙。有次瑞麒行走于郊野,路上拾到金钱千余,守之以等遗钱者来找,无果,瑞麒将钱尽分行路的贫困者。张瑞麒之孝义、行善之举获得好的报应,四十岁方得子。民国《泰安县志·人物志·乡贤》列《孝义》。

十、循吏王心

王心,字惟一,号南埠,明新泰县人,隆庆四年(1570)贡生。天性仁厚,孝友性成。思想言行中规中矩,为一方之楷模典型。童年入学,扬名校园。中年游于太学,成为文学上有成就者。文章擅著述之渊源,灵魂深处能与古人相交会,道德留心圣贤之奥妙。步伐趋于追求前辈,经述足以启发后学。

王心设馆教书,不计学费多少,学生来回踏成小路。化解纠纷而杜绝喧闹争吵,远近称颂。自己的饭食淡泊,奉养双亲必肥软脆之食。生活甘为谦卑简陋,茔词(或说茔记、碑文)亲自收集编次。事孀母顺承颜面,遵奉意愿,情切如童年依恋母亲;抚盲弟而让产推遗,关爱尊重胜似朋友。代邻居抵押多金,因周转乏力焚卷不偿;有人无钱丧葬,他惠助丧资,待邻居有举火之恩。种种美德善行,不可尽述。

到出门入仕,授洛阳主簿(清《新泰县志·循吏》),不卑小官,一意崇尚大节,剔除以往数载,功业施于民众和社稷,专以修养自身的清廉节操。催赋税以仁德留心抚育爱护,治河运蓄用以妙略,执持公文片言裁决奇僧之大狱。他的精神开始受到赞美,救荒用奇招以劝乡绅捐出粮食,平易和乐的态度流传称颂,一时优秀循良之名传播,百年口碑同声。然志在高尚,不甘为荒谬昏乱的礼遇讨好一时,而决定安然退出官场,遂请求致仕归故里。士民哭泣送他,如失父母。留下好名声驱车东归,仅见半肩行李;当隐士北旅,但余四壁琴书。远避祸害万里,希冀做一个行迹出没观望之人;陡峭的山崖石壁有千寻之高,方得见林泉风致;他生活清苦,直到卖尽往常的田园。居住、落脚地全无,安宁之处几乎不避风雨。

王心不入城市,高风可师;片言不授县庭,大德堪受赞美。除读书训子以外,绝无其他谋求;求田问舍之时,毫不用心思念。声律自有限度,美德广大于弥高之年;言法行则,论定于盖棺之日。出则廉吏,处为真儒,享年七十二岁,祀县学。

按明天启《志》,王心有子王来说,曾任赞皇县(今河北赞皇县)知县。受当时新泰县令之邀撰写了《新泰县创建石库记》《新泰县创建医学记》。还为徐之仪撰写过《墓表》。曾参与编纂明天启《新泰县志》卷九。王心之孙王祚鸿,曾任山海卫经历。

王心其人,清康熙《新泰县志》录其传,但十分简略,仅75字。主要说他明隆庆四年入太学,授洛阳主簿。任上三年,居官清介,善断疑狱,深德士民心。回乡之日,百姓扳辕卧辙,拥挤不能前行。又天性仁孝,事母承颜顺志,抚盲弟,疼痒相关。上文乃录明天启《新泰县志》王心传。原文文辞华丽,言词多溢美,但也不失真情。总之,从两篇传文看,王心其人,才高学富,有众多美德善行,愿助人为乐,不惜钱财,对乡亲有举火之恩。居官三载,清廉节操,关爱民众,断疑案如神明,又平易和乐,深得民心。字里行间流露出不愿久留官场,看不惯官场上的尔虞我诈,丑出百态,故而致仕归田,甘受清贫。明天启《县志》录有王心诗一首:

> 山色如常客岁增,不妨扶屦爱频登。
>
> 壮怀未老交花树,尘虑犹多引蔓藤。
>
> 几片白云笼宿鸟,三竿红日卧禅僧。
>
> 临崖坐到忘饥处,遥忆达人知未曾。

该诗写出了作者内心世界的困苦,仕途的艰辛。

王心又是孝悌仁义之士,侍媚母,事盲弟情切意深,令人敬佩。笔者愚拙,对明《志》

所记王心之传聱牙,所译之文至难皆确。明天启《新泰县志》列《乡贤》。

十一、黔江知县张志道

张志道,字汝男,号心一,明新泰县大窑沟村人。张遇留之族兄。万历己酉年(1609)岁贡。初任陕西咸阳县(今咸阳市)县丞,二次掌官印,又在长武(今陕西长武县)任县丞一年。陕西院道闻其贤,交奏章论述推荐张志道,升四川重庆府黔江(今四川黔江土家族苗族自治县东南)知县。三年告归终养,百姓攀辕卧辙,士大夫赋诗送之。有《甘棠遗爱册》藏于家。清康熙五年(1666)崇祀乡贤。清《新泰县志·人物》列《循良》。

十二、明代书法家尹邦奇、李廷厚

尹邦奇、李廷厚都是明代新泰人,在书法流派上都宗承魏晋时期的钟繇、王羲之。

尹邦奇,性好古,擅长钟繇、王羲之的书法技艺,真、草、隶、篆无不精绝。在其居所曾构建一小亭,常与知己好友一二名在此放歌长啸,逍遥自在,放旷不束。他们像颜回一样"一箪食、一瓢饮",生活十分简朴。虽一无所有,经常贫困,却尤显安定。清《新泰县志》祀忠义。

李廷厚,字樵云,羊流徐家庄人,至成年已是礼部儒士。廷厚自少年时代即学钟繇、王羲之,尤工大字。万历年间曾客居燕地,依附大司马萧大亨。其书法深为萧大亨所推崇,曾将其书法进呈明神宗朱翊钧览阅,神宗大悦,对其赞赏有加,赐诗有云"家无樵云字,不算富豪家"句,使李廷厚名动朝中公卿。万历二十五年皇宫中某些殿遭灾,需重修,二十七年、二十八年陆续修复,修复后的诸殿匾额需重新书写。当时身为刑部尚书的萧大亨大概参与了此事,故荐廷厚为诸殿书写匾额。经准,诸殿匾额皆由廷厚所书。此即《县志》所述"诸殿匾额皆出廷厚之手"的历史背景。李廷厚还擅工诗,其诗作气魄宏大,笔力不凡,可惜传世不多,今录两首于后,以共赏其诗风。

(一)雨中登蒙山

峻嶒山势俯重楼,万壑生寒宿雨收。

藜杖自将云影乱,岩花独对鸟声幽。

鲁疆如望烟如织,岱色浮空翠欲流。

邂逅大观天地尽,不知人世有瀛州。

(原诗载《古今图书集成·山川典》卷25)

(二)汶河小隐

烟村近鲁墟,我结此茅庐。

把酒朝垂钓,临池时学书。

> 沙鸥依岸狎,川月映窗虚。
>
> 更喜衡门外,常迎长者车。

该诗原载《蒙阴县志·艺文》,今录自《新泰古韵》。额联"鲁墟"指鲁国之山,加之诗题可证作者故里在新甫山之阳,邻近柴汶河最大支流羊流河河畔,此处正是隐逸习写书法的好地方。

清《新泰县志·人物》列《方技》。

十三、常德府通判牛濩

牛濩,明代新泰县人,字彦博。其父牛希周,明嘉靖乙酉年(1525)贡生,曾任舒城县(治今安徽舒城县)丞,教子有方,早卒。濩遵二哥掌管教训,诗书受业于二哥,获贡生后又超越其兄,宏词远近有名,被颂为盛事。孝顺侍奉媪母,名声甚著。后以岁贡任庆阳(治今甘肃庆阳市)通判,分掌粮运及农田水利等事。又迁长垣县(治今河南长垣县东北)令。张相汉为其所撰《墓表》载,因释放冤民于狱,考绩称最。旋归故里后,以琴书自娱。待兄之子牛化麟如己亲子。清《新泰县志·人物》列《循良》,祀乡贤。清《新泰县志·艺文》载,曾应知县王应修之邀撰《创建重本堂记》一篇。另有《重修西司记》《重修龙王庙记》两篇,载明天启《新泰县志·艺文》。牛濩曾孙牛德贞,字元复,是清康乾之时县内有名的才子,清《县志·艺文》录有其《宫山怀古》诗一首。

又据明天启《新泰县志·乡贤列传》,牛濩初仕庆阳,为政缓税轻徭,使百姓有安宁之福,监察官羡其清白而又使国家赋税丰饶。由于庆阳地处边塞,曾奉命与少数民族进行款市(边境贸易或说互市),少数民族首领受到安抚,带来边境的安宁。在河南长垣县任上,因为冤民平反,查寻验案中有人贿赂而不染,有人送钱秘密推辞,唯有心怀仁德。曾调湖广常德府(今常德市)任通判(六品)。有雅量,王室之臣称之为贤主,情操感动着湖湘之士民。谢政之后善交亲属熟人,居乡敦睦族姻。年高有德望,人称不只一乡之善士乃四邻八乡之善士,享年七十有四。明天启《新泰县志》列《乡贤》。

十四、广平府教授梁盈

梁盈,明新泰县人,有才学,生卒年不详。先任清河(治今河北清河县西城关乡,明属广平府)训导,后任宜阳(治今河南宜阳县,明属河南府)教谕,晋为县学官正职。又升广平府(治今河北永年县东南城关镇)教授,为一府学官。负责生员管理、教诲、训导、考核等事,初为正九品后改为从九品。梁盈初至广平,对礼仪十分重视,令其徒与知府讲接待应对的礼仪,必须如教授生徒一样,对知县要表里相接,分庭相礼。广平知府秦氏十分高兴,亦诚心称赞梁盈之高见,而从优款待他。梁盈之所举止言行在其本府及其属境传为美谈。他们说,自有教授以来所仅见者,唯梁公一人。明天启《新泰县志》列《乡贤》。

十五、山阳县丞赵麟

赵麟,明新泰县孙村人。自幼聪慧,明孝宗弘治十年(1497)十一岁的赵麟补为邑庠生。经刻苦读书,后考为拔贡,入国子监成为太学生。初仕吏部,又选任山阳县(治今陕西山阳县)丞。在任期间秉公办案,政绩卓异,御史曾赞其"明而断""廉而干"。致仕后居孙村,读书教子,"绝口宦绩"。隆庆二年(1568)秋病逝,享年八十二岁。事见《孙村志·旧时教育》。

十六、保定知府赵龙楼

赵龙楼,明代中期新泰县孙村人。为孙村赵氏始祖赵宽六世孙。龙楼出生于官宦之家,自幼苦读,科举高中,初仕齐河(治今齐河县)知县(孙村赵姓一支随迁居齐河)。后因政绩突出,升任保定(今河北保定市)知府,官居四品。后裔亦有多人为官,如赵德金曾任清德州知州,从五品,掌一州之政。事见《孙村志·人物》。

十七、乔、刘、褚三义士

明朝初年乔智、刘祯、褚钦三人均由河北枣强县迁至新泰城东沙坡庄,三人同约称兄弟,后辈的行辈无紊乱,每辈三家同用一字,不相婚姻。后来,三人墓上的树木皆作三股之状,见者无不赞颂他们的义气。无数人为之感动,数百年来乔、刘、褚三义士传为美谈。事见清《新泰县志·人物》。

【评析】三姓行辈同字的文化意义

乔、刘、褚三义士,不同姓,更不存在继嗣关系。他们的后代行辈同字,这在客观上将不同姓氏的三个家族组成了像同一个宗族一样的关系,形成了一股合力,维持了统一和谐的家族局面。"三姓行辈同字"所体现的正是一种打破血缘界限的乡村"和文化",又是这种"和文化"的最好诠释与践行。他们三家异姓联宗,融合了家族关系,凝聚的也是互相支持、互相诚信的可体现信义精神的"义文化"。这种以和为贵的信仰基石,已经远远超出了本家族团结和睦、凝聚力量的家族教育功能,而成为社会教育的一种独特形式,其社会价值是深厚的。这种和的精神,在今天的乡村建设中也有至关重要的借鉴意义。乔、刘、褚三姓行辈同字的文化现象在全国也是凤毛麟角。

第八节　创修《新泰县志》的孙述

孙述,明代新泰人,嘉靖二十七年(1548)贡生,元末羊流孙甫七世孙。曾任赵州(今河北隆尧县东旧城)判官,分掌督粮、缉捕等事。孙述曾与李廷臣、崔克仁于明嘉靖三十八至三十九年(1559—1560)间首倡创修《新泰县志》。为著此书,孙述"博综广览,搜逸析疑,核实黜浮,删繁挈要,经典载籍,固所遵信,残碑断碣之所刊刻,牧竖樵子之所传述,亦不轻弃"(李开先《闲居集·新泰县志序》)。成书后,著名戏曲作家李开先(嘉靖进士,官至太常寺少卿。嘉靖二十年,即1541年,忤权相夏言,削职归隐故里章丘)为书作序,称所纂《新泰县志》是"一方文献足征,百年信史有赖"(《闲居集》)。可惜孙述等人所修之志,久已失传,但孙述等人首倡创修新泰有史以来第一部方志之作为令后人所称颂,也对后世产生了巨大影响。

孙述是位严谨的学者,也是位忧国忧民的诗人,有多首诗行世。例如,他当太学生时有诗《登新甫山步高如山前韵》(载清《县志·艺文》,又刻于莲花山云谷寺正殿之西摩崖上)。该诗一方面描写莲花山的秀美景色,同时也表达了对民间疾苦的同情,是一首抨击封建暴政的诗作。诗曰:

满谷西风满目秋,登临胜概白云留。

秦皇旧迹烟霞锁,汉帝遗宫草木愁。

绿水鸣弦蟠涧曲,碧峰排戟插天幽。

深山深处无过此,未审征徭可避不?

该诗所表达的思想内涵是针对万历年间宋神宗派遣宫内太监做矿监税使,四处骚扰,搜括民财,大为民病。新泰受难情形必被诗人所见,本诗便是因此事实有感而作。诗构思精妙,结构工巧,先写新甫山的秋风白云,映衬秦皇汉武旧迹;再写青山碧峰之美景。尾联笔锋转向了愁思:如此美景在深山之中,能不能逃避眼前那些使人喘不过气来的沉重赋税和徭役呢? 答案是,"深山深处"也不可逃过。诗人的这一艺术手法达到了欲扬先抑的效果。可见尾联是诗的主题思想。此联是借用唐代杜荀鹤《山中寡妇》之尾联"任是深山更深处,也应无计避征徭"之翻用、活用。孙述改疑问形式,可见其超迈前人一筹。

另一首《再游云山寺》,则表达了对家乡胜景的热爱,诗曰:

三十年来兴转增,招提胜概喜重登。

苍崖犹自啼幽鸟,枯木依然挂老藤。

对酒半非同辈士,参禅不见旧时僧。

应知山水共怜我,为问旁人许未曾。

以上两诗录自清光绪增修版《新泰县志·艺文志》。明天启《新泰县志·艺文志》录有第二首诗,最后两句与之不同,曰:等闲慵把龙蟠照,绿鬓朱颜改未曾。借此记之。明天启《志》还录有孙述的另外两首诗,其一是步高如山《汶水拖蓝》并赞汶水。诗曰:

原山支脉何汹汹,远接银河势欲冲。

迤逦悠扬拖翠练,迢遥蟠屈卧苍龙。

蒲青晚浦藏鸥宿，苔绿晴沙印鹤踪。
此去西南会洙泗，源头活水共朝宗。

另一首是赞敖山的(《县志》末写明诗题，列储企范《游敖山八绝》诗后)。诗曰：

危峰蓝翠巨鳌擎，一朵芙蓉雨乍晴。
漠漠夕曛凌岱岳，悠悠曙色映沧瀛。
层空绝壁风斯下，削刃悬崖鸟亦惊。
任是章惇善履险，应教无计自题名。

（笔者注：诗尾联中之章惇(1035—1105)，北宋建州浦城，今属福建人，累官银青光禄大夫。博学善文，豪俊。登进士后，曾与苏轼游南山，抵仙游潭，潭下临绝壁万仞，横木其上，苏轼不敢过。章惇平步过之，垂索挽树，摄衣而下，以漆墨濡大书石壁上。《宋史》有传，列《奸臣一》。孙述该诗借用章惇敢履险。）

孙述《再游云山寺》书影

第九节　泌阳知县李春芬

初夏，好友、新泰博物馆馆长张勇先生告之，他近期审察了由西张庄镇东韩庄李某前几年发现的一方明朝墓志，墓主可补鄙职书稿。鄙职喜出望外之时，张馆长已将墓志文赐予。阅之，乃知墓主是泌阳知县李春芬。志文全称《明文林郎河南南阳泌阳知县李公墓志铭》，由明代举人安选撰文。李春芬，清光绪《新泰县志·人物》只录其是明万历己卯科举人，官泌阳知县，计13字。今据《墓志铭》可知李春芬生平、业绩、家庭状况、联姻关系等。

李春芬(1552—1604)，字伯馨，别号莲亭，明新泰县之西韩家庄人。李氏族众繁茂，甲于一邑，其先人多显贵。曾祖李现，祖父李荣，皆有潜隐无形的仁德。父李思孝，官鸿胪寺序班，四十而卒，母亲和氏。春芬行二。其兄李春萼，官神木县尹；弟李春英。

春芬，少孤，即有大的志向，向来不好博玩游戏。事母孝顺，敬爱兄长，友善小弟，又天资聪慧，研究学问以《尚书》名家之言论、学说为要，凡披阅古籍，目不留行，尤精细研究科举考试的学业。春芬童年之时即入县学学习，县令张公对其十分看重，每次考试总是取得高等，成为县学及邑人无人敢与其竞争者。至万历四年(1576)考取副榜(按《明史·选举志一》，会试或乡试取士，除正榜外另取若干名，列入副榜)，受到巡视、处理政事官员麻大人的表扬。至万历七年岁次己卯（1579）以名列前矛的成绩高中举人，时年二十有七。直至万历二十年（1592）岁次壬辰才赴京会试。恰遇裁减进士名额，只好以举人身份列乙榜，春芬科举路上之不幸即是如此。又隔十二年，至万历三十二年岁次甲辰（1640）春芬才授官泌阳（治今河南泌阳县）知县。泌阳属南阳府，是中洲之名区。先前的县令严酷，百姓苦之。春芬上任即解除关键，废除禁忌，革除取消征收超出部分，民众积困解除，情绪恢复。数月之中教化大行，民众对其敬仰若父母。又半月，春芬以病疽（毒疮）卒于官。

呜呼！悲伤啊！春芬是个有才能有修养的贤者，姿容俊伟，处事平和，和蔼可亲，乐人之乐，忧人之忧，轻财好施。族人有何阨难他总是捐赠支援。终身不曾与人结下仇恨纷争，所谓盛德君子不就是像他这样的人吗？然而，其寿不符其所修德性，官不称其才能。天之酬报，善人盖不可知已！我安选（为李春芬撰写墓志者）不会巧言善说。我自束发之年即与春芬公为知心朋友，继而结为朱陈（联姻）之好。平时则聚会，两家联缀几乎三十年了，每每期望春芬公的功业能闻名于世，意想不到竟止于此。实在另人悲哀啊！遂泣为春芬公撰墓志铭。

春芬公生于嘉靖三十一年岁次壬子（1552）六月二十七日午时，卒于万历三十二年岁次甲辰（1604）六月二十五日子时，享年五十三岁。配牛氏为妻，牛氏贤淑慎行，宜当治家，是位堪比楷模而庄重之女，生男二，长子李炜，即我安选之贤婿，补廪庠生，才华高迈，足可继承父亲的躅迹；次子李煋，年幼尚在蒙受抚养，以聘廪庠生郭尚卿之女。女一，嫁于绛州知州尹凤仪之子尹臣汤，早亡，有甥尹士任。孙男有三，长孙李自固，次孙李自淑，季孙李自修；孙女一，皆由李炜所生。李春芬之灵柩甲辰秋七月抵于家，越明年十一月二十日卜葬于宅东高岗之原，因为之铭，纳诸玄堂。铭曰（略）。

李春芬墓志铭于万历三十三年仲冬二十日立石。

注：李春芬的家庭成员，主要社会关系，明、清《新泰县志》均有载但欠详。借此录于后，以更好了解墓主及其家庭状况。

李思孝，春芬之父。明天启《新泰县志》及清《新泰县志》均有载，光绪增修版《新泰县志·人物》列《荫生》。官鸿胪寺序班。所谓"荫生"，即子孙因先辈有功而得入仕的权利。这证明春芬先人有功名，故《墓志》中谓其先人"多显贵"。又，鸿胪寺是明廷掌重大典礼、郊庙祭祀、朝会、宴享及重大外事活动有关朝贡礼仪及吉凶仪制的官署；"序班"是鸿胪寺属官，从九品。明天启《新泰县志·艺文志》录有其诗两首，其一为《登新甫山》步高如山韵：

红叶萧萧枫树秋，野心仍被野云留。

清泉白石聊相晤,野草闲花任自愁。

风急宝坊松籁响,雨残枯木鸟声幽。

仙台芜没堪惆怅,甘露还应再降不?

李炜,李春芬长子,安选之婿。清康熙二十二年增修版《新泰县志》列"岁选"庠生,泰昌年(1620)选贡。

李春萼,李春芬之兄,清康熙《新泰县志》列"岁选",丁亥(万历十五年,1587)任神木(今陕西省神木县)知县。康熙《新泰县志·艺文志》录有李春萼写新泰旧时八大景的多首诗。其中有《新甫拥翠》《汶水拖蓝》《敖山削壁》《灵槐复荣》等。

《墓志》中录有李春芬的联姻关系,主要有:

安选,今新泰小协镇大协人,李春芬亲家,明、清《新泰县志》皆有载,是明万历十六年,岁次戊子(1588)科举人,春秋魁①,周王府右长史②。明天启《新泰县·艺文》录有安选为知县李上林写的"德政记",为路升写的"生祠记",为高如山写的"生祠记";还写了《重修察院记》《新泰县儒学创濬泮池记》等文,安选父安迪,好善乐施,嘉靖四十二年,曾舍粥食救济流民,全活过多,受到官府表彰(见明天启《新泰县志·人物》)。

郭尚卿,李春芬(未婚)亲家,荫生,万历年间任光禄寺署丞。光禄寺,朝廷官署,领太官、珍羞、良酿、掌醢四署及典厅;署丞,署次官,佐长官署正掌署事,从七品。

尹凤仪,李春芬亲家,隆庆四年(1570)岁次庚午举人,绛州(治今山西新绛县)知州,掌州之政,从五品。

从李春芬的三位亲家看,均是官宦之家,这正是封建社会婚姻双方讲究的门当户对,要求双方家庭的社会地位、经济状况相当。

---

① 春秋魁:《春秋》是明代试子考试科目之一。乡试夺《春秋》经第一名者称魁。

② 周王府右长史:是说安选在周王府的官职为右长史。明代王府长史司设左、右长史各一人,掌王府政令并领各种政务,正五品。周王,指明太祖第五子周定王朱橚。洪武三年封吴王。十一年改封周王,驻凤阳。十四年就藩开封,以宋故宫地为府。

第五章 清代新泰名人雅士

公元 1644 年,满洲贵族率八旗铁骑南下入关,迅速定鼎北京,仍用清国号、顺治纪元,建立了中国历史上的最后一个封建王朝——清朝。清朝政府自 1644 年定鼎北京至 1911 年被辛亥革命推翻,前后历 10 帝,268 年。顺治至康熙二十二年(1683)是清政府确立全国统治时期。康熙二十三年至乾隆中期,是清朝的鼎盛时期,世称"康乾盛世"。从乾隆晚期自诩为"无所不有"的"天朝上国"由盛极而衰。从嘉庆至道光是清王朝日益腐朽衰败时期,以上史称清代前期。从鸦片战争爆发的 1840 年(道光二十年)至辛亥革命(1911)推翻帝制,计 72 年,历道光(后期)、咸丰、同治、光绪、宣统五帝是清朝后期,也是中国近代历史的开端。在这 72 年里列强入侵,主权沦丧,中华民族到了生死存亡的关头。辛亥革命爆发,终于结束了中国历史上持续两千多年之久的封建王朝,宣告清朝灭亡。

有清一代,今新泰地域(包括 2017 年初划归泰安高新区管理的天宝镇)的历史人物载于历史典籍的官高爵显者凤毛麟角。方志(清代《新泰县志》及《泰安县志》)中录有的名士也不算少,其中不乏清政府的基层官吏、教书育人的教谕训导及乡间"忠、孝、节、义"者。这部分人所表现的讲仁爱、尚和合、崇正义、重孝道、守诚信、擅礼义、求清正等高尚道德,正是历代中国人的精神,这种精神正是浸入到中国人血脉里的传统精神。他们中有的面对顽匪英勇不屈,视死如归;有的善于解人之危,乐善好施;有的性情敦厚,孝敬双亲,友爱兄弟,闻名乡里;有的教授生徒,为传授传统文化,教书育人,执鞭终生。有的崇德向善,扶危济困。中国古代"皇权不下县",广大乡村地方要靠这些德高望重的乡耆宿老的善行、德望及乡规民约来治理。他们在民间的作用非同小可,故受到合乡称颂。

清政府建立之后即"崇儒重道"。文化政策鼓舞儒林以经学为治,以科考取士,求贤纳才。同时注重兴建书院,地方设立官学,民间兴办社学、义学和私学。许多读书人欲求科举人仕,必读《四书》《五经》接受传承儒学的教育和熏陶。儒学所提倡的为学之道、为官之道、为人之道都具有道德自律的作用。使许多人产生了气节、骨气。另一方面,儒学培养士子们人文道德,培养他们的君子形象。但是,科考成为他们求官入仕的必经之门坎,而且成为唯一的一条路。在这条唯一路径中,有的十年寒窗金榜题名,一举天下知,这种人只是少数。如,有清一代 268 年,偌大新泰只出了载入方志的沈毓寅一名进士。有的,也是多数十年寒窗名落孙山无人问,只取得个贡生、举人、秀才。这批人唯一出路终生教书育人,教授生徒,用其所学传道授业,解疑释惑,传授传统文化,为传承中国优秀传统文化付出了一生的心血。这些"人之模范"的"师者",大都"先教人而后文艺",将教人立志、立德放在首位。有的"有教无类",尽其知而教,尚公无私;有的垂青人才,奖掖后学;有的对生徒有"亲亲而仁民"之爱,视生徒为子弟,铸就了情谊交融的师生关系,维系了"师道尊严"。另有一些读书人学富五车,满腹经纶,擅"调墨弄笔",尤善诗文,成就不凡。如道光、咸丰以后的新泰近代诗坛,出现了沈毓寅、王青藜、李清濂、冯清宇、卢衍庆、郭璞山、王恩霖、王学益等一批有文采之士。他们大多诗文俱佳,虽不及康乾之士之诗作实大宏声,但犹承前人之余绪,著继起许多描写当地风物之新篇。这些诗文乡土气息十分浓烈,展现了一代作者各具特色的创作轨迹。某些诗文对研究清代知识分子的思想、生活及新泰文学发展史提供了宝贵的资料。遂将有清一代之名士辑为一章,以飨读者。

第一节　清初逸民张相汉

明朝末年虽然政治腐败,阶级矛盾加剧,但教育方面政策、制度、选官用人的方法于明早期无大差别。各级学校教育较普及,制度健全,形式多样,科举完善,这大概与当时商品经济发展,某些地方出现资本主义萌芽,科技进步,思想活跃有关。学校教育中以程朱理学为正宗的指导思想更加明确。学校仍然是统治阶级培养人才的重要基地。官员的来源主要是由科举、荐举、铨选和学校培养为主渠道。新泰羊流人张相汉出生于明万历朝中期,幼年连遭不幸,在其叔父和姑父的教育培养下,不辍读书,逐步走入一个普通学士所追求的科举仕途,以求安身立命,达到了入仕为官的夙愿。张相汉虽未能以进士及第,但终在崇祯十年(1637)已年近半百的他遇到朝廷选才授官的机会,以恩选贡生入仕。一入仕便显得老成干练,出手不凡。入仕后又屡获超迁,这与当时的政治大气候和相汉广博的知识储备有关。

一、名噪三晋

张相汉生于明万历十八年(1590)十月初五日,字韩忠,号忍侯,新泰县羊流东张庄村人。相汉父名思聪,有美好的愿望和抱负,虽是读书之人,但终生未仕。母刘氏,生相汉两期(一期七天)而殁,由继母陈氏养育。相汉两岁,继母亦亡,由祖母马氏抚养。相汉十岁,父卒,依季父讲读学习,跟姑父李明经学习《毛诗》。加之天资聪敏,酷爱读书,明万历三十六年(1608),成为县学生员第一;万历四十年(1612)成为廪生,官府发给口粮。没多久,遭祖母之丧。天启元年(1621)恩选贡生,有幸进入官设学校国子监肄业。相汉经、史、子、集无不融会贯通,知识渊博且有见识和度量,在县内影响较大。

崇祯十年(1637),吏部选才授官,张相汉初被选拔任命为泗州(治今江苏盱眙县)佐贰官州判,从七品。因州内有明祖陵重地,陵地里按照埋者的封号等级驻守管理。每当有流寇蹂躏之后，相汉都殚精竭虑，劳苦操作加以维护，未曾有过失职行为。崇祯十二年（1639）秋，任天长（治今安徽天长市）县令。天长境内有明廷屯田的军队。驻地狡诈的明廷武官，多越级到留都南京进谗言，鱼肉百姓。相汉到任后，详细了解这些情况，上书巡抚和巡按御史，并禀报给南京都察院左都御史。天长县概不承受他们的敲诈，"凡指勾军、征屯、缺漕、补仓诸奸状，俱不得逞"。当时明廷调查户口，编写册籍，县内一些豪门大户隐占不报。张相汉果断下令，允许其自首，以扫清编审障碍；同时设法清查，悉得真实情况，打击了不法豪门。一次，一属吏夜里向相汉进呈贿金，相汉当面仗责，使县衙"内外肃然"。后来，张相汉拜见皇上，尚未将上述编审之事做完，朝廷即颁布代任郡守的任命书。第二年四月，相汉两次奉旨回奏朝廷钦件。一是在淮河重要津口拟筑马厂以护（凤阳）皇陵不受浸渍。这项工程用工浩繁，且有关"龙脉"，安徽巡抚等官到各州府传达此事并征求意见，经过讨论，皆莫敢执意提出此举的弊端，唯独相汉"力陈不可"（修筑马厂）。没多久，朝廷派遣钦差勘查三陵"妄兴作者"，众人都佩服张相汉的先见。二是郡内有一新任职官员与前任不合，（认为）有冤屈，便向皇帝陈述了数条申诉，借故中伤前任郡守，其上司对此都模棱两可地袒护。相汉与前任郡守无半面之交，独持公论，使此事圆满解决。由于张相汉奉旨处理问题实事求是，大胆认真，使二事平息的天衣无缝，相汉亦受到好评。

相汉代理郡守之时，正遇李自成起义军小袁营部大军压境，相汉奉朝廷声讨的文书前往，单骑代朝廷行使重任。相汉与小袁营十万义军只隔一舍（三十里），相拒月余，昼夜以策略指挥，防御无不周到。义军退，朝廷巡察的官员首举相汉，因俸金长时间未到正等待，相汉移任晋藩王参军。崇祯十四年（1641）十一月到任，官府冷落的局面显不出相汉的特长，唯以清廉文静的状态保持而已。次年（1642）春任高平（今山西高平市西北）县令。上任两月完成拖欠的赋税二万，并创立悬赏所定报酬条件，以资鼓舞，未曾敲诈一人。当时相汉管理的高平县素有上司及奸猾的官府小吏冒名袒露和络绎扰诈里（乡）甲的情况，每年四五千计。张相汉作为一县之长，果断拘捕审讯了扰民的上级官府小吏，并立报巡抚、巡按。两台十分赞赏相汉节操和威严作风，将其事迹登录甲等令，通行全省，因而相汉有"强项之名，噪起三晋"（春秋末，晋国被韩、赵、魏三家卿大夫瓜分，各立为国，史称三晋）的名声。总督巡抚蔡云怡、巡按陈淡园，屡荐官署道台褒奖相汉。适逢雁门太守空缺，相汉任高平县令仅九个月，就被陈述破格特荐任雁门太守，因是边防重任，蔡云怡亲自面谕，但相汉固辞不允诺。不久，又逢铜川（治今山西忻州市西）群盗蜂起，蔡云怡率众兵亲自围剿，让张相汉随军协助军务。相汉英勇杀敌，取其魁首。军中一官吏侵欺召买银两千两，呈送相汉三百两，相汉申道正法，立责补偿贮库，余银二百缗，解充兵饷；招募购进军储节省二百金，亦归兵饷。目睹此事的当事人无不为相汉刚直耿介节操所叹服。所作疏奏纪录总是焚其稿。蔡云怡曾称赞相汉："才守兼全,平生所见仅此人。"协助军务完成后,蔡云怡有意将相汉提升为监纪(主管监察的官员),辞之;代士民挽留任职,亦辞之。蔡云怡乃单独上疏任命相汉为荣河(治今山西万荣县西南宝井村)县令。是年为崇祯十六年(1643)。

二、甘为"逸民"

荣河一带异常衰败,又靠近河防,李自成起义军眈眈窥伺着,暗中察看,有所图谋。相汉为保一方平安宵旦驰驱,事事棘手,当时的盐台成石生,目击此事,从心里怜悯相汉。对诸僚属十分叹息地说:"以有用之才,置陷阱之地。"相汉欲改调他任,蔡云怡不许,说:"沿河(黄河)一带隘口,荣(河)为尤甚;多事之秋,正需劲力撑持。事定,越级提拔来补偿你的辛苦劳作总可以了吧。"崇祯十六年(1643)十二月,农民起义军自菏泽之龙门暗渡黄河,与荣河相距仅两舍(六十里),敦厚的民众既迷惑义军减免赋税的谣言,又怵残害城中百姓,抢夺钱粮,民众目侧耳语,多欲随降,"官不从,则生他变",已处处告知。面对种种现象,相汉既不能挽救败局,又不忍百姓遭兵灾之祸,便决定在城隍庙召集士民,令百姓携家入山,独与苏广文、郭鸿胪(广文,指县儒学教官;鸿胪,指县掌礼仪官员)坐城头等死。义军入城,张相汉被俘,后由义军送往西安。

崇祯十七年(1644),即明朝最后一年的正月,李自成在西安称王,国号大顺,年号永昌,改西安为"西京"。张相汉被任命为湖北的一县令。在赴任的路上,相汉欺骗伴送者,由小路逃往少华山(少华山位于今陕西华县东南。张相汉预立《墓志铭》则谓:商、华二山。商山位于今陕西丹凤县西商镇南一里)。清顺治二年(1645)三月,在山海关之战中死伤惨重的大顺农民军,由北京撤退至陕西,清军多路追击,潼关(今陕西潼关县港口镇)沦陷后,清兵进入陕西。张相汉见大势已去,复明无望,开始收拾行装做回归故里的打算。潼关道台史云岫极欲引荐相汉归顺清廷,相汉婉辞得脱。回抵故里后,屡次征召,相汉不再出仕,自比于衲子(僧人)黄冠(道士),过起隐居生活。故后世称其为"逸民"(指遁世隐居之人。亦作"佚民")。

相汉在乡隐居的十五年间,曾应知县宗之瑶之邀参订康熙十二年《新泰县志》,还与当地名士一道维修、保护了新泰的一些著名古迹,为乡民做了若干善事,留有不少遗事遗文。相汉作为一代乡贤、清初逸民学者受到世人的称颂。相汉卒于清顺治十七年(1660)正月初八日,享年七十一岁。无嗣。

三、诗酒酬唱

张相汉"淹通经史及诸子百家,学识兼优"(清光绪《新泰县志·文行》),由"遗民"变为"逸民",诗书为伴,著书立说,以文交友,以文会友应是其不二的选择。所著诗有《燕淮秦晋四游草》《不择音》《废驴吟》《塞上吟》《悲秋吟》《续貂集》,文有《应诏条议》《彀吟集》《二张烈士传》行于世。《再苏吟》《新邑志略》藏于家。收入《新泰县志·艺文志》的有《康王城暴书山辨疑》和《游莲花山记》两文。前文考订了新泰城和暴书山(金斗山)历史,后文描写了莲花山景物,均为后人留下珍贵文化遗产。

清顺治六年进士卢绂(号澹岩,字元度,今湖北蕲春县人。著有《四照堂诗集》),第二年来新泰任知县。此人诗文俱佳,素与张相汉友善,交往密切,深知张相汉的人品德行,也十分赞赏张相汉的学问。他们经常吟唱酬答,除解相汉遗民心结外,也赞相汉之学问。如卢绂曾作《张韩忠先生折牡丹数技兼诗见遗,奉答次原韵(二首)》赞相汉:

(一)

知君冷骨自萧条,信是繁华意久消。

忽借春风分物色,应是同病慰无聊。

(二)

甚爱看花转惜花,正怜数折损新芽。

君家别有凌霜干,不逐芳丛入宰衙。

诗中除赞张相汉有如凌霜抗寒枝干一样的高洁人品,坚贞不屈外,也赞相汉打消了追求荣华富贵,不逐芳丛竞秀、谀世媚俗,厌恶了入官衙的"冷骨"精神。

卢绂与张相汉的酬唱还有《张韩忠先生浴沂归赋》。该诗借用了《论语·先进》孔子问曾点志向的典故:孔子问曾点的志向,曾点回答:"暮春者,春服既成,冠者五六人,童子六七人,浴乎沂,风乎舞雩,咏而归。"其意是说,春天来了,穿上春衣,大人、孩子们到沂河去洗澡,在舞雩台上去吹吹风,一路唱着歌走回来。卢绂诗题中的"浴沂"就是说的上述这件事。后来多用"浴沂"喻一种怡然处事的情操。诗中赞张相汉涉道五百里,骑着劣马(或说跛驴)不顾山路崎岖去沂河洗澡,春游归来,栩栩甚得意的惬意情形。此诗表述了张相汉逍遥自乐不再为逸民而抑郁的心态。诗曰:

狂哉鲁逸民,欣然怀浴沂。

涉道五百里,驱骞且忘崎。

君体近觉康,浴后宜加肥。

栩栩甚得意,春风在其衣。

尤多赠记篇,无虚咏斯归。

狂也君无惭,何疑与者稀。

　　另有张相汉设春宴,遂命春题,率先唱吟的《立春》二首等。由此知像这样的酬答场合,张相汉也必有诗吟唱。从卢綋的诗作中,可知二人情投意合,相交甚深。卢綋也完全理解相汉从"遗民"到"逸民"的内心世界,相汉得卢綋之知音内心世界宽敞了许多。如张相汉作《重阳陪卢澹岩明府登暴书山》则表达出了心情的舒畅、愉悦。诗曰:

> 北山秋色晓苍苍,结伴同游兴自长。
> 地以暴经标胜概,筵追落帽见情狂。
> 高怀不用茱萸酿,雅集惟吟栗里章。
> 一带烟霞供野眺,归来明月满沧浪。

　　诗中"筵追落帽"正是二人登山争先恐后、落帽不觉的形象描述。"筵"可理解为竹或蒲苇编织的垫子,十分轻便易携带。"落帽"典出《晋书·孟嘉传》,孟嘉与桓温九月九日登龙山,有风至,吹孟嘉帽子落地,孟嘉不觉。后因以"落帽"为重阳登高的典故。这句"诗眼"犹如一幅画卷呈人眼前,重阳节两位好友各自携"筵"登高,一前一后,谈笑风生,相互追逐,风吹落帽竟不觉。游玩至"明月满沧浪"之色方归。二人心情之爽快、满足、惬心的模样,无以言表。

　　尽管如此,明亡寿终,江山易主,新朝定鼎,作为前朝的官吏面对山河被异族侵入,民众被异族统治,民族自尊受到了伤害,精神受到了挫伤。相汉归里后,常心怀感愤,行诸诗歌,且善病,杜门绝交(见《预立墓志铭》),内心的悲凉,情感的郁结都会表达在诗中。他的遗民情绪,难以名状的故国之悲,故国之思,亡国之痛,伤感情怀,也无不展现在诗中,读来使人动容。如《登新甫山步高公原韵》(高如山有诗《登新甫山》,高公指高如山)曰:

> 远山苍莽淡如秋,跻胜情从屐齿留。
> 鲁柏传来空吊古,汉云飞去若为愁。
> 岚光翠润盈盈滴,苔藓斑痕处处幽。
> 我欲凌峰还自问,年年山色可同不?

　　这首诗明写登山,实写明亡,字里行间充满故国难忘的悲怆,显得句句凄凉,格调低沉。眼前景物"远山""鲁松""汉云",甚至翠润的"岚光""苔藓斑痕"都引起明亡的忧伤,思念故国的情怀。尾联以凌峰自问,改朝换代,"山色"在变,物是人非,诗人的心情无比沉痛。又隐含恢复故国的热望，显示了固有的那份民族气节。借诗浇愁，如此惆怅的诗作还有《云山法云》。诗曰：

> 云来云去法无增，烟锁层峦供眺登。
> 一片霞光青护障，半天花雾紫垂藤。
> 石门仅止归来鹤，禅榻久稀入定僧。
> 我欲瞻云云恋我，寒山几识故人曾。

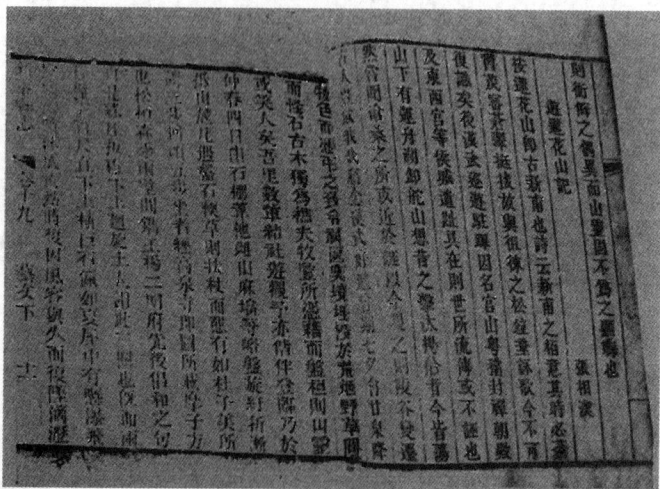

张相汉《游莲花山记》书影

随着时间的推移，时过境迁，张相汉心中的不平之气，通过与友人酬唱，游山访水，亲近自然等活动有所消散，心灵的创伤得到一定的弥补。新朝定鼎，大势已去，相汉将诗文内容转向以歌颂家乡山河为主，以文言志，以文寄情，敞开胸怀，放开手脚，抒发着自己的情感，展示着自己的学识才华。《游莲花山记》可谓其散文的代表作，游记简要叙述了莲花山的历史遗迹及与友人所游路线之后，笔锋转向山石景物的描写，将莲峰胜概，一览无余。文曰：

> ……此山虽无危峰险巇、悬崖削壁，如嵩、华、峨眉之峻峭；茂林修竹，带湖襟江，如匡、庐、天竹之隐秀，然磊落雄伟、突兀倚迭、殊形诡貌，殆难以象拟其于物也。如龙跳，如虎踞，如鸟翔，如兔伏，如几，如屏，如钟，如鼎，如盘盂，如圭瓒；其于人也，若坐，若卧，若行，若立，若聚谈，若列阵，若贵介端冕，若醉仙倚斜。横眺仄觑皆成姿态，远观近玩悉露丰标，真笔墨所不能仿佛，丹霞所不及绘饰者也。（采自清《新泰县志·艺文志》）

作者通过"远观近玩"将新甫山山石"鬼父神工铲削堆砌"的形态，以拟龙虎鸟兔，拟几屏钟鼎，拟人坐卧行立描写得传神如真，惟妙惟肖。诗人对山石山势不仅观察细微，且意境优美，极为用心揣摩，并大胆设想，品其骨相，方得绘声绘色。至今对莲花山山石山势之描写无人超越。

从张相汉的《游莲花山记》得知，这次与友人结伴游莲花山，是在仲春四月，春夏之交，正是逍遥自在的大好时节。心情加美景仿佛使人体会到，他终于彻悟，干干净净脱离了官场的羁縻，纵情于山水之间，淡远而潇洒地走上了无拘无束的快乐生活。

随时间的推移，张相汉逸民思绪解放了许多，自觉无嗣，便产生奇想，请好友卢綋为自己撰写墓志铭。生前自撰或请人预立墓志铭自古有之，但不多见。相汉之所以愿生前预立墓志铭，一方面表现出他甘作逸民的坦然，而另一方面，再现出他对生死的乐观态度。卢綋则以坦诚的态度，近乎谐谑的笔调，艺术的手法，真实揭示了张相汉的内心世界，使张相汉之逸民形象更加丰满和鲜活。类似这种"墓志铭"在平阳历史上可能仅此一例，故将铭文附于后。

附：鲁逸民韩忠张公预立墓志铭

楚蕲卢綋元度父（同甫）著

逸民姓张讳相汉，字韩忠，号忍侯，世为新泰县人。生于明万历十八年十月初五日，少有才名，数举不第，得兴熹庙恩选，历官泗州别驾，迁荣河令。所在多治声。遭闯逆陷河东，窜匿商华二山中，终不失臣节。革命后始归里。为人生平以抗直闻。及归里，生计日索，常衷怀感愤，形诸诗歌，且善病，杜门绝交。自谓圣代遗臣。身后无嗣，没而泯灭，有遗恨焉。乃自述行状，终身梗概悉矣。庚寅岁，楚人卢綋来令新邑，得从逸民游时，逸民未之死也。每杯酒坐谭，都虚慷慨，求得其死。所因，嘱卢子为预撰墓志，窃怪其诞，数强乃许。昔唐王无功自为志铭，今逸民不自作，而以嘱卢子。其抑有志同道合者欤。若卢子无以志，逸民则深负逸民矣。逸民之号自古有之。然或为天逸，或为人逸，乃韩忠之逸，非天逸之，非人逸之，适自逸之也。以彼之才，素非不见知于世者。令少委蛇从时，当亦有所建竖。故甘自放废，而夷然不之屑焉。逸民诚不可测矣。庄周称死为大逸。今逸民未之死，而自视为已死，其旨或别有所存。又未可与庄周之旷达同

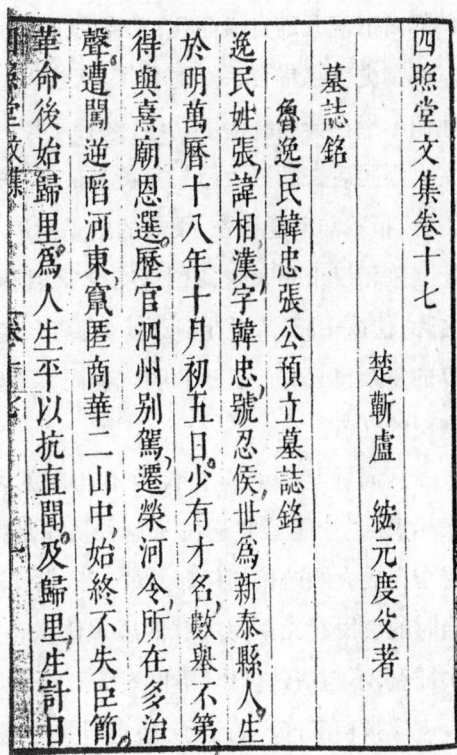

张相汉预立墓志铭书影

日语也。其将俟后之知逸民者。卢子既为逸民志,而并系以铭。

铭曰:天地之西,山莫高于首阳,夷、齐之墓在焉;天地之东,山莫高于岱麓,宣父之墓在焉。昔有愿从夷齐葬于首阳者矣,今逸民其愿从宣父葬于岱麓者。平人之志趣,各有所同。山灵有知,庸谓逸民之从宣父何所不宜乎?

(注:夷、齐,指伯夷和叔齐。二人都是弧竹国君的儿子。父死,相互让位,逃到周文王那里,劝周不要伐纣。周武王统一天下后,二人以食周粟为耻,饿死在首阳山。首阳山具体位置有多种记载,各有所据,此不悉解。文中"圣代"指清朝。"宣父",封建时代对孔子的尊称。该《墓志铭》采自卢纮《四照堂文集》卷17。)

清《新泰县志》为张相汉立传,列《文行》和《隐逸》。

【评析】张相汉的逸民情怀及气节

明崇祯十七年(1644)三月,闯王李自成率农民军攻克明都北京城。崇祯皇帝企图外逃,但为时太晚。他急召文武百官,却无一人应召入宫,绝望的他登煤山(今北京景山公园内)自尽。至此,明朝统治寿终正寝,瓦解坍塌。关外清人入主中原,华夏沉沦,300多年以前南宋王朝覆灭的情形再次上演了。莫道"平时袖手谈心性"的士大夫,看到国家已亡,江山易主,则显示出了他们的刚烈,选择了"临危一死报君王"。例如当李自成进京,户部尚书倪元璐自缢而死;工部尚书范景文投井而亡;礼部尚书孟绍虞,明亡,忧愤而终;左都御史李邦华自杀。更有甚者,当八旗铁骑似脱缰的野马,纵横华夏,则领全家自尽。他们不想在异族统治下苟活,选择了以死反抗(见《明史》录上述三人《传》)。而更多的文人则同后来的三大思想家黄宗羲、王夫之、顾炎武一样,抗清失败,复明无望,只好隐居山林,拒不与清廷合作,秉守的则是遗民一种骨气,保持的则是士大夫的一种气节。

张相汉十年寒窗,四十多岁才入仕做了个七品知县,不料入仕只有七八年,遇上鼎革之际,仕途中断,人生走到了十字路口,经一番煎熬,最终选择了"无道则隐"之路,内心世界的复杂也只有他心知肚明。他同大多数不与清朝政权为伍的知识分子一样,秉守的是遗民的气节。

从词意上说,改朝换代后不仕新朝之人称为"遗民"。遁世隐居之人则称"逸民"。张相汉从"遗民"到"逸民",这种抉择是无奈的,也是艰难的。在鼎革的关键时刻他不接受李自成大顺政权的任命,以"三十六计"走为上策,这与他的身份是大明王朝的官吏,视当时的农民起义军为"寇"的思想认识有关。不接受友人的引荐归顺清廷,回乡后清廷屡次征召,不与清廷合作,不再入仕做官则与其思想基础、人品、气节有关。

像张相汉这样的士子,想走科举之路求官入仕,必修科举之科目。为功利所驱动,不得不揣摩圣贤之言论。这些言论皆藏于《四书》《五经》之中。通过研读圣贤之书获得儒家伦理道德之熏陶,修身、齐家、治国、平天下等理论正是张相汉们的言行准则。其价值取向在塑造其心理素质过程中始终发挥着中坚与引领作用。明代是八股文的黄金时代，士子们的气节也显得十分壮烈，致死不改初衷者不可胜计。晚明之时清人入驻中原，士子标榜气节者很多，越是正途入仕的官员，气节越盛。像张相汉的遗民气节与受儒家经典之熏陶与激励断不可分。

张相汉回乡之年，新泰正遇天灾人祸。清康熙《新泰县志·灾祥》载："顺治丁亥（顺治四年，1647）霪雨三月，禾尽淹，庐舍损坏。乙丑（顺治六年，1649）九山巨寇破城，冬，地震……。""庚寅（顺治七年，1650）春、夏，大旱；秋七月始雨，旋生蝗，伤稼。"新泰本来"地脊民贫，素乏盖藏，频苦大祲"（明天启《新泰县志·后序》），百姓生活更是苦上加苦。清顺治年间新泰县令卢綋，受上级委托勘察时属泰安县之田村、石莱、放城、万家峪等地（今属新泰禹村、石莱、放城等乡镇）灾情，作《奉委勘泰安田村石莱放城万家峪诸保民荒》一诗，道出了当地灾民的惨状，诗曰：

> 向疑此地积萑苻（萑苻〔huànfú〕泽名。意指盗贼出没之地），
> 今信由来血久枯（血枯，中医病名。此指灾民久被瘟疫所苦）。
> 寒突无烟迷蔓草（突，烟囱。是说贫寒不能举火做饭，饮食不继），
> 穷簷有吏尚追呼（簷，檐的异体字，屋檐）。
> 医疮何自谋新谷，
> 刳肉徒伤见剥肤（此联写灾民穷苦的生活）。
> 鹑结相牵环路泣（鹑结，形容灾民衣服褴褛得似秃尾鹑鸟，补丁百结，破烂
> 不堪），
> 嘱余代绘监门图（监门，即守门人或说官署。此意是说灾民如此穷苦，仍有
> 官吏追呼。灾民嘱咐、拜托卢綋，官署要设法阻止，并谋划灾民的生活啊）。

卢綋的这首诗反映了新泰一带遭受淫雨、水淹、地震等自然灾害，民众生活苦不堪言的真实情况。明亡，百姓苦；清兴，百姓还是苦难当头，满目凄凉。张相汉回乡就目睹了家乡的惨状，不能不凉透他的心。这是其一。

其二，清军的铁蹄践踏三晋大地的情景逸人还未忘却，还未从国破君亡的伤痛中走出来，又知家乡百姓遭清军掳掠，张遇留、张志颜与五百"知方军"为抗清而壮烈牺牲，激起了张相汉对清军的憎恨，以激昂而沉痛的心情为二张烈士作传。他将五百知方军抗万余铁骑，比作"不减淝水之战，垓下之围"，比作宋代襄阳之役中骁勇英烈张顺、张贵。谓他们"虽以身殉难，而气节名扬""真足不朽千古"。《二张烈士传》的字里行间，表现出了张相汉对新朝不满和痛恨，对家乡抗清子弟兵的赞扬和怜悯，也反映出了张相汉的民族

气节。

其三,总体上看封建社会的知识分子都有一些气节。这种气节来自优秀传统文化,来自历代富有气概非凡的民族英雄,来自圣贤之言、儒家伦理道德之熏陶。当遇到与之相悖的情况其气节就会展示出来。如顾炎武,明亡,不事二姓,就是民族气节的标榜。张相汉也如顾炎武、王夫之一样有气节不事新朝。卢绒为张相汉所撰预立墓志铭,更反映出张相汉宁做逸民不事新朝之坦然。

以上三点完全可以构成张相汉,从"遗民"到"逸民"的衍变。

张相汉以平民入仕,虽屡有升迁,但一直在基层为官,最了解群众的疾苦,在他看来明末清初社会动荡不安,民众饱受外族入侵之苦,完全是清朝统治者造成的。另一方面,相汉是明朝的既得利益者,国亡了,官丢了,在回想明朝既得利益的同时,对新朝政府自然有一种痛恨感。这种痛恨感也是他的忧国情,是他在有明一朝政治生涯的一种眷恋。这种抱残守缺的遗民情怀正是张相汉的思想局限,也是一个封建官吏在社会变革的历史条件下,由"遗民"变为"逸民"无奈抉择。

(文中所引卢绒诗,采自王相玲主编《新泰古韵》,中国文史出版,2009年版;张相汉诗采自清《新泰县志·艺文志》。句后括号内注释为笔者所注。)

【本节编后】乾隆为何表彰忠于明室的殉国者

清初鼎革,归顺清廷的官员被视为"知兴替""顺天命",趾高气扬,高官厚禄。存气节、矢志抗争者,如上文所举倪元璐、范景文等宁死不降,忠于明室,以身殉国,家破人亡者,却被斥为不识时务、愚昧无知的"冥顽"叛逆之人。

然而,时过境迁,至大清立国百余年后的乾隆四十年,乾隆皇帝却开始大规模表彰忠于明室的殉国者。据清史,乾隆帝在圣旨中先为清初诛杀抗清之臣之行径进行辩解,认为杀戮忠烈,是清初统一道路上的无奈之举。以知人论世而论,忠于明室的殉国者,可谓节臣,无愧于"疾风劲草",人格高尚,值得后人学习。故乾隆四十一年(1776),乾隆要求"以钦定《明史》为主,而参以官修《大清一统志》,各省通志诸书",将议有谥号的明朝殉节之臣"胪列姓名,考证事迹,勒为一编",编成了《胜朝殉节诸臣录》12卷,交武英殿刊刻颁行。书中载有专谥臣26人;通谥忠烈臣113人,通谥忠节臣107人,通谥烈愍臣573人,通谥节愍臣842人。对那些不知姓名却能慷慨轻生者,虽无法谥号载入史书,也要"令俎豆其乡,以昭轸慰"。

表彰忠烈的同时,乾隆又命国史馆增列《贰臣传》,对那些在明朝做官又仕清廷者进行定性,展开了政治清算。乾隆对"首鼠两端""自诩清流"者最看不起。虽然肯定了某些明臣降服清廷,对清初形势稳定有一定贡献,但对那些归顺清廷后,又诋毁清廷之人,认为其"大节有亏,实不足齿于人类"。这类人物均被列入了《贰臣传》的乙编。

乾隆对忠烈表彰褒奖,对降臣贬低斥责的做法是天翻地覆的大反转,颠覆了此前对历史人物的评价,其政治目的十分明确,无非通过表彰前朝殉难者,为清朝臣子树立忠孝节义的榜样,意图是使臣子们效忠清朝,效忠于大清皇上。同时也自我标榜,自觉开明。这不能不说是乾隆玩弄的政治权谋。

第二节　成武县训导刘继修

2009 年,新泰市博物馆工作人员在进行全国第三次文物普查时,于新汶办事处东洛沟村刘氏祖茔发现刘继修及其父亲刘谦之碑。其中一方系道光皇帝对刘谦的貤赠(即旧时官员将本身及妻室的封诰呈请朝廷移给先人)碑,另一方为刘继修的敕授碑。刘谦之碑石,石灰岩质,螭首,高 152 厘米,宽 77 厘米,厚 30 厘米;螭首高、宽各 80 厘米,厚 30 厘米。额题楷书"圣旨"二字。

刘继修貤赠碑

碑文阴刻楷书 16 行,满行 46 字,字径 2—5 厘米。立于清道光八年(1828)十一月初九日,下方镌刻着满汉文"敕命之宝"印。道光皇帝赐刘继修的敕授碑,石灰岩质,冠首,高 145 厘米,宽 84 厘米,厚 18 厘米;阴刻楷书 10 行,满行 38 字,字径 2—6 厘米。有边饰联,上联:传经属卯金十重早夺戴冯席;下联:秉铎肃庚拜三坛许登杨振堂。碑阳正中竖刻:皇清敕授修职佐郎城武县训导刘大公讳继修字息亭封孺人侯太君墓。落款:授业婿沈毓寅顿首撰并书。立于道光十一年(1831)六月。刘继修何许人也,能受到如此高的礼遇?

刘继修,字息亭,清中叶新泰县东洛沟村人。少时家境贫穷,读书刻苦,因饥馑而辍学。弱冠之年补为博士弟子员(清代对儒学生员的别称),随即以优等生开始接受国家给予的生活补助。每次岁科考试①获冠军时占多数。豫章(治今江西南昌市)胡学宪(学宪是清代地方官员对学政的尊称,学政掌一省之学校教习及教育行政、考试诸事)对刘继修尤为器重。称其文有条理,凝神静气,有前代贤人之风格。而刘继修憎恶文章命题,故而

---

① 岁科考试:清代各省学政巡回所属举行考试。凡府、州、县生员、增生、廪生皆须应岁考。每次考试对考生都定等级,优等赏,劣者罚或黜革。道光后仅分一、二、三等,列四等者甚少。

久困科场。至中年,国家选官,量才授官,嘉庆七年(1802)继修以廪贡身份授成武县(治今山东成武县)训导。教授学生期间,刘继修重视同类(问题)要经过论证,将其本性(思想)推衍出来。他与学生们还相互勤勉,评定学生的文章主要看学生能否掌握明达事理的能力,不取东涂西抹,随意下笔。县令对刘继修任职期间极为称颂。后来,刘继修称病引退归家,时年七十有六。

刘继修精研经学,尤善辨析疑义,往往发前人所未发。教人先德行而后教授文章写作方面的学问。教育自己的学生宁以显得迂拙违背时尚,勿以谄媚巴结而逢迎时机,很像古代贤人之教诲。

皇清敕授刘继修碑拓片

刘继修为清道光皇帝"敕命"封赠修职佐郎(文职从八品之封赠)成武县训导,卒后其婿沈毓寅(见本书《可嘉可悯的天保知县沈毓寅》)于道光十一年(1831)六月为其撰写了碑文。刘继修之父刘谦,气度高尚,质朴纯洁,传承家风,继承祖业,克勤于庭训,具有良好的家庭声誉,貤赠修职佐郎。其母王氏为淑茂宜人,仪表端庄,善待后生,早年相夫教子,竭力治家,有孝行。继母李氏,以德治家,养育子女与亲生无殊。王氏、李氏皆赠封为八品孺人。刘继修能得到皇帝的"敕命"是刘氏家族之荣耀。

刘继修曾于嘉庆十一年(1806)冬,为莲花山撰《重修山顶观音菩萨大殿碑》并书丹,落款为嘉庆壬戌科岁进士(岁进士,是明清岁贡的别称)。清光绪《新泰县志·选举》录刘继修"壬戌,官武城训导",而碑文载"成武训导"。刘继修碑石的发现,可纠《县志》之误,补史之阙。

【评析】仁德之士刘继修

刘继修年少之时虽家境贫寒,曾困饥馑而辍学,但不畏艰难,认真攻读。由于学业不凡,有贤士之风格,受到省学政的器重。终以廪贡的身份选录为从八品成武县训导。训导是一县之学官,教谕之副官。他在教授期间"先德行而后文艺",有与众不同的教育理念和教授方法,且常与学生切磋学问,互相勤勉,仅此一点即难能可贵。又要求学生掌握明达事理的能力,方可学以致用,这又是其独树一帜的一面。故而受到成武县时任县令袁某的称赞。刘继修为成武县的教育事业奉献了自己的一生,方显其仁德。

刘继修一生做的另一件事,可谓慧眼识才,资助沈毓寅完成学业(详见后文),造就了清代载录史册的唯一的一位进士。这位进士是他的学生又成为他的乘龙快婿,传为佳话。刘继修不忘自己年幼贫寒,方能理解沈毓寅身受饥寒之味,这种将心比心,资助别人于苦难之中的善行,又见其仁德可称可赞之另一面。刘继修这一"伯乐"对沈毓寅的恩情,理应受到学生贤婿沈毓寅的报答。沈毓寅为岳父书写的道光皇帝的敕命及为其所撰碑文,不仅显示于当时,而能在之后一百八十余年的今天被发现,使当今人们能再次了解到翁婿风采,不能不说是贤婿对岳翁不乏寻常而异奇的报答。

沈毓寅科第之荣,刘继修应列首功。刘继修识才惜才,称之美谈,又获皇帝敕命褒奖,实乃新泰清史上不可多得的可资后人的一笔历史遗产。

【本节编后】刘继修为何能受到皇帝的封赠

刘继修所授修职佐郎仅是个从八品文职官员,他为何能受到皇帝的封赠呢?封赠是清朝的一种赏赐制度,修职佐郎是虚职,实职是训导。朝廷用封赠虚职来奖赏政绩突出、有功劳的官员,使之尽职尽责孝忠朝廷。也以此显示对社会之民众的激励与教化。通过封赠,实现士人"光宗耀祖,显亲扬名"的人生追求。使受封赠之人获得树坊、恩荫、恤典等优待特权。封赠的方式是通过诰命或敕命下达,有的官员生前或死后其后人将诰命或敕命刻于碑,以显耀荣恩。这类石碑一般都是功德碑。

封赠,作为封建时代赏赐官爵之制,始创行于晋朝到南朝宋,至唐始完备。起初皇帝仅将官爵授给重臣、近臣之父母,其父母存者称封,已故者称赠。五代以后直至清末上追曾祖、祖、父母三代,往往以子孙之官位为赠。清制,凡皇帝广施恩惠给予封赠,文职封赠有十八个官阶。如,正一品封予光禄大夫,……正七品封予文林郎、宣议郎,从七品封予征仕郎,正八品封予修职郎,从八品封予修职佐郎,如刘继修官为从八品按清制封修职佐郎,其父按从八品也予修职佐郎。

一品官封赠三代,二、三品封赠两代,四至七品封赠一代,八至九品只封本身。一品至五品授以诰命,六至九品授以敕命。如刘继修之婿沈毓寅,战死后追赠为从四品官职,赠予朝议大夫。

刘继修父刘谦之碑文开头有"奉天承运,皇帝制曰"八字。其中"奉天承运"源自明太祖朱元璋。明太祖初,定大朝会正殿为奉天殿,于皇帝所执大圭(玉制礼品,长条形,上尖或上圆,下方)上刻有"奉天法祖"四字,与臣下诰敕命中必首称"奉天承运皇帝"。后相沿成为皇帝敕命中的套语。"奉天"即"奉行天命";"承运"指秉受天命。"皇帝制曰"之"制",即皇帝下达命令,称制诏、制命。其碑文中有"兹以覃恩貤赠尔为修职佐郎"句。

"覃恩"指皇帝广施恩惠;"貤赠"即指古代官员的封爵、名号转给的亲属。"貤封""貤赠"也简称"貤"。皇帝覃恩将刘继修的官爵转给父母称貤赠。故其碑可称貤赠碑。

类似的功德碑,域内可能还有一些,如汶南类王庄清乾隆年间郓城县训导类象升之父类竹就有敕赠碑一通。

(本文参考了由新泰博物馆提供的刘谦、刘继修碑文,借此谢忱。)

第三节　可嘉可悯的天保知县沈毓寅

有清一代,自顺治元年(1644)至宣统三年(1912)溥仪退位,历时268年,新泰(不包括原隶属蒙阴县的今汶南区域及天宝、楼德、禹村、石莱、放城等原隶属泰安县的区域)通过科举高中进士入仕载录史册的只有一人(不排除《县志》记载不全),此人即沈毓寅(清光绪《新泰县志·选举》)。沈毓寅从一个放牛娃到金榜题名,除自身造诣外,很大程度得益于其岳父刘继修慧眼识才,精心栽培。翁婿之情构成佳话,传颂至今。

一、身世钩沉

沈毓寅(1793—1848)字宾谷,自称"泰安花农",今新泰汶南镇沈家庄人。清道光十二年(1832)进士,官至广西天保县令。上任前曾为《沈氏家谱》作序。由《沈氏家谱》知,新泰沈氏源于"吴兴"(今浙江湖州市南十五里下菰城)。史载,沈氏起源甚古。《元和姓纂》载:周文王第十子聃食采于沈,因氏焉。至秦有沈郢,郢十二代孙即东汉沈戎,曾任九江从事,因降巨贼尹良有功,被汉光武帝刘秀封为海昏侯,辞不受,举家徙居会稽乌程(当时吴兴郡治乌程县。即上述"吴兴"),此为沈姓南迁始祖。沈戎后代族派不断庞大,故沈姓后裔多以"吴兴"为堂号,并以为郡望,遂成沈姓的繁衍中心(见王西明等主编《偃师姓氏源流》下卷第839页,中国文化出版社,2004年版)。这即是新泰沈氏源于"吴兴"之渊源。沈氏某支脉不知何时有迁河北枣强县者,故沈家庄《沈氏家谱》又云:"直隶(河北)枣强人也。自明初迁于山左,隶平阳。"枣强的这支沈氏族人自明朝初年迁来新泰,分别居于今沈家庄、名公村、胡家沟等村庄。沈家庄原名北辰村,村南有南辰村。沈氏认为南辰(南斗)星主生,北辰(北斗)星主死,为避不吉利的"北辰",遂改北辰村为沈家村,后又演变为沈家庄。另据《新泰市地名志》(新华出版社,1992年版),沈家庄于明洪武年间建村,原名北辰。沈氏于万历三年(1575)迁来,因村名犯明朝帝王之讳,故更名为沈家庄。以上两说不悖,只是时间有异。

《沈氏家谱》载,沈毓寅为十三世,身世寒微。其父沈悦来,字怡堂,郡廪膳生(国家按月补助一定生活费的生员)。毓寅自幼沉稳敏慧,不幸八岁丧母,十三岁丧父,捶胸顿足,悲号大哭,而上下尽礼。毓寅父母双亡后,由祖母李氏抚养。幼年的沈毓寅,在东都村外祖母家喂牛度日。东洛沟村私塾先生刘继修观他听而能诵,视为奇才,收其读书,不收束修,精心培养,后将女儿许配与他。沈毓寅不负众望,道光十一年(1831)岁次辛卯乡试中举,十二年(1832)恩科考中进士,授即用知县分广西。

二、任上殉难

沈毓寅考中进士,授官知县,签分广西。以祖母李氏年高七旬,呈请终养。期间主讲教授于泰安、禹城、博山等书院,造就门下学士众多。祖母服除,赴广西任职。道光二十六年(1846)岁次丙午科考充任分校(指科举考试时,担任房官,负责分房阅卷),得士十二人;二十七年(1847)岁次丁未六月,补任广西镇安府天保县(今广西德保县)知县。下车伊始,即除民众不便之弊端,受到县士民的一致拥戴。二十八年(1848)三月,毓寅上任不久,就有顺州(治今越南中部平治天省广治县北赵丰一带)盗匪黄天(添)宋等屡犯县境,沈公率众亲赴围剿。十九日遇贼于多乃村(《镇安府志》谓"陇峒多村"),营垒中陆殿扬惶恐而逃。沈毓寅所部寡不敌众,手杀数贼而战死,终年五十五岁。此事上报至朝廷,朝廷朱批"闻信先往,奋不顾身,以致遇害,可嘉可悯",赠朝议大夫,追封从四品官职,恤荫入祀昭忠祠。清《昭忠祠》卷三十九录沈毓寅传,今存台北故宫博物院。

县人闻沈知县战亡,巷哭罢市,将其肖像放置在其战死之村以祀,而以从难兵丁刘开胜、乡勇钟安泰配享。清《镇安府志》卷二十二《忠烈》载《沈毓寅传》记载了沈毓寅的为官及战死的情况。《传》称:"沈毓寅,履任不携眷属,清俭自励;讼者立判,不使(讼者)受胥吏虐;勤治盗,躬自搜捕,期必获,民咸称颂之。道光二十八年三月,黄天(添)宋、黄维业等贼寇,袭扰天保县陇峒多村,闻案,毓寅偕把总陆殿扬分督讯兵、练丁剿之。十九日师次陇峒多村,与贼遇,炮毙二贼,贼愈至,陆殿扬率讯兵遽遁,练丁亦散。毓寅怒挥双剑冒阵杀贼甚众,遂遇害。""县人感恩毓寅,于郡西门及三叠墟立祠以祀,藏其所遗砚石一方、画数轴、书数十卷,并刊其绝命词于祠壁。有云:'案重如山,事急如火。私帐无所借贷,公项无可挪移,计划无复之,请息肩于一死。其怜我无命也,听之;其诋我无才也,亦听之。吾自入粤以来,未尝一衣一食枉费锱铢也,亦未尝一丝一毫恤与妻子也。呜呼哀哉!'"

沈毓寅剿匪之"匪",如果往上推求,唯广东、广西粤地一带之匪徒之祸,祸起蔓延半天下。实发端于道光年间,巡抚郑祖琛养痈成患。沈毓寅剿匪战死之事,究其何股匪徒所为,不好分辨,因当日之群盗满山已可概见。而沈公则一介书生,亲赴剿黄维业、黄天宋之匪身历其难,可谓大勇之人。从《镇安府志》所载沈公《传》可知,其任上时间虽短,但受民众十分爱戴,办案立判,体察民情,"咸称颂之"。沈公还是"清俭自励"的一代廉吏,未沾民众一丝一毫,可敬可颂。噩耗传来,其友人新泰籍道光举人、禹城教谕李清濂,有《闻宾谷殉难粤西知县任，诗以哭之》诗，载清光绪《新泰县志·艺文》。诗中有"东望山无主，南飞雁不旋；遥将一樽酒，万里洒寒烟"之句，表达了乡人对沈毓寅的深切悼念。清《县志·忠义卷》《县乡土志》均为沈毓寅立传。其遗骨葬于今汶南镇沈家庄新村南邻沈氏家族墓地。据沈氏族人说，其墓碑由李清濂之孙李苟迟撰文，沈毓寅重孙沈家谟书丹，今已不存。

相传，沈毓寅进礼部考试之年，乡人先见敖山（今青云山）有神灯万盏，众人认为这是才智出众者之祥瑞，难道知道沈公将效忠大节、彪炳青史吗？又不仅只为科举考试的荣耀了。清光绪《新泰县志》卷十七《忠义》这一记载，今日看来，纯属迷信，但反映的则是民众对沈毓寅彪炳于青史的一种寄托和追思。另种可能是，新泰一域自明代崔文奎中进士以后，至此时敖山之阳又出了沈毓寅这位进士，以敖山出神灯万盏，来宣扬家乡之荣耀，也在情理之中。

三、文化学者

沈毓寅不仅是名宦，还是位文化学者。约在道光七年（1827）他前后讲学于泰安岳麓书院，期间与泰安知县徐宗干为友，曾应徐县令之邀，为泰山普照寺筛月亭题写楹联曰：

收拾岚光归四照，招邀明月得三分。该联刻于筛月亭北面石柱外侧，字高 127 厘米，宽 20 厘米，字径 12 厘米，行书。此联对仗工整，韵味隽永，对普照寺筛月亭之幽雅秀丽景色描绘得明快传神。今联犹在，堪称泰山佳联。他还对晋《孙夫人碑》做过研究（见本书中编第三章第五节）。

沈毓寅书泰山普照寺筛月亭楹联

道光年间的泰安知县徐宗干，与沈毓寅是同龄人，沈毓寅在泰安讲学期间，二人友善，情投意合，必常在一起切磋学问。故而在其研读《孙夫人碑》碑文基础上，又有幸探究前辈学者金棨、武亿、桂馥、朱文藻等人对《孙夫人碑》考证研究的论述，撰写了《孙夫人碑跋》。该文收录在清光绪《新泰县志》卷七《古迹》。《县志》编者对《跋》（《县志》称"序"）赞曰："序集诸家考说，委曲证明，碑文虽漫漶已多，得此如暗室一灯，俾读者于若隐若现中犹可识其事与时，洵乎好古传信者矣。"新泰士子对金石学有造诣者寥若晨星，沈毓寅这方面的贡献尤显珍贵。

近岁，沈毓寅的遗作不断在本地和外地发现。例如，在新泰城隍庙旧址，今新泰实验

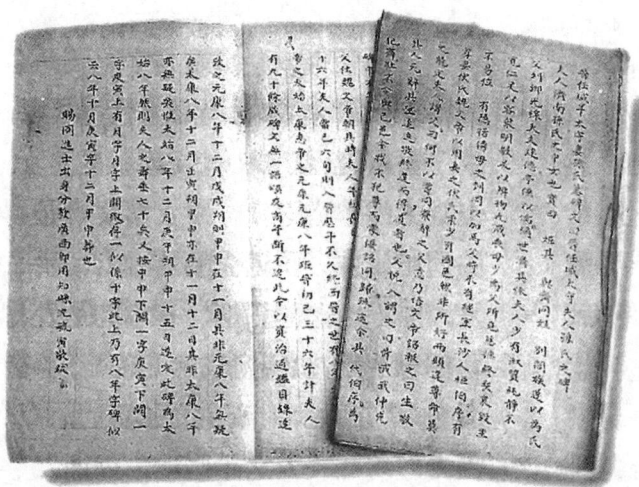

沈毓寅书《孙夫人碑跋》

小学扩建工程中，出土沈毓寅于道光十二年（1832），岁次壬辰九月撰写的《重修城隍庙碑记》碑刻一通，现存新泰博物馆。这一文物的发现，证明沈毓寅考中进士的当年，撰写了《重修城隍庙碑记》。又从落款"赐同进士出身分发广西即用知县沈毓寅沐手撰文"得知，撰写碑文的当年（1832）已分发广西即用知县，与《新泰县志》忠义卷所载沈毓寅传正合。近年外地发现沈毓寅遗作数宗。

沈毓寅后人沈维进，近期在上海发现沈毓寅诗札墨迹 6 件，连同近年发现的沈毓寅其它墨迹于 2019 年 3 月无偿捐藏于泰安市档案馆。沈维进还从杭州高伟《清代进士贡生信札考》中，喜获沈毓寅的手翰《和菩萨蛮·代柬复》，文曰："同心渴想情难割，怎禁几个三年别。魂梦绕桥西，问君知不知。非侬长爽约，未解辕驹络。无翅那能飞，空存骑鹤思。和菩萨蛮代柬复。宜翁仁长兄等（大）人即希顾误。筱杉均此致意。蕉青还好在念。不另札也。弟寅顿首。（白文印章为）'宾谷手翰'"。这一手翰的发现，对研究沈毓寅与友人的交往提供了珍贵史料，也为后人留下了不可多得的墨迹。

又从沈红叶、沈维进在 2010 年 10 月 20 日《泰安日报》发表的《手抄本沈毓寅文词现身武汉》得知，客居武汉的沈毓寅裔孙沈靖（时年 83 岁，离休干部）存有其父沈之源（生于光绪十五年，即 1889 年）手抄的沈毓寅遗作计 13 件。其中碑文、墓志、墓表 11 件，分别是：《改建关帝庙碑》作于道光元年（1821）；《兴福寺碑》作于道光三年（1823）；《重修孚泽庙记》碑，作于道光二十二年（1842）；《王丁炽碑》《兴福寺古刹记》，作于道光二十四年（1844）；《望驾山庄关帝庙碑》《张家庄重修关帝庙碑》《刘抢魁墓志》《刘恩仙墓表》《孙清泰墓志》、栖霞教谕《刘振德墓表》等，其写作年代不详。其中《改建关帝庙碑》开篇有"和气可以致祥，乘气足以召厉""天时地利人和"（《孟子》语），"非人和则事不成"（《左传》语）等句。这些词语阐明了作者的"和"思想。

另有词作两件：一是《扇面吟》：

素影片片，冰轮玉洁。

展开十二栏杆，悬起半轮明月。

助我几阵清风,解我许多炎热。

握手相交任转折,恩情何日别。

除非燕子归去,霜降花落时节。

其二是《用功歌》:

寒毡坐破,养成盖世才学。

七篇文灿烂星斗,一支笔判断山河。

昨夜间亲口问嫦娥,她许我金榜题名在此科。

慎今后,戒逸游,闲思妄想,一笔勾五车书。

仔细研究三场事,加意推求。

到那时占鳌头,谁敢与咱争先后。

沈毓寅这两首词,应是及第之前的作品,其立意新颖,无华大方,明快畅亮,简约朴素,清新悦目,积极向上。对独占鳌头,敢于争先充满自信。展示了沈毓寅性格开朗,崇文尚儒用世积极的精神追求。

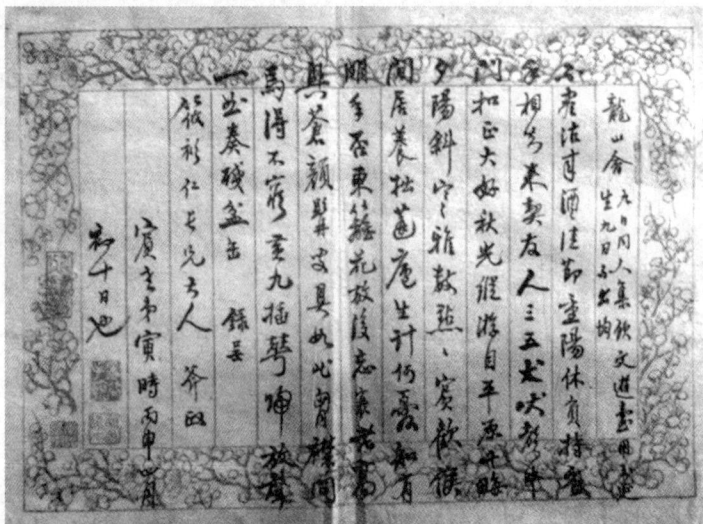

沈毓寅《龙山会》诗笺　　　　　　　　　沈毓寅书《菩萨蛮代柬复》

同时现身的还有《闻春江广西天宝(保)县凶问哭之》五律诗八首。沈维进认为是沈毓寅好友、道光举人李清濂为沈毓寅所作的另一首悼亡诗(两诗详见后文)。这两首诗不仅表达了对亡者的哀痛之情,同时也歌颂了沈毓寅的道德文章。

现身武汉的沈毓寅裔孙所存这组史料弥足珍贵,填补了研究沈毓寅史料之阙的部分遗憾。更为可喜的是,2016 年 2 月 14 日,沈毓寅书写的一件梅花边笺现身合肥一拍卖场,有幸被沈毓寅后人重金拍下,并迅速传回在原籍的族人。这件梅花诗笺共计 13 行,行书,内容是作者参加诗会后写给友人筱杉的一首词,词曰:

龙山会

九日同人集饮文游台,用玉延生九日不出韵。

不尽沽来酒,佳节重阳,休负持杯手。

相知来契,友人三五,犬吠声中门扣。

正大好秋光,纵游目,平原千亩,夕阳斜,

寒鸦数点,点宾欢候。

闲居养拙蘧庐,生计何忧,知有明年否?

东篱花放后,忘衰老,高兴苍颜聱叟。

具如此胸襟,问焉得,不穷黄九?

插花归,放声一曲,奏残盆缶。

录呈筱杉仁长兄大人斧正

宾老弟寅　时丙申四月初十日也

(盖有印章数枚)

　　沈氏这次与友人酬唱地点,词序中点明在文游台。此台在古秦邮,即今江苏省高邮县城东北,泰山庙(又称东岳庙)后的东山上。因宋代苏轼路过高邮时,曾与孙觉、王巩、秦观等文人在此饮酒论文而得名,该台自北宋后又多次重修。现存大部石刻是后代按真迹手卷刻成。"龙山会"之词名出自《晋书·孟嘉传》:东晋权臣桓温,九月九日大聚僚佐于龙山,即今安徽当涂县南之龙山。《元和志》卷28 当涂县:龙山,"桓温尝与僚佐九月九日登此山宴集"。后遂以"龙山会"称重阳登高聚会。由此知,沈氏上任前不仅在本地教授生徒,尝畅游多地,广结文友,并与之唱和。"龙山会"的时间,其落款谓丙申年,此年应是道光十六年,公元 1836 年,即沈氏考中进士的第四年。词所录呈者筱杉,在"代柬复"中也曾提到,应是沈氏十分友善的朋友。这一词笺的发现,丰富了沈毓寅的遗作,乃新泰沈氏之幸,新泰文化之幸。

　　沈毓寅自幼受岳父教诲,饱读圣贤之书,文采斐然。除上述所列诗、文、联、词外,在孙村张家林中还发现了他为友人张氏书写的碑文。碑文以"云山苍苍,汶水泱泱,先生之风,山高水长"发端,将死者之风范比作张家林南的云山和林北的小汶,先声夺人,气势不凡。沈氏后人近年还发现沈毓寅曾为孟子 67 代孙章丘旧军孟云峰所编五十四卷本《人镜集》作序。该书并序现藏中国国家图书馆,台湾大学图书馆及美国哈佛大学。结合他为岳父母留存的墓碑丹青和上述手翰,不仅表现出毓寅的文采精炼,而且书法俊逸遒劲,魅力独特。沈毓寅还擅长作画,南敖阳村牛金铸曾藏其画作。

沈毓寅赴广西上任之前,应族人嘱,为其族撰写了《创修族谱碑序》,凡 106 字(一说 96 字)。并从十二世始,立沈氏行辈十六字:毓庆之家,曰惟孝友,乃敬以和,安而可久。十六字之行辈用字精妙俊达,言简意赅,极富诗意,不愧是乡人之俊造。(本文还参考了沈惟进《揭秘清道光进士沈毓寅》,载《泰山文化研究》2012 年第二辑)

【本节编后】浅述明朝初年有些民户为何自枣强县徙居新泰

新泰沈家庄《沈氏族谱》云:"(沈氏)直隶枣强人也。自明初迁于山左,隶平阳。"本书第四章第六节所载张遇留祖上亦谓明洪武年初自河北枣强迁于今谷里大窑沟,遂家焉。笔者所知,新泰另有一些民户也是明初迁来的。他们为何明初自枣强迁来呢? 究其原因,皆是由外族入侵中原所致。

史载,金人入中原屠杀汉民甚众,蒙古人入中原,铁骑残杀汉人更烈,扬言要把中原变成草原。河南、河北、山东数千里人民杀戮几尽。金帛、子女、牛马羊畜皆掳掠而去,屋庐焚毁,城郭丘墟。大抵北方状态,先坏于安史之乱,以后,大毁于宋之南渡,至蒙灭金而摧残益甚。按当时户口数字计之,殆十不存一。直到明初,尚谓山东、河南多是无人之地(见钱穆《国史大纲》第七编第三十九章(二),商务印书馆,1999 年版;《明史·货食志一》)。就新泰而言,上述原因造成元至元二年(1264)新泰全县户口数不足一县,故划入莱芜县,新泰改设巡检司,三十一年(1294),复置新泰县。

众人皆知山西洪洞县大槐树是我国的移民集散地,殊不知还有河北(古称直隶)枣强县。明洪武至永乐年间,明廷在山西洪洞县的广济寺大槐树下设局驻员,历时 50 载,移民 18 次,涉及 1230 个姓氏,人数超百万,遍及全国 18 省 500 余县,此次移民旷古绝今。其中一部分移民开始向枣强转移。逐渐在枣强形成移民的主要集散地和中转地。曾有大量的移民由此向山东等地输送。据专家测算,明初从枣强迁出的移民达 35 万人,现在山东有枣强移民后裔达 1000 万人之多(参见彭建彬《枣强的移民文化新名片》,载《光明日报》2016 年 8 月 12 日 09 版)。以上即是新泰有些民户为何来自枣强之因。

第四节　刍议捻军过境新泰之况

——兼述沈庆祜父子等阵亡之士

鸦片战争之后,安徽、河南等地出现了一支穷苦群众揭竿而起的武装队伍,即人们所熟知的"捻军"。捻军本是淮河两岸穷苦人民反清结社,后逐渐扩展到河南、山东、苏北等地。成员有农民、手工业者、盐贩和游民。以抗粮、抗差、打富济贫等为主要活动，以十人或数百人为一股，称为一捻。居则为民，出则为捻，互不统属，无统一旗帜。咸丰元年（1851）河南南阳之捻揭竿而起。第二年安徽亳州以张乐行为首领聚众起义，此后多以"捻军"称之。这支队伍痛斥清朝官吏"酷以济贪，视民如仇"和搜刮民脂民膏的暴行，起义宗旨是"救我残黎，除奸诛暴，以减公忿"（张习礼等主编《中国历史大事本末》，第五卷，第484页，四川人民出版社，1995年版）。至咸丰八年，各地捻军发展到数十万人，配合太平军作战，屡破清军。后来，捻军又分西捻、东捻。各地捻军不断同清军和地主团练作战有相当实力。但是，弱点明显，一是在组织上并未完全统一；二是并非全脱产的专门武装；三是政治上缺乏远大目标。它不仅未能乘胜建立政权，巩固和发展胜利果实，相反，十几万大军只是为解决眼前衣食问题而奔波。即"于春秋二时，援旗麾众，焚掠自近及远，负载而归。饱食欢呼，粮尽再出，有如贸易者（江地《捻军史论丛》，转引自《中国历史大事本末》第五卷第486页，四川人民出版社，1995年版）。捻军虽与清军作战无数，有胜有败，后来败多胜少，一直维持到同治七年（1868）六月底，在山东徒骇河边宣告失败。

捻军具有以上弱点，又以解决眼前衣食而奔波，难免在转战各地时进行抢夺。他们在征粮抢物过程中不仅损害地主阶级的利益，必然波及无辜百姓的利益。所到之处烧杀抢掳，民众深受其害，官方故称为"匪"。捻军过新泰境《县志》记有数次，一次即咸丰十年（1860），众捻自西而东，纵横五十里，焚烧杀掳，村里萧条。九月陷宁阳后，二十日窜扑新泰县城，规模很大。"知县徐用熙与把总黑宝恩督同绅董赵世济、张伊泮、武生曹峰生等，带团守御，明日解去"。由此可知，以知县为首的新泰清政府对捻军过境十分恐惧，或说吓破了胆，亲自动用清朝地方军"带团守御"。第二次是同治三年（1864）春，"捻匪过境，自东而西。凡未修寨之村，又经焚掠"。第三次是同治五年，李鸿章负责"剿捻"，路过羊流"督师西来，追剿发逆赖文光、任柱（化邦）、捻匪张总愚（宗禹）等。大军过境，知县郑溥督率绅士张伊洁等，催运刍粮，以供采买，幸无缺误"。看来，捻军这次在境内逗留时间不长，因有李鸿章的清军在后追剿。然而，李鸿章却给新泰人民带来另一种灾难。他要在此补充粮草，令知县"催运""以供采买"。许多大户为清军拿出粮食充实刍粮。本受灾荒的新泰民众又增加了这份负担，以民粮充当了军粮，使民众之苦雪上加霜，是百姓天上掉下来的灾祸。第四次捻军过境是在同治六年（1867）。"六年五月十五日，发、捻各匪焚掠县境洛沟等庄，知县郑溥率绅团城守，并分队出击，生擒匪党冯合等三名。二十三日匪众西去"。九月捻军再次过境，"有大兵尾追，得免焚掠"（清光绪《新泰县志·灾祥》）。

捻军在八年内数次过境，每次都给清政府官僚和土豪劣绅以沉重打击是必然的。官僚政府一方面要组织团练等地主武装守城保卫官府衙门，一方面又组织团练民团抵御捻军的行进,与捻军展开搏斗,拼命效忠清朝政府的封建统治。捻军在与清军对垒鏖战的同时,还要对付誓死保护本阶级利益的地主团练武装。其中最激烈一战,乃是咸丰十年(1860)九月二十日,以沈庆祜为首的团练与捻军激战于名公洼。

沈庆祜,沈毓寅之子,字莆田。以廪生兼袭云骑尉,为承袭官职。到评定官位学习时,母老告归,充当本县团总①。咸丰十年(1860),河南捻军东进,九月二十日入新泰境,"是夕火光烛天地。次日黎明,大队涌至,窜扑县城。贼势横亘数十里,焚烧杀掳,村中萧条"(清光绪《新泰县乡土志·兵事录》)。当时,"国家乘平,民生稀见兵革"(《县志·忠义卷》),捻军到来民众不知其初衷动机、真相和势力强盛情况,"以为是可击而却之"。至捻军到各庄各村,或数十人,或十数人都与之力战,遇难者甚多。

沈庆祜督促带领本村团练及四乡各团练武装,会合蒙阴公姓所带团练武装,分头堵剿捻军,深夜时分遇捻军于新泰城南名公洼,猛烈交战到第二天中午,全军覆没。沈庆祜及子沈之屏均战死于阵中。

当时捻军到县城,县令徐用熙与把总(基层组织"汛"的领兵官,为清代绿营军的下级军官)等,带团守御,名公洼一开战,围城捻军都调到了名公洼,城围以解。次日,捻军拔队而去。沈庆祜带领的兵团虽败,而使县城免受围攻,故"实有功于全境云"(《乡土志·兵事录》)。

捻军在名公洼一役,新泰团丁乡兵死亡甚众。其中有19人随沈庆祜阵亡;有文生、武生、监生、廪贡计16人阵亡;有13人俱系带团御捻兵阵亡;各保团长、团丁共792人,在御捻兵中或战或守,或被裹胁,均系因拒捻兵而阵亡。如北鲍保团长沈毓丰,随同团总沈庆祜与捻兵战于名公洼,血战一昼夜,力竭被擒烧杀而死。

捻军路经新泰途中,烧杀掳掠,各保知名人士在御捻中也多有阵亡。如岁贡王之力,带团与捻兵接仗,众寡不敌,遇害后,捻兵焚其尸。武生朱应岱,年已五十,其父朱万盛为监生,老病风瘫,朱应岱将父避之丛生草木之中,捻兵搜得,掠走。朱应岱依恋父亲跪求不已,捻兵怒,焚杀其父,朱应岱与捻兵奋战,在破口大骂中遇害。再如西韩庄儒生王耀庭,捻军路经扰民,火光百余里,王跃庭无惧色,挺身而出到捻军营前陈述大义,捻兵不听,遂破口骂之,被捻兵杀害。中兴庄宋德,年仅二十有胆力,奋力以长枪杀捻兵数人。随后捻军骑兵到,角声四起,他完全可以逃走,他不但不逃,反而冲入战阵中被捻军围困,毙杀二捻兵后,四次出入阵中,后来力气不支,大呼:"吾终不为匪等所戮辱。"跃火内死。

---

① 团总:此指团练。系历代官绅在地方编练的乡兵,以自卫身家,防范起义,以维护封建统治为宗旨。至咸丰三年即1853年,这种组织大体每乡一团,一县中有若干团,每团设团总、团长、团正,下设百长、十长。每团人数不等,大约一百至五百人。

　　另有一批少妇、少女,捻军入境被掳,欲乱之。她们之中有的大骂不屈,被焚为灰烬。有的恐被兵辱,遂缢而死;有的投井自尽,更多者则被杀之。这些殉难村妇共计149人。

　　捻军"起庚申(1860)迄丁卯(1867)八年之内(数次过境),受害至剧,风声鹤唳,今谈者犹栗然"(《县志·忠义》)。说明捻军过境在新泰产生了极为深刻的影响。他们打击练勇及土豪富绅的程度必让地主阶级和封建统治阶级"栗然",这应是农民起义军的威力所致。起义军将反压迫、反剥削、反封建政府统治的怒火,发泄和倾注在镇压他们的清军以及打击他们的地主武装身上是起义军的性质和目的所确定的,这是历史之必然。另一方面,咸丰十年过境新泰的捻军,和其他捻军一样,虽是揭竿而起的农民武装,以抗清、打富济贫为宗旨,但他们缺乏组织纪律,焚掠的不仅只是地主富户和满清官府,抢掠的多是无辜百姓,给不少民众造成伤害。捻兵过境,民众无所准备,不知他们是何种武装只当众匪。为保卫家乡安全,保护自家财产与性命,在与捻军争斗中有的人财物被抢,有的丢了性命,故而给新泰人民带来一场灾难。如果说上述这些临难的团总团丁,是为维护乡众安全的同时,维护了本阶级利益而死,而村夫、村妇、儒生们,平时杂居乡间,默默无所表现,一旦遇变逢劫运,罹寇火,便激昂万分,有誓死不辱之概,人的节操义气存在人心,何尝一日而绝哉? 如种在土,振则出焉,如火在石,击则呈焉。这就是《县志》为在咸丰十年阵亡殉难者专立忠义一卷之意。也让后人知道这场突如其来的灾难。殊不知,危难之际,刀枪相对,挺身而出是必须具备不怕死的精神。应该说,《县志》所载捻军过境的情况大部应是事实。此即特殊时期发生的特殊之事,特殊社会时期殉难了一群特殊的历史人物。《县志》编纂者为抗捻军阵亡者立《忠义》卷,卷首语所言上述之语也是站在当时封建统治阶级政治之立场,称之阵亡之士为"忠烈""忠贞"。此即当时历史之本相和历史局限。故列本节,以记之。总之,与农民军对抗是其阶级立场决定的,以知人论世而论,为国殉难者可谓节臣,人格高尚,保有大节。

　　沈庆祜之父沈毓寅在广西天保县任上御贼,不幸殉难为国捐躯后,不久,自己与子沈之屏又在御捻中阵亡,一门三士都因战而阵亡,世所罕见。呜呼,可悲可叹哉!

　　主要参考书目:清光绪《新泰县志》忠义及灾祥卷,《新泰乡土志·兵事录》,均由新泰史志办编,2009 年版。

第五节　清代新泰牛氏名士

　　有清一朝,新泰域内牛氏一族可谓人才济济,虽无高官硕儒,但有多位名士显于方志。其中不乏忠义之士、教授、教谕,也有孝子贤妇及乐善好施,不吝资财,周济贫苦人家的善者。还有为增修县志做出贡献的文化名人和为教育事业奉献一生的书院山长,今将他们辑于一节,以飨读者。

一、安东教授牛蒿

牛蒿,字孔嘉,号松岩,牛文之子。清新泰县(今新泰市)人。善于研究经术(古代经典或某些专门性著作或指经、史、子、集之经),明礼义,乐善好施,族中依赖其举火者数十家;若遇贫困人士优先认真对待周济。牛蒿之举,远近知名。新泰县邑之内岁科乡试,过去只取八人,牛蒿力请扩额而自捐其费,邑人多年受其恩德。康熙戊午年(1678),牛蒿以贡生先后任昌邑、夏津教谕。

按清·康熙《夏津县志》卷六《宦官志·政绩》载,牛蒿于康熙二十九年(1690)任该县教谕。到任之日就谒拜了先师孔子庙,见墙垣倾圮,瓦砾满地,崇圣祠旧在庙东南隅,低矮狭窄,无人管理,东西两庑荡然一空。牛蒿看后慨叹良久,有志修葺。任职的第二年,慨然置酒拜会县内绅士,说:"学宫荒秃,虽本职之咎,实阖邑之羞也。我愿捐二年的俸禄,成此大工。"遂后出银四十两计划作为开始创修学官的经费。当时乡绅亦踊跃奋捐,积极督工庀材,不到两年两庙焕然一新。又移崇圣祠于庙之东北,大扩旧制。他先后解囊助学百余金。又在院内植柏树,一望蔚然大观。工成,他回顾往事而喜悦地说:"此皆诸绅士之功,余何力焉?"后来升任安东(治今江苏涟水县)教授。牛蒿守正不阿,知识界一时振起。其上司以卓异之才进行举荐,蒿力辞致仕而归。蒿庭训甚严,教五子俱以成名,以子(牛)德隆任招远教谕,赠修职郎。牛蒿还曾应知县宗之璠之邀参订康熙《新泰县志》。清《新泰县志·人物》列《文行》。

二、忠义缙绅牛文

牛蒿之父牛文,字斐吾,明崇祯年间(1628—1644)在省按察司衙门当书办,掌文案。清顺治元年(1644),清朝政府已定鼎北京。李自成起义军无奈,从北京仓皇撤出,局势一片混乱,起义军大顺政权纷纷败亡。此时,大顺政权所置新泰县令周祚鼎为起义军守城十分努力。《新泰县志·人物·义行》载:"甲申(1644)国朝(清)已定鼎燕京,'李贼'所置'伪'新泰令尤为贼守城甚力。"可见,以周祚鼎为首守城军民,誓死抗清,据不招降。此时清驻守济南的山东巡抚方大猷,于八月二十二日向清廷奏报:"新泰城小而固,去省城仅三百余里……招抚再三,到底不服。臣思此局有何了时。"(见中国第一档案馆方大猷题本)。清摄政王多尔衮当即批示:"伪官(指周祚鼎)敢于抗拒,该抚自当擒拿正法。"方大猷接到批示,立即密调临镇署总兵王国栋,署监军道事张安毅分统马步兵、回兵营及抚道的各路人马,分兵两路要"星夜前往新泰为攻剿之计""对商量不下归顺清廷者皆屠之"。牛文得知情况心急如焚自省城日夜奔驰三百余里至新泰,射书信于城中,城中之人知晓清军要攻剿新泰,纷纷赶往县衙报告牛文射书之情况。周祚鼎见势继续抵抗后果严重,于是退走众人他也弃城而去,城破,一场血战就此避免。后人认为牛文为忠义之士,崇祀忠义,《县志》列《义行》。话说两端,新泰县令周祚鼎是在腹背受敌情况下弃城而去的。他率孤军守城四月有余,是李自成政权中为时最长者,在明末起义军政权史上留下重要一页。牛文之举则是"以城降清"获得的义士之名。

三、名宿牛德隆、"孝友端方"者牛肇隆

牛蒿子牛德隆,字翙升,号愚庵。天性孝顺父母,友爱兄弟。五岁入学接受教育,过目成诵。十七岁入乡学带廪食学习。康熙丙寅年(1686)以拔贡身份任招远县教谕。期间修校舍、赈贫士,教人先教学生树立良好道德品质,而后教有关写作文章的学问。省学政彭维新对其礼遇有加,称为名宿。

牛蒿子牛肇隆,天性纯孝。其父牛蒿在外任儒学教官,每年必往探望,虽隆冬盛暑未曾间断。母亲潘氏,奉之如严父,并视诸弟(肇隆为长,兄弟五人)十分和顺。雍正八年(1730),臬宪(按察使)在拜访绅士(当地有势力的地主或退职官僚)、孝友(孝顺父母、友爱兄弟之人)为民之表率者时,吴县令首举牛肇隆。臬宪旌表曰"孝友端方"匾额,以资对牛肇隆表彰。清《新泰县志·人物》列《孝子》。

四、增修《县志》的牛峡父子

牛峡,牛蒿之孙,牛遇隆之子,字连山,号省庵,早孤,以事母而孝闻。母亡,过分悲伤,身体消瘦得皮包骨头。又担心家境陷落声誉不好而思虑,因而白天操持家事,夜间攻读,想尽早掌握知识。清雍正元年(1723),选拔弟弟牛峘,但弟年幼,峡乃善训育之,使弟得增广生入太学。牛峡终身未与弟分灶生活而无异议。雍正十年(1732),(新泰县)吴县令委托其增修县志,恰巧吴县令调走,事未完工。雍正十二年(1734),县令魏希尚用檄文征置义田,普济贫民,耕获出纳,由牛峡尽其全力督其事。牛峡死后,其子牛基昌仍然仔细研究所闻所见,续县内事略二十年,藏于家。

清《新泰县志·人物》将牛峡列入《孝子》。

五、"贞洁自励"的宋氏女

宋氏,为益都训导蒙阴县宋人魁之女。十六岁嫁于牛峡次子牛基哲。公爹牛峡曾经患毒疮,宋氏为其涤除便溺,从无难色。婆婆刘氏早殁,事继婆婆谭氏无不称意。公爹之妾田氏无子,也事如继婆婆。

宋氏二十八岁时,夫牛基哲卒。其子牛澍方周岁。宋氏贞浩自励,奴仆们不得入其内门。

牛基哲行二,兄长牛基昌,三弟基敏,四弟基壮,五弟基修,各立炉灶。三弟基敏夫妇相继而亡,尚无子嗣,议将其家产分了,宋氏坚决不允。后过继基修三子牛源为牛基敏嗣子。基壮、基修为同父异母,同为宋氏丈夫基哲的弟弟,宋氏与其友好相处。起初,四弟

基壮家景困窘,每年春秋二季宋氏都借贷其耕牛种子。经数年之积累,家业稍丰。如遇年景歉收,宋氏总要出谷米周济贫乏。

乾隆十三年(1748)岁饥,有陈某卖妻,买主已交身价款项,陈某夫妇哭泣着不忍离别。宋氏听说此事,借贷为陈氏偿还原值,陈氏夫妇重得团聚,后生二子。同年,郭某典当婢仆数人到自己家里为奴。至秋,谷物成熟,宋氏照原契约数全还郭某,赎回婢仆,不向婢仆索要赎金。

宋氏延请老师教子牛澍读书,终成县内增生。

宋氏可谓孝义两善,当她健在的时候,众人皆请求予以表扬。清《新泰县志·人物》列《节孝》。

宋氏女不仅"贞洁自励",孝敬公婆,团结丈夫兄弟,使家庭和睦友善,而且乐善好施,周济困窘贫者,不吝啬钱财,解他人之危,可谓是"孝义兼尽",品德高尚的女中楷模。

六、青云书院山长牛士范

清乾隆年间拔贡牛士范,字正儒,号椿园。他自幼孝敬父母,友爱兄弟,喜好读书,经史子集无不精研细读,考中庠生,又入洙源书院勤奋苦读,年度考试曾十次获得第一名。乾隆十八年(1753)成为拔贡,从此,以教授生徒为业。由于他学识渊博,教授得法,泰安、肥城、蒙阴、沂水等县学子纷纷投其门下达数百人,不少人受业后都成为当时的名士。《肥城县志》载有颂其德行、文章的诗二首。其中张扬《牛椿园先生读书肥城金峰书屋率尔奉寄》诗曰:"几载金峰柱,闻君道益深,闭关忘世事,宴坐见天心。夏雨生岩瀑,秋风响竹林。高斋课诵罢,一抚九弦琴。"乾隆三十八年(1773)新泰知县胡叙宁在县城创建青云书院,至四十一年(1776),特聘牛士范担任青云书院山长,主持院务并任主讲。乾隆三十九年(1774),泰安知府朱孝纯曾慕名请他参修《泰山图志》。

牛士范,治家甚严,教育子孙尚礼教,务实学,知书达理。他的侄辈也始终把他当作严师对待。士范言语行为必遵古训,"终日危坐,手不释卷"。他还精选唐宋八大家文章详加注解,编辑成册,未刊行即与世长辞,士人都以为十分惋惜。清《新泰县志》列《文行》。

牛士范去世后安葬于孙村家北"旗杆林"南林。其后世子孙耕读继世。

七、候补内阁中书牛祚隆

牛祚隆,清康熙年间新泰县孙村人。康熙二十年(1681)辛酉科中举人。授官候补内阁中书(清代为内阁属员,从七品)。年五十余岁病逝,葬于村东漏侯子林。清《新泰县志·艺文》载有其撰写的《宗公讲堂碑记》(宗公指县令宗之璠)一篇。参见清《新泰县志·选举》及《孙村志·人物》。

八、八岁先生牛锡祉

牛锡祉,清咸丰年间(1851-1862)生于新泰县孙村一贫苦农家。自幼聪慧过人,读书过目成诵。八岁时因受人欺侮,在药铺内愤然夺笔写下了"君子不得志,便被小人欺"字幅。一刘姓先生见状赞曰:"牛先生真乃才子也。"从此,牛锡祉"八岁成先生"的赞誉传开。牛锡祉家境虽贫,但念书十分刻苦并尊敬老师,于同治年间考取县庠生,46岁时选为岁贡生,被授予"明经进士"匾额。参见《孙村志·人物》。

第六节　敖山书院山长牛士瞻

清乾隆年间举人牛士瞻,字继苏,终生以授徒为业,后任敖山书院山长,名重一时。有诗、文收录县志。

牛士瞻在兄弟五人中最幼,读书也最刻苦,酷暑严寒从不间断,加之天资聪慧,贯通经史,于乾隆三十年(1765)选为优贡,四十四年(1779)考中举人,按例授文林郎。

牛士瞻学识渊博,著述颇丰。他在总结前人研究成果的基础上,著《五经精义》一部,对五经的要点作了精到的阐述。他还致力于地方史志的研究,并受新泰县令江乾达之请,参纂乾隆四十九年(1784)《新泰县志》,任分纂。在诗、文创作上士瞻也颇有建树,清《新泰县志》收录其《梁父山》《具山》诗二首及《书院废兴记》一篇。

牛士瞻教授学生必"先德行而后文艺",在教学方法上注重因材施教,循循善诱。一生授徒数以百计,肥城籍御史尹文麒等均为其学生。沧州名士沈公对此大加赞赏。特别是乾隆四十九年(1784)他主讲敖山书院后,泰安、蒙阴、沂水等地学子纷纷投其门下。

牛士瞻先后娶妻刘、冯二氏,有子枳、柱二人。殁后葬于孙村西北旗杆林(北林),后世多以"举人老爷"称之。参见牛尊先《新泰牛氏文化》(山东友谊出版社,2013年版)。

【评析】牛士瞻以诗论具山、梁父山

清《县志·艺文》录有牛士瞻《具山》《梁父山》二诗。新泰具、敖二山历史悠久,春秋时期鲁人视为祭祀之山,因避鲁国具、敖二君遂废祀。自古对具、敖二山地理方位的若干记载莫衷一是。或知"敖"不知"具",久之"具"名湮没;或以为"具"就是"敖","具""敖"为一山二名;或以为城北暴书山是具山;或以为具、敖二山相连,敖山之旁某一山是具山,但也指不出具山的具体位置。牛士瞻避开众家之说,独树一家之言,作《具山》《梁父山》二诗,以诗证二山的地理方位,解众人之惑。

(一)具山

诗序曰:

具敖并称,具之记载独略。以讹传讹,后将失真,故诗以记之。

诗曰:

培塿无松柏,落落何足数。先具于敖山,传之自前古。

城东十里余,泼靛润如雨。方型而陡崖,峭壁类环堵。

高不盈数寻,岩壑互吞吐。乡人呼为驹,若羝之有羖。

讵知几筊石,称名等新甫。暴书显化存,金斗抵与仵。

此山久谬讹,聊为志乘补。

该诗对具山之方位、山色、形状讲得十分清楚,具有以下几个特点:其一,具山是一土丘,且无松柏,又独立存在,方型。其二,在城东十余里,而不在城北。以新甫山、金斗山等同具山是不对的。色如深蓝,方形而崖陡,四周峭壁如堵土墙。其三,高不盈数寻(古代一寻七尺或八尺)。其四,乡人呼之似小马驹,又如公羊中的黑公羊。按此方位,敖山(即今人呼之青云山)之西南不足二里有一方形如土台,不高不大的土丘则为具山。具山与敖山相比又矮又小,又无人"光顾",久而久之虽"具敖并称",在人们的记忆中已将其忽略,加之"以讹传讹",逐渐湮没又"失真"。

先莫判断牛氏所指具山具体位置对与不对,他敢发表一家之言之精神,已是十分可贵。

具山、敖山两山之名甚古。今新泰一域属春秋鲁国之时,两山是鲁国的祭祀之山。因鲁献公讳"具",鲁武公讳"敖",为避讳二君之讳,改其所在乡名为山名。事见《左传·桓公六年》。但乡人并不在乎避讳,仍呼之原山名,其二山所在乡名并未见著于方志的记载。将敖山改叫青云山是清代的事。

具、敖二山最早见于《国语·晋语九》:晋国范献子到鲁国聘问,问具、敖二山,鲁人以其所在区划的乡名回答。范献子又问,怎么不以山名回答。鲁人说,先君献公武公讳也(这里所说之"讳"是因二君早已过世,古人生时称名,死后称讳,是对先人的尊重)。范献子认为自己没好好学习,触犯了鲁国两君主的名讳,遭到鲁人的耻笑。范献子聘鲁是在昭公之世,距献公、武公时代已很久远。

自古而今,对具、敖二山具体方位的记载,众说纷纭,似乎各有所据。对敖山的方位争议不大,综合众家看法即今人所呼青云山就是古敖山。具山的方位则莫衷一是。如《大清一统志·沂州·山川》载"具山在蒙阴东北十五里",《蒙阴县志》从其说;杨伯峻《春秋左传注·桓公六年》"先君献、武废二山"下注对具山的方位也从其说;臧励龢等编1931年版《中国古今地名大辞典》亦从上说。康熙二十四年(1685)《蒙阴县志·山川志》:"具山,距城东北十五里,保得河发源于此。"

又如,宋人乐史《太平寰宇记·沂州·新泰县》载:"……蒙山在县东南八十八里,具山在县东南三十八里,敖山在县东十一里。《左传》曰:'先君献、武废二山。'"《山东通志·山川志·新泰县》:"具山,在县东三里,南联蒙阴县界……"清人高士奇《春秋地名考略·鲁》："敖山在今泰安州新泰县东南十里，即敖山地。具山在敖山东南二十五里。"

新泰旧时方志对具山的记载也不一致，清乾隆四十九年（1784）重修《新泰县志·山川》载："具山，县东十五里，西连敖山，四峰特起，色若泼靛。《左传》'鲁献公名具，因废具山之祀，即此。敖山，县东南十五里，事详古迹。"《古迹》敖山削壁条下谓"按山形尾乾（指西北方位）而首巽（指东南方位），其势欲走。"按上文所记具山在县东，敖山在县东南，各距县十五里，二山相连。然而，按实际情况看二山界十分模糊，难以分辨。按《县志·古迹》书"敖山削壁"四字者为敖山，且"孤峰嵯峨，悬崖壁立，见于百里之外"。总之，该《志》主张具山在敖山以东。光绪戊申（1908）所编《新泰乡土志·山》则以为："具山，在县北六里，俗名金斗山，又名暴书山。……《左传》谓'先君献、武二山'者，即此。"该《志》以为金斗山就是具山。

今人史为乐等人主编《中国历史地名大辞典》具山条：即"今山东蒙阴县东北巨山。《左传·桓公六年》申缟曰：'先君献、武废二山'。杜（预）注：'二山，具、敖也。鲁献公名具，武公名敖。'《国语·晋语》：'范献子聘于鲁，……对曰：先君献、武之讳之也。'即此。俗称金斗山。"史为乐之所记更加荒唐，不仅"具山"变成了"巨山"，跑到了蒙阴县东北，且张冠李戴，新泰市区北之金斗山，变成了蒙阴的巨山，可笑至极。

笔者好友陈新生前曾撰《具山敖山考》，载其《敖山集》，泱泱数千言，也未得出具山的具体方位。他认为：具敖绝不能训为一山。对具、敖以二山持论，不如模糊推考。二山同受鲁国崇祀，必然并峙，相距不远，具山在敖山以东，排空横铺，耸翠献秀，如锦屏绣帐。

笔者以为，既然古人没有把具、敖二山之具体方位弄清楚，今人不过是根据古人之记载推断而已。更无从能弄明白，其实自古就没有人把二山具体方位弄清楚过。鄙人还以为具山不会跑到距敖山（即今青云山）以东或说东南的三十余里外的蒙阴县，也不是今人称之的金斗山，更不是史为乐所指的"巨山"。既然二山并称，当然不会相距太远，或二山相连一高一低。具山必在敖山附近或说敖山在具山附近，且敖山高于具山。说"具山在敖山以东"或说具山在敖山的其他方位皆是推断，并无确切依据，而且后人对具山的概念早已模糊。今人已多数不知具、敖二山之名，或混二为一，只称敖山为青云山。"敖山"在古人和今人的心目中都占有一定的分量，除了上述的文化含量外，今之"敖阳""敖阴""敖山东""敖山"等村名皆因"敖山"而得名。某些文人墨客也将敖山的奇特、雄伟而服膺并陶醉，留有不少吟咏的诗篇。自然而然地使具山名声湮没。随时代发展敖山之"敖"也发生了变异，将"敖"字改写为"嶅""鳌"，更有人写作"峱"，这些字都失去了敖字作出山名、人名的本意。

牛士瞻的《具山》诗与众家之说挑战，而且说明了具山在城东不在城北，企图以诗解众人"以讹传讹"。至于他所指的具山的具体方位，虽一家之言，但其独到见解也难能可贵,可作重要参考。

(二)梁父山

诗序曰:

梁父山去县西南四十里,泗水之北。郡志辨误:以新泰、莱芜界上有云云山,新泰从云云山之别称,指为梁父。郡志误矣。按云云山在泰山黄岘岭之北,与亭亭山对峙。今指县界之小山为云云,已失其实。新邑之西北境又非其地,新邑西南地近泗水,泰安直南宁阳西南东平山在泗水北界,其属新泰无疑,且张衡诗"欲往从之梁父艰",险隘可知。今岱之梁父平川,但假名,非真谓其山在是也。

诗曰:

> 汶阳古梁父,言地非言山。迄今问土人,未易考班班。
>
> 或假云云名,黄岘岭头间。从来多咏吟,但言往之艰。
>
> 新邑四十里,于兹为近关。况兼泗水阳,西望若风鬟。
>
> 志载有明证,非同强跻攀。寄语谢诸公,易心叩屏颜。

牛士瞻《梁父山》诗序指出的泰安郡志所记梁父山的位置是"假名","今岱之梁父平川",不是真"梁父山"的原因是什么呢? 简言之,汉之梁父县治在今天宝镇古城村,又称羊祜城,属泰山郡。梁父山在今天宝镇北。至隋开皇二年移梁父县于今岱岳区良父村,遂以县名迁山名,以"县北一小山当之"梁父山。此地平川,是假借了梁父山之名,郡志所记梁父山即此,故牛氏说"郡志误矣"。这是牛氏之高见处。"郡志"又将古山名混为古地名也是错误的。诗《序》中牛氏已说明"云云山在新泰、莱芜交界处"或说将云云山称之梁父山都是错误的。云云山在泰安黄岘岭之北也"已失其实"。诗《序》引张衡《四愁诗》"欲往从之梁父艰"及诗中"但言往之艰"句都是指的梁父山之艰险,并非在平川之地。

诗《序》开言所指梁父山在泗水之北是正确的,但距泗水的距离未详。而"去县西南四十里"和诗中"新邑四十里"皆谓梁父山距当时新泰西境界外四十里。因当时天宝属泰安县。"去":谓去县界,而非指县城。当时,可能因为受条件限制,牛士瞻从诗《序》到诗并未讲明梁父山的确切位置。但明确了以下几点:一是梁父山不在平川地,梁父山是"山",如果攀登是"艰险"的;二是泰安郡假借的梁父山不是山,指出了郡志之误,郡志将云云山指为梁父(山)更是"郡志辨误";三是梁父山"况兼泗水阳,西望若风鬟"。这句中"泗水阳"即指梁父山在泗水县北,从西面看梁父山上的松柏很像女子美丽的头发(宋周邦彦《洞庭春色赋》中有"携佳人而往游,勒雾鬓与风鬟"句)。由此看来牛士瞻所指梁父山即今天宝镇北、徂徕山东麓光化寺东有梁父县令王子椿所造般若蜜经之山峰。今人呼之映佛岩或映佛山。清光绪《山东通志》即认为"梁父（山）与徂徕（山）相接明矣"，唐人李吉甫《元和郡县志》卷十载"梁父山在泗水县北八十里，西接徂徕山"。《史记正义》引《括地志》及清人叶圭绶《续山东考古录》，还有今人安作璋主编的《山东通史·秦汉卷》皆主此说。山南今天宝镇古城村，又称"羊祜城"即汉之梁父县。《汉书·地理志（上）》载泰山郡所辖二十四县中的梁父县即治今古城村。颜师古所注"以山名县"即说梁父县是因有古之梁父山而"名县"矣。此山距新泰县（市）约八十里，即牛士瞻所言距"新邑"县界去西四十里。

总之，诗人牛士瞻能不畏上、不畏书、不畏古，大胆地以诗证史，以诗存史，以诗匡郡志之误，难能可贵。其热爱家乡山川之情怀，可谓用心良苦。

第七节　崇德向善的赵良辅等义士

《周易·上经·坤》曰："积善之家，必有余庆。积不善之家，必有余殃。"孔子以为"见义不为，非勇也"（《论语·为政》），"君子喻于义，小人喻于利"（《论语·里仁》）。孔子还说，"君子成人之美，不成人之恶"（《论语·颜渊》），"君子义以为上。君子有勇而无义为乱，小人有勇而无义为盗"（《论语·阳货》），"君子以义为质"（《论语·卫灵公》）。这些警句都是说，君子做事以道义为基础，以"道义"这一标准对待天下的人和事。能否行其义是区分君子和小人的重要标准。《论语》中还有一些"义"与"君子"相联系的词语，可见孔子认为"行善事则为君子""行义"成为君子的一种人格，"君子以义为上"。《荀子·王制》认为："水火有气而无生，草木有生而无知，禽兽有知而无义，人有气、有生、有知，亦且有义，故最天下贵也。"这就是说，人在天下万物中最为珍贵的原因在于有义。我们祖先从生活中体会到"人类是个命运共同体"，彼此依靠，就要有"义"，相互支撑，才能有"智"，才能生生不息。这里所说的"义"通"宜"，有理应（做）之意，合乎正义或道德规范；"义"又解释为善良，善良的行为。"行义"即"行善""积善"者恪守大义，必有余庆，有好报。"崇德向善"乃是中华优秀传统美德之一。

本节所辑十几位名士，都是清《新泰县志》列"义行"者，他们之中有乐善为怀，急人之难，慷慨解囊相助者；有扶正扬善，扶危济困者；有见义勇为，解乡亲之难，安寨保民者；更有义者，危险之际挺身而出，舍己救人，大义凛然；有拾金不昧、"挥金纾难"者；也有孝、义皆具者，还有昼夜效力、守城捐躯者。从他们简短的履历来看，均读过圣贤之书，懂圣贤之道，家财富余。积善之家，恪守大义。讲仁爱，崇正义，敬业乐群，孝老爱亲。这些名士是他们那个时代新泰素有名望的义士，体现和代表着新泰有清一代的乡土文明。从另一视角看，他们的事迹虽平凡，但是，中国人自古以来崇尚"忠、孝、节、义"。这种精神正是中国人血脉里的传统精神。

一、为守城捐躯的赵良辅

赵良辅,明末清初新泰人,字任吾,增生。明朝末年,土寇攻打县城,赵良辅与其子廪生赵志范等率众守城,昼夜效力,终使县城完好无损。顺治六年(1649),宁阳九山土寇李梗等攻城,城陷,官民多数逃遁而去。唯有赵良辅不屈服,骂土寇而死。后祀忠义,清《新泰县·人物志》列《义行》。

二、好义举的陈阶

陈阶,清新泰县人,字丹路,太学生,性直爽慷慨好义举。时新泰县城垣损坏,城墙倾圮,清乾隆二十六年(1761),陈阶倡议修筑。知县胡舒宁善其议,委令陈阶监修,木石工作经管周至,不避风雨,八个月后经验收告成,资费毫无染指。城垣修葺巩固,陈阶功不可没。清《新泰县志·人物》列《义行》。

三、拾金不昧的赵乐

赵乐,清新泰县城里人。家贫,居住在驿道旁,晨起拣拾黄包袱一个,内有数函,银百两有奇,知是行路之人所遗失。赵乐守候良久无人认领,并告知地保,请其悬帖于道旁。时间不长有江南两仆人,行色仓皇,前来询问,并具述其状,赴县禀官,验证书信号件,与银数俱符,赵乐欣然"完璧归赵"。知县胡叙宁赏赵乐钱布,给"拾金不昧"之匾额以资奖励。清《新泰县志·人物》列《义行》。

四、守寨保民的董树魁

董树魁,清新泰县谷里王庄人,富有胆力。咸丰年间(1851—1862)捻军骚扰乡邑,西南数十村民众聚雨坛土山上,筑寨自保,推董树魁为长。同治元年(1862)十月,费县境内匪首程四虎纠匪数千人攻其寨。董树魁督促众人堵截御敌,仓促之间洋枪自高处坠落,大声说道:"无恙也!"更燃抬枪一发毙贼多人。贼众又于夜间排列火炬烧寨门,董树魁令筑内墙以御敌。匪众连攻三日最终受创而去,不敢再来。董树魁以胆略使一乡之众赖以保全。清《新泰县志·人物》列《义行》。

五、"挥金纾难"的李希增

李希增,清新泰县羊流小石棚庄人。监生,是个在乡间值得信任而又受恭敬的人。光绪己丑年(1889)二月初七夜,庄内失火烧屋二百余间,衣粮荡然无存。庄内四十余户想散去逃荒。希增慨然说:"家幸稍裕,又独免于火灾,敢坐视诸人之离散乎?"于是,每人给谷一升,坏屋一间给京钱三千修缮,累计花费其京钱七百余千,而众乡亲赖以救济。呜呼!义矣。徐知县为表彰李希增义举,书"挥金纾难"四字门匾赠之。清《新泰县志·人物》列《义行》。

六、慷慨乐施的范起荣

范起荣,清新泰县谷里监生,慷慨乐施。咸丰十一年(1861),南捻围雨坛山寨,胁持财物。县西南数十村民众聚雨坛土山上筑寨自保。村民在寨中被捻军所困,寨中缺水,众渴不支。众人为难之际,范起荣自出银三百两贿赂捻军,村民解困。之后,各村敛银还谢起荣,起荣坚决不收。清《新泰县志·人物》列《义行》。

七、羊流寨长冀朝阳

冀朝阳,字凤阁,新泰县羊流店人,清末廪贡生。冀朝阳自幼接受严格的家庭教育,潜心读书,成绩优异,以县试第一名补为弟子员,入县学。不久即选拔为贡生,由县学推荐到国子监读书。

咸丰十年(1860),捻军进入山东,地方土匪也趁机扰民。新泰各地民众纷纷筑寨墙、办团练自保。羊流为著名驿站,是南北往来必经之地。冀朝阳在籍办团练,被推为羊流寨长、民团团长。捻军曾数次路过羊流,由于冀朝阳有智略,指挥得当,保民有方,羊流及邻村赖以安全,未受损失。

同治五年(1866),钦差大臣李鸿章率清军追剿捻军首领遵王赖文光、鲁王任化邦(即任柱)和梁王张宗禹(总愚)。李鸿章督师西来新泰(又见光绪《新泰县志·灾祥(增)》),驻羊流寨,命寨长冀朝阳为清军筹办一部分粮草。冀朝阳带头募捐,并积极发动民众捐款、纳粮,很快完成任务,使大军无留而行。新泰县令和泰安知府十分称赞和感激他。李鸿章更是赏识有加,欲举荐他为州县之官。因冀朝阳不乐入仕,李鸿章便以“翰林院待诏五品衔”之职褒奖他。

由于冀朝阳好义急功,乡间凡有大的徭役,唯其办理莫属。又因其仗义疏财,常常拿出自己的钱财来平息邻里争端。因此,羊流一带二十余年间无大的纠纷官司。

冀朝阳去世时年仅四十七岁,发丧之日,前往送行者达数百人。后来,乡人遇事不能办时,每每思念冀朝阳。光绪三十一年(1905),庚寅科岁进士于宝廷为冀朝阳撰写了墓表。清《新泰县志·人物》列《义行》(参见李光星《羊流风华·人物篇》,远方出版社2004年版)。

八、尚义气的陈立选

陈立选,武生,有气节,尚义气。清咸丰、同治年间,曾率众保家御捻。用手中兵器抵捻数人,并夺其马。年七十余岁时五世同堂。知县以为县内少有陈氏其人,遂将其事向上级作了回报。清《新泰县志》列《义行》。

九、孝、义皆具的李印川

庠生李印川,偕妻曹氏奉养寡母极其孝顺,传为佳话。其伯父家之堂兄李巨川病重患有痼疾,印川搀扶并奉服汤药无怨无悔,并且从不懈怠。乡里乡亲若遇急难,他每每竭力相助。清咸丰庚申之年有捻军扰民,乡人被捻危害受难者,也多依赖印川解决,年七十余仍能帮扶受难者。清《新泰县志》列《义行》。

十、齿德兼隆的范念兹

范念兹,清新泰谷里监生,乐善多义举。族中赖以举火者数十家。村北柴汶河广而阔,冬季修桥每每独有念兹担任。乡党以为念兹年高德劭,品德高尚,遂赠匾额曰"齿德兼隆"予以表彰。年八十九岁无疾而逝。子守同、守身均为庠生。清《新泰县志·人物》列《义行》。

十一、合乡称颂的郗志铭

郗志铭,清泰安县放城庄(今新泰市放城镇)人。孝友传家,善良继世,曾独建大石桥,重修奎文阁,创建平坦宽阔道路于山岗。屡赈穷饿于荒年。敦宗族,息讼争,施财济危,合乡称颂不衰。当时的泰安徐知县以匾额奖之。民国《重修泰安县志·人物志》列《乡贤·孝义》。

十二、乡人立石称颂的王正伦

王正伦,字敦五,清泰安县宫里王家庄(今新泰市宫里镇王家庄)人。王家一向家产丰厚,有慷慨好施的家风。咸丰元年(1851)岁歉,正伦出资赈济贫民,多依全活。捻军过境,他又招募乡勇三百余人,率众前往抵御。见寡不敌众即及时退回,并保护乡村男女入山避难,以此无被伤害者。正伦晚年自立家塾,聘请私塾教师以教授贫困无力聘请老师的子弟就读。当时的泰安知县杨某奖正伦以"闾里保障"之匾额,乡人亦立石以颂其德行。民国《重修泰安县志·人物志》列《孝义》。

十三、王、郭、戴三义士

南宋末年蒙古铁骑踏入中原,兵荒马乱,连年征伐,民众死伤惨重,导致新泰地区人烟稀少,不足千户。《元史·世祖本纪》及《地理志》载:"其户不满千者,可并则之,至元二年(1265)省新泰县并入莱芜县。"在新泰故地设巡检司。期间,新泰王显忠、郭亨、戴昕三义士认为新泰县并入莱芜县后,新泰到莱芜有百里之远,山多路险,输送交纳十分艰难。故三人恳请具言上奏,请求恢复新泰县治。是三人请求具奏起了作用,还是历史的巧合,元朝廷于至元三十一年(1294)复立新泰县。复立县治后,民多称便。县民无不称颂王、郭、戴三人之义举。此后三人祀"忠义"。清光绪《新泰县志·人物志》列《义行》。

【评析】如何看待冀朝阳为清军筹粮

上文(七)关于冀朝阳为李鸿章纳粮之事,大体情况是:同治三年(1864)太平天国农民战争失败,天京陷落。年底,太平军与捻军联合,公推赖文光为主帅,统一整编,战术转变,军事素质和战斗力成为相对较强的一支农民军,称之"新捻军"。新捻军成为太平天国失败后的农民抗清斗争的主力。清政府以僧格林沁的蒙古铁骑,对捻军发动大规模进攻。同治四年(1865)5月,两军在菏泽高楼寨一战,捻军击毙僧格林沁,全歼其铁骑军。清廷在惊慌中,连忙派曾国藩为钦差大臣,主持"剿捻军事"。捻军机动灵活的战术重创清军,至同治五年(1866)10月,曾国藩"剿捻"计划破产,于是,拉出李鸿章这张王牌主持"剿捻"。

李鸿章"剿捻"之事,清光绪《新泰县志》卷七列《灾祥》:"(同治)五年间……李公(指李鸿章)督师西来,追剿发逆赖文光、任柱、捻匪张总愚(宗禹)等。大军过境,知县郑溥督率绅士张伊洁等,催运刍粮,以供采买,幸无缺误。"羊流寨长冀朝阳在为清军筹办粮草中积极带头,受到县令和李鸿章的褒奖,看似为清政府办了件好事,从另一侧看,实则帮助了腐朽的清政府去攻打、镇压农民起义军,给本来连年遭灾的新泰人民又带来沉重灾难,使广大民众雪上加霜。对于类似人物、事件应放在当时历史背景中去看、去分析,他们的所作所为,看对哪个阶级有利。冀朝阳等人积极为清军筹粮,无疑帮了统治阶级的忙,违背了广大民众的利益。

第八节　轻财好义的贾乐同

贾乐同,字会仙,清泰安县宫里新庄(今山东新泰市宫里镇新庄)人,旧泰安县庠生。乐同轻财好义,其见识谋略过人。好劝人读书,倡议修建宫里义塾(旧时设立的公共学校),延请教师教读。又曾向正觉寺(位于今刘杜法云山阳)义塾添设膏火资助学生费用。乡党若有争议,乐同为之陈说是非,无不心服。

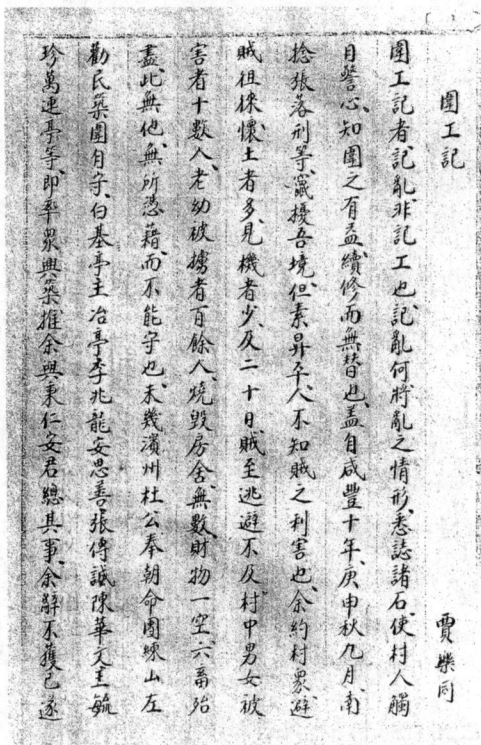

《围工记》书影

咸丰庚申年(1860)间捻军将至,乐同率众预避徂徕山,众人服其有先见之明。既而谋划筑堡,众人推荐其统领其事。然而,其用工料比想象难于十倍,乐同乃尽其职,焦心劳思,不分昼夜管理经营,不数月筑堡竣工。当时群盗蜂起,往来冲突,几无虚日,乐同守御之法不泥于古,且时出新意。由于他率众明约束,备器械,贼来虽清野侵犯,但他总有办法挫败其锋;贼去则以轻骑防备不测,十余年宫里新庄一带安定无恙。

众人利益得以保障,得益于乐同率众所筑村围及空心炮台。

村围成,贾同乐遂作《围工记》一篇,作于本村建空心炮台之前,载于泰安处士王价藩辑《岱粹抄存》(《泰山丛书》第二十六册)。今将《围工记》《炮台记》基本内容录于后,其目的不是展示乐同之文采,而是颂其义。他为民办实事乐此不疲,且具创新。乡亲们在危难之时他能千方百计、以智慧救乡人于水火,其精神至今有借鉴意义。《围工记》大意:

> 《围工记》者,记乱非记如何建造"围"。为何记乱呢？将乱之情形如实刻于石,使村人触目惊心。知(建)围之益,续修好围而不能废弃之。咸丰十年秋九月,南捻张落刑等窜扰我境,平素昇平,人不知捻之利害。余约村众避捻徂徕。乡人怀旧土者多,见机行事者少。到二十日,捻至逃避不及。村中男女被害者十数人,老幼被掳者百余人,烧毁房舍无数,财物一空,六畜殆尽。乡人无有他法,无所依靠,而且不能守护住。未几,滨州杜公奉朝命团练山左劝民筑围自保……李兆龙等数人即率众兴筑,推余总其事。余辞,众人不准,遂于十月兴工。所用劳力以户出,财以地计商人量本之多寡,约乡邻村以为之助。于是,门成其四,桥建以八,墙筑四百丈,更凿外濠以获之。历经八个月而建围粗就。第二年八月,捻军又至,赖围而守,不致奔逃。同治元年六月,土匪刘德沛据淄川,南匪数次与之往来,吾乡适当其冲;并教匪宋吉朋等起邹县,据白莲池来抢掠者三次,皆以围坚守,贼不敢逼近。嗟乎,以前无围而受害,以后有围而获安。围之有益于人,岂浅显哉。如果能续修不废弃,围长完固,即是仓促有变,也所持无恐啊。工程落成之时就议论着将围瓜分,倘若遇破坏,各自修补。逾一月不修,每尺罚破石五小车。倘是依赖不服,合村禀告官府追究其修造。断不可宽恕,一恶人开废修之端啊。村人且不要忽视这样的恶人。凡本村有劳诸位君子,都要坚守住这块刻有围工记的美丽的石碑,使之永垂不朽。

封建社会,"皇权不下县",乡村治理的大事小情都是依靠乡贤协调,乡贤说话有份量,办事有人帮,有能力有威望。如贾乐同组织村民建"围"自保,维护一村之民保安全,生命财产不受侵害,围建成后,立石以记,即是典型的依靠乡宿德高望重之人治理村务的事例。

炮台成,乐同遂作《炮台记》,载于《岱粹抄存续编》,其大意是说:古称有备无患,凡事皆然,而护城之台为尤巨。因虑贼之冲突,则借城以卫人,又虑之攻城,则借台以卫城,台成而城是依仗矣。只是台有虚实,实台从上击下则易,横击则难准,虚台则上下留眼,凡上下用炮,皆顺墙平击,百发中,其得利之多,远非实台可比。从前未有炮统守城,全凭矢石,台虚无益,所以不用,并非古拙而今巧也。

余村建围之后的第二年,即同治四年(该年乙丑,1865),捻匪还未平,余约增修空心炮台,村人乐从。富者出资,贫者出力,遂兴工建空心炮台六所,因旧基建实心者一所,故四月初二兴工,经五个月而工竣。是果有备无患乎?非也。千丈之堤,溃于蚁穴;合抱之木,摧于蛀蠰。千密不敌一疏,备道岂易哉?也就是说,学善于守备如禁卫啊。凡本村、邻村董事者,并志贞珉,以著其绩。

空心炮台的制作方法,民国《重修泰安县志·艺文志》所录《贾乐同空心炮台记》有详述:其制作方法始于洴澼(在水上漂洗棉被)百金方。(其方要点是说)无论城与寨,只怕寇贼附墙,不附墙即不能登(城、寨),实炮台可由上击下,不便横击。空心炮台凸出数尺,三面留炮眼,最便于横击,此乃守御之要点。修城筑寨者宜取贾乐同之法。可见贾乐同在防御设施方面有创新,可谓实践出真知。"空心炮台"是其一大发明。民国《重修泰安县志·人物志》列《乡贤·才猷》。

第九节　清代孝亲典范

常言道,百善孝为先。乌鸦知反哺,羔羊能跪乳,人不孝其亲,不如禽与畜。中华民族自古以来有尊老、敬老的优良传统。孝敬父母从来就是上合天理、下合人伦的事情。"孝"是中华民族的传统美德,孔子说:"夫孝,德之本也。"(《孝经·开宗明义章》)"夫孝,天之经也,地之义也,民之行也。"(《孝经·三才章》)"人之行,莫大于孝。"(《孝经·圣治章》)他强调为人首先要孝敬父母,要做到敬亲、娱亲、顺亲。故而还说:"今之孝者,是谓能养。至于犬马,皆能有养。不敬,何以别乎?"(《论语·为政》)孟子也认为"孝子之至,莫大乎尊亲"(《孟子·万章上》)。他又提出"老吾老,以及人之老;幼吾幼,以及人之幼。天下可运于掌"(《孟子·梁惠王上》)。数千年来,"孝"这一东方传统美德,不断发扬光大,成为中华优秀传统文化中的一枝奇葩。

历代统治者把孝道作为维持封建社会家庭的纽带,巩固社会秩序的重要手段。孝廉也成为封建社会朝廷选拔人才的主要标准。孝子从来都受到人们的特别尊重。历代政府也都对孝敬父母者通过多种渠道广泛宣传,教人弘扬孝道,使之发扬光大。清朝政府也不例外,号召各级官府将感人至深的孝子或载于方志,或赠予匾额,甚至建坊旌表,使之数代荣耀。动员社会各种力量,以各种方式宣传孝子的事迹,效法孝子的精神,以作为倡导家庭和睦、敬老护幼、友爱兄弟、调节代际关系,乃至治国安邦的重要措施。孝,这个根植于中华传统文化中的根本道理、根本人伦,成为几千年来人们的根本共识和实践,留下若干感人的经典故事。现将清代《县志》中所列孝子辑成一节,借以弘扬他们的精神,继承其高尚情操和美德,并冀望树立良好家风,敬老爱老,进而培育社会主义核心价值观。

一、莒州学正纪元复

纪元复,字德贞,号朴庵,清新泰县人。雍正丙午年(1726)举人,初选江西大庾县(今江西大余县)知县,改调莒州(治今莒县)学正,天性纯孝。父病数年,亲自侍奉汤药不倦。丁未年(1727)遇礼部招考,元复迫于父命前去就试,试竣即购参饵驰归。到该科登明通榜,以回原籍而失去机会,毫不介意。等到父殁,元复哀毁骨立,骨瘦如柴,只吃粥饮水,不入自己房间就寝三年。元复好读书,精研经史,荟萃群说,著有《四书正解》,学人多敬仰之。曾作《重修文庙记》,载清《县志·艺文》。清《新泰县志·人物》列《孝子》。

二、典身葬母的赵成美

赵成美,清新泰县人。幼年孤贫,以为人佣工养活目盲的母亲和自己。成美赤脚露体而母亲则衣食无缺。母亲目瞽,不能自炊,每天清晨成美都要做饭喂食母亲,然后再去主人家做工,数十年从不怠慢。母死,典身买棺葬母。赵成美之孝行,感人至深,可与董永相媲美,天地可鉴。清《新泰县志·人物》列《孝子》。

三、至性贡生李得芳

李得芳,字维馨,清新泰县人,贡生,品行高尚。母死后,侍奉父亲甘旨美肥,自食粗粝糙米。并说:"吾母哪儿去了?有鸡豚而不得享,吾不能下咽也。"父病,侍奉父亲满一月衣不解带。

年六十八岁,父在堂而自己病危,呜咽着而不能战胜自己,说:"吾父还活得好好的,他晚年怎么办?吾身先死乎?"最终不能起,死不瞑目。长子李希博继父行孝侍奉其祖父,寿九十余岁而终。清《新泰县志·人物》列《孝子》。

四、奖千总衔者徐占魁

徐占魁,一名凤梅,清新泰徐庄武生。光绪庚寅(1890)春,因捐款赈灾奖千总官衔。

占魁自少勤苦,曾依靠贩卖货物养亲。咸丰年间其父徐宗河被捻掳去,占魁辗转进入捻军中哀恳不已,最终将其父释放。母殁,占魁在墓地搭建窝棚守墓三月。父年九旬,占魁常与父同卧同起,暖其衣服被褥。占魁曾经外出探亲,偶然感到心悸,速归正遇父得重病。光绪壬午年(1882),政府为表彰占魁之孝行旌表建坊。庚寅年占魁卒,终年六十八岁。子兰田,武生,好善趋义,有父风;次子兰坡是个文生。清《新泰县志·人物》列《孝子》。

五、竭力孝亲的韩守恒

韩守恒,清新泰县人,增生韩永省之子。家素贫,而事父母必竭尽全力。父患神经错乱的疯疾。守恒不离床褥者三年多。侍奉父母之病疾,每食代操箸匙,便溺必亲扶持,始终不曾懈怠。至父卒,庐墓数月,竟以哀毁,造成疾病而亡。清《新泰县志·人物》列《孝子》。

六、有君子之风的孝子尹式舜

尹式舜,字际唐,世世代代居住在魏(家)峪。性格正直实在,好义举,十分谦恭,有古代君子之风范。咸丰庚申年(原文为"庚午",清咸丰年间无"庚午"年,应为"庚申",即1860 年,该年南方捻军过境),背负老母避乱,屡次逃于山中,曾经的艰苦无以言表,扶持侍奉老母从不懈怠,终年六十有九。《县志》列《孝子》。

七、高氏一门三孝子——高阳、高鹭、高棋声

高阳、高鹭,清新泰县张庄(今属新汶办事处)人,是生员(俗称秀才)高洪功的儿子。家贫,靠打柴换米以奉养双亲。其父高洪功以耕读为业。为求科举入仕,苦读久坐使股臀生疮,万分疼痛,临近科考,两兄弟见父病,股不能乘骑赴省城考试,皆愿以背负之。又曾背父去长子县(治今山西长子县)。等他们回来时,背上已成疮。服劳尽力,无有倦色。县令史庆义于康熙五十二年(1713)表彰兄弟二人谓"兹孝家风"。清《新泰县乡土志》列《忠义孝义》,又见《县志·孝子》。高氏族人对高阳二兄弟的孝行十分崇敬,将"慈孝家风"匾额悬于祠堂,后又刻于石碑,流传于今。

(注:该文高阳、高鹭两人之名,见于清光绪戊申,即1908 年冬月本《新泰县乡土志》第 47 页。清光绪增修版《新泰县志·人物》第 299 页作"高阳鹭",其条下云:"皆二子背负。"似"高阳鹭"非一人名,如若二人名,阳鹭之间应加"、"。该条比《乡土志》多"尝往长子县,比归,背成疮"数字,两者对比其他内容基本相同。清光绪增修版《新泰县志·人物》是否将"高阳、高鹭"误作"高阳鹭"还是《乡土志》将一人名误作二人名,不得而知。从两《志》所述同一内容看,皆有"二子背负"。笔者认为《乡土志》所录人名是对的,故而视为两人。)

至道光年间,高氏一门又出了大孝子高棋声。棋声乃高阳四世孙,立志传承好慈孝家风。其家境虽十分困窘,但对父母却格外孝敬,千方百计保证父母衣食无忧。当 76 岁父亲高松魁突患半身瘫痪症数年期间,高棋声对父关爱倍至。吃饭必亲执箸匙,便溺亲自扶抱,天气晴和之日,常抱扶老父,享受日光之温暖,每日与父同寝同起。家人也对老人关爱有加。高松魁在儿子高棋声及其家人的精心照料下,年高八十而终。高棋声的孝行感动着乡亲。乡绅张圣选亲撰《孝子实事文》记述高棋声至孝的美德和感人事迹。

八、少以孝称的郅敏学

郅敏学,自少年以孝著称,侍奉双亲无微不至。父病不能卧床,时时以身扶而抱之,坚持数月衣不解带。父殁后守墓吃粥,饮水而已。《县志》列《孝子》。

九、孝义皆备的朱增保

朱增保,自幼是个孤儿,事母甚孝。母死后,每日以羹饭祭奠于墓,风雨无阻,至服满乃止。又善针灸术,为人诊病,有求必应。《县志》列《孝子》。

十、孝妇张氏

清末乔开珩妻张氏为张兴文之女,住梁父(今天宝镇)小河西。因家贫与乔家订婚后

育养乔家。乔开珩有手足病疾,未成婚而卒。当时张氏年方十五岁,痛苦屡绝。乔开珩之母急招张氏之母,令张氏暂归娘家,并将其一切服物尽送其家,以示不再返回乔家。张氏闻其事,更是恸哭仆地不能起。其父母追问她说:"你想如何?"张氏哽咽良久才说:"儿不返,将于乔门终生侍奉我的婆婆,誓不偷生。"张氏娘家比邻多乔族,有乔培旺者是张氏之公公乔亦韩的同宗堂房弟弟。当天晚上,张氏去娘家村中之培旺家,表白心意,要自己以乔家为家,不以娘家为家。至夜,张氏仍歔欷,亦不吃饭。培旺感到十分可怜,次日邀同族兄弟率张氏母女去见张氏婆婆,仰求存留。其婆婆不允如前。张氏立即要撞棺自尽,其母再次劝之回去,以为后图。张氏之痛较前加益,仍不吃饭。张氏之父张兴文恳请乔族之人某某复劝其婆婆说,再不允即死矣。婆婆有所犹豫。有同村增生田方平、乡耆乔恭陶向其婆婆说,如此义妇,不从其志,倘若自尽,后悔也无济于事。其婆婆乃说,应我三事我可留:不修容,不出游,无大事不归娘家。张氏听后有些喜悦并应允。自此稍稍进食。遂择吉日过门,祭婆家祖父母与公公墓,并拜夫乔开珩墓,后与婆婆同寝一处。

张氏婆婆多病,患四肢不仁(失去感觉),张氏为其捉虱搔痒,定时问候探望。冬天,温被使暖;夏日,扇席使凉,尽其全力满足婆婆的意愿。婆婆八十八岁寿终,抚事二十余年无悄懈怠。婆婆虽殁,每饭必祭,服事亡人如存。张氏父母先卒,葬于小汶河畔,每年夏暑大雨潦涨,张氏必依门久望。夫家窥其意,即迁张兴文夫妇于梁父东皋高处,并立碑碣。起初,张氏以爱父母之行为爱其婆婆,此又以爱公婆之行为不忘其父母。嗟乎!像张氏这样的人,节与孝可谓兼尽矣。其更加异奇的是,乔开珩兄弟三人,长者乔开珍无子,次者乔开玫生二子,年近五旬,其妇已断产八年。张氏默祝阴祷,复又举一子,张氏说,我有儿子了,即以子为乔开珩之嗣。咸丰元年(1851)冯学政对张氏大力表彰。同治(1862—1875)以来锡太守、何大令,曾先后赠以诗歌。县内有地位有声望的读书人赠以言语文辞,又数十人像李培硕、侯芳苞等人最著。泰安县宰何松亭有诗《节孝行》赞曰:

> 男儿志孝女儿节,天地纲常恃不绝。
> 须眉笃行世间稀,况女全孝兼贞烈。
> 孝娥节妇自古传,未若斯人尤芳洁。
> 芳洁之声遍齐鲁,访之土人无异说。
> 泰邑城南节孝乡,字乔童养女氏张。
> 丈夫夭折年十五,未嫁人偏称未亡。
> 姑遣大归怜齿稚,无如誓死守空房。
> 念姑病废无人侍,虽有二子难扶将。
> 惧女妄生敬女义,姑不得已顺女志。

上妆展墓悽动人,从此不离萱堂地。

蹀躞床头廿余年,德色不形无惰意。

祝伯生儿儿果生,为夫立后拜天赐。

阿姑得妇百无忧,阿妇喜姑疾渐瘳。

昼奉羹汤夜织纺,时还抱子解姑愁。

敬兄及嫂睦亲族,一家和顺足优游。

颐养天年臻上寿,姑方一笑归林丘。

归林丘,妇事毕,地下相从儿谁恤。

尽礼尽哀心未终,每食必祭死生一。

庭闱心事道涂知,贤圣躬行巾帼出。

懿德旌门待表彰,乾坤清气入吾笔。

（张氏女婆家旧时归泰安县,故载民国《重修泰安县志·人物·烈女节孝》）

旧志中载录的烈女节孝者虽为封建社会"三纲五常""三从四德"的牺牲品,却占有相当篇幅,多颂扬褒奖贞节孝悌者。民国《重修泰安县志》之所以载录《乔开珩妻张氏》,是赞一位十五岁豆蔻年华的少女张氏"全孝兼贞烈""芳洁之声遍鲁齐"。今将张氏从旧志载录的若干节孝女子中选录于本书,非赞其"贞烈",而赞其"全孝"。一位花季少女,侍奉一位"四肢不仁"的老妇二十余年无悄懈,且"定省温清""悉适姑（婆婆）意",哪有不赞之理? 自古以来,百善孝为先。"孝弟也者,其为仁之本与"（《论语·学而》）。世上无论贫与富,官与民,男与女,"事父母,能竭其力"（《论语·学而》）者,受人敬。两千多年来,"孝"这一东方之美德在中华民族中一直产生着深远影响。愿美德长存,孝者长在。

十一、施药救人的韩凤彩

韩凤彩,字九苞,清新泰县兴隆屯人。性情至孝,孝顺父母,友爱兄弟,侍奉伯兄十分恭瑾,兄亦友之,十分和顺。乡里乡党有争讼总是由他排难解纷,亲族之贫困者亦给予周济。又精通外科,施药救人,救死扶伤,使全活者甚众,全县称之。县令郎凤来赠送表彰之匾,额曰"熙朝人瑞"。以监生五品之衔被遵奉举荐为乡饮酒礼的大宾。清《新泰县乡土志》列《耆旧录》。

韩凤彩另一事,即在清同治五年,李鸿章"剿捻"过新泰,和羊流冀朝阳一样,为清军捐过粮,以助军营,出土碑为证:2019 年,在韩凤彩之村庄——新泰翟镇兴隆屯村出土《敕封忠亲王功德碑》一方,碑文载:咸丰之末,兵燹蹂躏,民命不堪,幸王师之来东,奠生民于再造。里人韩公凤彩者亦尝助粟军营,报恩万一,越至今垂三十年矣。立石时间为光绪拾伍年,岁次己丑,即公元 1889 年。无疑,这方碑是捻军过新泰的三十年后为忠亲王僧格林沁歌功颂德的。又证,在咸丰末年捻军过境,韩凤彩为钦差大臣李鸿章的剿捻部队捐粮有功。故可"以监生五品之衔被遵奉举荐为乡饮酒礼的大宾"。韩氏之行为的性质与冀朝阳一样,不再赘述。

(注:乡饮酒是古代的嘉礼之一。《仪礼·乡饮酒》详记其礼仪,主要活动是集合乡众,在乡学饮酒。每三年正月,考察乡学中人的德行道艺,选取贤能,进荐于国君,行乡饮酒礼,以贤能者为宾,有选拔人才意义。后沿其制,但内容有所不同。)

十二、一乡善士、孝子万秉复

万秉复,字礼堂,清泰安县镇里(今新泰市宫里镇镇里村)人。秉复未到成年丧父,弟妹俱年幼,家庭拮据艰难,但其不废诵读。等到享受政府按月发给粮食等生活物品时,秋季朝考却屡荐不能考中。后以母亲衰病,遂废弃举子朝考之学业,以廪贡而终结。秉复母患痰疾,见五色总以指尝之,验病之所在。对弟秉衡抚养教训以至长大成人。兄弟俩析居田宅,其好的、值钱的物产听弟秉衡自行选择。长妹家贫,秉复购田以赡养之。又于延东村购田数亩赠予舅父。岁荒他施舍饘粥,汶河发大水他筑堤以防。其睦于家族,厚于乡闾。人们都说秉复是一家之孝子,一乡之善士,并非过分夸奖溢美之词。民国《重修泰安县志·人物志》列《孝义》。

十三、孝闻一方的贾美章

贾美章,宫里镇人,性情朴实,因事奉母亲而以孝闻名一方,又恤孤怜贫。道光元年(1821)举为乡间耆宿。泰安知县萧某以"接武洛英"之匾表于其门,成一方之荣耀。民国《重修泰安县志·人物》列《孝义》。

十四、端庄严谨的安思善

安思善,宫里安庄人,岁贡。生来行为端庄严谨,与人从不设城府,光明磊落。其兄安思泰好挥霍,致使其子贫困不能自给。思善可怜其侄,分自家田数亩以赡养之。思善尤善书法,学柳体,字遒劲有法,乡里称之。民国《泰安县志·人物》列《孝义》。

十五、贤良女韩氏

今新泰市楼德镇柴城村旧时归属泰安县管辖。据清道光八年(1828)《泰安县志》载,西柴城出了一位贤良女——李瑶妻韩氏。该女为西柴城村韩昌贵之女,生而端庄贤淑,嫁于延东村(今属岱岳区)李瑶为妻。李家赤贫韩氏却无怨恨,一心一意侍奉婆婆陶氏,每日鸡鸣而起开始劳作,辅佐丈夫左右,关爱孩子,诸多方面谨守其表,照顾家庭全面周到。婆母亡故,竭尽全力营葬。后来全家经济更加困苦,加之其夫不到中年突然折殒,生活更加无着,似雪上加霜。韩氏养活儿子,全靠纺丝与搓麻线维持。朝夕虽受诸多艰辛,她有儿子做支撑却当甘甜,唯有忠谨。但是终日因无力使儿子上学读书而忧愁,她认为只有节衣缩食,倍加劳苦,积攒束修(即学费)才是出路。在她的努力下终使儿子李成鹏读上了圣贤书，众人无不为之祝贺。而韩氏则认为名虽至而实未达到自己的要求。因此每每殷切勉励其子，至七十九岁无疾而终。

泰安旧《志》之所以将韩氏列《节孝》，不仅因其贞节，而彰显的则是一位孤儿寡母的弱女子，在家境十分困苦的条件方能靠自己的劳动供儿子上学读书，难能可贵。故而应了孔子所说"仁者寿"（《论语·雍也》）这一古语。

【本节编后】从"孝犬事母"所想到的

新泰是礼义之邦，孝悌之乡。世上孝子何止千万，上列十余位孝子只是有清一代列于方志的典型。有些庶民百姓虽孝行事迹流布四方，但不一定有机遇载入史册。上述十余位孝子所处年代不同，身份地位各异，其共同点是以孝悌著称于世。他们作为孝悌楷模，影响较大，对众人有教育、启迪作用，符合那个时代载入史册的标准。"邑属山乡，罕有闻人达士，然而闾里之贤克敦庸行，薰其德而善良者，不知凡及，皆旌淑之典所及也……亦所以树之风声也夫"（清光绪增修版《新泰县志·人物上增》）。

新泰一邑，地处山乡，旧时交通不便，相对闭塞。有清一代罕有闻人达士，而奇闻逸事则有数则。如，旧县衙堂号曰："忠爱堂"，堂下有古槐二株，双株盘曲，状若虬龙，何年何代何人所植亦不可考。然而《县志》载："元至元二年，邑省入莱芜，槐遂枯，至三十一年复置县，槐亦复荣，邑人称灵槐。"有人认为"槐者，怀也"，取怀人之义。"槐，以怀人固也"。虽经岁序之代谢，风霜寒暑之剥蚀，至今枝繁叶茂，遮地近半亩。此乃"永怀兹土，无有二心"。"灵槐复荣"，乃谓旧时"新泰八景"之一。顺治年间新泰县令卢綖，赋诗颂之；乾隆年间县令江乾达撰文记之。"槐有灵"乃新泰奇事之一。更有奇者"犬知孝"。

廪生王锡五有诗集传世，其中所作《孝犬歌》录于光绪《新泰县志·艺文》。

《孝犬歌》序曰：西韩庄监生王成立，家畜一犬，守户甚谨。西邻半里范某处之母犬所乳也。主人一朝饲犬，犬屡衔食去。尾之，入范某家置犬母窠次旁。有蠢蠢动者，盖母犬新孳，而置以供食也。一时乡里嗟异之。道光十年（1830）十一月初三日事也。余曰是可以观，歌以纪（记）之。

歌曰：乌反哺，羔跪乳，自古未闻犬孝母，自有此犬堪作古。犬有犬母属西邻，西邻东邻各主人。主人饲犬有朝夕，一朝饲犬犬逡巡。逡巡不食若有思，口衔干糇出户迟。尾之竟向西邻走，衔食乃在犬母口。犬母身旁何蠢蠢？才知夜来新育孚。主人喜归投以胾（音：zì大块的肉），依然衔去置母次。嗟哉异类复何知？甘旨之供亦如是。尔有母遗人之情，性真不昧万物灵。好货财与私妻子，析爨或不顾天亲。见此当为心恻恻，人乃不如犬所行。古称义犬鲜孝犬，孝耶义耶同善典。俚歌一曲作道人，乡里庶乎知所感。

《县志》所录"孝犬衔食奉母"的故事应是真实的，编者通过这则故事，旨在向民众宣传犬能孝母，何况人乎？奉劝为人之子应树立孝亲意识，增强传统的孝道观，维持好家庭孝亲模式,维护封建统治。

传统的孝道要求"善事父母"首先要做到"能养之孝",谨身节用,以养父母;还要做到"敬亲之孝"。怎样的孝子之行才算敬亲呢?《孝经·纪孝行章》载孔子曰:"居则致其敬,养则致其乐,病则致其忧,丧则致其哀,祭则致其严,五者备也,然后能事其亲。"孔子上述"五备"之要义在于要将父母放在心上,以诚敬的心情做好"生、养、病、葬、祭"中的每一件事。以体现"奉先思孝",善事父母,民以敬为德的传统孝道观。"五备"实际就是今天人们所说的对老人的"精神慰藉""人文关怀"。

随着时代的发展,社会的变迁,人们思想意识的转变,子女对老人孝敬的方式或说传统孝道观也在发生改变。传统的养老模式也必须与时俱进,传统的孝道观随时代进步也开始向现代转变。但万变不离其宗,中华民族就是一个讲孝的民族。孝道文化在中国人身上打着深深的烙印。可是,当今社会物质条件发生了改变,人们的生活不断提高的同时生活节奏加快,生存压力加大,子女对父母尽孝的难度提高了。有的心有余而力不足,赡养老人的各种问题不断呈现。面对现实,除了各级政府,社会各界应探索适应新时代的养老模式外,做为子女必须承担赡养父母的义务和责任。因为老人在法律上有得到子女赡养的权利。家庭养老模式还应是主流模式。对于赡养父母,子女不再是可做可不做的问题,而是必须做好的问题。尽力使老人物质上得到满足,精神上得到慰藉,感情上有所寄托。使老人生活上丰富,精神上富足,可谓孝矣。各级政府除整合社会各种资源,以现代孝道观筑牢养老保障外,应加大爱老敬老思想教育,道德教育。结合培育社会主义核心价值观,继续发挥"百善孝为先"的价值功能,树立养老敬老典型,使老而无养、养而不敬者受到社会、舆论的指责。使我国悠久的尊老敬老传统,在现代社会条件下,发扬光大。同时,孝道随着社会文明的发展而不断地丰富和充实,社会各方也应营造老有所依,老有所养,老有所为,老有所乐的氛围,使之成为特色社会主义新时代中国梦的重要一环。

第十节　知书能文五隽才

清末一部分文人,知书达理,文才出众,有一定学识,又各有所长,但方志所记及笔者所采下列五位之资料较少,不能单独成篇,故掇拾为一节。

一、举人冀相仪

冀相仪(1860—1914)为避溥仪之讳,曾更名相伊,字型周,又字粹吾。今新泰市羊流镇芦家庄人,清末乙酉科举人。清咸丰十年(1860)春,冀相仪出生于书香门第,相貌偲傥,度量达人;尤其记忆过人,读书成诵,久而不忘,在私塾读书时已是出类拔萃。同治十二年(1873),以第一名考取秀才,入县学读书。光绪十一年(1885)八月,赴省乡试,选为举人，全县轰动，民众引以为荣。光绪二十一年（1895）四月，冀相仪赴北京会试，参加了著名的"公车上书"①。

会试榜揭后，冀相仪就职奉天（今沈阳）试用为知县。在任清廉，考绩称贤。光绪二十六年（1900）六月，八国联军入侵中国，因边事维艰，遂返归乡里。

光绪末年，清廷照例补授冀相仪为安徽省布库大使，掌管全省财政税赋。任上他出纳唯谨，丝毫无私，深受称赞，时有荐举，因亲见仕宦腐败，贿赂公行，宦海险污，遂萌生反清之志。经署中同仁援引，参加同盟会。后因母亲去世，按例回家丁忧守孝。

清宣统三年（1911），辛亥革命爆发。冀相仪审时度势，毅然弃官归里，在家开门授徒，县内外有数十名俊彦学子前来求学，亲自执教。开馆前，他先将自己的发辫剪去，头发与脖子相齐，时人称之"瓜蒌头"。因剪辫子而与一剃头师傅结交为好友，每相见必酒相待。有人以举人与剃头执贱业者交友来嘲笑他。他听到后，郑重地说："我的这个朋兄是个忠厚老实之人。剪发虽是小道，但自食其力，不求于人，怎能说人家贱呢！"

冀相仪授课特别重视先授新学，再讲经学，并曾用玉米秸扎制成土"地球仪"，让学生认识世界。原来，他在同盟会时与何启、严复、容闳三博士结识，并接受了维新派思想。一时间，渴求新知之士乐于向他求教，而顽固保守者则把他视为"邪教"，不敢跟他交往。

他的亲家翁阎代宗是清朝的廪生，在羊流一带颇有名望。知其加入同盟会后，曾去信责难，说："你是大清的孝廉，朝廷又给了你显赫的高官，理应尽忠效力，报答知遇之恩，可你为什么又与逆党为伍呢？这不是叛逆吗？"冀相仪也回信反驳。二人往返驳辩不下万言，喋喋不休，反目成仇。冀、阎本是儿女至亲，以至于后来两家不相往来。阎代宗平时不许其儿媳回娘家，就是冀相仪去世，竟也禁止儿媳奔丧。直到阎代宗病重弥留之际，才悔悟过来说："亲家真是明大义的人啊！我做得太过份了。"

民国初年，冀相仪以德望被推选为新泰县参议会会长，并选为县国大代表。任内，兴学校，办实业，除旧弊，多有建树，为新泰的复兴竭心尽力。由于心力憔悴，于民国三年

---

①　公车上书：晚清在北京参加会试举人联名上书请愿的一重要活动。"公车"为举人入京应试的代称。光绪二十一年三月（1895.04），中日签订"马关条约"，激起全国人民的强烈反对。康有为遂联合北京参加会试的十八省1300多名举人于松筠庵召开会议，拟上公呈。四月八日，十六省603人联名将上书递到都察院，要求代呈光绪帝，痛陈割地弃民之祸，力主拒绝议和，明确提出挽救时局四策：下诏鼓天下之气，迁都定天下之本，练兵强天下之势，变法成天下之治。声言前三项为权宜应敌之谋，第四项方为立国自强之策，而变法维新重在富国、养民、教民。都察院以"马关条约"已签字，无可挽回为由，拒不代呈（一说康、梁原拟十日上呈，寻以主和者阻挠、恫吓，未能联衔投书都察院）。是书旋被刊刻传抄，广泛流布，遂使资产阶级变法维新思潮迅速发展成为一场爱国政治运动。

(1914)秋病逝,享年五十五岁。民国二十九年(1940)二月,新泰冀氏重修《族谱》时,特请同科拔贡林方舟撰写了《乙酉科举人相仪公墓表》,由平度县举人尚庆翰撰写了《乙酉科举人相仪公传》。

冀相仪有三子两女。长子冀焕栋,医学专科毕业;次子冀焕椿,政法专科毕业;三子冀焕桐,师范毕业,曾任新泰县讲演所所长、四区区长。其孙有三人;冀贞杰曾任小学教师,早殁;冀贞仁曾任小学教师,1927年加入共产党,1939年曾任中共新泰县羊流区委书记;冀贞阳为九三学社成员,山东农学院教授,后离休家居。(本文参考了李光星《羊流风华·人物》,远方出版社,2004年版)

二、少有隽才的袁海

袁海,字容谷,清泰安县祖阳汶西(今天宝镇汶西村)人。少有隽才,是个才智出众的少年学子。稍长即入县学受教,遂专攻科举考试的学业。为文灏瀚,无所顾忌,不守一格,屡列优等。等到成为廪生,政府按月供给粮食等生活物品的时候,其文章便名声大噪。此后更加精研经典史籍,只沉浸于研读古代大家的学问,轻视了时尚的试题和文章,故鏖战朝考,数次受到举荐,而主司考官却以文章花样违时而弃之不取。年逾六旬以取得岁贡而告终。平生教授生徒,启迪不倦。著有《读经参解》,未能付梓面世。袁海还著有《容谷易注》,可惜乾卦缺数页,下经佚,后人无法将其成书。民国《重修泰安县志·人物志》列《文学》。

三、文有奇气的曹仑生

曹仑生,字元圃,清新泰县曹庄人,监贡生。文有奇气,每次考试总能得中。遂一意购书,会志同道合之人辨析不易理解的文义;尤其沉浸于有名大家的八股文,与族中兄弟子侄辈并诸入门弟子相讲解,通晓阅读十数年而无倦容。乡里的贫困子弟不能读书者,亦佐以膏火津贴让其读书。在家闲居,又常解他人之灾难和接济穷急,因而家中从此败落。仑生死后,哀动乡里。

仑生之子曹志汶,庠生,工书,有胆略,咸丰庚申年(1860)曾与同庄李玉堂带团练抗御捻军。仑生孙、曾孙辈,多于乡学有声誉,门庭和谐而又严肃庄重,家法为一邑之最。清《新泰县志·人物》列《文行》

四、羊流拔贡郭眷庭

郭眷庭,清新泰县羊流人,拔贡。曾祖(郭)四德及父郭允友皆以宿儒硕望而著名于乡里。故眷庭学有渊源,能以古文译为时文,剖析事理,遣词作文迥出凡辈,而其文却不作修饰,屡荐都不能得中。眷庭六十余岁犹健,能在官署做事,在其分科办事的官署部门中,每每位列第一。其性慷爽质直,新泰西乡一带,文人士大夫阶层,多以其为师范。清《新泰县志·人物》列《文行》。

五、庭训尤严的陈敬恕

陈敬恕,新泰果纯保人,庠生。孝敬父母友爱兄弟纯朴笃实。寻根究源研读经史。他与沈毓寅是同学,同学们常以为他的文章出人意料的奇特。敬恕精痘(天花)科医术,救活甚多性命。年七十五岁卒,有子七人,家庭规矩十分严厉,长子陈登蕐为果纯保典籍(官府中掌管图籍者),在抗捻中阵亡。次子陈登岩为岁贡,另有两子都是廪生。《县志》列《文行》。

第十一节　博稽群籍的李清濂

李清濂,字少白,道光二年(1822)举人。办事严肃认真,重视孝行,博稽群籍,每次考试总是冠军。秋季科考中途闻亲属患病,归乡继承家业。后为学政何凌汉所赏识,送济南泺源书院继续读书,勤于学业,遂由县学推荐参加乡试,得中举人。后游京师,与豪俊交友,学识益进,却接连多次在春闱中受挫。后任禹城教谕,培养人才有法,诸生对其十分推重。清濂无意仕途,却被选为山西洪洞县知县,未赴任;先后授教于新泰、蒙阴、费县诸县,成就尤多。

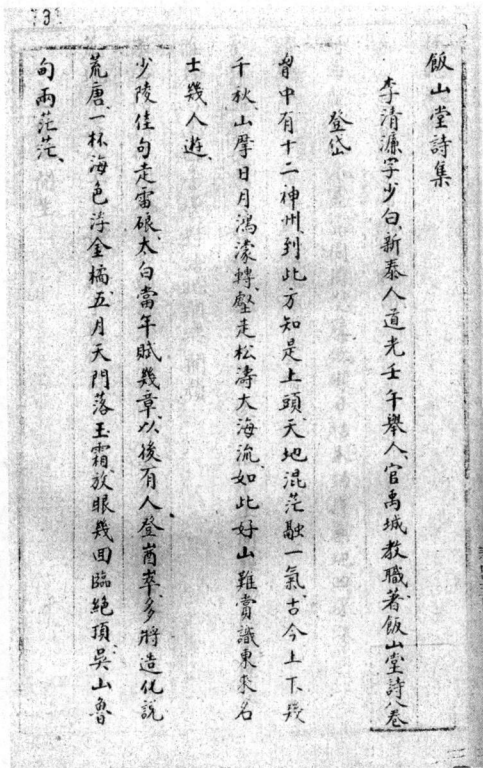

《饭山堂诗集》书影

清濂尤工诗,著有《博古渊源诗文集》《饭山堂诗集》八卷行于世,并至今传颂。如《山阳道上望徂徕山怀竹溪六隐》诗云:

> 远看山已近,行行山还远。山光非远人,半途人自返。缅怀昔高人,缥缈隔层巘。朝出钓海鳌,夕归煮麻饭。醉饮竹轩清,高眠松榻稳。箕踞白云间,何知冕与衮。岂无凌云志,胡为蠖蟠蜿。日月如水流,谁复防石堰。寄语石上人,林景返照晚。

这首诗虽写怀"竹溪六逸"(六逸指李白、韩准、裴政、孔巢父、张淑明、陶沔六人隐居徂徕山的竹溪),实则借诗抒发自己超凡脱俗,孤傲清高之情怀。同时,诗人也写出了六逸生活的放荡不羁,自由自在,然内心却想实现自己的凌云之志,但远大理想像蠖蟠一样盘曲。"六逸"羁旅于此,盼望早日入仕,又显示了诗人仕途道路上之艰难。诗文虽朴素淡然,但意味深长。

　　李清濂的诗作《游徂徕礤石峪四首》则反映了与友人游玩的悠闲心态。诗之序写出了徂徕礤石峪的景物及游人的惬意。序曰:癸卯夏五,予与礼堂、钧衡、万氏兄弟暨吾乡刘树堂为徂徕礤石峪之游。山色如黛,溪声似琴。鸟语宜人,石花印履。横桥古木,根养龙蛇。夹岸苍藤,荫蓄风日。李太白遗踪何处?北登六逸之堂,吕纯阳法像犹存。东接三清之殿,台成一石,道骨升仙,丹想九还,元炉静火,转瞬已成往事,昂头仍是青山。我辈登临,是洞天之第几禅门?顷刻虽盘古亦何居,摩挲碑上姓名,昔枫宸而今阆苑。收拾眼前画稿,彼北苑而此云林。兴酣一日之佳,诗寄千年之想,谁与我者,后有人焉(注:阆苑,指神仙的住所)。今录其中两首,诗曰:

(一)

山抹晴岚第几重,入山十里少人踪。
芒鞋误踏溪边鸟,石室才闻午后钟。
树接谷风来骤雨,桥横古木学苍龙。
浓云穿去衣衫绿,初到昆仑第一峰。

(二)

峦为高郭树为墙,尘外萧然六逸堂。
窗临石瀑听秋早,发透松风过枕凉。
世味那知山菜美,茶烟轻飏野花香。
生平不辨棋枰道,夏日闲消一局长。

　　诗描绘出了徂徕礤石峪的幽奥宁静,闲适优雅,恰似世外桃源的美景,体现了诗人返璞归真,超凡脱俗之襟怀。

　　再如《泰安道中》则写出了诗人的另一种心情,诗曰:

旧过板桥肯问程,几回马上忆平生。
青山满眼曾相识,弱柳含愁昔送行。
院老荒苔双钥碧,村稀旅梦一灯明。
故园不禁东南望,钟打疏林听数声。

　　诗人对泰安道中的景物、人情十分熟悉,不止一次行走在这条路上,可是眼前的景象却让诗人愁肠。特别是"院老荒苔双钥碧"一句,反映了村庄荒凉、民众困苦的状况及诗人对"村稀旅梦"的怜悯同情及无奈。

　　清濂诗作《饭山堂诗集》存王价藩《岱粹抄存》(泰山处士王价藩、王亨豫辑《泰山丛书》第三十二册),除上几首外,还录有《登岱》(四首)《游普照寺赠明璇和尚》(三首)《王母池闲坐》《岁暮晚行泰山道中》《望岱》《腊尽残雪齐河道上望泰山》《玉皇阁》《冒雨游王母池》《明堂故址》《望岱和二南》等。另有《登新甫高峰》《偕幼昭弟夜月五松树下》《化马湾道中即事》《山阳道中即事》《暮宿团瓢店》《湾(万)德道中望灵岩寺》《谒羊叔子祠》《夕霁,望敖山有感》等(今见袁爱国主编《全泰山诗》)。李清濂的诗作多写地方山岳、名胜,借以抒情明志。诗作气势豪健跌宕,遒劲流畅,擅名一时。其中《登岱》(四首)可谓其代表作:

(一)

胸中有十二神州,到此方知是上头。

天地混茫融一气,古今上下几千秋。

山摩日月鸿蒙转,壑走松涛大海流。

如此好山难赏识,东来名士几人游。

(二)

少陵佳句走雷砐,太白当年赋几章。

以后有人登嶵崒,多将造化说荒唐。

一杯海色浮金桔,五月天门落玉霜。

放眼几回临绝顶,吴山鲁甸两茫茫。

(三)

莽莽天荒手横抉,浑浑地轴气全吞。

从前想象只虚境,斗觉尘埃无点痕。

碧落四垂包片壤,黄河一线画中原。

等闲欲奏群仙乐,万里开筵举大樽。

(四)

汉皇曾上几重天,玉检金泥思渺然。

深处追寻方觉静,实心领略不妨禅。

风回石屋如来佛,人坐松山已半仙。

携得敖峰夸海内,此身何处不云烟。

　　这首诗笔墨潇洒,想象丰富,用词夸张,大气磅礴,比拟恢宏,用典精当,颂扬了泰山的壮美雄伟,表现了诗人底蕴厚重,对泰山的热爱及热情拥抱的情怀。

　　清道光二十八年(1848)李清濂好友沈毓寅在广西天保知县任上率众剿盗贼,寡不敌众以身殉国。噩耗传来,清濂赋诗《闻宾谷殉难粤西知县任,诗以哭之》一首:

> 岂有真名士,而无济世才。么麽何足数,楚些实堪哀。
> 迹碎三生石,心寒一寸灰。南风吹便否? 迢递送魂来。
> 旧约条条记,乾坤惜此身。如君雄是鬼,独我老为人。
> 紫殿文成古,黄炉酒不春。敖山遥望处,故里一怆神。
> 束发联兄弟,兰薰四十年。海倾天欲黑,月落梦空悬。
> 东望山无主,南飞雁不旋。遥将一樽酒,万里洒寒烟。
> 再世重为友,茫茫孰证明。致身原许国,取义足为名。
> 气作苍梧障,官除白玉京。他乡应俎豆,或不负平生。

该诗录自清《新泰县志·艺文》

　　另据沈毓寅裔孙沈维进所撰《揭秘清道光进士沈毓寅》(载《泰山文化研究》,2012年第二辑),文中载录了沈毓寅之孙沈之源手书的李清濂另一首悼沈毓寅的诗《闻春江广西天保县凶问哭之》,诗曰:

> 一万一千里,惊心邸报传。悲风催八桂,别泪滴三年。
> 生死董狐史,功名蛮瘴天。如君果如此,何以慰重泉。
> 是死关天道,何人敢议君。矢心争一出,挥手谢同群。
> 新甫寒凋柏,□□苍断云。家书何日至,巾泪湿氤氲。
> 岂有真名士,而无济世才。么麽何足数,楚些实堪哀。
> 石碎三生友,心寒一寸灰。南风吹有便,魂拟过江来。
> 旧约条上记,乾坤惜此身。如君雄是鬼,独我老为人。
> 紫殿文成古,黄炉酒不春。敖山遥望处,故里一怆神。
> 束发联兄弟,兰薰四十年。海倾天欲黑,月落梦空悬。
> 东望山无主,南飞雁不旋。遥将一樽酒,万里洒寒烟。
> 恩即同高厚,终难许再生。神仙曾是吏,忠义足为名。
> 舟泛苍龙匣,官除白玉京。他乡应俎豆,或不负平生。

　　李清濂这首悼沈氏之诗与《闻宾谷殉难粤西知县任,诗以哭之》诗的某些句子相重,并暴露出某些诗句的修改面较大,由此推断两诗写作时间为一前一后,大概《闻宾谷殉难粤西知县任,诗以哭之》诗在前。又,沈维进所录沈之源手书中,"别泪滴三年"句后有注:"自丙午四月至戊申六月。"可知李、沈两位老同学是别后三年沈氏而亡故(即道光二十六年,公元1846年4月至道光二十八年,公元1848年6月)。另外,沈之源所书手稿将原诗"苍断云"之前抄漏了二字。沈之源抄稿之"么麼",沈维进录为"妖魔";沈之源抄稿之"敖山",沈维进录为"数山"。借此记之。

　　这两首悼悲诗,写出了两人的友谊和情感。诗人对死者的悼念,悲悲切切,沁人肺腑,至今读来倍觉二人情真意切,亲如手足,感人至深。

　　李清濂与王青藜是同乡,清濂是道光二年举人,青藜是道光十五年举人。虽未见二人之间的酬唱,不知两家存何关系,但见李清濂有诗涉及至王青藜,如《闻仲向王二为新甫之游》。王青藜字仲向,其子王恩霖有诗《秋日游新甫》,可能父子同行,故清濂有《闻仲向王二为新甫之游》诗。诗曰:

　　　　闻君携得九莲山,脚底烟霞数往还。

　　　　诗袖高挥飞鸟外,文泉倒泻白去闲。

　　　　宫荒古柏奚斯老,殿掩斜阳汉武间。

　　　　更有何人同吊古? 孤峰久立落苔斑。

　　诗的前两联不仅写出了父子同游新甫名区,得到了满足,也用"诗袖""文泉"赞扬了青藜父子的文采。后两联写了新甫山古柏的"斯老"及汉宫遗址荒凉的同时,也写了诗人对新甫古迹没有多少人去吊古的忧伤。由此可见李、王两家还是有些交往的。

　　李清濂诗文俱佳,是清末新泰域内不多见的才子。清光绪《新泰县志》艺文收录李清濂一篇《重修县西门桥记》,短而精,寥寥数语,引经据典写出了修桥的意义和作用,记载了修桥者的募捐情况和轻财善义,是篇不可多得的记叙文。光绪三十二年(1906)县令奎光将李清濂的情况申报上司,祀乡贤。光绪《新泰县乡土志》列耆旧录;光绪《新泰县志·人物》列《文行》。

第十二节　工诗擅词的王青藜

——兼述王思霖、王学益

王青藜，字仲向，清新泰县西韩庄人，道光乙未（1835）举人。性情和悦厚道，工诗擅词，又善书。咸丰癸丑年（1853）大挑二等①，历署邹（今邹城市）、滕（今滕州市）教谕。选为宁海州（治所山东牟平县，即今烟台市东南宁海镇）学正。任上，殷殷教诲后进学子，授业弟子合乎标准者，多为知名人士。著有《见山书屋诗钞》行世，采列《新泰县志·艺文》。青藜博识掌故，今人叶圭绶所著《续山东考古录》中，曾引录其掌故。王青藜与沈毓寅同与泰安知县徐宗干交好。徐宗干邀沈毓寅为泰安普照寺筛月亭作楹联的同时，亦邀青藜为筛月亭作楹联。沈毓寅联曰：收拾岚光归四照，招邀明月得三分。王青藜联曰：高筑两椽先得月，不安四壁怕遮山。该联刻于筛月亭东面石柱外侧。字高127厘米，宽20厘米，字径12厘米，楷书。王、沈两联对仗工整，不仅韵味深长，而且描述了亭子的型制，堪称泰山佳联，至今尚好。亦见王、沈二人学识非凡。王青藜还于咸丰二年（1852）撰写了《重修新甫山观音菩萨殿碑记》。

《见山书屋诗钞》（一卷）家刻本，刊于咸丰十年（1860）。中共山东省委党校图书馆有藏。泰山学院周郢先生赠予笔者复印本，故有幸得见。《诗钞》由其子王恩霖，孙王学恕校字。笔者所见本正文前刊有王青藜于咸丰十年为《诗钞》撰《自记（序）》一篇。泰安郡署李瑜撰于同治二年（1863）八月的《叙》一篇；另有道光丁酉年拔贡范起春所题《序》一篇，该《序》之开端称"先生讳青藜字仲向"，按旧时称人名的惯例，生时曰"名"，死后曰"讳"（讳表示对死者之尊称）。范氏之序，应作于王青藜死后，但未记年号。李瑜为《诗钞》作《叙》是在王青藜卒后的第四年。《诗钞》首刊（家刊）于王青藜生前的咸丰十年，其卒后或说范李二氏作《序》后又有刊出。

王青藜题筛月亭楹联

---

① 大挑二等：清乾隆以后定制，三科以上会试不中的举人，挑取其中一等的以知县用，二等的以教职用。六年举行一次，意在使举人出身者有较宽的出路，名为大挑。挑取的标准重在形貌与应对。

李瑜为《诗钞》所作之《叙》,多是对王青藜的颂扬之句,美誉之词,今舍之不录。今录王青藜之《自记(序)》和范起春之《序》,以使读者更好地了解王青藜学诗、写诗的风格、阅历及对《诗钞》刊出意愿等。

王青藜《自记(序)》曰:

> 余自粗解诗书,即好韵语及从事于解。人哲匠示我以汉魏本源,六朝流派,即朝夕涵泳,津津不缀。逮交游日广,闻见愈岐。主格调者轻性,灵宗妙悟者弃典赠议论纷纭,无可措手,犹是七子也。当时景仰如斗,山后人菲薄为优,孟同一渔洋(指王渔洋)也。好之者崇为空中楼阁。异趣者嗤为山水模范。即此类推,大概如是。愚之学诗也,则不然,未能甚解者虽杰句名流无妨,俟诸异日豁人心目者,即一联双句皆

足,资我流连。见夫一花一草都含生意,有山有水日增新机。遇节序之流迁当友朋之,投赠齐郊鲁甸。多少往还赵北燕南,屡经阅历,入都门者十次,居海滨者五年。小住沅(即沅江,在今湖南西部)湘,客游湖广。每登泰山极顶,西望群山,起伏无定,如万马奔腾。登蓬莱阁望海上诸岛,若隐若见出没于波涛烟云间,浩渺无尽。有所寓于目即不能不(无)动于中(衷),有所动于中(衷),即不能不出诸口,胸怀因之而日阔,吟咏积之而益多。进我者,以为未窥初盛堂奥;誉我者,以为可列杨陆门庭。余应之曰,初盛固未能望见杨陆,亦岂易袭取,但平生嗜好俱聚于此。闲居当无弦之琴,出门作记里之鼓。不过偕饭牛童子击壤,老人缓步行吟赓歌,盛世而已。自巳未(无巳未年号,应是乙未)春间,杜门家居,抱病经年,当闷极无聊之际,子侄辈选钞数十首,登之梨枣,为开郁养疴之。一端设有少为寓目者,笑其愚驵,持其驱睡魔,资谈柄,覆酒瓿,罩窗纱,亦所欣幸。至于问世,岂敢云然。咸丰拾年岁次庚申仲向氏自记于见山书屋。

《见山书屋诗钞》书影

（注：括号内语系笔者所作注）

范起春为《诗钞》所撰《序》短而悍，简明意赅，说明了王青藜的学识、经历、赞其文章诗赋皆"驰名一时"。序曰：

先生讳青藜字仲向，胸怀洒落，举止娴雅，笃于友谊。文章诗赋皆驰名一时，尤善书法。中式道光乙未恩科举人。北上春官（指去京城参加考试）十次不第。咸丰癸丑科大挑二等，以教职用。历署邹县、滕县教谕，实授宁海州学正。阅历愈多才华愈锻其诗也。探讨汉魏，出入唐宋，景情深挚，神韵独超，不事涂饰，自具音节良由学富才赡，故能从心应矩。非独余之有偏嗜也，世多知音。读先生诗者，当以鄙言为不谬云。诗既付梓，特缀数言并题俚句四首书之简末用志拳拳：

才思乙乙似抽丝，一管霜毫足达之。
扫尽陈言抒新意，风流不愧一家诗。
拔帜词坛早著名，深功锻出好才情。
语奇多未经人道，气逸只如信口成。
盈渠放海自流行，溶得源头活水清。
寄语撮词涂饰者，速来此处拜先生。
心花满纸吐纷纷，望去全无笔墨痕。
我本宫商粗疏解，听歌白雪也消魂。

愚弟笑山范起春拜题（注：括号内语系笔者所作注解）

王青藜一生学诗写诗自成一家。自谓"一花一草都含生意，有山有水日增新机"。又因"笃于友谊"且"赵北燕南"入京赴考，海滨宁海执教五载，游沅湘湖广，登泰山去蓬莱，见多识广，故其诗多写景物山水，又写道中所见所闻，夕阳晚景，春柳秋菊，重九登高，中秋会友，夜宿驿站，逗留僧舍等。也写"春官十次不第"，仕途不顺之郁闷心情。总之，王青藜的诗多以景物抒情，借景明志之作。其诗虽算不得上品，但也不乏佳句，可称得一方之"圣"。今借其《见山书屋诗钞》录几首，与读者共欣赏。

登泰山（三首）：

（一）

清秋特地健诗豪，句问青天首欲搔。

敢说峦峰由我小,祇缘凭藉较人高。

接空积瀑晴飞雨,贯壑雄风怒卷涛。

日观平临须努力,中途小憩莫辞劳。

（二）

开辟鸿蒙踞上游,严严气象任狂搜。

目中已觉空千里,身外还须辨九州。

峭磴荡胸云拔起,悬崖积石水穿流。

黄封羲禅知何日,断碣苍凉不可求。

（三）

金函玉检灿苔斑,胜境真形取次攀。

幸喜一朝超世表,从今长此近天颜。

不愁霄汉过无路,难信峤壶尚有山。

俯视尘寰真碌碌,从容翘首话仙班。

从该诗看,方见诗人胸怀宽大,气势不凡,壮志凌云,别具一格。诗人的好友少白读该诗后批注:别具胸怀,雅人深致。下面录其诗《十八盘》,方见诗人尚觉登十八盘之险难,然人生仕途更难,诗尾显得消极,欲学宋代宗文少(宗炳),因老疾俱至,名山难睹,以观画代游览。诗曰:

蜀道难上天,徒闻未之见。今我登此盘,已觉颜色变。

伫望缭而曲,遥遥泻如练。铁索盘空起,梯天祇一线。

后磴未及攀,前磴已在面。拾级两三层,汗雨通身现。

不觉杖履摇,顿使银海眩。急思歇中途,息肩未有间。

摄足上天门,振衣扳云栈。置身缥缈峰,回头试一盻。

上有一握天,下临不测涧。大风自壑来,吹人疾于箭。

凛凛不可留,慄慄梦魂战。奈何闲淡身,涉险习如惯。

从今且置之,归我种竹院。古有良画工,将山图于绢。

挂诸斗室中,览眺斯为便。始知宗文少,卧游良可美。

（注:《新泰古韵》录王青藜诗四首,与王氏影印本《见山书屋诗钞》核对,有些错讹,有趣者可对照鉴赏）

王青藜以下数首诗则反映出诗人仕途艰辛,怀才不遇的复杂心情,以诗抒情,自我安慰。如:

《辛亥八月,自陶阳村散馆后到家,重茸见山书屋,漫成七律数首,以抒郁怀,兼呈陶阳诸公》(八首),今录其中第一首和第八首:

(一)

归来得计闭柴关,且喜客稀谢往还。

心不妄萦吡止水,门无轻出即深山。

书编甲乙重重徘,诗合新陈细细删。

朝夕有花常对我,紫荆一树胜红颜。

(八)

秋菘鲜绿秋花红,万事听他马耳风。

管领亲权香司尉,头衔仍挂老冬烘。

浮名已过多身外,好友相逢半梦中。

转盼凉飔当九月,寄函有便待飞鸿。

诗人的好友李瑜读第一首批注:雍容揖让,生气远出,犹想见先生雅怀。但第八首诗则显诗人心情的无奈和思念好友的同时,企盼对方来信。故诗末注曰:时怀陶阳村哦亭诸友。又如:

《四十初度书怀自寿》诗,写了作者科考十一年的艰辛和感受及自我安慰,终不得志,归于田园生活渐成老民的心态(今录其中第三、四首):

(三)

时清但有作诗传(借用前辈赵云崧句),

检点长吟间短篇。

多是忙耕闲就读,寻常十事九凭天。

不辞燕路八千里(四经北上往还八千余里),

虚负蟾宫十一年。

发冀未华聊自幸,冬烘头脑笑依然。

(四)

不愿山林就隐沦,不随城市涸埃尘。

三经文战增多感(四番北上,一番抱病误期)。

　　四度荒年健此身，

　　报国期为清白吏(就职拣选知县，适部文恰到)。

　　居家渐作老成民。

　　栽花植柳田园乐，半在客边看不匀。

(诗中句后注为诗人自注)

　　王青黎曾"小住沅湘，客游湖广"，沅湘湖广必有若干好友，《送别门人黄仲英之家湖广》之诗，即是为送别朋友而作。诗曰：

　　宿雨含风草带烟，未须说别已凄然。

　　相知师弟情何重，此去江湖意共悬。

　　满郭绿杨萦客梦，万家红杏艳归鞭。

　　同君盼到中秋会，人与天边月并圆。

　　去年尚溯益津关，茅店驿程黯旅颜。

　　聚首无多今又去，远人得意是初还。

　　朝帆直下晴川阁，夕照先悬大别山。

　　寄语新诗应带到，梅花江水正潺湲。

　　该诗对友人的情意表达逼真，思绪缠绵，将"聚首无多今又去"的不舍之情寓于美景之中，用"满郭绿杨""万家红杏""朝帆直下""夕照先悬""梅花江水"描画出一幅幅绚丽的画面，意境新颖，含意隽永。又用"寄语新诗"进一步表达了对友人的情感。虽是送别门人诗，却写出了对友人"情意缠绵逼真"而又清新的感觉。在此类诗中应属上品，颇具"名家风味"。

　　青黎之子王恩霖，字锡甘，恩贡生，精医理，好医术，救活者极多。孙王学益，以拔贡朝考，选任馆陶县(今属河北)教谕。箕裘弗替，乡里推为德门(清光绪《新泰县志·王青黎传》)，堪称是文采相继的文学世家。清《新泰县志·人物》将其祖孙皆列《文行》。

　　青黎祖孙三代皆工诗，有多首采列于《新泰县志·艺文》，足以称颂。下面抄王恩霖、王学益诗各一首，以见其诗风。

　　王恩霖《秋日游新甫》曰：

　　秋来明靓映姿颜，一径梯云出世寰。

　　知有风高防落帽，喜逢雨霁好看山。

有时鸟韵层岚上,镇日泉声峭壁间。
恰值黄花开古刹,煎茶欣共老僧闲。

王学益《登青云山》诗曰:

直从山下问层巅,蹬辟厓根不计年。
五十三参人附蚁,二千余尺树摩天。
北看城郭连云起,上有楼台借嶂悬。
登此孤峰真秀拔,一声长啸豁苍烟。

王学益《登青云山》诗,写出了青云山三元殿直登绝顶的气势。三元殿建在青云山(即敖山)绝壁之下,殿前石阶凡五十三级,巨大长方形石条砌之,诗谓"五十三参"。该典出自《华严经·入法界品》,是说文殊菩萨指点善财童子,南行五十三处,参拜名师,听受佛法,终成正果。三元殿按佛典建山门石阶五十三级即用《华严经》之意。由"五十三参"登顶,道如直立,格外艰难。诗人"五十三参人附蚁"之句,形象得写出了攀登的艰险和盘道的陡峭,又写出了朝庙的人多,人像蚂蚁一样附着攀登,十分形象。包括下句"二千余尺树摩天"都相当精妙。

以上两诗皆见清光绪《新泰县志·艺文》。

王学益《登青云山》书影

第十三节　羊流书法名家朱相同、朱相儒、朱辉祥

清末羊流人朱相同糠慨好义,又善书大字,有"山左第一人"之称。相同之兄朱相儒对弟友善,知识渊博,可谓"朱家书体"的创始人。兄弟之书体影响了羊流数代书法爱好者,朱辉祥乃是其中之一。

朱相同,字协一,号惜墨主人,生于清嘉庆初年,卒于道光末年。新泰县羊流村(今羊流镇北庄村)人,清末新泰著名书法家。

朱相同少时父母早逝,从胞兄、嘉庆廪生朱相儒相依长大,并随其习文研字。有时朱相儒到莱芜等外邑授徒,他也不惧艰难路远欣然随从。相同先后求学十余年才入县学,后被推荐到国子监读书,选为廪生。因看到宦海险污,人情鬼蜮,萌生愤世之念,遂安于现状,再无进仕之心。

朱相同酷爱书法。清《新泰县志·人物·义行》称其:"工颜书,善擘窠大字。"他整

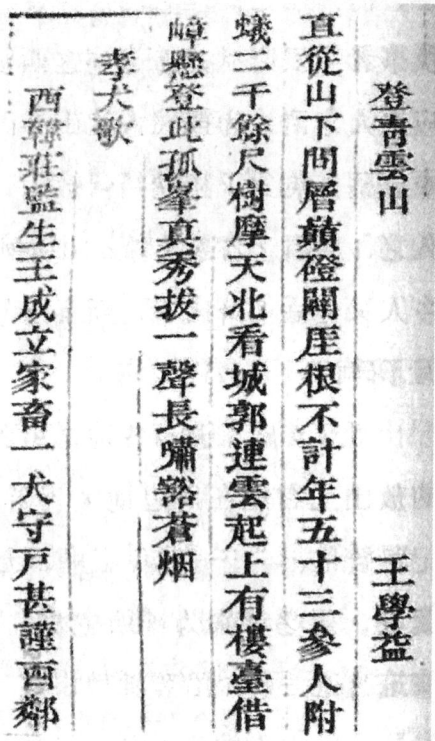

天"花酒而外专于字学,风雨晦明不离笔砚"。初学颜真卿的《家庙碑》,得其精髓;后研羊欣的《闲旷帖》,娴而飘逸。楷书、草书都学得十分精妙。后来博采众长,尤善书写正锋大字,自成一家,时称"朱家体"。道光进士、书法家何绍基路过羊流店,看到朱相同为真武庙所书"独有千古"匾额,十分赞赏。何绍基见之奇,遂召见,屈于下人般邀相同而坐。并说:"君乃高士,山左第一人也,不敢为友,应为吾师可也。"(郭玉贞撰《朱相同传》)此后,朱相同遂有"山左第一人"之美誉。

羊流西首原有一寺,因"三教"归一而名曰"归一寺",道光十年(1830)归一寺重修,立碑以记。由道光举人王青藜撰文,朱相同书丹,二者珠联璧合,浑厚遒劲,俊秀隽永,故二人称之"新泰书苑双璧"。民间有"朱家体,王家字,千金难求一方纸"及"家无相同字,不算富豪家"之语。新泰内外都以得到朱相同的书帖、匾额为荣。如,羊流奎星楼匾"谦受益",古戏楼匾"大概如是""归去""来兮",羊公祠之"大丈夫"匾,东张庄张氏家祠祠匾"灵爽式凭"皆出自朱相同之手。羊流店旧时的一些商号店铺匾额也多数出自他手。朱相同的大字苍劲有力,端庄大方,极为壮观,远近有名。至今,在济南、泰安、章丘、山西以及新泰各地依旧存有朱相同的书帖、匾额等。

朱相同偶尔也作诗填词,今留有《西江月》:

> 世路危于虎尾,人心曲似羊肠。
>
> 闭户且学痴聋腔,任他兴风作浪。
>
> 万木春来郁翠,百花雨后芬芳。
>
> 卜居但以醉为香,好看东山月上。

该词代表了清朝末年部分乡间文人的心声,虽有对世道消极的看法,但也是悲苦生活的切身体验。相同自觉入仕无门,借酒浇愁的同时,也体验到了万木春来的郁翠及百花雨后的芬芳,表达了自娱自乐的愉悦。借酒浇愁,乃是心情复杂,虽看破了红尘但又对世道表现得无奈。另一首词更是反映出作者性格及对世道无奈以酒自乐的心境。词曰:酒半觞,现前便是好时光。草野无仪注,鸟语当文章。瓦瓶对客陶然醉,随地栽花可也香。没用好,岁月长,得相忘处且相忘。

朱相同耿直爽快,颇有侠义之风。嘉道年间,税赋劳役甚重,民众虽十分怨恨,但无人敢建言。朱相同大胆上书请命,陈述百姓赋役之苦,终于使税赋劳役得到减免,民众称颂。有一年闹饥荒,民众暗议吃大户。朱相同听说后,连忙用礼法规矩说服了民众。相同爽直仗义,被推为族长,倡行尊老爱幼,告诫遵法守规,深受族人尊敬。朱氏家族和睦相处,人丁兴旺,俊杰辈出,遗风至今相传。故《县志》称其"慷慨好义,保甲有积弊倡除之"。

朱相同去世后,葬于羊流朱家老林。其墓碑由清末廪生高瑞龄撰文,庠生朱钦伟书丹。清《新泰县志·人物》列《义行》。

朱相同胞兄朱相儒,字颂九,号耕砚,嘉庆廪生。相儒学识渊博,尤精书法,善书大字。其弟相同自幼受其影响最深。他是"朱家体"的创始人,参加过县学岁考,但名落孙山。原来县学主考阅卷时,对相儒考卷的文和字赞不绝口,随手在试卷上批了八个字:文理通顺,字冠八学。随即观赏,爱不释手,以致遗漏案头。粗心的考官虽使相儒失去就读县学的机会,但也促成一时佳话。只惜相儒英年早逝,遂将考官批卷的八个字刻于其墓碑。相儒传世的书法作品不多,羊流尚存其楷书对联一副:

五岳归来不看山,六经读罢方拈笔。

羊流另一位书法名家乃是以孝闻的同治年间壬申年贡生朱辉祥。

朱辉祥,以侍奉双亲疾病从不懈怠孝闻乡里。母卒,哀毁骨立。咸丰辛酉(1861)年,捻军至,守父病而不逃难,后又背负其父逃难数次,终免于难。时任县令徐用熙奖其"人无间言"匾额。清《新泰县乡土志》列其《忠义孝义》《县志》列《孝子》。

朱辉祥自幼随朱相同习字,得其真传,并有悟性。相同死后,一些商号便向相同的徒弟辉祥求字,辉祥一般不应允,实在推辞不下便得去应酬。某日,山西某商号老板向辉祥索字。热情招待三日,辉祥只写个斗大的"福"字,婉言而归。老板甚不高兴。后来去省城装裱,装裱店老板出三百两银子要收斗大福字,主人才恍然醒悟,说:"原来先生一字三百两啊!"乡间对此传为佳话。朱辉祥不仅人品好,孝敬双亲,而且书法亦颇有造诣。

朱相儒兄弟的书法名噪一时,带动了羊流一带的书法热。上述三人之后,又有朱增启、朱钦伟、朱钦桂等人习书法也相继有些名气。"朱家体"绵绵百余年,独具魅力。

(本文参阅了李光星《羊流风华》,远方出版社,2004年版)

【本节编后】古代旌表匾额之管见

中国古代就提倡扬善惩恶。《尚书·周书·毕命》记载了周康王对四朝元老毕公作册书以命毕公中的一段话:"……旌别淑慝,表厥宅里,彰善瘅恶,树之风声。"其大意是说,要识别善恶,表彰民间忠孝节义之人,表扬善者,斥责恶者,以树立美好的风气。在《后汉书·百官志五》中录有用匾表彰的记载:"三老(乡官名)掌教化。凡有孝子顺孙,贞女义妇,让财救患,及学士为民法式(法则,法度)者,皆扁(匾)表其门,以兴善行。"可见古代民间对一些乐善好施,急公好义的人士,政府会用发给匾额的方式予以表彰、奖励,称之旌表。用匾额词或文对受旌表之士进行精神奖励,是古代的一种激励机制。它承载着一种社会表彰制度。匾词几乎都引经据典,题意含蓄,字字珠玑,概括并紧扣受旌表人士之功德、事迹、品德。如明光宗授公鼐"理学名臣"御匾。又如,清光绪《新泰县志·人物·义行》所录赵乐拾路人银两,如数归还失主,知县除赏钱布外,给"拾金不昧"匾以资奖励。再如李希增,庄内四十余户遭火灾,他慷慨解囊,给灾民发谷活命,送钱盖房,政府表彰其义举,以"挥金纾难"四字门匾奖励。匾文中"纾难"有"解除危难"之义,见于《汉书·庞参传》:"季子来归,歌声纾难。"又如范念兹,常年修桥筑路,乐善多义举,德高望重,乡党赠匾"齿德兼隆"。匾文"齿德"有"年高德劭"之意,明代瞿佑《归田诗话·钟馗图》中有"先生不以齿德自居"句。

　　除对扶危济困,乐善好施,造福乡里,功德高尚者赠匾奖励表彰外,对孝敬父母,友善兄弟有影响者也会以匾鼓励。如清光绪《新泰县志》所列"孝子"中的高阳、高鹗兄弟,家贫又曾背父去省城考试,累得背上长疮,知县旌表兄弟二人"慈孝家风"。又如孝子牛肇隆,天性纯孝,知县举荐,走访巡视官员按察使受其"孝友端方"旌表。"端方",其意为"庄重正直",《宋书·王敬弘传》有"敬弘形状短小,而坐起端方"句。再如孝子朱辉祥,战乱,背父逃难数次,终免于难。又事母服劳无懈。知县旌以"人无间言"匾额。匾文"间言"指非议,异议。南朝齐王俭《褚渊碑文》有"尽欢朝夕,人无间言"句。

　　以政府名义赠送给乡间贤者的匾额,多数挂在大门,悬于厅堂,有的甚至镶于村头钉在牌坊上。使其宽绰高大,十分醒目,可以让一个族群,一方百姓都感动荣耀,成为一方之荣光。匾的功能无疑是"教人砥节砺行,义至深远""使不孝不义者见之可以有悔改之心而又易行。所以旌也,亦所以劝也"(《新泰县志·坊表》),让其后世子孙和一方百姓从中获得鼓励和激励。这种奖励机制的宣扬教化作用不言而喻。树立榜样,让世人效法授匾人的精神和做法,其功能应是巨大的。同时它所起着的匡正社会政治秩序,维护乡间文明和社会稳定,传播道德要义,崇尚贤德的作用也是不言而喻的。

　　另一方面,政府所授匾额之词一般都有当地书法界的名人书写,字体硕大,鲜明醒目,有的还要经过雕刻、装饰、油漆、镶嵌等。一块匾额就是一件具有多种艺术于一体的艺术品,成为优秀传统文化的载体。古代社会授之于贤者的匾额和悬于殿堂、庙宇、商家字号、文化场所的匾额组成了独具一格的匾额文化。据报道,中国的匾额文化起源于春秋战国,至今已有2500余年的历史。但是,随着社会变迁,匾额逐渐淡出人们的日常生活,日益被人们遗忘,民间所存古代匾额已是凤毛麟角。

第十四节　晚清诗人冯清宇

——兼述其父冯秉峣、其妻陈氏及子冯恕敏

清朝末年楼德冯氏家族,诗书传家。自冯泰至冯恕敏数代各有所长,闻名乡里。冯清宇之妻陈氏,教子相夫,乃一贞烈之妇,受众人敬仰。

冯清宇,字栋臣,清末泰安楼德(今新泰市楼德镇)东村人。楼德东村冯氏,自清乾隆六年(1741)自禹城徙至。以耕读传家为家训历五世,堪称望族。第三代冯泰以义闻名乡里。冯泰之子冯秉峣,字碧山,道光己酉科(1849)岁贡,著有《菊农诗稿》。同治年间,曾为果家庄子庙碑书写了碑文,字体圆润。今泰安红门关帝庙尚存其撰写的重修碑。秉峣去世后,葬于楼德西南坡冯氏茔田。墓前立有马步元撰文、光绪间潍坊状元曹鸿勋为其书写的墓表。冯秉峣有四子,长子清寅;二子清寓是增生;三子清安为副贡,可谓"父子明经"之家。清宇为秉峣季子员,幼承庭训,聪颖嗜学,到年龄稍长,补为博士弟子员,诗、文、字俱秀,亭亭玉立,"人以翰苑期之"。旋食饩(接受政府馈赠食物)受知于名师诸学,使岁考能得冠军。

清咸丰十年(1860)(一说十一年)九月,捻军攻入泰安境,与团练混战,清宇妻陈氏在这场兵乱中赴水自尽。当时清宇正游学在外,闻讯悲恸万分,承受着痛失爱妻,精神上的巨大压力,含泪挥笔,长歌当哭,作《诗》以悼念之。时人曹鸿勋在为《悼亡集句》所题诗序中说:"余得冯公栋臣《悼亡集句》并序,读之令人恻然。"

为避兵祸,清宇一度卜居徂徕山中①,啸傲山林,以抒隐痛,自言道:"卜居岩穴,避难徂徕,以竹溪之遗踪,作桃源之佳境。不染尘缨世纲。因消除积闷,再续残章。"(《云山堂自序》)虽有苟全世乱,不求闻达之思。但身处世乱,仍不忘笔耕诗山赋海。其《避兵徂徕》集句诗抒发了清宇的这一情感:

> 曾共山翁把酒卮(李义山《九日》),
>
> 姓名莫遣世人知(苏轼《留别择老》)。
>
> 山樽共醉徂徕石(陈旅《竹溪六逸图》),
>
> 不管人间是与非(王世贞《书忠义诗》)。

---

① 冯清宇与卢运常(见后文),曾在徂徕山二圣官设避兵之所。因感二圣宫客舍简陋,遂与主持道人王密林酿资于道院西北筑"竹溪书屋"数间,乱时避兵,治世勤于学业,举人李培硕撰碑记之。

　　清宇在仕途上很不得意，他早入县学，虽"岁科屡冠"，但连续七次参加乡试，六次朝考都因不合教官要求的标准而不中。直至同治十二年（1873）方取得拔贡，年将五十。当时，赵佑宸视学山东，开科取士，清宇不参与。泰安的儒学教官艾绍洵对清宇十分爱重，他在造册送考时发现无清宇之名，急招其入署，敦促其再应试。清宇以"绝无预备"辞谢，绍洵道"我已给你写上名字了，请入场考试"，果然得中。由此，"广文爱才"传为佳话（参见《泰山丛书》之《退轩旧闻录》载《广文爱才》）。但当举行朝考时，清宇却因亲丧守制未能应试。丙戌（光绪十二年，1886年）入京补朝考，但当时不授职。至晚年才以直隶州州判，录入山东机器局，汇记兼物料库、火药厂等差。开保五品衔，官终此职，寿八十一岁。其座师（称其本科主考或总裁官为座师）赵佑宸曾慨叹清宇"同治癸酉，始膺拔萃科，贡入太学，又以奉讳，不获与廷试。赴礼部补试，盖岁星已一周矣。拔贡补朝考，准贡而已。其所遭抑何蹇也"（《云山香雪堂诗序》）。

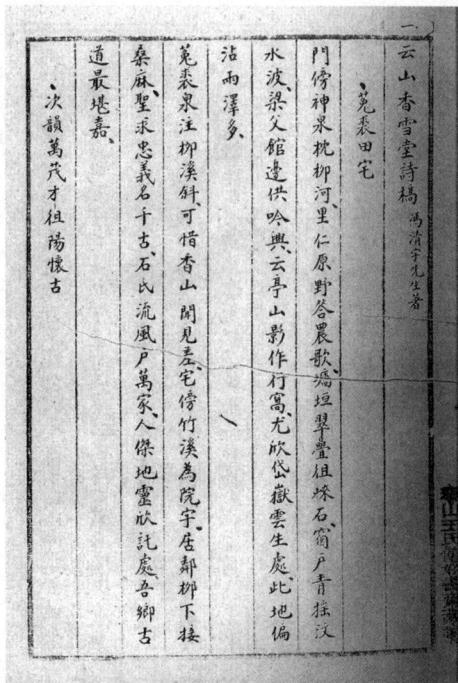

冯清宇《云山香雪堂诗稿》书影

　　清宇一生颠沛潦倒，沉抑下僚，但诗名尤盛。他所著《香雪斋诗集》分上下两册，一册自著，一册集句，按上下平韵集春闱秋闱七律各三十首。工巧贯串，不减前人，一生精力尽在此矣（民国《重修泰安县志·著述》）。他的诗在当时曾"脍炙人口"（孔祥霖《云山堂集句续刻序》），使清宇留名于泰山文坛。清宇诗作二十首，被近代泰安学者王价藩收入《岱粹抄存》卷七中。他的诗歌多吟咏家乡的山川风物，豪宕淋漓，气势雄奇，感情深挚。如他咏泰山曰"凌云志愿平生足，今古乾坤一览收"（《登岱》）。"山围洞壑三千里，天挂云梯十八盘；历尽许多封禅主，依然太古色苍寒"（《由天门登绝顶》）。他的《次韵万茂才徂阳怀古》皆咏史迹，颇有情趣。诗曰：

里仁原上噪寒鸦，甘露遗墟野草花。

柴汶濚洄穿岭路，柳溪屈曲带禾麻。

鹿森碑畔松千树，羊祜城边柳万家。

指点羽林封禅处，只今唯有乱峰斜。

梁父云亭相对横，凝眸怅望不胜情。

羊公河畔垂杨少，汉武宫前蔓草平。

一片荒烟迷柳下,四围云树拱柴城。

高风让国今何在,犹指兖裘美美名。

浊水萦纡入汶流,龙乡城畔竹溪头。

姜潜宅里名千古,孙觌莹田土一邱。

柳树烟光和圣墓,枫林霜色放城秋。

何人续入忠良传？空慕前贤仰圣求。

冯清宇饱读史书典籍,故对楼德及其周边的人文古迹如数家珍。楼德是古兖裘国（嬴姓）的所在地,距今已有四千余年的历史。春秋属鲁,称兖裘邑。宋代兖裘城属泗水县。自明永乐初割入泰安州（府）,至 20 世纪五十年代初方归新泰。楼德,旧时曾称谓"娄（楼）底""娄德",不知何时演变为楼德。此地在 20 世纪三四十年代,曾先后设泰宁县、祖阳县。因位于祖徕山阳,故其周边历史遗迹众多,人文逸事丰富,文化底蕴厚重,是历史文化名区。《祖阳怀古》及乎囊括了楼德及其周边的人文历史、古代遗迹,堪称咏史之佳作。借此,将诗中有关人文胜迹简述如下：

位于楼德南约四公里的云云山,是上古七十二帝王封泰山禅云云（祭地）之所,又是上古时期人文荟萃之区。山下有甘露村,山北有羽林坡,故诗中称"甘露遗墟";楼德镇北今天宝镇古城村即汉代之梁父县所在地,晋为羊祜城,其西有羊舍村。梁父县北,祖徕山东麓,俗称为映佛山者,即秦皇汉武封泰山禅梁父的梁父山;今泰安市南五十里有泰山支阜亭亭山,即黄帝封泰山、禅亭亭之山。以上即诗中所云"甘露遗墟""羽林封禅""羊祜城边""梁父云亭"等历史遗迹。诗中所收人文胜迹及地名、河名颇多。如"里仁原上"取自宋代孙觌墓志铭：……葬兖裘东节义乡里仁之原;"柴汶"指经楼德以北的柴汶河;"柳溪"指发源于楼德南泉（即兖裘泉,又称柳泉）的柳溪河,绕楼德西北入柴汶（又称小汶）,长 10 里;"羊公河"源出祖徕澹崖下,南流过三岭崮东又东南经时家庄,东又南至羊祜城西,因以名河,又南入柴汶;"浊水"有二,此指西浊河,旧泰安县西南六十里有水称汇河。《水经注·汶水》《左传》皆有载。汇河下游称之浊须水,又名浊河,入大汶河（东浊水河出今新泰宫里镇泉里,汇针沟泉诸水西北入柴汶）;"龙乡城"春秋时鲁国之龙邑,在今泰安市西南乡城。《史记·高祖功臣侯者年表》称龙侯国;"放城",即今新泰市放城镇,旧属泰安县,是先贤林放的故里;"和圣墓"在今天宝镇郭家庄西北一里之小汶之阳,与今和圣园相对,相距二里。和圣即柳下惠,其故里在古柳下,即今宫里镇西柳夏家隅（圩）村,此处古时多植柳树。孟子称柳下惠"圣之和者也"（《孟子·万章下》）,故后世尊之为"和圣";"柴城",汉柴县故址,在今楼德镇西南柴城村。又,西汉元朔四年（前 127）封汉高祖之裔孙齐孝王刘将闾子刘代为柴侯,传四代,无后,国除为县,即柴县;"汉武宫"指汉武帝封泰山禅梁父后驻跸新甫山（今莲花山）所建离宫，故有此称；"姜潜"，字至之，史称北宋泰山奉符人，《宋史》有传。其故里及墓葬皆在今泰安市岱岳区大汶口镇申村，乾隆年间所修《泰安县志·古迹》："姜潜故里，县南五十里申村。"距楼德不远，故有"姜潜宅里"句。姜潜从学于石介，先后为明州（治浙江鄞州区西南，后治今宁波）、兖州隶事参军，又荐为国子监直讲。宋神宗闻其贤，召访以治道；诗的末句"圣求"乃孙傅之号。孙傅，北宋菟裘（今楼德）人，官至尚书右丞同知枢密院事兼少傅。宋末"靖康之难"中随徽宗、钦宗等押至金营，次年死于金营，表现了崇高的民族气节。孙觌为孙傅之祖父，其墓志铭今存楼德东村建筑公司；诗中"鹿森碑畔"之鹿森，一名善森，字茂之，元代关中人，隐居徂徕山二圣宫（今徂徕山林场庙子林区），晚年题其居室曰"贫乐岩"曰"演易斋"，是泰山元代隐士（见民国《重修泰安县志·人物志·寓贤》）。

　　诗中久负盛名的典故乃是"高风让国今何在，犹指菟裘羡美名"两句。"高风让国"者指春秋鲁国的鲁隐公。隐公是鲁惠公之长庶子，名息姑，周公第八世孙。隐公有同父异母之弟名允（一称"轨"）。鲁惠公去世时允年幼，立允为太子，隐公摄政。隐公为政谦虚谨慎，贤而守礼，知错能改，勤于国政，与邻邦通好。公子翚（一作挥）是鲁大夫，字羽父，此人行为不轨，专擅不忠。他想作太宰，就对隐公说：你正式继位为君吧，我去把太子允杀掉，但要把太宰位给我。隐公说：待允长大我就把国政交给他，我已经派人在菟裘盖了房子，打算到那儿养老（即《左传·隐公十一年》："使营菟裘，吾将老矣。"）。羽父听此言十分害怕，怕允知道后反把他杀掉。于是又去允那里说隐公的坏话。后来二人合谋，借故杀死了隐公，立允为鲁君，是为鲁桓公。隐公治国有方，国之贤君，然而对他人却毫无戒备，死于非命，不得善终。而他的一句"使营菟裘"，使菟裘一邑名载典籍，以丰厚的历史文化光照千秋。这就是隐公"菟裘羡美名"之典故。

　　冯清宇的《菟裘田宅》诗，则是对家乡菟裘古城（今楼德）的人文地理的生动描述，显现出他热爱故土的一片深情。其中之第二首诗曰：

> 菟裘泉注柳溪斜，可惜香山闻见差。
> 宅傍竹溪为院宇，居邻柳下接桑麻。
> 圣求忠义名千古，石氏流风户万家。
> 人杰地灵欣托处，吾乡古道最堪嘉。

　　诗人对能有"菟裘田宅"感到自豪。诗的首联第二句"香山"，指唐代诗人白居易，他晚年自号"香山居士"。《旧唐书·白居易传》"会昌（唐武宗李炎年号 841—846）中，（白居易）请罢太子少傅，以刑部尚书致仕，与香山僧如满结香山火社，每肩舆（即乘轿子）往来,白衣鸠扙,自称香山居士。"文中"香山"指洛阳香山,在今河南洛阳市南二十五里龙门山东,白居易晚年居洛阳,常游此山饮酒赋诗,大中元年(847)卒后葬于香山如满师塔之侧。此句之诗意谓:菟裘自古即为告老退隐之地,白居易如知菟裘风景秀美,地灵人杰,就不会退隐河南洛阳香山了。诗人以夸张、比似、描述家乡之美。"宅傍"二句谓自己的家乡与李白隐居之"竹溪"(徂徕山竹溪有二说,一说在徂徕第一奥区礤石峪,一说在徂徕二圣宫)、柳下惠故里之柳下为邻而自豪。颈联"圣求"二句之"圣求"指孙傅,字圣求;石氏乃指北宋学者石介,字守道,其故里在今岱岳区徂徕镇。尾联以"人杰地灵""古道堪嘉"赞美家乡,恰如其分。

冯清宇最负盛名的作品,当属他的集句诗。集句诗是用前人的诗句,拼成新诗。清宇的集句诗,借前人佳句,抒自家胸臆,不独句调浑成,且由彼及此,悟境甚深,艺术上颇见功力,其才学颇受时人称赞。赵佑宸在《云山香雪堂诗序》中称其"《香雪堂稿》见示,皆集前人之句,为之杼柚予怀,天衣无缝。虽未得窥全豹,亦已略见一斑。抑予更有厚望者,以生之才之学,岂其终老田园,他日上金门,步玉堂,登著作之庭,和其声以鸣国家之盛,所谓'点窜尧典舜典字,涂改清庙生民诗'者,非生莫属也。"光绪进士孔祥霖曾评价清宇的集句诗说:"云山堂集句,逐事题咏,无类不备,尤难者,集百家以为衣,而杼柚予怀(杼柚,又作杼轴。此指诗文构思、组织。晋陆机《文赋》:"虽杼柚於予怀,怵佗人之我先。"),灭针线迹,直入化境。……庶几特树一帜,使世之集古者一齐俛首焉。"(清孔祥霖《云山堂集句续刻序》)上述评价,并非美誉之言,而都十分贴切地概括了清宇集句诗的艺术特色。今举两首集句诗共赏:

(一)竹溪晚兴

清宵明月满寒溪(《竹溪六逸诗》),

明月襟怀只自知(钱翊《客舍寓怀》)。

徂徕山头唤李白(元遗山《游泰山》),

天真烂漫是吾师(苏东坡语)。

(二)望乡关

日暮聊为《梁父吟》(杜甫《蜀相》),

望山空寄两乡心(卢轮《下第出关》)。

云开汶水孤帆远(高适《送李寀少府》),

不辨仙源何处寻(王维《桃源行》)。

逍遥楼上望乡关(宋之问《登逍遥楼》),

欲往从之梁父艰(张衡《四愁》)。

　　积水长天随远客(皇甫冉《送李录事》,

　　故乡空隔万重山(李颀《春日思归》)。

　　"集句诗"是二次创作,非有读书破万卷之功力而不能为,更需具有化腐朽为神奇之才气。冯清宇敢于挑战集句诗并得众人之赞,名家之评,真乃我清末诗坛之翘楚,泰山文坛一奇葩。

　　冯清宇之妻陈氏,二十岁归清宇。新婚逾月,清宇便负笈远去游学。陈氏有难色,但勉励自己以大义为重,绝无儿女情态。故使清宇得以专志于学,为求功名在外求学达十九载。庚申年(1860)皖捻窜扰楼德一带。清宇之兄身为副贡生,协助办团练率众御捻。因乡兵无律,强弱不敌捻兵,多令妇女逃匿山谷间。唯清宇妻陈氏挺身独留,为乡兵准备干粮,烧米汤。警报多次让其离开,但陈氏闻之自若。等到团丁覆没,捻兵成群而至。陈氏见事危急,拔门闩怀刃出走。遇捻侵犯,骂声不绝而不屈服,奋身投水而死。时为咸丰十年九月十九日。事平,获陈氏尸于深潭,面色如生,匕首、田契犹匿怀中。备棺殡葬不久,众人以先例对陈氏进行表彰。冯清宇当时正游学在外,闻讯悲恸万分,作悼亡诗,悼念亡妻。悼亡诗其三章云:

　　　　奉养高堂赖汝身,如何永诀弃双亲。

　　　　问衣常是鸡鸣起,捧帚频呈燕笑真。

　　　　廿载欢情承菽水,一朝节烈凛松筠。

　　　　那知屡感慈亲泪,至孝翻成不孝人。

　　民国《重修泰安县志·人物志》将冯清宇妻列《贞烈》,称陈氏为宜人(封建时代妇女的一种封号)。上述悼亡诗载此节。

　　冯清宇之子冯恕敏,字逊斋,工医术,悬壶济世,在周围村庄赫赫有名,终日求医者络绎不绝,堵塞家门,救人无数。杂病皆有普通药方,不离规模(格局)。唯咽喉之症,独有把握,十不失一。大抵医治法,分红、白两色,恶寒与不恶寒。白者感寒而得,最危险,须用散药。红而不恶寒者,直清解即可。后人尤传其术,如遇变症,恐怕不及其精湛。冯氏曾在楼德开设万和堂、生生堂、永济堂、贞济堂等药店。

　　按:济南治此病,忌用散。无论红白,只以养阴清肺汤为主剂。而对冯恕敏所用芥花、牛子、蝉蜕、僵蚕等药,认为是禁用之方,存有悬念,与之言不理解,也不信。安得精于其术? 经临床验证了冯氏方有效,试之,以解其惑哉。民国《重修泰安县志·人物志》列《方技》。

主要参考书目：王价藩辑《泰山丛书》之《岱粹抄存》所录《云山香雪堂诗稿》及赵佑宸、孔祥霖、曹鸿勋为其所撰诗序和冯氏自序等；民国《重修泰安县志·冯清宇传》泰安县志局，1929 年印；田承军《泰安纪事·徂阳富庶地，泉畔文人薮》，山东画报出版社，2009 年版)

【评析】一门三士同列方志

冯氏一门有三人同录入民国《重修泰安县志》，这种情况并不多见。冯清宇虽官运受挫，而诗品则佳，又有诗集传世，故列《泰安县志·人物志·乡贤》之"文学"。此人是天赋加勤奋的典范，故能成名。冯氏夫人陈氏捻至不避山谷，还为乡兵烧汤备饭，且不畏捻徒之侵犯，"骂声不绝而不屈"，无奈以死而抗争，且将家中田卷藏匿怀中，虽死而受众人之敬，乃真烈妇，故《县志·人物志》列"贞烈"。冯清宇之子冯恕敏，悬壶济世，医术精湛，尤善咽喉之症，一生救人无数。且职业道德高尚，不仅将药方传之后人，且传至济南。这在当时是不多见的行医者，乃病者之救星，《县志·人物志》列《方技》。

真可谓：一门三士各有长，同列方志传四方。

行为高尚众人赞，乡贤烈妇美名扬。

【本节编后】冯清宇供职的山东机器局

冯清宇曾供职的"山东机器局"，是 19 世纪 70 年代，清政府部分官员以"自强""富国"为名，开创洋务事业，在济南创办的一处近代工业企业。光绪元年(1875)山东巡抚丁宝桢于济南城北新城创建山东机器局，由已是科学家的徐建寅任总办，具体操办。山东机器局为济南近代官办工业之始。在其创办的经营过程中，虽然使用外国机器和进口原料，但始终未用一个外国人。1875 年 10 月，所属机器厂、生铁厂、熟铁厂、火药厂等先后竣工，并试制成功马梯尼枪。之后，逐步扩大，至 1901 年，已有炮厂、枪子厂、翻砂厂、熟铁厂、火药厂、电料厂、木工厂等，能制造枪炮、枪弹、火药以及机器、锅炉、电灯、电池等，成为晚清办得较有成绩的一所中等规模的新式工业企业(转引自安作璋主编《山东通史·近代卷下册》第 220—221 页，人民出版社，2009 年版)。山东机器局"制造的各种军火悉皆精良使用"，在中法战争和中日战争中发挥了重要作用。

山东机器局大门

冯清宇曾在山东机器局做汇记兼物料库、火药厂等工作,可能他是新泰人接触"洋务"最早者。由于晚清的法律、财政、军事等制度发生了形形色色的变革和变化,"洋务"虽具有近代化性质的变革举措,但其目的在于维护封建专制统治,而非真正实现国家的近代化和民族振兴,最终被汹涌澎湃的辛亥革命大潮席卷而去。"洋务"的破产有主客观多方面原因,也是历史的必然。另一方面,"洋务"引进西方近代的机械设备和生产方式,刺激了中国资本主义生产方式的产生,开阔了一部分人的视野,出现了中国最早的一批工人阶级和资产阶级,强化了中外联系,成为改良派和革命派成长的思想基础和物质基础。

1912 年 8 月,民国政府将山东机器局更名为山东兵工厂;日伪时期成为新中华火药厂;抗战胜利后称济南兵工总厂;新中国成立后先称新城化工厂,后称山东化工厂,现称山东北方现代化学工业有限公司。

第十五节　一心治学从教的郭璞山

放城名士郭璞山,拨贡出身,不求进仕,一心从教治学,是光绪年间的一方教育名家。一生注重著书立说,诗文独具匠心。

一、淡泊功名,专心从教

郭璞山(1854—1900)字一峰,又号介勿,咸丰四年(1854)生于今新泰放城(旧属泰安县),幼年丧父,由母亲抚养长大。少时的璞山天资聪敏,但放荡不羁,在母亲的严教下幡然悔悟,"遂回心向道,奋发读书"(民国重修《泰安县志·郭璞山传》)。他曾说:"人生在自立耳,古人岂不可至者?"(卢衍庆《郭先生墓志铭》)于是谢绝旧游,锐志于学。遂以全县(旧泰安县)第一入县学,考中秀才。

此后,璞山为赡养母亲,维持生计,便一边深造,一边设帐授徒,往来于汶水两岸。由于他学识渊博,教授得法,所授学生在每年府、州、县的童生岁试中,总获"冠军",在泰安学界有较高声望。同时璞山学识卓异,"益复淬厉"(《郭璞山传》)。经过刻苦进修,遂获选光绪十一年(1885)科拨贡,候补直隶州州判,并受到光绪皇帝的赏识,钦赐"选进士"匾额,山东巡抚也题赠"古雪寒松"四字,这在当时是难得的殊荣。

此后,郭璞山学习更加精深,更加磨炼意志,但不求仕进,一心治学从教。于是"徂阳之间,高才秀士,争欲委贽门墙,而学与不学,咸知有郭先生焉。"(《郭先生墓志铭》)郭璞山的门人弟子"游其门者,掇科(被录取)以去",而璞山自己却在科考场上屡屡受挫,很不顺利,终困科场。自此,璞山"以穷达有定,益厌薄举子业,扫除俗学,并力于经术"(《郭先生墓志铭》)。

郭璞山仕途受挫,便专心从教。他治学十分严谨,教学中"教人躬行为先,而后文艺,以身教,不以言教"(《郭璞山传》)。其书斋称之"求是斋"。还主张因材施教,强调学以致用,思想教化,注重自身的表率作用。放城虽处旧泰安县之边鄙,但由于璞山名望高,弟子先后从泰(安)、泗(水)、费(县)、新(泰)各地涌至,从师者先后达千人,可谓桃李遍地。他效法孔子,有教无类,不分学生贫富,一视同仁。"自讲学后",当时放城贫士"郗明瑞、明谦兄弟相继考中贡士,石莱陈式昌亦彬彬有雅人深致""科岁冠军者四,秋闱(八月朝考、乡试为秋闱)出房者三"(《郭璞山传》)。璞山认为教育的作用在济世利民,所以主张"进(做官)则见诸事实,退(退隐)犹将启后学"。楼德卢衍庆跟随郭璞山学习多年,曾乡试中举,深得教诲,他对先生的教学和为人十分钦佩,在为郭璞山作的墓志铭中写道:"(先生)教人躬行为先,文艺为后,身率而不强聒(干扰)。庆尝从风雨晦明,追陪几研,见其正襟危坐,精思力践,自朝至暮,斯须必庄;一酬一酢(即应对,唱和,应酬),笑语惟谨,凛凛乎若弟子之奉严师,

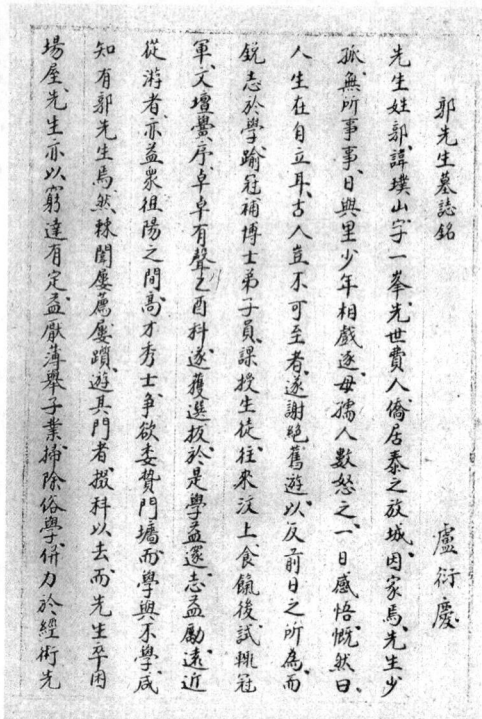

卢衍庆撰《郭先生墓志铭》

数十年如一日也。"卢衍庆还认为,他的老师"一峰先生之为学,躬行实践,以身作则,所自得不轻以语人"(卢衍庆撰《兰皋先生墓表》)。

放城地处"县之边鄙,俗本粗犷",璞山十分注重对乡风民俗的教化,"岁时又聚村人读圣谕,讲乡约,薰德善良,久而渐化,讼狱衰息者垂(将近)数十年"(《郭璞山传》)。能以自己的德行才能去化解乡人之过失。璞山的这些行为得到社会好评,深受弟子乡民的尊敬和爱戴。

郭璞山在潜心治学的同时,著书立说,先后著《求是堂诗文集》《语录》若干卷,《说文摘字》四卷,《敬仪录》三卷,但未能刊行。卢衍庆曾评价老师的著述"将开启后学,综经纬史独出心得,卓然成一家言"(《郭先生墓志铭》)。可惜璞山之书稿抗日战争时被日本人抢掠一空。璞山之诗作,仅零星见于近代泰安学者王价藩辑《岱粹钞存》,其余均已遗失。

郭璞山身为拔贡,为一方"圣贤",但从不自傲,待人谦恭有礼,且乐于助人,常为乡亲排忧解难,其德行在放城一带广为传颂。光绪二十六年(1900)郭璞山因病去世,享年四十六岁。"及卒,门人私谥为介勿先生"(《郭璞山传》)。他的学生卢衍庆为其撰写了《郭

先生墓志铭》,载录王价藩辑《岱粹抄存》。

郭璞山一生淡泊功名,不媚权贵,亦教育四个儿子心存、心平、心翌、心清,做好学问不做官,要为乡里多做有益的事。长子郭心存,亦有父风,虽学识渊博,只行医治病,设帐教书,成为费(县)、新(泰)、泰(安)、泗(水)、蒙(阴)边界有名的中医和学者。

郭璞山教书育人曾一度在放城、泰安一带传为佳话。清光绪年间,泰安教育界有两位著名人士,号称"南郭北侯",其中之"南郭",即为放城人郭璞山(北侯指泰安大汶口申村人侯哲衡)。

二、诗文俱佳,独运匠心

郭璞山出生于放城,是儒家先贤林放的故里。放城村静林禅寺建于金明昌年间(1190—1196),清乾隆二十四年(1759)曾在寺附近出土唐太和八年(834)《林放祠记》残碑,说明静林禅寺是在林放祠遗址兴建的。地不爱宝,1994年又在静林寺旧址发现元代《静林禅寺落成记》残碑,上有"……世代鲁贤林放故居""有古寺号静林始"等字(参见笔者主编《莲花山》第264页,中国文联出版社,2006年版)。郭璞山自幼沐浴邹鲁儒风,受儒家文化之熏陶,对先贤林放崇拜有加,方显自豪。七绝《林放故里》云:

> 山城古木郁苍苍,父老争传姓字香。
>
> 不识残碑何处所,几回搔首问斜阳。

该诗构思巧妙,言简意赅,首联以"山城"景色兴起,诗眼一个"香"字,比喻故里之流风如兰之馨,自以为豪。尾联态度诚恳,认为身处林放故里,理应继承林放治学精神,穷源溯流。"搔首"二字自谦学习欠佳,情绪不安的心态。

放城以西的石莱镇南有著名古刹白马寺,又称石城寺,寺前有三株硕大的银杏树,树龄数千年,远近闻名。璞山对此名胜情有独钟,赋《游石城寺》一首:

> 几阵熏风上柳条,恰乘晴日好相邀。
>
> 只怜求友寻萧寺,更为探山过板桥。
>
> 作意莺啼偏恋客,迎人犬吠乍逢樵。
>
> 殿前银杏堪留饮,吩咐衲僧奉酒瓢。

该诗写出了偕好友畅游石城寺惬意爽快的心情。晴日和风,探名山过板桥,与友人来到古刹胜地。眼前即是"莺啼恋客""犬吠迎人""衲僧奉酒",在胸径数丈,冠盖数亩,树龄数千年的银杏树下畅谈痛饮,尽情欢悦。表达了诗人热情好客,热爱生活,热爱大自然的愉悦情怀。

在放城镇南东石井村与西石井村之间有一条河即古洗水。水岸崖陡峻峭,深十余丈,形成高台。台下有渊,水深莫测,俗称"钓鱼台";白马寺西侧临涧高台亦曰"钓鱼台",两处都是当地著名风景点。郭璞山有七律《钓台》一首:

> 此境未闻严子来,缘何也名钓鱼台?
> 岩边浅浅深深树,池畔疏疏密密苔。
> 数鲤泳游青藻里,几人指点白云限。
> 桃花流水仙源近,愿逐渔郎去不回。

这首诗的夺人之处乃首联用典,以自问的形式喻此地可与严子隐居的地方相媲美。文中严子乃指严光(前37—43),东汉会稽余姚(今浙江余姚)人,一名遵,字子陵。少有高名,曾与汉光武帝刘秀同学,及刘秀称帝,乃变姓名隐居。后被聘至京师,与刘秀论道,相处如昔。授以谏议丈夫,不就,归耕于富春山。富春山又叫严陵山,在今浙江桐庐县西南四十里。山上有严子陵钓台,临江有严子陵祠。《后汉书·严光传》:严光南归,"耕于富春山",即此。诗的尾联又化用陶渊明《桃花源记》"仙源"之典,来比喻两处钓鱼台附近的神仙府和寺庙。他愿像"渔郎"严子一样自由自在过"仙人和老纳"的生活。诗人自然流露出对隐逸生活的向往和追求自由的精神世界。

郭璞山存世诗歌屈指可数,都是吟唱家乡的景物名胜,彰显了诗人对家乡的依恋和热爱。他的诗主题鲜明,流畅易懂,在晚清泰山一带诗苑中当属锦绣之作。除此,郭璞山的散文也成就不凡。他的散文散见于放城周边的碑刻。如《岱萃抄存续编》卷一载录《静林寺钟楼碑记》一文:

> 盖闻根深者木茂,实大者生宏,二者不相蒙而有时相病,盖离之则双美,合之则两伤也。吾村静林寺古柏参天,皆数百年物,而中一株尤伟。寺既圮,钟悬其上,青铜之柯以烂,而蒲牢(笔者注:蒲牢,钟的别称)之响亦铮铮细焉,里人耻之,构钟楼一间,俾钟得其悬而音愈畅,柏释其累而枝不枯。柏乎,柏乎,静以默乎。脱(tuì)化龙而作霖雨,其无忘里人之德乎。

郭璞山这一碑文,借物喻事,借物抒情。树与器物都厚实纯朴,二者不相"冒犯",而有时则相互损害。以此得出"离之则双美""合之则两伤"的辩证关系。后文则叙述乡人建构钟楼,以释钟悬于柏之累。柏啊,你虽静而默之,即是将来蜕化为龙,降甘霖雨露,乃乡人之大德造化了你啊！该文以文化人，以文论理，创意高远，寓意深邃，构思精妙，脱俗雅秀，令人百读不厌，真乃上品。

静林寺西南隅西石井庄，有关帝庙一座，《西石井重修关帝庙碑记》也是郭璞山所写。文曰：

> 放城之地多山，唯长山之名最著，盖以林放封爵为长山伯也。东北曰关山，山之阳洙水出焉。正西曰高陉山，山之阴盗泉出焉。二水合流循陪尾山之左，注石井入于泗陪尾者。放城诸峰最高处俗呼阁老顶者。是石井者，洙水之渊深无底，上旁有石矶，作楼台状，堪舆家谓为禽星塞水口。渊之上下石壁嶙峋，亘十余里。关锁严固，盖洙水入泗之门户也。渊北半里旧有关帝庙，年深就圮，善士等从而新之。而索文于余，余生是乡，忝有文献之责。谨述所闻以勒诸石，俾后之修邑乘录山水者有征焉。至于关帝之神，妇孺皆知，有不敢赞一词者惧亵也。（该文载民国《重修泰安县志·艺文志·金石》；笔者采自王次通（亨豫）辑《岱粹抄存续编》第一册）

（注：郭璞山所撰《西石井重修关帝庙碑记》并未写关帝之德、之威、之灵验，而用"关帝之神，妇孺皆知"而概括，有敢不敬，"不敢赞一词者惧亵"而赞颂了百姓对关帝之敬仰，无人敢轻慢无礼。其他文墨，尤似放城周边名胜、山、水、石、泉之简介。在此有必要加以说明。文中之"长山"位在放城之北，距旧泰安城180里，冈阜绵延。宋封林放为长山伯，使长山之名更显于世。"关山"，属新泰境，位于新泰市区西南40里，蒙山之西麓，山南旧有朝阳寺，山之阳"洙水"出。"高陉山"俗称椅子山、黄山、太平山、泰平顶山，也属蒙山山脉，位于新泰市区东南，大部区域属新泰境，山阴有"盗泉"；"陪尾山"，泗水发源地，今地多属泗水县，距泗水县东50里。"阁老顶"，位于今放城镇郗家峪村南阁老山顶，北面断崖有宋金时的摩崖石窟菩萨造像，弥足珍贵。"洙水"，指古洙水，按民国《重修泰安县志·山川》洙水条：一发源于长山北之关山，一发源于上下峪，环绕放城南流入泗水县境。《四库全书·山东通志·山川志》与上说基本一致，指出："洙水，自泗水县东北关山发源，西南流经卞城（山）之阴，会盗泉之水，又西至泉林，合于泗水。"古洙水新泰段今人称之放城河。"盗泉"，位于今新泰市区西南60里。按民国《重修泰安县志·山川》盗泉在泰安县东南180里，出高陉山阴盗泉峪村，水流入洙水。该泉即《尸子》载"孔子至于暮矣，而不宿于盗泉，渴矣而不饮，恶其名也"之泉。后人因恶其名，改"盗"为"道"，今该村名为"道泉峪"，属石莱镇。"石井"，位于今放城镇南西石井村东河内，是一天然石井，井水清澈，引以村名，今分东石井村、西石井村。）

郭璞山另有《乌龙山序》等文,皆用词简约,气势磅礴,想象奇妙,寓意宏伟,构思新颖,文风潇洒。可见郭璞山学识不凡,具有娴熟的文笔和驾驭文章的实力和技巧。

三、崇尚理学,潜心研读

郭璞山善学习,好理学,钻研道统,崇拜孙(复)、石(介)两先生。他曾撰《孙石两先生学术志行论》,论述两先生在学术方面的志向与操行。其大意是说:

千古道学的传承,肇其端者是伏羲和轩辕黄帝、尧、舜;集大成者是孔、孟;传承最好时期是宋代理学四个学派,即以周敦颐为代表的濂溪学派(周敦颐于北宋熙宁五年(1072)定居庐山,筑堂于麓,堂前有溪,源于莲花峰下,取营道故居濂溪名之,世称濂溪先生);以洛阳人程颢、程颐两兄弟为代表的洛学学派;以居陕西关中的张载为代表的关学学派;以讲学于福建的朱熹为代表的闽学学派。而上接孔孟,下启濂、洛、关、阁者,乃唯有泰山先生和徂徕先生。泰山先生孙姓,名复,字明复。他在理学方面的思想主要阐述在《春秋尊王发微》之中。他的志向和操行主要表现是"洁身明道"。教授于泰山,老而不娶,国相李迪以弟女许配于他。当时的儒林学界以为成相国好贤士之美,无贫士慕权势之嫌。这大概可以让人知道他的学问和品行了。徂徕先生姓石,名介,字公操,号守道。他的学术观点可见其《怪说》三篇,《中国论》一篇(编者注:但常患文章之弊病,认为佛老之学是害人蛀虫,以文章抨击之)。他的志向操行在于学习尧舜周(公)孔孟,而且参考荀子扬子韩愈之大儒之学。秉正嫉邪,见邪恶之事,恶德之人好像被玷污似的。他因丁忧敝衣跣足躬耕于徂徕之阳。后来,官为太子中允(入为国子监直讲,从者甚众,太学由是大盛),而未很好地克制自己竟遗弃,回徂徕师从泰山先生,并执弟子礼十分恭谨。能使鲁人皆好泰山先生之学。作《庆历圣德颂》(编者注:诗中称颂了庆历新政的改革人物范仲淹、富弼、欧阳修、韩琦、晏殊等,斥枢密使夏竦为大奸),泰山先生说,祸基于此矣。其后终以构陷谗言夏竦,几致剖棺之祸。徂徕先生的学术之要,与泰山先生之学术是一致的(或说专一的),而泰山先生之志行非徂徕先生之志行。泰山先生之德行隐而不显,居正坚贞,遵循规约,处事和柔。徂徕先生锋芒大露,未免伤害时流时论。欧阳修曾寄书信规劝他。徂徕先生和泰山先生一样,其学术之要都是上接孔孟,下启濂洛关闽,无二致也。有人说两先生讲学有余,致用不足,此乃苏党等嫉之者荒谬、狂妄之谈。岂能认识到朱熹推崇两先生所要达到的最终之意图呢?北宋至今数百年了,而瞻仰岱岳者,慨然仰慕二先生之徽号;来到汶水两岸者,缅想清流;高风亮节,士人犹如闻风而兴起。将孟子所谓百世师者,我于两先生仿佛相遇了。

从郭璞山这篇孙、石两先生学术论行的论说可以看出,他对孙、石两先生尊崇有加。对他们的学术志行做了精辟分析,并将二人学术志行、性格特点相比较,指出了不同之处。明确了二先生都是上承孔孟、下启濂洛关闽学派的道统传承者。文章最后自喻是幸运者，"仿佛遇之"两先生。可见，郭璞山像真的做了二先生的弟子，拜二先生为师一样热爱理学。民国《重修泰安县志·人物志》所录《郭璞山传》和郭氏弟子卢衍庆所撰《郭先生墓志铭》均有郭璞山热爱理学，严肃认真地研读理学的记载。《传》载："起初，他效法宋代五子（周敦颐、程颢、程颐、张载、朱熹）讲程、朱之学"。并且，讲求"实事求是，鞭辟入里，静默深沉，存心养性"。也就是说学五子之学，尽力做到了讲求实际，正确地去分析和处理问题。并深入精微，由近及里，认真剖析，探求透彻；静默思考，消除杂念，体悟义味，以修养身心。《郭先生墓志铭》中也说："初遵五子，席铭座箴，尺寸不敢逾越，厥后博涉渐广，兼综众说，而折其中。"也就是说，他以"五子"为师，深入探讨五子之学，铭记在心，并将他们当成自己的座师考官，不敢超越，一心继承五子之学。等到广采众家之学，博涉广泛，便能提出自己独到见解，选择其要教授学生。从这些记载中可体味到郭璞山对宋代理学的崇敬，其学习态度严肃认真，并能联系实际，博采众长，敢于发表自己的观点，这在当时难能可贵。可谓是宋代理学的忠实学子。从郭璞山的文章到他学习理学的态度，笔者仿佛从郭璞山身上看到了宋代理学的缩影。

四、敢于陈旧布新的勇者

放城里位于旧泰安县东南180里，地处县之边鄙，郭璞山生于斯，长于斯，终老于斯。他对家乡的民风旧俗不仅十分了解，而且终生致力于乡风民俗的教化，对家乡的某些陈规陋习深恶痛绝的同时，也试图尽己所能使之有所改变。他针对某些乡民与无赖者"赌"，却"迷而不悟"，写了《规赌说》，以规劝赌者莫陷入陷阱。针对某些人吸鸦片，写了《规鸦片说》。他将鸦片的危害比作"女乐归而鲁衰，西施进而吴亡，晏安酖鸩毒"，乃国人之"祸烈"。自世有鸦片，"则是家家归以女乐，人人进以西施""戕生于衽席之上，毙命于反侧之间，其祸愈无穷矣"。是国之殃，天下之殃，非一世之毒，乃数世之毒。吸鸦片者视若一时繁花似锦，灿烂美好，"却不知是腐肠销骨之患"。可见郭璞山面对鸦片在家乡泛滥，忧国忧民，忧心如焚，用"女乐归鲁"（典出《史记·孔子世家》），"西施进吴"（典出《吴越春秋》《越绝书》）等典故比作鸦片带来的危害。以《规鸦片说》警示人们且莫将家资、劳动所得用来吸毒，号召人们"以仁人君子发菩提心，运广长舌"与嗜好鸦片者讲明道理，进行规劝，且勿招至祸害。

放城还有一俗，乃"歌舞误尸"，居丧作乐。此恶习易染，明朝至清"自官府以至士庶，鲜有不用乐者。一或不用，则群起而非之，已既牢不可破矣"。郭璞山以为，歌舞娱尸之俗始于元朝。明洪武定律"十恶"，但"居丧作乐"之条，八议所不赦，故而"恬不为怪"。还有一旧俗，属丧礼之一。即人死之后要写个牌位留在家中，但所留神主牌位上"主"字上端之"点"不填，须延请有名望者在葬日填上，谓之"留主（住）"。这一习俗耗去丧家若干钱财。璞山乃专作《留主说》,意在移风易俗,改变现状。

《留主说》以为留主"乃人子之至情",但"成主必预先书就,留主字(之上'点')不点,葬之日,延显仕点之,名曰'点主'。聘请之费,筵席之费,棚场陈设之费,犒赏驺从(即达官贵人出行时前后侍从的骑卒)之费,奔走执事供给人役之费,动须数十万钱,而鼓吹优伶(指俳优乐工),坚竖(固执的子女妻儿)厮贱,更思饱其溪壑(指不可满足的之贪欲)。稍不遂意,便云彼有旧例,若功令然(指好似有法令章程)"。此举使丧家"视为畏途",而丧家不忍舍其亲也。之所以遂以形成如此习俗,"特始于一二市儿(谓市井小人)借端依附权势,以夸耀乡里,不谓遂成风俗,士大夫家亦复为之,其惑甚矣"。

鉴于此,郭璞山之《留主说》以为"吉服临丧,已属不雅,况繁费无算,生者破产,死者何安? 又此等大事,竟成戏场,获罪于亲,更何可逭(逃避)"? 故璞山拟酌用家礼仪节:"书主不用显仕,以亲友知书者为之。赞(祭祀所用之词)行虞祭(葬后拜祭)不用绅衿(指地方绅士和在学之士),以戚友知礼者赞之,通不用乐。至扶持孝子,则至亲之责也。提筵(布置席位,祭拜顺序)后先,则疏远子弟之职也。挐竖(拿作的小人)亦可不用,省去一切造孽之费。务使家家可行,永无就馁之鬼,庶(但愿)天理王法,皆无悖谬,而人子已无不尽之心。至于庸夫俗子肆口讥讪,皆不可恤(担忧)也。"上述观念,倡导之风,至今仍有借鉴意义。

郭璞山所居之处穷乡僻壤,在其所处时代有些陋俗,人情凉薄,社会风气浮薄不厚。在他看来,放城一域"介在岱麓,居近圣人,沐浴周礼遗徽,自当重礼教,以兴行服(即守孝,服丧),习邹鲁雅化,岂可与陋俗为浮沉?"故而作《岱东浇俗辩说》("浇",意谓薄,不厚。社会风气不好,指浇薄),揭露不良社会风气,倡导革薄从忠,从厚,尚节俭,惜民用,明礼让以厚风俗。

郭璞山在《辩说》中首先列举了当时当地有关丧祭的一些不良风气。例如,他以为:匍匐救(奔)丧,拿些钱财、布帛去奠祭死者,舒缓心中哀情,自属亲戚之友情,丧家何必对亲友置办高贵的筵席呢? 但是,"人非关切,虽临丧而不哀;事同游戏,强望灵而作拜"。"丧家燕(筵)宾,视彼赗(视给丧家的布帛钱财)之薄厚。处处打点,无异衙门之穿通;声声要壶,俨然酒肆狂态。既威仪之媟嫚(轻薄,不恭敬),亦坐起而喧哗。致使哀戚之家,竟成谈笑之场,情亦伤矣! 礼安在哉? 况夫害贻丧家,利归奠主,或因疏客,辄肆讥谈,小而怨尤之开端,大而雀角(狱讼或争吵)之启衅。此尤人情之凉薄,实乃世道之浇漓(指社会风气浮薄不厚)"。

再说娶亲的六礼(即纳彩、问名、纳吉、纳征、请朝、亲迎等礼仪)事即有因,还应当看其缓急;双方不是因事而凑合,而是徒钱财而往来。借名目以求物之所值,为媒者从中侵吞牟利,诈人钱财。大在下聘礼纳彩,迎亲结婚,小而为周济饥荒都要致至请客;内之为子为孙,外而甥婿也要借助宾客,由是主唯得财,不顾事图下次。竟如争利于市间,不思存厚于心上。

璞山以为上述二者之大弊,实乃一方之陋习。时当秋冬之交,因众多吉凶之事而烦心,此风一倡,群起效尤。农人竭尽终岁之勤劳,不足应对人事之取携;士子抛弃有益之岁月,尽以供事故之周旋。

面对现实,璞山在文章最后发出感叹:名为情而无情,往必来而来必往,并不问贫,不问有无货财,老而有无体力。因行礼而费礼,薄者厚而厚者薄。耳濡目染,岂能得造一丁点儿德性? 璞山“伏(趴着)愿高明者见远,长厚者思长,务秉礼以制宜,非矫枉而过正。与奢宁俭,衰益(消减利益)自有权衡,革薄从忠,轻重不至倒置。盖尚节俭以惜民用,乃裕衣食之大源;而明礼让以厚风俗,斯见国家之郅治(大治)。岂特无愧圣人之治,抑且有光盛世之风”。并企盼,“礼教兴行,仁渐义摩。东山泗水,犹然圣门弦歌;化日光天,臻于淳古浑穆(质朴之美德)”。

郭璞山先生一生和其他教书育人者一样,诗文颇丰,著书立说可谓是旧时知识分子,特别是教书先生的钟爱。而类似撰写揭露社会弊端,敢写上述四篇,而且篇篇都有很强的针对性者并不多见,可见他有胆有识。他在其一乡一地德高望重,对推陈布新,剖抛陋习,实施教化定可起到推动作用。从上述四篇文章中也反映出璞山对山乡之陈恶陋习深恶痛绝,却又无奈,但又不能熟视无睹,在心绪十分纠结的情况下,面对陈恶陋习,还是不吐不快,故而拿起笔来,替广大民众说出了心里话。其目的是通过“以禁非为,以儆愚顽,改革旧日奢风陋俗,效崇俭朴,厚风仁俗”。然而,身处龌龊社会风气中,敢于站出来,企望吹出一股社会新风者,除璞山先生,吾乡还有几人?

(文中郭璞山《规睹说》等四篇文章,采自好友泰山学者李继生先生赐王次通辑《岱粹抄存续编》,借此,致以谢忱)

第十六节　楼德卢氏三代盛德

楼德南泉卢氏可谓望族。卢廷明富足善良,乐善好施。卢运常一生轻财好义,乐善不倦,颇有名望。其长子卢衍龄,太学生,官至五品衔。次子卢衍庆,恩科举人,一生孜孜向学,曾任江苏泰州丁溪盐场正堂,颇有政声,晚年发起重修泰安县志并为序。

一、蓄德植基的卢廷明

楼德卢氏本范阳(今河北涿州市)望族,清康熙年间由德州迁泰安楼德镇。卢运常之父讳廷明,字光陞,行二。卢廷明之祖父讳起圣,曾祖讳旺,高祖讳见甫。卢家世业耕读,虽说卢运常父辈不算富庶,但有余粮。运常父卢廷明至稍富足即训幼读书,在承嗣问题上通大义。因廷明兄父俱逝,便废读理家,后又纳米入太学,周旋于乡士大夫间,诚恕和平,有长者之眼光。其兄亡故后无子,与兄嫂虽分立门户,但双方资产文书详准,兼承后嗣,对寡嫂甚谨,终身无违言。嫂收养一子一女,对其养女择宜嫁之所;给养子田宅,蒙业传世,生活达到了小康。廷明自己女儿嫁给本镇王氏,夫家家业落败,出资置产,并契与之,使其自振。

卢廷明殷实善良,子孙永昌,天性好善乐施。嘉庆、道光年间,有大灾,人相食,饿者甚众。廷明有救济之思,为避恩施之虚名,便召集乡间之饿者为己掘南园地,积土为山,蓄水为池,搬运柳溪河上游的玲珑石,点缀其间,计工给粮,各得其所,多人赖此活命。廷明虽对宗戚乡里有恩德但也常被乡间豪族恶霸、猾胥无赖、小人地痞所欺,正所谓"人善人欺"。一次竟以诬讹钱数百贯。更有甚者,麦秋收获 之季,恶痞还唆使贫妇孺群掠夺分肥。类似事情旁观者都为之发指。而廷明则忧虑未预先做好防范,又嫌未远走避逃,惠及未达到让众人信任的程度,自怨自找的报应,绝不怨天尤人。唯有督促儿子加信努力学习,延请名师,结交益友。到儿子运常考取举人,讹他的豪猾之人也受到感化,相随先来祝贺。

卢廷明平素生活俭约,吃饭从不留意美恶。曾说:"嫌饭吃,没饭吃。"儿子在官也每每讲述此事,让幼少引以为戒。后辈虽处富庶之家,也从不厌粗粝,无不遵循他的遗教。廷明卒于咸丰八年(1858),享年78岁,原配高氏,未生育,继配查氏生一女一男,男运常。二孙衍龄、衍庆。曾孙七,玄孙八。卢氏后辈繁衍昌盛,推本溯源,由卢氏廷明之盛德所致。

二、乐善不倦的恩县教谕卢运常

卢运常,字彝卿,生于清嘉庆十五年(1810)。运常幼年聪颖,读书总是过目不忘,受业于泰安、新泰诸多名儒,而从泗水县广文(清代儒学教官)郭电门先生那里得力尤多。当时徐清惠先生任月课,学生要进行月考,每次月考都对运常鼓励和赞许。徐宗干任泰安知县时,也对运常极为器重。道光甲辰(1844)遂举于乡试,运常考中举人。后因屡困朝考会试,至同治乙丑(1865)才报捐四项(出钱买官),丙寅(1866)被选任恩县(治今山东武城县)教谕。接任后前去请教授业的学生总是门庭若市,人满为患。凡入学新生教以礼仪规矩,无其他苛求。如遇贫寒者,总是怜恤免其学费。在恩县又以守城有功得保候选知县,不就。卒于光绪五年(1879)六月三十日,享年六十九岁。

早在咸丰初年,泰安知县张延龄倡修泰安城垣,运常出巨资助修,承蒙山东巡抚崇雨舲专奏,从优议论陈述,按规定的等级给予褒奖。咸丰三年(1853)泰安通判许之瑞在楼德创建怀德书院(旧址在今楼德东村建筑公司),推荐其为董事,管理院务。后因缺乏经费,运常又用典卖自家数十亩地的钱接济了书院。置田延师,一时传为佳话。总之,运常轻财好义,又赡养戚旧,周济体恤友朋,可谓乐善不倦之人,蒙受其恩者众多,在周边很有名望。民国《重修泰安县志·人物》列《乡贤·文学》。

卢运常葬后三十二年,即宣统三年(1911),其子请尚书衔、度支部侍郎何逢时撰写了《卢广文墓表》。《墓表》列述了卢运常乐善好施,周济友人的一些事迹。现据此,略述于后,以更好地了解此人。

卢运常幼有个性,事父母诚敬详尽,各得其欢心,到成为入学的生员,读书通古今,尝有大志,但顾念双亲皆老,不忍出仕为官。至考取举人后,数次计划去参加科考,又遇捻军乱世,只好辍试。到选为教谕要去任教又有疾病未能如愿。有人认为他失信科考自高,置轻重缓急而不顾。其实不然,只因南捻掠入泰安府,白莲教又自兖州邹县来楼德。众徒冲来,大众议论筑堡以自卫。堡筑于南泉柳溪河,夏天大水暴涨,上下决口,工事未能办妥。至众徒迫近,大家恐惧万分。运常首当其冲捐作物稭秆数千束垫筑门口,众人争先恐后出木材以辅助,堡得以筑成,众徒不能得逞。楼德是当时泰安县通判驻地,老百姓称之"二衙"。驻楼德通判的一名前官员,窥伺公团有团练练兵的费用,欲乘机急耗用,运常独持个人意见,认为此费不可豪夺巧取,终被阻止。

卢运常在楼德轻财好义,为建怀德书院卖地斥费之义行至今传为佳话。即是在恩县任教谕期间解人之难,周济友朋,在当地也留有美名。例如,上文所说楼德通判许之瑞是钱塘人,当运常斥地之资接济怀德书院后,许之瑞之子也按资历来山东补缺,子来山东耗许多钱财,使其家境更加困窘,运常又为他举债,且任代偿。到许之瑞去任阳谷令,说要自己偿还,运常说:"我则奈何食言?"终代许偿还。等到许之瑞死,果贫如旧,眷属滞留东昌不得归家,运常已在恩县,每以事到许家,必周济其钱财,直至运常离任恩县。再如,当时恩县负责稽查狱刑的典史和恩县一幕僚都是外省人,二人先后病且没,运常除给他们医药费外,还料理了他们的丧事,又尽其能,筹集钱财,归其丧。运常楼德老乡冯拔贡,病遭京都,手足痿痹,走到恩县钱花光且病加剧。运常热情接待,慰劳有加。冯氏病稍好,运常又备好车马护归家乡。其他某些人听说运常有道义仁德,见义勇为,也前来找他接济解厄。

卢运常虽不是有官爵封邑的富豪,但他轻财好义,故使家境稍落,而旷达的意愿如初。邻县某友人因事受到牵连,运常出门尽其所能力卫护之,使祸得免。友人受运常恩德甚多,想拿钱来酬谢,又不敢直接送,就将钱物放到小箱子里送来。运常连物退之,又与送钱物者绝情。运常在恩县教谕任上,每到岁科两次考试,新入学的生员按例携带礼品见校官,校官多贫,专门与运常比较,运常并不介意,多归贫者。运常谢任,有上级学正来视察,校官以此借口请他少留,并说饭菜备好,请他同食。运常谢曰:"我本想上年冬天回家乡,怕天寒而未走,今何须再酬应。"遂即归里。卢运常疏财好义等仁义之举,在当时儒者中并不多见。

卢运常长子卢衍龄,太学生,因办地方自治有功,奖五品衔。

三、卓尔不群的卢衍庆

卢衍庆(1863—1930)字云图,卢运常次子。衍庆自幼静穆寡言,好读书。光绪五年(1879),年十六岁,遭父丧,家道中落。衍庆与兄衍龄延聘名师,孜孜向学,不曾懈怠。服丧三年后除去丧服,应童子试,泰安知县事吴士恺,对衍庆特别赏识,树为第一,岁科考试在其同学中得冠,文名开始广大。当时衍庆笃好宋代理学濂、洛、关、闽四大学派暨张(载)、陆(九渊)之书,尝诵朱柏庐之言:"读书志在圣贤,为官心存君国。"以为是与其相同命运的文人,即无再看得上的人。而慨然于陆宣公(即唐代陆贽,卒后谥宣)、范文正(即范仲淹)公之为人,有上与古人为友的百世之思。

光绪十九年(1893)衍庆三十岁为恩科举人,后因母丧居家,教授乡里,成就后学甚众。光绪三十一年(1905),科举停,朝廷召用举人,先以知县用,后改盐场大使,虽非正途,衍庆以为盐课关系国家财政之巨额苟且得此职,对上关乎国家富足,下可造福于民。乃于三十三年(1907)赴两淮候补。宣统二年(1910),任江苏泰州丁溪盐场(在今江苏大丰县西南丁溪村)正堂,为盐课大使。衍庆任上重职守、裕民生、减食俸、除积弊、查冤案,在当地颇有政声。

例如,淮南一带自清同治以后就积弊甚重,制盐灶户的生活等同牛马。衍庆于宣统元年在界沟奉命缉私之后,即在第二年携幼子居贞和一仆从到丁溪盐场上任。下车即除去灶户所负担的官员食俸两万余缗,尽革商人有用大筒私收夹带重斤之弊,深受灶户的拥戴,灶民始庆更生。又如,泰州山海望族袁元者,因熊成基兵变被诬拿办,无以自白,衍庆到任后,奉命查办。有关做主虚构罪名、进行诬陷成狱者,衍庆一再审问;无实据的,就照实禀报,使久拖不决者得以伸长。翌年,任满回扬州。民国元年衍庆自由超脱地回归故里,除带回几个竹箱外,别无他物。离任后,当地百姓为其立德政碑颂之。

卢衍庆平素工吟咏,回归故里,自是漫游京城与济南之间,与傅绍虞、陈柯亭、赵子开诸老友,诗酒唱和,与最好友朋行文字之乐。对世好怀念他人之意,都寄托在其中。民国十五年(1926)与孟昭章等人发起重修泰安县志。十七年(1928)初因县志局暂时关闭,故受聘于山东大学文科教授。因"济南惨案"(1928年日本帝国主义在济制造的惨案)返回泰安,继续编修泰安县志,任分纂兼校对,并为之撰序。卢衍庆作为民国重修泰安县志的发起人之一,自始至终积极参与。民国十八年(1929)县志编纂完成,衍庆却因积劳成疾,心血亏损,回楼德休养,终于民国十九年(1930)八月辞世,享年六十又七。

卢衍庆在济南时得气蹙证,曾从容地对他的同学、同执教于山东大学的张永源说:

"吾衰相已见,身后墓志付之君矣。"济南惨案后,无可奈何,衍庆与同学张永源同车归里。自此,衍庆所亲自目睹日本侵略者屠杀我中国人的惨景历历在目,常紧皱眉头大声长叹,深虑世变无极,使蹙证转剧,加之纂县志劳累,并促衍庆仙逝。民国二十一年,清宣统制科孝廉方正直隶试用府经历泗水张永源挥泪为卢衍庆写了《清赠奉政大夫卢君志铭》,其铭曰:

> 志在兼济,而道不逢时,文足传世,而寿不至乎期颐。其德虽被于一方,其学之蕴而未施者,曾不可以数计而周知。学古之道而止于此,谁使为之? 呜呼噫嘻!

卢衍庆诗文兼具,在当地及泰安颇有名气,曾为他的多位老友写过墓表、墓志铭。除为其老师郭璞山写过墓志铭外,又撰写过《兰皋先生墓表》《监东先生墓表》《庄君戒言墓表》等,多存《岱粹抄存》。其著述另有《乾一楼诗稿》传世。其中三十余首诗被泰安近代学者王价藩收入《岱粹抄存》。从诗风和内容来看,卢氏之诗具有时代特点,思路开阔,思想解放,也蕴藏着对时局、对思潮、对学风的针砭。但爱乡爱国"心存君国"之情怀尤显突出。如其《论诗》即阐述了关于当时学风及诗歌创作的一些见解,极有见地。今录于后:

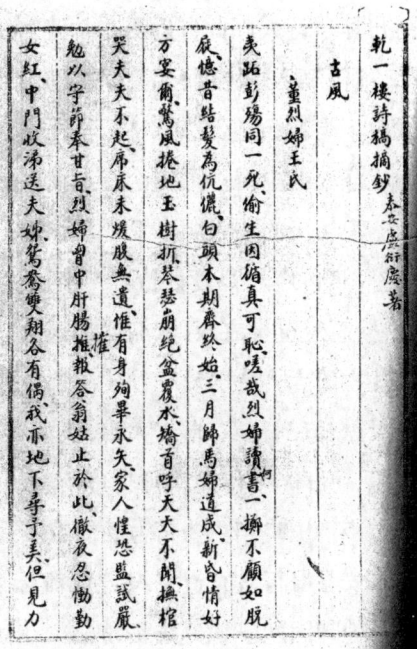

卢衍庆《乾一楼诗稿》书影

> 我虽不能诗,颇解诗中趣。
>
> 脱口本天籁,不关博引据。
>
> 性情在感发,景物由目遇。
>
> 莫知所以然,如有鬼神助。
>
> 成诵已在心,借书手如注。
>
> 无感与无见,敛手未可赋。
>
> 效颦强抚摩,邯郸失故步。
>
> 歌同白傅长,语惭老伛絮。
>
> 满腔皆尘垢,何缘得妙悟!
>
> 慎勿搜枯肠,请先涤俗虑。

卢衍庆的《论诗》立意创新,流畅爽快,主题突出,自然大方,对仗工整,用典精当。"效颦"两句用两典,且十分贴切有趣。"效颦",即"东施效颦",典出《庄子·天运》。效,即模仿;颦,即皱眉。故事是说,美女西施得了心疼病,捂着心口,皱着眉头走路,人们都觉得她比没病还要美。邻居家的一个丑女见大家都赞西施的病态,便学着西施的样子走路,希望自己也得到赞美。谁知村子里的富人见了她,坚决闭门不出;贫人见了她,挈妻而去走之。诗人用此典之意,谓不要强模仿,不然会弄巧成拙。"邯郸"句指"邯郸学步",典出《庄子·秋水》。故事是说,战国时期有一燕国人到赵国国都邯郸,见赵人走路的姿势很美,就跟着学起来,结果不但没学好,反把自己原来走路的步法也忘掉了,只好爬着走。故《汉书·叙传》载:"昔有学步于邯郸者,曾未得其仿佛,又复失其故步,遂匍匐而归耳。"诗人以此告诉那些学诗写诗的人们,如生搬硬套别人的东西而不结合自己的实际,不仅学不好,反而会丢掉自己的东西。"歌同"两句,则反映出诗人反对庸言,且不要像白丁唱歌、老伛说话一样,长而絮道。全诗道出了写诗的要领也提出了应避免的弊端和应涤荡的尘俗。可谓论诗之精品,且以诗论诗者也不多见。

卢衍庆的友人泗水王廷赞(同治癸酉年拔贡,丙子年举人,壬辰年进士)为卢衍庆作《乾一楼诗序》,高度评价了卢衍庆之诗作,曰:"顷寄所著诗册,就质,披阅数过,不禁为之狂喜,忘避过誉之嫌,辄加评定云,比、兴、赋(笔者注:比、兴、赋、风、雅、颂谓之诗的六义,都是中国古典诗歌的一种传统表现手法)得体,才、学、识兼长,味含道腴,婉而多讽。荣肖天秀,清不言寒,卓尔大雅,典型粹然,醇儒风象,是能拔出吾乡。近代诗家之中,自标一帜,可存亦可传矣。"可见卢衍庆的诗在当时出类拔萃,为一方之翘楚。

卢衍庆晚年主要精力倾注编纂民国《重修泰安县志》。在同仁相继故去,人手欠缺,无泰安县署行政官员组织,"风流云散"的情况下,克服困难,终使志书编纂杀青并为之序。他却因此事积劳成疾,故去。借此将其序抄录于下,以示纪念这位先贤:

丙寅春(民国十五年),余寓居县城,孟君子贞(即孟昭章)适从畿辅归来。同人怂恿续修本县志书。旧志自道光八年徐清惠公(即徐宗干)重修后,今已垂九十余年。书缺有间未易。搜罗乃按区派采访员分类调查。至五月端节实行开局,发凡起例。子贞一手为之。而刘君星楷(即刘宝符),王君建屏(即王价藩),门人雅堂(即王连儒)及余均在分纂之列。拟延赵次山先生为总纂,当将则例草案寄呈。是秋,子贞仍游宦直省,逾年(民国十六年)故于任所。秋,次山先生又故。星楷以老病归里。余与雅堂将所撰者匆匆呈缴,亦各自谋生活,风流云散,虽已十完七八,依然束之高阁矣。今夏(民国十七年),余返自平陵,乡居读书。葛君云菴、李君玉章等连番函催,俾竟其事。窃维分条晰缕,子贞既手订与前,踵而成之。不过比事属词较创始自为易易。余虽末学谫陋,未尝负总纂之责,而岂忍从此阁置,使数十年之故事,与二、三同志之苦心,听其功亏一篑,赢瓶复隍,前劳尽弃乎?以故不揣冒昧,未编者,辑之阙略者补之,不合者,更之。已阅寒暑,而是书粗成。只完草案,之义例非於外有所增也。将付手民,因书其颠末。如此至宏纲细目,或去或取,是民国之志而与旧志有别,则例已详言之,不复赘焉。

民国十七年岁次戊辰冬月古涂裒卢衍庆序

该志书编纂始于民国十五年(1926)春,终于民国十七年(1928)冬,历时三年。中间因孟昭章等人去世诸原因,耽搁约半年。民国十八年(1929)由泰安县志局铅印。由于前辈学人不辞劳苦,众志成城,方使泰安再添佳作,为后世留下一份珍贵的历史文化遗产。作为志书主要发起人之一,分纂兼校对,卢衍庆自始至终参与了纂修,是付出心血最多者,也只有他最有资格为志书撰写序言。

主要参考书目:民国《重修泰安县志》,民国十五年修,十八年(1927)影印本;王价藩、王次通辑《泰山丛书》之《岱粹抄存》及《岱粹抄存续编》。

第十七节　流寓新泰三名士

刘复初　元末明初泰安(今泰安市)人。元末三举乡荐,避乱不入仕。明洪武初(洪武元年为1368年),兵至山东,藩司(布政史之别称)征询寻访人才,召辟复初代理新泰县令。明太祖朱元璋即位,以台司(明官署机构)汇集情况,共同举荐复初实授新泰县令。任满,民众不忍其舍去。遂落于此。

李伯贞　徐州沛县人,洪武中避乱羊村,有学问,被举任为县教谕,遂落户于此。

杜铨　字易文,浙江绍兴人,任新泰县典史,有惠政,人称"杜母",有岐黄之术,救人无数,民皆赞其仁德,卒于官,后人以此为家。

《县志·人物》皆将上述数位列"流寓",今俱记之。

第十八节　清末进士秦淑簧

2019年第二期《新泰文史》刊登好友牛尊先先生《不应遗忘的进士秦淑簧》一文,由此知新泰东都镇黄崖村清末出了位进士秦淑簧。该村旧时属蒙阴县,故新泰方志不录,

1992年11月版《蒙阴县志》有载。今据尊先先生文,借本书尚在定稿期间,将秦进士补之,这样,清代新泰又多了位进士。

秦淑簧,生卒年不详,字子俊,行二,属东蒙秦氏第十五世、秦士文第七世孙。其父秦允彝,字秉言,庠生(即秀才)。约在清嘉庆、道光年间迁居今东都镇黄崖村,母亲谷氏。

淑簧勤奋好学,咸丰元年岁次辛亥(1851)考中举人,咸丰九年岁次己未(1859)科考中进士。遂后签分四川某县任知县,赴任途中改任云南省武定府(治今武定县东七里旧城)儒学教授,掌教诲、训导、考核、管理生员,正七品。由于淑簧激发鼓励团练兵丁,护城有功,蒙恩加五品职衔,赐大花翎。未满两任,寿终任所,朝廷诰命授奉直大夫。其夫人王氏诰封号宜人,淑簧葬于秦氏西林,俗称"秦进士林"。

秦淑簧其人之品德,《族谱》评价曰:"性情和平,行宜纯洁。"其"学问精萃,备有《游蜀志(纪)略》"。书中记叙了赴任四川见闻、风光风情、诗文等。族人现存"臣秦淑簧"玉石印章一枚。

跋——研究平阳名士的力作

牛尊先

2019 年金秋之际，笔者有幸提前拜读了李明杰先生的新作——《泰山平阳名士研究》（以下简称《研究》）。展卷捧读，立即被先生的这部精品力作所吸引。我算是平阳文化的爱好者，也收藏了数以千记的有关文本，并对这些文本逐一进行了研读。平心而论，这些文本各有千秋，而在我看来，先生的这本《研究》，至少有四个方面的特点。

一、《研究》资料丰富，是新泰古代人物研究的开山之作。

《研究》以传世典籍为基础，以人物传记为基本史料，以传记体为基本体例，以在传主文后加"评析"为附加内容，书名冠"泰山平阳"来点明传主之里籍。《研究》共辑录 300 余位平阳历史名人，从春秋早期的和圣柳下惠，到晚清举人卢衍庆，时间贯穿二千六百余年，几乎与新泰"平阳"地名产生的时间相当。在这几千年的漫漫历史长河中，每朝每代都有新泰（平阳）籍的名人贤士。有的谱写过足以彪炳青史的华章，甚至改变了中华历史的进程；有的却命运跌宕，尽显世态的诡谲和时光的无情。某些人物读者耳熟能详，妇孺皆知；有的则湮没在历史的典籍中，不被新泰人所了解，直至今日才被挖掘。这些历史人物无论处于庙堂之高，还是处于江湖之远，甚至处于社会下层，都曾经在新泰历史上做出过贡献，成为泰山平阳名人。对于他们的研究，实际上就是对新泰历史的梳理，是对新泰优秀传统文化的继承和弘扬。

如此鸿富的史料，在古往今来的新泰人物研究、乃至整个文化史中，是第一部著作，是名副其实的新泰古代人物研究的开山之作。

二、《研究》史评兼备，开创了平阳人物研究的先河。

《研究》以人物所在朝代为时序，划分三个大的时间段，分为上中下三篇，篇下设章，章下分节，计 3 篇 18 章 113 节。作者匠心独具，以章下语贯穿全书的历史脉络，衔接相应的历史朝代，以节下语交待传主所处的时代背景，这样保持全书的连贯性。对于书中的主要人物，逐一立传，并且以历史唯物主义的观点，进行了逐一评论。所有人物的评论，都努力秉持客观公正的立场，把他们逐一放在其所处时代和社会的历史条件下去分析，不离开对历史条件、历史过程的全面认识和对历史规律的科学把握，不忽略历史必然性和历史偶然性的关系，使得评论客观公允。

《研究》除对人物"评析"之外，有的章节还设有"章后语"或"节后语"。作者谓之本书的"闲笔"。但是通篇看来，这些"闲笔"并非主题之外的游离之笔，而是对传主相关事宜的深度挖掘和探究。如羊祉墓志中用不少笔墨介绍了其子的婚姻状况，由此联想羊氏家族是如何攀大户而弥补家族式微，借机壮大自己的；再就是对西晋历史上重要人物羊祜，史家多是美誉褒词，《研究》也据史料指出了羊祜一生的美中不足及产生不足之因。还对其"大一统"思想作了进一步探究，在其节后单独进行了论述。似这样的论说文还有数篇。"闲笔"又可视为叙事或历史事件的延伸。如明清之际新泰不少民户自河北枣强县迁来，其中之缘由借"闲笔"进行了说明。有些人物的"闲笔"是根据所集资料对传主传记中某些该说而未说之事，或是分析出的传主内心深处的心理状态，是正文的补充或对某事的考订。这些方法，可以说是开创了平阳人物研究的先河。

当然，学术研究允许甚至需要不同的观点和方法，对于历史人物的评价可以有不同的声音，《研究》作者在本书中的评论也不一定尽善尽美，但是，《研究》的作者仍然是努力坚持了马克思主义的观点。同时，《研究》提出的学术观点为平阳人物的评价树立了一面旗帜，引导人们对这些人物的业绩、思想、历史贡献作进一步研究。从这一点上来说，《研究》开创了平阳人物研究的先河，对于新泰优秀历史文化的传承和发展，功莫大焉。

三、《研究》有许多新史料，可补新泰史料之阙，可正新泰史料之误。

更加难能可贵的是，《研究》中运用了许多新的史料。近年来，随着文物资料的发掘发现和众人对新泰历史文化的深入研究，有关平阳人物的新史料不时出现，这些，在《研究》中多有体现。仅就下篇来看，主要讲述的是宋金元明清数朝的新泰籍名人。新泰在宋代归属沂州琅琊郡，历史史料中所留新泰籍人物资料可谓凤毛龙甲。可是，作者通过翻阅浩如烟海的有关资料，寻得泗水"菀菉"（今楼德）人孙傅传记及孙傅为邹县孟庙所撰《先师邹国公孟子庙记》，结合早已出土的其祖父孙觌墓志等资料进行深入研究，大大丰富了书写有宋一代的名人内容。仅就笔者掌握的资料来看，蒙元时期石珪祖孙三代、天宝时家庄时珍家族人物、羊流徐琛家族、孙甫家族等人的史料都有一些新的史料充实在《研究》中。泰山先生孙复，是流寓新泰的重要人物，县志中有载。在此基础上，《研究》中较为罕见地披露了清顺治年间新泰县令杨继芳《平阳日记钞》中的有关史料。那就是，在清康熙衙刻本的《颐中堂诗文集》中载："曝书山……为孙明复读书处，石壁有遗刻，风雨蚀晦，渺忽不可识。"这一史料，结合泰山学院周郢先生近年来《孙复寓家孙村有新证》一文提供的新史料，使孙复"讲学泰山，寓家孙村"的史论更加清晰。作者还通过研读泰安处士王价藩辑《岱粹抄存》、王亨豫辑《岱料抄存续编》，深入探讨了孙复对宋代理学的贡献；深挖了清末冯清宇、卢衍庆、郭璞山家族大量史料、诗文，充实丰富了《研究》内容。如此种种，不一而足。

四、《研究》体现了先生的治学精神，为弘扬新泰优秀传统文化树立了榜样。

还应当提及的是，先生的洋洋近 90 万字的《研究》，虽然早在十几年甚至几十年前就已经积累资料，以期厚积薄发，但是，整部著作的编排却是在近几年完成的。而这几年，先生近耄耋之岁，满头银发，疾病缠身，步履维艰，就是在这种情况下，仍以对新泰大地的深沉热爱，以对新泰先贤的无比崇敬，伏案笔耕，夜以继日地奋笔疾书，并且穿梭于泰山汶水之间，终使大作问世。在我看来，这与讲学泰山，寓家孙村的平阳流寓名士泰山先生孙复当年"白发皓首，体态枯槁"仍孜孜不倦地穷究孔孟之道毫无二致。

李先生年逾杖国，没有对名利的追逐，亦无高官厚禄的奢求，有的是有幸赶上了新时代的自豪和作为一个文化爱好者的责任和义务；有的是弘扬乡贤文化，传播优秀传统文化的一腔热血。就是在这没有任何功利驱动下，甘愿挑灯夜作，笔耕不辍，把自己坐多年冷板凳所学所思所积累的新泰名人文化的研究成果奉献给新泰人，也算一个"外乡人"以微薄之力，对第二故乡的回报。此处无声胜有声，这本身就是对弘扬新泰优秀传统文化的无形激励。他为何不潜心撰写故乡人物，而全身心投入了《研究》中？因为先生已经把自己和新泰人民融为一体，新泰的山山水水已经和先生不能分离。

我与先生相交 20 余年，承蒙先生不弃，与我称兄道弟。2010 年 7 月以来，在先生带领下编纂《新泰区域文化通览》，并结为"平阳十友"。在该书编纂中，先生以卓越才识和人品，担任学术主编。出于对我的厚爱，学术上严格要求，工作中热情关心，两年多的耳提面命，使我从充其量只算是一个文史爱好者步入文史研究学术殿堂，为以后的文史研究打下了基础，并使我终生受益。现在捧读先生的《研究》，更加钦佩先生的人品、学识和精神。我想，先生的这种人品、学识和精神，也必将影响和带动更多的人们，为弘扬中华优秀传统文化而孜孜奋斗。

诚然，作为一部洋洋近 90 万字的开创性学术巨作，不可能没有一点儿瑕疵。如本书中有些地方没有精雕细凿，有些研究也有待于进一步深入等等。好在，先生不耻下问，诚心邀请平阳文友对整部著作进行了修改，使得《研究》更加精练，犹如众星捧月，使得这片天空更加璀璨。我想，《研究》即使有些瑕疵，终是瑕不掩瑜。这部洋洋近 90 万字的著作不失为平阳名士研究的开山力作，为后人的研究指明了方向，提供了素材，在新泰文学史上乃至新泰通史中必将占有重要的地位。而且，随着时光流逝，这种重要地位和作用，必将越来越凸显。

著名当代诗人卞之琳《断句》有云"你站在桥上看风景，看风景的人在楼上看你。明月装饰了你的窗口，你装饰了别人的梦"。先生在本书《自序》中说，"自己从一个绣江河畔的少年来到青山绿水的新泰，早已把异乡变故乡，早已爱上了这里的山、这里的水和这里的人。是这里的山水养育了我，是这里的父老培育了我，历练了我。我也把六十多个春秋的所学所思献给了这片热土"。《泰山平阳名士研究》既是先生的集大成之作,也是先生对平阳大地的倾情回报。对于平阳名士的这样一部力作,可叹,可喜,可贺!

　　半个世纪研究路,酸甜苦辣唯自知。至少在我看来,先生自己就是研究平阳文化的名士,而且随着新泰优秀传统文化的传承和发扬,这一地位必将会更加凸显。

　　希望有更多《研究》之类的优秀作品问世。

　　期望有更多的平阳名士出现。

己亥丙子乙卯日于古平阳

主要参考书目

（顺序不分先后）

杨伯峻《论语译注》，中华书局，1980 年版

朱熹《孟子集注》，齐鲁书社，1992 年版

鲁国尧、马智强《孟子全译》，江苏古籍出版社，1998 年版

饶尚宽《老子译注》，中华书局，2006 年版

杨朝明主编《论语诠解》，山东友谊出版社，2013 年版

杨朝明、宋立林主编《孔子家语通解》，齐鲁书社，2001 年版

杨朝明《鲁文化史》，齐鲁书社，2001 年版

杨伯峻编著《春秋左传注》，中华书局，1990 年版

沈玉成译《左传译文》，中华书局，1981 年版

钱穆《国史大纲》，商务印书馆，1996 年修订第 3 版

《史记》，中华书局，1959 年版，2000 年版

《汉书》，中华书局，1962 年版，2000 年版

《后汉书》，中华书局，1965 年版，2000 年版

《吕氏春秋》，云南出版集团、云南人民出版社，2011 年版

《四书五经简注》，山东友谊出版社，2000 年版

柳明瑞《解读柳下惠》，山东大学出版社，2007 年版

董立章《国语译注辨析》，暨南大学出版社，1993 年版

《诗经》采自《先秦诗鉴赏辞典》，上海辞书出版社，1998 年版

王献唐《炎黄氏族文化考》，齐鲁书社，1985 年版

方诗铭等《古本竹书纪年辑证》，上海古籍出版社，2005 年版

向宗鲁《说苑校证》，中华书局，1998 年版

杨宽《西周史》，上海人民出版社，1999 年版

《庄子》有关章节，采自《二十二子》，上海古籍出版社，1986 年版

《荀子》有关章节，采自《二十二子》，上海古籍出版社，1986 年版

《墨子》有关章节，采自《二十二子》，上海古籍出版社，1986 年版

《管子》有关章节，采自《二十二子》，上海古籍出版社，1986 年版

马骕《绎史》卷八十《三桓弱鲁》，齐鲁书社，2001 年版

马培林等撰《新泰风物史话》,山东友谊出版社,1992 年版

唐·林宝《元和姓纂》,中华书局,1994 年版

卢守助译注《晏子春秋》有关章节,上海古籍出版社,2006 年版

李轶、李守奎《尸子译注》有关章节,黑龙江人民出版社,2003 年版

《史记》,天津古籍出版社,1995 年版

黄怀信主撰《大戴礼记汇校集注》卷一、卷六,三秦出版社,2005 年版

《孔孟之乡石刻碑文选》之《韩敕礼器碑》《先师邹国公孟子庙记》,济宁市政协文史委编,山东友谊出版社,1992 年版

战化军、姜颖《齐国人物志》,齐鲁书社,2004 年版

翦伯赞《秦汉史》第十章,北京大学出版社,1999 年版

《三国志》,中华书局,2000 年版,2014 年版

《资治通鉴》,北京燕山出版社,2007 年版

逄振镐《山东古国与姓氏》第一、二编,山东人民出版社,2006 年版

阎丽《董子春秋繁露译注》有关章节,黑龙江人民出版社,2003 年版

缪文远《战国制度通考》卷三《齐地考》,巴蜀书社,1998 年版

缪文远《战国策新校注》巴蜀书社,1998 年版

谭其骧主编《中国历史地图集》,中国地图出版社,1982 年版

《晋书》,中华书局,2000 年版

田承军《羊祜庙考略》(未出版本)

中国社会科学院历史研究所编《简明中国历史读本》,中国社会科学院出版社,2012 年版

卜宪群总撰稿《中国通史》五卷本,安徽教育出版社、华夏出版社,2016 年版

刘硕伟《两晋泰山羊氏家族文化研究》,中华书局,2013 年版

李光星《羊祜年谱》,线装书局,2014 年版

柳士镇等《世说新语》全译,贵州人民出版社,1996 年版

徐震堮《世说新语校笺》,中华书局,1984 年版

王仲荦《魏晋南北朝史》,上海人民出版社,2003 年版

《魏书》《北史》《北齐书》《宋史》《明史》,中华书局,2000 年版

《新唐书》卷 39《地理志》,卷 71《宰相世系表下》,中华书局,2000 年版

《新唐书》之《李吉甫传》《窦群传》,中华书局,2000 年版

《全唐诗》卷 312、332、614、624、631,《全唐诗广选新注集评》卷 6,辽宁人民出版社,1993 年版

王振民主编《郑玄研究文集》,齐鲁书社,1999 年版

王志民《齐鲁文化概说》,山东文艺出版社,2004 年版

安作璋主编《山东通史》先秦卷到明清卷,人民出版社,2009 版

安作璋、王志民主编《齐鲁文化通史》,中华书局,2004 年版

张习礼、林岷主编《中国历史大事本末》,四川人民出版社,1995 年版

王西明等主编《偃师姓氏源流》,中国文化出版社,2004 年版

公丕成、公惟进《五世进士·父子翰林》,科学文化艺术出版社,2009 年版

清《蒙阴县志》,中华书局,1999 年版

徐旭生《中国古史的传说时代》第四章,广西师范大学出版社,2003 年版

新泰市政协编《新泰石刻集萃》,北京燕山出版社,2014 年版

《新泰史学论文集》,泰安市新闻出版局,2003 年版

郭克煜、杨朝明《鲁国史》,人民出版社,1994 年版

胡立东总纂《泰山文献集成》1 – 10 卷,泰山出版社,2005 年版

车吉心主编《中国皇帝全传》,山东教育出版社,1991 年版

蒙阴县政协文史委印公鼐《问次斋稿》,齐鲁书社,1998 年影印版

隆炜《中国通史》(图鉴版),中国档案出版社,1999 年版

周郢编著《羊姓史话》,江西人民出版社,2001 年版

周郢著《萧大亨》,中国文联出版社,1999 年版

周郢《泰山与中国文化》,山东友谊出版社,2010 年版

周郢编撰《泰山通鉴》,齐鲁书社,2005 年版

周郢著《汉代泰山》,准印证号(泰)2018002,2018 年版

周郢著《周郢文史论文集》,山东文艺出版社,1997 年版

周郢纂辑《泰山书院编年事辑》,中华泰山书院刊行,2017 年版

王相玲主编《新泰古韵——古代诗词选注》,中国文史出版社,2009 年版

王相玲主编《新泰区域文化通览》,山东画报出版社,2013 年版

民国《重修泰安县志》,泰安县志局,1929 年印

明天启《新泰县志》、清光绪《新泰县志》《新泰县乡土志》,新泰市史志办公室,2009 年印

《中国历史大辞典》,上海辞书出版社,2000 年版

史为乐主编《中国历史地名大辞典》,中国社会科学出版社,2005 年版

沈起炜编著《中国历史大事年表》,上海辞书出版社,2001 年版

马东盈主编《柳下惠研究》,北京图书馆出版社,2004 年版

夏庆奉主编《惠风和畅》,中国言实出版社,2007 年版

袁明英主编《泰山石刻》(部分),中华书局,2007 年版

袁明英主编《凌汉洞天》,第二、五章,中国文史出版社,2003 年版

周郢《名山古城》,五洲传播出版社,2015 年版

冯兆娜(兰州大学)2007 年 5 月研究生学位论文稿《公鼐年谱》(周郢赠)

李元庆《晋学初集·河东思想学家与理学》,山西人民出版社,2003 年版

《临沂师范学院学报》,2005 年第二期

《文物》,1995 年第三期

《山东科技大学学报》,2011 年第 3 期

《泰安文史》,2015 年第二期

《泰山乡镇企业职工大学学报》,2001 年第 3 期

《泰山区文史资料》第三辑

王价藩、王亨豫《泰山丛书》,第 24、25、27、28、30、31、32、33、35、47 册,泰山王氏仅好书斋藏稿,曲阜师范大学影印本

王次通辑《岱粹抄存续编》第一、二、三、六册,采自《泰山丛书续编》

方诗铭编著《中国历史纪年表》(新修订本),上海书店出版社,2013 年版

《泰安历史文化遗址志》(新泰市部分),泰安市地方史志委编,方志出版社,2011 年版

刘康主编《泰安文物大典》(新泰市部分),泰山出版社,2013 年版

《新泰市地名志》,新泰市地名办编,新华出版社,1992 年版

王尹成主编《新泰文化大观》,齐鲁书社,1999 年版

牛尊先著《新泰牛氏文化》,山东友谊出版社,2013 年版

李明杰主编《莲花山》,中国文联出版社,2006 年版

韩学峰主编《齐风鲁韵起华章——新泰故事》,山东教育出版社,2017 年版

郭墨兰、吕世忠著《齐文化研究》,齐鲁书社,2006 年版

刘宗贤著《鲁文化研究》,齐鲁书社,2007 年版

李明煜著《平阳稽古录》,山东人民出版社,2010 年版

《中国历代政区沿革》,河北教育出版社,1996 年版

《周礼·仪礼》,辽宁教育出版社,1997 年版

李丹、荣挺进译注《管子》,中国书店出版,1994 年版

注:本书所用彩图、插图多是采自历史典籍,也有的采自新泰市博物馆或友人著作,借此致谢,不再一一注明。

后 记

  "区区岂尽高贤意，独守千秋纸上尘"（王安石语）。像鄙人"半路出家"的史文拙笔，是写不出高贤名士的思想境界、处事风格、千秋伟业的，只不过是书写了所辑高贤名士的一些历史踪迹而矣。鄙人非知识广博之才，只是热爱历史文化，虽对这本集子付出十几年之心血，夙兴夜寐，数易其稿，仍觉若干章节段落不尽人意。由于年老体衰，多病缠身，精力大减，吸收新知识倍觉困难，更认为应敏行而不敢怠。要完成追塑新泰历史名士、先贤哲人之贤，励吾之志之夙愿，非加倍努力才能以成拙作。

  这本集子近 90 万字，插图百余幅，体量较大，人物数量较多，时间跨度较长，对某些素材删改未尽，造成某些段落、引文语气、风格尚欠统一。又因牵扯历史事故、史传繁杂，鄙人驾驭全局的能力有限，故使全书体例设计、逻辑构思、发展脉络、叙事节奏、段落衔接等缺乏严谨、系统。还因对有些历史信息占有量有限，搜集不全，使某些名士难勉遗漏。鄙人才疏学浅，译注古文水平有限，知识匮乏，致使对某些高贤名士的历史功绩、思想内涵尚缺深究细研，探赜索隐，钩沉致远。在古文译注勘校，标点断句，审校核对诸方面也有鲁鱼亥豕，至难皆确之处，某些舛误错讹，甚至会贻笑大方。编纂过程谬错疏漏更是在所难免，谨乞鉴谅。

  鄙人这本集子能顺利付梓，万分感谢我的供职单位新泰市政协主要领导同志设法斥资，鼎力襄助；承蒙分管领导大力支持。泰山学院泰山研究院周郢教授、泰安市人大科教文委主任袁明英先生、泰山文化学者李继生先生多年来赠书赐稿、解疑释惑，受益良多。周郢教授百忙之中拨冗赐序，使拙作增重增光，倍觉荣幸。幸蒙北京大学历史学家吴荣曾先生，著名书法家沈维进先生，新泰书法界诸位名家新泰市政协原主席韩凤早先生，新泰市书协主席孙广秀先生及崔西超先生、马刚先生连袂雅赐诗文墨宝；好友、新泰市政协原提案委主任刘俊华先生铁笔赐篆。还蒙多年好友李酉宏、牛尊先、张勇、李光星、麻德祥诸位先生不辞辛劳，精心审校，纠谬改错，勘核陋相。又蒙牛尊先先生，以神妙之笔为拙作撰跋，感谢之恩无以言表。新泰市政协原副主席、好友王立明先生帮助良多。姜兴杰、褚建国、王玉民诸位好友亦对拙作关心倍至，借此深表谢忱。蒙山东琅嬛文化传媒有限公司总经理、《新泰文史》主编郭伟先生精心策划，并自始至终付出辛劳，鄙人无限感激。出版社编辑同志、印制单位同志认真负责修改舛误、精心审校、设计装帧，令老朽感佩。新泰市应急办陈明殿、济南隆一空间规划设计有限公司总经理、总设计师刘新胜诸位在百忙之中梳理文稿、照相制图、装帧草稿设计等方面助益良多，一并深表谢意。爱妻刘存卿女士与我相濡以沫五十余春秋，劬劳半生，又为我属文创造良好环境，子女们也鼎力支持、关心多多，拙作的面世自是凝聚着他们的心血，老朽倍觉温馨。

己亥年冬月李明杰拜谢于岱下书屋